江西省志

1991—2010

江西省地方志编纂委员会　编

江西人民出版社
Jiangxi People's Publishing House
全国百佳出版社

（2013 年 12 月）

主　任　鹿心社

副主任　朱　虹　　梅　宏　　蔡玉峰

委　员　方晓春　　张国轩　　张　锋　　欧阳苏勤　吴晓军

　　　　虞国庆　　洪三国　　章凯旋　　徐　毅　　刘三秋

　　　　刘定明　　朱　希　　孙晓山　　甘良淼　　李　利

　　　　陈永华　　王建农　　邝小平　　刘　平　　汪晓勇

　　　　梁　勇　　吴小瑜　　周　慧　　张贻奏　　魏　平

　　　　钟志生　　熊茂平　　蒋　斌　　潘东军　　胡世忠

　　　　张和平

（2014 年 6 月）

主　任　鹿心社

副主任　朱　虹　　梅　宏　　宋雷鸣

委　员　方晓春　　张国轩　　张　锋　　欧阳苏勤　吴晓军

　　　　虞国庆　　洪三国　　章凯旋　　徐　毅　　刘三秋

　　　　刘定明　　朱　希　　孙晓山　　胡汉平　　李　利

　　　　陈永华　　王建农　　邝小平　　刘　平　　汪晓勇

　　　　梁　勇　　周　慧　　张贻奏　　魏　平　　钟志生

　　　　熊茂平　　蒋　斌　　潘东军　　胡世忠　　张和平

（2016 年 9 月）

主　任　刘　奇

副主任　毛伟明　　张　勇　　梅　宏　　刘晓艺

委　员　方晓春　　张国轩　　张　锋　　欧阳苏勤　吴晓军

　　　　胡世忠　　虞国庆　　洪三国　　章凯旋　　徐　毅

　　　　刘三秋　　刘定明　　朱　希　　孙晓山　　胡汉平

　　　　李　利　　陈永华　　王建农　　邝小平　　刘　平

　　　　汪晓勇　　梁　勇　　周　慧　　杨志华　　张贻奏

　　　　魏　平　　钟志生　　熊茂平　　蒋　斌　　潘东军

　　　　张和平

（2017 年 9 月）

主　任　刘　奇

副主任　毛伟明　　李　利　　张　勇　　梅　宏　　刘晓艺

委　员　郭　兵　　李　智　　王　俊　　郭建晖　　李庆红

　　　　钱　昀　　叶仁荪　　洪三国　　王国强　　刘金接

　　　　刘三秋　　邓兴明　　王爱和　　罗小云　　胡汉平

　　　　池　红　　丁晓群　　张和平　　万庆胜　　吴治云

　　　　杨六华　　方维华　　梁　勇　　周　慧　　杨志华

　　　　胡立文　　周恩海　　林彬杨　　梅　亦　　李江河

　　　　董晓健　　于秀明　　曾文明　　张小平　　王少玄

　　　　张鸿星

（2018 年 9 月）

主　任　易炼红

副主任　毛伟明　　孙菊生　　张小平　　梅　宏

委　员　夏克勤　　张国轩　　王　俊　　吴永明　　张和平
　　　　杨贵平　　叶仁荪　　谢光华　　张　强　　刘金接
　　　　朱　斌　　刘三秋　　张圣泽　　卢天锡　　王爱和
　　　　罗小云　　胡汉平　　池　红　　丁晓群　　胡立文
　　　　万庆胜　　吴治云　　方维华　　梁　勇　　周　慧
　　　　杨志华　　刘建洋　　谢一平　　梅　亦　　李江河
　　　　犹　瑾　　于秀明　　曾文明　　王水平　　谢来发
　　　　王少玄　　张鸿星

（2019 年 8 月）

主　任　易炼红

副主任　毛伟明　　孙菊生　　张小平　　樊雅强　　甘根华

委　员　杨志华　　周　慧　　王　俊　　吴永明　　夏克勤
　　　　张国轩　　张和平　　叶仁荪　　万广明　　杨贵平
　　　　刘金接　　王国强　　朱　斌　　刘三秋　　张圣泽
　　　　陈小平　　卢天锡　　王爱和　　罗小云　　胡汉平
　　　　刘翠兰　　池　红　　丁晓群　　龙卿吉　　辜华荣
　　　　赵　慧　　王福平　　万庆胜　　方维华　　梁　勇
　　　　胡立文　　刘建洋　　谢一平　　刘　锋　　李江河
　　　　犹　瑾　　于秀明　　曾文明　　王水平　　谢来发
　　　　王少玄　　张鸿星

1998年2月，全省审计工作会议在南昌召开。省长舒圣佑（左）、省人大常委会副主任华桐（右）出席大会。

2002年7月，审计署副审计长令狐安（右一）在江西调研。

2005年3月，全省审计工作会议在南昌召开，省长黄智权出席大会并讲话。

2010年1月，全省审计工作会议在南昌召开。省长吴新雄（右七）出席大会，省审计厅厅长王殿军（右四）作工作报告。

2003年6月，省审计厅组织对全省公安机关2002年度财务收支进行审计，查出违纪金额11340万元。

2004年5月，省审计厅开展财政"同级审"的审计人员前往审计现场。

2004年4月，省审计厅组织对全省2185个农业综合开发资金项目进行审计，审计总金额达114000万元。

2007年4月，全省经济责任审计工作座谈会在南昌召开。

2007年4月，省审计厅对南昌理工学院等10所民办高校进行审计，图为调查现场。

2008年10月，审计组现场查阅被审单位电脑数据。

2002年5月，省审计科研所
进行审计实践活动。

2006年3月，省审计厅《审
计与理财》编辑部研究出刊改
版工作。

省审计厅主办的《审计与
理财》刊物。

1999年9月，萍乡市审计局研究、部署固定资产投资审计方案。

2000年4月，南昌市审计局正科级纪检监察员竞争上岗演讲答辩会。

2000年6月，新余市审计局领导审查1999年度新余市财政预算执行审计结果报告。

2003年6月，上饶市审计局领导班子研究部署下半年审计工作。

2004年7月，景德镇市审计局分析审计案情。

2006年4月，宜春市审计局领导班子研究部署贯彻落实全省审计纪检监察工作会议精神。

2006年9月，抚州市审计局领导视察基建审计现场。

2008年8月，九江市审计局收看省审计厅组织召开的审计业务培训视频大会。

2009年2月，吉安市审计局研究吉安市金审工程建设方案。

2010年7月，赣州市审计局召开集中整治干部作风突出问题活动座谈会。

2010年11月，鹰潭市审计局观摩审计信息化建设展示。

2007年3月，南昌县审计局进行固定资产投资审计。

2008年3月，弋阳县审计局对弋阳县垃圾填埋情况进行审计。

2009年5月，贵溪市、余江县审计局对退耕还林资金进行专项审计。

2009年7月，南丰县审计局进行水利审计现场调查。

序

　　《江西省志·审计志（1991—2010）》的问世是江西省所有审计人值得庆贺的一件盛事。这部志书指导思想明确、结构严谨、立意新颖、资料翔实。既有时代特点，又有专业特征，是一部非常好的具有"存史、资政、育人"作用的资料性文献。它既可以辅导人们进一步认识和了解审计，又可以促使社会更理解和支持审计。

　　审计的历史源远流长。公元前700多年的西周就有审计雏形"宰夫"；魏晋南北朝时，诞生了历史上第一个审计机构"比部"；宋神宗元丰三年改革，审计一词第一次出现在世人视野中；嗣后，元朝废"比部"，在户部内设"审计科"，乃至明清、民国辛亥革命，到中央苏维埃政府的建立，无论任何朝代，都不会没有审计部门在行使其职能。

　　新中国成立以后，百业待兴，1982年审计监督工作重新提上议事日程，随后通过《宪法》确定其地位，颁布《审计法》明确其权利和义务、规范其办事规程。1983年，江西省政府批准成立江西省审计局，直接归属于省长领导。从此，江西省审计工作开创了历史新纪元。

　　江西审计之路虽然不平坦，但总是不断地在向前延伸，并越走越宽广；江西审计之光虽然不抢眼，但总是不停地在闪现亮点，并越闪越灿烂。

　　江西审计机关稳扎稳打，一步一个脚印，通过"边组建、边工作""抓重点、打基础""积极发展，逐步提高""上层次、上水平、抓重点、出成效""依法审计、服务大局、围绕中心、突出重点"等阶段积极开展审计工作，在严肃财经纪律、维护经济秩序、完善宏观调控、促进改善经营管理、提高经济效益、加强廉政建设等方面取得了显著成绩。同时，他们通过不断的制度创新、管理创新和审计方法创新，赢得社会各界的广泛理解和支持，获得国家与各级组织的厚爱和嘉勉，将一批只会对会计账簿简单地查错纠弊稚嫩的审计干部，锤炼成一支作风优良、纪律严明、业务精湛、战斗力极强的经济卫士队伍。这期间，多少审计人为了核准国有资产废寝忘食、不分昼夜、任劳任怨；多少审计人为了维护财经法纪一身正气、不惧威胁、敢于碰硬；多少审计人为了保障民生权益克难攻坚、争先创优，取得累累硕果；就连离退休老同志也不甘落后，利用其阅历广、经验丰富的优势，出计谋、献良策，为审计事业奉献余热。这些优良传统和过硬作风，是我们审计事业发展的不竭动力和宝贵财富，都跃然于志书中。

　　修史编志是一件功在当代、利在千秋的大事。我们的编志工作人员面对浩如烟海的历史素材，要从中发现审计事业中的时代精华和历史强音，他们只能在整个编志部署中举重若轻、宏观布局，而在具体历史事项的提炼中举轻若重、字斟句酌、秉笔直书。正是有了他们不避寒暑、呕心沥血、四易其稿的工作，才有《江西省志·审计志（1991—2010）》的面世。所以，我要向他们道一声：

辛苦了！

修志问道，以启未来。党的十八届五中全会在全面推进依法治国的宏伟战略部署下，制定了"十三五"规划，对加强审计监督、完善审计制度提出了更新更高的要求。今后我省改革开放和经济建设要步入一个新的发展阶段，审计工作也将面临新的机遇和挑战。我相信全省审计工作人员将会更加努力工作，锐意进取，开拓创新，再创辉煌！

江西省审计厅厅长：韦华荣

2018 年 3 月 31 日

编纂说明

一、本志时限：本志上限原则上为 1991 年，下限止于 2010 年底。因本志是续志，第一部志书下限截至 1997 年底止，故本志记述重点在 1998 年至 2010 年期间，但考虑到本志时限的完整性，对前期（1991—1997）的史实赋予概述与本志衔接。另前期确有缺漏事项，则尽量上溯至事物发端，如设区市审计概况首轮没有记述，本志则上溯到 1983 年；社会审计因 1999 年与审计机关彻底脱钩，本志在续录 1998—2010 年情况的基础上，对 1991—1997 年社会审计情况配有综述。

二、本志篇章：本志以"横排门类、纵述史实"为原则，用章、节、目结构贯穿全志。全志除序、凡例、目录、概述、大事记、人物、附录外，共设置 13 章，63 节，110 万字左右。

三、本志中的常用机构、文件等名称或名词第一次出现时用全称，以后用简称。如"中华人民共和国审计署"，简称"审计署"；"江西省人民政府"，简称"省政府"；"江西省审计厅"，简称"省审计厅"。

四、本志中各项统计数据一般以江西省审计厅发布的统计报表为准，个别数据根据所掌握的资料进行调整和订正。

五、本志人物原则上生不立传，尚在人物采用简介和列表处理。其中主要介绍省审计厅历任正副厅长、正副巡视员、正高级专业技术人员、获省部级表彰的先进个人，前者按其任职先后为序，后者以受表彰时间先后为序，其他获奖者，排名不分先后。

六、本志记述实事求是，还原历史。但如涉及被审计个人，一般不写其名，只写其所在单位和所任职务。

七、本志资料采自省审计厅各单位、厅档案文件以及各级审计机关和有关单位提供的文件资料，均经严格考证，一般不注明出处，必要时随文交代。

目　录

概　述

一

江西省审计厅前身是 1983 年 3 月成立的江西省审计局，1994 年 9 月 2 日，更名为江西省审计厅。1991—2010 年，省审计厅职能职责逐步明晰完善，机构队伍不断发展壮大。

1995 年，省直党政机构改革。省政府对省审计厅的职能职责第一次进行调整，调整后的职能职责为：加强对省人民政府各部门，特别是经济管理部门和行政公署、省辖市政府财政收支的直接审计，减少统一部署的审计项目；改革企业审计办法，减少对企业的直接审计，重点审计占有、使用国有资产数额较多和接受财政补贴较多，或者亏损较大的部属、省属国有企业，对其他国有企业逐步改由审计师事务所、会计师事务所进行审计，审计机关在必要时进行抽审。省审计厅内设机构由此也作了适当变动。省审计厅内设 13 个处室 7 个直属事业单位，另增设纪检组（监察室），为省纪委、监察厅的派驻机构。

2000 年 9 月，按照省委、省政府的部署，省审计厅进行第二次机构改革，其职能职责再次调整为：增设参与制定全省地方性审计、财经方面的法规；制定审计规章制度并监督执行情况；办理市、县审计法规和规章的备案审查；组织领导、协调监督各级审计机关的业务；实施对党政领导干部和国有企业及国有控股企业的法定代表人进行任期经济责任审计。厅内设机构调整为：厅机关 10 个职能处（室），另设置 8 个派出审计处。

2001 年 2 月，为加强对领导干部的经济责任审计工作，经省政府批准，省审计厅增设经济责任审计处，并加挂省经济责任审计工作领导小组办公室的牌子。两块牌子一套人员运行。

2004 年 4 月，为积极配合省政府推行电子政务工作，经省政府批准，成立省审计厅信息中心，属省审计厅下属正处级全额拨款事业单位。

2008 年 11 月，为加强审计干部的培训力度，经省政府批准，省审计厅将原科级审计干部培训中心升格为厅下属正处级全额拨款事业单位。

2009 年，按照省委、省政府的部署，省审计厅进行第三次机构改革。期间确定江西省审计厅为省人民政府组成部门，是省政府的审计机关。其职能职责调整为：取消办理市、县审计法规、规章的备案审查职责；调整对社会审计机构审计业务质量的监督范围，不再检查社会审计机构对审计机关审计监督对象以外单位出具的相关审计报告；加强对经济责任、关系国计民生的资源能源、环境保护和社会保障资金、境外省属国有资产、财政资金使用效益的审计职责；按规定对地厅级领导干部及依法属于省审计厅审计监督对象的其他单位主要负责人实施经济责任审计。厅内设机构调整为：将原跨部门的 7 个派出审计处全部收进厅机关与原机关职能部门合并设置为 19 个职能处室。

同时，全省各设区市、县（区）审计机关也相应进行机构改革。其职能职责及内设机构、人员随之进行调整。截至 2010 年底，全省县级以上审计机关共设有 113 个，实有人员 2907 人，其中：行政编制人员 2256 人，事业编制人员 651 人。

各级审计机关仍然实行双重领导体制，即对本级人民政府和上级审计机关负责并报告工作，审计业务以上级审计机关领导为主，省、市、县（市、区）审计机关分别在省长、市长、县（市、区）长和上一级审计机关领导下，组织领导本行政区的审计工作，负责本级审计机关审计范围内的审计事项。各级审计机关的领导人员依照干部管理权限的规定任免，但应事前征得上级审计机关的同意。各级审计机关的主要任务仍然是为了维护国家财政经济秩序，提高财政资金的使用效益，促进廉政建设，保障国民经济和社会健康发展，对本级人民政府各部门和下级人民政府、国家金融机构、全民所有制企业、事业单位及其他国有资产单位财政财务收支的真实性、合法性、效益性实行审计监督，审计机关依照《宪法》和法律规定独立行使审计监督权，不受其他行政机关、社会团体和个人的干涉。

二

随着社会主义市场经济的发展和改革开放的逐步深入，全省各级审计机关本着"依法审计、服务大局、围绕中心、突出重点、求真务实"二十字审计工作方针，紧紧围绕省委、省政府工作中心；围绕各级领导关心的难点、重点问题；围绕社会关注的焦点、热点问题，加强了对重点领域、重点部门、重点资金和重点项目的审计，进一步强化了审计监督职能，审计格局一直在不断提升。

审计监督领域逐步拓宽。1991 年以前审计工作主要局限在传统的财经法纪、财务收支审计方面，1991 年以后审计领域逐步拓展到财政预算执行审计、固定资产投资审计、经济效益审计、经济责任审计，涉及关乎国计民生、群众利益、社会发展问题的专项资金审计和审计调查等多种类别审计，并不断由查错纠弊审计向促进健全内部控制和提高效益审计方向延伸，坚持"一审二帮三促进"原则，把揭露问题与规范管理、促进改革结合起来，实施企事业单位审计，寓监督于服务之中，使审计为广大企事业单位保驾护航功能发挥得更充分。

审计方式方法不断创新。就地审计、报送审计和事前、事中、事后审计等常态审计适应不了发展的形势，为此，将审计范围内的事项授权或委托下级审计机关和其他审计组织进行审计的委托审计；与内部审计、社会审计或其他经济监督部门联合起来进行审计的联合审计；对一些关系国计民生的重要系统行业，审计机关常常以行业审计一条龙审计的形式在一个时期内组织众多的审计力量对该系统、行业中众多单位从上到下实施的同步审计，如 1998 年进行的全省粮食新增财务挂账审计；为增强审计效果，财政及部分重大项目审计中，在上级审计部门的统一部署下，组织下属审计机关对异地审计对象开展审计或由上级审计机关对下级审计机关管辖范围内的审计事项直接进行审计的"异地交叉"和"上审下"审计方式，如自 1995 年以后一年一度的本级财政预算执行审计。审计周期由不定期审计逐步发展到定期审计，并有计划地安排对一些重点单位、重点项目、重点资金进行经常性审计或轮审等多类别多模式的审计方式方法，对确保审计整改落实到位，尽量杜绝和防止屡审屡犯情况的发生起到显著效果。

同时，加大对重大违纪违法问题和经济犯罪案件的查处力度，进一步增强审计监督的权威性，充分发挥国家审计作为经济社会运行"免疫系统"的功能作用，为服务于江西省经济社会又好又快发展做出积极贡献。另外，各级审计机关注意在大量微观审计活动中捕捉信息，对被审计单位存在的一些共性问题进行综合分析，提出宏观管理方面的意见和建议，为各级领导和主管部门指导经济工作提供服务。从1991—2010年，全省审计机关向各级政府提供综合报告和专题材料72644件，其中被批示和采纳44470件。

审计"人、法、技"建设日臻完善。审计队伍自身建设不断加强，全省各级审计机关通过采取专题培训、现场培训、走出去、请进来等多种形式不断提高审计干部业务水平和培养审计后备人才；通过采取在全省审计机关经常性开展"建设学习型机关教育活动""公民道德建设教育活动""保持共产党员先进性教育活动"和"文明审计""廉洁从审""从严治审"教育活动等一系列政治思想作风建设措施，使全省审计干部政治素质得到不断提高，审计队伍得到不断充实和壮大，审计力量得到不断增强。截至2010年底，全省审计干部队伍由组建初期的186人发展到2907人，其中具有大专以上学历者2319人，中高级专业技术职称以上人员1145人，并涌现出以赣州市审计局等为代表的一大批先进集体和以都昌县审计局局长等为代表的一大批先进工作者。

逐步强化审计建章建制。坚持"从实际出发、突出重点、逐步推进"的原则，围绕一个中心——审计工作中心；完善两项机制——审计规范制度机制和审计法制工作机制；搞好三个服务——为改善审计环境服务、为规范审计活动服务、为提高审计质量服务。在遵循全国人大、国务院、审计署颁发的《审计法》《审计法实施条例》等审计财经法规的同时，与时俱进，结合江西实际制定并出台一系列地方性审计工作法律、法规，积极参与江西地方强化审计监督的基本法《江西省审计条例》调研起草工作，完善了文秘、档案、信访、保密、计划、统计、审计业务考核、审计质量管理等各项管理制度，审计立法和建制工作逐步得到健全。

全省各级审计机关强化先进审计技术的研究和推广提高审计手段，升华审计专业技能进步显著。90年代末创新审计软件、试行计算机辅助审计，2004年启动金审工程项目一期工程建设，2006年全面应用AO系统（Auditor Office现场审计实施系统）与OA系统（Office Automation审计管理系统）开展审计工作，省审计厅审计信息化建设走出了一条由装备简陋到装备先进，应用单一到应用广泛，管理简单到管理健全的发展道路，步伐坚定，审计应用初见成效。

审计社会影响力日益扩大。全省各级审计机关通过新闻媒介和自办刊物，积极宣传审计，反映审计动态，传递审计信息，做到报刊有字、电台有声、电视有像，使审计影响力深入人心。省审计厅创办了《审计与理财》（前身为《江西审计》）《财经审计法规》《审计信息》《审计简报》等刊物和内部资料，特别是《审计与理财》因其审计信息内容丰富、审计知识高深、审计政策传递速度快捷、版面活泼、文章厚重、读者受众面宽广（2007年起已走出国门，发行到美国、英国、德国、加拿大等44个国家和地区、同行业专业期刊发行版图全国第一、网络发行量达246395人次），而成为全省传达审计工作方针、政策，展示审计工作成果，交流审计工作经验的重要阵地。全省审计科研工作坚持理论研究与审计实践相结合，以课题为中心，有计划、有组织地开展审计科研活动，注重审计实务，兼顾基础理论，有效地发挥着审计科研对审计实践的指导和推动作用。

此外，随着审计工作的推进，得益于各级地方政府和社会各界的支持，各级审计机关的办公用房、交通工具、办公自动化等基础设施也不断得到改善，给审计工作提供了切实的后勤保障。

三

全省各级审计机关在经过 1983—1985 年"边组建、边工作"，1986—1990 年"抓重点、打基础"工作阶段后，1991—1994 年，进入到"积极发展、逐步提高"工作阶段，其间共对 50375 个单位进行审计，查出违纪违规金额 245916 万元；1995—1997 年，主要是以《审计法》的贯彻实施为标志，审计工作步入全面、深入发展新阶段，各项工作均有新提高，其间共对 36410 个单位进行审计，查出违纪违规金额 532772 万元；1998—2010 年，按照国务院总理朱镕基指示"全面审计、突出重点"，审计署、省委、省政府提出的"围绕中心、服务大局、依法行政、创新工作"的要求，共对 110403 个单位进行审计，查出违纪违规金额 10685560 万元。1991—2010 年，合计审计 197188 个单位，查出违纪违规金额 11464248 万元，处理被审单位违纪违规行为，已上缴财政收入共 1096404 万元。财政金融等各个审计领域均有不同进步。

财政金融审计长足发展，各时间段的不同特点突出。1991—2010 年，省审计厅共对 21038 个一、二级预算执行单位、财税部门、银行金融机构、非银行金融机构、各项资金的管理、使用情况进行审计，查出违纪违规金额 4524448 万元，上缴财政金额 71783.4 万元。其中：1991 年，按照省政府指示，"审计工作要围绕党的中心工作，抓重点单位、重点项目、重点资金的审计"，省审计厅组织对全省 38 个地、市、县（区）1990 年度政府财政收支情况，全省支农周转金的管理，433 个县以上建行、交行、农行等银行金融机构财务收支、自有资金管理、使用情况进行审计和审计调查，查出违纪违规金额 11725.9 万元，应上缴财政金额 4465.1 万元；1995 年，《审计法》颁布实施后，财政审计开始实行"同级审"与"上审下"相结合的审计监督制度，改变以往单一的"上审下"方式，扩大了财政审计领域，增强了财政审计力度。省审计厅组织对赣州等 5 个地市，于都、武宁等 36 个县（市）1994 年财政决算和其他财政收支审计，查出违反财政制度金额 11277 万元；1998 年，按照"工作依法到位，全面摸清家底，突出真实性，促进规范管理"的工作思路，运用从账户入手下审一级的审计方法，开展预算执行审计监督工作，取得新成绩。全省共对 182 个单位进行审计，查出违纪违规金额 4812 万元；2003 年，省审计厅在省政府强化"大财政审计意识"的指示下，调整思路，改变审计方法，实施预算执行审计的两个结合，一是审计机关内部业务部门之间工作上的结合，提高了工作效率；二是审计和审计调查的结合，丰富了审计报告的内容，提高了审计报告的质量。全年共对 1647 个单位进行审计，查出违纪违规金额 108104.9 万元；2006 年，省审计厅在审计署与省政府的安排下，对宜丰、奉新等 6 县 2004—2005 年底三峡库区移民外迁安置资金的投入、管理、使用情况进行专项审计，发现严重的外迁移民滞留库区、回流原籍现象，引起国务院总理温家宝、副总理曾培炎的高度重视，并作出批示及时制止了移民回流现象的蔓延。是年 2 月，省审计厅在全国首次开展财政预算级次管理审计，第一个查出网上银行虚假交易典型案例，引起审计署领导高度重视，并以"审计要情"上报党中央和国务院，得到国家领导人的高度重视和批示，促使审计署部署在全国开展此项审计业务。

行政事业审计进一步强化，审计覆盖面更加宽泛。1991—2010年，全省审计机关结合各级党委、政府的工作重心，针对领导关心、群众关注的问题，共对95008个党、政、群、司法和文化、教育、卫生、体育、科学、民政、广播电视等部门及所属事业单位的财务收支和相关经济活动实施审计，查出违纪违规金额1244591.3万元，应上缴财政金额213984.9万元，已上缴财政金额111776.5万元。其中：2000年，省审计厅组织对全省110个教育主管部门、93个财政部门、94个乡镇财政所、117个乡镇教育办公室、281所中学、279所小学的普通教育经费的管理和使用进行审计，查出学校乱收费、拖欠教师工资、截留挪用教育经费、私设"小金库"等问题。2006年，省审计厅运用计算机和AO辅助审计技术对11个设区市（县、区）25个交警部门电子警察项目建设和管理进行专项审计调查，被《信息日报》以《江西叫停警企合建测试点》为标题头版头条报道，引起社会强烈反响，获审计署地方优秀审计项目表彰，填补了江西省优秀审计项目获奖空白。是年，省审计厅还组织对省属南昌大学、江西财经大学等共16所高校的财务收支审计；2007年，对省属江西蓝天学院、南昌理工学院等10所民办普通高校财务收支情况的审计；2008年，对全省94个县（区）、51个开发区、1400多个乡镇、15135所学校、46204个项目、72.4亿元农村义务教育"普九"债务的审计调查，及对防治"非典"专项资金的审计、职工退休养老保险和失业保险基金的审计、计划生育和农村医疗基金的审计、抗震救灾和低温冰冻灾害救助资金等方面资金管理和使用情况的审计监督，审计覆盖面不断有拓展。

固定资产投资审计发展势头较快，审计力度明显加强。1991—2010年，全省各级审计机关共对22113个国家固定资产投资项目的投资方向、投资规模、资金来源、投资效益情况进行了重点关注并审计，查出违纪违规金额1009930万元，应缴财政金额达46507万元。其中：1991—2000年，十年间审计单位8671个，查出违纪违规金额329014万元，而2001—2010年，十年间审计单位达13442个，是前一个十年的1.5倍；查出违纪违规金额680916万元，是前一个十年的2.06倍。在对南昌大桥、昌九高速公路、德兴铜矿、贵溪化肥厂、鄱阳湖重点圩堤与分洪区工程、信江航运界牌枢纽工程、全省农村电网"两改一同价"、全省城网建设、新农村县级公路改造、鄱阳湖生态经济区建设等投资项目的审计监督后显示，各项审计业务严谨细致，不断有加强。

企业审计"监督就是服务"理念更切实际，"一审二帮三促进"的作用得到充分发挥。1991—2010年，全省审计机关为配合和支持审计署、省委、省政府的重大决策，对全省35559个重点国有企业和国有控股企业的财务收支和资产负债损益情况的合法、真实性进行审计，查出违纪违规金额1582433万元，应上缴财政金额282096万元，真正起到了"审计一家、整顿一家、提高一家、控制一片"的作用。其中：1991年，按照省长吴官正"要抓重点企业、利税大户审计"的指示精神，省审计局组织全省各级机关共对4531户国有企业的财务收支情况进行审计，是自审计机关组建以来审计单位最多的一年，共查出违纪违规金额19000万元，应上缴财政金额3475万元。特别是在查处违纪违规问题的同时，注意了向内部管理和效益方面的延伸，收到较好效果；1998年，企业审计的显著特点就是促进企业优化结构，提高经济效益，防止国有资产流失，省审计厅组织力量分别对九江石化总厂及下属 11 户企业 1997 年度财务收支的真实、合法和效益性进行审计，审计报告得到了审计署、省政府的肯定。是年，根据审计署等八部委的统一部署，为查清全省粮食政策性收储企业新增财务挂账和其他不合理占用贷款情况，省审计厅组织全省各级机关 1500 余名审计人员对全省 1703 个粮食收储企业进行审计和审计调查，查清了全省粮食收储企业新增财务挂账的真实情况，审计署和省政府对审计结果都很满意；2001 年，省审计厅以"摸家底、揭隐患、促发展"为目标，以"防范企业风险、规范企业管理、提高企业效益"为目的，以"关注热点、破解难点"为主线，组织力量对全省 1226 个企业财务收支情况进行审计，查出企业分别存在收入不实、成本不实、利润不实、有账不实、转移资产、损失浪费等违规金额 136992 万元，应上缴财政金额 8798 万元，促进企业增收节支金额 1844 万元；2007 年，省审计厅按照省政府"紧扣主题、提升层次"的工作思路，运用正确的审计方法对全省 356 个国有和国有控股企业资金、负债、损益情况的真实性进行审计，查出违纪违规金额 87894 万元，促进企业增收节支 3992 万元；2008 年，省审计厅组织对 24 户省属军工企业政策性破产及股份制改造情况进行审计，提出"对军工企业职工安置一步到位，关闭破产和改制分步实施"的改制思路。在国企改革中属全国首创，其改革成效明显，充分发挥了审计对企业"一审二帮三促进"的作用。

党政领导干部和国有及国有控股企业领导人员的经济责任审计逐步走向制度化、规范化，稳步向前推进。1991—2010 年，省审计厅组织共对全省 21203 个领导人员进行任期内经济责任审计，查出违纪违规金额 395064.5 万元。审计后，理清了各人的经济责任，按组织程序提拔人员 430 人、平调 3832 人、免职 783 人、降职 53 人、建议党政处分 27 人、移送纪检监察机关处理案件 60 起、移送司法机关处理案件 81 起。其中：1996 年，南昌市等少数几个地市审计机关开始尝试对国有企业厂长（经理）转岗、退休、调动等离职行为进行审计，查出弄虚作假、隐瞒亏损等违纪违规问题，引起政府领导高度重视；1999 年，中央办公厅、国务院办公厅联合下发《县级以下领导干部任期经济责任审计暂行规定》和《国有企业和国有控股企业领导人员任期经济责任审计暂行规定》、省审计厅出台《江西省领导干部离任审计暂行规定》将离任审计工作推进到较高层次。是年，并对 1474 个行政事业单位、企业以及乡镇主要领导进行了任期经济责任审计。抚州市审计局首次对 4 位县长进行离任经济责任审计，收到较好效果；2003 年，省纪律检查委员会、省委组织部、省监察厅、省人事厅、省审计厅五部门联合颁发《江西省党政领导干部任期经济责任审计实施办法》和《江西省国有及国有控股企业领导人员任期经济责任审计实施办法》，将江西省领导干部离任审计工作进一步制度化、规范化，并推向更高层次。是年，审计 2334 人，查出违纪违规金额 45466 万元。2004—2010 年，共审计 10333 人，查出违纪违规金额 230400 万元。2010 年，首次对南昌市和景德镇市两位市长进行离任审计，效果比较理想。

此外，按照国务院总理朱镕基"全面审计、突出重点、注意发现大案要案线索"的指示精神，1999 年，全省审计机关共协助有关部门查处案件 68 起，同时抽调 25 人次协助参与省纪委、省监察厅对"99413"案、"99808"案和"百胜"案等 12 个专案的查处工作，为各地党政纠风治乱，查办大案要案发挥了积极作用；2003 年，为规范审计工作，出台《审计项目计划管理办法》；为加强信访工作，出台《江西省审计厅关于加强督查工作的暂行规定》；为普及审计法律知识，举办全省审计机关《审计法》法律知识电视竞赛，评选出一等奖 1 名、二等奖 2 名，三等奖 3 名，优秀奖 6 名。

为扎实审计基础建设，制定 2003—2007 年审计工作发展规划，"12345"规划，即"一个目标""两个并重""三项基础工作""3+1 审计格局""五项基础建设"。2004 年，审计署提出为加强审计管理，增强审计方案的可操作性，推进审计日记制度，重新定位审计报告新观念、新思路。省审计厅围绕审计署的指示精神，创新审计工作，审计计划有新的改进。省审计厅修订《审计项目计划管理办法》，在全国比较早地提出审计中期计划概念，初步建立厅本级中期计划。全省各级审计机关围绕经济工作中心和改革发展大局，抓住领导关注的重大疑点、难点问题和群众关心的热点、焦点问题，特别是关系群众切身利益的民生问题开展审计，引起各级党政领导的高度重视，审计报告批示、批转多。全省各级党政部门提交专题和综合审计（调查）报告 1674 篇，被批示 1399 篇。是年，为提高审计质量，开始推行审计复核制度。省审计厅对 217 个审计项目进行了复核，提出复核意见 600 余条。为扩大审计影响，让全社会了解审计、理解审计、支持审计，省审计厅与民主评议行风领导小组办公室、省纠风办、省人民广播电台联合举办"行风热线"节目，收到较好效果。与此同时，省审计厅进一步强化机关党的建设、干部队伍建设、廉政和精神文明建设工作。在全体干部职工的共同努力下，先后被省直机关评为"第四届文明单位""第五届文明单位"；被省直机关工委评为"2007 年度省直机关党的工作优秀奖"；被审计署评为"全国审计机关审计廉政文化建设论文评选活动组织奖"；被省政府评为"2007 年全省民主评议政风行风工作优秀组织奖""全省保密工作先进单位""全省密码工作先进单位"。九江市审计局的审计项目被审计署评为"2008 年优秀专家经验"；抚州市、赣州市审计局获"2008 年省级文明单位"；吉安市、景德镇市审计局获"2008 年市级文明单位"光荣称号等。

四

国家审计发展起来之后，按照审计署的部署，前期，省直和各地、市、县（市、区）部门、单位的内部审计以及社会审计组织也陆续建立起来，逐步形成了由国家审计、内部审计、社会审计三部分组成的社会主义审计体系。后期（2000 年左右），因机构体制改革不断深入，部门、单位的内部审计机构逐渐萎缩，内审机构有的与本单位财务部门合并办公，有的与本单位的纪检、监察部门合并办公，还有的单位内审机构被撤销，其审计监督职能、职责由本单位财务部门取代等。社会审计机构在 1999 年底，根据全国统一部署，与国家审计机关完全脱钩，走向社会，自谋发展，其审计业务质量由国家审计机关监督，但 1991 至 2010 年期间，内部审计与社会审计机构为全省社会经济健康发展也作出了贡献。

内部审计工作起步于 1984 年，当时，根据国务院批转审计署《关于开展审计工作几个问题的请示》精神，省审计厅向省人民政府提出《关于建立部门、单位内部审计机构的报告》，获省政府批转。后来，各地、市、县（市、区）行政公署和人民政府也积极发文要求在各地建立部门、单位内部审计机构，由此，内部审计工作开始发展起来。1984 年，建立内审机构 511 个，配备专职内审干部 813 人；

1992 年内审机构达到 3242 个，配备人员 8383 人；1997 年内审机构发展到 3307 个，配备人员达 7553 人；截至 2001 年底，全省内审机构 2231 个，配备审计人员 4753 人。内审机构的设立方式有三种：一是单独设立的内审机构，如省直主管部门设审计处、地（市）主管部门设审计科、县（市、区）主管部门设立审计股；二是与监察、财会机构合并办公，称监察审计处（科、股），或财会审计处（科、股）；三是在财会机构内设审计组或专职审计员，此类情况多体现在基层单位。2000—2009 年，省审计厅在部分省直单位设置的派出机构则兼具国家审计与内部审计双重职能。1990 年，为促使内部审计工作规范化及健康发展，省审计厅成立管理指导处，负责指导内部审计工作，管理社会审计组织，协调派出机构和内部审计部门的计划、调查、统计工作，综合反映内部审计、社会审计机构的工作情况。1991 年，省审计厅出台《江西省内部审计工作规范化暂行办法》，全省内审工作开始步入规范化运作轨道。1997 年，为加强全省内部审计机构的联系，推动内部审计工作研究，经省民政厅批准，同意成立江西省审计师协会，省审计厅着手筹备成立省内部审计师协会。2000 年，省审计厅撤销管理指导处，同时成立江西省内部审计师协会，并制定颁布《江西省内部审计师协会章程》，使省内审协会工作有章可循。

内部审计机构建立后，各级审计机关利用举办培训班，召开现场会，开展内审工作考评等措施，同时在审计工作中通过宣传、引导等形式，督促、支持和指导内审机构建立规章制度，开展审计工作。1985—1997 年，全省内部审计机构共完成审计项目 150939 个，查出并纠正违纪违规金额 240959 万元，促进增收节支金额 98433 万元。仅 2001 年，全省内部审计机构完成审计项目 6354 个，查出损失浪费金额 2692 万元，促进增收节支金额 3087 万元，纠正违规行为金额 6667 万元。

在各级部门、单位内审机构发展的同时，乡镇审计在各地乡村自发产生和发展起来。早在 1984 年，宜春地区万载县黄茅乡在乡农村办公室设立农村财务审计组，建立全省第一个乡镇内部审计机构，开展农村财务审计，得到省、地、县审计机关的肯定和支持。1991 年 8 月至 1992 年，省审计局为加强对乡镇审计的指导，先后出台《关于对农村经济实行审计监督的通知》《关于进一步加强乡镇审计工作的意见的通知》《江西省乡镇审计工作暂行办法》，并分别在奉新、余干两次召开全省乡镇审计工作现场会，使全省乡镇审计建设逐步走向规范化和制度化，乡镇审计机构日益巩固，队伍日渐壮大。到 1997 年，全省建立起各种形式的乡镇审计机构 1161 个，配备乡镇审计人员 3001 人。各地乡镇审计部门在各级审计机关的指导和扶持下，积极参与当地审计机关组织的乡镇财政收支，乡镇企业、农村财务审计，并结合实际，因地制宜地针对党政领导和农民关心的热点问题开展各项审计活动，成为加强农村经济监督的一支生力军，有效地促进了农村经济的健康发展。不过，随着改革开放的不断深化，全省各乡镇审计工作逐步淡出人们的视野。

社会审计在改革开放后，随着经济体制改革的深入和多种经济成分、多种经营方式的发展应运而生。1985 年产生第一个社会审计机构"江西省审计咨询公司"，截至 1999 年底，全省各级社会审计组织接受国家审计机关和企事业单位的委托开展委托审计、经济案件鉴定、基建预决算公证、充任会计顾问、培训财会人员等业务，为补充国家审计力量不足，监督经济领域的活动，做出了一定贡献。1999 年，根据国家统一部署，全省各级社会审计机构与国家审计机关彻底脱钩，自谋发展，全省各级审计机关对其进行管理的历史使命从此终止。

1991—2010年，在历史的长河中，20年只是一瞬间，但江西审计事业所取得的成就却可圈可点。其间，全省各级审计机关在对197188个单位进行审计的过程中，查出违纪违规金额11464248万元，为国家增加财政收入1096404万元，促进企事业单位增收节支金额6372233万元，查出违规者并移送司法机关处理1286人，为净化全省经济建设环境、加强党风廉政建设做出了审计应有的贡献。经过20年的努力奋斗，江西审计事业获得长足的发展，审计组织体系、立法建制更加完备，审计方式、方法更加完善，各项管理制度更加健全，审计监督在维护财经法纪，促进宏观调控和廉政建设，保障国民经济健康发展方面成绩更加突出。20年的实践证明，江西审计事业之路不断地向前延伸，并越走越宽广；江西审计之光不停地在闪现亮点，并越闪越灿烂。随着改革的深入和江西经济的发展，江西审计事业的发展前景将会从辉煌走向更辉煌。

大事记

1983 年

9 月 15 日　萍乡市审计局成立，萍乡市委、市政府任命董宏业为萍乡市审计局局长。

10 月 9 日　景德镇市审计局成立，景德镇市委、市政府任命柳海元为景德镇市审计局局长。

11 月 8 日　九江市审计局成立，九江市委、市政府任命肖凯声为九江市审计局副局长，主持工作。

11 月 14 日　赣州市审计局成立，赣州市委、市政府任命池宝库为赣州市审计局局长。

11 月 17 日　南昌市审计局成立，南昌市委、市政府任命赵楷丞为南昌市审计局局长。

11 月 30 日　吉安市审计局成立，吉安市委、市政府任命邱文进为吉安市审计局局长。

12 月 2 日　抚州市审计局成立，抚州市委、市政府任命吴武仙为抚州市审计局副局长，主持工作。

是日　宜春市审计局成立，宜春市委、市政府任命邓若庸为宜春市审计局局长。

12 月 28 日　鹰潭市审计局成立，鹰潭市委、市政府任命张辅德为鹰潭市审计局副局长，主持工作。

1984 年

1 月 8 日　新余市审计局成立，新余市委、市政府任命徐理禹为新余市审计局局长。

1 月 20 日　上饶市审计局成立，上饶市委、市政府任命李怡祥为上饶市审计局副局长，主持工作。

7 月　省审计局在江西省财务会计学校开办学制两年的审计专业班进行审计专业教育。

11 月 5 日　审计署审计长于明涛到南昌市审计局视察。

11 月　根据省政府要求，指定景德镇市审计局牵头，市财政、地税局参加，对南昌县和湾里区 1983 年财政决算进行成立审计机关后第一次交叉审计。

1985 年

1—6 月　省审计局投入审计力量 1800 余人次，对 1644 个独立核算单位的财务收支进行审计，查出有问题金额 12636 万元。

2 月　江西省第一个社会审计组织江西省审计咨询公司在南昌成立，该公司聘用审计工作人员 24 人。

3 月 5—8 日　首次全省各地、市审计局长座谈会议在南昌召开，主要通报全国审计工作会议情况，研究当年审计工作中的新问题。

4 月 28 日　首次省直内部审计工作会议在南昌召开，副省长孙希岳主持会议。

7 月　省审计局组织全省审计机关及内审人员 832 名参加上海立信会计专科学校南昌审计单科辅导站举办的华东六省一市审计单科函授学习。

8 月　省审计学会第一届理事会在南昌召开，产生理事会理事 131 名、常务理事 18 名，王仲发当选为第一届审计学会会长。

12 月　省审计局组织 68 个地市县审计机关对 1984—1985 年上半年老区建设资金管理、使用情况进行审计，共查出有问题金额 34.7 万元。

1986 年

2 月　省审计局获省教育委员会同意在江西大学经济系开办学制三年的审计大专班进行审计专业教育。

3 月 4 日　审计署审计长吕培俭由省审计局局长王仲发、副局长骆凤田随同，先后到南昌市、九江市审计局视察。

6 月 24 日　全省地、市审计局长会议在玉山县召开。省审计局局长王仲发到会，并到德兴县审计局进行考察。

7 月　省审计局根据审计署在全国广播电视大学开设电大审计专业班学习的通知精神，在江西开设 13 个广电审计专业班，招录 547 名学员进行审计专业教育。

7 月 29—30 日　全省首次社会审计工作现场会在宜春地区清江县召开，会议主要议题：推动全省各地、市、县加快组建社会审计机构步伐。

12 月　赣州地区审计局、弋阳县审计局被评为"全国审计机关先进单位"，修水县审计局局长胡猛山、南昌县审计局局长李炳山、兴国县审计局局长李加淳被评为"全国审计系统先进工作者"，受到审计署表彰。

1987 年

1月5—11日　全省审计工作会议和全省审计系统先进集体、先进个人表彰大会在南昌召开。

5月4—5日　全省内审工作会议在南昌召开。

1988 年

3月8—9日　景德镇市审计学会成立，省审计局局长王仲发到会讲话。

3月11—13日　全省首次社会审计工作会议在抚州地区南丰县召开，各地市审计局领导及审计事务所所长、省厅各部门负责人共135人参加会议，会议主要议题：通过省审计局出台的《关于加强社会审计工作的通知》。

1989 年

2月　根据国家教委、人事部《关于成人高等考试试行"专业证书"制度的若干规定》，省审计局委托江西大学经济系开办专业证书班学习。

9月　省审计局与景德镇市审计局联合编印出版并在全省审计系统发行《法规目录索引》。

1990 年

2月　省审计局委托江西大学经济系举办"财政审计"专业班学习，招收学员37名。

6月11日　崇仁县审计局刘宝林被评为"全国审计机关劳动模范"，受到审计署、人事部、中国财贸工会表彰。

6月17日　宜春市审计局被评为"全国审计系统先进集体"，受到审计署、人事部表彰。

10月　省审计局与景德镇市审计局联合编印出版并在全省审计系统发行《违反财经法规处理规定分类汇编》。

1991 年

1月28日—2月1日　全省审计工作会议在南昌召开，省长吴官正、省人大常委会副主任王仲发到会并讲话。

3月14—15日　审计署法规司司长赵毓臣到安远县审计局调研。

3月20日　全省第一次内审协作会议在九江召开，13个内审试点单位参加会议，会议主要议题：关于内审工作发展与规范问题征求意见。

3月25日　审计署法规司司长一行 3 人就起草《审计法》先后到南昌市、赣州地区、景德镇市审计局调研，并考察江西汽车制造厂的内审工作。

3月28日　全省社会审计工作会议在上饶市举行。

4月9日　省审计局下发《江西省内部审计工作规范化暂行办法》。

4月30日　省人大常委会决定，任命池宝库为省审计局局长，省委同时任命池宝库为省审计局党组书记。

6月17—21日　审计署副审计长崔建民到江西视察。

10月11—13日　全省第二次乡镇审计现场会在余干县召开，省审计局局长池宝库到会并讲话。

10月11—16日　华东、华北片审计统计年会在九江市召开。

10月14日　省审计局委托江西大学经济系举办"工业审计"专业班学习，招收学员 50 名。

11月5日　省审计局下发《关于执行审计署、国家档案局〈关于审计档案管理工作的暂行规定〉和〈审计文件材料立卷归档工作程序〉实施办法》，以及《江西省审计局审计项目案卷质量标准》。

11月7—20日　全省审计系统首届体育运动会在抚州、宜春两市举行。

11月29日　全省内部审计试点单位协作会议在玉山县召开。

是年第四季度　全省审计机关对全省中小学危房改造资金、自然灾害救济费、军转费等专项资金进行审计调查。

1992 年

1月17—19日　省审计局在南昌召开全省审计工作会议，省长吴官正、省人大常委会副主任王仲发到会并讲话。

1月20日　省审计局成立执业审计师审核委员会，开展执业审计师考评工作。是年 11 月，执业审计师改称注册审计师。

1—9月　省审计厅对预算执行审计进行初步尝试，首先对南昌市、九江市、景德镇市、宜春地区 4 个地市预算执行情况和 13 个县税务局税收分成情况进行审计。

2月21日　省审计局颁发《江西省乡镇审计工作暂行规定》，规定了乡镇审计的职能和程序、审计文书、审计档案格式、审计统计、审计报告、信息交流、审计回访制度。

3月8日　省审计局颁发《关于审计机关行政复议工作试行办法》《关于审计机关办理行政诉讼试行办法》。

3月　省审计局组织 11 个地（市）审计局，对全省 11 个地市的粮食主管部门及所属 128 个独立核算粮食企业中提高粮食销价和减少粮食企业亏损情况进行审计调查，并形成《审计调查报告》。省长吴官正、副省长孙希岳分别对《审计调查报告》作出批示。

是月　省审计局、省农垦局、江西电视台和江西广播电视报社联合举办"农垦杯"审计知识大奖赛。参赛人员 1 万余人。审计署副审计长崔建民和副省长孙希岳观看电视决赛，并为获奖队颁奖。

4月30日　省委常委会决定在省审计局进行公务员试点。

4月30日—5月2日　南京区经济协调会第7次审计局长联席会在景德镇市召开。来自江西省、江苏省、安徽省、苏州市、青阳县、歙县等21个地（市、县）审计局局长和代表共86人参加会议，省审计局副局长骆凤田到会。会议议题：审计机关如何解放思想、更新观念、转变机制，开展审计工作。

5月20日　省审计局、省人事厅转发审计署、人事部《审计专业技术资格考试暂行规定》及《实施办法》。7月15日，省审计局、省人事厅发布《审计专业技术资格考试工作实施细则》。

6月13—24日　审计署常务副审计长崔建民考察江西审计工作，在省审计局局长池宝库陪同下，先后到南昌市、吉安市、赣州市、兴国县、宁都县、瑞金市、于都县、大余县审计局进行考察。

8月3—8日　审计署在庐山召开公共工程审计国际研讨会。奥地利、印度、日本、荷兰、菲律宾、新加坡、英国、美国与亚洲开发银行的政府审计官员和专家共9人及审计署特派办，各省、自治区、直辖市审计局基建审计处负责人参加会议。审计署副审计长郑力、江西省副省长孙希岳出席会议并讲话。

8月10—22日　审计署副审计长罗进新到南昌、九江、鹰潭、上饶等地审计局考察调研。

8月24日　省审计局首次开展商品住宅开发审计。

10月5日　省审计局首次开展对南昌等4个地、市1992年1—9月份财政预算执行情况审计，并于10月26日向省人民政府提交专题报告。

10月6日　自成立审计机关以来省审计局首次组织力量对全省工商银行系统1991年流动资金贷款进行审计。

1993 年

1月4—19日　全省审计工作会议在南昌召开。省长吴官正、省人大常委会副主任王仲发出席会议，吴官正讲话。

1月9日　江西省注册审计师协会在南昌成立。

2月23—25日　省审计局组织在全省审计系统开展审计执法水平、政策水平、审计技巧、综合分析水平、文字写作水平"五个提高"大竞赛。

3月12日　审计署老干局局长曹忠到吉安市、吉安县、井冈山市、赣州地区审计局考察调研。

3月底　省审计局组织各地、市审计局和52个县（市、区）审计局对52个县（市、区）和6个地（市）直属系统的粮食行业财务挂账情况开展审计调查。

6月13—15日　全省机构改革试点县审计调查工作会议在德兴市召开。

6月13—17日　审计署副审计长李金华到江西，并参加在丰城市召开的9县、市审计局长座谈会。另在省审计局局长池宝库、副局长陈志刚、谌模有，南昌市副市长洪大诚、熊久伶的陪同下，参加南昌市郊区湖坊乡进顺村召开的南昌市、县、区审计局长座谈会。

6月23—27日　第一次华东片财政审计工作会在井冈山市召开。

8月3日　省审计局转发审计署《关于加强金融审计监督的通知》，并对全省390家金融机构进行专项审计。

8月7日　九江市审计局全省第1个聘请6名特约审计员参与九江市审计局工作。

9月11日　修水县供销社内审股吴让益被评为"全国内部审计工作先进个人",受到审计署表彰。

10月20日　省审计局组织并部署对全省2030个外资项目进行审计调查。

是日　江西红星企业集团审计处、江铃汽车集团公司审计处、上饶地区粮食局审计科被评为"全国内审工作先进单位",受到审计署表彰。

10月22日　审计署副审计长郭振乾到南昌市审计局视察。

10月24日　南昌市审计局、瑞金县审计局被评为"全国审计机关先进集体",受到审计署表彰。

1994 年

1月31日—2月3日　全省审计工作会议在南昌召开,常务副省长舒圣佑出席并讲话。

1月31日　都昌县审计局彭纪芳被评为"全国审计系统先进工作者",受到审计署、人事部表彰。

2月　全省审计机关开始对934个执法单位1993年度罚没收入情况进行专项审计,同时对1216个行政单位同期的行政性收费情况实施审计。

2月20日　瑞金市审计局被评为"全国审计机关先进集体",受到审计署、人事部表彰,由省审计局局长池宝库受审计署、人事部委托向瑞金市审计局颁奖。

5月31日　九江市审计事务所被评为"全国百强审计事务所",受到审计署表彰。

6月17日　省人民政府批准《江西省审计厅职能配置、内部机构和人员编制方案》。

7月13日　全省防洪救灾审计工作座谈会在吉安市召开。

7月15—24日　审计署副审计长刘鹤章到江西考察。并在省审计局局长池宝库陪同下,先后到抚州地区、景德镇市审计局考察审计工作。

9月2日　省审计局改名为省审计厅。

是日　省委任命池宝库为省审计厅党组书记。

10月24日　省人大常委会第十一次会议决定,任命池宝库为省审计厅厅长。

1995 年

2月2日　由省审计厅章丁万、李少鸣组成的省审计厅派驻赣县参加村级建设工作组进驻赣县江口镇六十里店村。

2月9—11日　全省审计工作会议在南昌召开,省委常委、常务副省长舒圣佑到会并讲话。

3月31日　省审计厅下发《江西省审计厅办公室对地市审计局六项工作年度目标管理考评试行办法》。具体考评范围:审计信息宣传和发行、档案管理、公文处理、信访督查和接待、安全保密、基础建设工作。

3—6月　全省审计机关对中国银行江西省分行所属103个分支行、信托公司财务收支进行审计,同时对各分支行减利、潜亏问题开展审计调查。

5月10日　省审计厅下发《关于进一步完善对厂长（经理）实行离任审计的通知》。

5月25日　审计署一行10人到吉安地区进行社会审计调查。

6月8日　省审计厅决定创办机关内部刊物《审计要情》，作为《审计信息》的增刊，原有《审计简报》停刊。

6月　省审计厅组织对全省108个计划生育委员会和324个乡镇计划生育办公室1994年计划生育事业费和计划外生育费收入、征收、管理、使用情况实施专项审计。

7月　经省委批准，省审计厅成立纪检监察室，为省纪委、省监察厅的派驻机构。

8月4日　省审计厅成立推行国家公务员制度领导小组和办公室。并于10月19日，制定厅机关实施公务员制度方案，厅机关公务员改革工作全面展开。

8月25日　省审计厅向省人民政府提出《关于对江西省地方同级预算执行情况进行审计监督的意见》，省人民政府于9月21日批转各地遵照执行。

9月28日　省审计厅制定并下发《江西省审计机关审计地方同级预算执行情况的实施方案》。

10月27日　省审计厅举办机关工作人员向国家公务员过渡考试，考试结果全部合格。

11月5日　首届全国审计专业技术资格考试赣州考区在赣州市举行。

12月2日　省审计厅办公楼——赣审大厦（审计干部培训中心）开始施工。建筑面积10100平方米，工程总造价2997.8万元。

12月　省审计厅组织对全省1070个公检法司部门及其所属部分基层单位1994年度办案收费、罚没款物等财务收支情况实施专项审计。

1996 年

1月3—5日　省审计厅对江西青少年发展基金会1995年度募捐筹集的希望工程基金收支情况实施专项审计。

1月16日　全省"审计监督质量年"考核评比大会在南昌举行。

1月29—31日　全省审计工作会议在南昌召开，省长舒圣佑出席并讲话，省人大常委会副主任王仲发到会看望会议代表。

3月27日　省审计厅设立举报中心，同时公布《江西省审计厅举报工作实施办法》。

3—9月　省审计厅组织对13家保险公司、123个农业银行、93个中国银行江西省分行支行机构1995年度资产负债损益情况进行审计。

4月23日　经省人事厅批准，省审计专业高级技术职称评审委员会建立评委库。由省审计厅副厅长李海泉及有关专家、学者26人组成。

4月28日　审计署机关党委书记在省审计厅副厅长谌模有、省审计厅机关党委书记王洁、省审计厅机关工会主席李静的陪同下，到井冈山市考察调研。

5月10—12日　南京经济区域第11次审计局长联席会议在九江市南湖宾馆召开。南京市、合肥市、南昌市、芜湖市等18个城市审计局长，共57人参加会议。

5月24日　省委决定任命李海泉任省审计厅党组书记,免去池宝库省审计厅党组书记职务。

6月24日　省人大常委会第二十二次会议决定,任命李海泉为省审计厅厅长,免去池宝库省审计厅厅长职务。

8月6—8日　全省审计工作座谈会在庐山召开。

8月15—16日　全省审计机关首次纪检监察座谈会在庐山召开。

8月19日　省审计厅厅长李海泉受省人民政府委托,向省第八届人大常委会第23次会议作《关于1995年省本级预算执行情况的审计工作报告》。

9月10日　《江西审计》编辑委员会成立大会在南昌召开。会议宣布厅党组决定,编委会主任:李海泉,副主任:余先仕、何干成、李水芳。《江西审计》由省审计厅主办,从1997年1月1日开始由双月刊改为月刊。《江西审计》编辑部直属于《江西审计》编委会。

10月7—10日　华东6省、市审计厅(局)长座谈会在井冈山市召开,参加会议的有华东6省、市审计厅(局长)和人事处长及青岛、南京、宁波、厦门4个计划单列市审计局长。审计署常务副审计长金基鹏到会,会后视察了省审计厅、南昌、九江、湖口、庐山等地的审计工作。

11月3日　全国审计专业技术资格考试江西考区首次在南昌举行,全省1000余人参加考试。

11月18日　省审计厅首次面向社会招录公务员,通过考试录用公务员6名。

11月26—28日　全省审计课题研讨会在赣州举行。审计署审计科研所局级研究员高天虹到会,省审计厅纪检组长李水芳到会并作总结讲话。

1997 年

1月28—29日　全省审计工作会议在南昌召开,省长舒圣佑出席并讲话。

3月17—19日　全省审计事务所所长会议在南昌召开。

3月28日　省审计厅制定并下发《关于加强精神文明建设开展"创文明单位 做人民好公仆"活动的实施意见》。

3—8月　省审计厅组织对全省948个普教单位1996年度普教经费征集、拨付、使用和管理情况实施专项审计。

3—8月　省审计厅组织对全省1995—1996年度电力建设基金,新电价资金征管情况实施专项审计。

3—10月　省审计厅组织对全省480个乡镇1996年度财政决算及其他财政收支情况实施专项审计。

3月24日　《江西审计》首次通讯员工作会议在南昌召开,全省各地、市、县审计机关120多名通讯员参加会议。会议颁发了"江西审计通讯员证",通过了《优秀审计通讯员和优秀审计作品评选办法》。

4月4日　省审计厅制订颁发《全省审计机关第三个五年法制宣传教育规划》。

4月7日　省审计厅向省新闻出版局申请将《江西审计》杂志更名为《江西审计与财务》,从

1998 年 1 月起出版发行。10 月 9 日，省新闻出版局批复同意。

4 月 24 日　省审计厅组织对全省工商行政管理系统 576 个单位 1996 年度工商管理费、罚没收入及其他各项财务收支情况进行专项审计。

4 月 29 日　省审计厅向省民政厅提出申请要求成立江西省内部审计师协会，同时提交《江西省内部审计协会章程》和《江西省内部审计师协会会费交纳办法》。是年 7 月 1 日，获省民政厅批复该会成立。

4—6 月　省审计厅组织对 190 个乡镇和 570 个行政村 1996 年度财务管理及乡镇审计状况进行审计调查。

5 月　审计署综合司司长赵连栋到瑞金市实地察看"中华苏维埃共和国中央审计委员会旧址"，并对修复"旧址"的意见与有关各方协商后达成共识。

5—8 月　省审计厅组织对 11 个地市 159 个林业单位 1995 至 1996 年度林业育林基金、维简费、护林防火费、林业保护建设费（一金三费）征收、管理、使用情况进行专项审计。

6 月　省审计厅开始着手部署对全省粮食财务挂账清查工作。

6 月 17 日　中纪委驻审计署纪检组长吴定富在省审计厅纪检组长李水芳的陪同下，到永丰县、井冈山市审计局考察调研。

7 月 27—29 日　省审计厅在庐山召开全省审计工作座谈会。

7 月　省审计厅组织对全省国家安居工程建设规模以及开发、经营管理情况进行审计调查。

8 月 14 日　省审计厅厅长李海泉受省人民政府委托，在江西省第八届人大常委会第 29 次会议上作《关于江西省 1996 年省本级预算执行和其他财政收支审计工作报告》。

9 月 25—26 日　全省审计机关纪检监察工作座谈会在南昌召开。

10 月 13 日　省审计厅颁发《关于加强固定资产投资项目审计监督的通知》。

是日　省审计厅制定并下发《江西省审计科研课题优秀论文评选办法》。

10 月 13—15 日　审计署在赣州召开华东、中南、西南三大区审计统计会议。审计署驻三大区特派员办事处及三大区审计厅（局），共计 29 个单位的 35 名代表参加会议，审计署综合司副司长范鹏、省审计厅厅长李海泉到会。

10 月　省审计厅组织对全省 11 个计划生育委员会和 646 个乡、镇、街道计划生育办公室 1995—1996 年计划生育经费收入、征收、管理和使用情况实施审计。

12 月 19 日　南昌市审计局被评为"全国审计机关先进集体"，受到审计署、人事部表彰。

12 月 23 日　上饶地区审计局华炳朝、赣州地区审计局温龙光被评为"全国审计系统先进工作者"，受到审计署表彰。

1998 年

2 月 13—15 日　全省审计工作会议在南昌召开。省长舒圣佑到会并讲话，省人大常委会副主任华桐出席会议，省审计厅厅长李海泉作工作报告。

3月12—14日　审计署综合司司长赵连栋在省审计厅厅长李海泉的陪同下，到兴国县、瑞金市检查指导审计工作。

3月25—26日　全省审计机关纪检监察工作会议在南昌召开。

5月30日—6月1日　全省粮食财务挂账清查审计培训班在南昌召开。省审计厅党组书记、厅长李海泉到会并讲话。全省审计机关各级审计局领导、审计业务骨干等共200余人参加培训。

5—9月　省审计厅按审计署部署组织对全省11个设区市、99个县（区）财政、计委、水利、农业、发展银行和其他筹集、分配、管理、使用水利专项资金的部门、单位进行审计。

6月2日—8月　省审计厅组织全省各级审计机关1500多名审计人员，对全省1703个粮食收储企业开始进行新增财务挂账和其他不合理占用贷款情况进行审计。这是自审计机关成立之后，在全省范围内进行规模最大的一次审计，查出不合理占用农发行贷款金额269700万元。

6月28日—7月1日　省审计厅厅长李海泉赴九江、景德镇、上饶、鹰潭四地市检查粮食清查审计工作。

8月18日　审计署财金司一行5人到吉安地区农业银行进行审计调查。

8月19日　在江西省第九届人大常委会第四次会议上，省审计厅厅长李海泉受省政府委托向大会作《关于1997年省本级预算执行和其他财政收支的审计工作报告》。

9月8—10日　全省深化国有企业审计研讨会在省审计厅庐山培训基地召开。省审计厅厅长李海泉到会并讲话。

10月　奉新县审计局江小玲被评为"全国粮食审计先进个人"，受到审计署表彰。

10月7日　省审计厅选派12名干部，按省政府的决定，会同上饶地区派出干部共117人，分赴德兴市各乡镇进行为期3个月的帮助灾区恢复生产，重建家园工作。

11月　万载县黄茅镇人民政府被评为"全国内部审计工作先进单位"；宜丰县芳溪镇审计室李暄被评为"全国内审工作先进个人"，受到审计署表彰。

11月3日　彭泽县农村经济审计室胡建被评为"全国内部审计先进工作者"，受到审计署表彰。

1999 年

1月27—28日　全省审计工作会议在南昌召开。省长舒圣佑到会并作讲话。省人大常委会副主任华桐到会指导。

2月25日　全省外资审计工作会议在南昌召开。省审计厅厅长李海泉到会并讲话。

3月11日　全省移民建镇专项资金审计工作会议在南昌召开。省审计厅副厅长何干成到会并讲话。

3—4月　省审计厅、省财政厅、省劳动厅组成联合审计组，对全省铁路、交通、邮电等行业中的32个单位统筹企业职工基本养老保险基金情况进行审计，查出违纪违规金额4205万元。

3—9月　省审计厅根据审计署授权，对省工商银行141个分支机构1998年资产负债损益情况进行审计，查出违纪违规金额8471.7万元。

4月20日　全省审计机关纪检监察工作会议在南昌召开。省审计厅纪检组长李水芳到会并讲话。

6—10月　省审计厅按照审计署要求组织全省11个设区市及57个县（市）审计机关，对全省1991—1998年农业综合开发资金的拨付、使用、管理情况进行审计，查出全省地方财政未到位资金6364万元。

7月29日—12月8日　根据省委部署，省审计厅开展全省审计机关"三讲"（讲学习、讲政治、讲正气）教育活动，历时125天。

8月18日　在江西省第九届人大常委会第十次会议上，省审计厅厅长李海泉受省人民政府委托，向大会作《关于1998年省本级预算执行和其他财政收支的审计工作报告》，受到与会人大常委们的好评。

10月14日　审计署外资司一行5人，到大余县青龙镇长坑地域检查外资项目开发审计情况。

10月29日　中华苏维埃共和国中央审计委员会旧址修复暨全国审计系统爱国主义教育基地揭牌仪式在江西赣州瑞金市举行，审计署审计长李金华到会并讲话。审计署纪检组长王道成、社保司长赵连栋、江西省政府副省长朱英培等出席。省审计厅厅长李海泉、湖南、湖北、广东、福建、深圳等省（市）审计厅（局）长，广州、长沙、武汉特派办特派员参加揭牌仪式。

12月31日　江西省审计师事务所、通达会计师事务所、华赣会计师事务所、赣建审计师事务所完成脱钩改制工作。

2000 年

1月7日　省审计厅下发《江西省审计厅国家公务员考核暂行办法》《江西省审计厅事业单位工作人员考核暂行办法》《江西省审计机关、事业单位、工人考核暂行办法》。

1月10日　省审计厅印发《江西省审计厅议事规则》。

2月15—16日　全省审计工作会议在南昌召开。省长舒圣佑到会并讲话，省人大常委会副主任华桐，省政府秘书长、办公厅主任朱张才到会指导，省审计厅厅长李海泉作工作报告。

3—9月　省审计厅组织对全省110个教育主管部门、93个财政部门、94个乡镇财政所、117个乡镇教育办公室、281所中学、279所小学1999年普教经费进行审计，查出违纪违规金额1376万元。

3月8—9日　全省审计机关纪检监察工作座谈会在南昌召开。

3月21—22日　中央五部委（中纪委、中纪部、监察部、人事部、审计署）组织的六省《经济责任审计实施细则》座谈会在南昌召开。会议由中纪委、审计署有关部门的领导主持。来自江苏、湖南、安徽、广东、福建、江西六省的纪检监察、组织、审计等部门的领导共20余人参加了座谈。江西省审计厅厅长李海泉、纪检组长李水芳出席座谈会。

4月　全国四省市审计学会课题研讨第六组第一次会议在南昌召开。中国审计学会秘书长王国志到会进行指导。北京市、上海市、浙江省、江西省审计学会的负责同志出席会议。省审计厅厅长李海泉到会看望与会代表。副厅长何干成、纪检组长李水芳到会并作讲话。

4—10月　省审计厅组织对省交通厅、省公路局、省稽查征费局、省高速公路管理局、省公路开发总公司等 226 个单位 1999 年度和 2000 年 1 月至 3 月公路建设资金征收、管理、使用情况进行审计，查出违纪违规金额 139702 万元。

6—8 月　省审计厅按审计署的要求，组织对全省 11 个设区市 99 个县 520 个单位 1998 年至 1999 年度环保资金分配、拨付、管理情况进行审计，查出违纪违规金额 7554 万元。

8 月 2 日　南京审计学院院长易仁萍到吉安地区进行考察调研。

8 月 10—11 日　全省审计工作座谈会在南昌召开。会议主要议题：贯彻落实审计署提出的进一步加强审计为实施西部大开发战略服务。省审计厅党组书记李海泉到会并讲话。

8 月 30 日　在江西省第九届人大常委会第 18 次会议上，省审计厅党组书记李海泉受省人民政府委托，向大会作了《关于 1999 年省本级预算执行和其他财政收支的审计工作报告》，受到与会人大常委们的好评。

8 月　省委、省政府任命李海泉为省审计厅副厅长，免去李海泉省审计厅长职务。

9 月 29 日　接省政府办公厅文件，《江西省人民政府办公厅关于印发〈江西省审计厅职能配置内设机构和人员编制规定〉的通知》，省审计厅内设 10 个职能处（室）、8 个派出审计处、1 个机关后勤服务中心。

11 月 11 日　全省审计机关副处以下审计干部全员岗位资格统一考试在南昌举行。全省共设 12 个考点，68 个考场，1874 名干部参加了考试，考试合格率达 98.6%。

11 月 17 日　江西省委、省政府组织的全省查办大案要案工作表彰大会在南昌召开。江西省审计厅 3 个办案集体获"全省查办大案要案工作先进集体"。省审计厅机关党委王卫亚等 3 名审计人员被授予"全省查办大案要案工作先进工作者"荣誉称号。

12 月 28 日　江西省内部审计师协会成立暨第一次代表大会在南昌召开，大会产生第一届理事会及会长人选，会长为陈长安。

2001 年

2 月 3—4 日　全省审计工作会议在南昌举行。省长舒圣佑作书面讲话，省政府副秘书长、办公厅主任朱张才，人大财经委副主任委员汤源泉到会指导，省审计厅党组书记李海泉作工作报告。

2 月 26 日　省机构编制委员会通知，同意省审计厅增设经济责任审计处，并核定领导职数，一正二副。

4—5 月　省审计厅经审计署授权对省电力公司 2000 年度财务收支情况进行审计，查出漏缴企业所得税 11932.77 万元。

4—8 月　省审计厅组织 425 人组成 12 个审计组对省人寿保险公司 136 个独立核算机构 1999 年至 2000 年资产负债损益情况进行审计。

4—9 月　省审计厅组织对南昌市等 5 个设区市、53 个县、404 个乡政府 1999 年至 2000 年财政决算、预算外资金管理、税收政策执行等情况进行审计，查出违纪违规金额 55883 万元。

6 月 28 日　省机构编制委员会以赣编发〔2001〕7 号文通知，同意省审计厅经济责任审计处增挂省经济责任审计工作领导小组办公室牌子。

6月29日　省审计厅全体干部职工为庆祝中国共产党建党80周年，举办"三个代表"重要思想之歌联欢会。

7月15—16日　全省审计工作座谈会在南昌召开，会议主要议题：《贯彻"三个代表"重要思想 深化预算执行审计》，省审计厅党组书记李海泉到会并讲话。

8月23日　在江西省第九届人大常委会第25次会议上，省审计厅党组书记李海泉受省人民政府委托，向大会作《关于2000年省本级预算执行和其他财政收支的审计工作报告》，受到与会人大常委们的充分肯定。

11月　南昌市审计局局长袁蔚秋、萍乡市审计局蔡德善被评为"全国审计系统廉政、勤政先进个人"，受到审计署表彰。

12月28日　江西省内部审计师协会在南昌成立，省政府副省长胡振鹏到会并讲话。中国内部审计师协会秘书长马怀平到会祝贺。省审计厅党组书记李海泉到会作专题报告。

是日　赣州市审计局、南丰县审计局被评为"1998—2001年全国审计机关先进集体"，受到审计署、人事部表彰。丰城市审计局被评为"全国审计机关廉政、勤政工作先进单位"，受到审计署、人事部表彰。铜鼓县审计局邓映柳被评为"全国纪检监察工作先进个人"，受到审计署表彰。

2002 年

1月31日　全省审计工作会议在南昌召开。省委副书记、省长黄智权到会并讲话，中国审计报社社长谭绳喜、办公室主任陈胜利到会指导，省审计厅党组书记李海泉作工作报告。

2月25日　省审计厅印发《关于江西省审计厅国家公务员轮岗交流暂行规定》。

3月26日　省人大常委会第九届29次会议听取了省审计厅《关于办理省人大常委会审议"关于江西省2000年度省本级预算执行和其他财政收支的审计工作报告"整改情况的报告》。

4月13日　审计署综合司司长赵连栋带队，在省审计厅党组书记李海泉的陪同下，对上饶市及信州区、上饶县、弋阳县社保基金进行审计。

4月17日　中国时代经济出版社全国通联工作会议在江西鹰潭市召开。审计署副审计长刘家义到会并讲话。

4月28日　全省审计机关纪检监察工作座谈会在南昌召开。

4月　省审计厅对全省111个财政部门、75个政府采购办和政府采购中心、481个部门和单位、344个供应商和2个招标代理机构2001年度政府采购情况进行审计和审计调查，查出违纪违规金额12181.71万元。

5月20日　由审计署主编，江西省审计厅、陕西省审计厅承编的《中国审计史》卷一《中国革命根据地审计》编纂座谈会在南昌召开。中国审计学会副会长罗进新、陕西省审计厅副厅长周新生及江苏、陕西、江西的二十余名专家、教授出席了座谈会。

5月21日　省审计厅批复《江西审计与财务》编辑部设置五个内设机构。

6月7日 省审计厅党组书记李海泉到萍乡市审计局对"三个代表"重要思想学教活动情况进行调研。

7月1日 省审计厅青年干部赵小春被江西省直属机关工作委员会授予"新形象楷模"光荣称号，7月24日，赵小春又被省直工委组织部、省直机关团工委授予省直机关第四届"省直十大杰出青年"奖。

7月9—17日 审计署副审计长令狐安来江西考察审计工作，先后赴吉安、抚州、南昌等地考察调研。

7月25日 在省九届人大常委会第31次会议上，省审计厅党组书记李海泉受省政府委托，在大会作《关于2001年省本级预算执行和其他财政收支的审计报告》。

8月27日 省审计厅办公会议决定，将《江西省审计监督条例》作为2003年立法建议项目向省人大常委会和省政府申报。

8月30—31日 全省审计工作座谈会议在新余召开。会议主要议题：促使全省党政领导经济责任审计工作再上新台阶。

9月 省审计厅经审计署授权，对万安水力发电厂2001年财务收支情况进行审计。

9月28日 省审计厅组织的全省审计机关《审计法》法律知识电视竞赛在江西广播电视台演播厅举行，竞赛评选出一等奖1名、二等奖2名、三等奖3名、优秀奖60名。

10月 审计署发文通报表扬江西省政府采购审计和审计调查工作。

11月9日 济南特派办对江西省萍乡市莲花县的县级财政收支状况进行专项审计调查。

12月1日 审计署副审计长瞿熙贵到景德镇市审计局调研。

2003 年

1月 省审计厅邀请省人大法制委，法工委召开征询审计执法意见座谈会。

2月18日 省纪委、省委组织部、省监察厅、省人事厅、省审计厅联合颁发《江西省党政领导干部任期经济责任审计实施办法》和《江西省国有及国有控股企业领导人员任期经济责任审计实施办法》。

2月19日 全省审计工作会议在南昌召开。省委副书记、省长黄智权和省人大常委会副主任蒋仲平到会并讲话，省审计厅党组书记李海泉作工作报告。

2月 省委决定，伍自尧任省审计厅党组书记、厅长。

3月12日 省人民政府决定，免去李海泉的省审计厅副厅长职务。

3月17日 省审计厅2002年11月10日—12月15日期间对20家省级外贸专业公司的审计报告，分别获时任省长黄智权、常务副省长吴新雄等省政府领导的批示。

3—7月 省审计厅首次提出"全方位、大财政审计"的方式，力求从大财政收支内部管理机制缺位或缺陷的层次上来加大问题揭露和查处力度。对467个预算单位进行审计，查出违纪违规金额68657万元。

4月1日　省审计厅被省政府授予"2002年度实施行政执法责任制先进单位"。

4月11日　省审计厅召开全厅干部职工大会，开展从4月11日至6月30日为期两个月的机关思想作风教育活动。厅党组书记、厅长伍自尧作题为《加强和改进思想作风建设 振奋精神努力塑造审计新形象》的动员报告。

4月　省审计厅组织对全省11个设区市、95个县、458个乡、460个重点村、136个贷款单位2001年至2002年度扶贫专项资金的投入、管理、使用情况进行审计，查出违纪违规金额39447.9万元。

5月　省审计厅举办全省审计机关成立20周年书画摄影展。

7月25日　省长黄智权对省审计厅《审计要情》刊发的"预算外资金管理有待进一步加强"作出批示。

7月30日　在江西省第十届人大常委会第四次会议上省审计厅厅长伍自尧受省政府委托，向大会作《关于2002年度省本级预算执行和其他财政收支的审计工作报告》。

7—8月　省审计厅按审计署部署，由省、市、县三级审计机关，省计委、省民政厅、省财政厅组成联合审计组，对全省各级财政、计委、卫生、民政等部门，红十字学会、慈善总会、治疗"非典"定点医院等部门和单位接收、安排、分配、管理、使用"非典"物资情况进行审计。

8月14日　《江西省审计厅审计执法责任制》《江西省审计厅审计执法过错责任追究暂行办法》征求意见座谈会在南昌召开。

8月　位于江西瑞金的中华苏维埃共和国审计史陈列馆对外开放。

9月19—20日　全省审计工作座谈会在九江市召开。会议主要议题是今后五年全省审计工作发展规划。省审计厅长伍自尧到会并讲话。

9月21—27日　审计署法制司副司长李国平一行就《审计质量控制暂行办法》到江西调研。

9月24日　审计署办公厅、政研室、计划处一行3人在江西调研效益审计、审计署明年的工作重点、审计署加强对地方审计机关的指导、审计署审计项目计划管理改革等内容。

9月29日　由省审计厅、江西省电视台主办、江西月兔集团协办的"月兔王"杯江西省审计法律知识电视竞赛在江西电视台演播厅举行。经过角逐，共选出金奖1个、二等奖2个、三等奖3个、优秀奖6个。省审计厅代表队获金奖。

10月30日　全省审计机关成立20周年暨表彰大会在南昌召开。省委书记孟建柱发来贺信，省长黄智权到会并讲话，省人大常委会副主任钟家明，省政协副主席黄懋衡到会祝贺，省审计厅党组书记、厅长伍自尧到会并讲话。

11月1日　审计署纪检组长王道成到景德镇市审计局考察。

是日　省审计厅制定并下发《江西省审计厅2003—2007年审计工作发展规划》。

11月5日　审计署副审计长董大胜来江西考察。

11月10日　省审计厅厅长伍自尧撰写的《财政审计的现状与发展趋势》被收入《中国审计高层论坛文集》。

11月13日　审计署监察局局长胡玉华在省审计厅纪检组长李水芳陪同下到抚州市审计局考察调研。

11月18日　审计署驻武汉特派员办事处主办的鄂赣两省金融审计理论研讨会在井冈山举行。

11月26日　省委组织部、省人事厅表彰省审计厅为全省公务员更新知识培训先进单位。

11月　省委组织部、省审计厅联合考察省审计厅组织的经济责任审计工作。

是月　省审计厅协助省纪委查处原九江市政协副主席高某违纪案件获省委书记孟建柱、省长黄智权等领导批示。

12月8日　省委组织部干部监督处与省审计厅经济责任审计处联合在南昌召开经济责任审计工作座谈会。

2004 年

2月　省纪委、省委组织部、省监察厅、省人事厅、省审计厅联合印发《江西省党政领导干部经济责任审计实施办法》。

2月19日　省审计厅联合宜春市、新余市、萍乡市审计机关对昌金高速公路建设项目概算执行情况和征地拆迁补偿金分配管理情况进行审计。

3月7日　省政府行政执法责任制考察组考察省审计厅行政执法工作时，充分肯定省审计厅的工作。

4月1日　全省审计机关开始执行《审计机关审计项目质量控制办法（试行）》（审计署6号令）。

4月7日　全省审计工作会议在南昌召开。省委副书记、省长黄智权到会并讲话，省审计厅厅长伍自尧作工作报告。

4月17日　省机构编制委员会通知，同意省审计厅设立"江西省审计厅信息中心"，为省审计厅下属正处级全额拨款事业单位。

5月10日　省审计厅颁发《审计结果公布试行办法》。

6月29日　省发展和改革委员会同意省审计厅启动金审工程第一期开工。

6月　审计署《审计法》修订调研组来江西调研。

7月7日　省政府常务工作会议决定，要求省审计厅全面开展对全省粮食财务挂账清查审计工作。

8月　省审计厅启动对全省社会审计组织业务质量审计调查工作。

8月16—17日　全省审计工作座谈会在上饶召开。会议主要议题：专题研究计算机审计。省审计厅厅长伍自尧到会并讲话。

9月10日　江西省审计厅明月山审计疗养院经批准挂牌成立。

9—10月　省审计厅组织对全省粮食直补资金和水稻良种补贴资金专款专用情况进行审计，涉及全省110个县（市、区）、1299个乡镇场、8054个行政村、2.05万个自然村、走访调查16.49万户农户，审计资金总额达65874万元。

10月　省委书记孟建柱、省长黄智权对省审计厅的新型农村合作医疗审计结果报告分别作出批示。

是月 省审计厅农业处、办公室、社保处、法规处参加省电台"行风热线"节目，社会反响热烈。

10月31日—11月4日 审计署中国审计报报社在九江市召开2004年改革与发展研讨会，审计署纪检组长王道成、中国审计报社社长谭绳喜出席会议。

10—12月 省审计厅组织对金瑞期货有限公司2003年至2004年10月31日资产负债损益情况进行审计调查，审计调查结束后并送达"审计调查结果的函"，这是省审计厅唯一一次出函的审计调查结果。

11月28日 南昌市审计局被中央五部委经济责任审计工作联席会议评为"经济责任审计工作先进单位"。

12月1—15日 省审计厅在南京审计学院举办全省计算机辅助审计知识培训班，共90人参加培训。

12月 省长黄智权就是否延长赣州黄沙收费站的收费年限，批示以审计厅的审计报告为决策依据。

2005 年

1月8—9日 中国审计报社社长谭绳喜一行四人来江西调研。

3月20—22日 审计署副审计长余效明、署监察局副局长张瑞民等一行来江西就"保持共产党员先进性教育活动"进行调研。

3月29日 全省审计工作会议在南昌召开。省长黄智权到会并讲话，省审计厅厅长伍自尧作工作报告。

3—7月 省审计厅组织对都昌县、湖口县、余干县等16个县（市、区、场）1—4期移民建镇竣工决算情况进行审计，审计资金总额达33927万元。

4月6日 省政府办公厅批复，同意省审计厅庐山培训基地改扩建方案。

4月11—12日 省审计厅在江西师范大学举办了金审工程审计统计管理软件操作使用培训班，共120余人参加培训。

4月14日 江西省电信有限公司、江铃汽车集团公司、江西省邮政局、南昌铁路局、江西铜业公司审计处曹道发等4人分别被评为全国内部审计先进单位和先进个人，受到审计署表彰。

4月26日 全省审计机关纪检监察工作会议在南昌召开。省审计厅党组书记、厅长伍自尧到会并讲话，省审计厅纪检组长李水芳作《构建审计廉政体系 营造和谐审计环境》的工作报告。

5月8日 省社会科学界联合会批复：伍自尧担任省审计学会法人代表，李海泉不再担任省审计学会法人代表。

5—10月 省审计厅组织对全省11个设区市、95个县、362个部门、1095个乡镇、5819户农户2001—2004年退耕还林工程专项资金进行审计，查出违纪违规金额31644万元。

6—8月 省审计厅根据审计署长沙特派办安排，对中国移动集团江西移动公司法人代表张某某进行任期经济责任审计。

7月28日 在省十届人大常委会第十六次会议上，省审计厅厅长伍自尧受省政府委托，向大会作《关于2004年度省级预算执行和其他财政收支的审计工作报告》。

8月28日 审计署《国审传媒》记者就围绕"三农"问题开展农业专项资金审计的专题片《洒向农民都是爱》采访省审计厅厅长伍自尧。

9月5—6日 全省审计工作座谈会在宜春召开。会议主要议题：建设和谐平安江西，共创富民兴赣大业，发挥审计应有的作用。

11月11日 省人大常委会法制工作委员会在省审计厅召开《审计法修正案》修改意见座谈会。

11月25日 审计署办公厅、监察局来江西调研审计机关党风廉政建设和反腐倡廉工作。

12月7日 省审计厅转发审计署通知，在全省审计系统开始执行审计署6号令《审计机关审计项目质量控制办法（试行）》。

12月20日 九江市审计局、高安市审计局及会昌县审计局杨伦华分别被评为全国审计机关先进集体和先进个人，受到审计署、人事部表彰。

2006 年

2—12月 省审计厅首次开展对南昌市、吉安市、抚州市政府财政收入预算进行预算级次管理的专项审计，审计重点放在非税收入的监管缺位上。

3月11日 省审计厅主办的《审计与理财》刊物在全国审计专业期刊行业第一个走出国门，被美国密西根阿拉米大图书馆及加拿大略麦贤市图书馆收藏。

3月28—29日 全省审计工作会议在南昌召开。省长黄智权到会并讲话，省审计厅厅长伍自尧作工作报告。

4月20日 全省审计机关纪检监督工作会议在南昌召开。省审计厅厅长伍自尧到会讲话，纪检组长李水芳作工作报告。

5—8月 省审计厅组织对全省交警部门电子警察项目建设和管理情况进行审计，审计结果作为效益审计典型案例获审计署地方优秀审计项目表彰，名列全国第四，填补了江西省获优秀奖的空白。

5—9月 省审计厅组织对全省100个县、193个农村公路项目2000年至2005年审批立项，计划执行、资金筹集使用、项目建设管理等情况进行审计，查出违纪违规金额22091万元。

6—10月 省审计厅共投入27600人（日）对95个农村信用合作联社、841个基层信用社、36012个重点贷款进行审计调查，查出违纪违规金额1879500万元。

7—11月 省审计厅对南昌大学、江西师范大学、江西财经大学等16所高校财务收支情况进行审计，查出小金库155个，违纪违规金额104906.87万元。

7月27日 在省第十届人大常委会第二十二次会议上，省审计厅厅长伍自尧向大会作《关于2005年度预算执行和其他财政收支的审计工作报告》，受到与会常委们好评。

8月8—10日 全省审计工作座谈会在赣州召开。会议的主要议题：整合审计资源，加大监督力度，助推新农村建设。

8月18—31日　省审计厅对全厅公务员进行登记。经考核，重新登记的公务员计126名。

8—12月　省审计厅组织对全省224个环保和财政部门、405个排污缴费企业、38个环保治理项目的环保专项资金的征收、管理、使用情况进行审计，查出违纪违规金额28425万元。

9月20日　省审计厅对宜丰、奉新、浮梁、崇仁、永修、靖安县2004年至2005年三峡库区移民外迁安置资金的审计项目结果在当年12月份经审计署转报国务院之后，国务院总理温家宝、曾培炎等国家领导人分别作出重要批示。

9月21日　审计署审计学会会长、原审计署副审计长瞿熙贵在省审计厅纪检组长李水芳的陪同下，到上饶市审计局调研。

9月28日　审计署华东片区、中南片区"加强审计机关自身建设工作座谈会"在南昌召开。审计署纪检组长安国主持大会并讲话。

10月　省审计厅制定并下发《开展不正当交易行为自查自纠工作的实施意见》和《依法查处商业贿赂案件工作的实施意见》。

10月26日　审计署审计长李金华在省审计厅厅长伍自尧、副厅长桑昌武的陪同下，到井冈山走访慰问基层审计干部。

2007 年

2月9日　江西省委副书记、省长吴新雄就2007年的审计工作安排到省审计厅调研。

2月13—14日　全省审计工作会议在南昌召开。省政府秘书长魏小琴主持会议，省委副书记、省长吴新雄到会并讲话，审计厅党组书记、厅长伍自尧作工作报告。

3月28日　全省审计机关党风廉政建设工作会议在宜春召开。省审计厅厅长伍自尧到会并讲话，纪检组长李水芳作工作报告。

4—10月　省审计厅组织对江西蓝天学院、南昌理工学院、江西科技职业学院等10所普通高校2005至2006年度财务收支情况进行审计调查，查出民办高校少投入法人资本4343.2万元。

5月　审计署人教司司长席晟到景德镇市审计局调研。

5月18日　吉安市"金审工程（一期）项目系统"在全省率先开通，省审计厅厅长伍自尧参加开通仪式并讲话。

6月6—15日　审计署监察局局长李广和来江西调研。

6月19日　全省审计机关民主评议政风行风工作领导小组第一次会议在南昌召开。

6月27日　全省审计机关民主评议政风行风工作动员大会在南昌召开。省审计厅厅长伍自尧到会讲话，全省各设区市审计机关负责人等共280人参加会议。

7月24日　在省十届人大常委会第三十次会议上，受省政府委托，省审计厅厅长伍自尧向大会作《关于2006年度省级预算执行和其他财政收支的审计工作报告》。

7月31日　省审计厅首次在《江西日报》A2版对外公告《关于2006年度省级预算执行和其他

财政收支的审计工作报告》（摘要稿）。

7月 省审计厅首次运用计算机组网审计方法对江西省农业银行2006年度资产负债损益情况进行审计的项目是全国第1个查出网上银行虚假交易的典型案例，位列全国地方金融审计项目第1名，全国各省农行审计项目第1名，获2007年度全国优秀审计项目奖，受到审计署表彰。

8月2—5日 全省审计工作座谈会在抚州召开。会议主要议题为关于全国农村社保基金审计事宜。

8月16日 省审计厅厅长伍自尧、副巡视员王卫亚，到鹰潭市审计局督导审计机关民主评议政风行风工作。

9月6日 据中国学术期刊《光盘版》电子杂志社销售报告，省审计厅主办的《审计与理财》已销往美国、英国、德国等44个国家和地区。

9月16—18日 审计署总审计师孙宝厚来江西考察调研。

9月8—23日 中国审计学会会长翟熙贵在江西进行预算执行审计专题调研。省审计厅厅长、江西省审计学会会长伍自尧参加调研座谈会。

11月 审计署海关审计局局长鲍朔望到景德镇市审计局调研。

11月27日 省审计厅举行特约审计员聘任仪式，聘请来自民革、民盟、民建、民进、农工党、九三学社和无党派人士共8名人员为省审计厅特约审计员，省审计厅厅长伍自尧、省委统战部副部长严平参加了聘任仪式。

2008 年

1月3日 全省民办高校工作会议在南昌召开。会议上提出按副省长孙刚的批示，对民办高校的财务问题要严格按省审计厅的审计报告进行整改。

1月30日 省人事厅通知，涂细鹏具备编审（正高）专业技术职称任职资格，是省审计厅自成立以来第一个获正高专业技术职称人员。

2月 省审计厅组织对11个设区市的36个县（市、区）2007年度抚恤、五保供养、城乡低保、城乡医疗救助等民政资金进行审计，查出36个县（市、区）挤占挪用抚恤资金2945.3万元。

2—5月 省审计厅组织厅11个审计处、11个设区市审计局，共736个审计人员组成11个设区审计组和103个审计小组，对全省94个县（市、区）、15个开发区、1400个乡镇、15135所学校、46204个项目、723850万元农村义务教育"普九"债务进行审计，审计核减债务额293952.42万元。

3月5—6日 审计署电力项目审计研讨班在南昌举办。审计署投资司、审计署18个特派办投资处长、电力项目审计组长及江西省审计厅投资处共70余人参加培训。

3月11日 在北京参加全国两会的省委副书记、省长吴新雄一行专程走访审计署。审计长李金华，署党组副书记、副审计长刘家义，副审计长董大胜及署有关司局负责人参加会见。审计长李金华对江西省审计工作给予了充分肯定和高度赞扬。省审计厅厅长伍自尧随同省领导走访。

3月19日 在审计署办公厅对2007年全国审计信息工作情况的通报中，省审计厅在全国各省、自治区、直辖市审计厅局信息采用情况排名第四，受到审计署表彰。

3月21日 省审计厅向省经济责任审计工作领导小组组长吴新雄，副组长董君舒、弘强呈报《关于2008年经济责任审计工作安排的请示》。

3月27日 副省长孙刚到省审计厅调研座谈。

3月28日 全省审计工作会议在南昌召开。省委副书记、省长吴新雄到会并讲话，省人大常委会副主任朱秉发、省政协副主席朱张才到会指导，副省长孙刚主持会议，厅党组书记、厅长伍自尧作工作报告。厅其他领导，各设区市政府主要领导，各市、县（区）审计局局长等280余人参加会议。

3月 省审计厅组织对赣州市、吉安市、新余市、抚州市、鹰潭市、萍乡市6个设区市的住房公积金归集、使用和管理情况进行审计。

4月24—27日 审计署审计长刘家义就如何贯彻落实好科学发展观问题到省审计厅调研。

同时，在省委领导、省审计厅厅长伍自尧等的陪同下，深入井冈山市、兴国县、于都县和瑞金市调研。省委副书记、省长吴新雄在昌会见审计长刘家义，省政协主席傅克诚，省委常委、省委政法委书记、省公安厅厅长舒晓琴看望审计长刘家义。

4月 根据省委部署，省审计厅组织开展"深入开展学习实践科学发展观活动"至9月份结束。

5月9日 省审计厅印发《2008年全省审计机关普法依法行政工作要点》。

5月13日 省经济责任审计工作领导小组办公室制定并下发《2008年经济责任审计工作指导意见》。

5月22日 省审计厅组织"特殊党费"现场交纳活动，厅机关全体党员现场交纳党费26.69万余元，加上前次捐款11.6万余元，共向"5·12汶川特大地震"灾区献爱心捐赠款38.3万余元。

5月30日 审计署第一任审计长于明涛在省审计厅主办的《审计与理财》第6期上刊发《怀念陶铸同志》的封面文章。

5月 审计署科研所副所长崔振龙率全国15个省审计机关科研处处长到景德镇市审计局调研。

6月3日 省审计厅召开开展深入学习实践科学发展观活动转段暨民主评议政风行风工作动员大会。省委巡回指导三组组长、上饶市人大常委会副主任李友鸿一行3人到会指导。

6月4日 厅长伍自尧在中共中央主办的《求是》杂志上刊发《审计，为推动科学发展观保驾护航》文章。

6月10日 南昌市国土资源出让审计意见交换会在南昌市红谷滩举行，省委常委、南昌市委书记余欣荣，省审计厅厅长伍自尧、副厅长桑昌武、纪检组长李水芳，南昌市市长胡宪、副市长卢晓健到会议现场并相互交换审计意见。

6月30日 省审计厅厅长伍自尧，副厅长何干成、桑昌武，纪检组长李水芳，副厅长陈长安，副巡视员王卫亚、蔡景祥和厅机关及南昌市审计局副科以上干部在南昌分会场参加审计署召开的全国审计机关抗震救灾审计暨表彰抗震救灾先进集体和先进个人电视电话会议。

7月31日 受省政府委托，省审计厅长伍自尧向省十一届人大常委会第四次会议作《关于2007年度省级预算执行和其他财政收支的审计工作报告》。

8月6日　省审计厅印发《各设区市审计机关目标管理先进单位考评标准（试行）》。

8月22日　省审计厅召开深入学习实践科学发展观活动总结大会。省委巡回指导组三组组长李友鸿到会并讲话，省审计厅厅长伍自尧作总结报告。随后，到会41名代表以无记名方式对活动满意度进行测评，满意度达100%。

8月30日　审计署副审计长余效明在省审计厅主办的《审计与理财》刊物上刊发《新时期企业审计的基本思想》的封面文章。

10月21日　省人大法制委主任委员沈亚平、省人大法工委主任李锐和省政府法制办有关同志到省审计厅开展立法规划项目库项目调研活动。

10月27日　省人民政府通知，李水芳任省审计厅巡视员。

10月30日　审计署审计长刘家义在省审计厅主办的《审计与理财》第11期上刊发《总结过去 展望未来 推进审计工作不断发展》的封面文章。其后，陆续刊发有审计署特派办特派员、外省审计厅厅长、外省财政厅厅长等共34个厅局长的封面文章。

11月12日　省委副书记、省长吴新雄为江西省审计机关成立25周年大会题写贺词：二十五年来，全省各级审计机关为保障全省经济社会持续、稳定、健康发展做出了很大的贡献。各级党委、政府要对审计工作给予更多的重视和支持。希望全省审计机关和广大审计人员要为推动全省经济社会又好又快发展做出新的更大贡献！

11月14日　省机构编制委员会通知，同意省审计厅干部培训中心调整为正处级事业单位，领导职数为主任1名，副主任2名。

11月19日　省审计厅在南昌召开纪念审计机关成立25周年大会。会上宣读了省长吴新雄的贺词，副省长孙刚出席会议并作讲话，省审计厅厅长伍自尧作工作报告。各设区市审计局长、厅机关全体干部职工等共300余人参加大会。

12月4日　省政府办公厅副秘书长肖四如主持召开审计署武汉特派办病险水库加固审计组进点会，省长吴新雄会见审计组成员。

12月5日　江西省首场现场审计实施系统（AO）认证考试在江西财经大学举行，省审计厅财金处、行事处、外资处、经一处的17位同志参加。

12月6日　按照审计署的要求，省审计厅在《江西日报》A3版全文刊登了《日元贷款江西公共卫生项目2007年度执行情况审计结果》，在社会上引起一定反响。

12月14—16日　中央扩大内需检查组来江西南昌检查扩大内需工作。

12月22日　全省推进依法行政工作第二次部门联系会议在省审计厅召开。会议由省政府法制办主任张玉印主持。

2009 年

1月12日　省长吴新雄专门听取省审计厅厅长伍自尧关于省审计厅2008年度主要工作情况的汇报并作出指示。

1月16日　省审计厅被省委保密委员会办公室和江西省国家保密局授予全省先进保密工作集体。

1月18日　全省审计工作会议在南昌召开。省委副书记、省长吴新雄到会并为获奖单位颁奖，省人大常委会副主任朱秉发到会指导，副省长孙刚作重要讲话，省审计厅党组书记、厅长伍自尧作工作报告。

2月4—22日　根据省政府领导指示，为了配合费改税工作，省审计厅组织对赣州市、吉安市、上饶市、抚州市、九江市、宜春市、景德镇市、东乡市、鹰潭市9个设区市及部分县政府还贷二级收费公路债务进行审计。

3月2日　在北京参加全国两会的省委副书记、省长吴新雄，副省长孙刚专程拜访审计署，受到署党组书记、审计长刘家义，署党组成员、总审计师孙宝厚及署办公厅主任侯凯、人教司司长席晟的热情接待。省审计厅党组书记、厅长伍自尧随同省领导拜访。

3月4日　省经济责任审计工作领导小组办公室印发《关于2009年全省经济责任审计工作指导意见》。

3月30日—4月1日　审计署党组成员、总审计师孙宝厚到江西考察。

4月13—21日　根据审计署安排，省审计厅组织力量对江西省对口支援四川省小金县灾后恢复重建工作进行跟踪审计。

4月30日　省审计厅印发《关于2009年全省审计机关普法依法行政工作要点》和《全省机关开展规范行政执法行为活动实施方案》，并对2008年全省审计法制宣传工作先进单位进行通报表彰。

5月16日　省人民政府办公厅印发江西省审计厅主要职责内设机构和人员编制规定的通知，省审计厅机关内设职能机构为12个审计处，7个审计派出机构，审计厅机关党委、纪检组（监察室）单列。

5月18—19日　省审计厅副巡视员王卫亚陪同审计署组织的中央五大主流媒体到萍乡市、南昌县采访农村饮水安全工程审计情况。

5月19—22日　由省审计厅主办的全国部分省市审计科研座谈会在南昌召开，审计署科研所王秀明所长和省审计厅党组成员、副厅长刘达出席座谈会，共有来自天津、河南、山东、江苏、上海、浙江、安徽、湖北、福建等省、直辖市的10余名代表参加会议。

6月11日　审计署武汉特派办副特派员余远华一行在上饶对吴新雄省长任中经济责任审计事宜进行审计调查。

6月18日　江西省计算机用户协会印发《关于全省省直机关政府网站效能服务情况调查报告》，通报表扬了34个省直单位为2009年江西省直机关政府网站效能服务先进单位，省审计厅名列第8位。

6月26日　全省审计机关党风廉政建设工作座谈会在抚州市召开，省审计厅厅长伍自尧、巡视员李水芳出席会议。

7月30日　受省政府委托，省审计厅长伍自尧向省十一届人大常委会第十一次会议作《关于2008年度省本级预算执行和其他财政收支的审计工作报告》。

8月11日 省国家保密局检查组对省审计厅计算机、移动存储介质和办公网络使用情况进行保密检查。

8月25日 省委发文通知，王殿军任命为省审计厅党组书记；邹水成任命为省审计厅党组成员、省纪律检查委员会驻省审计厅纪律检查组组长；同时免去伍自尧省审计厅党组书记职务。

9月1日 全省审计工作座谈会在鹰潭召开。会议主要议题：进一步加强审计队伍建设，为审计事业的发展提供人才保证和智力支持。省审计厅厅长伍自尧到会并讲话。

9月16日 省发展和改革委员会行文批复，江西省"金审"工程一期项目可行性研究报告，同意江西省"金审"工程一期项目建设。

9月30日 省审计厅党组书记王殿军、纪检组长邹水成、巡视员李水芳参加十二届省纪委六次全会。

10月8—10日 省审计厅领导王殿军、伍自尧、何干成、刘达陪同省委领导一行赴审计署汇报工作。

10月15日 省审计厅接入审计署审计会商系统联调成功。

11月27日 省第十一届人民代表大会常委会第十三次会议决定任命王殿军为江西省审计厅厅长，决定免去伍自尧江西省审计厅厅长职务。

12月8—9日 省审计厅审计工作务虚会在宜春温汤召开。厅党组书记、厅长王殿军就审计项目计划安排、构建财政审计大格局、积极推进绩效审计、推行审计项目审理制、审计资源整合、推进计算机审计、制度建设以及加强干部队伍建设等方面的工作讲话。

12月12日 由省审计厅选送的"海利贵溪化工农药有限公司使用四氯化碳作为化工助剂（二期）消费淘汰项目2008年度执行情况审计"项目档案，在审计署外资审计中心组织的各省级审计机关省级公证性审计项目质量评审中，被评为南宁评审区第一名。

12月 宜春市审计局、南城县审计局被评为"全国审计机关先进集体"、修水县审计局胡平被评为"全国审计系统先进工作者"，受到审计署、人事部表彰。

2010 年

1月1日 审计署通知，省审计厅实施的景婺黄（常）高速公路建设项目竣工决算审计被审计署评为2008年度地方优秀审计项目。

1月6日 副省长孙刚到省审计厅进行调研座谈。

1月12日 省审计厅主办的《审计与理财》刊物自审计机关成立以来首次获第四届华东地区优秀期刊奖。

1月14—15日 全省审计工作会议在南昌召开。省委副书记、省长吴新雄出席会议，并为获奖单位和个人颁奖。副省长孙刚到会并讲话，省政协副主席刘晓庄到会指导，省审计厅长王殿军作工作报告。省人大财经委副主任阎鑫元、省审计厅领导班子全体成员、各设区市市长等共300余人参加会议。

1月21日　省第十一届人大常委会第十九次会议听取和审议省审计厅代拟的省政府《关于2008年度省本级预算执行和其他财政收支审计查出问题整改情况的报告》。

2月2日　省审计厅厅长王殿军、副厅长何干成带领包扶领导小组成员及工作人员赴省审计厅扶贫点上高县泗溪镇漕港村走访慰问51个特困户、贫困户、五保户、返贫户及老村长、百岁老党员，并给他们发放春节慰问金、物品等。

2月20日　省审计厅党组书记、厅长王殿军率领厅机关副处级以上干部40多人，前往位于南昌市青山湖区京东大道西侧的都市候鸟公园天香园种植区，参加省委、省政府统一组织的"2010年新春植树活动"。

3—4月　省审计厅组织对临川县、丰城市、贵溪市、乐平市、安义县、信丰县、芦溪县、黎川县、万年县、吉水县等10个县（市、区）2009年度城市居民最低生活保障资金的真实性、合法性、效益性进行审计。

3—8月　省审计厅组织对282个国有和国有控股企业的财务收支情况进行审计，查出违纪违规金额11065万元。

4月6—7日　省审计厅厅长王殿军主持召开厅长办公会。审议制定2010年各业务处审计项目计划工作量原则，通过《江西省审计厅工作规划》《厅机关财务管理办法》《公务接待工作暂行规定》《审计廉洁从审暂行规定》《计算机信息安全保密管理暂行办法》等制度。

4月12日　省审计厅厅长办公会讨论通过《江西省审计厅省属审计项目授权下级审计机关审计管理办法》，并正式印发下级审计机关执行。

4月20日　全省审计机关党风廉政建设工作会议在南昌召开，省审计厅党组书记、厅长王殿军到会作讲话，厅纪检组长邹水成作工作报告。

4月21日　省审计厅党组书记、厅长王殿军主持召开厅长办公会，原则同意厅各单位经费预算安排。同时通过《审计项目审理工作办法》《业务会议制度》《审计项目质量责任追究办法》《优秀项目评选办法》等制度。

4月　省审计厅按照审计署部署，组织力量对于都县、万载县、永丰县、新建县、乐安县、婺源县、浮梁县、芦溪县、月湖区、渝水区等11个县（市、区）新型农村养老保障试点工作开展情况进行审计调查。

6月8日　省审计厅厅长王殿军主持厅长办公会。通过《2010年省属审计项目授权计划》及《厅年度目标管理考评办法》等事项。

6月13日　省审计厅厅长王殿军主持召开厅长办公会，研究并原则通过《2010年厅局长任中经济责任审计和设区市市长任期经济责任审计工作方案》。

6月28日　审计署总审计师孙宝厚在省审计厅主办的《审计与理财》第7期上刊发《认真学习 真正掌握 广泛宣传 切实执行审计法实施条例》的封面文章。

6—9月　省审计厅组织对省本级、南昌市、景德镇市市本级、南康市、湘东区2009年度地方政府性债务情况进行专项审计调查，调查核实五地政府债务性金额为2362700万元。

7月20—22日　省审计厅党组书记、厅长王殿军赴赣州市调研。期间在瑞金召开有瑞金市领导出席及瑞金市、宁都县、会昌县、于都县等四县（市）审计局局长参与的座谈会。

7月28日　省审计厅成立以厅党组书记、厅长王殿军为组长的江西省审计厅信息化建设领导小组。

7月29日　在江西省十一届人大常委会第十七次会议上，省审计厅党组书记、厅长王殿军受省政府委托向大会作《江西省人民政府关于2009年度省本级预算执行及其他财政收支情况的审计工作报告》，得到与会人大常委们的高度评价。

7—9月　省审计厅首次对景德镇市市长李某进行任中经济责任审计。

8月30日　全省审计工作座谈会在九江召开。会议传达学习全国审计工作座谈会主要精神，省审计厅财金处、投资处和南昌市审计局、吉安市审计局交流近年来开展财政审计、投资审计的情况和经验。

8—10月　省审计厅对南昌市市长胡某进行任中经济责任审计。

9月1日　省审计厅启动审计管理系统部署，是全国第一家使用国产AO系统软件的审计机关。

10月15—18日　审计署机关党委常务副书记鲍朔望、署机关党委纪委办副主任鲁军到南昌对全国2010年审计专业技术资格考试江西考点进行巡视。

10月17日　根据审计署、人力资源和社会保障部以及全国审计考办的部署，江西省审计专业技术资格考试在南昌市进行，共有735人报名参加考试。

10月28日　省政府在南昌召开2009年度省级预算执行和其他财政收支审计整改工作会。省委副书记、省长吴新雄到会并讲话，副省长孙刚主持会议并对整改工作提出要求；省审计厅党组书记、厅长王殿军通报2009年度省级预算执行审计开展情况和查出问题初步整改情况；省财政厅、省民政厅、省交通运输厅有关负责人汇报对审计查出问题的整改落实情况。

11月25—26日　省审计厅在新余市召开全省审计工作务虚会。会议主要议题是总结今年工作经验，研究明年的工作思路和措施。

11月30日　省审计厅厅长王殿军主持召开厅长办公会议，会议审议通过《江西省审计工作人员考勤管理办法》等10余项规章制度。

12月　萍乡市审计局的《烟草公司每月超供量供应烟卷情况审计》报告入选审计署的"计算机审计方法库"。

第一章　财政金融审计

　　江西省财政金融审计工作大致经历了三个发展阶段，从 1983 年至 1986 年，是边组建、边工作和抓重点、打基础的试审阶段；从 1987 年至 1994 年，是审计机关依照《中华人民共和国审计条例》规定，开展对下级政府财政收支审计工作阶段；1995 年《审计法》颁布实施，其后，财政审计开始实行"同级审"与"上审下"相结合的审计监督制度，改变以往单一的"上审下"方式，扩大财政审计领域，增强财政审计力度，把江西省的财政审计工作推进到一个新的历史发展时期。全省各级审计机关以《审计结果报告》和《审计工作报告》为中心，积极开展对本级预算执行和财政决算情况的审计监督工作。

　　随着公共财政体制改革的不断深入，财政部门已从传统的"聚财、理财、用财"向较成熟地运用财政杠杆、实现宏观政策功能转变，2009 年，审计长刘家义指出："政府所有的收入和支出都是国家财政的范畴，与之相适应，我们必须着力构建国家财政审计大格局。"随之，省审计厅开展财政审计工作不仅关注具体资金的收支、管理、使用等情况，而且要从更高层次去审查和分析财政资金所承担的政策目标的实现情况，反映资金、数字背后所体现的政策执行效果问题，从审查"预算执行"向"政策执行"方向发展。按照财政审计大格局"目标统一、内容衔接、层次清晰、上下联动"的工作要求，全省审计机关深入开展财政预算执行情况审计、税收征管审计、部门预算执行审计和财政决算审计，并逐步实现政府性资金审计全覆盖。

　　金融、保险审计是审计机关依法对金融、保险机构资产、负债、损益情况进行检查，监督其财务收支真实、合法、效益的行为，使金融、保险机构更好地执行金融、保险监管政策，促进国有金融、保险资产的保值增值；通过对金融、保险机构日常经营管理活动的审计监督，促使其在国家有关金融、保险政策引导下，规范经营行为，防范金融、保险风险，进行合法有序的竞争。

　　1991—2010 年，省审计厅组织各级审计机关审计各级政府从事财政金融工作的 58955 个单位和部门，共查出违纪违规金额 4791727 万元，应上缴财政金额 474341 万元，已上缴财政 103304.64 万元。

第一节　预算执行审计

　　1991 年以前，全省各级审计机关始终未将预算执行审计列入议事日程。

　　1992 年，为深化财政审计，探索财政审计的新路子，各级审计机关开始组织对预算执行审计进行初步尝试。是年 1—9 月，南昌市、九江市、景德镇市、宜春地区 4 个地市审计局开展对 4 个地市的财政预算执行情况和 13 个县税务局税收分成情况进行审计，只作一般调查。1992—1994 年，全省开展预算执行审计是对预算执行过程的事中审计，仍处在总结经验、探索路子阶段。《审计法》颁布后，1995 年，省审计厅按《审计法》要求，积极开展预算执行审计前的各项准备工作，办培训班、制定审计方案等。1996 年，同级财政预算执行审计工作开始在全省全面铺开。省审计厅组织对省本级及其他 73 个预算执行部门和部分下属单位共 1344 个单位的行政事业经费、财政专项资金的管理、拨付和使用情况进行审计，查出违纪违规资金 40196 万元。审计表明，1995 年，省级预算执行情况虽然比较好，但也存在一些问题。主要表现在：有些收入项目完成不太好、核算不够完善、财务管理不够规范、预算外资金管理违纪违规现象比较严重等。

1997 年，省审计厅在总结 1996 年审计工作经验的基础上，根据省政府和审计署提出"账户入手，下审一级"的要求，确定"统一部署、突出重点、拓进深度、提高服务'两权'（省人民政府、省人民代表大会）水平"的工作思路，制定审计方案，组织对全省 42 个省本级 432 个地市级 869 个县级共 1343 个预算单位进行审计，共查出各种违反财经法规行为资金 97535 万元，其中应增加财政收入 5794 万元。审计发现的问题主要是：预算收入增长没有相应增加可用财力，部分预算收入没有按规定上缴，有的截留、挪用罚没收入等。《审计报告》获省长舒圣佑、常务副省长黄智权批示，责成省财政厅认真研究审计报告，并依法依纪进行整改。

1998 年 2—6 月，省审计厅组织对 1997 年度省本级 24 个预算单位及 48 个二级单位预算执行和其他财政收支情况进行审计。审计发现的问题主要是：（一）有的预算收入项目完成不够好。如增值税 25% 部分只完成预算的 70.7%，比上年下降 35.1%；省属企业所得税仅完成预算的 42.5%，比上年下降 53.1%；（二）属于省级的财政收入在有的市县发生混库。如从抽查 3 个县级地税局时发现，部分县地税局将查补的省地共享税 128.1 万元，以"工商税收滞纳金、罚款收入"全额缴作地方财政收入。省属企事业单位 1997 年缴纳的应属省级的企业所得税缴入市级库；（三）税收征管不规范。省地税局直属分局 1997 年税收会计报表反映无欠税，而实际上企业所得税应征未征 2545 万元。发现 9 个县级地税局 1997 年共入库个人所得税 2234 万元，从其他共享税调入的有 556 万元，占 24.9%。企业所得税含有"水分"；（四）预算往来款项未按规定作出处理。省财政厅"预算暂存"科目中，含有粮食差价款 9427.8 万元等，在 1997 年底未转作"调入资金"或作出相应处理；（五）预算分配的一些方面不够规范。主要有未严格按规定批复部门预算，而是根据省人大批准的省本级预算，采取"基数加增长"的办法批复部门预算。预算指标账的核算不够科学，追加省级部门预算支出和地市专项补助支出难以分清属于中央追加还是本级预算；（六）部分专项资金未及时拨付到位。如年初预算安排科技三项费用、挖潜改造资金等，年底仍未拨付给预算单位；（七）有些预算单位的财务收支事项违反规定。如有的单位未经批准，向相关单位收取管理费，以弥补行政事业费开支。有的部门购车挤占行政事业费。有的将拨付所属单位的事业费直接列作经费支出，并在年终据此向财政部门编报决算；（八）项目单位拖欠世行贷款本息加重财政负担。为偿还江西省吉泰盆地和鄱阳湖改造项目世行贷款，1997 年省财政厅扣缴地市财政还贷资金用于垫付省直单位还贷资金；（九）地方电力建设资金欠缴数额较大。1996 年与 1997 年全省分别欠缴中央财政 1673 万元、省级财政 9885 万元。另外电力部门少征电力建设基金 1089.6 万元，影响中央、省级财政各 544.8 万元。

省审计厅提交的《关于1997年度省级预算执行和其他财政收支的审计工作报告》得到省政府领导和省人大常委会的批示，审计厅在财政同级审工作中，揭露和反映的问题及加强省本级预算管理的意见和建议很有建设性，财政和税务部门都要引起足够的重视，并按照审计意见认真进行整改。

1999年5月，省审计厅组织对省财政厅等85个预算单位1998年度省本级预算和其他财政收支情况进行审计，并对部分单位及设区市相关问题进行延伸审计调查。审计发现的问题主要是：（一）设区市、县财政长期占用省级收入。如南昌市1998年1—12月将应缴入省级金库的增值税1090万元缴入了市级库，直到1999年1月才调增进省级库；（二）对有些应解缴入库的款项未及时清缴入库。如省财政厅将1998年收到江西铜业公司的土地租金收益2000万元，未列财政收入而放预算暂存；（三）有关账户及财政性资金取得的存款利息未进行清理和处理；（四）省财政厅为江西省部分企业贷款出具无条件不可撤销的担保函。截至1998年仍有一些担保或承诺处有效状态，加大财政风险；（五）沉重的内外债及利息负担，加大省本级财政的风险。截至1998年底，全省共有国外贷款项目23个，贷款总额54700万美元，同时省财政还举借内债总计近150000万元；（六）有的主管部门挤占企业挖潜改造等专项资金。

2000年3—7月，省审计厅组织对省财政厅1999年度省本级预算执行和其他财政收支情况进行审计。审计发现的问题主要是：（一）省财政厅、地税局具体组织执行省本级预算方面。1.预算列支拨入省财政厅管理专户的款项有的未及时拨付项目单位。如1999年预算拨入农业处管理的农业综合开发有偿使用资金2635万元，至年底仍滞留在专户；2.由于项目建设进度和政府有关部门计划下达不及时，致使无法按计划拨付中央的基本建设、国债补偿专项资金达106251.3万元，占29.8%；3.一些地方和单位地税收入存在水分，有的还比较严重。如有的县级财政1999年度采取用乡镇其他收费垫缴地税收入约1016万元，占当年实际完成数的43.2%；4.省级财政收入被挖挤的现象仍然存在，有的年底在金库直接调、有的将省级收入税种直接转为市县财政入库、有的地方采取隐蔽的办法，对企业的地方其他税种收过头税，而对八种共享税则大量欠征，如有的单位1999年多交营业税、固定资产投资方向调节税（以下简称固投税）、城市维护建设税（以下简称城建税）669.9万元，而欠缴房产税、资源税、城镇土地使用税1670.6万元。（二）地方金库办理地方预算资金收纳和拨付方面。共查出违纪违规金额3408.4万元。（三）省政府其他部门预算执行方面。1.有7个部门单位挤占挪用专项经费1200.8万元；2.有4个主管部门未按规定及时征收政府专项基金、专项收入及其他应缴财政款项达13403.1万元；3.有3个部门滞留欠拨资金4482.6万元；4.有2个部门违规收费1468.9万元；5.有5个部门单位私设"小金库"539.7万元；6.有3个部门的财政性资金未纳入财政专户管理6567.3万元。

省审计厅向省政府提交的《关于1999年度省级预算执行和其他财政收支的审计工作报告》采取在预算执行审计基础上形成财税部门审计、预算执行部门审计和各种专项审计有机结合的编写模式，提高了审计工作报告的质量和社会影响程度。2001年全国审计工作会议上，审计长李金华对此给予了充分的肯定，认为这是审计工作的创新。同时也获得省政府领导和省人大常委会的好评，并以省政府办公厅名义转发省审计厅《关于1999年省本级预算执行和其他财政收支审计结果报告》，要求有关部门和地市针对报告中所反映的问题制定具体整改措施，切实加强整改。

2001 年 3—7 月，省审计厅组织对 56 个省级、170 个市级、1022 个县级的预算单位 2000 年度省本级预算执行和其他财政收支情况进行审计。共查出违纪违规金额 115379 万元，应上缴财政金额 11557 万元，已上缴财政金额 7693 万元。审计发现的问题主要是：（一）省财政厅具体组织执行省本级预算方面。1. 年初预算中按规定安排的预备费及生产建设性支出等专项经费，在年初批复预算时没有落实到具体单位和项目，造成预算执行的约束力不足；2. 省本级一般预算收入和基金预算收入超额完成了预算，但一般预算收入中的资源税、房产税等有些具体项目没有完成；3. 在预算资金的拨付和使用过程中，滞留及挤占专项资金的问题比较突出。2000 年中央财政拨付江西省专项资金 572131 万元，因各种原因未能在当年下拨各设区市和省级有关部门的金额占 27%。（二）省地税局税收征管方面。1. 省地税局直属分局有属于 2000 年度的 4585.9 万元税款未在当年征收入库；2. 省属单位参股企业的所得税征管工作较为薄弱。如萍乡钢铁棒材公司在 1999 年、2000 年处于所得税征管的"漏管户"；3. 省地共享的税种在有些县（市、区）违规变动。（三）省级其他部门预算执行方面。7 个部门和单位滞留专项资金 38072.53 万元；5 个部门和单位挤占和挪用专项资金 2008.9 万元；有 2 个部门未纳入财政专户管理的预算外资金有 1298 万元；有 8 个部门和单位其他违规资金 4151 万元。

省审计厅提交的《关于 2000 年度省本级预算执行和其他财政收支的审计结果报告》，获省长黄智权批示：省财政厅要会同有关部门，针对此报告中指出的问题，立即进行整改，切实加强预算收支管理，提高资金使用效率，堵塞漏洞，尤其要防止腐败行为的发生。有关部门和单位对审计查出的问题认真进行了整改。如省地税局监察室分别向有关单位下达要求整改的函，各单位按要求进行整改并就相关问题向省地税局作出书面检讨。省财政厅厅长兼省地税局领导在监察室提交的整改情况及检讨综合报告上签批：这件事抓得很好，应坚持抓下去，要依法征税，树立地税部门的良好形象。

2002 年 3 月开始，省审计厅组织力量深化预算执行审计。通过充分运用延伸审计、专项审计在内的多种审计方式和手段，既突出对具体组织或参与预算执行的"财税库"的审计，又注重对横向的本级各部门、纵向的下级财政和专项资金的审计，实现了预算执行审计与其他专业审计的有机结合，丰富了审计内容，拓宽了审计领域，加大了审计深度，全年共对 528 个预算单位进行审计，查出违纪违规金额 74248 万元，应上缴财政金额 1658 万元，已上缴财政金额 1245 万元。审计发现的问题主要是：（一）结转下年支出较大。2001 年全省一般预算支出完成数仅为调整预算数的 72.5%，结转下年支出数额较大，占调整预算数的 27.5%；（二）预算超收质量不高。部分项目的超收收入需用于相应增加返还或在实际操作中要相应增加对上缴单位的支出，财政从超收额中实际增加的可用财力不多；（三）县级财政预算平衡难度大。全省财政决算（草案）显示，2001 年全省赤字县达 74 个，赤字面 68.5%，累计赤字额 106000 万元；（四）政府债务较重。由于大多数债务是由财政担保偿还，债务负担现已成为许多基层财政较为沉重的包袱；（五）财政收支不实。应缴未缴、隐瞒财政收入 40180 万元，虚增财政收支，其中虚增财政收入 37791 万元，虚增财政支出 26065 万元、隐瞒财政支出、结转下年支出不实；（六）国有资产收益未纳入预算管理。有的由财政部门或国有资产管理部门单独设账保存，有的放在预算外，有的已部分坐支；（七）挖挤上级财政收入。混淆预算科目、级次，少缴省地共享税和教育费附加，多缴纯地方税，少上解基金收入；（八）滞留挤占挪用专项资金。一些专项资金未及时下拨、一些专项资金被挤占挪用；（九）违规设立基金或筹集资金、收取费用。

省审计厅提交的《关于2001年度省级财政预算执行的审计工作报告》省长黄智权、常务副省长彭宏松均作出批示：要求省财政厅认真研究，切实改进管理。

是年5—6月，省审计厅对省地税局2001年度税收收入计划完成、税收政策执行和税收征管情况进行审计。审计发现的问题主要是：（一）税收会计统计信息方面。1.年初少结转上年年末代征税金金额；待清理呆账税金年初金额多于上年报表年末结转数；2.省地税局直属分局2001年税收资金平衡表中年初余额均未反映应征税收、应征其他收入、代征税收及代征其他收入数等；3.直属分局2001年入库税金年报表反映入库防洪保安资金1100万元，而征收处防洪保安资金专户和稽查队稽查收入专户反映仅交1032.34万元；4.有的县、区地税局存在随意调节税收收入行为。（二）税收政策执行和税收征管方面。1.全省煤炭企业资源税实际入库数与按省统计局统计资料中全省2001年原煤生产量计算的应征煤炭企业资源税不符；2.2001年入库税金年报表反映九江市、萍乡市、赣州市、宜春市及吉安市入库防洪保安资金均为0元；3.南昌地区以外省属企业所得税由当地地税局代征代管，但当地地税局未能做到按期预缴和均衡入库；4.省属单位参股、投资地方企业的企业所得税被缴作当地财政收入；5.直属分局对部分省属行政事业单位企业所得税未能完全征管到位；6.直属分局有的税管户企业财务会计报表不全、征收台账仅反映1—9月应征税款、延期缴纳税款申请审批表上无地市级及以上税务机关批准意见、2001年应征未征营业税2612万元；7.稽查局2001年稽查处理处罚案件入库率仅4%与税务稽查专户2001年缴库率97.3%差距较大。如稽查局1999年对赣江南昌市江边站港区整治开发办公室查实应补缴的税款1151.58万元，至2001年底未见组织入库。（三）经费收支方面。1.2001年度由省财政拨入省属企业所得税代征手续费一直滞留在账面上；2.将原"其他资金专户"转入资金一直挂"暂存款"账户，而未列入"其他收入"；3.基建办及培训中心账务处理不够规范；4.稽查分局机关经费账务登记不够规范，该进总账的未进总账登记。

2003年3—7月，省审计厅根据省政府的指示，首次提出"全方位，大财政审计的意见，力求从大财政收支内部管理机制的缺位或缺陷的高层次上来加大问题的揭示和查处力度。"组织对全省467个预算单位2002年度省本级预算执行和其他财政收支情况进行审计。查出违纪违规金额68657万元，上缴财政金额27005万元，应自行纠正金额352510万元。审计发现的问题主要是：（一）省级财税管理方面。1.财政预算外资金专户中应纳入预算管理的资金清缴不彻底，2002年有13项计6207.9万元没有实行一般预算管理、8项计11612.02万元没有实行基金预算管理；2.省地税局直属分局的征管工作不够完善，如对南昌地区以外由当地地税局代征的10户省属重点税源户，没有建立正常的企业所得税征管资料。在批准省农发行延期缴纳2002年第二季度营业税和教育费附加的规定期满后，仍未在当年及时组织入库。部分县级地税局对省地共享税的征管存在一定的随意性；3.中央财政2001年10月底前拨付江西省的部分专项资金，在年底还有32225万元没有拨出使用。（二）"收支两条线"执行方面。1.2002年底有21个部门、单位已收取而未按规定缴入国库财政专户的行政事业性收费48997.14万元,其中5个部门、单位直接拨付使用和从中挪用9887.67万元；2.有的收费没有实现应收尽收，如联通、移动通信公司2001年共应代收频率占用费10535万元，实际收取 4452 万元，占应收额的 42%；3. 省交警总队各高速公路大队的经费与所缴罚没收入仍未脱钩，2001 年、2002 年各大队通过将罚没收入缴入当地财政并由当地财政按一定比例返还，返还经费分别占当年经费总收入的 68.6%、56.6%。（三）部门预算支出执行方面。1. 有些预算资金特别是专项资金，在当年未能下拨用款单位和项目。有 5 个部门 2002 年底应拨未拨下属单位经费 4927.37 万元，9 个部门、单位 2002 年底应拨未拨水利建设资金、公路建设资金、科技三项费用、各种政策性补贴等专项资金 90316.36 万元；2.11 个部门、单位挤占、挪用专项资金用于弥补经费不足；3. 一些部门、单位支出控制不力，有 10 个部门、单位 2002 年经费支出超预算共计 2588 万元。

审计工作报告和审计整改报告得到省政府主要领导和省人大常委会的批示：省本级财政预算执行审计工作是弄清楚财政"家底"，维护财经纪律，规范财政预算管理，保障经济健康发展的好途径，望相关部门要引起足够重视，并配合好审计部门做好工作。

针对省本级预算执行审计过程中发现的预算外资金管理突出问题，省审计厅向省委、省政府报送题为《预算外资金管理有待进一步加强》的《审计要情》。《审计要情》主要报告了省级部门和单位预算外资金部分收费未按规定收缴、部分收费被擅自借（存）出或在财政"体外循环"、会计核算在一定程度上失真等方面的问题。审计建议要加强对部门和单位预算外资金的监督和检查，从会计监督、财政监督、审计监督的不同层次、不同角度，构建一个严密的监督体系，提高监督的效能，有效防范和切实纠正预算外资金管理中存在的问题。省长黄智权批示：本期《审计要情》反映的预算外资金管理中存在的问题比较突出，提出要加强预算外资金管理的建议很重要。对存在的问题，请审计厅继续按规定处理，财政厅配合；财政厅要进一步加强对预算外资金的管理和监督。

是年，省审计厅组织全省审计机关围绕财税改革中如何进一步加强财税管理问题，对 2002 年度省、市、县、乡四级财政收支及各级地税部门税收征管情况进行专项审计。审计发现的问题主要是：（一）国有资产收益未按规定纳入预算管理，形成财政体外循环。如九江、新余市将以前年度由财政直接投资入股而每年获得的股利、分红 2103 万元，一直另设账户核算，并以市政府抄告单等形式支用 1269 万元。鹰潭、景德镇市根据市政府的规定开设专门账户核算国有企业产权转让收入，截至 2001 年底已直接拨付市级单位、企业 9051 万元，有的以借出的形式收取资金占用费；（二）住房资金长期被挤占挪用、配套不到位、管理不规范。如吉安市截至 2002 年 7 月底，共挤占挪用其他住房资金 9686 万元，大多以政府抄告单和地方主要领导批条的形式借出，有的用于投资，有的用于企业技改和补充流动资金不足，拆借出去的资金有的已成呆死账。赣州市住房公积金不仅贷款比例偏低、资金沉淀、使用效率低、配套资金不到位，而且通过政府行为等挪用住房公积金挂列贷款本息 2889 万元；（三）部分县（市）级财政部门资金多头开户、脱离监督。如南昌市某财政局预算内外等资金在银行开设各类账号 47 个，造成资金分散且不利于国库资金的监督管理；（四）部分县乡法纪观念淡漠，仍然存在"三乱"行为、不执行"收支两条线"规定、私设"小金库"等现象；（五）违规收取税务代理费、护税费。税务师事务所从业人员都是宜春市地税局管理分局干部兼职，税务代理费由税务专管员上门收取，既没有收费标准，也没有服务内容，收取的代理费基本用于税务机关补充经费。新余市基层税务部门还普遍向乡镇收取护税费；（六）擅自设立税款过渡户。

常务副省长吴新雄在《专项报告》上批示，财政部门要严格加强管理，堵塞财务管理上的漏洞。

省长黄智权批示，财政厅对审计报告中发现的问题要进行整改和纠正，并进行逐个检查，参照审计厅的建议进一步改进工作。

2004年，省审计厅组织对全省406个预算单位2003年度省本级预算执行和其他财政收支情况进行审计。为使省本级预算执行审计目标落到实处，省审计厅改变办法和措施，首先于2004年5月26日在《中国审计报》上发表题为《力求两个突破，实现三个并重——江西确定今年预算执行审计新目标》的文章，公开审计目标，自觉接受社会监督，然后实施正常审计。共查出违纪违规金额157957万元，应上缴财政金额11638万元，促使预算单位自行纠正金额186436万元。审计发现的问题主要是：（一）省级财税管理方面。1.基本建设投资、挖潜改造资金、科技三项费用等专项资金年初预算不够细化，有些资金没有落实到具体项目、单位，而是在年度执行中通过追加的方式再进行分配；2.省财政专户未纳入预算管理的行政事业性收费、基金比上年有所减少，但仍有11项6024.65万元没有纳入一般预算管理，城市住房基金1205.45万元没有纳入基金预算管理；3.缴入省财政预算外专户的10项行政事业性收费收入3122.68万元和6项基金收入5586.84万元未按规定在2003年度缴库；4.省地税局直属分局2003年11月准予资金并不算紧张的4个单位延期至次年缴纳税款2074.39万元，代征的防洪保安资金有1045万元未按规定在2003年度缴库。部分基层税务机关由于受当地政府的干预和税收计划考核的影响，税收征管仍然存在一些问题。（二）省级部门预算执行方面。1.有的部门预算编制不完整，预算收支不够真实。有的厅局所属单位未列入部门预算，造成开支无来源，省交通厅等有的厅局将未经省编委批准设置的机构、自收自支单位，甚至将机构重叠的单位列入部门预算，造成多头列支；2.有些部门在预算执行中不够规范，存在超预算拨款和滞留财政资金的现象。2个部门少批复所属单位预算2233.19万元，3个部门未按规定进行政府采购1618.46万元，4个部门超预算拨款1308.3万元，省稀有稀土金属钨业集团公司、省煤炭集团公司等14个部门2003年底滞留各种财政资金177757.67万元；3.一些部门资金使用过程中挤占事业费、专项资金现象仍然存在。至2003年底，省地质矿产勘查开发局等16个部门购置固定资产以及用于所属单位借款、投资等历年累计占用专项资金44406.48万元。江西师范大学等个别单位甚至动用事业收入发放商品房补贴；4."收支两条线"执行不严格，有些部门对部分收入没有完全实行"收支两条线"管理。5个部门应缴未缴省级预算收入10468.08万元，省体育彩票管理中心等9个部门单位未按规定上缴财政专户资金10761.58万元，省公证员协会、法制新闻协会等单位甚至设立"账外账"；5.一些部门决算编报不实，主要是少报收支和结余、少计资产等。

省审计厅提交的《关于2003年度省级预算执行和其他财政收支的审计结果报告》省长黄智权批示：省审计厅对2003年度省级预算执行和其他财政收支的审计工作拓宽了审计的深度和广度，提升了审计工作的整体水平，提出了很有见地的意见和建议，财政厅要参照审计厅的意见，督促有关部门加强整改，纠正违规行为，进一步健全省级预算管理。

是年，4月6日，省审计厅受省政府委托，向省人大财经委报告审计工作情况得到省人大财经委的重视。省人大财经委在《关于2003年省级决算的审查报告》中肯定审计工作取得的成绩，建议省政府责成有关部门和地方及时对审计查出的问题进行整改，并要求将纠正情况和处理结果在2004年底前向省人大常委会报告。省人大常委会同意省人大财经委的《审查报告》，同时强调指出审计厅的审计工作报告省人大常委会是满意的。这是省审计厅开展预算执行审计工作以来，第一次获人大常委会这样的评价。2005年1月，受省政府委托，省审计厅在江西省第十届人大常委会第十三次会议上向省人大作《关于2003年度省级预算执行和其他财政收支审计查出问题纠正情况的报告》。

是年，省审计厅组织全省审计机关对2003年度省、市及部分县、乡四级共1359个单位财政收支情况及地税部门税收征管情况进行审计或延伸审计调查。共查出违规金额110128万元，其中收缴处罚金额3253万元。审计发现的问题主要是：（一）部分市县财政收入不真实、少数地方虚增税额占一般预算收入比例大，引税成本高。如九江市、景德镇市、鹰潭市等5个设区市及所属部分县2003年将土地收入等基金预算收入12910.97万元缴作一般预算收入。宜春市、抚州市、新余市等9个设区市及所属部分县2003年通过列收列支、引税垫税等途径虚增财政收入30062.56万元；（二）挤占、挪用专项资金现象较为普遍。10设区市所属部门、单位2003年挤占、挪用农村税费改革转移支付资金、农业开发、老建扶贫、公路建设、低保资金、农业税减免款等各种专项资金6526.17万元，用于办公大楼建设、弥补办公经费不足、发放工资、购车及接待等开支；（三）部分设区市地税部门存在挪用税款、以罚代税和私开储蓄存折征缴税款等违规行为；（四）违反国家规定，以各种名义列支税收返还，造成国家税收流失；（五）"三乱"现象屡禁不止，6个设区市2003年度乱收费、乱罚款金额达6122.33万元，如赣州市违规收取公路集资款、城市增容费1575万元，乱收费、乱罚款1001万元；（六）南昌市、九江市、赣州市、新余市等7个设区市的一些部门、单位均不同程度存在虚列支出套取现金，收入不入账，私设"小金库"等现象，金额计1277.87万元；（七）新余、景德镇等地的散装水泥和墙体材料专项基金收入征缴不力，且基金未专款专用，多数市、县散装办和墙革办将财政拨付的散装水泥专项资金和墙体材料专项基金用于机关办公经费开支。

省审计厅提交的《关于2004年全省财税审计情况的报告》省长黄智权、常务副省长吴新雄均作出批示：审计所反映财税存在的问题务必高度重视，严肃对待，认真整改。所提建议很好，省财政厅、税收部门应认真吸收，完善制度，加强管理。尤其要防止弄虚作假、乱收费、挤占挪用专项基金等问题的发生，要严肃财经纪律。

2005年3—7月，省审计厅组织对省财政厅2004年度省本级预算执行和其他财政收支情况进行审计。截至2005年6月底，通过审计，共查出违纪违规金额773596万元，已上缴财政各项资金20346万元，按规定下拨滞留的财政资金180147.5万元，调整有关会计账目资金52046万元，收回各类被挤占挪用的资金145428万元，责成有关单位自行纠正违规资金404798万元，各级政府、有关主管部门和被审计单位根据审计意见完善各项制度规定22项，向司法机关和纪检、监察部门移送各类案件线索18起，涉案人员24人，涉及金额5261万元，有1人被移送司法机关处理。审计发现的问题主要是：（一）省级财税管理方面。1.安排年初预算时，部分专项经费编制不够细化。如省交通厅养护费和客货运附加支出139099.92万元没有细化到具体的单位和项目，而是在年度执行中通过追加的方式再进行分配，再分配比例高达95%，降低了预算编制的严肃性和有效性，弱化了项目预算支出的刚性和可执行性；2.技改资金等部分省级预算支出安排不尽合理且过于分散，难以发挥效益；3.有19个部门、单位应在年底缴入预算内的行政性收费5651.53万元仍存放在预算外省财政专户，有9个单位应纳入预算管理的收入在缴入省财政专户后，直接拨付相关单位安排使用2823.11万元；4.有些税务部门在完成年度税收计划的情况下，人为调节税收入库进度。对省属企业税收检查的力度也不够，如有的企业未按规定核算收入和成本，造成少反映实现利润，而少缴企业所得税。（二）省级其他部门预算执行方面。1.部门预算编制还不够规范，有6个单位部分收入未纳入年初部门预算4349.29万元。省航务管理局等个别单位年初预算基本支出部分编制过松，造成年底大量结余；2.部门预算执行过程中，有6个部门的预算外收入未缴入财政专户5783.93万元。6个部门人员支出超预算1285.71万元。省国土资源厅等部门、单位对省级预算收入征收政策执行不够严格，存在少收、多收和欠收的情况。省公安厅等少数部门和单位无依据收费现象仍然存在；3.部门决算编报不够真实、完整的问题比较普遍，主要是账务处理和会计报表编制中少报收入和支出、漏汇少汇部分资金等，涉及金额92063万元；4.资金使用效益还有待提高，有的部门对财政专项资金清理不及时，长期滞留。省交警总队等有些部门下拨的固定资产没有发挥效益，甚至低价变卖造成国有资产流失。省出版系统等有些单位对外投资回报差、损失严重。江西稀有稀土金属钨业集团等有些单位开支无控制。

省长黄智权于7月14日专门听取了省审计厅关于省级预算执行和其他财政收支审计情况的汇报，对审计查出的问题十分重视，要求省级有关部门和地方从落实科学发展观、构建和谐社会的高度，按照依法行政、执政为民的要求，进一步纠正和改进存在的问题，对违法违纪人员要追究责任；对审计查出的问题，要如实向省人大常委会报告，并按省人大常委会的意见认真整改，年底要将全面整改结果向省人大常委会提交专题报告。

2006年3—7月，省审计厅组织对全省243个预算单位2005年度省级预算执行和其他财政收支进行审计。共查出违纪违规金额441611万元，应上缴财政金额33115万元，责成自行纠正金额408429万元，审计发现的问题主要是：（一）预算执行方面。1.混淆预算级次，影响省级预算收入13041.3万元。如全省交警系统2005年将6182.05万元省级收入缴入了当地财政并获取返还。南昌市2004年与2005年违反预算级次管理规定，将部分省级增值税3936.44万元缴入了市、区级国库；2.16个部门、单位行政事业性收费收入27546.93万元，年底还滞留在各部门、单位账上，未及时上缴国库或财政专户；3.20个部门、单位无预算支出4552.61万元、超预算范围支出6959.47万元、串换预算项目支出16155.99万元；4.一些单位专项资金使用不合理，个别单位通过虚假资料获取挪用财政专项资金。如省煤炭集团公司2005年违反规定将收取的维简费专项资金1000万元挪用于安源科技大楼的建设；5.12个部门、单位在执行政府采购制度方面不够严格，有3705.56万元资金未按规定编制年度政府采购计划，或未按规定程序办理政府采购手续；6.一些部门、单位财务管理不规范，往来款项清理不及时、违规收费、账外收支等现象时有发生。如省住房公积金管理中心自2004年6月起，与委托银行、开发商签订协定，向办理住房公积金贷款的开发商按贷款金额的10%收取贷款保证金，2005年末，累计收取保证金4820.53万元，累计退还保证金1165.24万元，均未纳入单位法定账册核算。（二）部门预决算编制方面。1.一些部门预算编制仍不够规范、细化，降低了预算编制的法律性和有效性。如2005年财政年初预算安排基本建设支出28000万元，省发改委在年初只安排建设资金18115万元，其中有项目有单位的资金仅10555万元；2.部门预算内容不够完整，

47 个部门 2004 年决算报表反映的财政拨款结余 72130.13 万元，仅有 9441.7 万元编入 2005 年度部门预算；3. 部门决算的编制不够准确和完整。一些部门、单位决算报表仅反映预算内收支情况，预算外及下属单位的财政财务收支没有在决算报表中汇总反映。4 个部门、单位虚编各种收入、支出 27091.25 万元、虚增结余 24136 万元。7 个部门、单位以拨代支、虚列决算支出 21647.19 万元。（三）税收征管方面。1. 税务稽查决算执行的管理和监督还有待加强；2. 部分行业单位税费漏征漏缴情况较突出。对 2003—2004 年地方税收征管专项审计时发现，有的税务机关对辖区内税源监控不够到位，如乐平市 2003 年与 2004 年税务登记户占工商登记户的比例仅为 51%。对 173 户房地产开发企业和 269 户金融保险单位的审计调查发现，两年分别少缴各种地方税费 15294.19 万元和 2124.93 万元。通过违规设置收入"过渡户"和以"误收退税"等方式人为控制税收入库进度，两年滞留税款 9008.11 万元。

7 月 11 日，省长黄智权专门听取了省审计厅关于省级预算执行和其他财政收支审计情况的汇报。要求省级有关部门和地方对审计揭示的突出问题要引起高度重视，并按照依法行政、依法理财、规范管理的要求，把涉及人民群众切身利益的问题放在首要位置，切实纠正和改进存在的问题，对违法违纪人员要严肃处理，并限期报告整改结果，确保各项整改进一步取得实效；对审计查出的问题，要如实向省人大常委会报告，并按省人大常委会的意见认真整改。

是年 3—10 月，省审计厅组织全省审计机关对 2005 年度省级、11 个设区市、99 个县（市、区）及 392 个乡镇财政收支情况及各级地税部门税收征管情况进行审计，延伸审计或审计调查了 659 个预算执行单位。审计共查出违纪违规金额 282997.52 万元，其中收缴金额 4303.03 万元、调账增加财政收入 46347.34 万元，减少财政支出 18345.44 万元、促进专项资金到位 12212.59 万元，指明应纠正的金额 20789.12 万元。审计发现的问题主要是：（一）部分项目资金下达不够及时、项目安排不够科学、预算不够细化；（二）挤占、截留、挪用财政专项资金达 10827.23 万元；（三）预算收支反映不真实、不完整，管理不规范；（四）部分地方税收、基金征收不到位，违规设立过渡户收缴税款、调节税收进度，少数税收减免审批把关不严；（五）仍有少数单位为了小团体利益及逃避检查，私设"账外账""小金库"，少数单位弄虚作假冒领财政资金，隐瞒资产，导致国有资产流失。

省审计厅提交的《关于 2006 年全省财税审计情况的报告》省政府主要领导很重视。省长吴新雄、副省长孙刚分别在报告上批示，全省财政预算执行和税收征管情况总体是好的，但也存在一些问题应高度重视，及时整改，进一步加强管理、监督，堵塞漏洞，同时提高资金使用效益。审计建议很好，抓好落实。

2007 年 3—7 月，省审计厅组织对 436 个预算单位 2006 年度省级预算执行和其他财政收支情况进行审计。共查出违纪违规金额 220440 万元，应上缴财政金额 110912 万元，责成自行纠正金额 20149 万元，审计发现的问题主要是：（一）省级财税管理方面。1. 由于主管部门项目编制跟不上部门预算要求，省财政厅、省发改委、省经贸委等在年初专项支出预算中仍有部分资金未细化落实到具体项目和单位；2. 由于受分年下达资金或按若干个子课题分别下达经费的影响，科技三项费用、技术开发资金等项目资金分配过于分散；3. 省财政 2006 年尚有采矿权使用费及价款 10925.87 万元、行政事业性收费 4458.8 万元未在年底及时清理缴库，省交通厅规划办公室、省人防工程标准定额质量监督站等 9 个部门应纳入预算管理的行政事业性收入 2164.58 万元仍在预算外管理使用；4.2004—2006 年虽然当年新增欠税比上年有所下降，但欠税总额却逐年上升，税收征管力度和清理欠税力度有待进一步加强；5. 由于企业所得税采取按减免金额大小分级审批的办法，有时会导致审批的环节较多、时间较长，降低了税收减免事项的时效性和效率。（二）省级部门预算执行方面。1. 江西电视台等 20 个部门、单位共有 16384.3 万元收入未按规定缴入省国库或财政专户，仍在各单位自行管理使用，"收支两条线"政策未得到严格执行；2. 江西赣建建设工程技术服务有限公司等 6 个部门、单位违规收费 1015.54 万元，有的单位提高标准或未经批准擅自收取相关费用。省航运系统部分单位甚至在未经批准的情况下擅自将行政事业性收费项目交给所属经济实体收取；3. 省教育厅等 8 个部门、单位由于上级资金下达较晚等原因而滞拨专项资金 17455.84 万元。省煤炭集团等 3 个部门、单位挤占挪用专项资金 1446.24 万元，主要用于弥补人员、公用经费和项目建设资金不足；4. 省交通厅航务管理局等 18 个部门、单位超预算支出、无预算支出、向非预算单位拨款、虚列支出等，涉及金额 19751.93 万元；5. 省食品药品监督管理局等 4 个部门、单位未按规定将上年结余 11661.18 万元纳入年初预算。省工商局等 3 个部门、单位隐瞒结余 8340.57 万元，造成部门决算报表反映不实；6. 省水利厅等 4 个部门由于工程进程缓慢等原因，截至 2006 年末基本建设资金结余达 87850.76 万元，影响了项目建设和财政资金使用效益；7. 省机电职业技术学院等 13 个部门、单位财务统管不到位，收支未完全纳入财务统一核算，有部分收入在法定账册之外另行设账反映，并从中直接坐支，涉及金额 8982.62 万元。

省审计厅 2007 年"同级审"工作方案将全部政府性资金作为"同级审"重点内容的工作思路得到审计长李金华在当年全国审计工作会上的点名表扬，认为江西省审计厅专报省长参阅的有关省财政家底、财力及管理等主要问题的"专项审计报告"，使省政府主要领导和被审计单位都非常重视，是预算执行审计的一种创新。

2007 年 7 月 31 日，省审计厅在《江西日报》A2 版对外公告《关于 2006 年度省级预算执行和其他财政收支的审计工作报告（摘要稿）》，首次以审计结果"公告"的方式在江西官方主流媒体上公开披露预算执行审计情况和问题，突破了江西省审计公告多年来一直处于空白的状况，在社会上引起较大反响。

是年 3—10 月，省审计厅组织全省审计机关对 11 个设区市、99 个县（市、区）及 248 个乡镇 2006 年度财政收支情况及各级地税部门税收征管情况进行审计。审计共查出违纪违规和管理不规范金额 329959.08 万元，其中收缴金额 8974.66 万元、调账增加财政收入 56702.19 万元，减少财政支出 31191.03 万元、促进专项资金到位 19146.44 万元，指明应纠正的金额 213944.76 万元。审计发现的问题主要是：（一）预算编制不够完善，部分预算支出不够细化，一些资金安排无具体项目，或有项目无单位，金额达 14566.75 万元。超范围、超预算级次向国税局、人行、工商等单位拨款 3982.88 万元，削弱了预算的约束力；（二）部分预算收支反映不真实，采取延压缓征税款、滞留预算收入不及时缴库、列收列支虚增预算收入或虚列支出等方式，人为调节预算收支；（三）以各种名义列支税收返还 6791.09 万元；（四）有的市县出借财政资金余额达 15353 万元，长期未清理收回，出借的财政资金有的难以收回，形成呆、坏账；（五）有的地方财政部门或因上级拨款较晚或因工程进展缓慢等原因，造成专项资金下拨不及时。有的挤占挪用退耕还林、新型墙体材料基金、农业特产税附加等专项资金用于购车、办公楼装修、城区道路改造和行政新区建设，以及平衡当年财政预算等，造成政策落实不到位，损害村级组织和农民的利益的现象。审计还发现，少数政府部门在无文件依据、无收费许可的情况下，巧立名目乱收费6868.95万元，加重了企业和农民负担，影响经济发展和社会稳定。

2008年，省审计厅组织对全省360个预算单位2007年度省级预算执行和其他财政收支情况进行审计。共查出违纪违规金额992724万元，应上缴财政金额163127万元，责成自行纠正金额513270万元。审计发现的问题主要是：（一）省级财税管理方面。1.2007年有15个省级部门、单位应缴入预算内的行政性收费1526.36万元，仍存放在省财政预算外专户管理，直接拨付相关单位安排使用；2.11个省级部门、单位行政性收费、罚没款等非税收入5833.22万元，至2007年底还滞留在各部门、单位账上，未及时上缴财政专户或国库管理；3.支出进度不均衡。2007年省本级支出中，10—12月支出占全年支出的比例为51.78%，12月支出占全年支出的比例为39.58%；4.省地税直属分局2007年少征收房地产企业所得税2058.96万元；5.部分市县税务机关未按规定税种征税和以罚代征。（二）省级部门预算执行方面。1.省工商局等6个部门编制2007年部门预算时，少报2006年结余资金19800万元。省林业厅编制的育林基金支出部门预算，安排的生产性支出占比73%。低于省政府有关省级育林基金生产性支出不得低于80%的规定。省医药集团公司等5个别部门、单位的部分收支未纳入部门决算报表，造成部门决算报表反映不真实，涉及金额5953.25万元；2.省质量技术监督稽查总队、省建设工程招投标办公室等6个部门、单位超出批准的预算安排支出或自行调剂预算支出3124.44万元。省食品药品监督管理局等13个部门、单位未及时安排使用专项资金10527.11万元。4个部门、单位挤占挪用专项资金4421.77万元；3.江西旅游商贸职业学院等6个单位2787.02万元资金未按规定编制年度政府采购计划，或未按规定程序办理政府采购手续，主要是购买教学办公设备和部分公务车辆；4.省交警系统等5个部门、单位无依据或超标准收费4358.03万元；5.省住房公积金管理中心、江西师范大学等15个部门、单位32000万元资金未纳入法定账册管理核算；6.2001年已移交省统筹的省电信局、省邮政局、省农村信用社等单位养老保险统筹基金历年结余19970万元，到2007年底，省社保局还未进行清算收回并纳入财政专户管理。

是年7—10月，省审计厅组织9个设区市（除赣州、新余市）审计机关对2007年度房地产开发企业税费征收管理情况进行审计，并对部分重点房地产开发企业进行延伸审计调查。审计共查出欠缴、漏缴各项税费和管理不规范问题155177万元，其中少申报税费5505万元、垫税引税成本费用1048万元、缴库不及时和缓征税费67254万元，查出因征管漏洞导致欠缴、漏缴各项税费74702万元，以及地方政府违规减免规费6397万元。审计还发现涉嫌非法土地使用不转让线索一起，涉及金额32万元，并移交有关部门立案查处。审计发现税费征管部门的主要问题：（一）地税部门不规范管理金额达77779万元，其中征收企业少申报税收4023万元、偷税12336万元，税款缴库不及时和无依据缓征税款60101万元、垫税引税成本费用1048万元；（二）财政、国土资源等其他税费征管部门税费征收不规范金额77398万元，其中少申报税费1482万元、偷漏税费62366万元（包括土地出让金46081万元）、税费缴库不及时和无依据缓征税费7153万元（包括土地出让金5104

万元）、违规减免规费 6397 万元。审计发现土地出让金征收管理问题较为突出，偷逃、拖欠等金额合计达 51563 万元。

2009 年 2—7 月，省审计厅组织对全省 1003 个预算单位 2008 年度省本级预算执行和其他财政收支情况进行审计。共查出违纪违规金额 745335.8 万元，应上缴财政金额 49082 万元。审计发现的问题主要是：（一）省级财税管理方面。1. 养老基金存款利率低于国家规定标准；2. 有 9 个省级部门、单位应缴入预算内的行政性收费 1329.44 万元存放在省财政预算外专户管理，直接拨付相关单位安排使用不符合规定；3. 部分地方财政国库存款科目填报口径不统一，存在人为调增调减财政决算报表相关数据的现象；4. 税务发票领用管理内部控制存在缺陷，有奖发票二次摇奖制度设计不合理，摇奖过程一些重要环节未进行公证；5. 部分税收减免审批不严格，存在减免事项与实际不符的现象，违规减免税款 3198.63 万元。（二）省级部门预算执行方面。1. 有 5 个部门、单位挤占挪用财政专项资金 1400.02 万元，主要用于弥补工作人员、公用经费不足；2. 有 8 个部门、单位共有 17681.93 万元收入未按规定缴入省国库或财政专户，仍由单位自行管理使用，"收支两条线"未能得到严格执行；3. 有 4 个部门、单位通过"二次分配"调控基层资金、物资比例过大，未按要求向基层倾斜；4. 有 7 个部门、单位违反省直单位统一发放津补贴规定；5. 有 8 个部门、单位违反国库集中支付规定，从零余额账户转款 1117.58 万元至本单位下属单位基本银行存款账户；6. 有 3 个部门、单位共有 31394.37 万元资金未纳入法定账册管理核算；7. 有 8 个部门、单位由于上级资金下达较晚、配套资金未落实等原因滞拨财政专项资金 95522.39 万元。

省审计厅提交的《审计结果报告》和《审计工作报告》分别得到省政府主要领导、省人大常委会及人大财经委的肯定。省长吴新雄对《审计结果报告》作出批示：有关部门要针对存在的问题认真抓好整改落实，审计厅建议很好，有关部门要贯彻好。省人大常委会认为省审计厅着眼大局、关注民生，突出对重点部门、重点行业、重点项目和重点资金的审计监督，取得显著成绩。省人大财经委认为报告突破以往格式，在进一步强化审计监督、维护财经秩序、促进经济发展等方面发挥了重要作用。

是年 4—5 月，省审计厅组织对省财政厅 2008 年度省本级预算执行和其他财政收支情况进行审计。并延伸审计省财政厅下属省财政投资管理中心、省行政事业单位资产管理中心、省行政事业资产集团有限公司、省信用担保股份有限公司等单位。审计发现的问题主要是：（一）预算编制不完整，上年财政结余大部分未纳入预算。省财政投资管理公司的财政性资金 13564.64 万元未纳入单位法定账册核算管理，长期滞留在财政体外循环，用于违规申购、买卖新股；（二）预算执行比例偏低，支出进度不够均衡，影响财政资金的使用效益；（三）2008 年部门预算与决算相差过大，预算执行中的追加事项较多，有的还不够规范；（四）非税收入核算、管理不够规范，存在应纳入预算内管理的收费作预算外管理，应缴国库资金滞留在预算外专户和各部门行政事业性收费收入过渡户现象；（五）政府集中采购效率不高，财政预算内资金大量滞留在预算外"省财政政府采购归集户"，且未按有关规定将采购资金按单位和项目进行明细核算；部分项目资金分配过于分散，不利于发挥公共财政作用；（六）部分财政专户收入清缴不及时、基础理财工作不到位；（七）部分账表、表表之间数据不符；（八）财政资金与投资机构产权划分不明晰，资产流转不规范。如省财政厅 2008 年

6月未经任何有效法定评估和审批，将2000年省计委批准建设的项目锦绣大厦，违规以建设原价2125.5万元产权变更为省财政投资管理公司；省财政投资管理公司将挪借省财政资金3970万元注册兴建的江西北戴河宾馆，未经法定评估报批等程序、未考虑资金占用费利息和近年房地产巨大升值的情况下，按账面原值由省财政投资管理公司转让90%股权给江西博苑房地产公司。

省审计厅的《审计结果报告》建议，省财政厅应对审计发现的问题及时进行整改。

2010年3月，省审计厅组织对省地税局2009年度税收征收管理和部门预算执行情况进行审计。审计发现的问题主要是：（一）税收征收管理政策执行方面。1.金税征管信息系统对可能少征漏缴税收、异常缴税情况未建立预警报警和实时监管机制。如2009年度有339户房地产开发企业和个人发生的不动产税毛利率低于法规规定缴纳企业或个人所得税，有的未及时预征企业或个人所得税。2009年度有507户非外资企业未按规定附加征收城建税和教育费附加。2009年度缴纳营业税1万元以上的733户个人纳税户少征、漏缴个人所得税等。金税征管信息系统均未能及时预警和报警。金税征管信息系统对同一征管单位的同一个纳税户名的纳税人管理码情况未建立实时预警分析和报警监管机制，导致全省有43067个相同纳税户名在同一个单位有两个以上纳税号码，最多有153个不同的纳税号码均以"赣州交通服务有限公司"为纳税户名。此外，金税征管信息系统税款缴库流程设计也存在缺陷，如通过"税库银"汇总系统缴库须设立税款过渡户，同时"税库银"汇总系统运行不稳定，在发生运行误差后，存在虚开完税证等不合理操作，系统纠错方法设计不合理，影响税收征管数据的真实性；2.省地税局直属分局管辖的部分企业应缴税费未及时足额组织征收入库。直属分局2009年征收的防洪保安资金3695.33万元于年底一次性上缴国库，大额财政预算内资金在过渡账户上违规滞留；3.省地税局直属分局对部分税收减免项目审批不严，存在违规减免情况；4.票证管理不规范，制约监管机制缺失。省地税局税收票证核算台账不规范，只有电子出纳账，没有将票据入库单、领发单等原始凭证装订成册并制作记账凭证；税收票证管理信息系统反映各类票证项目间和数据间的关系不清且相互矛盾。信息管理系统不能准确反映票证领、销、存的真实情况；5.部分税收优惠政策效益低下，税收减免政策执行过程中操作流程不规范等。（二）部门预算执行方面。1.年终财政追加预算随意性大，追加预算占年初部门预算的比例高达85%；2.上年财政拨款结余大部分未纳入预算，纳入预算的仅占应纳入预算总额的4.94%；3.大量财政拨款结余常年沉淀在银行未发挥资金使用效益，且财政资金结余分配使用随意性大；4.部分项目收入未按规定计缴税费。省地税局2004年6月全面竣工，8月投入使用的办公大楼（银星大厦），工程款于2007年底也已全部结清，但该资产未经验收也未办理移交，造成国有资产长期游离于账外，大量的经营收入也没有纳入财政管理。省审计厅还依法向省地税局移送靖安县财政税务部门虚假退税等问题进行审计。《审计移送处理书》称：2009年全省地税部门误收退税金额为9369万元，而以误收名义退营业税达6696万元，占总误收退税的71%。均为地税部门配合县财政局利用财政资金虚假缴税后，再以误收退税名义退库，以达到调节税收的目的。审计结束后，省审计厅对省地税局存在的问题，作出相应的处理，并建议及时进行整改。

第二节 财政决算审计

1991—1994 年，省审计局主要是组织全省各级审计机关分别对各级财税部门与乡镇财政收支情况进行审计。1995 年以后，根据《审计法》的规定，才逐步推开对各级政府的财政决算进行审计。其中：1991 年，省审计局组织审计 3 个地（市）、35 个县（市）1990 年的财政收支情况，共查出违纪违规金额 6794.6 万元，可增加财政收入 3377 万元。1992 年，审计 418 个财税单位，查出违纪违规金额 9493 万元，可增加财政收入 1528 万元。1993 年，审计 2 个地（市）、37 个县（市）、252 个乡镇财政收支，查出违纪违规金额 9715.8 万元，可增加财政 445.86 万元。1994 年，审计 40 个县（市）、284 个乡镇财政收支，查出违纪违规金额 9998 万元，可增加财政收入 501 万元。1995 年，审计 324 个乡镇财政收支，查出违纪违规金额 4173 万元；审计 644 个财税部门，查出违纪违规金额 14038 万元。另外，省审计厅还组织对赣州等 5 个地（市）和 36 个县（市）进行财政决算审计，查出违纪违规金额 11277 万元，其中可增加财税 623 万元。1996 年，根据审计署、中国人民银行、监察部通知，省审计厅组织审计 1201 个行政事业单位、57 个财政部门的预算外资金情况，共查出违规资金 10977.7 万元；审计 439 个乡镇财政收支情况，查出违纪违规金额 5602 万元。是年，全省审计机关对 5 个地（市）、44 个县（市、区）财政决算和其他收支情况进行审计，共查出违纪违规金额 6502 万元。1997 年，全省各地市审计机关连续第 4 年开展乡镇财政收支审计，审计 480 个乡镇，查出违纪违规金额 5088.7 万元。同时，省审计厅还组织对 6 个地市、46 个县（市）1995—1996 年度财政决算情况进行审计，共查出违纪违规金额 4063.6 万元。

1998 年，省审计厅组织全省各级审计机关对新余市等共 578 个单位 1996 年至 1997 年的财政决算情况进行审计，查出违纪违规金额 26970 万元。审计发现的问题主要是：（一）有的市财政在市交行的 2000 万元资本金运转情况不详；（二）有的市本级增值税收入 2776 万元与实际情况不符；（三）1995 年新余市财政虚列支出转入暂存款 2407 万元，编制 1996 年、1997 年市本级财政决算时多列、虚列结转下年支出 15497 万元不合规，1996 年暂付款转列支出 3738 万元，占预算支出 19.4%，1997 年暂付款转列支出 2976 万元，占预算支出的 15% 比重大，使预算缺乏约束力；（四）有的地税局综合大楼基建项目超计划、超规模、超面积，另经审计发现该项目属议标项目，无总概算，各主要工程项目无工程合同，大宗采购无采购合同，采购发票与采购地不符等；（五）有的县（市、区）地税局征管股税务登记证工本费管理混乱，账目不清，公私不分，所有公款均在个人存折上运行；（六）有的市财政国债服务部 1993—1995 年间共将 1700 万元各种国库券分别由工、农、建、交四家银行下属证券部代保管，但截至审计时止，尚有 500 万元本金和利息未收回。对上述问题，省审计厅提出相应的处理意见和建议，促其进行整改。

1999 年，省审计厅组织对吉安市等共 635 个单位 1997 年和 1998 年财政决算情况进行审计。共查出违纪违规金额 25285 万元，为财政增加收入 1326 万元。审计发现的问题主要是：（一）有的地区本级及一些县市财政收入存在水分；（二）吉安地区滞留省财政厅 1997 年 12 月 25 日下达特大自然灾害救济补助费；（三）有的地区财政局将 1997 年应上缴省财政收入作为地级财政收入，并按比例返还给执罚单位;(四)有的地区财政局将专户储备资金存入工商银行储蓄所,所获利息设账外账;(五)有的地区财政局将财政资金拆借给农业银行,所获利息设账外账;(六)有的地区财政局银行存款开户过多过于分散;(七)有的地区国债服务部拆借资金给股份公司,利息所得设账外账。对存在问题,省审计厅分别向被审单位提出相应的处理意见和建议,促其进行整改。

2000 年 10—11 月,省审计厅组织对萍乡市、新余市、九江市 1997 年至 1999 年的财政决算情况进行审计。审计发现的问题主要是:(一)九江市级财政部门将应属省级的罚没收入作市(区)级财政收入,并将部分收入返还执罚单位,挖挤上级财政收入;(二)九江市财政局 1996 年以来将预算暂付代垫国债兑付资金 2590 万元,形成实际上的体外循环用于变相拆借给证券机构以获取高额收益;(三)有的市滞留省拨专项资金;(四)有的财政局银行存款开户过多过于分散;(五)部分县于年底调减房产税等省地共享税种,调增营业税等县级收入,侵占省级财政收入;(六)有的地税局稽查分局直接坐支执罚收入;(七)有的县地税局稽查收入滞罚补款项不按规定入库,转县财政专户,收受财政提成。对存在问题,省审计厅分别提出相应的处理意见和建议,促其进行整改。

2001 年 4—9 月,省审计厅组织全省各级审计机关对南昌等 5 个设区市、11 个设区市所辖 53 个县(市、区)及 404 个乡镇政府 1999 年至 2000 年的财政决算、预算外资金管理及使用情况、税收征管及税收政策执行情况进行审计。全省各级审计机关共投入审计人员 465 人次,总计投入审计工作日 1872 天。审计查出违纪违规金额 55883 万元,其中:设区市 7642 万元、县市区 36626 万元、乡镇 11615 万元。审计发现的问题主要是:(一)财税收入不实,"水分"多。如赣州市某县 8 个乡镇以财政列收列支方式空转财税收入,实际征收入库数只占决算反映收入总额的 40.4%。采取"引税""创收"等方式"买税",挤占挪用专项资金缴税或借钱垫交税款,无税源征税以及征过头税、先征后退、先征后返,应缴未缴、隐瞒滞留坐支收入,随意调节收入等方式,导致财税收入不实;(二)混淆财政收入入库级次,截留侵占挪用上级收入。如吉安市吉州区等 7 个县(市、区)2000 年将国税局、烟草专卖局等中央和省属执法单位收取的罚没收入缴入地方金库,截留上级财政收入,并部分返还执罚单位。国有土地有偿使用收入应缴未缴,或滞留收入过渡户,或作其他收入,或违规提取征收业务费。应缴未缴,坐支挪用专项收入,变相侵占上级收入;(三)人为调节税种、税目及税收入库级次,违规提退,侵占上级收入;(四)财政支出反映不实。虚列财政支出,转移财政资金;(五)财政专项资金管理使用不规范。下拨不及时,滞留欠拨现象较为普遍。随意借用转移资金,变相侵占专项资金。对上级专项拨款指标和账务核算不规范;(六)财税管理及其他财政收支方面问题不容忽视。如预算外资金未纳入财政管理和财政专户储存,并存在挤占挪用现象。乱收费、乱罚款、乱摊派。公款私存,有的私设"账外账""小金库"。政府负债剧增,财政包袱沉重,面临形势严峻。税收核算及票证管理上存在漏洞,未严格按有关规定执行。针对存在问题,审计提出了八条相应的审计处理及建议。

省审计厅向省政府呈报的《关于部分市、县、乡(镇)1999—2000 年度财政决算及其他财政收支审计情况的报告》获省长黄智权批示:省审计厅的审计对严肃执法,规范财政行为起了很好的作用。省财政要认真研究,针对存在问题采取切实有效措施,并加强日常监管。

是年,省审计厅组织对宜春市、上饶市、南昌市 1999—2000 年度的财政决算情况进行审计。

审计发现的问题主要是：（一）有的县财政局人为调节预算收入及预算结余；（二）有的市财政局罚没收入过渡账户内资金未按规定及时解缴国库；（三）有的市地税局稽查局将查补各种税款分别缴入各县、市、区当地国库，影响本级收入，并获得10%的返还款；（四）有的市地税局稽查局2000年查补的国有事业单位所得税及罚款不上缴省级国库，且以"地市"级次入库；（五）部分区县财政局1999—2000年上缴国库的罚没收入中有中央执法机构和省级执法部门上缴的罚没收入入地方本级库；（六）有的县区地税局1999年度采取人为变更税种、预算级次等手法调节税款入库。对存在问题，省审计厅向被审单位分别提出相应的处理意见和建议，促其进行整改。

2002年，省审计厅组织对九江市、萍乡市、新余市、景德镇市、赣州市和鹰潭市6个设区市2000年和2001年财政决算情况进行审计。审计发现的问题主要是：（一）1999年检查的罚没款收入、2000年检查的罚没款收入，没有按级次缴库，并返还执罚单位；（二）有的市交警支队将收取的驾驶员培训、管理费缴入市财政预算外专户储存，并直接支出使用；（三）有的市财政存在部分行政性收费、基金（附加、收费）没有按规定纳入预算管理；（四）部分企业产权转让收入、存款利息收入和相应的支出，完全脱离预算管理，而且大部分资金通过本地商务局、市经贸委财审科账户再拨付企业，形成财政"体外循环"；（五）鹰潭市住房资金管理局于1994年至2000年违规外借资金1270万元。2001年从市住房资金管理所转出的3300万元，其中2500万元用作抵押市城市建设投资开发公司银行贷款；（六）有的市城市建设投资开发公司资金来源包括部分出售土地款、联合开发土地产生的收益分成，该部分未纳入财政管理，且市政府直接从该公司调用资金；（七）有的市财政在银行开设多个账户多达77个（不含国库账户）；（八）有的市地税局用退库、重新入库形式完成税收任务；（九）部分税款未按原税种入库，人为调节税种；（十）有的市地税局稽查局提供的资料发现有关稽查收缴数字不一致、对查补的省地共享税收缴不力，并存在将税款以罚没收入缴库现象；（十一）税收代征代扣手续费存在多提现象。对存在问题，省审计厅分别向被审单位提出相应的处理意见和建议，促其进行整改。

2003年，省审计厅组织对上饶市、抚州市、宜春市、吉安市和南昌市2001—2002年度的财政决算情况进行审计。审计发现的问题主要是：（一）财政方面。1.有的市、县财政局财政土地出让金没有按规定及时上缴国库；2.有的市稽征分局2001年、2002年将属于省级财政资金的部分预算外资金缴入市财政预算外专户；3.有的市交警支队乱收费，根据市物价局文件就收交通安全教育学校培训费和道路交通拯救作业费；4.抚州市预算外资金专户中有部分应纳入基金预算管理的收入未及时缴入国库，涉及金额2586.44万元；5.有的市本级部分财政收支不真实；6.周转金账户随意借款和列支。如抚州市财政局将财政资金借给美国东亚联邦国际投资集团有限公司科技园开发建设应对工作小组办公室金额达1000万元，借给某市工业开发区管委会金额达1969万元；7.有的市社保科核算四项社保基金开设了11个账户，且存在核算管理不规范的现象；8.有的区财政局部分农业税没有按规定减免落实；（二）地税方面。1.有的市地税局将房产税等抵顶营业税退库；2.部分县、区存在人为调节税种的现象。3.有的县地税局将收缴税款存入个人储蓄存折，后从该存折中取出现金存入单位经费账户；4.存在滞留税款的现象。5.有的县地税局存在垫缴和虚征税款的现象；6.部分县农村税费改革政策执行不到位，其中2002年收取的屠宰税没有按规定退还给农户。（三）国库方面。1.抽查 2002 年国家金库中心支库部分预算收入更正通知书发现未附更正依据；2.部分预算收入退还书不符合规定；3.2002 年部分登记簿的设立和登记情况发现未按规定进行登记。对存在问题，省审计厅分别向被审单位提出相应的处理意见和建议，促其进行整改。

2004 年，省审计厅组织对鹰潭市、萍乡市、九江市、景德镇市、赣州市和新余市 6 个设区市财政决算情况进行审计。审计发现的问题主要是：（一）有的市本级、县（市）排污费收入未按《江西省政府批转省财政厅省环保局关于江西省排污费资金收缴使用管理办法和江西省环保部门实行收支两条线管理后经费安排实施办法的通知》精神就地缴入省级国库；（二）有的县（市）防洪保安资金未按规定足额上缴省级财政；（三）有的市、县地税局违反江西省政府《关于进一步改革财政管理体制的意见》的有关规定，延期入库共享税和耕地占用税；（四）有的县（市）的交通罚没收入、烟草局罚没收入、盐业公司罚没收入，未按江西省财政厅《关于转发财政部〈关于下达行政性收费、罚没收入实行预算实施办法的通知〉及补充规定的通知》精神缴入省级财政。对存在问题，省审计厅分别向相关被审单位提出相应的处理意见和建议，促其进行整改。

2005 年 9 月，省审计厅组织对宜春市本级 2003 年度、2004 年度财政决算情况进行审计。审计发现的问题主要是：（一）部分预算收入未按规定缴库，影响中央、省级财政收入。1.宜春市本级和奉新、樟树 2003 年下半年排污费收入，没有按照《江西省排污费资金收缴使用管理办法》关于排污费收入从 2003 年 7 月 1 日起就地缴入中央国库 10%、省级国库 20% 的规定执行；2.奉新县、樟树市财政局 2002 年分别将耕地占用税收入延期到 2003 年以后入库，影响省级收入；3.省属冶金企业江西省七宝山铁矿 2003 年与 2004 年上缴增值税中，地方分成的部分没有按《江西省实行"分税制"财政管理体制办法》的有关规定上缴省级财政，而是缴作上高县财政收入。（二）部分省属单位的收费收入未按规定上缴省财政专户或省级国库。1.宜春市财政局将宜春市交警大队 2003 年、2004 年电子警察违章曝光费留作预算外收入。樟树市财政局将樟树市交警大队 2003 年、2004 年收费收入用作市财政局调控收入；2.宜春市、樟树市财政局分别将宜春市烟草专卖局、樟树市烟草公司等省属执法机关的罚没收入未按规定全额缴入省级金库，而是缴入本级财政预算外收入；3.宜春市财政局 2003 年、2004 年收取市政设施配套费，未按收费总额的规定比例上缴省建设厅。审计还发现，宜春市、奉新县、樟树市地税局将个人所得税变更为车船税、企业所得税入库，部分税款未及时或按原税种缴入国库，奉新县地税局稽查局税收罚款未随税款缴库，影响省级收入等方面的问题。对存在问题，省审计厅提出相应的处理意见和建议，促其进行整改。

2008 年，省审计厅组织对全省 786 个部门、单位的财政预算执行和决算情况进行审计，累计投入审计人员 806 人，审计工作日 7100 个。审计发现的问题主要是：（一）预算编制不完整问题较为突出，据不完全统计，有 45998 万元的财政收入未纳入预算管理，主要有上级补助收入、土地收益、财政性资金利息收入、房产租金收入、上年结余等。有的预算收入脱离预算管理，直接在收入专户中列支。由于预算编制不完整，导致预算执行缺乏刚性控制，存在边"打报告"边追加预算的现象。此外，预算编制支出细化问题有待提高；（二）预算收入漏征、滞缴现象时有发生，预算征收管理水平有待进一步提高。如征收部门征收力度不够或为完成下年任务，未能及时足额征收预算收入 179798 万元。人为调节收入进度，利用过渡户滞留应缴国库预算收入 84837 万元；（三）因财力紧张和财政支出不合理等原因而虚列预算支出、专项资金下拨不及时。如为应付上级考核和资金配套要求，虚列、虚减预算支出 43812 万元。专项资金下拨不及时 31865 万元、挤占挪用专项资金 6851 万元。违规变更预算支出 8662 万元，用于征地、经费支出等；（四）挤占截留上级预算收入、超预算范围列支，以及预算收入级次管理不规范等。如 2007 年部分县区挤占或截留上级预算收入 2215 万元，部分挤占或截留资金被用于办公经费支出。为招商引资和协调上级直属单位关系，各地超预算范围列支 10495.1 万元。列收列支和垫税、引税而虚增预算收入 26456 万元。行政性收费未严格实行收支两条线管理，坐支预算收入资金 13774 万元；（五）乱收费和公款私存现象仍然存在。除景德镇、南昌外，审计在 9 个设区市发现乱收费 7189 万元，主要为部分单位自立收费项目收费、超标准收费。有的将本应由财政列支的费用转嫁社会承担，有的以赞助费、工本费、服务费名义向社会乱收费。审计抽查吉安市、景德镇市、鹰潭市、赣州市发现公款私存 774 万元，如赣州个别乡镇将土地补偿款转移到村委会隐匿；（六）政府投资项目工程预（结）算不实问题仍较突出，政府采购有待规范。据不完全统计，景德镇市、上饶市、抚州市、新余市等工程预（结）算审计平均核减率 15%，最高达 23%。此外，政府投资工程审计中还发现部分项目管理不规范，未按规定履行公开招投标手续，有的工程监理职责不到位，有的工程项目违规分包转包，有的建设单位未认真履行监管职责。政府采购审计中也发现，政府采购计划编制不全、制度执行不严，操作程序不规范等问题；（七）少数国税部门利用财政部门过渡户转移应付代扣手续费和向企业收取不合理的税务咨询费等。省审计厅向省政府提交的《关于 2008 年度全省设区市和部分县区财政预算执行和决算审计情况报告》反映，共查出预算管理、基建和政府采购管理不规范等现象，以及预算收支反映不真实、乱收费和私设"小金库"等违纪违规问题金额 376433 万元，并从积极推进预算制度改革，加强税收和非税收入征管，强化对预算执行，充分利用计算机技术为财政管理与监督服务等方面提出了 4 条具体审计建议供省政府领导决策。《审计报告》得到省政府领导的重视，省长吴新雄、副省长孙刚均批示：财政预决算审计出的问题面广量大，责成财政、审计加强督查，各地市委负责将问题整改到位，并健全管理制度，加强管理。

2010 年 7—9 月，省审计厅结合景德镇市市长李某的任期经济责任审计，对景德镇市（本级）2008 至 2009 年度财政决算情况进行审计，并延伸调查景德镇高新产业园、景德镇陶瓷产业园和部分市直单位。审计发现景德镇市财政决算的主要问题：（一）部分预算收入未按规定的预算级次范围管理。1.2008 年与 2009 年景德镇市财政部门和行政主管部门征收的行政事业性收费和基金收入未按规定预算级次比例入库或上解；2.2008 年与 2009 年景德镇市财政越级管理省属行政事业单位的行政事业性收费收入，其中景德镇市锅炉压力容器检验所锅炉压力窗口检验检测收费、景德镇市法制计量监督管理所修理测试费、景德镇市陶瓷产品质量监督检验站检验检测收费，上缴市财政后均全额返还缴费单位。（二）部分财政收支管理比较乱。1. 为平衡一般预算收支，市财政将国有土地出让金收入，防洪保安资金收入等基金预算收入混淆为行政事业性收费收入项目，做一般预算收入缴库，两年虚增一般预算收入 30277 万元。此外，市清理无证私房领导小组办公室以捆绑收费形式，两年收取土地出让金等 7793.97 万元，其中以契税收入缴库 7502 万元；2. 市财政 2008 年将预算内非税收入 2804.63 万元在预算外收支；3. 市财政预算收入汇缴专户 1344.52 万元非税收入、罚没款汇缴专户158.29万元非税收入未及时汇缴国库或预算外资金专户；4.市财政将2008年已经发生的一般预算支出6655.8万元、2009年已经发生的一般预算支出9098.1万元列暂付款，以及景德镇陶瓷工业园财政2009年虚列支出挂暂存款1589.74万元；5.市建设局2008年收取市政设施配套费、行业管理费合计1658.85万元未纳入财政管理，坐收坐支工程款和经费。（三）部分财政专项资金未按规定管理。1.项目未按期实施，致使省财政下拨景德镇陶瓷学院等三个项目的景德镇市金太阳示范工程财政补助2548万元资金滞留；2.国有土地使用权出让收支未纳入地方政府基金预算管理，2007—2008年市城市建设资金管理领导小组办公室两年在土地保证金专户共列支12323.85万元。2008—2009年少提缴农业土地开发资金1085.39万元，2007—2009年少计提安排补助被征地农民社会保障支出、保持被征地农民原有生活水平补贴项目支出共计6470.25万元，市土地储备中心挪用农业土地开发资金684万元用于征地拆迁或土地开发等项目支出；3.市财政将省财政下拨用于取消政府还贷白景线湘湖收费站二级公路收费后的债务偿还、人员安置款1214万元，挪用于新开工道路建设1210万元。（四）市地税部门税收征管及财务管理不规范。如在纳税人无营业收入依据情况下，市地税局委托另外单位代扣代缴营业税，且未附征企业（个人）所得税。在无明确授权情况下，2006年市地税局违规减免省属改制企业江西电化有限责任公司的企业所得税。市地税局稽查局下达的税务处理决定书和税务行政处罚决定书未及时查补到位，执法不严。（五）违规设立税收奖励返还政策。如市高新技术产业园2008—2009年用财政预算内资金对企业进行税费奖励返还7018万元。审计还发现，作为景德镇市本级的派出单位和一级财政管理的景德镇市高新技术产业园区，2009年的一般预算支出21989万元未纳入市人大预算审查管理，其财政预、决算由高新区管委会审查通过，报市财政汇总，未经市人代会审查。对存在问题，省审计厅提出相应的处理意见和建议，促其进行整改。

第三节　财政专项审计与审计调查

1991—1997年，省审计厅（局）组织力量开展财政专项审计与审计调查工作，主要是围绕省委、省政府关注或交办的涉及国计民生、社会焦点、热点、难点等方面问题。其中1991年，全省各级审计机关对1831个专项项目和资金进行审计，查出违纪违规金额7037.5万元，为财政增加收入3377万元；另外，对全省38个地、市、县（区）财政支农周转金的管理、使用情况进行了审计调查。1992年，全省共对9001个单位的财政收支情况进行审计调查。1993年，全省各级审计机关共开展390项专项资金审计，查出违纪违规金额1396.76万元；同时，开展4160项审计调查，其中对16个县（市、区）涉及107个单位农业资金总体投入情况进行审计调查，审计总金额达55824.2万元；对211个城市农村信用社审计调查，审计总金额达277862万元。1994年，全省开展111项专项资金审计，查出违纪违规金额9805万元；开展对全省430个项目审计调查，其中对10个重点固定贫困县1991—1993年扶贫资金管理、分配和使用情况的审计调查，审计总金额达20000万元。1995年，全省开展1040个项目的专项资金审计，查出违纪违规金额35647万元，为财政增加收入1153.8万元；与此同时，全省还对1367个项目开展了审计调查。1996年，省审计厅组织对全省1986—1995年邮电附加费的收缴、管理、使用情况进行专项审计，查出违纪违规金额2258万元，上缴财政金额1226万元；对交通厅、省公路局、省稽征局及其下属5个单位征收、管理、使用情况进行专项审计，查出违纪违规金额10828万元；对全省公安、检察、法院系统1995—1996年财政收支进行专项审计，查出违纪违规金额36213万元。1997年，对全省烟草生产、经销情况进行专项审计，查出违纪违规金额32500万元；对全省44个省、地、县棉麻公司的经营状况进行专项审计，发现这些公司市场管理混乱、库存积压严重、挤占、挪用专项资金达52500万元；对全省1987—1996年电网改造资金进行专项审计，查出违纪违规金额71100万元。专项审计和审计调查工作结束后，向省政府提交审计结果报告，省委、省政府领导均分别作出批示。

1998年，省审计厅组织对全省11个地市、99个县（区）的财政、计委、水利、农发行和其他筹集、分配、管理、使用水利专项资金的部门、单位进行专项审计，共查出违纪资金4812万元。其中：挪用水利资金3749.6万元。是年，5月—9月，针对群众反映九江市财政存在的问题，根据省委、省政府、省纪委领导安排，由省审计厅纪检组组长李水芳任组长、省纪委一室副主任李建发任副组长组成审计组，对九江市（本级）1995—1997年间有关财政资金管理、使用情况进行专项审计调查。经审计发现的问题主要是：（一）严重违反财经法规，进行违规拆借，财政周转金违规在信托机构所开设账户存款。有12933万元账务处理不合规，将需要收回的暂付款或借款列作支出。有1090万元没有及时归还国库。财政性资金存款产生的利息1441.6万元形成账外资金，并被挪作他用；（二）市财政兴建的培训楼、以市财政局和九江长发公司合建名义立项的综合楼、市地税局兴建的基地程度不同地存在超投资、超年度计划、超面积和资金缺口较大的问题。地税基地项目存在资金来源未落实、由施工单位垫资承包的不合规行为；（三）依靠财政性资金借款支撑非银行金融公司营业；（四）市交行私设"账外账"；（五）市财政拨付款被挪用；（六）南湖宾馆改建一期工程严重违反基建程序。项目报批过程中人为肢解项目，逃避上级计委的审批，资金来源不正当，资金缺口大，已到位的6035万元中，6000万元由财政拨款改为委托银行贷款，还款包袱沉重；（七）市委、市政府办公大楼项目报建手续不完备、超批准面积7000平方米，超批准投资2391.1万元。未按规定缴交固投税、基建财务核算不规范。审计结束后，省审计厅提出相应的处理意见和建议，对负有责任的人和事要进行追责，对其他存在问题要及时进行整改。

1999年，省审计厅组织对22个移民建镇资金的分配、管理和使用情况进行专项审计，共查出违纪违规金额11749万元；对18个固定贫困县1997—1999年6月的扶贫资金进行专项审计，重点审计财政、老建办、计委以工代赈办及银行等扶贫资金的管理、分配部门，并延伸对1158个项目的扶贫专项资金及有关效益情况进行抽查，查出违纪违规金额8767万元。

2000年4月—10月，省审计厅统一组织11个地市审计机关对省交通厅、省公路局、省稽查征费局、省高管局、省公路开发总公司以及县以上缴交通运输局、稽查征费局（所）、公路分局（段）1999年度和2000年1月至3月公路建设资金征收、管理、使用情况进行审计，并延伸审计部分建设项目。审计发现的问题主要是：（一）建设资金征收方面。1.漏征、少征公路规费金额较大。据抽查，81家征费单位共漏征、少征公路规费金额2893万元，越权减免423万元，擅自缓征251万元；2.违规将银行贷款、借款垫资635.9万元抵交上解资金；3.违反规定，超越范围将贷款路桥通行费征收站所在地区车辆通行费以购买月票收取或免费通行，造成部分通行费流失；4.公路建设资金缴费单位拖欠款比较严重，到2000年3月共拖欠2415万元；5.部分市县擅立收费项目、超标准、超范围收费，并存在以罚代收现象。（二）建设资金管理方面。1.部分市县截留应上缴的公路建设资金。将应缴入财政专户的公路建设资金截留在本单位及下属单位的银行账户；2.资金分配不合规，多计提有关单位分成款和前期经费；3.有的市县存在收入不入账、虚列支出、私设小金库等严重违反财经纪律的行为；4.无计划下拨建设资金。抚州市各县（市）交通部门下拨项目建设资金时，在无计划批文的情况下，直接将建设资金下拨给各个乡镇，由各个乡镇开具行政事业性收费票据列支；5.国债资金管理不够严格，部分资金未按规定纳入专户核算，支出不符合国家要求。如昌傅高速公路建设项目已到位国债建设资金16375万元，其中1998年到位6875万元未设立专户核算，1999年度到位9500万元虽按规定设立了专户核算，但不符合国债资金管理规定的支出有1029.29万元；6.公路建设项目包干结余分配不实，结余资金未按规定进行分配。（三）建设资金使用方面。1.挤占、挪用公路建设资金较为普遍。经初步统计，共挤占、挪用公路建设资金4001万元；2.擅自改变资金用途，并存在计划外、超规模建设。如抚州市公路分局1999年由省公路局安排已完项目还贷款2574.68万元，实际只还贷款700万元，其余1874.68万元用于新项目建设；3.虚列建设成本，造成交付使用财产不实。如省公路局和部分市公路分局分别从各建设项目中提取自定"优质工程奖励金"；4.部分公路建设资金滞留和闲置。据统计，因各种原因滞留和闲置的公路建设资金有2437万元，未发挥公路建设资金应有的效益。

对审计报告省长舒圣佑、副省长黄智权均作出批示：赞成审计厅提出的整改意见，责成省交通厅和各有关市、县政府对存在的问题，必须认真整改，对构成违纪违规的，要严肃查处。

是年，省审计厅组织对九江市、宜春市和吉安市地方金库1999年办理地方预算资金收纳和拨付情况进行审计。审计发现的问题主要是：（一）有的人为调库，混淆收入级次，将省地县共享税调整为县（区）级收入；（二）有的违规提退，影响省级收入；（三）有的错入科目，影响省级收入。各地方金库根据审计所列问题进行了核查，并督促财、税挤占上级财政收入等违反财政法规和财政体制规定的问题进行纠正和改进，并于2001年1月19日将相关整改情况反馈给省审计厅。

2001年4月，省审计厅组织对抚州市、吉安市2000年度财政收支中省级收入征收管理和省拨专项资金管理使用事项进行审计。审计发现的问题主要是：（一）国有土地使用权有偿使用收入方面。有的市财政局将2000年末结余土地出让金和市土管局超比例违规多提国有土地使用权有偿使用收入征收业务费一并拨到区属预算外资金管理局以行政性收费缴入县级国库，影响省级财政收入；（二）中央、省级罚没收入方面。有的国家外汇管理局所属地区支局2000年缴入市财政罚没款和区国税局、交通稽查征费全缴入区财政局，影响上级财政收入；（三）有的县人为调节预算收入进度、采取财政垫支方式虚增农业税；（四）有的市对基建支出、救灾款、老建扶贫资金等省专项拨款不及时下拨。还有的市、县财政局、老建办等地挤占挪用省专项拨款；（五）有的市财政局2000年收到基本建设教育附加费、防洪保安资金等专项资金在当年除提取业务费外，均未上缴并分配使用。对存在问题，省审计厅提出相应的处理意见和建议，促其进行整改。

2002年3—8月，省审计厅组织9个设区市审计局分别对上饶市、泰和县、南昌市、东乡县、余江县、分宜县、赣县、武宁县和樟树市、乐平市及安源区等 11 个县（市、区）1999—2001 年的县级财政收支状况进行交叉专项审计调查，有些财政收支状况延伸审计调查到 1996 年，并延伸调查了部分乡镇和重点税源企业。省审计厅向省政府报送了《关于 11 县（市、区）财政收支状况审计调查情况的报告》。审计调查报告反映的主要情况和问题有：（一）国有经济持续发展，经济结构不断调整，但经济规模总量不足，经济结构调整的任务还很艰巨；（二）地方财政一般预算收入逐年增长，非税收入所占比重仍然偏大，人均财政收入特别是人均可用财力水平偏低；（三）地方财政一般预算支出增幅较大，支出结构进一步得到改善，但支出水平特别是经济建设支出水平仍然较低；（四）财政收支不实，数据失真严重；（五）财政债务沉重，收支平衡困难，财政风险加大；（六）地方财政实际上解逐年上升，可用财力受上级转移支付力度影响明显；（七）金融机构存贷差持续扩大；（八）预算外资金管理不够规范，乱收费现象仍有发生。

省审计厅向省委主要领导报送的《江西省 11 县财政收支审计调查情况》的《审计要情》，为省委、省政府了解全省部分县级财政收支状况的基本情况和现行财政分配、运行体制等方面存在的主要问题等进行决策提供了第一手资料。

是年 4 月，省审计厅根据审计署的统一部署，组织全省审计机关对全省 111 个财政部门、75 个政府采购办和政府采购中心、481 个部门和单位、344 个供应商和 2 个招标代理机构 2001 年度政府采购有关情况进行审计和审计调查。审计共查出违纪违规金额 12181.71 万元，其中采购单位应纳入未纳入集中采购金额 11638.44 万元，占全部违纪违规金额的 95.5%。审计发现的问题主要是：（一）政府采购机构设置尚不健全，采购中心隶属关系多样，管理与执行职责不分，政府采购配套制度不完善；（二）政府采购基本处于无预算的状态，采购计划的编制不规范；（三）采购单位逃避政府采购，使应纳入集中采购计划的项目未纳入。公开招标的采购方式使用不够，采购程序不符合规范要求；（四）基层政府采购规模小、范围窄，采购项目单一的问题较为突出；（五）政府采购财务管理有待加强，政府采购缺少一支专业化的队伍，政府采购基础工作比较薄弱，政府采购信息不够畅通。政府采购周期长，采购效率不高。评标委员会成员的组成不符合规定。实行全省系统财务垂直管理的部门存在采购困难；（六）药品政府采购困难重重。

省长黄智权、常务副省长彭宏松均对省审计厅提交的《关于全省 2001 年度政府采购审计和审计调查情况的报告》作出批示：针对审计厅提出的几点建议，就进一步规范政府采购，提高管理水平，责成省财政厅提出实施和改进办法，并抓紧落实。

2003 年 4 月，省审计厅组织力量对全省 11 个市 95 个县延伸 458 个乡、480 个重点村、136 个贷款单位 2001—2002 年度扶贫专项资金的投入、管理、使用情况进行审计。共查出违纪违规资金 39447.9 万元，其中：财政部门违纪违规资金 12550.56 万元。

2004 年 6—11 月，为了掌握全省调整农业税政策后农业税征收管理和有关涉农资金来源管理的现状，揭示农业税政策执行过程中存在的问题，从完善制度、健全机制上提出审计意见，为领导决策和宏观调控服务，省审计厅组织 11 个设区市审计局对全省 37 个农村税费改革县及部分乡镇 2003 年底和 2004 年 1—5 月农业税征收、减免及农村税费改革转移支付资金分配情况进行审计调查。省审计厅向省政府提交的《关于江西省部分县 2003 年度和 2004 年 1 月至 5 月农业税征收、减免审计调查情况的报告》反映的主要问题 :（一）执行农业税政策方面。1. 鹰潭市月湖区、南康市等地由于故意隐瞒等主观因素和漏登等客观原因，2002 年农村税费改革时存在核定的农业税计税面积与实际面积不一致的问题 ; 2. 浮梁县等地由于耕地占用、损毁等原因，使实际计税面积比农村税费改革时核定的计税面积少，造成有税无田，增加了乡镇负担。（二）农业税及附加征收入库方面。1. 收入反映不真实，宜黄县、浮梁县等地以其他借款、资金垫交农业税的现象较普遍。都昌县等地通过将以前年度农业税机动减免款、灾歉减免款抵顶的农业税现象也较多，部分用于调剂农业税收入。瑞金市、上犹县等地混淆农业税税种缴库，将征收的农业税以其他税种缴库，或将其他税种以农业税缴库 ; 2. 丰城市、浮梁县等地农业税附加未按规定比例征收、减免 ; 3. 新干县等地农业税附加收入抵扣村委会应上缴的"农村义务工""劳动累积工"等款 ; 4. 永修等 5 个县 2003 年末已征收未入库，滞留农业税 732.18 万元。（三）农业税减免款分配、使用方面。1. 赣县等 13 个县区 2003 年少计提农业税机动减免款 1049.22 万元。宜丰县等地本级财政应负担的农业税减免款未安排落实 ; 2. 永丰县等地挪用灾歉、机动减免款，用于契税等缴库，灾歉减免款留下的缺口由机动减免款补足 ; 3. 修水、奉新等 26 个县区减免款特别是机动减免款结余结转现象普遍存在，且金额较大为 4250.33 万元，滞留的减免款部分作"其他收入"入库，虚增财政收入，未将国家对受灾农户的关怀和减免政策及时落到实处 ; 4. 浮梁县等地减免补助资金未按照"轻灾少减、重灾多减、特重全免"原则，而是根据农业税征收任务或其他分配形式分摊减免。（四）转移支付资金存在滞留、挤占、挪用等现象。如吉安市青原区截至 2003 年底，仍有教育危房改造经费未及时拨付，永丰县财政将税改转移支付"计划生育乡级补助"资金和其他专项计生事业费一并拨入专户统筹使用，滞留资金。新干县大洋洲镇挪用乡村道路补助资金，泰和县挪用民政优抚经费，南康市 3 个乡镇办事处挪用民政五保、乡村道路维修等项目资金。景德镇市昌江区 2003 年征收的农业"两税"附加，未缴国库作基金预算收入，而是在各乡镇交农业税正税时直接扣除返还。对存在问题，省审计厅提出相应的处理意见和建议，促其进行整改。

　　是年 12 月，省审计厅对省直单位政府采购中心 2003 年采购项目运行情况进行专项审计。审计发现的问题主要是 :（一）评标小组成员的组成不符合规定。2003 年评标小组成员的专家不是采用计算机随机抽取，而是由财政监察室的人员按序抽取。有的集中采购和询价采购评标成员专家人数不到成员总数的三分之二 ;（二）公务用车采购方式有待改进 ;（三）部分采购项目投标人不足。如在 JXCP2003-015 号采购项目中，在第二包、第十二包分别只有一家投标人即江西思创数码科技有限公司、江西贝尔信息产业有限公司，违反政府采购法招投标要求三家以上的规定 ;（四）评标办法应进一步细化和合理。该采购中心的评标办法由报价、技术参数、品牌、商务四部分组成，所占比分为 70、12、13、5。售后服务比分只有 1 分，合同履行情况未纳入评标范围，对中标供应商的履约及服务缺乏有效控制，也不利于维护采购人的利益 ;（五）政府采购信息库的建设有待进一步加强。如行业集中，该采购中心专家库分 17 类 237 人，主要集中在汽车和计算机，分别为 40 人和 67 人，占专家库的 45.15%。专家集中，汽车类专家 40 人，属江铃汽车集团的就有 16 人。政府采购资质不够，资料不全。审计通过询证还发现，中标价未公开，履约保证金退款不及时，采购人反映部分项目周期较长，售后服务质量不高等方面的问题。审计结束后，省审计厅对上述问题提出处理意见和建议，促其进行整改。

2006 年 6 月，根据省政府主要领导的指示，为进一步规范省直行政机关和实行公务员管理的事业单位国有资产有偿使用收入管理，省审计厅对省财政厅 2005 年度国有资产有偿使用收入专户管理情况和 25 个省直单位的国有资产有偿使用收入使用情况进行专项审计。审计发现的问题主要是：（一）部分单位收入管理不规范，没有及时、足额、直接缴入财政专户，所审计的 25 个省直单位全年应缴未缴财政专户收入，占应缴金额的 22%；（二）部门预算编制不规范，普遍存在没有或比较少将国有资产有偿使用收入纳入部门预算，不利于加强部门预算管理。25 个单位中，只有 4 个单位在部门预算中反映国有资产有偿使用收入金额，仅占审计确认收入的 6%；（三）省直单位由于占用国有资产资源的不同，国有资产有偿使用收入相差较大，客观上可能导致部门人均支出水平差距扩大，不利于深化部门预算改革。25 个省直单位中取得出租收入最多的达 1058 万元，除 5 个没有出租收入的单位外，取得出租收入最少的只有 5 万元。审计还发现，一些单位欠缴、少缴国有资产有偿使用收入应缴的税费；一些单位没有严格区分国有资产有偿使用收入和其他非税收入，混淆专户使用性质；个别单位固定资产管理不规范，固定资产产权不清、有偿使用收入体外循环等方面的问题。针对上述问题，审计提出了相应的建议。

省审计厅向省政府提交的《关于部分省直单位国有资产有偿使用收入审计情况的报告》。省长黄智权和常务副省长吴新雄均在报告上作出批示：审计报告很好，要认真按建议执行好，请审计厅对存在问题的单位下达审计决定，限期整改；责成财政厅进一步加强省直单位国有资产有偿使用收入的收、支管理，对省直单位以房产为重点的国有资产普查；省直各单位都要严格执行国有资产有偿使用收入管理工作的规定。

是年 2—12 月，为规范财政分配秩序，推进财政管理制度改革，省审计厅分别对南昌市 2004—2005 年，吉安市、抚州市 2003—2005 年的财政预决算级次管理情况进行专项审计。这是省审计厅首次开展对设区市政府财政收入预算级次管理的专项审计，审计重点放在非税收入的监管缺位上。专项审计发现的问题主要是：（一）市县挖挤省级财政收入 9028 万元。1. 改变税收入库级次、比例，挖挤省级收入 5316 万元；2. 设区市财政结算上解不规范，挤占省级收入 1905 万元；3. 省级行政事业收费分成收入未及时上缴省级金库和省财政专户，挤占省级收入 1177 万元；4. 有的市县越权管理省条管单位行政事业性收费（罚没）收入，有的设区市还违规截留省条管单位收入，共减少省级收入 630 万元。（二）抚州市教育救灾专项资金，吉安市污水处理一期工程、污水收集管网工程等部分专项资金未及时下拨。吉安沼气扶贫项目资金被切出改变用途，其中用于奖补农村饮水"户户通"自来水工程、本级能力建设费等。（三）财政资金核算管理不够规范。1. 永新县、抚州市本级、黎川县等决算报表反映预算收支不真实，虚列预算收支、人为调整预算收支和支出不列入决算，金额达 27607 万元；2. 乐安县地矿局 2003—2005 年坐收坐支矿产资源补偿费、金溪等县 2004—2005 年预算外坐收坐支育林基金 3198 万元，吉安市 2003—2005 年坐收坐支预算外存款利息收入；3. 抚州市财政局无依据将已缴入金库的其他行政性收费收入退库到行政性收费专户账，黎川县将已缴库的罚没款退库到罚没款专户。永新县地税局稽查局在 2004 年已取消税收过渡户的情况下，不仅将稽查过渡户销户余额转入经费账中，而且在 2004 至 2005 年继续在经费账户收付税款，且滞留税款。

审计还发现，南昌市、吉安市违规拆借财政资金，财政部门拨款渠道不规范、税务机关代征文化事业建设费力度不够、部分单位财务管理混乱等方面的问题。针对审计中发现的吉安市交通局、吉安市公路局先后截留吉安至安福（山庄）二级公路通行费收入应上缴省交通厅全省重点公路工程统贷统还资金234.38万元的问题，移送省交通厅进一步查处；对审计中发现的永新县地税局稽查局用经费账户过渡税款和违规占压税款、税收罚款的问题，移送省地税局进一步查处；对审计中发现的乐安县地矿局坐收坐支财政预算内矿产资源补偿费收入的问题，移送省财政厅进一步查处；对审计中发现的抚州市交警支队及乐安县交警大队坐收坐支预算内行政性收费未缴省财政的问题，移送省财政厅进一步查处；对审计中发现的抚州市交警支队直属一大队违规收取驾驶员违章培训费的问题，移送省交警总队进一步查处。

2007年7月，省审计厅向省政府提交的《关于南昌、吉安、抚州财政预决算级次管理专项审计的报告》。省长吴新雄在报告上作出批示：审计厅查出的问题，责成省财政厅再予过问，有些未及时调账的，应补办手续，对存在的问题有关地市、部门要认真整改。

是年，按照审计署部署，省政府安排省审计厅组织力量对宜丰县、奉新县、浮梁县、崇仁县、永修县、靖安县等6县2004—2005年年底三峡库区移民外迁安置资金的投入、管理、使用情况进行专项审计，审计总金额达7941.32万元，查出违纪违规金额393.12万元。

2007年，为规范财政分配秩序，推进政府性资金管理体制改革，纠正财政预决算级次管理等方面存在的主要问题，省审计厅组织对景德镇市、萍乡市、新余市、鹰潭市、九江市、赣州等6个设区市2004—2006年的财政预决算级次管理情况进行专项审计。专项审计发现的问题主要是：（一）部分省级行政主管部门未有效履行省政府文件规定职责或监管不力，造成矿产资源补偿费、公路收费、防洪保安资金等行政事业性收费省级分成收入被截留挤占、坐收坐支12311万元；（二）交警、交通、工商等部分省条管部门未履行省政府文件规定职责对所属辖行政事业性收费（罚没）收支进行有效监管，致使所属单位逃避省级财政部门预算控制，擅自将部分省级行政事业性收费在地方财政专户中坐收坐支9446万元；（三）省建设厅、省人防办等少数省级主管部门违反省政府文件规定，擅自越权下文或默许下级定额上解市政设施配套费、防空地下室易地建设费等行政事业性收费省级分成收入，造成少缴行政事业收费省级分成收入2291万元；（四）省市交通等部门对九江长江大桥公路桥通行费收入收支监管失责，仅2004—2006年就有23400万元财政资金被相关单位以"还贷付息和超收分成"等名义变相擅自分配使用于非大桥养护、维修、和运营管理支出，占3年通行费收入总额的51%，不仅严重违反国家财经法纪，还给2010年停止收费后大桥的正常养护维修和运营管理带来极大隐患。另有29000万元财政资金常年滞留在九江长江大桥公路桥管理局账上，造成巨额财政资金体外循环。审计还发现，2005年省拨鹰潭市污水处理一期配套管网工程款、垃圾处理场工程款，直至2007年才陆续下拨；赣县煤炭工业局、景德镇市中小学教研所等少数地方乱收费行为仍时有发生；部分市县改变税收入库级次挖挤省级收入、预算管理改革进展缓慢、预算收支管理不规范、违规出借财政资金、少数单位财务管理混乱等问题。针对审计发现的问题，审计机关提出了相应的审计建议。

财政预决算级次管理审计是省审计厅2005年开始财政审计工作的一个重要创新，在全国尚属首次，得到审计署中国审计学会会长翟熙贵和财政司领导的肯定和重视。审计查出问题和所提审计建议引起设区市政府和省直有关部门的重视。省长吴新雄、副省长孙刚在省审计厅呈报的《关于部分省级非税收支预算级次管理情况的审计报告》上分别批示，同意审计厅的建议。这个问题有较大的普遍性，应高度重视，认真整改，尤其是省直有关部门要依法行政，确保各项收入按财政预算级次管理、足额缴入国库和财政专户。

2008年4—7月，省审计厅组织对全省部分新增财政投资参股资金使用效益情况进行专项审计，并延伸审计调查江西国鸿集团有限公司、江西省大富乳业有限公司、江西天顺农业有限公司、江西梅氏实业发展有限公司、九江天洋高新生态渔业有限公司、江西维雀乳业有限公司等6家财政参股企业资金的使用效益情况。审计发现的问题主要是：（一）财政参股资金的使用情况未能得到有效监管。在项目具体实施过程中，省财政投资管理公司将3700万元专户资金未按要求实行专户管理，而是直接转入参股企业基本账户和其他账户，占专户资金的61.67%，挪作他用脱离监管的现象较普遍；（二）配套资金未到位。按规定，省财政应按1：0.5的比例配套中央财政投资参股资金，2006—2007年应配套4750万元。2006年省级配套资金2000万元是向省财政厅的借款，并全部以参股企业名义在交通银行存作定期存款，存单由省财政投资管理公司保管，未真正投入企业运营，2007年省级配套资金2750万元审计时尚未到位，未能发挥省级配套资金使用效益；（三）财政参股企业未按有关规定缴纳国有股权分红收益，国有出资人权益未得到切实维护。延伸调查的4家企业2006年应上缴股利498.47万元，截至审计报告日，仅有1家企业上缴了10万元分红款，另有1家企业预提分红资金30万元列财务费用但挂长期借款未实质上缴；（四）江西维雀乳业有限公司在与省财政投资管理公司签订《江西省农业综合开发财政投资参协议书》之前抽逃资本金1500万元，套取财政参股投资资金1000万元。稀释国有股权比例；（五）省财政投资管理公司履行资产运营机构职责不到位、财政投资参股企业在管理方式及财务核算等方面存在缺陷等问题；（六）财政投资参股企业在项目建设程序、财政参股资金支出预算范围、现金管理、税收减免等方面不够规范。针对存在问题，省审计厅提出相应的处理意见和建议，促其进行整改。

是年11月，省审计厅组织对宜春市、上饶市的财政预决算级次管理情况进行审计。省审计厅向省政府提交的《关于部分省级非税收支预算级次管理情况的审计报告》，省长吴新雄作出批示：报告中反映的问题有较大的普遍性，应高度重视，认真整改，尤其是省直有关部门要依法行政，确保各项收入按财政预算级次管理，足额缴入国库和财政专户。

是年，省审计厅组织力量对全省扶贫资金的管理、使用情况进行专项审计，查出违纪违规金额10384万元。

2009年，省审计厅组织对上饶市、宜春市、抚州市财政预决算级次管理情况进行审计时发现：（一）个别部门对所属单位监管不力，致使所属单位脱离省级财政部门预算监督，擅自将省级行政事业性收费资金在地方财政专户中坐收坐支。如交警、稽征、高速公路管理部门等；（二）少数省级行政主管部门未有效履行规定职责，擅自越权下文、默许下级按定额上解行政事业收费省级分成收入，减少上缴省级收入；（三）个别税收收入未按规定级次上解，如省属冶金企业增值税地方分成部分应缴未缴省级收入，省属参股企业缴纳的企业所得税应缴未缴省级收入。省政府领导对以上审计查出的问题非常重视并作出批示：责成有关部门、单位和地方政府采取措施积极整改，进一步加强各项税费的征缴管理工作，依法追缴应缴未缴的省级收入。

2010年6—9月，根据审计署统一部署，为贯彻落实国务院总理温家宝关于"维护国家经济安全""防范财政和金融风险"的重要指示精神，充分发挥审计保障国家经济社会健康运行"免疫系统"功能，围绕"摸清情况，分清责任，揭示风险，提出建议"的总体要求，摸清地方政府性债务规模、结构、资金投向、管理现状等情况，分析地方政府性债务的偿债责任归属和评价政府性债务的偿债风险，以有效防范和化解债务风险，维护财政安全，省审计厅组织对省本级，南昌市、景德镇市本级，南康市、湘东区（以下简称五地）2009年度地方政府性债务情况进行专项审计调查。审计调查发现的主要问题：（一）债务规模大，增加速度快。五地政府性债务截至2009年末总额比上年增长35.77%，其中南康市最高增长60%。主要是由于近年来随着城市规模的扩大，城市公用事业建设面临着巨大压力，为上项目、求速度而不顾财力所限大量举债，造成债务规模较大，增长速度快，超过经济增长和财政收入增长的速度；（二）部分地方债务率较高，偿债压力较大，存在一定的债务风险。从债务率（债务余额与当年可用财务的比率）看，县区低于100%，省本级达106%，市本级较高，均超过150%，其中景德镇市本级最高为181%。从偿债率（当年债务还本付息额与当年可用财力的比率）看，省本级、市本级均超过20%，南昌市本级最高达49.11%。部分债务逾期，且存在借新还旧现象；（三）债务统计不够准确，债务归口管理未完全落实和规范，债务风险预警和风险控制机制未能建立，偿债准备金制度尚未能到位；（四）融资平台公司管理不够规范，偿债能力不足。2009年末五地共有政府融资平台公司21个，至2009年底融资平台公司的政府性债务余额2362700万元，其中市级融资平台债务占全部政府性债务余额的比例较高，且偿债能力显得不足。如南昌市城市建设投资发展有限公司剔除政府给公司的只可质押不能变现的土地后，实际资产负债率为79.35%，其项目建成后形成的收益远不足以支付本息。

审计结果得到省政府领导的充分肯定，省长吴新雄、副省长孙刚分别在审计调查报告上作出批示，此事应高度重视，国务院将其列为审计重点，同意省审计厅建议。有关部门和市县要以对历史负责、对人民负责的态度做好举债、偿债和防范债务风险工作，要求各有关单位按审计建议抓好落实。

是年3月，省审计厅组织对省级国有资本收益情况进行审计调查，并延伸部分省属国有停业整顿企业。审计调查发现的主要问题：（一）省级国有资本收益收缴范围偏窄。2008年江西省上缴国有资本收益的企业只有省冶金集团公司、省盐业集团公司、江西铜业集团公司、江西稀有稀土金属钨业集团公司、省投资集团公司、省医药集团公司、省电子集团公司、江中集团公司、凤凰光学公司等9家，省国有资产监督管理委员会（以下简称国资委）发文免收新余钢铁有限责任公司2008—2010年国有资本收益，其负责监管的其他企业未上缴国有资本收益。其他具有国有企业监管职能的部门如省交通厅、省建设厅、省文化厅、省国土厅、省教育厅、省农业厅、省水利厅、省出版集团公司、省监狱企业集团公司、省粮油集团公司、省煤田地质局、省地矿局、省核工业地质局、省有色地勘局等涉及监管的省属国有企业129家，均未纳入国有资本收益范围；（二）省有国有资本收益收缴比例偏低。省国资委根据江西省省属国有企业改革资金缺口情况确定当年需收取的国有资本收益金额，当年国有资本收益收取比率则按当年所需收取资本收益的总额除以所有需上缴国有资本收益的国有企业上年度总额得出。相比较，江西省国有资本收益收取比例偏低；（三）省级国有资本收益收缴不规范，且收取的国有资本收益未按规定缴入国库。审计调查报告为省委、省政府决策提供了参考依据。

是年 7 月，省审计厅根据审计署办公厅转来审计署驻武汉办《关于抚州市违规动用财政资金修建楼堂馆所等问题的专项调查》的要求，派出以厅党组成员、副厅长刘达为组长，经贸处审计人员为组员的调查小组，赴抚州市进行为期两周的专项审计调查。调查对象包括抚州市财政局、廖坊灌区投资有限公司、抚州市投资发展有限公司、赣东国际大酒店、抚州市建设局工程造价管理站、抚州市建筑工程公司以及相关的单位、企业、部分供应商、承包商和个人。调查核实，除"动用国家重点建设项目廖坊水利枢纽灌区专项资金，用于赣东国际大酒店"及"赣东国际大酒店拍卖程序违规""抚州市国土局将 43.04 亩政府储备土地违规无偿划转给抚州市投资发展有限公司"的问题与事实有出入外，其余问题均属实。主要是：（一）2006 年至 2008 年，抚州市委、市政府违规安排财政资金 3299.6 万元装修、改造抚州宾馆，后将其拍卖；（二）2007 年抚州市委、市政府违规决策购买、建设汝水森林宾馆；（三）2008 年抚州市委、市政府违规动用财政资金 16952.63 万元用于收购、装修赣东国际大酒店，后于 2009 年低价拍卖，造成国有资产损失 8690.02 万元。

省审计厅向省纪委提交的《关于抚州市违规动用财政资金修建楼堂馆所等问题的专项调查报告》，省委领导作出批示。

第四节　银行金融机构审计与审计调查

1991—1997 年期间，省审计厅（局）组织开展银行金融机构的审计业务主要是对全省农业银行、工商银行、建设银行、中国银行和农村信用社的审计。其中：1991 年，省审计局组织对 394 个县以上建设银行和交通银行系统等金融机构 1990 年度的财务收支审计，及对全省农行系统 39 个单位的自有资金管理使用情况进行审计调查，查出不合规金额 4931 万元，为财政增加收入 1088 万元，调账可增加利润金额 1306.73 万元。1992 年，省审计局组织对全省 113 个工商银行信贷资金管理进行审计，共审查贷款金额 1238000 万元，查出违纪违规金额 178053 万元。1993 年，省审计局组织对全省 423 个县支行以上的金融机构进行审计，查出违纪违规金额 7467.5 万元，为财政增加收入 1419.22 万元，调账处理增加利润金额 2332.21 万元。同时，对全省 11 个地市的 211 家城市农村信用社的信贷资金和财务收支情况进行调查，投入审计力量 328 人，审计总金额达 277862 万元，发现城市农村信用社信贷资金管理比较混乱。1994 年，省审计厅组织对全省 568 个县支行以上的金融机构进行审计，审计覆盖面达 84.6%，完成省政府计划的 102%，查出违纪违规金额 10108.56 万元，审计处理资金 7848.98 万元，其中应上缴财政金额 1552.16 万元，调账处理增加利润金额 1616.87 万元，其他处理金额 4679.95 万元。1995 年，省审计厅组织对 472 个金融机构单位进行审计，查出违纪违规金额 6229 万元，为财政增加收入 1293 万元。1996 年，根据审计署的部署，省政府安排省审计厅对 547 个金融单位进行审计，查出违纪违规金额 7921 万元，已上缴财政 1559 万元。1997 年，省审计厅组织对全省农业银行系统的 125 个单位 1996 年度资产负债损益情况进行审计，发现信贷质量差、逾期催收贷款比重大等问题，共查出违纪违规金额 8956.6 万元。审计结果呈报省政府，引起省政府领导高度重视。省长舒圣佑对审计报告批示，农行应进一步加强管理，严肃财务、金融纪律，按省审计厅的意见进行整改。同时，按审计署的统一部署，省审计厅组织开展对全省银行系统同业拆借、整顿金融秩序的专项审计。

1999 年 3—9 月，省审计厅根据审计署的统一部署和要求，组织全省审计机关对中国工商银行江西省分行（全辖）141 个分支机构及其所属单位 1998 年度资产负债损益情况进行审计，并重点延伸审计有关全资、控股公司，有的问题追溯到以前年度。审计发现的问题主要是：违规经营造成损失和违规调整存款 8471.74 万元；存在账外资产 4807.81 万元；向所办 68 个经济实体以各种形式投入资金 16765.69 万元，脱钩清理以后收回金额 4577.4 万元，尚未按规定收回金额 12188.3 万元；部分分支机构的营业收入少提或未提营业税及附加；有些分支机构基建和房屋装修费 10 万元以上的项目少交、漏交的固定资产投资税；大部分分支机构未按照规定及时足额交纳水利建设基金。

12 月，省审计厅向审计署报送《关于江西省工商银行分支机构审计工作总结的报告》，获审计署领导高度评价。因江西省审计厅对中国工商银行江西省分支机构 1998 年度资产负债损益情况的审计，是江西省审计机关首次按审计署"统一下达审计通知、执行统一的审计方案、制定统一的问题定性及处理原则、统一下达处理意见、统一制定考核标准"进行的金融审计项目。所以，审计效果显著。

2002 年 4—7 月，根据审计署《关于审计中国农业发展银行 2001 年度资产负债损益情况的通知》要求，省审计厅组织全省审计机关金融审计人员 410 人组成 12 个审计组，对中国农业发展银行江西省分行（全辖）101 个机构和 4 个代理机构 2001 年度资产、负债、损益情况进行就地审计，并延伸审计调查 265 个粮食收储企业。省审计厅向审计署提交的《关于中国农业发展银行江西省分行（全辖）2001 年度资产负债损益审计情况的报告》反映的主要问题：（一）应缴未缴各项流转税。多计成本或未按规定纳税调整、少交所得税、少计当期收入、少交地方各种税费；（二）个别支行存在公款私存的现象。吉安市分行 3 个机构将提取的职工福利费、工会经费和职工业务考核金以个人的名义存入其他银行；（三）报表个别项目填报差错，造成账表不符。省分行在建工程明细账中反映，2001 年应列支南昌县支行基建项目征购土地款，却在基建投资表中错列入井冈山市支行办公培训综合楼项目；（四）会计核算和资产管理不规范；（五）个别市县信贷资产划分不够准确，宜春市所属靖安县逾期贷款报表上反映为零，与实际审计核实数不一致，呆滞贷款报表上反映为 2619 万元，审计核实却是 2108 万元，呆账贷款报表上反映数据与审计核实数不一致；（六）部分机构商品库存存在银行与企业不符。宜春市所属靖安县 2001 年底农发行台账的商品库存值与粮食企业数据不一致；（七）部分机构贷款合同手续不全，贷款发放不规范。宜春市所属樟树市支行的贷款申请及贷款合同，既有申请没有签注信贷部门审查意见，又有贷款合同漏盖银行公章；（八）对粮食企业粮油出库和贷款回笼的监督管理力度不够，"一基五专"（一基即基本账户，五专指行政事业经费专户、国家储备粮油专项资金专户、省级储备粮油专项资金专户、责任保证金专户以及其他特定用途的专户）管理不规范。景德镇乐平市棉麻公司与接渡粮管所都存在坐支销货问题。对存在问题，省审计厅提出相应的处理意见和建议，要求其进行整改。

2005 年 12 月，省审计厅组织对省农村信用社联合社（以下简称"省农村信用合作联社"）

2004 年度资产负债损益情况进行审计。审计发现的问题主要是：（一）违规购置固定资产全额计提折旧，一次性计入成本，未按规定的方法进行折旧核算;（二）管理费统筹科目未按权责发生制记账;（三）部分社内往来账无附件依据，有的单位单边挂账，致使双方往来账不相符或造成错账;（四）部分账务处理原始凭证不全，依据不充分;（五）部分会计科目核算不真实、不及时;（六）资金运营中心托管债券、资金管理不规范。资金运营中心 2004 年收取全省信用社债券托管 128000 万元，债券从各信用社转户为省农村信用合作联社，该笔托管资产未进行会计核算，也未在年度会计决算报表中反映，致使账户、账本、报表严重不符;（七）个别会计科目设置和运用不合理，造成账表不符;（八）部分资金筹集渠道不符合相关规定。对存在问题，省审计厅提出相应的处理意见和整改建议。

2006 年 6—10 月，为了解掌握全省农村信用社系统移交省政府管理以来改革实施、政策落实和经营管理情况，摸清家底，核实盈亏，评价效益，促进规范管理，防范化解农村金融风险，省审计厅组织各设区市审计机关对全省农村信用社 2005 年度资产负债损益情况进行专项审计和调查。全省审计机关共投入力量达 27600 人（日），审计调查了 95 个农村信用合作联社及 841 个基层信用社，同时延伸调查了 36012 户重点贷款户、860000 万元贷款金额。审计查出违纪违规资金 1879500万元，移送司法机关进一步查处案件两起。省审计厅向省政府提交的《关于全省农村信用社资产负债损益专项审计情况的报告》反映的主要问题：（一）不良贷款反映不真实、违规异地贷款、虚假增资扩股。1. 不良贷款 396000 万元未反映，仅 2005 年末不良贷款达 1290000 万元，不良贷款率30%，超过人民银行规定的 1 倍；2. 全省 2004 年至 2006 年间化整为零、垒大户、越权审批贷款等方式，违规发放异地贷款 465000 万元，有不少贷款已难以收回；全省农村信用社账面反映 2004 年增加股本金 335000 万元，是农信社经营 50 年股本金余额的 1.7 倍，虽然有改制改革的因素，但审计发现其中以贷款、存款入股等虚假增资扩股 37000 万元。（二）资产质量差，盈亏不实，隐瞒亏损。2004—2005 年全省账面反映共减少亏损 166000 万元，但实际亏损达 221000 万元。2005 年度账面盈利 31000 万元中至少虚盈实亏 17000 万元。2005 年末账面反映亏损挂账 81000 万元，审计认定少反映亏损 396000 万元，其中有 137000 万元属难以收回的拆借、投资，259000 万元是按财政部规定少提少计的呆账准备金未反映。（三）有的用假贷款手法，套取现金付揽储手续费、盖大楼等。有的为完成存款任务年底突击发放虚假贷款，新年后又立即收回。（四）不按规定设立"费用存款账户"，混淆挤占挪用国家补贴资金和信贷资金购建固定资产的情况十分突出。2005 年末，大部分县固定资产占比远远超过国家设定的 50% 上限，其中有 61 个县平均高达 88.7%。（五）费用薪酬政策脱离经营实际情况，个人收入增长与经营效益增长倒挂。2003—2005 年全省共超提超发专项奖金 12889 万元。（六）有的县农村信用合作联社弄虚作假，虚报农户小额信用贷款、虚报下岗工人再就业信贷、将房地产开发企业贷款虚报为农业贷款等，共虚报支农贷款 320000 万元。（七）有的营业部违规低息自贷自用，采取编造借款人假名假证或弄虚作假冒用他人名义骗取贷款，违规发放或核销抵押、质押担保贷款。（八）全省以办公费、食堂、揽储等为户名，开户的储蓄账户多达 5392 个，开户金额 4396 万元，其中大部分为账外账"小金库"。有的单个信用社就有 10 个"小金库"，甚至连开户银行和资金进出流水都是虚拟的。不仅如此，2005 年末，还在账外常年滞留以前年度应缴省财政专户的职工养老失业保险金达 7742 万元，其中省农村信用合作联社本级滞留 3955 万元，占全省近三年账面列支职工养老失业保险金总额的 36%。

审计发现的突出问题引起省委、省政府主要领导的高度重视，省长吴新雄在报告上作出批示：对违纪违规人员进行追责，责成农村信用社进行整改。

2007 年 4—7 月，为促进中国农业银行完善监督管理、强化内部控制、防范金融风险、提高经营效益，在审计署的统一组织下，省审计厅组织对中国农业银行江西省分行（以下简称"省农行"）2006 年度资产、负债、损益情况进行审计。审计过程中，审计人员首次在审计现场运用计算机组网审计，突出计算机审计运用。审计发现的问题主要是：（一）信贷资产质量反映不实。1. 信贷资产不良率较高，截至 2006 年底，省农行信贷资产金融 5513597 万元，其中不良率达 41%。信贷资产质量反映不够真实，审计抽查发现不良贷款 11189.5 万元、调减不良贷款 26800.92 万元；2. 非信贷资产质量反映不够真实，审计抽查发现调减非信贷资产 275.9 万元。（二）存款业务违规。江西新欣食品发展有限公司等 6 户企业在鹰潭市分行营业部存入临时企业开户验资资金，企业设立后，均未开设基本账户，有的甚至将资金退还原投资人，形成虚假注册。（三）信贷业务违规 36540.88 万元。1. 违规发放房地产贷款 1670.6 万元。抚州市临川支行违规向不符合贷款条件的房地产企业和个人发放贷款。广昌县支行冒用扶贫贷款发放房地产开发贷款 1447 万元；2. 违规发放个人贷款 2512.66 万元。景德镇市分行、萍乡市安源区支行、抚州市抚河支行违规发放个人住房按揭贷款 1787 万元。万年县支行、萍乡市分行违规发放汽车消费贷款；3. 向不具备贷款、担保等条件的项目违规发放贷款 32357.62 万元，其中向乡政府、财政、社保等不合规借款主体发放贷款 28133.53 万元。贵溪支行、宜春市分行违规向企业担保主体为财政局、城建局等政府部门发放贷款 456 万元，南昌县支行、鹰潭市龙虎山支行、上饶市分行、玉山县支行向无还款能力借款人发放新贷款 998.09 万元；4. 省分行青山湖支行、丰城支行向不具备担保条件的项目违规发放贷款 2770 万元。（四）非信贷业务违规。1. 进贤县支行、吉安市分行、上饶市分行 2006 年部分抵债资产未进抵债资产科目进行核算和管理；2. 南昌县支行、萍乡市分行、安源区支行、崇仁县支行等抵债资产违规处置。（五）抚州市分行 2006 年 12 月无依据将存入人行金融发展基金直接列入营业外支出，未提供省农行批文和抚州市国家税务局有关税前列支的批复，违规随意冲减资产，增加费用成本。（六）鹰潭市月湖区办事处表外业务违规办理无贸易背景银行承兑汇票，形成不良贷款。（七）业务管理不规范。1. 贷款管理不严，信贷资产存在较大风险。如超期限发放土地储备贷款 20050 万元，其中 2006 年后发放 20000 万元。贷款"三查"不严，导致贷款风险，其中已逾期贷款 7069.7 万元。南昌县支行、鹰潭市分行、广昌县支行、广丰县支行等抵（质）押物失效至少 395509.39 万元贷款面临风险。余江县支行企业之间循环担保贷款 2663 万元造成潜在风险。同一借款人在同一辖区内的两个或两个以上同级分支机构取得贷款 3469 万元。以及贷款基础管理不健全，一些机构为拓展业务为客户违规行为提供便利等情况；2. 票据贴现业务管理体不规范问题 41666.61 万元。如客户使用编造发票贴现 14178.68 万元，企业贴现资金回流 27487.92 万元；3. 网上银行交易业务管理不到位，发现网上银行虚假交易 1067100 万元；4. 鹰潭市龙虎山支行、共青支行抵债资产管理、处置不规范问题 2450 万元；5. 农行员工不良贷款 2526.75 万元；6. 省分行营业部汇通支行随意核销江西天成塑胶有限公司呆账贷款，核销手续申报材料不全、责任认定不充分，缺少法院执行情况和公司资产处置情况的证明，特别是未追究原贷款质押物存款缺失保管责任；7.信息系统建设方面的情况。

审计结束后，根据审计情况移送纪委、司法机关涉嫌违法犯罪案件线索2起，涉案金额1220万元，涉案人员38名。这次审计项目获审计署2007年度地方优秀审计项目奖，并位列全国地方金融项目第一名及全国各省农行审计项目第一名；尤其是第一个查出网上银行虚假交易的典型案件引起审计署领导的高度重视，并以《审计要情》《重要信息要目》上报中共中央和国务院，被中共中央办公厅采用上报后又得到国家领导人的高度重视和批示，受到审计署通报表扬。审计人员在审计实务中总结提炼的《农业银行非应计对公贷款利息收入不实审计》《农业银行网上银行虚假交易审计》等入选审计署计算机审计专家经验，成为全省首批入选审计署计算机审计专家经验库的计算机审计技术方法；有6篇综合报告及审计要情得到省委、省政府主要领导的重视和批示。

省财政厅等部门根据审计查出问题为加强财经制度建设，向全省制定下发了专门文件。针对上述主要问题，省审计厅分别向省银监局送达移送处理书，省银监局及时组织进行整改，并向省审计厅及时反馈长达130多页的《关于省审计厅移送中国农业银行江西省分行有关问题处理和督促整改情况的函》。揭示出影响企业效益和金融安全的网上银行虚假交易问题后，省农行除追究相关责任人员责任，还先后下发两个文件修改完善网上银行交易制度，为规避网上银行业务风险，提高企业管理水平和抗风险能力发挥积极作用。

2009年3—10月，省审计厅组织全省11个设区市审计局，对省农村信用合作联社及洪都农村商业银行、景德镇市农村信用合作联社、新余市农村合作银行等45家法人基层农村信用合作联社2008年资产负债损益情况进行就地审计。审计发现的问题主要是：（一）资产质量反映不实、资产拨备率较低、股金不实等情况突出，企业抵御风险能力不强。1.信贷资产质量反映不实101028.26万元，其中少反映不良贷款101003.26万元，审计调整后不良贷款率为19%，不良贷款率较高；2.非信贷资产质量反映不实7801.22万元，主要集中在应做损失处理的，有名无实的待处理抵债资产、原对海南赛格国际信托投资公司等的违规拆借、职工房改购房损失等项目，审计预计这部分资产的损失率较高；3.资产损失准备充足率较低，抗风险能力不足。按照规定，以2008年底全省农信社系统贷款、待处理抵债资产、应收利息三项风险资产余额计算，应至少计提一般准备76335.89万元、专项准备784486.46万元，实际计提一般准备40132万元、专项准备477020万元，实际计提占应提一般准备为52.57%，专项准备为60.81%，资产损失准备充足率最多为60%；4.股金不实。部分基层农村信用合作联社对原存款化股金，在客户支取存款后未减少或补充相应股金，账面虚增信用社股金4639.75万元。（二）内控机制失效，管理不到位，违规问题仍较突出。1.违规发放贷款及信贷业务管理违规，向在同一辖区内的两个或两个以上同级分支机构申请发放贷款80675.11万元、向政府相关部门或人员出借贷款4594.92万元用于财政支出、向无还款能力的客户发放新贷151270.49万元等不符合条件的借款人发放贷款。部分基层农村信用合作联社对借款人审查不严，被借款人利用虚假证明材料骗取贷款本金2298.06万元。遂川县、吉水县、吉安县等基层农村信用合作联社对部分贷款贷后检查失控，对不良贷款未及时有效催收，造成有的借款人借机逃废银行债务375.23万元。涉农贷款等政策性贷款违规，或将非农户贷款和农村经济组织贷款计入农村经济组织贷款统计口径反映，或超基准利率收取小额农户信用贷款利息，或为虚假下岗再就业人员提供贷款，致使借款人骗取财政贴息。违规向借款人收取财务顾问费，违规向农村信用合作联社员工发放贷款形成不良资产；2.违反储蓄实名制规定，为单位存款和财政资金办理储蓄账户；3.违反股本金管理规定，以贷款资金入股甚至将储户存款擅自转为股金。虚增利润、对虚假股金计提红利违规进行股金分红。整顿原有不规范股金工作有的仍未完成，有的操作不规范；4.违规核算呆账。有的基层农村信用合作联社 2008 年对资料不全、手续不完备、责任追究不到位的呆账，以及对 50 万元以上的呆账违规核算；有的基层农村信用合作联社未及时取得抵债资产和对抵债资产进行有效处置，或在抵债处置时违规操作，致使抵债资产存在较大风险。审计还发现，部分基层农村信用合作联社虚列支出套取资金或收入不入账私设"小金库"，省农村信用合作联社有的派出机构违规向基层农村信用合作联社摊派费用和占用资产，2006 年审计发现问题未及时整改、信息化建设及内部管理存在较为突出的薄弱环节等问题。审计发现违纪违规金额 1711400 万元，查出的违纪违规问题移送相关部门处理 5 起，已处理人员 1 名。省长吴新雄、副省长孙刚分别在省审计厅向省政府提交的《关于对省农村信用社系统 2008 年度资产负债损益审计情况的报告》作出批示。省农村信用合作联社也就报告提出的问题多次召开专门会议进行贯彻落实和积极整改。

第五节　非银行金融机构审计与审计调查

1991—1997 年期间，省审计厅（局）组织对非银行金融机构的审计业务主要是：对证券公司、保险公司的审计。其中：1993 年，省审计厅组织对省国际信托投资公司等 786 个单位进行审计，查出违纪违规金额 11070 万元。1994 年，省审计厅首次开展对证券经营机构的审计，发现这些单位在经营过程中存在少列收入、多列支出、漏交所得税、印花税、分红不作收益、不严格按现行财务制度进行财务核算等问题。1996 年，省审计厅组织对 13 家保险公司进行审计，查出违纪违规金额 1969 万元。1997 年 5—7 月，省审计厅根据审计署和中国人民银行的部署，对工商银行江西省信托投资股份有限公司 1996 年度资产、负债、损益情况进行的专项审计。发现其存在账外贷款规模较大，贷给个人款项长期不收本息，资产负债、损益反映不真实，违规自营股票买卖等问题。省审计厅就审计情况向省政府提交了专题报告。省长舒圣佑、常务副省长黄智权均对报告作出批示：要求有关方面同省财政厅共同研究，要确保资产的质量、安全，防范风险；要开创新局面，提高经济效益；要加强领导，加强管理，并责成省财政厅研究信托投资公司的运作管理办法。

1998 年 4 月始，省审计厅根据审计署的统一部署和署授权审计通知书的要求，组织全省各级审计机关对中国财产保险有限公司江西省分公司（全辖）1997 年度资产负债损益情况进行审计。审计发现的问题主要是:(一)资产负债方面。1.部分资产质量低下,存在一定风险,呆账率达 74.9%;2.有的公司虚列资产、负债；3.有的公司账实不符,普遍存在账外资产。一些基层公司采取挤占成本费用等形式,或租赁或购买固定资产而未作固定资产管理,最终导致资产账物不相符。(二)损益方面。1.少计或多计保费收入,截留坐支保费收入。有的将已实现的保费收入转作预收保费等,如上饶市保险公司、赣州市保险公司。有的未将保户储金利息收入作保费收入,如上饶市保险公司、吉安市保险公司、新余市保险公司。有的直接坐支保费收入,以及赔款支出直接冲减保费收入。如上饶市保险公司、南昌市保险公司；2.多提多列，虚列支出，挤占成本费用，如吉安市保险公司无项目摊销递延资产、多提多列、虚列未理赔款准备金等；3.虚假理赔，扩大理赔范围，赔款包干。如南昌市市保险公司对部分承保项目采取列支赔款支出包干形式进行理赔；4.漏提少缴税费。如抚州市、上饶市、吉安市、鹰潭市等分支公司均有漏提少缴税费问题。（三）其他方面。1.公款转储蓄或公款私存，设置账外账。如新余市公司1997年将收取的部分保户储金或报废收入转存储蓄所定期存款金额数量，占年末银行定期存款的9.52%；2.违规购物；3.使用不合规凭证列支，会计账目运用不真实，以及偷梁换柱变更险种等。如萍乡某分公司用假发票列支汽车修理费，用普通收款收据列支服装款等。

省审计厅向省政府提交的《审计报告》省长舒圣佑、副省长黄智权均作出批示：省财险公司的问题应报中保财险总公司。

是年5—7月，省审计厅组织对省国际信托投资公司1997年度资产负债损益情况进行审计。审计发现的问题主要是：（一）1997年度决算反映不完整，有数家控股公司的资产负债损益未汇总并表（如信息村大酒店等），同时又存在虚增资产负债现象（如1997年度财务处与"北航学院"协议长期投资问题）；（二）1997年决算报表反映实收资本14929万元中含计提未付省财政借款利息转入1770万元；（三）1997年末固定资产净值3677万元，在建工程12440万元，合计16117万元，占所有者权益的108.1%，与规定比例小于或等于50%有差距；（四）办公大楼于1997年已交付使用，至年底仍未办理决算，挂在建工程达11376万元；（五）证券总部本身于1996年5月开始进行新股申购自营业务，主要资金来源为拆入资金，占用股民保证金及武汉、天津等地账外自营国债回购回笼资金等，取得账面新股申购自营收益作投资收益入账3410余万元；（六）信托部未经有关部门书面批准以电力专项投资名义擅自吸收电力专项个人特约投资二年期信托存款，至1997年底累计吸收存款余额2430.8万元；（七）公司所属全资子公司江信实业公司系非金融企业却超经营范围办理金融业务，如以投资名义变相发放贷款、介入国债回购业务；（八）1997年补提以前年度外汇账汇兑损失136789万元，并于当年违规一次性摊销680万元；（九）公司所属全资子公司江信投资有限公司1995年起通过郑州期货营业部在郑州自营炒作期货，并对客户提供透支；（十）公司办公室收取年会费未入大账。

是年7—8月，省审计厅对江西省证券公司1997年度资产、负债、损益情况进行审计。审计发现的问题主要是：（一）拆入拆出资金未按规定计提应收应付利息，增加当年亏损；（二）总部自营股票业务未进行损益核算；（三）利用公款以个人名义购房；（四）深圳业务部违规拆借资金，造成较大风险和损失。如日前拆入资金4300万元，拆出资金6400万元，造成深交所透支罚息。同时，已确认的债权数也难以收回;（五）深圳业务部工资平均水平高于公司对下属营业部工资管理的规定；（六）对三个子公司的资金投入沉淀资金数额较大，有的存在风险。如海南昌盛租赁公司据实地审计调查，该公司只是空壳；（七）其他投资项目中也存在不少风险资产。如海南汇通国际信托投资公司由于汇通支付困难而面临较大风险；（八）久盛基金投资方面存在的问题。反映的房地产投资2100万元、实业投资700万元实际均为资金拆借行为。久盛基金对海南匹斯克股份有限公司的股权投资200万元可能形成坏账；（九）占用股民保证金。如深圳业务部占用股民保证金1000万元；

（十）为客户透支数额巨大。如宜春业务部透支金额达 3625 万元。

是年 9—10 月，省审计厅组织对江西江南信托投资股份有限公司 1997 年度资产、负债、损益情况进行审计。审计发现的问题主要是：（一）以委托存款名义违规变相拆借资金。1997 年底江南信托公司委托存款余额为 19402.5 万元，其中 2228.4 万元是指定贷款单位的委托存款，其余单位存款均为无指定贷款对象、只是从银行拆借的资金。1997 年新发生从农行江西省分行拆入资金 12003 万元、从吉安城市信用社拆入资金 1000 万元；（二）超规定范围吸收信托存款。如 1997 年吸收财政部门非委托投资或贷款的存款 2790.5 万元、吸收不属"五项"范围的存款 2011.2 万元；（三）外汇业务部存在虚假资本金。1997 年 9 月外汇业务部以总部账面挂"其他应收款"形式，从深圳中航集团借入美元打入外汇业务部作为"实收资本"。10 月又以委托投资名义将美元打回深圳中航集团的程序，制造虚假外汇资本金；（四）违规自营股票；（五）违规为客户融资 1772 万元；（六）占用股民保证金 2087 万元；（七）各证券部资产负债反映不够完整；（八）透支呆账及自营潜亏，违规向股民吸收存款 9474 万元。对存在问题，省审计厅提出相应的处理意见和整改建议。

2001 年 4—8 月，根据审计署《关于审计中国人民保险公司 1999 年至 2000 年度资产负债损益情况的通知》，省审计厅组织全省各级审计机关金融审计人员 425 人组成 12 个审计组，对人保江西省分公司（全辖）136 个独立核算机构 1999 年至 2000 年度资产负债损益情况进行审计。省审计厅向审计署汇总提交的《关于人保江西省分公司（全辖）1999—2000 年度资产负债损益审计情况的报告》反映的主要问题：（一）未按权责发生制原则正确核算当年保费收入，少计银行利息收入，以及将零星收入挂往来等方式，少计收入。未按权责发生制原则正确地核算当年保费收入，将属于当年的保费收入滞留到下年度进行核算，调节当年保费收入。（二）抚州分公司、莲花分公司等部分分公司在承保机动车险时，高套费率，多收保户保费。（三）九江分公司、抚州分公司等部分公司在当期保费任务无法完成的情况下，采取变通手法，虚收当期保费，然后于下期通过其他渠道如数转回虚收款项，形成虚假收入。（四）多计支出。有的手续费开支没有严格按规定支付给办理保险业务的代理人，而是用于自身的招待费、办公费、礼品费及其他没有取得代理资格的单位或个人，超范围超规定列支使用手续费；有的在赔款支出中，列支招待费、参观考察费、查勘费、职工包干差旅费等与赔款无关的费用。有的在营业费用中列支资本性支出，其他与本单位无关的费用；有的违规使用或超标准列支防预费，多计防预费；有的在营业税金中列支代扣代缴税金及税金罚款，多计营业税金及附加；有的未经有权部门审核，在营业外支出中列支固定资产清理损失，多计营业外支出。（五）庐山区分公司、省公司营业管理部南昌分公司、宜春分公司、峡江分公司、金溪分公司、芦溪分公司等单位虚列支出，套出款项账外存放用于其他开支。或隐瞒收入存放账外用于其他开支，形成小金库。（六）上饶分公司、九江分公司、省公司行政处、省公司营业管理部计财处等单位工资性支出未纳入"工资总额"科目核算，或对一些规定不应在税前扣除的支出未进行纳税调整，少作纳税调整，少缴所得税。（七）鹰潭分公司、景德镇分公司等单位少缴地方各种成本性税费，贵溪支公司、赣州分公司等单位少缴中央营业税，省公司营业管理部、宜春分公司等单位少缴固投税，新余分公司、吉安分公司等单位没有及时为本单位职工或代办员代扣代缴个人所得税。（八）固定资产购建、管理不够规范。如以租代购形成账外资产，或无规模购建固定资产等。（九）一些单位在承保过程中调整费率，从而多收、少收保费；或在理赔过程中，对未发生赔案、对无保单位或个人违规理赔。对存在问题，省审计厅提出相应的处理意见和建议，督促省人民保险公司进行整改。

是年5月，按照审计署的统一部署，省审计厅组织各级审计机关对人保江西省分公司（全辖）1999—2000年度资产负债损益情况进行审计。查出违纪违规金额2884万元，不良资产金额3479万元。

2004年4—8月，根据《审计署关于审计中国人寿保险公司2002年度资产负债损失情况的通知》要求，省审计厅组织全省设区市审计机关对中国人寿保险公司江西省分公司及其所属12个分支机构2002年度资产、负债、损益情况进行审计。省审计厅向审计署呈报的《关于中国人寿保险公司江西省分公司（全辖）2002年度资产负债损失审计情况的报告》反映的主要问题：（一）违规进行营销业务。1. 萍乡公司等5个单位2002年违反保监会《关于规范人身保险经营行为有关问题的通知》关于"手续费一律通过银行转账支付，不得现金支付，更不得向个人支付现金或银行储蓄存单"的规定，现金支付兼业代理机构代理手续费和学平险手续费；2. 未经批准进行非法代理业务。如一些保险营销员未取得营销资格证而从事保险营销工作。宜春公司等4个单位违规支付非代理机构、非代理人手续费；3. 上饶分公司等4个单位支付正式职工佣金、手续费；4. 宜春公司2002年开假发票向客户支付手续费和代客户垫缴税款。（二）违反保监会《关于人身保险业务有关问题的通知》和《关于规范人身保险经营行为有关问题的通知》关于保险公司不得接受机关、社会团体、企事业单位作为投保人用个人人身保险条款为个人投保和投保团体的成员人数多于8人的，投保成员必须占团体成员总数的75%以上以及停办有关险种的有关规定承保。1. 新余公司临界年龄承保；2. 营业管理部等2个单位团险投保人低于规定人数比例承保；3. 营业管理部等3个单位用个人寿险条款承保单位团险。（三）违规赔付。1. 上饶公司等7个单位全额退保3609.96万元，超额支付退保金、满期（年金）给付；2. 九江公司等2个单位提前给付以及趸交趸领、长险短做业务；3. 吉安等6个单位进行现金支付团险退保金、满期给付业务；4. 营业管理部等3个单位进行保险利益给付或退保金未支付给保单受益人或投保人业务；5. 上饶公司等2个单位违规虚假赔付；6. 抚州公司投保时险种与退保时险种不一致。审计还发现，景德镇公司、省总公司等单位业务经营管理不够规范，核保不严，内部业务管理制度和规定未得到严格有效执行，投保单和退保时未经担保人签名，赔案案卷管理不健全、资料混装错装；营业管理部等6个单位超过犹豫期撤单2524.8万元，多退保费；营业管理部多计保费收入；萍乡公司等5个单位少计保费收入；抚州公司少计营业外收入等方面的问题。对上述问题，省审计厅提出相应的处理意见和建议，督促省人寿保险公司进行整改。

是年11—12月，省审计厅组织对深圳江铜南方总公司和深圳宝恒集团公司共同出资成立的金瑞期货经纪有限公司2003至2004年10月31日资产负债损益情况进行审计调查，主要调查深圳总部、上海营业部、南昌营业部。审计调查结束后，省审计厅向金瑞期货经纪有限公司送达了《关于金瑞期货经纪有限公司2003年至2004年10月资产负债损益情况的审计调查结果的函》，这是省审计厅唯一一次出函的审计调查结果。审计调查发现的主要问题：（一）随意收取代理手续费。2004年1月至11月平均收取3.54‰的手续费，有的收取比例高达11.7‰，有的则低于经营成本，甚至无偿为万某某、邓某某提供期货交易服务；（二）未严格执行保证金制度。2004年11月30日有的客户保证金追加不及时，出现红字，其中江铜股份和邓某某两个客户的可用资金出现红字7161.71万元；

（三）为江铜股份、江西铜业、南方公司等部分国企客户进行非保值性期货交易，甚至进行非经营范围的投机交易；控股方南方公司、江西铜业钢材有限公司违规占用公司资金，2004年3月4日借给南方公司的1700万元截至审计日还未归还。

对江西金瑞期货经纪有限公司的专项审计调查结果引起省政府主要领导的重视。省长黄智权在省审计厅提交的《专项审计调查报告》上批示，对违规问题要逐项纠正，今后要依法依规经营。按照省长黄智权的批示，分管副省长多次召集有关部门开会专题研究并拿出切实可行的解决办法。

2005年7月，省审计厅组织对江西瑞奇期货经纪有限责任公司2004年资产负债损益情况进行审计。审计发现的问题主要是：（一）未严格执行保证金制度，挪用其他客户保证金。1.2004年该公司为13个客户挪垫保证金；2.公司在有些时点上长期为少数客户大量挪垫保证金；3.公司处理往年穿仓损失金额多。严重违反《期货交易管理暂行条例》中关于"期货经纪公司向客户收取的保证金，属于客户所有、严禁挪作他用""强行平仓的有关费用和发生的损失由该客户承担"等有关规定，使公司承担不应有的透支交易风险和责任。（二）违反《期货交易管理暂行条例》中关于"国有企业、国有资产占控股地位或者主导地位的企业进行期货交易，限于从事套期保值业务"的规定，为省粮油储运公司、省粮油贸易公司、华财实业投资公司等部分国有企业客户进行非套期保值性期货交易。（三）代理手续费收取存在较大的随意性，且变相降低收取手续费国家规定的标准，违反"不得以排挤竞争对手为目的，低于经营成本和行业自律标准收取手续费"等规定。无偿为部分客户进行期货交易，甚至为部分客户代向交易所上缴交易手续费。

是年7—8月，省审计厅组织对江西国际信托投资股份有限公司（以下简称"江信公司"）2004年度资产、负债、损益情况进行审计，并对相关事项追溯到以前年度。审计发现的问题主要是：（一）江信公司以借款名义借给子公司江西省江信国际大厦有限公司5900万元，江信国际大厦有限公司又将该款作为长期投资转账给江信国际信用担保有限公司，担保公司做"实收资本"账务处理。是年担保公司又将5900万元归还给江信公司，由此构成抽逃出资的违法违规行为；（二）江信公司于2003年与江西省信用担保公司分别签订一年期国债托管协议1000万元和1500万元，协议约定江信公司按年投资收益6.6%支付江西省信用担保公司有关费用，至2004年底尚欠江西省信用担保公司代购证券款898万元。代购证券款性质实际为江信公司融资吸收存款，属违规融资行为；（三）江信公司违规同意自营证券资金账户主要当事人何某从该资金账户借款，但截至审计日，未见归还所借款项，江信公司账上也未反映这笔业务，属资金流动失控；（四）在剥离资产时发现原发展公司违规出借巨额资金，用于证券投资，造成国有资产严重流失。原发展公司投资发展部财务手续不健全，每月底填补挪用的股民保证金达43873万元，调拨资金账务进出无原始单据；原发展公司内部控制不严，违规对外签订超上亿元的外借资金协议，管控措施跟不上，至2004年资产剥离时尚有7906.4万元资金未收回；有关部门、人员违规以双重身份与关联方签订巨额资金出借协议，用于合作炒股或自营炒股，损失严重，又在未按协议等有关规定进行必要的清理清算的情况下，作为不良资产进行剥离处理，造成资产剥离时损失超3000万元以上。

是年10—11月，省审计厅组织对由江西省国际信托投资股份有限公司、省出版总社、省财政投资管理公司等17家股东出资组成的国盛证券2004年度资产、负债、损益情况进行审计。审计发现的问题主要是：（一）违规设立有限责任公司。国盛证券为规避《公司法》关于注册有限责任公司需两人以上的规定，提交虚假注册材料或采取其他欺诈手段隐瞒重要事实，通过应收李某某的借款及江西教育出版社的借款科目，以李某某共同出资名义变通注册北京广纳投资咨询有限责任公司；以江西教育出版社、北京广纳投资咨询有限责任公司共同出资名义变通注册深圳益源宏投资有限公司；（二）违规融资进行账外经营，亏损严重，造成国有资产严重流失。2003—2005年8月底，国盛证券先后分别在北京、天津、上海、深圳、合肥、杭州、宁波、南昌等省内外十几个证券营业部投入自有资金10000万元，融借入资金39300万元，回购资金668600万元，未到期回购32600万元，共涉及43个账外自营证券投资、资产管理业务项目和资金账户，项目运作期间形成亏损23900万元。这些证券投资和资产管理业务均未在2003、2004年公司的会计核算中反映，也未向国盛证券股东等报告，一直到2005年才向省证监会、省国资委、国盛证券股东等有关部门领导报告。国盛证券账外证券投资决策、风险管理等内部控制制度不健全，形同虚设。一些证券投资和资产管理项目资金进出依据不充分，资金来源、去向反映不清楚；（三）违规利用他人名义或"拖拉机"账户进行证券投资，至少有33个资金账号对应多个股东账户，严重的是有个资金账户对应163个股东账户，内部管理严重失控。省审计厅向省政府提交的《审计报告》，引起省政府领导的高度重视并作出批示。

2008年7—10月，省审计厅组织开展对省属地方金融企业国盛证券有限责任公司2007年度资产、负债、损益情况进行审计，重点审计国盛证券总部及上海天钥桥路证券营业部、北京知春路证券营业部、南昌永叔路证券营业部等13个营业部。审计发现的问题主要是：（一）拆借资金645000万元，违规用于申购新股和短期融资融券交易；（二）违反中国人民银行关于同业日拆借资金20000万元的规定，违规向建行江西分行洪都支行拆借资金，当日累计拆借总额达21000万元；（三）违规挪用"增资验资户"增资扩股的5000万元资金转入自营账户，用于新股申购；（四）风险控制有待进一步加强。2007年用于网上新股申购的拆借资金合计406000万元，其中部分拆借资金所带来的新股收益低于其应支付的拆借利息，使客户资金账户出现237次透资；（五）工资薪酬管理不规范，存在未经省国资委批复自定计提发放绩效奖、工资薪酬分配不合规、以差旅费名义报支奖金等问题；（六）证券经纪人的佣金管理不规范，存在返佣比例过大、超过合同约定多支付经纪人佣金、未签订居间合同仍支付佣金、经纪人违规多头执业等问题；（七）少缴或少扣缴各项税费，应缴未缴失业保险金、解困资金，合计1819.76万元；（八）已计提但未缴付的税费1107.42万元，借入省财政投资管理公司、省高速公司投资发展（控股）有限公司次级债应付未付利息等。对上述问题，省审计厅均提出相应的处理意见和建议，促其整改。

是年9—10月，省审计厅组织对江西省国际信托投资股份有限公司2007年度资产、负债、损益情况进行审计。审计发现的问题主要是：（一）实业投资和管理不规范。1.违规垫资4971万元设立江信国际集团有限公司，在出资不到位的情况下设立江信国际大厦有限公司、北京赣京信投资有限责任公司。此外，违规向下属子公司关联方融出资金或转移财产，以及关联交易不规范，各子公司经营、人员上未严格区分，收入支出不匹配等；2.江信国际集团有限公司除与萍钢公司签订股权信托合同外，2007年还先后违规运作，与浙江万业实业有限公司等四家公司签订委托合同申购江西铜业、川投能源非公开发行股票事宜，并无依据转款7000万元借给江西深国投商用置业发展有限公司；3.江信国际信用担保有限公司资金出借频繁，转款依据和用途等借款、担保等手续不规范。（二）江西国际信托公司对原赣州地区信托投资公司2451.31万元信贷资产保全管理不规范。该信贷资产已逾期，且不能提供资产确权证明，对债务人的经营状况未能掌握，对债权不能进行积极有效管理，部分贷款项目未提供信贷档案，对已进行破产清算企业的贷款本金也未及时核销。（三）信贷业务管理不规范。1.省银监会查处并责令停止的萍钢60000万元信托业务整改不到位；2.以设立信托为名，或将银行的信贷资产转为表外资产，或以信托资金形式发放贷款，使有关银行经营机构达到规避国家贷款规模控制的目的，有可能损害国家金融安全；3.信托资金管理不规范，2007年南昌商业银行理财信托资金、新余渝水区国有资产营运中心单一指定用途信托资金、江西多伦多教育产业发展公司的南昌大学集合资金计3792.5万元脱离信托账户管理；4.信托业务管理过程中信息披露不够真实、全面、及时，相关合同手续不够完备，尽职调查流于形式，不能及时发现和揭示风险等。省审计厅对国际信托投资公司提出相应的处理意见和整改建议。

2009年10月，省审计厅组织对江西瑞奇期货经纪有限公司2008年度资产、负债、损益情况进行审计。审计过程中，审计人员充分运用计算机审计技术，查出：（一）2008年6月10日、9月25日，瑞奇期货公司两次违规向与同为江西粮油集团下属子公司的江西金佳谷物股份有限公司提供1500万元融资，与关联方签订为期6个月和1个月的合作经营协议，共同经营稻谷期货。事实上，关联公司金佳谷物公司未按合同约定使用资金，其中500万元流入金佳房地产有限公司，100万元用于归还金佳谷物公司的银行借款、900万元用于支付省粮油集团的往来款；（二）部分公司员工开设期货交易账号，违规参与期货交易，交易金额75929.59万元；（三）在与上海新黄浦运置业有限公司协议增资扩股过程中，该公司未履行资产评估、向国有资产管理部门或财政部门报告以及在产权交易市场挂牌等程序等问题。

是年11月，省审计厅组织对江西铜业集团公司、金瑞期货有限公司总部及南昌营业部2008年度资产、负债、损益情况进行审计，重要事项在时间上作了必要的延伸和追溯。审计发现的问题主要是：（一）部分国企客户违规进行非套期保值性的期货交易。江西铜业股份有限公司等9户国有或国有控股企业违规进行期货投机交易，交易金额4478936.5万元，交易亏损105762.95万元；（二）减收手续费返还和居间人佣金支付存在一定的随意性。2008年，金瑞期货公司共收到各交易所减收手续费1875.74万元，其中1574.45万元返还给大部分交易客户，返还比例较随意。金瑞期货公司支付居间人佣金271.94万元，其中10名居间人在公司居间人信息表中找不到注册记录，存在不正当竞争嫌疑。省审计厅向省政府提交《关于省属金瑞期货、瑞奇期货（经纪）公司资产负债损益专项审计情况的报告》。报告就省属期货公司内部控制制度中存在的缺陷及企业账务处理原因导致省财政利益受损等方面存在的问题进行深入的分析，提出有助于促进省地方期货公司规范经营，加强内部管理和风险控制等方面的审计建议，并将在公司经营中违纪违规进行期货投资交易的责任人移送省国资委查处。审计报告得到省政府领导的重视，省长吴新雄、副省长孙刚均作出批示：同意省审计厅的建议，对期货公司的问题，国资委要关注、重视，加强监管、防范风险、依法依规，并进一步规范和加强期货公司的管理。

第二章　行政事业审计

行政事业审计是各级审计机关自1983年成立以来，组织开展较多、持续时间较长、范围较广的审计业务。1993年以前，省审计局在全省范围内大力推行行政事业单位定期审计的同时，还有针对性地选择一些预算内外收支大、经费开支复杂的部门和行业，组织全省审计机关以就地审计为主，开展大规模的行业和系统审计。1993年以后，全省行政事业单位审计由之前定期报送审计为主，转变为以开展经常性就地审计为主，辅之以轮审，并继续有针对性地组织开展行业审计、系统审计，同时各级审计机关还结合党委、政府各个时期的工作重心，针对领导关心、群众关注的问题，开展大量的专项审计或审计调查。1995年《审计法》颁布实施后，行政事业审计工作的重点转入党委、政府直属各部门的预算执行情况审计。根据省人大的要求，省审计厅从1997年开始，多次派出审计组参加省人大对省检察院、省高级人民法院、省教育厅、省统计局、省经贸委等单位的评议工作，深受省人大的好评。

为更好地履行审计监督职能，省审计厅2001年进行机构改革，增设政法审计处、科技体育审计处、教育审计处、经济执法审计处、经济审计一处、经济审计二处等审计业务处，派驻相关部门单位，有利于对被审计单位提供审计监督服务，提高工作效率。

1991—2010年，审计机关对各级党、政、群、司法和文化、教育、卫生、体育、科学、民政、广播电视等部门，以及所属事业单位的财务收支和相关经济活动实施审计监督，查处和纠正预算资金分配、管理和使用中的突出问题，维护国家预算执行的严肃性，在加强宏观调控，维护国家财经秩序，加强廉政建设，促进依法行政和社会事业健康发展等方面发挥重要作用。20年间，全省各级审计机关共对95008个行政事业单位进行审计，共查出违纪违规金额1244591.3万元，应上缴财政金额213984.9万元，已上缴财政金额111776.5万元。

第一节　党政部门审计

1991—1997年，省审计厅（局）组织开展对全省各级党委、政府、人大、政协、纪委等党政部门及其下属单位的财务收支情况进行审计，共审计16404个党政部门的行政事业单位，查出违纪违规金额37596万元，上缴财政金额10609万元。其中：1996年1月，省审计厅根据审计署和共青团中央《关于加强希望工程财务收支审计工作的通知》，对江西青少年发展基金会1995年度募捐筹集的希望工程基金收支情况进行审计，并要求部分地市审计机关对省青基会下拨的部分建校款使用情况开展专项审计。1997年，省审计厅再次对省青少年发展基金会1996年度希望工程财务收支情况进行审计，并于 3 月 29 日在《江西日报》上向社会公布审计结果。

1998 年 9 月，省审计厅组织对省政府驻深圳办事处及其所属深圳华赣企业公司、鼎立公司、深圳春华企业公司和招待所 1995 年 6 月至 1998 年 8 月郑某某主持工作期间的财务收支情况进行审计。审计发现的问题主要是：超标发放职工补贴。1995 年 6 月至 1998 年 8 月，驻深圳办正式职工发放工资及各类补贴共计 217.3 万元，扣除按标准发放的金额 115 万元，其他均为超标补贴，占整个办事处支出比例较大，致使办事处入不敷出；违反国家有关规定用公款炒股。历史遗留的华赣公司股票问题还没有处理，又新投入 47 万元人民币另外开户炒股；资产管理不严、财务管理混乱、会计人员变更频繁、交接手续不健全、财务签报手续不严、现金流动数额较大、银行多头开户等。审计建议，加强财务管理，稳定财会人员。

1998 年 10 月，省审计厅组织对省政府驻厦门办事处承包庐山大酒店和开发经营房地产的财务情况进行审计。审计发现：拖欠款项严重。厦门办欠交厦门庐山企业有限公司承包费 1048.8 万元(不含 1998 年 1 至 7 月应缴承包费)；财务核算不规范。厦门办以闽办服务部的名义开发经营房地产多年，但工程项目成本一直未决算结转，售房款也未作销售收入处理，销售成本和费用均未结转，会计账面无法反映房地产开发经营的盈亏。审计建议，办事处负责人要加强财经法规学习，严格执行财经法规制度。

2001 年 8 月，省审计厅组织对省委办公厅 2000 年度财务收支情况进行审计。查出违规金额 746 万元，应上缴财政金额 8.7 万元。审计发现的问题主要是：挪用预算经费违规。该厅 2000 年 3 月将预算经费 200 万元转给中行爱国路分理处为他人揽存，2000 年 7 月将预算经费 200 万元借给滨江招待所用于还贷；账务处理不规范，挤占预算经费支出，扩大当年预算；账务处理不及时，截留预算收入，有的转入预算外；往来款项清理不及时，造成预算资金沉淀；固定资产核算不规范，未按照《行政单位财务制度》规定设固定资产账，无法反映真实的固定资产。审计建议，加强财务管理，严格按照行政单位财务管理制度办事。

2002 年 4 月，省审计厅组织对省人大常委会办公厅 2001 年度财政、财务收支情况进行审计。审计发现的问题主要是：财务管理不规范。2001 年在暂存款挂列全国代表视察费，未按规定作上级补助收入，存款利息收入未按规定作其他收入，暂存款中挂列以拨代支款项未按规定转作结余；租赁办账暂存款中挂列水电费未按规定冲减预算经费支出。基建账在建工程款（含应收工程款）3592.89 万元未按规定及时办理决算，计入固定资产账；租赁办店面租金收入未按规定缴纳房产税、营业税及教育费附加、城建税。

是年 5 月，省审计厅对省政协办公厅 2001 年度财政、财务收支情况进行审计。审计发现的问题主要是：财务账表不符。如 2001 年预算单位决算报表中当年支出反映为 1546.19 万元，比总账数少 75.4 万元，且办公费、会议费、差旅费等支出项目均与明细账不符。固定资产年底数与总账相差 3506.7 万元。决算报表反映当年基建投资为 98.12 万元，大于基建账上的投资数；在经费支出中将应列其他支出的开支列支干部职工福利性开支；账务处理不规范。如收到政协全国委员会办公厅下拨全国政协京外常委、委员视察、行动经费应作"上级补助收入"，在经费支出—办公费列支考勤奖应列入工资—其他工资，应作调账处理；2001 年度购置固定资产未列固定资产账等。

是年 7 月，省审计厅组织对省政府外事侨务办公室 2001 年度财务收支进行审计。审计发现的问题主要是：2001 年度会计报表反映的收支相抵的结余数与账面数不吻合，多列支出和少计结余 100 万元；拖欠省财政周转金 90 万元长期未还；固定资产管理不到位，新办公楼投资超计划；往来账款零乱，挂账不合理。下拨扶贫款项违规操作，收费票据使用违规；货币资金的管理和核算不规范，会计与出纳的银行存款账数未按规定定期勾对，现金使用坐支，未按规定开设和使用银行账号，未经报批处置和变卖固定资产，集资新建宿舍超计划投资；对外投资核算不规范，违规从事贷款业务等。

是年 10 月，省审计厅组织对省委宣传部 2001 年度财务收支情况进行审计。审计发现的问题主要是：财务出纳银行日记账登账不及时，财务账户科目与内容不相符。如拨付社科课题费 15 万元错列经费支出，并未取得对方财政印制的行政事业单位收款收据；财务报表计量与实物不符；购置办公通用设备未实行政府采购等。

2004 年 11 月，省审计厅组织对省政府驻天津办事处 2003 年度财务收支情况进行审计。审计发现的问题主要是：财务账务处理不及时。江西大厦的资产至审计时都未转增固定资产，一直挂在基建账上；财务管理不规范。综合办公楼新建工程待摊投资中征地拆迁补偿款和配套费、综合办公楼配套楼续建工程待摊投资中征地拆迁补偿费均以收据代替发票，应付河东区建委的土地拆迁补偿费一直挂在往来账上，以河东建委在该办所属饭店消费进行抵扣；账实不符。天津赣津汽车出租公司 2003 年账上反映注册资本为 698 万元，而天津赣津公司实际并没有足额资金，注册资金不实。

是年 11 月，省审计厅组织对省委机关保育院 2003 年度财务收支情况进行审计。审计发现的问题主要是：违规收费。2003 年超标准收取 202 位幼儿幼教事业发展费；违规设对内对外账。保育院设行政账、店面账、赞助费账共三套账进行财务核算，但对外仅根据财务报表行政账编制；违规进行票据管理。2003 年用非正式收据收取幼教事业发展费、杂费、保健费等。财政专户管理违规。2003 年收取保育费、教育费、幼教事业发展费未纳入财政专户管理。

2005 年，省审计厅组织力量对江西省广播电视网络传输有限公司资产负债损益进行审计，同时对下属鹰潭市等 6 个分公司和兴国、丰城、万年等 3 个赣广通信器材公司进行审计调查。审计发现江西广电信息网络有限公司疏于管理，在占信息公司 49% 股权 15000 万元已经质押的前提下，北大青鸟公司恶意套取资金，造成国有资产潜在损失 16900 万元的重大经济问题。揭露出对外担保 4735 万元，存有极大财务风险的问题。针对审计发现的问题，省审计厅编发了《审计要情》。时任省委书记孟建柱、省长吴新雄、省委宣传部部长刘上洋、省纪委书记董君舒均对此作出批示。随即查出省广电局原副局长王某某的违纪案件，同时经过省公安厅配合，挽回了国有资产损失 15800 万元。

是年 3—7 月，省审计厅组织对省委办公厅及其部门下属单位 2004 年度预算执行及财务收支情况进行审计。审计共查出违规金额 3 万元，管理不规范金额 3453 万元，应上缴财政 3 万元，应自行纠正金额 3453 万元。江西省委常委、秘书长陈达恒在省审计厅《关于对省委办公厅 2004 年度财政财务收支的审计报告》上批示：按省审计厅审计建议切实整改，进一步做好财务工作。

是年 9 月，省审计厅组织对江西省委农村工作部 2004 年度预算执行及财务收支情况进行审计，主要审计省委农工部机关事业经费账和产业化专项经费账。审计发现的问题主要是：政府采购违规，未编制政府采购预算购置蓝鸟小汽车及办公自动化设备；财务处理不规范，2004年末拨出的经费没有及时按照会计制度规定予以冲转，产业化资金账没有清理并账；无预算使用行政事业经费用于组织干部出国学习和考察；干部培训和出国考察收支管理不规范，代收代付资金未纳入机关财务统一核算等。

2006年3月，省审计厅组织对省人大常委会办公厅2005年度财政、财务收支情况进行审计。审计发现的问题主要是：政府采购违规。2005年购帕萨特轿车一辆、柯斯达客车两辆，虽编制了年度政府采购计划，但未按规定程序办理政府采购；2005年度部门决算报表编制不完整，报表仅根据预算内账编制，未按《预算法实施条例》的有关规定，汇总预算外、租赁办及下属编辑室的财政财务收支内容；2005年7月以前的京西宾馆上缴房屋租赁费，未按规定纳入财政专户管理，且2005年度房屋出租收入，未按规定足额申报缴纳营业税、房产税等。

是年4月，省审计厅组织对省政协办公厅2005年度财政、财务收支情况进行审计。审计发现的问题主要是：政府采购违规。2005年1—7月购买空调、电脑等办公设备，未按规定办理政府采购；部门决算报表编制不完整，部分项目账面数与报表数不相符。如光华时报社、机关食堂的财务收支未汇总编入部门决算报表。行政账2005年反映的年初经费结余、年末经费结余、动用上年结余数，以及利息杂项等其他收入，均未在部门决算报表中反映。差旅费、会议费、抚恤和生活补助费等账面数与决算报表数均不相符。该厅2005年实际收到基建拨款，账面反映在建工程支出，部门决算报表反映基本建设支出等，账与表不相符；2001年起对新购置的固定资产建立了固定资产登记簿，但未对以前年度购置的固定资产进行明细核算，故未能将清查盘点的固定资产与账面进行核对，无法确认固定资产是否账实相符。

2007年7月，省审计厅组织对省政府驻上海办事处及所属企事业单位2006年度财务收支情况进行审计。审计发现的问题主要是：（一）账实不符。按照原省长舒圣佑、副省长黄智权对《关于请求批准"江西沪办招待所综合楼"项目工程概算的请示》的批示，及省驻沪办根据省长批示和省财务发展公司签订的《联合出资建设"赣园——江西沪办综合楼"协议书》的规定和《关于赣园宾馆工程造价决算审计报告》，驻沪办应承担48%的债务计2246.4万元，拥有48%的股权计2345.76万元，均未在财务账上反映；（二）以预算外名义设置账外账坐支。账外收入为车队上缴的租车费和赣园宾馆的转入款，2006年当年资金结余。主要支出为驻沪办人员参照上海执行的部分津补贴，聘用人员工资、津补贴和保险，接待中50%的车辆油耗等。2001年审计时就已发现账外账问题，但始终未按审计要求整改；（三）从事变相的融资业务。2006年1月18日，上海办下属的上海中昌实业总公司通过江西长运股份公司和招商银行南昌分行营业部取得期限半年的贷款1000万元，该笔贷款400万元用于与江西龙腾特种纤维股份有限公司的贸易往来，600万元以取得固定收益的方式转给上海金世纪冶金有限公司，获得收益36万元；（四）拖欠公款严重。上海办工作人员人均有拖欠10万元以上的公款。审计建议该办在将账外账与财务账并账的同时，清理债权债务，特别是要尽快催还个人大额拖欠的公款。

2008年5月，省审计厅组织对省纪律检查委员会2007年度部门预算执行及财务收支情况进行审计，主要审计省纪委本级及下属的省纪检监察干部培训中心等单位。审计发现的问题主要是：（一）财务管理违规。省纪委办公厅2007年12月违反《江西省省级财政国库管理制度改革试点资金支付管理办法》关于"预算单位零余额账户不得违反规定向本单位其他账户和上级主管部门、所属下级单位账户划拨资金"的规定，将资金从零余额账户转入基本存款户；（二）部门预、决算编制不完整。历年结余中无项目无单位资金结余款项及新通城租赁收入未按规定编入部门预算。2007年在《党风廉政》编辑部原有账户上列支职工春节福利，下属省纪委培训中心2007年收入、支出均未按规定编入部门决算。审计还发现，省纪检监察干部培训中心黄某某年承包费收取不及时，2007年培训费收入未专户存储和实行"收支两条线"管理，2007年有3期培训收入使用中心票据但未纳入中心财务账，以及省纪委办公厅由于办公场所不足，一方面于2006年6月向省无线电通信信息服务中心承租监察大楼九楼的办公用房；另一方面，省纪检监察干部培训中心又将监察大楼1—4楼承包租赁给黄某某使用，且承包租赁价格偏低。

省委常委、省纪委书记尚勇，副书记徐必鸿均在审计报告上作出批示：省纪委要根据审计厅的意见认真进行整改，并将整改情况报告审计厅。

2009年5—6月，省审计厅组织对省政府公报室2008年度财务收支情况进行审计。审计发现的问题主要是：虚假票据入账。2008年公报室仅凭自制的稿费领款单直接以现金形式领出，未附任何具体的支出明细凭证支出宣传费提成；违反《会计法》关于"任何单位不得以虚假的经济业务事项或者资料进行会计核算"的规定；自定规矩，按正副总编、科级干部、科员等职务不同实行年资料费包干制度发放等提取资料费，用洪客隆的发票，虚拟购书及VCD；违反现金管理规定，超限额库存现金，用于大量购置食品、水果、烟酒等。

是年12月，省审计厅组织对省政府直属机关保育院2008年度的财务收支情况进行审计。审计发现的问题主要是：违规收费，超标准收取340名幼儿的幼教事业发展费；违规政府采购，部分工程项目未履行政府采购手续，未进行公开招投标；违反票据管理规定，使用自制收据收取部分保育费、教育费及幼教事业发展费、寒暑假困难班费。使用非正式收据收取房租收入、兴趣班学费。收取幼儿杂费、保健费，虽有收费文件，但未办理相应收费许可证手续，收取幼儿空调费、报名费、科学宫活动费、艺术培训费等，未提供收费依据，多收取困难班费等。

2010年10月，省审计厅组织对省政府驻上海办事处及其5个下属单位——省驻沪代办服务部、上海江西货运运输服务部、省驻沪办招待所、上海中昌实业总公司、上海申飞旅行社2009年度财务收支情况进行就地审计。审计发现的问题主要是：预决算管理违规，驻沪办本级部分收支未全部纳入预决算。该办经济事项业务分两套账核算，其中一套账的收支未纳入本单位预决算，货币资金意义上的收支规模接近110万元。此问题多年未改，2007年省审计厅审计时已提出要求整改，但该办一直未整改；违规融资，将未纳入预算的历年结余资金，违反"各级行政部门和企事业单位不得经营贷款业务"的规定，通过其他单位转借给上海金世纪冶金公司，获取年利息；所属企事业单位财务反映不够真实；招待所违反现金收付规定，"坐支"问题严重。产权归属与账务处理不吻合。违反财务管理规定，往来账户长期挂账未清理，挂账时间最长有的始于20世纪90年代等。

第二节　政法部门审计

1991—1997 年，省审计厅（局）组织力量对全省各级公安、交警、检察院、法院、司法等部门及其下属单位的财务收支情况进行审计，共审计 12140 个公检法司等政法部门，查出违纪违规金额 57572 万元，上缴财政金额 13527 万元。其中：1995 年，省审计厅组织各级审计机关对全省公检法司部门及所属部分基层单位 1994 年度办案收费、罚没款物等财务收支情况进行专项审计，共审计 1070 个单位，查出隐瞒、截留收入、挤占挪用、私设"小金库"等违纪违规金额 5343 万元；1996 年，按照省人民政府领导指示精神，省审计厅组织各级审计机关对全省公安、检察、法院系统1995 年度和 1996 年 1—10 月的财务收支情况进行专项审计，共查出违纪违规金额 36213 万元，上缴财政金额 6926 万元。省审计厅向省政府提交的审计报告，省长舒圣佑、常务副省长黄智权、省委政法委书记彭宏松分别作出指示，责成公检法司应带头自觉执法，不能违纪，收费一定要规范，罚没收入要严格执行"收支两条线"管理。

1998 年 12 月，省审计厅对省公安厅交警总队 1997 年 11 月至 1998 年 10 月的财务收支情况进行审计。审计发现的问题主要是：1997 年预算内收入账户，未按规定解缴省财政收入 293.39 万元；1997 年预算内支出账户，将未拨出的土建经费 825 万元挂暂存款科目，将预算外账户 920 万元列作拨出经费转入暂存款科目，致使虚假增加当年土建经费支出。审计建议其今后应据实列支各项支出，保证预算收支的准确性；有关往来款项的核算不符合财务制度规定，有关报账手续不够健全，如"暂付款""暂存款"转账、冲账记账凭证后，未附任何正规原始单据或发票等转账依据等。

1999 年，根据审计署《关于印发〈审计检察院、法院财务收支的工作方案〉的通知》要求，省审计厅组织全省各级审计机关，对全省各级检察院、法院 1997 和 1998 年度财务收支情况进行审计，查出违纪违规金额 16595.96 万元。审计发现的问题主要是：省检察院系统的问题是，（一）私设"小金库"，公款私存问题较为普遍，审计查出私设"小金库"金额 264.35 万元；（二）乱收费、乱罚款、乱摊派问题屡禁不止，"三乱"问题突出表现在以办案经费不足、法律咨询为名收取涉案单位和当地执行委托单位的赞助费，或摊派报销费用，高标准收取取保候审保证金不发还；（三）罚没款管理不严，上缴财政不及时，或以办案经费不足为由截留、坐支罚没款和暂扣款，或将办案收入与个人收入挂钩，或是暂扣款和罚没款票据管理使用混乱，或有的检察机关将应退还给单位的暂扣款上解财政，从而谋取财政返还自用等手法，隐瞒、截留罚没款严重、挪用、坐支暂扣款问题突出，审计查出此类违纪违规金额 2541.33 万元；（四）暂扣、罚没物资，单位资产管理混乱；（五）基本建设投资管理混乱，或无计划投资，或超计划投资，或挤占挪用罚没收入、暂扣款，乱拉赞助，搞摊派，以弥补基本建设资金不足，或已完工应结算工程不能按规定结算，不能正确核实资产价值，或基建财务混乱，漏洞较多，或基本建设投资普遍欠缴固投税，审计查出挤占挪用用于基建方面的资金达 1430.8 万元。检察系统业务案卷管理混乱，资料不全，装订不及时，有的无法查核扣押款物的真实情况，漏洞较大等。省法院系统的问题是：（一）私设"小金库"，审计查出 1997 年和 1998 年两年私设"小金库"资金 545.17 万元，"小金库"主要来源为乱收费、乱摊派等收入，截留诉讼费、执行标的款等收入不入账，公款私存利息收入，罚没款物不入账；（二）超标准收取诉讼费和扩大范围收费及乱摊派问题，审计查出此类违纪违规金额达 722.65 万元；（三）执行标的款管理不完善，有些单位在账外或业务庭室挂账，案款扣押滞留时间长，派生的利息收入基本未入院财务账。退款不足额。执行标的款退回申请执行人环节管理有不少漏洞，内部控制制度不健全。挤占挪用执行标的款；（四）"收支两条线"管理未全部得到落实，审计共查处拖欠应缴预算收入、隐瞒、截留收入、未按规定缴财政专户资金 2471.21 万元，占法院机关违纪资金总额的 29.94%；（五）诉讼费票据使用不合规。

省审计厅提交给省政府《关于全省检察院、法院 1997 和 1998 年度财务收支审计的综合报告》，省长舒圣佑、常务副省长黄智权均作出批示：审计厅不护短，同意审计厅提出的整改意见，责成各级法院检察院切实加强财务管理。

2001 年 5 月，省审计厅行事处对省公安厅 2000 年度财务收支情况进行审计。审计发现的问题主要是：厅机关应缴预算款 611.61 万元和应缴财政专户款 46.06 万元解缴不及时；装备账户往来金额较大，清理不及时；户政账户的收入由厅预算内账户拨出，属于以拨代支现象；暂扣款物入账手续不健全；账务核算不够规范。

2002 年 3—4 月，省审计厅组织对省交警总队及省属车辆管理所、直属支队 2002 年度预算执行及财务收支情况进行审计。审计发现的问题主要是：（一）总队违规占用下属单位车辆；（二）省车管所无收费依据，违规与江西医学院第二附属医院和《交通安全周刊》协作共同办理驾驶员相关业务，从中获取分成；（三）交警总队收入与经费支出比例严重失调。2002 年全省交警系统规费收入总额为 36113.77 万元，其中省交警总队规费收入 537.18 万元，占总收入的 1.49%。总队在预算内、外收入 30% 的调剂款项 8145.96 万元专项及土建经费中，自身安排占用专项及土建经费 1727.93 万元，占总经费的 21.21%，剩余 87.32% 的专项经费归各支队，集中在当年的 12 月 31 日经总队长办公会研究决定后拨付，致使财务不得不将此项支出暂挂在其他应付款，影响各支队日常工作经费运转；（四）违规减免交易费用。省交警总队与沈阳北方交通工程公司签约购买清障车，因交通公司违约逾期交货，应罚违约金 18.81 万元，但总队仅凭交通公司《关于退回履约保证金的申请》，就将违约金减至 0.5 万元；（五）拖欠交警经费。2002 年财政预算，直属支队高速公路编制的交警经费分为财政拨款 433.10 万元、上市高速公路股份公司负担 248.55 万元，省财政经费已足额拨付，但赣粤高速公路公司只支付了 50 万元，其余 198.55 万元尚未支付；（六）牌照工本费收不抵支。财政部门对汽车牌照收费政策是一定几年，牌照工本费也需要全额上缴，并调控 10%，总队再调控 30%，甚至有的设区市财政对此还要进行调控，致使支队、大队随着新上牌的车辆越多亏损则越严重；（七）2002 年科技建设经费购买机动车未按 2001 年审计报告中提出清点盘库的建议实施，仍然多方挂账，影响账实相符核查；（八）总队 2002 年购置清障车、照明车、吊车等费用合计 2864.64 万元，未按《中华人民共和国车辆购置税暂行条例》规定缴纳车辆购置税。

2003 年根据审计署《全国公安机关 2002 年财政财务收支审计工作方案》，省审计厅组织全省设区市审计机关采取"上审下"的方式，对省公安厅、11 个设区市公安局、55 个县公安局和省交警总队、11 个设区市交警支队、53 个县区交警大队及所属单位 2002 年度财政财务收支情况进行审计。

审计共查出违纪违规金额 11340.11 万元，其中：公安机关 7625.7 万元，交警部门 3714.41 万元。审计发现的问题主要是：（一）预算管理不够规范。1. 部分行政收费未纳入预算管理，有些纳入了预算管理的罚没款和行政性收费，却沿用了预算外资金的管理方式。审计共查出应上缴财政预算款而缴入财政预算外专户资金 5922.03 万元；2. 财政部门在安排预算时，有部分资金没有批复落实到具体单位和项目，而是由主管部门再进行分配；3. 财政专户管理存在漏洞，被一些单位用作违纪问题的"防空洞"。如应缴国库的资金缴入预算外资金财政专户。部分不合理收费和违规收费等违纪资金转入预算外资金财政专户。转移收入，将应上缴上级主管部门汇缴的罚没收入缴入当地财政。将经营性收入缴入财政预算外账户，逃避税收。（二）收支两条线管理有待加强。1. 违规收取费用和资金。如一些地方政府和管理部门从本地利益出发，超越审批权限，擅自批准收费项目或将省级以上收费项目批准为经营性收费或地方行政性收费，缴入当地财政预算外专户 1062.69 万元。部分公安部门自行设立项目收费或提高标准收费 550.03 万元。公安机关收取管理或服务对象赞助和接受捐赠 349.23 万元。交警部门收取业务定点单位的分成；2. 部分收入未纳入财务统一核算，设置账外账、"小金库"；3. 应缴预算款和应缴财政专户款 1892.93 万元上缴不及时，有的甚至截留罚没款和行政性收费；4. 挤占专项资金和所属部门事业费。（三）内部管理不到位。1. 票据使用部门管理不规范，监管部门控制不力。如票据的领用未进行登记、在票据使用、核销方面财务部门和主管部门疏于管理；2. 固定资产管理普遍不够规范。如未登固定资产明细账和卡片账、账外资产较多；3. 保证金、交通事故押金、暂扣款物的管理混乱。保证金的管理存在薄弱环节、交通事故押金管理不规范、存在挪用现象。如贵溪市经侦大队将未结案的暂扣款 317.89 万元以罚没形式上缴财政；4. 执法程序不规范，有的不具备执法主体资格却超越权限执法。

是年 2 月，省审计厅组织对省法院 2002 年度财务收支情况进行审计。审计发现的问题主要是：（一）以拨代支，虚列支出。省法院机关后勤服务中心并不是财政拨款单位，但法院行政处 2002 年以拨代支拨款给机关后勤服务中心，并在合并报表时虚列支出以弥补机关后勤服务中心的超支额；（二）诉讼费财政统筹专户滞留资金，未全部上缴国库；（三）省法院执行局 2002 年收取拍卖佣金返还款缺乏依据；（四）省法院业余大学培训班 2002 年办班收入属于预算外资金，应缴未缴财政专户；（五）2002 年购置车辆、打印机及空调等办公设备，未按规定进行政府采购。

是年 11 月 20 日，常务副省长吴新雄在省审计厅提交的《关于全省公安机关 2002 年度财政财务收支审计情况的报告》上批示，责成财政部门会同公安就切实加强预算管理、预算外资金管理、财务管理提出整改措施。纠正违规行为，加强监督，健全制度，依法行政，规范管理。此项审计 2003 年 12 月 18 日得到审计署表扬，报告所提供"贵溪市经侦大队将未结案的暂扣款 317.89 万元以罚没形式上缴财政"的案例被审计署《重要信息要目》采用。

2004 年 3 月，省审计厅对省检察院 2003 年度财务收支情况进行审计。审计发现的问题主要是：（一）大量设备未纳入政府集中采购，涉及金额 1591.66 万元，有的自行采购项目不够规范；（二）未严格按照国家资产投资管理规定报批建设项目，累计投资金额达 3877.72 万元；（三）未按行政单位财务制度规定进行收入核算，4155 万元土地出让金挂"暂存款"，中央政法补助 410 万元挂"暂存款"；四是违规向企业和部门借款 365 万元，尚有 205 万元借款超过一年未归还；五是暂扣款物未及时清理，存在临时使用暂扣款物的情况；六是有些会计核算不规范，虚列支出挂暂存、会计核算科目不符合规定、个别账务处理有错误、现金管理不规范。

2005年3—4月，为规范法院诉讼费财务管理，促进财政体制改革，省审计厅组织力量在对省高级人民法院2004年度预算执行及财务收支情况进行审计的同时，对全省11个设区市法院和11个县级法院的诉讼费统筹及财政预、决算，执行标的款、物的管理、处置情况进行审计调查。查出欠缴省级诉讼费358.21万元、挪用执行标的款1048.43万元，向管理或服务对象收取赞助费560.22万元，违规收取中介机构评估返还款23.6万元、拍卖返还款54.71万元等问题。

省审计厅向省政府提交的《关于全省各设区市中级法院和11个县级法院的诉讼费管理有关情况的审计调查报告》。省长黄智权在报告上批示：此审计报告发现了诉讼费管理中存在的问题，采取了相应的纠正措施，并对今后加强管理提出了很好的建议。责成财政厅、省法院据以改进工作，加强管理。省高级人民法院院长康为民批示：司法行政处对照决定和审计报告研究整改意见，必要时将有关情况向党组报告，向审计厅反馈，对中、基层法院存在的问题亦应重视，提出指导性意见下发全省。审计报告提出的几条建议很好，是对法院工作的支持和帮助。

是年3—8月，为促进全省交警部门建设经费有效管理，提高资金使用效益，省审计厅组织对全省交警部门2001—2004年建设经费管理和使用效果情况进行专项审计调查，审计调查涉及11个设区市交警支队和102个交警大队，其中中队营房建设项目173个、支队和大队办公用房新建项目38个，以及全省统一购置清障车项目。审计发现违规资金18004万元，其中：截留挪用2062万元、闲置3123万元、潜在浪费2846万元、以现金支付工程款9973万元，另外清障车未正常使用997万元。审计中及时揭露重大违法违纪问题、重大违法犯罪案件线索，移送纪检监察6起，涉及16人，查处6人。

省审计厅向省政府提交的《全省交警部门建设经费管理和使用效果情况的专项审计调查报告》。省长黄智权、常务副省长吴新雄、副省长蔡安季等省政府领导分别在审计调查报告上作出批示。省公安厅向各市公安局交通警察支队下发《关于迅速上报建设经费管理和使用专项审计发现存在问题整改报告的通知》，要求各支队针对存在的问题认真对照检查，仔细查摆在建设经费管理和使用中存在的问题，逐一提出具体的整改措施，并限期将整改报告上报总队。

2006年5—8月，为了规范电子警察项目建设和管理，提高资金使用效益，省审计厅组织对全省11个设区市25个交警部门电子警察项目建设和管理情况进行专项审计调查。为完成此项目的审计，审计人员在开展审前调研的基础上，采用计算机AO辅助审计技术，将单个单位审计化为系统项目审计分析，将被审计单位财务数据和业务数据相关联进行审计分析，对被审计单位连续年度相同科目进行审计分析；突破数据采集瓶颈，开发模板拓展计算机审计应用空间。审计共查出违规资金总计20722万元，其中：国有资产流失2198万元，国有资产潜在流失14783万元，违规收费283万元，截留省财政行政事业性收费3458万元。报送专项审计调查报告1篇，信息简报5篇，审计移送纪检监察有关部门案件6起。审计发现的问题主要是：（一）项目建设和管理方式不规范，造成国有资产流失1243万元。全省15个交警部门自建电子警察项目投资总额2765.19万元，2001年至2005年摄像通告费、罚没款等总收入22142.82万元，是投资额的8倍。部分交警部门在完全有能力有资金独立建设的情况下，却选择与社会企业合作经营，审计认为，这么做不是转嫁投资风险，而是拱手相让投资利润。如投资方出资建设项目，交警部门支付巨额分成款。合同条款签订随意、不合理，损害国家利益。投资频繁要求修改合同，国有资产流失 1243 万元；（二）电子数据系统管理混乱、漏洞大、不规范。如处罚不力造成国有资产潜在流失 14783 万元。25 个交警部门违规减免违法记录达 6.63 万条，造成国有资产流失 955 万元。由于内控制度不严，部分单位电子警察违法数据管理混乱，本应相互监督的两个职位由同一人兼任，数据管理员同时兼任前后数据处理处罚工作人员，导致数据管理员私自删改电子数据现象时有发生。部分交警部门选择的投资方没有承建电子警察项目的资质，开发的数据管理系统结构简单，基本不能适应交通管理的需要。加上各交警部门数据标准多样，基本上是承建方做出什么方式，交警部门就采用什么方式，而且数据未及时备份，数据安全性无保障，没有相关的数据管理规定；（三）财务管理不规范，违规收费、截留现象突出。如贵溪等 9 个县级交警部门违规收取摄像通告费 282.79 万元。截至 2005 年底，14 个交警部门截留应上缴省财政的摄像通告费 3458 万元，直接上缴当地财政。针对审计过程中发现的，新余市交警支队路某、白某在担任支队电子警察数据管理员期间，玩忽职守，直接删除车辆违法记录，给国家造成 34.45 万元损失的严重违法违纪问题，移送省公安厅进一步查处；针对审计过程中发现的，鹰潭市交警支队直属大队电子警察项目建设投资方报价虚高、分成年限过长造成国有资产流失严重、重复投资涉嫌浪费和侵吞国有资产、电子数据管理混乱存在人为随意删除违法数据的可能等问题，移送鹰潭市公安局进一步查处；针对审计过程发现的，宜春市交警支队直属大队修改与新余市新生影视有限公司合作建设电子警察项目合同条款，将造成国有资产严重流失的问题，移送宜春市公安局进一步查处；针对审计过程中发现的，新余市交警支队多次修改电子警察项目合作协议条款，造成国有资产流失的问题，移送新余市公安局进一步查处；针对审计过程中发现的，南昌县交警支队电子警察数据大量减免且不能提供合法证明材料，存在数据管理人员私自减免数据，造成国有资产流失的问题，移送省交警总队进一步查处；针对审计过程中发现的，瑞昌市交警大队未严格执行合同，随意增加补充协议，超付电子警察项目分成款，造成国有资产流失 48.8 万元的问题，移送九江市公安局进一步查处。

省审计厅向省政府提交的《关于全省交警部门电子警察项目建设和管理情况的专项审计调查报告》。省长黄智权、常务副省长吴新雄均在审计调查报告上作出批示：审计报告反映了不少地方电子警察项目建设违纪违规和管理混乱的状况，各地市、部门应切实认真整改。责成省交警总队对全省电子警察项目建设和管理情况作一次全面检查，并对今后的项目建设和管理提出规范化意见。

审计报告引起省公安厅的高度重视，并在公安网上进行公示，同时专门制定下发《关于进一步加强和规范电子警察系统建设和管理工作的通知》，要求各级公安交警部门根据审计报告的要求认真整改。交警总队为此专门成立检查小组，对审计报告发现的问题进行了专项检查，并对全省电子警察系统检查情况进行了通报。

这个项目审计报告被写入省本级《审计工作报告》，并在《江西日报》上进行公告。2006 年 10 月 18 日，《信息日报》头版头条报道《江西叫停警企合建测速点》，审计结果在社会上引起强烈反响。省审计厅把该审计项目作为效益审计典型案例，向审计长李金华汇报，获审计署地方优秀项目的表彰,名列全国第四,填补了江西省获优秀奖空白。该项目报送的 AO 审计实例和计算机审计专家经验,分别获审计署 AO 审计项目评比优秀奖和优秀计算机审计专家经验。

2007 年 4 月,省审计厅组织对省公安厅交通警察总队 2006 年度预算执行及财务收支情况进行审计,并延伸审计省交警总队直属支队。审计发现的问题主要是:(一)应缴未缴预算收入 689.48 万元、应缴未缴财政专户 7.19 万元;(二)违反部门预算规定。省交警总队 2006 年 12 月在没有任何预算安排的情况下,仅凭省公安厅内部的一个"调款"请示,就从系统账中为省公安厅"调款"1500 万元;(三)乱收费。截至 2006 年 12 月末,省道路交通安全协会通过直属支队 18 个大队,违规收取施救费分成款 83.81 万元,属于"将国家机关职责范围内的公务活动变无偿为有偿"行为;(四)违规造成国有资产流失。直属支队 2005—2006 年购置郑州日产尼桑皮卡等车辆 63 辆,金额 1018.36 万元,至审计时未按规定缴纳车辆购置税、未办理车辆注册登记,因车辆使用周期短,2 至 3 年就报废,致使这部分国有资产管理失控;(五)交警部门违规以"收费和罚没款养警"。全省交警部门一半以上的经费来源于罚没收入,2006 年省交警总队在调控资金的使用中,43% 的支出计 4952.78 万元是对省总队和省公安厅经费的补充,促使基层交警千方百计寻求经费来源,导致执法变味;(六)未严格按规定征收机动车车辆购置税,造成国家税收流失 10115.32 万元。

是年 5 月 30 日,省审计厅向省委书记孟建柱、省长吴新雄、省公安厅厅长舒晓琴提交《全省交警部门"以收费和罚款养警"状况亟待规范》的审计要情。省委书记孟建柱在审计要情上批示:省财政厅要派员调研后作出规范。7 月 26 日,省财政厅根据孟建柱的批示,在调研的基础上,与省公安厅、省检察院、省高级人民法院联合制定并下发《关于对全省政法部门罚没收入实行"专户管理、集中监控"办法的通知》,进一步加大政法部门收支脱钩管理工作力度,从体制机制上有效控制各种变相的"收支挂钩"和"明脱暗挂"现象的发生。

2008 年 9 月,省审计厅组织对省监狱管理局 2007 年度财务收支情况进行审计,并延伸审计调查监督管理局所属二级单位。审计发现的问题主要是:(一)资金闲置严重,年末专项经费结余金额达 818.21 万元;(二)专款未专用。2007 年司法部监狱管理局将 30 万元省局办公自动化专项经费补助下拨局机关后勤中心,机关后勤中心又将此经费作"其他收入"使用;(三)全省 15 所监狱体制改革专项资金虚列支出,2006 年末 4421 万元款项挂往来款滞留在各监狱账上,2007 年末仍有结余 3718 万元;(四)2007 年 15 家监狱违反《江西省监狱罪犯劳动补偿费管理暂行办法》的有关规定,超罪犯劳动补偿费计提标准,多收取监狱企业劳动补偿费 2709.68 万元;(五)省监狱管理局 2007 年度全省各监狱上缴该局劳动补偿费 6729.98 万元,其中 748.78 万元未按规定上缴财政专户。该局 2007 年度未经财政预算批复在调剂使用的罪犯劳动补偿费中开支各项经费 964.72 万元,其中转司法厅网络建设维护费 35 万元、拨局机关事业补助经费 220.23 万元、拨局机关相关部门费用 209.19 万元、拨下属各监狱 500.3 万元;(六)在暂存款科目或在招待所等多渠道超预算列支各处室公用经费 188.7 万元,造成该局本级经费支出决算不实;(七)该局所属 15 所监狱 2007 年为罪犯服务部门结余资金 857 万元,主要为狱内商店、犯人营养餐、犯人会见餐等结余,2007 年当年使用 682 万元,主要是弥补监狱经费。2007 年末累计结余 1316 万元,结余资金未纳入财政预算管理,脱离财政监督;(八)该局所属 15 所监狱从劳动补偿费中提取的罪犯奖励资金,2007 年末累计结余

557.48 万元滞留账上，未按规定及时发放给服刑罪犯。

是年 10—11 月，省审计厅对省司法厅 2007 年度财务收支情况进行审计，并延伸审计省公证员协会、省律师协会、省司法鉴定协会、厅机关后勤服务中心、工会等单位。审计发现的问题主要是：（一）2007 年元月从基本账户上违规借 100 万元给省律师协会，实际该笔款项是用于填补江西华邦律师事务所购买奥林匹克大厦 4 楼办公用房的资金缺口；（二）违规设立行政事业性收费项目，违规收取洪都监狱网络建设费 50 万元，用于支付 2006 年各县（市、区）司法局网络使用费及配备彩电。收取省监狱局 25 万元网络建设费，用于支付九个帮扶县的各种帮扶费用。收取省律师协会 12 万元网络建设费，用于支付 2006 年各县（市、区）司法局光纤网络使用费；（三）2007 年 7 月将基本账户上的预算结余资金 200 万元违规转银行定期存款，并以文件形式规定该定期存款按每两年一定的利息收入，用于在编干部患重大疾病时的慰问补助。

2009 年 7 月，省审计厅组织对省强制戒毒劳动教养管理所 2008 年度财务收支情况进行审计，并延伸审计戒毒康复中心等单位。审计发现的问题主要是：决算编报不准确。省司法警官学校汇入的实习费，当年结余挂暂存款，未及时结转做培训收益；2008 年未经批准调整年初预算支出科目，在其他支出中反映全年上缴省劳动教养管理局统筹款；省劳动教养管理局决算报表反映劳教人员生活支出与该所账面实际支出不符；预算调整未经财政部门同意，2008 年违规从行政经费"经费支出—基本支出—商品和服务支出—福利费"科目中，为在职干警支出伙食补助；现金管理不规范，违反现金规定支出现金，如省戒毒劳教康复中心 2008 年收取自戒费用收入未及时上缴所财务账，滞留情况严重，大额现金收入长时间游离在大账之外，缺乏监督管理；2008 年违反现金管理条例，支付现金单笔超过 1000 元共 416 笔；戒毒所与拓源电子加工厂等多家小、散甚至个体企业签订加工合同，由于合同执行不严格，对方违约致使应收加工收入逐年增大，坏账风险不断增加。

是年 10 月，省审计厅组织对江西省洪城监狱 2008 年度财务收支情况进行审计。审计发现的问题主要是：预算编制失真。2008 年预算编制少列一直有比较稳定的来自犯人小商品店三自一站上缴监狱利润的预算收入；财务管理混乱。2008 年省监狱局补助性经费、司法部监狱局补助性经费、中央专项经费、专用款、体改等专项经费结余 714.66 万元资金实际已被占用，却在结转往来科目中；规划装备科 2005 年至 2009 年 10 月收取改扩建项目资料费、保证金等收支未按规定入账，2008 年度监狱内商店现金结算洪驰公司货款占全部货款的 60%，西河实业有限公司全年现金收取服装加工收入占全部加工收入的 41%，洪城监狱行政、企业、麦迪康、机械厂等 4 个账户单笔超限额支付现金 2068.18 万元，超限额支付现金量达 98.5%。

2010 年 6—8 月，省审计厅组织省、市、县三级审计人员 140 人对全省 11 个中级人民法院和 63 个基层法院 2008—2009 年度法院经费保障及使用情况进行审计调查，对 74 个市、县财政局经费保障、中央办案补助和省级转移支付专项资金拨付情况进行延伸审计调查，查出挤占挪用中央及省级专项资金、应缴未缴国库、乱收费等违规金额 20768.23 万元。审计发现的问题主要是：（一）法院经费保障机制尚未健全。1. 法院经费保障与诉讼收费"明脱暗挂"现象普遍存在。2009 年底仍有 14 个中、基层法院收支挂钩 5433.68 万元，因诉讼费减少抵减预算 206.2 万元，使得"收支两条线"制度在法院系统未能完全执行；2. 人员经费保障不足，挤占挪用专项资金。由于阳光津补贴、法官津贴和离退休人员部分经费没有足额预算安排，每年法院要贴补这部分经费支出，至 2009 年底仍有 18 个基层法院人员经费保障不足，资金缺口 2163.55 万元；3. 基础设施建设资金基本无保障。据审计调查统计，至 2009 年底，74 个中、基层法院有 81 个已建项目形成债务 21528.01 万元、28 个在建项目资金缺口 19952.2 万元，而已形成债务中拖欠工程款 14353.45 万元，占基建欠款的 66.67%；挤占法院公用经费 1229.66 万元、挪用执行款 1049.5 万元、收赞助款 5143.66 万元；4. 中央和省级专项补助存在下拨滞后或抵扣现象，影响了专款的使用效益。有的地方资金滞留超过 6 个月、最长的超过 1 年。还有部分县财政用上级专项资金对法院的经费预算计 374.58 万元。（二）乱收费、挤占挪用问题依然存在。2008 年与 2009 年有 32 个中级、基层法院存在乱收费现象，收取赞助款，自行提高诉讼费、执行费和非诉执行费标准，以缓刑保证金、清欠费、调查费、邮寄费等名义收费，收取对象基本上是在各级法院审理案件的涉案当事人和执行委托人，乱收费金额 6864.84 万元。（三）罚没款未完全执行收支两条线。1. 有的法院自行设置罚没款过渡户，滞留罚没收入，不及时上缴省国库；2. 有的法院将收取的罚没收入缴入当地财政预算外，未缴省国库；3. 有的法院已判处罚金但实际未收的行为。（四）诉讼收费不规范。1. 有的诉讼费滞留在办案人员手中，有的法院不按月上缴，滞留诉讼费在过渡户，有的是财政部门将诉讼费放在预算外，应缴未缴国库 1058.09 万元；2. 部分法院 2008 年与 2009 年度调解、撤诉的案件诉讼费应退未退 77.57 万元；3. 大部分财政部门未安排诉讼费退费备用金；4. 票据使用不规范，有的法院收取诉讼费使用行政事业单位收款收据。（五）执行款管理问题突出，威胁资金安全。如未执行单一账户管理，清退不及时、执行款结余大，管理制度存在缺陷等。（六）基建工程超规模、超概算。法院基建债务中，基建项目 109 个，超发改委批准建筑规模 52492 平方米，超投资概算 24874.54 万元，加重了法院债务的负担。

省审计厅向省政府提交的《关于全省法院经费保障及使用管理专项审计调查情况的报告》，省长吴新雄、副省长孙刚均作出批示。

第三节　科教文卫部门审计

1991—1997 年，省审计厅（局）组织对全省科技、教育、学校、文化、卫生、计划生育、医院等部门及其所属单位的财务收支情况进行审计，共审计 3817 个科教文卫部门的行政事业单位，查出违纪违规金额 19692.37 万元，已上缴财政金额 2687 万元。其中：1991 年，省审计局组织对全省 113 个教育主管部门管理的中小学危房改造资金筹措、管理、安排、使用情况进行审计，并重点选择 1562 所中小学校 1503 个危房改造项目进行专项审计调查。省政府转发了省审计厅的审计调查报告，责成全省各相关部门贯彻执行。

1995 年，省审计厅组织对全省 108 个计划生育委员会（以下简称计生委）和 324 个乡镇计划生育办公室（以下简称计生办）1994 年度计划生育事业费和计划生育费投入、征收、管理、使用情况进行审计，审计查出两项经费违纪违规金额占审计两项经费收入总额的 14.6%。

1997 年，根据审计署统一部署，省审计厅组织力量再对全省 111 个计划生育委员会，646 个乡镇街道计划生育办公室，700 个村委会的计划生育费进行审计，审计时走访了 600 余户计划生育缴费户，共查出违纪违规金额 7156.5 万元。

是年，省审计组织力量，对 1996 年普教经费征收、筹集、拨付、管理和使用情况进行审计，共审计财政、教育、税务及中小学等 948 个部门和单位，查出违纪违规金额 2018.61 万元。省长舒圣佑、常务副省长黄智权、副省长黄懋衡对审计调查报告均作出批示：要求教育行政部门和学校认真落实审计意见，对存在的问题要纠正，该补的要补，该退的要退，特别严重的要给予处分，切不可不了了之。

1998 年 2—3 月，省审计厅对江西财经大学及合并报表内的校办企业华财公司、华章公司、华德公司 1996 年度财务决算及 1997 年 1—6 月财务收支情况进行审计。审计发现的问题主要是：财务管理不规范。该上缴的款项未按规定上缴，该调账的未调账。如 1996 年事业经费列支老干部活动中心基建投资款，应改为基建经费。1997 年事业经费中列支小车班提成款，应改为预算外资金列支；财实不符。1996 年末校财务报表和设备科固定资产实物账不符，校本部实物账比财务报表多，成交学校实物账比报表少；华德公司新招待所账面价值学校基建处交付财产明细表数据不符；1996 年华财大厦其他应付款挂列已收未付学校电动扶梯让售款，未作固定资产变价收入处理。

2000 年，为进一步掌握财政对高校的投入和高校自身创收情况，促进高校管好用好教育经费，保障全省高等教育事业健康发展，省审计厅组织对省属南昌大学、南方冶金学院等 7 所高校 1999 年度财务收支情况进行专项审计。审计共查出违纪违规资金 11059 万元，占 7 所高校教育经费总和的 30% 以上。审计发现的问题主要是：（一）"收支两条线"规定执行不够严格，隐瞒截留应缴财政专户资金现象严重，如南昌大学将 1998 年应缴财政专户结余和当年部分收费 2237 万元直接转作事业收入。南方冶金学院将定向培养费（后改为扩招收费）482 万元挂往来账处理，未及时缴财政专户。（二）高校在开展社会服务活动中违纪违规问题严重。如盲目开展社会服务，影响正常教学。创收收入管理失控，资金私存私放，私设"小金库"。创收收入分配不合理，过于向个人倾斜。票据使用不规范，乱收费。（三）校办企业管理混乱，如产权不清晰。校办企业效益差，大多濒临破产。校办企业科技含量低，缺乏竞争优势，没有发展前景。大多校办企业管理落后，缺少现代企业管理人才。（四）后勤服务管理混乱。如后勤服务及管理人员素质较低；不合理收费和学生押金收了就不退；食堂毛利率偏高，损害学生的切身利益；进货渠道把关不严；损失浪费现象严重。（五）科研经费投入与产出的比例不协调。

省审计厅向省政府提交的《关于江西省七所高校财务收支的审计报告》。省长舒圣佑、副省长胡振鹏均作出批示：责成教育厅负责组织各高校认真落实审计意见，找出差距，改进管理。

是年，为摸清省财政拨付的科技经费在分配、管理、使用等方面的情况，了解科技经费使用的真实、合法、效益性，揭露经费使用中存在的问题，规范科技经费的管理，提高资金使用效益，保障江西省科技事业的健康、稳定发展，省审计厅组织全省各地市及部分县（市）审计局，对全省 679 个科研项目的科技经费进行专项审计。审计查出违纪违规资金 996 万元。审计发现的问题主要是：（一）科研项目资金分配分散，资金配置不够合理，有的技术层次较低，难以发挥全省科技创新与科技进步应有的推动作用。如宜黄化工厂"对甲基苯丙酸"项目，省科委拨入经费不足项目投入资金的五分之一，资金缺口较大，致使经过近两年的试产有的指标仍未达到预期目标；（二）预算资金拨付不及时，影响资金使用效益的发挥。如省科委1999年度科技三项费用账面上有资金，但申报中小企业技术创新匹配资金却没有安排具体实施项目。第四批跨世纪人才有项目资金，但实施计划未出台；（三）预算执行不合规，随意改变资金用途。省科委农村处等有关处室将按预算拨至省农科院及所属研究所的项目经费，又以处室的名义下达资金分配表，给地市科委及农科所等单位，造成以上单位以拨代支列报经费支出；（四）巧立名目挤占挪用科技三项费用和其他专项资金。如吉安地区科委将科技三项费用拨付给项目单位后，又以科技咨询管理费的名义收回，用于地区科委购买桑塔纳轿车，另外将应拨给地区农科所的项目经费截留，直接形成地区科委的专用基金。省科委在科技发展基金中将拨付所属科学器材公司的科技费用，用于发放离退休人员工资及医疗费等；（五）有的部门和单位在科技经费的管理上，内部控制制度不严，私设"小金库"。如鹰潭市科委将省科委及省农科院拨入的科技经费，不纳入单位财务统一核算，并在其中违规列支干部职工福利支出。省科委体改处将1999年项目经费转至省科技情报所设账外账；（六）虚列支出，以拨代报。如省科委机关财务采取以拨代报的方式，将有关专项经费转至所属有关单位，有的资金当年并未完全支出，造成预算资金沉淀。

省审计厅向省政府呈报的《关于全省科技经费审计情况的报告》。副省长胡振鹏在报告上作出批示：要求科技厅针对报告提出的问题，逐条进行落实，严格加强管理，完善有关制度，确定科技经费用到实处，用出效益。同时，按照省长舒圣佑的批示，省政府办公厅将省审计厅《关于全省科技经费审计情况的报告》全文转发，要求各地市、省科技厅、省财政厅、省教育厅、省农业厅、省经贸委等部门、单位，针对报告反映的问题，制定具体整改措施，切实加强整改，并认真落实报告中关于加强科技经费管理的改进意见，进一步规范科技经费管理，提高资金使用效益，保障江西省科技事业健康发展。

2000年3—9月，省审计厅组织全省审计机关对全省11个地市1999年度普教经费进行审计。审计涉及110个教育主管部门、93个财政部门、94个乡镇财政所、117个乡镇教办、281所中学、279所小学，查出违纪违规金额13767万元。审计发现的问题主要是：（一）教育部门乱收费问题屡禁不止，此次审计查出教育部门自立名目、擅自提高收费标准等方式乱收费4843.3万元，其中：教育主管部门乱收费金额803.4万元、学校乱收费金额4039.9万元；（二）用于教育的税费征缴管理不到位，普教事业经费供需矛盾较为突出。用于教育的税费征缴不合理，减少了普教经费的来源，如"三税附加"征收不力，中小学校舍修建附加费征收流于形式，农村教育费附加欠收严重。财政部门隐瞒、截留普教经费，此次审计查出财政部门隐瞒截留普教经费1288.5万元。公用经费预算偏紧，经审计全省560所中小学，发现1999年学校收到地方财政安排、上级补助收入和学杂费返款合计102442.9万元，实际事业支出加上建设性支出达到108018.9万元，收支相抵差5576万元；（三）财政、教育部门、学校挤占挪用普教经费1161.9万元，主要用于弥补行政经费不足、经商办企业、基建项目、发放职工福利补贴、请客送礼、抵顶税收或挪作他用；（四）拖欠教师工资问题未能得到根本解决，此次审计查出拖欠教师工资总额达4969.3万元，其中拖欠公办教师工资4591.5万元，拖欠民办教师工资377.8万元，拖欠教师工资大多发生在乡镇和村级中小学；（五）教育主管部门隐瞒截留普教经费问题依然存在，审计查出此类违纪违规金额681.8万元，教育主管部门沉淀滞留资金留作机动财力以及弥补其他经费不足是导致其隐瞒截留普教经费的主要原因；（六）教育主管部门财务管理薄弱，财务核算不合规，资产管理不规范，有的违法违纪，如收入不入账，私设"小金库"，此次审计查出"小金库"金额471.3万元。

省审计厅向省政府提交的《关于1999年度全省普教经费审计情况的报告》。副省长黄智权、胡振鹏均作出批示：对普教经费的拨付、征收、管理中存在的问题，有关地市定要立即纠正，情节严重的应予查处。审计厅与教育厅一起就两次审计情况即上次7个高校审计及普教审计发一个文，抓一下。

2001年11月，省审计厅组织对省广播电视局及其所属单位2000年度财务收支情况进行审计。审计发现的问题主要是：（一）财政部门对省广电局实行的预算管理体制有待进一步规范。2000年度省广电局经费来源总额3275万元，实际支出4039万元，收支缺口违规向所属7个单位收取频占费及上缴任务资金，通过省财政预算外安排给省广电局使用；（二）财政专户管理和会计核算有待进一步规范和加强。江西省有线电视节目供片总站供片收入和其他收入，应缴未缴专户资金。江西广电加扰卫星管理办公室2000年本级收入均未缴入省财政专户；（三）财务管理和会计核算有待进一步加强，内部控制制度尚待改进和完善，个别单位存在的问题十分突出。如江西省广电实业总公司代省广电局管理的房租收入及其他单位上缴收入，大量银行进账单等原始资料不交会计入账。江西广电发展中心将向职工收取的集资建房款不存开户银行，直接支付给施工单位。江西广电房屋维修中心代开发票、以支付工资方式套取现金；（四）该局以办公室抄告单形式违规对局计划财务处借给局所属7个单位的贷款转局拨款。

审计针对省广播电视局及其所属单位自1998年执行财务大包干以来，应缴未缴文化事业建设费和企业所得税数额较大，向省政府提交的《关于广播电视事业单位征收文化事业建设费和企业所得税有关问题的报告》提出三点建议：（一）依法征收，增加地方财政收入；（二）集中资金，支持广播电视事业发展；（三）规范管理，增强广播电视事业单位的活力。省长黄智权、常务副省长彭宏松均作出批示：责成财政厅和广播电视厅按审计建议拿出意见，加强管理。

2002年3—5月，省审计厅对省教育厅2001年度有关财务收支情况进行审计。审计发现的问题主要是：（一）2001年度少拨省级中小学骨干教师培训费、省本级幼儿教育经费、省扫盲专项经费、5个省级高校人文社科和科技成果转化示范园区建设费等全省教育事业费232.5万元。少拨江西师范大学田家炳楼、南昌大学综合楼等基建教育资金287.7万元。少拨赣南师范学院国债教育资金300万元。厅计财处动用上年预算内经费结余350万元用于弥补职工集资建房资金不足，以及用预算内教育经费归还世行贷款502.27万元等；（二）省教育厅机关2001年度超预算支出235.9万元，无财政预算支出166万元。差旅费中列支国内机票款27.91万元未经分管领导审批。在"经费支出"中列支汽修费23.13万元，无经手人、审批人等相关责任人审核。省教育厅实际有小汽车16辆，但财务账上只有6辆，另10辆有物无账。省教育厅有产权证但财务账上未反映的房屋共7栋计14026平方米；（三）所属印刷厂、基础教育处私设小金库。高考处2000年成人学位英语考试费账外收支，学位办的同等学力硕士学位2001年考试收费收据92本均为自编收据编号的非财政票据且收支未入账，学位办成人学位英语考试收费及在职硕士全国联考收费均未经有关部门批准，且收支均未在财务账上反映。职成处由于2001年机构改革主要负责人变更，未提供账证资料供审计。

2003年，省审计厅组织全省各级审计机关对11个设区市、99个县（区）级计划生育委员会和504个乡镇（街办）2002年度计划生育经费的投入、征收、使用和管理情况进行审计，除计划生育事业费投入不足，乱收费、乱罚款现象未得到根本遏制外，突出问题一是执行收费的标准存在一定的随意性，漏征、欠征社会抚养费的情况普遍，欠征、漏征金额逐年增大。

省长黄智权在审阅《江西省审计厅关于全省2002年度计划生育经费审计情况的报告》后，做出重要批示，审计报告很好。省人口计生委、省财政厅要认真研究，改进工作。

是年5—7月，根据省纪委及厅领导批示，省审计厅对江西广播电视大学2000—2002年有关举报财务收支情况进行审计。省审计厅向省监察厅提交的专项审计报告反映的主要问题：校财务处未严格执行"收支两条线"规定，2001年至2003年6月，教材发行费、住宿费和报名费计260.78万元在财务处食堂账上反映。其中教材发行收入用于发放劳务费、全校教职工奖金津贴福利费、支付业务招待费等193.38万元。2002年度坐支景德镇电大分校上缴办学管理费收入抵学校购瓷器款；2000年、2001年，校财务处未将床上用品收入进行统一核算和管理，而是由直属学院直接管理并用私人存折存取，形成"小金库"；教材发行费差价率15%，计差价440.61万元，其中校财务处账上196.48万元，在食堂账发放福利津贴、劳务费、招待费等164.5万元，1999年将教材发行费转入通海公司用于发放职工集资利息34.59万元。食堂账上还列支校领导和省财政厅的干部出国费用；校教材中心陈某某在食堂账上领取教材发行费，支出均未在财务账上反映。

是年6—7月，根据省纪委及厅领导指示，省审计厅对九江市第二中学1997年—2000年8月"小金库"收入与支出有关情况进行专项审计。省审计厅向省纪委提交的专项审计情况报告反映的主要问题:（一）经审计确认，九江二中私设"小金库"8个，经手人有校聘用人员、正式教师、校领导，"小金库"收入来源有学生择校费、借读费、补课费、校服厂家返利、店面租金、校庆校友捐赠款、学生保险费返利等。"小金库"金额有美元、港元，折合人民币共计400余万元；（二）部分"小金库"收支记录情况被烧毁,特别是基建工程"小金库"账被烧毁后，基建资金运行轨迹更加混乱；（三）1997—2000年8月付某某经手的"小金库"资金去向不明。王某某经手的"小金库"移交给付某某，财务管理混乱，账表被烧。1997年王某某经手的"校长室小金库"，1998年移交副校长刘某某后主要用于支付电话费、慰问教师等。

2004年4月，省审计厅组织力量对省新闻出版集团公司及其下属4个专业出版社、省新华书店、11个设区市、55个县（市、区）新华书店等72家出版单位2003年度资产、负债、损益情况进行审计，查出违纪违规金额10373.7万元。审计发现的问题主要是：（一）集团管理费的提取、使用不合理。1.出版总社在负担出版集团管理人员工资性支出的同时，又在成本中提取100.17万元集团管理费上缴出版集团；2.向省出版局设区市分局拨款人员、公用经费等461.94万元，以上经费应由省财政厅安排，不应在集团管理费列支；3.由于管理费批复较晚，造成"其他应付款"科目年末有设区市2003年委托管理费144.9万元挂账未付。（二）宣传文化发展资金的使用不符合规定。1.宣传文化"专项应收款"中，期间超过一年的市县新华书店借款达624万元；2.省出版局经省财政厅批准在宣传文化发展专项经费中安排3650万元用于省出版局各设区市分局的办公和业务用房费用中，自行调整安排发行网点补助资金710万元。（三）对外投资规模过大、缺乏有效管理。1.至2003年2月底，出版总社对外投资规模35163.4万元，占净资产比率51.83%，超出规定50%的标准，除江西民生证券公司和江西省新华书店，累计投资损失2430.9万元；2.除江西金科光盘有限公司外，大部分投资项目未进行专门机构的可行性研究，而由省出版局开会讨论决定；3.无专人、专职机构对投资项目进行管理，也没有编制投资损失明细表，没有落实"连续三年没有达到预期效益或低于本企业资金利润率的主要决策者必须向职工代表大会或董事会作出书面汇报"的规定。（四）注资控股江西奇达通讯网络有限公司，造成国有资产直接损失354.03万元、公司亏损274.67万元。（五）划拨固定资产手续不全。1.出版总社以固定资产调拨的方式将省外文书店大楼二楼办公室以及新华印刷二厂商住大楼房屋四套作为投资拨给省新闻出版进出口公司；2.省出版局以局长办公会抄告单的形式，将书刊批发市场以股东增资方式划拨给江西省洪北图书批发有限公司管理。（六）出版总社一方面向银行融资借款10000万元，另一方面违规向集团内独立法人单位拆借资金7570.74万元。

2005年6—7月，省审计厅组织对第五届全国农运会宜春市筹委会财务收支情况进行审计。筹委会账面反映总收入14952.65万元，总支出12508.38万元，资金结余318.32万元、财产物资折价结余2125.95万元。审计发现的问题主要是：（一）虚增结余物资1698.03万元。筹委会账面反映物资结余2125.95万元且已移交市财政，实际只有427.92万元化妆品、酒类、手机卡等库存物资，其余为筹委会在财务报表中无依据冲减原账面各项购置支出的调整数，真实物资散放于市直各有关单位或已消耗；（二）补贴、物资的发放范围较大。筹委会共发放手机1249部、发放手机卡229.67万元，发放包括裁判、公安、武警等人员各种补贴559.93万元，发放运动会期间筹委会工作人员补贴158.33万元；（三）场馆建设及维修超预算，资金拨付不及时。如截至审计日，仍有1580万元游泳场馆建设资金滞留在市财政局基建专户账上。宜春学院体育馆已竣工投入使用，其建设经费1720万元还滞留在市财政局基建专户上。场馆维修预算费2276万元，实际支出为2989.47万元，超预算713.47万元用于市政府礼堂改造、自然博物馆改造、锦绣山庄相关维修改造等工程项目建设；（四）由于计划不周，造成服装道具浪费55.95万元，造成礼品、纪念品库存结余90.38万元，其中仅会徽徽章就库存结余71103个计14.22万元。

是年，省审计厅按照年度审计工作计划安排，先后对群众举报南城县、大余县、湖口县、鄱阳县、铜鼓县等反映教育乱收费情况、宜春市及部分县、乡组织开展义务教育阶段学校"一费制"收费政策、高中择校生"三限"政策、政府教育投入责任和学校安全工作落实情况、"普九"验收教育经费使用管理情况进行专项检查或审计。专项检查移送案件5起，移送人数3人次。针对检查发现的问题，省审计厅与省监察厅、省政府纠风办、省教育厅、省财政厅、省发改委、省新闻出版局联合下发了《关于全省义务教育阶段"一费制"收费政策、高中择校生"三限"政策、政府教育投放责任落实情况专项检查的通报》。

2006年7—11月，省审计厅按照2006年度全省统一组织审计项目工作计划安排，对省属南昌大学、江西师范大学、江西财经大学、华东交通大学、东华理工大学、江西理工大学、江西农业大学、南昌工程学院、赣南师范学院、赣南医学院、景德镇陶瓷学院、江西教育学院、南昌航空工业学院、江西广播电视大学、江西中医学院、九江职业技术学院等16所高校财务收支情况进行审计。

审计查出违纪违规金额 104906.874 万元。其中：损失浪费金额 94971.3 万元；小金库 155 个，金额 2710.8 万元；审计应上缴 1688.53 万元，实际上缴 1688.53 万元；责令归还原资金渠道 5536.24 万元。审计移送案件 6 起，其中被立案查处 1 起。审计提出审计建议 117 条，被审单位采纳 117 条。

省审计厅向省政府提交的《关于省属十六所高校财务收支审计情况的报告》引起省委、省政府领导的重视。代省长吴新雄、副省长孙刚均对审计报告作出重要批示，省政府将审计报告呈报中共江西省委及省委书记孟建柱。省委书记孟建柱批示，省高校存在的财务风险问题应引起高度重视，副省长孙刚可与教育厅等相关部门协商，使各高校妥善化解风险，进一步加强内部管理，促进高校健康发展。省政府办公厅按照省委、省政府领导对审计报告的批示，即与省教育厅厅长漆权、省财政厅厅长胡幼桃进行沟通，分别于 2007 年 1 月 16 日与 19 日两次召集省教育厅、省财务厅、省审计厅、省发改委、江西银监局、省国土资源厅、省监察厅等相关部门领导，针对审计提出的加强高校内部管理、妥善化解财务风险、促进高校健康发展的问题，提出了妥善化解部分高校财务风险的六项建议。省委书记孟建柱、省政府代省长吴新雄、副省长孙刚对六项建议作出批示。根据省委、省政府领导的指示精神，省教育厅、省政府纠正行业和部门不正之风办公室、省监察厅、省发改委、省财政厅、省审计厅、省新闻出版局等七部门就高校奢华办学、损失浪费、管理松懈等问题，联合发文《关于 2007 年规范教育收费、进一步治理教育乱收费工作的实施意见》，提出严禁通过高收费将财务风险、还贷责任转嫁给学生和家长。该项举措引起较大的社会影响，中华人民共和国中央政府网、《今日江西》、今视网、《南昌晚报》均予以转载。

2007 年 4—10 月，根据国务院办公厅《关于加强民办高校规范管理引导民办等高等教育健康发展的通知》关于"审计等有关部门加强对民办高校财务状况的监管"的规定，以及中共江西省委、省政府《关于进一步加强和改进民办普通高等学校工作的若干意见》关于"审计部门要派出专门人员对民办高校进行财务审计"的要求，省审计厅组织对省属江西蓝天学院、南昌理工学院、江西赣江职业技术学院、江西服装职业技术学院、江西城市职业学院、江西科技职业学院、江西先锋软件职业学院、江西大宇职业技术学院、江西渝州科技职业学院、赣西科技职业学院等 10 所民办普通高校 2005—2006 年度财务收支情况进行审计调查。审计调查发现的主要问题：（一）10 所民办高校少投入法人资本 4343.2 万元，占应投入法人资本的 13.95%；（二）10 所省属民办高校拥有土地 1.85 万亩，未按规定办理使用权证的 1.03 万亩，占应办证土地面积的一半以上。其中：江西科技职业学院是省属 10 民办高校截至审计日完全没有土地产权的高校。江西先锋软件职业学院借用其关联单位先锋软件公司土地 0.16 万亩，是省属 10 所民办高校拥有土地最少的学校，不到 200 亩；（三）10 所民办高校拥有房屋建筑物 360.15 万平方米，未按规定及时办理房屋产权证的 288.11 万平方米，占应办证房产面积的 80%。其中：江西科技职业学院没有 1 平方米房屋产权证。赣西职院、渝州职院、赣江职院、城市职院、理工学院房屋产权须更名，审计时没有 1 平方米在现有学院名下；（四）10 所民办高校截至 2006 年底向银行贷款 180415 万元，其中长期贷款 144780 万元。贷款主要用于基本建设，存在虚增固定资产价格，基建工程项目未按正常程序办理建筑许可证、土地规划证、施工许可证，建筑商无资质，消防无验收合格证，部分完工无质量验证，房屋安全存在隐患等情况；（五）10 所民办高校 2005—2006 年隐瞒学费、住宿费收入 8399.5 万元，多收助考学费 8338.4 万元，少反映学费、住宿费收入 7124.1 万元，违规收费 5499.7 万元，账外各项考试报名费等收入 704.65 万元，预收学费 42.3 万元；（六）10 所民办高校 2005 年列支招生费用 14736.9 万元，占总费用支出的 25.82%，而同期教学经费支出 1494.6 万元，占总费用支出的 2.62%，说明民办高校费用支出是确保招生需要，而非确保教育教学活动和改善办学条件；支出随意性较大，如赣西学院开支账目混乱，一个月仅在月底做一笔费用账，以坐支后的余额入账。学校支出金额大、种类多，所有支出打包处理，没有确认明细金额，没有支出分类控制，没有项目预算约束，没有反映学院支出的真实情况。

省审计厅提交的《关于省属十所民办高校 2005—2006 年度财务收支情况审计调查报告》引起省政府领导的重视。省长吴新雄、副省长孙刚均在调查报告上作出批示：对审计出来的问题应高度重视，不仅影响民办高校的健康发展，而且对社会稳定是潜在的威胁，省教育厅要认真组织整改督查，并建立健全规范管理的制度。

2007 年，省审计厅组织全省各设区市审计局对省文化厅和全省 35 个项目实施单位的 72 个补助项目，2003—2005 年国家重点文物保护专项补助经费的管理、使用情况进行专项审计调查。共查出违规资金 1073 万元。省长吴新雄、副省长孙刚均对省审计厅提交的《关于全省 2003 年至 2005 年度国家重点文物保护专项补助经费使用情况审计调查的报告》作出批示：国家重点文物保护经费是重点文物保护资金的主要来源，来之不易。应管好、用好。省文化厅要按审计报告的要求，抓紧督促地方配套资金到位和挤占挪用、项目管理、财务收支不规范等问题的整改。

国家文物局党组收到审计署转送的《江西省国家重点文物保护专项补助经费管理使用情况专项审计调查报告》后非常重视，国家文物局党组召开会议专题进行研究，表示要重视审计结果，进一步吸收审计成果，充分利用好审计资源。对审计报告中反映的问题和提出的建议，国家文物局已经形成落实和加强管理的意见。对报告中反映的问题，还将进一步追踪督查。

是年 7—11 月，为真实了解农村文化三项活动开展以来的实际效果，评估农村文化建设专项资金使用绩效，研究加强农村文化建设专项资金管理，提高资金使用效益，促进农村文化服务体系建设，促进社会主义新农村建设，省审计厅组织全省 11 个设区市审计局对全省 48 个县（区）文化部门 2005—2006 年农村文化建设专项资金绩效情况进行审计调查，延伸审计调查县（区）所属 96 个乡镇、基层文化单位开展农村文化三项活动情况，走访调查 200 多个行政村，向 2000 多名农民群众进行了问卷调查。审计发现的问题主要是:（一）部分市、县（区）擅自改变省定专项资金安排计划，无资金计划安排农垦场专项资金 48.28 万元，调剂专项资金 48.33 万元给所辖街办、农场、垦殖场。由于省财政下达专项资金时间较晚，48 个县（区）累计欠拨专项资金 888.33 万元。2006 年度全省统筹安排的"以奖代补"资金 962 万元，由于考评工作延迟未下拨。新建县、赣州部分县、南丰县、萍乡市等少数地方挤占挪用专项资金；（二）南昌、赣州等地个别县没有做到专项资金专户管理，未按规定对专项资金进行单独核算。鄱阳县赣剧团将农村文化演出经费与行政事业经费捆绑，用于弥补经费不足。南昌、萍乡等地的乡镇、农场没有按规定将专项资金分配、使用方案书面报市文化局审定、批复，市、县财政部门也没有按制度规定对专项资金做到及时结算、及时拨付，执行制度不到位；（三）有的文化活动票据填写没有活动时间、活动地点、活动内容和落款时间等基本信息，有的票据没有农民群众的签字留名，有的票据没有乡镇财政所、文化站、村委会和文化行政部门的签字盖章，有的票据存在集中填报、补盖公章和时间矛盾的现象，有的票据填写的活动内容与实际情况不符。

省审计厅向省政府提交的《关于全省 2005 年与 2006 年农村文化建设专项资金绩效情况的审计调查报告》。省长吴新雄、副省长孙刚均在报告上作出批示：省财政安排一亿多资金开展农村三项活动实为不易，一定要管好、用好，发挥好效益。省文化厅要按审计要求督促整改，通过整改建立制度规范。

2008 年 2 月 25 日开始，为了摸清江西省农村义务教育"普九"债务的成因、构成和存在的问题，核实和锁定债务，给全面清理化解农村义务教育负债提供真实可靠的依据，促进农村教育事业健康发展，省审计厅组织全厅 11 个审计处和全省 11 设区市审计局，抽调各县（市、区）审计局审计人员 736 人成立 11 个设区市审计组和 103 个审计小组，采取在设区市范围内实行县与县交叉审计的方式，历时两个多月的时间对全省 94 个县（市、区）、15 个开发区、1400 个乡镇、15135 所学校、46204 个项目、723850.58 万元农村义务教育"普九"债务进行审计。审计核减债务额 293952.42 万元。通过审计核实和锁定，审计认定 1986 年 7 月 1 日至 2005 年 12 月 31 日的债务额为 438027.1 万元，其中债务本金 421724.14 万元、利息 16302.98 万元。审计发现的问题主要是：（一）普九"达标"阶段，保证学生入学成为当时地方政府的第一要务，因而在校建方面只考虑了学生入学方便，而忽视了科学合理的规划布局，几乎每个村都建有一个村级小学。一方面，有相当数量的村级学校由于农村人口的减少和撤乡并村，在背负债务的情况下，所建校舍等学校资产就已闲置，浪费了教育资源；另一方面，承担合并任务的完全小学和县城中小学由于生源的增加，教学用房严重不足，又不得不扩大校建规模，迫使部分学校进行整体搬迁；（二）不少校建资产闲置或使用率不高，义务教育投入没有取得良好的效益；（三）学校建设经费投入不足，且有挤占现象。如农村税费改革以后，乡、村财力大幅度减少，财政投入跟不上教育事业的发展，校建经费不足，大量的配套资金不能到位。与此同时，从地方征收且作为地方收入的教育费附加、城市维护建设税及其他基金中未按一定比例用于偿债，大多用于弥补公办教师工资以及学校的日常教学支出；（四）资产管理不规范，固定资产存量不清、账实不符、有账无物、许多固定资产以账外资产的形式存在等现象很普遍。学校及乡村财务不清、家底不明、管理不规范、行为不公开等财务管理问题在农村中小学表现得较为突出；（五）各个学校均不同程度地或多报应付未付项目款，或假借财政未还款，或虚构教学设备购销合同等形式虚报债务，且债务项目资料完整性差，佐证材料证明力弱。由于时间跨度长，加上多头投资，会计记录分散且不规范造成原始资料不完备，给债务认定增加了难度。审计结束后提出审计建议，要求规范学校建设，兴办节约型学校，健全资产管理制度，加强财务管理等。

是年 5 月 24 日，省审计厅向省政府提交的《关于全省农村义务教育"普九"债务审计情况的报告》，得到省政府领导的肯定。省长吴新雄、副省长孙刚均在报告上作出批示：全省审计部门为江西省普九债务审计做了大量深入细致的工作，省审计厅提出的关于贯彻实施的建议（例如谁举债、谁负责、先偿还、再建设等意见），责成省教育厅、财政厅商量，提出具体意见后下发执行。从制度规定上防止无序举债问题。

2009 年 2—3 月，省审计厅组织对省食品药品监督管理局及其下属稽查局、信息中心、药检所、药品审评中心、药品认证中心等单位 2008 年度预算执行及其他财务收支进行审计，并对省药品监管局综合培训大楼和省药检所综合实验检测大楼基本建设项目批复、资金筹集使用、已办理决算和决算审核的主体工程、装饰工程等决算进行初步审核。审计发现的问题主要是：（一）2008 年末结余 3199.32 万元未按规定纳入 2009 年初预算编制。由于国家局组织统一采购、统一配置的项目尚未确定中标单位，各种培训工作比较滞后以及有些专项资金国家局下拨滞后造成资金无法使用等原因，省药品监督局截至 2008 年末尚有专项资金结余 5025.41 万元未执行到位。局机关 2008 年在无计划、无预算的情况下，违反预算管理和专项资金使用的规定，购置执法车辆。2008 年国家食品药品监督管理局下配江西省食品药品监督系统执法车辆 19 辆，局机关分配使用 13 辆，省稽查局 2 辆，南昌等四个市级局各 1 辆，省局机关占总数的 68.41%，不符合行政执法装备主要满足基层执法需要的要求；（二）基建投资超概算。2002—2008 年省发改委批复总概算 484.44 万元建设省食品药品检验综合试验楼，但实际超概算 21.47%。2008 年在建综合培训大楼建设项目中，超基本建设项目支出，待摊投资职工食堂、招待所设施购置费，违反政府采购规定。局认证中心 2008 年在"事业支出"科目中列支的办公用房装修款、审评中心在"经营支出"科目中列支的办公用房和省局老干部活动室装修款，均未纳入政府招标采购管理；（三）局认证中心 2008 年将已收取行政性收费未纳入预算内管理。省药检所 2008 年收取的房屋租金收入中不按规定全额上缴财政专户；（四）局信息中心、认证中心 2008 年无收费许可或超经营性收费许可的标准收费。

是年 3 月，省审计厅对省卫生厅 2008 年度预算执行和其他财务收支情况进行审计，主要审计省卫生厅本级（含厅机关后勤服务中心）及所属省血液中心、省卫生人才交流中心、省卫生监督所、省中医药研究院、省疾病预防控制中心、江西健康教育所、省劳动卫生职业病防治研究所、省医学考试中心、省卫生学会等 10 个下属单位。审计发现的问题主要是：（一）部门预算编制不够完整、预算执行不够完全。2008 年部门预算反映上年结余 4498.67 万元，决算报表反映上年结余 28253.93 万元，是预算的 5.28 倍；（二）献血资金管理混乱。根据省卫生厅《关于无偿献血资金使用管理的通知》的规定，省血液中心 2008 年少提取并上缴献血办献血资金 453.53 万元。且不上缴献血办献血资金，将一笔资金在省血液中心和省卫生厅财务账上存放，2008 年余额分别为 1215.82 万元、863.14 万元。审计建议献血资金应按规定由省献血办缴入省财政预算外资金财政专户，不得私自在商业银行开户储存；（三）省健康教育所主办的内部资料《江西卫生报》违反新闻出版总署关于"内部交流资料不得收取费用、不得刊登广告、不得从事经营性活动"等规定，2008 年度违规收取发行款及宣传广告费。江西职业病医院违反药品价格管理规定，2008 年药品售价综合加成率达 32.85%，有的药品加价比率高达 127.5%。

是年 4 月，省审计厅根据省纪委来函要求，对贵溪市文化广播电视局 2006—2009 年 2 月期间的财政财务收支情况进行审计。审计发现：市广电局财务基础工作薄弱、核算不清晰、内控制度不健全；财政票据领用和核销疏于监管，发放和使用过期票据，票据核销时未督促财政资金及时缴入财政专户，票据使用和保管不严，遗失行政事业性收款收据 15 本；滞留 2006、2007 两个年度农村文化建设专项资金 433.42 万元；用同一张发票复印报支农村文化活动经费等问题。限于审计手段，该局严某某及其司机频繁出差且现金报支的业务招待费过大、专用材料采购无验收记录和领用记录、设备维护费无验收人签字记录、支付电视加扰手续费没有直接进入收款单位银行账户而是转到第三方的个人和单位账户，以及局党组及局务会按严某某意见广告 2007 年不再递增等疑点，需进一步核查。4 月 16 日省审计厅向省纪委办理了移送处理书，4 月 30 日余江县检察院向严某某下达了立案决定书。

2010 年 6—10 月，省审计厅对省气象局本级、各设市气象局及其直属单位 2009 年度财务收支情况进行审计，并对部分县（市）气象局 2009 年度财务收支情况进行延伸审计。审计发现的问题主要是：（一）事业和企业体制关系不顺。省气象局各级气象部门成立了 86 个具有经营资格的气象服务实体，开展气象科技服务和经营创收活动，与气象事业单位基本上是两块牌子，一套人马，同体运作，企业经营所得基本由各级气象局控制和支配，企业人员即为在编事业人员。有些事业单位领导即为企业法人代表。企业依靠气象系统的共有资源完成企业产品。费用支出、成本核算不清晰，人员经费在事业预算经费中列支，津补贴、奖金福利在企业费用中列支，有些经费在事业、企业账户上相互交织，未依照《公司法》成立相应机构，进行利润分配；（二）部分行政事业性收费未严格执行"收支两条线"制度。2009 年度南昌市区新建建筑物防雷装置竣工验收费，属于行政许可的行政事业性收费，但实际收取时开具税务发票实行经营服务性收费，未缴入财政专户。全省其他各设区市气象局和县（市）气象局依照行政许可先缴入当地财政专户，后返还给气象部门，未按规定缴入中央财政专户 1960 万元，也未严格执行中央单位"收支两条线"规定。审计还发现该部门在在财务管理和会计核算方面存在的问题。

是年 9—11 月，省审计厅组织对省高新产业重大项目专项资金进行审计调查。2007—2009 年，省科技厅共计投入科技三项费用 15820 万元，扶持 35 个项目，涉及信息技术、新材料、先进能源、生物医药和现代中药、先进制造和现代农业等重点领域。审计调查发现的主要问题：（一）资金预算管理不规范，影响项目资金使用的科学性及合理性。35 项重大项目，省科技厅与项目单位签订合同时，未下达项目资金预算；（二）项目单位预算执行随意性大。审计调查的 11 个重大项目经费预算编制及执行相差较大；（三）完工的重大项目经济指标不实。在已完工投产中的 9 个企业有 7 个企业重大项目未达到或未完成与省科技厅签订的科技计划（合同）书的经济指标，未达到预期的经济、社会效益和效果；（四）赣州虔东稀土集团股份公司等部分项目未按进度完成，影响了专项资金的使用效果；（五）20 项重大项目已完成，但未组织验收。

第四节　其他行政事业专项审计

1991—1997 年，省审计厅（局）组织力量对全省各级发展和改革委员会、工商行政管理、质量技术监督、交通、建设、工业信息（经贸）、人事与劳动保障及其下属单位的财务收支情况进行审计，共审计 11373 个部门和单位，查出违纪违规金额 23577.89 万元，上缴财政金额 26.87 万元。其中：1991 年，省审计局组织全省审计机关对 445 个审计协会、学会、研究会 1989 年、1990 年两年的财务收支进行审计，审计单位数占全省各类协会总数的 11.9%，共查出违纪单位 81 个，查出违纪违规金额 66.37 万元，应上缴财政金额 26.87 万元；省审计局组织对全省 107 个地、市、县民政局、309 个乡镇、803 个村委会、2330 个受救济农户、1595 个储金会进行审计调查，查出违纪违规金额 265.6 万元。1992 年，省审计局组织力量对全省 439 个工商部门规费收入、罚没收入情况进行审计，查出违纪违规金额 594.4 万元；为配合企业劳动制度改革，省审计局组织对全省 113 个社保局和 113 个就业局进行审计。同时，对 1039 户企业的"两项基金"的提取、缴拨、支付情况展开审计调查，查出违纪违规金额 6738 万元。1993 年，省审计局组织对全省 1109 个行政单位 1992 年底以前的固定资产购置、管理和使用情况进行专项审计，查出违纪违规金额 3997 万元。1994 年，省审计局组织对全省各类行政单位兴办的 272 家公司（经济实体）进行审计调查，查出违纪违规金额 786.8 万元；对全省 1993 年和 1994 年 1—9 月的救灾款物管理和使用情况进行审计，涉及民政、财政等 20 多个部门，深入调查了 332 个重灾乡（镇）649 个重灾村，走访了 3349 户重灾户，查出违纪违规金额 230.32 万元，有关部门给予行政处分 15 人，立案查处 7 人。

1997 年，省审计厅以"上审下"方式组织省、地 12 个审计机关对全省工商行政管理系统 576 个单位 1996 年度工商管理费、罚没收入及其他各项财务收支情况进行全面审计，查出各项违纪违规金额 11165 万元。存在的主要问题：工商管理费收入实行"定额上缴，超额完成"的做法错误、欠缴数额巨大、罚没收入管理不规范、欠缴严重、"三乱问题"（乱收费、乱罚款、乱摊派）仍然存在等。省委书记舒惠国、省长舒圣佑、常务副省长黄智权均对审计报告作出批示。

1998 年 2—3 月，省审计厅对省物价局及所属物价检查所、价格信息中心（价格事务所）价格培训中心、价格研究所（价格月刊）、成本调查队、佳能公司 1995 年至 1997 年度财务收支情况进行审计。审计发现的问题主要是：（一）违规公款私存。物价检查所违反财政部《关于对行政性收费、罚没收入实行预算管理的规定》等有关规定，1995 年 6 月始，将罚没款转入"金穗卡"账户存储，至 1996 年 6 月才上缴财政专户，东湖区检察院对该情况已进行了全面检查，并责令对当事人进行通报批评；（二）物价检查所 1995、1996 年度罚没款返还各地市联合办案款，未以有效凭证做账，手续不规范且款项下拨去向不明确；（三）财务账实不符。工价处账簿结存收入 30 万元，而银行存款已实际支出。价格事务所实际付出购房款与发票数额相差 15 万元，以及局机关收取电力局网改金 30 万元等情况，市检察院已对此立案查证；（四）违规购车。局机关违反购车资金应按规定渠道开支，按照先批资金后购买的原则、程序等规定，于 1995 年 3 月、1996 年 3 月以购物的名义，在省行政事业性收费年审办公室账户中分别支付款项，用于弥补购车资金不足；（五）物价检查所将罚没款利息 33.53 万元长期滞留在单位账上，未按规定上缴财政；（六）私设"小金库"。《价格月刊》自 1991 年始，截至 1997 年私设"小金库"22.82 万元；佳能公司截至 1996 年底，以虚列成本的方法给全局干部职工发放补贴 27 万元；物价检查所自 1994 年始出租房屋，截至 1997 年底将账外收入设"小金库"等。针对上述问题，审计决定依法进行处理。

2000 年 4—6 月，省审计厅组织全省各级审计机关，采取"同级审"与"上审下"相结合的方式，对全省工商行政管理系统 619 个单位 1999 年度财政、财务收支情况进行审计，并对 1998 年度行政性收费、罚没收入收缴管理情况进行审计调查。审计过程中，省审计厅采取审前统一审计方案、审中统一审计进度、审后统一审计处理原则的"三统一"审计方法，并派出 2 个指导小组到各地市进行指导检查。审计共查出 1999 年度违纪违规金额 3563.15 万元、查出 1998 年度违纪违规金额 1325.11 万元。审计发现的问题主要是：（一）行政执法方面。1. 部分地方履行市场监管职能未完全到位，收入的收缴力度不太平衡，重收费、轻管理；2. 一些地方"三乱"现象仍很严重，接受工商管理对象的赞助、捐赠。利用职权收取各种形式的押金、保证金。扩大收费范围，乱设收费项目，提高收费标准等。（二）预算管理、执行"收支两条线"方面。1. 经费超支普遍，没有依法办理经费追拨手续；2. 一些地方截留、拖欠、挪用行政性收费、罚没收入，"收支两条线"规定没有得到有效执行。如个别工商人员违反规定拖欠、挪用规费收入。部分工商部门实行规费收入目标管理，客观上造成基层工商所滞留票款。相关部门的干扰等原因致使"收支两条线"执行不力。为了单位的局部利益，一些工商部门隐瞒、截留罚没收入；3. 部分地方票据管理有待加强。如票据审核不严，有的地方对基层所的票据使用人对已领出的票据未进行经常性的审验，而是交多少，核多少。票据开具不规范，不写开票日期、不写明收费期限、不注明收费内容，甚至出现跳开、涂改票据等现象。一些县市工商部门还存在利用不合法票据收取行政性收费、罚没收入的现象；4. 规费代征管理普遍松懈。基层工商部门为减少规费征收成本，一般委托一些如车辆管理、稽查征费相关管理部门为其代收某些规费收入，大多数代收手续费以现金方式支付，存在很大的管理漏洞。审计还发现，部分基层单位会计内控制度不健全，公款私存、账外账、"小金库"现象较普遍。财务处理违法违规。挪用专门资金违规开支，滥发钱物等方面的问题。另外，审计结合全省工商体制改革过程中存在的诸如人员超编现象严重、挤占大量的公用经费。工商部门与所办实体特别是所办市场脱钩进展缓慢。执行公费医疗属地化有一定的阻力。部分地方出现随体制改革而形成的一些遗留问题等，省审计厅提出审计建议，促其进行整改。

省审计厅向省政府提交的《关于全省工商行政管理系统 1999 年度财政财务收支的审计报告》。省长舒圣佑、副省长蒋仲平均在报告上作出批示：省工商局要认真研究整改意见，并将结果报省审计厅。全省工商系统审计情况在《人民日报（华东版）》等重要新闻媒体进行了报道，引起较大的社会反响。

是年，根据省长舒圣佑的指示，省审计厅对省无线电管理委员会办公室 1998 年至 2000 年 6 月财务收支情况进行审计。审计结果表明：根据国家无线电管委会文件要求，江西省"九五"期间无线电监测基础设施，应当完成省级监测网三个固定站、一个移动站和七个地市固定站、移动站的建设，计划投资总额 7239 万元，截至 2000 年 6 月，全省实际建成固定站一个、移动站五个，累计完成投资 3117.4 万元，仅完成计划额的 43%。审计发现的问题主要是：（一）资金筹集不足，严重影响项目进度。由于全省经济和电信事业发展规模有限，收费收入总量以及省无线电管委办的实际投入数与省计委下达的计划投资数仍有较大的差距，省财政也难以挤出更多的资金用于规划建设，导致投资缺口大，项目进度缓慢；（二）项目计划调整未履行报批手续，执行项目计划不严格，项目选址不尽合理；（三）C 级站建设侧重于移动站，固定站投入相对较少；（四）已建网站设备少、不配套、没有联网，进入全国无线电监测网条件不足，整体功能发挥不充分，远不能满足江西省无线电管理工作的需要;（四）资产关系界限不够明晰。据统计，省无线电管委办调拨下去的固定资产 1409 万元，还有相当一部分在省监测站，未作相应的账务处理。鉴于省无线电管委办面临机构改革，下一步还要进行事业单位的机构改革，审计提请省政府和省国有资产管理部门应明确这部分资产的处置办法；

（五）审计期内省无线电管委办按照省无线电管委会、财政厅、邮电管理局三家文件规定直接转账支付代收公众移动手机规费手续费 210.96 万元，其中违规转付给非文件规定的委托代收经营单位。

省审计厅向省政府提交了《关于省无线电管理委员会办公室 1998 年至 2000 年 6 月财务收支审计情况的报告》。省长舒圣佑在报告上作出批示。

2001 年，省审计厅组织全省审计机关对全省 120 个质量技术监督部门及所属单位 2000 年度财务收支情况进行审计。审计发现的问题主要是：（一）"三乱"问题屡禁不止。全省质监部门自立项目收费 656.79 万元、超标准收费 83.01 万元、使用不合规票据收费 86.34 万元、地方政府、物价部门越权批准收费 16.35 万元；（二）隐瞒截留收入 476.48 万元，滞留应缴预算资金 34.63 万元，滞留应缴财政专户资金 189.28 万元，合计 700.39 万元；（三）执法过程不完善，执法文书、档案、款物管理不规范，缺乏必要的内部控制机制；（四）固定资产家底不清，遗留问题较多，国有资产流失，490.76 万元资产未办理移交手续，应报废资产未及时清理，检验、鉴定设备落后，难以满足日益发展的现代科学技术的需要；（五）财经法纪观念薄弱，财务管理水平不够高。收入不入账，私设小金库，依法理财观念较为淡薄，财务核算不规范的问题较为普遍，挤占挪用资金、虚列支出以及其他违纪问题。审计共查出违纪违规金额 1997 万元，向省政府提交的审计报告对全省质量技术监督部门在 2000 年机构改革，由原来的二级事业单位合并组建升格成为一级行政执法部门，并实行人、财、物全省垂直管理的过程中所出现的问题和困难进行分析解剖，指出省质量技术监督部门在整顿规范市场经济秩序行动中存在着自律不足的行为，并提出整改建议。

省长黄智权在审计报告上批示，要省质监局对存在的问题采取切实有效的措施，予以解决。

2002 年 4 月，省审计厅组织对省经贸委 2000 年和 2001 年财务收支进行审计。审计发现的问题主要是：（一）虚报注册资本成立省信用担保有限责任公司。省经贸委批复，2001 年 10 月由省工业投资公司出资 4900 万元、省经贸总公司出资 100 万元共计 5000 万元给省工业投资公司开办注册，省工业投资公司实际出资额只有 2280 万元，属虚报注册资本；（二）挤占挪用技改资金。2001 年省经贸委超过文件规定的三年期限，在省工业投资公司代管的财政技术改造基金中，按当年占用费收入的 5% 提取费用在账面上直接列支，属挪用技改资金；（三）技改基金沉淀严重，催收困难。代管的省财政技改和节能基金，虽经省工业投资公司三年的催收，但还有 36913 万元未收回，这些未收回基金的债权都在 3 年以上；（四）2000 年侵占企业挖潜改造资金较严重。2000 年经贸委收取挖潜改造资金返还款，实属侵占金额达 272.4 万元；（五）长年侵占二级单位的资金。经贸委机关占用下属公司资金 275.6 万元用于经贸大厦建设达七年之久，经贸委机电办 1999 年"以进养出"奖励基金赞助历年挂账 10.5 万元，庐山培训中心 8 万元用于房屋改造。1991 年经贸委机关借用下属新技术推广站 20 万元，2001 年为技术处和经贸委领导垫付出国费用；（六）存在乱收费行为。技术处以为企业优秀项目推广做广告的名义，由新技术推广站代收代付广告费。

是年，根据省人大交办的审计调查任务，省审计厅实施对经贸口的财务收支审计。选择具有掌握大量财政性资金的部门作为工作重点，分别对省交通厅及直属单位、省粮食局、省外经贸厅、省旅游局、省高等级公路局、省公路开发总公司、江西省高速公路投资发展控股有限公司、江西洪都钢厂等单位 2001 年度的财务收支情况进行审计，对南昌钢铁有限责任公司的增值税汇缴入库情况进行延伸审计调查。审计结果表明：5家行业主管厅局有4家支出超预算，另3家企业都不同程度地存在损益不实的问题。审计还发现，9家预算执行单位共欠缴税费367.29万元，应缴未缴国有资产收益和基金收入共计71787.32万元，滞留、挤占、挪用应下拨的事业费、专项资金共计5775.63万元，没有严格实行"收支两条线"管理纳入专户管理的预算外资金共计69.17万元，不按规定用途使用的专项资金共计6588万元。在对省交通厅的审计过程中，发现省交通厅2001年度未将昌厦公路南城至瑞金段建设项目用交通部补拨投资抵补1998年度与1999年度已用重点建设费安排的投资款、机场路工程的包干结余款、收取的赣粤高速股份有限公司转让胡傅高速公路款、以前年度收取的各项收费权转让收入合计72480.77万元纳入省财政预算外管理，致使厅规费和公路建设资金的使用效率不高；此外，省交通厅建造的省交通科技综合楼存在立项不合规、投资超概算、资金来源6588万元的筹措行为严重违反国家重点建设资金专款专用原则等问题。

2004年3月，省审计厅组织对省人事厅及所属事业单位2003年度财务收支情况进行审计。审计发现的问题主要是：（一）部分单位预算执行不规范，存在滞拨、以拨代支。省人事厅军转办2003年分别滞拨景德镇、赣州军转干部行政事业费达半年之久。2003年军转办还以拨代支"会务费""资料费""旅差费"等；（二）库存实物管理不规范。审计抽查和盘点职称处、人事考试中心、人事培训中心三个部门的证书、资料汇编、书、表格等相关实物管理情况，发现除人事考试中心比较规范外，其他两个部门都没有看到详细和完整的实物入库、发出和结存记录，致使审计无法核实库存实物的入库、发出和结存情况；（三）人事培训中心2003年举办公务员MPA主要课程培训，在无财政和物价部门许可的前提下收取培训费1129632元，收入未缴入财政专户，直接入省人事厅行政账；（四）固定资产管理有待加强。如2003年3月，省人事厅未经国有资产管理部门和财政部门的批准，直接以内部调拨单的形式下拨3.2亩土地和1栋房产计305万元作为投资给所属单位——世纪宾馆，并且没有反映在财务账上。部分资产未按规定进行固定资产登记和管理。如江西人才市场2003年将应增加房产原值的水电列房产装修并按此计提折旧，世纪宾馆将不属于固定资产的资产列作固定资产；（五）银行存款与对账单不符。厅工会农行账户2003年初余额与银行对账单余额及年末余额均不相符，未编制银行存款余额调节表。省人才流动中心2003年末银行存款账户余额比银行对账单余额多出70万元，也未编制银行存款余额调节表；（六）现金的使用和管理不够规范。2003年有7个市级人事局在上缴当年公务员考试报名资料费时采取现金缴款方式，属超范围使用现金。江西人才市场2003年12月将国际交流业务结算款、培训班业务结算款、户口管理费及职称评审费等收入均以现金转入省人才流动中心，并不开票据，在各部门的形成时间、停留时间、使用情况审计都无法核实，脱离了财务监督。

是年，省审计厅根据审计工作安排，组织实施对省交通厅、省外贸厅、省粮食局、省冶金集团、省核工业矿冶局和省国防工办等7个部门及所属单位的财务收支进行审计。（一）对省交通厅。重点审计省交通厅及所属二级单位2003年度的预算执行、财务收支及内部控制制度的建立和执行情况，部分问题延伸审计到以前年度。审计发现：省交通厅财审处在公用支出预算编制及预算执行中安排省编委未设置的机构经费；对附属单位补助支出预算编制及预算执行中安排自收自支事业单位经费；对附属单位补助支出预算编制及预算执行中安排将推向社会的事业单位经费；拨出经费预算编制及预算执行中安排编委未设置的机构和自收自支单位的经费；实际支出中列支厅 2003 年部门预算没有安排支出预算机构的经费；动用以前年度结余 32649.91 万元，未向省财政厅申请动用款项的报告。省交通厅 2003 年将转让公路使用权收入和历年已完工工程计划结余 7190 万元纳入财政预算外资金管理，没有全额上缴财政。在对省交通厅二级单位的审计过程中，重点选择省高等级公路管理局进行审计，审计查出其经营性收入 10424.46 万元和经营性支出 9730.28 万元通过往来核算未纳入预算外管理，决算报表未能真实反映该单位的预算执行情况问题；（二）对省外贸厅。2003 年省财政厅指定江西省对外贸易经济合作厅为零余额账户试点单位，下半年所有拨款通过省财政厅的零余额账户直接或授权出账，以致各部门当年收到财政拨款渠道不一等新情况，省审计厅在对省对外贸易经济合作厅财务处审计的同时，延伸对企业户、省政府利用外资办公室、外经办、后勤服务中心、中国国际贸易促进委员会江西分会、江西国际经济贸易展览中心、信息中心进行审计。审计发现，截至 2003 年末，省外贸厅财务处未纳入财政预算的历年结余结转资金 5185.37 万元，其中用于企业周转 2582.7 万元、银行存款余额 2220.32 万元，财政部门预算缺乏公开性、透明性；（三）对省国防工办。经延伸审计省国防工办下属单位，并进行上下核对后发现：截至 2003 年末，省国防工办财务处结余财政拨入停产企业维持费 131.58 万元，保稳定资金 240.44 万元，财政返还所属企业的企业所得税款 31.35 万元，所属企业的利润留成款 2423.66 万元，共计 2827.03 万元未按规定下拨所属企业。审计要求省国防工办应及时纠正上述做法，将截留款项下拨所属企业，保证财政预算资金的使用性合规、合法，使有限的财政资金在经济建设和国企改革中发挥更大的积极作用；（四）对省核工业地质局。发现局下属单位占用资金多达 9920.71 万元，有的属于长期挂账，已形成呆账。审计还发现，截至 2003 年末，省核工局为下属单位核工业华东建工集团公司担保 11000 万元，267 大队担保 500 万元，由于核工业华东建工集团公司的下属单位很多为挂靠单位，信用度不高，担保所带来的风险非常大。审计要求该局及时进行清理，防止国有资产流失；（五）对省粮食局。审计发现：截至 2003 年末，省粮食局财务处应拨未拨财政拨款 7798.21 万元。其中专储粮费用 369.27 万元；专储油利息 165 万元；专储油费用 54 万元；超储补贴 14.6 万元；销售前补贴 85.81 万元；划转粮差价款 102 万元；99 出口大米费用 1023.12 万元；上年度粮校经费 44.7 万元；简易费 310.97 万元。审计要求该局应拨未拨的应收补贴款应及时进行清算和拨付。

2005 年 6 月，省审计厅组织对省财政厅财政投资评审中心 2004 年度财务收支情况进行就地审计。审计发现的问题主要是：（一）预算外收入没有纳入省财政预算外专户管理，没有严格执行"收支两条线"管理规定；（二）日常现金进出金额大，月末结余现金结算较多，且因差旅费借支未进行会计账务处理，直接用借据抵库存现金，导致库存现金会计反映不真实；（三）部门决算报表编制不完整，只反映了省财政厅拨入数，上级补助收入、事业收入和其他收入，均未编入 2004 年度部门决算报表；（四）使用的收费票据不合规。虽有收费批文，但一直未办理行政事业性收费许可证和江西省行政事业性收费票据领购证，且从 2002 年到 2005 年一直沿用已作废了的原"江西省行政事业性收费（通用）票据（甲票）"；（五）业务收费管理不规范，没有建立相应的内部控制制度。2004 年所做的省本级 67 项工程评审项目中，除南昌大学前湖校区的预算项目与建设单位签有合同，并按合同收取评审费外，其余项目没有与建设单位签订合同，且有 52 个项目没有收取评审费。

2006年2—4月，省审计厅组织对省技术质量监督局（简称省质监局）2005年度全系统预算执行和财务收支情况进行审计，同时对省质监局机关及机关工会，10个直属单位及防伪协会等单位及基本建设账户进行延伸审计。审计发现的问题主要是：（一）批复预算超过规定时间。省质监局批复全省质监系统年初部门预算超过规定时间10天。有2个设区市局没有批复当年年初预算。6个设区市局超过预算批复的规定时间，最长的达130天。有1个设区市批复预算文件不规范。2个设区市局编制预算不细化，追回预算经费过大，有的追加经费超过年初预算经费；（二）应拨未拨省以下质监部门预算资金1248.46万元，其中2005年度系统财务少拨付省以下质监部门办案经费610.22万元，2005年度系统财务少拨付省以下质监部门行政事业性收费返还经费329.57万元，未拨付省局机关各处室开支分摊给各设区市局的经费308.67万元；（三）2005年度系统财务超预算拨付给省局机关办案经费、行政事业性收费返还等588.29万元，加上机关各处室分摊给各设区市局支出经费308.67万元，共超预算拨付省局机关预算资金896.96万元；（四）2005年末结余国家专项资金294.44万元未及时拨付到专项指定项目。审计还发现，省质监局预算编制不细化，追加预算占年初预算比例过大；省局机关等单位超预算支出人员经费、公用费等。省质监局机关、省质量技术监督稽查总队、省产品质量监督检测院无预算批复、未办理政府采购手续新增固定资产；省产品质量监督检测院专项资金未单独核算收支，往来款项未进行有效清理。

2007年1月，省审计厅组织对省统计局2006年度财政财务收支情况进行审计。审计发现的问题主要是：（一）货币资金管理和核算不够规范。如局本部出纳未登记中央事业费和省级事业费银行存款和现金日记账。出纳的POS机工商银行母卡各月余额偏大，少则数万元，多则数十万元。从银行存款转账到出纳信用卡的手续不够完备。省统计信息咨询中心、江西统计年鉴编辑部、省统计局文印室等核算单位会计的银行存款账和现金账登录账簿不规范，会计与出纳未及时相互传递票据，致使出纳银行账和现金账面无凭证号，而且时间不吻合；（二）省统计干部培训中心发放劳务费未通过银行转账，而是直接通过开具银行现金支票的方式，以白条子和个人名义，向有关的市统计局的相关个人发放现金；（三）相关核算单位账户的往来账款未及时进行清理；省统计信息咨询中心项目访问员备查制度不完善，支付给访问员个人的劳务费发放清单没有身份证复印件和联系电话，发放真实性存疑。

是年4月，省审计厅对省人民防空办公室及其5个直属单位2006年度财政财务收支情况进行审计，重点审计省人防办本级、省人防0719管理中心、省人防工程标准定额监督站、省人防通信站、省人防直属工程管理中心、省人防工程设计科研院等单位的有关财务资料及其他相关资料。审计发现的问题主要是：（一）人防资产管理欠规范。省人防办有人防通信枢纽大楼等8处人防资产，其中仅人防通信枢纽大楼、青云谱仓库及办公楼、人防洞口办公自用房等3处资产有固定资产账，其余5处人防资产均没有进行有关国有资产的登记、固定资产的定价入账等管理手续。2004年的审计报告中已提出过类似问题，但省人防办没有整改到位。省人防工程设计科研院购置的计算机等固定资产仅做费用支出，没有登记固定资产账；（二）省人防工程设计科研院2006年依据公积金缴交比例从5%上调到12%的有关政策规定，补缴全院职工住房公积金18.82万元，其中个人应缴部分违规由科研院经费支出中开支；（三）省人防工程设计科研院2006年违反财政部关于"企业不得承担为个人购买商业保险"的规定，在事业支出中列支了为全院职工办理的团体年金 D 款商业保险费；（四）省人防工程标准定额监督站没有按有关部门制定的标准收取工程质量监督费、工程定额测定费，没有收取工程构件质量监督费。

是年，省审计厅组织有关设区市审计局对江西省高速公路收费管理情况进行专项审计调查，审计调查涉及全省十八条高速公路的收费管理。由于江西省高速公路管理体系较为复杂，既有收费还贷、事业管理的模式，又有收费经营、企业管理的模式。事业管理的模式中由省高管局、省公路局相关管理处分别管理，企业管理的模式中分为赣粤高速（上市公司）、公路开发总公司（国有独资）、地方公司（南昌、赣州）等。对此，省审计厅在理清思路，抓住重点，发挥上下联动传统优势，在充分肯定近年来全省高速公路发展迅速，为江西经济腾飞做出贡献的基础上，从体制、机制入手，深刻揭示当前省高速公路管理中的突出问题：（一）管理链条长，机构庞大，尤其是经济效益好的收费经营路；（二）政企不分、企事不分，如高管局与赣粤公司的管理情况；（三）在省高速公路路网基本形成的情况下，尚未出台相应的养护标准及合理布局，造成各管理单位自行其是，无章可循；（四）公司化运作的收费经营路人工成本畸高，明显超出省内经济生活水平，造成各管理单位互相攀比，人员经费支出水平远远高于其他单位；（五）人为切割高速公路附属利益，主要是加油站、服务区、广告收入及路损修复业务等，变国家利益为部门利益、个人利益；（六）公司化运作的收费经营路存在大量的非公路建设投资项目，如房地产等，占用大量资金且效益不佳；（七）各种设备、设施购置、使用、移交、管理缺乏通盘考虑和规范操作；（八）路政管理缺乏统一性，其排障管理定位缺失等。审计建议，在省高速公路建设相对超前，债务负担较重的情况下，理顺高速公路管理体制，制定科学的人员定额及支出标准、大中小修标准，合理布局养护中心及设备采购使用，规范非公路建设投资项目，及时制止人为切割高速公路附属利益等，可节约大量管理成本，使更多的资金投入公路建设，为全省经济又快又好发展做出更大的贡献。

是年，省审计厅组织力量对全省农村养老保险基金的筹集、运营、发放及管理情况进行审计。审计表明，至 2006 年底，全省参保人数 194 万人，基金结余金额 52170 万元。基金超过 1000 万元的有南昌县等 9 个县，超过 500 万元的，有广丰县等 31 个县，其余 53 个县基金总量均在 500 万元以下。

2008 年 6 月，省审计厅对省人事厅 2007 年度财务收支情况进行审计。审计发现的问题主要是：（一）事业单位工作人员的工资津补贴关系不顺。2007 年工资改革前，除机关工人外，其他人员全部执行的是公务员的工资结构和标准。工资改革后，87 人执行工改后的公务员工资和津补贴标准，其余在事业单位工作的人员，执行工改前的公务员工资标准和工改后的统一津补贴标准，且继续发放额外补贴等；（二）为加大创收力度，谋取本部门、本单位利益，厅本级继续推行对发行教材、书籍、证书、表格、文件汇编、考核手册等收入按比例返回购买人劳务费和按纯利 12%~15% 对本厅发行部门提取发行费的办法，且均为现金支付、白条列支，涉嫌不正当竞争和商业贿赂行为；（三）援疆经费 243.39 万元、军转培训资金 181.4 万元、企业军转解困资金 548.43 万元、"一村一品"资金 108.6 万元等大量专项资金滞留账上，未能有效发挥财政专项资金的使用效率，欠缴国家税费，有些核算和管理不够规范等方面的问题。

2009年2月，省审计厅组织对省经济贸易委员会2008年度财政财务收支情况进行审计。审计发现的问题主要是：（一）归口管理的省级挖潜改造资金如技术改造贴息、技术改造补助、技术开发项目、高新产业化重大项目，节能专项资金和电力需求侧管理专项资金等，部分资金分配、管理和使用不够规范。1.专项资金计划分配时，向本部门和所属单位倾斜，如省级挖潜改造资金分配，除按惯例每年提取5%用于本级的工作经费外，还编列部分项目再行分配。2008年节能专项资金分配计划3000万元，分配本部门和所属单位的资金为400万元，占该专项资金总额的30%；2.财政专项资金违规流向社团协会、学会组织。分流技术处2008年分配给设在本处的省技术创新促进会20万元财政安排的技术开发资金，节能中心2008年从350万元节能监察能力建设项目专项资金安排25万元给省节能协会使用；3.对省级挖潜改造资金的项目申报，未完全按照相关管理办法规定履行必要的审核程序，财政补助的技术改造项目贷款贴息资金部分还高于企业2008年或上年技术改造项目贷款实际发生的年利息。电力需求侧管理专项资金的征收金额逐年减少，未能按规定足额征收到位，基本失去了设立该专项资金的意义；4.有些专项资金的使用不符合下达的项目要求，如安排给经贸委本级的省级挖潜改造项目资金和节能专项资金，却用在弥补机关经费不足和补助所属二级单位方面。（二）经贸委机关2008年占用下属单位江西省墙体材料革新办公室预算资金，列支会议费、印刷费、广告宣传费等费用；综合行业管理办公室2008年挤占"禁化武"专项经费，违规列支个人通信费；2008年出国次数频繁、出国人员较多，当年除下属单位出国费用外，机关和节能中心出国经费实际支出，远超出省财政批复的出国经费预算。（三）部分下属单位执行国库集中支付和零余额账户管理规定不够，如新技术推广站通过零余额账户外的建行账户反映该单位的主要经济往来业务，资金管理出现真空，资金安全无法得到保证；省包装工业办公室违规从零余额账户提取现金，存入省包装技术协会账户；省工业经济联合会违规从零余额账户提取现金，存入其他账户，财政资金的使用脱离了监管。

是年2月，省审计厅对省发改委及下属14个单位2008年度财务收支情况进行审计。审计发现的问题主要是：（一）省发展改革委安排省基建投资项目资金不够规范合理，安排的项目过多、过散，项目资金集中度不够。年初安排35000万元基建投资专项资金中，有项目又有具体项目单位的专项资金占比31%，有项目没有具体项目单位的专项资金占比51%，既无项目又无项目单位的待安排专项资金占比18%。安排1115万元项目资金用于省发展改革委系统办公大楼改造或弥补经费不足；（二）省农村产业指导中心2006—2008年收到赣南及进贤现代农业示范园项目资金、"一片茶"项目经费、南昌等四县农业示范园项目资金124万元，2008年除拨付了35万元至省稀土办用于"一片茶"项目调研经费外，其余项目资金均未拨付至项目实施单位，滞留在该中心账上，未发挥项目资金使用效益；（三）违规融资省地方铁路建设集团公司购买风险较大的偏股型基金4333万元，另在4家银行购买6000万元理财产品；（四）省数字证书有限公司现金管理不规范，2008年底库存现金余额17.45万元，其中15万元属借条充抵库存现金，且存在日常开支坐支现金收入的情况。

2009年3—4月，省审计厅对省交通厅2008年度部门财务收支情况进行审计，并延伸审计其下属单位省公路局及温沙、昌金、景婺黄、武吉、泰井、赣州高速公路管理处等。审计发现的问题主要是：（一）省交通厅部门预算执行及财务收支方面。1.已完项目、应拨未拨、已立项安排资金计划未动工等建设资金结余 21389.72 万元；2. 厅所属公路局截至 2008 年末经费户违规占用公路建设资金 1800 万元周转使用，违规将拨付省公路局 15 个基建项目的 48858.75 万元拨款在经费账户核算；3. 部分高速公路建设资金的拨付使用结余违规，如拨付已决算的昌金高速公路建设资金结余 6669.53 万元，应收回重新安排用于公路建设。省公路局代垫昌金高速通车后利息 5593.44 万元，该厅财审处既未列预算支出也未相应挂账。欠拨京福、乐温高速公路建设资金分别为 3223.64 万元、12354.89 万元。（二）厅本级部门预算执行及财务收支方面。1. 厅财审处合并部门收支决算报表时与厅联网收费管理中心内部收支未做冲抵，重复分别多做经营收入、经营支出 1670257 万元；2. 财审处"其他应付款"科目反映厅纪检委收取干部违纪款 114.98 万元挂其他应付款，未上缴财政。以前年度厅本级支出决算中虚列"事业支出"结余共计 334.68 万元挂其他应付款，未按规定做账务处理。2008 年厅本级年初"事业基金—其他"与 2008 年"事业基金—其他"合计年末结余 870.03 万元，未按规定作为项目结余转入下年继续报批使用，历年滚存下来的事业基金结余，未按规定清理并调整账务；3. 2008 年初"专用基金"科目结余 4159.34 万元为以前年度交通部拨补车购税分成及公路前期工作经费结余，应调整账务增加公路建设资金，财审处违规将其列为本机关经费结余。（三）未经财政部门批准抵扣应缴省级财政的所属独资企业江西高速公路投资发展（控股）有限公司所属高速公路转让收入等预算外收入 17018.25 万元。（四）九江长江大桥（公路桥）管理局违规用收取的规费收入 1200 万元投资入股井冈山景泰酒店管理有限责任公司，在上一年度审计提出整改意见后，至本次审计日仍有 900 万元滞留井冈山景泰酒店管理公司，未按审计整改要求及时归还九江长江大桥（管理局），并由省交通厅收取上缴省财政专户。另外，对厅办公室和机关后勤服务中心，省交通厅所属江西交通监理有限公司、省公路局、省高等级管理局，温沙管理处，景婺黄管理处等单位财务收支管理方面存在的问题，省审计厅均依法作出相应的审计处理决定。

2010 年 2—4 月，省审计厅对新成立的省工信委 2009 年度财政财务收支情况进行审计。审计发现的问题主要是：（一）原省经贸委归口管理的省级技术改造资金（分省技术改造补助资金、省高新产业化重大项目财政贴息资金、省级技术改造项目资金和省级技术开发项目资金）的分配、管理和使用不够规范。主要表现在专项资金多头分配、多头管理，超出安排范围分配省级技术改造资金，专项资金计划分配向本部门和所属单位倾斜，部分项目资金的使用改变用途，如 2009 年下达给原省经贸委本级"工业招商引资""工业经济运行奖励和煤电油运协调"和"十百千亿工程项目及技改前期"等 3 个项目资金 300 万元没有按原规定途径使用，而主要用于弥补办公经费不足和补助所属二级单位；省食品工业办公室"推进四个一工程"项目，上年度获批的技改补助余款，用于原省经贸委机关经费开支。（二）按现行管理办法，部分专项资金的项目申报审核和监督管理不到位。对省级技术改造资金的项目申报，原省经贸委未切实按照管理办法规定履行必要的审核程序或审核不严。重视资金分配，忽视资金管理，对专项资金的到位及使用情况，管理不到位。一是企业获批的技术改造项目贷款财政贴息资金高于企业当年或上年技术改造项目贷款实际年利息的情况较多；二是少数项目申报不实。（三）安源区财政局以各种理由不办拨款手续，截留省财政下拨萍乡安源包装有限公司 2009 年获批的技改贷款贴息资金。（四）新余市原经贸委 2009 年通过企业技术进步促进会向省级技术开发项目企业摊派收费，用于原市经贸委领导审批的业务费和招待费；2009 年

2月新余市经济开发区财政局通过新余市企业技术进步账号过账500万元给江西坤邦白水泥有限公司，变相占用企业技改资金。（五）追加项目预算缺乏科学性。因无线电监测设备技术特殊性，以及无线电基础设施建设的不确定因素等原因，2009年原信息产业厅部门决算报表反映年末中央财政转移支付安排的无线电频率占用费资金结余过大，达11338.77万元。（六）墙体材料专项基金和散装水泥专项资金的征缴、管理、使用方面。一是征缴金额逐年增加，但全省总量仍然过小，县级资金征缴业务开展不平衡，擅自减免或自行征收不上缴，征缴难度大，无法做到应收尽收，以及执法主体的行政职能缺位，造成按比例上划的省级新型墙体材料专项基金和省级散装水泥专项资金规模小；二是内部控制管理有待加强，部分取得项目资金补助的生产企业不符合条件要求，实际使用与申报用途不符。

是年3月，省审计厅对省国资委2009年度财务收支情况进行审计。审计发现部门预算执行方面存在的主要问题：部门预、决算编制（报）的内容不够完整，如单位所属机关后勤服务中心2009年收支及资产负债表未纳入预、决算报表。单位2009年度决算报表反映利息等其他收入及支出与实际不符；专项经费的核算不够严格并与行政运行经费有所混淆。如2009年初结余抗灾保电费补助、由财政拨入经检办案经费，决算报表未反映结余，均弥补行政经费。2009年决算报表反映的基本支出和项目支出不够准确，部分专项经费直接用行政运行经费冲减；有的部门工作经费的核算和使用不够规范。财政基本建设支出预算安排工作的此项经费，专项用于重大工业项目、资源节约和循环经济示范项目建设的资金，实际全额拨付江西大成资产经营有限公司，用于购置办公设备、经费支出等。

是年3—5月，省审计厅对省交通运输厅2009年度部门财务收支情况进行审计，并延伸审计其下属部门和设区市、县公路局和交通局。其中：全省2009年度成品油价格和税费改革中央转移支付资金管理和使用情况专项审计结果表明，各市转移支付资金切块用于非国省道较多，加上各级公路局自身人员多、负担重，国省道养护状况不容乐观，其中全省国省道优良路率仅为49.39%、路面优良路率仅为47.93%，县道优良路率与路面优良路率更低。同时，部分基层交通部门同级财政拨款严重不足，转移支付资金主要用于弥补经费，未按要求用于交通建设。

省审计厅向省政府提交的《关于省交通运输厅成品油价格和税费改革中央转移支付专项资金管理和使用的绩效审计报告》，省领导作出批示：省审计厅所提建议，省交通运输厅要会同省财政厅认真采纳，督查和整改。

是年5—10月，省审计厅组织力量对全省30个县（区）2009年度新型农村合作医疗基金及农村大病医疗求助资金的筹集、管理、使用进行审计调查。审计调查表明，2009年，新型农村合作医疗参加人数984万元，参合率占全部农村人口的95%，新农合基金101867万元，期末结余金额36212万元。2009年大病医疗求助基金收入16623万元，年末结余金额6146万元。总体均能按照"政府组织引导，农民自愿参加，多方筹集资金，以收定支，保障适度"的原则。农民参加合作医疗率稳步提高，受益面逐年扩大，农民就医日趋便捷。

第三章　社会保障资金审计

与中国社会保障事业快速发展相适应，社会保障审计十几年来得到不断发展进步，为保证社会保障资金安全、推动社会保障改革发展、维护人民群众切身利益发挥着积极的作用。因机构设置问题，1991—2000 年社会保障审计的工作涵盖于行政事业单位审计监督之中，2000 年 9 月江西省审计厅按照省委、省政府的部署进行机构改革，开始设立社会保障审计处，随之各设区市审计机关相应增设专门负责社会保障审计的部门。由此，全省逐步形成独立的、专业化的社会保障审计组织体系。相对固定的对省人保厅、省民政厅、省卫生厅等部门的财政财务收支，省政府主管部门、设区市人民政府管理和其他单位受省政府及其部门委托管理的社会保障基金、社会捐赠基金、民政、卫生资金等进行审计。社保审计方式的发展路径主要是，从开展之初以查错纠弊、规范社会保障资金管理为主要目标，到形成以社会保障管理和制度运行过程为主线，以社会保障资金的真实、安全、规范为切入点，促进社会保障体系不断完善的工作思路。伴随社会保障领域改革的快速推进、社会保障资金的快速积累，审计署提出"保障安全、完善制度、规范管理、提高绩效"的总体目标，为社会保障资金审计发展提供了明确的方向。

1991—2010 年，江西省各级审计机关对全省社保资金组织进行专项审计或审计调查，并多次参与审计署统一组织的全国大型社保审计项目，如 1998—2006 年全省移民建镇专项资金全过程跟踪审计，2003 年"非典"防治专项资金和社会捐赠款物专项审计，2004 年 11 个设区市及 27 个县（市、区）城市居民最低生活保障资金分配、使用与管理情况审计，2006 年全省住房公积金的筹集规模、制度运行、资金效益情况审计，2007 年全省五大社会保险基金筹集规模、制度运行、资金效益情况审计，2008 年全省低温雨雪冰冻专项救灾资金和物资的分配、拨付、使用和管理情况审计，2008 年汶川地震救灾资金全程跟踪审计，2009 年全省 11 个设区市中心城区经济适用住房建设项目及廉租住房制度执行情况审计，2010 年全省新型农村合作医疗及农村大病医疗救助资金的筹集、管理和使用情况审计等。

第一节　社会保险资金审计

1991—1997 年，省审计厅（局）组织开展社会保险资金审计的业务主要是：1992 年，省审计局组织各级审计机关对全省 1990—1991 年社会保险部门管理的职工退休养老保险和劳动就业部门管理的失业保险基金以及城镇青年就业补助费（即就业经费）及其机关财务收支进行的专项审计，查出各类违纪违规金额 6000 多万元。省政府领导听取审计情况汇报后，并在省审计局提交的审计报告上作出批示：对审计提出的问题，省社保局和省就业局要引起重视，今后再有发生，要从严处理。11月24日，省政府召开有关部门负责人会议，研究改进措施；1994年，省审计厅与省劳动厅联合组织开展的对挤占挪用职工养老保险基金、失业保险基金问题的专项审计。省审计厅在向省政府提交的审计报告中提出完善社会保障体系的建设，保证"两项基金"专款专用的建议。省政府批转省审计厅的审计报告，要求各地"遵照执行，以有效地防止挤占挪用职工养老保险、失业保险基金的发生"，并限期归还已挤占挪用的基金。1995年，省审计厅组织各级审计机关对全省计划生育委员会实施的专项审计，查出两项经费违纪违规金额占审计两项经费收入总额的15%。

职工养老保险基金审计

1999年3—4月，根据审计署、财政部、劳动和社会保障部《关于对行业统筹企业职工基本养老保险基金进行审计的通知》（以下简称"养老保险基金"），省审计厅、省财政厅、省劳动厅三家组成联合审计组，对全省铁路、交通、邮电、民航、煤炭、有色、电力、工行、农行、中行、建行、交行、中保等行业中的32个单位统筹企业职工基本养老保险基金进行审计，查出违纪违规金额4205万元。联合审计组向省政府提交的《关于对行业统筹企业职工基本养老保险基金情况的审计报告》反映的主要问题：（一）退休人员剧增，提前办理退休人员较多，增加国家负担。1997年至1998年1—8月，提前办理退休共计1.05万人。同时，平均缴费人数1998年1—8月比上年同期减少1.27万人，平均缴费人数变化影响减少基金收入1661.12万元。领取养老金平均人数1998年1—8月比上年同期增加1.58万人，领取养老金平均人数变化影响增加支出6376.35万元。两项因素变化影响减收增支额达8037.47万元；（二）自行提高支付标准、扩大支出范围，多支付基本养老保险。如南昌铁路局自行提高标准多支付养老金673.33万元，省邮电管理局退休人员每人发放困难补助1000元共计1250.3万元。铁道部大桥局五处统筹外支出65.46万元和铁道部四局五处统筹外支出84.32万元，均列入统筹内；（三）部分行业结余基金不实、截留或随意处理，经审计核实，1997年末省以下机构的滚存结余基金比部移交数多4482.73万元。如省电力公司将基金收入941万元挂在往来账上，未作1997年末基金结余，省邮电管理局的证券利息收入439.53万元未转入基金收入。东航江西分公司1998年12月随意处理主管部门东航股份公司退回的1996—1998年的上划养老基金168.31万元，将其中的一部分冲减管理，另一部分退发给职工，没有作基金结余处理；（四）部分行业截至1999年2月底尚有4820.94万元的结余基金，未及时移交地方，纳入财政专户管理；（五）部分行业统筹基金管理未完全理顺，影响基金收支核算。如交行未设立统筹机构，行业基金收支情况归拢难，不便管理。南昌铁路局等部分行业的单位未设立专门银行账户和单独核算，影响基金收支正常核算。有色金属南昌公司在内部记账和核算采用收付实现制，而与总公司结算则采用权责发生制，核算口径不一致，实则是有意为截留和占用基金提供方便；（六）个别行业未将基金全部存放在国有商业银行，有的用于购买债券，风险较大。针对存在问题，省审计厅提出针对性的意见和建议。省长舒圣佑、副省长黄智权均在《审计报告》上作出批示：报告的五点意见很好。行业统筹结余基金应返还的，应抓紧返还；基金未移交的，要限期移交。

是年5—7月，根据审计署办公厅《关于印发1999年企业职工基本养老保险基金审计方案的通知》和全省审计项目计划安排，省审计厅组织全省审计机关对各级社保经办机构1998年度企业职工基本养老保险基金的征收、管理、使用以及财务收支等情况进行审计。审计共查出截至1998年历年违纪违规金额124863万元。审计发现的问题主要是:(一)以前年度挤占挪用基金未能及时归还，又发现新的挤占挪用情况。截至1998年底，全省共查出挤占挪用基金8852万元，其中政府行为挤占挪用3136万元，社会保险经办机构自身行为占用4740万元，财政和劳动部门分别占用488万元和232万元。尽管挤占挪用总额比1996年审计查出的挤占挪用金额减少1393万元，部分地市也采取一些措施进行纠正，但效果并不理想。如萍乡市社保局1998年新增挤占挪用基金464万元，宜春市将亏损企业抵缴养老基金的资产206万元在账上列收列支，并将资产划归单位所有;(二)差额拨付现象普遍，离退休人员利益难以保障。由于企业效益差，基金征缴难度大，为保持较高的征缴比例，实行差额拨付离退休费用的现象普遍存在。如南昌市1998年差额拨付金额9791万元，占实际征缴额的26%。实行差额拨付不符合国家有关规定，往往因企业效益差而出现离退休人员领不到工资的现象，导致一系列社会问题;(三)以前年度违规存款及抵押贷款难以收回，给基金保值增值留下重大隐患。由于各级社保经办机构风险意识不强，为获取高额揽储费用或其他原因，将大量的结余基金存入非国有商业银行或非银行金融机构，有的甚至为他人提供贷款抵押担保，致使大量到期存款本息和抵押款项不能按时收回。如省社保局1998年底到期未收回的定期存款本息2033万元，占当年省本级基金累计结存的13.5%;(四)抵缴基金的资产管理不规范，漏洞较大。有的因抵缴资产账务处理没有明确规定，致使一些地市不对抵缴资产进行账务处理，如鹰潭市1996年476万元的抵缴资产至审计日都未在账上反映基金收入。有的因抵缴资产变现困难，如宜春市将抵缴资产206万元占为单位所有。有的因事前缺乏必要时的评估，加上资产变现困难，致使大量的抵缴资产不能物有所值，如九江市1997年以前抵缴资产达1037万元，因处理不及时，损失较为严重;(五)没有完全按要求及时将基金纳入财政专户管理。据统计，全省1998年共有基金103372万元未纳入财政专户存储管理，且违规提取管理费5501万元。省审计厅根据全省社会养老保险事业面临的现状分析发现:(一)全省养老基金首次出现赤字运行，且金额较大，不仅短期面临支付困难，如果考虑离退休人员增加和待遇提高等因素，支付困难的日子还将更长;(二)因企业经济效益普遍较差，社保经办机构现有征缴手段不够，企业改制过程中缴交养老金缺乏连续性等原因，基金欠缴现象普遍，欠缴金额会越来越大。截至1998年底，全省累计欠缴147504万元，相当于当年累计结余的131%;(三)省财政将面临巨大压力。为保证各级社会经办机构工作的正常开展，按1998年决算数测算，各级财政每年必须新增6266万元的经费预算，且以后还将逐年递增。政府、财政及社保经办机构挤占挪用养老基金多为购置固定资产，要收回这部分基金，必须由地方财政解决，意味着全省年底前财政将新增支出14630万元，对全省各级财政来讲是一个沉重的负担;(四)参保率低、覆盖面窄，严重制约全省社保事业的发展。基金增值途径单一，增值能力逐年下降。各级社保经办机构业务经费难以保障，从业人员工作热情有所下降等方面的困难。

省审计厅向省政府提交了《关于江西省1998年度企业职工养老保险基金审计情况的报告》。省长舒圣佑、副省长王君均在报告上作出批示:审计报告所反映出的企业职工基本养老保险基金征管方面的问题应引起省劳动厅、省财政厅高度重视，切实加强养老基金管理，规范制度，严肃查处违纪问题。

2000年，根据审计署《关于印发〈企业职工基本养老保险扩大覆盖面和养老保险基金收支预测的审计调查方案〉的通知》要求，省审计厅组织全省各级审计机关对全省企业职工基本养老保险扩大覆盖面情况进行审计调查，并对全省2000年度养老保险基金的收支情况进行预测。按照审计署制定的方案要求，省审计厅与省工商、社保部门及时联系，摸清全省外资企业和港澳台企业在各地分布情况，将这两类企业作为审计调查的重点，并结合江西的实际，将部分规模较大的私营企业和集体企业纳入审计调查范围，尽力扩大审计调查面。此次审计共对83户截至1999年底尚未参加养老保险的企业进行深入、细致的调查，其中：外资企业19户、港澳台企业13户、私营企业25户、集体企业22户、国有企业4户。审计调查结果表明：全省1999年底实有职工人数372万人，实际参加养老保险职工人数254万元，养老保险覆盖率68%，其中：国有企业95%、外资及港澳台企业17%、集体企业81%、私营企业未参保、机关和事业单位29%、其他企业34%。全省1999年度养老保险基金收入273200万元，比1998年净增28300万元，增长11.54%，但按照扩面计划数65万人测算，全省因扩面而增加的基金收入应达80000万元，实际只增收扩面基金收入6668万元，仅完成计划数的8.33%。审计对全省未完成1999年度扩大养老保险覆盖范围收缴指标和企业未参保的原因进行分析发现：（一）体制尚未健全，导致扩面的权利和义务不对应，削弱了执法力度；（二）有关政策不配套或执行不到位，尚待进一步完善；（三）少数地方政府对扩面工作认识不到位，也是扩面工作难以全面开展的重要因素；（四）对职工基本养老保险制度和政策的宣传不够；（五）工商行政管理、社保经办机构等有关职能部门及相关单位对扩面工作配合不力，相关政策规定形同虚设。省审计厅同时对2000年度养老保险基金收支进行预测，基金收入会有所增加，但净增加数相对较少，增长速度缓慢，基金净增4749万元；养老保险基金支出增长额大，增幅过快，全年将净增支出42455万元。

省审计厅向审计署提交了《关于江西省企业职工基本养老保险扩大覆盖面和养老保险基金收支预测情况的审计调查报告》。是年底，审计署根据各单位上报的审计结果、综合报告和统计报表的质量，考虑各单位报送审计结果的时间、审计信息采用等因素，这个审计项目被审计署评为优秀审计项目。

2001年4—7月，根据审计署的工作安排，省审计厅组织全省11个设区市及庐山审计处对全省2000年企业职工基本养老保险基金的征缴、使用和管理情况，社会保险经办部门（以下简称"社保部门"）对1999年以前审计处理问题的整改情况，以及基本养老保险扩面情况和失业欠缴养老保险费情况进行审计和审计调查。审计发现的问题主要是：（一）基金征收方面。1.2000年企业欠缴养老保险费现象不仅没有得到有效遏制，且呈逐年上升趋势，各地普遍存在拖欠养老保险费的情况，影响养老保险基金社会化发放，阻碍养老保险制度的顺利实施。截至2000年底，全省累计欠缴养老保险费111481万元（不含挂账48881万元），占当年征收数的38.3%，其中当年增加新欠26030万元。欠费单位多、欠费金额大、欠费时间长，全省欠费100万元以上的企业371户，累计欠费1000万元以上的有9户。上饶纺织总厂累计欠费751.44万元，累计欠费时间长达9年；2.原中央统筹下放地方管理的行业未摆脱"封闭运行"，仍实行差额上缴。2000年下放地方管理的行业应缴社保部门养老保险费 83623 万元，实际只上缴 28085 万元，差额 55538 万元直接由行业社保部门管理和使用，未上缴省社保局；3. 养老保险扩面情况不理想，覆盖面不宽。养老保险主要覆盖国有和集体企业，私营企业和城镇个体户参保率偏低，有的地方私营企业参保率甚至是空白。数据说明，2000 年基本养老保险覆盖面与 1999 年一致，当年没有增加养老保险覆盖面。（二）基金使用方面。1. 弥补行政经费较为普遍，且常常是老的挤占挪用还未归还，新的挤占挪用又在发生。据统计，寻乌县、玉山县、临川区等地 2000 年共动用养老保险基金弥补行政经费 1027 万元。不仅如此，国务院关于禁止从养老保险基金中提取保险费的规定发布以后，仍有少数地方存在提取管理费的现象。如袁州区社保局于 2000 年从养老保险基金中提取管理费 24.51 万元，转入局机关经费账户，用于弥补工作经费；2. 违规支付养老保险金。如南丰县社保局历年共批准不符合规定的提前退休人员 147 人，造成多支付退休费 36.9 万元。此外，有的存在死人"吃领"活人钱的现象，如新余渝水区晏家煤矿有两名退休职工死亡后不及时报告，继续冒领退休金，至审计日未予追回。（三）基金管理方面。1. 未能完全做到专户存储。据统计，截至 2000 年底，全省未纳入财政专户存储的基金为 15536.88 万元；2. 调剂收入不到位，省级统筹难运转。全省 2000 年应由省级社保机构统筹的调剂金收入为 11088 万元，省社保局实际只收到各地调剂金 2605.15 万元，调剂金收缴率仅为 23.5%；3. 个人账户空账运行严重。据统计，2000 年底全省个人账户余额 529332 万元，而 2000 年底养老保险基金累计结余只有 154873 万元，个人账户空账 374459 万元，若不能有效改变这种空账运行的状况，参保职工的切身利益将不能得到有效保障；4. 部分地方养老保险基金未严格按照"收支两条线"管理；5. 财政补助收入拨付不到位；6. 违规存入非国有商业银行养老保险基金存在难以收回的风险。对以前年度审计查出问题整改情况的审计结果表明，历年审计查出以前年度挤占挪用养老保险基金 4957.46 万元中，只有 2795 万元得到了整改，整改率 56.38%，尚有 2162.2 万元未得到整改。其中：南昌县等地挤占挪用基金 1176.98 万元用于购建固定资产未归还；袁州区等地对参保企业以固定资产等实物抵缴养老保险费 177.91 万元，实物未进行拍卖，由社保部门自身使用，形成变相挪用；修水县社保局 1997 年违规出借养老保险基金 20 万元给县造纸厂用于上缴财政利润，至审计日尚未归还。莲花县社保局按县政府指示，1994 年挪用 30 万元养老保险基金委托工商银行贷款给某镇办企业，至审计日未收回。针对存在问题，审计机关分析了产生问题的主要原因，并提出相应解决问题的建议和意见。

省审计厅向省政府提交了《关于全省 2000 年企业职工基本养老保险基金的审计报告》。省长黄智权、副省长王君均在报告上作出批示：省审计厅全面报告了养老保险基金的征缴、使用、管理情况，指出存在的问题，分析原因，提出好的建议。省劳动保障厅和财政厅要加大扩面、征缴、清欠的力度，纠正违纪违规问题，使养老保险这项涉及全局的工作能顺利地更好地运行，保障离休退休职工的切身利益。

2010 年 3—4 月，根据审计署安排，省审计厅组织对省社会保险事业管理局 2007 年度企业职工养老保险基金真实、合法、效益情况进行审计，向养老保险征缴行业管理单位下发"行业管理社保资金调查表"，对 5 个行业管理单位进行延伸审计调查。省审计厅向省政府提交的《关于省社保局养老保险基金几个问题审计情况的报告》反映的主要问题：（一）养老保险个人账户存在差错、数据库质量不高。一些中介单位代缴的养老保险费省社保局没有记入个人账户。一些行业单位有时没有缴费也照样记入个人账户，致使业务记账与财务记账脱节。对个别缴费者存在多记、错记、漏记现象。另外，个人账户数据库信息不全；（二）基金不按国家规定征缴，导致费源流失 20% 以上。省工行、省邮政局、省电信局、省移动、省农村信用社等行业代征单位养老保险基金缴费基数均比实际工资低。省社保局基金征缴长期采取"基数＋增长比例"的办法，导致部分单位由于历史缴费基数低，目前缴费基数与实际工资仍存在较大差距。由于低水平的征缴，侵蚀费源，损害职工的合法权益；（三）省电信局 14000 万元、省邮政局 2470 万元、省信用社 3500 万元养老保险金滞留在单位账户，未按规定上缴养老保险基金专户，有的已脱离单位财务大账。省社保局 2010 年 4 月份征缴对象都是 1998 年原行业统筹移交地方管理的中央单位，一方面由于一些单位移交以后，部分职工劳动保障关系未理顺或历史问题未解决，省社保局至今未与之清算造成的资金滞留；另一方面，由于一些行业代征单位扩大征缴基数，又未全额上缴社保专户等原因造成的养老金大量结余。养老金长期未清理，不仅导致基金流失，而且基金安全也存在重大隐患。

省政府对审计报告十分重视，省长吴新雄、副省长孙刚、熊盛文均作出批示：养老金是群众的保命钱，必须按规定征缴，严格认真管理，确保安全。对审计中发现的三个问题，省社保局采取有效措施抓紧整改，审计厅应加强督办和检查。针对报告反映的三个主要问题和省领导的批示，2 个月后，省社保局分别作出了整改，并将整改结果函告了省审计厅。

农村养老保险基金审计

2001 年 9—10 月，根据省长黄智权指示，省审计厅牵头，采取各地交叉审计的形式，对全省各级共 105 个农村社会养老保险基金（以下简称"农保基金"）管理机构自建账以来农保基金的收入、支出、结存及其经费来源、经费支出情况进行审计。省农村养老保险工作从 1992 年开始，1993 年全面启动。截至 2001 年 8 月底，全省成立农保机构 105 个，绝大多数为自收自支的事业单位，共有 221.12 万人参加农村养老保险，已有 5.13 万人次领取养老金。审计发现的问题主要是：（一）挪用现象严重。据统计，全省共挪用农保基金 5590.82 万元，其中：当地政府挪用 173.37 万元，主要是财政部门、乡镇政府将农保基金直接用于政府开支。民政局挪用 926.5 万元，主要是将农保基金用于民政部门建办公楼、宿舍，购车和弥补事业经费不足。企事业单位挪用 655.82 万元，主要是政府下抄告单或政府领导直接指示等方式，将农保基金用于当地困难企业脱困，或民政局批示将农保基金用于民政企业资金周转。个人挪用 127.98 万元，主要是农保办领导私自将农保基金借给亲朋好友经商或私分。农保部门挪用 3707.15 万元，主要是超出国家规定将农保基金用于工作经费、添置办公设备、购买或装修办公用房宿舍等。挪用金额大，性质严重的县（市、区）依次有：瑞金市、南康市、赣州市（原赣州地区）、上高县、石城县、泰和县、靖安县、崇义县、彭泽县；（二）1999年下半年即国务院发文从 1999 年 7 月起停止接受农村社会养老保险新业务后，全省大部分县（市、区）仍在征收基金，1999 年 8 月至 2001 年 8 月，全省共违规征收农保基金 2654.69 万元。这些征收单位把农民的保费当成创收来源，从自身利益考虑，抱着能收一点是一点的想法，置国家的法规于不顾，非常不利于基金管理工作。审计还发现，在 1992 年至 1999 年农保基金征收过程中，一味追求基金征缴力度和范围，不管当地农民实际经济情况，甚至不顾农民当前生计需要，过多地采用行政手段或违规操作手法征收，存在财务管理混乱，开支没有控制，基金运作不规范，以及会计核算不规范，会计科目使用和会计处理随意性大等方面的问题。审计认为，这时实行农村养老保险的条件尚不成熟，制度不相配套；领导法律观念淡薄，农保工作人员素质低；农保主管部门管理不善，监督不力等原因导致上述问题的存在。建议必须严肃处理挪用基金的问题；必须立即停止接受新业务；结合机构改革，撤销市县农保机构，堵住侵蚀基金的源头；采取切实可行的措施，加强农保基金管理，保证基金安全，废除那些既与国家社会保障制度相悖，又损害农民群众利益的规定。

省审计厅向省政府提交了《关于全省农村社会养老保险基金审计情况的报告》。省长黄智权、副省长彭宏松均在报告上作出批示：从审计情况看，农村社保基金存在不少问题，有的问题十分严重，必须立即采取措施解决。同意审计厅提出的处理意见。1.被挪用的基金,由省政府下文限期归还；2.按国家已颁发的文件精神,由民政厅通知各地停止接受新业务；3.对审计厅提出的第三、四条意见,民政厅提出具体办法；4.在处理此事过程中,必要时请监察厅介入；5.民政厅必须就为什么出现这么多问题，向省政府写出专门报告。

2007年8—10月，根据审计署的统一部署，为了解全省农村养老保险基金筹集、运营、发放及管理情况，实现"三清三为"，即摸清基金底数、厘清存在问题、弄清主要原因，为国家清理农保基金，妥善处理存在问题提供依据，为探索建立新型农村养老保险制度提供参考意见，省审计厅组织全省审计机关对全省农村养老保险基金（赣州市本级、瑞金市、南康市、于都县由审计署审计）的筹集、运营及管理情况进行审计。全省农村养老保险制度从1992年启动，1999年进入清理整顿期至2007年已有15年，现有存续基金52200万元。审计发现的问题主要是：（一）尚有违规投资和违规出借基金4179万元未收回。如吉安市农保办2001年3月将2569万元农保基金委托赛格公司江西证券营业部购买国债，因赛格公司破产，本息合计农保基金2979万元未收回。新余市渝水区农保办从1996年1月至1998年9月，将305.49万元农保基金存入新余市劳动城市信用社，后因该社停业整顿及破产，本息合计农保基金416.49万元未收回。余干县、德兴市民政局用农保基金购买国债，本息合计农保基金347.3万元未收回。另有靖安县、九江县等19个县（市、区）应收农保基金本息436.12万元，均已形成不良资产；（二）现行农村养老保险人均月保障水平每月不足16元，德安县、寻乌县最低月领取额只有0.1元，保障水平太低；（三）在基金或基金利息收入中开支经费现象没有完全杜绝，特别是一些经办机构已列入全额财政拨款的事业单位，仍占用基金补充经费，用调剂金发放奖金等。

省审计厅向省政府提交了《关于全省农村养老保险基金审计情况的报告》。省长吴新雄、副省长孙刚均在报告上作出批示：同意审计厅的意见和建议，省民政厅、省劳动保障厅要抓紧省养老保险的移交工作，按要求认真整改，并按国家部署积极稳妥推进。

2010年4月，根据审计署工作安排，省审计厅组织对于都县、万载县、修水县、永丰县、新建县、乐安县、婺源县、浮梁县、芦溪县、鹰潭市月湖区、新余市渝水区等11个县（区）新型农村养老保险试点工作开展情况进行审计调查。审计调查发现的主要问题：（一）基金征缴方面。1.参保人信息掌握不全，主要表现在农保机构对参保人信息没有掌握或掌握不全，有的村干部的记录纸上只有参保人名字，有的地方甚至参保人名字都还没有掌握。除新建县外其他各地均未使用信息系统建立参保个人账户；2. 地方政府补贴未到位。根据《江西省新型农村社会养老保险试点实施办法》，省级财政每人每年定补24元未到位，县级财政每人每年定补6元，除乐安县到位45.1万元、月湖区到位10万元外，其他县（区）均未补贴到位；3. 截至2010年3月底，有万载县、芦溪县、新建县等地收入户存款均有大额存款，未按规定及时缴入财政专户；4. 收费方式不规范，有的地方采用村干部先收取现金，再定期缴入收入户方式收取参保人员保费，资金存在安全隐患。（二）养老金发放方面。1. 应发放时间和人数均未到位，截至审计日，应发4个半月基础养老金，但实际有的县发放3个月，有的发放3个半月，实际发放人数与应发人数比的发放率有的90%以上，有的发放率60%以下；2. 身份证录入错误、无身份证和无户籍等原因影响部分老人及时得到养老金。（三）与其他保障制度衔接方面。1. 与老农保的衔接，至2009年末，11个县（区）老农保基金结余6137.56万元，参保人数19.16万人，截至审计日全部未并入新农保；2. 与农村五保供养的衔接，有的五保户的参保身份尚未明确，导致一人多次享受国家补贴情况。筹资机制和五保户的养老金发放方式均未明确，11个县（区）仅有月湖区、乐安县明确规定未满60周岁五保户的新农保最低标准100元由当地财政负担，养老金有的直接发给五保户，有的拨付给敬老院用于改善生活等；3. 与农村低保的衔接。仅月湖区、乐安县、婺源县明确规定常补对象由县（乡）财政负担，均未明确养老金是否计入家庭收入；四是与纯女户保险的衔接，全省纯女户保险五花八门，如爱心保险、农村独女、二女结扎新型农村合作医疗、独生子女保健费等12项，项目过于繁多，且扶助力度不大，调查工作量大，所耗行政成本远超过发放标准。

省审计厅向省政府提交了《关于江西省11个新型农村养老保险试点县的审计调查报告》。省长吴新雄、副省长孙刚、分管副省长熊盛文均对审计报告作出批示：审计提出的这些问题，是新农保试点中大的政策和工作问题，值得重视。人保厅要抓紧做好整改工作，针对亟待解决的问题，研究落实政策措施，同时结合今年扩大新农保试点，在政策上要进一步完善、明确。

是年5—10月，根据审计署的统一部署，省审计厅组织全省审计机关对吉安市、广昌县、奉新县、上栗县、浮梁县、婺源县、大余县、安义县、都昌县等30个县（市、区）2009年度新型农村合作医疗基金及农村大病医疗救助资金的筹集、管理和使用情况进行审计调查。审计调查发现的主要问题：（一）医疗救助与新农合制度衔接不够，对五保户、特困户"参合"和医疗救助不到位，大病医疗求助存在随意性。如部分县（市、区）未按规定支付农村五保户、低保户的"参合"费用，而是向个人收取，导致部分救助对象由于资金原因未参加新农合，已缴费人群增加经济负担。由于政策不衔接、宣传不到位等原因，部分地区农村特困人员患重大疾病没有得到及时的医后救助，有些地方"参合"农民甚至对农村医疗救助政策不清楚，医疗救助资金没有发挥应有的作用。有的地方民政部门对大病救助的操作程序不规范，对困难身份证明或五保户、低保户等相关证明材料审核把关不严，导致不符合条件的患者享受了大病救助；（二）定点医疗机构"小病大看"过度医疗，如不合理检查、不合理用药、小病大治等，同样一个感冒或其他小病，现在花的医药费比实行新农合前要多。有的地方还纵容、配合患者把门诊类疾病改为住院治疗，进而将其纳入新农合报销范围，表面上让农民得到新农合报销的"实惠"，实则农民自负比例随之水涨船高，所花的钱更多。一些定点医疗机构利用未住院的病患门诊用药制造虚假病历档案报销费用。基金受到损失，农民实际收益率降低；（三）制度出现漏洞，重复参保导致参保人看病能赚钱，财政重复补助加重财政负担。重复参保人群主要是学生，农村的学生既以家庭为单位参加新农合，又在学校参加城镇居民基本医疗保险，两个系统不衔接，导致重复参保的学生通过城镇居民基本医疗保险和新农合补偿的金额往往会超过可报账补偿的住院总费用；四是基本药物零加价政策推行缓慢，乡镇卫生院药品加价率高，有的甚至超过规定加价，药价虚高现象比较严重。药品超规定加价，扰乱药品市场，加重农民及基金负担。

失业保险基金审计

2002 年 3 月，省审计厅组织对省劳动就业服务管理局 2000 及 2001 年度财务收支情况进行审计。审计发现的问题主要是：失业保险调剂金长期未使用，造成账面滞留金额大，至 2001 年末失业保险基金尚有余额 6761.43 万元，没有充分发挥省级调剂金的作用。失业保险调剂金的管理不规范，如财政专户存款与财政厅对账不及时，收入户活期存款金额太大，基金增值途径少；2001 年、2002 年在拨付各地劳动部门下拨的劳动力市场建设费时，从中扣抵吉安市、南昌市、九江市、瑞金市、萍乡市等市县以前年度的借款；就业经费账中往来挂职账户头多、时间长、金额大，且有的户头不是具体单位，有的户头已名存实亡，形成呆账；就业经费支出中部分做账依据不足，有的记账凭证后未附任何凭据，有的仅用复印件做账，缺乏原始凭证，不符合会计制度的有关规定。

2003 年 5—10 月，为了解全省失业保险基金、国有企业下岗职工基本生活保障资金以及促进就业资金的运行状况，揭示和反映资金运行过程中存在的问题，促进各级政府按照有关政策和法规进行规范运行和操作，保证失业保险基金的完整安全和专款专用，省审计厅组织对全省 2002 年度失业、下岗、促进就业资金的筹集、使用和管理情况进行审计，共审计省本级财政、劳动部门和11 个设区市政府，抽审 20 个资金量相对较大的县（区）政府、13 个行业主管部门和中央、省属、市属、县属等 160 户企业。审计资金量 229445 万元，占 2002 年全省失业、下岗、促进就业资金总量的 81%。审计发现的问题主要是：（一）失业保险基金筹集不到位、征缴乏力。1. 欠缴漏缴严重，覆盖面较窄。政策规定，失业保险的征缴范围大于养老保险，按同口径计算，2002 年全省企业应征收失业保险费 42400 万元，而实际连同事业单位缴纳，全省仅征收 26600 万元。2002 年征收工作相对较好的赣州市实征数也仅为应征数的 50%。九江市、新余市、萍乡市、鹰潭市等几个工业基础比较好的市，保费收入主要来源于九江石化、新钢公司、萍乡矿业、江西铜业等几户大型企业，金融、邮政、电信、电力等中央企业缴费较少，有的根本没有缴，地方其他企业缴费更少；2. 基金征缴随意性大。各地不同程度存在协议缴费或任意减免失业保险费的现象，缴费基数普遍偏低，与国家规定的缴费基数相差甚远，与养老保险基数比也有较大差距。新余市 2002 年失业保险征缴月平均工资基数为 317 元，远低于该市上年月平均工资 753 元。新钢公司 2002 年共缴费 259 万元，人均月缴费不足 10 元，不及该市下岗职工交纳失业保险的标准；3. 基础工作薄弱。11 个设区市只有 1 个市基础工作相对较好外，其他市均存在参保单位、参保人数、应缴费额、已缴费额、欠缴费额、缴费人员、已缴费时间等基础性资料掌握不全，有的根本就没有。如抚州市征收部门掌握的参保单位的一些基本情况是几年前的粗糙数据，近年来的变动情况基本上没有掌握，参保单位历年欠费情况也没有完整记录。（二）部分失业人员和下岗职工的合法权益没有得到有效保障。1.部分市、县失业人员没有按规定享受失业保险待遇。萍乡市、赣州市、宜春市失业金发放较好，年发放额达千万元，鹰潭市、上饶市、九江市、新余市、抚州市等市失业金发放较差。鹰潭市2002年全市仅发放失业保险金2万元，上饶市所辖13个县（市、区）有6个县没有发放分文失业保险金，抽查的都昌县、永修县、乐平市等县市截至审计日没有一人享受过失业保险待遇；2.抽查的160户企业中，有个别地方没有按时足额发放下岗职工基本生活费，或降低生活费发放标准。如上饶市航运公司2002年1—8月下岗职工月人均发放生活费95元，江西稀有稀土金属钨业集团公司2002年底公司账上结余下岗资金89万元，2003年1—5月分文未拨；3."三项保险"没有足额代缴。有些地方在为下岗职工代缴"三项保险"没有充分兑现政策，存在打折扣现象。有的财政部门没有安排资金，如吉安市本级和抽查的吉安县、吉州区，近两年财政既没有将下岗职工基本医疗保险拨给企业中心，也没有直接缴纳，资金截至审计日仍滞留在财政账上。有的改变政策、降低标准，如于都县将下岗职工8%基本医疗保险改为3.2%大病医疗保险，致使全年少代缴29.47万元。（三）促进就业资金使用不够规范。1.计划制定不严肃。该项资金在制定使用计划时不切实际，计划数大，按计划拨款造成大量的资金滞留在财政账户之外，不利于资金的管理。如贵溪市财政局2002年按计划拨付购买公益性岗位资金236万元，实际开支仅为25.97万元。其他市县也存在类似情况；2.资金使用超范围，变相用于其他方面的支出。如抚州市电机厂进入再就业中心人数仅为21人，一次性缴纳社会保险费只需要10万元，而财政实际拨付协保费却达100万元。赣州市本级2002年将200万元借给赣州华坚国际鞋城有限公司建厂房。

省审计厅向省政府提交了《关于全省2002年度失业、下岗、促进就业资金筹集使用和管理审计情况的报告》，省长黄智权、副省长孙刚均在审计报告上作出批示：从审计的情况看，全省2002年度失业、下岗、促进就业资金的使用和管理总是好的，但也存在不少不容忽视的问题，尽管有的是局部的，但必须引起高度重视。劳动保障厅要对存在的问题逐一检查，切实纠正，以确保这些资金规范运作，严格管理，充分发挥效益。

2005年6月，根据审计署指令，省审计厅组织对南昌市政府本级及东湖区、西湖区等5个区2004年度失业保险基金的筹集、使用及管理情况进行审计，并延伸审计市本级促进就业资金使用情况，审计结果报告审计署。省审计厅向省政府提交的《关于南昌市2004年度失业保险基金审计情况的报告》反映的主要问题：（一）南昌市本级2004年末有失业保险基金收入2942.88万元未及时入账，当年基金收入反映失实。（二）南昌市本级2004年底有未收回的失业保险基金440.5万元，占2004年末累计结余的2.38%。审计在以前年度曾要求南昌市及其有关部门采取积极措施收回被挤占挪用的基金，但至审计日尚有399.5万元没有收回。（三）失业人员的权益没有得到充分保障。南昌市失业保险管理部门在审核失业人员是否能享受失业保险待遇时，将失业人员原所在单位是否欠费作为能否享受的先决条件，导致已履行缴费义务满一年的失业人员未能按规定领取失业金，侵害失业人员的正当权益。因为未足额缴费的单位基本都经济效益不佳，其失业人员的比例也更大，所以很难满足失业保险管理部门的条件。（四）财政监督不到位，专户管理有漏洞。1.南昌市失业保险处 2004 年末收入户余额 3021.61 万元，支出户余额 2049.81 万元，这种做法违反《社会保险基金财务制度规定》，专户管理的作用未得到真正体现，给基金的安全带来隐患；2. 促进就业资金未按实际使用进度拨款，导致使用单位留有过大资金余额有的高达 610.42 万元，不利于资金的安全。

省长黄智权、省长助理熊盛文均在审计报告上作出批示：这次审计发现的问题，有的属管理不完善的问题，有的属落实政策打折扣的问题，有的属历史遗留。省劳动保障厅要加强指导和督促，进一步完善管理，落实政策，把失业保险基金管好用好。

工伤保险基金审计

2005 年 4—9 月，为了解全省工伤保险基金筹集、使用及管理情况的现状，促进工伤保险基金筹集到位、管理规范，完善社会保障体制，保证社会保障制度健康发展，省审计厅组织全省审计机关对全省 2004 年度工伤保险基金的筹集、使用及管理情况进行审计。审计发现的问题主要是：（一）征缴覆盖面窄，结构不合理，受益率低，尚未形成一个有效的安全保障网。1. 征缴人数少，部分市、县尚是空白。基本养老保险全面覆盖在全省尚有一定距离，全省工伤保险仅及基本养老保险覆盖面的 35%；2. 参保单位结构不合理，工业企业参保少，如新余市本级工伤保险参加单位 57 户，仅有 3 户工业企业，其余均为商业、服务业。高风险行业参保少，全省煤矿、有色金属、花炮生产等高风险行业基本上没有参保。非公有制经济及其他形式的劳动者参保少，全省工业园区企业、改制后的民营企业基本上没有参保；3. 由于近年来全省所有制结构转型力度较大，经办机构征缴力度不够，导致部分市县基金征缴呈萎缩、下降趋势；4. 2004 年全省工伤保险待遇支付 2300 万元，不到当年收入的 38%，全年没有一例工伤支出的市县有 25 个。收益率太低不仅有悖于社会保险的宗旨，也不利于保险工作的宣传。（二）基金被挪用现象较严重，违规提取费用普遍。全省工伤保险基金被挪用 9428.82 万元，占全部基金结余的 31.1%。如南昌市劳动和社会保障局历年共动用工伤基金 6800.46 万元兴建劳动康复医院、星子太乙村康复中心、职工宿舍；景德镇市社保局 2004 年挪用工伤基金 1168.35 万元，用于垫付养老金资金缺口。浮梁县以前年度挪用基金 111.85 万元购置固定资产，珠山区以前年度挪用基金 131.73 万元尚未归还，其中弥补行政经费 52.5 万元；赣州市 19 个县市中有 16 个存在挪用现象，共计挪用 678 万元，主要挪用于弥补行政经费、购置固定资产、出借资金等。（三）基金监管缺位，基础管理薄弱。2004 年末全省尚有 50 个市、县未将工伤基金纳入财政管理，长期游离于财政监督之外。有的市、县虽设立财政专户，但财政监管不力。有的市、县财政专户形同虚设，"现进现出"。不按规定将基金存入国有商业银行，而是存入农村信用合作联社或购买城市投资债券；有的地方虽然征缴力度在加大，但对缴费相关信息管理相当原始，存在记录粗糙、登记不全等现象，从台账上很难反映一个单位是否足额缴费、欠费等信息，不仅使管理工作无法到位，而且侵犯缴费者的权益。

省审计厅向省政府提交了《关于 2004 年度江西省工伤保险基金筹集、使用及管理审计情况的报告》。省长黄智权、省长助理熊盛文均在报告上作出批示：国务院条例和江西省实施意见出台后，全省各级劳动和保障部门对加强工伤基金管理采取了不少措施，但从审计情况看仍然存在一些不规范的问题。省劳动保障厅要按照审计报告中反映的问题逐一进行梳理，在规范业务流程、完善基金管理、界定支出范围、防止违规挪用方面提出更有效、更明确的办法，努力使工伤保险的功能作用更好发挥。历史上的违规挪用要得到妥善处理，坚决杜绝新发生的挪用现象。

其他审计

2004年3—6月，为了解南昌县、分宜县、贵溪市、崇义县、樟树市、婺源县、吉安县7县市新型农村合作医疗试点工作开展情况，省审计厅组织对7县市自2003年7月试点工作开展以来的情况进行审计调查，抽查12个乡镇、25个村，重点调查财政补助资金是否到位、农民参保人数是否真实、专款是否专用等情况。省审计厅向省政府呈报的《关于江西省新型农村合作医疗试点工作审计调查情况的报告》反映的主要问题是试点县农民参保人数存在较大"水分"。由于新型农村合作医疗是一项新生事物，农民对合作医疗还存在一些疑虑和担心，加上试点县市对政策理解不透，盲目追求高参保率，层层向下分配指标，村委会、乡镇政府为完成任务，用乡、村其他资金垫付，甚至乡、村干部或乡村医生自己垫付，造成向上级申报补助资金人数与发放医疗证可享受医疗补助的农民人数不符，上级补助了资金农民却没有得到实惠。如婺源县多报4809人、多报2.16%，崇义县多报20288人、多报17.97%，南昌县农医办无依据凭空多报人数17301人，贵溪泗沥镇上报没有垫资，审计发现实际垫资8469人，垫资人员未发放医疗证。

针对审计发现的7个试点县市多报新型农村合作医疗参保人数的问题，省审计厅向省委、省政府呈报的题为《层层"注水"多报，参保人数不明》的审计要情。省委书记孟建柱、省长黄智权均在《审计要情》上作出批示：农村合作医疗改革的试点工作很重要，容不得掺半点'水分'。审计厅反映的情况，分管领导要组织力量，采取有效措施，对7个试点县逐县核实合作医疗参保人数，并继续抓好试点工作。

2006年2—3月，省审计厅对省卫生厅及所属15个事业单位2005年度财务收支情况进行审计。审计发现的问题主要是：（一）部门预算中注重资金争取，弱化实际需求。如本级事业费有儿童乙肝疫苗购置费年初结存800万元，2005年预算安排财政拨款500万元，当年支出713万元，当年仍结存587万元；（二）预算约束力不强，存在公用经费挤占项目经费的现象。预算支出项目不够细化，在实际执行预算过程中出现项目支出与公用支出混合无法界定的现象。预算执行中注重对项目经费的拨付，弱化对二级预算单位必要的财务监督；（三）公费医疗专项经费使用方面。"大处方"现象较严重，如省公费医疗门诊部单张处方超过200元的有6885人次，最大的一张处方为525.45元。有的处方配药量大大超过合理用药量，门诊部排名前20位的药品，单日处方超过合理用量的达38589次，占这20种药开出次数的19.47%。有的人为了达到多拿药的目的，就采用重复就诊的方法，而医院执行相关制度不严格，如没有按规定写病历，导致重复就诊、大量套取药品现象普遍，如公费医疗门诊部一人一日2张处方以上的，有21890人次，每人一日3张处方以上的有1626人次，最多一人一天7次。年末抢药现象没有引起足够重视。省公费医疗门诊部2005年12月门诊用药量为609.14万元，占全年门诊用药的21%。有的人为将当年所加的定额用完，就在年末大量开出一些常用药，造成一定程度的浪费。医生的责任心不强，监管制度有缺失。有些病人套取与自己病情不符的药品，男性开女性专用药等，如某男性病人两次分别从门诊开出妇乐颗粒6盒、妇科千金片

3 盒。信息安全存隐患。如省计算科学研究所肖某 2005 年 12 月 4 天时间共在门诊开药 4611.68 元，而其基础定额只有 240 元，在公医办的公费医疗信息系统中并没有肖某增加定额的记录，由于公医办信息系统是由肖某所在计算科学研究所维护，计算机维护人员涉嫌利用职权修改数据库数据。公医办在对享受公费医疗人员的审核过程中存在漏洞。省卫生厅下属单位劳卫所 12 名已停薪留职人员仍在享受公费医疗，有的甚至自己开办医院，造成国有资产的流失。公费医疗专用经费被挤占。如将卫生厅应负担的医疗费在公费医疗专项经费中开支，在公费医疗专项经费中列支办公经费。公费医疗门诊部按招标零售价出售药品，差价部分直接用于经费开支，没有缴入财政专户实行"收支两条线"管理。

针对省公费医疗办公室公费医疗信息管理系统数据库数据被私自修改，从公费医疗门诊部套取与病情不符的药品，造成国家公费医疗经费损失的问题，省审计厅移送省公安厅公共信息网络安全监察大队进一步查处；针对肖某、陈某某等人套取国家公费医疗经费，造成国家公费医疗经费损失的问题，省审计厅移送省公费医疗办公室进一步查处；针对省劳动卫生职业病防治研究所按业务收入的 15% 向客户经办人员支付回扣，涉嫌不正当竞争和商业贿赂的问题，省审计厅移送省纪委驻省卫生厅纪检监察组进一步查处。

2007 年 3—9 月，为全面掌握全省企业职工基本养老保险基金、城镇职工基本医疗保险基金、失业保险基金、工伤保险基金、生育保险基金（以下简称"五项基金"）的收支规模、基金结余分布，以及基金管理运行情况，根据审计署的统一部署，省审计厅组织全省审计机关对全省五项基金的筹集规模、制度运行、资金效益情况进行审计。审计查出挤占挪用基金 19000 万元，预缴养老金 168000 万元管理不规范等问题。审计发现的问题主要是：（一）1999 年以前各地被挤占挪用的五项基金尚有 2555.71 万元未收回。被挪用的基金主要是新余市、萍乡市、景德镇市等政府或部门单位将五项基金挪用于投资及其他违规出借，至今已形成不良资产或不良债权。（二）2000 年以后五项基金发生新的挤占挪用 10933.48 万元。1. 南昌市劳动和社会保障局挪用工伤基金 7120.46 万元；2. 九江市本级、赣州市章贡区、弋阳县财政挤占挪用医疗保险基金、工伤保险基金用于发放退休人员养老保险金 2362.91 万元，以弥补养老保险基金缺口；3. 玉山县公费医疗办、永修县等经办机构违规出借基金未收回，实际挤占挪用 1450.11 万元。（三）扩大五项基金支出范围列支 5773.32 万元。1. 赣州市、抚州市等部分市县将医疗保险基金用于弥补离休干部医疗费，超支金额达 3900 万元；2.2006 年五项基金仍有以提取管理费、工伤调查认定费、失业培训费和职业介绍费等名目扩大基金开支范围，挤占挪用基金 809.23 万元，用于弥补行政经费不足。（四）11 个设区市五项基金少反映收入 168000 万元，主要是预收改制企业养老保险费和医疗保险费，也有少部分是当年正常保费收入，有的地方调剂征收进度而不计或缓计当期收入。（五）部分基金未执行"收支两条线"管理，财政监管存在缺位现象。有的地方基金尚未纳入财政专户管理，有的地方虽然开设专户，但上缴财政专户不及时。（六）工伤、失业保险基金征缴结构不合理，保障功能难以显现。1. 失业保险多取少予。2006 年全省失业保险费收入 50000 万元，而保障支出只有 17000 万元。由于失业保险缴费主体结构不合理，有的地方失业保险缴费主体为事业单位，真正失业的人群因未缴失业保险费而领不到失业金，有的地方甚至无一人领取失业金；2. 工业企业、高风险行业、非公有制经济及其他形式的劳动者参保工伤保险少，导致全省工伤保险金结余大，受益面低，2006年全年工伤保险待遇享受人数只占缴费人数的9‰。有的工伤保险费甚至来源于一些改制企业，这些改制企业职工缴费以后实际上无法享受到工伤保障。（七）中央管理的企业职工养老保险下放地方管理已多年，但一些遗留问题至今未清理，如省信用合作联社、省邮政局、省电信局等12个中央管理单位总计25000万元养老保险费长期未清算并滞留在各单位未上缴省社保局。省社保局没有按月足额对省工商银行、南昌铁路局等单位筹集养老金。此外，由于业务与财务脱节，资金未到账而照计个人账户，导致虚计个人账户。审计还发现，政府承诺的企业改制社会保险债务巨大，至今没有兑现，涉及企业222户，职工57115人，欠缴养老保险费医疗保险费40250.01万元；南昌市社保处等19个社保局2006年以"社会化管理服务费"名义向退休人员收取代管费1629万元，收取对象相当一部分是退休个人，有的甚至是破产企业的下岗失业人员。2006年代管费开支1013.09万元，绝大部分用于社保局的经费开支或拨给基层劳动保障所作经费，只有个别地方用于单位基本建设支出。退休人员对此项收费意见很大。

省审计厅以《社会保险中几个值得关注的问题》为题，向省委书记孟建柱、省长吴新雄、副书记王宪魁、纪委书记董君舒、副省长孙刚提交的《审计要情》，将景德镇养老保险费征缴不力，造成养老金发放困难；九江市本级靠东挪西凑才能按时足额发放养老金；养老金没有完全实行社会化发放，有的地方仍然采取差额拨补；工伤保险"嫌贫爱富"具有普遍性，保障功能无法显现等几个值得关注的问题逐一进行了汇报。

省长吴新雄、副省长孙刚均在省审计厅向省政府提交的《关于2006年度江西省社会保险基金审计情况的报告》上作出批示：全省社保基金审计的情况应高度重视，劳动保障厅、财政厅要共同研究"大额结余"问题与全省相当部分困难职工没有能力参加养老保险问题；向退休人员收取代管费应不应该废除？怎么处置才能解决这类问题？按审计要求、建议整改落实督办到位。

是年6—9月，根据省政府领导指示，为全面掌握全省新型农村合作医疗（以下简称"新农合"）基金的收支规模、基金结余颁布以及基金管理运行情况，保证基金的安全和完整，省审计厅组织全省11个设区市审计机关对2003年7月试点以来至2006年末开展了新农合工作的40个县（市、区）的新农合基金的筹集、管理和使用情况进行审计。审计发现的问题主要是：（一）南昌市、九江市、吉安市、赣州市、上饶市等地财政部门未及时拨付中央财政补助资金2605.69万元；（二）虚报参合人数骗取财政补助资金或少筹集新农合基金。如上饶市部分县的部分乡镇存在代垫农民交纳医疗基金现象，截至2006年末共代垫资金22.74万元，涉及1.52万人，骗取财政补助资金60.65万元。永修县白槎镇2006年农民自缴费也存在村里垫资的现象。南丰县2006年没有据实对农民进行缴费，而是用2005年度个人门诊账户结余款55.59万元抵缴农民个人的应缴款，造成少筹集资金，不利于基金扩资增效；（三）部分市县擅自扩大出口支出范围支付医疗费用，或因经办机构医疗补助支出审核不严，将不属于可报范围内的费用予以报销、属于可报范围内的费用未予以报销并无依据扩大可报销费用，造成多支付个人补助款，以及挤占挪用新农合基金作为乡镇农医所办公经费；（四）基金未按规定实行财政专户存储，有的坐支医疗基金。全省7个设区市试点县的财政部门和经办机构违规将基金存入农村信用社或城市信用社，而未按规定存入国有商业银行，金额高达9127.87万元；

（五）萍乡、上饶等部分试点县经办机构无依据收取医院、诊所的工本费、资料费、调剂费、赞助费、保证金等 51.33 万元;（六）截至 2006 年末审计调查的 40 个试点县累计结余基金 24199.95 万元，占基金收入总额的 31.66%，基金结余过大，报销比例偏低，农民享受医疗补助受益面较窄，抚州市 4 个县全年住院受益面只有 7.5%，长此以往，必将影响农民参加合作医疗的积极性。

省审计厅向省政府提交了《关于全省新型农村合作医疗基金审计情况的报告》。省长吴新雄、副省长胡振鹏均在审计报告上作出批示：审计发现的问题必须纠正、整改，省卫生厅要狠抓落实。

是年 9—11 月，按照省政府指示，省审计厅组织对全省 2002 年 1 月至 2006 年 12 月企业离休干部医药费单独统筹资金收支情况进行审计。审计结果表明：全省资金缺口 18731.37 万元，审计核减资金缺口 3830.27 万元。18731.37 万元资金缺口主要构成是：占用职工基本医疗保险资金 4553.55 万元、占用行政事业单位统筹资金等其他资金 1028.67 万元、占用定点医疗机构资金 13149.15 万元。产生资金缺口的主要原因:（一）筹资的有限性与支出的无限性的矛盾。一方面,离休干部已进入"高龄""高发病"时期,其医药费保障实行"在规定的范围内实报实销"。在支出上表现出刚性的无限性。另一方面，筹资标准偏低，各地差距大，经费保障有限，改制企业缴费低，困难企业财政也没有帮助解决；（二）医疗收费标准年年上涨与监管乏力并存。

省审计厅向省政府提交了《关于全省离休干部医药费单独统筹资金收支情况审计的报告》。省长吴新雄、副省长孙刚均在报告上作出批示：同意审计厅建议，挤占职工基本医疗金应督促地方财政抓紧归还。

2008 年 3—9 月，根据审计署工作部署，省审计厅组织各级审计机关对全省 2007 年度"五项基金"的筹集、管理、使用情况进行审计，重点关注 2007 年社保资金审计中发现问题的整改落实情况。审计发现的问题主要是:（一）2007 年以前各地被挤占挪用的五项基金通过审计追回 3969.77 万元,尚有 9671.89 万元未收回。被挪用的基金突出表现在政府或部门单位用于投资及其他违规出借,至今已形成不良债权。如南昌市劳动和社会保障局动用工伤基金 7337.47 万元投资。赣县社保局用医疗保险基金 167.13 万元偿还提担保县社保实业总公司办实体贷款。浮梁县历年挤占挪用社保基金 271.66 万元借给县属企业用于生产和本单位修建离退休职工活动中心。新余市政府挪用基本养老保险基金 150 万元用于建设市职教中心；（二）2007 年新发生挤占挪用五项基金 8260 万元。如南昌市劳动康复医院由于资金运转困难，主管部门南昌市医保处违规以预付款形式超标准 20.52 万元支付其医疗费。九江市本级、景德镇市本级为按时发放企业单位职工退休金占用事业单位养老保险基金、基本医疗保险基金、工伤基金等 6756.78 万元。修水县、都昌县、永修县、横峰县、上饶市、玉山县等县离退休干部医疗费占用医疗保险基金 928.78 万元。信州区、玉山县、贵溪市、永修县等社保局经办机构占用社保基金 118.13 万元用于工作经费；（三）五项基金少反映收入 220000 万元。其中社保机构为调剂征收进度，南昌市、赣州市预收改制企业养老保险费和医疗保险费，以及宜春市正常保费收入等未计收入 98869.89 万元。上饶市全市因财政配套资金未及时拨付养老保险基金、乐平市财政欠拨基本医疗保险基金等减少收入 3214.34 万元。抚州全市、新余全市等地以政府抄告单形式要求社保局为改制企业职工办理养老保险和医疗保险手续，政府承诺负责偿还所欠社会保险费未兑现，减少收入 34512.51 万元。吉安市等地社保机构未按规定征收，减少收入 14497.4 万元。九江市等地所辖参保企业无力缴费，欠缴社保基金69629.53万元。银行未按优惠利率计息，致使南昌市本级、九江市等地减少收入874.39万元；（四）南昌市、景德镇市、宜春市、新余市等市的72700万元养老保险基金、基本医疗保险基金未按规定缴入财政专户管理；（五）景德镇市、九江市等个别地区基本养老保险基金结余出现负增长，严重影响到基金的良性运转。

省审计厅向省政府提交了《关于全省2007年度五项社会保险基金审计情况的报告》。省长吴新雄、副省长孙刚均在审计报告上作出批示：管好用好社保基金责任重大，意义重大，必须切实加强管理和监督。审计反映的社保基金被挪用问题必须抓紧收回，今后不容许再挪用，少反映收入220000万元问题要高度重视并逐一解决。个别地方基金结余出现负增长，要督促征收，省政府要责成省劳动保障厅牵头并督促做好整改工作。

2009年3—9月，省审计厅组织对全省2008年度"五项基金"的筹集、管理和使用情况进行审计。审计发现的问题主要是：（一）全省五项基金共少计收入304800万元，其中企业职工养老保险基金少收250900万元，基本医疗保险基金少收24000万元，失业保险基金少收19700万元，工伤保险基金少收6300万元，生育保险基金少收3800万元。1.社保机构为追求征收业绩，人为调剂征收进度，将正常保费收入或改制企业预缴款挂往来，不计或少计收入14.45万元；2.宜春市、吉安市等地困难企业欠费131900万元；3.宜春市、新余市、吉安市、上饶市等地政府承诺改制企业所欠社保基金全部由政府财政兜底未兑现，导致五项基金收入减少18700万元；4.广丰县、玉山县、余干县等县财政部门未拨付财政应承担部分的五项基金，导致收入减少5600万元；5.南昌、赣州等地银行未按优惠利率计算导致收入减少。（二）全省共挤占挪用社保基金9883.59万元，其中2008年新发生7586.63万元。1.景德镇市本级、珠山区、九江市本级将基本医疗保险基金等用于发放职工养老保险；2.将医疗保险基金用于本应由当地财政负担的离退休干部医药费统筹基金的缺口；3.社保机构将养老保险收入用于充抵完成工伤和生育保险基金的征缴任务；4.2008年部分市县社保经办机构挪用基本医疗保险基金、失业保险基金等弥补工作经费。（三）基金管理不规范，存在安全隐患。2008年全省有70400万元社保基金未纳入财政专户管理，未按规定存入国有商业银行。

第二节　社会救助资金审计

救灾款物审计

1991—1997年，这段时期城乡居民最低生活保障制度和医疗救助制度还未建立，省审计厅（局）主要组织开展的审计业务是国家关于特大自然灾害救助制度执行情况的审计。如：1991年，省审计局组织各级审计机关对全省1990年度救灾款和1991年支援兄弟省、市洪灾捐赠款物的安排、使用效果情况开展的审计调查。省政府批转了审计调查报告，并发出通知，要求全省各级政府高度重视调查报告中所反映的问题，对贪污、私分、虚报和冒领者，区别不同情况严肃处理，情节严重的，要依法追究责任。被挤占挪用的款物必须追回，认真做好救灾款物的发放和使用工作，增加发放救灾款物的透明度，乡、镇、村一律张榜公布，接受群众监督。民政部门要加强对下拨经费和储金会的管理，及时清理催收周转金，防止损失浪费，提高投放效益。审计等监督部门要加强对救灾款和储金会的检查、监督，发现问题，及时严肃处理；1992 年和 1993 年，根据省政府指示，省审计局和省民政厅联合组织开展全省部分地、市、县 1992 年救灾款使用情况的审计。省长吴官正在审计报告上批示，审计报告很好，同意提出的改进意见和建议。要告诉有关干部，救灾款必须按要求使用，对违反使用造成严重后果的要追查责任。民政厅加强这方面的工作，切实把救灾款用好。副省长舒圣佑批示，对存在的问题要分别不同情况作出处理，并将处理情况报告省审计局；1993 年和 1994 年上半年，省审计厅组织各级审计机关对全省 1993 年度和 1994 年 1—9 月的救灾款物管理和使用情况进行的审计。省政府在批转省审计厅呈送的审计报告的通知中，要求各行政公署、各级政府和省政府各部门"认真对照检查，对挪用、挤占、转移救灾款物的要一件件跟踪查纠，限期改正，情节严重的要给予处分。各级政府及其民政部门一定要以对人民极端负责的精神把救灾款物管好、用好"。《新华社内参》1995 年第 43 期以《江西对救灾款物管理中的问题自查自纠》为题作出专项报道。

1998 年，江西省遭受历史罕见的特大洪涝灾害，各级政府安排下拨大量的救灾款物，同时筹措一定数量的救灾防病防疫经费和物资，社会各界也开展广泛的救灾捐赠活动。12 月，为加强对救灾款物的管理和监督，根据省政府和审计署的要求，省审计厅牵头组织各级审计机关对全省 1998 年度救灾款物和防病资金药品器械分配、使用和管理情况进行审计。审计结果表明：截至 1998 年 11 月底，全省民政等部门和机构接受财政拨入救灾款、社会捐赠款物等总计 146800 万元，实际分配、支出 90700 万元，结余 56100 万元，结余的款项在 1999 年上半年陆续下拨。全省救灾款物的管理使用基本坚持"专款专物专用"和"重点使用"的原则，较好地解决受灾群众的吃饭、穿衣和治疗防疫问题，保证灾后恢复生产重建家园工作的顺利进行，实现省委、省政府所要求的"四个确保"。但一些地方和单位也存在挤占挪用救灾款物、贪污盗窃私分救灾款物以及在发放救灾款物过程中搭车收费、购置假劣物品、擅自变价处理等问题。审计发现的问题主要是：（一）省红十字会直接在捐赠款中列支接收费用；（二）万年县、景德镇市、鹰潭市月湖区童家镇分别挤占挪用救灾款物；（三）新建县郭某某、徐某两人贪污救灾物资（已被法院查办）；（四）婺源县红十字会按每斤大米 0.1元、每件药品 10 元的标准搭车收取运费；（五）上饶市个别卫生院将即将过期的药品和不适用的医疗器械低价变卖给个体行医者。针对存在问题，审计机关提出相应的意见和建议，并将严重违法违纪问题移交司法等部门进一步查处。

省审计厅向省政府提交了《关于全省 1998 年度救灾款物和防病资金药品器械审计情况的报告》。省长舒圣佑、常务副省长黄智权均在审计报告上作出批示：同意审计厅意见。凡挤占、截留、挪用救灾款物的，一律追回；贪污私分的，一律依法依纪查处。

2001 年 4—8 月，根据审计署 2001 年审计工作计划安排，省审计厅组织设区市审计局对全省 1999 年至 2000 年救灾资金的管理和使用情况进行审计。审计发现的问题主要是：（一）资金拨付不及时，滞留现象严重，失去"救灾如救火"的救灾时效。据统计，省、市、县三级财政和民政部门 1999 年结余救灾资金 19203.75 万元，其中省民政厅结余 6866.1 万元。2000 年结余 15439.41 万元，其中省财政结余 3400 万元、省民政厅结余 3929.61 万元。有些地方滞留资金时间很长，如宜春市袁州区、奉新县将 1998 年接收的社会救灾捐款滞留至审计日 2001 年 4 月。有些地方滞留资金比例很大，如上犹县 1999 年和 2000 年收到的救灾资金，至 2001 年 6 月审计时只下拨 6.56 万元，滞留资金占救灾资金来源的 78%。除省、市、县滞留外，部分乡镇滞留救灾款不及时下拨灾民的现象同样普遍存在，财政困难的乡镇滞留尤为严重；（二）挤占挪用受灾群众"救命钱"屡禁不止。其中：全省民政部门将救灾资金用于弥补行政、事业经费不足。以修建救灾仓库、社区服务中心等名义建办公楼、购置汽车、复印机、摄像机等办公用品。扩大救灾资金使用范围，将其作为一般抚恤事业费和社会福利救济费、扶贫款或其他一些临时项目的支出。有的村干部甚至贪污私分救灾款，如瑞金市云石乡下村村委会 8 名村干部在已获得救灾资金补助的情况下，集体私分救灾资金。余干县黄埠镇渡塘村干部私分捐赠物资，梅港乡三连村委会支部书记贪污救灾款。捐赠物资如汽车等大型捐赠物资的分配不合规、不合理，村一级在分配救灾资金过程中透明度不够、优亲厚友甚至用于解决矛盾；南昌县武阳镇、进贤县张公镇等地将应及时发放给灾民的救灾款抵扣上缴款，以及资金管理不规范、财务手续不健全等方面的问题。

省审计厅向省政府提交了《关于江西省 1999 年至 2000 年救灾资金审计情况的报告》。省长黄智权、副省长彭宏松均在报告上作出批示：审计报告上反映的救灾资金使用管理中存在不少问题，应坚决纠正。省民政厅要会同省财政厅：1. 对挤占挪用的，必须限期追回；2. 对贪污私分的，要依纪依法查处；3. 今后必须切实加强管理，实行专户、专账制度。对报告中指出问题的查处结果，及时报告省政府。

2006 年 6 月，省审计厅组织对省红十字会 2005 年度财务收支情况进行审计。省红十字会救灾款收入主要来源于海啸捐款、九江地震捐款、其他捐款。2005 年初结余 176.48 万元，当年救灾捐赠款收入 1218.71 万元，年末累计结余 904.92 万元；香港红十字会截至 2005 年末共拨入重建卫生院项目款 188.12 万元，拨入农村社区备灾项目款 103.86 万元。审计发现救灾捐赠款管理方面的主要问题：救灾捐赠款滞留较大，九江地震捐款 520.86 万元、海啸捐款 89.52 万元、1998 年水灾重建项目等某些有明确意向的捐赠款未及时拨付，未能体现捐款人的意愿；违反《预算外资金管理实施办法》关于以政府名义获得的各种捐赠款应纳入财政专户，实行"收支两条线"管理的有关规定，截至 2005 年末尚有非定向的救灾捐赠款结余 314.05 万元未缴入财政专户管理；救灾捐赠账户与行政账户的资金串户现象较严重，截至 2005 年末救灾捐赠账户中代垫行政户的会务费 23.13 万元、预付账款 52.41 万元，救灾捐赠资金未做到专户管理和核算。

2008 年 6—9 月，为全面掌握各级政府投入和接受捐赠的 2008 年低温雨雪冰冻专项救灾资金和物资的分配、拨付、使用和管理情况，确保救灾款物的安全运行、严格管理、规范使用，促进救灾款物及时足额发放到位，省审计厅根据审计署《关于加强对 2008 年低温雨雪冰冻专项救灾资金和物资审计监督的通知》要求，组织全省各级审计机关对全省低温雨雪冰冻专项救灾资金和物资的分配、拨付、使用和管理情况进行审计。审计查明，中央财政补助江西省低温雨雪冰冻专项救灾资金 134038 万元，省财政安排救灾资金 9000 万元，省民政接受捐赠款 11961.77 万元，省红十字会接受捐赠款 1764.16 万元，省慈善总会接受捐赠款 1489.32 万元。省审计厅向省政府提交的《关于全省 2008 年低温雨雪冰冻专项救灾资金和物资审计情况的报告》反映的主要问题：（一）资金拨付不够及时，滞留救灾资金的现象较普遍。截至 2008 年 6 月，地方各有关部门共滞留救灾资金 20333.95 万元，其中财政部门滞留16058.45万元、民政部门滞留2694.53万元、红十字会滞留166.88万元、其他部门滞留1414.09万元；（二）挤占挪用救灾资金的现象仍然存在。如赣州个别县（市、区）将救灾资金15万多元用于单位职工发放补助、将救灾资金用于抢修人员补助工资和用餐等支出、将中央财政拨入的职工生活困难补助费用于下属林场修路购置设备等。井冈山报社将用于卫生接收系统修复冰冻专项补助资金用于单位信息服务费、屋面及下水道维修、购买电脑等支出，改变资金用途。万安县民政部门将救灾款用于社会救济和拨付敬老院、防治所等单位使用。有的乡镇没有将救灾资金和生产资料等补助全部发放到受灾户手中；（三）救灾资金的管理漏洞较大，救灾款物的发放不够透明。如安义县畜牧水产局以现金方式将救灾资金支付给县长埠水产养殖场等3个单位，将灾后重建资金转入个人存折，新民乡以现金方式支付引水改造工程和维修款，石鼻镇以现金方式支付供水设施工程。新建县乐化镇民政所以现金方式将农业救灾资金支付给江西恒盛农业开发有限公司，将江西国际信托投资公司定向捐赠资金以现金方式支付给乐化镇江桥小学，并存放在学校校长个人存折上。萍乡市大多数村委会没有向村民公布被救济人员的具体名单和金额，以及上级拨付救灾款物的具体情况和发放原则，没有实行"四公开"制度。吉安市个别地方救灾资金分配和发放未按规定程序操作，存在大额补助分配和发放向私企老板和村干部倾斜等现象。上饶市个别地方在发放救灾资金和物资的过程中存在手续不全，操作不规范、分配不公等情况。针对存在问题，省审计厅均提出整改建议。

省审计厅向省政府提交了审计报告，省长吴新雄、副省长孙刚均在审计报告上作出批示：审计反映的问题应高度重视，认真整改。省民政厅根据省长吴新雄、副省长孙刚的批示，对省审计厅审计报告中所反映民政救灾资金使用管理方面的存在的问题，进行认真整改，并及时向省政府提交《关于对2008年低温雨雪冰冻专项救灾资金和物资审计整改情况的报告》，按省领导批示分配使用救灾捐赠资金，对滞留的救灾资金按规定用途限期下拨使用，对挤占挪用的救灾资金限期收回，切实整改救灾资金的管理漏洞。

是年6月，根据审计署指示，省审计厅组织对汶川地震救灾资金实行全程跟踪审计。审计查明，截至10月8日，共筹集救灾资金101415.35万元，已拨付使用金额67934.92万元，总结存金额33480.43万元；捐赠物质折算金额9151.36万元，已拨付使用金额8684.37万元，结存466.99万元，尚有17家企业承诺捐赠尚未到位。总体情况较好，未发现较大违法违纪问题。审计结束后，省审计厅共向审计署提交审计报告4篇，向省政府提交审计报告1篇，确保140000万元的救灾款物规范合理使用，做到让人民群众放心、明白。

是年6月11日，根据审计署抗震救灾款物审计领导小组办公室《关于将特殊党费纳入审计范围并报送有关情况的紧急通知》，省审计厅组织对全省缴交特殊党费进行审计。结果表明，中共江西省委组织部统计的特殊党费缴交情况：全省交纳特殊党费的党员778211人，其中交纳1000元以上的党员78540元，占交纳特殊党费党员总数的10%；全省累计收缴特殊党费23381.36万元，党员人均交纳300元；已汇入中组部党费账户10148.93万元。同时，省审计厅组织对全省汶川地震抗震救灾资金及物资的捐献、使用情况进行审计。2008年11月6日向省政府提交的《关于全省汶川地震抗震救灾资金及物资审计情况的报告》显示，截至10月8日，全省共筹集救灾资金101415.35

万元，其中财政性资金 22181.35 万元、捐赠资金 79234 万元；已拨付使用资金 67934.92 万元，其中汇中央单位 213.18 万元、本级救灾支出 1691.7 万元、汇四川小金县金库 20000 万元、拨省建设厅用于四川活动板房建设 37700 万元，汇四川省、陕西省、甘肃省、重庆市等省市 8330.04 万元；救灾资金总结存 33480.43 万元，其中省本级结存 29978.65 万元。收到捐赠物资 9151.36 万元，已拨付、使用捐赠物资 8684.37 万元，捐赠物资结存 466.99 万元。报告披露，江西铜业股份有限公司、江中制药（集团）有限责任公司、赛维 LDK 太阳能高科技有限公司、中国移动江西分公司等 17 家企业、单位承诺捐赠但资金 1906 万元未到账。审计建议，各地结存资金应及时上缴省红十字会、省慈善总会，避免因资金结存引发的挪用冲动。相关职能部门应对 17 家企业、单位承诺捐赠资金采取媒体通报等措施督促其到位。

2009 年 3—4 月，省审计厅对九江市、吉安市等市政府 2008 年低温雨雪冰冻专项救灾资金管理及使用情况进行审计，九江市审计涵盖了市本级和都昌县、彭泽县、九江县和永修县；吉安市审计涵盖了市本级、泰和县、安福县、永丰县和新干县。审计结果表明：面对多年不遇的低温雨雪冰冻自然灾害，九江市、吉安市等市、县政府积极应对，迅速启动救灾应急预案和赈灾工作机制，投入大量的人力、物力和财力，在较短的时间内恢复生产、生活，维护灾区社会稳定，救灾工作取得了成绩，但在资金的使用和管理上还存在问题。九江市审计局发现的主要问题：（一）市环保局自行改变救灾资金计划和用途，将中央财政灾后环境监测能力恢复重建和应急监测补助资金 293 万元重新进行分配，致使资金使用单位到账资金与文件不符，其中市环境监察支队与市环境监测站将救灾资金用于购置小汽车，至审计时尚有结余救灾资金没使用；（二）部分单位挤占挪用救灾资金。如市农业局将上级拨入的救灾资金用于基地开工庆典，给都昌县林业局下属候鸟保护区管理局的救灾资金，实际全部用于县林业局招待费等行政经费开支；（三）灾后恢复重建资金使用效益低，未充分发挥救灾资金的应急作用。如永修县水产局下属白莲湖鱼种场收到鱼种补助款及生产设施修复补助款，到截至审计日只使用其中的 50%。都昌县林业局 2008 年 12 月收到的救灾资金，2009 年 3 月底还有 1/3 没到位，其中截至审计日尚有 9.01 万元没有使用。都昌县城镇污水处理六个项目 2008 年末完工，救灾资金结余全部在县财政局；（四）救灾资金发放程序不规范，手续不健全。如彭泽县发放救灾资金未通过"一卡通"，而是由制表人代签名领取，或无发放依据和报灾记录等。九江县救灾资金发放不规范，没有灾民受灾情况、相关审核记录等必要的审核发放依据。永修县救灾资金发放存在代签名现象。吉安市审计局发现的主要问题：（一）挤占挪用救灾资金。如江西 706 电视调频台挪用救灾款用于购置、维修广播电视设备及附属设施。吉安市城市管理局将救灾资金转作工会费用。泰和县南车水库管理局收到救灾资金 10 万元，实际这里没有雨雪冰冻灾害损失，10 万元资金仍然在财务账上未使用。泰和县水土保持站将专项用于"特大防汛抗旱"救灾款用于办公楼维修。安福县横龙镇、洲湖镇等有关村委会将"蔬菜果业灾后重建"资金 5 万元，全部用于新农村建设。安福县环保局 2008 年挪用救灾款购买汽车。安福县发展改革委擅自改变省财政下达的"地方自建自管电网恢复重建"救灾资金用途，拨付县建设局"街道路面"资金，实际用于该局行政经费，拨付横龙镇"供水管网"资金，实际用于街道安装路灯，拨付竹江乡"供水管网"资金，至审计时未使用。安福县山庄乡将省财政下达的"乡村供水设施灾后重建"资金，用于乡政府办公维修。

新干县文家村将省财政下达的文化事业救灾资金，用于弥补该村新建文化活动室经费；（二）部分救灾资金滞留财政。如安福县 2008 年收到省财政下达的"统筹用于灾民救助、防疫防病、物资供应、社会治安及恢复生产生活条件等各项救灾支出"财力补助资金 302 万元，至 2009 年 4 月，仍没有将资金分配和下拨。新干县财政局 2008 年收到中央第一批中央林业灾后恢复重建补助资金，至 2009 年 4 月才下拨各林场；（三）部分救灾款物管理不规范。如新干县将省财政下达的受灾财力补助款拨给新干县工业园区管理委员会，园区管委会违规将资金用于 17 家私营企业，其中有 4 家私营企业的救灾资金均没有收支账，无法核实救灾款的用途和最终去向。江西 706 电视调频台 2008 年 6 月收到吉安市抗冰救灾捐赠物资电缆，当年 9 月未经县级以上政府民政部门统一组织实施和公开拍卖方式，违规自行处置使救灾款物严重受损。

是年 9—10 月，根据审计署文件精神，省审计厅组织对江西省组织汶川地震救灾资金物资情况进行审计，审计内容包括省本级直接组织的和各设区市及县（市、区）组织的救灾资金物资筹集、拨付、结余情况，向审计署提交的《关于江西省对汶川地震救灾捐赠资金物资情况的报告》表明：全省各级政府及负责筹集救灾资金等部门在执行国务院及有关部门出台的社会捐赠款物的筹集和管理使用规定的过程中没有发现违规操作，未发现私分、隐藏捐赠资金、违规或高价采购等问题。在对四川小金县灾区支援资金的安排、来源及拨付的过程中，没有发现违规操作等问题。

2010 年 7 月，根据审计署社保司《关于报送截至 7 月 9 日玉树地震抗震救灾资金物资审计情况的紧急通知》和民政部《关于做好玉树"4.14"地震捐赠资金汇缴收尾工作的通知》精神，省审计厅组织各设区市及县（市、区）审计机关对全省组织玉树地震抗震救灾资金物资情况进行审计。审计查明：截至 2010 年 7 月 9 日，全省共筹集救灾资金 7983.2 万元，其中财政性资金 117.92 万元、民政部门筹集资金 74.59 万元、红十字会筹集资金 2334.45 万元、慈善总会筹集资金 5456.24 万元；已支出救灾资金 7088.71 万元，其中直接拨往灾区 657.21 万元。救灾资金结存 894.49 万元，其中应缴未缴资金 862.39 万元仍在汇缴途中。收到捐赠物资折价 272.22 万元，全部拨付灾区，无结存。审计结果表明：全省各级政府及负责筹集救灾资金的部门在执行国务院及有关部门出台的社会捐赠款物的筹集和管理使用规定的过程中，尚未出现违规操作，未出现私分、隐藏捐赠资金，违规或高价采购等问题。

省审计厅及时向审计署提交《关于江西省对玉树地震抗震救灾物资审计情况的报告》，7 月 30 日，审计署社保司书面来函，表扬省审计厅及时、准确地报送审计结果报告和报表，顺利完成 3 次阶段性审计，为审计署两次审计结果公告提供了有力的支持。

移民建镇资金审计

1999 年 4—5 月，根据审计署的统一部署及省委、省政府领导多次强调要切实加强移民建镇资金审计的指示精神，省审计厅组织南昌市、九江市及上饶地区审计局采取上审下的方式，对其辖区内有移民建镇任务的 22 个县（区、场）截至 1999 年 3 月底的移民建镇资金分配、管理和使用情况进行审计。省审计厅直接审计南昌市、九江市、上饶地区三地（市）本级和都昌县及省属蚕桑、恒丰垦殖场的移民建镇资金管理、使用情况。审计组采用听取有关部门的情况汇报、查阅有关文件资料、实地走访移民户进行问卷调查等形式，审计调查了移民建镇资金发放到户、移民建房进度、旧房拆除及移民安置等情况。审计资金总额 54210 万元，占全省已下拨资金总额的 77.6%。审计乡镇 157 个，调查移民户 13742 户。查出违纪违规等有问题资金 11749 万元，提出审计建议及整改意见 111 条。审计发现的问题主要是:(一)移民建镇资金滞留较大。省财政根据各地上报的总体建房进度，已下拨移民建镇资金 69861 万元，占中央拨入该省资金总额的 40%。县、乡实际用于移民建镇的资金 27449 万元，尚有 42276 万元仍滞留在县、乡甚至村级账上未拨付使用，占省拨入县级资金的 60%，其中县级滞留 33349.5 万元、乡级滞留 7719.1 万元、抽查的部分村滞留 396.9 万元；(二) 挤占挪用移民建镇资金。如永修县挪用移民建镇专项资金用于购置小汽车及费用，立新乡挪用移民建镇资金垫付欠交电费。九江县挪用专项基金代县水泥厂交固定资产调节税和增值税。都昌县挪用专项基金给县物资公司用作流动资金及给县都中公路指挥部用作修公路。波阳县公共设施支出挤占应补助到户的资金 668 万元；(三) 一些地方违反上级移民建镇的有关规定，各行其是。如铅山县福惠乡用移民建镇资金征用水田按每亩 4000 元和 6800 元、旱地按 3000 元给予征地补偿（省委、省政府 8 条优惠政策标准分别为每亩水田不高于 3000 元、旱地不高于 2000 元），不仅违反省优惠政策规定，也使该乡移民建公共设施资金大大超支。进贤县、永修县、都昌县等个别地方不但不给移民户优惠，还以村提留、统筹、水电费、接待费、手续费、填表费、管理费等各种名目，抵扣、克扣应发放给移民户的补助资金。星子县、余干县、湖口县等不少地方违反规定不设移民建镇资金专户、多头开户，甚至用储蓄存折存取资金。德安县、波阳县、九江县等一些地方违反省领导和省移民建镇指挥部、省计委明文规定，以各种理由统建房屋、统购建材，部分房屋已出现严重的质量问题，引起建房户的不满，造成很坏的社会影响。波阳县、星子县等有些地方违规用移民建镇资金进行规划区外的建设；(四)部分县、乡、村移民建镇资金拨付、使用、管理不规范，有些甚至做假应付检查。南昌县塔城乡、蒋巷镇，万年县马塘镇等地移民建镇工程项目无概算、无承包协议合同，白条报账付款现象在一些乡、村较为普遍。上饶茅家岭乡同心村、都昌县芗溪乡井头程西村等个别地方弄虚作假，虚报冒领移民建镇资金等。

省审计厅向省政府提交了《关于江西省移民建镇资金分配、管理和使用情况的审计报告》。省长舒圣佑、常务副省长黄智权、副省长孙用和均在审计报告上作出批示：审计揭露出来的问题，必须迅速查处，择典型进行处分，必要时公开曝光。省委常委、省纪委书记马世昌也作出批示：要组织力量抓紧时间，以事实、证据和适用条款严肃查处。7 月 1 日，省政府召开有关地市县领导及移民建镇办、监察、审计和财政等部门主管领导参加的大会，专门通报审计情况，并布置整改工作。会后，省审计厅根据省领导的指示和批示，及时组织三地市审计局检查落实各有关县对审计查出的移民建镇资金管理、使用中存在问题的整改情况。并于 7 月 30 日向省政府提交《关于江西省移民建镇资金管理使用中存在问题整改情况的报告》，移民建镇资金的拨付进度得到明显加快，挤占挪用的资金得到归还，违反规定自行其是的行为得到纠正，资金管理逐步走上规范化。

2000 年 3—4 月，根据江西省第一期移民建镇工程省级验收考评的总体要求，经省政府领导同意，省审计厅组织南昌市、九江市和上饶地区审计部门共 160 余人对其辖区内有移民建镇任务的 24 个县（区、场）第一期移民建镇资金分配、使用、管理情况进行审计，省审计厅直接审计南昌市、九江市和上饶地区财政局移民建镇资金专户及南昌县移民建镇资金管理、使用情况。审计总金额173000万元，审计调查乡镇157个，调查移民户数42691户，查出违纪违规等有问题资金46000万元。审计发现的问题主要是：（一）滞留和挤占移民建镇资金42000万元，其中建房补助款27000万元、公共设施建设资金15000万元。南昌县、九江市、上饶市三地市都存在滞留移民建镇资金的问题，如波阳县、乡、村三级滞留资金13724.39万元，都昌县、乡两级账面资金滞留7386.5万元；（二）抵扣、克扣移民建镇资金1277万元。如万年县梓埠镇代扣村提留及旧欠利息及地皮调整费。余干县抵扣、克扣移民建镇建房补助资金的项目有征地费、平地费、旧欠税收、欠村统筹提留、电排涝费、工匠费等。都昌县南丰乡克扣款多达14项，甚至连餐费都在补助款中扣抵；（三）挤占挪用及超范围使用移民建镇资金1286万元。主要是公共设施建设资金挤占到户补助资金，规划区外的道路、桥梁、小学、文化站等建设挤占移民建镇资金，用移民建镇资金垫交财政税收等；（四）虚报冒领移民建镇资金，如余干县江埠乡蛇塘村委会干部张某某等人以1户报2户的方式，多报移民户数骗取补助资金。波阳县碧山乡东湖集镇原村支书、村主任利用平整地基之机，虚报工程支出，涉嫌贪污被刑事拘留。碧山乡后房中心村移民建房户认定不实，伪造身份证、假户口，32户假移民对象冒领移民建镇款；（五）违反规定不合理收费325万元等。

2000年5月，省审计厅和南昌市、九江市及上饶地区审计局领导就审计中查出的主要问题向省领导及省移民建镇指挥部领导作专题汇报，得到省政府领导的高度重视。5月16日，省政府召开省移民建镇领导小组成员单位负责人会议，会上将验收组及审计组查出的15个重大违纪、违规问题进行通报并布置整改落实工作。7月，省审计厅向省政府提交了《关于江西省第一期移民建镇资金管理使用中存在问题整改情况的报告》。滞留和挤占的移民建镇资金拨付进度得到明显加快，挤占挪用的移民建镇资金得到归还，抵扣、克扣及违规存储移民建镇资金行为得到纠正，虚报冒领移民建镇资金和乱收费行为得到严惩，以及资金管理和使用逐步走向规范。省长舒圣佑在整改情况报告上作出批示：省审计厅抓跟踪纠正，很好。六项工作应抓落实，整改应抓落实。

2001年4—5月，根据省政府《江西省平垸行洪、退田还湖移民建镇若干规定》，省审计厅组织南昌市、九江市、上饶市审计机关对其辖区内有移民建镇任务的16个县（市、场）截至2001年3月底的第二期移民建镇资金的分配、管理、使用情况进行审计。审计资金总额42755万元，查出违纪违规资金203.8万元。审计发现的问题主要是：（一）省政府制定的"属于平垸行洪、退田还湖的移民，可免交耕地占用税、城镇土地使用税、房产税及防洪保安资金、造地费"等八项优惠政策在少数地方未落实到位。如都昌县左里镇对每个移民户收取防洪保安资金50元、北山乡每户收超面积耕地占用税100元，彭泽县部分乡镇征地补偿费每亩达5000—8000元不等，大大超过"旱地每亩不超过2000元、水田每亩不超过3000元"的标准；（二）少数地方违反省地税局《关于进一步规范移民建镇灾民住房重建工程地方税征收问题的紧急通知》明文规定的"严禁向灾民直接征收或扣收建筑业营业税"等有关政策，巧立名目搭车收费屡禁不止。如九江县城子镇政府曾向移民户收取每户2000元押金，在退还押金时，要求移民户代房屋建筑商缴纳建筑营业税。都昌县徐埠镇国税分局在徐埠、左里、多宝等乡，向移民建房户每户收取55元应由建筑材料经销商负担的其他建筑材料增值税。都昌县人民保险公司各代办所向建房户摊收40—80元不等的城乡居民建房综合责任保险；（三）进贤县二塘乡、恒湖垦殖场等地以旧欠村提留、统筹、旧欠税收、建房押金等项目抵扣克扣移民补助资金的现象严重。名目繁多的收费抵扣，使移民户本就数额不多的补助资金更少，如余干县新瑞集镇有的移民户已建房拆旧，但只领到 700 元补助资金。

省审计厅向省政府提交了《关于江西省第二期移民建镇资金分配管理和使用情况的报告》。省长黄智权在报告上作出批示：审计报告指出移民建镇资金使用管理中存在的问题，提出整改意见。省移民建镇办委会同省审计厅逐项跟踪检查，督促整改。

2002 年初，根据省长黄智权的批示，南昌市、九江市、上饶市三个设区市审计局对省审计厅 2001 年 4—9 月组织开展的第二期移民建镇资金审计查出问题的整改落实情况进行跟踪检查，并向省审计厅进行专项报告。省审计厅据此向省政府呈报《关于江西省 2001 年第二期移民建镇资金审计查出问题整改落实情况报告》。报告反映，跟踪审计检查结果表明，3 个设区市 16 个县（市、场）移民建镇资金拨付进度得到加快，移民建镇进度得到加快，挤占挪用的移民建镇资金得以归还，抵扣、克扣移民建镇资金的行为得到纠正，移民建镇资金管理及使用也日趋规范。但尚有部分问题未整改到位：（一）移民建镇资金结存金额仍然较大，波阳等 6 县至 2001 年 12 月底第二期移民建镇资金县级结存仍有 6293.8 万元，乡级结存 1899 万元；（二）都昌县左里镇向移民收取防洪保安资金问题，没有退还到位。北山乡向移民户收取超面积耕地占用税问题，没有得到整改。都昌县徐埠国税分局向移民户收取应由建筑材料经销商负担的其他建筑材料增值税问题，没有整改到位；（三）余干县大塘乡克扣、抵扣移民资金 9.6 万元问题，没有整改到位。古竹南源村向移民户每户收取 2000 元押金抵交税收问题，没有整改到位；（四）少数地方公路建设资金与建房补助资金未严格分户核算、资金相互挤占的问题依然存在。个别地方虽收回不符合政策的移民建房指标，但移民建房补助资金难以全部收回。此外，此次审计跟踪检查还发现，湖口县移民建镇资金虚库，即使将其国库资金全部视同为移民建镇资金结存，仍有 422.1 万元资金被挪用。余干县纪检委收缴虚报移民户建房补助资金未归还原资金渠道，形成新的违规。

是年 9 月，省审计厅组织对省三峡移民接受安置领导小组办公室（以下简称"省三峡移民办"）2000 年至 2002 年 8 月三峡库区移民外迁安置资金投入、管理、使用情况进行就地审计。审计发现的问题主要是：（一）截留三峡移民个人培训费用；（二）长期滞留三年来结存的利息未进行分配；（三）财务管理不规范，存在账外资金往来；（四）用管理费周转借款，挪用移民资金；（五）资金下拨不及时，截至审计日，未下拨的中央资金达 1600.58 万元，其中生产安置费 850.83 万元、基础设施费 146.85 万元、管理补助费 150 万元；（六）省内出台的《关于三峡库区农村外迁移民生产安置费分配使用办法的批复》中的土地补偿县、乡、村、组四级分成办法，与国务院三峡工程建设委员会移民开发局下发的《三峡工程重庆库区农村移民出市外安置资金管理》文件不一致，省审计厅提出建议省三峡移民办应尽快拿出整改意见并督促、检查各移民县的执行和整改情况。

是年 10 月，省审计厅在对省移民办公室（以下简称"省移民办"）财务收支进行审计的同时，选择移民人口较多、移民资金较为集中的赣州市、吉安市和抚州市三地，并根据资金走向对部分项目延伸到县乡一级的移民资金进行专项审计调查。审计调查的移民资金范围涉及万安前期、万安后期移民资金、两江移民资金，五库中的上犹江、洪门水库移民资金，审计调查资金总量 54866 万元。

审计调查发现的主要问题,挤占和挪用移民资金。挤占挪用资金的形式主要有:（一）弥补管理费超支。全省各库区用于弥补移民机构管理费缺口的资金达 2270 万元,如万安前期移民资金被挪作管理费支出的有 2144 万元。审计分析认为,各地移民机构管理费严重超支与正常经费不能得到保障有关,与移民机构本身人员膨胀、经费支出无节制有关,如万安县移民办 2001 年已有职工 46 人,每年的支出至少要 70 万元,但财政只拨给 10 万元行政经费,不足部分只能从移民资金中解决;（二）购置固定资产。部分移民机构脱离实际需要和条件许可,用移民资金建造和装修超标准办公大楼,如万安库区的章贡区和赣县。万安前期移民资金中用于购置固定资产的支出达 1771 万元,其中仅有 15 人的章贡区移民办建造的办公大楼就花费了移民资金 900 万元,从立项到资金使用一直没有上级主管部门的书面批准。赣县移民办通过多次申报项目等形式,挪用移民资金 560 万元兴建办公大楼和职工宿舍等;（三）用于兴办经济实体。被移民机构挪作下属经济实体的支出达 2704 万元,占挤占挪用总额的 30% 以上。在兴办经济实体过程中,移民办对其所属的经济实体从创办阶段的投资,到发展阶段的再投入,再到破产阶段职工的安置、买断工龄所需资金几乎一包到底,全由移民资金负担;（四）建楼堂馆所。县移民办 2001 年、2002 年先后挪用移民资金进行移民宾馆装修;（五）各级移民机构将移民资金外借。当地政府及有关部门,一些与移民办关系密切的单位,有的私营企业主、生意人等,都可以随意借用移民资金。这些外借的资金长期挂账无法收回。为此,审计建议要强化外部监督与移民监督,并结合机构改革,整顿移民机构,堵住侵蚀移民资金的源头。

省审计厅向省政府提交了《关于江西省水库移民资金审计调查情况的报告》。省长黄智权、常务副省长彭宏松均在审计报告上作出批示:同意审计厅几点建议,省民政厅和移民办要加强督促检查,抓好整改,确保移民资金专款专用。根据省领导的批示,省民政厅和省移民办多次召开全省移民办主任会议,向各级移民机构通报移民资金审计情况;对审计发现的挤占挪用问题采取积极措施整改,并成立督查组进行全程监督;开展全省移民资金管理情况的自查自纠,并根据审计建议,完善资金管理等各项管理制度;针对审计过程中提出的要提高移民干部的业务素质问题,省移民办召开全省移民会计人员学习培训班。省民政厅还就审计报告整改落实情况,专门向省政府提交了《关于江西省移民资金审计调查情况整改意见的报告》。

是年 11—12 月,根据省政府领导的批示,省审计厅组织省、市、县三级审计机关,抽调 103 人,分成 17 个审计组,对省内有第三、四期移民建镇任务的湖口县、星子县、新建县、彭泽县、都昌县、波阳县、余干县、铅山县、南昌县等 17 个县（市、区）,截至 2002 年 10 月底的移民建镇资金进行审计。重点对第三、四期移民建镇专项资金拨付、管理、使用情况及第一、二期移民建镇资金的结存情况进行审计,共审计 184 个乡镇场、250 个行政村,抽查 9536 户移民,接待群众来电来访 109 人次。审计总金额 179000 万元,占全省一至四期移民资金总额的 48.77%。审计查出各种违纪违规资金 9612.96 万元（不含滞留占压资金）。审计发现的问题主要是:（一）波阳县、都昌县、湖口县、九江县、南昌县等县违反规定确认移民户、虚报冒领指标及买卖移民指标 168 户,冒领移民建镇资金 253.1 万元;（二）新建县、永修县、都昌县、波阳县等县移民指标未落实或尚未组织实施 5135 户;（三）湖口县、余干县、永修县、九江县等县挤占挪用及超范围使用移民建镇资金 1532.12 万元;（四）都昌县、波阳县、九江县、永修县、彭泽县、瑞昌县、星子县等县及庐山区严重侵害移民利益，乱收费、乱集资、乱摊派 1370.12 万元；（五）湖口县、星子县、都昌县、德安县、波阳县等县抵扣、克扣移民建镇资金 1964.29 万元；（六）德安县、九江县、彭泽县、弋阳县、都昌县等县公共基础设施建设中，存在未按规定实行招标，高估冒算，不合规票据报账，违规大额现金支付等问题；（七）湖口县、彭泽县、九江县等县及庐山区违反规定统购统建，以物抵资 2069.8 万元；（八）星子县、彭泽县、新建县、都昌县、进贤县等县违规储存、转移、领资金 1229.29 万元；（九）余干县、铅山县、进贤县等县以前查处的有关问题金额 65.63 万元整改不到位；（十）新建县、余干县、湖口县等县被执法部门冻结、收缴资金等 744.05 万元，未及时归还原资金渠道。此外，至 2002 年 10 月止，17 个县（市、区）滞留、占压第一至三期移民建镇资金（不含第一期增补资金）23396.02 万元，其中县级 13586.91 万元、乡级 9809.11 万元。

省审计厅向省政府提交了《关于全省移民建镇专项资金分配、管理和使用审计情况的报告》。省长黄智权在报告上作出批示：审计报告很好，明确指出存在的问题，提出整改意见。省政府就整改和查处作出部署，提出"限期整改、查处典型、追究责任"的要求，对存在的问题必须纠正，其中违纪违规的，要追究责任。6 个立案查办、15 个挂牌督办的问题，要抓紧落实。

2003 年 2—3 月，根据省政府领导的指示，省审计厅会同九江市、上饶市、南昌市三市监察局、市移民建镇办、市审计局组成 6 个督查组，对 2002 年底省审计厅统一组织的对全省 17 个县第三、四期移民建镇资金管理使用情况审计查出的虚报冒领移民指标、挤占挪用移民建镇资金等违纪违规问题的整改情况进行督查。督查发现，九江县、湖口县等县部分违反规定确认移民户、虚报冒领移民指标款未作处理或县纪委立案查处无结果；新建县、永修县、波阳县等县部分移民指标尚未落实或未组织实施；个别地方移民建房补助款发放仍然滞后；个别地方挤占挪用移民建镇资金未全部归还；波阳县、瑞昌县等地少数抵扣、克扣及不合理收费行为未纠正；新建县、湖口县等地个别被执法部门冻结、收缴的资金未归还原资金渠道；截至 2003 年 2 月底，17 个县（市、区）第一至四期移民建镇资金县乡仍有结存（含第一期追加公建资金）37912.22 万元。通过督查，向省监察厅移送 20 起重大违法违纪问题和事项，建议由省监察厅进一步查处，已有 26 人受到纪律处分，其中 1 人已被追究刑事责任（判刑），并追缴资金 193.40 万元，追回移民建镇补助指标 116 户。

省审计厅向省政府呈报了《关于全省移民建镇资金审计查出问题整改督查情况的报告》。省长黄智权在审计报告上作出批示：审计建议很好，省移民建镇办和省监察厅、计委、财政、水利等部门，要各司其职，认真落实，严格督办，一抓到底。

是年 6 月 7 日，省领导在审核省审计厅送审的《历五载审计不辱使命，三十六亿造福九十万移民——审计保障江西省移民建镇资金安全运行》宣传稿时，肯定省审计厅移民建镇审计工作，并在批示中指出，几年来，审计厅对移民建镇资金的审计监督，审得细，查得实，盯得紧。总体上，基层服气，群众高兴，上级满意。《中国审计报》以《不辱神圣使命，造福百万移民》为题头版头条大篇幅地报道江西省移民建镇审计工作。新华社、《江西日报》、《江南都市报》也作了相应报道。

2005 年 3—7 月，按照省政府领导的指示，省审计厅组织厅 8 个派出处对都昌县、湖口县、星子县、彭泽县、永修县、九江县、瑞昌县、庐山区、鄱阳县、余干县、弋阳县、新建县、进贤县、云山县、康山县、共青城市等 16 个县（市、区、场）1—4 期移民建镇竣工决算情况进行审计。审计资金总额 33927 万元，查出在移民建镇资金管理使用、公用基础设施建设、平垸行洪退田还湖巩固工程和资金管理使用方面违纪违规资金 607 万元。

省领导在省审计厅呈报的《关于都昌等 16 个县（市、区、场）一至四期移民建镇竣工决算审计查出主要问题及处理意见的汇报》上作出批示：同意省审计厅的意见。1. 先分别下达审计决定；2. 鄱阳、都昌县挪用移民建镇指标问题，先限期自行整改纠正，然后再根据整改情况派纪检监察组查处典型事项。

2006 年 5—9 月，根据审计署授权，省审计厅对宜丰县、奉新县、浮梁县、崇仁县、永修县、靖安县等六县 2004—2005 年三峡市库区移民外迁安置资金的投入、管理、使用情况进行就地审计，延伸审计 23 个乡镇，并对部分移民户的生产、生活安置情况进行调查。省审计厅 2006 年 12 月向审计署呈报的《关于对江西省 2004 至 2005 年三峡库区移民外迁安置资金审计情况的报告》披露的主要问题：（一）挪用挤占生产安置费、基础设施费。如奉新县挪用基础设施费，用于县人民医院门诊综合大楼建设。靖安县挪用移民土地补偿金，用于万黄县公路建设。崇仁县挤占移民安置支出，用于有关部门费用、县民政大楼电力安装、工业园区、县委办资料费等；（二）奉新县移民局在管理补助费中超范围列支柳溪乡赞助款、老建移民办车辆购置税；（三）浮梁县王港乡超定额价格和实际价格多结算工程款；（四）崇仁县基础设施费中项目支出不实，套取工程资金，用于支付调整、征用给移民土地的费用；（五）宜丰县、奉新县、永修县等地存在移民滞留库区、回流原籍现象，至审计时止回流 257 户、回流人员 1072 名，占全省接收总量的 28.80%。审计还发现，个别县各移民点的基础设施费分配比例不合理；部分单位财务管理、工程管理混乱等方面的问题。

省长吴新雄在省审计厅向审计署呈报的审计报告上作出批示：省三峡移民办对审计中发现的挤占挪用资金限元月 10 日前全部归还整改，并抓好落实工作。审计报告经审计署转报国务院后，温家宝、曾培炎等国家领导人也分别作出重要批示。这是国家领导人首次对江西省审计厅揭露和查处的问题作出专门批示。

低保资金审计

2004 年 4—9 月，为了解全省城市居民最低生活保障（以下简称"低保"）资金的管理现状和低保政策执行情况，促进资金管理规范化，纠正低保政策执行过程中出现的偏差，保证低保政策的顺利实施，以确保低保制度能够真正发挥其积极的社会救助作用，省审计厅对 2003 年度 11 个设区市低保资金的安排、分配，以及东湖区、瑞金市、东乡县等 27 个县（市、区）低保资金的筹集、使用和管理情况进行审计。省审计厅向省政府提交《关于江西省 2003 年度城市居民最低生活保障资金审计情况的报告》中反映的主要问题：（一）资金安排不足，2003 年 11 个设区市政府应安排低保资金 5580 万元，预算已安排 3851 万元，占应安排的 69%，实际到位资金 2417 万元，占预算的 63%。11 个设区市中南昌市、萍乡市、新余市资金足额到位，景德镇市分文未列。（二）政策执行偏差大。1. 专款不专用。如景德镇市、鹰潭市月湖区等 5 市、县（区）将低保资金用于弥补民政局行政经费。浮梁县、临川区、上饶县等 8 个县（市、区）将低保资金用于退伍军人安置、购买岗位、平衡预算、春节慰问等。遂川县等 22 个县（市、区）将低保资金拨给福利院、敬老院、光荣院。

萍乡市、新余市两市将下岗"中心"人员、"协保"人员纳入低保，按下岗职工人数平均发放低保金，金额达 1103.87 万元，低保金变成下岗职工生活费；2. 应保未尽保。如南昌市等 3 市将计划外生育人员和违法收养人员排斥在低保范围之外，新建县、万载县等 18 个县（市、区）随意删减家庭人口，减少低保对象。宜春市袁州区、宁都县、东乡县等地不管家庭人口多少，也不论家庭贫困程度，都按 1 户只能 1 人参保。广丰县农垦系统还按每年 27 万元的标准包干，平均每人每月仅享受 9 元低保金；3. 资金结余过大，12 个县（市、区）资金结余数接近或大于当年发放数。保障水平普遍偏低，2003 年 27 个县（市、区）低保户人均月发放低保金仅为 38.16 元，与该省要求达到人均 50 元的标准相差甚远。针对审计过程中发现的抚州市临川区荆公路街办民政所长杨某某涉嫌利用编造低保户名单、代签章等手段冒领低保金的犯罪问题，省审计厅依法移送抚州市临川区人民检察院进一步查处。

省长黄智权、省长助理熊盛文均在省审计厅提交的《关于江西省 2003 年度城市居民最低生活保障资金审计情况的报告》上作出批示：对审计中反映的民政部门低保管理中的一些问题，省民政厅逐一研究，作为明年巩固城市低保工作的主要措施，切实抓好整改，完善操作方法，实行动态管理，真正做到应保尽保，应退尽退。

是年 11 月，省审计厅就低保人数统计不准确、低保金被挪作他用、地方财政低保资金到位严重不足、资金结余量大低保水平过低、资金分配存在差异大现象等五个方面的问题，向省委、省政府主要领导呈报题为"城市低保管理堪忧"的《审计要情》。省委书记孟建柱、常务副省长彭宏松均在《审计要情》上作出批示：审计反映的情况值得引起高度重视，一方面低保资金不足，低保标准太低，实际到位资金更低，另一方面大量挪用和存在账面上。要加大整改力度、严肃工作纪律，要把有限的低保资金确实用在困难群众身上，要以对党和政府负责、对困难群众负责的政治责任感做好低保工作。

2010 年 3—4 月，省审计厅组织对临川区、丰城市、贵溪市、乐平市、安义县、信丰县、芦溪县、黎川县、万年县、吉水县等 10 个县（市、区）政府管理的 2009 年度城市居民最低生活保障资金的真实性、合法性、效益性进行审计。审计结果表明，被审计的 10 个县（市、区）之间存在保障水平差距大、省级转移资金分配因素单一、地方财政资金安排不到位、违规使用低保资金等问题，影响低保政策的公平性。审计发现的问题主要是：（一）各地低保人数占非农业人口比例相差悬殊。综合比例为 8.6%，比例高的芦溪县 18.82%、安义县 11.56%；比例低的信丰县 3.37%，造成城市低保人数占非农业人口比例相差悬殊的主要原因，1. 五保人员本是农村户口，省财政也下拨了五保供养补助，但有的地方又将五保人员农转非安排享受城市低保。10 个县（市、区）中有 3 个县的五保户未享受低保，有 6 个县只对敬老院供养的五保户发放低保。安义县由于将省拨五保户供养生活补助全部挪作敬老院建设，1130 名五保户人员全部享受每人每月 260 元低保金，占当地低保对象总数 13%；2. 失地农民本应帮助其购买养老金，有的地方将失地农民农转非后，政府安排享受低保。10 个县（市、区）中有 4 个县的 8705 名失地农民因失地身份享受低保，如黎川县政府用抄告单要求县民政局将 1440 名失地农民不管家庭状况统按每人每月 100 的标准发放低保，占当地低保对象总数的 22%；3. 下岗职工是低保中的主要人群，但各地掌握政策尺度不同，有的地方只要是下岗身份就纳入低保且多年不变，尤其是对一些具备劳动能力的人员，动态管理不到位。抽查 5 个县社会救助网上低保对象信息，19 至 49 岁无病残人数占登记数的 36%；4. 动态管理力度不一，大部分低保对象档案长期没有动态管理的记录，享受低保条件或特殊原因消除后，动态管理工作没有跟上，每次提高低保标准，只是简单地平均增加低保金，家庭收入多年没有变化。如抽查的 3 个县低保对象信息，年龄在 23 至 29 岁、身体健康，仍以学生身份享受低保的有 411 人。10 个县（市、区）中有 1331 人领取了退休金，仍然享受与退休前相同的低保待遇。（二）各地政府制定的低保标准差距大、低保户实际得到的低保金差距大。1. 县级政府制定的低保标准差距大，如乐平市低保标准每人每月 260 元，而芦溪县只有 160 元。政府公布的低保标准应能维持城市居民基本生活所必需的衣、食、住费用，过低的低保标准与现实生活水平不符，影响弱势群体的基本生活；2. 低保对象实际享受的低保金即月人均补助差距较大，并且县与县之间的差距较大。如贵溪市的低保对象可得到人均每月 228 元，而在临川区低保对象人均每月仅得 95 元。对于临川区滞留低保资金造成保障水平偏低的情况，审计建议相关部门应查明原因，并追究当事人责任。审计还发现，省级转移低保专项资金分配因素单一，仅按 2005 年各地上报的低保人数作为分配因素，但各地上报数随着时间的推移和政策的不断完善，与实际享受低保人数存在较大差距；地方财政安排资金不到位，省政府民生工程考核指标要求 10 个县（市、区）应安排低保资金 2578.3 万元，实际只到位 1172.1 万元，仅完成民生工程要求的 45%。只有 3 个县足额安排了低保资金，尚有吉水县、乐平市、丰城市等三个县市财政未安排低保资金。临川区低保对象人均补助标准只有 95 元，比省里规定的标准少发 60 元，滞留低保资金 6318.7 万元，导致该区保障水平偏低的问题，省审计厅及时移送省纪检部门进一步查处。6 月 21 日，省纪委书记尚勇在江西省政府纠正行业和部门不正之风办公室呈报的《关于对抚州市临川区滞留低保资金问题调查处理意见的请示》上作出批示：民生问题大如天，不重视甚至对省里的民生政策打折扣，执行不到位，这种官僚主义作风不能容忍！

省审计厅向省政府主要领导提交了《城市低保政策把握不一致，保障水平差距大有失公平》的审计专报，同时，向分管社保工作的副省长熊盛文作了汇报，副省长熊盛文批示，所提几条审计建议很好。省民政厅要结合民生工程专项重点整治，进一步规范低保金发放，进一步完善低保制度。

省长吴新雄、副省长孙刚均在省审计厅提交的《关于 10 个县（市、区）2009 年度城市居民最低生活保障资金审计情况的报告》上作出批示：民政厅、财政厅对审计厅提出的意见和建议应引起重视，并拟定相应的措施和办法进行整改。

第三节　社会福利资金审计

1994 年 11 月，为贯彻落实中共中央、国务院办公厅和省委、省政府办公厅《关于严格彩票市场管理禁止擅自批准发行彩票的通知》，省审计厅与省体委联合发出明传电报，要求各级审计机关和体委坚决制止和纠正违规发行体育彩票的行为。同时，省审计厅根据省政府领导的指示，就有的地区违反规定发行体育彩票（基金奖券）问题派出审计调查组到上饶市对省九运会组委会广告筹资部以及体育彩票承包发行单位进行审计，查出省九运会广告筹资部在发行体育彩票（基金奖券）过程中违反规定，溢值发行，提高返奖率和返奖额，并实行多层承包，层层渔利，财务管理混乱，侵害中奖者的利益等问题。针对上述问题省审计厅要求有关单位立即纠正违反规定发行中国体育彩票的做法；建议省体委通知各地收回所有余票，妥善处理好遗留问题；对已发行彩票（基金奖券）的财务收支进行专项审计；各发行单位妥善保管有关发行彩票（基金奖券）的财务账户、凭证及有关兑奖等资料，不得擅自处理或销毁，收入暂时封存，待审计后按规定进行处理。

1999年3月，省审计厅对省民政厅1998年度行政事业费预算执行和财务收支情况进行审计。审计发现的问题主要是：（一）有关单位实际占用民政事业费历年结余数额较大；（二）1996年优抚事业费支出150万元用于购买5年期国债，建立"双拥基金"，但有价证券未按规定登记入账，影响国有资产安全；（三）发挥救灾资金使用效益不够。省救灾捐赠接收办公室1998年度接收救灾捐赠款（含外币折合人民币）37169万元，利息收入253万元，加上上年结余合计39501万元，当年下拨地市和省直有关单位、救灾保障支出19605万元，年末尚有19896万元未及时下拨用于救灾；（四）福利生产周转金1998年度仅回收25万元，且管理费收入部分被占用。审计建议省民政厅应会同省财政厅及委托放贷单位进行一次彻底的清理，保留债权，逐步回收，减少损失。收回的余款应纳入省级财政专户管理。

是年6月，为监督1998年度江西省中国福利彩票赈灾专项募集情况，维护国家和人民群众的合法权益，促进福利彩票事业的健康发展，根据审计署1999年审计项目计划安排，省审计厅组织全省审计机关对全省1998年度中国福利彩票赈灾专项募集额度发行、销售的财务收支及赈灾专项募集资金的上缴情况进行专项审计。审计发现赈灾彩票销售过程中存在的主要问题：（一）部分市、县销售赈灾彩票方式属于承包买断的性质。如丰城市、鹰潭市月湖区、贵溪市分别与北京国彩咨询有限公司、鹰潭市联商实业有限公司签订协议书，以承包买断的方式分别销售赈灾彩票400万元、150万元和100万元，违反《中国福利彩票发行与销售管理暂行办法》的有关规定；（二）部分奖品质次价高，以劣充优，违反市场规则。如大余县提供的奖品——冰箱、洗衣机，分别比市场零售价每台高300元、370元，用于奖励的洗衣粉为不合格产品。修水县承办奖品采购的陈某某以每辆2500元的价格购进假冒摩托车50辆，作价每辆3200元欲充作三等奖奖品，在兑奖前夕被工商部门及时查处；（三）个别市、县未按规定比例返奖，弃奖处理不合规定。如广昌县未按规定比例返奖，返奖率49.5%。南昌市将一部分弃奖奖品违规返还广告公司，大余县将奖品变价处理资金交由协销方自行处理；（四）以其他资金抵顶专项募集资金上缴。省募委会在没有完成赈灾彩票销售额度的情况下，为确保赈灾专项资金的足额上缴，以其他资金垫缴308.2万元。吉安市、南昌市等地市民政局（募委办）垫缴的303.66万元资金中，大部分是以前年度结存的社会福利基金，动用社会福利基金抵顶上缴，影响基金的安排使用。

省审计厅向省政府提交了《关于1998年全省中国福利彩票赈灾专项募集情况的审计报告》。省长舒圣佑、副省长黄智权均在审计报告上作出批示：省民政厅应配合审计厅，对审计发现的违纪违规问题，各地和民政部门应切实加强管理，改进工作要认真严肃查处。

2001年8月，省审计厅组织对省体育彩票管理中心2000年度财务收支情况进行审计。审计发现的问题主要是：瑞金市、新建县、湖口县、宜丰县、进贤县、庐山区、渝水区等八个地方共计发行彩票面值740万元，实际发放行收入为243.4万元，发行率仅为32.9%，其退票总额占全省退票额的 46%。这些地方除去计提印制发行管理费和返奖后，收益所剩无几，个别地方连管理费都无法计提。审计建议该中心今后对彩票发行应在认真进行市场调查、预测的前提下，合理组织彩票发行工作；省体育局代管的彩票公益金账面反映，2000 年列支省体育局包村扶贫资金 8 万元，实际改变了公益金用途，挪用于宜春市柏木乡政府自来水工程建设。

2002 年 4—5 月，省审计厅组织对省民政厅 2001 年度财务收支情况进行审计。审计结果表明，省民政厅 2001 年度会计核算单位较规范，会计基础性工作较好，加强了部分专项资金的管理，但在福利生产周转金管理等方面还存在问题：（一）厅机关经费开支较大，民政事业费等用于公用经费没有严格控制；（二）福利生产周转金未纳入财政专户管理，2001 年初福利生产周转金结余 1259.83 万元，省审计厅下达审计意见要求将此项资金存入财政专户，省民政厅不但没有整改，还有部分资金归作借款还省民政印刷厂、九江民政局等有关单位；（三）事业户中的救灾资金结余 482 万元未按规定并入救灾资金专户管理；（四）会计核算手续不清，2001 年用优抚事业费购买电脑、打印机，下拨地市县没有下拨单和接收单位签字。

是年 8 月，省审计厅对省收容管理所 2000 年至 2001 年度财务收支情况进行审计。审计结果表明，省财政拨给省收容所的事业费做到了专款专用，但民政厅拨给的专项资金挪用严重。2000 年省民政厅厅长办公会研究决定，在涉外收养抚育费中拨款给省收容所福利院，用于兴建福利院儿童部。省民政厅社会事务处将资金拨付到位后，省收容所没有按民政厅要求兴建福利院儿童部，而是兴建房地产项目"金世纪花园"，严重违反《外国人在中华人民共和国收养子女登记办法》关于"受赠的社会福利机构必须将捐赠财物全部用于发送所抚养的弃婴和儿童的养育，不得挪作他用"的规定。

2003 年 10—11 月，省审计厅组织对省残疾人联合会（以下简称"省残联"）2002 年度财务收支情况进行审计，重点审计省残联行政办公室、基建办公室、工会、大院管理办公室、省残疾人康复中心、省残疾人职业培训中心、省残疾人就业服务中心、省残疾人用品用具供应站、省盲人按摩学会、省残疾人福利基金会等。审计发现的问题主要是：（一）2002 年超专项资金开支范围，在福利基金会"三助"专项基金中列支省直工委工作经费、市残联工作经费、报支费用等；（二）省残联组联处 1995 年 11 月至 2001 年 9 月残疾证收入、支出等未纳入机关财务核算，而是由非财务人员管理收支票据，至审计时也未建账，提供的原始凭据和银行对账单不全；（三）财务管理不规范。省残联福利基金会 1989—2000 年福利基金收入 1260.82 万元、支出 1061.27 万元等情况未纳入机关财务核算，而是单独设账且会计核算不规范，先后共开设 4 个银行账户，聘用 4 位会计做 4 套账，账与账之间相互独立，无法全面反映福利基金收支状况。2002 年福利基金会收支情况虽然已纳入机关财务统一核算，但移交时以前年度的债权债务等均未移交；（四）专项基金管理不到位，挤占挪用现象较严重。如 1989—2002 年在没有批文的情况下，将福利基金 338.26 万元用于基建支出。1990 年福利基金会在未取得法人资格的前提下，用福利基金 50 万元认购省发展信托股份有限公司股权，分得红利 11 万元未按规定增值福利基金，而是挪用于基建和职工福利。至 2000 年末，基金会将福利专项资金 136.87 万元借给企业和个人，借给个体户的资金由于借款手续不全，存在基金损失风险。1997 年 5 月将福利基金 30 万元参与原南昌市昌九城市信用社高息揽储的活动，存款利息分文未收。

2004年3月，省审计厅组织对省体育彩票管理中心2003年度预算执行及财务收支情况进行审计。审计发现的问题主要是：违反财政部《彩票发行与销售机构财务管理办法》和《关于加强和完善彩票机构财务与资金管理的通知》关于"彩票公益金及发行经费必须全额纳入财政彩票专户"管理的规定，未将取得的发行费用全额纳入省财政彩票专户管理，实行"收支两条线"；2003年度未按规定及时足额向省级财政专户解缴公益金；促销派送活动及游戏规则制定、彩票玩法未坚持量力而行的原则，致使应付返奖奖金——调节基金发生负数，增加彩票销售风险。

2006年3月，省审计厅对省民政厅及7个下属事业单位2005年度财务收支情况进行审计。审计发现的问题主要是：（一）预算执行中未按规定用途使用资金。厅本级2005年度在项目支出中列支厅机关春节联欢费、"三八"节费用、考勤补贴、有关人员出国费、川藏旅行差旅费等与项目无关的费用119.24万元。无预算拨款，从项目支出中以宣传费名义拨非预算单位社会科学杂志社，弥补杂志社经费不足；（二）决算编制不完整。2005年决算报表将803万元退伍安置费作支出处理，实际退伍专户支出仅有141.75万元。2005年福利基金账户上年结余1797.78万元，当年收入1663.15万元，实际支出990.44万元，当年结余2470.48万元，决算报表仅列收列支福利基金专款990.44万元，没有全面反映专项资金收支存情况；（三）挤占挪用专项资金。农保办2005年挪用三峡债券基金利息收入弥补行政经费。省移民办2005年挪用水利部拨库区六年规划专项资金弥补行政经费。省移民办在没有任何依据的情况下，将4502.25万元"万安前期"移民资金转入其他资金账内，其中转入"万安后期"移民扶持资金账1567.26万元，并从中向下拨付300万元。转"老两江"资金账挂"其他应付款"科目1434.99万元。转"六年规划"资金账1500万元。救灾办2005年共收到捐赠款2315.95万元，转拨省内各地821.96万元，年末尚有捐赠资金累计余额1765.7万元滞留账上。审计建议，省民政厅应进一步加强专项资金管理，严格按规定范围和标准使用专项资金。未经批准使用"万安前期资金"，不符合专项使用原则，应调整相关会计科目，归还原资金渠道。

2008年2月，省审计厅组织对11个设区市的36个县（市、区）2007年度抚恤、五保供养、城乡低保、城乡医疗救助等民政资金进行审计。审计发现的问题主要是：挤占挪用专项资金。36个县（市、区）区挤占挪用抚恤资金2945.3万元，占上级下拨资金总额的11.33%，其中用于民政部门行政经费、办公楼修缮等1630.8万元；弄虚作假致使结余偏高。一些地方虚报五保供养人数等而形成五保供养资金结余较多，如因多报供养人数，新建县、樟树市、兴国县分别结余五保供养资金21.98万元、142万元和242万元；资金分配不够合理。主要是抚恤资金、五保供养资金的分配，有的地方实际需要资金少而上级下拨资金多，结余资金仍可使用一年以上。

是年3—4月，省审计厅组织对省民政厅及下属12个单位2007年度财务收支情况进行审计。审计发现的问题主要是：（一）部门预决算编制不真实、完整、科学。1.2006年年末账面结余有5480.53万元，但在编制2007年部门预算时，上年结余只报938.47万元，省荣誉军人康复医院"西门诊账"和"食堂账"有历年结余359.54万元未在部门预算中反映；2.部门预决算不完整。厅本级其他应付款中，福利基金上年结余1740.9万元，当年民政部拨款1805万元，年末结余2044万元，民政部、省军区等单位当年转入的收入716.95万元。救灾捐赠账户上年救灾捐赠款及利息收入中提取的工作经费。省慈善总会从上年捐赠款中提取工作经费等均未编入部门预决算等；3.部门预算编制不够科学。厅本级财政拨款收入年初预算 921.5 万元，追加预算 4414.43 万元。项目支出年初预算 702.2 万元，实际支出 3196.38 万元，预算与执行相差 3.55 倍。（二）部分预算资金使用不符合规定。1. 厅本级各种救灾物品及慰问品 992.9 万元未见发放清单，其中列支购棉被款 711.66 万元转下属单位江西省新兴福利衣被厂，该厂挂"预收账款"200 万元；2. 厅本级 2007 年 1 月事业支出 1023 万元转"退伍安置金"账户，至 12 月该款还滞留在账上。（三）滞留和挪用民政专项资金。1. 省移民办公室移民专项资金滞留过大，2007 年底银行存款结余 4427.64 万元，其中"五库"资金账户年末余额 760.71 万元、"万安东津"资金账户年末余额 1525.95 万元、"库区建设基金"账户年末结存 1994.28 万元、"库区维护基金"账户年末结存 146.76 万元；2. 省移民办公室内专项资金利息收入转于行政经费账户 67.83 万元；3. 省移民办公室以前年度挪用东津、万安水库移民资金购得土地一块，2006 年将其出让获取收益 2300 万元存于经费账，支付购房款等，属挪用移民专项资金行为；4. 省革命烈士纪念堂在专项捐赠款中支付购车款 19.68 万元。

2009 年 2 月，省审计厅对省民政厅及部分下属单位 2008 年度财务收支情况进行审计。审计发现的问题主要是：（一）预算管理不规范。厅本级 2007 年末民政管理事务结余 2730.42 万元、抚恤结余 859.86 万元、退役安置结余 2625.71 万元、自然灾害救助结余 400 万元，共计结余 6615.98 万元，未按规定编入 2008 年度部门预算；（二）历年滚存的各专项资金未编入预算，大量资金沉淀，未发挥其使用效益。厅本级 2008 年末累计结余 9360.27 万元，是厅本级当年预算总额的 132%，主要分布民政管理事务结余 2762.92 万元、抚恤金结余 2350.26 万元、退役安置费结余 3555.82 万元、城市最低生活保障金结余 100 万元、其他城镇社会救济款 206.28 万元、自然灾害救助款 300 万元、农村最低生活保障金 205 万元等；（三）省假肢中心 78 万元贫困家庭安装假肢减免补助资金闲置；（四）财务管理不规范。1333.06 万元大宗救灾物资及慰问品发放手续不健全，原始凭证中未附发放单，也没有相关领取人的签字盖章。审计还发现该厅违规超范围、超标准发放文明单位奖，副处以上领导干部通信费补贴，超范围、超标准列支会议费、车辆费，以及无依据收取下属单位管理费等问题。

2010 年 3—4 月，省审计厅组织对省民政厅及下属 6 个二级核算单位 2009 年度财务收支情况进行审计。审计发现的问题主要是：（一）预算编制不完整，实际预算执行时支出与项目支出预算安排不符。历年累计结余 1708.07 万元未编入 2009 年度部门预算，厅本级事业费累计结余过大达 8716.02 万元、退伍安置费结余 2210.46 万元，结余资金占全年支出的 172.66%；（二）捐赠管理使用不规范。如 2009 年在历年涉外收养捐赠资金结余中拨付景德镇市、新建县等福利院及弥补省收养服务中心经费不足等，财务处只是代为做账，缺乏必要的手续。截至 2009 年末省慈善总会各类慈善项目定向捐赠资金 2435.65 万元滞留在账上，未按捐赠人意愿使用；（三）截至 2010 年 4 月，全省共收到汶川地震捐赠款 79965.46. 支出 78307.18 万元，结余捐赠资金 1658.28 万元；（四）违规挤占挪用。省慈善总会于 2008 年 5 月收到邓某某、广州市天高有限公司的汶川地震捐赠款，8 月，省慈善总会却将捐赠款转付给成都成华区新博大酒店用品批发部，挪用于筹建成都江西商会。省慈善总会 2008 年收到南昌长力钢铁股份有限公司向汶川地震捐赠钢材 396 吨，其后，省慈善总会将此批救灾捐赠物资用于赣州市石城县小松镇中心敬老院及宜春市袁州区民政福利中心。同时，这两个单位每接收一吨钢材返捐省慈善总会 2500 元，省慈善总会由此得到捐赠 102.42 万元。

第四节　住房保障资金审计

2002年7—10月，为贯彻执行国务院《关于进一步加强住房公积金管理的通知》和全国、全省住房公积金工作会议精神，省审计厅下发《关于印发全省住房公积金管理机构调整清理审计工作方案的通知》，并组织各设区市审计局对所管辖市、县（市、区）二级住房公积金管理机构调整清理情况，市、县（市、区）住房公积金管理中心（以下简称"中心"）自成立至2002年底的资产负债和管理绩效，以及中心负责人任期经济责任履行情况进行审计。各设区市审计发现的问题主要是：（一）鹰潭市。1.违规挤占挪用住房公积金。贵溪市公积金管理中心2000年12月用住房公积金建贵溪市经济大楼；2.2001年1月用住房公积金建公务员住宅小区；3.2001年1月用住房公积金为贵溪贵华铜材有限公司办理承兑汇票。审计责令贵溪市政府立即归还。（二）新余市。1.分宜县、渝水区中心未按规定编制全年预算支出总额计划，直接从住房公积金增值收益中列支管理费。未按规定计提贷款风险准备金。有部分单位配套公积金不到位；2.分宜县中心违反规定，多头开户；3.违规挤占挪用住房公积金；4.渝水区1999年扩大范围用公积金支付纪念品、招待费、奖金等管理费用。（三）宜春市。1.资金管理不严，挤占挪用情况较为普遍。3年来累计挤占挪用公积金存款625.67万元；2.内部管理不严，工作失误比较多。住房公积金明细账与个人存款明细账不符、账务混乱、账实不符、少计应付个人利息、转移隐瞒收入等；3.政策执行不严，有的工作未落到实处。如少提贷款风险准备金。（四）吉安市。1.违规挤占挪用公积金。全市以政府抄告单或主要领导批示形式借出挤占挪用住房公积金1282.8万元，用于市政基础设施建设和拆借给房地产开发商。全市共归集其他住房公积金15217.84万元，被挤占挪用的就达9686万元，借出去的住房资金有的收不回来，成为呆死账；2.全市有8个县（市、区）不同程度地少计公积金缴存人利息234.87万元，侵占公积金缴存人利益；3.有的公积金贷款没有提供相应的抵押担保，有的贷款发放对象不合规，公积金存在安全隐患；4.住房公积金归集率低，仅一些行政事业单位在缴存。（五）抚州市。1.违规挤占挪用公积金。金溪县将住房公积金借给县建筑公司或归还316国道水泥路工程款，至审计日未归还；2.南丰县、金溪县等县在《住房公积金管理条例》颁布前，违规用住房公积金发放的项目贷款，逾期未收回；3.违规多头存储住房公积金；4.实际缴存住房公积金人数只占应缴纳人数的40%，有的县财政应配套5%部分基本未到位，甚至完全没有到位；5.住房公积金机构管理费用来源不合规，应由本级财政拨付的管理费，实际主要由住房公积金存款银行——抚州市建设银行提供。（六）赣州市。1.征缴方面，多数缴存单位配套资金不到位，住房公积金覆盖面率低、归集难。截至2002年8月31日，全市欠配套资金2587.45万元；2.支取方面，有些县（市）住房公积金支取金额较大，在支取过程中，缺少必要的控制制度；3.贷款方面，截至2002年8月底，政府有关部门及主管部门挪用住房公积金挂列贷款本息2889.51万元，占全市贷款余额的12.69%。全南等个别县（市）违规为银行贷款提供担保，造成住房公积金损失。有的县（市）以开借据、打欠条、无抵押物等方式违规向个人发放贷款，截至2002年8月底，个人逾期贷款达129.51万元；4.财务管理方面，普遍存在住房公积金账账不符现象。少提公积金风险准备金712.82万元，缺乏必要的风险管理机制。违规多头开设住房公积金账户。（七）南昌市。1.南昌县、进贤县等县挤占挪用住房公积金；2.南昌县2002年6月底移交住房公积金资产还含1998年9月南昌县住房资金管理所移交的国库券待处理损失；3.住房公积金管理不规范，南昌县、进贤县、湾里区等部分县（区）住房公积金管理机构未完全履行自身职责，致使有的住房公积金未纳入管理中心核算；4.市本级、安义县等管理机构贷款审核不严，借款人提供的资料不全，存在逾期贷款现象；5.截至2002年6月底，市本级已归集的住房公积金1863.37万元未按规定记入个人公积金账户。南昌县也有单位公积金155.06万元未分解进个人账户；6.个别县（区）住房公积金支取无审批手续。四县一区对住房公积金、住房公积金增值收益和管理费用未按规定实行分立账户、单独核算。不按规定计付住房公积金存款利息等；7.2000年4月，市本级将5600万元住房公积金借给市金瑞公司，用于南昌市红谷滩新区开发建设的前期拆迁安置；8.工商银行新建县支行2000年12月利用其代管住房资金的便利，挪用新建县住房资金用于支付汽车保险费。（八）九江市。1.公积金归集不到位。九江市应缴公积金人数27.23万人，实缴9.82万人占36%；2.挤占挪用公积金，武宁县将公积金借给城星化工厂等企业，89.9万元只收回资金5万元。修水县将100万元公积金给县房地产开发公司逾期95万没有收回；3.住房公积金游离在专户外，如湖口县由各单位自存公积金未归集到公积金管理中心专户存储；4.住房公积金未分配到个人账户，如市本级146个单位的公积金，仍在原单位未归集到管理中心。浔阳区、庐山区均未将公积金分配到职工个人账户；5.财务核算不规范，管理中心的管理人员工资费用没有实行"收支两条线"，有的与县房管局捆在一起，有的与公积金归集捆在一起。（九）景德镇市。1.市本级1993年以来，房改资金与住房公积金捆在一起开户，且多头开户，集中使用和运作，影响公积金利息计算；2.挪用房改资金和住房公积金金额较大；3.公积金贷款业务发展缓慢，且未委托专业银行办理公积金贷款业务，住房公积金使用效率较低；4.市本级住房公积金管理中心与市房改办两块牌子一套人马，没有独立核算单位违规。（十）萍乡市。1.国有企业缴纳住房公积金的难度较大，缴纳率偏低，实际缴纳公积金的人数仅占应缴人数的64.81%；2.固定资产账实不符，市管理中心实有固定资产817.5万元，入账487.5万元，挂递延资产330万元。各县固定资产均未按规定与所在县房管部门分开单列；3.公积金放贷手续不够规范；4.售房资金贷款逾期严重，风险较高。截至2002年7月底，市本级有逾期贷款1598.63万元；5.账外设立"经营性存款"账户，代替银行职能，负责房地产资金的收入和支出。（十一）上饶市。1.地方政府及财政等部门挪用住房公积金严重，金额达3172.99万元；2.广丰县1999年4月至2001年4月，未通过银行，直接将公积金贷款给干部职工个人购房、建房。

　　2004年4月，省审计厅组织对省住房公积金管理中心2003年度财务收支情况进行审计。审计发现的问题主要是：在业务支出中多预提职工住房公积金存款利息，影响当年业务支出、增值收益及其他分配的真实性；未及时上缴城市廉租住房建设补充资金。2002年末历年累计形成的城市廉租住房建设补充资金，截至2003年末，转向"应付款——城市廉租住房建设补充资金"，未按规定及时上缴省财政专户存储、专款专用；管理中心人员经费、公用经费超支并挤占信息系统建设专项经费。

　　2006年，为规范全省经济适用住房建设、交易和管理行为，优化政府住房建设决策，省审计厅组织实施对南昌市、景德镇市、新余市、吉安市、抚州市和上饶市等6个设区市近年来经济适用住房建设项目的审计调查工作，主要调查负责经济适用住房实施和管理工作的建设行政主管部门和房地产开发企业，并根据需要延伸与经济适用住房建设项目有关的计划（发展和改革）、国土资源、规划、设计、施工、监理、质监、价格行政主管部门和金融机构等单位。审计发现的问题主要是：（一）经济适用住房建设标准超过国家规定。如南昌市城东、城南、城北3个经济适用住房建设项目实际总建筑面积29.44万平方米，其中60平方米左右的小户型占总建筑面积的17.8%，80平方米左右的中户型占总建筑面积的25.58%，90平方米以上的超中户型占总建筑面积的56.62%。景德镇市梨树园经济适用住房共建设完工4240套，其中100平方米以下住房占总套数的19.03%，100—120平方米住房占总套数的32.05%，120平方米以上住房占总套数的48.92%。金溪县经济适用住房共建设完工211套，其中中户型住房占总套数的18.96%，超中户型住房占总套数的81.04%。这些户型住房大部分都是在《经济适用住房管理办法》颁布实施后设计、施工，且超过国家规定的建设标准，致使城镇中低收入家庭买不起住房，难以实现建设经济适用住房的初衷。审计建议各设区市应切实考虑本地区居民的收入和居住水平等因素，合理确定经济适用住房的户型面积和各种户型的比例，并严格进行管理；（二）欠缴行政事业性规费较为普遍。如南昌市城东、城南、城北3个经济适用住房建设项目欠缴各项行政事业性规费2236.03万元。景德镇梨树园经济适用住房建设项目，一方面欠缴各项行政事业性规费2559万元，另一方面经济适用住房开发建设单位又为该小区外基础设施建设工程投入了2600万元建设资金。审计建议经济适用住房开发建设单位与政府有关部门应分清并履行各自职责，在推进经济适用住房项目建设的同时，要注重市政配套设施的建设和完善；（三）存在改变经济适用住房投资计划的现象。如南昌市计划建设的城东、城西、城南和城北经济适用住房建设项目中已建成待销或已销的住房，大部分改作为拆迁安置房源，城西小区不适宜于做安置房的大户型住房，经市政府同意转为普通商品房向社会销售。崇仁县按经济适用住房投资计划建成的新黄小区全部房源，均被开发商以商品房形式向社会销售，后被抚州市纪委查处。

省审计厅向省政府提交了《关于部分设区市经济适用住房建设项目情况的审计调查报告》。代省长吴新雄、副省长孙刚均在报告上作出批示：各设区市对省审计厅关于部分设区市经济适用住房建设项目情况的审计反映的问题应给予重视，必须按国家和省政府已明确的政策措施，尤其建设总规模、建设标准和不得改变经济适用住房投资计划等规定认真落实，确保让中低收入群众买得起经济适用住房工作顺利推进，要及时采取措施，防止产生后遗症和引发其他问题。

2006年，为了解全省住房公积金的归集、使用和管理情况，以及住房公积金制度、政策的执行情况，根据审计署统一部署，省审计厅组织各级审计机关对全省住房公积金的筹集规模、制度运行、资金效益情况进行审计。省审计厅向省政府提交的《关于2005年度全省住房公积金审计情况的报告》反映的主要问题：（一）挤占挪用住房公积金回收不力。截至2005年末，全省有景德镇市、抚州市、赣州市、宜春市、萍乡市、九江市等6个市共挤占挪用住房公积金4220.35万元。一些地方政府或部门违规操作，将住房公积金用于其他项目或单位贷款，住房公积金管理体制理顺后，虽然各地基本停止项目贷款或单位贷款，但对以前年度挤占挪用的职工住房公积金清理回收力度不够，造成大量的呆滞账，严重影响住房公积金的安全；（二）2002年根据省政府《关于贯彻国务院关于进一步加强住房公积金管理的实施意见》的要求，全省绝大部分住房公积金管理中心进行机构归并和调整，但至审计日仍有庐山管理局、瑞昌市、萍乡湘东区、抚州等部分县（市、区）机构未调整到位，自行管理公积金，导致资金分散、缴存人的利益无法保证。另外，各市均不同程度存在个别单位如萍乡矿业集团、万安水电厂、昌河机械制造厂、景德镇陶瓷学院等自行归集、不纳入住房公积金管理中心统一管理的现象，影响住房公积金制度的正常运行；（三）各地机关事业单位职工住房公积金的财政配套资金不到位现象突出。全省住房公积金发展中存在覆盖面窄、缴存不规范问题，低水平缴存，甚至不参加住房公积金现象较为普遍，这种情况在全省财政拨款的行政事业单位中同样存在。如九江市下辖的 9 县 1 市，除个别县外，大多数县直财政单位未缴存公积金，新余市财政配套资金仍按 1997 年标准拨给，鄱阳县财政配套比例为 1% 而规定比例最少为 5%。另据调查，全省乡镇一级公务人员和中小学校教师参加住房公积金的更是微乎其微，如鹰潭市教育部门 2000 年以后参加工作的人员均未缴纳住房公积金，乐平市乡镇中小学及乡镇政府共 4844 人未参加住房公积。景德镇市、黎川县等有的地方甚至出现财政虚假配套现象，由于职工提取公积金时按全额提取，导致部分资金缺口越来越大，已经影响到住房公积制度的执行和发展。

省长吴新雄、副省长孙刚均在省审计厅提交的《关于 2005 年度全省住房公积金审计情况的报告》上作出批示：住房公积金事关群众的切身利益，必须高度重视，加强管理。同意省审计厅审计意见和建议，对违规的地区和部门要立即纠正和整改，必须以认真严肃的态度落实好整改措施，并加强督查。

根据省长吴新雄和副省长孙刚关于"违规的地区和部门要立即纠正和整改"的批示和省政府办公厅意见，省审计厅及时将省长批示情况及报告转送各设区市政府及各单位，要求各地、各单位按照省政府领导的批示要求，对违规问题采取有力措施予以纠正和整改。2007 年 4 月，省审计厅向省政府提交的《关于全省住房公积金审计查出问题整改情况的报告》表明：挤占挪用住房公积金部分收回，尚未归还资金已基本拟定归还计划；县（市、区）级住房公积金机构全部调整到位，仍有个别单位自行归集公积金；各地机关事业单位职工住房公积金的财政配套资金不到位问题得到逐步解决。省长吴新雄批示，纠正和整改不到位的，必须进一步加强督促。由省政府办公厅督察处牵头，对该问题进行一次专项督查，省建设厅应予协助和配合。

2008 年 3 月，省审计厅组织对赣州市、吉安市、新余市、抚州市、鹰潭市、萍乡市等六市的住房公积金归集、使用和管理情况进行审计。向省政府提交的《关于江西省"六地市"住房公积金归集、使用和管理情况的审计报告》引起省政府主要领导的高度重视，省长吴新雄，副省长孙刚均作出批示：省建设厅应对省政府批转的审计报告给予重视，要从审计报告中吸取教训，完善制度、规范管理、规避风险，抓紧整改。分管全省住房公积金工作的副厅长高浪对各设区市提出要"按照省长的批复精神，综合两次的审计结论，理出各设区市问题，督促市县逐项整改"的要求。六个相关设区市对省领导的批示精神高度重视，针对审计报告中提出的问题，立即采取积极措施进行认真整改。

2009 年，省审计厅组织对全省 11 个设区市中心城区 2007 年 1 月至 2008 年 6 月底经济适用住房建设项目及廉租住房制度执行情况进行审计。审计发现的问题主要是：吉安市、景德镇市、九江市 3 个设区市在指定专项用于经济适用住房的土地上违规建设商品房、店面共计 10.95 万平方米。如吉安市万家房地产开发公司擅自在馨悦家园经济适用住房小区建设商品房、店面等 4.94 万平方米，并按市场价对外销售；未严格执行国家基本建设程序，工程建设管理存在一定隐患。上饶等7个设区市部门项目直接指定开发商而没有进行公开招标，赣州等5个设区市承接工程的开发商有6家无资质，5家资质等级未达到规定标准。省政府领导对以上审计查出的问题高度重视，省建设厅和相关设区市对存在问题的整改作出专门布置，建设项目要进行招投标等问题已得到整改和纠正。

第五节　其他社会保障资金审计

2001年11月，省审计厅组织对江西医学院第二附属医院2000年度财务收支情况进行审计。审计发现的问题主要是：江西医学院2000年违反江西省财政厅《关于规范医疗单位药品价格行为的财务管理暂行规定》关于"价格以外其他形式的折扣一律禁止"的规定，收取现金让利、企业定价药品5%让利和集团采购品种让利477.84万元，列入事业发展基金；违反江西省物价局《关于药品价格管理实施细则执行中有关问题的通知》规定，在计算企业定价药品零售价时虚高进价5%，加重患者的负担；自制药品的核算存在很大的随意性，2000年自制药品成本74.97万元，自制药品入库零售价181.69万元，加成率高达142.35%，且未报有关部门重新制定和申报零售价格，严重违反《江西省医疗单位自制药物制剂价格管理办法》的有关规定。

2002年9—10月，省审计厅组织对省人民医院2001年度财务收支情况进行审计。审计发现的问题主要是：收取药品让利行为不合规。2001年违反《关于规范医疗单位药品价格行为的财务管理暂行规定》"价格以外其他形式的折扣一律禁止"的规定，收取药品让利款134.31万元，其中列药品进销差价67.37万元，用药品折让款直接抵付购设备款66.93万元；自制制剂核算单位及定价不规范。成本核算不真实，一次领用材料，两次进成本，且自制制剂价格没有按《江西省医疗单位自制制剂价格管理办法》的有关规定进行加成，加成率达10.46%；公费医疗账没有按规定设置会计账簿，而是以表代账，同时也未做记账凭证。2001年末公费医疗银行存款明细账与日记账不符，银行存款明细账多1622.91万元。与医院的往来账也不相符，公医户挂应付医院的账款比医院挂应收公医户医疗款多519.98万元。

2003年春夏之交，面对突如其来的非典型肺炎，江西省委、省政府根据党中央、国务院的统一部署，把预防和控制非典型肺炎工作作为全省各级党委、政府的头等大事，审计监督服务因此贯穿防治"非典"工作的始终。此项审计工作分两个阶段进行，7月份以前，为保证全省近4亿元的防治"非典"专项资金和社会捐赠款物落实到位，省审计厅组织人员深入医院、单位一线对防"非典"物资进行全程跟踪监督。先后3次下发通知要求全省各级审计机关加强防"非典"物资的监督检查，3次向审计署报告审计结果。7—8月，根据审计署、国家发展改革委、民政部、财政部《关于开展防治"非典"专项资金和社会捐赠款物专项审计的通知》精神，省市县三级审计、计委、民政、财政等部门组成联合审计组，对2003年7月31日前全省防治"非典"专项资金和社会捐赠款物的安排、接收、分配、管理和使用情况开展专项审计。审计涉及的主要部门有各级财政、计委、卫生、民政等部门，红十字学会、慈善总会、治疗"非典"定点医院以及其他具体使用财政专项资金和捐赠款物的有关部门和单位。7月份以后，根据审计署安排，联合计委、财政、民政等部门开展对全省防治"非典"专项资金和社会捐赠款物的专项审计。审计结果表明，为防治"非典"，中央财政安排专项资金12594万元，省财政安排专项资金5200万元，各设区市财政安排专项资金3927万元，全省共收到社会捐赠资金3922万元、捐赠物资折价1305万元，全省各有关单位通过调整预算安排的财政性资金6810万元，预算外资金9316万元。截至审计日，全省共计发生各种防治"非典"费用34693万元，主要用于改扩建或改造费用、急需医疗设备购置、医务人员补助、救治费用、防治设备及物资、应急物资储备、患者和疑似病人家庭生活救助、城乡困难群体防护用品、防疫疾病控制工作、防治"非典"科研，以及全省各级财政拨款的行政事业单位防"非典"支出。省审计厅、省计委、省民政厅、省财政厅会签向审计署呈报的《关于防治"非典"专项资金和社会捐赠款物专项审计情况的报告》反映的主要问题：（一）专项资金严重不足，部分定点医院不堪重负。如吉安市筹建传染病医院时，采取边规划边建设的做法，除社会捐赠1150万元外，市财政只安排了100万元建设资金，截至审计日项目建设尚未完工，累计投资已达682万元，随着工程建设进一步铺开，预计投资将大大超过已筹集资金，工程将难以竣工投入使用。吉安县人民医院作为吉安市的"非典"定点医院，接收一例输入性"非典"病人和一例"非典"疑似病人，共发生防治"非典"支出623.83万元，县里在财政十分困难的情况下，安排30万元，社会各界也给予大力支持，医院已基本用空历年结余，但至审计时仍欠医务人员补贴、药品、设备款等200余万元。省人民医院、省儿童医院、江西医学院第一附属医院、省肺科医院等四家省级定点"非典"防治医院因财政拨款不足，而动用历年结余775.37万元；（二）在各级政府的高度重视和各职能部门严格监管下，仍有个别单位挤占挪用"非典"专项资金。如丰城市卫生局在专项资金中列支餐费。抚州市卫生局爱卫办在专项资金中支付灭蟑灵购置款、供电局工程款和印刷公文处理单款。资溪县、临川区卫生局在专项资金中支付民兵训练费。审计还发现，个别单位接受捐赠手续不够健全、款物管理尚欠规范；捐赠机构不够健全、社会对捐赠机制还不够了解，如省红十字会接收西安天网计算机有限公司捐赠医院信息管理系统软件价值559万元，由于使用该软件后每年需支付一定服务费，该批软件一直无法使用，长期滞留在红十字会等方面的问题。

是年4—9月，为了解全省卫生防疫系统财务管理现状，规范预防用生物制品管理，提高突发公共卫生事件的应急能力，省审计厅组织全省各设区市审计局对全省卫生防疫系统2002年预防用生物制品财务管理情况进行审计。审计结束后省审计厅以《卫生防疫系统审计情况表明——乱收费坑苦百姓》为题向省委、省政府主要领导提交《审计要情》。《审计要情》反映：（一）计划免疫疫苗违规收费、超标准收取服务费等。如脊髓灰质炎糖丸是免费接种的，很多地方收取1—3元不等的费用，有的农村甚至高达每粒10元。除了收取计划内疫苗费外，新余市、上饶市、九江市等市县还收注射费、冷链费、接种费、乡村医生服务费等；（二）计划外疫苗收费混乱，同种疫苗在各地价格相差悬殊，有的是几倍的价格差。由于各级防疫部门加价没有统一规范和限额，使得疫苗加价行为非常随意。如省疾病控制中心计划外疫苗加价率低的为10%，高的如支气管菌苗平均加价率达89.31%。县级防疫部门尤为突出，计划外疫苗加成都在50%以上，有的甚至是成倍地往上翻；（三）违规采购预防用生物制品。擅自采购生物制品现象在各地防疫部门普遍存在，有的自行外购疫苗达到半数以上，如南昌市东湖区、西湖区防疫站每年直接采购的疫苗均占全年采购量的80%以上。

吉安市部分县、乡将卫生防疫和计划免疫工作承包给私人，购买疫苗由其直接向厂家或私营药房订购，进货渠道无法控制，给人民生命安全埋下重大隐患；（四）保偿费标准不一，挪用现象严重。如上饶市的波阳县、铅山县、余干县没有按规定对计划免疫儿童实行保偿制度。已经建立保偿制度的市县发展也不均衡，各地收取的标准不一。如莲花县收取的标准为每人100元，铜鼓县则为每人45元，另外还要加收2元的工本费。保偿费变相使用情况严重，成了行政经费的来源。如2002年全省用于经费开支的就达284.92万元,占当年保偿费收入的80以上。《审计要情》还反映疫苗不入库、不记账、领用、发放没记载，免费调拨的计划内免疫疫苗发放没计划等方面的问题。

针对《审计要情》反映的问题,省长黄智权、副省长胡振鹏均作出批示:审计提出的问题十分重要，事关民族身体素质，人民群众切身利益。提出的建议也很有针对性，卫生厅要认真研究，进一步调查核实；涉及价格管理的，由卫生厅提出，商计委办理；涉及卫生防疫部门经费保障到位，由卫生厅提出，财政厅督办。

2004年10—11月，省审计厅组织对省肿瘤医院2004年度财务收支情况进行审计。审计发现的问题主要是：违反《医疗机构药品集中招标采购工作规范（试行）》的有关规定，未严格执行有关药品采购政策。2004年使用量排名前100位的药品中，有风舒、长富尔灵、阿斯米亚等7种药品应纳入招标范围而未纳入，且部分药品价格偏高，如格拉斯琼氯化钠即阿斯米亚未招标前价格为99.8元，2005年招标后售价仅为43.68元；不使用中标药品，而是违规使用非中标药品，且价格同比偏高。如胸腺素已列入第三次招标，中标零售价为13.3元，而使用非中标药品胸腺素，售价为16.8元；未按照招标药品价格管理办法及时调整药品价格。审计还发现，省肿瘤医院违反《江西省医疗收费标准》的有关规定，乱收取一次性注射器、一次性输液器、一次性中心静脉导管、一次性输液贴、收电图、微桥线、病床陪伴等费用，B超图文报告收费无依据；药品进销差价挂往来账，隐瞒当年药品进销差475.25万元。核算不准虚增当年财政拨入专款支出数608.8万元。预提设备购置费虚增固定资产支出799.94万元等方面的问题。

2005年，省审计厅组织对卫生防疫系统2003年疫苗管理情况进行审计，揭示出卫生防疫系统一类疫苗违规收费、二类疫苗收费混乱、违规采购疫苗、保偿费收取标准不一、挪用现象严重等问题，并向省政府提交审计报告，省政府领导对审计报告予以高度重视。省长黄智权、副省长胡振鹏均在审计报告上作出批示：省计委、省卫生厅等相关部门要商议解决办法，省发改委、省卫生厅主要领导对审计结果非常重视并做了大量工作，要求物价部门进行专项检查，卫生防疫系统认真整改。

两年后，省政府领导批示在各地是否落实，省发改委、省卫生厅整改措施是否到位？4—9月，省审计厅组织力量选择宁都县、鄱阳县等21个国定贫困县卫生防疫部门，专项调查疫苗管理中存在问题的整改落实情况。省审计厅向省政府提交的《关于卫生防疫系统疫苗管理中存在问题整改情况的审计调查报告》反映的主要问题：（一）一类疫苗接种继续变相收费。1.县级疾控中心向接种单位下拨一类疫苗时就以冷链费等形式收取费用，导致接种单位向被接种者收费成了必然。如广昌县疾控中心以糖丸每粒0.8元、麻苗每支2元等标准向接种单位收费，21个县（市）中有近半数存在类似情况；2.高标准收取注射费，大多数地方一类疫苗接种费按每针次5元收取，高的如莲花县六市乡每针次达10元，比三级甲等医院的注射费收费标准每次2元还高得多；3.超标准收取保偿费。按照江西省规定，保偿费收取标准城市每人35元，农村28元，实际是最低的余干县收取每人30元，最高的井冈山市为了创收，将免费的"百白破"疫苗，替换为收费的"精制百白破"，一类疫苗增加3种，收取保偿费210元。21个县（市）中搭车收取保偿费的有7个，其他县（市）保偿费收取大多在40—100元之间；4.国定贫困县乙肝疫苗接种费由省里拨给，但还是有个别地方收取接种费，如安远县孔田乡乙肝接种收取接种费每人5元，横峰县对外地人口乙肝疫苗实行有偿接种，从第二针开始，每针收取13元。（二）二类疫苗价格管理混乱现象依旧。二类疫苗总的加价情况为，省疾控中心加价10%~15%，设区市疾控中心40%左右，县疾控中心加价达100%，乡接种站更高。如狂犬疫苗，省疾控中心进价为每份30元，最终消费者大多为每份155元，最高的寻乌县吉潭乡达每份195元，加价650%。上犹县疾控中心2004年12月出售流脑疫苗1090支，获得毛利13971元。利润率高达712%，县疾控中心在职职工33人，财政分文未拨完全靠收费维持。（三）由于省疾控中心分配一类疫苗时偏离需求，按统计人口分配，既没有考虑上年结余，也没有按实际情况及时调整，导致各市县一类疫苗普遍存在库存量大，特别是百白破、麻苗、糖丸结余量大，浪费严重。审计还发现，寻乌县、莲花县、上犹县、会昌县等地将预防接种承包给科室、个人，工作随意性大，如会昌县麻州镇医院将预防免疫业务承包给预防科，要求预防科一年上缴纯利润4.8万元，审计时要求其出示接种原始记录，有关人员解释已销毁，2004年这个科在没有购买成人乙肝疫苗的情况下，将一类乙肝疫苗以每支10元出售给成人接种。针对全省卫生防疫系统整改结果不理想，问题仍然相当突出的现状，审计再次提出相应建议。

省长黄智权、副省长胡振鹏均在审计调查报告上作出批示：预防为主是我国防治疾病的根本措施，国家和省财政已支付计划内免疫一切费用，务必要将政府的关怀送到每个公民。审计报告详尽列举了一类疫苗违规收费，二类疫苗价格虚高的状况，加重了群众负担，又没有执行国家政策。责成卫生厅与有关部门商定最严厉的措施，把免疫工作包括计划外免疫做好、做实，并加强平时的督查，坚决制止不良现象。

2005年11月至2006年2月，省审计厅组织对南昌大学第一附属医院（以下简称"一附院"）2004年度财务收支情况进行审计，对重要事项在时间上作了必要的延伸和追溯。审计发现的问题主要是：（一）未经卫生行政部门的设置审批和工商登记，第一附院与上海远东国际租赁有限公司合作成立"伊美儿激光治疗中心"和"伊美儿整形美疗中心"并对外营业，使用一附院的医疗收费发票，属于违规设立"院中院""科中科"行为。"中心"的设立改变了一附院医疗项目非营利的性质，有关准分子近视矫正手术、激光整形美疗等医疗项目的收费标准没有经过审批，而是按照市场调查价格来确定，价格制定过高，有暴利现象，损害百姓利益，也影响一附院公立医院的声誉；（二）药品招标采购及加成有不符合规定的做法。由于省一附院同时降低某些药品的进价和售价，导致药品加成不符合省发改委《关于改进医疗机构集中招标采购及集中议价采购药品价格管理暂行办法的通知》有关药品加成比例不得高于上限的规定。有18种属于招标药品，省一附院2004年以药效好为由未实行招标，其中有16种药品的进价比中标价高出许多，而且在2005年药品中标后价格下降的情况下，医院出现销量下降甚至一支不用的怪现象；（三）2004年度在提取3356.87万元修购基金后，直接将1897.42万元固定资产购置费直接列入费用，导致虚增成本，少计结余1897.42万元，影响会计信息的真实性。

2007 年 11 月，省审计厅组织对省职工保险互助会 2006 年度财务收支情况进行审计，并延伸审计省本级及省直、南昌市、吉安市、新余市办事处和泰和县、分宜县代办处的财务收支及保险业务情况。省互助会于 1996 年 11 月经省民政厅批复成立，属注册登记的全省性社团法人。审计发现的问题主要是：（一）未取得开展保险业务的合法资格。省民政厅要求"省互助会成立后，望自觉遵守国家的法律法规和有关金融保险工作管理规定，按照登记的章程开展活动"。省互助会是社团法人，不是依法设立的保险公司，也没有获得保监会的保险许可证，故未取得开展保险业务的合法资格。审计建议其从源头解决自身的法律定位问题，依法开展保险业务；（二）省互助会在开展业务的实际运作过程中，是依靠工会组织系统的平台资源进行的，保险业务的具体工作是通过县（市）级工会（分理处）和基层工会（代办处）实施的，故省互助会在运作过程中，实际上具有二、三级分支机构的完整而庞大的组织体系。这与《江西省职工保险互助会章程》确定的仅设一级分设机构和《社会团体登记管理条例》关于"社会团体的分设机构不得再设立分支机构，不得设立地域性的分支机构"等规定不符。省互助会为兑现对保户的高额回报和保险责任，利用收取的保费和会费进行投资活动，具有鲜明的营利目的，其财务活动也已有清晰反映，这与"创办者不以赢利为目的的原则"等规定不符；（三）省互助会开展的保险业务，已是法律意义上的保险活动，但未按法律规定进行规范的业务操作。主要是保险责任关系不明确，职工投保时，基层工会仅向投保人开具交纳保费的收款收据，所有险种，投保人和保险人均没有签订保险合同，权利义务不明确，事故定性和理赔条款未向投保人公开，显失公平；（四）投资方式对资金安全隐含巨大风险。省互助会投资方式主要是以《职工委托理财协议书》形式，将保险资金委托证券公司理财，规定固定的投资收益率，同意证券公司从事投资业务。由于省互助会在技术上还难以做到对证券公司操作的实时监控，截至 2005 年底，导致发生 62300 万元的风险资金，至 2006 年底留下 14500 万元的不良资产。审计还发现，省总工会占用互助会保险资金 263.82 万元，大额现金支付管理费用 28.87 万元，互助会秘书处提取管理费比例过高，国债投资协议不全等方面的问题。

2008 年 12 月，省审计厅组织对江西省中医学院附属医院 2007 年度财务收支进行审计。审计发现的问题主要是：执行国家有关政策不到位。如 2007 年违反发票管理规定，违规向省中医院与美国太平洋世纪企业集团 1998 年合资成立的江西博爱眼科中心有限公司提供医疗收费发票，收费 900 多万元。以前年度审计发现并提出过整改意见，但未整改。2007 年用财政性资金购电脑、空调等，未按规定办理政府采购手续；药品、处方管理不规范。如 2007 年有部分药品价格超过 15% 加成的上限规定。2007 年中草药加成率为 35%，超过 25% 的规定上限，特别是上半年药品超标加成现象较为严重。控制大处方问题还需进一步加强，2007 年同一个医生给同一个病人同一天开处方超过 10 张的有 25 人次，其中张某某医生 2007 年 12 月 20 日给同一病开出 17 张处方。审计还发现省中医院会计核算不够规范，如 2007 年将博爱眼科收入 982.03 万元虚列医院收入，同时将转给博爱眼科款 844.85 万元虚列支出。

2010 年 6—7 月，省审计厅对宜春市政府 2007—2009 年再就业资金的真实、合法、效益性进行审计，审计范围包括市本级及所辖各县（市、区）。审计发现的问题主要是：（一）万载县、奉新县、樟树市的 6 个乡镇违反《江西省就业再就业资金管理办法》的有关规定，将就业培训补贴资金 400.45 万元转作财政收入；（二）由于相关职能部门对培训机构资质、培训时间等审核不严，导致部分机构虚报培训人数和培训时间，安排没有法人登记、办学许可、农村劳动力转移培训许可等合法资质的机构培训，超标准支付补贴等，共涉及 10 个县（市、区）19 家培训机构，虚报冒领培训补贴资金；（三）违规占用就业资金。如铜鼓县纪委、县劳动服务公司、县财政局、万载县就业局训练中心、万载县安全生产中心、樟树市检察院均无任何理由，依据调用就业资金。高安兰坊镇劳保所、凭一纸证明报支云南、贵州招工活动公务费。上高县劳动部门职工融资 444 万元建设实业培训中心，2009 年用就业资金按年息 15% 支付分红资金 49.46 万元，超过国家规定利率 2.25%，多付红利 39.47 万元。丰城市实业培训中心从就业资金中支付 460 万元购买丰林俊实业有限公司土地及房地等资产转让事项，未经合法部门评估、协议价格无依据、政府无批示，截至审计日仍未办理房屋、土地使用权转让手续等；（四）小额贷款贴息操作不合规。各县（市、区）在小额贷款贴息过程中，普遍存在给不符合条件的企业违规进行财务处理现象。2009 年仍在享受小额贷款贴息的 147 户企业，有 114 户企业未按规定为吸纳的下岗职工缴纳养老保险，不符合劳动密集型企业条件，享受贴息的贷款是在原有贷款基础上包装而成（不属新增贷款）。另外各地还存在本级财政不负担应当贴息的资金，导致挤占中央贴息现象；（五）由于财政部门拨付程序不规范，导致各县（市、区）劳动部门经办机构不同程度地存在资金结余偏高。2008 年末就业办、就业局、劳保中心、培训中心等就业再就业资金总结余 4074 万元，特别是有的乡镇劳保所也有大量资金结余，致使资金存在安全隐患，使用效益无法发挥；（六）万载县职业技校支付给个人承包培训伙食补助费 52.66 万元无法提供真实情况等 5 件违纪事项，省审计厅移送给万载县纪委进一步查处；上高县劳务派遣服务中心出纳肖某涉嫌挪用 389.13 万元就业资金等 3 件违纪事项，省审计厅移送给上高县纪委进一步查处。

第四章　农业与资源环保审计

　　1991 年后，全省各级审计机关一直关注农业综合开发资金、扶贫资金、税费改革、老区建设资金、库区移民资金、退耕还林资金的审计；国家"十一五"规划以后，资源环保及环境保护资金、土地整治开发资金逐渐成为审计重点。2000 年省审计厅成立资源环保审计处，2001 年农业处从原来的农业与资源环保处划分出来，成立单独的农业审计处。这两个处的工作重点主要是组织对各级政府的农、林、水各行业，国土资源、环境保护等部门的正常收支，及对省政府各相关部门以及各设区市政府农林水系统的各项资金进行审计。

　　与国家"三农"建设和环境保护事业的快速发展相适应，农业与资源环保审计也在不断发展进步。1991—2010 年，省审计厅在完成审计署、省委、省政府交办的各项任务中，发现和反映江西农业、资源、环保资金在分配、使用和管理过程中存在的突出问题，在促进全省农业与资源环保工作中发挥着积极作用。1999 年对全省 18 个国定贫困县扶贫专项资金的审计，鄱阳湖治理一期、二期工程项目建设及财务收支情况的审计，2000 年全省环保资金的审计调查，2001 年全省财政支农资金投入、管理及使用效益情况的审计，2004 年全省农业综合开发专项资金以及粮食直补资金与水稻良种补贴资金的投入、管理和使用情况的审计，2005 和 2009 年全省退耕还林工程专项资金的投入、管理、使用情况的专项审计，2010 年全省"节能减排"政策执行情况的审计调查等。这些项目的审计报告呈报省委、省政府领导后，大部分都得到省委、省政府主要领导的肯定和批示，有的审计项目在全省乃至全国引起较大反响。

第一节　农业资金审计

　　1991—1997 年，省审计厅（局）组织开展农业资金的审计业务主要集中在农业综合开发资金项目的实施、管理、财政支农、粮食直补、种子补贴资金的发放使用等方面。其中：1992 年，省审计局组织地、市、县审计机关对第一期赣中南农业综合开发资金的管理、使用和效益情况进行专项审计，查出违纪违规金额 381 万元；1993 年，省审计局组织对 16 个县（市、区）1991 年与 1992 两个年度的县级农业资金总体投入情况开展审计调查。查出违纪违规金额 1311.7 万元，省审计局向省政府提交的审计调查报告获省政府办公厅向全省县（市、区）政府转发并要求遵照执行，对审计中反映的问题"要认真对待，高度重视，采取切实措施，及时予以纠正"；是年 5 月，全省各级审计机关对 111 个乡镇、189 个村委会、1992—1993 年 1 季度的农民负担情况进行审计调查；1994 年，省审计厅组织对赣中南农业综合开发项目资金的分配、管理、使用情况实施审计，查出违纪违规金额 148.64 万元；1995 年，省审计厅组织对处于全省经济实力上、中、下 3 个层次的 30 个县 1993、1994 两年农业资金投入情况进行审计调查；1996 年，根据省政府和审计署的统一安排部署，省审计厅组织开展对 16 县 1994 年、1995 年扶持粮棉大县发展经济专项贷款的管理、使用情况进行审计调查。审计后向省政府提交的审计调查报告，省政府作出批转。

1998 年 3 月，省审计厅对省农业厅 1997 年度行政、事业经费收支情况进行审计，具体审计农业厅计财处、办公室、省土壤肥料测试中心、省农村能源环保技术开发中心、省花卉生产技术服务中心、省花卉协会等单位。审计发现的问题主要是：挤占挪用专项资金。省土壤肥料测试中心、省花卉协会以拨代支专项资金。省农村能源环保技术开发中心虚报农业厅所拨专项事业费支出，挤占事业费，借给所属单位经营周转等。审计建议省农业厅应及时进行清理、催收，如数归还被占用的事业费；省花卉生产技术服务中心挤占专项事业费替公司还周转金。应立即由公司归还原资金渠道，今后要严格划分事业费支出与经费支出的界限，不得挤占、挪用事业费；省土壤肥料测试中心所收事业性收费，未办理财政专户储存；省农业厅 1997 年有 1053.6 万元未及时下拨等。审计建议今后应加快用款进度，经费要及时、足额下拨给用款单位，尽早发挥专项资金使用效益。

1999 年 6—10 月，根据审计署办公厅《关于印发〈1999 年农业综合开发资金的审计方案〉的通知》要求，省审计厅组织全省 11 个地市及所属 57 个县（市）审计机关，对全省 1991—1998 年农业综合开发资金的拨付、使用、管理情况进行审计，并对部分项目的投资效益作实地调查。审计发现的问题主要是：（一）资金到位不及时。1997 年由于新增项目，计划批复较晚，1998 年又因全省大部分地区遭受洪水袭击，部分开发县财力十分紧张，使得当年建设项目的资金到次年才到位。截至审计日，11 个地市财政未到位资金共计 6364 万元，其中上级拨入财政资金未到位 2678 万元，地方财政配套资金未到位 3686 万元；（二）项目资金投放使用不理想，账面滞留金额过大。全省 11 个地市财政资金实际投入 43014 万元，而拨付到县项目单位的资金只有 36611 万元，有近 6400 万元项目资金因洪涝灾害等原因滞留在县级各中间环节，如上饶地区 7 个项目县滞留 1946.9 万元，宜春地区 9 个项目县滞留 2910.1 万元；（三）财政到期有偿资金回收率低。至 1998 年底全省累计应回收到期的有偿资金 17688 万元，欠回收 3871 万元。一些有偿使用项目由于各种原因，无法达到预期效益，资金回收难，且部分资金并未落实到借款单位，无形中增加财政压力；（四）农贷资金到位差距大。1997—1998 年全省 11 个地市农行贷款计划 24917 万元，实际贷款到位只有 48.85%。由于银行考虑贷款的信用风险和自身经济利益，部分项目单位及农户考虑贷款抵押及偿还能力，使得农贷计划难以执行，造成少数项目无法实施；（五）挤占挪用专项资金。如新余市挤占挪用专项款用于固定资产投资还款和归还到期的有偿资金。石城县用专项资金建办公大楼，新干县用专项资金弥补经费不足。会昌县开发办在无项目、无计划、无借款抵押手续的情况下，将开发资金借给昌达特种养殖公司周转，后因公司倒闭法人失踪造成严重损失。

省审计厅向省政府提交了《关于审计江西省 1997 至 1998 年农业综合开发项目资金拨付使用和管理情况的报告》。省长舒圣佑、副省长孙用和均在审计报告上作出批示：责成开发办按审计厅的意见认真整改。

2000 年 5 月，省审计厅对省农业厅 1999 年财政财务收支情况进行审计，重点审计农业厅计财处、办公室、基建办、外经办、省农村能源环保中心、省花卉协会等单位。审计发现的问题主要是：（一）专项资金下拨不及时。拨款户事业费，省农业厅未根据年初预算安排及时拨付到用款单位。如部拨农业厅基建资金、省拨农业厅基建资金、省商品粮基地办基建资金，均未按照项目计划拨付至用款单位；（二）专项资金未专款专用。如当年少拨的种子站项目贴息，以及用于抵偿农业部借款的民星企业集团科技三项经费。针对审计发现的问题，省审计厅建议省农业厅要及时进行整改。

2001年3—4月，根据省政府领导的指示和国家对农业综合开发项目进行验收的有关要求，省审计厅组织11个设区市及62个相关县（市）审计机关，对全省1998年至2000年国家农业综合开发资金的拨付、使用和管理情况进行专项审计，并对部分项目的实施和效益情况开展实地调查。审计发现的问题主要是：（一）财政资金到位不够及时。截至2000年底，各级财政未到位资金共计15364.2万元。其中：中央财政未到位资金793.3万元，省级配套未到位资金12125.8万元，市级配套未到位资金577.6万元，县级配套未到位资金867.5万元。地方财政配套项目资金到位率仅73.05%；（二）地方配套已到位的资金中存在到位不实的现象。如部分设区市的市级配套资金，年中下达给各县财政，但在年末又将其收回，导致该项资金到达项目单位后又不得不从项目单位返回，项目单位没有真正获得配套资金的使用权。资金报账单位采取虚拟项目工程量、虚拟支付项目单位工程款等办法虚列工程支出，造成工程决算虚假，会计资料反映不真实；（三）农行贷款利率到位率低，造成农业综合开发专项贷款计划难以落实，出现非项目贷款挤占专项贷款规模的情况。1999年至2000年省农行下达各设区市的农业综合开发专项贷款计划44523万元，实际投放贷款12255万元，仅占计划的28%。九江市、景德镇市等市甚至分文未贷给项目单位。将农业综合开发专项贷款发放给非农项目，如赣良啤酒厂技改贷款、上犹县供电有限公司城南变电站基建贷款、波阳县汽运公司购车贷款；（四）财政有偿资金回收率低。存在用新钱还老账的抵顶现象和资金滞留财政的情况，致使有偿资金不能按规定正常运作，达不到滚动开发的预期目的，尤其是立项较早的开发县，回收难度大，已开始影响项目县农业综合开发的持续稳定发展；（五）部分县（市）中间环节账面资金滞留较大，影响项目实施的进展。如南昌市、县各部门截至2000年底滞留财政资金3917.3万元，占到位资金的43.99%；（六）挤占挪用等违纪违规行为。如将专项配套资金弥补经费不足、建房买车、随意提取费用、虚列项目、虚列支出套取资金、将有偿资金出借给非项目单位等。

省审计厅向省政府提交了《关于江西省1998年至2000年农业综合开发项目资金拨付使用和管理审计情况的报告》。省长黄智权、副省长孙用和均在审计报告上作出批示：责成省农业开发办就审计查出的问题作出说明并整改。

是年7—9月，根据审计署《关于印发〈2001年财政支农资金审计调查方案〉的通知》要求，为配合国家实施农业产业结构调整和西部大开发战略，深入进行对农业投入的政策、结构、方式、管理体制以及农民增收等情况的调查研究，加强农业的基础地位，省审计厅组织11个设区市审计局，重点对22个县（市、区）1999年至2000年财政支农资金投入、管理及使用效益等情况进行审计调查，具体调查审计160个县（市、区）财政局和农业资金主管部门、221个相关用款单位，并对部分乡镇财政收支平衡和负担等情况进行延伸调查。审计共查出挤占挪用等有问题资金26982.2万元，占财政支农资金支出总额的20.3%，审计期间促进资金投入到位5024万元，审计决定归还原资金渠道 638 万元。审计发现的问题主要是:(一)财政占用、抵扣欠款、结转支农预算指标计 14399 万元。如截至 2000 年底,波阳县、余干县、上饶县财政部门共占用支农专项资金 10296 万元用于发放教师工资等支出。贵溪市 1999 年将支援农村生产支出资金转作支农周转金,有偿借给雄石永雄饲料公司,至审计日未归还;(二)虚列支出 1577 万元、滞拨支农资金 9479 万元。1999—2000 年 22 个县(市、区)通过采取列收列支、空转,支农支出用于抵扣各种农业项目的欠款,非农支出转作支农支出,以及支农资金从预算支出转暂存款、农业资金专户和资金主管部门滞留未拨,未真正用到农业项目上;(三)农业部门自身挤占、挪用支农资金弥补经费不足、建房买车费用等。如安义县挪用支农资金弥补经费不足,余干县老建办挤占、挪用项目资金建培训大楼,波阳县水电局在防汛经费中列支购置猎豹吉普车费用,贵溪县用农业综合开发支出中的科技培训费支付装修办公室、店面,购置吉普车等;(四)将支农资金借贷或经营。如余干县以工代赈办截至 2000 年底将支农资金 358.7 万元外借,用于经营,至今无法收回。

省审计厅向省政府提交了《关于全省 1999 年至 2000 年财政支农资金投入、管理体制和使用效益审计情况的报告》。省长黄智权、常务副省长彭宏松、副省长孙用和均在审计报告上作出批示:各县(市、区)政府应认真研究整改,并将整改情况向省政府写出专题报告。2001 年 11 月 14 日省政府办公厅向全省各市、县(区)政府以及省政府各部门全文转发《省审计厅关于全省 1999 年至 2000 年财政支农资金投入、管理体制和使用效益审计情况的报告》,要求认真研究,予以整改,并由各设区市汇总,将整改情况于 2001 年 12 月中旬前向省政府写出专题报告。

2004 年 4—7 月,根据国家农业综合开发项目验收管理的规定,省审计厅组织各级审计机关对全省 2001 至 2003 年农业综合开发专项资金的投入、管理、使用情况进行审计。审计涉及 11 个设区市、72 个县(市、区)和 14 个省直部门单位,重点审计财政、农业综合开发办等资金分配、管理部门,并延伸审计 255 个单位、2185 个项目。审计资金总额 114683.1 万元,查出违纪违规资金 20472.29 万元,审计期间促进资金到位 2160.21 万元。省审计厅向省政府提交的《关于全省 2001 至 2003 年农业综合开发专项资金审计情况的报告》反映的主要问题:(一)滞留专项资金 10598.91 万元。1. 九江市、上饶市等市县财政滞留有偿资金 9645.99 万元,国库及专户滞留无偿资金 833.92 万元;2. 开发办滞留无偿资金 119 万元。(二)挤占挪用专项资金 7743.54 万元。1. 财政"以旧还新"直接抵扣、用于配套资金、财政占用弥补经费、借给非项目单位等挤占挪用 6937.84 万元;2. 开发部门和单位挤占挪用 805.7 万元,主要用于弥补经费、买车购置固定资产等。(三)违规收取管理费、设计费,超比例提取前期工作费,超标准收取有偿资金占用费。如乐平市开发办 2001 年至 2004 年以"管理费""考察培训费"名义收取项目单位资金,用于弥补经费不足。南丰县超比例收取前期工作费,渝水区财政局部分借款以月息千分之三和三点五多收资金占用费。会昌县财政部门将部分有偿资金违规借给非项目单位,按千分之三的月息收取资金占用费。(四)宜丰县、修水县、余江县等县违规支付项目单位贴息资金。(五)擅自改变开发项目计划资金 1504.74 万元。如新建县、寻乌县、袁州区等地随意改变项目实施地点,改变项目建设内容、规模;洪都监狱、定南县、渝水区等地或单位将计划内项目调到计划外等。

省长黄智权、常务副省长吴新雄均在省审计厅提交的审计报告上作出批示:赞成审计厅所提整改意见，各职能部门要认真落实整改措施。对资金使用中存在的违纪违规问题，省农业综合开发办要会同省财政厅逐项核查，按整改意见第（二）条分别作出处理，涉及责任人违法违纪的，坚决依法依纪追究责任。

是年9—10月，为确保发展粮食生产，增加农民收入目标的实现，保证粮食直补资金与水稻良种补贴资金（以下简称"两补资金"）专款专用，防止挤占挪用、克扣抵扣、虚报冒领等违纪违规现象的发生，省审计厅组织各级审计机关对全省截至2004年8月底已下拨的"两补资金"的投入、管理、使用情况进行审计。审计涉及11个设区市、99个县（市、区）、1299个乡镇场、8054个行政村、20471个自然村，走访调查农民16.49万户。省审计厅向省政府提交的《关于全省粮食直补资金和水稻良种补贴资金审计情况的报告》反映：审计资金总额达65874.35万元，查出违纪违规资金286.99万元，审计期间促进资金到位471.62万元。审计发现的问题主要是：上报粮食播种面积不实。如遂川县、万载县、龙南县、余干县等县虚报土地计税面积，多报多领资金82.18万元。广丰县、上饶县、余江县等县少报、漏报粮食播种面积，造成"两补资金"缺口49.39万元；万载县、余干县、新建县、全南县、鄱阳县等县"两补资金"发放不到位，巧立名目抵扣农业税费，违规金额23万元；井冈山市、万载县等县乡滞留"两补资金"169.48万元，未及时发放给农户。审计还发现，有些资金还没有到户，有的承包土地的种粮大户合法权益没有得到保障，补助资金管理及发放操作不够规范等方面的问题。

省长黄智权、副省长危朝安均在省审计厅提交的《关于全省粮食直补资金和水稻良种补贴资金审计情况的报告》上作出批示：省审计厅提出的建议，有关职能部门要认真按照抓好整改，务必整改到位，不得侵犯群众利益，使好事办好，实事进一步办实。

2005年，江西省审计厅在农业与资源环保审计工作中做出出色成绩。《中国审计》杂志2005年第19期用3个整版图文并茂地作了题为《农业审计之葩开得正艳——江西"三农"审计特色之路》的专题报道；中国国审传媒和《中国审计》杂志社联合录制了题为《洒向"三农"都是爱》的30分钟电视专题片，以江西省"三农"审计为主题，对厅长伍自尧进行专访，并在河南卫视《国审财经》栏目连续播出。《中国审计报》2005年5月21日刊发省审计厅农业处《江西省审计厅开展农村问题调研》的文章，较详细地介绍江西省开展农业问题审计工作。

是年5—9月，为促进加强财政支农资金管理，提高资金使用效益，保证省委、省政府有关农业、农村、农民政策的贯彻落实，省审计厅组织力量对于都县、广昌县、永新县、莲花县、武宁县、玉山县等6个县2004年财政支农资金的投入、管理、使用情况进行审计调查。主要涉及县发改委、财政、农业、林业、水利、扶贫办、农业综合开发办、粮食等涉农资金管理、使用部门和单位及部分支农项目，调查的资金主要包括农业支出、林业支出、水利和气象支出、支援不发达地区支出、农林水气基本建设、农林水气科技三项经费、用于村民委员会的其他支出、农业部门基金支出、粮食直补、退耕还林粮食补助等资金。调查结果表明，6个县财政支农资金的投入主要依赖上级财政的专项补助，县本级财政安排的支农资金基本上用于农口部门自身正常经费支出，用于农业项目的开支甚少。审计发现的问题主要是：（一）违纪违规，弄虚作假，套取支农资金。如莲花县2004年将2003年主体工程已建成的莲江河防洪堤工程向省发改委申报以工代赈项目，套取项目资金；莲花县2004年度承包给单位或个人实施的国债和以工代赈项目中有 16 个项目虚假编造劳务报酬发放表套取项目资金，相关项目实施单位没有提供上述资金的核算资料，资金实际流向不明；于都县粮食收储公司 2002 年通过与赣州市粮食购销公司签订虚假购销合同，套取 300 万公斤退耕还林粮食补助资金，存入个人存折，并将其中一部分用于荒山造林。（二）政策执行不到位，严重侵害农民利益，查出违规金额 1451 万元。1.6 个县在发放退耕还林补助资金时扣取金额不等的款项用于荒山造林；2. 个别村借退耕还林之机多扣农业税。（三）挤占挪用财政支农资金现象较为普遍。5 个县共发现挤占挪用财政支农资金 786.7 万元，如永新县挪用 2002 年度以工代赈"袍陂渠首维修加固"项目资金，用于支付 319 国道征地拆迁补偿款；广昌县以工代赈办向莲帝饮品公司等 5 家公司违规出借以工代赈资金；广昌县水务局挤占水利专项资金建防汛大楼；于都县仙下乡富坑村挪用校舍建设扶贫资金，用于建设村委会办公楼。（四）部分支农资金主管部门违规收费或将农业基金超比例用于自身经费开支，如于都县发改委 2002 年以来通过下属工程咨询中心违规收取项目咨询费、项目论证费；莲花县发改委 2004 年违规收取价格咨询费、项目管理费；永新发改委 2002 年以来按项目资金的 6% 违规收取项目前期工作费；永新县林业局 2004 年非生产性育林基金支出，占育林基金支出的 48.5%，远高于《江西省育林基金和维简费征收使用管理办法》的 30% 限定比例。（五）部分财政支农资金使用效益不佳，有的已造成严重损失浪费。1. 部分支农项目没有产生效益。如 2004 年武宁县财政拨付县锦福公司黄姜产业化项目专项资金，公司还未投产就已经停工。武宁县财政 2004 年拨付县水产局的鳗鱼养殖与加工项目市级农业综合开发资金中，用于弥补外商养鳗场投资损失的金额占投资总额的三分之二；2. 部分支农项目未按计划实施。如于都县已完工的"石鼓—新地"公路两边排水沟没有按实施方案要求用石块浆砌和预埋排水涵管，致使公路多处被雨水冲毁。广昌县"甘竹—千善"公路设计长 17 公里，由于地方配套资金不足，实际施工 15 公里。

省审计厅向省政府提交了《关于对 6 县财政支农资金审计调查情况的报告》。省长黄智权、常务副省长吴新雄、副省长孙刚均在审计报告上作出批示：审计报告发现支农项目和资金管理、使用方面存在的不少问题，省发改委、财政厅、农业厅、水利厅、扶贫办、农业开发办、粮食局等部门要就各自管理的项目和资金使用中的问题进行详细调查，切实整改。其中对问题严重的，要追究责任。

2007 年 6—9 月，省审计厅组织各级审计机关对全省 2004 至 2006 年农业综合开发专项资金的投入、使用、管理情况进行审计。审计涉及 11 个设区市的 75 个县（市、区）、5 个国有农场、部门和单位。重点审计财政、农业综合开发办等资金分配、管理部门，并延伸审计 278 个单位、1617 个项目，审计资金总额 151098 万元。审计发现的问题主要是：（一）部分县担心项目有偿资金借出后难以收回，一直滞留资金在县级财政；（二）省级配套（水毁项目）400 万元未到位，部分县级财政配套、自筹资金不到位；（三）由于农业产业风险大、投资回报期长，致使有偿资金回收力度不够；（四）有的地方用项目资金弥补经费不足；（五）结余部分项目资金未及时处理；（六）农业产业化项目由于银行贷款等资金没有及时到位，致使部分项目未能达到设计规模；（七）部分工程管理不规范，如将项目发包给无资质等级的施工单位，或购买设备不通过政府采购程序；（八）土地整治项目建成后运行机制没有建立，管护责任未落实，造成一些工程没有发挥其最大效益，每年栽植的农田防护林树苗存活率低。

省审计厅向省政府提交了《关于全省 2004 至 2006 年农业综合开发专项资金审计情况的报告》。省长吴新雄、副省长熊盛文均在审计报告上作出批示：省农业综合开发办要对存在的问题认真整改，特别是挤占挪用资金要抓紧收回。

2009 年 4 月，省审计厅对省农业厅 2008 年度财务收支情况进行审计。审计发现的问题主要是：部门预算中公用支出安排不足，项目经费用于弥补公用支出达 1407.71 万元，占公用支出总额的 91.32%。审计分析认为，产生这一问题的主要原因是，省农业厅在预算编制过程中，只根据预算编制要求，按照具体事项编制项目支出预算，没有进一步对项目具体实施涉及的本级使用经费和拨付全省经费进行细化区分，因此，在预算执行中无法确定具体项目经费中本级支出的合理性和经费拨付的科学性；挤占农村公益事业项目等行政事业项目资金和所属单位虚列的公用支出资金，用于发放 2008 年度精神文明奖和 2007 年度行风评议奖；正在建设中的农业综合检测中心工程项目，将远远超出省发展改革委批复的投资计划，省审计厅建议省农业厅应提前追加投资计划，完善中心建设相关手续，并加快大楼建设进度，提高建设管理水平，提高资金使用效果。

第二节　扶贫资金审计

1991—1997 年，省审计厅（局）主要是组织开展对农业扶贫开发、老区建设扶贫、以工代赈、农村基础设施建设、生产发展、社会发展、扶贫贷款资补和贴息、新农村建设等情况进行审计。其中：1991 年，省审计局组织 9 个地（市）、58 个县（市）审计局展开对 1989 至 1990 年老建资金和扶贫贴息贷款的审计调查，查出违纪违规金额 244.96 万元；1994 年，省审计厅组织对瑞金市、永新县等 10 个重点贫困县 1991—1993 年扶贫资金的管理、分配、使用情况进行审计调查，查出违纪违规金额 432.02 万元；1997 年，按照审计署的统一部署，省审计厅组织 6 个地市审计局对全省 18 个国定重点贫困县 1994—1996 年扶贫资金的管理、使用情况实施的审计，查出违纪违规金额 4327.8 万元。省审计厅向省政府和审计署提交了审计报告，省长舒圣佑，副省长黄智权、孙用和分别作出批示：要求省民政厅和老建办、省计委和以工代赈（办公室），按审计报告的要求提出改进措施，切实把资金管好用好。有关业务主管部门对审计意见非常重视，以工代赈办在全省工作会议上要求各地对审计查出的问题按期切实予以纠正，按审计处理意见结合实际贯彻落实。省老建办对各地、市下发《关于贯彻省政府领导有关扶贫资金审计问题的指示报告》，要求根据当地审计局的审计意见，立即纠正存在问题，提出改进措施。

1998 年 5 月，省审计厅对上饶地区交通局 1997 年度省拨扶贫专项资金使用情况进行审计。审计发现的问题主要是：1997 年，省拨正常补贴余额中省交通厅以工代赈配套资金和渡口经费未下拨，省拨部分扶贫款未下拨；抽查的上饶县交通局在部拨扶贫款中列支不属于专项工程的小工程、赞助支持县人大政协、招待费、差旅费。另外，扶贫专款借给外单位。

1999 年 7—9 月，按照审计署办公厅《关于印发 1999 年扶贫资金审计方案的通知》要求，省审计厅组织地市审计机关采取"上审下"的方式，对抚州市、上饶市等 6 个地市 18 个国定贫困县 1997 年至 1999 年 6 月的扶贫专项资金进行审计，重点审计财政、老建办、计委以工代赈办及银行等扶贫专项资金的管理、分配部门，并延伸对 1158 个项目单位的扶贫专项资金使用及效益情况进行抽审。审计共查出扶贫资金中各种违纪违规资金 8767.85 万元，其中：支援不发达地区发展资金 1725.69 万元、以工代赈资金 3433.14 万元、扶贫贷款 3609.02 万元。审计发现的问题主要是：（一）财政扶贫资金违纪违规 5158.83 万元。1. 财政抵扣占用 853 万元，少数地方政府以领导批示、口头同意、各种借款或为不超出当年财政赤字为理由，造成财政抵扣和占用；2. 主管部门抵扣滞留 922.38 万元，有的在考察评估立项的过程中，项目所需资金与实际需要不符，根本就不需要那么多资金。有的项目有计划、有批复，实际没有真正施工。有的部门为自己的利益，从中得到更多的存款利息而推迟拨付时间。有的实施单位未按设计要求完成项目，结余资金造成主管部门停拨滞留；3. 由于国定贫困县财政十分困难，为解决办公经费和改善培训条件，一些主管部门挤占挪用扶贫资金弥补行政经费不足、建房购车；4. 违规计提收取费用。一些单位在国家"三令五申"禁止各种乱收费，各级审计机关严肃查处和制止各种对扶贫资金乱收费的情况下，仍为谋取小团体利益乱收各种费用，如兴国县老建办违规收取扶贫贷款考察费；5. 虚列支出、转移资金。交通部门修路项目工程量大、施工时间长、资金量相对多，为本部门利益，以不同的手法虚增工程成本，套取转移扶贫资金；6. 擅自改变资金投向。以工代赈资金拨付到国定贫困县财政，资金量多，资金使用上一直都是按工程进度拨付，财政相对紧张的县钻空子挪用；7. 违规实行有偿使用。有的地方部门采取各种手法，巧立名目，层层加码超计划将无偿变为有偿，收取资金占用费；8. 少数地方经政府主要领导授意，资金主管部门将扶贫资金挪作非计划项目使用，有的地方还将扶贫资金存款利息不作收入反映，形成账外账。（二）扶贫贷款资金违纪违规 3609.02 万元。1. 银行在发放新贷款时抵扣到期应收回的贷款本息；2. 银行将扶贫贷款改变投向；3. 用款单位挪用扶贫贷款；4. 银行违反规定提高利率发放贷款，多收扶贫项目单位利息；5. 银行把上一年度贷款指标，故意滞留在次年一季度前后发放，造成超计划放贷。有的银行还虚增扶贫贷款。

省审计厅向省政府呈报了《关于江西省 1997 年至 1999 年 6 月扶贫专项资金审计情况的报告》。常务副省长黄智权、省长孙用和均在审计报告上作出批示：凡违纪违规的，由审计厅逐个通知，限期改正。改正情况应报审计厅，同时抄报老建办。其中涉及以工代赈的，请省以工代赈办会财政厅加强监管。

2003 年 5 月，省审计厅组织对省扶贫开发领导小组办公室 2001 至 2002 年扶贫专项资金及 2002 年财务收支情况进行就地审计，具体审计专项资金账和行政经费账。审计发现的问题主要是：（一）未按《中国农村扶贫开发纲要（2001—2010 年）》要求制定全省扶贫开发规划；（一）该办违反国务院办公厅《国家扶贫资金管理办法》关于"应当及早做好扶贫开发项目的前期准备工作，不得让资金等项目"的规定，2002 年安排 1120 万元用于省科技扶贫示范基地，该项目仍处在规划制定和项目论证阶段；（三）违反财政部《财政扶贫资金管理办法（试行）》关于"每年安排给县级的财政扶贫项目管理费不得低于全省财政扶贫项目管理费总额的 80%"的规定，省扶贫开发办 2001—2002 年多留财政扶贫项目管理费 57.6 万元，挤占县级扶贫项目管理费；（四）违反《政府采购法》，未经政府采购购买电脑及影像器材。违反《预算法》，未编制政府采购预算表，于 2002 年购买小车。因购车未纳入年初预算，致使行政经费超支，挤占项目管理费和培训费；（五）违反现金管理规定，滞留财政扶贫贴息资金。

是年4—9月，根据审计署扶贫专项资金审计方案，省审计厅组织各级审计机关对全省11个设区市及95个县（市、区）2001至2002年扶贫专项资金的投入、管理、使用情况进行专项审计，直接对11个设区市和21个重点县中的井冈山市、兴国县的扶贫专项资金进行审计，并对部分重点县进行抽查。此次专项审计的重点对象是省、市、县三级财政、扶贫办（老建办）、计委以工代赈办及农业银行等扶贫专项资金分配、管理部门，并延伸审计458个乡镇，480个重点村，136个贷款单位。审计共查出滞留、挤占挪用扶贫资金及违规发放扶贫贴息贷款等违纪违规资金39447.9万元，其中财政扶贫（财政部门、老建扶贫资金、以工代赈资金）违纪违规资金24131.96万元，农行扶贫贴息贷款违纪违规资金15315.94万元。审计发现的问题主要是：（一）财政部门违纪违规资金12550.56万元。1.上饶县、遂川县、吉安县、莲花县等县滞留财政扶贫资金6936.6万元，其中国库滞留资金2381.34万元、财政扶贫资金专户滞留资金4543.26万元；2.吉安等县财政占用、挪用扶贫资金2884.02万元，用于财政周转及平衡预算；3.遂川县、波阳县、上饶县等县虚列支出、虚假配套等虚假投入资金2533.09万元；4.修水县、横峰县等县直接抵扣项目资金196.85万元，使扶贫资金不能发挥应有效益；5.广昌县、修水县等县扶贫资金违规多头开户。（二）老建办扶贫违纪违规资金4451.76万元。1.扶贫主管部门滞留1857.42万元，其中项目资金1463.61万元、省财政贷款贴息资金393.81万元；2.于都县、吉安县、横峰县等县扶贫、老建部门及赣州市农业局挤占挪用资金1473.98万元，主要用于弥补行政经费、建房买车添置固定资产、出借扶贫办等部门自办经济实体、非扶贫道路建设、开发区及工业园区建设等；3.修水县、赣州市扶贫办违规有偿使用扶贫资金298.6万元，并收取资金有偿使用费或资金占用费；4.上饶市扶贫开发培训中心、吉州区扶贫办、宜春市老建办等单位违规收取扶贫基金170.06万元，收取管理费、资金占用费、培训费、风险金等118.72万元；5.万安县、莲花县等县虚列支出、虚报冒领资金34.99万元；6.兴国县、乐平市改变项目计划513.76万元；7.新余市、井冈山市、横峰县、万载县等市县资金分配、立项不严谨及项目管理不善等造成部分财政扶贫项目效果不佳；8.宁都县、井冈山市、南昌湾里区等地财务管理混乱，多头开户、白条报账、大额现金支出等。（三）以工代赈违纪违规资金7129.64万元。1.吉安市、余干县等地计委、财政部门滞留资金3029.75万元；2.余干县、上犹县、永新县、会昌县等县挤占挪用资金2424.53万元，用于弥补行政经费及建房买车购置固定资产、以工代赈计划外项目、出借资金或用于经营等；3.永新县、广昌县、余干县等县虚报项目、虚列支出328.8万元；4.赣州市计委、九江市发展计划委员会擅自改变项目计划，涉及项目资金779.05万元；赣县计委、遂川县以工代赈办违规计提、收取费用及有偿使用资金567.51万元；5.井冈山市、上饶县等地工程管理混乱，一些项目未按规定进行招投标，工程转包现象比较普遍，未按计划实施，工程进度缓慢，不及时组织工程验收和办理工程竣工决算等；6.安远县、兴国县、寻乌县等县财务管理混乱，大额现金支付工程款、白条报账、超合同支付工程款、违规存储资金；7.永新县、上犹县等县资金安排不尽合理，项目管理不善，影响资金使用效果。（四）农行扶贫贴息贷款违纪违规资金15315.94万元。1.九江市、宜春市、吉安市、景德镇市等市农行虚报多得财政贴息75.53万元；2.兴国县、修水县等县农行违反规定将一般扶贫贷款和"两呆贷款"转入正常贷款科目2988.86万元；3.贷款投向区域、结构不尽合理，超范围发放政府投资公司及土地、房地产开发贷款 7800 万元。2001—2002 年省农行投向贫困县的扶贫贴息贷款仅占全省扶贫贴息贷款的 40.2%，投向农业产业化企业和小额到户贷款仅占全省非重点县扶贫贴息贷款的 22%；4. 萍乡等市农行在未经省扶贫办和省农行批准的情况下，与贷款单位签订虚假扶贫贴息贷款 1390 万元合同，骗取财政贴息 12.39 万元；5. 修水县、湖口县等县农行违反利率政策多收利息 12.05 万元；6. 九江市农行采取"借新还旧"方式占用扶贫贷款规模 3049.5 万元。审计还发现，扶贫贷款贴息未按实际贷款分配申报、跨年度发放扶贫贴息贷款及扶贫监管不到位、贷款单位挪用扶贫贴息贷款等扶贫贷款管理不够规范问题。

省审计厅分别向省政府和审计署提交了扶贫专项资金审计的专题审计报告，专题审计报告得到省政府和审计署的肯定。省长黄智权在审计报告上作出批示：审计报告详尽指出扶贫专项资金管理使用中存在的问题，提出很好的整改意见和建议。省财政厅应分别会同省扶贫办、省以工代赈办、省农行就各自系统存在的问题逐个核查，并按审计厅提出整改意见的第二条进行整改，涉及违纪违规的，要依法依纪查处，年底就核查、整改情况写出专题报告报省政府。按照省长黄智权的批示，省扶贫开发领导小组办公室就审计反映存在的问题进行核查整改情况和省发改委就以工代赈违纪违规资金整改情况均向省政府作出专题报告。

2004 年，省审计厅组织对修水县、遂川县、万安县三个试点县的 51 个乡镇的移民扶贫资金进行审计。审计调查走访 72 个移民安置点和 926 户移民。通过审计揭示出扶贫资金滞留以及少数基层单位变相侵害移民利益等比较突出的问题。

是年 6 月 29 日，副省长危朝安在省审计厅向省政府提交的《修水、遂川、万安县 2003 年库区深山区移民扶贫资金审计工作方案》上批示：赞成审计厅意见及其审计工作方案。移民扶贫试点工作一开始就得到审计厅的积极支持与配合，这也是试点工作能取得初步成效的重要条件。建议审计厅始终跟踪这项宏大的工程实施，确保全省移民扶贫工作圆满完成，确保扶贫资金安全有效运行。9 月 8 日，省长黄智权在省审计厅提交的《关于试点县 2003 年库区深山区移民扶贫资金审计情况的报告》上批示：审计结果表明，全省去年库区深山区扶贫资金使用情况良好，省领导小组和有关市、县政府做了大量卓有成效的工作。审计报告指出的存在问题和整改意见，责成有关方面抓紧解决，并在今年（2004 年）移民扶贫资金安排使用中进一步规范。

2008 年，省审计厅组织对全省 22 个扶贫工作重点县 2006—2007 年度扶贫专项资金的使用情况进行审计。审计年度中央及省级财政共投入全省扶贫资金 129778 万元，其中投入 22 个重点县 100819.02 万元，占全省总投入的 94.43%。审计发现的问题主要是：管理部门滞留资金 9169.85 万元。如宁都县滞留 1119.62 万元，遂川县滞留 2053.33 万元；挪用扶贫资金 1258.55 万元，主要用于弥补经费不足、盖楼、购置资产。如横峰县扶贫办 2002 至 2007 年挪用扶贫资金，用于购地建厂房出租收取租金以弥补经费不足；虚报项目、虚列工程造价套取国家扶贫资金。如莲花县江西高升生物工程公司以虚假签名等手段套取科技扶贫资金 55 万元。

是年 9—10 月，省审计厅组织对莲花县 2006—2007 年度财政扶贫资金管理、使用情况进行就地审计，主要审计莲花县财政局、扶贫办、发展改革委有关财政扶贫资金账户，并延伸审计项目实施单位，实地查看资金量较大的项目。审计发现的问题主要是：（一）利用虚报工程量、虚假签名等方式套取资金，设置"账外账"，向项目单位违规收费现象较严重。如县发展改革委2006—2007后采取在以工代赈项目中虚报工程量、虚报造价等方式套取项目资金收取项目费，用于招待费支出等。县扶贫办2006年从全县三十六个新农村建设点的科技扶贫费中收取费用，用于支付江西工业职业技术学院培训费、购小汽车、归还借款、其他资金主要用于招待支出。县扶贫办收取乡镇赞助款，实际为支付莲花县保良生物制药公司的科技扶贫资金回流款。路口镇政府收取各村新农村测量与规划费，实际支付勘探公司测量与规划费和镇政府经费支出；（二）江西高升生物工程有限公司涉嫌以虚假表格、过期票据虚列支出，套取国家安排用于羊根种植及加工项目科技扶贫资金；（三）在2006年拨付江西保良生物制药公司的科技资金，实际这个公司基本建设已经处于停顿状态，法人代表拿到钱后不久就失去联系，所拨扶贫资金最终去向无法核实；（四）2006—2007年国家计划安排到户的贷款贴息资金闲置未使用。审计还发现莲花县工程项目管理混乱，工程档案资料不全，项目普遍无施工图纸，结算资料不完整，擅自改变项目计划内容，以及项目业主单位虚列工程量套取扶贫资金等问题。

针对江西高升生物工程有限公司涉嫌套取国家扶贫资金等问题，省审计厅将此案移送省检察院依法处理。经省检察院进一步稽查发现这个公司在县财政报账的40万元购买种子化肥的票据和发放的花名册及领条全部是伪造的、以宁波友谊旅游汽车服务有限公司发票报领培训费、以过期失效发票报领科研费。在获取专项国债资金和省农发行贷款过程中，存在贿赂问题。

2010年5月，省审计厅组织对莲花县农村危房改造工作情况进行专项审计调查，主要审计调查莲花县农村危房改造工作领导小组办公室主要成员单位县住房和城乡建设局、县财政局、县民政局、县扶贫办、南岭等9个乡镇及195家农户。审计调查发现的主要问题：（一）配套资金的管理与国家有关规定不符。荷塘乡安泉村移民户全部按照每户每人3000元的标准进行补助，与省政府规定的新建重建户按每户10000—15000元的补助标准不符。民政口133万元、移民口42万元共计175万元危房改造配套资金没有与国家补助的专项资金一并专户管理、统一使用，仅将其中民政及移民资金中的一部分人为地划作配套资金，没有真正配套到位，致使资金使用与原管理规定执行、补助标准不统一；（二）农村危房改造超面积建筑、建设进度滞后、旧房没有及时拆除等。审计抽查的9个乡镇195户危房改造户，超过省政府实施方案规定60平方米建筑面积的有137户。到审计时止不具备入住条件、尚未竣工完成的有74户。旧房屋没有按规定拆除的有44户。已竣工没有入住的有18户；（三）南岭乡21户、六市乡14户等部分新建重建房屋的试点农户没有办理建设、土地等报批手续。补助对象审核把关不严，有些补助对象经济条件较好，近年来经济条件改善后不再是低保户的，这次危房改造仍然被作为补助对象。

第三节　水利、林业资金审计

水利资金审计

1991—1997年，省审计厅（局）主要是组织开展对江、河、湖、堤防、河道、蓄滞洪区、水利工程及其附属设施的工程建设与更新改造、防风、抗旱、小型农用水利、水土保持等项目的实施与管理、库区移民、退耕还林工程、森林培育和保护、防沙治沙、动植物保护等项目实施与管理情况进行审计。其中：1992 年，省审计局组织全省各地、市、县审计局对 1990、1991 年度水利资金的管理、使用、配套及到位情况进行的审计，重点审计水利资金中的小型农田水利和水土保持补助费、防汛维修经费、以工代赈水利资金部分、水毁工程修复资金、水利预算外事业收入，查出违纪违规金额 741.22 万元。1997 年，按照省政府的要求和全省审计工作部署，省审计厅采取"上审下"和"交叉审计"方式，对全省 11 个地市 159 个林业单位的 1995、1996 年林业育林基金、维简费、护林防火费，林业保护建设费（以下简称"一金三费"）征收、管理、使用情况进行审计，查出违纪违规金额 18241.19 万元。省长舒圣佑、副省长黄智权分别在审计报告上作出批示：要求林业部门按审计意见进行认真整改，切实改进挤占挪用"一金三费"现象。

1998 年 4 月，省审计厅对省河道湖泊管理局 1997 年鄱阳湖治理资金财务收支情况进行审计。审计发现的问题主要是：1997 年底滞拨、滞留湖泊治理专项资金 5816.3 万元。省防汛调度圩堤管理大楼和厅宿舍未经审批，超概算投资 542.9 万元。审计建议省河道湖泊局应根据相关工程进度和项目，尽快把资金拨付到位，发挥专项资金的使用效益。

是年 5—9 月，根据审计署办公厅《关于印发〈1998 年水利专项资金审计工作方案〉的通知》要求，省审计厅组织各级审计机关对全省 11 个地（市）99 个县（区）的财政、计委、水利、农业发展银行和其他筹集、分配、管理使用水利专项资金的部门、单位进行审计，重点审计 1996 至 1997 年水利基建资金、小农水补助费、事业费、节水打井贷款并审计调查商品粮基地、粮食自给工程、赣中南农业综合开发等用于水利建设方面的资金。全省 10 个地市和 78 个县（区）审计总金额达 58393.58 万元，占两年实际用于水利资金的 65.39%。审计共查出违纪违规资金 4812 万元，通过审计，促进资金到位 5862.97 万元，归还资金原渠道 1532.51 万元，上缴财政 280.71 万元。省审计厅向审计署提交的《关于审计全省 1996—1997 年度水利专项资金筹集投入管理和使用情况的报告》反映的主要问题：（一）水利资金管理部门太多，不利于资金的统一管理和集中使用。水利资金的来源渠道多，中央水利专项拨款、各级政府自行安排的资金、商品粮基地的以工代赈资金、粮食自给工程资金、节水打井灌溉贷款等，这些资金基本都按资金来源分部门进行分散管理。由于部门之间协调不够，存在着"撒胡椒面"和监控不力现象，不能将有限的水利专项资金集中解决重点问题或用于最需要的地方去。尤其是大量的"拼盘"项目，往往是大家都管，而大家又都管不好，容易出现管理上的漏洞，致使管理经费大量增加；（二）水利建设基金征集力度不够，缓缴、漏征、少征情况较为突出。自 1997 年 1 月开始在全省范围内征集水利建设基金，但由于各种原因，实际上 1997 年度的水利建设基金基本未征收，导致省内实际投入水利建设资金相比计划投入缺口较大；（三）各中间环节和有关主管部门滞拨、滞留专项资金金额大。水利专项资金从各有关部门层层转拨下达到最后的水利施工队伍，往往要经过不少的中间环节，加上一些主客观因素，影响水利项目建设难以按计划进度要求完成。如省水利主管部门截至 1997 年底，账面滞拨、滞留的项目资金达 8000 多万元，近三年间账面滞拨、滞留的水利专项资金常年保持在 3000 万元以上；（四）水利专项资金支出数占政府决算总支出数的比重有所下降。1996 年全省水利专项决算总支出占政府决算总支出 2.4%。而 1997 年水利专项决算总支出占政府决算总支出仅为 1.4%。不利于水利建设事业发展；（五）部分水利专项资金投资项目管理不严，内部控制制度不健全。如项目施工没有合同，没有预算决算书，项目投资长期挂往来，不办理工程结算验收手续，没有进行全面竣工决算等。鄱阳湖治理工程近三年间累计有 50000 万元的投资项目和工程一直未进行省级验收。瑞昌市长江堤岸工程指挥部将抛石固岸工程承包给个体农民，工程完工验收结算不规范，无决算清单，只有部分款项的假发票。由于水利工程不能及时验收，其工程隐患也无从发现和及时补救，后果不堪设想；（六）水利专项资金挤占挪用金额大，造成项目资金投入不足，致使有的项目多渠道报计划立项仍难以按要求完成。水利专项资金被挤占挪用 3749.6 万元，其中建房购车 1206.1 万元，弥补经费不足 1648.73 万元，经商办企业 511.62 万元，出借资金 388.15 万元。

1999 年 3 月，省审计厅对省水利厅 1998 年度财务收支情况进行审计。审计发现的问题主要是：专项资金闲置。中央特大防汛抗旱经费年末结存 435 万元未及时下拨，将财政下拨的专项资金——综合经营款 23 万元，转入"事业基金"，未按规定及时下拨到用款单位。

是年 3 月，省审计厅对省林业厅 1998 年度预算执行及财务收支情况进行审计。审计发现：省林业厅违反《江西省育林基金和维简费征收管理办法》的有关规定，基本建设计划未取得计委批准，从维简费中下拨有关地市县基建补助费；未按规定的基本建设程序办理，在育林基金中列支省林科院土地征购款。

是年 3—4 月，根据审计署授权，省审计厅对鄱阳湖治理二期工程项目涉及省水利厅、省河湖局及 10 个县、3 个监狱的 21 条圩堤的工程建设及财务管理情况进行审计。审计发现的问题主要是：（一）资金管理方面。1. 部分资金下拨不及时。截至 1999 年 3 月底，省水利厅滞留资金 1000 万元，省监狱局滞留资金 600 万元；2. 部分基层单位未按规定专户储存、专款专用。如南康堤分别在县工行、农行、农村信用社开设三个账户进行核算，和防汛经费等其他资金混账使用。矶山联圩将国债资金划入已撤销的矶山管理所和特大防汛经费捆在一起使用；3. 部分基层管理单位违反国家现金管理规定，用大额现金支付工程款；4. 少数基层管理单位违反国家有关规定，收取施工单位履约保证金未入账核算。如矶山联圩收取保证金分别存入县水利局副局长陈某某和干部刘某某、吴某某的三个私人储蓄存折上，借给水利局下属公司和个人使用。（二）招投标和合同管理方面。1. 招投标制度落实、规范不够。如招标范围小，一般在本县范围内发布招标公告。下属单位中标多，或者根本不进行招投标，实行任务分配；2. 部分施工单位资质等级较低，尚有部分不具备水利资质的施工企业承担主体工程建筑物的施工；3. 部分合同签订不符合国家要求，有的项目无合同或合同要件不全，无单价、无总价，无法进行合同管理。有的合同还违反国家规定，明确要求施工企业带资承包。审计还发现，部分项目白条列报工程款，挤占工程成本；工程建设进度较缓慢，个别堤段存在计划外工程项目；部分堤段土方未按设计要求碾压，部分堤段未按规定在内坡填筑而在外坡填筑，影响河湖的蓄泄洪量。部分砼护坡蜂窝较多，存在隐患等方面的问题。

省审计厅向省政府提交了《关于鄱阳湖治理二期工程项目审计情况的报告》。省长舒圣佑在审计报告上作出批示：应敢于揭短，同意省审计厅提出的七条整改建议和意见。

2000 年 5 月，省审计厅对省林业厅 1999 年度财务收支情况进行审计。审计发现的问题主要是：

预算外资金林业"一金四费"(育林基金、维简费、林业保护建设费、防林防火费、森林植被恢复费)账上往来款项资金占用量大,未将省绿化委员会办公室绿化费纳入预算外资金管理和财政专户存储。审计建议省林业厅应采取有效措施及时清理滞留资金,以防林业资金被长期占用;违反《江西省义务植树绿化费收缴和使用管理办法》和《江西省义务植树绿化费收缴和使用管理办法的补充规定》等有关规定。

2003年,省审计厅组织各级审计机关对全省2001—2002年度防洪保安资金征缴和管理使用情况进行审计,重点审计财政、地税、工商、国土4个防洪保安资金代征部门及防洪保安资金使用单位,并对新余钢铁有限责任公司、江西凤凰光学仪器(集团)有限责任公司、江西省第二建筑工程公司等1653个企业(重点为中央驻赣企业和省属企业)的防洪保安资金征缴情况进行延伸审计。审计查出防洪保安资金管理使用中的违纪违规资金6439.2万元,其中:应征未征资金5125万元、截留资金354.1万元、挪用资金847.2万元、多提代征业务费36.4万元、违规减免26万元、其他违规50.5万元。通过审计,补缴防洪保安资金4625万元,促进资金入防洪保安资金专户247万元、归还原渠道资金95万元。审计发现的问题主要是:(一)防洪保安资金征收总量小,征收政策未充分用足;(二)代征部门征收力度不到位,财政、地税部门代征情况相对较好,但漏缴、欠缴现象也较普遍,特别是财政对行政事业单位在职职工缴纳的防洪保安资金代征工作不理想,一些行政事业单位在职职工多年未缴纳。多数市县工商部门未开展代征工作,各级地税、土地管理部门重正税和规费的征缴,轻防洪保安资金的征缴;(三)地方国有企业大多数改制,经济效益不佳,资金征缴困难。而中央、省属企业多数拖欠、漏缴,同时因条块分割,少数企业单位甚至拒绝地方部门检查征收,如铁路系统等中央驻赣企业近年来基本未缴,有的企业和事业单位已计提的应缴资金也未及时缴纳;(四)有关部门对防洪保安资金征管宣传不够,许多企业和单位对防洪保安资金的征集对象、范围、标准及用途缺乏认识,有的根本就没有交纳过,因此征缴难度加大。近两年对集体、乡镇、股份联营、私营企业及个人负担的防洪保安资金基本上未开征;(五)部分市县截留挪用防洪保安资金,违规多提代征业务费,未使用专项票据征收。如南昌市财政局将防洪保安资金拨给所属南昌金瑞实业公司,用于归还一江两岸道路工程所欠市商业银行贷款本息;抚州市城市防洪工程管理局用财政拨入防洪保安资金购小车;九江市浔阳区财政将预算外防洪保安资金转至预算内,用于平衡财政预算;萍乡市财政违规多提防洪保安资金代征业务手续费等。此外,一些地方还未建立防洪保安资金专用票据登记制度,无法对专用票据进行清算和监控。

省审计厅向省政府提交了《关于全省2001至2002年度防洪保安资金征缴和管理使用审计情况的报告》。省长黄智权在审计报告上作出批示:责成省财政厅、省水利厅根据审计报告提出的意见进行整改。

2008年4—5月,省审计厅对省河湖局鄱阳湖区二期防洪工程概算执行和效益情况进行审计,主要审计省河湖局关于全省项目计划管理情况、省直项目财务资料和其他相关资料,并对省防汛通信预警系统项目建设办公室、省防汛调度指挥中心基建办、江西赣禹工程建设有限公司、省水利水电建设机械安装公司、江西安澜工程咨询服务中心和省水利厅计财处等相关单位的项目执行情况和相关资料进行延伸审计和调查。审计发现的问题主要是:(一)全省项目概算总投资200800万元,下达全省建设实施计划 209700 万元，超概算 8885 万元。审计建议省河湖局应严格执行国家批复的概算，科学安排项目投资计划，按照国家有关规定继续协调办理有关调整概算手续；（二）国家对项目投入资金 159000 万元，截至 2007 年底省河湖局累计下达计划 156700 万元，仍有 2326 万元国家投资没有下达计划。至审计时完成投资只占概算的 35.37%。审计建议河湖局及各项目建设单位应严格执行国家批复概算、施工工期，合理安排建设进度，加紧建设实施未完工程，加快办理项目后期竣工验收工作；（三）国家下达项目 159000 万元，有 2326 万元国家资金滞留在省财政账上。此外，省水利厅账上滞留项目资金 8671 万元，省河湖局结余资金 4989 万元、省防汛通信办结余资金 6997 万元、省防汛调度指挥中心结余 2410 万元，共滞留或结余国家项目资金 25393 万元。审计建议省水利厅、省财政厅、省河湖局等相关单位应按规定尽快安排和拨付资金，同时应加强对资金的监督管理，严格做到专款专用；（四）项目概算中包括挖泥船购置费 10574 万元，同期国家计委为江西省安排五艘挖泥船的建造项目能满足河湖清淤需要，为避免重复建设，鄱阳湖区二期防洪工程垫付专项资金 1000 万元作为上述挖泥船建造项目 20% 的地方配套资金，截至审计日，该款项未收回。审计建议省河湖局应尽快收回垫付资金 1000 万元，并在今后工程建设中杜绝类似情况的发生；（五）省河湖局未经招投标程序，将挖泥船的辅助设备制作工程计 653 万元指定给省水利水电建设机械安装公司实施，将鄱阳湖二期初涉及可研、招标设计、挖沙疏浚设计、鄱阳湖区地形勘测设计共计 3344 项目委托给省水利规划设计院实施，将鄱阳湖面积容积量测算及分析工作、鄱阳湖区地形勘测设计共计 1005 万元项目委托给长江委实施。

2009 年 3 月，省审计厅组织对江西省河道湖泊管理局 2008 年度财务收支情况进行审计，并于当年 8 月延伸对南昌市（含新建县）、九江市（含永修县、都昌县）和上饶市（含弋阳县）水利局平垸行洪工程资金进行审计调查。审计发现的问题主要是：（一）滞拨基建资金，截至 2008 年底，省河湖局滚存资金（不含利息）达 26069.98 万元没有及时下拨。其中鄱阳湖一期工程自 1986 年开工以来，总体项目早已完成，但至 2008 年底，滞留后续工程项目资金 1125.66 万元未下拨。鄱阳湖二期工程项目滞留中央原四个单项和第五个单项资金 23115.84 万元。滞留赣抚大堤加固工程项目资金 305 万元。滞留清淤疏浚工程项目资金 1324.57 万元；（二）2008 年底鄱阳湖一期、二期工程，清淤疏浚工程，赣抚大堤加固工程资金利息收入计 1088.63 万元，属于水利专项资金性质，未按规定上缴省级财政，并由省发展改革委和省财政厅安排项目和资金计划，专项用于该省水利工程建设；（三）清淤疏浚工程资金转平退圩堤工程结余管理费用。审计还发现，九江市水利局平垸行洪资金利息收入，未按水利专项结余资金处理办法上缴省财政；都昌县财政局将县审计局平退工程竣工决算审计核减并收缴财政的水利项目专项资金，违规返还给县审计局、县水利局作为两个单位的日常经费开支，其余资金全部用于平衡本级财政预算；永修县 2007 年违规将未实施的平退工程资金用作鄱阳湖二期工程第五个单项配套资金；新建县三洲圩遭圩内群众反对而取消平退项目后，但未退还省水利厅下达的项目计划资金等问题。

林业资金审计

2005 年 4 月，省审计厅组织对省林业厅 2004 年度财务收支情况进行审计。审计发现的问题主要是：专项资金项目未按计划实施，如省林业厅 2004 年 6 月拨给下属单位——省湿地宣教中心推广与培训专项经费，实际并没有实施推广培训项目；专项资金的拨付使用超出专项经费的支出范围。如 2004 年 9 月在"推广与培训费"中列支"林改"县工作经费补助，12 月在"林业重点工程前期准备"费用支付奉新县工业园道路绿化费，在"林政资源管理费"中列支春节走访慰问厅直单位费用，在"林业重点工程前期准备费"中列支"林改"县慰问补助费，2004 年 7 月在专项经费中借给省林业汽车运输公司解困资金。以上项目实际支出均与所列费用项目不符，超出有关专项经费的使用范围。

是年 5—10 月，为加强退耕还林专项资金的管理，促进国家退耕还林政策的落实，省审计厅组织全省审计机关，采取"上审下"的方式，对全省 11 个设区市和 95 个县 2001 至 2004 年度退耕还林工程专项资金的投入、管理、使用情况进行专项审计。审计共投入审计人员 570 人次，重点审计财政、粮食、退耕还林领导小组办公室（以下简称"退耕办"）等 362 个资金分配和管理部门，延伸审计乡镇及项目实施单位 1095 个，走访调查退耕农民 5819 户，实地检查 180 万亩退耕还林工程实施情况。审计资金总额达 185254.49 万元，查出违规资金 31644 万元，促进资金到位 4617.07 万元。审计收缴违纪资金是农业专项审计有史以来最多的项目，也是查出侵害农民利益金额比重最大的项目。全省查处违法违纪案件 18 起，审计移送案件线索 10 件，涉案人员 14 人，涉案金额 493 万元。截至审计报告日已结案 9 人受到法律、党纪政纪的惩处。审计发现的问题主要是：（一）全省粮食发放不实，仅占应发数的 10.42%，差价收入被侵占挪用问题突出，违规发放三年以上陈粮、以现金抵顶粮食发放等行为普遍存在，查出此类违纪违规金额 5740.97 万元。在粮食发放过程中，财政、退耕办等政府有关部门以及农业发展银行疏于管理，未按实际价格而是简单地按照国家计划价格每市斤 0.7 元与粮食部门结算，以至于粮食差价被侵占、挪用。如瑞金市少数个人粮贩与原市林业局、粮食局负责人通过账面虚购虚销套取退耕还林粮食补助资金，非法获取价差。南康市粮食局 2004 年未经上级有关部门审批及质检，销售省级储备已霉变无法食用的陈粮 495.46 吨给退耕农户。（二）荒山代造款收取未与退耕农户充分协商、收取标准过高，变相侵害退耕农户利益。全省共计收取荒山代造款 22192.97 万元，占中央下拨粮食补助和现金补助资金总数的 12.96%，其中从粮食补助资金中扣收 17877.47 万元、从现金补助资金中扣收 4315.5 万元，致使不少农户未能按标准领到国家规定的粮食补助和现金补助。（三）种苗采购供应环节存在漏洞，不按规定公开竞价、违规指定种苗供应商、高价购苗及超标准发放苗木款、用苗量明显偏大、虚列支出套取甚至贪污私分种苗款以及种苗资金大量结存等现象非常普遍，违规金额达 1698.73 万元。如玉山县退耕还林苗木绝大部分由县林业系统干部职工及家属提供。星子林业局虚开种苗发票套取资金用于购买中华轿车。瑞金市林业局未经公开竞价，自行采购苗木获取售苗户回扣存入私人存折。共青开发区平均每亩种植湿地松 451 株、樟树 3335 株、杉树 797 株，大大超过每亩 110—160 株的设计标准，造成损失浪费。（四）弄虚作假，以各种名目套取、骗取退耕还林补助资金 1789.39 万元。如金溪县林业局原局长张某以荒山荒地抵作耕地骗取国家粮食补助资金及现金补助资金。樟树市将联营林场、吴城乡林场等列入退耕还林工程，套取国家补助资金。新余市将集体用地、荒山荒地、弃耕休耕地以及果苗木基地等列入坡耕地退耕还林，骗取粮食和现金补助资金。新干县生态林 2004 年验收不合格，多发粮食补助。婺源县思口镇辖区内的西冲林场没有坡耕地，原本树木长势良好，但该林场与林场工会主席汪某签订承包 1008 亩荒山荒地造林协议，致使汪某除获得种苗补助款，还得到粮食及现金补助。（五）挤占、挪用、截留、克扣退耕还林资金 1299.62 万元。如上饶市鄱阳县、余干县、铅山县、上饶县和信州区财政部门将拨至粮食企业发放粮食的费用 136.86 万元调回至退耕办，作为工作经费使用。进贤县下埠集乡下拨粮食补助过程中以补植苗木的名义克扣农户粮食补助，钟陵乡罗盘村退耕户 248 个存折全部集中在村委会没有发到农户手中。（六）丰城市、彭泽县、渝水区等地林业局巧立名目，违规收取劳务费、技术服务费、种苗补种费、押金、赞助费，变相侵害退耕农户利益。审计还发现，部分县乡宣传、落实国家退耕还林政策不够到位，侵害退耕农户权益现象较为普遍，有些还非常严重；擅自调整工程实施地点、数量等作业计划 27898.56 亩；县乡退耕还林资金账面大量结余，滞留金额 7052.06 万元；部分县（市、区）造林管护不力，成活率、保存率低，没有充分发挥专项资金使用效益等方面的问题。

省审计厅向省政府提交了《关于全省 2001 至 2004 年退耕还林工程专项资金审计情况的报告》。省长黄智权、副省长吴新雄均在审计报告上作出批示：省政府办公厅将此件批转各设区市政府和林业厅、财政厅、粮食局，要求各市政府严肃认真对待存在的问题，要逐一核查纠正，认真整改，涉及违规违法的，要依纪依法追究责任，从而切实维护群众利益。2006 年 1 月 6 日，省政府办公厅向各设区市政府、省林业厅、省财政厅、省粮食局全文转发审计报告，要求各有关单位针对审计报告中提出的问题，要严肃认真对待，逐一检查纠正，认真抓好整改，涉及违规违法的，要依纪依法追究责任，切实维护好群众利益。

2006 年 4 月，省审计厅组织对省林业厅 2005 年度财务收支情况进行审计，5 月，根据省人大常委会《关于对省林业厅厅长刘某某同志进行述职评议的实施意见》要求和省审计厅工作安排，又对省林业厅 2004 年度和 2005 年度预算执行及刘某某任中经济责任履行情况追加审计。审计发现的问题主要是：（一）厅机关公用经费支出规模偏大，用育林基金、森林植被恢复费等专项经费弥补厅机关工作经费。如 2004 年 9 月从专项经费中支付机关后勤服务中心车辆维修及大楼管理费。2005 年，机关后勤中心用省财政安排的育林基金安排的项目支出费用，支付机关公用经费。厅办公室用育林基金和森林植被恢复费安排的项目支出费用，支付机关公用经费；（二）专项经费的拨付使用超出专项经费的支出范围。2005 年，在育林基金项目经费中支付赣州市林业局新农村建设经费、省属森工企业解困资金费用、九江地震救灾补助资金、森工企业及厅直单位春节慰问走访支出、包村扶贫点补助资金、省委滨江宾馆绿化经费、国有林场官司诉讼费支出等；（三）专项资金的核算不够规范，存在以拨代支的现象。如计财处 2005 年直接安排使用的省级分成育林基金、森林植被恢复费等专项资金，其中 3100 多万元拨给有关项目单位，但在核算时都直接作为"专项支出"，未与厅机关直接报支的费用区别开来，混淆厅机关项目支出与其他项目单位支出的预算级次关系，不利于控制厅机关的项目费用支出。

2009 年 5 月，省审计厅对武宁县 2005—2008 年退耕还林工程专项资金和 2001—2008 年公益林补助资金的投入、管理和使用情况进行就地审计。审计发现的问题主要是：（一）退耕还林工程专项资金方面。1. 将 2003 年项目的荒山荒地、茶场等非坡耕地 956 亩当作坡耕地退耕还林，并将粮食补助和现金补助发给承包人，按规定这些地只能享受种苗造林补助费，不能享受粮食补助和现金补助；2.部分未落实到个人的集体的退耕地享受粮食和现金补助，有关村组收到补助扣除抚育费用后按股份平均分配，按规定集体的退耕地只能享受种苗造林补助费，不能享受粮食和现金补助；3.2002年、2003年退耕还林项目实施方案擅自对国家退耕还林补助政策进行调整，将退耕地和荒山同等享受现金补助和粮食补助标准调整为各得一半，致使退耕农户少得补助2054.68万元，侵害退耕地农民利益；4."大户"承包过程中存在侵害退耕户利益的现象，"大户"承包合同未提及退耕还林补助的分配问题，补助实际发放时，违反有关补助原则上应发给原土地承包经营权人的规定，全部发给承包"大户"；5.未严格核定各种原因减少的退耕还林面积的补助。根据省林业厅的核查结果，武宁县核实面积1565.3亩、复耕面积71.3亩、修路征用面积139.5亩，合计损失和不实的面积1776.1亩，截至审计日未整改到位，损失和不实的退耕地造林面积应扣减2007—2008年粮食补助和生活补助40.85万元；6.验收不规范。如船滩镇林业管理站工作人员既是造林承包人，又是验收人，其验收合格的真实性难以确定；7.粮食部门违规获取的差价和供应费用，未按九江市审计局2005年审计要求整改归还原资金渠道，因粮食实际并未出入库，即未发生供应行为，该项费用应予收回。

（二）生态公益林补助资金方面。1.违规发放未落实面积的公益林补助资金560.86万元。如石渡乡2006年新增中央和省级生态公益林面积2.03亩，到2008年才签订禁伐协议，武宁县2007—2008年共新增省级生态公益林面积34.56亩既未签禁伐协议，也未签管护协议，即未落实面积，但这部分补助资金已发放到户，部分集体公益林补助资金已用于村委会经费支出；2.不少村、组的生态公益林补助未按"林改"后的林权证面积发放、分配和使用。所发放补助实际用于村组修路修桥及其他支出，或交由村委会统一使用、分配；公益林护林人员工资的分配管理欠规范；3.资料管理不规范，公益林政策宣传不到位。部分乡镇林管站分村、组的退耕还林面积和公益林面积，以及领款人姓名与县林业局提供的数据和名单不一致，原因是县林业局对村组换人和面积调整未及时变更。许多村民对2007年即实行"一卡通"发放补助以前的国家公益林政策不了解。

是年6月，省审计厅组织对奉新县2005—2008年退耕还林工程专项资金和2001—2008年生态公益林补偿资金进行审计，主要审计财政、林业两项资金的收支和管理情况，并抽查9个乡镇两项工程的实施情况。审计发现的问题主要是：（一）变更退耕还林计划项目实施地9104.4亩。调整耕地面积占全县退耕总面积的20.55%，几乎涉及所有实施项目的乡镇。已变更项目实施地点面积的粮食补助和现金均未收回，异地重新造林户只能获得剩余年度的补助，使得已经投入的资金全部流失，而且多年来退耕还林工程已经取得的效果损失殆尽；（二）将验收不合格面积补助资金退回县财政，截至2009年5月，退耕还林工程粮食补助、现金补助、完善政策补助等结余资金没有纳入专户管理，且为历年验收不合格面积的补助资金，应收缴财政专户；（三）奉新县渣村林场、会埠镇林场、收容所、上富镇县属林场等国有、集体林场违规享受退耕地的粮食补助及现金补助和荒山地的粮食补助，但规定只能享受种苗造林补助费；（四）违反规定发放粮食补助，侵占退耕户利益。干洲镇、赤田镇等乡镇粮管所应发粮食352.81万斤，实际没有供粮，而是按照2002年的收购价每公斤1.02元现金发给退耕户，从中违规获取差价52.92万元；（五）赤田镇、澡下镇等乡镇行政村和村小组普遍存在挤占挪用专项资金的行为，主要挪用于修路、农田建设、工资补助及村级公益事业。审计还发现，县财政局和乡财管理局滞留退耕还林和生态公益林项目资金，以及部分行政村和村小组财务管理混乱，有的资金一直在滞留在村组长存折上，有的资金不通过"一卡通"发放，而是由村组长统一领取后再发放，有的村组长发完补助款就将发放依据销毁。

第四节　环保资金审计

省审计厅开展环保资金审计，主要是对环境监测环节中排污费的征收、管理和使用，节能减排、环境保护工程项目的计划、实施与管理等情况进行审计。1996年，根据省政府领导的指示，开始对全省环保局及环境监测、环境监理情况进行审计。同时，对部分企业单位排污费缴交情况和污染源治理情况进行跟踪调查。共查出违纪违规金额2063万元，发现漏缴、少缴、拖欠排污费，挤占挪用环保资金，资金利用率低，排污费的征收管理未纳入财政预算管理问题比较突出。由此，2000年省审计厅按照省委、省政府对全省党政机构改革的要求，新设立资源与环保审计处，开始实施对资源与环保方面的专项审计。

2000年6—8月，根据审计署《2000年排污费审计工作方案》，省审计厅组织全省审计机关，对全省11个设区市99个县（区）1998—1999年度环保资金进行审计调查，重点审计调查排污费的征收、解缴和环保补助资金，污染源治理专项基金的分配、拨付及资金的管理使用情况。审计调查520个单位，审计总金额22271万元，查出违纪违规金额7554万元。审计调查发现的主要问题：（一）环保政策和体制还不完善，不能适应环保事业的发展。1.环保部门征收的排污费中，"四项收费"〔即核安全技术审评费、环境监测服务费、城市放射性废物送储费、进口废物环境保护审查登记费（含化学品进口审查登记费）〕和环保业务补助费用于自身建设，形成排污费的征收与环保自身利益直接挂钩，造成一些地方主要精力放在收取可用于环保部门使用的环保业务补助费和"四项收费"，而对于污染源治理的部分不收或少收，影响环保部门执法客观公正的形象；2.截至1999年底，全省尚有上饶市、吉安市、宜春市、抚州市等4个市环保机构依然是建设局的一个科，而且只有少数在编工作人员。全省大部分县没有独立的环保机构，有相当部分市、县环保局没有财政拨款，靠"吃"排污费。（二）环保资金专款不能专用，挤占挪用十分严重。1.全省11个设区市的环保部门均存在滞留排污费，不及时缴入财政金库的现象。1998—1999两年环保部门滞留排污费应缴未缴1007万元，坐收坐支排污费582万元。如抚州市应缴未缴排污费204.34万元，占实征数的32.3%。东乡县两年共征排污费134.02万元，分文未缴；2.由于地市县环保部门在职人员的不断增加，在没有财政拨款或拨款不足的情况下，只能"吃"排污费，如鹰潭市环保部门超标准挪用环保资金110万元，用于自身经费开支；3.财政和环保部门违反政策，挪用环保资金经商办企业和平衡预算，列支与治理污染源无关的资金达654.74万元，如上饶市财政部门挪用环保资金69万元用于平衡财政预算。赣州市环保部门挪用环保资金55.7万元为自身小团体利益办公司；4.挪用环保资金用于建房购车758万元。如九江市浔阳区环保局挪用环保资金建设环保综合大楼126.54万元，南昌市环保局挪用环保资金127.3万元用于解决职工住房和购小汽车；5.环保部门不按规定比例划分污染源治理资金和环保补助资金，如南昌市环保局两年按规定应提取污染源治理资金602万元，实际只提236万元，少提366.4万元，并与环保业务补助费混提。（三）排污费专用收款收据管理不规范，如南昌市用自制银行托收承付单收费代替统一的收款收据。景德镇市珠山区使用统一收款收据拆本使用，填写前后联不一致，乱涂乱改，跳页使用。（四）污染源治理专项基金贷款逾期严重，豁免程序不规范。如南昌市环保局截至 1999 年底累计投放基金贷款 1637.3 万元，逾期达 1394.3 万元，利息收取不规范。省环保局对 1999 年豁免基金贷款 145 万元。审计还发现，南昌市监察大队、都昌县环保局有关人员涉嫌贪污挪用公款，已移送检察机关立案侦查；排污费收入存在弄虚作假现象，如永新县财政局为扩大财政收入规模，1999 年虚支排污费 274.66 万元；缴纳排污费的企业违规将"四项收费"在所得税前列支，造成税收流失；上饶市监理站账外账收取排污费等方面的问题。

省审计厅向省政府提交了《关于全省 1998 至 1999 年度环保资金征收管理和使用情况的审计调查报告》。省长舒圣佑在报告上作出批示：责成省环保局认真整改。

2002 年 5 月，省审计厅对省环境保护局 2001 年度财务收支情况进行审计。审计发现的问题主要是：（一）未严格按照《江西省省级排污费征收和使用具体办法》规定的比例，对当年财政拨入的环保专项资金准确地分配为环保业务补助费、污染源治理资金、污染源治理基金，致使年末结余过大；（二）未严格按照省财政的批复购置环保仪器设备并实施政府采购，存在自行调整计划、购置办公设施等其他设备的情况；（三）未严格按照《江西省污染源治理基金有偿使用办法》规定的利率办理污染源治理基金专项贷款手续。审计建议省环保局应尽快组织人员对已超过三年仍未收回的污染源治理基金专项借款进行清理；（四）无财政资金使用计划批复，2001 年自行拨付昌九化工股份有限公司无偿使用环保治理资金；（五）2001 年将省环保科研所有偿使用的环保治理基金，用于组建江西环保股份有限公司，截至审计日，拨付的资金闲置未用。省环境监测站有偿使用的省级污染源治理基金，截至审计日，仍未投入赣江水质自动站建设，影响资金使用效益。

2004 年 10 月，省审计厅对江西省环境监察总队 2003 年度财务收支情况进行就地审计，并对南昌发电厂、贵溪发电厂、景德镇发电厂、九江发电厂、丰城发电有限责任公司等 5 家发电企业 2003 年度排污费缴纳情况进行审计调查。审计调查发现的主要问题：省环境监察总队 2003 年将排污费收入过渡户利息收入转入总队经费账作其他收入，用于经费支出，未按规定上缴国库；省环境监察总队挪用省财政拨入的用于环保热线 12369 信息系统项目的专项用款购置桑塔纳汽车，挪用执法监察专项资金用于发放职工福利；排污费征收管理不规范，如排污费征收未按规定建立排污费征收台账，对各排污企业排污费应征额及欠缴额未进行清理。2003 年基本上按基数加增长的方式核定征收排污企业排污费，排污费数额核定没有合理的计算依据，随意性较大，实际征收额明显偏少。2003 年委托上饶市、南昌市环境监测站对贵溪发电厂、丰城发电有限责任公司等少数排污企业的废水排放情况进行监测，并依据监测结果核定的排污费，向排污企业下发了核定通知，但实际均未按监测核定的排污费征收，均没有达到监测核定的排污费标准。

2006 年 8—12 月，按照全国、全省审计工作会议的部署，省审计厅组织全省审计机关对 2005 年度全省环境保护专项资金征收、管理、使用情况进行审计。这次审计除对全省 224 个环保和财政主管部门进行审计外，还对江西贵溪火力发电厂、南昌发电厂在内的 405 个排污缴费企业（单位）和 38 个环保治理项目进行抽审。审计资金总额达 162133 万元，查出违纪违规金额 28425 万元，其中企业欠缴排污费 17926 万元。审计期间直接促进到位资金 400 万元，审计决定归还原渠道资金

1433 万元，已收缴财政金额 523 万元；审计移送司法机关案件 1 起，已经处理人员 1 人。审计发现的问题主要是：（一）排污费、污水处理费未能足额征收，漏缴、欠缴问题严重。全省审计 405 个缴费单位发现 2005 年实际征收率仅为 40.04%，有的地方欠缴率高达 85% 以上，有的地方对一些园区出台优惠政策实行超低收费甚至零收费，严重影响排污费及污水处理费的征收，致使一些排污单位有恃无恐。如丰城发电厂等 8 家发电企业，仅 2005 年一年少缴排污费 5212.53 万元。宜春市 124 户重点排污单位 2005 年度应缴未缴排污费 428.27 万元，欠缴率达 85.5%。宜黄县工业园区 19 家污染企业只有 10 家缴纳了排污费，广昌县工业园区内外企业则没有一家缴纳排污费。（二）排污费、污水处理费收入滞留在环保局或财政局违规设立的收入过渡户账上未及时足额缴入国库，有的甚至直接坐支排污费收入。2005 年全省未缴国库金额 4109 万元，欠缴率达 19.17%。如武宁县环保局滞留 103.37 万元、修水县环保局滞留 52.27 万元，大余县环保局从排污费银行存款收入专户中转出 28.45 万元至机关经费户。（三）排污费、污水处理费征收不规范，甚至变相收费。各地环保部门在征收排污费过程中，有的征收程序不到位，有的不是按征收标准足额征收而是采用协议方式征收，有的减免缓没有办理相关手续，有的变换项目收费以抵顶排污费及以罚代收。污水处理费的征收则大都采取委托征收的方法，代征单位没有按要求履行代征义务，乱收费现象不断发生。（四）截留、挤占、挪用环境保护专项资金的现象比较普遍，被截留、挤占、挪用的资金主要用于环保部门日常公用支出、人员支出以及环保执法经费等开支，有的用于建办公楼。（五）在环保项目组织实施中，有的环保部门未严格执行审查、评审、招投标等有关规定，施工单位没有严格执行初步设计以及概预算，以致工程建设状况不理想，有的工程进度缓慢，有的项目损失浪费严重，有的新建环保项目甚至成了新的污染源。（六）排污费、污水处理费收入管理不规范。有的县财政将征缴的排污费作一般预算收入，而没有作为环境保护专项资金进行管理，有的县则将排污费收入用于平衡预算。（七）排污费征收征管资料不齐全，一些环保局征收排污费未建立台账登记制度，有的排污费征缴台账不够健全，有的征缴手续不规范，征收程序不到位。（八）环保监督执法经费不足，影响环保执法能力。有些政府财政部门未按规定将环保部门的人员经费、公用经费、监督执法经费、仪器设备购置经费以及基础设施经费等纳入同级财政预算予以保障，促使环保部门挤占环保专项治理资金用于环保部门的经费支出。针对上述问题，审计提出 6 条相应的建议。

省审计厅向省委、省政府提交了《关于全省环境保护专项资金审计的报告》。省委书记孟建柱、省长吴新雄、副省长孙刚均作出批示：责成相关部门和单位按照审计提出的意见进行认真整改，并强调要依法加大力度足额征收欠缴排污费。

2007 年，省审计厅围绕"节能减排"主题，积极开展经济效益审计探索。对南昌长力钢铁股份有限公司 2006 年度能源利用效益情况进行审计调查，通过对长力公司能源使用基本情况、能源组成系统、生产工艺流程和生产工序能耗的审计，对企业的各项能耗进行详细的对比和分析，指出其节能管理潜力大，但能源管理制度不健全、部分装备落后，工艺结构不合理、传统的工艺流程能耗高，不符合节能要求等问题，为企业在节能降耗方面提出针对性的建议和意见，起到很好的审计效果。

是年 3—4 月，省审计厅组织对省环境保护局 2007 年度财务收支情况进行审计，具体审计局计划财务处、局办公室、局机关后勤服务中心等，并对江西省危险废物处置中心有限公司的江西省危险废物和九江医疗废物处置设施项目进行延伸审计。审计发现的问题主要是：（一）违反国家环境保护总局《关于进一步加强排污收费管理严格执行收支两条线规定的紧急通知》关于"排污费缴入各级财政，转作环保补助资金后，其开支项目必须严格限定在财政部门规定的开支范围内，不得用于购建办公楼、宿舍等非业务性开支"等规定，将未使用的2003年第一批污染源治理补助资金中175库（放射性废物库）提升的建设资金和12369信息系统建设资金拨给省环境监察和生态环境保护基地建设项目；（二）违反省发改委《关于省环境监察和生态环境保护基地建设项目立项的复函》关于"建设资金自筹和申请国家环保总局补助解决"的要求，从省级集中的排污费历年结余中，安排省环境监察和生态环境保护基地建设项目资金3000万元；（三）污染源治理资金专户现行管理方式，违反《江西省省级财政国库管理制度改革试点方案》的有关规定，审计建议省环保局应及时与省财政厅、省国投协商，在妥善处理好历史遗留问题后，污染源治理专户应予取消，结余资金上缴财政。污染源治理资金专户中逾期贷款、往来金额大时间长，一方面，应进一步加大清收力度，另一方面，对确实无法收回的，应按规定及时核销；（四）江西省危险废物和九江医疗废物处置设施项目中以"以前期工作经费"名义列支九江市医疗废物处置场前期费用，以"协助工作"名义支付永修县燕坊镇政府工作经费，支付永修县环保局工作经费。这些项目开支不属于国债项目开支范围，应由九江市政府、永修县环保局和燕坊镇政府自行承担。

2009年10月，省审计厅组织对省环境监察局2008年度财务收支情况进行审计。审计发现的问题主要是：（一）在"零点行动"专项经费中超标准列支文明单位奖，在"执法经费"中超标准列支降温费、烤火费；（二）挪用专项经费发放各项补贴。如在"污染源监控"专项经费中列支菜篮子补贴、误餐补贴，在"执法经费"中发放菜篮子补贴、节日福利、工会经费等；（三）排污费预算追加数过大，全年追加预算539.79万元，追加数是年初预算数的3.3倍。主要追加"污染防治""污染减排"等支出，实际违规用于购车、购设备和机关费用等；（四）省财政追加预算中安排的排污费名义上用于征收管理软件购置费、培训费支出，但实际征收排污费时并未使用该软件，排污费还是按原来方式征收，该项支出未发挥应有作用，造成资源闲置浪费；（五）不属于国务院确定的统一着装范围，违规在污染防治项目支出中列支着装费。

2010年3月，省审计厅组织对省环境保护厅2009年度财务收支情况进行审计，并延伸审计省环保厅机关后勤服务中心、省环境信息中心、省环境监测中心总站、省环境监察局、省辐射环境监督站、省环境评估中心、省固体废物管理中心等二级预算单位。审计发现的问题主要是：（一）预算追加数额大，不符合预算细化的要求，预算执行效果不佳。2009年共追加预算8696.7万元，其中厅机关追加2702.26万元，除中央财政追加和省财政增人增资外，省财政专项资金追加6091.69万元，比年初预算数增加79%。预算执行效果较差，当年财政性资金决算支出只完成全年预算支出16397.45万元的51.4%，有7916.85万元预算支出任务未完成，其中仅当年因资金拨付时间晚或预算安排不合理而未能完成的项目资金达4141.24万元。此外，2008年以前的项目支出结转到2009年仍然未完成的项目资金达3775.61万元。（二）预算安排不合理，项目资金结余大，部分财政资金闲置严重。1.已完成或因实际情况发生变化而终止的项目形成结余1117.53万元；2.项目实施进度缓慢和尚未实施的项目形成资金结余3874.46万元。此外，尚有1022.02万元结余资金因时间跨度长、涉及项目多未彻底清理。（三）部分单位专项资金被挪用于发放津贴福利等支出。其中：列支厅机关2009年"全国污染源普查数据库建设"考察费，在项目支出中列支2008年度全省环保系统目标管理先进单位奖、发地市环保宣传牌奖、非项目支出、工会活动经费、日用品、年终考核奖等。审计还发现，省环保厅基建项目资金来源中，违规从银行间接借款4000万元、从省环保股份公司借款1000万元、挪用专项资金结余2000万元。审计建议不符合规定来源的建设资金应归还原资金渠道。

是年3月，省审计厅组织对江西省危险废物和九江医疗废气集中处置设施建设项目进行审计，并延伸审计省固体废物管理中心、江西康泰环保股份有限公司（原江西康泰危险废物处置有限公司）。审计发现的问题主要是：（一）建设资金不到位，工程建设进度缓慢。项目法人单位江西环保股份有限公司应投入自有资金4283万元实际未投入，项目建设全部使用财政资金，因投入不足致使工程项目未能如期竣工验收；（二）资金拨付不及时，滞留财政拨款。2005—2009年中央和省级财政共拨付项目建设资金9442.75万元，财政滞留未拨资金1574万元；（三）江西环保股份有限公司在没有投入自有资金的情况下，占用国家建设资金500万元，注册设立江西省危险废物处置中心有限公司；（四）挪用国家建设资金，用于与项目建设无关的省发改委、省环境科学研究院领导出国考察费用，弥补相关单位协助工作经费；（五）资金管理不规范，无概算列支应由江西省危险废物和九江医疗废物集中处置设施建设项目承担的放射性废物库征用土地及拆迁补偿费、超概算列支建设单位管理费、超概算列支办公及生产家具费用等、超合同支付拆迁补偿费，核减场外公路工程造价；（六）违反现金管理规定，超限额使用现金。审计还发现单位存在工程招投标管理以及越权审批经营许可证，无照开展经营性活动，执法监督不到位等问题。

是年6—9月，根据审计署的统一部署，省审计厅组织对南昌市、景德镇市、萍乡市、宜春市4个设区市节能减排专项资金分配、管理、使用情况及电力、钢铁、水泥行业部分企业节能减排政策执行情况进行审计调查，并延伸审计调查进贤县、乐平市两个县级政府以及部分节能减排专项资金涉及企业节能减排专项资金和政策执行情况。审计资金总额106177万元，查出违规金额36936.32万元，收缴财政30718.02万元。审计发现的问题主要是：（一）淘汰落后产能政策执行不够到位，淘汰设备或继续使用或处置不及时，如华能安源发电公司关停1台12.5万千瓦小火电机组，减少SO_2排放量每年5000吨的计划未如期执行，影响到省政府下达给萍乡市"十一五"减排目标的完成。（二）有关企业虚假申报套取国家节能减排专项资金。1.萍乡安源铝电公司租赁原萍乡铝厂年产能规模不超过2.5万吨的生产线，却于2009年年报淘汰年产25万吨铝自培电解槽生产线一条，虚报套取国家奖励资金11296万元；2.萍乡无线电元件一厂、钟和陶瓷、星达星陶瓷、五星陶瓷、国鑫非金属材料、新安工业公司等企业，编制虚假申报材料，骗取国家奖励资金3707万元；3.景德镇陶瓷股份公司、景德镇开门子集团、省陶瓷工业公司、振兴陶瓷园开发公司、江维高科公司、隆祥陶瓷公司、景航锻铸公司等，未达到申报的节能技改目标，虚报节能量套取国家专项资金2055.41万元。（三）部分市、区财政部门违规将节能减排专项资金从企业划走。1.萍乡市财政局从安源铝电公司淘汰落后产能奖励资金中划走7480万元，湘东区财政局以交纳土地出让金和税费等名义从安源铝电公司划走3729.13万元；2.湘东区财政局以交纳土地出让金和税费等名义从申报淘汰落后产能奖励资金的相关企业划走 5170.8 万元，乡镇截留 946.6 万元；3. 景德镇市开门子集团申请并获取节能技术改造资金 773 万元，市财政局以上缴国有资产收益名义从企业划走，再转入市陶瓷发展基金拨付到应由市财政承担的改制企业窑改支出。（四）部分项目专项资金未专款专用。1. 萍乡市环保局挪用国控重点污染源监测运行费用于环保大楼建设。安源区新城区管委会挪用大气污染整治资金支付市政工程款。景德镇市环保局在本级排污费专项资金中支付环境监控中心大楼建设费。乐平市用专项资金支付环境监控大楼建设，挪用灾后重建中央补助款和重点工业园污水提升泵建设省级补助款，用于环境监控大楼建设等方面；2. 南昌发电厂收到淘汰落后产能资金 5868 万元，挪用于支付原老厂职工在新工作岗位的工资社保等支出 3396.02 万元。其烟气脱硫改造工程在政策发生变化后未能及时止损，边验收边关停，造成 6500 万元损失浪费；3. 景德镇市重阳水泥公司申报并收到中央淘汰落后产能奖励资金，先转入个人账户后全部提取现金，资金去向不明。（五）萍乡市工信委、发改委、环保局以及乐平市环保局等政府有关部门下属机构违规向有关单位、企业收取费用。审计还发现被调查市产业结构优化和调整力度不够，依然存在违规审批高耗能、高污染项目的行为；固定资产投资项目节能评估和审查工作尚未开展，节能技改奖励资金多头管理、交叉申报，环境影响评价制度未执行到位，能源统计工作薄弱；不严格按照规定征收排污费、导致部分企业少缴排污费造成国家非税收入的流失，以及"十一五"节能减排约束性指标存在扩大基数，未按规定做好各项能源和污染物指标统计等工作，"三个体系"建设基础性工作薄弱等方面的问题。

省审计厅向省政府提交了《关于南昌等四个设区市节能减排专项资金管理及政策执行审计调查情况的报告》，省长吴新雄作出批示：此事性质严重，省财政厅要会同省发展和改革委、省工信委就审计报告中五条建议逐条研究、督办和落实整改。中国国家审计网于 2011 年 2 月 24 日以《江西审计"为推进节能减排工作积极建言献策，五位省领导作出重要批示要求有关部门逐条整改"》为题进行了专题报道。

第五节　国土资源审计

1991—1997 年，省审计厅（局）组织开展对国有土地出让金的征收、使用和管理，矿产资源管理与相关资金收取、管理和使用情况进行审计。其中：1994 年，省审计厅组织全省 11 个地、市的 51 个县（市、区）审计机关对 1992、1993 年两年间国有土地使用权有偿使用收入的征收管理情况进行专项审计。查出违纪违规金额 732.69 万元，应收未收国有土地有偿收入 7962.7 万元。省政府办公厅批转省审计厅的审计报告，要求各行政公署、各级政府和省政府各部门"认真对照检查本地、本部门出现的问题并及时予以解决，确保国有土地有偿使用收入及时足额征收入库和纳入财政预算管理"；1996 年，根据审计署的统一安排，省审计厅采取"上审下"的方式，再次对 3 个地级市和 35 个县（区）的土地管理、财政部门和房地产管理部门、开发区以及一些用地单位 1994、1995 年国有土地使用权有偿出让收入征收、管理、使用情况进行审计。查出财政、土地部门违纪截留、挪用国有土地出让金 1053.9 万元，有 5433.8 万元以各种形式脱离财政预算管理体外循环。省长舒圣佑在审计报告上作出批示：省财政厅、省土地管理局要认真研究审计报告，采取强有力的措施，依法依章办理。过去不对的，发生在国务院和省里有关文件以后的，要一件一件纠正，违法必究，否则还会产生腐败案件。审计部门对审计报告中提出的一些问题要加强督办和跟踪调查，并把被审单位、部门的整改结果报告政府领导。事后，省审计厅及时对有关部门、单位实施督办，促使省财政厅和省土地管理局联合制定并下发《关于进一步加强国有土地使用权有偿出让金征收管理的通知》。

2001年11月，省审计厅对鹰潭市1999—2000年国有土地出让收费情况进行审计，并延伸审计龙虎山风景区管委会及月湖区财政局，调查审计10家房地产开发公司和用地单位。审计结果表明，鹰潭市在国有土地使用权规费征缴、管理、使用和按财政体制核算及对土地征用开发成本财政监管不力，越权减免省级土地规费、违法使用土地等方面，存在着一些不容忽视的问题。审计发现的问题主要是：（一）市政府违反《江西省实施〈中华人民共和国土地管理法〉办法》规定，通过下发会议纪要或政府抄告单的形式，越权减免或缓交省级土地出让金，其中有一部分属改制企业的尚未收到的出让金，其余的是按财政规定科目调增的国土专户收入；（二）市土管局原地产市场管理所将1999年7月以前收到的国有土地出让金，借给大地实业有限公司作储蓄存款抵押至审计日尚未收回，未按规定缴交省级土地出让金专户；（三）市三川股份有限公司用地4.85亩建综合大楼，市土地局依据市政府抄告单减免收其土地出让金，越权减免收取省级出让金；（四）经审查市土地局档案发现，漏交应缴上级土地出让金、耕地开垦费等国有土地规费；（五）市土地局1999至2000年两年账面收取征地管理费，未按规定缴交省国土资源厅征地管理费专户；（六）市土地局月湖分局1999年违规将征地补偿费转入事业费结余少缴省级出让金，1999至2000年两年收取的土地收益金转入月湖区财政局少缴省级出让金，两年收取的征地管理费未缴省国土资源厅。月湖土地分局违反国务院《关于加强预算外资金管理的决定》规定，到2000年12月底财政体外循环征地补偿费资金。月湖区财政局两年收取的土地收益金中，少缴上级土地收益金；（七）龙虎山风景区管委会1999—2000年两年违法用地30宗，面积327亩，漏交应缴未缴上级土地出让金、耕地开垦费、新增建设用地有偿使用费等国有土地规费，国有土地审批自行发放国有土地使用证2宗，面积85亩，截至2001年7月底，累计违法用地面积达540亩。龙虎山风景区管委会土地局两年收取的征地管理费中，应缴未缴上级省国土资源厅、市土地局。

2002年3—4月，省审计厅对省地质矿产勘查开发局2000年至2001年度财政财务收支及决算情况进行审计。审计发现的问题主要是：地勘费的核算未严格按照财政预算制度的规定，加强管理、明细支出、及时拨付、专款专用。地勘费及矿产勘查、开发专项资金未严格按计划拨付，地勘单位转产扶持项目资金的使用未严格控制规定的比例并纳入预算管理；局计财处未严格按照《地质勘查单位财务制度》规定，将各地勘单位缴纳所得税后的结余与收益集中统一使用并按规定比例分配，而是以资产占用费、资金使用费等名义向各地勘单位收取有关费用。未及时将省财政拨入的矿产资源补偿费拨付至各项目单位。

是年7月，省审计厅对赣州市政府及相关单位1999年至2001年7月底国有土地使用权出让收费情况进行审计。审计发现的问题主要是：（一）擅自减免国有土地规费。市政府以抄告单的形式，擅自发放市城建投资开发有限公司、市土地局等单位土地使用证10个，面积达121.07万平方米，且减免上级政府规定的应缴费用2266.81万元。市政府以路抵资，未批先用嘉道集团、康居分公司、祥辉实业有限公司、赣南贸易广场开发公司等土地 4 宗，面积 51.95 万平方米，漏缴国有土地规费 1534.70 万元，其中新增建设用地有偿使用费 480.05 万元；（二）章贡区政府 1999 年 1—7 月，越权减免 15 宗 36.52 亩国有土地规费 1666.09 万元。违反规定在区国有资产经营有限公司以划拨或抄告单形式，将赣南造纸厂转让给胡某某等 3 人 1.2 万平方米，赣州宾馆 1.62 万平方米及转让给下属单位 2.25 万平方米，漏缴国有土地出让金。区财政局 1999 年 8 月前隐瞒国有土地规费收入，欠缴国有土地出让金、耕地开垦费、防洪保安资金等；（三）市土地管理局违反操作程序，在用地单位欠交国有土地出让金的情况下，仍给发放土地使用证；（四）市土地管理局和市财政局未严格执行相关文件规定，拆东补西动用土地规费用于市政重点工程项目，且欠缴国有土地出让金；（五）原市房管局房地产开发公司南桥安居工程违反限价规定，超标准出售住宅面积 2.17 万平方米及联营联建面积 1.3 万平方米；（六）市黄金开发区管委会 2001 年 7 月底前用转让土地方式给星生农电发展公司及金星村委会交纳土地出让金，并漏缴应缴财政土地出让金收入。

2002 年 8—9 月，省审计厅对景德市政府及相关单位 1999 至 2001 年 7 月底的国有土地使用权出让收费情况进行审计。审计发现的问题主要是：（一）财政体外循环，少缴土地出让金。市土地局土地储备中心收取移动公司购地款和景德镇饭店转让款没有纳入财政管理，三蕾化工公司将土地租金收入直接转给市陶瓷公司，土地局以“管理费”名义收取出让金，市城市建设投资开发公司拍卖 5 宗地欠交出让金，均未按规定纳入财政统一管理。（二）市政府以抄告单、会议纪要形式，越权减免用地的土地出让金。（三）未批先用、违规操作，违反《土地法》及安居工程政策，造成漏交或少交应缴土地规费。如市公路局未批先用，违法用地，少缴上级规费；市规划局未经土地管理部门审批擅自批复建设用地，漏交土地出让金；市土地局在新州房地产公司、市地产公司、枫林房地产公司、市城市建设投资开发公司等用地单位未缴清土地规费就发土地使用证，违规操作造成欠缴土地出让金 2334.32 万元。市土地局在出让金的征收管理中，核定位于同一级别地段的土地出让金依据临街位置不同，随意调整出让金级差，造成少征出让金。市房管局下属瓷都房地产开发公司、昌江房管所、珠山房管所、新枫园指挥部等单位违反《土地法》及安居工程政策，修建复式楼、小车库，销售对象不符等，漏缴出让金，新枫园指挥部漏缴新增建设用地有偿使用费。市土地局应征未征新增建设用地有偿使用费，漏交新增建设用地有偿使用费。（四）越权审批未批先用，违法用地。如市德福房地产公司 1999 年在征地冻结期间征用昌江区竞城镇三河村耕地；莲花山庄原以安居工程项目获取省政府用地批复，后安居工程不搞，未经报批违法用地 180 亩；原市水泥厂未经省政府指认，擅自转让国有存量土地 71 亩给浙江富阳开发公司；市枫林山林场未批先用国有土地 490 亩；市城市建设投资开发公司违法经营国有土地 14 宗；土地部门的土地出让（收益）金及规费未按规定比例上缴。

2003 年 4 月，省审计厅对省国土资源厅及部分下属机构 2002 年度财务收支情况进行审计。审计发现的问题主要是：账面反映省财政厅于 2002 年 9 月拨入耕地开发中央专项经费 342 万元，至 2002 年年底仍结存在账面，未及时下拨用于耕地开发；账面反映 2002 年 4 月从国土收费过渡账户挪用国土规费收入 1000 万元，借给井冈山西苑宾馆用于宾馆建设；2002 年国土收费过渡账户年结存国土规费收入 9664.14 万元，未按规定及时足额上缴财政和返还市、县；省土地整理中心 2002 年

12月始运作，共收取占补平衡费（耕地开垦费）6794.96万元，未按规定纳入财政预算和专户管理，并动用2200万元存入银行作定期存款。

2004年4月，省审计厅对省地质矿产勘查开发局2003年度财务收支情况进行审计，具体审计矿产局财务资产处地勘费账、基建账，局机关经费账、基建账，局业务中心经费账，局招待所经费账，局印刷厂经费账等。审计发现的问题主要是：（一）超比例安排转产扶持金。2003年省地矿局在地勘费中安排转产扶持金5205万元转增国家基金，占当年地勘费拨款26606.9万元的19.56%；2002年在地勘费中安排转产扶持金4350万元转增国家基金，占当年地勘费拨款25145.9万元的17%，均大于国发办文件关于"按地质勘查费基数10%左右的勘查费转增国家资本金"规定的比例；（二）历年应拨付的转产扶持金未及时拨付安排，未能发挥资金使用效益。至2003年末，局本部经费账国家基金余额为7192.85万元，其中2000年至2003年由地勘费转增国家基金的转产扶持金达6030万元；（三）局机关招待所土建及一般水电安装工程改造项目投资额超省国土资源厅项目批复计划621.38万元。在未明确局招待所改造项目及局机关资料档案楼项目自筹资金来源的情况下，占用地勘专项经费1714.96万元；（四）在地勘经费紧张、年初无计划安排的情况下，挤占地勘事业经费，在深圳、北京易地购置房产。

2005年3—4月，省审计厅组织对省土地开发整理中心2003—2004年度财务收支情况进行审计，并调查省土地开发中心与江西省地产实业发展公司和江西省国土信息技术有限公司之间的资金往来情况，以及吉州区、吉安县、泰和县三个县区承接的赣粤高速公路耕地占补平衡任务的实施情况，抽查吉安县国土资源局对省土地开发中心拨付项目资金的管理使用情况。审计发现的问题主要是：（一）上级下达的土地开发整理项目未及时实施。2003年4月省国土资源厅将省财政厅、省国土资源厅《关于下达2001年地方承担土地开发整理项目投资计划和项目预算（拨款）的通知》下达的新建县厚田乡补助项目资金拨付省土地开发中心，省土地开发中心收到专款后，一直未予拨付；（二）接受委托负责实施的梨温、昌赣、京福高速公路建设项目占用耕地占补平衡开垦任务，至2004年底只有吉安县负责实施的364.39亩耕地开垦任务完成了省国土资源厅的验收，仅占这3条高速公路建设项目占补平衡任务的1%，且与峡江县、泰和县、万安县、遂川县、南城县等5个县签订协议后，因没有立项，项目资金到审计日仍未拨付；（三）对项目实施和资金使用监督不够，泰和县2003年申报立项的耕地开垦项目所在地实际上其他单位和个人已经开发耕种多年，泰和县国土资源局没有为该耕地开垦支付资金。吉安县国土资源局2004年12月收到省土地开发中心通过吉安县财政局拨入的项目款后，以"上级补助收入"入账，没有设立专户管理，至审计调查时止，仅拨付少量项目资金，可是吉安县财政局承担的耕地开垦任务已经通过省国土资源厅验收；（四）省土地开发中心成立以来承接梨温、赣粤和京福高速公路的"占补平衡"任务均直接与梨温高速公路建设项目办等建设单位签订任务协议书，未经省国土资源厅书面委托或授权。审计还发现，省土地开发中心先后以协作方式参与投资江西国地信息技术有限公司、江西国地投资有限公司、江西华地投资有限公司、江西中地投资有限公司等4家公司，但均未实际出资，财务上也未反映。

2006年3—4月，省审计厅组织对省国土资源厅2005年度财务收支情况进行审计。审计发现的问题主要是：（一）征收、计提防洪保安资金、征地管理费和出让金业务费方面。1.至2006年4

月底，应收未收已批建设用地应缴省财政防洪保安资金856.42万元、征地管理费418.8万元、出让金业务费519.65万元；2.没有设立相应的征收台账反映已审批建设地土地出让金、新增建设用地有偿使用费及相关规费应征、已征和欠缴情况，规费征收工作管理不规范，征与收工作脱节；3.2003年审计查出降低标准少征的防洪保安资金724.32万元仍未整改补征到位。（二）采矿权使用费和价款的征收管理方面。1.开具的部分采矿权使用费和价款的收费票据未填写收费项目名称、收费标准，记账凭证中未附教育处依据等内容，规费收入专户账也未能反映省国土厅已审批出让的采矿权是否已按规定足额收费；2.应收未收江西铜业公司城门山铜矿采矿权价款6500万元；3.以应征收的采矿权价款直接抵付安福县洋陂铁矿、安福县田心铁矿、分宜县双桥镇竹坑煤矿、分宜县观光煤矿等采矿权人垫付的应由省国土厅支付的采矿权评估费等费用，影响采矿权价款收入的完整性；4.属于省级地质矿产主管部门登记管理范围的新余市皇华永安煤矿应缴采矿权价款34.81万元，其中70%即24.37万元未经相关部门批准，由新余市国土资源局收取缴入新余市财政专户。

2009年11月，省审计厅组织对省地矿局赣南地质调查大队2008年度财务收支情况进行审计。审计发现的问题主要是：（一）部分矿权作价对外投资5140万元未在账面反映，形成账外资产，审计建议将账外资产及时纳入财务管理，统一核算，防止国有资产流失。（二）矿权转让款核算不规范，审计所涉合同矿权转让款共计8144.8万元，实际收款6799.93万元，均挂在"预收账款"或"其他应付款"科目，未按规定作收入处理，并按矿权取得的方式分类处理，将属于国家投资形成的矿权收入报上级审批后转增国家资本金。审计建议对合同应收款和实际收款的差额1344.87万元应及时进行追缴，认真分析原因，追究相关部门和人员责任。（三）对外投资不规范。如单位职工借款对外投资，会计核算记"其他应收款"。财务"长期投资"账面余额5217.6万元，涉及7个单位，其中4家单位投资比例在20%以上，有的持股比例达55%，但都按"权益法"核算不合规。（四）违规发放红利。勘察院2004年12月以院长名义、实际是由职工出资入股新成立的江西华威矿业公司。2007年，华威公司改制，勘察院将单位所有的股份增值款全部以红利形式发放给职工，严重违规。审计机关将此问题移送省地矿局纪委进一步调查处理。审计还发现，调查大队往来账未及时清理，呆账、坏账长期未处置；预提和摊销费用不规范；个别单位账表不符，业务核算不规范，报账手续不完备、矿权管理和合同管理不规范，以及违规大额现金支付等方面的问题。同时，省审计厅对省地矿局赣西北大队队部机关及下属九江地勘、综合业务楼项目部、金柏装饰公司、江海公司、赣北地勘院等单位2008年度财务收支情况进行审计。审计发现的问题主要是：（一）调查大队下属各单位2008年末库存现金余额违规，大额现金收入、提取和开支较多，有个别单位单笔提取现金高达200万元且现金均存在单位出纳或项目报账员个人储蓄账户上，2009年清理整顿"小金库"活动后，仍有部分项目报账员个人储蓄账户未取消；（二）票据管理方面不规范，存在接收过期票据、不合规票据、白条列支等报账情况。如地灾治理分院支付向莆四期项目材料款，发票为湖北省增值税发票，发票开具单位为武汉辉明地质设备销售部，收款单位为武汉铁山甲岩土工程有限公司，发票开具与收款单位不一致且无材料清单。测量分院报劳务费，发票为新农村规划设计费，所报支的经济业务内容和所开发票内容根本不一致，且发票已过期。类似的所开票金额均为大额整数，有的无单位名称、有的无购物清单、有的无开票日期、有的只有金额而无其他内容的材料发票、购油发票、商场购物发票以及已过期发票、白条列支的情况，在调查大队各单位普遍存在。省审计厅将此情况移送给省地矿局进一步查实处理。

2010年3—4月，省审计厅组织对省国土资源厅2009年度财务收支情况进行审计，延伸审计省国土厅后勤服务中心、省国土资源执法监察总队、省国土地资源勘测规划院、省土地开发整理中心、省地质勘查基金管理中心、省矿业权交易中心等二级预算单位，并对部分专项资金的使用情况进行跟踪调查。审计发现的问题主要是：（一）负责办理矿业权出让具体业务的矿业权交易中心2009年实际出让经费只有301.68万元，而省财政当年矿业权出让经费追加达1700万元，矿业权出让经费预算追加数远超过实际支出；（二）部分项目规费征收、入库不规范。如2009年应缴未缴的各类采矿权价款2960.35万元，其中拖欠金额较大的有2007年挂牌出让给江西金鼎钨钼矿业有限公司的阳储山钨钼矿，拖欠金额1645万元，且拖欠时间长达两年以上。审计建议应对历年拖欠的探矿权、采矿权价款进行清理，督促探矿权、采矿权人及时足额向国家缴纳探矿权、采矿权价款，对分期缴款的应收取不低于同期银行贷款利率水平的资金占用费，对无故不缴的不予发证直至收回探矿权、采矿权。2009年10月，省财政厅、国土资源厅未经财政部和国土资源部审批，违规批复省煤炭集团公司所属的萍乡高坑、青山等18个煤矿采矿权价款49049.04万元折算为江西煤业集团有限责任公司的国有股权，由省煤炭集团公司统一持有。2009年省财政未按规定将省国土资源执法监察总队的国土资源罚没收入3028.18万元缴入国库；（三）部分专项资金的预算安排不及时，项目进度缓慢。如土地整理专项资金滞留时间长、金额大，2007年至2009年财政部、国土资源部分三批下达江西省土地整理项目专项资金151130万元，截至审计日，仍有2009年16150.32万元、2008年18984万元未安排使用，这些项目的质量、进度等实施情况缺乏有效的管理和监督。土地开发整理中心前副主任万某某（已判刑）滥用职权，挪用耕地开垦项目资金造成的2001.11万元损失至今未能弥补，导致耕地占补平衡任务2.51万亩难以完成；（四）地质环境治理项目实施进度缓慢，资金未按程序拨付。2008年共安排环境治理项目14个，下达中央及省级财政资金4718万元，截至审计日，项目均未竣工验收。2009年12月下达的35个环境治理项目16731万元中央及省级财政资金，项目均未实施。省审计厅向省长吴新雄、副省长陈达恒、副省长孙刚呈报的《梨温等三条高速公路万亩耕地占补平衡任务因巨额资金损失无法完成将影响江西省土地报批》的审计专报，均获省政府领导的批示批转。

第五章　固定资产投资审计

固定资产投资在国家经济建设中举足轻重，根据审计机关的职能职责，它的投资方向、投资规模、资金来源、投资效益均是审计机关重点关注的对象，因此全省固定资产投资审计重点主要是国家重点建设项目及各部门、各单位自行安排的投资项目，如交通、水利、环保、电力等。审计方式除对投资项目实施项目竣工决算事后审计之外，还开展项目预算执行事前审计，从而形成对投资项目全程监督，有效控制整个投资规模，保障国家建设资金合理合法使用，提高经济效益。省审计厅从1991—2010年期间，组织全省各级审计机关对22113个固定资产投资项目进行审计，查出违纪违规金额1009930万元，应缴财政金额达46507.5万元。其中：1991年，对南昌大桥、昌九公路等18个大中型基建项目审计、490个新开工复工项目、2029个自筹基建项目事前审计，查出违纪违规金额12619万元；1992年，对21个重点建设项目和1677个开工复工项目进行审计，查出违纪违规金额7110万元；1993年，审计固定资产投资项目1532个，查出违纪违规金额708万元；1994年，审计1150个基建投资项目，查出违纪违规金额1293万元；1995年，审计451个固定资产投资项目，查出违纪违规金额2797万元；1996年，审计467个基建项目，查出违纪违规金额36214万元；1997年，审计485个基建项目，查出违纪违规金额44601万元；1998年至2000年，审计276个基建项目，查出违纪违规金额223672万元；2001年至2005年，审计2266个基建项目，查出违纪违规金额408923万元；2006年至2010年，审计11251个基建项目，查出违纪违规金额271993万元。

第一节　建设项目预算执行审计

交通建设项目审计

1998年1月，省审计厅对南昌火车站广场及人防工程建设情况进行审计。审计发现的问题主要是：（一）1995年借给火车站人防工程指挥部资金仍未收回；（二）还建房除安排拆迁户外，尚有未安排余数，应尽快处置归还原资金渠道。审计建议：（一）及时与南昌铁路局站房工程指挥部核对资金到位情况，继续密切合作，早日将工程圆满结束；（二）加强财务管理，强化纳税观念，及时足额上缴国家税款。

1999年6月，省审计厅对南昌昌北机场建设项目概算执行情况进行审计。审计发现的问题主要是：（一）部分工程项目概算执行不严，超规模3450平方米，超投资1252万元；（二）部分费用项目支出超概算投资282.99万元；（三）未经原审批部门批准同意增加或变更工程项目投资；

（四）挪用建设投资款用于购置行政车辆；（五）超预算增加工程投资 563.66 万元；（六）地方包干完成征地拆迁费结余约 2375.51 万元，未全额抵作地方投资。审计建议：认真执行国家固定资产投资管理政策和规定，严格按批准的建设规模进行工程建设，杜绝擅自扩大建设规模、增加工程投资的行为；抓紧工程价款结算，尽快办理计量支付，严格按进度支付工程价款，努力降低工程造价；增强依法纳税意识，及时足额缴纳国家税收。

是年 6 月，省审计厅对九景高速公路工程项目投资情况进行审计。审计发现的问题主要是：（一）建设管理费支出较大，超概算 298.6 万元；（二）工程监理设施费用的核算和管理不规范；（三）工程变更增加投资和洪涝灾害的索赔款数额巨大，索赔款的支付还存在不规范现象。该工程项目由于工程设计不周及施工组织方案变化等原因，造成工程超预算增加投资 1151.2 万元；（四）工程计量工作严重滞后。预付工程款数额巨大，加大资金风险；（五）建设期试运营收入未专项用于本项目还贷；（六）会计核算不规范。省高等级公路管理局挤占挪用工程资金用于新港征费所开办费用；（七）工程概算中部分项目存在多计列现象。审计建议：采取措施，压缩小车费、个人经费等管理费开支，杜绝项目外的摊派性支出；对工程变更增加投资和洪涝灾害等造成的工程损失，要实事求是，坚决剔除虚假成分，节约工程投资；加强财务管理，规范会计核算，尤其要准确归集投资成本，要妥善处理解决"菲迪克条款"管理模式与我国现行会计制度间存在的矛盾。

是年 9 月，省审计厅对温家圳至厚田高速公路建设项目概算执行情况进行审计。审计发现的问题主要是：（一）工程概算编制不准确，多列工程概算投资 6320.15 万元。1.违反公路工程概（预）算编制办法有关规定，以考虑张家高架桥施工与京九铁路向西编组站施工相互干扰为名，在温厚公路 B 段初步设计概算投资中计列全路段行车干扰施工增加费 433.08 万元；2.超出国家核定建设工期计费.造成温厚高速公路初步设计概算投资中多计列工程造价增长预留费 4610.94 万元；3.缺乏编制依据，擅自在温厚高速公路初步设计概算投资中多计列过路费 546.33 万元，计列收费站费用 729.8 万元。（二）超概算规模多征用土地 355.59 亩，批复初步设计概算全线征用土地 3674 亩，实际建设全线征用土地 4029.59 亩。（三）部分费用项目支出超概算投资 470.64 万元。（四）未经批准增设或重大设计变更增加工程项目投资 1837.01 万元。1.未经原审批部门批准同意，增设与昌樟公路接头处收费站投资 500 万元；2.由于设计不周及施工方案变化等原因，造成重大设计变更 11 项，追加投资 1337.01 万元。（五）监理设施费到位不及时，部分施工单位延压资金 140 万元。（六）隐匿沥青桶变价收入 30.08 万元。审计建议：（一）认真执行国家固定资产投资管理政策与法规，严格按批准的规模进行工程建设；积极履行审批手续，切实规范建设行为，合理安排工程投资，严格执行工程概算。（二）抓紧工程价款结算，加快办理计量支付，合理确定工程造价，努力控制投资规模；加强工程质量管理，加大工程监理力度，确保工程质量。（三）抓好竣工决算编制工作，科学编制竣工决算报表，准确划分项目类别，合理分摊费用支出；注重完善工程资料管理工作，认真收集、整理好工程档案资料，确保文件资料的安全与完整。（四）搞好建设成本核算的细化工作，使之能准确完整地反映每项单位工程价值，增强依法纳税意识，及时足额缴纳国家税收。

2000 年 4—10 月省审计厅统一组织 11 个地市审计机关对省交通厅、省公路局、省稽查征费局、省高管局、省公路开发总公司等 226 个单位 1999 年度和 2000 年 1 月至 3 月公路建设资金征收、管理、使用情况进行审计，查出违纪违规金额 139702 万元。审计发现的问题主要是：（一）建设资金征收方面。1. 漏征、少征公路规费金额较大，81 家征费单位共漏征、少征公路规费 2893 万元，越权减免 423 万元，擅自缓征 251 万元；2. 违规将银行贷款、借款垫资 635.9 万元抵交上解资金；3. 违反规定，超越范围将贷款路桥通行费征收站所在地区车辆通行费以购买月票收取（或车辆免费通行），造成部分通行费流失；4. 公路建设资金交费单位拖欠款比较严重，截至 2000 年 3 月共拖欠 2415 万元，影响公路建设资金的及时解缴；5. 部分市县擅立收费项目，超标准超范围收费，还有以罚代收现象。65 个公路收费单位，违规收费共计 570 万元。（二）建设资金管理方面。1. 将应缴入财政专户的公路建设资金截留在本单位及下属单位的银行账户，变相截留应上缴的公路建设资金；2. 资金分配不合规，多计提有关单位分成款和前期经费；3. 少数单位存在收入不入账、虚列支出、私设小金库等严重违反财经纪律的行为，私设小金库金额 113.82 万元；4. 无计划下拨建设资金；5. 国债资金管理不够严格，部分资金未按规定纳入专户核算，支出不符合国家要求；6. 公路建设项目包干结余分配不实，结余资金不按规定进行分配。（三）建设资金使用方面。1. 挤占、挪用公路建设资金较为普遍，金额达 4001 万元，主要用于弥补行政事业经费不足，另外用于新建办公楼、宿舍等非公路建设项目 1932 万元，违规转贷 86.7 万元，省公路局挪用公路建设资金 520 万元，借给省路桥工程局、机械工程处、公路开发公司等单位；2. 擅自改变资金用途，计划外、超规模建设；3. 虚列建设成本，造成交付使用财产不实；4. 部分公路建设资金滞留和闲置。因各种原因滞留和闲置的公路建设资金 2437 万元，未发挥其应有效益。（四）延伸审计中查出的其他问题。1. 地方配套资金未落实到位 16996 万元；2. 漏缴各种税费 2721.58 万元。审计建议：公路建设主管部门要健全公路建设资金的管理使用制度，做好依法征费工作，并严格执行公路规费征收考核办法进一步强化财务管理和核算工作；加强对建设资金分配的管理，杜绝随意调整资金分配的行为；建立健全有关公路建设资金管理的规章制度，保证资金安全，提高资金使用效益。省交通厅和有关地方政府应严肃处理严重违纪违规的单位和个人，并对存在问题认真进行整改。

是年 7—8 月，省审计厅对上海至瑞丽公路胡家坊至昌傅高速公路项目概算执行情况进行审计。审计发现的问题主要是：（一）省交通厅代付北京华天弘工程咨询公司初步设计审查费无发票，用省交通厅划账通知单列入投资报账；（二）建设单位管理费超概算；（三）工期奖发放手续不健全，均为个别人领取，凭收据报账。审计建议：督促施工单位和监理单位加快计量工作，真实反映工程建设成本，保证施工如期进展；加强建设资金特别是国债资金的管理，杜绝挪用、置换国债建设资金的行为，保证国家建设资金的安全和有效使用。

是年 8—9 月，省审计厅对九江至景德镇一级汽车专用公路工程概算执行情况进行审计。审计发现的问题主要是：（一）未经批准设计变更增加投资 13305.08 万元；（二）夹带概算外工程投资 17.73 万元；（三）土地征用超概算规模 1582.76 亩，超概算投资 500.89 万元；（四）管理费用支出超规模 530.91 万元；（五）洪涝灾害索赔金额 8110.02 万元；（六）挤占挪用建设资金 370.83 万元；（七）少缴国家税收 22.52 万元；（八）国债资金未纳入专户管理金额 7500 万元；（九）九湖段试运营期间通行费收入未按规定纳入基建收入核算。审计建议：严格执行国家固定资产投资管理政策与法规，加强项目管理，完善监督机制，规范建设行为；加强建设资金管理，严格按投资计划和进度筹措、拨付资金，做到专户专储、专款专用；抓好后期工程建设，加强工程价款结算管理，防止资金流失；抓好工程概算编制工作，积极履行各项报批手续，解决好"超概"问题；严格执行招投标制度，全面推行工程监理制，完善监控体系，进一步强化"三控制一管理"职能。

2001年，省审计厅对赣粤高速公路昌傅至泰和段建设项目开工前进行审计。审计查明：（一）赣粤高速公路昌傅至赣州段建设项目经国家计委以计基础〔2000〕456号文批复项目建议书，以计基础〔2000〕2269号文批复可行性研究报告、交通部以交公路发〔2001〕101号文批复初步设计。赣粤高速公路昌傅至赣州段建设项目全长276公里，其中赣粤高速公路昌傅至泰和段全长148公里，采用四车道高速公路标准建设，计算行车速度100公里/小时，路基宽度26米，核定初步设计概算668403.82万元，其中赣粤高速公路昌傅至泰和段建设项目300854.44万元，核定建设工期四年；（二）省交通厅以赣交计字〔2000〕94号文明确江西高速公路投资发展（控股）有限公司为赣粤高速公路昌傅至泰和段建设项目法人。江西高速公路投资发展（控股）有限公司以赣高速控字〔2001〕1号文授权江西省交通厅昌傅至赣州高速公路项目建设办公室作为该项目的执行机构，具体履行项目的各项建设管理职能；（三）赣粤高速公路昌傅至赣州段建设项目批准建设总投资668460万元；（四）江西省计委赣计综字〔2001〕158号文下达赣粤高速公路昌傅至赣州段建设项目2001年基本建设投资计划150300万元；（五）该建设项目已通过国土资源部用地预审，征地拆迁工作基本完成；（六）该建设项目由省交通设计院设计，通过公开招标择优选择江西交通工程监理公司、北京港通路桥工程监理有限责任公司等五家监理单位进行监理服务，选择路桥集团第一公路工程局、路桥集团第二公路工程局、江西省公路桥梁工程局等十四家施工单位承建。审计结论：赣粤高速公路昌傅至泰和段建设项目符合国家宏观投资政策，建设程序合法，资金来源合规并且落实，列入基本建设计划，各项前期准备工作基本就绪，具备开工条件。

2002年11月，省审计厅对省交通厅黎温高速公路建设办公室黎温高速公路建设工程概算执行情况进行审计，查出违纪违规金额37405万元。审计发现的问题主要是：（一）工程结算工作滞后；（二）部分收入长期挂账未清理；（三）个别成本归类不正确；（四）计量支付手续不规范。审计建议：严格计量支付程序，进一步规范会计核算，严格按照国家规定的范围和标准拨付使用征地拆迁费。

2003年11—12月，省审计厅对昌傅至赣州高速公路概算执行情况进行审计。审计发现的问题主要是：（一）计划外建设项目挤占工程投资；（二）建设成本不实；（三）基建收入不实；（四）代扣代缴营业税手续费使用不规范；（五）基建拨款账务处理不规范；（六）工程招投标不规范，评标不合规；（七）工程指定分包情况严重；（八）违规分包或转包现象严重；（九）未竣工验收就交付运营。审计建议：抓紧对工程缺陷进行修复，加快已完工程计量支付和变更审批；规范招投标行为；加强对中标单位履约行为的监督；搞好建设项目工程资料和财务资料的归集整理。

2004年2月，省审计厅对沪瑞国道主干线昌傅至金鱼石高速公路建设项目概算执行情况进行审计。审计发现的问题主要是：（一）全线路基路面施工指定分包较为普遍；（二）个别招标方式不合规；（三）某些施工、监理、勘察设计单位违法转包或分包；（四）通过违规签订监理承包合同虚列建设成本；（五）全线管理、养护及服务房屋远远超过交通部批复标准；（六）少缴或少代扣代缴部分税费；（七）违规解缴营业税款；（八）监理人员的加班费计取不够合理；（九）工程计量进度滞后，人为增加甲供材料的采购环节，支付方式或支付凭证不合规。审计建议：认真执行国家有关招投标法规，严禁指定分包、违规转包分包及其他徇私舞弊行为；严格执行国家固定资产投资管理政策与法规，加强项目管理，加快工程计量进度；增强依法纳税意识。

是年2—10月，省审计厅组织对全省在建的赣粤（昌泰段）、赣定、昌金、京福、泰井、乐温6条高速公路的征地拆迁补偿资金的分配管理及使用情况进行审计，审计资金总额66194.6万元，查出挤占、挪用有问题资金11653.2万元。审计发现的问题主要是：（一）征地拆迁补偿标准低，调剂资金比例过大；（二）征地拆迁机构工作经费超标；（三）违规缴纳耕地占用税；（四）挤占挪用征地拆迁补偿资金用于连接线、县乡公路等基础设施建设；（五）挤占挪用征地拆迁补偿资金用于其他非征拆性支出；（六）违规出借或经营；（七）抵扣、克扣征地拆迁补偿资金；（八）少数县（市、区）公款私存、做假账套取现金；（九）部分县（市、区）征地拆迁补偿资金账务处理不规范且结余较大。审计建议：尽快出台高速公路征地拆迁补偿有关规定，完善征用办法、补偿标准和补偿机制；加大对征地拆迁补偿资金的监督管理，严格控制各种非征地拆迁性支出；积极主动地做好各项协调工作，妥善解决农民的失地、失业问题，督促并责成相关单位尽快归还不合理使用的资金，结余资金不得滞留在"征拆办"。

是年5月，省审计厅对南昌至万年（峡岭）二级公路建设项目概算执行情况进行审计。审计发现的问题主要是：（一）招标文件规定通过路基、路面和桥涵工程招标资格预审的每家投标单位，只能参加一个标段的投标，但省内3家单位却允许参加两个标段的投标；施工监理合同中多列监理设施费；（二）少缴合同印花税14.57万元；（三）少批复资本金额度1742.804万元；（四）南昌、上饶两个管理部撤销时，其办公及生活用家具和交通工具被领用，未进行资产交付的账务处理；（五）已计量支付的监理设施费重缴营业税金及附加25.16万元。审计建议：加快已完工程的计量支付，及时反映项目建设成本；加强固定资产的清理和保全；规范招投标行为；增强纳税意识。

是年8月，省审计厅对泰和至井冈山高速公路建设项目概算执行情况进行审计。审计发现的问题主要是：（一）工程计量比较缓慢；（二）工程勘察设计与机电工程未进行公开招投标；（三）项目工程用地报告尚未批复；（四）全线用水泥未进行公开招标优选供应商；（五）省嘉和工程咨询监理有限公司身为工程的监理又在所监理的工程中分包施工；（六）部分施工单位存在违法分包、转包；（七）鹰潭公路工程公司分包人以现金支票的形式提取工程款112万元。审计建议：规范监理与业主和施工单位的关系，加强对各施工单位的检查、监督；防止和杜绝施工单位在绿化工程中违规谋利；严格按照国家批复的初步设计和工程概算进行施工和投资控制。

2005年5—10月，省审计厅组织11个设区市审计局，对2003年至2004年来各设区市在建和已竣工中的17条城市道路建设项目的资金使用和建设管理情况进行审计，查出违纪违规金额21651万元，应上缴财政金额3505万元。审计发现的问题主要是：（一）部分道路资金到位不及时，建设资金缺口较大；（二）未严格履行招投标程序，部分道路施工违规转包、分包；（三）土地运作及征地、拆迁过程中存在问题；（四）工程建设、施工、管理、运行维护中存在问题。审计建议：坚持城市道路统一规划、配套建设、协调发展和建设、养护、管理并重的原则；严肃工程的招投标制度，完善城市道路建设用地的审批手续；加强建设资金的筹集、管理，规范资金的财务核算。

是年8月，省审计厅对乐温高速公路概算执行情况进行审计。审计发现的问题主要是：（一）少数项目未进行招投标；（二）漏缴、欠缴相关税费；（三）部分项目投资超概算；（四）材料调差未严格执行"招标文件"的规定；（五）材料采购价差过大；（六）清单核查违反招标文件及合同的相关条款，多列费用。审计建议：总量控制专项暂定金额；对所有调剂的项目加强管理，加强监督规范施工行为；禁止违规转包、分包行为；做好墨溪陈家互通立交工程的资产交接工作。

2006年5月，省审计厅对景婺黄高速公路概算执行情况进行审计。审计发现的问题主要是：（一）设计存在分包现象；（二）漏缴、欠缴相关税费（三）资本金到位不及时（四）全线管养服务设施建筑、占地面积远远超过交通部标准，管养服务设施调整未经相关部门批准（五）连接线工程施工较为缓慢（六）省财政厅返还森林植被恢复费财务处理不符合建设单位会计制度规定；（七）景婺黄（常）高速公路项目办（以下简称景婺黄项目办）共购置工程建设用车17辆，总价款586.35万元，仍未计入相关资产，作往来账处理；（八）景婺黄项目办在监理招标专用费中，要求各监理投标单位在投标报价中含提供给总监办人员服务费及监理设施费，由此多报监理服务之外费用1226万元；（九）BP3标中标单位广东筑波路桥工程有限公司未在规定时间内递交履约担保并签订合同，项目办已取消其中标资格，但未没收投标保证金80万元；（十）确认的工程变更总计2640.49万元，部分变更单价与对应清单单价不一致，土石方调配不尽合理。审计建议：严格审批专项暂定金的使用、控制暂定金额的比例；加快清单核查工作以便于工程计量，按规支付工程价款；尽快收回借支的款项，不得接受委托支付地材款；加强对沥青、钢材、水泥、碎石等主要材料的检验，把好质量关；未扣回路基单位材料预付款，应从期中支付中扣回；全线路堑边坡防护工程已基本结束，项目办未办理变更和计量；大多数施工单位未采取招标，而是由项目办采取准入制推荐绿化单位由施工单位选择。

是年5—6月，省审计厅对景婺黄高速公路景德镇市、昌江区、浮梁县征地拆迁补偿资金管理、使用情况进行审计。审计发现的问题主要是：（一）调剂资金比例较大；（二）征地拆迁工作经费开支过大；（三）不规范缴纳耕地占用税；（四）部分单位账务处理欠规范。审计建议：各级政府应加大对征地拆迁资金的监督、管理并严格控制各种费用性支出；浮梁县政府与景婺黄（常）高速公路项目办（以下简称景婺黄项目办）应督促浮梁县自来水公司加快施工进度，确保浮梁县人民安全用水；浮梁县政府应加强对部分乡、镇、村现金支付补偿资金的定期检查和监督，规范资金管理，防止挪作他用。

是年5—9月，省审计厅对全省100个县2000—2005年县级改造工程193个农村公路项目审批立项、计划执行、资金筹集使用、项目建设管理等情况进行审计，审计总金额172281万元，查出管理不规范金额22091万元。审计发现的问题主要是：（一）32个项目存在重复立项、虚报建设规模、项目置换或擅自调整计划等问题；（二）59个项目工程进度严重滞后；（三）73个项目没有严格按照招投标法进行招投标；（四）部分项目资金筹集、管理、使用不规范；（五）部分工程款支付不合规、存在拖欠；（六）一些项目工程建设管理较为混乱；（七）部分参与建设的施工、监理单位违规执业；（八）财务管理不健全。审计建议：省发改委、省交通厅应进一步加强对农村公路立项审批、计划执行的监督管理；各县（市、区）政府、建设主管部门须加强农村公路工程建设管理；各建设单位、项目办要健全财务管理、确保建设资金的专款专用。

是年6月,省审计厅对景婺黄高速公路德兴市、婺源县征地拆迁补偿资金管理、使用情况进行审计。审计发现的问题主要是:(一)调剂资金比例较大;(二)征地拆迁工作经费开支过大;(三)不规范缴纳耕地占用税;(四)征地拆迁补偿金违规用于连接线和县乡公路改造;(五)不按规定使用征地拆迁补偿资金;(六)部分单位账务处理欠规范。审计建议:各级政府应加大对征地拆迁补偿资金的监督、管理并严格控制费用性支出;市、县政府应加强对乡、镇财政管理和专项检查;做好耕地复垦的各项工作,确保粮食生产不受损失;应解决一部分失地农民的养老保险问题。

是年8月,省审计厅对井冈山铁路征地拆迁补偿资金管理使用情况进行审计。审计发现的问题主要是:(一)吉安市吉衡铁路协调办按规定补偿标准支付拆迁款后净结余较大;(二)沿线四县市不同程度地存在调剂资金现象;(三)未缴征地相关规费;(四)部分乡镇征地、拆迁补偿资金及临时用地补偿费存在拨付不及时等问题;(五)2006年1月9日泰和县政府办公室从泰和县征拆办借支征地补偿费10万元未归还。审计建议:确保资金的安全;加大对部分失地农民培训力度,帮助其获得农业科学知识和就业技能,提高失地农民再就业的能力。

是年8—9月,省审计厅对井冈山铁路建设项目概算执行情况进行审计。审计发现的问题主要是:(一)招投标不够规范;(二)计量支付工程款程序欠规范;(三)临时取弃土场租用管理混乱;(四)财务会计管理不严密;(五)合同管理不健全;(六)施工单位中铁二十二局违规挪用项目建设资金686万元;(七)违规购置使用车辆;(八)少缴相关税费;(九)至2006年9月仍有485万元铺底流动资金未到位。审计建议:规范招投标行为;加强对工程质量的控制,严把工程质量关;加强对从业单位履约行为监督管理;健全财务管理,确保建设资金专款专用。

是年10—12月,省审计厅对赣粤高速公路泰赣段遂川线捆绑项目的情况进行审计。审计发现:设计勘察没有进行公开招标,施工单位少缴防洪保安资金,误算工程价款。

是年11月,省审计厅对景鹰高速公路征地拆迁补偿资金管理使用情况进行审计。审计发现:招投标不够规范,施工单位违规转包分包,少缴有关税费,景鹰高速公路项目办未缴合同印花税,省高速公路路政一支队波阳路政大队等以项目安全保证金等名义向B2标施工单位收取费用,对项目建设造成不良影响。

是年11月,省审计厅对景鹰高速公路景德镇市路段征地拆迁资金管理使用情况进行审计。审计发现:浮梁县对农户的征地补偿标准过低,各地征地补偿资金调剂比例达到30%;县乡两级征拆办挪用征地拆迁专用资金729.63万元;县乡两级征拆办管理费超支287.51万元;个别乡征拆办财务处理不规范;服务区、养护中心的土地没有签订征地协议。

2007年7月,省审计厅对武吉高速公路概算执行情况进行审计。审计发现的问题主要是:(一)省四方公司违规承建路基工程或其他附属业务;(二)新桥公司违规代理部分主材购销及全线支座、伸缩缝仓储、运输等服务业务;(三)部分施工、监理、设计单位在工程建设、财务管理等方面不够规范;(四)部分路基单项工程另行选定施工单位组织施工。审计建议:省交通厅应对项目办、省路桥局加强监督,纠正违规行为;积极筹措建设资金,不得拖欠工程价款;加强财务管理,按标准发放个人奖金、津贴。

是年7—8月，省审计厅分别对宜春市武吉高速公路、新余市武吉高速公路及武吉高速公路九江段征地拆迁办征地拆迁补偿资金管理使用情况进行审计。其中：对宜春市武吉高速公路审计发现的问题主要是：（一）征地协议资金与拆迁办最终支付金额有差异；（二）沿线各县均存在对征地补偿资金调剂现象；（三）降低部分拆迁补助标准，克扣拆迁资金152万元；（四）征地拆迁工作经费开支过大；（五）部分单位挪用征地拆迁补偿资金或地类调剂金共计252.85万元；（六）部分乡镇征地拆迁补偿资金存在拨付不及时等问题；（七）部分乡镇财务不规范。审计建议：加强财务管理，严格控制现金支出规模；确保资金安全，加大对结余资金的管理。

对新余市武吉高速公路审计发现的问题主要是：（一）违规调剂部分征地拆迁补偿资金；（二）征地拆迁工作经费开支过大；（三）部分乡镇征地拆迁资金及工作经费存在拨付不及时等问题；（四）渝水区界水乡违规挪用征地拆迁补偿资金；（五）部分征地协议资金与拆迁办最终支付金额有差异；（六）部分单位财务处理不合规。审计建议：加强财务管理，严格控制现金支出规模；确保资金安全，加大对结余资金的管理。

对武吉高速公路九江段审计发现的问题主要是：（一）协议征地款与最终实际支付的土地补偿款存在差异；（二）部分征地拆迁补偿资金被用于其他项目。武宁县澧溪镇将征地拆迁补偿资金转入镇政府经费账和行政账，用于烟港至安乐公路的维修；清江乡的拆迁补偿金被乡政府日常经费占用；修水县庙岭乡将结余的征地拆迁补偿资金用于河道治理工程，上奉镇结余的拆迁补偿款被用于镇政府管理费用；（三）林地补偿标准偏低。省政府会议纪要规定林地综合补偿单价为每亩3000元，具体补偿单价由各县自己确定。武宁和修水两县分别制定本县的林地补偿单价，武宁县将林地分成四类，补偿标准从2000元到4000元不等，但全县实际林地补偿价格是2639.58元。修水县将林地分为两种，一种是普通林地补偿标准是3000元，一种是疏林地，补偿标准是2200元，平均价格也低于3000元；（四）征地拆迁机构工作经费超标。武宁县征迁协调办工作经费超支26.38万元、修水县征迁协调办工作经费超支；（五）部分单位征迁补偿资金管理不规范。武宁县澧溪镇支付征迁补偿款无银行付款的原始凭证；修水县征迁协调办白条抵库（白条借款）。审计建议：加大对征地拆迁补偿的监督、管理并严格控制各种费用性支出，不得挤占挪用、抵扣克扣拆迁补偿资金；各地政府应根据失地农民的不同情况建立长期有效的社会保障机制；对全部失地的农民，政府应解决一部分养老保险资金；对部分失地的农民，政府应加大培训力度，帮助其获得农业科学知识和就业技能。

是年9—10月，省审计厅对赣州康大高速公路建设项目概算执行情况进行审计。审计发现：核定工作经费较高；大余县四个乡镇公用地补偿款及异地安置费沉淀在镇政府，未发挥效益；南康县龙回乡政府未将征地拆迁资金纳入专户核算；南康市浮石乡违规将公用地征地补偿资金转入乡政府。审计建议加强拆迁资金管理，及时发放并补偿到位。

是年11—12月，省审计厅对省交通厅景鹰高速公路建设项目概算执行情况进行审计。审计发现：工期奖分配使用不够规范，工程款支付不合理，未执行沥青招标结果。审计建议加强对工期奖的分配管理；认真执行招投标制度。

是年12月，省审计厅对世行贷款瑞赣项目办瑞赣高速公路开工前情况进行审计。审计发现：征用土地审批手续不完善，沿线拆迁办管理征地拆迁经费不合规，初步设计批复投资额与概算不符。

审计建议加强对工期奖的分配管理，认真执行招投标制度。

2008 年 5 月，省审计厅对世行贷款瑞赣高速公路征地拆迁资金的支付情况进行审计。审计发现的问题主要是：（一）地方政府工作经费超支挤占征拆补偿费 333.4 万元，侵占农民利益，其中：赣州市和 6 个县（市、区）征迁办超支 264.1 万元、6 个乡（镇）征迁办超支 69.3 万元；（二）县（市、区）征拆办截留应拨乡（镇）、村的工作经费；（三）6 个县（市、区）的征迁补偿资金滞留 1557.85 万元未下拨，其中：于都县 1061.02 万元、瑞金市 66.36 万元、会昌县 230.04 万元、赣县 89.98 万元、章贡区 54.57 万元、赣州市 55.88 万元；（四）部分征迁补偿资金留在村级组织未得到监管。部分村小组集体山、林地等补偿自己 194.65 万元，村小组支出 122.65 万元，主要是经村民集体同意用于平均发放和一些零星开支，结余 71.53 万元未纳入村财务管理，留下隐患。审计建议：避免损失浪费，研究工作经费超支补救措施；沿线政府要公正、公平进行林地补偿，维护被征迁农户的权益；杜绝截留挪用行为。

2009 年 9 月，省审计厅对彭泽至湖口高速公路项目建设情况进行审计。审计发现的问题主要是：（一）项目勘察设计工作未达到应有的设计深度要求；（二）工程计量严重滞后。截至 2009 年 8 月 31 日，项目施工进度路基部分累计完成投资为 44173 万元，而同期路基部分累计计量工程款为 20158 万元，造成路基标财务支付高达 37539.86 万元；（三）多计工程款。1.A6 标段 405-2 项钻取砼芯样结算高于合同价，导致多计工程款；2. 在彭湖高速公路 A4 至 A7 标工程量中标示计价高出省政府办公厅《彭泽至湖口高速公路工程征地拆迁补偿及规费缴交标准》的规定；（四）A6、A7 段路基大面积土方开挖，系因地勘资料不详，导致工程返工，不合理地增加工程造价，影响工程建设进度；（五）工程建设管理不规范，施工单位未按合同约定派驻现场管理人员，变更性较大；（六）少缴税费。其中：省外施工单位少缴防洪保安资金，北京交科公路勘察设计研究院有限公司少缴营业税金及附加、江西省交通设计院少缴营业税金及附加；（七）工程造价咨询和部分设计、监理未进行招投标。审计建议：认真履行基本建设程序，深化勘察设计工作，规范招投标程序，严格从业单位履约行为，及时准确进行计量支付。

是年 10 月，省审计厅对石吉高速公路建设项目征地拆迁补偿资金支付、使用、管理情况进行审计，审计发现的问题主要是：（一）石吉高速公路项目办多支付省国土资源勘测规划院土地勘测定界和基本农田论证技术服务费，尚有征迁安置补偿调剂费（以下简称调剂费）373.23 万元，未拨付到沿线 4 县石吉高速公路协调办账上；（二）石城县与宁都县有关乡（镇）征迁补偿不合规。审计建议：进一步做好征地拆迁权属争议遗留问题的调处工作，将滞留账上的征迁补偿款尽快拨付到位；增强对县、乡（镇）、村逐级拨付征迁补偿款各环节和村级共有征迁补偿款分配与使用的监督力度。

是年 10 月，省审计厅对石城至吉安高速公路（以下简称石吉高速公路）、鹰潭至瑞金高速公路（以下简称鹰瑞高速公路）建设项目进行审计。审计发现的问题主要是：（一）部分工程用料不实，虚计工程价款。1. 石吉高速公路隧道工程 17 个标段的隧道少用钢材 1330 吨，多计工程价款 1094 万元；2. 鹰瑞高速公路 26 个标段台背回填，多计工程价款 101 万元；3. 鹰瑞高速公路重复计算挖方段的清表土方量共计 942.28 万平方米，多计工程价款 934.17 万元；4. 石吉、鹰瑞高速公路其他工程因图纸工程量计算错误等原因多计工程价款 386.3 万元。（二）鹰瑞高速公路业主单位及其关联企业违规参与部分工程施工和服务。1. 鹰瑞高速公路代建制单位参与鹰瑞高速公路 C10、D4、D8 标段路基工程和部分绿化工程施工，合同总金额 45962 万元；2. 鹰瑞高速公路在工程实施中，业主单位人为切割单项工程，直接指定分包施工单位，另行组织材料采购和工程施工，合计金额 10711 万元。（三）路基施工单位违规分包比较严重。石吉、鹰瑞高速公路的 33 家（占全部路基施工单位的 41%）路基施工单位，有的将中标工程肢解后转让给他人，金额 3219.68 万元。中铁十七局集团有限公司违规分包工程 3634 万元；鹰瑞高速公路 A2 标武警水电第二总队鹰瑞项目部违规分包工程 10800 万元；河南万达集团有限公司鹰瑞项目部违规分包工程 8000 万元。（四）部分工程施工不规范，存在质量安全隐患。1. 石吉高速公路隧道施工全线 17 个标段的 20 座隧道被检测不合格；2. 石吉高速公路部分路基、桥梁施工不合格。（五）部分设计监理单位未认真履行合同义务。1. 变更后的方案需增加预应力管桩 7349 根 94721 米，增加工程成本约 1800 万元；2. 设计、监理存在不同程度的违规分包行为，省交通设计院违规分包金额 2258 万元，中交第一公路勘察设计研究院有限公司违规分包金额 1200 万元。（六）地方实施的连接线工程招投标不规范。鹰潭市公路局的鹰瑞高速公路龙虎山连接线工程合同总价 1641.73 万元，招标流于形式。（七）个别地方征地拆迁补偿资金被挪作他用。兴国县 175.81 万元征地拆迁资金被该县城区拓展连接线等其他项目占用，广昌县驿前镇 173.38 万元征地拆迁补偿资金被该镇其他项目占用。审计建议：从严控制工程造价，要科学合理编制施工、监理合同招标控制价，确保从源头上控制工程造价；加强对施工单位的资金监管，项目办要履行好监管职责，严格审查各项资金，确保各项建设资金使用合规合法。

是年 10—11 月，省审计厅对鹰潭至瑞金高速公路征地拆迁补偿资金管理和使用情况进行审计调查。审计调查发现的主要问题：（一）部分"征迁办"征地拆迁资金被挪用。1. 广昌县"征迁办"挪用支付鹰瑞项目办装修费，驿前镇资金没有进行专账专户管理，征地拆迁补偿资金被占用；2. 石城县小松镇"征迁办"挪用于支付镇政府借款，支付迳里水泥路捐款、支付连接线改线拓宽森林植被恢复费；3. 宁都县"征迁办"挪用于支付互通连接线工程设计费；4. 南城县挪用于支付新丰街镇新丰村委会借款；徐家村、圳上村村小组在发放征地拆迁补偿资金时均用于抵扣。（二）6 个县（市）"征迁办"挪用于支付工作经费及购车款。（三）部分"征迁办"财务管理不规范。1. 个别单位财务管理混乱。瑞金市征地拆迁补偿财务管理不规范，大量资金直接拨付农户时无原始凭据和签字明细表，部分经费支出记账凭证金额和发票原始单据不对，账务处理不规范；2. 部分"征迁办"未设专账、专户管理资金。如资溪县高田乡、广昌县驿前镇未按规定设立专户核算征地拆迁资金；余江县洪湖农林场、县小松镇小松村征地拆迁补偿资金未入账；3. 部分"征迁办"大额现金坐支。（1）石城县"征迁办"坐支办公费、招待费等；（2）余江县坐支马荃镇将征地补偿款，存于出纳个人存折上；4. 部分"征迁办"资金拨付、使用手续不规范。（1）瑞金市"征迁办"拨付农户补偿资金中有 1968.93 万元无农户原始签名领用手续，沙州镇补偿资金拨付中代收代签现象严重；（2）余江县洪湖乡水北地理村发放农户补偿款无农户原始领用手续；（3）资溪县张家源农场、高田乡农场补偿资金未见农户原始领用手续；（4）南城县渡澜镇征地拆迁补偿资金通过"一卡通"拨付农户，未见农户原始签名领用手续；（5）南丰县白舍镇有 5 户拆迁户未在领取表上签名。（四）部分"征迁办"资金拨付不及时。1. 广昌县财政局征地拆迁补偿款及拨入县交通局征地拆迁办征迁补偿——均未及时拨付到被征迁户；2.金溪县、南丰县、石城县、瑞金市，均欠拨乡（镇）、村工作经费。（五）截至2009年9月底，县（市）、乡（镇）、村三级账存征地拆迁补偿资金共计5359.6万元［含县（市）"征迁办"3%的调剂资金1411.03万元］，未及时拨付到被征迁户。审计建议：沿线各县（市）"征迁办"应加大对征迁安置补偿调剂资金的监督管理，不得挤占挪用；严格控制各项费用的支出，对滞留账上的征迁补偿款应尽快拨付到位，维护被征迁户权益。

2010年4月，省审计厅对昌奉高速公路拆迁补偿资金、工作经费和耕地开垦费的拨付、使用和管理情况进行专项审计。审计发现的问题主要是：（一）昌铜项目办征用耕地未计交防洪保安资金、未缴耕地占用税、少缴耕地开垦费，合计1120.4万元；已缴交森林植被恢复费492.205万元，省财政未按规拨回昌铜高速公路项目办。（二）新建县及有关乡（镇）和村委会征地拆迁补偿不合规。1.新建县昌奉高速公路建设协调推进领导小组办公室（以下简称县协调办）、望城镇镇管专户、幸福村委会、青山村委会、青西村委会，均有大额征迁补偿款滞留财务账上，青西村村委会从留归集体的土地补偿费中借款，作迁坟奖金和提前拆迁奖励事项无有关依据，迁坟登记资料无项目办、县协调办及农户现场签认；2.石埠乡政府多收新建县预算外局工作经费，应收未收征地补偿款；乡经管站补偿资金未及时下拨村委会，璜源村委会村财务账上滞留征迁补偿款、代违反计划生育的村民缴交新建县计生委"社会抚养费"未收回；3.红林林场多收新建县预算外局工作经费，账上留存征迁补偿款。（三）安义县及有关乡（镇）和村委会征地拆迁补偿不合规。1.安义县高速公路征迁协调小组（以下简称县协调小组）以开具江西省装卸搬运力资发票的方式，从征地补偿调剂费中套取现金，账上滞留征迁补偿资金，工作经费超支；2.黄洲镇政府结余征迁补偿资金未及时下拨村委会而转账至该镇政府账上，征用土地补偿费支付到户比省定标准低；3.石鼻镇昌奉高速公路征迁指挥部购车款超标，未下拨东庄等6个村委会征迁办工作经费；赤岗村委会账面存留征迁补偿资金，协调费未在账上反映，在征迁补偿费中支付石鼻建筑工程公司垫付公路税金及管理费等款项、石鼻村委会滞留土地征迁费、村级提留13%征地补偿费（未提供提留依据）、工作经费均未在账上反映；向坊村委会滞留征迁补偿款用于日常费用，征用土地补偿费支付到户比省定标准低（石鼻镇政府按比例扣存征迁补偿专户款及向坊村委会按镇拨款的2.5%补偿户款用于开支日常管理费）；联合村委会滞留征迁补偿款用于日常费用，征用土地补偿费支付到户比省定标准低；东庄村委会滞留征迁补偿款支付到户比省定征迁补偿标准低，从征迁补偿费中列支误工补助和山林纠纷协调费。审计建议：地方政府对省定补偿标准的调整及村级集体留归等涉及村民利益的重大事项，应充分征求被征迁单位及户主的意见，并严格按照国家相关规定办理；要进一步做好征地拆迁权属争议遗留问题的调处工作，将滞留账上的有关补偿款尽快拨付到位；要增强对县、乡（镇）、村逐级拨付征迁补偿款各环节和村级共有征迁补偿款（含村级集体留归资金）分配与使用的监督力度，严格实行村级财务公开（完善会计基础工作）和村民自治会议表决制度。

是年4—5月，省审计厅对昌奉高速公路建设项目预算执行情况进行审计。审计发现的问题主要是：（一）工程进度不平衡且总体缓慢。（二）部分工程内容设计不合理、部分设计方案不完善。1.沥青路面本是采用半刚性基层，但在施工图设计阶段，设计单位没有采纳初步设计评审意见，人为增加沥青路面结构层厚度，致使总造价增加约2900万元。2.桥梁设计中，地勘钻孔取样深度不足。3.实地勘察不到位，原设计方案未考虑 A2 标 K4+133-188 处与江西城市学院的污水处理厂相交对路基的影响，致使原设计方案在施工中无法实施。（三）部分工程施工存在质量安全隐患。1.桩基工程全部委托第三方检测机构进行检测，结果显示，已检测的 237 根桩中，优良率即 I 类桩比率为 58%，有缺陷桩和不合格桩即 II、III 类桩的比率占 42%，缺陷率较高，与工程质量目标"分项工程合格率 100%，单位工程全部合格且优良率不小于 95%"差距较大；2.茅屋中桥、安义互通主线跨线桥等 5 座桥梁，设计要求桩基采取机械钻孔施工，但实际采取人工挖孔施工。这 5 座桥梁桩基深度均超过施工规范允许的人工挖孔的深度，实际施工中甚至未采取严格的人工挖孔安全措施。这样的施工虽然造价低，但存在较大的安全隐患。（四）施工合同订立不规范，项目经理和项目技术负责人大量变更。（五）建设资金不到位。（六）少缴防洪保安资金。（七）部分施工单位工程管理、财务管理不规范，存在违规转包分包行为。审计建议：从源头上控制工程造价，加强对施工单位的资金监管，贯彻执行中央关于开展工程建设领域突出问题专项治理工作的部署，把昌奉高速公路建成优质、高效、规范、廉洁的高速公路。

　　是年 9 月，省审计厅对永武高速公路建设项目概算执行情况进行审计。审计发现的问题主要是：（一）项目资本金未及时到位。九江市人民政府应出未出项目资本金 12800 万元，省交通厅尚有项目资本金 69800 万元未到位。（二）未及时缴纳项目建设相关税费。永武项目办少缴合同印花税 29.26 万元、未按规定计缴项目征地有关规费 749.48 万元。（三）工程进度落后计划目标。永武高速公路项目施工进度与第二阶段(2010 年 4 月— 2010 年 10 月)目标计划对比,存在较大差距。1.柘林湖汉深水桥梁 A7、A8、A10 标段的施工，与计划中的大桥工程要完成 100% 的进度要求差距大;2.房建工程实质性施工尚未开展，与计划中的房建工程要完成 80% 的进度要求相差甚远。（四）西海服务区工程投资超概算：永武项目办在施工图设计中将 2 处服务区（永修服务区、武宁服务区）修改为 1 处服务区。(西海服务区)，2 处服务区概算投资合计 4596.24 万元，西海服务区工程中标价为 5148.45 万元（不含餐馆休闲区装饰装修),超概算投资 552.21 万元。（五）部分工程价款不实。（六）部分工程环保措施不到位。A7 标段南山一桥泥浆直接排入湖区，污染当地水质；A17 标段澧溪大桥泥浆池防护不到位，泥浆泄流影响当地水质；A6 标段黄田大桥筑岛围堰土与湖水接触面没按要求有效围隔；A14 标段伊山河大桥、龚家大桥筑岛围堰土与湖水接触面没有围隔；钻孔桩渣、泥浆直接排入河中。（七）部分工程施工的质量和安全控制不严，存在隐患。1.部分桩基工程由于施工时清孔不干净，砼控制不到位，浇注过程中堵管，造成质量问题；2.王源垄高架桥、方家口高架桥桩基施工未按设计要求采用机械钻孔，而是用人工挖孔操作；3.A5 标段锚杆施工不规范、钢筋绑扎不合规、框格梁存在质量问题。（八）部分施工单位管理不规范。1.A9 标段将圆管涵、倒虹吸安装及洞口工程劳务分包给不具备劳务资质的个人承建；2.A1.A5 标段将水泥款直接转至供应商个人账户；3.A1 标更换项目经理，A9 标更换项目总工程师，上述人员变更未报永武项目办批准，A17 标项目负责人及项目副经理均为外聘人员。（九）监理单位未履行职责、人员大量变更。1.J2.J3 标段驻地办监理发出的指令单有 5 份未见整改回复，有 10 份整改回复监理未签署复核意见；2.驻地办监理未就桩基长度及时办理变更计量；3.J1、J3.J4 标段驻地办监理应按合同履约人员为 118 名，实际按合同履约人员为 44 名，更换人员为 74 名，更换率达 63%，且更换人员中有 9 人无证执业，J3

标段房建监理人员无证执业。（十）永武高速公路征地拆迁补偿资金拨付、使用和管理不规范。1. 永武高速公路项目红线内征地 9590.926 亩，超出国土资源部批复该项目建设用地 84.1405 亩；2. 武宁县永武高速公路项目协调办账上滞留征迁补偿款等款项合计 1486.66 万元；3. 宋溪镇政府征地拆迁补偿款账上滞留 50.7 万元，巾口乡政府征地拆迁补偿款账上滞留 7.25 万元等。审计建议：永武项目办应加强对项目建设资金的管理，提高工程设计水平，构建对监理、施工等从业单位的监督机制，确保工程建设质量，做好征地拆迁权属争议遗留问题的调处工作。

是年 10 月，省审计厅对德兴至南昌高速公路征地拆迁补偿资金等情况进行专项审计。审计发现的问题主要是：（一）德昌高速公路项目办欠拨付征地调剂费 756.68 万元、欠拨付征迁补偿款 182.25 万元、少补充红线内占用耕地 1372.93 亩、多付勘测定界服务费 21.22 万元。（二）德兴市及有关乡（镇）和村委会征地拆迁补偿不合规。1. 市征迁协调办及各村、镇委员会均不同程度滞留征迁补偿款；2. 市征迁协调办及各乡、镇、村委员会不同程度挪用、挤占征迁补偿款，用于支付工作经费、购车、垫补采砂押金、计生抚养费、当地公交线路补偿金等。审计建议：做好征地拆迁权属争议遗留问题的调处工作，将滞留账上的有关补偿款尽快拨付到位，保障村民对征迁补偿资金事项的知情权、决策权、监督权和管理权，增强对县、乡（镇）、村逐级拨付征迁补偿款各环节和村级共有征迁补偿款分配与使用的监督力度。

是年 10—11 月，省审计厅对德兴至南昌高速公路建设项目进行审计。审计发现的问题主要是：（一）部分工程进展缓慢。2010 年 10 月末，德昌高速公路主线路基交验仅完成 81%，全线预制桥梁的安装仅完成 86%。（二）北坑大桥出现质量问题。施工单位 D5 标中铁二十局集团第六公司在北坑大桥预制梁施工中，误将 64 片预制箱梁做长了 60 厘米，导致梁板无法安装。（三）部分工程存在质量安全隐患。施工单位濮阳市通达公路工程有限公司，在坎下湖大桥施工中偷工减料，人为减少施工用钢材 100.2 吨。（四）部分工程价款计算不合理，多付金额 1261.93 万元。（五）德昌高速公路实际征用土地 19756.43 亩，超批复用地 1023.95 亩。（六）部分工程和服务项目执行招投标不严格。1. 未经招投标程序，德昌项目办将沥青仓储业务由指定的公司承担，违规支付服务费金额约 1801.2 万元；2. 未经招投标程序，德昌高速公路项目办将沥青短途运输业务交由指定的公司承担，违规支付运费金额约 1098 万元，将部分路基标段的施工便道交由指定的公司施工，违规支付总金额 580.95 万元。（七）项目资本金 70919.33 万元未到位。（八）漏缴、欠缴建设相关税费 530.71 万元（防洪保安资金 281.96 万元、缴印花税 237.62 万元、营业税 11.19 万元）。（九）部分路基工程存在转包、分包情况。1. 中铁七局集团第三工程有限公司将所中标段 D3 标工程，转包给江西省路桥工程局施工，D3 标项目经理部随后将瑞洪信江特大桥预制部分工程，分包给无桥梁工程施工资质的单位和个人施工，分包合同金额 6259.84 万元，还分包本标段的路基土石方及涵洞工程，合同金额 667.35 万元；2. 广州市市政集团有限公司将所中标段 D13 标工程，转包给南昌市公路桥梁工程有限公司施工，广西路桥建设有限公司将所中标段 C2 标工程，转包给江西通威公路建设集团有限公司施工，合同金额 10182.40 万元，中交第四公路工程有限公司将所中标段 G1 工程，转包给浙江兴土桥梁建设有限公司，分包合同金额 3205.73 万元；3.B3 标、B4 标、B6 标、B7 标、C9 标等标段施工单位将部分桥梁涵洞、土石方分包给资质不足的单位或个人施工，分包合同金额合计 6771.91

万元。（十）部分施工单位生产经营管理不力。D8 标段金溪湖特大桥部分预制 T 形梁拆模时间过早，导致出现梁体有砼脱落痕迹；D8 标 K187+200 至 K188+800 段路基填砂厚度为 70 厘米，分层碾压不到位，D8 标 K187+200 至 K188+800 路基左幅未按《文明规范化施工实施细则》及招标文件规定设置临时排水设施；广州市市政集团公司德昌高速公路 D13 标项目经理部财务账未留在项目经理部。审计建议：对违法转包分包采取有效措施整改；严格规范招投标行为，加强对施工、监理、设计等参建单位的监管；强化质量管理，完善质量控制制度；大力推进规范化、标准化施工，对建筑材料、施工工艺严格把关，确保达到"工程质量优"的建设目标；从严控制工程造价；德昌项目办暂扣各施工监理单位违约金及罚款 2419.14 万元。项目办应按照合同及相关文件进行清理。

水利建设项目审计

2000 年 9 月，省审计厅对省长江干流江岸堤防加固和整治工程（以下简称省长江堤防工程）建设项目概算执行情况进行审计。审计发现的问题主要是：（一）实施计划外建设的 7 个工程项目投资达 11129.2 万元。（二）部分工程项目未按计划要求完成。其中：干砌块工程比计划工程量少完成 14.66 万立方米，比计划工程投资少完成 2201.56 万元；永久交通工程比计划工程量少完成 40.64 公里，比计划工程投资少完成 1438.2 万元；土工布工程比计划工程量少完成 12.06 万平方米，比计划工程投资少完成 90.55 万元；永久房屋建筑计划下达工程量 21.99 万平方米，计划下达工程投资 1300 万元未实施；砼沉排计划下达工程量 23.86 万立方米，计划下达工程投资 2110.68 万元未实施。（三）由于设计变更等原因造成增加标外投资 3942.58 万元。（四）有 42122 万元建设资金未按计划到位。（五）省长江堤防工程建设总指挥部现金存入个人储蓄户，虽经审计署太原特派办 1999 年 7 月审计后取消，但该储蓄户销户时利息收入未纳入会计核算。（六）省长江堤防工程总指挥部 1999 年共为监理单位购置检测、实验仪器 92.32 万元，列入设备投资。（七）1999 年 5 月省长江堤防工程建设总指挥部委托省水利水电建设总公司代购施工设备 35 台计 1101.56 万元，以合同形式将所购施工设备租赁给省水利水电建设总公司并收取租赁费。（八）省长江堤防工程建设总指挥部呈报省政府批准彭泽县芙蓉堤建设征用地数量为 1395 亩，而作为建设用地报表附件征地协议（在省政府批准后签订）征地数量为 976.62 亩，彭泽县土地管理局提供的在填报建设用地呈报表当日签订的征地协议，征地数量为 1708.52 亩，前后有差距。（九）截至 2000 年 8 月，共发生材料采购价与施工结算借方差异 860.96 万元、贷方差异 125.47 万元，借差与贷差相抵，尚有借差 397.31 万元，虚挂各施工单位"预付备料款"，造成工程建设成本不实。（十）省长江堤防工程建设总指挥部将其管理的长江堤防工程、长江干堤重要险段除险加固工程、长江中下游崩岸治理工程等项目捆在一起组织实施，未按照基本建设会计制度的要求分开核算，各建设项目的建设成本相互混淆。（十一）省长江堤防工程建设总指挥部银行账户开户过多，国债资金未按规定的专户管理、专户核算，审计日前南昌招商银行北西分理处还设有一账户。（十二）招投标工作不够规范。1. 钢材、土工布等大宗材料采购未实行招投标；2. 对中标的标段有指定切块及分包现象；3. 对所有工程均实行单价招标，致使工程总价难以得到有效控制；4. 合同执行不严，对无力保质按期完成施工任务的中标单位，未按合同条款处理。（十三）截至 2000 年 8 月底，实际办理计量支付的建筑安装工程款 15402.68 万元，财务账上仅反映建筑安装工程投资 35.04 万元。少报已完成建筑安装工程投资 15367.64 万元。（十四）九江市城市防洪工程建设总指挥部对城市防洪工程管理不严密，各年度工程实施计划均未经有权部门批准，还存在超投资计划安排工程进度的现象。（十五）九江市城市防洪工程建设总指挥部长江干堤江岸堤防加固整治工程、长江干堤重要险段除险加固工程、长江中下游崩岸治理工程等项目捆在一起组织实施，未按照基本建设会计制度的要求分开核算，各建设项目的建设成本相互混淆。（十六）九江市城市防洪工程建设总指挥部收取税务部门代扣代缴税收手续费 10.1 万元，未纳入会计核算，并存入私人储蓄存折。（十七）九江市城市防洪工程建设总指挥部招投标工作管理不够规范。1. 主要建筑材料通过招投标后，仍按合同支付九江市物资集团公司材料总价 1.76% 的委托费共计 36.42 万元；2. 钢筋材料招标，中标品种不全，个别规格材料没能以质量合格前提下确定低价中标。审计建议：抓紧初步设计报批工作，加强工程建设计划管理，有关主管部门应对各个指挥部上报的实施计划及时批复，保证各个项目的同步建设；加快落实建设资金到位步伐，完善财务核算和资金管理，特别要加强现金管理，杜绝账外设账，资金体外循环，公款私存等现象；对国债建设资金要专户存储，专户核算，避免多头开户，并及时清理不合规的银行账户；规范招投标工作和合同管理。

2002 年 4—5 月，省审计厅对鄱阳湖区二期防洪工程项目办公室鄱阳湖区二期防洪工程 4 个单项工程建设情况进行审计，审计总金额 190163 万元，核减工程总造价 12519 万元。审计发现的问题主要是：（一）未及时下拨专项资金 48021.35 万元；（二）地方自筹配套资金不到位 23300 万元；（三）设计、监理未进行招投标；（四）部分设计漏项；（五）部分工程质量存在隐患；（六）部分工程价款结算不实；（七）个别项目部财务管理不够规范。审计建议：各级政府应采取措施落实配套资金，严格执行国债项目管理有关政策法规，加大监督力度，预防产生腐败。

2003 年 3 月，省审计厅对省赣抚大堤加固工程概算执行情况进行审计。审计发现的问题主要是：（一）基建程序不完善，初步设计尚未正式批复；（二）地方配套资金未按时足额到位，涉及金额 130 万元；（三）工程进度缓慢；（四）监理工程未进行招标；（五）合同条款不完善，未对设计变更减少的工程量进行约定；（六）设计不完善，工程设计变更较多，影响工程进度和价款结算；（七）个别项目的费用支出要加强控制。审计建议：保证人力、设备投入，加快工程建设进度；加强工程现场管理，提高施工管理水平。

2005 年 7 月，省审计厅对抚州市廖坊水利枢纽工程概算执行情况进行审计。审计发现的问题主要是：（一）项目建设资金严重不足；（二）引进商业投资过程中存在不符合有关法律法规情况；（三）难以承受转贷国债每年两三百万的本息负担；（四）抚州市重点工程物资配送中心成立有注册资金虚假问题，未扣回对配送物资多补差价 17.52 万元；（五）库区抚城线、206 国道、黎城线三条受淹公路改造项目超概算比较严重；（六）招投标中存在部分不规范行为；（七）向设计单位收取配合费。审计建议：积极解决资金缺口问题；规范建设程序，加强对招投标环节的监督管理；加强财务管理，规范核算工作。

2008 年 4—9 月，为及时了解鄱阳湖区二期防洪工程建设情况，正确反映项目建设过程中的情况和存在问题，省审计厅组织九江市、南昌市、上饶市、景德镇市和宜春市审计局分别对所辖 5 个设区市 12 个项目县的 25 条圩堤建设情况进行审计。审计发现的问题主要是：（一）国家投入专项资金 10891 万元滞留省水利厅、省财政厅，项目所在乐平市、南昌市财政局等各相关部门，乐平市乐北联圩、南昌县、鄱阳县、永修县、余干县等地方配套资金 28328 万元没有按要求到位；（二）全省鄱阳湖区二期防洪工程仍有省直项目部分预警系统和管理专项、进贤县、永修县、都昌县等 23677 万元投资项目没有完工；（三）南昌市沿江大堤生米大桥下游 660 米长的浆砌石挡墙、星子县南康大堤东岸护坡东风船厂处、永修县项目提顶公路等部分圩堤工程发现质量问题，存在安全隐患；（四）湖口县双钟圩堤、新建县廿四、赣西联圩、南昌县新增子项目等项目前期勘察设计粗糙，工程变更较大，建设管理难度增加，甚至造成一些较大的施工事故及损失浪费；（五）乐平市水电公司、以借款名义挤占挪用乐北联圩专项建设资金 692 万元至审计时仍未归还，进贤县、南昌县挪用项目专项建设资金 119 万元超标准建办公楼和店面，湖口县双钟圩堤将项目资金 109 万元用于合建工程做酒店经营。部分圩堤挤占挪用项目建设专项资金 1989 万元超标准建设堤顶公路，用于垫付其他项目地方配套资金；（六）一些子项目建设执行概算不规范，如挤占国家专项投资 419 万元实施概算外工程，项目工程发生重大调整变更 4796 万元没有按规定上报原审批单位调整概算。超计划超概算列支项目单位管理费 1069 万元等；（七）省监狱局项目部，以及乐平市、永修县、余干县、万年县、南昌市等项目土方、护坡等工程价款 16775 万元没有进行招投标。审计还发现，部分圩堤存在将工程违规转包分包、施工单位不具备相应施工资质，有些项目实施单位财务管理不规范等问题。

省审计厅向省政府提交的《关于江西省鄱阳湖区二期防洪工程 4 个单项工程概算执行和效益情况审计的报告》提出加强项目管理等建议。副省长孙刚在审计报告上作出批示：尤其是圩堤质量问题要高度重视，加紧整改，省政府要求省水利厅牵头会同省财政厅等单位做好有关整改工作。

2008 年 5 月，省审计厅组织对省监狱管理局鄱阳湖区二期防洪工程概算执行情况进行审计。审计发现的问题主要是：（一）成朱联圩、乐丰联圩珠湖段概算投资 23813 万元，省河湖局下达计划 24646 万元，超出概算 833 万元。（二）资金拨付缓慢，到达项目单位滞后；项目计划下达环节较多，资金拨付手续复杂，拨付进度缓慢，影响项目建设实施。（三）项目前期勘察数据存在准确率太低、设计粗糙、设计变更较多、结算工程量与设计量相差较大等问题。如成朱 8 标段，草皮护坡由合同量的 8.33 万方增加为实际结算的 27.2 万方；成朱 2 标、4 标、6 标段房屋拆除合同面积合计 7604 平方米，实际拆除面积合计 22206.64 平方米。（四）项目建设管理存在缺陷。项目办的 11621.3 万元工程由项目办直接指定施工单位承建，没有经过招投标程序；农场施工单位不具备资质，共有 12377.86 万元工程量由圩堤范围内的珠湖农场、朱港农场；成新农场及滨湖农科所下属基建大队承建，上述施工单位均不具备国家规定的水利工程施工资质等级；农场将部分工程分包给没有相应施工资质的个人施工；圩堤建设占用土地没有办理土地征用审批手续。（五）监狱农场资金紧张，项目建设自筹资金主要依靠以劳折资的方式解决，财务上没有准确核算这部分投资。审计建议：加强项目财务核算和管理，严格执行现金管理规定，规范工程款支付手续；加强项目概算管理，有效控制工程质量和进度；规范项目的基本建设管理程序，严格执行国家有关招投标法规。

电力建设项目审计

1999 年 11 月，省审计厅对江西丰城发电有限责任公司 4×300 兆瓦机组工程概算执行情况进行审计。审计发现的问题主要是：（一）生活福利工程超规模、超投资；（二）多计列工程建设期贷款利息7865.57万元；（三）违反规定在试生产期间计提折旧5898.24万元；（四）项目调整概算中超标准多计工程概算投资1295.89万元；（五）部分费用支出超概算较大；（六）兴建954.68万元概算外项目；（七）超概算标准支付工程前期统筹费；（八）挤占工程建设成本。工程项目投资归类不合理；（九）交付使用财产价值不准确。部分工程项目投资突破概算。审计建议：逐步将工作重点转移到生产经营上来，对内强化经营管理，对外积极争取有关部门的支持，尽快改变目前生产能力严重闲置的状况；严格执行国家固定资产投资管理政策和规定；进一步强化财务管理，规范会计核算，合理归集工程投资支出。

2001年3月，省审计厅组织各市、县（区）审计机关，对全省农村电网建设与改造项目自开工建设至2001年3月底投资情况及有关事项进行审计，查出违纪违规金额146449万元。审计发现的问题主要是：（一）项目立项审批及概算编制方面。1.各地农网建设与改造项目初设批复建设规模与可研报告确定建设规模相比削减较大，仅能完成国家要求农网改造任务的70%左右，有相当规模的中低压线路不能按期改造，致使供电半径依然过大，个别地方末端电压仍不符合要求；2.设计概算编制不够规范。存在边勘察、边设计、边施工现象，初步设计考虑不周，设计漏项情况严重，设计变更现象普遍；3.未严格按基建程序办事。少数农网改造项目未严格履行审批手续，甚至未经批准擅自开工建设。（二）工程概算执行方面。1.工程建设超投资、超标准。设计变更增加投资较大，项目实际完成投资超过批复概算投资；2.擅自建设概算外项目。部分工程建设未严格按批复设计概算进行，自行改变建设内容，将改造线路改为新建线路，甚至夹带概算外项目，致使工程建设实际支出内容与设计概算要求不一致；3.设计概算范围内工程未实施。由于受到建设资金限制，尤其是设计变更增加项目多，县城改造占用资金多，造成部分工程未能按设计概算要求实施建设；4.农网改造工程进度滞后。由于项目审批时间过长，工程设计工作滞后，资金到位不及时以及停工待料等原因、造成工程建设进度缓慢，难以如期完成建设任务。（三）工程造价管理方面。1.工程概算投资不准确。部分工程设计概算编制与调整未严格按国家规定的编制办法、定额标准执行，存在提高取费标准，虚报冒领投资以及故意压低工程造价，预留投资缺口等问题；2.多结工程价款。部分工程价款结算手续不完备，结算金额不真实，多计工程量，错套工程定额，高估冒算工程造价；3.设备材料成本不真实。工程物资核算不规范，人为提高设备材料单价，多列设备材料成本，多转材料成本差异，致使设备材料成本严重失真；4.工程竣工决算编制不及时。大部分竣工县均未按国家规定及时组织人员编制工程竣工决算，影响竣工决算审计和竣工验收工作顺利实施；已绘制的竣工图粗制滥造、图实不符，严重失真。（四）建设管理方面。1.未全面推行招投标制度择优选择承包单位。有采取议标甚至直接指定下属单位承包工程，对承包单位资质把关不严，层层转包的问题；2.未严格执行工程监理制。农网改造工程监理工作不规范，监理单位未严格履行监理工作职责，未发挥"三控制一管理"职能；3.工程物资管理松弛。农网改造工程物资未设置材料明细账进行核算，设备材料领用手续不完备，工程物资与生产物资混库存放，设备材料价差结转不规范，造成工程物资量价账实不符；4.工程建设存在损失浪费现象。在农网改造建设中，由于工程设计不合理，施工组织不当，器材保管不善等原因，致使工程返工、报废。（五）财务收支方面。1.转移基建收入。违规将废旧物资变价收入等基建收入列作经营账营业外收入，甚至转作所属三产企业收入；2.挤占建设成本、挪用建设资金。有些单位财务管理不严，违规扩大建设成本开支范围；个别地方违反国家规定，挪用农网改造建设资金用于归还生产经营贷款和购置办公设备等，影响农网改造工程顺利实施；3.农户出资未及时到位。按照规定应由农户出资的进户费和电表费，由于各种原因难以收集到位，拖欠现象十分严重；4.监理费用管理不严。由于监理公司内控制度疏漏，费用包干使用和凭据报账难以控制，致使监理费用开支混乱；5.建设资金未按计划筹措并拨付到位。全省农网改造项目自开工建设至 2000 年底国家累计下达银行贷款计划 339991 万元，实际向银行贷款 230311 万元，比计划少贷款 109680 万元；至 2000 年底省电力公司共组织到位建设资金 315303 万元，而实际下拨资金仅为 268788 万元，46515 万元资金滞留在账上。（六）加价收费方面。1.违反国家电价政策，超标准收取农民电费，加重农民负担；2.加价或搭车收费。在农网改造过程中，擅自向中标供货单位收取中标服务费，向采购单位收取物资配送费，甚至加价销售物资赚取价差和超标准收取农户集资款等，想方设法牟取部门利益；3.群众投劳不按工付酬。在农网改造过程中，各地普遍存在挖洞、立杆、拉线费用均由农民以资代劳或无偿投劳方式解决，甚至施工招待费也要农民负担，侵害农民群众利益。审计建议：切实加强农村电网建设与改造项目管理，管好用好建设资金；认真执行国家政策与法规，严格按批准的建设规模与标准进行工程建设；严格执行招标投标制度，加强建设项目前期准备工作，杜绝"三边"工程；努力加强农网改造资金管理，切实做到专款专用、专户储存，杜绝挤占、挪用、置换建设资金的行为；认真执行农网改造政策，严禁以各种名义加价收费或搭车收费；加大执法力度，严厉查处违法违纪行为，保障建设资金安全有效使用。

是年 3 月，根据审计署统一部署，省审计厅组织全省审计机关对全省农村电网"两改一同价"政策执行情况进行审计。审计发现的问题主要是：（一）农网改造工程投资不足，致使相当数量农村电网得不到改造。省农村电网由于长期缺乏改造投资，历史欠账太多，若要全面进行改造，需要投资近 1000000 万元，而至今国家计委批复江西省农网改造规模仅为 576700 万元，全省仍有三分之一农村电网无资金进行改造，即使已经进行改造的农村电网，其标准也依然偏低，导致供电半径过大，个别地方末端电压仍不符合要求；（二）县级供电企业经营形势严峻。由于水电上网电价提高和大网政策性调价，增加购电成本，为减轻农民负担，"两改"后销售电价又必须降低，减少销售收入，而且电费回收率低。两头挤压，致使供电企业获利空间较小；（三）"同价"价差摊销和还本付息难度较大。由于原有农网基础差，改造费用高，城乡用电价差大，尤其是用电水平低等原因，致使全省"同价"价差摊销和还本付息压力巨大；（四）同网同价政策执行未完全到位。由于农电管理体制未全面理顺及农网改造未完全到位，除已完成农网改造的部分乡镇、村组由供电所直抄到户，执行物价部门核定的电价外，仍有部分村组存在层层转包，层层加价的现象，收取的电价也高于规定的标准，另外，已完成农网改造的农户电价仍普遍要比县城用户电价高；（五）农网改造工程进度缓慢。由于项目审批时间过长，工程设计工作滞后，资金到位不及时以及停工待料等原因，难以如期完成建设任务；（六）小水电发达地区农改后电价有所提高。据审计调查了解，部分小水电发达地区农网改造后电价明显上升，加重山区农民的负担，减少乡（镇）财政收入，制约地方经济发展，当地政府和农民对此反映较为强烈；（七）"两改一同价"后电网经营企业负担加重，省农村电网改造工程实行项目法人制和资本金制，项目法人是省电力公司，工程总投资的20%为项目资本金，80%是农行贷款，所有建设资金由省电力公司负责还本付息，这将大大提高省级电网经营企业资产负债率，而且县公司经营状况较差，基本没有投资回报，严重影响大网的经济效益；（八）县公司法人治理结构不尽完善。县公司农电体制改革后，"新三会"（股东会、董事会、监事会）的运作有待进一步到位，县公司的领导和员工的思想观念转变较慢，不适应体制的要求，经营机制转换较慢，不适应现代企业制度的要求，农村电工的素质有待进一步提高，使之符合"三公开""四到户""五统一"和规范化服务的要求。审计建议：加快农村用电体制改革步伐，按"三公开""四到户""五统一"的要求，促进"两改一同价"政策真正落实到位；加快农网建设与改造项目建设步伐，确保按期完成农网改造任务，尽快发挥投资效益。

2002年6月，省审计厅对省电力局全省城市电网建设与改造项目的监督与管理进行审计。审计发现的问题主要是：（一）项目设计不规范，导致概算编制不准确；（二）立项审批及概算调整不够规范；（三）个别项目未严格执行基建程序；（四）个别项目工程进度缓慢；（五）多结算工程价款；（六）材料物质、设备的成本不实；（七）未执行招投标；（八）监理工作不规范，力度不够；（九）废旧物资的管理不规范；（十）转移基建收入和加价收费。审计建议：加强工程物资的管理，严格领用手续；加强对工程造价的审核，全面推行工程招投标制度；加强财务管理，规范会计核算。

是年7月，省审计厅对省电力公司全省城市电网建设与改造工程项目概算执行情况进行审计，查出违纪违规金额1189万元。审计发现的问题主要是：（一）计划管理缺乏统一性；（二）省电力公司挪用城网工程项目前期工作费；（三）监理取费标准计算错误；（四）部分材料物资、设备的招投标工作不规范；（五）省电力物资公司在物资设备招标中违规收取费用。审计建议：加强部门协调，保证工程按计划实施；规范招投标工作；加强工程建设资金的管理，加强项目建设管理。

2003年10月，省审计厅对江西柘林水电开发有限公司水轮发电机组扩建工程概算执行情况进行审计。审计发现的问题主要是：（一）项目实际完成投资突破概算11400万元；（二）把不应列入扩建工程支出的贷款利息计入投资完成额，涉及金额343.46万元；（三）工程造价控制不严，向施工单位多结算工程款87.48万元；（四）运输费、采保费支付标准偏高，导致工程建设成本不实；（五）中标服务费未冲减工程建设支出；（六）基建收益转移给企业职工个人。审计建议：要严格履行基本建设程序，采取有效措施，尽快办理竣工结算。

是年6月，省审计厅对省电力公司青山湖基地项目的投资建设情况进行审计。审计发现的问题主要是：（一）擅自提高建设标准，扩大投资规模，导致项目的实际投资严重超概算；（二）项目的施工（含装修及安装）、材料物资及设备的采购等招投标不规范；（三）委托给无资质的单位进行招投标和工程造价咨询；（四）变相转移利润给"三产"单位，人为增加工程建设成本；（五）工程结算中的部分发票不合规；（六）合同管理不规范；（七）工程竣工结算滞后，工程结算审核不严；（八）漏缴国家税费；（九）存在"小金库"现象。审计建议：加强工程项目的招投标管理，加快工程的竣工决算和财务结算工作，强化纳税意识，及时足额缴纳有关税费。

2004年6月，省审计厅对抱子石水电站概算执行情况进行审计。审计发现的问题主要是：（一）2001年至2002年，转出8000万元建设资金委托申银万国证券股份有限公司进行客户资产委托管理，违规获取投资收益 388.92 万元；（二）工程招投标不规范；（三）合同条款订立不合规，将不合理开支列入合同价款；（四）C2 标引水发电系统应付工程进度款超出合同价款；（五）管理费列支 1133.37 万元比概算超出 823.37 万元。审计建议：规范招投标行为，规范合同条款；规范建设项目资金运行，严格控制管理费用开支；依法缴纳有关税费；按规办理竣工决算。

2006 年 8 月，省审计厅对中国电力投资集团公司贵溪发电有限责任公司（以下简称贵溪发电公司）二期 30 万千瓦机组扩建工程概算执行情况进行审计。审计发现的主要问题：（一）招标管理欠规范；（二）漏缴相关税费；（三）6586 万元资本金未到位；（四）以铁路专用线征地拆迁名义支付贵溪市财政局 413 万元未签订任何协议；（五）预付"脱硫系统工程"设计费 1448.13 万元，列入"工程物资核算"科目核算，账务处理不合规；（六）多列概算 502.69 万元；（七）5 号、6 号、7 号标段投标保证金均为 150 万元，高于 80 万元的上限标准；（八）计量支付工程款程序欠规范。审计建议：加强对隐蔽工程的现场签证、记录、监督和管理，明确责任，核实造价。

2007 年 5—6 月，省审计厅对江西丰城发电有限责任公司二期 2 台 66 万千瓦机组扩建工程概算执行情况进行审计。审计发现的问题主要是：（一）27 个单位工程应公开招标而未招标；个别施工标段存在违规分包；部分设备、材料采购程序不合规，未采取询价、比价方式确定供货单位。（二）漏缴营业税金及附加 2332.97 万元，欠缴印花税 67.8 万元、防洪保安资金 35.86 万元。（三）丰城市财政局收到丰电二期扩建工程征地补偿款，未按征租地协议约定上缴相关土地规费 1191.59 万元（防洪保安资金 86.08 万元、耕地开垦费 688.64 万元、耕地占用税 416.87 万元）。（四）二期工程原租地实际已被改为征地，概算中与租地相关的耕地复垦费 723.81 万元未予以核减。（五）二期工程征地面积 3884.632 亩，超概算 2679.332 亩，且土地使用证尚未办理。（六）资本金未及时到位 45000 万元。（七）未公开招标选择二期工程混凝土搅拌站承建单位，承建单位未缴纳营业税金及附加 82.94 万元、防洪保安资金 6.43 万元。（八）混凝土搅拌站场地平整和租用土地及日常管理费共计 175 万元，转入江西鸿远集团有限责任公司用于退还职工持股和分红，未进行任何账务处理。（九）混凝土搅拌站供应 C30 商品混凝土合同单价 280 元 / 立方米，包含泵送费用，而招标文件注明招标人提供的 C30 商品混凝土 280 元 / 立方米为现场价，不负责泵送；试验室提供的检验结果报告，每立方米 C30 商品混凝土用量中水泥含量不超过 300 公斤，与混凝土供应合同约定的 408 千克相差较大。上述差异在支付搅拌站的工程款中予以扣除。（十）三产企业江西鸿远实业有限责任公司下属两个公司以章某某等人名义增资扩股 480 万元不合规。（十一）工程价款结算不准。诸如多结算施工生活区临时设施工程款 255.65 万元；安装工程重复列运杂费 735.18 万元；输煤栈桥防火涂料工程未按 2001 年电力建设工程预算定额调材差 50.66 万元等。（十二）合同管理不规范。浓缩机及贮水池设备供应商浙江乐清电气传动设备厂在签订合同后拒绝履行合同，未依法追究其违约责任；三大主机设备采购商务谈判汇总资料无参与方人员签字，难以判断资料的真假性，无合同签订日期即无合同生效日期；未确定发电机的采购价格；锅炉等离子点火装置采购合同签订不规范，合同未装订成册、技术协议只有签字没有盖章、无履约保函。审计建议：加强对合同的管理，强化合同的约束力；加强对采取总承包形式承接脱硫、铁路、送变电线路工程施工单位履约行为的监督。

2009 年 6—9 月，省审计厅组织 11 个设区市审计局对全省农村电网改造完善工程（以下简称农网完善工程）进行专项审计。审计发现的问题主要是：（一）农网完善工程投资计划执行不严。省电力公司和市县电力公司不同程度存在自行调整投资计划的情况；（二）重视变电站和骨干线路的更新改造，忽视低压电路和户表改造。部分项目存在边勘察、边设计，边施工的问题。余江县 2008 年第三批农网完善线路改造工程由于受通道影响及工期紧等原因，存在边勘察、边设计、边施工的"三边"现象，未严格遵守建设程序。星子县 35 千伏温横线路在未收齐施工图的情况下，于 2009 年 6 月匆忙开工；（三）部分工程施工未认真执行招投标程序或存在违规转包分包行为。赣东北供电公司 35 千伏变电站及输电线路工程全部以会议讨论的形式确定施工单位。遂川县供电有限公司所属遂川县川龙公司借用湖南省湘潭水利水电开发有限公司和湖南省新湘送变电建设有限公司的资质，承包遂川县 10 千伏及以下变压器、线路新建改造工程。贵溪市农村电网改造完善工程全部由县供电公司下属贵溪市耀辉新农村电力服务有限责任公司承包。该公司又将大部分低压工程分别转包、分包给福建正力电力安装公司、上饶金泰电力安装公司、上饶中泽建设公司、耳口供电所、河潭供电所等单位；（四）监理违规执业。根据省电力公司指派，江西诚达工程咨询有限公司承担宜春市 11800 万元农网完善工程监理。宜春市袁州区、万载县、宜丰县、上高县、铜鼓县的现场监理工作均由江西诚达工程咨询监理有限公司培训的供电公司系统内部人员实施，监理费用由监理公司与供电公司按 3：7 分成。在九江市农网完善工程中，江西省城达咨询监理有限公司在永修县聘请永修供电公司两名退休职工代其行使监理职责，在永修县聘请修水供电公司 3 名退居二线且无相关资格的职工作为监理人员；（五）多计工程造价。赣州市、吉安市、抚州市、九江市、宜春市、上饶市、萍乡市等地市审计机关共核减农网完善工程造价 765.26 万元；（六）部分农网完善工程建设资金沉淀。由于建设项目变更取消，工程进展缓慢等原因，部分农网完善工程建设资金在市县供电公司沉淀，未及时发挥资金效益。贵溪市农网完善工程沉淀资金 695.08 万元，上饶市的鄱阳县、广丰县、德兴市三个县级供电局 2008 年农网完善工程资金沉淀 1688.7 万元。审计建议：各级供电公司要把农网完善工程建成优质、高效、廉洁的民心工程；对农网完善工程建设中虚假招标、转包分包、监理违规执业等问题，各级电力公司应认真进行整改；认真履行基本建设程序，加强建设计划管理；加强农网工程内部控制，提高执行效果。

环保建设项目审计

2009 年 3 月，省审计厅对省污水处理设施建设领导小组办公室设备招标、省建设厅设计招标、省行政事业资产集团公司资金筹集管理拨付情况进行审计。审计发现的问题主要是：（一）招投标程序欠规范。省建设厅对第一批污水处理厂的初步设计、施工图设计等 5 个标段使用邀请方式进行招标，暂定单位与最后中标单位一致，招投标形同虚设。另外，省污建办在设备招标过程中，招标文件开始发出之日起至投标人提交投标文件截至之日，少于二十日。上述做法与《中华人民共和国招投标法》有关规定不符；（二）省资产集团公司违规收取贷款利差。审计建议：省污建办及省建设厅要规范招投标行为，公平地选择设计、设备供应等参建单位，合理确定承包价格，有效降低建设成本；省行政事业资产集团有限公司应加强财务管理、完善财务资料、规范资金管理。

是年 3—4 月，省审计厅对丰城市污水处理设施建设领导小组办公室（以下简称市污建办）承建的丰城市污水处理设施项目概算执行情况进行审计。审计发现的问题主要是：（一）市污建办挪用建设资金1649.52万元（主要用于购买车辆、借给市政园林处用于迎接撤县设市20周年、其他各项经费支出。2008年至2009年间，累计挪用1600万元资金用于市政其他工程）。（二）未经批准超征土地169亩。（三）部分项目已超或将超概算。新城区污水处理厂综合楼建筑面积超概算357平方米、氧化沟已超过概算202万元；配套管网工程将超概算1300万元，另外监理费用超概算6.28万元。（四）执行国家基本建设程序未完全到位。1.老城区截污干管设计采取直接指定方式确定设计单位，采取邀请招标方式确定施工单位和监理单位，中标通知书通知时间滞后，未办理工程施工许可证，施工图未经有资质的部门承办；2.老城区污水处理厂土方平整、围墙工程指定由市城建余土清运有限责任公司承建。（五）履行合同约定不力。1.所有工程项目始终未根据合同约定将模拟工程量调整为实际工程量，并按投标报价时的计价水平调整工程总价；2.未根据投标报价计量支付工程进度款，而是按照定额计价支付工程款；3.部分项目超付工程款及中间计量不规范。2008年1月市污建办在支付丰城市城建余土清运有限责任公司围墙和土方工程款中超付对方工程款；2008年12月在预付南昌市第三建筑工程公司工程款中实际支付金额超过计量金额；4.老城区污水厂、管网工程施工单位未根据合同约定缴交履约保证金或保函；5.老城区污水厂施工合同中工期奖罚条款、质量奖罚条款、履约保证金条款与招标文件不符；6.老城区截污干管多计量支付工程款。（六）财务核算不够规范。1.污水处理厂财务账按《事业单位会计制度》进行记账，未按《国有建设单位会计制度》记账；2.收到各参建单位的履约保证金等款项未及时进行会计核算；3.银行存款存在串账号现象，未按月编制银行存款余额调节表；4.预付工程款超出审核工程款。（七）部分参建单位管理不规范。1.福建省永泰建筑工程公司丰城项目部、江西朝阳建筑公司丰城市污水处理管网项目部，均未按《会计法》规定建立健全完整的会计账簿；2.资金管理不规范。永泰项目部共收到污建办预付工程款1863.32万元，其中市污建办除直接支付给永泰项目部1600万元外，还支付给项目部个人账号263.32万元；江西朝阳建筑公司丰城市污水处理管网项目部用现金支付各类工程款55万元。（八）少交耕地开垦费118万元。审计建议：认真执行国家基本建设程序，依法招投标；严格执行批准的工程建设规模、标准；加强建设资金的管理，不得挪用、挪借基建资金，加强对施工等从业单位财务监督管理，确保建设资金安全运行。

是年5—12月，省审计厅组织全省部分设区市审计机关分别对瑞金市、于都县、东乡县、南城县、余干县、浮梁县、德兴市、新干县等城区污水处理设施建设项目概算执行情况开展审计工作。其中：在对瑞金市污水处理设施建设项目的审计中发现的问题主要是：（一）超批复征用土地、改变用地方式和少缴土地规费。（二）厂区模拟工程量清单漏项。（三）未按施工合同约定调整模拟工程量清单并报省造价站审核。（四）截污干管大量工程设计变更未履行报批手续：1.I标段施工图中长度为494米（DN1000）的顶管工程，变更为长537.7米的河滩抛石管道安装工程，报价为（未含施工便道计价款）136.32万元未报批；2.II标段施工合同清单外增加毛石挡土墙、七堡河钢管等分步分项工程215.22万元变更未报批；3.监理发现，因施工图变更，致使I标段施工过程中：道基槽超挖回填标石；无河滩的部分抛石9472.3立方米；钢筋砼包管2600米；增加砼垫层1760米变更未报批。（五）现场施工队伍无劳务承包资质；监理单位昌顺工程建设监理有限公司的工程监理日志、监理月报等监理资料中，驻地监理工程师、总监理工程师等有关监理人员签字不全。（六）向省行政事业资产有限公司签订借款合同，借款金额超概算（概算 7065.39 万元）62.77%，未按工程建设进度的需要筹措建设资金，增加了借款利息成本。审计建议：采取完善污水处理设施工程的有效措施，强化管理制度，确保污水收集和流速达标，确保提升泵站机器设备运转达标，确保污水处理厂对污水处理能力和排放水质达标；省建设厅等造价管理部门要合理调整主材价差，促使降低项目建造成本；严格控制超概算、贷款行为。

对于都县城区污水处理设施建设项目审计发现的问题主要是:（一）超批复征用土地 54.6949 亩，超征比例 40.3%；多缴建设征地规费 144.25 万元，少缴建设征地税费 47.28 万元。（二）建设工程超批复规模。1. 超厂区一期工程规模建设二沉池和氧化沟各一座，模拟工程价款 540.69 万元，设施闲置，难以发挥投资效益；2. 厂区综合楼地基位于三通一平土石方填筑区域，因未分层碾压夯实，导致建综合楼时地基承载力达不到设计要求，需进行二次开挖，抛石挤淤后再回填砂石 8259.72 立方米，由此造成损失浪费。（三）部分截污干管工程未开工建设和设计变更未履行报批手续。1. 县城工业园 1964 米截污管网工程未动工建设；2. 截污干管工程一标段 2187 米顶管工程变更为抛石管道安装工程、约 1000 米过贡江管道钢卷管焊接工艺变更为从厂商直接购买钢管并采用双沉管技术，未履行报批手续。（四）未按施工合同约定调整模拟工程量清单、计量支付滞后。建设单位、厂区施工单位和监理单位未在厂区施工图出具后一个月内，据实调整模拟工程量清单，并报省造价站审核;施工和监理单位有关资料分析，污水处理设施工程共计完成投资 5000 万元，除预付部分工程款、备料款外，工程款项计量支付未进行。（五）工程借款金额超概算。2008 年 7 月，于都县污水处理设施项目法人单位向省行政事业资产有限公司签订借款合同，借款金额比于都县污水处理设施工程超概算（7686.48 万元）3813.26 万元，超概率 49.61%。（六）买大宗材料未通过招标选择厂商和品牌。过江钢管由施工方通过询价方式，直接从佛山一重钢管有限公司采购。建设单位未对采购价款进行最终认定。审计建议：省、市和县三级政府污建办，要强化管理制度，把好竣工验收关，确保污水收集和流速达标，确保提升泵站机器设备运转达标，确保污水处理厂对污水处理能力和排放水质达标；省建设厅等造价管理部门要调整主材价差，促使降低项目建造成本；严格控制超概算借、贷款行为。

对抚州市东乡县、南城县污水处理厂建设项目审计发现的问题主要是:（一）招投标不规范。1. 东乡县北港截污管网工程施工实行邀请招标，未经省污建办报批；2. 北港截污管网工程 I、II 标段及配套管网工程设计单位的选定未履行公开招投标程序；3. 南城县盱江大道污水处理管网工程施工未招投标，指定原盱江大道翻修工程中标单位洪宇建设集团公司承建。（二）工程进度滞后。1. 东乡县污水处理厂土建和水电安装工程未按时完工，北港截污管网二期工程现已基本完工，但工程延期 88 天，且审计日前未办理交工验收，I 标段约定 2009 年 4 月 26 日开工，到期 II 标段仍未开工，合同竣工目标（竣工日期 2009 年 6 月 30 日）难以达到；2. 南城县污水处理厂厂区施工土建和水电安装按照合同应在 2009 年 4 月 30 日之前完成，但 2009 年 4 月底提升泵房基础尚未开挖，构筑物工程尚未竣工。南城县城区截污干管工程初步设计铺设管道长度为 23338 米，实际完成铺设长度 2500 米，仅为 10% 左右；其他截污干管正在招投标，5 月 6 日才开标。（三）建设资金沉淀较大。截至

2009年4月底，东乡县投资发展有限公司共计筹集污水处理厂项目资金6859.24万元（其中贷款5110万元、中央财政拨入的管网以奖代补资金1033万元、中央财政补助资金716.24万元），比项目概算金额多471.89万元。（四）超批复征用土地25.79亩。（五）部分子项工程超概算。1.东乡县污水处理厂已完施工工程超概算1038.78万元；污水处理厂宗地测量、地界勘测、新老城区及污水处理厂合成电子版图、污水处理厂岩土工程勘察的结算价款超出概算，管网工程勘察费超出概算。2.南城县污水处理厂已完施工工程超概算。（六）工程计量方式与招标文件约定方式不符。1.东乡县污水处理厂建设工程招标采用的是模拟工程量清单招标方式，工程费用应按工程量清单计价方式计量，而实际支付工程进度款采用的是定额计价方式；2.南城县部分工程计量采用的综合单价与投标综合单价不符，且工程计量按每月完成工程量汇总计算，无各单项工程计量数据，也无各单项工程的累计计量数据。（七）污水处理厂建设项目征地拆迁补偿资金未及时足额拨付到被征迁户手中。（八）未按标准缴交相关土地规费。东乡县污水处理厂一期用地未缴纳征地规费；南城县多缴纳征地规费17.57万元。（九）个别工程合同签订不规范。东乡县污水处理厂土石方和场内填土方工程在同一天（2008年8月12日）签约，且合同签约为同一人，实际结算超出签约，建设单位未及时追回多付的工程款；承包应负担的金额未及时催缴。（十）东乡县污水处理厂招标费收入未入基本账户核算；投标保证金用现金进账，再转入工作人员存折，最后由个人退回61家投标单位；预付工程款未按合同约定予以抵扣。审计建议：两县应加快工程进度，确保工程质量，力争在省政府规定的时间内圆满完成建设任务；政府相关部门尽可能将垃圾场和污水处理厂同步建设、同步投入使用；尽快完善在线监测系统建设，确保污水排放达标；高度重视财务管理和会计核算工作，以保工程决算准确无误。

对余干县污水处理设施建设项目审计发现的问题主要是：（一）工程建设进度滞后，未能按合同约定工期完成任务；工程款计量支付滞后，未能按合同约定支付工程款。（二）工程计量存在相同子目计量单价与投标单价不一致。1."现浇构件圆钢筋Φ10毫米以内项目"计量单价为6387.27元/吨、投标单价为6241.34元/吨，两项单价每吨相差145.93元；2."现浇构件螺纹钢筋Φ20毫米以内项目""现浇构件螺纹钢筋Φ20毫米以外项目"均存在类似问题。监理未严格按投标时的单价进行计量。（三）超批复征用土地。县污水处理设施建设项目共征用土地90.52亩（其中耕地76.03亩），超过批复征地54.52亩（其中耕地42.27亩），未办理有关土地征用手续。（四）少缴征地税费。（五）施工合同均未设立履约保证金或履约保函。审计建议：加强资金管理，注意提高资金使用效率；余干县政府应督促污水处理设施建设项目各相关部门单位加强项目建设管理，规范建设程序，加强招投标过程的管理；科学安排项目建设进度，保证按照省委、省政府的要求完成污水处理设施建设项目任务。

对浮梁县污水处理设施建设项目审计发现的问题主要是：（一）超批复征地14.041亩，未办理农转用报批手续。（二）建设单位管理费支出超概算、土地拆迁补偿费支出超概算。（三）工程项目中期计量欠规范。1.部分工程量清单漏项、缺项，计价不合理。2.未按合同约定逐次扣回预付工程款。（四）多支付耕地开垦费。（五）财务基础工作不规范。1.污水处理设施项目财务未按照国有建设单位会计制度要求进行核算；2.存在记账凭证与附件发票金额不符的现象；3.部分会计核算不正确，如城投公司共收到标书收入未按规定冲减建设单位管理费，而是记入城投公司往来；4.存款利息收入未按规定冲减工程成本而是计入公司基本账户中。审计建议：加强对财务监督管理，完善会计制度；加强对建设全过程的管理，严格控制工程支出，努力把造价控制在总概算以内。

对德兴市污水处理设施建设项目审计发现的问题主要是：（一）部分单项工程超过概算。（二）招投标过程不规范。污水处理厂投标单位不足3家，最后由业主直接指定项目实施单位。德兴市污水处理厂场地回填土石方工程合同，经招标资格预审合格的三家单位投标报价相同，最后采用抽签方式确定中标单位。（三）工程建设进度滞后。（四）征地拆迁存在问题。1.德兴市污水处理设施建设项目征用土地101.93亩，比省国土资源厅批复该项目用地超过65.93亩。银城镇天门山居委会及彩虹桥居委会滞留征地款，未拨付到农户手中；2.德兴污水处理厂及管网项目办多缴耕地开垦费，应缴未缴各项规费。（五）财务管理方面存在问题。1.挤占挪用项目专项资金1292万元；2.德兴市财政局污水处理设施项目建设资金未拨付到位；3.财政垫付贷款利息、市城管局代付前期费用未在项目建设成本中反映。审计建议：市污水处理设施项目办应进一步加强资金管理，提高资金使用效率，降低资金使用成本；德兴市政府应督促污水处理设施建设项目各相关单位加强项目建设管理，规范建设程序，加强招投标过程管理，禁止违规分包转包行为；杜绝将项目建设资金挪作他用；科学合理安排项目建设进度，加快配套垃圾处理设施和环保在线监测系统工程项目的申报和建设工作。

对新干县城区污水处理设施建设项目审计发现的问题主要是：（一）超批复划拨建设用地和少缴建设用地规费。1.新干县污水处理建设工程划拨土地64.8亩，比批复用地多28.8亩，超批复划拨率达80%；2.应缴未缴有关规费。（二）建设项目前期准备工作不充分。1.污水处理厂及截污干管工程施工图审查事项尚在办理；2.省建设厅选定吉安市建筑设计规划研究院对新干县污水处理厂区岩土工程进行勘察，其勘察报告仍未提供给新干县污建办供施工使用。（三）工程变更增加投资约1370.8万元未按规履行报批手续。（四）现场施工队伍无劳务承包资质，施工、监理单位履职不到位。1.现场施工队伍基本上无劳务承包资质；多数施工单位施工员、材料员、质检员等"五大员"不在施工现场履职；新干县污建办未经招投标程序，直接与郑某某签订土石方工程承包合同，履约保证金也未缴。其工程超过合同工期170天，仍未完工；2.污水处理厂区监理单位江西省建设监理公司（后期）旁站监理记录签认不全，无监理机构、施工企业和项目经理部、质检员签章。近两个月的监理日记，无驻地监理工程师签字认可；新干县公正建设监理有限责任公司二标段旁站监理记录签章手续不全，监理记录过于简单；3.施工单位自条抵库，大额现金支付。（五）未按施工合同约定调整模拟工程量清单，计量支付滞后。（六）工程项目借款金额超概算，国债资金不到位。1.2008年7月新干县自来水公司与省行政事业资产有限公司签订借款合同，借款金额6500万元，比新干县城区污水处理设施工程概算投资（4834.47万元）多1665.53万元，超概34.45%，借款金额远大于工程建设需要。截至2009年3月底，新干县污水处理专账资金结余1811万元，资金到位超过工程建设进度的需要；2.2008年12月新干县收到省财政扩大内需国债专项资金500万元，滞留在县财政账上，未拨到县污水处理设施建设资金专户。审计建议：省、市、县（市）三级政府污建办把好竣工验收关，确保泵站机器设备运转达标，确保污水处理厂对污水处理能力和污水水质达标；省建设厅等造价管理部门合理调整主材价差，促使降低项目建造成本；严格控制超概算借、贷款行为。

2010 年 8 月，省审计厅对省危险废物和九江医疗废物集中处置设施建设项目概算执行情况进行审计。审计发现的问题主要是：（一）建设资金不到位，工程建设进度缓慢；（二）资金拨付不及时，滞留未拨付财政资金 1574 万元；（三）江西环保有限公司 2007 占用国有建设资金 500 万元，用于公司注册；（四）挪用国家建设资金，用于出国考察和弥补工作经费；（五）资金管理不规范、无概算、超范围使用建设资金；（六）违反现金管理规定，超限额使用现金。经审计查明，2007—2008 年省危险废物处置中心公司违反《现金管理暂行条例》规定，违规出借工程款，超限额使用现金 200.28万元；（七）省环保股份有限公司未经省发改委审批，擅自将危险废物和九江医疗废物集中处置设施建设项目中的"危险物化处理"和"综合利用"子项目转包给江西康泰环保股份有限投资公司建设；（八）违规分包工程建设项目、租赁土地使用权和转让特许经营权，牟取不当利益；（九）越权审批经营许可证，为违法经营提供"合法"保证；（十）疏于监管，执法监督不到位；（十一）未经审批和环境评审，擅自同意建设医疗废物处置工程；（十二）放射性废物库建设项目土地使用手续不完备；（十三）利用技术审查职责、无照开展经营性活动。审计建议：强化环境执法监管，加快项目建设步伐；收回分包建设租赁经营"物化处理"特许经营权；医疗废物处置建设投资，省环保厅和省环保股份有限公司涉及的遗留问题妥善予以处理。

援建项目审计

2008 年 10—11 月，省审计厅对江西援建四川地震灾区灾民过渡安置房建设项目概算执行情况进行审计。审计发现的问题主要是：（一）多付供货单位货款 828.41 万元；（二）江西建工集团公司承建的彭州红岩镇梨花坪安置点板房配合费多计 5141.53 平方米，江西中恒建设有限公司承建的彭州市军乐镇黑龙社区安置点、妇幼保健院安置点、市人民医院安置点混凝土地面多计面积 284.57 平方米；（三）板房材料供应单位、板房安装单位、当地镇政府签字的材料供应单计算增加材料费用。对此，省支援灾区共建家园领导小组办公室（以下简称省援灾办）未核实办理结算；（四）各供货单位及施工单位在与省援灾办进行资金结算时，均未提供正式税务发票；（五）省援灾办暂付给省对口支援小金县灾后恢复重建领导小组办公室 1000 万元用于车辆购置，未收回。

2009 年 4 月，省审计厅对江西省对口支援四川省小金县地震灾后恢复重建项目建设管理情况进行跟踪审计。审计发现的问题主要是：（一）资金监管存在问题。1. 小金县教育局把江西援助乡镇校舍维修加固项目工程应给施工单位华宸建设集团股份有限公司的工程款支付给鑫达建筑公司；2. 小金县现场指挥部拨入县民政局春荒口粮补助、冬令生活救助资金，新桥乡北马村第二村民小组收到后集中存放在村民小组长处，未发放给农户；3. 现场指挥部拨付小金县灾后恢复重建征地拆迁偿资金 4950 万元，至审计日止，小金县仅支付灾后恢复重建示范项目征地拆迁补偿资金 2941.64 万元，结余 2016.9 万元，未及时按规使用；4.2008 至 2009 年，省卫生厅上报医护人员赴小金县的工作经费超出实际开支费用。（二）工程建设管理存在问题。1. 江西援建小金县"十大示范项目"均已开工建设，各工程承包人均已确定，仅服务中心一期、城关二小校舍、三院一中心、江西路及新街区路网四个工程项目正式签订承包合同，其他项目都未签订正式合同；2. "十大示范项目"中的美沃乡至汗牛乡农村公路工程分三个标段施工，其中：A 标段工程量与设计图纸不一致；B 标段合同总价2774.9万元，C标段合同总价3951.30万元，两个标段合同总价约为6726万元，超过省政府确定的《江西省对口支援四川省小金县地震灾后恢复重建三年规划实施方案》中项目的总投资6300万元的规模；3. 小金县人民医院、城关二小、三院一中心三个工程实际完成工程量约1321万元，现场指挥部资金组共拨付工程款1885万元，超付工程款564万元，且上述已完工程均未办理工程计量手续，实际拨付的工程款都是以预付款的形式支付，工程管理程序与合同的约定不符；4. 江西援建小金县服务中心一期工程采用工程总承包方式，但指挥部另又支付"江西省康居勘察设计施工图设计文件审查中心"项目图纸审查费，不符合总承包合同管理及相关规定；5. 江西援建小金县服务中心项目一期工程总承包合同条款中既无明确具体的承包内容，也无详细的承包工程项目明细，合同包干总价2403.53万元是直接参照项目投资估算价确定，项目部分分包合同的发包人为省建筑设计研究总院援建小金县项目总承包部，而承包部不具备法人资格，不能直接分包；6. 江西援建小金县服务中心一期工程申请工程验收报告时间为2008年11月27日，比合同要求竣工时间延误33日，总承包单位未按约定承担合同价款3%计误期损害赔偿；7. "十大示范项目"大部分采取"总承包"的建设方式，其中省建筑设计研究总院总承包江西小金县服务中心、小金县人民医院、居民休闲广场、两河口会议会址四个工程项目，中国瑞林工程技术有限公司总承包江西路、小金县广电中心、小金县文化活动中心三个工程项目。上述项目"江西省建筑设计研究总院"和"中国瑞林工程技术有限公司"在工程合同总价中按工程直接费提取5%的管理费，但工程项目的分包单位仍由现场指挥部推荐认定，这种做法与项目"总承包"管理模式不符，也不利于工程管理。审计建议：进一步加强对项目资金的管理，挤占挪用的资金要坚决收回；抓好工程进度和工程质量，严格控制工程造价；规范工程管理，杜绝在工程预算编制中的不规范行为；加快项目建设进程并加强监管检查。

是年9月，省审计厅对江西省对口支援四川省小金县地震灾后恢复重建项目建设管理情况进行跟踪审计。审计发现的问题主要是：（一）地质灾害防治监测体系建设、日隆镇旅游基础设施建设、长坪第一村基础设施配套建设3个"合作项目"还处于前期准备工作阶段，进度迟缓。（二）部分工程建设管理程序欠规范。1. 县人民医院、居民休闲广场等8个项目的总承包单位仍未与进行施工的单位签订分包合同；两河口会议会址、新城区供水设施已签订项目总合同并正在施工，但工程量预算控制价尚未核对完成，合同金额仅为暂定价；2. 除江西路、美汗公路外，其他10个项目的监理单位未对已完成的实际工程进行计量，工程款大部分按形象进度支付；3. 部分工程预算控制价编制不规范；4. "10+2示范项目"中有11个项目的工程承包单位未按合同条款提交5%的履约保证金或履约保函共计1845万元。（三）"三院一中心"项目施工单位昌南建设集团公司"预付工程款"欠规范，将部分工程款分别转入个人和材料供应商银行卡共计1682.88万元。（四）"合作建设"项目建设管理存在问题。1. 美兴小学完工，但监理单位未签署意见；2.21个乡镇26所学校维修加固工程、"合作建设项目"中双柏、日尔乡中心小学等六所学校的重建、新建工程均未提供施工单位申请，并由监理单位签证确认的工程计量支付资料；3. 经现场核对"合作项目""达维中学"工程进度和工程质量，发现其隐蔽工程签证资料监理单位及建设单位均未签字确认；4. 小金县教育局校舍维修加固工程，新格乡、日尔乡等5家卫生院维修加固工程，未履行招投标程序，确定施工单位，也未见主管部门的批复。审计建议：加强对项目和资金的管理，积极推进项目建设进程并及时监督管理；加强对项目的工程管理，完善工程建设程序；加强对工程的现场管理和监督；加强对施工单位资金使用情况的监督检查，确保资金专款专用。

2010年10—11月，审计厅对江西省对口支援四川省小金县地震灾后重建项目建设管理情况进行跟踪审计。审计发现的问题主要是：（一）小金县相关单位滞留项目资金，金额达4775.13万元，其中：县财政局滞留资金3047.13万元、县教育局滞留资金517.1万元、县卫生局滞留资金522.75万元、县民政局滞留资金335.1万元、县灾后重建县城拓展征地迁建办滞留资金353.05万元。个别"合作建设"和"直接拨付资金"项目建设进度缓慢。（二）工程结算进度较慢。1.江西省对口援建的"10+5"项目已全部竣工验收。由于前期工程建设过程中，大部分项目签证不及时，部分项目先施工后补办设计变更，造成工程结算进度缓慢；2.现场指挥部委托"四川红云建设项目管理咨询有限公司"和"四川开元工程项目管理咨询有限公司"，对"10+5"项目（不含美汗公路项目）竣工结算造价进行审核，施工单位已报送咨询公司审核的14个项目送审结算金额共计40102.42万元。而咨询公司仅对"城关二小工程"出具了审核初稿，其他项目尚在核对中。（三）工程结算中存在的问题。1."江西路"预算控制价是根据初步设计图编制的，实际施工图与初步设计图变化较大，现场指挥部未依据工程的实际施工情况按施工图办理工程结算，实事求是反映工程建设成本；2."10+5"项目除美汗公路、城建停车场、三所学校附属工程采取固定单价合同、还建房据实结算外，其余均为固定总价合同。固定总价合同的依据是预算控制价，而预算控制价中的个别子目计算存在偏差。（四）工程管理中存在问题。1.部分固定总价合同签订的合同金额缺乏依据，大于预算控制价，不能作为结算依据；2.部分项目竣工验收延期，但未按合同约定条款对承建单位处以罚款；3.部分项目在交付后发现存在质量缺陷（如文体中心项目个别部位地面下沉、部分室内及楼梯间漏水等）；4.部分项目签证不合理，存在重复签认、依据不足、事实不清等问题。（五）施工单位存在问题。1.省建工集团公司财务管理不规范，两河口会议会址及二次布展项目大额往来为现金支付，金额总计1291万元，两河口二次布展项目采购材料均未取得任何商品销售发票等合法票据；2.江西宏盛集团公司财务管理不规范，文体中心项目所有资金往来均为现金支付，金额总计564万元。审计建议：确保资金的安全使用，做好"10+5"项目的竣工结算工作；对已办理移交手续的项目在使用过程中发现质量缺陷，尽快督促各施工单位进行整改。

其他建设项目审计

1999年5月，省审计厅对全省基础设施建设资金和建设项目概算执行情况进行审计。审计发现的问题主要是：（一）财务管理不严密，挤占挪用建设资金。有些建设单位法纪观念淡薄，内控制度疏漏，挤占建设成本，挪用建设资金行为时有发生；（二）审批手续不完备，未按基建程序办事。有些基础设施项目存在不执行基本建设程序，前期准备工作不足，未严格履行审批手续等问题；（三）资金拨付不及时，层层滞留现象严重；（四）概算执行不严格，擅自扩大建设规模，部分建设项目未严格按批准的概算内容实施，擅自改变建设内容，甚至搞计划外项目，突破建设规模现象严重；（五）前期工作不充分，工程建设进度滞后；（六）配套资金未落实，难以及时筹措到位；（七）建设管理不规范，监督约束机制乏力。审计建议：严格按批准的建设规模和建设标准进行工程建设；加强项目计划管理，完善审批手续，合理安排工程投资，严格执行工程概算；加强建设资金管理，积极落实地方配套资金，严格执行招标投标制、工程监理制和项目法人责任制等建设管理制度。

是年10月省审计厅对省中央直属储备粮库16个建设项目概算执行情况进行审计，查出违纪违规金额1288万元。审计发现的问题主要是：（一）建设进度普遍滞后，年底前难以全面竣工；（二）存在超设计概算征地现象，且项目征地资金存在缺口，未按规定由地方财政自筹解决；（三）附属工程招投标不够规范；（四）建设资金管理存在薄弱环节；（五）工程设计深度不够，多列概算；（六）个别粮库存在部分项目超规模、超概算和概算外工程的现象；（七）个别粮库工程结算不实，施工单位多结工程款；（八）个别施工单位挪用工程款。审计建议：切实加强中央直属储备粮库建设工程质量管理，加快中央直属储备粮库建设进度；加大对中央直属储备粮库建设资金的监督管理力度。搞好有关资料的收集、整理、归档工作。

2002年5月，省审计厅对中国农业发展银行江西省分行营业办公楼、职工宿舍、金阳光商品房等固定资产投资情况进行审计。审计发现的问题主要是：（一）工程建设突破规模，超概算建筑面积871平方米；（二）工程合同价款不准确，合同价高于中标价；（三）职工集资款建房款来源账实不符；（四）虚列、漏列固定资产价值；（五）个别工程建设支出归类不正确；（六）金阳光商品房产权未落实。审计建议：认真执行固定资产投资管理政策及规定；抓紧做好竣工决算工作；进一步加强财务管理工作。

是年6月，省审计厅对省出版总社编辑出版经营大楼工程概算执行情况进行审计。审计发现的问题主要是：（一）改变建设内容；（二）工程建设超标准、超规模；（三）部分工程招投标不规范；（四）单位用公款为职工个人垫付装修款；（五）工程建设资料管理不规范。审计建议：认真执行固定资产投资管理政策与法规；抓紧做好竣工决算工作；进一步加强财务管理工作。

是年6月，省审计厅对江西教育出版社教材教辅图书发行综合大楼工程进行审计。审计发现的问题主要是：（一）工程建设超标准、超规模；（二）部分工程招投标不规范；（三）建设计划外项目；（四）单位用公款为职工个人垫付装修款；（五）未按规定及时结转工程投资。审计建议：认真执行固定资产投资管理政策与法规；抓紧做好竣工决算工作；进一步加强财务管理工作。

是年7月，省审计厅对江西科技出版社编辑发行综合楼项目概算执行情况进行审计。审计发现的问题主要是：（一）建设进度滞后；（二）工程预算未及时审核批准；（三）未按合同约定的取费标准支付设计、监理单位费用。审计建议：认真执行固定资产投资管理政策与法规；注重收集工程、财务等决算资料。

是年7月，省审计厅对二十一世纪出版社编辑发行综合大楼及职工集资宿舍建设情况进行审计。审计发现的问题主要是：（一）工程建设超标准、超规模；（二）部分工程合同订立不规范、不真实；（三）预付工程款控制不严。审计建议：严格落实基本建设有关政策法规；认真执行有关法律法规；抓紧办理产权手续和工程结算。

2003年9月，省审计厅对九江中央直属棉花储备库项目概算执行情况进行审计。审计发现的问题主要是：（一）个别项目招标投标不规范；（二）甲供材料水泥差价10.35万元在结算中未扣除；（三）虚列建设成本10.43万元。审计建议：按照基本建设财务管理规定，抓紧竣工决算工作；抓紧完成尾工工程，充分做好运营准备。

2005年5月，省审计厅分别对江西中医学院新校区、江西师范大学瑶湖新校区、省现代职业技术学院新校区固定资产投资概算执行情况进行审计。其中，在对江西中医学院新校区进行审计中，审计发现的问题主要是：（一）基本建设报批手续不完善；（二）项目未进行招投标，选择施工单位没有统一标准；（三）土地征用审批程序不完善；（四）未缴耕地开垦费；（五）自有资金投入不足，借款还债压力大；（六）建设资金成本核算不实；（七）少缴合同印花税；（八）少交防空地下室异地建设费；（九）部分收入未纳入单位财务核算；（十）绿化工程管理不规范；（十一）施工单位存在挂靠现象，财务管理混乱。审计建议：加快办理工程决算，维护合同双方的合法权益，避免因法律纠纷造成经济损失。

对江西师范大学瑶湖新校区固定资产投资概算执行情况审计发现的问题主要是：（一）征用土地未按规定程序和权限办理报批手续；（二）基建报批手续不完善，新校区投资总体上已突破原计划；（三）部分工程招标未严格按照国家规定进行；（四）部分施工合同的签订与招标文件规定和中标人的投标文件承诺有所不符；（五）部分绿化工程施工未订立书面合同；（六）有些工程签证单和费用计取不合理；（七）与多伦多合作投资不够规范；（八）未及时计量、结转工程投资；（九）投标报名费、售标书资料费等收入未纳入单位财务账内核算；（十）部分施工、供货企业在财务管理、业务经营等方面不够规范；（十一）少缴税费；（十二）贷款比例较高，财务压力大，偿债存在较大风险。审计建议：认真执行国家有关招投标法规、进一步规范招标投标行为；认真履行国家基本建设程序，严格控制投资规模；加强工程建设投资管理，加强对参与建设的施工、设计等单位的监督。

对省现代职业技术学院新校区投资项目概算执行情况审计发现的问题主要是：（一）可行性研究报告未见相关部门的批复，未编制初步设计和投资概算；（二）与南昌县尤口乡人民政府签订"用地协议书"征地400亩，实际征地420亩；（三）部分项目未经过招投标程序；（四）招标代理单位南昌新世纪监理咨询有限公司业务超出经营范围；（五）监理单位省晶磊工程建设监理有限责任公司未经招标方式确定，业务超出其合法监理工程范围；（六）未办理少复垦耕地1.1147公顷的占补平衡手续；（七）已结转"建筑工程投资"项目工程中有2848.5万元未开具发票；（八）江西省第二建筑公司现代学院项目部拖欠民工工资49.91万元，江西昌厦建设工程集团公司现代学院项目部拖欠民工工资100万元；（九）江西昌厦建设工程集团现代学院项目部实为购买施工资质投标并中标的单位；（十）少缴相关税费；（十一）项目工程管理不规范；（十二）省现代科教发展有限公司投资中存在问题。审计建议：加强项目管理，履行招投标、监理等建设项目管理制度；加强财务管理，提高资金使用效益，正确反映工程造价。

是年6月，省审计厅对南昌大学前湖校区、南昌航空工业学院新校区、南昌工程学院新校区、江西制造职业技术学院新校区固定资产概算执行情况进行审计。其中，在对南昌大学前湖校区进行审计中，审计发现的问题主要是：（一）用地审批不规范；（二）部分项目未履行招投标程序；（三）部分工程计量支付不规范；（四）部分工程补充协议或变更金额较大；（五）部分项目工程建设管理不到位；（六）少缴有关税费；（七）工程财务管理不规范；（八）施工单位部分履约责任不强。审计建议：足额缴纳有关税费；准确计量支付；确保设备购置质量优等、价格公允；规范建设管理程序，完善艺术雕塑相关手续；加强对引资项目的监督管理，提高建设资金的使用效益。

对南昌航空工业学院新校区固定资产投资概算执行情况审计发现的问题主要是：（一）征用土地未按规定程序和权限办理报批手续；（二）基建报批报建手续不完善；（三）部分工程招标没有严格按照国家规定进行；（四）建设单位将部分工程发包给无资质或挂靠资质的单位施工，部分工程违法转包；（五）填方工程建设不合规；（六）有些工程签证单和费用计取不合理；（七）部分工程管理和结算不规范；（八）投标报名费、售标书资料费等收入未纳入单位财务账内核算；（九）少缴部分税费；（十）部分征地成本账务反映不准确；（十一）部分施工单位、投资商在财务管理、业务经营等方面违规；（十二）部分投资商未按合同约定捐赠文化基金及提供伙食补助至南昌航空工业学院；（十三）未按合同追究投资商永某某的违约责任；（十四）贷款比重较高，短期内财务压力较大。审计建议：认真履行招投标法规程序；加强工程建设投资管理，加强对从业单位履约行为监督管理。

对南昌工程学院新校区固定资产投资概算执行情况审计发现的问题主要是：（一）建设资金不到位；（二）资金周转困难，还款压力大；（三）超批复规模征地，部分建设用地闲置；（四）部分小型建设项目未进行招投标；（五）少交防空地下室易地建设费；（六）少缴印花税；（七）与多伦多公司签订投资协议及协议执行存在问题；（八）在引进投资人对三食堂投资建设过程中没有合理把握投资回报水平，增加学院的支出；（九）部分收入未纳入单位财务账内核算；（十）琛宇公司在办理南昌工程学院补充耕地开垦业务中取得巨大的利润。审计建议：合理把握建设规模，避免因建设规模过大造成财务风险。

对江西制造职业技术学院新校区固定资产投资概算执行情况审计发现的问题主要是：（一）违反招标投标法的现象比较普遍；（二）应缴未缴合同印花税；（三）应建未建防空地下室1322.26平方米；（四）多支出84亩的造地费；（五）工程价款不实；（六）未按合同价款支付约定，超付工程价款；（七）施工单位存在漏缴税费的问题。审计建议：筹集合规资金，防范债务风险；规范后续工程建设招投标行为，抓紧履行工程竣工验收的各项法定手续。

2009年6月—8月，省审计厅对江西财经大学2005至2008年度基本建设项目概算执行情况进行审计。审计发现的问题主要是：（一）执行招投标制度不够规范，存在肢解工程、规避公开招标问题。（二）自行组织的邀请招标制度设计不够合理，部分项目招标效果欠佳。1. 资质审查不严谨。经南昌市国税稽查局认定，部分材料供应商根本未办理税务登记；2. 标的设置不合理，舍本逐末向中间商邀请招标。财大2004年至2008年共铺设球场五块，场地面积合计26715平方米，合同金额合计409.88万元。人造草坪的铺设安装技术简单、费用低廉，而且草坪供应商均提供附带安装。但是财大以上项目均是面向中间商邀请招标，由此增加供货中间环节，致使降低效率和增加成本；3. 评标规则不明，评标结果存在人为操纵空间。（三）部分中标材料供应商信誉不佳，大量存在虚假发票。审计抽查发现，2005年至2008年度基建账中存在大量虚假材料发票，金额合计715.51万元，涉及供应商20家，占全部中标材料供应商的15%。（四）工程价款结算审核不够严格，部分项目多结算工程价款。南校区教学综合楼等8个项目的送审造价为15139万元，经审核，最终造价为14446万元，核减693万元。（五）2005至2008年基本建设项目中使用甲供材料（3306.6万元）未计入工程成本未取得工程发票，漏缴施工营业税金及附加109.12万元。

2010年3—4月，省审计厅对省发改委2009年政府性投资概算执行情况进行审计。审计发现的问题主要是：（一）部分项目基建程序不规范，项目法人制、招标投标制、监理制和合同制等"四制"执行不到位。1.未及时办理使用土地有关手续；2.擅自增加建设规模，改变设计用途；3.项目前期准备工作不充分，在未办理开工许可证和不具备开工的条件情况下开工建设，施工随意性大；4.项目建设未严格履行招投标程序或政府集中采购程序；5.施工和监理合同签订不规范，条款中没有明确双方的权利和义务。（二）部分项目工程质量控制等"三控制"不严格。1.工程质量控制不严；2.工程进度控制达不到政府规定或合同约定的时间节点；3.工程造价控制不严。（三）部分项目现场管理不到位。（四）部分项目资金管理不规范。1.挪用或违规转移专项补助资金；2.地方配套资金未按有关规定列入地方预算安排，未落实到项。抽查的49个项目，计划下达的地方投资共计14680万元，地方政府根据工程进度逐步拨付配套资金，截至审计时，经相关统计已到位10335万元；3.部分项目施工单位未按招标文件约定交纳履约保证金承担履约风险。（五）有的廉租房套型建筑面积超过50平方米：万安县廉租房建筑面积为56.8平方米，安福县廉租房户型建筑面积为56.19平方米。审计建议：新建中学校舍工程须按照"重点设防类抗震设防标准进行建设"的强制性要求，进行工程抗震设计；规范续建和扩建项目的申报审批工作，完善工程初步设计和施工图纸审查等程序，确保投资效益。

是年3—5月，省审计厅对江西奥林匹克体育中心项目的概算执行情况进行审计。审计发现的问题主要是：（一）项目进度滞后。奥体项目2006年12月获批开工建设，原计划2008年底全部竣工，但至今仍在建设过程中，按完成投资额占省发改委批复数计算，完工程度仅达60%。（二）超概算金额和比例较大。省发改委核定工程概算75240.76万元，其中预备费3360.11万元。已有11个子目超概算，合计金额11138.77万元，超概比例14.80%；扣除预备费后超概算数7778.66万元。（三）工程建设管理存在不足。1.项目前期准备工作不充分。施工图设计质量不高，加之图纸审查不严导致因深化设计和设计变更引起的项目、分部分项工程及其工程量增加较多，工程量清单的编制及工程预算书的编制粗糙，工程量漏项，工程报价严重失真；2.招标文件、合同中暂定价项目较多且金额较大，暂定价项目中的一些大宗主要材料及设备的定价程序不够完备，为工程造价控制带来难度。据统计，已开标的38个工程中，暂定价项目金额合计14522.03万元，占合同总价52659.89万元的24.14%；3.部分合同专用条款调整没有经合法程序批复；4.工地现场管理存在瑕疵。部分分项工程未按规范、施工组织设计施工且人为漏掉部分工序，现场无洞口和临边防护设施，临时用电系统不符合规范要求存在安全隐患，现场施工质量未得到有效监督且部分工程仍未予（甚至无法）整改；部分分部分项工程现场实际做法与预算（投标报价）价格不符且未及时在隐蔽前作实地计量并根据实际情况作相应调减基价的工作；5.建设单位人员配置专业化程度不够，现有管理团队建筑及相关专业知识和投资项目管理经验不足。（四）主体育场钢结构工程主材无缝钢管询价程序存在缺陷。无缝钢管供应商江西永创实业有限责任公司涉嫌串通招标报价并因此获利1131.61万元和非法使用虚假销售发票金额合计1152.37万元，偷逃国家税收；奥体中心将主体育馆土建工程主材"钢材"从合同中剥离，指定由上海鸿策荃实业有限公司江西分公司供应，没有经过法定的公开招标程序，加价幅度高于市场水平；主体育场暖通工程中的暂定价材料"空调主机及末端设备"

的采购由奥体中心授权主体育场暖通工程施工单位广州市机限公司招标；部分项目存在超合同付款情况。抽查发现，已开工的 16 个工程标段中有 11 个超合同约定付款，合计 4858.72 万元，超付比例为 11.61%。审计建议：严格相关报批手续，加快推进工程进度；加强工程建设管理，严格控制工程造价，重视改进工程建设签证中存在的问题；进一步提高项目协调管理水平，提升专业人员配备比重。

是年 7 月，省审计厅对上饶县基层医疗卫生服务体系建设项目（上饶县人民医院）概算执行情况进行专项审计。审计发现的问题主要是：（一）项目及拆迁还建房建设缓慢，中央预算内资金未能及时发挥效益。1. 项目建设缓慢。项目批复建设工期为一年（开工年份为 2008 年，建成年份为 2009 年），至审计日项目仅完成主体结构、墙面粉刷，电梯安装，中央空调、绿化、装饰单位工程尚在进行招标，大楼的配电工程、排污等工程尚在筹备中。项目未按规定时间建成，项目建设进度明显滞后；2. 拆迁安置房建设滞后。上饶县城市建设投资开发有限公司负责建设的上饶县人民医院北大门建设拆迁安置房工程，因拆迁工作滞后等原因致使进度缓慢；3. 中央预算内资金未能及时发挥效益。中央预算内资金已下拨 1700 万元，项目已使用 581.01 万元，滞留上饶县财政局 680 万元，上饶县人民医院账面尚余 438.99 万元。中央预算内资金 1118.99 万元未能形成新的实物建设工程量。（二）项目前期决策存在缺陷，建成后的床位规模过小，不能完全满足上饶县人民医院辖区服务人口 76 万人需要。（三）项目部分合同签订不规范，工程造价控制不严。1. 土方工程合同包干单价未执行国家相关定额标准；2. 门诊医技大楼构架、雨棚、消防工程合同价款中多计工程造价；3. 门诊医技大楼内粉刷工程、地下室工程的合同中未明确投标让利。（四）项目资金管理不规范。1. 占用项目建设资金；2. 多支付项目工程进度款；3. 主体施工单位财务管理与核算混乱。审计建议：项目建设单位和相关部门应分析原因、对症下药，加强对项目建设的监督、检查、管理，加快推进项目建设进程，提高建设资金使用效益；项目建设单位应严格执行有关建设程序，加强对项目工程的管理，完善项目实施和管理方案，严格落实项目法人制、招投标制、监理制和合同制，确保项目按时、保质、保量、顺利完成；建立健全内部财务管理和控制制度，规范财务核算，严格执行计量支付程序，确保资金专款专用。

是年 8 月，省审计厅对省中医院医疗综合大楼项目的工程建设和资金拨付、使用、管理等情况进行专项审计。审计发现的问题主要是：（一）项目拆迁安置严重滞后，导致项目建设缓慢，中央预算内资金未能及时发挥使用效益；（二）项目用地的房产置换及土地使用权转让价格尚未确认；（三）项目超概算投资、超规模建设。审计建议：项目建设单位应积极细致地做好项目拆迁安置前期资料准备工作；完善项目实施和管理方案，严格落实项目法人制、招投标制、监理制和合同制，确保项目按时、保质、保量、顺利地完成。

是年 10—12 月，省审计厅对省艺术中心项目建设概算执行情况进行阶段性跟踪审计。审计发现的问题主要是：（一）变配电室至各馆厅的电缆安装工程（工程造价约 380 万元）未实行公开招投标。（二）部分施工单位违规分包、转包，指定施工单位或允许其他个人以本企业的名义承揽工程。1. 主体强电设备采购及安装工程中标单位为北京北开电气股份有限公司，投标文件中提供的具有安装资质的单位为江西恒达供用电工程有限公司。工程实际施工单位为江西优能技术发展有限公司。实际施工单位与原中标单位不一致；2. 大剧院舞台升降台滑轮接点项目，施工中标单位为总装备部工程设计研究总院，但基建办将此项目交给省新天地特种加固工程有限公司加工制作；3. 省第一建筑有限责任公司允许个人以本企业的名义承揽工程，涉及金额2166万元。（三）部分施工单位使用不符合国家规定的发票入账结算。（四）部分项目费用控制不严。1. 临时建筑用房超计划投资；2. 建设单位管理费超概算；3. 部分零星工程项目存在损失浪费问题。（五）桩基础和基坑支护多计工程造价。（六）零星工程结算造价审核不严。1. 零星工程结算审核人员不具备相关资质；2. 部分零星工程多计造价；3. 部分工程项目未进行签证就已进行审核。（七）多功能排练厅主体建设完成后，改建成电影城，未办理变更的相关手续。（八）部分合同执行不够严格。1. 未按合同约定足额收取履约保证金。涉及金额1250.18万元；2. 监理合同执行不严；3. 工程价款支付不规范。14个分项多付工程进度款计3053.27万元；工程预付款未按合同约定的比例支付或扣回；工程款的中间计量支付不规范；有的工程量计量支付申请未按合同要求提供计量支付资料附件；未及时收取施工企业水电费。（九）大部分项目未按合同工期完工，建设进度滞后。（十）10千伏电缆安装工程邀请招标，未按规定发放投标邀请函，未编制招标文件，未编制招标控制价和工程量清单，而是直接按照受邀请的三家企业的投标报价，按最低价确定中标单位。（十一）部分合同签订不严谨。1. 个别施工合同对工程价款的确定及调整不清楚；2. 个别施工合同约定的预付款比例、价款确定方式、付款进度、质量保修金比例与招标文件有关条款不一致；3. 桩基础、动力中心、美术馆、音乐厅精装修、景观园林工程施工合同，未注明施工单位派驻施工现场的项目经理及五大管理人员（施工员、质检员、安全员、材料员、预算员）；4. 有的施工合同签订不及时。如主体强电设备采购及安装项目Ⅰ标段，未在中标通知书发出之日起30日内签订合同。（十二）工程签证不规范。1. 建设单位对施工单位申报的工程签证事项和工程费用，回复意见为"费用以审计结果为准"，而完工结算审计对这些费用无法认定；2. 已完工项目的大部分需签证的暂定工程、所用暂定材料价格以及工程变更所用的不在清单范围内的材料的价格还未经业主、监理和施工单位签字认可。（十三）大部分施工单位的临时办公用房为基建办提供，施工合同的投标报价中的措施费已包含该部分费用，但基建办仍未就如何收取该项费用与施工单位签订协议。（十四）工程资料收集不齐全、未及时整理归档保存。（十五）共有9978万元工程支付款未及时取得发票，占已完成投资的27%。审计建议：省重点工程建设主管部门应对施工项目经理和"五大员"实行执证上岗制度；加强对投资的控制和管理。按合同约定收取履约保证金；基建办、监理公司应安排专人负责工程建设有关资料的收集并归档。

第二节　建设项目决算审计

交通建设项目审计

1998年8月，省审计厅对京九铁路向吉段建设项目竣工决算进行审计，查出违纪违规金额72000万元。审计发现的问题主要是：（一）在工程投资中，误列应由其他工程承担的外资料汇差、价差款；（二）在工程投资中，多列外资料运杂费；（三）本工程外资料进口关税未全额核减工程投资；（四）由于工程变更，而增加支出工程投资；（五）由于计算有误，多列既有线未完成工程投资；（六）违反规定，将贷款利息列入工程投资，未全额调减工程投资，在存款利息收入中抵扣；（七）吉安火车站站房工程验工计价中，查出铝合金门窗单项工程，由于多计工程量而多计工程价款；（八）在工程投资中，多列耕地占用税。审计建议：将核减的工程投资调剂用于弥补施工企业各项价差；按期保质完成尾工建设任务，不断完善项目功能，充分发挥投资效益；完善工程资料管理工作，整理、归类形成档案，为工程交付文件移交做好准备；强化工程竣工决算编制工作，各职能部门分工协作共同把关，以设计概算为主线，以国家规定为准绳，准确划分项目类别和建设性质，确保内容完整、数据真实；进一步强化财务管理，规范会计核算，按项目单独设账，实行独立核算，合理分摊工程费用，准确反映工程成本；增强纳税观念，及时足额缴纳税金，以维护国家税法的严肃性。

1999 年 10—12 月，省审计厅对横南铁路横乌段及上饶联络线工程进行竣工决算审计。审计发现的问题主要是：（一）多提留工程设计费；（二）工程投资归类不准确金额 1021.52 万元；（三）各种收入未冲减工程成本；（四）各种原因造成损失浪费；（五）少计列地方投资及交付使用财产价值；（六）由于设计深度不够，增加工程投资 16454.44 万元；（七）工程招投标工作不够规范。审计建议：加强财务管理，规范会计核算工作；认真总结经验，完善建设项目管理；调整、完善竣工决算报表；抓紧办理交付使用财产手续，尽快移交生产投入使用；搞好尾工工程建设，完善工程建设内容，提高整体运营能力，充分发挥工程效益。

2000 年 3—4 月，省审计厅对南昌新八一大桥及一江两岸南岸道路工程竣工决算情况进行审计。审计发现的问题主要是：（一）多计提概算投资包干结余留成收入 6836.22 万元；（二）多计列建设期贷款利息 2625.52 万元；（三）将 1997 年 10 月至 12 月项目试运营通行费纯收入 474.62 万元，作为项目投产后经营收入；（四）隐匿结余资金。南昌新八一大桥工程隐匿代扣税金手续费结余，南昌市市政拆迁公司隐匿拆迁费结余；（五）未报经批准设计变更增加投资 4178.52 万元；（六）挪用建设资金 799.88 万元。省交通厅工管局挪用一江两岸南岸道路工程投资预付购置实验设备款，南昌市昌北管委会拆迁安置办挪用工程拆迁费支付土地规费、支付南昌经济技术开发区管委会经济纠纷费，南昌新八一大桥发展股份有限公司挪用建设投资出借给省公路开发总公司；（七）挤占建设成本。南昌新八一大桥发展股份有限公司在"在建工程"中摊销开办费，南昌市市政拆迁公司在工程拆迁费中列支银三角立交桥拆迁代办费、列支购置办公用房款；（八）擅自建设概算外工程；（九）管理用房建设投资超概算；（十）部分费用支出超概算。其中：建设单位管理费支出超概算，供电贴费支出超概算；（十一）多支付银行贷款利息；（十二）违规计提试运营期固定资产折旧费；（十三）由于设计变更、工程返工等原因，造成损失浪费；（十四）盲目采购沥青造成积压；（十五）建设项目审批不合规。南昌新八一大桥工程在项目审批中，将一个完整的建设项目划分为三个项目分别立项审批；（十六）工程监理不够规范。违规订立监理设施产权归监理单位的合同条款；对提供的监理设施，未建立备查台账，未办理移交手续；违反菲迪克条款计量支付业主驻地建设费；（十七）南昌新八一大桥工程由南昌市政府负责筹措并包干使用的征地拆迁费中，虚列到位资金并预留尾工工程 3000 万元；（十八）南昌新八一大桥发展股份有限公司多头开户为银行揽储存款。审计建议：严格执行国家固定资产投资管理政策与法规，加强项目管理，规范建设行为；加强建设资金管理，做到专户存储，专款专用，杜绝挤占、挪用行为；进一步规范会计核算，合理列支工程费用，准确反映建设成本；调整、完善工程竣工决算报表；落实项目法人制，健全风险约束机制，明确产权关系，明确经济责任。

是年7月，省审计厅对昌北机场专用公路工程竣工决算情况进行审计。审计发现的问题主要是：（一）多提概算投资包干结余留成收入；（二）多计列建设期贷款利息；（三）截留监理设施费。南昌昌北机场专用公路工程七家承包商截留监理设施费；（四）未报经批准设计变更金额1394.37万元；（五）挤占工程建设成本；（六）擅自支付概算外投资；（七）管理区建设投资超概算；（八）部分费用支出超概算；（九）超概算规模征用土地37.01亩；（十）工程监理设施未列入交付使用财产；（十一）计划投资尚未到位1593万元。南昌昌北机场专用公路工程历年累计下达投资计划11993万元，至2000年6月底实际组织到位资金10400万元。审计建议：加强项目管理，完善监督机制，规范建设行为，确保工程质量；加强建设资金管理，做到专户存储、专款专用，杜绝挤占、挪用行为；调整、完善工程竣工决算报表，对有关数据按审计核定情况予以更正，做到内容完整、数据准确。

是年7—8月，省审计厅对南昌至樟树高速公路竣工决算情况进行审计。审计发现的问题主要是：（一）工程概算编制不真实即违规多列工程投资14632.55万元；（二）多计提概算投资包干结余14632.55万元；（三）转移基建收入2412.27万元。昌樟高速公路工程1998年1月1日至11月25日期间项目试运营通行费收入2910.93万元，养路费支出338.56万元，交纳营业税及附加支出160.1万元，均作为项目投产后经营收支处理违规；（四）虚报尾工工程投资金额；（五）未报经批准设计变更增加投资10463.74万元；（六）挤占建设成本。在工程投资中支付经营期贷款利息、支付省公安厅车辆修理费、多计1996年度贷款利息；（七）擅自建设概算外工程投资4554.49万元；（八）改变建设内容投资1072.67万元；（九）部分费用支出超概算1027.93万元，其中：建设单位管理费支出超概算670.55万元、土地征用费支出超概算357.38万元；（十）结余资金未按规定冲减工程投资；（十一）多付工程款项；（十二）工程竣工决算编报不准确金额48584.51万元；（十三）计划投资尚未到位13100万元。昌樟高速公路工程历年累计下达投资计划139100万元，至2000年6月底实际组织到位资金126000万元；（十四）采购的工程用沥青账面反映仍积压8733.48吨，价值2168.76万元。审计建议：加强项目管理，完善监督机制，规范建设行为，严格按批准的规模进行工程建设；努力加强建设资金管理，做到专户存储。专款专用，杜绝挤占、挪用行为；调整、完善工程竣工决算报表，对有关数据按审计核定情况予以更正，做到内容完整，数据准确；采取切实有效措施，抓好积压材料的妥善处理工作，尽快追回多付工程款项，以避免国家财产遭受损失。

2001年6—7月，省审计厅对温厚高速公路建设项目竣工决算进行审计。审计发现的问题主要是：（一）工程概算编制不准确，多列工程概算投资6440.65万元；（二）多列报尾工工程投资；（三）未报批建设概算外项目；（四）多计提包干结余金额22226.02万元；（五）挤占建设成本；（六）未经批准增设或重大设计变更增加工程项目投资6705.25万元；（七）结余奖金未按规定冲减工程投资金额；（八）建设项目费用超概算；（九）计划投资尚未到位金额9143万元（温厚高速公路历年已下达的年度投资计划105900万元，至2001年6月底实际到位建设资金96757万元）；（十）交付使用资产总表和明细表反映交付资产金额93963.92万元，比实际完成投资少9601.68万元，而且设备及流动资产1843万元均作费用摊入建设成本，未作单独项目进行交付；（十一）会计核算不规范。审计建议：严格履行建设程序，加强投资概算控制；加强建设资金的管理，严格按投资计划和进度筹措并拨付建设资金；规范建设成本的核算；加快建设项目财务决算的进度，保证财务决算的真实、完整；调整、完善工程竣工决算报表，做到内容完整、数据准确；加强工程资料的管理工作，认真归集、整理工程档案，确保工程资料的完整。

2002年9月，省审计厅对樟树至昌傅高速公路建设工程竣工决算情况进行审计。审计发现的问题主要是：（一）省交通厅多划转胡傅高速公路贷款利息718.55万元；（二）项目设计、监理未实行公开招投标。审计建议：抓紧尾工工程建设，规范监理工程师现场设施支出行为。

是年9—10月，省审计厅对省公路局昌厦一级公路工程建设指挥部昌厦一级公路工程竣工决算情况进行审计。审计发现的问题主要是：（一）虚列部分工程投资；（二）概算外投资；（三）将监理设施费结余长期挂账；（四）部分单项工程未达到部优标准，未按合同规定扣除工程质量保证金；（五）个别业务事项的账务处理不合规。审计建议：抓紧尾工工程建设，严格执行批复概算，进一步规范会计核算。

是年10月，省审计厅对省长江干流江岸堤防加固和整治工程竣工决算进行审计。审计发现的问题主要是：（一）滞留工程建设资金；（二）多购置拆迁安置房；（三）捐赠物资作价款未返还给项目单位用于水利工程建设；（四）在尾工投资中预留的部分工程投资超概算；（五）设计变更或管理不慎造成损失；（六）个别投资支出核算归类不合规；（七）部分配套工程超标准建设；（八）部分费用支出超概算较大；（九）基建投资结余资金未按规定处理；（十）重大设计变更未按规定报批。审计建议：认真执行国家有关建设政策法规，调整和完善工程竣工决算报表，进一步规范财务核算。

2004年9月，省审计厅对梨温高速公路建设项目竣工决算情况进行审计。审计发现的问题主要是：（一）招投标及承发包不规范。1.路基、路面、交通等工程违规分包；2.有些没有达到资质等级的施工单位参与竞标并中标；3.评标过程中出现失误；4.存在直接发包行为。（二）监理费用在计取、支付、使用以及管理等方面违规。（三）有些费用的计取和支付不够准确合理。（四）梨温公司违规承包缺陷责任期内缺陷工程修复。（五）钢筋、水泥等主要材料未严格按照合同条款进行补差。（六）房建F22标部分工程未按合同约定进行施工，省路桥工程局将部分工程分包给不具备资质的个人施工。审计建议：认真执行招投标法规、杜绝在招投标活动中出现指定分包行为；严格执行国家固定资产投资管理政策与法规；认真执行国家有关基本建设财务会计制度。

是年9月，省审计厅对亚行贷款九江至景德镇高速公路工程项目竣工决算情况进行审计。审计发现的问题主要是：（一）监理设施费使用不合规；（二）项目资产处理不合规；（三）路、桥标管理部支付借调交通系统内部人员的工资未执行1000元/人月的标准，多列建设单位管理费；（四）缺陷工程1500.97万元使用不合规；（五）违反合同增加工程变更8049.7万元；（六）计算错误多付施工单位工程款；（七）工程变更不实；（八）材料调差不真实。审计建议：切实加强尾工工程监督管理，严格按国家规定使用好各种预留费用。

2005年8月，省审计厅对昌万公路竣工决算进行审计。审计发现的问题主要是：（一）部分工程存在违规分包的问题；（二）部分工程决算不准确，多结算工程款、多结算材料价差；（三）部分预留尾工工程费用不合要求；（四）交付使用资产不完整。审计建议：补足建设项目资本金，督促沿线地方政府完成耕地开垦任务，催促省稽查征费局移交有关资料。

是年9月，省审计厅对赣粤高速公路昌傅至泰和段建设项目竣工决算进行审计。审计发现的问题主要是：（一）工程招投标不够规范；（二）部分施工单位违法转包或分包；（三）部分工程施工未达到规定标准，存在省工省料的问题；（四）履行合同约定或相关文件不力，违规支付清理表土费用；（五）工程量多算、误算或单价高套，不合理计量部分工程款；（六）多列部分尾工工程款；（七）多计钢筋、柴油、水泥等主要材料价差；（八）承建挤密桩工程不够规范。审计建议：认真执行国家有关招投标法规，加强对公路主体工程质量控制，严格控制各项工程款的计量支付。

是年11月，省审计厅对泰赣高速公路竣工决算情况进行审计。审计发现的问题主要是：（一）工程招投标不够规范；（二）服务区转让不够规范；（三）概算执行不够严肃，个别项目存在超概、违规调概问题；（四）少缴各项税费；（五）试运营收入未按规定处理；（六）挤占项目建设成本；（七）征地拆迁经费使用管理不合规；（八）施工单位多算、误算工程价款；（九）计日工的计量依据不够充分；（十）个别项目建设未达到设计要求；（十一）工程设计局部存在缺陷；（十二）监理单位履职不到位；（十三）护栏板代理采购手续费不合理；（十四）库存沥青账实不符；（十五）缺陷完善工程不达标。

2006年4—5月，省审计厅对赣粤高速公路赣州至定南段建设项目竣工决算情况进行审计。审计发现的问题主要是：（一）招投标不规范；（二）存在投资失误问题；（三）资本金未及时足额到位；（四）赣定高速公路有限责任公司的子公司路业公司在赣定项目期间，代理钢材等主要材料的采购任务，并获得2395.88万元净利润；（五）从计量支付中扣留的监理设施费、收代扣营业税手续费、扣施工单位单项变更金额1万元以内不予计量的款项、由施工单位承担的边坡塌方责任款项，均挂其他应付款科目上，未冲减建设成本；（六）概算外项目挤占建设成本；（七）部分路段取芯检测，发现其厚度未达到设计要求的16厘米；（八）多计提工程建设奖励基金1501.49万元；（九）多计工程价款952.46万元；（十）决算报表中漏列项目建设成本1625.79万元；（十一）少缴防洪保安资金；（十二）征用耕地6508.8亩，未按照"占多少、垦多少"原则补充耕地，应缴未缴耕地开垦费1301.16万元。审计建议：严格履行代扣代缴施工单位营业税及附加的义务，将已扣未缴的营业税金及附加1122.43万元，尽快缴交税务机关；赣州市人民政府应组织市审计局、赣定项目建设方、监理和有关工程技术专家，适时对赣定高速公路全线边坡草籽喷施工程、尾工工程进行专项审核；抓紧办理项目建设土地使用证，为项目竣工验收做好准备，并适时搞好项目建设后评估工作。

是年4—6月，省审计厅对昌金高速公路建设项目竣工决算情况进行审计。审计发现的问题主要是：（一）将多余沥青或其他未完工程等办理决算不合理；（二）合同清单中部分未做工程量未如数扣减，多计决算；（三）由于重算、多算、误算工程量或单价不合理，多计工程款；（四）部分路面施工单位沥青用量不足；（五）工程决算与财务决算有异，财务决算多计5409.75万元；（六）违规转让加油站产权和服务区的经营权；（七）不合理解缴部分费用；（八）昌金高速公路项目办指定交通集团公司供应钢绞线等材料。审计建议：省交通厅、省公路局今后在招投标环节制定合同条款时，应根据施工中各种实际情况，公平、公正、科学、合理地补充完善相关合同条款；严格按照招标时的施工图纸进行施工管理，严格履行设计变更报审程序；省交通厅、昌金高速公路项目办对一些合理合法的变更费用，应在严格审核的基础上实事求是地给予支付；加强边坡防护工程的管理；项目办应抓紧对尾工工程的投资建设，并真实地反映其工程造价。

是年5—7月，省审计厅对京福高速公路温莎段竣工决算情况进行审计。审计发现的问题主要是：（一）部分工程项目招投标不规范；（二）多结算工程价款；（三）决算多列专项费用1325.2万元；（四）决算多列其他费用；（五）项目资本金不足；（六）指定江西交通集团有限公司代理特种材料的供应；（七）违规转让加油站产权和服务区的经营权。审计建议：完善土地报批手续，严格执行工程建设招投标法规。

是年10月，省审计厅对厦昆线赣州城西段高速公路竣工决算情况进行审计。审计发现的问题主要是：（一）部分工程招投标不规范；（二）工程造价超过概算金额；（三）执行合同条款不规范；（四）多计量工程款；（五）部分费用决算不实；（六）少缴相关税金；（七）建设资金不足。

是年11—12月，省审计厅对世行贷款泰赣高速公路遂川和万安境内的两条连接线工程竣工决算进行审计。审计发现的问题主要是：（一）多计工程量，多结算工程价款；（二）多列支工程建设成本；（三）多支付设计审查费；（四）少缴税费；（五）勘察设计未按规招投标。

是年12月至2007年2月，省审计厅对乐温高速公路建设项目竣工决算情况进行审计。审计发现的问题主要是：（一）多计施工单位结算款；（二）多列其他费用；（三）多列尾工款2203.04万元；（四）未及时缴纳相关税金；（五）资本金未足额到位；（六）部分项目招投标欠规范，存在违规转包分包问题；（七）违规转让加油站产权和经营权；（八）指定省交通集团公司代理经营乐温高速公路支座、伸缩缝等特种材料；（九）项目通车后两个服务区仍未投入使用。

是年4月，省审计厅对三清山环山旅游公路建设项目竣工决算情况进行审计。审计发现的问题主要是：（一）项目审批程序欠规范；（二）部分工程招标没有严格按照国家规定执行；（三）项目资本金管理不规范；（四）存在业主指定分包问题；（五）部分施工单位违规转包分包；（六）完善设计变动较大，增加工程造价1367.62万元；（七）多计工程款160.14万元；（八）未严格执行协议；（九）多列尾工工程62.97万元；（十）多列利息支出90万元。审计建议：严格执行项目建设程序，加强项目管理和造价控制；认真执行国家有关招投标法规；加强财务管理，规范财务支付手续。

2008年4—5月，省审计厅对景婺黄（常）高速公路竣工决算情况进行审计。审计发现的问题主要是：（一）漏缴、欠缴及少代扣代缴相关税费1322.47万元；（二）少数项目招投标欠规范。如沥青运输525.5万元、声屏障1013.73万元、工程保险和第三责任险1057.61万元保险公司的确定都采取邀请招标的方式；监控系统设备是询价采购；路基工程A8标的中标单位路桥集团二公司一处将部分工程1941.03万元分包给江西赣江公路工程有限公司；（三）财务处理不及时。该项目优化设计后置换土地，退回土地145.84亩（金额105万元），但未及时扣回不应再负担的土地规费等；（四）决算多列已完工工程造价2394.26万元；（五）决算多列其他费用907.75万元；（六）多计尾工工程款3403.9万元；（七）婺源服务区房建工程超面积14239.82平方米；（八）资本金省自筹部分62200万元未及时到位；（九）挤占挪用连接线建设资金1026.95万元；（十）工程管理不规范。如重大工程变更没有办理相关手续；清单核查错误、设计图纸错误造成多计工程款689.69万元；（十一）违规转让加油站的产权和经营权。景婺黄（常）项目办将高速公路服务区内的工程项目交由厅、局单位与中石化合作经营，造成国有资产的流失，也违反工程建设、招投标的有关规定。审计建议：完善土地报批手续；严格执行招投标程序；加强工程建设管理；强化监理的监督职能；提高设计、计量、决算的准确性；提高财务管理水平；按照审计核定数据，办理最终工程财务决算。

是年10月，省审计厅对抱子石水电站竣工决算情况进行审计。审计发现的问题主要是：（一）在建设工程中共有12个单项超概算3688.99万元，其中建设单位管理费等非主体工程子项累计超概算2711.08万元，超概算部分未经相关部门批准；（二）竣工决算多列概算外工程1281.18万元。抱子石水电厂未经招投标程序，将概算外弃水小电站工程施工交由浙江金华市顺泰水电建设有限公司施工，总投资1281.18万元；（三）因勘察设计不到位、选址不当，致使车库仓库工程基础工程多增加投资；（四）水电站装饰工程、绿化工程7个项目未进行公开招标；（五）移民安置工作未按水库淹没处理规划安置到位，尚有404.94万元移民经费结余没有拨付；（六）抱子石水电站生活服务公司资金支付不规范。审计建议：加强对工程项目的监督检查，采取有效措施避免超概算；规范会计核算，加强现金管理，加大对参建单位资金支付的监管力度，提高财务管理水平；严格履行招投标程序，加强工程建设管理，强化监理职能；加强工程档案管理工作。

是年12月，省审计厅对昌九高速公路及昌樟高速公路药湖高架桥技术改造项目竣工决算情况进行审计。审计发现的问题主要是：（一）部分工程招标未严格按国家规定进行。昌九技改项目8个路面标采取邀请招标方式，2006年昌九技改项目1个监理标，药湖大桥技改项目护栏钢扶手材料、上部构造施工监理、桥面沥青混凝土铺装、下部构造维修等工程或材料，采用邀请招标方式选择施工单位，合同金额72476万元；（二）多计工程量多取费，多计工程价款；（三）旧护栏、旧立柱回收数量少于实际拆除数量；（四）部分施工单位存在违规分包行为。如江西赣粤养护公司将承接的工程进行部分分包，分包总金额924.8万元；江西赣粤高速公路工程有限公司将承接的部分工程进行分包，分包金额2622.84万元；（五）部分施工单位少缴税费；（六）昌樟高速公路管理处发放与药湖大桥技改项目无关的奖金；（七）部分参建单位收入未纳入单位财务账统一管理，私设"小金库"。根据协议，原省交警总队直属支队第一、三、四大队分别与赣粤公司昌九技改项目办负责昌九高速公路技改项目现场交通维护管理工作。作为补偿，昌九技改项目办承担上述三个大队车辆使用维修保养费、加油费、人员津贴等费用。在履行交通维护协议期间，赣粤公司昌九技改项目办根据三个大队委托，将上述费用分别转入江西欧亚汽车维修服务公司、九江东汇汽车修理厂等单位银行账号，且三个大队直接从上述单位提取现金私设"小金库"，用于发放交警执勤费及车辆维修费。昌九技改项目办以同样的方式将应付沙河路政排障队交通维护费、新祺周路政排障队交通维护费，分别转入九江东汇汽车修理厂、永修县杰祥汽车修理厂账上，资金去向不明。对此，省审计厅要求省公安厅交警总队、省交通厅责成相关单位调整有关会计账目，追回私存私放的资金，并进行相应处罚。省审计厅还将上述单位私设"小金库"问题，分别移送给其主管部门省公安厅交警总队和省交通厅进行严肃处理，追究相关人员的责任。

是年12月，省审计厅对丰城发电厂2台66万千瓦机组扩建工程竣工（以下简称二期工程）决算情况进行审计。审计发现的问题主要是：（一）未及时缴纳相关税费1397.28万元；（二）部分项目招投标不规范。如绿化项目工程没有公开招投标，山东山大能源环境有限公司将中标的脱硫工程进行分包,分包结算价 6867.62 万元,在建筑、安装标合同以外另行委托工程跟标项目 257 项共计 11866.95 万元,且委托项目既没有合同也没有工程量清单,大多数以签证的方式结算;(三)多结算工程款 1460.01 万元;(四)财务管理欠规范。在建设单位管理费中预留奖金;(五)二期工程总共征用土地 3930.236 亩,尚欠丰城市政府土地征用款及补偿用地款包干费用 623.73 万元,未及时汇算清缴,二期工程灰厂执行概算投资额 7171 万元,其土地已上报国土资源部审批,但该项目决算时工程建设由二期承担 4658.7 万元,土地由一期承担 4455 万元,产权关系不明晰。审计建议:严格履行招投标程序,加强工程建设管理,强化监理职能;及时缴纳相关税费;抓紧办理土地使用证。

2009 年 12 月—2010 年 1 月,省审计厅对景鹰高速公路建设项目决算情况进行审计。审计发现的问题主要是:(一)多计算路基、路面等施工单位工程价款 1715.4 万元。1. 在计算图纸工程量时,错误计算跨径大于 5 米的通道、涵洞所在部位土方、护坡道草皮等工程量,现场核查声屏障、桥梁伸缩缝等实物工程量少于决算工程量,锚杆等部分新增工程细目确定的价格偏高,其他工程等,多计价款;2. 在计算图纸工程量时,错误计算桥梁搭板部位的路面工程量、多算路面结构层的顶面宽度、造成多计量路面沥青混凝土工程量等,涉及多计价款;3. 合同外新增的花岗岩火烧板价格未按合同约定调差,合同外新增的混凝土路面工程定价明显偏高,房建 4 标和房建 11 标多计人工费调差,绿化、护栏工程的工程量少于决算资料的工程量等,其他工程多计价款。(二)绿化工程存在部分损失浪费。1. 绿化设计未充分考虑到乔木杜英长大后可能影响行车安全,景鹰高速公路碎落台种植的 3.7 万株杜英,高速公路在建成通车前就被全部砍伐,造成严重损失;2. 根据原设计,景鹰高速公路中央分隔带大量种植法国冬青。由于该树种冬季落叶,影响夜间行车安全,而且成活率低,景鹰高速公路通车后,又重新补充种植塔柏 3.2 万株,耗资 96 万元;3. 由于 2008 年连续受到冰灾和旱灾的影响,部分绿化成活率低。其中鄱阳互通绿化马尾松 1 年苗设计图数量为 18.53 万株,基本未成活;万年互通立交绿化马尾松 1 年苗设计图数量为 22.30 万株,最终验收成活 1 万株,万年收费站绿化刚竹设计图数量为 4.41 万株,最终验收成活不足 2%,远没有达到原设计要求。(三)部分工程质量缺陷未整改到位。1. 省交通厅质监站在景鹰高速公路竣工验收中,曾提出部分隧道防火涂料未按设计厚度施工,上述质量缺陷仍未得到整改;2. 经查省交通工程质监站质量检查情况通报、现场图片、影像资料、有关施工记录和监理记录,发现景鹰高速公路部分结构物台背回填材料未使用设计要求的透水性材料,而是利用开山渣等本标段的土石方,并且存在反挖不到位、分层压实效果差等问题;3. 审计现场核查发现,路基工程中桃墅岭隧道、洞山隧道洞门暴突石大面积松动,部分已经脱落,A2 标 k5+000 右侧等部分坡面挂网喷混植物生长不到位,土层脱落严重,西冲水库高架桥桥面泄水孔堵塞未进行处理;部分取土场绿化不到位,路面工程中的八个标段的植草砖未达到设计标准,其中部分标段的植草砖混凝土强度不高,结构松散,破损率较大。(四)部分工程业务执行招投标法不严格。1.2007 年 4 月,景鹰项目办未经招投标程序,将沥青仓储、运输等中转服务交由江西省公路局物资储运总站沥青中转库、江西恒泰美仑道路沥青有限公司、南昌市昌北交通服务中心 3 家负责,涉及金额 3425 万元;2.2006 年 10 月,景鹰项目办未经招投标,仅通过询价、比价程序就确定景鹰高速公路桥涵台背回填加固处理交由江西通建工程技术咨询公司和江西恒泰路桥工程有限公司施工,工程结算金额 1111 万元。其中:江西恒泰路桥工程有限公司将承接的 C、D 段桥涵台背回填加固处理业务分包给江西顾邦工程有限公司实施，分包金额 675 万元。（五）房建及附属设施用地面积超概算 362 亩（交通部批复景鹰高速公路建设用地概算 22740.9 亩，景鹰高速公路建设实际征地 22477.9 亩，节约土地 263 亩）。（六）景鹰高速公路乐平、鄱阳、余干、鹰潭 4 条连接线由当地政府负责组织实施，征地相关手续由当地政府负责办理，征用土地 2150 亩（含水田 889 亩），尚未取得相关国土资源部门批准。（七）决算多列建设目标奖，多计提营业税及附加，多列地方道路补偿费。（八）漏缴、欠缴建设相关税费。审计建议：规范招标行为，禁止违法转包、分包，加强对施工、监理、设计等参建单位的监管，认真整改存在的问题；加强对连接线工程的管理和监督，鹰潭连接线概算金额 4000 万元被挪用要整改；省交通厅要加强对高速公路连接线工程的管理和监督，严格控制概算外工程，提高公路建设资金投资效益。

水利建设项目审计

1995 年 4—5 月，根据省政府安排，省审计厅组织联合审计组对鄱阳湖重点圩堤与分洪区工程进行决算审计。审计查明，该工程自开工建设到 1994 年底，累计完成投资 32403.7 万元，完成实物工程量：土方 4649 万立方，石方 94.4 万立方，民房拆迁 100 千万平方米，建筑物除险加固 282 座。

1999 年 3 月，省审计厅对鄱阳湖治理一期工程竣工决算情况进行审计。审计发现的问题主要是：（一）基层圩堤管理站房工程超计划投资，未全额核减工程投资完成额，并自筹合规资金支付；（二）基层圩堤管理站管理费用超支现象严重。由于各圩堤管理站（局）长期经费不足，人员严重超编，费用开支控制不严，致使管理费用超计划支出，未全额核减工程投资完成额，并自筹合规资金支付；（三）超计划投资甚至概算外购置交通车辆，应全额核减工程已完成投资，并自筹合规资金支付；（四）挪用或占用工程建设资金未收回；（五）挤占工程建设成本，未从工程投资完成额中予以剔除，未追回被占用资金；（六）违规夹带概算外项目投资，未全额从工程计划投资中予以剔除，未自筹合规资金予以归垫；（七）大量用现金支付工程价款；（八）转移、隐匿基建收入；（九）多计、少付工程价款。由于项目管理出现漏洞和工程价款结算把关不严，造成多计工程造价、超付工程价款；（十）工程项目投资归类不准确，未作调账处理；（十一）向工程项目乱收费、乱摊派，未追回；（十二）无决算依据列报甚至虚报投资完成额；（十三）工程建设资金未全部落实到位；（十四）部分工程项目未完成计划工程量；（十五）部分工程项目概算工程量未下足计划；（十六）漏缴国家税费；（十七）投资计划安排不尽合理。由于投资计划安排过大，加之项目实施较为缓慢，造成省直项目投资过剩，资金大量沉淀；（十八）材料物资管理不善，造成资产流失账实不符；（十九）巨额发放委托贷款获取不正当利益；（二十）建设项目管理不够规范。大量采取议标甚至直接指定的方式确定施工单位，个人承包和层层转包工程现象较普遍；（二十一）财务会计工作薄弱，各单位对项目资金均未实行专户存储，多头开户情况较为普遍，甚至存在公款私存问题。审计建议：杜绝擅自扩大建设规模、增加工程投资的行为，加强工程项目投资计划管理，完善审批手续，规范操作行为，合理安排工程投资，严格执行工程概算；强化财务管理，规范会计核算，严格资金管理，确保专款专用；追回被侵占挪用资金，避免国家财产遭受损失；抓紧竣工决算编制工作，科学编制竣工决算报表，对重大违纪行为，追究有关人员责任。

2001 年 7 月，省审计厅对信江航运界牌枢纽工程进行竣工决算审计，查出违纪违规金额 20554 万元，核减投资金额 16726 万元。审计发现的问题主要是：（一）信江航运界牌枢纽工程未能按批复设计概算要求按期下闸蓄水，造成支出概算外投资机组维护保养费 1114.87 万元。（二）未经批准设计变更、现场签证增加工程投资 3053.69 万元。（三）房屋建设工程超规模、超投资。实际房屋建筑面积超概算建筑面积 2377.54 平方米、实际投资超概算投资 569.1 万元。（四）自行建设概算外设计完善工程 499.72 万元。（五）信江航运界牌枢纽工程实际超概算总投资拨付到位建设资金 1837.87 万元。（六）信江航运界牌枢纽工程至 1998 年 3 月底已基本竣工，但 1998 年 4 月至 2001 年 6 月非建设期贷款利息支出 1200.12 万元，违规列入工程建设成本。（七）概算外购置车辆。（八）工程投资支出归类不准确。（九）主要材料调差工作未严格按国家规定和合同条款办理，致使实际材料调差金额不够准确，存在多调材料价差现象。（十）人工费调价差经甲乙双方协商确定折中原则，采用省计委赣计基综字〔1994〕01 号文件规定办理，但在实际调差工作过程中，超越文件规定时限调增 1993 年底以前的人工费价差。（十一）工程建设试运行收入一直存放在界牌枢纽处账户上，未按规定及时转入信江工程处账户作基建收入。（十二）计量支付监理设施费办理竣工决算时其所购的器材、设备未予移交。（十三）计量证书审核手续不完备。（十四）少列、漏列收尾工程投资支出 2703.21 万元。（十五）会计核算不规范，存在以拨代支现象。（十六）库区淹没补偿资金管理混乱，工程进度缓慢。1. 已拨付鹰潭市政府的淹损补偿资金大量沉淀达 7345 万元，占拨入资金的 98.99%；2. 鹰潭市淹损办从 1995 年 11 月至 2000 年 12 月违规用淹损补偿资金办理定期存款 24 次，累计存款金额达 15447.97 万元；3. 挪用淹损补偿资金 437 万元，至今尚有 129.6 万元未归还；4. 工程进度严重滞后，工程建设刚刚启动。审计建议：严格按照批准的建设规模和建设标准进行工程建设，杜绝超规模、超投资现象；强化工程造价管理，规范工程价款结算，杜绝多计工程造价，多付工程价款现象；完善工程资料管理工作，认真归集、整理工程档案，确保工程资料的安全与完整；强化财务管理，规范会计核算；增强依法纳税意识。

电力建设项目审计

1998 年 9 月，省审计厅对江西新余发电有限责任公司 2 台 200 兆瓦机组扩建工程进行竣工决算审计。审计发现的问题主要是：（一）虚列、重列工程投资；（二）挤占工程建设资金；（三）生产占用建设资金；（四）截留试生产净收入；（五）部分费用项目支出超概算；（六）会计基础工作薄弱；（七）部分设备价款漏列工程投资；（八）生活福利工程投资突破概算较大。审计建议：对内强化经营管理，挖掘内部潜力，降低生产成本，提高经济效益，对外积极争取有关部门的支持，适当采取倾斜政策，增加发电量计划指标；认真执行国家固定资产投资管理政策和规定，严格按批准的建设规模和建筑标准进行工程建设，确保项目实际建设内容与设计概算要求相一致，杜绝擅自扩大建设规模、增加工程投资；强化财务管理，规范会计核算，合理归集工程投资支出，准确反映工程建设成本；增强依法纳税意识，及时足额缴纳国家税金，以维护国家税法的严肃性；完善工程资料管理工作，认真收集、整理好各种文件资料，及时移交档案部门管理，以确保工程资料的安全和完整。

2001年3月，省审计厅对省电力公司农网改造建设项目竣工决算情况进行审计。审计发现的问题主要是：（一）省电力公司建设资金未按计划筹措到位。1998年至2000年共下达银行贷款计划340000万元，实际贷款230300万元，比计划少贷款109700万元。（二）省电力公司年终未及时向资金使用单位分摊贷款利息。（三）省电力建设监理有限公司监理部监理人员大多无国家承认的监理资质，仅进行过短期岗前培训。监理体制"名不副实"。（四）省电力建设监理有限公司实行费用支出包干，缺乏有效控制，除4个项目监理部开设银行账号外，其余均系现金报账。（五）省物华电力物资配送有限公司1999年至2000年度收取各市县农网物资配送费结余、按省电力公司规定应返还地市供电局管理费和返还县市供电公司采保费均未按比例冲减相关单位建设成本。（六）省农电物资供应站1999年至2000年度，对供应各市县的农网物资采取中标价与设备、材料供应商签订购买合同，与各市县供电公司采取中标均价签订供货合同，致使中标均价比中标价高，产生差价收入。（七）省电力物资有限责任公司1999年至2001年3月，按省电力公司规定的中标价的1%向中标厂家收取中标服务费。物资公司收取中标服务费，未按国家规定向有关部门办理收费许可证。（八）购置物华宾馆用空调未转入物华宾馆入账，未将资金归还省物华电力物资配送有限公司。（九）省电力公司设备招标办公室农网建设与改造工程主要设备招投标资料中显示2000年以前砼电杆招标工作严重不规范：1.1999年11月砼电杆招标工作中，余干县供电局电杆厂没有进行投标报价，却得以中标；各地市供电局上报招标计划数与实招数报表均未签章；厂家报价、中标价、最高限价基本上雷同；渝水区电杆厂中标樟树市农网建设与改造工程的异型电杆，既无"最高限价"，也无生产厂家投标报价；供应赣州市所需的电杆，在中标单价的基础上加价与生产厂家签订合同；没有开标、评标、决标过程记录；没有向省经贸委申请招标的请示及相应的批复文件；2.2000年3月砼电杆招标工作中，上报计划资料无签章、核实计划资料无签章；中标通知书与实招数量表中部分有差异；3.1999年10月议标采购的余干电力电杆厂的直径150×8米的电杆，于2000年4月在余干县五雷乡农网改造地发生断裂，造成倒杆质量事故，致使一名工人受伤。事故被中央人民广播电台报道，在全国造成较坏的影响。审计建议：加强对农网建设与改造项目建设资金的管理和监督，对未按计划到位的建设资金要根据国家的计划安排和工程建设的需要及时组织到位；对以各种形式挤占的农网建设与改造资金要采取积极措施用符合规定的资金归还，保证农网建设与改造项目的顺利实施；加快农网建设与改造项目的实施进度；改变目前农网建设与改造项目监理体制不顺、监理职责不清、监理工作不到位的局面，真正发挥监理的"三控制（质量控制、进度控制、投资控制）、两管理（信息管理，合同管理）、一协调（组织协调）"作用；按照《招投标法》《江西省重点建设项目管理办法》等规定，严格程序、严格监管，杜绝地方保护、暗箱操作和腐败工程，公开、公平、公正地做好工程建设招投标工作；加强对农网建设与改造项目物资采购、供应的监管工作。严格按照国家有关规定，选用国产优质设备，确保农网建设与改造工程的质量，严禁无证产品及淘汰产品入网；严格按照国家有关规定，按招标采购价供应农网建设与改造项目所需的设备和材料，杜绝以任何形式、任何名义的加价收费。

是年9—12月，省审计厅分别对江西丰城发电有限责任公司4×300兆瓦机组工程竣工决算情况、省水电工程局承建丰城发电厂4×300兆瓦机组工程项目财务收支情况、省火电建设公司承建成发电厂4×300兆瓦机组工程项目财务收支情况、省第二建筑公司承建丰城发电厂4×300兆瓦机组工程项目财务收支情况进行审计。其中：对江西丰城发电有限责任公司（以下简称丰电公司）4×300兆瓦机组工程竣工决算情况审计发现的问题主要是：（一）在工程竣工决算中虚报工程投资完成额2546.71万元（建筑工程1880.61万元、安装工程666.1万元）；（二）省电力局多批复1至4号机组工程结算投资费用9636.58万元；（三）省投资公司和省电力公司以《关于对江西丰城发电有限责任公司4×300兆瓦机组工程建设投资实行总承包的批复》（赣投电字〔1999〕10号），批准丰电公司根据国家电力公司国电电规〔1998〕213号规定调整概算静态投资加价差预备费实行总承包，完成4×300兆瓦机组所必须建设的所有建筑、设备、安装主体工程及相关的其他项目，承包总投资为474274万元，其结余部分未按国家有关规定办理；（四）超概算标准支付工程前期统筹费；（五）多预留尾工投资支出；（六）挤占建设成本；（七）违规列支概算外费用建设期委托管理费1856.13万元；（八）概算外工程投资；（九）丰电公司与省投资公司设备成套租赁分公司签订设备成套服务费合同，其中已报完成投资尚有结余未进入工程决算投资；（十）在联合试运转费中多计列应付省电力试验所工程款；（十一）由于勘测设计不周、生产工艺改进等原因，造成设计变更及现场签证而增加工程投资13483.38万元（建筑工程9162.8万元、安装工程4320.58万元）；（十二）工程概算总投资527271万元，至2001年6月9日止实际组织到位资金521060.38万元，有6210.62万元资金未落实到位；（十三）部分生活福利工程超面积、超投资严重，其中：招待所（即丰电宾馆）工程超面积6080平方米、超投资2214万元，9号、10号职工宿舍工程超面积5000平方米、超投资450万元；（十四）工程项目投资归类不准确情况较普遍，工程投资实际支出内容与批复设计概算和工程结算口径不符，造成工程实际支出财务账面数与批复设计概算数及工程结算费用差异较大；（十五）各项待摊费用分摊不尽合理，致使交付使用财产单项工程价值严重失真；（十六）无依据调整基建电量及上网电量收入为企业生产经营收入945.3万元；（十七）试生产期间贷款利息支出列入生产成本费用7202.95万元。审计建议：杜绝超规模、超投资现象，努力提高项目管理水平，规范行为，堵塞管理漏洞；进一步调整、完善工程竣工决算报表，对有关数据按审计核定情况予以更正，做到内容完整、数据准确；完善工程资料管理工作，认真归集、整理工程档案，确保工程资料的安全与完整，抓紧办理资产交付手续；对内强化经营管理，挖掘内部潜力，降低生产成本，提高经济效益；对外积极争取有关部门的支持，实施倾斜政策，增加发电量指标，解决目前生产能力严重闲置的状况，提高投资效益，缩短投资回收期；强化财务管理，规范会计核算，合理归集工程投资支出，准确反映工程建设成本；增强依法纳税意识，及时足额缴纳国家税收，维护国家税收的严肃性。

对省水电工程局承建丰城发电厂4×300兆瓦机组工程项目财务收支情况审计查明，截至2001年9月底，累计完成施工产值46413.73万元，其中：1号、2号机组结算值33351.97万元，3号机组结算值8547.92万元，4号机组结算值5144.48万元，已预收账款46050.36万元。审计建议：加快办理承建丰城发电厂4×300兆瓦机组工程项目财务结算工作速度；加强税法和有关基金征收规定的学习，增强纳税意识，及时足额上缴有关税费。

对省火电建设公司承建丰城发电厂4×300兆瓦机组工程项目财务收支情况审计查明，截至2001年9月底，累计完成施工产值106980.17万元。其中：1号、2号机组结算值60784.1万元，3

号机组结算值24893.84万元，4号机组结算值21632.53万元，财务结算中与工程项目相关的扣减款项330.3万元，已收工程结算价款98343.46万元。审计建议：加强财经法规学习，增强纳税意识；强化企业管理，控制成本开支，开拓业务，提高企业经济效益。

对省第二建筑工程公司承建丰城发电厂4×300兆瓦机组工程项目财务收支情况审计查明，截至2001年9月底，累计完成施工产值38012.28万元，其中：B标工程结算值30112.49万元（1号、2号机组结算值25854.17万元，3号机组结算值3619.5万元，4号机组结算值638.82万元，B标外工程结算值7912.34万元），已预收账款35253.55万元。审计建议：规范工程成本核算，严格执行《企业财务制度》和《施工企业会计制度》的有关规定，及时、准确反映工程项目财务成本；加强税法和有关基金征收规定的学习，及时足额上缴有关税费；抓紧办理承建丰城发电厂4×300兆瓦机组工程项目财务结算工作，以便公司财务能及时、准确反映工程项目财务盈亏状况。

化工建设项目审计

1998年3月，省审计厅对九江石油化工总厂100万吨／年重油催化裂化工程竣工决算进行审计。审计发现的问题主要是：（一）在工程投资中多列支建设期贷款利息，未从已完工程投资中予以剔除；（二）项目试生产收入未冲减工程投资完成额；（三）误将建筑工程投资列入其他投资，未作调账处理。审计建议：完善工程资料管理工作，收集、管理好各种文件资料，进一步核实，整理好有关工程档案；强化财务管理，准确核算工程成本，真实反映工程建设情况；强化纳税意识，及时足额缴纳国家税金。

2000年12月，省审计厅对贵溪冶炼厂二期工程经理部二期工程尾工工程决算进行审计。审计发现的问题主要是：（一）尾工工程决算报表中待摊投资分摊不尽合理，尾工工程待摊投资和二期二步工程待摊投资未合并进行分摊；（二）尾工工程财务决算报表未编制，结余设备、材料以及债权债务未进行清理。

2004年8月，省审计厅对江西铜业股份有限公司贵溪冶炼厂铜冶炼系统技术改造工程竣工决算及投资效益情况进行审计。审计发现的问题主要是：（一）部分建筑安装工程、设备采购没有严格按照规定进行招投标；（二）非生产性、非技术改造性项目采取调整概算的方式列进该技术改造项目；（三）有些费用的计取或列支不合理；（四）竣工决算书中单项工程相互调剂，待摊费用分摊不够准确；（五）有些工程在没有与施工单位办理工程结算的情况下先行办理决算；（六）建筑安装工程存在违规分包；（七）部分环保工程项目没有完全实现"同步设计、同步建设、同步交付使用"的原则；（八）少缴或少代扣代缴部分税款。审计建议：认真执行国家有关招投标法规、严禁在招投标活动中出现违规转包或分包及其他徇私舞弊行为；严格执行国家固定资产投资管理政策与法规；认真执行国家有关基本建设财务会计制度；抓紧对尾工工程的组织实施。

是年8月，省审计厅和鹰潭市审计局联合对江西铜业股份有限公司年产15万吨铜杆线建设项目竣工决算情况进行审计。审计发现的问题主要是：（一）设计、监理未进行招标，采取直接委托方式选择从业单位；安装工程采取邀请招标的方式；土建工程招标准备工作不足，工程设计深度不够；连铸连轧之外的进口设备未经批准自行采购，50万元以上的国内设备采取自行邀请招标的方式购买；主要材料水泥、钢筋、电缆和有色金属等由江铜材料设备公司负责采购，水泥指定品牌，其他材料通过询价、比价方式选择供应商，50 万元以上的材料未进行公开招标；（二）估报投资挂其他应付款 101.26 万元；铜杆连铸连轧系统的合同价款中未注明技术转让费金额，致使征收其相关税费缺乏依据。审计建议：施工图预算编制单位应据实核准项目建设总规模；注意订货合同条款间的明晰性；及时办理 2003 年底投产使用项目的交工初验和环境验收手续。

2005 年 10 月，省审计厅对江西铜业集团公司 6000 吨／年高档铜箔项目竣工决算情况进行审计。审计发现的问题主要是：（一）项目施工和主要设备材料采购未进行公开招标，而是以邀请招标方式确定施工、供货单位；（二）甲供材料采购未履行招投标程序；（三）进口设备合同执行不力，部分设备不能按期交货；（四）漏缴税金。审计建议：进一步规范招投标行为，全面履行合同约定，注意防范投资风险。

环保及其他建设项目审计

1998 年 10 月，省审计厅对江西富奇汽车厂第二期技改项目竣工决算情况进行审计。审计结果表明：江西富奇汽车厂第二期技改项目工程建设过程中，能按基本建设程序办事，项目审批手续较为完备，并执行国家政策和规定，按照批准的项目内容和建筑标准进行建设改造；注重搞好项目管理，设立技术改造办公室，建立健全规章制度；会计核算较为规范，资金运用较合规。

是年 12 月省审计厅对江西盐矿三十万吨精制盐扩建工程竣工决算情况进行审计。审计发现的问题主要是：（一）部分项目工程投资支出归集与设计概算分类不符；（二）材料成本差异未冲减工程投资完成额；（三）部分工程费用项目投资超概算；（四）由于利用原十万吨真空盐部分有使用价值的设备和设施及建设资金紧张而停缓建工程；（五）由于选型不当及部分项目停缓建等原因，造成设备、材料积压；（六）综合楼工程超规模、超投资；（七）职工个人集资直接冲减宿舍工程投资，造成资产不实；（八）存在应计入"其他投资"科目而误计入其他科目中的支出；（九）由于生产任务不足，企业负债率较高等原因，形成的项目投产后部分生产成本费用支出未如实反映，致使企业潜亏 3795.42 万元。审计建议：强化经营管理，挖掘内部潜力，降低生产成本，提高经济效益；完善工程资料管理工作，认真收集、整理好各种文件资料，及时移交档案部门管理，以确保工程资料的安全和完整；增强依法纳税意识，及时足额缴纳国家税收，以维护国家税法的严肃性。

2001 年 5—11 月，省审计厅对武警省消防总队新建省消防指挥中心等工程项目竣工决算进行审计。审计发现的问题主要是：（一）建成规模 19968.13 平方米，比立项批复规模超过 9968.13 平方米；已完成投资 8176.71 万元（其中征地费 2071.8 万元），比立项批复投资超过 6896.71 万元；（二）挤占、挪用部队专项经费和预算经费。违规使用历年结存部队补助经费 354.66 万元，挤占部队预算经费 1050.02 万元、消防业务费 69.93 万元及防火部资金 30 万元，挪用专项经费 846.85 万元；（三）会计核算不够规范。基建经费没有纳入统一账户核算，多账户拨付基建经费，多账户预付工程款，多账户报支工程费用。基建办财务会计核算方式不够规范，科目设置不够完整、不够合理，往来账款账务处理不够妥当；（四）边设计边施工，未实行招投标和工程监理。施工合同约定承包方式为包工包料、未确定工程造价。对大量的隐蔽工程、变更工程、确认工程价款和材料单价的工程联系函签证，缺乏必要的内部控制制度。审计建议：严格执行国家和军队的基建建设程序和基本建设管理规定，对超建设规模和超建设投资问题应按正常渠道予以报批；严格执行军队各项经费使用规定，履行报批程序，提高资金使用效益；按照国家会计准则或军队制定的具体办法，规范核算方式，完整、准确地反映投资完成及各类各项资产的真实价值；加强工程建设管理。遵循建设规律，完善相关制度，对工程工期、质量、造价进行合理控制，并对工程和财务等专业人员进行必要培训，对工程资料进行整理归档。

2005 年 1 月，省审计厅对省科技馆建设项目竣工决算情况进行审计。审计发现的问题主要是：（一）儿童乐园布展工程未进行公开招投标；（二）铝合金窗签证单价与省二建投标书中的单价不一致；（三）开工典礼费用多计工程价款；（四）宇宙剧场工程完工后动员预付款还未扣完。审计建议：进一步调整完善工程竣工决算报表，按规定处理概算结余资金。

2006 年 11 月，省审计厅对南昌市青山湖污水处理厂建设项目效益情况进行审计。审计发现的问题主要是：（一）特殊经营项目招商招标过程不透明；（二）给投资商回报率较高；（三）城东一路提升泵站供应原污水不足，影响污水处理效益；（四）城市污水处理公司在规划阶段对污泥处理问题缺乏长远规划，产生二次污染；（五）青山湖污水处理公司对其厂区内设计、施工、设备供应等未实行公开招标；（六）项目建设程序不规范；（七）南昌市市政公用事业局未按协议要求污水处理公司提供运营履约保证金。审计建议：适当调整城市污水处理费征收标准；采取有效防治措施做好污水处理厂污泥的处理处置；明确政府对工程质量监管的权限；严格执行基本建设程序，加强工程质量管理；强化政府协调和监管职能。

第六章　外资运用审计

省审计厅组织实施外资运用审计，除对国外（境外）贷援款项目进行审计外，还对中外合资合作企事业单位的财务收支、经营状况；国际组织捐赠款的管理、使用情况；政府外债管理、使用情况等进行审计和审计调查。审计过程中既要执行国内有关财经法规制度，也要执行和符合国际通用的审计准则、会计准则及相关协议、文件的要求，并在向国内相关部门提交审计报告的同时，还要向国外投资者及相关机构提供审计公证报告。1991—2010年，全省各级审计机关共对5286个（次）单位的外资使用情况进行审计，查出违纪违规金额73063.03万元，应缴财政金额1038万元。其中：1991年至1997年，审计4210个单位，查出违纪违规金额11128.03万元；1998年至2000年，审计490个单位，查出违纪违规金额14753万元；2001年至2005年，审计404个单位，查出违纪违规金额23164万元；2006年至2010年，审计182个单位，查出违纪违规金额24018万元。

第一节　国际金融组织贷援款项目审计

农林环保项目审计

1991年，省审计厅组织对全省14个利用世界银行贷款项目的136个项目执行单位的财务收支和经济效益情况进行审计，共查出违纪违规金额2343万元。1992年，全省审计使用世行贷款项目的297个项目主管部门和执行单位，查出违纪违规金额1046万元。1993年，全省审计使用世行、亚行贷援款项目的297个主管和执行单位，查出违纪违规金额860万元。1994年，省政府实施世行贷款中国红壤二期开发项目（以下简称项目），贷款截止时间为2001年。项目总投资72000万元人民币，其中利用世行贷款2890.67万个SDR（特别提款权），折合4000万美元。项目实施区分布于赣州地区、抚州地区、宜春地区、上饶地区、贵溪县、永修县、峡江县，省红星垦殖场等地。省审计厅和相关设区市、县（区）审计局对该项目连续6年进行审计。审计结果表明：截至2001年底，项目累计完成投资69400万元人民币，累计使用世行贷款2541.10万个SDR，配套资金累计到位43265万元人民币。审计发现：挪用、滞留项目资金；物资采购价格偏高，存在积压和损失的现象；省级配套资金到位率低；项目投资效益不理想给财政造成较大压力等问题。审计建议，加强财务管理，加快资金配套进度。1995年，省政府开始实施世行贷款森林资源发展和保护项目（以下简称项目），贷款截止时间为2001年。项目总投资18893.28万元人民币，其中利用世行贷款967.5万个SDR，折合1365.78万美元，国内配套资金7557.31万元人民币。项目实施区分布于赣州市、吉安市、抚州市、宜春市、上饶市、景德镇市、新余市等七个设区市中的 28 个县。省审计厅和相关设区市、县（区）审计局对项目连续 5 年进行审计。审计结果表明：截至 2001 年底，项目累计完成投资 21458.76 万元人民币，完成计划总投资的 113.58%；造林 49648.54 公顷，完成计划的 107.93%；累计使用世行贷款 992.23 万个 SDR，完成协议信贷额度的 102.56%；配套资金累计到位 10262.91 万元人民币，到位率 135.80%。审计建议，加强项目管理，重视财务核算工作。

1998 年，省政府实施世行贷款第三期农村供水与环境卫生项目（以下简称项目），贷款截止时间为 2003 年。项目总投资 2332 万美元，其中利用世行贷款 856.18 万个 SDR，折合 1166 万美元，国内配套资金 1166 万人民币。项目实施区分布于上犹县、宁都县、兴国县、峡江县、永丰县、上饶县、横峰县、铅山县、南昌县等 9 个县。省审计厅和相关设区市、县（区）审计局对该项目连续 5 年进行审计。审计结果表明：截至 2003 年 12 月底，项目累计完成投资 14376.15 万元人民币，完成计划的 73.84%，累计使用世行贷款 688.57 万个 SDR，完成协议信贷额度的 80.42%，配套资金累计到位 6379.98 万元人民币，到位率 65.54%。审计发现的问题主要是：部分项目办存在挤占挪用和滞留项目资金；物资管理不规范；财务管理不规范等。2005 年，审计厅对该项目进行效益审计，发现项目实施存在配套资金不足、资金回补和物资招标时间冗长、项目管理经费不到位等问题，主要表现：（一）项目前期可行性研究存在盲目性，导致 3 个县项目彻底流产，个别水厂建成后整体报废，造成极大的损失和浪费。（二）项目单位为获取尽可能多的贷款资金，蓄意加大土建上报规模，由此导致的损失浪费等问题特别突出。（三）项目单位实际承担的管理成本过高，使得本就经济窘迫的项目单位难以承受。（四）项目管理松懈，留下许多隐患，如资金挤占挪用和截留问题严重；虚报项目建设，套取世行贷款资金，财务管理和核算基础工作差；工程建设管理严重不符合规范要求。（五）全省项目建设未达到预期的效益目标，地方财政为此背上沉重的还贷包袱。审计建议：尽快建立政府投资管理制度和问责机制，提高政府公共服务水平；尽快整改项目遗留问题，尽早落实债务，健全还贷风险机制；继续扩大项目成果，做好健康卫生用水宣传和扩大管网供水工程。

1999 年，省政府实施世行贷款江西省贫困地区林业发展项目（以下简称项目），贷款截止时间为 2005 年。项目总投资 28248.22 万元人民币，其中世行贷款 935 万美元，世行信贷 694.705 万个 SDR（折合 935 万美元），合计折合人民币 15521 万元，国内配套资金 12727.72 万元人民币。项目实施区分布于赣州市、吉安市、抚州市、宜春市、萍乡市等五个设区市的 15 个县，省审计厅和相关设区市、县（区）审计局对该项目连续 6 年进行审计。审计结果表明：截至 2005 年 12 月底，项目累计完成投资 25258.47 万元人民币，完成计划的 89.42%，累计使用世行贷款 638.47 万美元，占计划的 68.29%，使用世行信贷 612.60 万个 SDR，完成协议信贷额度的 88.18%，配套资金累计到位 8590.78 万元人民币，占计划的 112.48%。项目累计完成报账面积 54220.03 公顷，占协议总规模的 92.11%，其中用材林 17794.96 公顷，毛竹垦复 35441.52 公顷，经济林 3390.6 公顷，完成管护棚建设 147 个。审计发现，项目信贷资金到位速度慢；债务落实不及时，给基层债务核算造成很大困难等问题。

是年，省审计厅对省环境信息中心 1998 年环境项目进行审计。审计表明，截至 1998 年底，该项目已累计到位资金 507.13 万元人民币，其中：世界银行借款 17.29 万美元，折合人民币 143.16 万元，自筹资金 363.97 万元人民币；项目累计支出 355.20 万元人民币；自筹资金购置固定资产净值 103.13 万元人民币。

2004 年，省政府实施世行贷款江西省综合农业现代化项目（以下简称项目），贷款截止时间为 2010 年。项目总投资 116193 万元人民币，其中世行贷款 10000 万美元，折合人民币 75609 万元，占总投资的 65%，国内配套资金 40584 万元人民币，占总投资的 35%。项目实施区分布于九江市、赣州市、景德镇市、鹰潭市和上饶市等五个设区市的 21 个县（市、区），省审计厅和相关设区市、县（区）审计局对项目连续 6 年进行审计。审计查明：截至 2010 年 6 月底，项目累计完成投资 118010.23 万元人民币，完成计划的 101.56%，累计使用世行贷款 10000 万美元，完成协议信贷额度的 100%，配套资金累计到位 45650.58 万元人民币，占计划的 112.48% 人民币。项目如期完成，农民人均纯收入达到 3826 元人民币，超过评估值 3451 元人民币，改善灌溉面积 105 万亩，超过评估值 103 万亩的目标。审计发现的问题主要是：（一）项目实施进展缓慢，已经影响到项目效益的实现。（二）国内配套资金不足的局面严重影响到项目的顺利实施。（三）虚假报账骗取世行贷款资金的问题较为突出。（四）县级财政和项目办滞留项目资金的问题较为普遍。（五）挪用串换世行贷款统一采购的汽车。（六）县级项目建设管理存在许多漏洞。诸如工程建设管理不规范、存在隐患；部门之间报账审核职能不明确，影响世行报账回补的效率；财务管理不严格，项目管理成本较高；基层单位项目管理基础工作较差，债务落实和财务资料不准确。审计建议：省政府将审计报告批转项目区的市县两级政府，以促进问题的整改和违法违纪问题的处理；项目县级政府配合新农村建设的部署，着力整合农村建设资金，协调解决项目建设资金配套不足的难题，多角度扩大新农村建设的成效；市县两级政府量力而行，适时考虑申请项目贷款计划的调整，对确实无力按照要求实施的项目区，应当提出退贷申请；省直管财政试点县的报账事项应直接由县级审核后上报省级审核。同时，省财政厅和省项目办应进一步协商明确报账审核的职责和要求，堵塞管理环节的漏洞，高度重视问题的整改。

交通项目审计

2003—2007 年，省审计厅对世行贷款泰赣高速的执行情况进行审计。审计查明，泰赣高速公路起点位于泰和县马市镇，经吉安的泰和县、万安县、遂川县，赣州的南康市，终于南康市潭口镇龙岭，路线全长 127.645 公里。项目总计划金额 367610 万元人民币（其中世行贷款 157700 万元人民币、国内配套资金 209910 万元人民币），泰赣高速公路于 2002 年 2 月 6 日开工建设。审计发现土地征迁补偿费管理不规范、工程监理原始记录不严谨、办公设备采购未做预算等问题。2005 年 11 月 1 日至 2006 年 3 月 11 日，省审计厅对该项目主线工程进行竣工决算审计，审计核定泰赣高速公路主线竣工决算总额为 288100 万元人民币。同时，2006 年 11 月至 12 月，省审计厅对泰赣高速公路连接线竣工决算进行审计，审计核定泰赣高速公路连接线竣工决算总额为 8793.42 万元人民币。

2006 年，省审计厅对世行贷款南九高速公路效益进行专项审计调查。审计查明，南九高速公路，南起南昌市南昌大桥，北达九江市九江长江大桥。途经新建县、永修县、德安县、九江县四县和庐山区，全长 138.20 公里。该项目 1989 年开工，1996 年竣工。作为江西省第一条利用外资建设的高速公路，为江西省高速公路建设起到探索经验和锻炼队伍的作用。审计报告对项目建设情况、经济效益、社会效益、环境效益进行评价，揭示出挪用公路建设资金、购置车辆用于非项目建设管理单位、项目附属权益处置不合规、项目资产移交未入账、机电工程养护成本偏高、部分工程建设程序不合规、少交税费等问题。

2008—2011 年，省审计厅对瑞赣高速项目预算执行情况进行审计。审计查明，瑞赣高速公路于 2007 年 3 月 16 日开工建设，2009 年 4 月 28 日建成通车。该项目是江西省继昌九、泰赣高速公路之后的第三条利用世行贷款的高速公路项目，全长 117.12 公里，项目概算总金额 562000 万元人民币，其中中央专项资金 96800 万元人民币，江西省自筹资金 118200 万元人民币，利用世行贷款 20000 万美元，国内银行贷款 187000 万元人民币。审计发现的问题主要是：鹰瑞项目前期工作经费未调出、沿线管理所站及路政用车招标过程不规范、部分房建工程计量不合规、工程计量支付滞后于工程形象进度、工程建设费用中多列支预可和工可编制费用、工程计量存在管理缺陷、设计单位存在违规分包、隧道的勘察设计不到位、地方征地拆迁办在征地拆迁补偿工作中存在挤占、截留和滞留补偿资金的问题、漏缴税费等问题。

2009 年，省审计厅对世行贷款泰赣高速公路设备采购及还贷能力进行效益审计，发现泰赣高速项目设备短少、设计论证不充分、设备管理不规范、财务核算与工程管理脱节等问题。审计建议：提高风险意识，积极防范还贷风险；"建管并重"，尽快规范省高速公路养护管理；避免损失浪费，提升项目采购设备的使用效益。

2010 年，省审计厅对世行贷款赣江石虎塘航电枢纽项目预算执行情况进行审计。审计查明，2008 年开工建设的世行贷款赣江石虎塘航电枢纽项目，工程计划投资金额 243764 万元人民币（其中世界银行贷款 1 亿美元、国内配套资金 126000 万元人民币、其余国内商业银行贷款）。发现了个别工程招标文件未公开发布、工程变更长期未获批复、工程设施管护不到位、欠缴税费、挪用项目国内配套建设资金、项目配套资金未足额到位、使用国内配套建设资金用于非项目支出、监理单位在工程建设中履职不到位、超范围使用现金等问题。

教育卫生项目审计

1999—2000 年，省审计厅对省教育委员会贷款办公室管理的世行贷款师范教育发展项目进行审计。审计查明，世行贷款江西师范教育发展项目（以下简称项目）执行期 1994—1999 年，协议贷款总额为 652 万美元，配套资金为 3690 万元人民币。截至 1999 年底，累计使用世行贷款 605.08 万美元，占贷款总额的 92.81%，累计落实配套资金 4012.13 万元人民币，占总计划 3690 万元的 108.73%，审计发现项目执行过程中存在世行贷款资金保障回补不及时、统一招标采购的一标设备质量问题严重、财务管理不规范、部分项目未办理工程决算等问题。

1999 年，省审计厅对江西省教育委员会贷款办公室管理的第二个贫困地区世行贷款基础教育发展项目进行审计。审计发现的问题主要是：（一）部分地区挪用项目资金。（二）由省项目办招标采购的仪器设备和图书资料价格偏高、不实用、浪费较大、采购环节与项目进度脱节。（三）部分地市中标设备仪器金额无相应的账目凭证支持，无法采用相应的审计程序进行核实，萍乡市审计局对萍乡项目拒绝发表意见。（四）一些大型土建工程未招标、投标，项目竣工后无质监部门及公证人员参加。（五）财务及物资管理比较混乱，内部控制结构也存在重大缺陷，绝大部分子项目单位均未能按项目财务管理要求单独设账，仅以复印件形式设立辅助账户。

是年，省审计厅对世行贷款传染病与地方病控制项目进行审计。审计查明，世行贷款传染病与地方病控制项目于 1991 年 12 月 23 日签署信贷协定，项目贷款总额为 9590 万个 SDR，约合 12960 万美元，占项目评估总投资的 47.8%；国内配套资金为 14140 万美元，占项目评估总投资的 52.2%。该项目于 1998 年 12 月 31 日完成。项目投资总额为 1824.45 万美元，其中贷款总额为 934.05 万美元，占总投资的 51.2%；国内配套资金为 890.41 万美元，占总投资的 48.8%。审计发现，该项目存在贷款资金到位不足、账务处理不规范等问题，并提出相应建议，得到被审计单位的采纳。截至 1998 年 12 月 31 日，累计项目支出投资 12535.99 万元人民币，占项目投资总额的 118.37%。本年度信贷资金投资完成 566750.23 个 SDR，累计完成 5108509.75 个 SDR，占信贷资金总额的 73.91%。累计国内配套资金投资 7001.59 万元人民币，占配套资金总额的 135.58%。

2001 年 5 月，省审计厅组织对世行贷款贫困地区基础教育发展项目进行审计。审计查明，1994 年经原国家教委、财政部、国家计委批准，江西省被列为贫困地区基础教育发展项目省，世行贷款 1770 万美元，用于支持 20 个贫困县实施九年义务教育，同时支持 11 所中等师范学校网点结构布局调整。该项目执行期是 1995—2000 年。到 2000 年底，江西省累计向世行申请信贷资金 1134.86 万个 SDR，按照 2000 年 12 月 31 日汇率折算，约合 1480.65 万美元，占贷款总额的 83.65%。按照信贷协议，该项目计划投入国内配套资金 21098.36 万元人民币。截至 1999 年底，累计落实配套资金 21168.65 万元人民币，占配套资金总额的 100.33%，江西省项目配套资金已超额完成计划。审计未发现项目存在重大违反国家法规、贷款协定的问题和内部控制缺陷。

2003 年 3 月，省审计厅组织对世行贷款综合性妇幼卫生项目进行审计。审计查明，1994 年 11 月 8 日，国家签署世行贷款综合性妇幼卫生项目信贷协议，生效日期 1995 年 1 月 26 日。国际开发协会信贷编号 2655-CHA，贷款总额为 6190 万个 SDR，约合 9000 万美元，占项目评估总投资的 65%。国内配套资金为 4867 万美元，占项目评估总投资的 35%。项目已于 2002 年 10 月 31 日关闭专用账户。在该项目中，江西省计划投资总额为 1622 万美元，其中贷款总额为 1060 万美元，占总投资的 65.35%；国内配套资金 562 万美元，占总投资的 34.65%。项目总目标是降低贫困地区孕产妇和儿童的死亡率和发病率。项目实施范围为南昌市、景德镇市、新余市、鹰潭市、萍乡市、赣州市、宜春市、上饶市、吉安市、抚州市等 10 个地市所属 31 个县（市、区）。江西项目累计支出投资 12598.32 万元人民币，完成投资总额的 89.33%。累计国内配套资金投资 4541.93 万元人民币，占计划配套资金总额的 92.82%。累计信贷资金支出 732.42 万个 SDR，完成贷款总额的 100.46%。审计发现项目存在如下违反国家法规、贷款协定问题和内部控制缺陷：少数项目办和项目建设单位挤占挪用项目资金，个别项目单位存在虚报费用现象；采购的部分设备物资存在质量问题，甚至有的设备性能落后、功能不全、适用性较差；世行贷款资金运转缓慢；配套资金到位不足；项目信贷资金完成表中实施性研究和国外培训两个子项目互相串户。

2010 年 11 月，省审计厅组织对世行贷款/英国赠款中国结核病控制项目进行审计，审计查明，该项目于 2002 年 3 月 24 日签署《贷款协定》。2003 年 6 月 20 日起生效，正式开始执行。国际复兴开发银行贷款号 7107-0CHA，贷款总额 10400 万美元，占项目总投资的 43%。项目关账日为 2010 年 3 月 15 日。该项目中，江西省计划投资总额为 7259 万元人民币，其中：世行贷款总额为 405 万美元（按照 2003 年 12 月 31 日汇率，相当于 3363 万元人民币），占总投资的 46.33%；英国政府赠款 1246 万元人民币，占总投资的 17.16%；国内配套资金为 2650 万元人民币，占总投资的 36.51%。2009 年 8 月 5 日，世界银行致函财政部，同意江西省注销贷款额度 90 万美元，注销后江西省贷款总额为 312.416 万美元。项目的总目标是，通过有效和可持续的国家结核病控制规划，降低结核病的发病率和死亡率，特别是在贫困人口中降低结核病的发病率和死亡率。项目实施范围为赣州市、抚州市、上饶市、吉安市、九江市、萍乡市、景德镇市、鹰潭市、新余市、宜春市等 10 个地市所属 54 个县（市、区）。项目累计支出投资 5682.45 万元人民币，完成总计划额的 78.28%。累计国内配套资金投资 4509.41 万元人民币，占总计划额的 115.74%。累计贷款支出 308.81 万美元，完成贷款总额的 98.85%。审计未发现项目存在违法国家法规、贷款协议问题和内部控制缺陷。

其他项目审计

2002 年 3 月，省审计厅组织对世行贷款粮食流通和市场项目进行审计。审计查明，世行贷款江西省粮食流通和市场项目生效日期 1993 年 10 月 25 日，信贷号 2518-CHA，贷款号 3624-CHA。世行贷款 1380.06 万美元，其中软贷款 334.88 万 SDR，硬贷款 915.35 万美元。世行贷款江西省粮食流通和市场项目计划投资 19555.76 万元人民币，到 2000 年底，已落实国内配套资金 12254.77 万元人民币，其中中央贷款 5088 万元人民币，地方贷款 190 万元人民币，中央拨款 3437 万元人民币，地方配套 3539.77 万元人民币；世行贷款支付 740.70 万美元，折合人民币 6129.09 万元（按照 2001 年 12 月 31 日汇率折算）。到 2000 年底累计完成投资 18217.20 万元人民币，占计划总投资的 93.16%。到 2000 年底，全省 13 个世行项目中，12 个项目已完成，1 个中转库（九江鸟石矶粮库）项目土建已完成，至审计日正抓紧设备安装及调试工作。审计发现的问题主要是：项目效益差，项目单位债务负担过重，项目设备自装机试运行以来，基本未使用。

2003 年 5 月，省审计厅组织对世行贷款长江洪灾紧急项目进行审计。审计查明，世行贷款江西省长江洪灾紧急恢复项目于 1999 年开始实施，项目贷款协定号 4438-CHA，信贷协定号 3169-CHA，项目世界银行贷款总额 22006.6 万元人民币。项目目标是恢复灾区一大批受水毁的道路、供水、学校和医院等基础设施，为灾区群众重建家园、恢复正常生产和生活起到积极和重要的作用。该项目 2001 年按期全面完成建设任务。截至 2002 年底，项目全部竣工，318 个子项目全部按照计划完成，共完成投资 34966.67 万元人民币，占项目总计划额的 102.35%。截至 2002 年底，项目累计资金到位 33618.6 万元人民币：其中国际金融组织贷款资金到位 21572.85 万元人民币（国际开发协会 11000 万元，国际复兴开发银行贷款 10572.85 万元），占计划投资 22006.6 万元人民币的 98.03%；国内配套资金到位 12045.75 万元人民币，占计划投资 12158.4 万元人民币的 99.07%。审计未发现项目存在重大违反国家法规、贷款协议问题和内部控制缺陷。

2004—2010 年，省审计厅对亚洲开发银行贷款贫困林业项目预算执行情况进行审计。审计查明，

2003 年项目开始实施，计划完工日期为 2007 年 12 月 30 日，关账日为 2008 年 6 月 30 日。因实际实施相对滞后，经亚行同意，完工日调整为 2009 年 12 月 30 日、关账日调整为 2010 年 3 月 30 日，项目总投资 18370 万元人民币（其中：亚行贷款 9078 万元人民币、国内配套资金 9300 万元人民币），并发现部分县乡财政部门滞留项目资金、贷款资金和赠款资金发放环节存在不规范现象、提款报账周期较长等问题。审计报告如实披露存在的问题，促使相关单位及时进行整改，全省各级财政和项目管理单位提高了国外贷援款资金的管理风险意识。

第二节　外国政府贷援款项目审计

林业项目审计

1999—2009 年，省审计厅连续 11 年对中德合作造林项目进行审计。审计查明，1998 年开始实施中德合作造林项目，协定利用德国贷款，项目执行期 11 年，审计发现的问题主要是：资金管理不规范，德方援款和中方配套资金未分开做账；配套资金不足，农民劳务费发放滞后；部分项目县挪用项目资金。

2004 年，省政府开始实施日本政府贷款江西造林项目，建设期 6 年，计划于 2009 年结束，协议总投资 70381.54 万元人民币，其中：日元贷款 750730 万日元，折合人民币 52498.95 万元，政府配套 8400 万元，经营实体自筹 9482.59 万元人民币。省审计厅连续 6 年对该项目进行审计。审计发现的问题主要是：基层建账不规范；一些市、县配套资金不到位；部分项目县资金管理不够规范，存在项目资金滞留、截留现象；项目实施进度缓慢；提款报账速度慢。2008 年省审计厅将审计发现的项目整体实施进度缓慢、县级财政部门和项目办滞留项目资金的问题以审计要情的方式向省政府反映，得到省政府领导的重要批示。2009 年是公证审计的最后一年，审计发现，截至 2009 年底，累计提取日元贷款 6115.34 百万日元，占贷款协议总额的 81.46%；项目办特别账户的资金管理存在延迟支付情况，个别县级项目单位未能严格按相关规定进行财务核算，资金管理也不符合规定等问题。

教育卫生项目审计

2004 年，省政府正式开始实施日本国际协力银行贷款公共卫生项目，执行期 6 年，项目概算总额 27361.64 万元人民币，其中：日元贷款为 28.21 亿日元，折合人民币 19727.27 万元，占总投资的 72%，国内配套资金 7634.37 万元人民币，占总投资的 28%。省审计厅与项目市县审计局自 2006 年起连续 5 年对该项目进行审计，审计结果表明：在项目概预算执行过程中存在会计账簿设置不规范、部分项目单位配套资金到位不及时、项目单位列支国内培训费用不规范、挪用项目设备及部分设备未投入使用等问题。省项目办已对相关问题进行整改，并根据审计部门的建议采取措施，加强项目的后续管理工作。至 2009 年底，累计提取日元贷款 28.05 亿日元，完成贷款总额的 99.44%；累计到位配套资金 6850.39 万元人民币，占总计划额的 89.73%。

是年，省政府正式实施日本国际协力银行贷款江西省人才培养项目（以下简称项目），本项目贷款总额 487200 万日元，其中设备采购 438600 万日元，人员培训 25300 万日元，项目实施单位 9 所高等院校，实施期至 2009 年底。省审计厅自 2005 年起连续 6 年对该项目进行审计。审计发现的问题主要是：项目实施进度缓慢；设备采购协议签订不及时；报账审核环节冗长；部分高校项目设备闲置或自行置换设备；项目办特别账户管理不规范、延迟支付资金。另外，省教育厅项目专户结余人员研修贷款 200.72 万日元，省项目办于 2008 年就申请退回财政厅，一直未得到答复；省财政厅存在缓拨和滞留回补资金等问题。2009 年省审计厅向省政府提交的《关于日元贷款人才培养项目设备采购效益的审计报告》，得到省政府领导的重要批示，省教育厅和项目执行单位也积极进行整改。截至 2009 年底，累计提取日元贷款 350900 万日元，占总计划额的 72.02%。

其他项目审计

2000 年，省政府开始实施英国政府援助洪灾恢复及预防项目，2001 年结束，协议总贷款额为 100 万英镑，折合美元 162.86 万美元，省审计厅连续 2 年对该项目进行审计，审计发现该项目存在个别受援单位受援物资只登记注册，未纳入财务核算的问题。截至 2001 年 12 月 31 日，该项目累计提款额 160.1 万美元，贷款额度全部使用完毕。

2003 年 6 月，省审计厅组织对国际农发基金会赣州农业综合开发项目进行审计。审计查明，国际农发基金会江西/赣州农业综合开发项目（贷款号 395-CN），生效日期 1996 年 5 月 10 日。2002 年项目已关闭信贷资金专用账户，进入还本付息阶段。项目建设内容有：粮食作物生产、果茶生产、畜牧开发、特别信贷、农村企业及项目管理协调和培训等六大类别。项目分布在兴国县、于都县、赣县、上犹县、龙南县五个县 47 个乡镇实施。项目计划总投资 47803.6 万元人民币，其中国际农业发展基金会贷款 1595 万个 SDR。审计发现的问题主要是：挪用项目资金作非项目支出；有的基层项目单位对转贷资金的回收和利息的催收力度不够，造成转贷本息回收率低；县项目办用信贷资金垫付贷款利息，影响项目资金的使用效益；有些乡镇项目办会计、出纳职责不分，回收资金不及时缴存银行，财务人员更换频繁。

第三节　国外赠款项目审计

2004 年，省审计厅组织对多边基金赠款江西船用阀门厂转产项目进行审计。审计查明，江西船用阀门厂与国家环保总局签署的哈龙消费淘汰转产项目（项目编号 HPG-98），按合同书规定，江西船用阀门厂应于 2002 年 7 月 10 日前转产二氧化碳、七氟丙烷、水喷淋、泡沫灭火系统，计划转产后年生产能力为 140 吨。合同赠款金额 14.479 万美元，应用于购买转产设备。截至 2001 年底实际收到多边基金赠款总额 35.9 万元人民币，此款尚未动用，采购计划也在执行中。江西船用阀门厂与项目相关的内部控制制度比较健全，财务核实真实，管理有效，提供的数字和资料与实际情况一致。审后确定的淘汰量与合同一致，转产方式与进度符合与国家环保局所签合同。

2010 年 3 月，省审计厅组织对多边基金资助的 ODS 淘汰项目进行审计。审计查明，1992 年中国开始准备实施多边基金资助的 ODS 淘汰项目。ODS Ⅳ 项目全称为第四个蒙特利尔议定书臭氧消耗物质淘汰项目，项目协议于 1997 年 12 月 5 日由财政部与世界银行签署，资金用于不同行业的 ODS 淘汰活动。审计时，在该项目下已批准哈龙等 12 个行业机制，批准总额不超过 44000 万美元。CTC 及相关助剂行业的淘汰是中国 ODS 淘汰行动的重要组成部分。世界银行与中国政府相关部门于 2005 年 8 月 24 日制订的《中国化学助剂应用及相关 CTC 生产的 ODS 淘汰行业计划》，2005 年 11 月得到多边基金执行会的批准。2006 年 4 月执委会批准了《中国 CTC/PA（Ⅱ 期）行业 ODS 淘汰协议》，多边基金总赠款 4650 万美元。海利贵溪化工农药有限公司使用四氯化碳作为化工助剂消费淘汰项目，获得多边基金执行会赠款总金额 132.14 万美元。截至 2009 年 12 月 31 日，累计收到赠款 105.712 万美元。2007 年 8 月该公司替代 CTC 的新生产线就已投入生产，2009 年不再有 CTC 的采购、消费和库存。审计发现，该公司的 CTC 的出入库管理不严格，存在假出入库现象。

第四节　政府外债审计及审计调查

2002 年，根据审计署的工作部署，省审计厅组织全省审计机关对江西省截至 2001 年底的政府外债情况进行审计调查。审计结果显示：截至 2001 年 12 月 31 日，江西省国际金融组织贷款债务余额 29452.83 万美元、外国政府贷款债务余额 21691.74 万美元，合计 51144.57 万美元。

2003 年，根据审计署工作部署，省审计厅组织各设区市审计局对江西省政府外债管理体制进行专项审计调查。审计发现的问题主要是：项目管理体制存在较多缺陷；项目立项与可行性研究疏漏；经济效益不理想，项目还贷能力较弱；外债风险防范机制不完善，县级政府外债风险日益显现；项目资金到位不理想，不利于项目建设。

2010 年，根据审计署的工作部署，省审计厅组织各设区市审计局对全省政府外债总体情况进行审计。通过审计摸清了主权外债基本情况和存在的主要问题。审计结果显示：截至 2009 年 12 月 31 日，省政府外债项目 54 个，协议总金额 173676.77 万美元，累计提款 144117.2 万美元，累计还款 50774.79 万美元，债务余额 85560.44 万美元。政府外债主要投资于农业、交通、能源以及城市发展、教育、卫生等领域。审计发现，政府外债管理工作薄弱、各级地方财政为政府外债还款背负压力、政府外债项目管理存在问题、外债项目参与金融衍生品交易的风险控制未得到重视等问题；省审计厅对政府外债管理提出的建议，获得省政府主要领导的批示，促成省财政厅出台政府外债管理的规范性文件，进一步规范全省政府外债项目的执行和管理工作。

第五节　中外合资、合作企业项目审计

2004 年，省审计厅对新华金属制品股份有限公司 2003 年度的资产、负债、损益情况进行审计。审计查明，新华金属制品股份有限公司是一家有外商参股的股份制上市公司（以下简称新华公司），前身为新华金属制品有限公司，创办于 1986 年 11 月 15 日，并于 1996 年 12 月 19 日改制为股份制公司，在上海证券交易所挂牌上市。1996 年新华公司利用股票发行所募集的资金，引进铝包钢项目，

建立铝包线厂。1999 年，又通过配股，将新钢金属制品有限责任公司（钢丝厂）配入。新华公司 2003 年度总资产为 47800 万元人民币，负债为 18500 万元人民币，资产负债率为 38.7%；主营业务收入达 53800 万元人民币，实现净利润达 2357.5 万元人民币。审计发现的问题主要是：（一）部分预付账款未及时确认收入。（二）三个分厂现金收入与零星开支，均在以出纳员个人名义开设的储蓄存折中存付。（三）财政多返还先征后返的所得税优惠 140 万元人民币。（四）投资收回事项会计处理不当。（五）三个分厂产品成本核算方法不规范。审计建议：加强与客户沟通，尽量缩短验收确认时间，及时反映收入，客观真实地体现企业生产经营状况；严格执行现金管理有关规定；加大对资金的调控力度，合理调度和使用资金，努力提高资金使用效益；对多返还的税款及时自行清缴；确认并统一执行规范的产品成本核算方法，以准确核算产品成本；建立科学、客观的材料损耗率考核机制，健全投入与产出配比的监督机制，强化企业管理。

2008 年，省审计厅对中外合资企业新华公司 2004 年至 2006 年度企业效益进行审计，审计发现的问题主要是：（一）长期投资效益不够理想，有个别项目损失严重。投资江西北大瑞欣生物药业有限公司 1200 万元人民币,账面全额确认为损失。（二）企业废品率逐年上升,影响经济效益增长。（三）应收账款回收慢，增加企业的资金成本和风险。（四）多提其他应收款坏账准备金 45.96 万元人民币。5. 企业销售利润率较低，产品结构不够优化。审计建议：强化资金管理，加速资金周转；注重对新员工的技能培训；严格控制原料的采购质量，抓好成本控制环节；采取有效形式加快对国际市场的开拓，培育新的增长点；加强技术改造和新产品的研发工作，提升企业的竞争力；积极推进钢丝产品的升级换代，找准项目定位，确保其市场竞争力有实质性的突破。

第六节　其他外资项目审计

1999 年，省审计厅采取重点抽查方式对省农垦农业开发公司 1991 至 1997 年世界银行贷款吉湖项目经营管理有关情况进行审计。审计查明，截至 1998 年 12 月 31 日，整个农垦系统负担的世行贷款吉湖项目债务为 610.33 万美元，折合人民币 3813.26 万元人民币；公司行政账面反映总资产为 688 万元人民币，负债为 704.9 万元人民币，资产负债率 105.5%；物资部总资产为 486394.37 元人民币，总负债为 484351.18 元人民币；水产项目账面总资产为 859.9 万元人民币。审计发现，吉湖项目存在内部管理混乱、财务内控制度欠缺、投资损失巨大、业务活动涉嫌违法等问题。审计建议省农垦集团总公司组成清查小组，对吉湖项目经营管理存在的问题进行彻底清查，并将涉嫌违法人员移送检察机关立案查处。

2001 年 6 月，省审计厅对省林业厅利用外资办公室 2000 年度行政财务收支情况、世界银行贷款贫困林业项目省本级财务收支情况、世界银行贷款森林资源项目省本级财务收支情况、世界银行贷款国家造林项目省本级财务收支情况进行审计。审计查明，省林业厅利用外资办公室（以下简称省林业外资办）是隶属于省林业厅的全额拨款事业单位，主要职能是对世界银行贷款林业项目进行管理，下辖省大山实业有限公司（以下简称大山公司）。管理账目有行政事业财务账、世行贷款贫困林业项目省本级财务账、世行贷款森林资源项目省本级财务账、大山公司财务账等银行账户 18 个。

审计发现的问题主要是：（一）行政事业经费开支失控。（二）挤占、挪用世行贷款，用于添置办公交通工具、办公设备、偿还借贷、开办公司等。审计建议：建立健全内控制度；杜绝挪用行为；严格压缩不合理开支；对财务进行自我清理，彻底清查零星往来；聘请会计师事务所对大山公司所有财务进行清账，并出具清账报告。

2003 年 4 月，省审计厅对省外资办 2002 年度财务收支情况进行审计。审计查明，江西省政府利用外资办公室（以下简称省外资办）是负责全省外商投资工作的指导和管理、分析研究全省外商投资总体情况、协调解决外商投资方面重大问题的专业机构，和省外经贸厅外国投资管理处两块牌子，一套人马。审计发现的问题主要是：（一）年检补贴在奖励经费中支出，未在事业费结余中开支。（二）其他应付款长期挂账。（三）以协会名义购买汽车，未入固定资产账。2005 年 3 月，省审计厅再次对省外资办 2004 年度财政财务收支情况进行审计。审计发现的问题主要是：（一）通过往来科目隐瞒项目节约资金。（二）项目资金使用缺乏预决算控制。招商项目立项时没有科学的财务预算或资金计划，执行过程中的费用开支缺乏完整的控制和记录，项目结束后没有项目经费决算；部分项目出现超支。（三）项目之间随意调剂资金。（四）财务报账手续不完善，费用结算不明细、原始凭证支持力不足。（五）省外商投资企业协会购置办公设备，未入固定资产账。审计建议：按规及时清理往来款项，杜绝财政资金预算外循环；建立科学、严谨的资金预决算制度，严格控制经费支出标准，规范经费支出内容；向省财政有关部门补办调剂资金的审批手续；省外商投资企业协会应对固定资产进行一次全面清理，并落实定期盘点和专人管理的制度，防止固定资产流失。

是年 4—5 月，省审计厅对省林业外资办 2002 年度财政、财务收支进行审计。审计发现的问题主要是：（一）挪借国家造林项目账户配套资金投资省林业厅属培训中心 1800 万元人民币，不符合项目管理的要求。（二）经管的利用外资项目 4 个，现已有 3 个项目已经结束。经审计查阅和询问，项目账户尚有 20 余万元人民币应收款和近 30 万元人民币应付款未得到及时的清理、核销，影响项目资金的管理。（三）1997 年，在造林项目账户挪借资金 95 万元人民币分别借给厅信息中心、林场公司和机关服务中心，省审计厅 2001 年度审计时已对此事要求进行整改，至今年审计时止仍未整改。（四）1992 年省林业厅请示省财政厅同意可使用有偿配套资金占用费弥补实业经费不足。至审计日，尚存配套资金余额 1024 万元人民币。（五）结存项目管理费、还贷管理费、科研费，均挂各项目账户，未集中统一纳入财政预算外管理，不符合《江西省预算外资金管理实施办法》的要求。（六）有部分固定资产购置未履行政府采购程序。审计建议：商情省林业厅责成所属培训中心制定还款计划，尽快落实资金归还的措施；对开办以来所安排的有偿配套资金进行一次彻底的清理，并按规定进行处理；对确因事业经费不足而须弥补的经费开支，每年作出预算报经财政厅批准后列支；按要求将项目管理的各项经费收支纳入财政预算外管理的渠道；严格执行《政府采购法》，规范政府采购行为。

是年 5 月 14—15 日，省审计厅对省农业外资办提供的事业经费、红壤二期开发项目、联合国 WFP 紧急粮援项目、国际农发基金项目、日援粮食增产项目共 5 套账及其所用的 1 个基本户、4 个项目专户共 5 个银行账户进行审计。审计查明，省农业厅利用外资办公室（以下简称省农业外资办）是省农业厅下属的正处级全额拨款事业单位，主要负责全省农业利用外资项目的引进、实施、管理和招商引资工作。2002 年 9 月以前，省外资办和省农业联合开发总公司合署办公，省农发办主任为总公司法人代表。2002年9月，省外资办和总公司实行事企分开，费用到年底未分开。审计发现的问题主要是：（一）项目账户清理不及时。红壤二期开发项目、联合国WFP紧急粮援项目、国际农发基金项目已基本结束，但WFP项目账上仍有大量的项目结余资金，年底银行存款2081.74万元人民币（含预留税款1700万元人民币），其他应付款余额2006.67万元人民币，项目管理费结余76.88万元人民币；红壤二期项目和国际农发基金项目由于账户设置等原因，仍有部分往来未及时清理。（二）在联合国WFP紧急粮援项目列支的管理费，有一些明显不属于项目管理费开支的范围。（三）财务处理不规范。"财政补助收入"科目明细账只有1—3月的数字，没有后面的账目记录，有的科目登记业务没有凭证号码等。审计建议：按照有关规定，及时对已结束项目进行清理、核销。将项目资金按规定渠道进行处理；将单位职工医疗纳入公费医疗或社会保障体系；定岗定编，规范管理费用开支；事企分开，经费按规分开使用；建立健全财务制度，稳定会计队伍；对联合国WFP紧急粮食援助项目预留的1700万元税款，根据国家总署的意见，只能用于本省的农业外资项目，不得挪作他用。

是年，省审计厅对省计划委员会农业利用外资办公室（以下简称省计划农业外资办）2002年度财政财务收支情况进行审计。审计发现的问题主要是：（一）对外投资损失较大。投资的三家公司停止经营多年，尚未得到清算。（二）违规借贷11起，隐匿资产和不明资产，盘盈资产来源不明。（三）培训用房出租收入未按规纳入省计划农业外资办财务账统一核算，未按规清缴租金。（四）非正式职工参与机关房改，与有关规定不符。审计建议：针对上述问题，组织专门人员，进行清理，落实责任。

是年5月，省审计厅对省卫生厅贷款办公室2002年度财务收支情况进行审计。审计发现的问题主要是：（一）还贷准备金存款利息收入，违规列入事业费基金收入。（二）报废固定资产未经国有资产管理局批准。审计建议：将还贷准备金存款利息收入调增还贷准备金；按规补办固定资产报废有关手续；鉴于V3、V6项目已基本结束，有关项目固定资产的采购、使用以及报废情况应写一份文字说明，存档备份。

2004年，省审计厅对江西省山江湖开发治理委员会办公室（以下简称山江湖开发办）及下属省遥感中心、省山江湖可持续发展促进会2003年度财政财务收支情况进行审计，并延伸审计该单位实施的联合国农村可持续发展与扶贫项目执行情况。审计发现的问题主要是：（一）预算执行不够规范。（二）项目结余资金未纳入财政预算管理。（三）科技三项费用管理不规范。在编制科技三项目费用请款表时不严谨，计划总投资和资金到位情况的填写存在随意性，项目预算管理不够严格，项目实施缺乏跟踪问效机制，项目决算制度基本未实施。（四）工程、设备采购支出不规范。在事业费列支的电梯升级费用，所附合同明显属事后补签，内容不完整；科技馆项目中采购各类影音设备，没有履行政府采购程序。2003年底德国援款项目结束后，向单位移交的固定资产未入账管理，形成账外资产。（五）汽车费用开支过大，财务手续不够完善。部分修理费用的发生缺乏必要的控制程序，既没有申请修理报告和修理验收说明，也没有详细的修理项目清单，在汽油费列支中有一些时间较前的汽油发票作为附件。审计建议：合理编制单位预算，强化预算约束，严格预算执行，如实反映单位财务状况；将未纳入财政预算管理的节约资金纳入财政监管范围；严格执行预决算制度，避免管理制度流于形式；严格按照《政府采购法》和省政府公布的年度政府采购目录的要求，规范单位采购行为；对固定资产进行一次全面清理，按规定登记造册，入账核算，据实上报上级资产管理部门，同时按照规定加强管理，防止国有资产的流失；本着厉行节约的原则，采取切实有效的措施，加强汽车费用的控制，完善财务手续，避免各类不合理费用的发生；严格区分项目开支，确保会计数据真实准确。

第七章　企业审计

　　企业审计是全省各级审计机关履行审计监督职责的重点工作内容之一，其审计涵盖面之宽，涉及工农业生产和商品流通领域各行业、部门所属的地方国有企业及其主管部门（包括所属事业单位）和由审计署授权审计的中央驻赣企事业单位。审计监督范围不断拓展，由对被审计单位的财务收支审计，发展到对其经济活动的真实性、合法性、效益性的审查、经济责任评价，审计类型由财务收支审计为主，发展到经济效益性审计、资产负债损益审计及专项审计和审计调查等。1991—2010年，全省各级审计机关共对35569个单位进行审计，查出违纪违规金额1670142万元，应缴财政金额282096万元。其中：1991年至1997年，对25873个单位审计，查出违纪违规金额289205万元；1998年至2000年，对3978个单位审计，查出违纪违规金额265350万元；2001年至2005年，对4186个单位审计，查出违纪违规金额520991万元；2006年至2010年，对1532个单位审计，查出违纪违规金额594596万元。

第一节　工业企业审计

　　1998年2月，省审计厅对省冶金工业总公司（以下简称冶金公司）1997年度财务收支情况进行审计。审计查出：（一）少缴个人所得税及营业税及附加。（二）财务处长期投资2000多万元，账面无投资收益。（三）市博力科贸公司等4个单位往来长期挂冶金公司质监站（含建房办）其他应收款科目，属多年前的非正常往来。审计建议：强化对长期投资的管理，防止国有资产流失；清理多年前的非正常往来，对需要移交监察、司法部门查处的应及时移交；杜绝无依据向企业罚款的行为，切实减轻企业负担；冶金公司质监站收到的抵债物资应按规定及时冲减债务往来；划清办公经费与职工福利费的列支界限，进一步规范财务核算。

　　是年4—8月，省审计厅组织9个地市审计局对全省13户大中型棉纺企业（以下简称"13户企业"）1997年度经营状况进行审计调查。审计调查发现：（一）盈亏反映不实。累计亏损数额大。实有12户企业亏损，比财务报表反映的亏损企业数多5户；13户企业1997年度财务报表共少反映亏损15347万元，另外，审计查明13户企业在清产核资核销各种损失23259万元的基础上，至1997年底各种潜亏及亏损挂账累计达61600万元。（二）不良资产比重较大，资产负债率高。13户企业截至1997年底不良资产达55949万元，剔除这些不良资产，有9户企业资产负债率超过100%，其中最高的1户达190%；有3户企业资产负债率在90%至100%之间；有1户企业资产负债率为79%。（三）技改项目不成功，企业再添新债务。如井冈山纺织有限责任公司技改项目"9348"扩建工程，因选址多变等原因造成已投入的启动资金2356万元闲置；抚州第二棉纺织厂牛仔布生产线项目，建成投产的实际生产能力仅为设计能力的31%，投产当年亏损815万元。（四）产品成本倒挂，生产越多亏损越大。因纺织品市场销售价格大幅下滑，而作为棉纱主要原料的棉花国家保护价又在上涨，致使产品成本倒挂，不利销售。（五）应收账款占用资金多，呆死账款比例大。13户企业1997年底应收账款余额为39100万元，账龄超过三年的约占30%，有的已形成呆死账款。（六）企业办社会负担重，富余人员多，难以安排。截至1997年底，13户企业已下岗分流4695人，占在职职工总数的9.2%，仍有大量富余人员由于难以安排而未分流下岗。审计建议：仅靠企业自身的力量在三年内走出困境十分困难，须依靠国家和地方各级人民政府及有关部门给予各方面政策性的扶持；棉纺企业要不断开发新产品，提高产品附加值及技术含量。对技改项目要认真进行市场调查和研究，减少投资风险；积极盘活存量资产，提高资金效率，对应收账款应落实责任组织清欠。省审计厅向省政府出具的《关于江西省13户棉纺企业1997年度经营状况的审计调查报告》，得到省政府主要领导的批示批转。

是年9月，省审计厅对赣州钴钨有限责任公司1997年度财务决算及1998年1至8月财务收支情况进行审计。审计发现的问题主要是：（一）截至1998年8月底，实际累计亏损181017万元，报表仅反映累计亏损112394万元，少反映亏损68623万元。（二）截至1998年8月底，长期投资14015万元，几年来账面无投资收益。审计建议：对长期投资项目进行清理，加强管理；催收为地区轻化建材公司担保而分期付款的贷款本息330万元；对库存物资进行盘点，并进行账务调整，准确反映存货成本。

是年10月，省审计厅对南昌钢铁有限责任公司1997年1月至1998年9月财务收支情况进行审计。审计发现的问题主要是：（一）截至1997年底，潜亏16085.6万元未按规定计入当期的损益、其中1997年新增潜亏8752.01万元；1998年1至9月合计多反映利润4169.99万元，实际为亏损4676.75万元。（二）1997年度少缴税费合计461.59万元。（三）1997年底未根据工效挂钩下浮工资1585.06万元。（四）长期投资1169.9万元，账面无投资收益。审计建议：如实反映盈亏；对该下浮的工资，要调整账务冲减工资基金；加强对长期投资的监督管理；规范成本核算，特别是成本差异摊销的核算。

是年10—11月，省审计厅对江西凤凰光学仪器（集团）有限公司1997年1月至1998年9月财务收支情况进行审计。审计发现的问题主要是：（一）1997年度报表反映利润1699.65万元，但历年潜亏7183.07万元未按规定摊销，其中当年潜亏581.1万元未列入损益。（二）合并报表时将分厂间的销售重叠计算，多计销售收入6838.36万元。（三）1997年下属的教育处经营收支结余、进出口处出口代理收支结余、一次相机厂亏损，工贸公司、凤新公司以及驻外十几个经销部的财务报表都未合并。（四）教育处公款私存312.26万元。审计建议：如实反映盈亏；正确汇总全厂的销售收入，加强财务监督管理；补提城镇土地使用税应缴数，如实反映成本；提高纳税意识，及时缴交税费，禁止公款积存。

是年11月，省审计厅对江西盐矿1997年度财务决算及1998年1至10月财务收支情况进行审计。审计发现的问题主要是：（一）1997年少反映亏损3986.7万元。（二）原材料账上反映1997年末油料、五金、钢材赤字与仓库保管账严重不符。（三）原10万吨生产线基建账早已清理，仍有基建款违规挂其他应付款科目。（四）少缴税费。审计建议：如实反映亏损经营状况；财务人员应根据仓库材料出入库数据，及时进行账务处理；坚持材料盘点制度，做到账账、账实相符；借鉴国资局对原生产线报废意见的批复意见，将长挂往来的基建款作调增"资本公积"处理；提高纳税意识，及时缴交税费。

是年11月，省审计厅对江西涤纶厂1997年度会计决算及1998年1至9月财务收支情况进行审计。审计发现的问题主要是：（一）1997年度少反映亏损2693.44万元、1998年1至9月共计少反映亏损2505.91万元，影响企业损益的真实性。（二）1997年度未经税务机关批准将其他应缴款中的"两金"转入资本公积。（三）1997年度收取的店面租金未作其他业务收入反映。

是年12月，省审计厅对新余钢铁有限责任公司1997年度会计决算及1998年1至10月财务收支情况进行审计。审计发现的问题主要是：（一）1997年度损益中少计成本费用多计变价收入共计7200.11万元，当年实际亏损7194.71万元；1998年1至10月少计成本2221.4万元。（二）截至1997年底，尚有以前年度亏损挂账37128.45万元未消化。（三）1995年6月30日以前对上新钢厂的投资累计达2895.94万元，不但没有投资收益，反而成为企业的不良资产，沉淀企业的资金。（四）1995年6月30日以前合作投建云南滇新锰铁厂1452.58万元，至今未见投资收益。（五）对良欣公司等独立核算经济实体的往来结算，未开具正式发票，凭内部结转凭证进行结算。（六）截至1998年10月底，累计欠缴增值税1025万元、欠交电费18034万元、欠发职工工资和奖金5968万元（其中1998年欠发工资1786万元）。审计建议：如实反映盈亏经营状况；加强对外投资监督管理，采取有效措施，减少投资损失；规范与独立核算经济实体的往来结算；积极筹措资金，补缴税费、补发职工工资和奖金，维护国家、企业和职工的利益；原料公司和设备材料公司要按会计制度的规定，反映材料的收、发、存和成本差异。

是年12月，省审计厅对省盐业公司1997年度财务决算及1998年1至11月财务收支情况进行审计。审计发现的问题主要是：（一）反映经营利润不真实。（二）少缴税费。（三）投资赣梅公司亏损严重。审计建议：如实反映经营亏损，及时缴交税费，加强投资监管，挽回经济损失；规范公司经营行为，销售折让按税法和财务制度规定处理，防止违规操作，杜绝白条与大量现金的支出。

1999年，省审计厅组织力量对全省2190户企业进行审计，发现和揭露了企业会计资料严重失真等问题，查出违纪违规金额177000万元。在省审计厅组织地市审计局对25户省属工业企业审计中发现企业盈亏不实现象严重，25户工业企业报表反映的盈利12户，亏损13户。盈利企业盈利9156万元，亏损企业亏损17812万元。实际上盈利只有3户，亏损22户。盈利企业盈利只有5125万元，亏损企业亏损则有47865万元。国营九九九厂报表反映盈利13万元，经审计实际亏损3503万元；九江化纤厂报表反映亏损1992万元，经审计实际亏损9381万元；江西氨厂报表反映盈利909万元，经审计实际亏损3616万元。这些问题引起省委、省政府领导高度重视并作出批示：责成这些企业整改。

是年1月，省审计厅对江西景华电子有限责任公司1997年度会计决算及1998年1至11月财务收支情况进行审计。审计发现的问题主要是：（一）1997年度少缴印花税、营业税及附加。

（二）财务体制分散，银行账户过多，账务调整频繁，会计核算不规范。（三）盈亏不实形成潜亏款项合计8218.27万元。其中：1997年度费用挂待摊投资科目1307.22万元、动用以前年度结余工资增加当年利润1175.94万元、少反映亏损815.37万元；1998年度虚挂产成品虚增利润819.33万元、费用挂待摊投资科目1759.96万元；截至1996年末电声厂和九尹公司亏损合计547.72万元；截至1998年11月末电声厂和九尹公司长期拖欠总公司水电费等形成呆账款项合计594.13万元；应收账款中3年以上难以收回的销售款380万元。

　　是年1月，省审计厅对江西九江化学纤维厂（含股份公司）1997年度会计决算及1998年1至11月财务收支情况进行审计。审计发现的问题主要是：（一）少缴印花税、增值税及附加、专控商品附加费。（二）全厂（含股份公司）财务报表共少反映亏损9392.79万元，其中：递延资产科目中费用挂账7629.25万元；待摊费用中挂当年应予以消化的二硫化碳损失；预提费用中挂流动资金利息；少提固定资产折旧1650.98万元；工资少进成本等。（三）1998年1至11月财务报表少反映亏损10484.56万元，其中：贷款利息8959.22万元挂待摊费用；少提固定资产折旧1513.4万元；工资少进成本等。（四）1997年至1998年11月股份公司共少转总厂原料、辅助材料、水、电、汽等价差6151.51万元，造成股份公司财务报表利润反映不实。（五）截至1996年底，尚有以前年度的潜亏和亏损挂账34172.06万元未以消化。（六）1997年经国税局批准将以前年度应缴的"两金"调增实收资本，违反会计核算的规定。（七）提取的福利费基数未按国家规定的口径计算。（八）1997年股份公司成本结转不规范，存在很大的随意性，造成月份之间成本波动较大。审计建议：加强整改，规范财务管理。

　　是年7月，省审计厅对省盐业总公司1998年度财务收支情况进行审计。审计发现的问题主要是：（一）将中外合资赣梅公司购买设备美元借款的汇兑损失向下级公司摊派。（二）无收费依据或依据不合规，向樟树盐业公司收取调拨差价补亏；向下属塑料厂收取发展基金；收取防伪商标监制费。（三）少缴税费。审计建议：对违规向下级公司摊派的款项应予以退还；对下属公司的款项不能以行政手段来调度和划拨，要以资本为纽带来进行管理；对"三产"公司的康源公司、华盐公司、兴延公司的投资款应作长期投资处理，不能长期挂往来，对"三产"公司的个人投资应进行清理；按规及时缴交税费；精简银行账户，统一核算经济业务；及时清理往来款项；严格发票报账审核制度。

　　是年12月，省审计厅对江西水泥厂（含股份公司）1998年度财务决算及1999年1至10月财务收支情况进行审计。审计发现的问题主要是：（一）截至1998年底，长期投资11000.47万元（不含股份公司的31525.52万元），涉及投资主体22家，部分投资既无可行性研究报告，也无投资协议，投资与往来混淆，特别是一些股权投资收益不清楚，也无核算依据。（二）股份公司1998年度在证券公司投资国债5000万元，其中500万元12月才收回，历时6个半月，未见投资收益；12月份又将206.9万元，转作外埠存款，无任何依据及计息单。（三）1999年10月末水泥厂其他应收金额6904.07万元，账龄长达6年以上。（四）截至1998年末，股份公司有一年以上未动库的水泥8366吨，另有4537吨出现红字。（五）合并财务报表只对老厂与股份公司的报表进行合并，而未对水泥厂下属的全资、控股公司的20余家进行合并。（六）应收账款17000万元，未予清收。（七）少缴税费。

　　2000年，省审计厅围绕国有企业脱困目标对重点企业进行全面审计。在对冶金、煤炭、纺织、机械、建材、电子、化工、烟草、酿酒等11个行业50户地方重点国有及国有控股工业企业1999年度资产、负债、损益的真实、合法、效益审计，查出违纪违规金额650万元，上缴财政金额650万元。

是年，省审计厅对南昌钢铁有限责任公司（以下简称南钢公司）及其下属的江西汽车板簧有限公司（以下简称板簧公司）、江西长力汽车弹簧股份有限公司（以下简称长力公司）等子公司1999年财务收支情况进行审计。审计发现的问题主要是：板簧公司、长力公司实现利润没有按规定计缴企业所得税，南钢公司的下属全资或控股子公司增值税的25%部分没有按规定缴入省级财政。

是年3—4月，省审计厅对萍乡矿业集团有限责任公司（以下简称萍矿）1999年度财务收支情况进行审计。审计发现的问题主要是：（一）财政补贴前利润有较大水分。补贴前实现利润151.17万元剔除应列未列当年损益的因素合计2605.02万元后，当年补贴前实际亏损2453.85万元。（二）不良资产大，资产总额不实。公司非正常递延资产4209.07万元；长期积压、霉烂变质，成本高于市场价的存货1640.72万元；长期闲置、无法使用的固定资产净值6034.87万元；在建工程下马形成的损失811.45万元；无法收回的呆死账5189.19万元，三年以上应收账款4076万元；对外投资损失278万元；维简费超支2575.8万元挂账。（三）对外投资项目（不含通过股份制改造成立的安源实业股份有限公司）中，除投资浙江永庆热电公司3623万元，1999年有投资收益172万元，投资萍乡市月池矿泉水有限公司180万元，1999年有微利外，其他长期投资项目均无收益，有的还形成投资损失。审计建议：加强对外投资的可行性研究和管理，科学决策避免失误；盘活不良资产，尽量减少损失；落实责任，加大对应收账款的清收力度；加强企业内部管理，严格控制费用开支，特别是招待费开支。

是年6月，省审计厅对省医药总公司及所属单位1999年度财务收支情况进行审计。审计发现的问题主要是：（一）在超收分成中用于弥补经费不足等款项。（二）收取赣康公司资金占用费以及1994年东风药厂自行结算取得手续费，未缴营业税及附加。（三）收取大楼管理费、考务费、培训费等，未缴纳营业税金及附加。

是年8月，省审计厅对江西南光仪表电子总厂（以下简称"南光厂"）群众举报中的几个问题进行审计调查。调查结果：（一）1997年，南光厂开始出现亏损，1999年已是资不抵债；自亏损起，编报虚假的财务报表，给有关单位提供虚假的财务信息；对此，时任南光厂厂长王某某负有责任。（二）1996年南光厂年产200万只摩托车仪表生产线技术改造工程，总投资2500万元中的自筹资金750万元未到位，国家专项技改贷款1750万元未做到专款专用（用于归还技改贷款150万元、支付贷款利息433.73万元、挪作企业生产经营周转450万元，真正用于技改资金极少），技改工程也未达到预期目的。南光厂厂长王某某弟弟所办的江西瑞得实业公司，向南光厂供应部分设备和材料的做法不妥。（三）1997年南光厂以（97）厂投字09号文，向省电子集团公司上报"关于购买商品房以逐步解决基层管理人员住房困难的请示"，实际上不符合南光厂厂内有集资房源可供分配的实情。（四）南光厂将投资"温州南光仪表有限公司"的股份，转让给浙江慈溪水利工程塑料厂，退出联营，不存在"出卖工厂品牌"问题。（五）1999年2月13日，法院判决由被告主管单位南光厂负责清理变卖耐酸泵厂及南昌电子机械厂财产，归还债权人本金及利息；1999年6月15日至7月15日，南光厂变卖南昌电子机械厂部分设备获得价款8.6万元，归还债主本息4.6万元，余款挂在南光总厂账上，电子机械厂其他设备及耐酸泵厂的配件仍保留在南光厂仓库，不存在王某某据为私有的问题。省审计厅向审计署出具了《关于江西南光仪表电子总厂群众举报几个问题的审计调查报告》。

是年12月，省审计厅对江西制药有限责任公司1999年度资产负债损益及财务收支情况进行审计。审计发现的问题主要是：（一）存在亏损、潜亏和有问题资金累计7852.97万元。（二）其他应收款科目反映多年形成的往来款项324.96万元、预付账款科目反映多年形成的往来款项2538.13万元，合计2863.09万元，未进行清理。（三）欠外单位五年以上的借款合计2980万元。（四）公司本部共在银行开设账户19个，不符合《银行账户管理办法》的有关规定。（五）已使用多年但未结转固定资产的款项共计701.36万元，仍挂在建工程科目，未办理工程决算手续，也未估价计入固定资产计提折旧。（六）未对超过保质期的原料药品和"产成品"科目出现的红字余额进行清理并调账。（七）未对其他应收账款、应付账款进行专门清理，并按规计入当期损益。（八）将结转产成品成本的方法由加权平均法改为后进先出法，未办理有关审批手续，也未在财务报表中进行调整说明，不符合会计准则中一致性原则规定。（九）未缴税费。审计建议：立即按财务管理制度规定进行整改。

2001年，省审计厅对江西凤凰光学仪器（集团）公司（以下简称集团公司）2000年度财务情况进行审计调查。审计调查发现：（一）广东恒信会计师事务所出具对集团公司2000年度合并财务报表的审计报告中，根据省财政厅赣财企〔2001〕7号文"关于同意核销资产损失的批复"、长期投资按权益法调整以及该公司已调整项目，对年度合并财务报表调增总资产年初总额12.98万元，调增负债年初总额3326.11万元，调减净资产年初总额3313.14万元，但在年度内账务上未做会计调整处理。（二）经审计调整后的国有资产增值率为–2.25%、净资产收益率为–3.567%、流动资产周转加速率为–24%，均比省财政厅原审批数降低较大幅度。（三）投资的江光物业管理中心总资产总额122.79万元，负债总额72.79万元，净资产总额50万元，未并入合并财务报表。（四）2000年末所属进出口公司产成品年末余额出现负数144.09万元，为库存商品未划入所致。（五）2000年末所属进出口公司尚有应收商品出口退税款288.60万元难以收回。（六）2000年末所属进出口公司收到预收款长期挂账，未进行清理。

是年，省审计厅对省建材集团公司（以下简称集团公司）2000年度财务情况进行审计调查。审计调查发现：（一）经审计核实，核减资产5760万元，核减负债125万元，核减少数股东权益510万元，核减所有者权益5125万元，核增销售收入16万元，核减利润总额1918万元，核减净利润616万元。（二）审计调整后计算的国有资产保值增值率为–5.51%，比财政审批数1.45%调减6.96%；审计调整后计算的净资产收益率为–4.35%，比财政审批数1.38%调减5.73%；审计调整后计算的流动资产周转加速率为0.024，比财政审批数0.011调增0.013；审计调整后计算的销售增长率–0.4%，比财政审批数–0.45%调增0.05%。

是年，省审计厅组织全省审计机关对省电子集团公司下属11个单位2000年财务状况进行审计调查。审计调查发现：（一）经审计调查确认，核减资产56226.72万元、核增负债3353.93万元、核减少数股东权益63.65万元、核减净资产为59517万元、核减利润6758万元。（二）审计调整后的国有资产增值率为–27.28%，审计数比上报数调减29.02%，审计数比财政数调减9.33%；审计调整后的减亏损率为–42.88%，审计数比财政数调减64.48%；审计调整后的流动资产周转加速率为

0.0714，审计数比财政数调减 0.1586；审计调整后的销售增长率为 15.56%，审计数比财政数调减 40.94%。（三）调减 2000 年集团公司年平均流动资产总额 1634 万元、调减年度销售收入 378 万元。

是年 10—11 月，省审计厅分别对省盐业总公司、江西丰城发电有限责任公司、江西东津发电有限责任公司 2000 年度资产、负债、损益情况进行审计。其中：对盐业总公司审计发现的问题主要是：（一）公司应收未收款长期挂账。（二）省盐业总公司系统内部单位往来款项，未认真进行清理核对并进行账务调整。（三）所属康源多品种盐公司对现金的管理不够规范。（四）所属南昌盐业塑料包装厂 2000 年度购销合同未缴印花税。（五）南昌盐业塑料包装厂对物资采购的核算不够规范。

对江西丰城发电有限责任公司（以下简称丰电公司）2000 度资产、负债、损益情况审计发现的问题主要是：（一）丰电公司工会持股委员会历年来出资兴办不少公司，这些公司的总经理由丰电公司高级管理人员担任，且未经招投标承揽丰电公司大量经济业务，其交易活动难以做到公平合理。（二）历年来将大量挂保费、工资及奖金等资金转入其工会持股委员会账户，但持股会一直未按国家规定设置账户进行会计核算。（三）将以前提取形成的安全基金作为奖励基金转入公司工会持股委员会。（四）在"应付工资"科目中列支丰源公司、丰江公司、丰润公司等十七家单位 449 名分流职工 2000 年度工资。（五）房改出售职工住宅净损失 4132.03 万元，挂在"长期应付款—住房周转金"科目未按规定及时处理，且其价值明显偏高。（六）在"生产费用"科目中列支按年供电量 0.004 元/千瓦时标准计算，交纳的委托省电力公司 2000 年度生产管理费用 996.39 万元，该收费项目缺乏政策依据，未经有关部门批准，且权利与义务不对等。（七）违规将丰城市人民保险公司返还款项，转入江西大众汽车销售维修公司和江西丰远电力检修有限公司，未及时登账处理。（八）向各承租单位收取财产租赁费。（九）未经公开招标将燃料、材料、检修、技改等业务共计 9530.31 万元承包给丰源电力集团公司、丰物实业公司等企业，其中：丰源公司 1842.67 万元，丰天公司 509.84 万元，丰远公司 904.45 万元，丰海公司 2843.25 万元，丰江公司 197.7 万元，丰物公司 2885.97 万元。（十）为扶持丰源电力集团公司分流丰电公司富余人员，未经公开招标将生产区卫生、后勤管理等业务共计 576.37 万元承包给丰源电力集团公司。（十一）无依据调整基建电量及上网电量收入为企业生产经营收入 945.3 万元。（十二）违反规定在试生产期间计提折旧 12500 万元，其中：1 号机组 4112.04 万元，2 号机组 1778.2 万元，3 号机组 3350.72 万元，4 号机 3212.28 万元。（十三）试生产期贷款利息支出列入生产成本费用 7202.95 万元。审计建议：对内强化经营管理，挖掘内部潜力，降低生产成本，提高经济效益；对外积极争取有关部门的支持，实施倾斜政策，增加发电量指标，改变目前生产能力严重闲置的状况；强化财务管理，规范会计核算，合理归集成本费用，准确反映经营成果，提高工资、奖金发放透明度，完善财务手续，堵塞管理漏洞；增强依法纳税意识，及时足额缴纳国家税收，维护国家税法的严肃性；严格执行国家政策规定，切实规范企业经营行为；加强经营管理，完善内部控制，推行公开招标制度；明晰权利义务关系，合理确定承包基数，努力降低承包费用；严格经理人员目标管理和任期经济责任制度，加大内部检查力度，严厉查处违纪违规行为，建立风险约束机制，确保股东利益不受侵害。

对江西东津发电有限责任公司 2000 年度资产、负债及效益情况审计发现的问题主要是：（一）亏损严重。年末累计亏损达 11905 万元。（二）省投资公司投入统借统还资金 9993.61 万元，未计提利息。

（三）在南昌市购买职工住房和中转站用房，投资 763.31 万元。投资决策舍近求远，不利于促进生产；且没有得到董事会的正式批准，超越权限。（四）三产单位东电实业公司项目投资决策失误，损失严重。（五）应付工资中计列实业公司等三产单位人员奖金。（六）代省投资公司向修水县地税局缴纳利息城建税和教育附加费。（七）东电公司与省电力公司签订《生产委托管理协议》，并按协议支付 2000 年度无国家政策依据确定的代管费，属变相的乱收费、乱摊派行为。审计建议：加强管理，降低成本，逐步减少负债；依法执行股东大会和董事会决议，维护股东权益和企业利益；加强三产单位的管理，扶持三产单位的发展。

是年 11—12 月，省审计厅对省纺织集团所属的 6 家企业 2000 年度财务情况审计发现的问题主要是：（一）经审计调查确认，2000 年末 6 家企业财务状况在报表数基础上，核减资产 16865 万元、核减负债 29975 万元、核增所有者权益 13113 万元；核减 2000 年年平均流动资产总额 3670 万元；调减 2000 年销售收入 356 万元。（二）审计确认的所有者权益同 1999 年报表数相比减值 16840 万元。（三）省纺织集团公司 2000 年度实际亏损 12664 万元。（四）省纺织集团在计算经营者考核指标时，误将九江化纤厂不应调减利润的"贷改拨"本金及利息 2804 万元视为"债转股减息"调减了利润。（五）省纺织工业供销公司 1995 年 7 月货款不入账 66 万美元，用于走私，1999 年底被海关查扣后再补充入账，计入待处理财产损益科目中，折合人民币 547.5 万元。（六）2000 年 10 月 12 日中国东方资产管理公司、中国信达资产管理公司与九江化纤厂在南昌签订债转股协议，总金额 30015 万元，九江化纤厂未及时进行相应的账务处理。（七）有的会计师事务所，在对纺织集团所属企业进行的决算审查与此次审计的数字有较大的出入。审计建议：将走私有关的责任人，移交司法部门查处。

是年 11—12 月，省审计厅组织全省各级审计机关对江西冶金、医药、纺织、电子、建材、凤凰光学等省直六家集团公司及其所属企业 2000 年度财务情况审计发现的问题主要是：（一）经审计核实，共核减六大集团公司资产 342558 万元、负债 7711 万元、净资产 33.42 万元（含 2000 年末六大集团未消化的潜亏 31.65 万元）、少数股东权益 608 万元、损益 23391 万元；经营者考核指标也进行相应调减。（二）盈亏反映不实。在实施审计的 168 个财务汇总基本单位中，企业财务报表数反映有 116 家盈利，52 家亏损，亏损面达 31%。据审计调查的资料统计，有 39 家盈利，129 家亏损，亏损面达 76.8%。（三）各大集团公司都存在数额较大的未消化潜亏，六大集团共计潜亏 31.65 万元。（四）部分企业不良资产多，资产质量差。（五）会计核算不规范，财务管理水平低。（六）部分社会审计机构执业质量低下，未能客观公正地评价被审计单位的财务状况和经营成果。（七）自 1997 年 8 月 4 日至 1999 年 4 月 14 日，江西金世纪冶金股份有限公司私设四个个人存折共五个"小金库"，余额合计 63.74 万元。省审计厅已责成该公司按"小金库"余额补缴企业所得税后全额没收上缴省财政，杜绝私设"小金库"行为。审计建议：全面深化企业内部改革，充分发挥职工的"主人翁"作用，提高经营决策的科学性；加强企业质量成本管理，加大技改投入，加快产品更新换代的步伐，加强对投资项目的全程管理；认真清理沉淀资产，加速资金周转；加强对会计师事务所执业质量的监督，对严重违反《注册会计师法》的行为进行严厉查处。

是年 12 月，省审计厅对江西赣能股份有限公司（以下简称赣能公司）2000 年度资产、负债、损益情况审计发现的问题主要是：（一）银行存款账实不符。2000 年底银行存款账面余额 1222.99

万元，实际银行存款本金计1200万元已被人冒用公司印鉴盗走。（二）子公司萍乡发电厂职工在册人数1553人，比省电力公司核定数超员811人，年增人员经费1622万元。（三）赣能公司与关联方湘源公司签订租赁2013.9亩土地50年使用权的租赁合同，赣能公司按约定每年需向湘源公司支付租金397.89万元，湘源公司至今提供不出该土地使用权证书。（四）赣能公司与湘源公司签订房屋建筑物和机器设备有偿使用协议，赣能公司按约定需向湘源公司支付租赁费246.55万元，超出实际多付56.06万元。（五）萍乡发电厂无依据在管理费中列支全厂职工误餐费和运行职工伙食补助费，违反《股份有限公司会计制度》的有关规定。审计建议：严格执行《企业会计准则》和《企业会计制度》规定，加强货币资金的管理和监控，追究盗取银行存款当事人的责任；加强税法和有关法规的学习，增强纳税意识，及时足额上缴有关税费；严格按照《企业会计制度》的有关规定列支管理费，杜绝无依据的费用支出。

2002年4月，省审计厅对省冶金集团公司（以下简称集团公司）2001年度财务收支及预算执行情况审计发现的问题主要是：（一）财务处账面应收未收款年末余额2831.52万元，长期挂"其他应收账款"科目，其中所属困难企业借款2638.53万元，难以收回。（二）1994年省经委向集团公司借款10万元，与集团公司脱钩的新兴会计师事务所借款100万元，挂账时间太长，属不正常借款，未收回。（三）经费支出超年度预算，金额达999.81万元。（四）行政办公室现金收取所属企业管理费，不符合中国人民银行制定的《现金管理条例》的有关规定。（五）劳动保障部解困资金账，未采用复式借贷记账法反映来自各种渠道的解困资金收支情况。

是年5—6月，省审计厅对江西洪都钢厂2001年度财务收支情况审计发现的问题主要是：（一）少摊材料成本贷差，多计提固定资产折旧，少缴印花税。（二）审计核实潜亏7444.88万元。（三）生产产品一年形成几万吨的废料，未建立废料回收、发出的管理制度，财务无法控制废料销售过程中的漏洞。（四）账龄三年以上的应收账款合计7263.42万元，占应收账款的90%；其他应收款呆死账123.09万元。两项合计数额较大。（五）京海商场改制清理资产转投资，属清理增加的国有资产，计入未分配利润的所有者权益，未调入资本公积处理。（六）对下属单位汽运公司、机械厂、大酒店、工贸公司、购物中心进行改制，在未进行资产评估的情况下，将固定资产租赁出去，不符合国家的有关规定。审计建议：及时办理工程决算，结转工程款项，避免出现工程长拖不决而产生的后遗问题；规范材料成本差异的核算，月末根据归集的生产成本费用，按工艺特点，采用一定的方法，确认半成品、自制半成品、在产品成本。

是年5—6月，省审计厅对江西铜业集团公司（以下简称集团公司）整个系统（含江西铜业股份有限公司，该公司以下简称江铜股份）2001年度财务收支情况审计发现的问题主要是：（一）集团公司应调减资产45085.94万元、负债867.16万元，所有者权益44218.78万元、损益22812.68万元；股份公司应调减资产1316.75万元，调增负债3000.66万元，调减所有者权益4317.41万元，调减损益1451.98万元。（二）截至2001年末集团公司累计潜亏26444.36万元。（三）公司本部在"资本公积"科目中核销无偿调拨赣东北供电局固定资产款100.99万元（净值），未经有关部门批准。（四）集团公司本部按固定资产原值提取住房周转金6631.68万元，而非根据房改应收的金额计提。（五）集团公司本部江铜电视台从事广告经营业务，未纳入财务核算，私设"小金库"，并且未保留相应的会计凭证；2000年至2002年股份公司所属编辑部私设"小金库"。省审计厅已建议集团公司对以上部门负责人进行严肃处分。（六）东乡铜矿投资控股的江西博尔铸造有限公司转让股份200万股给职工个人，转让时未经过国资部门进行清产核资已做出账务处理，不符合国家有关规定。（七）华信金属公司原料耗用无领料单，原料年终无盘点表。（八）信江铜制品有限公司期货投资是在公司经营资金明显缺乏的情况下投资，实际是负债投资。（九）信江铜制品有限公司少计提固定资产折旧。（十）集团公司代付应由江铜股份承担的收购富家坞评估费，未调减股份公司2001年利润。（十一）江铜股份所提坏账准备中扣减已进入司法程序的葫芦岛锌厂应收账款1690.37万元，江铜股份未收到现金和实物，便冲销坏账准备的做法不合规。（十二）江铜股份永平铜矿分公司下属关联企业无偿占用永平铜矿资金，不符合企业与关联企业的资金占用要坚持有偿使用原则。（十三）未上缴财政金额1285.17万元。审计建议：对往来款项及投资项目及时进行清理核实；集团公司本部在与江铜股份关联交易和非关联交易中应注意价格的可比性，以示公平，避免不公允性；集团公司本部收到退税收入12228.22万元，先增加利润，再转增实收资本，使公司人为地增加当年的利润，应在考核当年实现利润指标中予以剔除。

是年9月，省审计厅对省盐业总公司2001年度财务收支情况审计发现的问题主要是：（一）以前年度应收赣盐经贸、京昌公司、装饰公司费用，挂其他应收款科目，未进行清理。（二）借给江西康源多品种盐公司的开办费仍在挂账，未清理。（三）2000年11月省审计厅出具的审计意见书中，提出要收回为职工个人的垫付款至审计日仍挂个人往来账，未予收回。另外，公司还有一些个人拖欠单位借款至今未归还。4.对所属樟树运销总站的经费支出管理过于松散，没有对其制定与业务量相匹配的费用标准。审计建议省盐业总公司内审机构加强对拨付350万元碘盐发展基金的审计工作，切实做到专款专用。

是年12月，省审计厅对省建工集团公司本部2000年和2001年财务收支情况审计发现的问题主要是：（一）机关财务2000年和2001年少计提固定资产折旧。（二）2000年和2001年集团公司购买计算机，直接冲销专项拨款，没有相应增加固定资产。（三）财务处总账与明细账不符。（四）内部单位之间互不对账，财务处与行政处、海外部、总承包部之间2001年的期初余额、期末余额和当年发生额均不一致，财务处在内部银行的存款，双方记录的期末余额也不一致。（五）集团公司所属职工子弟学校和职工医院的年度财务决算没有汇总。（六）集团公司A、B栋职工宿舍，1996年已投入使用，但至今未办理竣工决算。（七）2000年末，海外部预提管理费，集团公司财务处没有做管理费收入，致使2000年度集团公司虚减利润。（八）2001年海外部调拨汽车给集团公司，集团公司账面并没有相应记载，海外部单边销账，造成资产不实。（九）海外部的大部分海外投资项目没有向国内报送财务报表，对海外投资项目的资产、负债、损益的真实性难以确定。（十）财务处有三套账没有汇入大账。（十一）总承包部历年计提的营业税，至今拖欠未缴。（十二）2001年集团公司财务处滞留省市财政拨给下岗职工的生活费，中央规定企业应负担的1/3没有到位。（十三）2000年度海外部购置商品房6套，并按房改政策出售给6位职工，但是没有财政部门核发的"国有住房出售及产权比例确认书"。审计建议：集团公司要对审计发现的问题及时进行整改。

是年12月—2003年1月，省审计厅对新余钢铁有限责任公司2001年度财务收支情况审计发现的问题主要是：（一）应缴未缴价格调节基金 1240.94 万元、防洪保安基金 733.33 万元。（二）未对社保办转回财务处 3826.02 万元的原因进行说明，未对历年欠缴社会养老保险金的情况进行清理并补缴。（三）省政府外事办借款 20 万元挂其他应收款科目，未及时收回。（四）未提供反映各驻外公司经营情况的财务报表及相关财务资料，审计人员无法对各驻外公司的财务收支情况进行审核。（五）对外投资 4958.30 万元，多年未收到投资收益，部分投资已无法收回，形成潜在损失。（六）对以前年度未达账贷方余额，银行未达账借方余额，未进行清理并予调整。（七）2001 年合并报表时，各子公司、经济实体及内部应收、应付账款未完全抵销。（八）以前年度公司本部欠缴税金 18145.90 万元、子公司欠缴税金 241.06 万元，合计 18386.96 万元。（九）所属特钢公司下属冷带厂 1992 年至 1993 年发生商品 538.38 万元长期挂账，2001 年 10 月转入特钢公司，已成特钢公司潜亏挂账。（十）设材部 2001 年末暂估入账的材料价值 792.71 万元，为以前年度材料挂账，未对暂估入账的材料进行清理。（十一）以前年度两矿一厂合并时多交所得税 1187.11 万元，已形成潜亏。（十二）以前年度未按预算级次、改变税种多缴税金 730.22 万元。（十三）缩短折旧年限，调高综合折旧率，多提折旧 13482 万元。（十四）违规设立"小金库"四个，累计发生额 345.48 万元。审计建议：组织清理历年形成的往来账款，并根据清理结果，按规进行账务处理；特钢公司以物抵债的物品大部分未按评估值入账，应根据资产评估认定数转为外购商品；公用事业部在建工程余额多年未结转，应对已完工程进行清理并及时结转在建工程。

是年 12 月，省审计厅对省投资公司 2001 年度资产、负债、损益情况审计发现的问题主要是：（一）以前年度涉及损益的重大会计差错事项计入当前损益共计 16422.8 万元。（二）沿袭以前按收付实现制为基础的会计核算影响当年损益 46516.74 万元。（三）在投资科目中核算经营性资产的金额 60760 万元。（四）资金回笼和资金效益不佳。（五）年末未缴纳营业税金及附加 2931.14 万元。（六）追回南昌建材大市场欠款 498 万元，没有及时拨付各分公司。（七）与下属房地产公司债务核算不一致。（八）违规在二级市场进行股票交易。审计建议：提高会计核算水平；加强清产核资工作；认真执行国家各项政策制度。

2003 年 4 月，省审计厅分别对省医药集团公司、省建材集团公司、画眉坳坞矿、省糖酒副食品公司 2002 年度财务收支情况进行审计。其中：对省医药集团公司审计发现的问题主要是：（一）发放一次性年终奖未缴纳个人所得税。（二）省中医技工学校留存违规的预算外资金。（三）省中医技工学校、省医药学校少缴个人所得税。（四）科技三项费用、下岗保障金等款项未按预算执行到位。

对省建材集团公司（含省建材工业科学研究设计院、省现代职业技术学院）2002 年度财务收支情况审计发现的问题主要是：（一）2001 年购置办公桌椅未入固定资产账，挂"其他应收款"，未及时结算。（二）历年代扣的个人应缴防洪保安资金未上缴。审计建议：抓好会计基础工作。重视现金盘点和银行存款对账实务，做到账实相符；完善工会账目的登账流程；规范财务报销凭证填制和附件分类粘贴；清理机关内部自定有无私存私放各项资金的情况，全部与集团公司财务会计账合并；办公室财务往来账上户头太多（47 个）且多为历年结转，应尽快清理。

对画眉坳钨矿 2002 年度财务收支情况审计发现的问题主要是：（一）少缴个人所得税、城建税及教育费附加等。（二）少缴防洪保安资金。（三）该矿设立的具有独立法人资格的营销公司，由矿部代理记账但会计核算不规范，且该公司的财务状况未与矿本部财务报表进行汇总。审计建议：加强工资管理，监督分配情况。

对省糖酒副食品总公司2002年度财务收支情况审计发现的问题主要是：（一）少缴防洪保安资金；（二）拍卖在上海浦东的房产和两部汽车支付的佣金没有合法凭据。（三）未缴房产税、土地使用税。审计建议：按规定计提缴交相关税费、及时办好有关税费的减免手续。

是年5月，省审计厅对江西稀有稀土金属钨业集团公司2002年度财务收支情况审计发现的问题主要是：（一）收缴下属赣州机械厂小金库资金未进公司财务账，未上缴省财政。（二）未按省财政厅要求拨付专项资金给下属企业。（三）历年滚存专项应付款无法支付，未按规调整账务。审计建议：及时拨付财政专项资金，收取管理费及拨付专项资金应按收支两条线管理。

是年6月，省审计厅对江西申威建筑装饰工程公司2002年度财务收支情况进行审计。审计发现该公司存在未缴房产税和营业税及附加税费、固定资产核算不规范、往来款清理不及时、不合规发票报销等问题。是年9月，省审计厅对江西华声通信有限公司2002年度财务收支情况审计发现的问题主要是：（一）公司转让车床收入未作固定资产清理账务处理。（二）将期间费用挂在"辅助生产"账户，未如实反映当年亏损。（三）未缴城镇土地使用税和房产税。审计建议：真实反映企业的财务状况，加强会计基础工作；积极与主管部门和政府加强联系，争取优惠政策。

是年6—11月，省审计厅组织近200余人对江西省电力公司2002年财务收支情况进行审计和延伸审计。审计单位191家，审计总金额占省电力公司资产总额2568400万元的76.68%。经审计发现，省电力公司会计信息失真率达62.68%，属严重不真实。不良资产、潜亏挂账金额112096.84万元，已审单位的国有资产流失金额45893.83万元，涉及多经（三产）企业在资产界定、利润分配和股权变动等方面存在的违规违纪金额33865.25万元，收入分配专款违规向个人倾斜违纪金额24140.51万元等。

是年8月，省审计厅对江西新余发电有限责任公司2001、2002年资产、负债、损益情况审计发现的问题主要是：（一）违规收取委托管理费、技术监督费。（二）贷款利息等支出11223.74万元未列入当期损益形成潜亏。（三）财务处理不规范，将负债1000万元转记为资本公积金。（四）借款未计提利息费用。（五）决策失误，短期投资4300万元全部收回，无投资收益。（六）人为调整折旧率，少提折旧1836万元。（七）对外投资管理不严，造成损失。（八）虚假注册，资产未及时移交。（九）产权转让不规范。审计建议：强化财务管理、规范会计核算；加强资产管理，防止国有资产流失；深化企业内部改革，建立健全内部控制制度。

是年8—9月，省审计厅对江西赣能股份有限公司2001年至2002年资产负债损益情况审计发现的问题主要是：（一）银行存款余额较大（每日平均达300000万元）的情况下，仍向银行借入流动资金。（二）股票投资行为不规范。（三）与经营管理无关的开支345.8万元。（四）违规支出职工住房公积金110万元。审计建议：进一步规范货币资金管理；加强会计核算管理。

是年9月，省审计厅对江西国药有限责任公司2002年度财务收支情况审计发现的问题主要是：（一）未经财政部门审批，在债转股过程中擅自将净资产中生活后勤等剥离固定资产净值409.87万元予以核销。（二）违规以应付工资670万元转增为实收资本。（三）在未分配利润中，违规列支应由江西金水宝制药有限公司承担的车辆购置附加税 13.13 万元。

是年 9 月，根据省纪委领导指示精神，省审计厅对省春来房地产开发有限公司 2002 年至 2003 年 9 月财务收入与支出有关情况审计发现的问题主要是：（一）隐瞒收入 3428.33 万元，计入公司内部账户，以达到少缴税金的目的。（二）上饶市建行工作人员以权谋私，用其妻子身份证名字"某某"购店铺商品房（编号 B3114），购房款 41.8 万元由董事长黄某某代其支付。（三）以个人名义违规按揭贷款 2961.46 万元。（四）虚列管理费用 30 万元，款项转入黄某某账户。（五）截至 2003 年 9 月，欠交土地出让金、契税、土地增值税及各项规费合计 10232.67 万元（未含上饶市政府减免的各项规费 9760.25 万元）、欠缴营业税金及附加 93.08 万元、欠缴代扣代缴税金 93.07 万元。（六）公司 8 台车辆未在公司固定资产账上反映。省审计厅向省纪委"826"案件调查组出具《关于江西春来房地产开发有限公司有关财务收支情况的专题报告》。审计建议：对严重违纪违规责任人进行处理。

是年 10 月，省审计厅对江西景华电子有限责任公司 2002 年度财务收支情况审计发现的问题主要是：（一）非生产性单位用水、用电费进项税额未转出。（二）产成品结转成本不真实。（三）少缴营业税及附加。（四）未缴防洪保安资金。审计建议：各项税费应从实计提缴交、如实核算成本，真实反映企业盈亏。

2004 年 2 月，省审计厅对省盐业总公司南昌公司 2003 年度财务收支情况审计发现的问题主要是：（一）在"管理费用"中列支缉私盐费用，原始凭证是一张某商场开具的发票，同时附盐政处的申请报告，未如实做账。（二）存货盘盈和调整原南昌塑料厂的欠款财务处理过于简单，记账凭证未发现公司领导的签字和相关说明。（三）洪盐科技开发公司挂账 47 万元，但至审计日公司已不存在，未按程序核销。

是年 4 月，省审计厅对江西稀有稀土金属钨业集团公司 2003 年度财务收支情况审计发现的问题主要是：（一）中央财政拨付给该集团公司所属 9 户企业关闭破产补助资金 79574 万元尚未拨付。（二）本级经费超支 345 万元。（三）2003 年本级业务招待费开支较大。（四）"其他应收款"科目中，个别职工款额较大，未及时清理。（五）政工部违规设置扶贫资金账户。审计建议：集团公司与合资公司要分立核算，使两家公司分别享有各自的经济利益，明晰各自的经济责任，承担各自的义务；集团公司机关经费缺口比较大，应加强管理，压缩开支，量入为出，作好经费预算草案计划，报省财政厅批复后执行；集团公司机关未设专职出纳，未建现金日记账，根据会计法应增设专职出纳，建立现金日记账，以加强财务内部监督和控制。

是年 5 月，省审计厅分别对省冶金集团公司、省投资公司 2003 年度财务收支情况进行审计。其中：对冶金集团公司审计发现的问题主要是：（一）结余大修理基金 1455.95 万元、煤代油周转金 517.21 万元，财政返还利税承包款 3789.27 万元，共计 5762.43 万元，未按规定的用途使用和下拨所属企业。（二）财务处未经有关部门的批准在财政返还利税承包款中列支公司机关超支的经费、担保损失费。（三）未经有关部门批准，擅自用转让国有资产收入归还银行贷款和拨付三产企业的行为违反国家有关规定。（四）财务处机关经费中列支省冶金工贸公司幼儿园补偿费、电表改造款，无正规发票，也不符合有关规定。（五）未对省冶金有色公司往来款项进行清理。（六）集团公司为所属企业提供银行贷款担保，结果造成连带责任损失。（七）未将购车款项退回所属企业，未代缴企业所得税，未将购买的汽车作固定资产账入账。审计建议：加强财务管理。

对省投资公司 2003 年度资产、负债、损益情况审计发现的问题主要是：（一）沿用"收付实现制"进行会计核算，仅核算公司当年的现金利息收入没有计提坏账准备金、风险准备金。（二）截至 2003 年底，对外担保贷款 260428.62 万元中部分担保潜在风险大。（三）3659 万元的资产核销不符合国有企业资产核销的有关规定。（四）年初应缴企业所得税余额 310.09 万元，未与税务部门汇算清缴。（五）以国有出资人身份投资 1734 万元，未明确所占被投资单位资本金的比例和分配原则。（六）省投资进出口公司销售收入未计提防洪保安资金。（七）省投资房地产公司售房款、房屋开发成本、建造成本账务处理不规范。（八）省投资房地产公司在"经营成本"中列支施工单位水电费。审计建议：建立健全贷款的投放、项目管理和监督机制，尽快对与省投资进出口公司签订的企业之间的直接借款 900 万元加以清理；采用"权责发生制"进行会计核算；加强对全资子公司、控股公司的经营管理；提高纳税意识、规范纳税行为。

是年 5—6 月，省审计厅对省煤炭集团公司（以下简称集团公司）2003 年度财务收支情况审计发现的问题主要是：（一）少缴企业所得税。（二）以前年度应收补贴款红字结余 2065 万元未及时下拨。（三）向下属英岗岭矿务局调入资金用于集团公司本部发放效益奖，使英岗岭矿务局 2003 年效益工资结余减少而少缴纳企业所得税。（四）挪用部分财政性及其他专项资金。（五）所属重点办自 2002 年以来擅自设立财务账，收支情况均未纳入集团公司机关年度决算报表，属账外账。（六）省经济贸易委员会资源节约与综合利用处向省煤炭集团公司索要"工作经费"，省煤炭公司以列支萍矿客车厂贴息的名义于 2003 年 1 月支付了该笔费用，资金分别转入省煤炭检测中心，南昌洪元经贸有限公司，省墙体材料革新办公室。省审计厅建议将此问题移送省经济贸易委员会问责处理；同时建议完善财政性补贴资金或其他专项资金的预算管理，避免支出的随意性。

是年 5—8 月，省审计厅对江西水泥厂（含江西万年青水泥股份有限公司）2002 年至 2003 年度财务收支情况审计发现的问题主要是：（一）两年来，江西水泥厂非生产性资金、投资资金比例较大，造成生产经营性流动资金紧张的局面，制约了企业发展。（二）少缴防洪保安资金。（三）2002 年江西水泥厂让售固定资产计未按规缴纳营业税金及附加。（四）所属玉山水泥厂少缴营业税金及附加。（五）玉山水泥厂建设工程项目漏缴防洪保安资金、少缴印花税、未缴纳营业税金及附加。（六）玉山水泥厂 1 号生产线工程竣工决算 35114.14 万元，超概算（31848 万元）投资 3266.14 万元，超概率达 10.26%。审计建议：加强对投资的监督管理，对未见效益的投资，要分析原因，寻找对策；对历史遗留的债权要按规抓紧清欠；加强对下属公司、二级单位财务人员的业务培训，特别是财经法纪的教育；降低成本费用，挖潜增效。

是年 6 月，省审计厅对江西赣能股份有限公司 2003 年度资产负债损益情况审计发现的问题主要是：（一）萍乡电厂支付给中天电力工程总公司等单位发电设施维修费用及萍乡天元实业公司煤炭转运费，开具的是营业税普通发票，未按规定就修理修配业务开具增值税发票、汽车运输开具汽车运输专用发票。（二）萍乡电厂其他应收款账上挂华佳企业公司往来账款及上海电气电站服务中心的往来账款。华佳企业公司已于 2002 年宣告破产，债权已形成风险；上海电气电站服务中心的往来实际为房产，该房产已被拆迁，债权已形成纠纷。（三）江西赣能股份有限公司本部办公楼建设行为不够规范。1.土建、装饰工程未按规定进行公开招标，而是实行邀请招标。2.工程决算审核不严。3.材料验收手续不健全。4.公司全年销售收入56800万元未按规定计提缴交印花税。审计建议：加强对资产经营和基本建设的管理；强化公司纳税意识。

是年7月，省审计厅对江中制药（集团）有限责任公司2002年至2003年财务收支情况审计发现的问题主要是：（一）恒生贸易公司葡萄酒销售毛亏379.66万元。（二）天海药业2003年7月投入无形资产150万元到江西本草天工药业，未办过户手续。（三）江中小舟医贸有限公司货款298.51万元未收回。（四）东风股份公司2003年少缴个人防洪保安资金、发放奖金个人所得税、贸易部人员工资个人所得税等；计提所得税未清算；多做坏账准备少做长期投资；账龄三年以上的应收账款3950.69万元。（五）江中药业公司加工合同未补印花税、中介服务费未缴印花税；投资国盛证券1000万元、投资四川天风证券1273.42万元，均未取得投资收益。（六）本草天工科技公司2003年职工收入未补缴防洪保安资金，多缴所得税，销售管理混乱。（七）江中医贸公司销售人员挪用药款造成经济损失。（八）江中集团有限责任公司2002年少缴借款合同印花税，虚增资产4120万元；未对天风证券未分配利润5659.24万元跟踪审核。（九）江中制药厂2003年少缴增值税及附加，并入湾里购地款的恒兆置业中心房产553.23万元未调账，潜亏420万元；账龄五年以上的应收账款6784万元，实属潜亏；业务人员杨某某申请拨款68.9万元至中国经济开发信托投资公司未收回；南昌百花商场有限公司土地款149.95万元未收回。审计建议：应进一步增收节支；应进一步强化内部控制，加强企业内部管理；加强对江西宇通信息技术有限公司等单位的监督审计；应进一步加强对外投资单位的监控力度。

是年8月，省审计厅对江西涤纶厂2003年度财务收支情况审计发现的问题主要是：（一）未按《工业企业会计制度》的规定进行核算，造成当年损益不真实。（二）2003年度汇总财务报表不真实。汇总财务报表少反映所有者权益1226.99万元，造成资产相应少反映1226.99万元。（三）资本公积科目核算不规范。厂本部实收资本仅有7172.15万元，而资本公积已达7590.36万元。（四）《中外合作经营江西昌达丝绸有限公司合同》中违反国家相关政策和法规的条款，未按法律程序予以终止执行。（五）厂本部未按会计制度进行核算。（六）汇总账面反映少计提固定资产折旧2748.51万元，影响利润的真实性。（七）厂本部将市财政局所拨挖潜改造资金，挂其他应收款。审计建议：加强财务管理。

是年8—9月，省审计厅对江西联创光电科技股份有限公司2001年至2004年8月的财务情况审计发现的问题主要是：（一）委托上海友源公司、上海中智富投公司理财，合计投资本金19000万元，收回资金15953万元，挽回损失约2400万元，不计收益委托理财净损失本金约647万元。（二）投资上海中智联创公司委托理财损失本金约1000万元。（三）存在财务风险的款项合计3800万元。其中：1.同意子公司为控股6%的公司贷款1500万元提供担保，存在风险；2.存款于江西国际投资公司1300万元，尚未能兑付存款本金；3.转让长期投资世纪证券1000万元。（四）存在潜隐亏损金额3258.4万元。向省政府出具的《江西联创光电科技股份有限公司2001年至2004年8月的财务情况审计报告》得到省政府主要领导重要批示。

是年9月，省审计厅对省燃料有限公司2003年度财务收支情况审计发现的问题主要是：（一）财务报账手续不规范。(二)将应资本化的支出直接按费用支出处理,如购置空调和房产过户手续费等作费用列支。(三)少缴防洪保安资金。

是年9月,省审计厅对省化工建材有限公司2003年度财务收支情况进行审计。审计查出:(一)银行日记账与对账单的账号不一致,商行、中行两个账号的日记账年末余额有差额。(二)计提折旧的会计处理较为随意,总账与明细账年末未仔细核对。

是年10月,省审计厅对赣州华钨材料设备总公司2003年度财务收支情况审计发现的问题主要是:(一)其他往来科目中有107.01万元款项多年未清理。(二)未按规定比例计提坏账准备和库存商品跌价准备金,计提比例过大。审计建议:加强会计基础工作,会计账簿要根据会计凭证逐笔进行登记;要充分利用现有住宿、餐饮、门面等硬件,搞活经营、扩大业务,提高效益。

是年11—12月,省审计厅对省建工集团公司2002年和2003年资产、负债、损益情况审计发现的问题主要是:(一)潜亏数额巨大,截至2003年末,集团公司本部及所属六户骨干企业潜亏金额高达12953.88万元。(二)资金管理不善,账目不清。集团公司各单位都存在多头开户的情况。(三)部分下岗职工基本生活保障政策不到位。(四)集团公司本部的海外投资的管理与核算不规范。(五)集团公司本部有四套账没有纳入统一核算。

2005年3月,省审计厅对江西稀有稀土金属钨业集团公司2004年度财务收支情况进行审计,并对由江西稀有稀土金属钨业集团公司主持运作的行业破产关闭专项资金进行审计调查,重点抽查大吉山钨矿、盘古山钨矿、赣州汽修厂、赣州机械厂、赣州冶炼厂的破产关闭事项。审计发现的问题主要是:(一)合资方面。1.违背法律程序,集团公司在实际操作过程中,不但将14家企业的全部资产作为对合资公司的投资,而且还将在破产关闭后的8家矿山企业的采矿权以及在破产操作过程中隐匿的部分有效资产无偿、不予评估地转入合资公司。2.损失大。采矿企业的钨含量静态资产价值既未在江西稀有稀土金属钨业集团公司的对外投资中体现,也未在合资公司的资产总额中体现。(二)破产资金运作方面。1.关闭破产费用中的有关部门费用(如法院的诉讼费等)均按最高标准安排,且执行结果已被突破,如诉讼费用突破安排标准11.54%。2.清算组的费用开支不规范。(三)国有资产保全方面。1.集团公司在企业进入破产关闭前,批准核销所属企业上报的不良资产37500万元。2.被指定参与企业评估的会计师事务对资产的评估,未按照独立的审计准则来进行审计与评估。3.清算组采取将采矿权从拍卖的破产财产中分离出来,违反《破产法》的规定。4.隐匿资产。集团公司向破产前的贵溪银矿借款500万元,经其他结算后,尚有400万元被集团公司留用,对盘古山、荡坪、下垄矿山的债务近341.95万元被集团公司转为资本公积。华山钨矿破产清算后结余资金329.8万元被集团公司列其他应付款。(四)集团公司财务管理方面。1.报表编制未严格按照《预算法》的要求执行。2.预算拨款隶属关系不清。3.内部财务控制制度不健全。4.财务核算存在问题。5.其他应付款科目中长期挂账资金达1286.6万元,未按规进行清理。审计建议:由省国资委牵头组织对集团公司主持运作的破产清算资金、清算前核销资产、破产与移交财产的划分进行一次详细检查;完善相关内控制度和法律手续;明确省稀有稀土金属钨业集团公司与江西钨业集团有限公司的责权利关系;财务核算应严格按照国家制定的法律法规、财务准则和财务制度执行。

是年3月,省审计厅对省盐业集团公司2004年度财务收支情况审计发现的问题主要是:(一)少缴企业所得税。（二）现金支付金额较大。（三）以前年度财政拨付的盐政办案经费未及时下拨至地市盐业公司。（四）个人借款挂"其他应收款"科目，账龄超过三年。审计建议：对新旧会计制度接轨时的预计损失进行调整；按照权益法及时调整长期股权投资，正确反映投资成本及投资收益。

是年4月，省审计厅分别对丰城发电有限责任公司、新余发电有限责任公司2003年和2004年度资产、负债、损益情况进行审计。其中：对丰城发电有限责任公司审计发现的问题主要是：（一）未经批准购入电量。（二）部分收入未及时入账。（三）技术监督服务费的提取及支付与现行规定不符。（四）以前年度欠缴增值税核算不规范。（五）泽元公司在经营业务等方面不规范。审计建议：开拓市场，降低公司的经营成本；加强财务会计核算工作；泽元公司应依法依规经营。

对新余发电有限责任公司2003年和2004年度资产、负债、损益情况审计发现的问题主要是：（一）煤炭成本核算不真实。（二）2003年支付的委托管理费和技术监督服务费未列入当年的管理费，造成2003年度盈利虚增。（三）2004年自购原煤中尚有330815.19吨入库原煤的力资费396.98万元没有与恒强公司结算，也没有计当期成本费用，造成2004年度少列亏损396.98万元。（四）公司主业与三产的劳动工资关系不清。（五）公司热值差出现大量不正常的情况。（六）企业财务状况持续恶化，潜亏数额巨大。审计建议：加强燃料成本的管理，积极与省发改委和省电力公司协商，切实执行国家发改委和国家电监会发改价〔2003〕1152号文，维护电力市场秩序，保护省属发电企业的合法权益，妥善处理公司电力两金的问题；明确产权关系，为企业走出困境创造宽松的环境。

是年5月，省审计厅对省食品公司2004年度财务收支情况审计发现的问题主要是：（一）师大南路宿舍一楼门面租金收入未缴有关税费。（二）其他应收款和其他应付款，均未按规进行清理。（三）在建工程以前年度结转费用，工程已完工，未按规办理竣工决算。（四）固定资产折旧费未按国家规定提取。5975.93万元的库存商品，绝大部分已到了报废地步。审计建议：增强开拓创新意识，积极向市场寻找生机，争取优惠政策，尽快配合省政府对企业的改制步伐，为公司今后发展打好基础；如实、完整地反映企业经营状况；及时清理往来账款，避免形成呆账，给企业带来损失。

是年6月，省审计厅分别对省电子集团公司、省纺织集团公司2004年度财务收支情况进行审计。其中：对省电子集团公司审计发现的问题主要是：（一）所有者权益科目核算不符合《企业会计准则》要求。（二）管理费用比省财政厅批准限额超支，超支率31.37%。（三）核销呆坏账107万元，未按规定程序处理。（四）长期投资科目中含无法收回款1258.56万元，未按规清算处理。（五）未按规对历年往来账款4008.35万元（应收未收1701万元、应付未付2307.35万元）进行清理。（六）银行存款账号达12个，不符合银行账号管理规定。审计建议：加强会计人员业务学习和会计基础工作，提高其业务素质；财务核算要严格按照国家制定的法律法规、财务制度执行。

对省纺织集团公司2004年度财务收支情况审计发现的问题主要是：（一）大楼管理科账户的房租收入，缴纳税金及附加后，大部分用于发放职工福利、补贴，未重点用于事业发展。（二）往来账款未按规及时清理。（三）所属江西化纤化工有限责任公司的水泥厂、微晶厂等项目投资数额较大，投资完工后不但未产生效益，还给企业带来较大的经济困难。审计建议：对投资项目一定要慎重，看准市场，不能轻易、盲目投资，以免给国家和企业造成重大损失；采取有力措施加快企业改制进程，尽快扭转企业被动局面，使其充分发挥潜力，产生效益。

是年 7 月，省审计厅对江西东津发电有限责任公司 2003 年至 2004 年度资产负债损益情况审计发现的问题主要是：（一）连续亏损，已资不抵债。（二）工资福利费及企业管理费的计提和支出突破了董事会规定目标。（三）2003 年欠交库区移民后期扶持基金。（四）部分材料采购、保管、领取环节欠规范。审计建议：加强经营管理，降低成本费用；加强内控机制建设，杜绝损失浪费。

是年 9 月，省审计厅分别对省盐业集团宜春公司、江西盐矿有限责任公司 2004 年度财务收支情况进行审计。其中：对宜春公司审计发现的问题主要是：（一）现金管理存在漏洞，内控薄弱，频繁出现超限额超范围使用现金交易及支付现象。（二）少缴企业所得税。（三）库存商品及财产物资的管理不规范。购置家具、空调费用直接作为管理费用核销，且无领用手续；库存商品及材料物资未进行实物盘点。（四）材料物资未按规定履行暂估入库手续，期末账上出现红字。（五）银行存款存在同借同贷现象且缺乏原始凭据；未及时清理待处理财产损益，造成损益不实。（六）其他应付款——货款年末余额，实为已实现的销售收入，未及时转为收入。审计建议：加强现金及银行账户的管理，建立健全资金内控制度，切实加强财产物资的管理，提高纳税意识，规范会计核算。

对江西盐矿有限责任公司 2004 年度财务收支情况审计发现的问题主要是：（一）2001 年江西盐矿向信达资产管理公司转款 980 万元用于回购股权，未办理股权变更手续；至 2004 年末盐矿公司实际被其股东无偿占用资金 1440.32 万元。（二）少缴个人所得税、印花税、事业保险费。（三）张某某代盐矿公司催收到的货款，未按时交盐矿公司。（四）对广西银晖房地产开发公司进行投资，长期未取得投资收益。（五）固定资产的采购通过原材料科目核算，并与原材料——备品配件物资混库保管。审计建议：进一步理顺各股东之间的股权关系，加强资金管理，抓紧清理往来账，进一步规范会计核算。

是年 11 月，省审计厅对省盐业集团公司赣州公司 2004 年度财务收支情况审计发现的问题主要是：（一）以土地他项权利作为资产，缺乏法律效力。原九二盐矿以厂房和 3.36 万平方米土地使用权偿还债务，赣州盐业公司账务入"固定资产"并对厂房计提折旧，但 3.36 万平方米的土地使用权只有一份会昌县土管局签发的《土地他项权利证明书》。（二）在新旧会计制度接轨时，以 2004 年 3 月 31 日有关账面余额，违规计提各项减值准备合计 224.12 万元。审计建议：进一步规范会计核算，照章纳税，对土地他项权问题尽快与会昌县政府协商解决，确保债权利益，定期对存货进行盘点。

同时，对九江化学纤维厂 2004 年至 2005 年 9 月财务收支及经济效益情况审计发现的问题主要是：（一）企业权属归类不当。（二）应纳入合并财务报表的单位不全、负债不完整。（三）未缴防洪保安资金。（四）少缴企业所得税。（五）新元公司未列入合并财务报表，违反上市公司关联方交易披露的有关规定；通过代开"装卸搬运力资发票"，用于支付员工工资奖金。（六）所属白鹿公司 2004 年度虚增利润 2077.13 万元；总厂欠白鹿公司应收账款 8308.32 万元，违反《债转股企业操作规范》的相关规定。（七）截至 2005 年 9 月底，总厂（母公司）、白鹿公司两家公司拖欠九江化纤股份有限公司（以下简称股份公司）款项合计 31972.8 万元。（八）股份公司 2002—2004 年支付高管人员风险津贴转入张某某等 19 位管理人员个人名下未转回股份公司冲减亏损。（九）2004 年底其他应付款科目——省财政厅 27.15 万元，未与省财政厅核实内容，进行相关账务处理。（十）专项资金长期挂账，未按规定进行处理。（十一）总厂、股份公司、白鹿公司（债转股份企业），名为各自独立的法人企业，但事实上高层管理人员并没有分离，仍处于一个班子的领导之下，违反《公司法》的有关规定。（十二）总厂处置固定资产获得处置收入、营业税及附加、固定资产清理挂账余额2055.56万元、未缴房产税等未进行账务处理。（十三）总厂对外投资及投资收回的有关会计处理违反《企业会计准则》的相关规定。审计建议：所属企业要配合集团公司对有关投资失误、供销问题进行责任评估，对相关责任人严肃处理，维护财经法纪；完善企业内部管理制度，尤其要加强供应、销售环节的管理；加强财务核算的管理，建立完善的财务核算制度，严格按照《企业会计制度》要求进行财务核算；规范关联方交易，保证企业的正常运行。

2006年，省审计厅对全省高速公路所属大型沥青拌和设备2003年至2005年使用情况进行效益审计调查。审计发现的问题主要是：（一）各高速公路因通车年限、车流量、管理部门不同，每公里高速公路养护成本相差较大，导致沥青拌和设备使用效率高低不等。如：1999年通车的温厚高速公路2005年每公里平均养护成本，达2002年通车的梨温高速公路的3.89倍；赣粤股份公司管理的昌泰高速2005年每公里平均养护成本是通车时间相近公路开发总公司管理的梨温高速的2.38倍。各公司管理的办法不同，路面毁损的程度不一，沥青拌和设备的使用效率也相差较大，数据显示省内沥青拌和设备平均使用率为33.11%，最高达63%，最低仅为0.3%。（二）沥青拌和设备的实际台班费远高于其定额，导致该项资产收益率偏低。如：九景高速沥青拌和设备台班定额为1.38万元，实际使用105个台班，支出314.08万元，每台班支出为2.99万元，为定额的2.17倍。所调查的四台沥青拌和设备总值为2371万元，2005年盈利85.59万元，资产收益率仅为3.6%，其中：最高为7.76%，最低-6.58%，而一年期银行贷款利率为6.12%。其主要原因是省内高速公路多属新建，只有小修小补任务。使用大型设备吃不饱，发生的活动成本和固定成本都难以摊平，很不合算，致使效益偏低。（三）沥青拌和设备属工程机械，免税进口成套设备后受《海关法》《进出口关税税则》等法律法规的限制。五年内不能对外经营，否则需补缴进口关税，致使设备不能出借出租，无法充分发挥效益。审计建议：由省交通厅组织专家论证组建大型高速公路养护维修中心（公司），对大型路面养护设备尤其是沥青拌和设备统筹规划，合理购置，并依据江西省高速公路的地域分布状况进行科学配备，充分发挥各设备的使用效能，减少损失浪费；由大型高速公路养护维修中心对各高速公路出租养护设备，参照目前江西省各大型路面养护设备的台班费定额，同时考虑到省内实际情况，对养护维修中心各设备租赁费合理定价，防止垄断价格；放开全省高速公路养护市场，利用符合资质要求的社会力量参与完成高速公路部分养护环节（如除尘扫雪等），这样可减少部分设备的购置，节约资金，达到既保证路面养护质量，又降低养护成本的目的。

是年3月，省审计厅对江西稀有稀土金属钨业集团公司2005年财务收支情况审计发现的问题主要是：（一）分别从下属海南华兴钨业公司和江西鑫宇矿冶有限公司挪用资金1255万元，用于帮助职工垫付购房款。（二）超额列支管理费用509万元。（三）调整其他应收款中有700万元为应收江西钨业集团有限公司预分配投资收益，未作下一年损益调整。（四）其他应付款——大吉山矿区管委会余额1000万元，为账销案存资产，未按规转增国家权益。审计建议：明确权益主张，完善决策投资程序，加强对投资项目的可行性论证工作，规避风险；编制企业战略发展规划。

是年3月，省审计厅对赣州鑫宇矿冶有限公司2005年财务收支情况审计发现的问题主要是：

（一）未上缴已计提的防洪保安资金。（二）向江西稀有稀土金属钨业集团公司借款余额 3500 万元作短期借款反映，未作其他应付款反映。（三）与江西稀有稀土金属钨业集团公司往来账不符，未做好对账工作。

是年 4 月，省审计厅对省机床工具总公司（以下简称机床公司）2005 年度财务收支情况进行审计，并抽查其投资的省中机科技产业有限公司（以下简称中机公司）。审计发现的问题主要是：（一）主要股东出资不足，无偿占用中机公司资金。主要股东之一的热能公司出资未到位，却在未完整履行出资义务的情况下分得股利。（二）关联交易手续不全。2000 年至 2005 年中机公司分两次在成本中列支与热能公司发生的咨询费，只附有热能公司开具的服务业专用发票，无相关咨询服务协议，交易手续不全。（三）增资扩股程序不到位。（四）机床公司与中机公司利益关系未理顺。1. 机床公司自投资中机公司以来，从未收到投资收益。2. 中机公司拖欠机床公司设备租金。（五）少缴税费。

是年 6 月，省审计厅分别对江西涤纶厂、省金属材料有限公司 2005 年度财务收支情况进行审计。其中：对江西涤纶厂审计发现的问题主要是：（一）产权虚假转让。江西涤纶厂及其子公司对占江西福世达公司 57% 股权撤资并转让股权，转让价款 570 万元没有转入江西涤纶厂及子公司，仅是在省产权交易所打了个空转。（二）土地出租违规。子公司江西新龙化纤有限责任公司（甲方）与南昌市康丰纸业有限公司，签订的"厂区工业用地租赁协议"没有明确甲方权利，价格决定程序缺失，且超越了南昌县小蓝工业园在投资协议书中所约定给予江西涤纶厂的权限。（三）负债和损益不实。少计固定资产折旧 3225 万元、少计利息 931 万元、未反映工程欠款 8901 万元。（四）违规融资。（五）少缴防洪保安资金 123.8 万元。省审计厅已将江西涤纶厂在与江西福世达贸易有限公司的合资及股权转让过程中，权利义务不明等违法违规行为，以及江西新龙化纤有限责任公司土地出租违规的问题，移送省纺织集团公司进一步审查。

对省金属材料有限公司 2005 年度财务收支情况进行审计，同时，根据需要延伸审计与其资金往来频繁的国有独资企业省金属材料总公司（以下简称金属总公司）和其控股的江西洪源拍卖有限公司（以下简称洪源公司）的账证表。审计发现的问题主要是：（一）会计核算不真实，存在用往来科目核算投资的不规范行为。（二）投资效益较低。（三）现金管理违规，大额现金收支频繁。（四）财务报表合并范围不正确，信息失真。（五）漏缴税费合计 242.47 万元。（六）会计核算与财务管理存在问题。1. 商品销售成本核算不够规范。2. 金属总公司为长期亏损企业，主要以仓库、房屋出租收入维持经营，列支招待费额，购置无明细项目的办公用品费用，均超出税法规定的税前招待费列支比例。3. 金属总公司在管理费用中列支水电费时计提进项税，但收回承租户支付的水电费，账务处理未作进项税转出。

是年 9 月，省审计厅对省盐业集团公司新余公司 2005 年度财务收支情况进行审计。审计发现的问题主要是：（一）未足额缴纳职工社会保险金。（二）企业所得税前扣除项目证明材料不全。在营业费用中列支会务费，原始凭证均为餐费且未附会议通知。（三）未及时缴纳防洪保安资金。

是年 10 月，省审计厅分别对江西联创光电科技股份有限公司、省盐业集团萍乡公司 2005 年度财务收支和经济效益情况进行审计。其中：对江西联创光电科技股份有限公司审计发现所属控股子公司厦门金合捷投资控股有限公司股权转让未经评估，存在产生利益冲突的风险，在国有股权由绝对控股转变为相对控股后，新的控制方式和手段研究不够。联创公司的主营业务均属于充分竞争性行业，在核心技术缺失、毛利率偏低的情况下，公司的发展主要依靠规范的管理和规模的扩大来实现。自公司实现上市以来，绩效明显：（一）资产、产值、利润基本实现同步增长。（二）资产结构和财务运营指标合理健康。尚存不足：1.总资产报酬率与权益报酬率仅略高于银行同期流动资金贷款利率，利润空间狭小。2.主营业务成本增长率、三项费用增长率特别是管理费用增长率偏高，高于行业资产、收入和利润的增长幅度。3.由于行业竞争激烈，核心技术掌握不多，加工设备依赖进口，导致产品技术附加值偏低，企业的盈利素质不高。4.项目投入自主科技含量不够，劳工状况有待改善。审计建议：统一公司内部政策；清理自公司上市以来的所有股权转让行为；完善决策投资程序，避免决策投资风险；加强对投资项目的可行性论证工作。

对省盐业集团公司萍乡公司2005年度财务收支情况审计发现的问题主要是：（一）未通过工资基金，直接在营业费用中发放职工误餐、交通费。（二）2001年用土地出让金购得1宗土地使用权，作为无形资产核算并按40年进行摊销，其摊销期限偏短。（三）原材料——纸箱科目期末账面数为123个，经分析出入库凭证，期末库存应为15955个，相差15832个。

是年11月，省审计厅对江西盐矿有限责任公司新增30万吨/年盐硝联产生产线投资效益及2005年度财务收支情况进行审计，并延伸审计江西盐矿有限责任公司（以下简称江西盐矿）直接控制的盐兴物业公司及劳动服务公司。审计结果表明：新增30万吨/年盐硝联产生产线技改项目的实施，基本上达到设计要求和预期目标；但该技改项目在手续的完备性、资金管理的规范性、费用的控制等方面还存在不足。审计发现的问题主要是：（一）技改项目方面。1.工程招标未经批准，自行采用邀请招标方式，未办理招标申请手续，邀请招标未经相关部门审批。2.建设用地未经审批，未取得国有土地使用证。3.建设管理费超概算，存在损失浪费的问题。4.试生产取得利润未冲减工程成本。5.项目建设资金管理不严格。6.该项目2005年7月正式交付使用，未及时办理竣工验收。（二）财务收支方面。1.会计核算不正确。盐兴物业公司其他业务收入未归属为江西盐矿的收入。2.原始凭证不完整。2005年劳务公司发放工资394.97万元，均通过现金发放。3.少缴防洪保安资金。

2007年2—3月，省审计厅对2006年度江西铜业集团公司本部及所属贵冶分公司、德铜分公司、铜材有限公司、东同矿业有限责任公司、武山铜矿、城门山铜矿和其控股的上市公司——江西铜业股份有限公司本部和所属的贵溪冶炼厂、德兴铜矿、江西铜业铜材股份有限公司的财务收支进行审计。审计结果表明：2006年度江西铜业集团公司资产盈利水平较高，公司财务基础工作较扎实，会计核算较准确。审计发现的问题主要是：（一）财政专项资金收支、使用方面存在问题金额2183.37万元。1.截至2006年末，未按项目及时拨付使用的财政专项资金1372.51万元。2.2006年集团公司本部挪用财政资金60.86万元。3.2006年集团公司本部收取土地收益金750万元，未上缴财政挂其他应付款科目。（二）集团公司财务收支方面存在问题金额11110.96万元。1.2003年集团公司投资控股的江铜耶兹铜箔有限公司收取国家发改委、财政部电解铜箔项目国债转贷资金3850万元，未作长期借款的账务处理。2.集团公司在成本费用中列支福利性支出及扩大支出范围等金额1465.86万元。3.集团公司本部未按规定程序办理赞助事项的金额2396.85万元。4.集团公司本部应缴未缴各种税费131.62万元。5.2004年至2006年集团公司控股的银山、东同矿业有限公司支付省人力资源有限公司劳务代理费 150.24 万元，未纳入效益工资核算。6.2006 年集团公司在管理费用中列支安全环保工作会议费 10 万元，无正规发票。7. 江西铜业股份有限公司财务收支方面存在问题的金额 3106.39 万元。（三）江西铜业集团公司与江西铜业股份有限公司等关联事项存在问题金额409.87 万元。（四）2004、2005、2006 年江西铜业集团公司财务账已核销各种不良债权、不良投资、固定资产净损失款项 31713.85 万元，未建立"账销案存"的专门档案，进行专项管理。（五）重大决策事项方面存在问题的金额约 241084.43 万元。1.2003 年至 2006 年，江西铜业集团公司本部和江西铜业股份有限公司，违规投资股票市场累计人民币 8312 万元、港币 1618 万元，造成股票投资损失 661.92 万元。2. 截至 2006 年末，江西铜业集团公司向三产及参股企业、控股子公司以及省大成公司出借资金、提供担保、出借资金合计 240145.59 万元，存在风险。（六）2003 至 2005 年，因主辅分离改制而享受税收优惠政策过程中存在问题金额 8832.55 万元。（七）江西铜业集团公司所属企业向职工持股会持股的三产企业转移收入、利润，侵占国有股权及漏缴税费等问题金额 7918.42 万元。（八）2003 年至 2006 年，通过委托贷款或借款方式违规出借资金给合作方作为投资股本 10619 万元，也未向注册资本验资和工商注册登记部门提供真实的注册资金来源依据。审计建议：江西铜业集团公司与江西铜业股份有限公司的关联费用应市场化，办公楼场所应通过中介物业公司管理，财务应进行独立核算，根据市场制定租金价格，执行物价部门制定的物业管理费；同时江西铜业集团公司应对违纪违规责任人进行追责，并对存在问题及时进行整改。

是年 3 月，省审计厅分别对省建材集团公司、省煤炭集团公司、省医药集团公司、省冶金集团公司 2006 年度财务收支情况进行审计。其中：对省建材集团公司审计发现的问题主要是：（一）其他应付款科目结转以前年度的房款，实为职工上缴的集资房款，未按规冲抵房建支出。（二）省财政拨入改制资金用于建材集团下属的水晶厂改制，但由于企业配套资金无法到位，导致该项资金至今无法使用。（三）专用基金结余 1000 余万元，其中绝大部分属以前年度财政挖潜革新改造资金拨款，集团公司未按规下拨所属企业使用。（四）往来款项，挂账时间长、金额大，长期未清理。（五）财务核算分散，会计基础薄弱。分设多套账核算，且存在包包账、账外账等现象。（六）少缴个人所得税、防洪保安资金。

对省煤炭集团公司 2006 年度有关财务收支情况审计发现的问题主要是：（一）滞拨以前年度财政资金 2279.75 万元到所属企业使用，资金沉淀，未发挥效益。（二）结余 1729 万元专项补助资金尚未拨付。（三）部门决算报表未真实反映省财政厅拨付的专项资金。（四）从维简费中支付不符合规定的款项合计 751.11 万元。（五）在收取企业资产收益仍有结余的情况下，仍向下属企业收取管理费。（六）本部机关以各种名义发放奖金和补贴。（七）2003 年至 2006 年本部机关向下属企业收取税前列支赞助款。（八）省煤炭集团公司纪检部门在处理安源股份公司案件时，坐支罚没款结余未入财务账核算。审计建议：加强财务管理。

对省医药集团公司 2006 年度其他财务收支情况审计发现的问题主要是：（一）上年专项结余 650.44 万元和本年度财政拨款 1596.54 万元未纳入预算编制。（二）其他应付款挂账转让股权款，未作股权投资收回和转让收益账务处理。（三）所属物流有限责任公司会展费推广费无合规发票。（四）省医药学校未缴个人所得税。（五）在事业支出科目违规列支职工福利费。（六）其他收入 600

万元，实为他方资金，未作相应账务调整，未作冲账处理。

对省冶金集团公司2006年度财务收支情况审计发现的问题主要是：（一）以前年度集中的大修理基金结余，挂其他应付款科目，未按规调增国家资本金。（二）未拨付南钢、新钢债转股企业免交利息返还所得税。（三）结余省人事厅拨困难补助，滞留财政资金。（四）少缴企业所得税。（五）截至2006年末，不良债权累计4012.16万元。（六）以前年度投资珠海华泰公司500万元挂其他应收款科目，已形成不良投资，未按规进行清理和问责追究。（七）离退休药费结余挂其他应付款科目，虚增财政支出。（八）向五矿有色金属股份公司出售国有资产收益结余挂其他应付款账户。（九）将出售国有资产收益违规给南昌双港实业服务公司。（十）将土地出让收入安置职工费用后的剩余款1061.51万元挂往来账户。（十一）在乐华锰矿破产费用中列支其他不合规费用。（十二）在营业外支出科目中列支赞助彭山锡矿车辆购置款，在管理费用开支赞助款，超标准开支职工教育费，未补缴企业所得税。（十三）部分人员缴交住房公积金基数超过社会平均工资的3倍。（十四）再就业中心解困款、经济补偿金结余合计1410.85万元，未予以拨付，形成滞留。（十五）省冶金工贸公司出借资金给郑某某个人开办的公司，未进行清理检查并予以收回。（十六）历年未严格执行审计决定。审计建议：对所有违规问题进行整改。

是年4月，省审计厅对省电子集团公司2006年度财务收支情况审计发现的问题主要是：（一）管理费过高。28人的公司管理费用达574.69万元，人均20.52万元。（二）发放2005年度绩效工资和下属企业领导岗位津贴，未代扣代缴个人所得税。（三）在管理费用中列支职工福利开支，未代扣代缴个人所得税。（四）历史挂账的专项款未按规处理。审计建议今后应据实向省财政厅报批预算支出，以免批复的预算支出与实际支出不相吻合。

是年5月，省审计厅分别对浒坑钨矿、画眉坳钨矿、岿美山钨矿2006年度财务收支情况进行审计。其中：对浒坑钨矿审计发现的问题主要是：（一）钨精矿销量1023.90吨，平均销售价格46153.53元/吨，远低于市场价格，与企业会计制度的相关规定不符。（二）供销科让售部分燃料，所收款项存放于出纳的私人账户；2007年5月存折余额与矿供销科财务账面数据不符。（三）通过管理费用科目把应缴税金—应缴增值税及附加计入生产成本，长短期贷款未计提利息费用。（四）企业供销管理内部控制存在缺陷，选择供应商时供方评定程序落空。（五）购端午节物资报账金额所附票据中有的与实际购买食品内容不符，而是宜春市加工修理修配发票。

对画眉坳钨矿2006年度财务收支情况审计发现的问题主要是：钨精矿销量463.9907吨，平均销售价格46687.87元/吨，远低于市场价格，与企业会计制度的相关规定不符。且产品销售阶段性较强，销售均发生在1至10月份，11、12月份无产中销售。

对岿美山钨矿2006年度财务收支情况进行审计。审计发现的问题主要是：（一）其他应付款—押金，年底未进行清理和退还给客户，而是转存到账外。（二）在管理费用中列支交际费用过大。（三）营业外收入发生的收取违约金、事故处理款等会计凭证的制作无相关附件。

是年5—6月，省审计厅对丰城发电有限责任公司（以下简称丰电公司）2005至2006年资产、负债、损益情况审计发现的问题主要是：（一）自2001起将职工医疗保险费转入单独账户存储与支出，未按规向有关医疗保险机构缴纳。（二）固定资产折旧计提不足，影响损益的真实性。（三）未足额缴纳税费。2005 年欠缴水资源费 167.95 万元、排污费 1066.61 万元；2006 年欠缴水资源费 400.93 万元、排污费 1512.08 万元；两年少缴防洪保安资金 29.85 万元。（四）冠源大厦建设项目未取得有关部门的建设规划许可和施工许可，未缴纳有关建设规费。（五）冠源大厦工程建设管理不合规。工程建设的存档资料不全；土建工程中标单位中建三局一公司江西分公司把工程转包给福建福清华侨建筑工程公司；竣工图纸不全，无工程验收资料，土建工程造价 1768.13 万元的结算资料不全。（六）以单身公寓楼的名义将冠源大厦建设费用 627.12 万元列入企业技术改造工程支出。（七）冠源大厦的装饰、安装工程按直接费的 9% 或 10% 进行综合取费，与《江西省建筑安装工程费用定额》按人工费取费的规定不符。（八）2004 年至 2006 年丰电公司先后以检修综合楼等名义，在企业技术改造工程中列支冠源大厦的建设费用。（九）子公司丰电燃料公司于 2005 年 8 月以受让镇江东邦置业有限公司股权的名义，融资 1000 万元给上海正隆科技投资有限公司。未按协议约定于 2006 年 8 月收回全部融资款及投资收益；截至 2007 年 6 月，仅收到上海正隆科技投资有限公司汇款 300 万元，其余资金存在损失的风险。（十）丰电燃料公司燃料预付款被江西润田天然饮料食品有限公司、北京元源有限公司、北京东方浩然煤炭经销有限公司、北京百姓家园房地产有限公司等企业大量占用。截至 2006 年末，江西润田天然饮料食品有限公司占用资金 339.91 万元，北京元源有限公司占用资金 862.86 万元；截至 2007 年 5 月末，北京东方浩然煤炭经销有限公司和北京百姓家园房地产有限公司占用资金 3535.28 万元。（十一）丰电燃料公司资本不实。丰电燃料公司注册资本为 10000 万元，股本结构为泽元公司 300 万元、江西源源置业有限公司 4700 万元、江西源远风险投资有限公司 5000 万元。但江西源远风险投资有限公司应出 5000 万元资本金一直未到位。江西源源置业有限公司应出 4700 万元资本金虽到账，但至 2006 年末该公司欠丰电燃料公司的款项达 5580 万元。审计建议：增强法制意识，不断规范企业经营行为，防范资金风险，避免资产处置不当造成国有资产流失；加强财务管理，准确反映企业财务状况和经营成果；提高纳税意识，及时缴纳各项税费，履行企业法人的各项义务；按规对报废固定资产进行处置管理；规范企业经营行为，不得擅自向用电企业直接供电。

是年 6 月，省审计厅对省燃料有限公司 2006 年度财务收支情况审计发现的问题主要是：（一）未按规定确认当年收入 7996.2 万元，其中：2006 年已实现销售的商品 679.62 万元延期至 2007 年确认收入；将省财政厅拨入国有物资企业亏损补贴挂往来，未作补贴收入反映。（二）大额现金支付款项频繁。（三）将资产支出费用化，在管理费用中列支固定资产。（四）少缴税费。审计建议：加强销售收款循环的内部控制，加强固定资产管理。

是年 7—8 月，省审计厅对南昌钢铁有限责任公司 2006 年度财务收支情况审计发现的问题主要是：（一）省冶金集团公司企业挖改资金转账由南钢公司管理（企业挖改资金结余 164.15 万元，未转回省冶金集团公司），形成省冶金集团公司的账外资金。（二）2004、2005 年南钢公司因债转股停息增加利润交纳的企业所得税返还共计 1477.08 万元，省冶金集团公司挂往来账户，未调整账务并同额增加南钢公司（非债转股）资本金。（三）已缴纳增值税 4541.57 万元中，按预算级次应列为省级的 25% 部分即 1135.39 万元混淆为县区份额。（四）设备材料采购招投文件出售收入，扣除开支费用后的余额挂往来账款。（五）多提固定资产折旧，少缴企业所得税。（六）原南昌钢铁有限责任公司（以下简称原南钢公司）存续公司未经省国资委批准核销担保损失 9010.50 万元、投资损失 966.09 万元。（七）违规计提和发放效益工资，涉及未调增利润未缴纳企业所得税及个人所得税。（八）应缴未缴各项税金。（九）转让控股子公司安阳市诚晨焦化有限责任公司，未履行报经主管部门审批的系列程序。（十）江西长力汽车弹簧股份有限公司（以下简称长力公司）销户，仅收回资金 750.13 万元，损失金额 249.87 万元。（十一）长力公司人为增加对江西鑫茂源实业有限公司预收账款。（十二）账龄三年以上的往来款合计 3076.27 万元，款项收回可能性较小，已形成不良资产。（十三）投资本金和投资收益未按配比原则进行账务处理，未调增利润和投资本金，未缴企业所得税。（十四）原南钢公司和南昌长力钢铁股份有限公司拨付工会代管职工各项奖励未缴纳个人所得税，拨付工会代管互助解困基金等款项未纳入南钢公司核算。（十五）原南钢公司烧结分厂、钢铁分厂食堂 2006 年实现利润不应属于南钢工会所有，未等额调增南钢公司利润。（十六）工会收入未进行账务调整，未缴纳有关税金。（十七）南钢公司工会返还各分厂各部门技协费、工会技协费，未缴任何税费。（十八）南钢公司炼铁厂 2006 年 12 月 31 日账面存货 21590.01 万元，比经审核后的实际库存少 845.15 万元。审计建议：加强对财务管理工作整改。

是年 8—9 月，省审计厅分别对安源实业股份有限责任公司（以下简称安源股份）本部及部分具有资本纽带关系的子公司及萍乡矿业集团公司 2006 年度财务收支情况进行审计。其中：对安源实业股份有限公司审计发现的问题主要是：（一）股改费用支出汇款单收款人与提供的实际控股明细单股东人不一致；投资深圳管业公司造成国有资产流失；萍乡市博达玻璃制品有限公司存在抽逃注册资金、销售收入与原材料购进相差较大、截留管理费、无偿占有国有资产承包费等问题。省审计厅已将上述 3 个问题移交省煤炭集团公司纪委进一步核查处理。（二）在营业费用科目列支资金回笼费用，即按回收资金 1.2% 提取业务费，省审计厅已将此问题移交安源股份纪委进一步核实查清。（三）安源股份挪用财政资金。（四）少缴防洪保安资金。（五）在管理费用中开支董事、监事津贴，未计入工资总额，未缴个人所得税。（六）投资的索麦克（北京）玻璃幕墙有限公司未如实对外披露损失信息，安源股份未收回投资避免损失，未问责追究。（七）投资的中南安源镀膜玻璃（萍乡）有限公司未对外披露业绩信息。审计建议：对违纪违规责任人追责。

对萍乡矿业集团公司本部及部分具有资本纽带关系的子公司 2006 年度财务收支情况审计发现的问题主要是：（一）天鹅宾馆存在偷税漏税情况，省审计厅已将此问题移交税务部门进一步查处。（二）对于部分二级单位虚列支出、下属建安总公司原出纳刘某某挪用公款、天鹅大酒店偷税和商业贿赂、丰城矿务局矿区及乐平矿务局矿区采煤沉陷治理安置小区存在的问题，省审计厅已移交萍乡矿业集团公司纪委进一步查处。（三）财政部审定拨补破产职工一次性安置费或补偿金结余 5027.61 万元、拨补巨源矿破产部分职工一次性安置费及补偿金结余计 897.78 万元、拨补萍乡矿业集团公司原青山矿破产项目第二医院移交设施费补助款结余 1417 万元，挂结算中心往来账户。（四）管理费用、制造费用、销售费用提取扶贫资金、列支沉陷区搬迁费等，扩大支出范围 757.67 万元，未调整利润未补缴企业所得额。（五）销售煤炭环节等方面收取、上缴煤炭联合销售体服务费，未作调增利润的账务处理。（六）其他财务收支方面，未按规调增利润 2131.90 万元、代扣个人所得税。（七）往来科目核算萍乡矿业集团公司纪委收缴违纪款未调增利润。（八）营业外支出科目列支安全处罚款等款项 3193.16 万元，未按规调增企业所得额并补缴企业所得税。（九）无依据计提发放效益工资奖金，涉及未调增利润 376.5 万元、未调增应纳税所得额 1458.87 万元。（十）供应公司未经招投标程序自行采购物资 9417.75 万元。（十一）销售公司对外售煤从中收取部分费用，侵占各煤矿的销售收入。（十二）人力资源有限公司违规收取出国服务费。（十三）萍乡焦化有限责任公司股权作价 2000 万元，存在缺少依据支持、股东之一易某某的出资及资金来源不合规、煤气价格违反关联交易规则、超计划投资 6140.90 万元等问题。（十四）湘雅萍矿医院会计制度选用不合理、未资本化利息费用 933.91 万元、超计划投资 14618.59 万元等问题未及时纠正。（十五）萍乡市六六一厂超计划生产炸药等国家专控产品。（十六）安源煤矿财务管理不规范，票据缴销不及时，造成多本票据被遗失而无法核实的情况，未问责追究。（十七）青山煤矿低质煤洗煤厂在建工程中的土建工程未进行招标。（十八）景泰公司未加强对长期投资的监管。（十九）林场（月池度假村）1315.63 万元基建工程，未履行公开招投标的建设程序。审计建议：对违纪违规责任人进行追责；加强财务管理，及时进行整改。

是年 9 月，省审计厅分别对安源股份有限公司、江西申威建筑装饰工程公司 2006 年度财务收支情况进行审计，并延伸审计安源股份有限公司投资控股的无锡安源汽车有限公司、萍乡水煤浆有限公司。其中：对安源股份有限公司审计发现的问题主要是：（一）安源汽车有限公司经营团队用昂贵的费用开发安源客车的技术、认证和销售渠道，作价入股江西凯马百路佳客车有限公司生产出口客车，违法侵犯无锡安源汽车有限公司权利及经营过程中存在"圈钱"的行为，省审计厅已责成省煤炭集团公司和安源股份公司对此进行查实，并依法惩治。（二）安源股份浮法玻璃厂高管层部分主要负责人员出资投入相对控股的关联企业萍乡水煤浆有限公司，获取高额利润。（三）萍乡水煤浆有限公司无偿占用国有资产、资金以及专利权，造成国有资产流失。（四）萍乡水煤浆有限公司人为提高交易价格和增加安源股份浮法玻璃厂燃料购进中间环节，加大燃料成本，向萍乡水煤浆有限公司转移利润，造成国有资产流失。（五）萍乡水煤浆有限公司人为增加采购中间环节，提高原材料购进价格，中间商从中获取差价收入。（六）萍乡水煤浆有限公司在主要原材料购进过程中，人为增加股东周某某为法人代表的公司采购中间环节，严重侵占萍乡水煤浆有限公司的利益。（七）萍乡水煤浆有限公司少缴纳增值税及附加。（八）无依据列支并提取业务经费。审计建议：对违纪违规人员进行追责；加强财务管理，防止国有资产人为流失。

对江西申威建筑装饰工程公司 2006 年度财务收支情况审计发现的问题主要是：（一）申请增加 1300 万元注册资本未实际到位。2005 年 7 月 12 日由省委办公厅机关后勤服务中心转入 1300 万元至该公司账户，7 天后又同额转回。（二）所属房屋维修队房租收入、其他收入、工程结算收入、小客房营业收入等未缴房产税、营业税及附加。（三）工程结算收入，实为收取挂靠单位按工程总造价 0.5% 的管理费。（四）房屋维修队未按规定办理税务登记，存在使用票据不规范的行为。（五）存在固定资产有账无物现象。（六）存在收入确认不完整的行为。审计建议：对存在问题及时进行整改。

是年 10 月，省审计厅分别对省龙式建筑开发中心 2005 年度财务收支情况、省盐业集团公司鹰潭公司、九江公司、省冶金集团公司进行审计。其中：对省龙式建筑开发中心审计发现的问题主要是：（一）部分财务科目调整、欠缴房产税、营业税及附加。（二）工程结算收入绝大部分是采用承包形式收取的管理费，存在大额现金支付行为。（三）以省政府机关基建队食堂名义开设银行账号，并单独设账，所有收支未纳入统一核算。（四）往来款未及时清理。（五）房屋、土地租赁合同款未在财务备案，对租金收入缺乏监管。（六）存在报账单据不规范的现象。（七）固定资产、存货长期未得到清理。（八）以现金支付项目工程款。（九）企业银行账户8个，多头开户。（十）企业损益反映不实。

对省盐业集团公司鹰潭公司2006年度财务收支情况审计发现的问题主要是：（一）费用开支未能严格遵守财经法规，财务处理不够完善。（二）现金支付超规定限额。（三）银行存款支付业务未保留进账单底联。（四）往来账挂账时间长，会计处理与实际情况不符。

对省盐业集团公司九江公司2006年度财务收支情况审计发现的问题主要是：（一）费用开支未能严格遵守财经法规，现金支付超规定限额，票据审核把关不严。（二）银行存款支付业务未保留进账单底联。（三）在法定公积金仍不足以弥补完历年亏损的情况下，提取任意公积金。

对省冶金集团公司本部及部分所属公司2005至2007年度财务收支情况审计发现的问题主要是：（一）滞留以前年度财政资金拨补解困款、经济补偿金结余2024.06万元。（二）在乐华锰矿破产费用中列支一次性的奖金补助以及其他费用。（三）向五矿有色金属股份公司出售国有资产的收益结余挂其他应付款账户。（四）将出售国有资产收益拨付南昌双港实业服务公司用于经费支出。（五）少缴企业所得税。（六）江西冶金工程质量监督站收取历年各施工单位缴入保证金或预付上级管理费挂"其他应付款"账户。（七）2006年、2007年1—9月江西冶金工程质量监督站工资、奖金，未调增应纳税所得额、未缴纳企业所得税。（八）江西冶金工程质量监督站降低施工直接费基数收取施工单位的建筑行业管理费。

是年10月—2008年1月，省审计厅对凤凰光学集团有限公司及下属单位2006年度财务收支情况审计发现的问题主要是：（一）违规收取上网费、就业费等形成账外资金。（二）凤凰医院部分收费未入账，形成小金库。（三）漏缴防洪保安资金。（四）江西凤凰建业公司虚假出资成立江西凤凰园林绿化工程有限公司。（五）白条领取应付工资、无依据支出、坐支售车款，省审计厅已将此问题移交凤凰光学集团公司纪委进一步查处。

是年11月，省审计厅分别对江西国药有限公司的2005—2006年度财务收支情况、省盐业集团公司吉安公司进行审计。其中：对江西国药有限公司审计发现的问题主要是：（一）超批复核销资产1376.29万元（土地1203.52万元、房屋建筑物172.77万元）。（二）部分投资收益及财务费用未纳入当年损益核算。（三）虚增经营性亏损，应由退城土地补偿中核销的整体搬迁停产费用，在2004年的管理费用中列支。（四）2006年多算企业所得税税前扣除额。

对省盐业集团总公司吉安公司2006年度财务收支情况审计发现的问题主要是：（一）会计核算不正确，公司取得吉安市兴桥镇袁塘村委会安下村128亩3分地2002年至2046年土地承包权，支付租金，记入无形资产并按十年摊销，该承包经营权多年未给企业带来收益，存在因弃耕抛荒被依法收回的风险，不符合无形资产的确认条件。（二）私存私放资金，公司将公款从中行账户转入出纳个人账户备用，违规形成"小金库"。（三）人为调节利润，在其他应收款中列支盐政办案费转入费用科目。

是年 11—12 月，省审计厅对江西南华医药有限公司 2006 年度财务收支情况审计发现的问题主要是：（一）以协议出让的方式，将 2.5 万平方米的湾里仓库出售给江西乾茂实业有限公司，既未经省国资委批准，也未在产权交易机构履行招、拍、挂程序，并漏缴交易收入应缴纳的营业税及附加、契税。（二）以协议交易的方式，购买原抚州医药公司抵押给中国银行抚州分行的大楼，未在产权交易机构履行招、拍、挂程序，未取得资产购置相关的合规合法票据。（三）采取预提而非据实列支的方式，在管理费中计提退休费挂"其他应付款"科目，当年提取数（即列支数）比实际使用数超出 50.45 万元；部分分公司在"其他应付款"科目中挂购货单位回扣资金，未作企业所得税纳税调整。（四）控股子公司江西黄庆仁栈华氏大药房有限公司转让国有资产手续不完善，漏缴有关税金。1.各分公司未经省国资委批准，也未在产权交易机构履行招、拍、挂程序，出让房产，所得收入漏缴有关契税和营业税及附加。2.少缴房产税，南昌分公司在管理费——差旅费中违规列支职工误餐费，未作企业所得税纳税调整。审计建议：依据《中华人民共和国公司法》的有关规定，明晰江西南华医药有限公司与江西黄庆仁栈华氏大药房有限公司的资产所有权、占有权和处置权，便于国有资产的经营管理与监督；依据《企业财务通则》《企业会计制度》的有关规定，理顺江西南华医药有限公司与江西黄庆仁栈华氏大药房有限公司的经济核算关系，正确划分费用归属，使财务核算更加真实、合规、合法；加强对企业改制资金的管理和核算，全面真实地反映企业改制资金的使用状况。

2008 年 2—4 月，省审计厅对新余钢铁有限责任公司（以下简称新钢公司）本部及所属 23 家单位 2006 年和 2007 年财务收支情况审计发现的问题主要是：（一）新钢公司、新钢股份公司未在销售发票上反映 2006 年度优惠金额 9212.06 万元，少做收入 6362.94 万元，以极低毛利（约 10 元/吨）销售公司钢材；查出"小金库"1803.18 万元，省审计厅已移交新钢股份公司纪检组进一步查处。（二）大连新钢经贸公司处置部分办公楼未经公开招标，而是直接按评估价转让给个人，手续不健全，省审计厅已移交新钢公司纪检组作进一步查处。（三）新钢公司本部、新余钢铁股份有限公司（以下简称新钢股份公司）本部财政资金账面会计信息真实性方面存在问题。（四）新钢公司本部、新钢股份公司本部隐瞒利润 215981.73 万元，未缴税费 12890.77 万元。（五）新钢公司本部在管理费中计提拆迁住房补贴挂其他应收款科目，未作调增利润的账务处理。（六）应资本化的财务费用 7399.52 万元，未作调增利润 1434.98 万元的账务处理。（七）投资收益 748.37 万元挂其他应付款科目。（八）新钢公司烧结厂多列生产成本 2618.82 万元。（九）新钢公司所属房产公司招标押金及卖标书款，均未纳入公司财务账核算。（十）部分下属企业财务未并入新钢公司合并报表范围，2007 年末合并报表未调增资产净额 61900 万元、调增负债净额 56000 万元、调增所有者权益净额 5919.39 万元、调增所得税后净利润金额 1572.78 万元。（十一）应发未发的工资结余 6366.04 万元未纳入应付工资科目核算，多反映工资实发数 11229.33 万元。（十二）未缴个人所得税、应付工资科目列支走访费用、购礼品费用。（十三）新钢公司未按规收回公司领导班子成员贡献奖，及 2006 年、2007 年发放的各种津贴。（十四）新钢公司所属调剂中心管理的闲置资产均为不良资产，未进行清理。（十五）新钢公司员工投资基金会未经审批成立，向员工募集资金并按年度支付红利，向新钢公司以高于同期市场利率发放贷款，并投资入股企业和委托信托公司进行资本运作，以上行为均未取得相关政府部门的审核批准，属于乱集资、乱设金融机构、乱办金融业务的"金融三乱"行为。（十六）新钢气体公司目前股权结构显失公允，新钢股份公司国有资产存在流失现象。（十七）新钢公司与民营企业合资共同投资的四户企业、与周边地方政府或其代理公司合资成立的一批企业、已改制的两户企业都存在国有资产流失的现象。（十八）将10000万元贷款以国土收入名义缴入新余市财政局，属弄虚作假，虚构财政收入。（十九）新钢公司出借资金共2674万元，部分款项回收存在风险。（二十）新钢公司对于大量通过中间贸易商购进原料，而直供厂商较少的现象未能提供合理解释。（二十一）收取三期工程预约金，实为企业间资金拆借，扰乱国家金融秩序；所支付的利息未予资本化。审计建议：对违纪违规人员进行追责，对存在问题及时进行整改。

是年4月，省审计厅分别对江西稀有稀土金属钨业集团公司2005至2007年经济效益及2007年度财务收支情况和省煤炭集团公司进行审计。其中：对江西稀有稀土金属钨业集团公司审计发现的问题主要是：（一）相关权利履行不完整。仍未切实履行省审计厅2005年第31号报告中提出的江钨集团必须作为责任主体，依法定程序对其与中国五矿有色金属股份有限公司合资过程中存在的问题，予以规范妥善解决的建议，导致省属国有资产巨额流失问题依然存在。省审计厅已将此问题以审计要情方式报送省委、省政府主要领导。（二）大宗资金运用不规范。所属江钨有色金属贸易有限公司占用资金过大。（三）投资企业资产减值较大，投资风险较高。（四）少缴防洪保安资金。审计建议：在企业规模加速扩大的时期，应注意新投资企业成立、管理的规范；企业规模扩展，资金流通量增大，应关注企业资金的安全性，加强内部管理，控制费用增长。

对省煤炭集团公司本部2007年度财政预算执行、财政专项资金使用情况审计发现的问题主要是：（一）财政资金沉淀20614.26万元，未按规拨付使用让其发挥效益。（二）所属乐平矿务局矿区采煤沉陷治理安置小区建设项目自筹资金4006万元未到位，受灾居民未享受到政策规定的国家补助；建筑规模超经济适用房建筑标准。（三）以前年度所属丰城矿区治理沉陷资金283万元已计入当期成本。漏缴企业所得税93.39万元。（四）丰城矿区采煤沉陷治理项目安置小区建筑规模超预算，未按规定办理异地报批审定手续，省煤炭集团出资2431万元未到位，矿区沉陷受灾居民未享受到政策规定的国家补助。（五）以不合理基数申请中央所属矿亏损补贴2799万元。（六）用维简费资金支付昌北工业园建设工程款项200万元，扩大了维简费的使用范围。（七）应收未收华悦酒店租金累计485.41万元。（八）所属江西众和新型建材有限公司厂房设备闲置浪费。

是年5月，省审计厅分别对江西稀有稀土金属钨业进出口有限公司2007年度财务收支情况及江西医药集团公司进行审计。其中：对江西稀有稀土金属钨业进出口有限公司审计发现的问题主要是：（一）财务处理不规范，无法确认收入、成本等数据的真实性，存在较大风险。1.收入的确认不符合配比原则，随意性较大。2.商品采购无相关合同，产品销售成本结转不配比.3.库存商品不能反映企业实际库存情况。（二）管理费用奇高，人均达62.77万元。（三）职工平均工资水平偏高。

对江西医药集团公司2007年度财务收支情况审计发现的问题主要是：（一）部分预算资金执行不到位。2006年省财政拨入的就业补助资金，尚有资金未拨补到位。（二）预算外资金缴纳不及时，预算外收入未及时解缴省财政预算外专户。（三）学校超标准收取学生住宿费。（四）少缴个人所得税。（五）少缴营业税及附加。

是年5—6月，省审计厅对省盐业集团公司2007年度财务收支情况审计发现的问题主要是：

（一）无形资产计价不正确，未调减无形资产。（二）在与中国盐业总公司合作中未充分考虑自身权益，未向中盘公司索回筹建中盐大厦时向省盐业集团公司的摊派款。（三）盐政办案费补贴，未及时返还至相关设区市盐务局，以发挥财政专项资金的使用效益。（四）少缴企业所得税。（五）未向财政申请返还维修基金6173.98万元。（六）用于福州路197号办公楼8—9层装修的42615.01万元未纳入企业预算。审计建议规范投资决策程序，充分考虑投资风险，避免国有资产遭受损失。

是年6月，省审计厅对江西化纤化工有限责任公司2007年度财务收支情况审计发现的问题主要是：（一）内控制度不够严格。1.供应商的选择程序不完善。2.库存销售管理不规范。（二）财务管理不够完善。1.部分往来长期挂账。2.少缴防洪保安资金。3.少缴企业所得税。

是年7月，省审计厅分别对省盐业集团抚州公司及景德镇公司2007年度财务收支情况进行审计。其中：对省盐业集团抚州公司审计发现的问题主要是：（一）会计基础工作不够规范。1.与县级报账单位的核算关系不够清晰。2.往来科目多年未清理。3.任意调整科目。2007年度以字迹不清的复印件为依据，在无人签字负责的情况下，冲减作为往来科目使用的"物资采购"科目，并调增本年度收入。4.存货盘存采用永续盘存制，但在发出商品时不减记"库存商品"，而是月末在未附出库单的情况下，根据库存商品盘点数结转成本并减记"库存商品"。5.账务处理的手续和依据不够完善，存在一定的随意性。审计抽查发现有多份调整账务的凭证未附上调账依据等。（二）盐政执法力度不强。（三）欠缴企业所得税。

对省盐业集团景德镇公司2007年度财务收支情况审计发现的问题主要是：（一）会计基础工作不够规范。1.销售收款环节相关内控制度不健全。出库单未缴一联给财务部门记账。2.核算方法不当。公司以"物资采购"科目核算账款往来。3.部分往来科目多年未清理。2007年末"其他应付款—昌厦公司"余额属2004年预付工程款，挂账多年。（二）超起点结算现金。支付食盐配送运输业务运费时，全部以现金支付。（三）欠缴税费。审计建议：规范盐政办案经费的使用管理；加强对分公司的管理；针对鄱阳县市场私盐较为猖獗的情况，应进一步加大打击力度，挖掘该市场的销售潜力。

是年8月，省审计厅对江西天施康中药股份有限公司2006年及2007年度的财务收支情况审计发现的问题主要是：（一）未缴营业税及附加。（二）所属营销公司、余江分公司、贵溪分公司、弋阳分公司共少缴税款、价格调节基金、防洪保安资金。

是年9—10月，省审计厅对江西水泥有限责任公司（以下简称江西水泥公司；含江西万年青水泥股份有限公司，简称江西水泥股份公司）2007年度财务收支情况审计发现的问题主要是：（一）所属瑞金公司占用江西水泥股份公司的资金，未足额支付占用费，也未履行有关手续。（二）少缴税费2455.04万元。（三）江西水泥公司长期投资反映不实，投资效益不理想，投资程序不够规范，存在资产闲置现象。（四）部分项目建设未履行招投标程序；施工图设计文件未经审查，无施工许可证或开工报告，擅自施工。（五）以资抵债资产账务处理不当，其他会计核算和账务处理不够规范。审计建议：强化资产管理，特别是投资管理和资产转让的管理，严格遵守国家关于投资管理和国有资产管理的规定，规范程序，盘活资产，避免国有资产流失；规范资金管理，避免江西水泥有限责任公司、江西万年青水泥股份有限公司和相关单位之间不合规占用资金，既要维护国家利益，又要保证投资者的利益；自觉遵守国家财经法规，及时缴纳应缴纳的各项税费，并严格按规定进行会计核算；严格建设项目管理，做到程序合规、管理有序、结算合理。

是年11月，省审计厅对省盐业集团公司赣州公司2007年度财务收支情况审计发现的问题主要是：（一）成本费用开支和确认存在违规现象；盘盈库存商品冲减费用未能遵守权责发生制原则。（二）商务楼主体工程已于2006年完工，投资额达1600万元，尚未办理竣工决算。（三）会计基础工作存在不足。所属的县公司转换房屋，账务处理仅增记固定资产，未进行明细核算，且记账凭证无附件、摘要未作说明。（五）历年往来清理不及时。审计建议：进一步规范会计核算，严格按照《企业会计制度》及有关财经法规正确核算企业的经营收支活动，照章纳税；加大对多品种盐的宣传和销售力度，在碘盐销售基本饱和的情况下，挖掘多品种盐市场销售潜力，从而提高销售总额。

2009年2月，省审计厅对江西省盐业集团公司南昌公司2008年度财务收支情况审计发现的问题主要是：（一）不合规原始票据报账。（二）少缴企业所得税、个人所得税。审计建议：健全合同履行和付款审核环节的内控制度，提高管理水平。

是年4—5月，省审计厅对省煤炭集团公司2008年度财务收支情况审计发现的问题主要是：（一）破产资金未纳入财政资金预决算报表反映。（二）财政资金滞拨，未能发挥财政资金的效益。（三）利息收入未纳入财政资金预决算报表反映。（四）专项应付款历年结余未进行清理。（五）未将煤炭集团公司机关发放的安全奖冲减机关工资总额。（六）未按各企业股东大会决议通过的分红方案进行分红，而是直接按照下属单位净资产的一定比例在税后利润中提取作为投资收益，与《公司法》有关规定不符。（七）未将2008年末维简费形成的盈余公积—专项储备1296.68万元下拨到各生产单位。（八）以企业亏损基数3909万元申请中央资金不合规。（九）转增实收资本实际造成公司不良资产增加，未作出调减其中不良资产的账务处理。（十）自2005年4月起，应收未收租金累计696.24万元，造成国有资产流失。（十一）2005年机关一般职工工资水平高出行业人均水平4.72倍。对此，省审计厅已专题报告给省政府主要领导并获得批示，要求省煤炭集团公司整改。（十二）机关后勤中心在往来中列支规划采购电脑设备，核报手续不全，也未列固定资产，不符合财务制度要求。（十三）省煤炭销售运输有限责任公司固定进销差价率的做法不符合企业财务制度的规定，未执行市场定价原则。（十四）省煤炭多经实业公司和省煤炭销售运输有限责任公司业务重叠，未采取措施，取消前者的煤炭经营业务资格。（十五）省煤炭多经实业公司从省燎原经贸有限公司购煤，人为增加中间环节，是明显的国有资产流失行为。省审计厅已将该问题移交省煤炭集团公司纪检部门进一步查处。（十六）省煤炭供应公司超标准加价684.37万元，未退回企业。

是年7月，省审计厅对江中制药（集团）有限责任公司2007年至2008年财务收支情况审计发现的问题主要是：（一）少缴个人所得税、印花税。（二）江中集团公司本部投资恒生食业公司损失5664.89万元、投资恒生贸易公司损失18600万元；投资四川省天凤证券5000万股权5年没有取得效益，投资江西东升包装有限责任公司和投资北京江中高科技产业有限责任公司的效益均不佳；投资江西东星化学有限公司损失174.7万元、投资北京江中高科技产业有限责任公司累计亏损1019.85万元。（三）江中会所在管理费中报销购置绘画作品费用；在低值易耗品摊销赞助湾里公安局招贤派出所办公设备；余干在建工程除土地出让金外全额计提减值准备，未报国资委等有关监管部门审批。（四）中江地产股份有限公司2008年1月购买空调机对讲机未列入固定资产；2007年11月和

12月报支婺源项目调研费，所附票据与婺源调研项目无关；2007年6月支付给中国工商银行阳明路支行的融资顾问费和现金管理服务费，所附发票为手写无效发票；2007年2月现金支付汽车修理费，未提供修理项目，违反现金管理制度；2008年4月报支招待费中有假发票；超合同价支付江西洪都消防工程有限公司设备安装款及支付上海科原工程技术公司南宁分公司设备安装工程款。（五）南昌江中资产管理有限公司对使用年限剩余39.5年的土地使用权，按50年进行摊销，减少摊销费用。（六）江中制药厂潜亏5786.66万元。（七）恒生食业公司2008年11月将持有的70%宁夏恒生西夏王股份，全额转让给宁夏农垦企业有限责任公司，发生投资损失1238.1万元；截至2008年底，累计损失5924.77万元；资产负债率161.89%，存在资不抵债风险；未对其他应收款中的宁夏恒生西夏酒业有限公司1710.72万元计提减值准备。（八）江中集团将已破产的江西恒生贸易有限公司享有的3200万债权转让给恒生食业；江西恒生贸易有限公司累计欠江中集团9103万元；江西恒生贸易有限责任公司欠北京博明世通广告有限公司1210万元，该债务转至江中集团公司名下。审计建议：对造成巨额亏损责任人进行追责，加大集团公司财务管理的力度；提高江中地产公司和江中药业公司的财务管理水平；增强对九州通公司财务的监督和控制；加强对紫金城房屋基建工程监督；加大执行管理制度的力度。

是年9月，省审计厅对江西丰城发电有限公司（以下简称丰电公司）2007至2008年资产、负债、损益情况审计发现的问题主要是：（一）煤炭采购成本核算不实。2007年丰电账面入库煤量超过实际过衡煤量，造成多计煤炭采购成本1985.31万元。（二）固定资产折旧计提不足。丰电公司于2005年开工建设3号、4号机组烟气脱硫工程，少提折旧777.72万元。（三）丰电公司自2001年起将职工医疗保险费转入单独账户存储，未按规定向有关医疗保险机构缴纳。（四）少缴个人防洪保安资金。（五）2007年和2008年，当地税务机关违规向丰电公司预征、多征增值税合计5449.42万元。省审计厅根据《中华人民共和国税收征管法》的规定，建议移送上级税务机关进行处理。（六）技改和维修工程建设行为不规范。1.部分技改工程未公开招标。2008年丰电公司实施技改工程项目51项，合同总金额13311.5万元，其中：单项合同金额超过50万元，5项未严格执行招投标程序，合同金额3646.8万元。2.丰电公司未经过招投标程序，直接将3号、4号机组烟气脱硫工程发包给不具备工程总承包资质的江西省投资网新机电工程有限公司，承包合同总金额16700万元。（七）丰电公司3号、4号机组烟气脱硫工程中，新增增压风机变频改造及安装合同金额450.6万元。2009年工程结算时，仅扣减增压风机变频改造工程款300万元，尚有150.6万元未予扣回。（八）部分往来款项未及时清理。1.2008年末江西丰源电力集团公司欠丰电公司4476.06万元，江西丰电燃料公司欠丰电公司4222.07万元，共计8698.13万元丰电公司未及时收回。2.2008年末应付工程款中有501.94万元为历年应付或未结算的工程款，有279.18万元历年预付省水电工程局、省二建公司工程款未冲销；预付账款中有武汉水利电力大学科技开发总公司等历年的预付账款48.33万元，未及时结算。审计建议：加强财务会计核算，全面正确地反映企业的财务状况和经营成果。提高纳税意识，准确及时缴纳各项税费，积极主动地履行企业法人的各项义务；加强技改维修工程管理。对部分技改、维修工程招标不规范的问题，应加以整改，不断规范，使工程建设更公开、公平、公正，确保工程建设资金规范、安全、廉洁使用；增强法制意识，不断规范企业投资行为。丰电公司的决策经营层应该增强法治观念，依法经营，防范资金风险，避免资产处置不当造成国有资产流失；丰电公司近年将暖通系统检修、生活区设备维护、设备与环境卫生项目等维修维护工程项目交江西丰安物业管理有限公司承包，上述工程项目超越了江西丰安物业管理有限公司的经营范围，丰电公司应认真组织整改，杜绝类似情况发生。

是年9月，省审计厅对丰城二期发电厂2007至2008两年度资产、负债、损益情况审计发现的问题主要是：（一）省国土资源厅批准丰城二期发电厂建设用地共计88.4971公顷即1327.46亩，未办理国有土地使用证；丰电二期使用的丰电一期446亩厂区土地已办理完成分割手续，未办理国有土地使用证。（二）2007年度少缴合同印花税。（三）2008多缴增值税4041.23万元，2007年多提防洪保安资金。（四）2007年丰电二期发电厂与省投资集团公司燃料公司结算购煤重量为1660624.47吨，进厂验收煤重量为1655140.04吨，亏重5484.43吨，亏重率0.33%。合计亏损金额8496.8万元。审计建议：2007年省投资集团公司委托贷款70000万元（2008年末贷款余额17500万元）给丰电二期发电厂，用于生产经营过程中的资金周转，应实行基准利率下浮10%的优惠；丰电二期发电厂应与供煤单位进一步完善购销煤合同条款，明确运输煤和进厂堆存煤验收前的管理责任，减少损耗损失；税务机关应停止对丰电二期发电厂多征或预征增值税的行为，为企业提供一个合理的税务环境；江西赣能股份有限公司与丰城二期发电厂宜组织专业力量，总结经验、寻找不足，为"三期项目"筹建提有益参考。

是年10月，省审计厅对省盐业集团公司上饶公司2008年度财务收支情况审计发现的问题主要是：（一）少缴房产税、营业税、教育附加。（二）其他货币资金长期挂账未清理。审计建议：盘活有效资产，对已转让或处置的固定资产应及时清理，规范财务核算，不得以收抵支，加强平时库存商品管理和盘点。

是年11月，省审计厅对江西铜业集团公司本部2008年度财务收支情况审计发现的问题主要是：（一）在整体上市前处置职工股权过程中，造成国有资产大量流失。（二）与中金公司在认购江西铜业股份有限公司认股权证和分离交易债券的过程中，联手进行幕后操纵获取违法所得，省审计厅已将此问题移交证券监督管理部门进一步查实。（三）整体上市后少计相关收入、漏计企业所得税14155.26万元，年末未缴企业所得税23025.84万元。（四）2008年未在工资总额内反映劳务工劳动报酬总额5717万元。（五）"中央、省财政拨款—其他拨款"为历年项目结余款，未及时清理按规使用。（六）应缴未缴企业所得税。（七）虚增规划上市江铜南昌项目资产7354.64万元。（八）以前年度投资，与合作方采取代垫资本金的资金2800万元。（九）对开销售发票，虚增主营业务收入370000万元。（十）销售收入未根据关联关系的原则进行合并，多反映销售收入670496.03万元。（十一）结转材料成本差异时，将其全额分摊到其生产的主要产品——阴极铜中，成本核算不实。审计建议：对存在问题加大整改力度。

是年11—12月，省审计厅对江西铜业集团公司本部和所属江西铜业股份有限公司2007年至2008年提取科技的三项费用（简称"科技经费"）情况审计发现的问题主要是：（一）科研项目未履行公开招标程序。（二）科研成果评审、效益评估、经费监督、存档制度不健全，科研项目转化成果不理想。（三）违规使用经费。审计建议：科研项目立项后，进行公开招标产生研究人员，避免人情项目，避免滋生腐败；健全科研项目成果评审、存档、效益评估制度，分清责任、确定成果，保证科研项目的绩效；企业内审部门要加强科研经费监管工作。

2010年3—8月，省审计厅根据省政府指示精神，围绕经济工作中心，以"摸家底、揭隐患、促发展"为目标，以"防范审计风险，提高企业效益，规范企业管理"为目的，以"关注热点，破解难点"为主线，组织各级审计机关，全年对282个国有和国有控股企业的财务收支情况进行审计。共查出违纪违规金额11065万元，管理不规范金额160135万元，应上缴财政金额7571万元，促进企业增收节支金额6255万元，移送案件线索5起，涉案金额21854万元。其中：对江西省邮政公司2009年度财务收支进行审计。发现该公司职工薪酬核算不规范，违规在成本费用中列支离退休人员的活动经费、医药费、防暑降温费、挤占成本，设备采购招投标程序不透明，基建项目报建程序不规范，存在账卡不符、账实不符现象等问题。对江西铜业集团公司2008年度财务收支进行审计。发现江西铜业集团公司整体上市前公司收购所属企业内部职工股权，造成国有资产流失严重；公司与中金公司在认购江西铜业股份有限公司认购可分离交易债券和认股权证的过程中联手，幕后操纵获取违法所得，公司违反规定享受进口设备铜箔生产线关税及增值税减免额税收优惠政策等问题。对全省75户省属国有企业改制资金筹集、使用情况审计发现的问题主要是：（一）部分改制企业职工安置费用发放不符合规定，涉及金额4997.43万元；（二）部分改制企业列支的费用不符合其改制方案，涉及金额4179.46万元；（三）部分改制企业未按规定的程序地，影响改制效果；（四）部分中介机构在改制企业清产核资、评估、审计过程中，未遵守应有的谨慎原则，其报告与事实出入较大；（五）部分改制企业对资产、债务处置失当，造成国有资产流失等问题。

是年9月，省审计厅对江西万年青水泥股份有限公司2009年度财务收支情况审计发现的问题主要是：（一）会计反映不真实、财务管理不严、缴纳税费意识不强。1.会计信息失真。2.成本费用不实。3.少缴防洪保安资金。4.多计利息收入。5.发票开具不完整，购货单位与客户不一致。6.现金收取销售款。7.高额利息支出。8.支付财务顾问费但无具体业务发生。9.原煤进厂热值与矿山发出热值存在差异。10.长期投资存在潜亏。11.应收账款历史欠账回笼率较低。12.负债反映不实。13.欠缴企业所得税。14.账面未反映生活用地3.3万平方米。15.财务核算不规范，赔款无质量鉴定材料、试生产销售收入未冲减工程成本、租金收入未开发票。（二）工程建设行为不规范。1.部分工程未进行决算审计。2.竣工验收办理不及时，未按合同调整价款。3.部分材料、设备未按规定实行公开招投标。（三）资产转让或并购行为不合规。1.采取股权转让后捐赠转让价款的形式，将停产企业捐赠给当地政府，规避了上市公司相关程序。2.股权交易中应上缴国家财政土地收入648.84万元。3.规避关联交易公告程序。4.关联资产交易未进行资产评估。5.股权收购无可行性报告。

是年11月，省审计厅对江西煤业集团有限责任公司本级及所属萍乡市、丰城市、新余市、景德镇市分公司等二级单位2009年度财务收支情况审计发现的问题主要是：（一）组建江西煤业集团公司过程中，对增资矿产的采矿权评估进行人为调整，致使评估值与市场价格不符。（二）严重违背企业会计准则，人为调节产量、销售量及利润，隐瞒当年利润14451.21万元。（三）为合作股东中弘集团以发行信托产品方式筹集的专项资金，指定用于投资江西煤业集团有限责任公司80000万元，并将此款转移到股东指定的另一非监管账号，以逃避信托资金放贷银行的监控，配合中弘集团进行非法资金运作。（四）贵州矿业有限责任公司在收购贵新煤业过程中，在签订合作协议时预先支付合作方 3000 万元现金分红，由于没能实现经营目标，已造成国有资产损失。（五）江西煤业集团公司本级及部分所属分公司少缴纳各种税收 82.18 万元。少缴地方规费 383.52 万元。（六）所属分公司的副产品与三产企业或个人关联交易中存在问题。（七）萍乡煤业分公司在工程建设管理方面、收支方面存在问题。8. 部分公司物资采购存在问题。审计建议：对存在的问题及时进行整改。

第二节　交通企业审计

1999 年 5—9 月，省审计厅对江西远洋运输公司（含江西远洋货运部，以下简称"货运部"，南昌外轮代理公司，以下简称"外代公司"，江西远洋运输公司九江分公司，以下简称"九江分公司"、九江船员外汇物品服务部，以下简称"九江船员服务部"）1998 年度（二级单位追溯到以前年度）财务收支情况审计发现的问题主要是：（一）多提福利费。（二）九江分公司未按省审计厅赣审意工〔1998〕58 号审计意见书提出的要求，调增对江西兴赣公路开发公司的长期投资 1250 元并规范投资收益核算。（三）截至 1998 年末，货运部、外代公司的备用金管理混乱，长期未进行清理，以至于存在人亡账存、多人备用金出现贷方余额和年末个人备用金余额较大等不正常的现象。（四）货运部和外代公司财务管理长期失控，会计核算混乱，大量原始单据丢失。针对上述严重违纪问题，省审计厅已责成江西远洋运输公司追究有关人员的责任、完善制度杜绝后患。（五）1996 年，外代公司实收资本中有江西远洋运输公司投资款在江西远洋运输公司账上却没有反映；1997 年，外代公司增加实收资本，挂应收账款、增无形资产（无资产评估证明），违反会计核算的规定，虚假扩大注册资本。（六）1997 年至 1998 年，外代公司以现金方式退佣金（大部分由外代业务人员领取）、业务单位报支手机费、电话费均违反财务制度有关佣金核算的规定。（七）长期以来，货运部收外代公司江运费从未使用过发票，违反《中华人民共和国发票等管理暂行办法》和会计核算的规定。（八）1998 年货运部无基建计划擅自购买商品房，产权为个人户头。（九）九江分公司违规设置 5 套会计核算账，江西远洋公司拨来基建款 698.85 万元、远洋商厦转来固定资产 543.24 万元，均作增加实收资本处理，不符合财务制度的规定。（十）九江分公司综合楼、安置楼少纳固定资产投资方向调节税。（十一）应缴未缴税费。

2002 年 4 月，省审计厅对省公路开发总公司（以下简称总公司）2001 年度财务收支情况审计发现的问题主要是：（一）总公司与省交通厅的产权关系未理顺，存在产权不清职责不明的情况。（二）新八一大桥股份有限公司大股东与出资人不符。（三）下属单位承揽总公司作为业主的项目工程及材料采购业务时，公开公平不够，操作程序不合有关规定。（四）未上缴省财政预算外专户金额 2786.85 万元。

是年 5 月，省审计厅对省高速公路投资发展（控股）有限公司（以下简称高投）2001 年财务收支情况审计发现的问题主要是：（一）未及时将投资给昌傅高速公路的固定资产划拨给昌樟公司，并调整有关账务。（二）未对 1999 年以前收取工程队的固定资产租用费 2249.14 万元进行清理。（三）在"管理费"中列支南昌县交通局银三角立交桥通行费分成款，银三角立交桥通行费收入已在省赣粤高速公路股份有限公司账上反映，但通行费分成款却仍在高投公司账上列支。（四）在财务费用中列支昌九公路贷款利息，昌九公路的管理、收费已归省赣粤高速公路股份有限公司，贷款利息却仍在高投公司账上列支。（五）将"以前年度损益"科目贷方反映的应收回省高等级公路管理局经费，直接列"未分配利润"科目，未列入本年利润。（六）未缴税费。审计建议：严格划分控股公司、高管局、赣粤股份、昌樟公司的费用列支，以确保会计信息的准确性；对往来科目和"固定资产清理"科目，进行认真清理和复核，并及时调整账务。

2003 年 5 月，省审计厅对江西赣粤高速公路股份有限公司（以下简称股份公司）2002 年度财务收支情况审计发现的问题主要是：（一）2002 年末母公司的合并报表未将江西方兴科技有限公司等 6 家下属公司纳入合并报表的范围。（二）运用自有资金 3000 万元委托浙江信托投资公司买国债，并未享受任何优惠，这种在省外购买巨额国债行为不合常理。（三）股份公司本部从赣粤高速公路设备租赁公司租入车辆，从租入起未缴纳养路费。（四）江西嘉园房地产开发公司的"嘉园广场"房地产项目要完成该项工程还需投入 1 个多亿的资金，存在经营风险。（五）上海嘉融投资管理有限公司出借资金给浙江信托投资公司总经理助理个人，资金用途不详，合同约定借款限期 6 个月；借款已超期 9 个月，公司未收到聂某归还的任何信息，公司财务却在 6 月和 7 月分别为其做到期虚假还款和续借的账务处理，不仅违规，而且违纪。（六）上海嘉融投资管理有限公司为聘用职工魏某某购房垫资。（七）江西赣粤调整工程公司在主营业务成本中多列支固定资产折旧费，向省高等级公路管理局租赁机器设备，未开具正式发票的租赁费。（八）江西赣粤调整工程公司在生产成本中列支以行政收据形式购入的乳化沥青，在管理费用中列支分包管理费及质检费和省高等级管理局租赁费，均无税务发票入账。（九）江西赣粤高速公路设备租赁有限公司出租九景高速公路指挥部五十铃双排座汽车、皮卡汽车、金龙客车，从出租起均未缴养路费。（十）江西赣粤调整公路设备租赁有限公司，出租给高等级公路管理局新款桑塔纳汽车、世纪新款桑塔纳汽车、普通桑塔纳汽车，从出租起未缴纳养路费。（十一）江西赣粤高速公路设备租赁有限公司出租给股份公司车辆，从租入起未缴纳养路费。（十二）少缴交个人所得税、少缴交方兴大厦房产税、江西方兴科技有限公司北京分公司房产税。（十三）在管理费用中列支 1068 人的人身意外保险费。（十四）管理费用中列支省高管局十周年活动。审计建议：对存在问题及时进行整改。

是年 6 月，省审计厅对省高速公路投资发展（控股）有限公司 2002 年财务收支情况审计发现的问题主要是：（一）2000 年以来炒股收益 1041.30 万元，未予没收并上缴省财政。（二）利用他人账号操作自己公司和其他上市公司的股票，截至 2003 年 5 月 14 日，炒股亏损累计 3225.71 万元（公司本部 1348.51 万元，合资子公司上海嘉融公司 1877.20 万元），均未在 2002 年年报和 2003 年一季度财务报告中披露。省审计厅提出建议，要求该控股有限公司限期纠正上述违纪违规行为。

2008 年 10 月，省审计厅对江西高速公路投资发展（控股）有限公司 2007 年度收费管理情况进行审计调查。审计调查发现：（一）将 17500 万元公路建设资金用于对其他方面投资。（二）出借、垫付公路建设资金 38969.2 万元给予高速公路建设无关联方。（三）少缴相关税费 3320.49 万元。（四）150000 万元企业债券募集资金的使用存在一定风险。审计建议：对违纪违规行为要进行追责。

是年 10 月，省审计厅对南昌城市建设投资发展有限公司所属高速公路收费管理效益情况审计发现的问题主要是：（一）收费模式不确定，通行费收支管理制度不明确。（二）南昌西外环高速公路征用土地未按规定取得相应批准。（三）西外环高速公路产权不明晰。（四）违规扩大通行费减免范围，导致通行费收入减少。（五）财务管理和核算不规范。审计建议：昌西外环高速公路所有者应严格遵守高速公路管理法规，及时完善高速公路用地及收费权限转让等方面的手续，使之符合规定；收费管理部门应建立完善管理责任追究制，构建主要领导负总责，中层干部各负其责，班长对本班负责，个人对自己行为负责的责任追究体系，对出现的车辆通行费流失问题按责任追究到位。

是年10—11月，省审计厅对江西公路开发总公司2007年度财务收支情况审计发现的问题主要是：（一）违规转包景鹰高速公路D段的桥涵台背加固工程，省审计厅已将此问题移交省公路开发总公司纪委查处。（二）江西恒通交通工程有限公司套取现金用于分红、退股，恒通公司财务弄虚作假。省审计厅已将此问题移交江西公路开发总公司纪委查处。（三）应计入固定资产的费用，直接进入经营成本。（四）梨温公司在营业外支出科目中列支赠送景鹰公司物品。（五）年终调整纳税时多调计税工资。（六）职工养老保险未列入工资总额，直接在费用中列支。（七）少缴企业所得税1995.81万元、个人所得税9.54万元。（八）仓库保管不当，存在账实不符情况。（九）转让给省交通厅航务管理局的土地价格未包括已经投入的基建投资，未核算清楚。（十）基建项目未履行向省发改委报批程序，违反国家计委《关于重申严格执行基本建设程序和审批规定的通知》规定。（十一）多项投资效益低下，已导致巨额投资损失。（十二）江西兴赣公路有限公司南康收费站收费过程中存在超标收费、少收费和违规为外地车辆办理月票的现象。（十三）锦路科技开发有限公司违规转包西外环项目工程。（十四）景鹰高速公司（含管理处）少缴企业所得税。

是年11—12月，省审计厅对赣粤高速股份有限公司（以下简称赣粤高速公司）2007年度收费管理情况审计发现的问题主要是：（一）赣粤高速公司与省高等级公路管理局政企不分，职能划分不清，赣粤高速公司为省高等级公路管理局承担成本支出1054.08万元。（二）赣粤高速公司养护工程存在分包、转包给无资质单位施工的情况。（三）赣粤高速公司工程公司各项工程的收入和成本没有建立对应的台账，成本和收入划分不清，工程结算不及时。（四）所属服务区已严重影响江西高速公路的整体形象，亟待加强管理。审计建议：温厚、九景高速公路转让前应补缴有关税费765.81万元；加大财务核算的力度，对工程情况进行清查，建立项目核算台账；赣粤高速公司购买的地下室属人防工程，只能租用不能买卖，所购地下室面积只有使用权，没有产权，所购地下室费用只能是租赁费。

第三节　商业企业审计

1997年6—10月，省审计厅对省农业生产资料集团公司1996年度财务收支情况审计发现的问题主要是：（一）在管理费用中列支电力增容费等项资本性支出。（二）1995年度所属科技服务公司收入、第一化肥公司扣取化肥赔款，挂往来账户，未调增收入。（三）1995年度进口钾肥免征增值税等款项挂往来账户，未按规调增省化肥价格调节基金。（四）未计销售尿素收入5296.14万元、氰化钾收入3589.04万元、复合肥收入220.84万元，共计9106.02万元，未体现利润。（五）1990年至 1996 年末，被非农资经营企业长期占用资金 2027.88 万元，未清理收回，影响农资资金的正常运转。（六）1995 年度，为珠海西部发达贸易公司和省供销社所属外汇购物中心向银行借款提供还贷担保，因借款人无法还贷而承担连带责任，被银行分别划走的款项挂往来账户，已形成企业亏损。（七）1995 年度对外投资海鄂贸易公司等 8 家单位金额合计 424.65 万元，账面均无投资收益。

　　是年 8 月，省审计厅对省粮油食品进出口公司 1996 年 7 月至 1997 年 6 月财务收支情况审计发现的问题主要是：（一）1995 年度所属单位缴来利润冲减长期投资。（二）1996 年度收到南昌外贸商场汇来收入余款挂往来账户，未作增加利润的账务处理。（三）1995 年度收取外汇折合人民币挂往来账，未按规进行清理。（四）未按规定在外汇并轨时进行汇率调整，对汇兑收益进行清理增加利润。（五）1995 年度提取应付省粮食厅出口风险金结余和向塘服务站简建费结余挂往来账户，未调整账务增加实收资本。（六）1995 年度建猪场结余款挂往来账户，未按规进行账务调整。（七）未按规对 1995 年度应收未收挂往来款项 1244.12 万元进行清理。（八）1995 年对信申出口食品工贸公司等 13 家公司进行投资，投资总额 2915.28 万元；除一家公司有返回利润外，在账面均无投资收益反映，有的投资连本金也收不回来。（九）未按规对出口库存商品、包装物、材料物资进行清理。（十）所属深圳公司与深圳宝丰企业贸易公司合作兴建"宏伟大厦"归深圳公司的投资总额 1824 万元，其中 581.28 万元已转增固定资产，尚余 1242.72 万元未入固定资产账。

　　是年 10 月，省审计厅对省纺织品进出口公司 1997 年至 1998 年 9 月财务收支情况审计发现的问题主要是：（一）1997 年末除亏损挂账外，还有各项潜亏和有关问题资金合计 14276.34 万元。（二）1997 年末反映盈亏中尚有 1074.94 万元款项：投资香港成功公司当年所承担的利息、进口部罚款当年所承担的利息、刘某某借款所承担的利息，均未按 1996 年审计意见书调整账务冲减以前年度亏损挂账。（三）1997 年提取效益工资未进行清理。（四）其他收入未缴纳增值税、城市建设维护税及教育附加。（五）营业外收入属于以前年度销售商品取得，未纳入销售收入核算。（六）以前年度已收外汇汇款折合人民币挂账，未及时清理。（七）1997 年末以前年度应付佣金挂往来账折合人民币，未及时清理。（八）1997 年在费用中列支购买程控交换机、电话计费系统，未作增加固定资产账务处理。（九）1997 年末结余经贸部拨入简建费 10 万元挂往来账户，未作增加实收资本账务处理。

　　是年 11 月，省审计厅对广州赣骅烟花进出口公司 1996 年 1 月至 1997 年 10 月财务收支情况审计发现的问题主要是：（一）向省外经贸厅虚报报表，账表不符。1. 上报省外经贸厅报表虚估出口退税 1061.48 万元。2. 上缴省外经贸厅管理费未在报表中反映。3. 未按权责发生制预估利息、佣金。（二）1995 年度应收未收国外账款，未经当地税务部门批准，擅自报损，纳入盈亏核算。（三）部分固定资产和福利费账务处理不规范。在费用中列支购传真机款、职工"中秋节"月饼款、购电视机款，少缴企业所得税。（四）1996 年装修办公室工程款，少缴投向税。（五）1996 年在"管理费用"中列支外贸学校董事会基金、在"营业外支出"中列支支付省外经贸厅樟山敬老院捐助款，属不得在所得税前扣除的款项，少缴所得税。（六）账务处理不规范，在"应收账款"科目贷方挂自营出口风险基金。

　　是年 11 月，省审计厅对省轻工业品进出口公司 1997 年度财务决算及 1998 年 1 至 9 月财务收支情况审计发现的问题主要是：（一）公司房租收入未缴房产税、营业税及附加费。（二）上海浦东分公司未缴专控商品附加费。（三）待摊费用挂列费用、待处理财产损益挂列款项 1944.04 万元，影响利润的真实性。

1999 年 1 月，省审计厅对针棉织品进出口公司 1997 年 8 月至 1998 年 11 月财务收支情况审计发现的问题主要是：（一）在管理费用中以开办费名义违规摊销对外投资款项。（二）未经有关部门批准，在"以前年度损益调整"中核销应收未收回外汇账款项。（三）未经有关部门批准在管理费用中摊销以前年度坏账损失。（四）1996 年度应付未付账款余额挂往来账户，未及时清理。（五）转让小车收入少缴增值税。（六）收到退回以前年度配额招标款，挂"待摊费用"贷方，未作增加利润处理。（七）多提取工资。（八）对 6 家公司进行投资，投资总额 1297.23 万元，账面上只有 1 家公司有效益回报，其他投资均无效益反映。（九）1998 年对已参加房改的桃园职工宿舍，违规提取折旧。（十）用 1996 年度调剂外汇收入购建职工宿舍，且账面上未增加固定资产价值。

是年 12 月，省审计厅对省轻工业品进出口公司 1998 年度资产负债损益及财务收支情况审计发现的问题主要是：（一）转让配额收取款项，漏缴营业税、城市建设维护税及教育费附加。（二）账面亏损和潜亏共计 15298.29 万元。（三）代理省对外经济贸易合作厅原始物资站销售库存钢材获取收入，开局票据是调拨单，不符合国家有关规定。（四）1997 年度应付未付吉水轻工总厂等 10 户客商款项，未及时清理。（五）1997 年度收到九江国棉二厂等 2 客户款项，未及时清理、确认收入。（六）收取遗留在香港刚信公司的美金、港币，未纳入账内核算。（七）原职工住房集资款，未作增加"住房周转金"账务处理。（八）建造职工宿舍和应摊未摊的费用都有压单的现象，影响当年财务收支的真实性。（九）违规处理投资江西新星贸易有限公司待摊费用余额，影响利润真实性。（十）新星贸易有限责任公司投资赣州孔雀纸业有限责任公司款项，未作"长期投资"账务处理。

2001 年 4—5 月，省审计厅对省服装进出口公司 2000 年度的财务收支情况审计发现的问题主要是：（一）以前年度收取市隆兴昌贸易有限公司等单位款项合计 1543.13 万元、应收未收南昌华泰制衣公司等单位款项、应收未收斯达公司和捷庐公司外汇货款、应付未付上海梅花针织公司账款，均挂往来科目，未按规进行清理并调账。（二）截至 2000 年末，对宏利等 13 家单位长期投资合计 1637.59 万元，账上未反映投资收益，其中对正亚红沙乐园、澳门金山的投资已难以收回，被投资单位金江绣品有限责任公司一直未运转开业。（三）银行存款账户较多，年末未达账金额较大。

2002 年 5 月，省审计厅对省针棉织品进出口公司 2001 年度经济指标完成情况、资产负债损益真实性及财务收支情况审计发现的问题主要是：（一）经审计核实，调减 2001 年末资产总额 1248.63 万元、调增负债总额 76.85 万元、调减所有者权益 1325.48 万元、调增利润总额 69.97 万元，查出潜亏 2490.02 万元、潜盈 1225.1 万元。（二）下属四个子公司的未分配利润都是扣除个人分红后的余额，未调增为省针棉进出口公司的投资收益。（三）未缴营业税金及附加。（四）出口创汇 6283 万美元，应收出口贴息，未调增本年利润。审计建议：应继续强化存货管理，及时清理往来账款，特别是应尽快清理外汇账款；加强投资的管理，投资 5 个项目总金额 942.23 万元，均无收益，应进一步分析原因，找出解决方法。

是年 9 月，省审计厅对广州赣骅进出口公司（以下简称公司）2001 年度财务收支情况审计发现的问题主要是:(一)驻萍乡中转站资产在公司账上反映,但收入未纳入公司统一核算,也未并表,已形成账外资产。(二)归还银行贷款挂递延资产,当年摊销进费用,账务处理不符合财务会计制度的有关规定,未调整账务、冲减费用、调增利润、未缴企业所得税。(三)仓库及房屋出租收入少缴房产税。(四)少缴购销合同印花税。审计建议:根据公司自身经营状况和承受能力,对历年来形成的潜亏因素或不良资产进行清理,并按规定及时消化或处理。

是年10月,省审计厅分别对省服装进出口公司及省粮油进出口公司2001年财务收支进行审计。其中:对省服装进出口公司审计发现的问题主要是:(一)截至2001年末,不良资产和潜亏共计661.86万元。(二)投资江西金江绣品公司、江西赣越服装有限公司已基本停止运作,未办理相关手续并进行最后清理。(三)多提效益工资、多列支工资性支出、在费用中支付装修费、在管理费用中列支应由福利费开支,合计1116.14万元,未补缴企业所得税;内销清欠办销售老库存商品,未计销售收入,未补缴增值税及附加;少缴个人所得税。(四)应收账款贷方余额实为以前年度销售库存商品收入。(五)在深圳购买住房,未入公司财务账核算并调增固定资产。(六)房租收入冲减管理费用,漏缴房产税。(七)2000年公司少缴印花税。(八)收取配额收入未作收入,漏缴企业所得税。(九)少缴防洪保安资金。(十)应收账款中属于以前年度应付未付款未进行清理。(十一)往来账款挂以前年度配额收入1382.59万元,未调增收入并补缴企业所得税;往来账款中挂以前年度应付未付款、挂预提应付未付外币运保佣金,均未进行清理。(十二)少提固定资产折旧。审计建议:对于1999年改制所设立的七个有限责任公司,一直未见运作,财会核算体系不够清晰、明朗,应理顺关系,保证国有资产保值增值;按国家规定计提固定资产折旧,防止随意性;加强会计人员基础核算工作,使会计工作规范化。

对省粮油进出口公司2001年度财务收支情况审计发现的问题主要是:(一)存在多项不良资产和未反映的潜亏,共计19055.94万元。(二)"应付账款—银行对账户"余额2917.81万元,"其他应付款—银行对账户"余额-4.10万元,为多年形成的企业账面与银行账面的差额,未查找原因未进行清理。(三)以前年度汇款至深圳春江公司1042.08万元,购置庐山大厦房产,未作增加固定资产账务处理。(四)应收已调离单位的个人款项挂"其他应收款—备用金"科目,未清理收回。(五)未缴企业所得税、印花税、教育费附加、防洪保安资金。

是年10月23—30日,省审计厅对省畜产品进出口有限公司2001年度财务收支情况审计发现的问题主要是:(一)截至2001年末,不良资产和未反映的潜亏共计3346.44万元。(二)账龄较长的往来款挂其他应付款科目,未进行清理。(三)多预提短期贷款利息,扣除该款项已缴纳企业所得税后的余款,未调整增加当年利润。(四)在管理费用中列支福利性菜篮子补贴、职工水电费、超标准降温费和取暖费,与财务会计制度有关规定不符。审计建议:搞好投资项目可行性研究、分析、考察,加强管理,明确责任,避免投资损失;按照财务会计制度规定,及时、合理地核算成本、确认收入,正确反映当期损益。

是年11月,省审计厅对省五矿进出口公司2001年度财务情况审计发现的问题主要是:(一)截至2001年末,不良资产和未反映的潜亏共计71553.63万元。(二)审计核实后,调减资产15421.8万元,调增负债9576.37万元,调减所有者权益24998.17万元。

是年11—12月，省审计厅对20家省级外贸专业公司2001年末的财务情况审计发现的问题主要是：（一）大部分公司潜亏严重，资产质量差。除已在损益中反映的累计明亏146585.56万元外，还存在未计入损益的潜亏。（二）逾期贷款多，资产负债率高，不能足额计提银行借款利息。20家外贸公司共有银行借款余额229561.5万元，其中逾期借款191795.77万元（其中：逾期五年以上的有129786.1万元），逾期借款所占比例达83.55%，尚未归还的银行借款利息52712.78万元。（三）流动资金极为短缺，流动比率和速动比率普遍较低，严重影响企业经营的正常运行。（四）在建工程已完工长期不结账，工程借款利息不按规定计入当期损益。（五）往来核算不规范，不按规定提取坏账准备。20家公司中有14家没有计提坏账准备。（六）账务处理不够规范。如广州公司多年来只将其驻萍乡中转站的资产负债在公司账上反映，但实现的收入没有纳入公司统一核算，也未并表，已形成账外账。（七）对外投资管理不够规范，大部分外贸公司投资前没有正式的投资协议或协议不完整，投资中跟踪管理不及时。（八）部分企业存在违规经营行为。出口方面的违规经营或出口单证不全，导致税务部门对企业的出口退税申请不予受理，造成企业较大的经济损失。如工艺公司2001年末应收出口退税余额2979.25万元中，有2951.26万元因单证不全而不予退税，已形成损失。审计建议：对存在问题及时进行整改。

2002年12月，省审计厅对江西旧机动车交易中心有限公司2001年度财务收支情况审计发现的问题主要是：（一）向35名自然人股东分配2000年红利，账上反映该红利全部转增了股本，但是未代扣代缴个人所得税。（二）在"经营费用""管理费用"科目中的差旅费明细账上，分别列支误餐费。

2003年5月，省审计厅对省农业物资总公司2002年度财务收支情况审计发现的问题主要是：（一）个人和单位之间的往来款以及投资利息挂"应收账款"科目，不符合财务核算有关要求。（二）公司记账凭证上均无凭证填制人员、稽核人员、主管人员的签名，会计基础工作不规范。（三）现金收支金额太大，违反《现金管理暂行条例》规定；总公司目前基本上无经营业务发生，没有充分的理由使用大量现金。（四）固定资产未计提折旧，虚增资产不符合会计制度规定。（五）转账付省高院诉讼费已作账务处理，但至今未拿到省高院开出的收据。（六）转让10%的长期股权投资因故一直未办成，2003年2月重新做账调回，但"应收股利"账未调增10%的股利；截至2002年底尚有"应收股利"未反映，虚减了资产。

是年6月，省审计厅对省物资集团公司2002年度财务收支情况进行审计，同时延伸抽样审计与该公司发生财政预算拨款往来的三个下属单位。审计发现的问题主要是：（一）预付账款年末余额，大多为1994年、1995年发生的款项，基本上已成为呆、死账，隐亏严重。（二）其他应收款科目年末贷方余额1558万元为历史遗留问题，2001年新老财会人员交接时未作详细说明并存档。（三）预提养老保险、医疗保险、失业保险等费用，办公室装修、购置办公物品均用现金支付，现金支取金额过大，不符合《现金管理暂行条例》规定。（四）1994年完工的所属省物资学校宿舍，学校虽已入固定资产账，但仍在"拨入专款"科目挂账，因建筑商未开具建筑业发票所致。

2006年6月，省审计厅对省机械设备进出口公司（以下简称机设公司）2005年度财务收支情况审计发现的问题主要是：（一）出借银行账户。上海捷麦克公司借用该公司的账户。（二）注册资金不实。工商登记注册资金 4705 万元，财务报表登记实收资本 1574.46 万元，虚报 3130.53 万元。（三）关联交易不规范。1. 股权转让款至今尚未全部收回。2. 无依据调整转让深圳捷兴股权会计分录，虚减其对深圳捷兴的债权。（四）未按规定进行国有资产评估。（五）以前年度对外投资存在隐性损失。（六）未按规定程序核销不良资产，越级批准数核销不良资产。（七）少缴企业所得税。（八）会计核算欠规范。1. 固定资产明细账中未反映购置的家具、空调、电脑、电视机等固定资产。2. 设立"拨付所属企业资金"科目并按关联企业设立子科目，用于核算与关联企业的所有往来，包括各种代收代垫款及各种货款，并且存在该科目下各子科目之间任意调账的情况。审计建议：执行工效挂钩工资制度，2005 年其工资基数经省机械行管办批准，但未经省财政厅和省劳动和社会保障厅的审批；宜理顺关系，完善相关手续；1993 年与香港泛盈国际有限公司合资设立上海捷兴公司，但上海捷兴公司早已停止经营活动，虽未办理注销手续，由于多年未办理工商年检不再具备经营资格，应注意可能产生的风险，尽可能完善公司注销的法定程序；作为自营出口退（免）税的企业，商品销售应以不同退税率的商品设置二级明细账进行核算，且在申报出口退税时及时向税务部门提供销售明细账，而不应以业务员的不同作为二级销售明细核算。

2008 年 8 月，省审计厅对省外贸资产经营有限公司（以下简称外贸资产公司）2007 年度财务收支情况审计发现的问题主要是：（一）抽调下属、监管企业的银行贷款、注册资本金等资金 15300万元开展经营业务。（二）处置"资产包"收入挂往来科目。（三）违规核销江西金山针织厂应收账款及坏账准备。（四）违规冲减坏账准备 4500 万元。（五）将改制经费 1600 万元支付给东方资产经营公司，用于购买外贸资产公司"资产包"；将改制经费 800 万元支付给省外贸厅后勤中心，用于厅大楼装修，均违反改制经费专项用途。（六）占用省外经贸企业担保公司 2020 万元注册资金。（七）省长青国贸实业股份有限公司与江西国贸广场有限公司，在明知省长青国贸实业股份有限公司不具备商品房销售资格的情况，仍采取不正当的经营行为，违反国家的法律规定。审计建议将尚存有效的资产（土地、债权、存货设备、各项基金、未上缴的账外账及其他资产）转增资本公积金，以免造成国有资产流失。

第四节 粮食企业审计

1997 年 8 月，省审计厅对省粮油总公司 1996 年 7 月至 1997 年 6 月财务收支情况审计发现的问题主要是：（一）漏缴税款。（二）将投资兴办家具城的开办费违规作公司递延资产。（三）对外投资 1070 万元无投资收益反映。（四）部分资产未在公司账表中反映，截至 1996 年末公司实际拥有多种款式汽车，公司账表无记载。（五）1996 年末公司分别挂账应收哈尔滨冰飞贸易公司和省粮科所的款项，均是上当受骗和利息支出等。

1998 年 6—8 月，根据审计署等 8 部委的统一部署，按照省政府的安排，省审计厅组织全省各级审计机关 1500 余名审计人员对江西省 1703 个粮食政策性收储企业新增财务挂账和其他不合理占用贷款情况进行清查审计。同时，对全省各级粮食、财政部门政策性粮油补贴拨付情况和农发行的贷款情况进行审计和审计调查。这是审计机关成立以来在全省范围进行的规模最大的一次审计，点多面广、涉及单位多、时间跨度长。审计结果表明：全省政策性粮食收储企业新增财务挂账与全省报表上反映相比，核减金额 138000 万元，不合理占用农发行贷款金额 269700 万元，违反财务制度处理账务金额 87700 万元。各级粮食主管部门截留或滞留政策性补贴 28349 万元、财政部门截留或滞留政策性补贴 85151 万元。省政府主要领导对这次清查工作表示满意，指出这次清查工作摸清了粮食家底，揭露了不少问题，经审计署检查一次性通过验收合格。

2000 年 8 月，省审计厅对省粮油总公司及所属企业 1999 年 7 月至 2000 年 6 月财务收支情审计发现的问题主要是：（一）总公司本部 1999 年底预提付深圳小麦运杂费挂"预提费用"科目，未作调增利润的账务处理。（二）企业本部 2000 年 6 月收申银万国证券公司九江营业部转入的新股中签收入，银行存款账中未反映，少反映利润。（三）总公司委托上海瑞高公司购买商品房拟作办事处用，未增加固定资产。（四）公司本部在其他业务支出和销售成本中列支分利等款项，未与税务机关进行有关税务清算。（五）公司本部通过馨乐家具城等公司汇款至中国东方信托投资公司南昌证券交易营业部等 5 家证券公司进入股票市场，入市后的股票损益未在账面反映，未能根据交割单即时准确反映盈亏。（六）公司本部与江西环球金网信息服务有限公司签订联营开发项目，获得投资收益，未缴营业税金。（七）公司本部以前年度收不回来的有问题资金 3927.56 万元，形成企业的潜在亏损。（八）上海中瑞公司和上海瑞高公司共购房 19 套（包括办公和住宅），只有 6 套办理房屋所有权证书。（九）上海瑞高公司有无法收回的资金，未按规进行清理。

2005 年，为贯彻落实《国务院关于进一步深化粮食流通体制改革的意见》（国发〔2004〕17 号）和省 2004 年度 22 次常务会议精神，省审计厅组织各级审计机关对全省国有粮食购销企业 1998 年 6 月至 2004 年 5 月新增财务挂账进行清查审计。经审计确认，截至 2004 年 5 月末，全省国有粮食购销企业占用农发行信贷资金总额为 1321162 万元。未消化的 1992 年 4 月 1 日至 1998 年 5 月末新增财务挂账和其他不合理占用农发行贷款 513521 万元、库存粮油占用农发行贷款 207620 万元、货币资金占用农发行贷款 11447 万元、简易建仓占用农发行贷款 31 万元、其他不合理占用农发行贷款 2490 万元。1998 年 6 月 1 日至 2004 年 5 月 31 日发生的新增财务挂账 586053 万元，省长黄智权、副省长危朝安对审计厅的审计报告作出重要批示。

第五节　其他企业审计

1999 年 8 月，遵照省纪检委的指示、按照省公安厅的要求，依据"808"专案组的统一部署，省审计厅对江西奥特集团总公司其所属公司 1997 年 1 月至 1999 年 1 至 8 月现有财务证、账、表反映的财务收支、资金走向等情况进行审计。审计查明，奥特集团是一家未经正式工商注册登记的集团公司，下属正式注册工商登记的公司有十四家。审计发现的问题主要是：（一）截至 1999 年 8 月 31 日集团公司资金缺口 3162.93 万元，其中周某某个人提取现金 2336.2 万元，其他人员提现金 826.73 万元；另还存在应付未付的债务金额 77.67 万元。（二）截至 1999 年 8 月 31 日江西奥特集团总公司其所属公司累计亏损 756.63 万元。（三）江西奥特客运停车场服务有限公司应付江西五十铃集团总公司 15 辆全顺车余款 205.61 万元，15 辆车在首期款付完后，全部由周某某提走，其中 10

辆车用作银行抵押贷款，剩余车辆与有关经营线路被周某某交有关人员买断经营，收入均未入账。（四）周某某及温圳粮库擅自动用倒卖中央专储粮，造成国有资产损失 121.98 万元。1. 温圳粮库明知中央专储粮不得擅自动用和转售的规定，故意将中央专储玉米 2121 吨交没有专储场地的南昌办事处代储，在知道该批玉米被周某某销售的情况下，没有收到周某某玉米销售款，也没有将空库补足。截至 1999 年 8 月底，温圳粮库代周某某补库 1818.4 吨，仍欠库玉米 302.6 吨。温圳粮库一边由周某某代储中央玉米为名，一边又擅自高进低售给周某某，造成国有资产损失 78.48 万元。2. 温圳粮库擅自将中央早稻谷 1600 吨销给周某某，周某某至 1999 年 8 月底仍未补库，也没有支付粮款 215.55 万元。这批早稻谷温圳粮库高进低出售给周某某，造成国有资产流失 43.5 万元。（五）江西奥特集团总公司及所属单位私设"小金库"，偷漏国家增值税及附加合计 102.19 万元。（六）集团公司及所属单位利用虚假会计账簿、财务报表、出具伪造的存折单向银行贷款 1652.16 万元；利用虚假抵押向银行贷款 641.8 万元；利用无效抵押向银行贷款 53.5 万元，合计贷款 2347.46 万元。（七）集团公司所属江西奥特汽车租赁公司、江西奥特汽车销售公司、江西西贡城大酒店有限公司和江西奥特客运停车场服务有限公司虚假工商登记注册。（八）周某某挪用温圳粮库资金 150 万元。（九）周某某非法向百姓集资 139.92 万元。省审计厅针对温圳粮库南昌办事处法人代表黎某某、周某某偷漏国家增值税及附加行为，移送省公安厅处理；省审计厅向省纪检"808"专案组出具《关于江西奥特集团总公司其所属公司财务收支的审计报告》。

2000 年，省审计厅对省国际经济技术合作公司（以下简称省技术合作公司）1998 年度财务收支和经营活动进行审计。审计发现的问题主要是：（一）1998 年度驻外办事处费用，除工资及其他一些固定费用是通过省技术合作公司核定的外，其余都在国外开支，省技术合作公司无原始凭证。（二）成本和费用配比不符合会计制度的规定。（三）1997 年度省技术合作公司本部已完工程（利比亚学校等 14 个工程项目和 26 个劳务项目）管理费收入、中介费收入未进行清理处理。（四）1997 年度省技术合作公司本部基建户往来账余额未进行清理处理。（五）收到国成公司管理费、投资江印公司分利、股金溢价挂往来账户，未作调增所有者权益事项处理。（六）1998 年在"盈余公积—公益金"中，支付食堂购置设备，装修款，违反《商品流通企业财务制度》有关规定。（七）以人事处的名义借款给省外事侨务办公室建造办公大楼，以此来抵消公司办理护照所需要的费用，违反财经法规的有关规定。（八）违反国家的外汇管理规定收取美元现金进行周转。（九）1998 年以个人名义银行定期存款，违反国家外汇管理规定和现金管理条例。（十）环球建筑设计院 1994 年向公司本部交付的永外正街 18 套宿舍费用，冲销"盈余公积"，财务处理不妥。（十一）培训中心自 1995 年至 1998 年营业收入未缴营业税金及附加。（十二）1997 年至 1998 年，在应付工资中提取余额挂往来账户，不符合会计制度有关规定。（十三）1996 年从财政部拨入省技术合作公司本部对外经济贸易部赞比亚合作跟踪项目低息专款专存贷款未纳入账内核算形成账外资金，未按国家有关规定上缴省财政；财会处以个人名义在账外资金中提取现金投入股票一级市场获取股票收入；1998 年 7 月公司财会处将购买国库券收入，财会处 13 人进行私分；将 1997 年度省技术合作公司所属香港腾昌公司业务员在生意往来出具的美元汇票款汇出后被骗，破案后骗款人以房产装修费和房款抵债，未办理入户手续；省技术合作公司本部所属海外贸易公司交易费出口摊销收入未入公司账户形成账外资金。对上述违反财经法纪问题，省审计厅均依法作出处理、处罚。

是年9月，省审计厅对江西国际经济技术合作公司（以下简称省技术合作公司）1999年度资产负债、所有者权益及财务收支情况审计发现的问题主要是：（一）其他流动资产（内部往来）中的应收借款为未能收回的呆账，造成资金流失，形成潜亏。（二）1998年度以前投资账面上多年未见有投资收益，所投资的企业已亏损或倒闭，投资款无法收回，形成潜亏。（三）预收海外工贸承包项目款共计5245万元，未按工程进度合理预估收入及成本，纳入企业当期损益。（四）在管理费用中，核销在波兰投资经营亏损停业的熊猫餐馆投资，违反企业会计制度有关规定。（五）下属机构建筑工程处产生亏损，没有纳入整个财务体系核算，影响盈亏的真实性。（六）下属企业海外贸易公司流动资产中的应收及预付账款多年未能收回，形成呆账，造成潜亏。（七）1998年度形成的亏损没有弥补。审计建议：省技术合作公司本部及下属企业不良资产已达969万元，应高度重视，展开清理工作，尽量收回呆账和投资，避免国有资产流失；构建现代企业制度，对亏损企业实施改组改制，以期提高企业经济效益；建立健全企业投资融资决策机制，提高风险管理水平；严格管理和合理使用资金，加速资金周转，加强往来账款的收回与管理，防止新的拖欠发生；加大对驻外国办事机构费用支出的财务监管力度。

2001年4月，省审计厅对省工业投资公司2000年度财务收支情况审计发现的问题主要是：（一）代管的各项基金中不良借款比例过大，回收困难。1.代管的省财政基金累计借款37953.83万元，借款余额22697.53万元；代管的省地方电网改造基金累计借款总额4563万元，借款余额3684万元。2.基金占用费回收率低，省财政技改基金历年累计应收占用费18698.45万元，实收2521.97万元，欠收16176.43万元，省电网改造基金累计应收占用费881.26万元，实收300.9万元，欠收580.36万元。（二）挤占挪用国家专项资金进行投资和证券买卖，改变了资金使用用途。1.400万元中转款作长期股权投资至上海华赣经济发展有限公司为其注册资本。2.1000万元中转款作一年短期投资至北京正通投资有限公司，但实际上资金转到了中国信达南昌证券部进行委托监管股票买卖。3.扭亏资金的借款方有些不是亏损企业。（三）预提费用长期挂账未付，造成收入不实。审计建议：及时对存在问题进行整改。

2002年12月，省审计厅对省投资公司2001年度资产负债损益情况审计发现的问题主要是：（一）将以前年度涉及损益的重大会计差错事项计入当前损益，涉及金额16422.8万元。（二）仍沿袭以前年度按收付实现制为基础的会计核算制度，影响当年损益46516.74万元。（三）对委托贷款未进行资产质量区分，难以进行贷款风险分析。（四）资金回笼慢、回笼率低，甚至存在较大的经营风险；经营效益低，现金回报率低。（五）应缴未缴有关税款2931.14万元。（六）通过省高级人民法院裁定缴回南昌建材大市场所欠款项本息498万元，该款项仍挂在往来账上，本金未及时拨付到有关公司，利息未及时作收入。（七）与下属房地产公司有些资金往来、财产和收支衔接不够。（八）经公司领导批准转出大额款项到华夏证券江西业务部并委托省投资公司基金部在一级市场上申购新股。基金部另增设私人账号将法定账号资金通过内转，转出大部分资金到私人账号上，在二级市场上违规交易。审计建议：提高会计核算水平，严格按照国家统一的财务会计准则、制度规范会计行为；在会计政策方面，应尽快实行权责发生制原则进行核算，对控股性质的长期投资，应根据规定逐步采用权益法确认收益；加强清产核资工作，摸清家底，盘活存量资产，提高经营水平，确保国有资产的保值增值；加强对下属公司、控股公司的管理，厘清相互之间的资金往来，进一步强化内控制度，确保资金的安全完整；认真执行国家财经法规，提高纳税意识，履行纳税义务。

2005年6月，省审计厅对省物资储运总公司2004年度财务收支情况审计发现的问题主要是：（一）财务报表编制存在随意性。合并财务报表将不属于其投资的南昌物流钢卷板加工中心的收入成本纳入报表，而其控股的省金属材料有限公司和省燃料公司却不在合并范围内，合并财务报表的资产负债表只反映储运总公司自身数据。（二）长期投资核算不正确，股权模糊。对外长期投资年末余额3467万元，未设置"投资收益"科目账，对省金属材料有限公司和省燃料有限公司的投资，是以土地使用权入股并控股，但土地使用权并非储运总公司真正所有，公司也从未参与这两个公司的经营决策与管理。（三）潜亏明显。年末银行短期借款768万元，报表反映或有负债150万元；银行贷款350万元为帮助省外商投资企业物资总公司和省物资再生利用总公司还款，而此两公司已停业或破产，本息未归。（四）银行存款管理违规。储运公司为规避或有负债事项败诉而被法院划走银行存款，将部分现金存放出纳个人存折上。出于同一原因，还以其控股子公司省物储闽光贸易有限公司户名开设3个银行账号，未设置备查账簿登记管理资金进出明细。（五）抽回注册资金。（六）损益不实，虚减成本费用调整当年利润，超规定上缴集团公司管理费虚增费用、少缴企业所得税。（七）漏缴个人所得税、房产税、城镇土地使用税、防洪保安资金。审计建议：加强资金常态管理，严格资金账户管理，利息收入不得坐支，年度合并财务报表的编制应严格遵守会计制度规定，如实计提各项税费。

2007年4月，省审计厅对省物资集团公司2006年度其财务收支情况审计发现的问题主要是：（一）将自用的4696平方米国有划拨土地，以作价出资方式投入全资子公司省物资储运公司，但尚未核销无形资产账，省物资储运公司也未办理股本变更手续。（二）为规避以前年度为下属单位进行贷款担保风险，避免法院划走银行存款，将日常收入以个人名义存入银行，日常经费开支大都使用现金结算。（三）以自由资金对控股子公司进行资金拆借，资金进出放在以控股子公司省燃料有限公司名义开设的银行账户上。（四）省财政拨入改制资金1500万元用于下属企业改制，改制资金的收支只登记会计凭证，未登记财务账。（五）省人事厅转来军转干部经费年末仍挂账未使用。（六）在往来款中列收列支，造成支出反映不真实。（七）市场办收取国有资产租金收入未纳入财政专户管理，并未足额计提房产税和土地收益金。审计建议：对于集团为规避法院划账而将资金长期以现金形式保管或借用子公司账户管理的情况，集团公司应向省政府提交专题报告，请求政府出面解决问题，以免出现新的资金风险。进一步理顺与子公司的利益关系，进一步加强对专项资金的管理，规范会计核算。

是年9月，省审计厅对省招标咨询集团有限公司（以下简称集团公司）及全资子公司省机电设备招标有限公司（以下简称招标公司）、省海济租赁有限责任公司2007年度财务收支情况审计发现的问题主要是：（一）集团公司将实收资本650万元抽逃至全资子公司招标公司使用。（二）逃避银行债务本金及利息共计6227.56万元，未作调增国家资本金账务处理。（三）发放离退休工资费用超出财政核批标准，并由集团公司税前利润弥补，未补缴企业所得税。（四）招标公司发放工资费用超过计提工资，未补缴企业所得税。（五）招标公司在福利费中开支药费、发放补贴等，未补缴个人所得税。

2010年3月，省审计厅对省级国有资本收益进行专项审计调查，并延伸调查部分省属国有企业。审计发现的问题主要是：（一）省级国有资本收益收缴范围偏窄、收缴比例偏低。（二）省级国有资本收益收缴不规范。（三）省级国有资本收益未缴入国库。审计建议：省国资委、省财政厅及其他具有省属国有企业监管职能的部门在调查研究的基础上，尽快制定上报省级国有资本经营预算制度、国有资本收益管理办法；试编省级国有资本经营预算，从而使国有资本收益收取、使用做到公开、公平、公正，提高省级国有资本收益绩效；强化履行省属国有企业出资人职能部门的作用，加强基础管理工作，确保企业财务信息真实、完整，保证省级国有资本收益准确收取。

是年6—10月，省审计厅对75户省属国有企业改制情况审计发现的问题主要是：（一）部分改制企业职工安置费用发放不符合规定，涉及金额10617.22万元。（二）部分改制企业列支的费用不符合其改制方案，涉及金额7969.35万元。（三）部分企业改制未严格执行规定的程序，影响改制效果。（四）部分企业改制资金因改制进度、社区经费需逐期拨付及其他原因，尚在各级财政部门，影响资金利用效益。（五）部分中介机构受托对改制企业进行清产核资、评估、审计，未遵守应有的谨慎原则，其报告与事实出入较大。（六）部分改制企业对资产、债务处置失当，造成国有资产损失。（七）各地改制政策不一及水电气改造、社区移交等情况未及时上报省委、省政府提请重视。

是年10—11月，省审计厅组织各设区市审计局抽取全省各工业园区262户规模以上中小企业进行专项审计调查。审计发现的问题主要是：（一）财政专项扶持资金种类多，但资金量不大，中小企业政府采购扶持力度较弱。（二）专门针对中小企业的税收优惠少且效果不明显。（三）信贷支持政策难落实。在信贷等金融政策中原则性和引导性的较多，操作性强的较少；信用担保机构扶持作用未充分发挥。（四）中小企业受规模影响，经济实力相对较弱，社会影响力较小，相比大企业缺乏吸引高素质人才的绝对优势。（五）中小企业统计制度缺失，现行中小企业划分标准没有真正落实到位。审计建议：加快发展专精特新中小企业，重点支持创新高科技中小企业；鼓励有条件的中小企业进入生产性服务业和战略性新兴产业，引导企业入园进区集聚发展。

第六节　审计署授权审计

工业企业审计

1998年3月，省审计厅经审计署授权对南昌供电局1996年度和1997年度电力建设基金和三峡工程建设基金征、管、用情况审计发现的问题主要是：南昌供电局1996年和1997年期间共多征电力建设基金34万元，自用电少征电力建设基金50万元；多征三峡建设基金74万元，自用电少征三峡建设基金23万元。审计建议：严格执行国家有关征收电力建设基金和三峡建设基金的规定，不得随意扩大或缩小征收范围，不得任意提高或降低征收标准；对本部门、本单位自用电要按国家规定征收电力建设基金和三峡建设基金。

2001 年 4—5 月，省审计厅经审计署授权对省电力公司 2000 年度财务收支情况审计发现的问题主要是：（一）1998 年投建建筑面积 43398 平方米的电力调度大楼和 80257 平方米的职工宿舍，至 2001 年 3 月末累计投资 20966.40 万元。工程实际投资超过投资计划，未按经济适用房标准来建设职工宿舍，未补办有关手续，未缴纳各种税费。（二）质检站在收取丰城电厂的质检费后，又返拨 50% 汇入丰城电厂下属丰城电加关联有限公司丰华大厦，未说明原因。（三）中转站 1998 年投资上饶实业公司已经归还 50%，剩余 50% 作为长期投资没有任何效益，按投资协议一年归还，至今已三年未还。（四）少计算联营企业分红利润 6243.15 万元，漏缴企业所得税 2060.24 万元。（五）少申报汇缴应缴企业所得税额 36159.90 万元，漏缴企业所得税 11932.77 万元。（六）申报汇缴应缴企业所得税额中，调减所属柘林水电有限公司改制资产收益款 1224.39 万元，账务上未做收益减少处理，未进一步清理。（七）少缴印花税。（八）将以前年度财政部定额退给电力多缴所得税余额挂应缴税金—应缴所得税，未按规增加资本公积。（九）补提取以前年度效益工资冲减应缴税金—应缴所得税，未调整账务处理，减少盈余公积。（十）以前年度提取的煤运加价手续费结余、煤炭活动费结余统挂往来账，未调整账务增加收入，并补缴企业所得税。（十一）生产成本列支全省城网、农网改造会议费、工程利息款，违反有关规定。（十二）以前年度从更新改造资金提取的应付技改贷款利息、应付职工大学园林改造等款统挂往来账，未调整账务增加资本公积。（十三）将以前年度基建财务并入账，应付贴息、试生产收入、提前投产收入、电厂代管费、债券手续费、以前年度基建财务并入生产与基建之间资金往来的差额余额等统挂往来账，未进行清理调整账务。（十四）收取三和电力股份公司咨询费冲减生产费用，未调整账务，未补缴营业税金及附加。（十五）定额站收取以前年度结余定额管理费，未补缴营业税金及附加。（十六）收北京众达投资公司转来借用人员工资款、停薪留职管理费挂往来账，未调整账务，冲减工资基金及生产费用。（十七）质检站收取质检费，少缴营业税金及附加。（十八）电力调通局 1995 年至 2001 年 3 月收取的门面租金收入未纳入财务账内核算，余额未按规缴入财政。（十九）电力物资公司所属农电站将向 63 个单位收取的质保金转入省物华电力配送公司，2000 年 8 月末余额 1590.15 万元，属挪用国家资金行为。审计建议：责成省电力公司对存在问题及时进行整改。

是年 4—7 月，省审计厅经审计署授权组织萍乡市、上饶市、宜春市、鹰潭市、赣州市、吉安市、抚州市、九江市、新余市、景德镇市 10 个市区市审计局，对所在地的省电力公司所属供电局 1997 年至 2000 年电力"两金"收、缴、用、管情况进行专项审计，同时，省审计厅直接审计省电力公司、南昌市、赣东北供电局，并延伸审计供电局所属的 23 个供电分局。审计发现的问题主要是：（一）各供电局自行免征所属单位及第三产业用电、少征职工生活用电电力建设基金。（二）赣东北供电局 1998 年违反规定擅自减免江西电化学厂电力建设基金。（三）少计征电力建设基金 1472.7 万元，造成少缴增值税及附加。（四）部分电力部门未规定建立健全电力建设基金收、缴、用、管环节能够全面反映基金来龙去脉的会计账簿，有关各方无法随时提供出准确的数据。（五）未按有关政策规定，每半年向国家纪委、财政部、省纪委、省财政厅、省投资公司等有关单位报送电力建设基金征收、使用和结存的情况。（六）未执行电力建设基金专户存储，利息收入未如实上缴。（七）少征地方还本付息金 924.98 万元（扣除应缴税费），已征地方还本付息金结余 21462.3 万元，累计少交省投资公司地方还本付息金 22387.28 万元。（八）少缴有关税费 166.08 万元。（九）未经省投资公司同意拨给各电厂，供电局等单位地方还本付息金 26430.49 万元。省电力公司与省投资公司仍未按赣府厅字〔1996〕5 号文规定，就省电力公司已使用的地方还本付息金的产权进行清理。（十）省投资公司由于未收到省电力公司应缴的地方还本付息金，无法履行对地方还本付息金的管理职能。（十一）地方还本付息金作为专项基金应当专户储存，并将利息收入也如实上缴，但目前电力部门并没有执行这一制度。审计建议：鉴于现已停止征收"两金"，应由省政府牵头，召开专门会议，检查赣府抄字〔1996〕5 号文执行情况，研究如何继续清理欠收资金、如何整改电力部门自行挪用擅自免征等违纪违规问题、如何保证已收"两金"全额上缴到位的实施方案。

是年 6 月，省审计厅经审计署授权对赣东北供电局 2000 年度财务收支情况审计发现的问题主要是：（一）少计缴房产税。（二）未上缴代扣代缴的个人水利建设基金。（三）未缴纳转让乐平电厂资产合同印花税。（四）少缴企业所得税。

是年 7—8 月，省审计厅经审计署授权对省烟草公司本部财务管理处、烟草专卖局专场处、直属省烟草质量监督检测站、烟草培训中心及所属金叶经销部、合资的省公司烟叶分公司、卷烟销售分公司、烟草物资分公司和投资控股的红塔卷烟有限责任公司、赣申卷烟有限责任公司、锦峰实业有限公司及锦峰大酒店 2000 年度财务收支情况审计，发现的问题主要是：（一）烟草专卖稽查总队1996 年至 2000 年罚没收入未上缴财政，未按规定处以相当于违规金额 5% 的罚款上缴财政。（二）烟草专卖局专卖处 1996 年至 2000 年以协助办案奖的名义在罚没支出中，发放现金给协助办案的公安部门及在办案经费补助中列支公安部门费用，未按规处以相当于违规金额 5% 的罚款上缴财政。（三）列支办案人员及该后勤的奖励、福利、补助及劳保，未补缴个人所得税、罚没收入财政返还结余、打假经费结余，未调整应纳税所得额并补缴企业所得税。以协助办案奖名义，在罚没支出中提取现金发放给协助办案的公安部门 339.87 万元。违反《江西省烟草专卖条例》有关规定，提取大额现金用于发放协办费，违反《现金管理条例》；在办案补助费中支付公安部门费用，违反《国务院关于违反财政法规处罚的暂行规定》第十一条规定。（三）财务管理处在成本费用中，多提职工福利费、教育经费、工会经费，未调整应纳税所得额，未补缴企业所得税；计提工资数大于工资实发数，未补缴企业所得税；发放工资，福利及补贴等未补缴个人所得税；应付工资中支付应由个人承担的个人所得税，未视同发放职工奖金，未补缴个人所得税。（四）烟草专卖稽查总队 1996 年坐支罚没收入 1650.52 万元。（五）卷烟销售分公司将计划内上海中华、芙蓉王等省外卷烟通过上饶、赣州烟草分公司利用边境的优势倒流回原产地，批发销售给个体工商户获取销售收入 1390.11 万元。违反国家有关法律规定，影响国家对全国卷烟市场的宏观调控。（六）省赣申烟草有限责任公司批发销售给省综合贸易经营部（劳动服务公司）卷烟，违法国家专卖条例扰乱正常的卷烟价格秩序。（七）赣申销售公司及控股的红塔烟草有限责任公司、赣申烟草有限责任公司卷烟销售，未办运输准运证即无证运输卷烟达 113553.78 件，违反烟草专卖条例有关规定。（八）省烟草公司开出的卷烟准运证，找不到对应的销售发票，运输卷烟单位与实际单位名称不符，卷烟准运证的品牌与实际销售的品牌不符。（九）省烟草公司所属烟叶销售分公司在调拨烟叶过程中，无证运输 174129 担，违反烟草专卖条例有关规定。（十）省烟草公司控股的省赣申烟草有限责任公司，1998 年实现利润减免企业所得税增加企业盈余公积，未调整账务增加资本公积。（十一）烟草专卖局专卖处先后购置固定资产未建账，不符合会计制度的规定。（十二）烟草专卖局专卖处和省烟草稽查总队1996年至1998年，先后设立十几个银行账号，经费使用上不符合会计制度。（十三）省烟草公司烟叶购销分公司结余以前年度烟叶扶持费用，挂往来账，未下拨给各烟厂烟叶基地扶持烟叶种植。审计建议：责成省烟草公司加强管理，及时对存在问题进行整改。

2002年3月，省审计厅经审计署授权对赣南卷烟厂2001年度财务收支情况审计发现的问题主要是：审计查出，卷烟开发经销奖励款的收支未并入公司财务账内核算；发放职工奖金未缴个人所得税、奖励公司经理购买商品房，违规作为税前扣除项目，未补缴企业所得税。审计建议：按照会计制度的规定进行会计核算，全面真实地反映企业的财务状况，严格遵守税收法规制度。

是年3月，省审计厅经审计署授权对井冈山卷烟厂2001年度财务收支情况审计发现的问题主要是：（一）辅助材料厂名为烟厂的下属卷烟单位，实为肖某某、吴某某、单某三人出资私人合股企业，烟厂每年以质量罚款的名义向辅助材料厂收取厂房租金，漏缴营业税、城建税、房产税、教育费附加，违反烟草专卖条例的行为。（二）1997年税务部门查出应补税款挂其他应付款科目，后又冲其他应付款，转利润分配，而应补税款仍未补缴。（三）财政流动资金贴息未按规冲减财务费用，财政挖革改资金未在项目完工后增加资本公积，未单独挂账，专款专用。（四）欠缴税费5040.01万元。（五）卷烟销售公司2001年承担厂部费用2233.64万元，违反企业财务制度的有关规定，未予冲减成本调整利润，未补缴企业所得税。（六）预提费用年末结余未予冲回，未调整利润，未补缴企业所得税；销售经营部财务数据未并入销售公司统一核算。（七）经营部业务员借款未还，仍未查明原因予以追回。（八）经营部收吉水烟草公司退回推销费转为私人存款，省审计厅已责成井冈山卷烟厂对公款私存情况进行彻查处理。（九）销售公司累计欠税1360.82万元。（十）发放代销人员工资手续不全，领款时只有代理人签字，无具体代销人员签名。（十一）税前列支卷烟专卖罚款，不符合《企业所得税税前扣除暂行办法》的有关规定，罚款支出未作纳税调整。审计建议：对违纪人员进行追查，对其他问题进行整改。

是年5—6月，省审计厅经审计署授权对江西江口水力发电厂2001年度财务收支情况审计发现的问题主要是：（一）综合楼等工程支出未缴地方教育附加。（二）欠缴个人防洪保安资金、企业防洪保安资金。（三）投资的三产企业江口电石厂漏缴企业所得税、物业管理中心漏缴营业税及附加和企业所得税。审计建议：理顺原新铨公司的资产归属问题，妥善解决因担保而产生的债务，以维护企业自身的利益；加强对"三产"财务管理和监督，要通过定期开展内部审计，及时发现问题，解决问题，促进"三产"更好的完善财务管理。

是年6月，省审计厅经审计署授权对江西洪门水力发电厂2001年度财务收支情况审计发现的问题主要是：（一）所属洪鹰宾馆违规给顾客多开发票，违反国家财经纪律。（二）转让非经营性资产给鑫能公司，其转让收入未按规反映，未缴纳有关税金。（三）在成本费用中列支下属单位工资，未调增利润，漏缴企业所得税。（四）投资的三产企业洪达公司以前年度少计收入，漏缴有关税金。

是年6—7月，省审计厅经审计署授权对贵溪火力发电厂2001年度财务收支情况审计发现的问题主要是：（一）职工生活用电、水、煤气少缴税费。（二）技改工程领用材料未做进项税转出，少缴增值税及附加。（三）投资的三产企业龙源实业有限公司，在成本费用中列支职工补充养老保险和增发工资，未补缴企业所得税。（四）龙源实业有限公司收到法院判决后退回电费，挂"其他应付款"，未做营业收入，漏缴增值税及附加、企业所得税；漏缴个人防洪保安资金、城镇土地使用税。（五）账龄三年以上的应收款项、早于1992年对外投资款均无投资收益，长期投资积压物资，均未进行清理盘活资金。（六）龙源实业有限公司支付下属检修公司和燃料公司运输部劳务费，无劳务费具体项目、数量、单价等资料作附件，财务管理不严格。

是年9月，省审计厅经审计署授权对江西万安水力发电厂2001年度财务收支情况审计发现的问题主要是：（一）截至2001年5月，基建项目办公大楼累计完成投资额，少缴地方教育附加。（二）赣源公司本部账上反映1993年借款给丁某某、雷某某在广东省惠州市炒房地产，后经省高级人民法院终审判决赣源公司胜诉，但款项仍挂其他应收款科目，未予收回；1992年赣源公司本部与周某某合资开办的钢业公司已停止运作，但其他应收款科目还挂列应收钢业公司款项。审计建议：严格列支职工补充医疗保险费和提取基本养老保险费，杜绝超标计提有关费用的行为；正确核算实际发放职工工资总额，并计提工资附加费，实发工资总额低于工效挂钩核定提取基数的差额，应申报税前扣除，并调整企业纳税所得额；会计核算必须坚持"收有凭，付有据"的记账原则，健全报账手续；按会计制度规定，对有关往来款按单位或个人、对基建工程支出按单个工程项目设立明细账，清晰明了地反映经济事项的全貌；正确、及时计算申报并缴纳有关税费；所属部分分公司材料的购、领、存应通过"材料"科目进行核算，不得将购入的材料一次性列入"工程结算成本"，避免材料物质的流失和损毁；组织人员对长期挂往来的款项进行清理，清理结果按报批程序进行处理。

是年10月，省审计厅经审计署授权对中国石化股份有限公司江西分公司2001年度财务收支情况审计发现的问题主要是：（一）2000年实现对外销售收入12291.43万元，未按销售收入的0.12%计提缴纳水利建设基金。（二）发放奖金、福利未代扣代缴个人所得税。（三）在管理费用中列支中国石化集团江西石化总公司（以下简称集团公司）大楼屋面维修费，应已支付集团公司大楼租赁费和物业管理费，不应再承担大楼屋面维修费；在管理费用中列支集团公司汽车租赁费，公司使用集团公司汽车没有记录资料，且两公司的汽车存在混合使用情况，支付集团公司汽车租赁费理由不充分。（四）在全省合并财务报表中未扣除未实现的内部销售利润，造成财务信息不正确。（五）固定资产、无形资产和在建工程，从中国石化股份有限公司江西分公司成立起，一直未能按照《股份制企业会计制度》规定计提减值准备，不能真实反映企业的资产利润情况。（六）其他应收款科目多年挂账款项已形成潜亏。（七）无依据调减成本、人为调增利润2100万元。（八）虚挂对集团公司的其他应收款21000万元，欺骗股东的知情权。

是年11月，省审计厅经审计署授权对中国石化集团江西石油总公司（以下简称集团公司）2001年度财务收支情况审计发现的问题主要是：（一）将本年度职工奖金自"应付工资"转挂"其他应付款"科目，漏缴企业所得税，少缴房产税。（二）在管理费用中列支职工宿舍维修款和食堂费用，未调整账务并补缴企业所得税。（三）其他应付款科目挂列的中国石化股份江西分公司（以下简称股份公司）转入原江西石油总公司互助会款、股份公司转入应缴集团公司款，其他应收款科目挂列的南昌石油公司1995年借支仍未归还的款项，均未按规进行清理。（四）已转制成以资本为纽带的各级公司法人，在财务核算上仍未执行公司法人间的资本纽带关系，如在财务核算未出现资产的划拨、折旧费的上缴以及上级公司对下级公司的补亏等等。这些都与《公司法》中法人应具有的自主经营、独立核算和自负盈亏原则不一致，存在着吃大锅饭的情况，不利于市场竞争中求发展。

2003年4月，省审计厅经审计署授权对省石化集团公司2002年财务收支情况审计发现的问题主要是：（一）"其他应付款—建行"余额系以前年度收取的管理费，未调整账务增加以前年度结余。（二）未缴纳个人所得税。（三）省财政厅拨挖潜改造资金累计结余未及时按规下拨使用。（四）省石化集团公司1993年开始为江西第二化肥厂合成氨护建工程借款本息提供担保。截至2002年末累计本息3710万美元（省中行本金1300万美元、利息640万美元，东方资产管理公司本金1200万美元、利息570万美元），已形成公司的或有负债。审计建议：及时下拨省财政厅专项资金至相关单位，按规使用，不得截留挪用；按规编制资产负债表和损益表，并纳入省石化集团公司汇总报表；严格执行企业会计制度和会计准则，规范账务处理。

是年6—10月，省审计厅经审计署授权对省电业开发总公司（以下简称总公司）及其部分投资（控股）单位1998年至2002年度财务收支情况审计发现的问题主要是：（一）总公司股份转让手续不全，转让价格明显偏低，造成国有资产流失。（二）国有资产无收益造成损失浪费。（三）2002年对外长期股权投资4101.32万元，其中284.77万元属长期未产生回报的不良投资。（四）未将应收控股单位开源公司水电厂基建借款利息列作收入，漏缴营业税金及附加。（五）2002年收取各单位的借款或委贷利息，未缴营业税金及附加。（六）2002年度未缴房产税。（七）2002年度发放奖金未代扣代缴个人所得税。（八）2002年度在"管理费用"中列支企业年金二、年金三，挤占成本，减少了利润。（九）2000年至2002年共开支工资2359.60万元，由于总公司作为二级公司纳入省电力公司工效挂钩核算，而省电力公司未减少这块基数。（十）2001年和2002年度，投资控股单位丰溪水电有限责任公司未完全执行物价局批复的电费收取标准（0.18元／千瓦时和0.35元／千瓦时），自行定价收费（执行董事会通过的0.28元／千瓦时的销售价格）违规。（十一）总公司按0.18元／千瓦时售电给投资控股单位丰溪水电有限责任公司三产企业库区开发公司，该开发公司再行加价（0.015元／千瓦时至0.085元／千瓦时）售给其周边的私营企业，2000年至2002年共获得差价收入及实现利润。违反电力企业收支两条线的规定和物价局的价格制度。（十二）丰溪水电有限责任公司自办的三产企业，会计核算不规范，会计基础工作较差，企业未办理工商登记注册，主业未投资，未申报纳税户，不具备独立法人资格，财务结算基本是通过现金结算，没有正规发票，造成税源流失。（十三）赣联电网技术设备有限公司用假发票套现。（十四）总公司未按控股比例36%计算增加损益。（十五）总公司投资控股单位能达电业工贸有限公司未按照股本结构分配利润，2001年个人股多分配红利未向个人股东收回。（十六）2002年8月能达电业工贸有限公司将持有的枫渡水电公司股份9%转让，未经省电力公司批准，无评估报告和转让协议，也未通过董事会，不符合股权转让的程序。（十七）开源水电有限公司虚列成本（董事会工资，办事处费用），未予以收回并调账处理，总公司未按股权29.47%比例调增损益9.35万元。审计建议：责成存在问题单位及时进行整改。

是年8—11月，省审计厅经审计署授权对省电力燃料有限公司2002年度财务收支情况审计发现的问题主要是：（一）1999年至2001年利用公司电煤经营权和电煤计划，通过职工集资组建的上海泰阳实业有限公司等三家公司转供电煤，人为地增加中间环节，提高电煤单价，加大发电成本，共转移电煤差价收入 4427.68 万元，造成国有资产流失。（二）2001 年至 2002 年人为转嫁公司亏损由各发电厂承担，提高燃煤成本、加大发电成本，共计 2688 万元。（三）1999 年至 2002 年超省物价局力资费支付标准下拨景德镇发电有限公司力资费，未作调增以前年度损益账务处理。（四）2000 年至 2002 年所属贵溪分公司与三产单位龙源实业公司签订燃煤验收劳务协议支付劳务费，挂龙源实业公司财务账上形成账外收入，已全部支出。未并入省燃料有限公司核算，未补缴营业税金及附加。（五）收取拆借资金收益漏缴营业税金及附加。

是年 11 月，省审计厅经审计署授权对赣南卷烟厂 2002 年度财务收支情况审计发现的问题主要是：（一）2000 年至 2002 年评吸烟、福利烟未作收入，少缴纳各种税费。（二）挤占成本、费用列支职工误餐费、多提工资、业务招待费超支，未调整有关账务，漏缴企业所得税。（三）未办理竣工决算。15 吨锅炉水磨除尘器安装工程价款、新增 1600 千伏安变压器工程价款，工程建成未及时办理竣工决算。（四）南康市供电有限责任公司违规收取供电补贴费。审计建议：严格执行国家税收政策，按章纳税；组织力量对往来款项进行清理，对已经形成的坏账依规申报处理。

是年 12 月，省审计厅经审计署授权对南昌卷烟厂 2002 年度财务收支情况审计发现的问题主要是：（一）评吸烟、白皮烟未缴纳消费税、增值税、城市建设维护税、教育费附加等共计 1126.27 万元。（二）在成本中违规列支南昌卷烟厂金圣实业发展有限公司等三产部门就业人员公积金，漏缴企业所得税。（三）少缴纳防洪保安资金。（四）多计提福利费、工会经费和教育经费，未调整账务，未补缴企业所得税。（五）江西金圣实业发展有限公司少缴纳防洪保安资金。（六）将购入的已抵免企业所得税的国产设备中的一部分，租赁给江西金圣实业发展有限公司经营，仍抵免企业所得税不合规，漏缴企业所得税。（七）收到国家烟草专卖局下拨四、五类卷烟亏损补贴收入 2500 万元、收到江西烟草专卖局下拨工业企业补贴收入 2000 万元，均作增加国家资本金账务处理，未按规增加补贴收入，未分别补缴企业所得税。（八）将卷烟生产设备嘴棒成型生产线与薄片生产线的相关设备承租给江西金圣实业发展有限公司经营，违反《中华人民共和国烟草专卖法实施条例》（以下简称《烟草专卖条例》）第七章第三十八条、三十九条的规定。（九）未经卷烟批发销售环节，直接按卷烟出厂价格对省内外卷烟零售部门销售卷烟 25099.98 箱，违反中华人民共和国国务院令第 223 号《中华人民共和国烟草专卖法实施条例》第十三条的规定。（十）未经有关部门批准将烟草专卖设备处理给私营钢材经营部，违反中华人民共和国国务院令第 223 号《中华人民共和国烟草专卖法实施条例》的规定。（十一）2000 年，江西金圣实业发展有限公司设立滤棒成型厂，只经过江西省烟草专卖局的批准，未报国务院烟草专卖行政主管部门审批，不符合《中华人民共和国烟草专卖法实施条例》的规定。（十二）南昌卷烟厂将卷烟生产线租赁给江西金圣实业发展有限公司生产卷烟半成品，转移主业业务和利润。2001 年至 2002 年，江西金圣实业发展有限公司净利润未纳入南昌卷烟厂账内核算。

2006 年 6—8 月，省审计厅经审计署授权对省烟草专卖局（公司）2005 年度财务收支情况审计发现的问题主要是：（一）部分全资或控股单位未纳入合并财务报表之列。未合并资产总额 11380.16 万元、负债总额 4165.32 万元、所有者权益总额 7214.83 万元。（二）吉安烟草分公司烟叶购销业务收支未遵循会计配比原则正确反映；对峡江烟叶复烤厂 255.93 万元债权收回的可能性不大（该厂已于 2006 年申请破产），未依据谨慎性原则计提坏账准备。（三）赣申公司 2005 年末账面反映，长期待摊费用、递延税款借项为不良资产，未按规清理。（四）宜春烟草分公司资产闲置且出租价格不合理。前后两协议租金价格相差巨大。2005 年收取的租赁费，只占折旧的 37%。（五）全省烟草专卖机构支付检测费未遵守国家批准的收费标准，支付的检测费前后年度标准不一，且检测费超过规定标准。（六）2005 年手工填写准运证不符合规定，所运输的 4949.74 件卷烟属无证运输，违反《中华人民共和国烟草专卖法实施条例》第五十五条规定。（七）协办费超标准支付，按罚没收入 20% 支付协办费，按罚没收入 30% 以上支付协办费，与《江西省烟草行业烟草专卖办案经费收支管理办法》有关规定不符；以现金支付协办费、举报费，费用均由相关协办单位领取，不符合《现金管理暂行条例》的规定；支付个案的协办费，未按审批程序报经审批。（八）检测站销毁检测样品烟只存有样品清理申请表，销毁当年送检卷烟样品 2028 个，无销毁记录及证明人监销记录，检测站销毁送检卷烟程序不全，是否销毁难以证实。（九）南昌市各级烟草专卖机构罚没无证运输卷烟 56750 条，交由卷烟生产企业收购，违反《中华人民共和国烟草专卖法实施条例》第三十条的规定。（十）省烟草公司及部分分公司将部分基建项目化整为零，绕过上级主管部门审批，并存在超规模、超计划投资现象。（十一）未按国家烟草专卖局《关于清理撤销联营公司、品牌公司的通知》规定，对 2001 年省烟草公司与南昌铁路局共同投资成立的具有国有企业法人资格的南昌铁路卷烟经营部，进行清理撤销；该经营部自开办以来（2001—2005 年）未按规定缴纳烟草专营利润；将畅销名牌卷烟作为福利向职工发放，仅按卷烟的成本价格将进项税额转出，未补缴增值税及教育费附加及个人所得税。（十二）省烟叶购销分公司会计核算未严格执行权责发生制及收入与成本配比的原则，预收部分货款少转利润 2102.92 万元。未调增收入，未补交烟草专营利润。审计建议：责成省烟草专卖局及时对存在问题进行整改。

2009 年 5—6 月，省审计厅经审计署授权对中国烟草总公司江西省公司（本部）（以下简称"省公司"）2008 年度财务收支情况审计发现的问题主要是：（一）2003 年至 2007 年全省烟草公司及所属单位计提补充养老保险划入个人账户的款项，未缴纳个人所得税额。（二）职工收入向机关本部人员倾斜、扩大计提各种补贴的范围、擅自提高计提住房公积金标准违规。（三）省公司以及各设区市子公司大量资金沉淀，国有资产未发挥效益。（四）省公司本部人均费用明显偏高，其中职工工资性支出占总支出比例高达 49%。2008 年度公司本部在职职工人数约 150 人，全年经费列支 9115.51 万元，人均 60.77 万元。（五）所属吉安市烟草分公司烟用物资发票不规范或购货时未取得正式销售发票、购买烤房设备直接冲减补贴款、烟用物资采购未进行比价且供货方不仅违约还频频加价。（六）省公司支付给协办单位的协办费用，除南昌市西湖区公安局开具了行政事业单位收款收据，款项缴入区财政预算外资金专户外，其他协办单位开具的均为非正规的普通收款收据，且均未入协办单位的财务账，资金也未纳入财政专户。（七）多计省公司及总公司股利 3362.32 万元。（八）省公司房屋多计提固定资产折旧、少计提设备工具固定资产折旧，未真实反映企业折旧情况。（九）未严格按照《烟草专卖法实施条例》规定管理烟草专卖市场，存在少计卷烟销售收入的现象。（十）所属培训中心会计核算不规范；会务销烟现象虚增会议成本（按卷烟市场价计算的销售收入占全年会务收入的19.21%；按市场价计算的会务销烟成本占会务总成本的46.37%），滋长奢侈浪费之风。（十一）江西中烟工业有限责任公司将持有的锦峰实业有限公司长期投资账面值11200万元，于2008年1月1日无偿划转给中国烟草总公司江西省分公司。省分公司拥有锦峰大酒店房屋产权，但锦峰大酒店房屋固定资产及折旧却仍在其酒店账上反映，资产关系未理顺。（十二）锦峰大酒店2007年至2009年先后向江西中烟工业有限责任公司借款2000万元，已支付利息49万元，比按同期银行贷款利率计算的应付利息少85万元；锦峰大酒店原规划土地用途为办公用地，实际作商业用途，未按照《中华人民共和国土地管理法》第五十六条的规定，履行报批程序。（十三）省公司房屋租赁租金过低、资产账外运行、未履行国有资产转让评估程序，造成国有资产损失。省审计厅已建议将此问题移送省公司纪检组进一步查处。

2009年8月，省审计厅经审计署授权对江西省烟草公司南昌市公司（以下简称：市公司）2008年度财务收支情况审计发现的问题主要是：（一）少缴增值税及附加、企业所得税、城建税。（二）未严格按照《烟草专卖法实施条例》规定管理烟草专卖市场，造成少计卷烟销售收入（市公司违规自批烟草零售资格，并以批发价或略高于批发价的价格销售自用各类卷烟12316条，南昌铁路卷烟经营部特供烟和批条烟以批发价或略高于批发价的价格销售各类卷烟23397条，人为减少销售收入）。（三）扩大计提各种补贴的范围、擅自提高计提企业年金标准、超发年薪、向内部职工集资成立的企业转移收入、人为控制市场卷烟投放量、零售市场返销烟泛滥、自行制定的《特供、自用卷烟管理办法》与国家烟草专卖法规不符。（四）多提应付股利，未调整账务处理。（五）市公司、相关税务征收部门人为调节市级、县级税收收入、财政收入，人为调节市、县税收进度。（六）综合开发公司受市公司委托，共销售罚没卷烟18427.80条，以批发价格从市公司购入，以同等批发价格销售，未取得销售利润。（七）举报案件举报奖金的发放和领取程序存在严重漏洞。办案人员在未与举报人见面的情况下将钱直接汇入对方提供银行卡上，汇款单未保留存档，无举报人员的签字和手印，办案人员代举报人签名按手印的现象普遍，以致无法查证汇款的真实性和举报人领取奖金的真实性。对此，省审计厅已建议完善制度堵塞漏洞。（八）违反规定拆分项目立项申请报批，部分材料设备采购未按规履行公开招投标程序。审计建议：贯彻执行《烟草专卖法》及其实施条例的规定，切实维护好全省烟草专卖秩序。一是要依法和按卷烟零售户的合理布局要求来发放《烟草专卖零售许可证》，少发或不发关系证和人情证，二要加强对许可证的法人变更、地址变更的监管，杜绝卷烟返销现象；履行基本建设程序，加强建设项目监督管理；提高依法纳税意识，及时足额缴纳国家税收，杜绝违反财经法纪的行为；加强资金管理和费用控制。

是年9—10月，省审计厅经审计署授权对江西中烟工业公司（以下简称：公司）2008年度财务收支情况审计发现的问题主要是：（一）南昌卷烟厂"十五"技改、南昌卷烟厂职工活动中心、江西中烟工业公司"金圣香"精提中心3个建设项目，应缴未缴建设规费。（二）2003年至2007年公司包括各厂职工补充养老保险单位4%部分落实到了个人账户，未补缴个人所得税。（三）公司本部未缴企业所得税。（四）2005年至2007年赣南卷烟厂将职工生活用电列入生产成本，漏缴增值税及附加。（五）江西金圣购物有限公司多计成本少计本年利润，漏缴企业所得税。（六）少缴印花税。（七）职工收入向机关本部人员倾斜、扩大计提补充养老保险金和年金的范围、擅自提高计提住房公积金标准。（八）江西金圣实业发展有限公司和江西金圣购物有限公司净资产未列入合并财务报表。（九）多结转烟叶费用，增加生产成本，减少本年利润；少结转加工费用导致少反映库存产品成本1980.76万元。（十）2008年12月31日公司企业所得税正常计提缴纳外，违规预缴企业所得税12200万元。（十一）部分物资采购未履行招投标程序、存在采购价格明显偏高的现象，造成国有资产流失。（十二）公司与直属单位南昌卷烟厂，未执行国家烟草专卖局关于清理关联企业参股入股和国有企业职工持股、投资的规定。（十三）公司根据当年实际支出情况于年底调整预算，预算编制不准确、约束力不强；资本性支出执行率偏低，项目申报存在一定随意性；科研经费投入过低，费用中工资性支出较大；科研外委项目较大，自身研发较少。审计建议：加强财务管理，对存在问题及时进行整改。

交通企业审计

2007年4月，省审计厅经审计署授权派出审计小组参与武汉特派办南昌铁路局审计组，对南昌铁路新龙投资集团公司（以下简称新龙集团公司）2006年度财务收支情况审计发现的问题主要是：（一）在管理费用中，以集捆费、装卸费、鉴定费支付主业单位工资、奖金、补贴、劳务费、协作费等，未作调增利润账务处理，未补缴企业所得税；在管理费列支福利费用，未作调增利润账务处理，未缴企业所得税；外购劳务费未纳入工资总额，增加成本费用，未作调增利润账务处理，未补缴企业所得税。（二）2005、2006年新龙集团公司本部人员在投资所属企业领取兼任职务报酬，省审计厅已建议将此问题移交有关部门处理。（三）新龙集团公司本部及江西铁路投资经营公司支出管理费1099.62万元，超支435.62万元未作纳税调整，未补缴企业所得税。（四）多提取工效挂钩工资，未作调增利润账务处理，未补缴企业所得税。（五）出租无锡泰山饭店租金收入，直接抵扣改制费用。未调整账务，未补缴营业税金及附加、房产税、企业所得税；出借资金给无锡泰山饭店累计2245.38万元，未收到利息，未进行清算。（六）所属南昌铁路新龙物资流通有限公司竞价销售废钢轨时疏于对各单位资格的审核，存在围标、售标、转手倒卖中标废钢轨的现象，省审计厅已建议将此问题移交有关部门查处。（七）2002年至2006年，南昌铁路大酒店虚列餐厅费用套取现金，省审计厅已建议将此问题移交有关部门进一步查处；京九大酒店一、二楼部分店面出租过程存在违规转租等问题，省审计厅已建议将江西京九大酒店和餐厅经理邓某某及江西特产超市与京九商行的股东陶某某之间的违规交易行为移交有关部门查处。

是年5月，省审计厅经审计署授权派出审计小组参与审计署武汉特派办南昌铁路局审计组，对南昌铁路天河建设有限责任公司（以下简称天河公司）2006年度财务收支情况审计发现的问题主要是：（一）所属南昌通信信号厂侵占南昌铁路局各处、段等主业单位利润。（二）所属九江、南昌、赣州、南昌南分公司不具备施工总承包和专业承包资质，未经招投标承接南昌铁路局九江桥工段、南昌铁路局工务段浙赣线等工程，合同价款计10824.24万元。再将上述工程指定分包给挂靠在具有不同建筑资质的建筑工程公司的个人进行施工。对此，省审计厅已建议将此问题移交有关部门查清。（三）天河公司本部"浙赣线、武九线"绿化工程项目采购湿地松109519棵，通过招投标并中标的公司供应湿地松10783棵，其余98736棵湿地松违规从6家未参加招投标或未中标的公司购买（购进价格 8.31 元/棵，当期湿地松市价每棵不超过 5 元）。对此，省审计厅建议将此问题移交有关部门进一步查处。（四）2006 年天河公司浙赣线 k776 岩溶路基、桥改涵等工程所需钢筋水泥，未采取招投标直接从一家包税的个体工商户南昌市青山湖区郊东建材装饰物资供应站购进，价款 1335.38 万元。该供应站 2006 年只缴纳增值税 6.12 万元，实际按出售货款计算应纳税金 51.36 万元，属偷税嫌疑，省审计厅已建议将此问题移交税务部门查清。（五）天河公司未履行招投标程序，选择从河北安平县一家个体工商户华光电焊网业制品厂购买 929.07 万元的"浙赣线栅栏工程"的网片及螺栓；该厂提供的 95 张发票均为非本厂的"河北省衡水市货物销售发票"，天河公司接受了 95 张不合规的发票列账。上述行为违反招投标法、发票管理办法及实施细则的规定，省审计厅已建议将此问题移交税务部门处理。（六）人和采石场销售道砟 42801.08 立方米，运输道砟 79640 立方米，相差 36838.92 立方米，省审计厅建议天河公司进一步查清原因。

是年 5—6 月，省审计厅经审计署授权派出审计小组参与武汉特派办南昌铁路局审计组，对南昌铁路通达工贸有限责任公司（以下简称通达公司）2006 年度财务收支情况审计发现的问题主要是：（一）通达公司部分人员在所属企业领取兼任职务报酬未予以收回。（二）在管理费用中多列支租赁办公场所费，未作调增利润账务处理，未补缴企业所得税。（三）多计机车轮对检测装置销售收入、销售成本，少计已完工结转机车轮对检测装置利润，同时调增原机车轮对检测装置材料余额，以上均未按规调整账务。（四）通达公司本部职工少缴个人所得税。（五）在成本费用列支外购劳务费，多结转销售材料成本，少反映利润，漏缴企业所得税。（六）通达公司和职工何某某共同出资成立北京金色桥铁路配件有限公司，全部业务就是为南昌铁路局多经企业采购铁路配件，完全是个中间贸易商；年采购铁路配件千万元，未履行采购招投标程序，无有效监管约束机制；该公司还存在开具虚假发票套取现金的问题。对此，省审计厅已建议有关部门进一步查处。

邮政通信企业审计

2002 年 7—8 月，省审计厅经审计署授权对省电信公司 2001 年度资产、负债、损益及财务收支情况审计发现的问题主要是：（一）计提的工资总额中未扣除分流到省电信实业有限责任公司 1026 人的工资基数，造成多计提工资总额。（二）省地方农话局工资结余 8986.41 万元并入省电信公司财务处工资结余账户（以前年度省电信公司与省地方农话局属一套人马两家核算），未补缴企业所得税 2965.51 万元。（三）2001 年全省电信行业（南昌九江，上饶，抚州，赣州，景德镇，萍乡分公司），在成本中列支职工补充养老保险 1163.22 万元，扣除已交纳税外，应补未补缴企业所得税。（四）支付 21 世纪人才奖、21 世纪补充养老保险金，未缴个人所得税。（五）2001 年 1 至 6 月全省少收电话初装费 19818 万元。（六）接受供货单位赠送实物、现金，共计 989.89 万元，列增"资本公积"，未调整账务，漏缴增值税及附加和企业所得税。（七）收江西捷德公司款项 859.05 万元，挂"其他应付款"科目，未进行清理。（八）用现金支付工程款 1659.54 万元，违反《现金管理暂行条例》的规定。（九）2001 年省电信公司和省地方农话局并账，把省地方农话局实收资本 45600 万元并入公司资本公积，造成国家资本金减少 45600 万元，未调整账务处理。（十）以前年度应收未收款项 6110.14 万元长期挂账，未组织清理收回；支付购置设备等款 834.96 万元长期挂"其他应收款"

科目，未组织清理。审计建议：完整正确地合并财务会计报表；加强对下属单位的财务管理和监督检查，各部门的所有收入都应该纳入单位财务账，杜绝以账外账或以虚开发票套取现金等方式私设小金库行为；遵守《现金管理暂行条例》，对大额支出采取转账方式支付；对往来账进行认真清理，并根据清理结果进行相应的账务处理；按税法要求如实、准确地填报纳税申报表，及时足额交纳税金。

是年 8 月，省审计厅经审计署授权组织 11 个审计组对全省联通、移动公司 2000 年至 2001 年频率占用费的代收代缴情况进行审计调查。审计发现全省联通公司系统应收未收频率占用费 1963.13 万元，已收频率占用费欠缴省财政 366.99 万元；全省移动通信公司系统应收未收频率占用费 5949.74 万元，已收频率占用费欠缴省财政 166.94 万元。审计建议：两家通信公司应增强遵守频率占用费政策法规意识，尽快补缴已收未缴的频率占用费，采取有力措施补收未收的频率占用费，处理好国家利益与企业利益之间的关系，确保国家利益不受损害；省财政厅和信息产业厅应采取有力措施，对两家通信公司补收补缴频率占用费的有关情况进行督促检查。

是年 8—9 月，省审计厅经审计署授权对省电信公司南昌分公司 2001 年度资产、负债、损益及财务收支情况审计发现的问题主要是：（一）各分局退回的初装费违规冲减通信业务收入，漏缴营业税金及附加、漏缴企业所得税。（二）少反映信息费收入，少缴纳营业税金及附加、企业所得税。（三）所属南昌县电信局农话局在通信业务成本中，列支赞助向塘铁路管道改造工程款、麻丘路面平整款，未调增应纳税所得额，少缴企业所得税。（四）按电信总公司有关制度规定，应支付代理维修费 1419.66 万元，实际支付代理维修费 1558.84 万元，多支付 139.18 万元，少缴纳企业所得税。审计建议：由职工股东会对南昌通信发展有限公司等 5 家单位进行投资，而被投资单位的业务主要是从主业分离出来的，从主业获得各种业务收入，形成高额利润，然后给职工分红，此做法会造成国有资产流失，应予以改正；2001 年职工退股 787.42 万元，因被投资公司尚未办理破产手续，股东不能退股，应待其公司清算后才能退股，单位应予以纠正；遵守国家电信政策，严禁各类电话卡乱打折、任意扩大公免电话范围、给予各种电话费优惠，防止国有资产流失；主业和实业公司，应按照规定划清各自业务范围，不能将主业业务划归实业公司，主业和实业公司之间的业务往来，应有合理定价，防止用主业利润弥补实业亏损；认真清理往来账目，并根据清理结果进行相应的账务处理；准确核算长期投资，按规定合并财务会计报表，保证企业资产、负债、损益的真实性、准确性；规范、完善装机促销费领发手续，不能以发装机促销为名，在工资总额以外给职工发放奖金。

2005 年 6—8 月，省审计厅经审计署授权对江西移动通信有限责任公司 2004 年度财务收支情况审计发现的问题主要是：（一）基建项目江西通信枢纽楼少缴教育附加费、城市建设规划配套费、新型体材料费、人防工程易地建设费、白蚁防治费、防洪保安资金等。（二）基建项目江西移动红谷滩通信枢纽楼工程至 2004 年末已完成投资 4495 万元，少缴基建教育费附加、城市建设规划配套费、新型体材料费、白蚁防治费、防洪保安资金。

是年 7—8 月，省审计厅经审计署授权对江西通信服务公司 2004 年度财务收支情况审计发现的问题主要是：被控股企业江西捷德智能卡系统有限公司已分配至通信服务公司的利润 5668.95 万元，未补缴企业所得税 1303.86 万元。

2010 年 9—10 月，省审计厅经审计署授权对省邮政公司机关、直属单位和控股企业 2009 年度财务收支情况审计发现的问题主要是：（一）省邮政企业资金调度中心在银行账户之间调度资金，所依据的《资金调度通知》未见经办人、部门主管和公司领导签批；将银行存款转存定期存款和转作在日常开户银行以外的股份制银行的定期存款，其存入、支取（含提前支取）和续存等事项未见办理依据和审批手续；2009年获得银行定期存款利息912.10万元，比按中国邮政集团公司规定上存获得内部融资利息少638.47万元；在南昌银行省府一、二支行的定期存款4500万元，被用于江西天龙数码投资有限公司银行贷款4000万元质押1年。（二）截至2010年10月，省邮政企业资金调度中心借给江西天龙数码投资有限公司资金，本金3449万元未收回；截至2009年底，利息756.35万元未收回。借给江西天龙数码投资有限公司的资金，实际上是用于玉带明珠邮政住宅小区建设，对以上未收回的本金、利息，没有采取有效措施组织清收清理。（三）截至2010年10月，省邮政企业资金调度中心的银行定期存款高达24700万元，系以前年度电信、邮政分家时各地市县邮政大楼建设项目调减建筑面积减少造价所致。一方面大量的资金沉淀，影响资金使用效益的发挥，另方面部分定期存款存于股份制银行并用于其他单位质押贷款，存在资金安全隐患。（四）省邮政公司系统2009年在工效挂钩工资总额以外列支劳务性支出22800万元、在职工福利费中发放节日补贴1422.94万元、在管理费用和邮政业务成本中列支离退休人员活动经费等费用2517.89万元、在管理费用中列支离退休人员统筹外费用1780.02万元、超标准为职工缴纳住房公积金131.41万元。（五）省邮政公司机关服务中心支付食品款，实为高管层提供的福利，没有向个人收回；以支付南昌市诚城物业有限公司会议费名义，在管理费用中列支省邮政公司机关、省邮政新闻宣传中心和机关服务中心职工早午餐费、列支防暑降温费，没有由职工福利费列支，未补缴企业所得税。（六）省邮政企业资金调度中心分3次借给省赣邮房地产开发有限公司资金合计1600万元，至2010年10月尚有未收回的本金528.61万元、利息242.87万元。该公司因开展委托理财业务造成亏损，不但无力归还和支付借款本金和利息，而且于2008年10月被注销。对上述造成的国有资产损失，省审计厅已责成省邮政公司组织清查和追偿，并按规对有关责任人员作出处理。（七）省邮政公司为天龙数码投资有限公司提供担保14000万元，2010年10月仍有担保资金4000万元未还，整个项目资金缺口9305.76万元。（八）2005年8月，省邮政局未履行公开拍卖或招投标程序，将南昌火车站邮件处理中心生产综合楼（以下简称综合楼），以6300万元的价格（评估价6181.89万元）协议转让给省时代鑫远科技有限公司（以下简称鑫远公司），合同约定2005年12月30日之前鑫远公司要全部付清购楼款，但拖延至审计日，鑫远公司仍欠付2300万元购楼款；在鑫远公司支付不到一半购楼款的情况下，省邮政局于2006年8月设法将综合楼的土地使用权证过户给鑫远公司，2007年6月为生产综合楼办理房产证过户手续，于2008年11月将房产和所附资产整体交付鑫远公司。对于上述违反《企业国有产权转让管理暂行办法》等有关规定的行为，省审计厅已责成省邮政公司认真整改，挽回国有资产损失，并按规追究有关责任人员的责任。（九）玉带明珠住宅小区旧房拆迁部分土方工程承包给江西天顺土石方工程公司（以下简称天顺公司）施工，合同价款360万元，天顺公司收到价款后未在该公司注册地和建设项目所在地南昌市青云谱区地税局开具建筑业发票，却在安义县地税局代开建筑业发票，违反《营业税暂行条例》第十四条"纳税人提供的建筑业劳务应当向应税劳务发生地的主管税务机关申报纳税"等有关规定。审计建议：组织力量对银行开户、银行存款（包括定期存款和协定存款）及利息、银行费用等进行清理，建立和健全内部管理和控制制度，规范财务管理、银行存款账户管理和资金管理，加强内部审计监督，提高资金运营的安全性和效益性。

是年10—11月，省审计厅经审计署授权对南昌市邮政局2009年度财务收支情况审计发现的问题主要是：（一）在开拓邮务类业务市场中，违规满足客户的优惠折扣要求，并对实行优惠折扣而短收的部分采取虚开发票、虚列支出并虚列收入的方式弥补，涉及金额388.67万元。（二）以税务代开虚假内容发票和通过业务关联的运输公司以虚假运输合同、内部转趄工作组开具虚假装卸搬运力资发票的形式，套取现金合计2625.67万元；以财务人员个人名义将套取的现金存入代发工资储蓄所工资户进行第二次分配，用于支付职工奖励、邮务类业务代办费、代理金融业务费、收入折扣等。省审计厅已将上述问题移送省邮政公司进一步查处，并补缴企业所得税502.09万元、个人所得税19万元。（三）以支付业务代办费名义套取现金2057.81万元，以财务人员个人名义存入代发工资储蓄所工资户，主要用于发放客户酬金、职工福利、弥补优惠折扣价款。除用于社会代办员酬金和代办网点费用提成外，其余1388.19万元均与代办业务无关，违规套取现金属假借代办费名义虚列支出。省审计厅已将上述问题移送省邮政公司进一步查处，并补缴企业所得税287.68万元。（四）在费用中列支职工住房公积金347.93万元，其中对一人多列支2760元（比规定标准多230元/月），未向个人收回冲减费用。（五）玉带明珠住宅小区由省邮政公司职工集资、江西天龙数码投资有限公司承建。省邮政公司为弥补江西天龙数码投资有限公司开发房地产的亏损，授意南昌市邮政局分割投资计划，以购入邮政网点的名义高价购买玉带明珠住宅小区的店铺和住宅，造成国有资产的流失。未按市场公允价结算，未向江西天龙数码投资有限公司追回多支付的购房款；南昌市邮政局所购房产尚未办理房屋所有权证和土地使用权证。审计建议：对违纪违规人员进行追责，进一步加强财务管理，对存在问题及时进行整改。

其他企业审计

2003年7月，省审计厅经审计署授权对电力建设江西诚达工程咨询监理有限公司2002年度财务情况审计发现的问题主要是：（一）未按规调增主营业务收入1004.32万元，少缴营业税金及附加；在农网劳务费中列支超过工资基数发放的工资。两项合计未调增应纳税所得额1165.18万元，少缴企业所得税。（二）少计城网工程项目监理收入、少计房建、电厂建设等项目监理收入，合计920.3万元。（三）预收账款余额中有以前年度收取房建监理费收入，未调增以前年度损益。（四）2000年省电力公司机关持股会及省通能咨询有限公司（公司职工集资入股）参股江西诚达工程咨询监理有限公司，持股共占比例49.37%，稀释了国有股，导致国有资产流失。2000年至2002年通过股东分红使国有资产流失156.81万元。（五）在农网监理工作中，不能合理地配置监理人员，监理人员大部分是自行培训上岗，没有未取得国家有关部门认可的资格证书，而且绝大部分是在职的市、县供电局人员。（六）在考核效益工资时完全没有按监理项目完成利润情况与个人收入挂钩，采取除工资费用外实行人头经费包干，节省或超支未实行奖励机制。（七）在各设区市设立了城农网项目监理部，各项目部未坚持按月填写城农网工程的进度情况表，监理收入是按一定的投资额比例计提。2002年账面反映监理收入均已收到，但无业主、施工、监理三方签字认可。（八）公司成立以来监理的机制不够完善,在与各设区市供电局签订合同时内容不齐全,随意性大;监理工作未严格做到"四控制"(质量控制、进度控制、造价控制、安全控制)、"二管理"(信息管理、合同管理)、"一协调"(现场协调);未能如实全面、准确反映工程进度及监理工作完成情况,当年财务状况难以完整体现。审计建议:对下设监理部的23个银行账户及报账流程进行严格管理,防止项目部以多报人头经费等方式滞留现金账外使用;加强财务核算,完善核算体系和监理机制,防止监理收入账外循环。

是年7月,省审计厅经审计署授权对省通能咨询公司2002年财务收支情况审计发现的问题主要是:(一)2002年未将其投资收益纳入当年利润,而直接将其分红给省诚达监理公司个人。(二)省电力公司未采取招标形式直接将本由省诚达监理公司承担工程项目概算、结算的咨询及其监理业务划给省通能咨询公司(经工商注册认可的经营范围无监理业务),向非国有企业转移利润。2002年公司收取一户一表的监理费共计345万元,扣除合理成本、费用318.63万元,造成国有资产流失26.37万元。(三)结算咨询与核减收入计算重复,导致省电力公司多付咨询费47.15万元(扣除已缴纳税金),造成国有资产流失。

第八章　经济责任审计

经济责任审计是 1985 年审计机关成立初期，为适应经济体制改革的需要，规范国营企业厂长（经理）调离、晋级、提职、奖励行为而创立的一项审计业务，当时称为经济责任公证审计，之后发展到因国有大中型企业普遍实行承包经营制度，为证实承包企业资产、债权、债务、盈亏的真实性；承包经营目标实现情况及企业经营者的经济责任；企业主管部门有无损害企业合法权益行为；承包企业的财经纪律执行情况等而开展的承包经营责任审计。1986 年，《中华人民共和国破产法（试行）》颁布，规定企业宣告破产后，须由政府监管部门和审计部门查明企业破产的责任，继而开展企业破产责任审计。经过几年的实践，1996 年，在深化企业改革和加强党风廉政建设的新形势下，领导干部离任经济责任审计日益受到国家各级党委、政府的重视和信任，各级审计机关受当地党委、政府部门的委托，对领导干部进行经济责任审计工作，逐步在全省铺开。1999 年 5 月，省政府颁发《江西省领导干部离任审计暂行规定》，省审计厅及时转发并组织实施。2001 年，为加强全省经济责任审计工作的领导力量，经批准省审计厅增设经济责任审计处，同时省政府特别成立以省长黄智权为组长的省经济责任领导小组。11 个设区市相继逐步成立工作机构，人员逐步配备到位。随即，全省全面开展经济责任审计工作，步入规范轨道，以前开展的各种涉及经济责任的审计工作统一归并为领导干部离任经济责任审计范畴，审计级次分党委、政府领导干部、政府部门、事业单位、人民团体领导干部、企业领导干部审计等。1991 年至 2010 年，全省共对 21254 人进行经济责任审计，共查出违纪违规金额 395064.5 万元，提拔 430 人，免职 783 人，降职 53 人，建议党政处分 27 人，移送纪检机关案件 60 起，移送司法机关案件 81 起。其中：1991 年至 1997 年，全省对 1271 人进行离任审计；1999 年，对 1474 人进行离任审计；2000 年，审计 960 人，查出违纪违规金额 42687 万元，首次对 4 位县长进行经济责任审计；2001 年，审计 2634 人，查出违纪违规金额 57823 万元；2002 年，审计 2248 人，查出违纪违规金额 3048 万元；2003 年，审计 2334 人，查出违纪违规金额 45466 万元。是年，省纪律检查委员会、省委组织部、省监察厅、省人事厅、省审计厅等五部门联合颁发《江西省党政领导干部任期经济责任审计实施办法》和《江西省国有及国有控股企业领导人员任期经济责任审计实施办法》，全省经济责任审计工作向前迈进一大步；2004 年，审计 1388 人，查出违纪违规金额 37800 万元；2005 年，审计 1486 人，查出违纪违规金额 21700 万元；2006 年，审计 1573 人，查出违纪违规金额 78700 万元；2007 年，审计 1556 人；2008 年，审计 1635 人，查出违纪违规金额 27400 万元；2009 年，全省对 1237 人进行经济责任审计，查出违纪违规金额 39000 万元；2010 年，审计 1458 人，查出违纪违规金额 25800 万元。其中，按照省委、省政府的部署，省审计厅首次对南昌市市长、景德镇市市长进行任期经济责任审计，江西省经济责任审计工作迈上新台阶。

第一节　地方党委政府领导干部经济责任审计

2010年7—9月，省审计厅首次受省委、省政府委托对景德镇市人民政府（以下简称市政府）市长李某任期经济责任进行审计。审计结果表明：（一）李某自2006年12月担任市政府市长职务以来，认真贯彻落实党中央保增长、扩内需、调结构等宏观经济政策；按照省委、省政府关于鄱阳湖生态经济发展战略、项目带动战略和新型城镇化等重大决策部署，坚持发展为先、发展为重的理念，以工业化为核心，以项目为抓手，以大开放为主战略，立足景德镇市实际，不断开拓创新，扎实推进改革开放和坚持统筹发展，不断探索经济社会发展的新途径，全市经济社会保持平稳快速发展。（二）李某坚持科学决策、民主决策，不断健全和完善政府决策机制，加强政府自身建设，积极推动政务公开，规范了市政府行政管理，提高了行政效能。（三）市委、市政府有关领导和市有关部门反映李某政治立场坚定，大局观念强，服从市委领导。驾驭经济工作能力突出，应对金融危机预判早、反应快，采取措施比较得当。日常工作勤奋，作风求真务实，为景德镇市经济社会的发展做出了重要贡献。审计发现的问题主要是：（一）一般预算收支编制不够完整，部分决算反映不真实。1.至2009年，市财政未编制国有资本经营预算收支和决算；高新园区管委会作为市政府的派出机构，其财政收支未在市政府向市人大提交的财政工作报告中全面反映，接受本级人大的审查批准和监督。2008、2009年市财政分别将基金预算收入15834.9万元、14443万元混淆为一般预算收入。2.返还土地出让金给入园企业48281.25万元、紫晶宾馆8650万元；少提缴农业土地开发资金1085.39万元，少计提被征地农民社会保障支出和保持被征地农民原有生活水平补贴项目支出6470.25万元；2007年、2008年补办以前年度有关手续，在专户中直接列支土地出让金12323.85万元，未纳入市政府基金预算管理。3.三年市本级安排科技三项经费未达到按当年财政预算支出1.5%以上的规定。4.截至2009年，各项政府性债务总额489453万元，三年复合增长率23%。（二）建设用地征收管理使用不合规。1.少批多征建设用地面积5561.42亩；2.闲置土地，2007年前已征地并报批但至今闲置未用土地面积3231.95亩，未按规定扣减农用地转用计划指标，出让、划拨的闲置土地6宗，面积204.75亩。3.土地储备贷款使用不合规。根据市政府抄告单，用于抵押贷款土地19宗，总面积4044.55亩，其中划拨土地12宗，面积2646.31亩，贷款总额103495万元，除5000万元用于园区基础设施建设外，其他资金由市财政统一调配。（三）社保基金征收管理不到位，使用不当。1.养老保险基金运转困难，部分基金管理不当。该市扩面征缴工作困难，并且由于支出的刚性增长，进一步扩大了养老保险金的支付缺口。2007年缺口20765万元，2008年缺口19632万元，2009年缺口23520万元。2.三年市社保局共计挪用医疗保险基金、工伤保险基金22686万元垫付养老保险金支出。3.2009年市社保局共有15278.61万元各项社保基金未纳入财政专户管理。其中：养老保险基金直接从收入户转支出户8561万元，医疗保险基金收入未纳入财政专户管理6239万元；2009年全市各级社保机构共预收17051.57万元未计入当期收入反映。4.被征地农民养老保险工作进展缓慢，权益得不到充分保障。本级三年应从土地出让金收入中安排提取8%的被征地农民社会保险支出和保持被征地农民原有生活水平补贴资金计13504.25万元，已安排7034万元，少安排6470.25万元。

（四）部分企业减排任务未完成，节能技术改造资金未专款专用。1. 市政府下达景德镇发电有限公司三年二氧化硫减排计划任务共计 24198.46 吨；下达焦化集团二氧化硫减排总量 2898.68 吨、化学需氧量减排总量 516.51 吨，根据国家检查组检查数据，实际减排分别为 1209.3 吨和 404.3 吨，总量上都未完成计划任务。2. 节能技术改造项目资金拨付省陶瓷工业公司 717 万元、开门子陶瓷化工集团 773 万元、振兴陶瓷园开发有限公司 100 万元、隆祥陶瓷有限公司 287 万元，均未真正用于节能技术改造。审计建议：景德镇市政府应对存在的问题引起重视，并及时进行整改。

是年 8—10 月，省审计厅对南昌市人民政府（以下简称市政府）原市长胡某任期经济责任进行审计。审计结果表明：（一）胡某 2006 年 11 月至 2010 年 3 月担任南昌市政府市长职务期间，科学应对突发事件（诸如历史罕见的雨雪冰冻灾害、四川汶川大地震和全球金融危机），经济取得平稳较快增长，荣获"中国节庆产业十大节庆城市"和中国最具投资价值金融生态城市。（二）注重改革开放（国企改革顺利完成、其他多项改革稳步推进、开放水平提升），发展活力增强，连续六年被《福布斯》杂志评为中国大陆最佳商业城市，多次被评为台商投资"极力推荐城市"。（三）致力于改善民生，社会事业全面进步。（四）不断完善公共财政运行机制，以"保障经济发展，保护耕地红线"为土地管理总目标，集约用地总体水平不断提高。（五）完成了城市总体规划修编和一系列控制性详规，完成了全部乡镇总体规划及行政村建设规划，完成了火车站西站等一批城市重点工程建设。荣获全国创建文明城市工作先进市称号、国家园林城市称号，被评为新中国 60 周年最具投资潜力城市、中国十大美丽城市和中国十大最具幸福感城市。（六）出台《南昌市"3010"工程项目推进管理办法》以及重大项目督查问效制度、项目信息共享平台制度等规章制度，为重大项目实施提供有力保障，有效落实了中央扩大内需政策；同时把贯彻落实中央节能减排政策作为重要工作，提前完成了"十一五"减排任务，主体水质满足功能要求，水环境质量居全国前列，2007 年至2009 年全市空气质量连续三年位列中部城市第一。（七）贯彻"工业反哺农业，城市支持农村"和"多予少取放活"的方针，加快农业基础建设，农业生产平稳发展；同时大力推进新型工业化核心战略，工业调整初见成效，促进了产业结构的优化升级。审计发现的问题主要是：（一）财政管理不完善事项金额合计 2915565.9 万元。1. 财政决算编报不完整不准确事项金额 380000 万元。2. 企业改制资金 29000 万元用于非改制企业。3. 国库集中支付实施监管制度不完善，2008 年至 2009 年有 176000万元预算内资金，通过国库集中支付转入预算单位银行存款户中。4. 2008 年至 2009 年将省级财政收入 9565.9 万元，混淆为南昌市地方财政收入（并对 8 家企业返还税收奖励资金 5602 万元）。5. 政府债务规模较大（2009 年末南昌市本级财政性资金偿还的债务余额 1527000 万元、非财政性资金偿还的债务还有 794000 万元），预警、偿还机制有待建立完善。（二）土地管理不合规所涉及土地面积合计 37142.7 亩（未含突破国家规定的 90/70 小户型比例限制供地），欠缴土地出让金 274000 万元。1. 2007 年至 2009 年出让给最终用户土地有 71 宗闲置，面积 9077 亩（其中市本级闲置 25 宗，面积2317 亩）；2009 年末市本级各融资平台未使用土地面积 20268 亩（含已抵押 8102 亩）。2. 截至 2009年底，用地单位欠缴土地出让金 274000 万元（其中市本级 193000 万元），其中有 8 宗欠缴土地出让金的土地已违规供给用地单位，面积 1727 亩。3. 未批先征先用土地 6070.7 亩（市土地储备中心2007 年至 2009 年未批先用 8 宗城乡插花地带集体建设用地，面积 61.7 亩，已征收朝阳片区土地中有未报批土地6009亩，用于政府融资抵押）。4.部分商业用地招拍挂不够规范，有的突破国家规定的90/70小户型比例限制。（三）2009年，廉租房建设目标任务新增900套中有672套建设进度缓慢、经济适用住房管理不完善所涉及住房3026套（2008年红谷滩经济适用住房空置1580套、市城投公司未批先建或超标准建造的1446套经济适用住房违规转为商品房销售）；抽查发现艾溪湖大桥工程等6个重点建设项目管理不规范（如未取得有关许可开工建设）、部分市政工程建设未按规进行公开招投标。（四）对淘汰落后产能有不彻底、执行政策不到位之处（2000年已全面停产的南昌水泥厂尚有7台应淘汰的磨机、烘干机等设备未按规拆除、进贤县有96家小砖瓦厂尚未关停清理、进贤县文港有27家小电镀企业未进行集中减排管理或关停），市环保局对2007年至2009年工商登记注册的新办企业环评率低于50%，进贤县工业开发区、温福工业园区均未开展规划环境影响评价。市政府对上述主要问题做出了整改部署。审计建议：市政府应深化财政体制改革，提高财政管理水平；市政府应依法行政、加强土地管理；市政府应进一步加强民生工程和重点工程建设，规范管理；市政府应加大节能减排工作力度，完善环境保护政策措施。

第二节　地方党政部门、事业单位、人民团体领导干部经济责任审计

2000年6月，省审计厅对省政府驻深圳办事处原主任郑某某离任经济责任进行审计。审计结果表明：郑某某1995年5月至2000年4月担任省政府驻深圳办事处（以下简称深办）主任职务期间，在省委、省政府的正确领导下，深圳办为江西省的改革开放和经济建设服务，发挥了"窗口"和"桥梁"作用。多次协助省直有关部门组织完成大型的招商引资活动，加强信息调研工作，为省政府领导和有关部门决策提供有效服务。审计发现的问题主要是：（一）郑某某任期内，深办财务对债权、债务进行过多次清理，特别是追回了前任遗留下的万华公司非正常借款10万元。至其离任时，账面反映的债权、债务均比较真实，其他问题是：1.恢复春华公司所投入的10万元，鉴于公司已无法运作，不仅没有取得投资收益，资本金也无法收回，客观上已给驻深办造成无法弥补的损失。2.其他应付款待结款项中，华赣公司转让明江公司竹木部股份款18万，收车款16万，一直未能明确处理办法。3."其他应收款""其他应付款"科目部分户头余额未按财会制度规定转作收入或冲减以前年度结余赤字。（二）物业租赁收入缴纳有关税款不足额，存在逃税问题。（三）1998年深办下属鼎力公司以个人名义在证券公司开户，动用资金47万元炒作股票。（四）清理处理代管的原华赣公司遗留股票后，未及时将回笼资金102.9万元收回。（五）原会计张某某在1994年8月至1995年10月间利用代管华赣公司股票账户之机，窃取公款12.6万元。（六）文锦花园七号楼一套82平方米的住房（价款6.86万元）属深办资产，但其租金收入却归招待所收取，不符合财务规定。审计建议：深圳办应及时清理对外债权债务，规范税收清缴及财务管理。

2002年10月，省审计厅对南昌市审计局（以下简称市审计局）原局长袁某某离任经济责任进行审计。审计结果表明：袁某某1992年6月至2002年6月担任市审计局局长职务期间，该局提供的会计资料所反映的财务收支状况基本真实，财政预算收支活动基本符合财经法规，预算资金的管

理及使用情况较好；国有资产得到保全和扩大；内部控制制度健全、有效。审计发现的问题主要是：（一）经南昌市政府领导批准，同意将1993年至1995年审计收缴的违纪款项，返还留用于市审计局培训中心大楼建设，但在使用该款项之前，未到财政部门办理必要的手续。（二）1993年至1997年，将审计应进收缴专户中部分款项转存银行定期存款，违反财政资金管理方面的规定。（三）1993年，将100万元入股宏光信用社，有18万元未收回。（四）1997年，在基建支出中列支购买电脑设备费11.89万元，未按《行政事业单位会计制度》的规定，增加固定资产和固定基金；1998年在基建支出中列支职工养老保险费41.87万元。（五）向已脱钩的原下属审计事务所，收回1998年借款50万元等价值的小汽车一辆，未作增加固定资产和固定基金的账务处理。（六）于1993、1994、2001年，将总数为22.04万元县、区审计局收缴的违纪款，从审计专户直接转到经费账上使用。审计建议：市审计局应对存在的问题引起重视，采取措施，尽快进行整改；对所属的债权应尽快清理和收回，避免损失；应加强会计基础工作，严格按照行政机关会计制度的规定，对财政财务收支进行正确的账务处理，严格执行财经纪律。

是年11月，省审计厅对上饶市审计局（以下简称市审计局）原局长贺某某任期经济责任进行审计。审计结果表明：贺某某1998年至2002年6月担任市审计局局长职务期间，该局提供的会计资料所反映的财务收支状况基本真实，财政预算收支活动基本符合财经法规，预算资金的管理及使用情况较好；国有资产得到保全和扩大；内部控制制度健全、有效。审计发现的问题主要是：（一）会计科目设置不规范，收支结余在"收入"账中反映，购置固定资产未登记"固定资产"账。（二）1998年至2001年审计收缴的违纪款350.08万元未进行专户储存、使用。（三）局综合大楼与职工住宅楼土地使用面积，未进行合理划分，土地使用权不清。审计建议：市审计局应对存在的主要问题引起重视，采取措施，尽快进行整改；应加强会计基础工作，严格按行政机关会计制度规定，对财政财务收支进行账务处理；严格执行财经纪律。

是年12月，省审计厅对抚州市审计局（以下简称市审计局）原局长张某某任期经济责任进行审计。审计结果表明：张某某1993年3月至2002年8月担任市审计局局长职务期间，该局注重机关两项文明建设和建立健全25项规章制度，连续八次荣获省级文明单位称号，在领导干部任期经济责任审计及经济责任审计机构的健全等方面，走在全省前列；国有资产得到保全和扩大；市审计局财政财务收支基本真实。审计发现的问题主要是：（一）2001年9月，将东乡县财政局上缴的审计查出违纪款4万元，汇入市审计局机关财务账上，作"其他收入"入账，未按规定缴交审计专户。（二）在局机关经费中，违规列支应由原局长张某某个人支付的医药费900元。（三）2000年，在局机关经费中，违规报销非本单位工作人员王某某往返广州的差旅费1300元。（四）发票报销手续不完备，有些报账单无经办人或证明人签字（如2001年5月31日支付电脑安装、配件及建局机关局域网费用14.78万元，只有局长张某某个人的签字）。（五）市审计培训中心的招租及市审计局店面的出租，未按规定进行招投标。（六）局办公楼及招待所房屋装修工程未对外招投标，且超预算。（七）批量采购电脑及建局机关局域网未履行政府采购程序，且局域网至2002年末也未开通运行，其承建商南昌擎天高科技有限公司有关人员无法联系，公司地址不详，致使局域网投资损失严重。（八）2001年9月至2002年2月，将收取的店面租金、水电费及押金等资金，未纳入局机关财务账反映，而是存放在以个人开设的储蓄存折上。（九）审计专户资金未严格按规定缴交财政，存在坐支现象。针对存在的问题，审计建议：抚州市审计局应严格执行审计收缴金额实行收支两条线规定，加强机关财务管理，杜绝审计专户资金坐支现象。

2004年3月，省审计厅对宜春市审计局（以下简称市审计局）原局长辛某某任职期间经济责任进行审计。审计结果表明：辛某某2000年11月至2003年11月担任市审计局局长职务期间，该局提供的会计资料所反映的财务收支状况基本真实，财政预算收支活动基本符合财经法规，预算资金的管理及使用情况较好；国有资产得到保全和扩大；内部控制制度健全、有效。审计发现的问题主要是：（一）购买计算机、汽车等总计131.41万元固定资产未履行政府采购程序。（二）2003年11月，市审计培训中心开业收取外单位资金合计16.22万元，12月将该款购买了笔记本电脑。（三）在基建支出中违规提取和支付大额资金。（四）预收江西润田天然饮料食品有限公司承租市审计培训大楼和招待所部分楼层3年的承包租赁费299.4万元，未向税务部门清缴税金。（五）2001年，将以前年度虚列的经费支出6万元，继续挂"暂存款"账上。审计建议：市审计局应高度重视，采取有效措施，对存在的主要问题尽快进行整改；严格执行行政机关会计制度和"收支两条线"规定；加强基建投资规模控制，加强专项资金的使用管理，严格执行财经纪律，使会计资料真实、完整、合法地反映本单位财务状况。

是年3月，省审计厅对宜春市商业总会办公室原主任谢某某任期经济责任进行审计。审计结果表明：谢某某1994年6月至2003年12月担任宜春市商业总会办公室主任职务期间，在加强机关队伍及制度建设、强化商业管理力度、搞好商业体制改革等方面取得一定成效，连年被省商业厅评为先进单位；预算执行及其他财政收支基本合规。审计发现的问题主要是：（一）市商业总会办公室1995年、1997年均以水电费名义向独立核算的下属单位收取费用合计22.42万元，用于弥补本机关行政经费不足。（二）预算外资金未纳入机关大账统一管理，存在自收自支行为。诸如：1.以前年度利息滚存余额3.58万元，挂"应付福利费"科目；2.累计收取店面租金28.93万元，主要用于弥补行政经费不足及发放职工福利；3.2002年以前收取资料费合计9.28万元，直接列支费用；4.店面租金收支均使用现金（2002年末余额1.11万元），未通过银行账户核算；5.2001年在其他业务支出中，列支应由职工个人支付的个人所得税0.23万元；6.市商业总会办公室将下属燃料公司土地使用权转让款102万元，存放在以单位职工个人开设的储蓄存折上，违反财务管理规定。（三）会计基础工作不够规范，有些现金日记账摘要栏为空白；有些账务处理不恰当不准确。审计建议：市商业总会办公室应加强对财务收支的监督、管理和会计基础工作，及时清理长期挂账，管好用好国有资产；加强预算外资金管理，严格执行"收支两条线"规定；加强现金管理，严格现金的提取及使用，杜绝公款私存行为。

是年5—6月，省审计厅对省强制戒毒劳教所所长周某某履行经济责任情况进行审计。审计发现的问题主要是：（一）2002年至2003年8月，违规收取劳教人员强制戒毒费合计78.2万元。（二）2002年，违规收取劳教人员家属接见费、劳教人员医疗费和体检费合计5.34万元。（三）以职工个人（杨某某）名义开设三个活期存折，用于存放该所对外加工货款。（四）2002年，现金上缴40万元给省劳教局机关接待站用于消费，占用生产资金。（五）创收用于干警福利，事业投入不够。

（六）内部商店购进货物单据不合规（2002 年至 2004 年 3 月，购进商品总额 127 万元中，以白条或收款收据报账的金额达 80.14 万元），销售核算程序不健全，销售利润过大（2002 年至 2004 年 3 月，销售收入 212.83 万元，销售成本 126.26 万元，销售利润 86.57 万元）。（七）劳教人员和干警食堂承包经营不完善。2002 年 3 月至 2003 年 8 月，与文某某签订食堂承包经营合同，只有收取管理费事项。（八）2003 年购进一辆 19.28 万元的救护车，未履行政府采购手续。（九）少缴国家税费 63 万元（对外加工收入应缴增值税及附加 35.26 万元；2002 年、2003 年未代扣代缴职工个人所得税合计 27.74 万元）。（十）财务信息不准确（2002 年至 2004 年 3 月购进固定资产合计 93.69 万元未列入固定资产科目；2002 年除上报的财务报表反映的收支外，另设所部生产账和康复中心等账中还有收入 505 万元、支出 460 万元、结余 45 万元）。（十一）违规保存大额度现金（2004 年 3 月底零用钱账现金余额 29.91 万元、生产账现金余额 21.05 万元、其他账现金余额 17.43 万元）。审计建议：省戒毒劳教所应加强财务管理，杜绝公款私存，规范承包经营合同，严格执行政府采购规定。

是年 5—6 月，省审计厅对江西司法警官职业学院原党委书记、院长白某某任职期间经济责任情况进行审计。审计发现的问题主要是：（一）2004 年 5 月至 9 月，收取学生学习课程重修费 36.46 万元，其收支未纳入学院财务统一核算。（二）2003 年，未经省物价部门审批，收取学生杂费、服装费和散打器具费合计 304.95 万元，且未将此款项纳入省财政专户。（三）2003 年，教材科共收购买图书折扣款 21.9 万元，未作其他收入，挂"其他应付款"科目，并从中坐支 14.71 万元。（四）截至 2014 年 3 月底，教职工个人向学校预借参加成人学历教育或研究生学习的学费合计 67.19 万元，挂往来应收款账，与学校"个人先预付后报销"的规定不符。（五）2000 年 10 月，仅以一张收款收据列支 3.5 万元，用于冲减已拆除的煤气库年初账面余额。（六）截至 2014 年 3 月底，不仅承担了 60 套教职工宿舍的建设资金利息，而且支付了应由职工支付的契税 15.58 万元。（七）教学楼一、二期工程实际建筑总面积超规划 2456.62 平方米、已完投资超概算 284.8 万元；1 至 6 号学生宿舍建筑总面积超规模 1934.04 平方米、已完投资超计划 478 万元。（八）教学楼二期工程未通过公开招标选择施工单位，而是采取签订补充协议的续标方式，由一期工程中标单位施工，且补充协议中还有违规要求施工单位垫资建设的条款。（九）截至 2003 年末，挪用事业经费和行政性收费 420 万元、挪用省司法厅行政经费 680 万元，用于基建工程。此外，2001 年至 2003 年建设的风雨球场、大棚食堂、文化广场、训练场、一期二期供电改造和路灯铺设等工程，均在学院事业经费中列支。（十）大部分已完工并交付使用的工程，未按规进行竣工决算审计和增加固定资产账面价值。审计建议：江西司法警官学院应严格履行收支两条线财务规定，禁止将行政经费挪作他用。

是年 6 月，省审计厅对省洪都监狱监狱长罗某某履行经济责任情况进行审计。审计发现的问题主要是：（一）1999 年 10 月至 2004 年 3 月，违规收取过桥费用于维修费、人员奖金等支出，账面余额仍有 84.76 万元。（二）2001 年 12 月、2002 年 9 月和 2004 年 1 月，从内部银行共计转账 500 万元借给省监狱管理局机关后勤中心建局职工宿舍，占用企业生产资金。（三）1999 年 10 月至 2003 年末，少缴国家税费共计 54.14 万元，其中：对外加工和制衣厂业务增值税及附加合计 39.67 万元；借款利息收入、货车和招待所等房屋租赁收入应纳营业税及附加合计 14.47 万元。（四）对成朱大桥（工程投资概算 881 万元）和填塘固基建设工程均未公开招标，而是以议标方式选择施工单位。（五）截至 2004 年 3 月，财务账面少反映利润合计 1704.8 万元（013 套账 902.49 万元；内部银行账 749.31 万元；基建大队、五大队和制衣厂账合计 53 万元）。（六）截至 2004 年 3 月，经费收支不真实金额共计 2545.52 万元（将应归还省监狱管理局资金和不能擅自动用的账面结余款项合计 2166.94 万元，作为监企分开试点的地方配套资金；虚列罪犯伙食费 7.5 万元；从维修经费支出中提取罪犯床铺费 119.09 万元挂暂存款科目；收取罪犯发证费和标志服款项 6.22 万元挂往来账；2001 年列支但在以后年度使用的专项经费 245.77 万元）。（七）企业财务汇总报表不规范，造成财务信息不准确（2000 年至 2003 年场内银行借、存款差额和内部往来借、贷款差额未全部抵销；内部销售收入存在重复计算，如五大队销售收入中含自产自用饲料款合计 1150 元；2003 年十六大队会计报表中重复计算机械作业收入和成本各 117.09 万元）。（八）财务管理不严格，会计核算不规范（2000 年至 2003 年省洪都监狱内商店购进物资 977.49 万元中有 675.82 万元使用非正式发票报账；五大队 2003 年营业外收支数与会计报表数不一致；五大队 2000 年建造拱形屋面猪棚的承包人未开具收取工程价款 26.78 万元的建筑发票；八大队 2002 年、2003 年未经场部同意对外销售稻谷取得现金收入 18.12 万元；制衣厂在管理费中列支该单位领导手机话费 0.55 万元，其中以领条报账 0.1 万元；2003 年制衣厂购入固定资产以收款收据及供货单位发货单入账；南昌办事处 2000 年、2001 年为场部购进玉米等原料以大量白条入账；2001 年至 2003 年从内部银行账列支外单位费用且较多票据不合规）。审计建议：省洪都监狱应加强财务人员业务知识教育，严格按财务管理规定履行财务职责，严格执行国家税收政策。

是年 6—7 月初，省审计厅对省监狱管理局党委书记曾某某、局长杜某某任职期间经济责任情况进行审计。审计发现的问题主要是：（一）1999 年列支的局职工人寿保险费 20 万元，下年度人寿保险公司将此款转回省监狱管理局食堂账户，用于发放干部福利。（二）1997 年 12 月至 2002 年 7 月（省监狱管理局驻京办事处开办至基本停止工作期间），省司法厅、省监狱管理局、省劳动教养管理等单位，违规拨付省监狱管理局驻京办事处财政资金合计 467 万元，且省监狱管理局从未对驻京办资金使用进行过检查，致使财务管理失控。诸如驻京办各项支出及个人借款全部为现金结算（原驻京办主任 4 年多时间发生现金借款累计 381.06 万元）；所有的费用报销单只需原驻京办主任签字即可，且绝大部分开支的经办人、审批人均为原驻京办主任（1999、2000 年均仅凭一张机动车辆销售发票，就由其本人经办并签字报销购奥迪车 48.63 万元、购帕萨特车及配件 29.2 万元；2000 年 12 月、2001 年 12 月借给北京市利昌电子经营公司合计 45 万元，均无经办人、证明人，只有借款单位的一张借款说明，该款至驻京办基本停止工作时仍未归还）；从驻京办提供的账面情况表明，驻京办的工作职能基本体现在业务接待，驻京办只有 2 名正式职工，4 年多的工作期间各项开支共计 733.56 万元。（三）2002 年、2003 年集中的全系统劳动补偿费统筹资金收支计划和决算，未按规向省财政厅报批，且违规超范围使用专项资金 200 万元。（四）对建设项目存、贷款资金管理不善（1997 年至 1999 年，将暂时闲置的江西珠山水泥厂建设项目贷款资金，分 3 次在中国银行新建县支行办理协议定期一年存款共计 4610 万元，一、二期年利率均为 10.08%，期满结息年利率均为 7.92%；第三期年利率为 7.02%，期满结息年利率为 5.67%）。（五）截至 2003 年末，568.11 万元专项资金未及时下拨（农业开发有偿、无偿资金合计 30.1 万元、结核病和救灾经费 37.3 万元、其他各项资金合计 500.71 万元）。（六）系统账户的财务数据为单独编制财务报表，也未纳入全省监狱系统年终财务决算报表（截至 2003 年末，局系统账户资产余额 4808.13 万元、负债余额 126.86 万元），（七）截至 2003 年末，系统账户"暂付款"余额达 2102.6 万元未及时清理（已停止经营的建新公司、已撤销的原局供销处和已基本停止工作的驻京办借款合计 266.15 万元，已基本属于呆账；应收局机关账户 234 万元经核对无此往来款项）。（八）2000 年 9 月，20 万元的汇款事由不明（省监狱管理局作为上缴汇款 20 万元给司法部监狱局，但汇款单上收款单位却为该局驻京办在河南的干警接待站）。（九）系统账和机关账将"暂存款"和"经费结余"科目视为支出科目使用，与《监狱财务会计制度》规定不符。对存在的问题，省审计厅逐一提出处理意见或作出处罚决定。对南昌市青山南路 1 号 A、B 两栋 24 层高的干警住宅楼建设项目问题的审计建议：省监狱管理局应采取针对性措施，努力筹措建设资金，尽快归还被占用或挪用的企业发展资金和机关行政经费；按规向省发改委等有关部门补办超规模建设事项手续；另外，应自行向税务部门补缴中小学校舍维修教育费附加 38.56 万元；按建设单位会计制度设置科目进行核算。

是年 7 月，省审计厅对省赣州监狱监狱长万某某履行经济责任情况进行审计。审计发现的问题主要是：（一）仍有犯人保证金余额 30.56 万元，未按规退还。（二）2002 年 5 月、6 月，共将 80 万元借给省监狱管理局机关后勤中心用于该局建职工宿舍，占用企业生产资金。（三）截至 2003 年末，219 个职工（在职 167 人、退休 52 人）全部未参加社会医疗保险，其中 119 人未进入社会企业职工基本养老保险、失业保险（已退休 52 人全未参加）。（四）2001 年至 2004 年 3 月，内部商店购进商品 738.76 万元，均未取得供货方正式发票。（五）1999 年至 2003 年，国债建设项目共计造价 2034.3 万元，未及时办理竣工验收和决算。（六）少缴国家税费 6.84 万元（少缴房产税和营业税及附加合计 1.78 万元；未代扣代缴个人所得税 5.06 万元）。（七）企业财务汇总上报报表存在不规范之处，造成提供的财务信息不准确（2001、2002 年将不应并入企业汇总报表的国债项目收支金额各 1865.84 万元，相应地并入企业汇总报表中的资产总额和负债总额；2001、2002 年外加工业务合计 731.64 万元在光明学校培训中心单独设账核算，未并入企业汇总报表；2001 年下属马钢分厂、水泵分厂的现金 24.56 万元未并入企业汇总报表；2001 年至 2003 年内部银行存款与内部往来未全部抵销、东阳山干警接待站资产负债未并入企业汇总报表；对实行分厂制管理核算不够清晰）。（八）企业 141.58 万元收益反映不够准确（2002 年少报马钢分厂营业利润 60 万元；未与保险公司签订财产保险合同而预提财产保险费 35.02 万元；2001 年至 2003 年预提已核销开行利息和收保证金利息合计 46.56 万元，未冲减财务费用、调增本年利润）。（九）798.54 万元经费收支不真实（2003 年将应归还资金 646.45 万元，虚增为收入、支出；2001—2003 年少反映行政司法经费 62.09 万元；将 2002 年 12 月省监狱管理局拨入的补助经费 80 万元挂往来账未作收入；2003 年 11 月，无支付依据，在监狱警察经费中列支华北电力大学 MBA 教学培训费 10 万元）。审计建议：赣州监狱应将犯人保证金及时退回，欠交的建设项目税收应补交，所属企业财务应并入总账统一管理，拨入的财政经费应作收入入账。

是年 7 月，省审计厅对省水利厅厅长孙某某任中经济责任进行审计。审计结果表明：孙某某自 2003 年 2 月 28 日担任省水利厅厅长职务以来，注重依法行政和制度建设。从水利工作实际出发，制定和完善了计划、财务、审计等一系列内控管理制度，会计核算比较规范，预算外资金管理和"收支两条线"执行较好，预算批复及时，预算执行总体情况比较规范。审计发现的问题主要是：（一）水利工程进展缓慢（计划于 2003 年全面竣工的鄱阳湖二期防洪工程项目，截至 2003 年末，累计完成计划的 69.5%，截至 2004 年 6 月末，累计完成计划的 91.3%；计划于 2004 年完工的赣抚大堤和河湖疏浚工程，截至 2004 年 6 月末，分别累计完成计划的 67.2%、27.4%）、财务决算迟迟未办（鄱阳湖治理一期和长江干堤等建设工程项目早已竣工，但截至 2004 年 7 月底财务决算仍未办理），基本建设资金结余较大（2003 年末结余 98308.27 万元；2004 年 6 月末结余 91328.51 万元）。（二）省防汛调度指挥中心大楼建设项目，存在自筹资金不到位 1508.99 万元、占用赣抚大堤项目资金 200 万元和实际投资将超概算（在内装修、弱电等工程未实施及主材涨价未考虑的情况下，工程投资就达 5197.2 万元，占总概算 5243.79 万元的 99.11%）的问题。（三）支农资金账户违规借出 100 万元给厅机关后勤服务中心，用于全厅职工管道燃气工程安装。（四）部分行政执法工作不够到位。多年来，省水利厅对五河（赣江、信江、抚河、饶河、修河）干流及鄱阳湖等省管河道的采砂审批、发证、收费等征管工作，采取逐级委托水行政主管部门代管情况严重；对全省各地工业园区、城市新区的水土保持工作指导不力，大部分"两区"未编制水土保持方案；对征收省级水资源费和水土保持设施补偿费的力度不够，欠缴比例大。如 2003 年，丰城电厂、萍乡电厂、东津电厂、鹰潭市自来水公司等 4 家取水户欠交水资源费 258 万元，占应缴款项的 42.93%；截至 2004 年 7 月底，江西梨温高速公路等 8 个工程项目的建设单位欠交水土保持设施补偿费 501.11 万元。（五）财务核算、财务管理存在不够规范事项。诸如省水利厅所属省河湖局对赣禹公司注资 600 万元占 55% 股份这一重大投资事项未在财务报表中反映；省水利厅机关会议费列支无会议预、决算附件。对于上述主要问题，省审计厅逐一提出了处理意见。审计建议：对长江干堤除险加固项目的结余资金，省水利厅应积极商请有关部门按财政部《基本建设财务管理规定》进行管理使用；对省河湖局在鄱阳湖治理一期工程项目中购入的 126.25 万元交通设备和 300 万元防汛指挥艇、鄱阳湖二期防洪工程项目中购入的 298.44 万元五艘起锚艇、2002 年 5 月中国水利投资公司拨入的 4880 万元五艘挖泥船等固定资产管理职责不清、移交手续不全等问题，省水利厅应抓紧组织专门力量，建立和完善资产验收、登记、保管、领用、移交等管理制度，明确产权关系、使用职责，以确保国有资产保值增值。

是年 7—8 月初，省审计厅对省直工委党校原常务副校长邓某某任期经济责任履行情况进行审计。审计结果表明：邓某某 1999 年元月至 2004 年 6 月担任省直工委党校常务副校长职务期间，为了加强党建教学基地建设，改善教学条件，积极筹集建设资金，建成学员综合楼和食堂项目，使教学设施初具规模；在建设项目的报批、勘察、设计、施工队伍的选择、工程监理、工程核算和结算等方面，基本上能够按基建程序和基建管理规定办事；财政预决算收支活动基本符合财经法规，财务收支状况基本真实，预算外资金的管理及使用由不规范到基本规范；国有资产得到保全和扩大；内控制度健全、有效。审计发现的问题主要是：（一）预算外收入管理不够规范。培训收费事项（2002年以前省直工委党校青干班、处干班培训收费、一直以来党建班的培训收费、1999 年函授部收取的试读费）未办理收费许可证，培训收入 151.44 万元（1999 年和 2000 年青干班、处干班的培训收入 27.69 万元，1999 年至 2003 年党建班的培训收入 9.21 万元、函授部的学费收入 114.54 万元）未缴入财政预算外专户。（二）建设项目超概算。学员综合楼项目实际投资 671.19 万元，超概算 271.19 万元；学校食堂项目实际投资 157.98 万元，超概算 57.98 万元。（三）2003 年省直工委党校工会账上反映，《党的基本知识新编》销售收入 11.18 万元，未缴增值税 0.67 万元。（四）省直工委党校使用预算外资金购置办公设备（电脑、打印机、空调等设备）未履行政府采购程序。（五）1999 年至 2003 年干部培训和函授部的教材发行费收入 6.35 万元，未列入省直工委党校财务账，经校务会讨论后直接发放给全校在职员工。（六）省直工委党校基建账设置使用科目不全，未能及时、清晰地反映投资完成情况（未设置使用"建筑安装工程投资"和"设备投资"等科目，而是用"预付工程款"和"待摊投资"科目来反映投资完成情况）；已办理竣工决算的工程项目，未办理交付使用资产的移交手续。审计建议：省直工委党校应加强财务管理，函授部的学费收入应纳入财政预算外管理，购置学校办公设备应履行政府采购手续。

2005 年 4 月，省审计厅对省农业厅厅长毛某某任职期间财政财务收支情况进行审计。审计结果表明：毛某某自 2003 年 2 月 28 日担任省农业厅厅长职务以来，在争取农业投入、健全财务制度、推进财务改革、优化支出结构、规范会计核算、加强资金监管等方面，组织开展卓有成效的工作；省农业厅在预算执行的约束性、财务管理的健全性、会计核算的规范性、资金使用的有效性等方面有较大的进步。审计发现的问题主要是：（一）省农业厅从直属的 8 个企事业单位违规调集资金 115.6 万元，用于弥补购置 5 辆本田小汽车的资金缺口；厅有关处、局挤占农业部安排的专项资金 82.7 万元，购买 3 辆别克和 1 辆帕萨特小汽车。（二）未经省物价局批准，擅自收取 5498 张"绿色通行证"工本费 4.4 万元（8 元/本），并从中列支 1.48 万元，结余 2.92 万元。（三）预算编制和执行不够规范。预算内专项未编制详细的资金拨付和使用计划，难以考核每个项目的预算执行情况和实施效果；预算外资金管理过于分散，未完全把本级事业经费和项目经费的计划分配权统一归口到厅财务部门，而是以各处（室、局）为单位包干管理，不利于强化监管和分项核算。（四）基建资金拨付不及时，在一定程度上影响项目的建设进度。截至 2004 年底，拨款累计结转资金 1632 万元，其中以前年度结转资金 2031 万元。（五）挤占事业经费 131.15 万元，用于组织 43 人次出国考察学习。审计建议：省农业厅应严格预算执行管理，禁止挪用行政经费用于出国考察开支。

是年 5—6 月，省审计厅对省人口和计划生育委员会主任文某某任中经济责任情况进行审计。审计结果表明：文某某自 2003 年 2 月担任省人口和计划生育委员会主任以来，该委员会认真贯彻落实有关方针、政策，为建立和完善江西省人口和计划生育的奖励与社会保障制度，推动计划生育工作的综合治理，促进江西省人口与经济社会协调和可持续发展做了大量卓有成效的工作；省人口和计划生育委员会及所属预算单位能够较好地执行财政、财务、预算管理制度和相关规定，财务反映真实，财务管理水平进一步提高，国有资产管理到位，内控制度健全有效。审计发现的问题主要是：（一）未将《江西人口》《人口之窗》、宣传品、视听栏目所需经费编入省本级财政预算，而是在未取得收费许可证情况下，由该委员会宣传教育中心向设区市、县计划生育委员会收取资料印制工本费（收入全额缴入省财政专户，由省财政调控 10% 至 15% 后，再拨回款项用于劳务费和发行费等支出），增加基层负担。（二）宣传教育中心未采取银行转账方式，向设区市、县计划生育委员会发放《人口之窗》、宣传品、壁报发行费；而是采取开具银行现金支票由经办人提取现金的发放方式，此做法不利于单位财务监管。（三）2003 年 4 月，机关后勤服务中心，在无原始附件的情况下，以现金支付"省计生委往来"7.11 万元，用于发放职工福利。对于上述主要问题，省审计厅逐一提出处理意见。审计建议：改进省级计划生育事业费补助资金的分配方式，明确资金使用范围，规范资金拨款方式，将款项批复落实到具体单位和项目；省人口和计划生育委员会应加大对设区市、县级政府计划生育事业费财政投入落实情况的监督力度，进一步细化考核计算标准。

是年 7 月，省审计厅对宜春市审计局局长谢某某任职期间该局各项经费收支情况进行审计。审计结果表明：谢某某自 2003 年 12 月担任宜春市审计局局长以来，注重机关作风建设和各项内部管理制度的建立健全，积极开展对重点部门、重点领域、重点资金的审计监督；审计执法力度明显加大，仅 2004 年度收缴审计查出的违纪违规金额就达 1678 万元，较上年度增长了 7.1 倍；积极筹集资金用于信息化工程等审计基础设施建设；国有资产得到保全和扩大；提供的会计资料所反映的财务收支基本真实，账务处理比较规范，预算资金的管理使用情况较好，内部控制制度较为健全有效。审计发现的问题主要是：（一）部分费用开支过大（如 2003 年 12 月至 2005 年 6 月，仅小车燃料费、修理费、保险费、养路费四项开支达 44.16 万元）。（二）预收润田公司承租 3 年房屋的承包费 300 万元，其中第一年承租期限已满，未按规将第一年租赁费 99.8 万元转入局行政财务账上作其他收入，也未缴有关税费。（三）审计专户年末余额较大。2004 年末余额达 707.68 万元，缴交不及时，未能做到应缴尽缴市国库。（四）审计培训大楼早于 2003 年 10 月交付使用，至今未办理完竣工决算，超过概算投资也未补办相应的审批手续。审计建议：宜春市审计局应加强审计专户资金管理，及时办理审计培训大楼的竣工决算手续。

2007 年 3 月，省审计厅对萍乡市审计局（以下简称市审计局）原局长丁某某任期经济责任进行审计。审计结果表明：（一）丁某某 1995 年 5 月至 2007 年 2 月担任市审计局局长期间，依法履行审计职责，围绕萍乡市经济工作中心，完成了市委、市政府和省审计厅交办的各项审计工作任务，取得较好成绩。（二）市审计局起草的《关于加强财政财务管理，严肃财经纪律的意见》等五份文件，被市政府批转全市贯彻执行，同时注重审计业务、廉政建设等方面的管理制度建设。（三）市审计局主动取消了审计收入过渡专户，改由市财政局设立专户并纳入市财政直接管理。（四）争取市领导重视和财政部门的支持，较好地解决了市审计局办公用房等基础设施建设、审计信息化建设以及审计工作经费的保障问题。审计发现的问题主要是：（一）新建办公大楼及附属设施（车库、食堂）工程和职工住宅工程超过项目建设规模（建筑面积分别超计划 191.07 平方米、4097.15 平方米；两工程项目投资合计超计划 1393.37 万元），未补办有关手续。（二）新建办公大楼工程、职工住宅工程和绿化工程未分别进行会计核算，致使单项工程的实际投资不明确，公用面积及绿化工程的投资未按规定合理分摊，在工程尚未全面办理竣工决算的情况下，先行办理的职工住宅工程价格认证不符合程序。（三）市审计局鹅湖老办公大楼一层出租经营，属非经营性资产转为经营性资产行为，未履行有关报批程序；出租收入也未完整纳入局机关财务统一管理。（四）市审计局以前年度投资安茶洗煤厂，1996 年作价 10 万元出售，截至 2007 年 2 月底买方尚欠 8.07 万元。审计建议：萍乡市审计局应及时补办新建办公楼相关手续和老办公楼租赁的审批手续，并纳入局机关财务统一管理。

是年 4 月，省审计厅对省老龄工作委员会办公室（以下简称省老龄办）副主任刘某某任期经济责任进行审计。审计结果表明：刘某某 2000 年 1 月至 2006 年 12 月担任省老龄办副主任职务期间，该办财务收支基本真实，会计基础工作较好，政府采购事项程序到位。审计发现的问题主要是：资金结余较大（省老龄办会计报表反映 2006 年末结余资金 91.59 万元，其中：经常性结余 45.97 万元、预算外收入 45.61 万元挂暂存款科目），未合理安排使用，发挥其效益。

是年 5 月，省审计厅对省直属机关工作委员会党校（以下简称省直工委党校）常务副校长袁某任职期间经济责任进行审计。审计结果表明：（一）袁某 2004 年至 2007 年 3 月担任省直工委党校常务副校长职务期间，该校内控制度和财务管理基本合规，财务收支基本真实。（二）省直工委党校在教学资源整合的基础上，较好地开展教学工作，取得较好的社会效益和经济效益；结清基建工程欠款 105.08 万元。审计发现的问题主要是：（一）省直工委党校预算外收入合计 809.53 万元（函授教学学费、资料费等杂项费收入 198.46 万元；场租费、租金、考察费等其他收入 80.13 万元；学员楼收款 515 万元、收重庆大学网院学费分成及场租费 15.94 万元）未纳入省财政"收支两条线"预算管理。（二）接待外省省直工委党校考察的资金运作行为不规范。省直工委党校未与接待考察团队的旅行社签订合同；支付旅行社款项也未通过银行转账，而是由陪同考察的人员通过银行现金支票提现付款给旅行社，再凭旅行社开具的发票结算。审计建议：省直工委党校应将预算外收入的各项资金纳入收支两条线管理。

是年 7—8 月，省审计厅对省政府驻深圳办事处（以下简称驻深圳办）原党组书记、主任潘某某任期经济责任进行审计。审计结果表明：（一）潘某某 2002 年 9 月至 2006 年 8 月担任驻深圳办党组书记、主任期间，围绕省委、省政府中心工作，为宣传江西、推动港澳台赣合作和招商引资入赣，做了大量积极有效工作。（二）注重建章立制强化管理，制定《江西省人民政府驻深圳办事处管理规定和管理制度实施意见》，使管理有章可循，执行有力。（三）为摆脱长期以来政企不分的管理模式和"大锅饭"的经营模式，适时推动下属自收自支事业单位的内部改革，建立行政服务和经营创收的内部管理体制。（四）通过盘活资产，提高物业整体出租效益，改善办公条件，提升了接待水平。（五）会计核算较清晰，财务收支反映较真实；但下属单位内部管理、财务核算薄弱。审计发现的问题主要是：（一）存在需要调账处理和规范财务工作的事项。2003 年和 2004 年驻深圳办收到省政府机关事务管理局和省科技厅汇来筹办旅行社经费和高交会经费合计 20 万元，至 2006 年底该款项仍挂应付款科目（旅行社未开办、高交会仅有小额支出），未按规转作其他收入；2002 年 11 月至 2006 年 3 月，出售汽车 3 辆，变价收入 16.53 万元，挂应付款科目，未按规转作其他收入；2004 年购置电脑 3 台价款 1.67 万元、2006 年购置影印机 1 台价款 0.4 万元，均未作固定资产登记；在年终账上结转结余前，未按核算要求以附件说明的形式，把编制调整记账凭证的依据、理由、金额等列示清楚；出纳违规从事会计制单和记账工作。（二）招待所内部管理薄弱，对外经营的住宿费收入、代办边境证的收费收入使用的票据，基本上为自购的收款收据，也未建立票据购领销手续和制度。住宿费收入的开票人和收款人均为同一个人，财务监督不到前台营业情况。代办边境证收费收入，由业务经办人员每个月一次性现金上缴招待所财务出纳处，出纳开具收到现金的收款收据，会计凭此收据作原始凭证记账，而业务经办人员开具给交款办证人员的收款收据未缴回招待所财务上记账，财务监督不到业务经办人员收款情况。（三）所属深圳市鼎利商贸有限公司财务核算不规范。存在账表不符（如 2006 年 8 月底财务报表和账面反映的货币资金相差 2.68 万元；会计报表中的债权债务明细数据，账面无反映）、财务手续不全（如 2002 年 12 月反映经办人收取房租 0.14 万元未上缴公司，以欠条及情况说明作附件挂"其他应收款"科目）、会计核算资料不全（会计核算未设置总账）、未算出会计科目上下年结转数据、会计核算不明晰。审计建议：驻深圳办应加强对招待所和深圳市鼎利商贸有限公司的管理，建立健全内控制度，严格财经纪律，使用合规票据，完善监督操作流程。

是年 7—8 月，省审计厅对省政府驻江苏办事处（以下简称驻江苏办）原党组书记、主任彭某某任期经济责任进行审计。审计结果表明：（一）彭某某 2000 年至 2007 年 3 月担任驻江苏办党组书记、主任职务期间，较好地履行了省委、省政府赋予的工作职责，完成招商引资、接待服务等项工作任务。（二）内控制度和财务管理基本健全，财务收支反映较真实。审计发现的问题主要是：（一）物业部（代办服务部）和招待所的经营实体收入、门面出租收入等预算外收支未纳入省财政"收支两条线"预算管理。（二）设置多套账，将现金在预算内外账面转来转去，会计核算不够规范。（三）存在通过暂存款和暂付款人为调整财务收支，以达到账表平衡的违规行为。（四）招待所改造工程，无发票做账反映已完成投资。（五）存在购置固定资产未登录实物备查簿、处置和报废旧固定资产未经报批未及时通知财务的问题。审计建议：省政府驻江苏办应加强财务管理，取消过多的账户，严格按财务管理程序处理日常财务活动。

是年 7—8 月，省审计厅对省政府驻北京办事处（以下简称驻京办）原党组书记、主任邵某某任期经济责任进行审计。审计结果表明：（一）邵某某 1997 年 3 月至 2007 年 6 月担任驻京办原党组书记、主任职务期间，贯彻执行党和国家的方针政策，认真履行省委、省政府赋予的工作职责，完成了北京江西大厦项目一期工程的筹建和试营业工作。（二）内控制度和财务规章基本健全，财务收支反映较真实。（三）固定资产的购置、报废和核销事项，依法办理了有关手续。审计发现的问题主要是：（一）往来账未及时清理，账面反映暂存款 276.24 万元、暂付款 86.66 万元。（二）代办服务部（赣都商贸中心）和北京市赣京商贸中心，主要代销一些江西土特产品，其收支情况不够清晰，会计账务处理不够规范。（三）江西建设大厦工程建设费用在新钢报销的 500 万元款项，未按国有建设单位会计制度规定调整账务，真实反映建设资金来源和已完投资。（四）尚未履行申领江西建设大厦工程项目国有土地使用证程序，主要因欠缴北京市国土部门土地出让金所致。（五）部门预算编制不够完整，造成实际支出超过预算收入，历年向财政要求的追加拨款金额大于预算指标。审计建议：省政府驻京办应及时清理过期的往来账款，加强预算编制工作。

2008 年 8 月，省审计厅对鹰潭市审计局（以下简称市审计局）原局长卢某某任期经济责任进行审计。审计结果表明：（一）卢某某 2001 年 7 月至 2008 年 7 月担任市审计局局长职务期间，依法履行审计职责，围绕鹰潭市经济建设大局，圆满完成了市委、市政府和省审计厅交办的各项任务。（二）重视内部管理工作，建立健全了一整套以财务管理为核心的规章制度，并实行了机关内部审计制度。（三）经多方协调，提高审计经费保障水平；完善审计基础设施建设，国有资产得到较大增值。（四）加强了干部培训和审计信息化（"金审工程"）建设，推进了辖区审计机关协调发展。审计发现的问题主要是：（一）市审计局尚未按审计署清理、取消审计专户的有关规定，撤销"审计收缴过渡"专户。（二）与原下属审计事务所资金往来款 6.9 万元至今挂账，未予以清算。（三）财务账上历年累计列支村建扶贫、新农村建设等费用34.5万元，缺乏支付依据，且不符合现行预算管理级次规定。审计建议：鹰潭市审计局应加强审计专户管理，撤销"审计收缴过渡"专户，严格履行预算执行管理的规定。

是年10月，省审计厅对吉安市审计局（以下简称市审计局）原局长李某某任期经济责任进行审计。审计结果表明：（一）李某某1997年9月至2008年9月担任市审计局局长职务期间，紧紧围绕全市经济工作中心，拓宽审计思路，精心确定审计项目，增强审计监督力度。（二）完善审计基础设施，改善审计手段，实施"金审工程"，推动了计算机技术在审计业务中的应用。（三）坚持"三重一大"项目集体决策制度，加强各项规章制度建设，执行"两年一内审"制度；强化法治建设，组织人员汇编上、下两册《审计常用法规》和续集，重视审计资料库建设工作，为审计人员在审计工作中查找法规、资料提供了方便。（四）局机关财务收支基本合规合法，国有资产实现了较大幅度的增值。审计发现的问题主要是：（一）于2002年、2003年收取市青原大道工程指挥部转来的审计业务费29.6万元。此款项虽向市政府申请同意用于弥补审计经费不足和工程审计的奖励，但审计专项补助款未由市财政予以保障，而是由项目单位承担支付。（二）2007年，付井冈山市审计局补助费8万元、付市人大常委会1万元法律服务费，与预算管理级次付款规定不符。（三）2003年，以现金支付有关部门和个人招商引资奖金6.5万元，未见领款单位和个人签字的收据，也与《现金管理暂行条例》有关规定不符。（四）2008年，有1.11万元招待款项（购烟酒等款），未开具正规发票，以收款收据报账。（五）截至2008年9月底，市审计宾馆承包人尚欠承包费19.89万元。（六）2007年2月，"金审工程"和审计培训大楼装修工程建成，但已完投资超概算146.23万元。审计建议：预算级次管理工作不够，应加强；现金管理不规范，应纠正；财务管理不严格，应补课。

是年10月，省审计厅对吉安市统计局（以下简称市统计局）原局长胡某某任期经济责任进行审计。审计结果表明：（一）胡某某2002年9月至2008年9月担任市统计局局长职务期间，依法开展统计工作，注重统计分析服务，大力推进统计制度方法改革，坚持以数据质量为中心，以提高企业调查整体水平为目标，统计工作得到省统计局和市政府的认可；2006年市统计局荣获第一次农业普查全国先进单位称号、首度荣获全省统计工作总评一等奖。（二）重视财务管理工作，构建了比较完善的以制度管钱、管事、管物的财务管理运行机制。（三）经多方协调，提高统计工作经费的保障水平；完善统计基础设施，国有资产得到增值。审计发现的问题主要是：（一）2005年，局财务账上列支青原区统计局开办费1万元、2007年列支新农村建设支持费1万元，与预算管理级次付款规定不符。（二）收合作监测单位市老建办2万元、科技局1万元，挂其他应付款科目不合规。（三）2002年至2007年，收部分财政拨款14.05万元，挂其他应付款科目，直接冲减支出不合规。（四）收取统计培训中心房租25万元未按规缴纳有关税费。（五）2006年市统计大楼已建成交付使用，并办理房产证，但仍未转增固定资产。（六）2005年收省统计局补助款3万元、2006年9月收省统计调查队抽样调查经费2.8万元，均挂其他应付款科目，再下拨使用，未通过收入、拨出经费科目核算。审计建议：加强财会人员的业务知识教育，杜绝常规的财务业务错误。

2009年7月，省审计厅对抚州市审计局（以下简称市审计局）原局长周某某任期经济责任进行审计。审计结果表明：（一）周某某2007年4月至2009年5月担任市审计局局长期间，坚持"依法、程序、质量、文明"的审计要求，围绕全市经济工作中心，服务大局，切实履行审计监督职责。（二）在审计业务工作方面不断开拓创新，连续获得省级文明单位的荣誉，被评为全省审计系统党风廉政建设、公文处理、审计宣传等工作先进单位。（三）建立健全局机关各项规章制度，坚持财务公开和年度财务内部审计制度，财务收支基本合规合法，国有资产实现较大幅度的增值，审计工作经费保障能力大为增强。审计发现的问题主要是：（一）向项目建设单位收取工程预算审核工作经费20.1万元（市廖坊灌区投资有限公司18.1万元、市公路局2万元），与政府投资项目预算审核奖励和外协专家审核工作经费，应由市财政部门在核拨项目经费时代扣拨付的有关规定不符。（二）2009年5月，以现金方式付给乐安县湖坪乡新农村建设费3万元，与《现金管理暂行条例》的有关规定不符。（三）2007年8月，从审计专户列支赞助市交警支队费用35万元；2008年1月，审计专户退市国土资源局土地审计缴款78.62万元、退资溪县财政局天鹤房地产公司74.78万元，以上账务处理行为与《行政事业性收费与罚没收入实行"收支两条线"管理的若干规定》及预算管理的有关规定不符。（四）2008年5月，将省审计厅下拨的外资专项审计经费4.8万元，作冲减"公用支出—协审费"处理，未体现专款专用于外资审计的要求。审计建议：加强财会人员的业务知识和财经法律法规知识教育。

是年7月，省审计厅对抚州市民政局（以下简称市民政局）原局长曾某某任期经济责任进行审计。审计结果表明：（一）曾某某2007年4月至2009年5月担任市民政局局长职务期间，较好地完成了市委、市政府和上级业务部门交办的工作任务，荣获全市民评工作、综合目标考评、信访工作、民生工程、政务公开等10多项先进单位称号。（二）财务收支基本真实、完整，财务管理水平有较大提高。审计发现的问题主要是：（一）以事业费、专项资金合计109.45万元，弥补行政经费不足。1.2007年至2008年，在"民政抚恤费"中开支局机关行政经费41.63万元，拨军转站50万元用于大楼装修。2.2008年在"退役安置费"中开支军休活动经费10.09万元，2009年开支经费2.55万元。3.2009年在"民政管理事务费"中列支2008年全局职工手机费3.62万元，开支军离办车辆费1.56万元，与《民政事业费使用管理办法》有关规定不符。（二）备用金长期存入个人储蓄账户。除在现金科目中长期备用3万元外，还以备用金名义转入出纳个人储蓄账户大额现金（余额6万余元）挂其他应收款科目，与《储蓄管理条例》和《人民币单位存款管理办法》等有关规定不符。（三）收取赞助费共计69.03万元（2007年收取殡葬所赞助费12万元；2007至2008年收取县、区民政局及其他单位赞助费合计42.04万元；在军供站账上反映，收取崇仁县民政局、金溪县民政局等单位赞助费合计14.99万元），主要用于购车和弥补经费不足，违反国务院《关于治理乱收费的决定》。（四）账务处理不规范事项合计56.1万元，1.2007年至2008年，在局经费中列支老年协会等方面费用14.37万元（老年协会费用1.6万元、下属单位服务所人员工资及其他费用11.43万元、借用人员工资1.34万元），与《预算法》和《行政单位财务规则》不符。2.2007年将长期挂账的其他应付款—福利生产周转金15.85万元，冲减局办公楼维修工程支出，与福利生产周转金的有关管理规定不符。3.2008年以0.14万元、0.11万元、0.1万元等不同标准为52名职工虚报差旅费5.88万元，与《行政单位财务规则》和市政府关于规范津补贴发放的有关规定不符。4.军供大楼（喜来登大酒店）2至6层出租经营，属非经营性资产转为经营性资产，未履行向市国有资产管理部门报批的程序，房租收益（按出租合同约定计算，已出租期 2007 年 7 月至 2009 年 5 月应收租金 20 万元）也未完整纳入局机关财务统一管理。（五）大额提取和使用现金（如 2007 年 3 月用现金退省民政印刷厂误汇入款 5.2 万元到市民政局社会科、用现金直接支付军供站大楼装修工程款 4 万元、是年 11 月取现金 15.39 万元未注明用途），与《现金管理暂行条例》等有关规定不符。（六）抚州军供大楼已竣工交付使用，但未见工程决算资料，未及时转增固定资产。审计建议：挪用的行政事业经费应归还原渠道，违规的公款私存应纠正，规范财务现金管理。

2010 年 7—9 月，省审计厅对省国防科学技术工业办公室（以下简称省国防工办）主任李某某任中经济责任进行审计。审计结果表明：（一）李某某 2000 年 6 月担任省国防工办主任以来，该办军工经济得到较快发展，军工企业从 2004 年起已连续 6 年盈利。（二）重大武器装备科研生产任务顺利完成，按质、按量、按节点保障了军品供给。（三）重大建设项目进展顺利。通过近两年的努力，大飞机项目和南昌航空工业城建设项目取得重大突破。（四）争取到政策和资金，改革脱困取得明显成效。争取到国家三线调迁、出口退税、政策性破产和债转股等项有利于改革的政策，累计争取国拨资金 960000 万元。在改制的同时，通过设立军工资产公司资本运作平台，重新整合省属军工有效资产，建立现代企业制度。连续八年受国防科工委（局）、中国人民解放军总装备部通报表扬。先后获得全国军工改革脱困工作先进单位、全国政务公开先进单位等荣誉称号。审计发现的问题主要是：（一）企业改制专项资金 11491.5 万元未专款专用，用于垫付所属单位经营资金等项支出〔垫付所属单位经营资金 10626 万元、支付所属 3 家单位资产（含土地）拍卖过程中失误造成的诉讼赔偿损失款项 789.5 万元、支付退休厂级干部生活困难补助费等 76 万元〕。（二）所属军工资产公司 2009 年 9 月至 2010 年 7 月，通过买卖股票、打新股、购买封闭型基金等二级市场，盈利 4814 万元弥补企业改制资金不足，截至 2010 年 7 月 20 日，军工资产公司证券账户余额 3075.38 万元，账面基金浮动盈利 189 万元。上述资金运作行为违反省国资委《关于严格限制进行股票、期货和委托理财等高风险投资紧急通知》的规定。（三）机关后勤中心另开设账号、建立两套账，核算房屋出租等收入、支出，未按规纳入机关收支预算管理。1.2005 年至 2009 年，建立两套账核算房屋出租等收入、支出，个别支出无领导签字、无收款人经办人签字和以白条领现金。2.2006 年至 2008 年，现金收取的军工大厦房产部分租金 111 万元，用于开支留守人员等费用 77 万元，截至 2009 年 4 月底余额 34 万元，收支为账外核算。3.2006 年收到江西鑫安化工有限责任公司分红款 48 万元，坐收坐支，且支出无发票等原始凭证。（四）2007 年至 2009 年，省国防工办专项经费 421.6 万元主要用于弥补工资、福利及对个人和家庭补助支出，未按预算规定的支出用途使用资金。审计建议：进一步加强财务管理工作，真实、完整地反映财务收支全貌，杜绝不规范行为；进一步加强投资管理工作，严控风险，科学论证，谨慎操作，确保经营性国有资产的保值增值。

是年 7—8 月，省审计厅对省体育局局长刘某任中经济责任进行审计。审计结果表明：（一）刘某 2000 年担任省体育局局长职务以来，积极实施《全民健身计划纲要》，全面完成了国家体育总局实施的《全民健身计划第二期工程》第一、第二阶段的发展目标。（二）实施竞技体育发展战略，提升整体实力，并成功申办了第七届全国城市运动会。（三）注重体育产业的发展。10 年来共销售体育彩票 637000 万元，获得体育彩票公益金 103000 万元，为体育事业发展提供了强有力的支持。

（四）积极推进体育设施建设，改善江西省体育事业发展的基本条件，消除了全省体育场地设施"四无县"。（五）制定和修订了23项内部重要经济管理制度，财务管理日渐规范。审计发现的问题主要是：（一）体育产业结构不够合理。省体育局产业的发展过分依赖体育彩票收入和房租收入，两项合计占产业总收入90%以上。（二）省体育局预算编报不细化、预算安排不合规款项合计1065.93万元。1.2009年度对公益金后备力量培训经费460万元、第十一届全运会专款400万元等项目实行"打捆"编报预算，未细化到具体项目和承担单位。2.2007年在体育彩票公益金预算中违规安排省体育局院内生活区维修改造69.42万元，2008年省体育馆挪用体育彩票公益金支付职工宿舍平改坡工程款16.51万元、训练后勤服务中心挪用体育彩票公益金支付局生活区及宿舍屋面维修款120万元。（三）部分建设项目未遵循基本建设程序、投资超概算的款项合计90114.81万元。1.体育馆维修改造工程建设未履行立项批复等程序、高安水上运动基地工程建设未进行招投标、瑶湖水上运动中心建设项目在开工令未下达、施工合同未签订情况下便开工建设、所述三项涉及投资额29717.27万元；省奥林匹克体育中心工程设计深度不够，部分主材指定供应商，二项涉及投资额58344万元。2.3个建设项目超预算2053.54万元（省体育馆维修项目超预算663.35万元、外田径场改建工程超预算1219.19万元、省体育局湾里综合训练馆工程超预算171万元）。审计建议：省体育局应进一步完善内控制度，加强对所属协会（含学会）的财务管理，对所属有关单位的财务收支实行统一核算集中管理，以更安全有效的管理和使用国家专项资金；应加强项目建设统一管理，加大项目监督管理专业人员的培训力度，完善建设项目前期工作，规范招投标行为，严格建设项目管理；应加强资产管理，规范租赁合同，防止国有资产流失和损失浪费；应在认真调研的基础上，制定江西体育产业发展的中长期规划，培育和壮大所属经济实体，加快体育产业的发展。

是年11月，省审计厅对赣州市审计局（以下简称市审计局）原局长欧某某2002年10月至2009年12月任期（以近三年为主）经济责任进行审计。审计结果表明：（一）欧某某担任市审计局局长期间，坚持"全面审计、突出重点"的工作方针，围绕赣州市经济工作中心，开展审计监督，优化审计职能。（二）注重内控制度建设，制定和修订了16项内部权力运行监督管理制度。（三）国有资产得到了保值增值，局机关经费收支达到平衡。审计发现的问题主要是：（一）预算执行不够严格，行政性支出挤占审计业务费用。（二）年度间存在账表不符的现象，2007年和2008年市审计局利用"暂存款"科目核算收支，影响收支的真实性。审计建议：加强会计基础工作，严格遵守会计核算准则，尽快办理地下停车场的产权，抓紧完成宝申花园工程决算工作。

第三节　国有企业领导干部经济责任审计

1999年6月，省审计厅对省纺织品进出口公司总经理饶某某1996年5月至1999年5月的经济责任情况进行审计。审计结果表明：剔除1996年前产生的沉淀资金所占用利息，三年来，该公司共实现利润637.46万元。任期内国有资产递增343.8万元，实现了国有资产的保值增值。审计发现的问题主要是：公司1996年以前形成的沉淀资金过大，造成企业负担过重，负债率高，超过企业的承受能力，严重制约企业的发展。审计建议：运用法律手段进一步加大清欠力度，同时抓住目前金融机构利率大幅度下调的有利时机，大胆采用各类融资、合作等形式，尽快把公司早期高利率或计算复利的逾期贷款还上，逐步减轻企业负担，促使企业走上良性循环的轨道；强化内控制度，加强财务和审计监督，对每项资金的调动，应进行事前风险预测，事后监督，尽量把风险降低在最低限度；拓展和巩固"拳头"出口商品，提高出口收汇率；截至 1999 年 5 月末已为省直外贸公司提供银行担保合计 16510 万元。对该类担保，必须慎之又慎，以规避担保风险；应定期与下属机构、客户往来进行核对、清理；出现差错，及时纠正、调整，以强化会计基础工作。

2000 年 1 月，省审计厅对桑海企业集团总经理张某某 1997—1999 年任职期间经济责任进行审计。审计结果表明：张某某任职期间，是桑海企业集团经济形势由非常严峻到逐步趋缓和向好的三年，现有的资产得到盘活，经营滑坡的惯性得到有效遏制，特别是 1999 年所属主要骨干企业，经济形势更趋好转。审计发现的问题主要是：张某某任职期间，桑海企业集团剔除合资企业按股份应承担的累计亏损 4396 万元后，新增亏损 15081 万元；销售利润率和资本收益率都是负增长，资本未能实现保值增值。审计建议：抓紧做好对工业企业流动资产潜亏和各种应收应付款项的清理工作；按规冲减有关费用，调增盈利；按规调整资本公积科目中红字反映 7 个独立核算二级单位共计 588.04 万元的会计事项；进一步加强财务管理与监督，如实反映各项财务数据，正确进行各项账务处理，按规对各项资产、负债、损益进行必要的调整。

是年 1 月，省审计厅对省农业生产资料集团公司总经理王某某 1990 年 2 月至 1999 年 12 月的经济责任情况进行审计。审计结果表明：该公司在王某某任期内十年实现利润 10268.2 万元，上缴税金 3529.24 万元，上缴主管部门管理费 2350.16 万元，任期内国有资产增值 604.7 万元，资产增值率为 606.24%。审计发现的问题主要是：（一）固定资产投资项目没有进行竣工决算。（二）公司往来款项巨大，金额达 52139 万元。审计建议：应加强固定资产管理，及时办理工程项目竣工决算；1996 年将国库券利息收入计入工资基金，应予以纠正；增加对外投资决策的科学性，加强对外投资财务管理；增强财务风险意识，继续加强资金清欠工作，降低结算资金占用。1999 年底，公司本部在往来方面占用的资金已达 52139.06 万元，增大了企业的理财费用。公司应增强企业经营的财务风险意识，继续下大力气组织清欠力量对往来款项进行清理，以加快公司经营资金的周转速度，减少结算资金占用。

是年 3 月，省审计厅对江西水泥厂法人代表杨某某 1997 年至 1999 年的任期经济责任情况进行审计。审计结果表明：（一）1997—1999 年江西水泥厂产销量有所增长，经济效益较稳定、较真实。（二）三年上缴税金共计 12172 万元，为江西财政做出了贡献。（三）职工收入稳定，职工福利得到改善。1999 年职工人均收入上万元，创历史最高水平。（四）抓好一号窑技改工程建设，按期完成工程进度。审计发现的问题主要是：长期投资欠规范，投资效果不理想。1.截至 1999 年底，江西水泥厂有大小投资项目 33 个，投资总额 47692.84 万元，占江西水泥厂资产总额的 36%。除通过股份制改造投资 35289.82 万元成立的万年青水泥股份有限公司有投资收益外，其他投资项目在账上均无收益反映。2.江西水泥厂在投资管理和核算方面欠规范，如有的投资项目没有可行性研究报告，投资协议上没有投资额，致使会计核算上债权和投资无法分清。审计建议：应研究市场，做好充分的市场调查研究再确定投资方向，加强投资核算管理。

2001年1月，省审计厅对省农垦集团总公司总经理操某某1997—2001年任职期间经济责任进行审计。审计结果表明：操某某按照职责范围加强领导，为遏制省属农垦经济连年下滑的局面，通过一系列改革措施，局部经济效益有所改善，为农垦企业走出困境打下了一定基础；但由于下属企业经营法人与现代企业的管理要求存在差距，省农垦总公司管理体制不顺，省属农垦企业多年来债务包袱大，社会负担过重，管理水平落后，加上各省属场盲目投资及总公司的管理指导力度有限，这几年仍没有从根本上扭转经济下滑势头。审计发现的问题主要是：（一）2000年底财政拨入专款108万元未及时下拨。（二）1997年至2000年已到期的赣中南项目有偿使用资金367.5万元未归还财政，其中各省属场已还总公司而总公司占用未还财政115.1万元；2000年底基建账上赣中南项目无偿使用资金11万元未拨付项目单位。（三）1997年至2000年，总公司本部债权、债务清欠效果不大，其他应付款、其他应收款合计1410.5万元挂账4年以上。（四）总公司办公室账上1997年以前的老宿舍加层"专项工程支出"19.2万元，在机关事业费中核销。（五）已纳入房改计划的集资房（东湖区文教路289号第4栋）工程结算价款中的129.8万元，应由住房户集资，但房改后仍未到账。审计建议：政府的财政拨款应及时下拨，有偿使用的资金应及时收回，集资房属于个人应交的应及时收缴。

2005年6—8月，根据审计署长沙特派办的统一组织安排，省审计厅对中国移动通信集团公司2004年度财务收支及其原法定代表人张某某任期经济责任——江西移动通信有限责任公司（以下简称省移动公司）2004年度财务收支情况进行审计。审计发现的问题主要是：（一）省移动公司将2004年实现捆绑销售计划预存话费余额29611.53万元转入下年度反映，调减了当年收入和利润。（二）以前年度应缴未缴中央财政邮电附加费2257.34万元、应缴未缴省财政代收代缴用户频率占用费821.57万元。（三）现行资费标准总优惠费用54422万元未在账上反映，由系统直接优惠，超越了向省通信管理局报备的范围；漏缴优惠话费和计划配置费应缴纳的营业税1632万元、员工享受免费话费应缴纳的企业所得税476.19万元、销售折扣9069万元应缴纳的营业税272万元。（四）未按权责发生制、配比原则进行合理分摊成本。如2004年度全省手机补贴事项共计多摊成本12637万元，少缴企业所得税3791万元；手机补贴事项中存在少量非正常业务，如赠送集团客户关键人（及其他赠送等）手机合计1160部，价款185万元；在无清产核查和损失鉴定等原始资料情况下，从"营业外支出"科目违规列支网管和短信扩容在建工程报废731.04万元，少缴企业所得税219.31万元；未经批准改变低值易耗品——备品备件的核算办法，多摊销3113.18万元，少缴2000年至2004年度，违规将资本化利息3273.38万元纳入财务费用核算，少缴企业所得税982.01万元；未将符合融资租赁固定资产界定的1471.23万元租赁设备，作为固定资产核算；列支超支付工资、保险费、住房公积金、教育费附加合计3913万元，少缴企业所得税1173.9万元；多列广告费598.08万元，少缴企业所得税179.43万元；多提坏账准备4868.15万元；无依据提减值准备3197万元。（五）人为调增本年利润16812.3万元。（六）2003年和2004年，在不符合国产设备抵免企业所得税政策情况下，享受抵免企业所得税合计20403万元。（七）2002年和2003年违规报损欠费合计9891万元，少缴企业所得税2967.3万元。（八）各通信枢纽楼漏缴各项建设规费合计1355.96万元（江西通信枢纽楼448.93万元、江西移动红谷滩通信枢纽楼398.66万元、洪城枢纽楼508.37万元）。（九）为职工办理了商业保险，但未将职工取得该笔所得纳入个人应纳税所得中，少缴个人所得税 25.34 万元；转账支付省公司南昌营销中心客户走访费 28.1 万元，以人工开票形式入账，未附任何相关附件；违规摊销两个未竣工项目（江西移动红谷滩通信枢纽楼和移动大楼）土地使用费 158.25 万元，调增管理费用，调减当年利润。（十）公司综合楼少计土地使用面积 395.1 平方米，少分摊购买土地使用权价款 365.72 万元。（十一）洪城枢纽楼项目购置灯具 44.4 万元，违规列入移动网业务成本，调减了当年利润。（十二）2003 年至 2005 年，招标中心出售南昌枢纽楼、江西通信枢纽楼和江西移动红谷滩通信枢纽楼等项目投标标书收入合计 36.5 万元未入账，形成"小金库"。（十三）部分基建项目立项和设计，未履行向中国移动通信集团公司申报审批程序，而是将项目化整为零（每个项目投资规模化为不超过 5000 万元）、越权审批（批复部门基本上为省公司），涉及违规的金额共计 281809 万元；2000 年至 2004 年超过中国移动通信集团公司下达的基建投资计划共计 23354 万元。（十四）在未经中国移动通信集团公司批准立项和下达投资计划的情况下，擅自投资建设建筑面积为 10080 平方米（15 层）的职工住宅楼，并在未经省直机关住房制度改革领导小组办公室批准的情况下，仍按房改政策进行出售。（十五）2004 年末工资总额超支 1418 万元挂账，形成企业潜亏。（十六）2003 年和 2004 年省公司分别支付省通信服务公司人员代管费 1295.44 万元，不符合主辅分离原则，实为向省通信服务公司转移收入。审计建议：省公司应建立经招投标选择聘请中介机构的管理制度，从程序上确保公允性；省公司应健全和完善内部控制制度及管理流程，增强制度执行力，提高国有资产保值增值水平。

2005 年 9—11 月，省审计厅对省纺织集团公司原总经理周某某任职期间经济责任进行审计。审计结果表明：周某某自 1996 年 9 月至 2005 年 7 月担任省纺织集团公司总经理职务期间，该集团公司以建立现代企业制度为目标，不断深化改革，通过经营性资产剥离，主辅分离推进经营机制转换；争取国家政策支持，较好地完成了对缫丝厂政策性破产职工的善后安置工作；抓住"退城进郊"的优惠政策，结合产业升级，完成江西涤纶厂老厂搬迁、扩建新厂的任务，实现上聚酯熔体直纺差别化涤纶长丝项目的技术革新；但总体经济效益较差，国有资本未实现保值。省纺织集团公司新增净亏损 115317.2 万元（不含未确认损失不良资产 4974.4 万元）；1996 年底所有者权益为 54154.5 万元，2005 年 7 月所有者权益审定为 -29488.9 万元（集团公司自报所有者权益为 37287.5 万元）；2005 年 7 月资产负债率为 80.8%，如果考虑到潜亏调整因素，资产负债率则达 101.5%。但每年上缴了国家税金 7000 多万元。审计发现的问题主要是：（一）重大投资项目失败。控股的九江化纤股份公司募集资金项目（年产 2800 吨粘胶连续纺项目）一期工程投入 15000 万元，2000 年底建成投产，产品在国内无销售市场，出口质量又难以达到国际标准，一直处于成本与售价倒挂的窘境，被迫于 2005 年初停产。二期工程建设已完成投资 1016 万元（占预算 13100 万元的 7.7%），由于资金和市场变化，处于停建状态；省纺织集团公司江西化纤化工有限责任公司，2001 年至 2002 年投资建设 10 万吨电石废渣水泥项目和 20 万吨微晶玉石项目，由于技术不过关产能不达标，成本过高，连年亏损。水泥项目出租给福建商人经营，年租金不到 300 万元，截至 2005 年 9 月，承租方反而拖欠江西化纤化工有限责任公司账款 746 万元。微晶玉石项目处于停产状态。（二）低价出售国有资产，造成重大损失。中国信达资产管理公司福州办事处南昌业务部，通过法院起诉追债取得省纺织集团公司所属纺织供销公司（位于南昌市中山路798号）纺织大厦5至8层楼（建筑面积合计3000平方米；纺织大厦尚未办理房产证）的权益，并于2004年3月通过法院拍卖，以270万元总价（900元/平方米）卖出，严重偏离市场行情；纺织供销公司1993年投资设立的江西宝丰房地产开发公司，与南昌洪兴企业公司喻杭合作在深圳布吉镇购地1.5万平方米，投资580万元。合作投资过程中资金全部由纺织供销公司提供，喻杭未出资只是运作，但却分得2004年该地块转让价款的一半即90万元；省纺织集团公司对下属停产（停业）单位的资产处置和账目清理，未建立有效的监督机制，致使国有资产流失。（三）集团公司所属省纺织设计院2002年以来设置"账外账"累计收入2015.5万元，用于发放职工工资、奖金及福利，截至2005年11月，"账外账"收入余额894.9万元。（四）省纺织集团公司下属九江新元公司2005年7月账面所有者权益773.4万元，被违规注册为集体企业性质。（五）省纺织集团公司下属工业企业普遍存在少提或不提固定资产折旧，借款利息和汇兑损失不进当年损益长期挂账，人为调节盈亏。（六）集团公司及下属单位，为了企业资质或融资所需，对江维高科股份有限公司、江西龙鹏特种纤维股份公司、江西服装鞋帽公司、江西纺织设计院注册资本金4915万元，注册后又全额抽回该资金。（七）集团公司内部名义上进行改制重组，"人、财、物"并未真正分离，大股东母体公司大量占用被剥离改制企业的资金。截至2005年7月，九江化纤有限公司被母体公司省纺织集团公司九江化学纤维总厂拖欠款项23200.1万元，2004年被法院判决承担担保债务47053.72万元；江西江维高科股份有限公司被母体公司省纺织集团公司江西化纤化工有限公司拖欠资金5965.7万元。（八）个别部门利用权力和企业违规行为谋取部门利益。省经贸委从1996年前后安排省纺织集团公司江西化纤化工有限公司技改补助资金中，抽回165万元用于本单位基建等事项，江西化纤化工有限公司长期挂应收账款；1996年至1998年，乐平市国税局以减免企业所得税为由，从江西化纤化工有限公司借款130万元用于本单位建办公楼，长期占用未还。审计建议：集团公司的主要任务是面对市场，应多作市场动态研究，以确保公司目标与市场同步；账外账金额巨大，应加强财务管理，防止出现腐败。

是年9—12月，省审计厅对江西稀有稀土金属钨业集团公司原总经理史某某任期经济责任进行审计。审计结果表明：（一）史某某自2000年9月至2005年12月担任江西稀有稀土金属钨业集团公司（以下简称江钨集团）总经理职务期间，江钨集团公司以建立现代企业制度为目标，不断深化改革，实现扭亏为盈。积极争取投资项目及国家扶持政策，加速企业发展；抓住黑钨精矿及其制品行情看好的机遇，扩大生产规模，优化经营模式，提高经济效益；2005年盈利21093.87万元。（二）争取国家政策支持，较好地完成了对资源枯竭矿山破产改制职工的善后安置工作，解决了长期困扰企业的经营机制不灵活、人员负担过重等问题。（三）重视科技项目投资，增强企业发展后劲。史某某任职期间，对重点科技项目的投资累计5000多万元，包括3项国家重点新产品和多项国家项目的开发和推广，并取得较好的经济效益，离子型稀土冶炼技术及设备项目还荣获2000年度国家技术进步二等奖。（四）史某某任职期间，总体经济效益较好，国有资本实现了保值增值，年均上缴国家税金5000多万元。审计发现的问题主要是：（一）江钨集团与中国五矿有色金属股份有限公司合资过程中，存在漏算江钨集团投资价值（江钨集团用于作价投资的仅限于其拥有或控制的下属14家企业的实物资产和部分股东权益）；不包括14家企业的土地使用权、专利权、采矿权和8家破产关闭矿山企业的采矿权等所有未入账的无形资产；但在合资实际操作过程中，却把未评估作价的无形资产无偿转入合资公司、合资方中国五矿有色金属股份有限公司投入的资金未实际应用到合资企业江钨集团有限公司的生产经营中（2004年1月18日，合资企业将中国五矿有色金属股份有限公司投资款中的42000万元人民币存入北京五矿财务公司，至2005年12月存入款余额为38282.29万元人民币）。（二）部分长期投资无法收回（长期投资无法收回的款项198.11万元、浒坑钨矿投资香炉山钨矿损失2905.95万元）。（三）江钨集团江西南方稀土高技术股份有限公司违反《贷款通则》规定，于2002年12月借款1950万元给平顶山贸易广场建设方，且协议利率12.5%高于同期基准利率，多收利息382.9万元。（四）下属矿山企业存在隐瞒当年生产量，用于平衡各年度生产计划任务的情况。画眉坳钨矿，发现2004年4月兴国县检察院查出该单位历年结存账外钨砂180.99吨，并将这些钨砂按成本折价210万元强行收缴，只出具了扣押物资清单，但未出具有关法律结论；兴国县检察院，发现210万元的收缴款被用于该院经侦大楼工程建设。（五）下属矿山企业普遍存在多计或预提费用挂其他应付款，隐瞒利润备作关闭破产和改制所需。浒坑钨矿2005年1月至9月账面调减主营业务收入1589万元、漂塘钨矿2003年及以前年度多列成本费用挂其他应付款累计1861.75万元、铁山垅钨矿2003年12月将部分利润挂内部往来将虚列职工工资和失业保险费挂其他应付款合计1574.48万元。审计建议：市场交易属于竞争性较强的业务，应加强业务知识教育，确保交易不出漏洞。

2006年7月，省审计厅对省石化集团公司总经理邓某某任期经济责任进行审计。审计结果表明：邓某某2001年12月担任省石化集团公司总经理、党委书记、法定代表人并兼任江西昌九化工集团有限公司董事长（法定代表人）职务以来，该集团公司坚决执行省委、省政府有关决策，按照做大做强优势企业、破产改制债务沉重企业、租赁经营分块搞活稳定弱势企业的思路，在招商引资、破产改制、盘活存量资产、开发新产品等方面下功夫，逐步扭转了多半企业停产、半停产的严重亏损状态，尚有部分企业亏损严重；昌九股份、江西电化、化工研究所等经济效益明显提高；全集团的安全生产和企业稳定工作得到加强，产品结构有了新的调整，重要产品的核心竞争力得到提升。审计发现的问题主要是：（一）专项资金管理、使用不合规。2004年至2005年国家财政拨入江西电化精细化工有限责任公司热电联产技改项目国家重点技改国债专项资金792万元，截至2006年7月该项目未实施；2005年省财政拨入赣中化工厂破产清算资金3388.51万元，其中1660万元使用不合规（2006年1月垫付江西轮胎厂职工生活费45万元；2006年4月江西电化职工持股的乐安江化工有限公司借款314万元，用于购置昌九股份有限公司法人股，借期2个月；2006年4月昌九生化股份有限公司借款500万元，借期1个月；2005年7月存1年期定期存款801万元）。2006年6月收省化肥农药工业公司退城进郊出让土地款603.15万元，其中414万元使用不合规（2006年6月转款314万元，用于归还以乐安江化工有限公司名义购置昌九股份有限公司法人股314万元的专项资金；又借款100万元给昌九股份有限公司下属公司新余市昌九新欣化工有限责任公司）。截至2006年6月，以前年度省财政返还省石化集团公司企业所得税（用作企业挖潜改造）资金余额314.79万元，长期滞留，未按规下拨使用。（二）省石化供销总公司房产转让处置不当。2002年3月省石化集团公司总经理办公会议研究同意，将该集团公司所属省石化供销总公司位于南昌市井冈山大道 262 号的 1 栋大楼（共 10 层、建筑总面积 2487.1 平方米），以 280 万元价格协议转让给昌九化工股份有限公司，未履行资产评估和公开拍卖的转让程序。（三）集团公司所属的部分企业亏损严重。2002 年至 2005 年，该集团公司控股的江西昌九化工集团有限公司所属的江氨化学有限责任公司、赣北化工厂和九江化工厂三家企业年度亏损未及时反映，形成企业的潜在亏损累计 76086.9 万元（江氨化学有限公司 3163.76 万元、赣北化工厂 46.27 万元、九江化工厂 72876.88 万元）；江西昌九化工集团有限公司本部账龄在 3 年以上 5 年以内的其他应收款项合计 5711.58 万元。（四）违规占用上市公司资金。截至 2006 年 6 月，江西昌九化工集团有限公司占用上市公司昌九生化股份有限公司资金累计 6106.56 万元。（五）担保形成或有负债。2003 年至 2006 年，省石化集团公司为子公司提供担保金累计 26768 万元，江西昌九化工集团有限公司也为其下属公司提供担保金累计 450 万元，均已形成或有负债。（六）管理不规范。会计制度设计和核算不规范（未计提折旧，企业工资标准也未经有关部门批准，效益工资和奖金、福利、补贴等均自行确定）；法人治理结构尚不完善，未建立起规范的现代企业制度；以资产为纽带的经营监管功能发挥不完全，省政府企业监管部门未对省石化集团公司进行绩效考核，省石化集团公司也未对所属及控股公司进行绩效考核。审计建议：应加强专项资金的管理、使用，使其发挥应有的作用，房产处置应履行规定的拍卖程序，加强企业的现代化制度管理。

是年 10 月，省审计厅对南昌有色冶金设计院原院长陈某某任期经济责任进行审计。审计结果表明：陈某某 2001 年 4 月至 2007 年 5 月担任南昌有色冶金设计院院长期间，该院积极开拓国内市场，生产经营稳步发展，经济效益取得较大增长；人才队伍素质得以提高，自主创新能力有较大增强；更新贯标版本，保证全院质量管理体系运行有效；修改和完善了一系列规章制度，使内部管理工作进一步规范；逐年增加了技术装备投入，工作环境和办公条件得到较大改善；以改制为动力，不断增强企业实力。审计发现的问题主要是：（一）南昌有色冶金设计院投资参股单位中有南昌耐林自动化有限公司、南昌金厦图文制作有限公司、江西三象广告有限公司、江西省科源烟气治理工程有限公司、江西瑞凌建筑工程检测公司、江西省金昌冶金工程科技有限公司等 6 家企业的法人代表均为南昌有色冶金设计院领导，并皆纳入该院年度技术经济责任制考核范围，但这 6 家控股单位的财务报表，从未纳入南昌有色冶金设计院合并财务报表范围（截至 2006 年末，合并财务报表少反映资产 5454.79 万元、负债 3923.21 万元、所有者权益 1531.58 万元；当年少反映主营业务收入 373.94 万元、主营业务利润 78.03 万元、利润总额 351.87 万元、净利润 55.8 万元）。（二）2006 年末江西瑞凌钢结构技术开发有限公司在注销税务登记后，发生难以收回的应收账款 79 万元，不积极催收就会形成坏账。（三）江西瑞凌钢结构技术开发有限公司注销税务登记后，未征求大多数股东意见，先行归还了南昌有色冶金设计院本部及李某某股金，未做好清算完之前所有资金应集中管理的工作。审计建议：理顺投资单位与参股单位的关系，该分开或合并都应规范，加强财务管理，应收账款应及时收回。

2007 年 6—7 月，省审计厅对江西省建工集团公司（以下简称省建工集团公司）原总经理周某某任期经济责任进行审计。审计结果表明：周某某任职期间，对省建工集团公司改革、改制、创新和争取政府优惠政策等方面，做了大量的工作，取得不少成效。审计发现的主要问题：（一）2006

年7月，省建工集团公司与徐某某等人注册成立南昌金程劳务有限公司，注册资本为50万元（省建工集团公司出资18万元，占36%的股份），截至审计日止，该公司未发生任何经济业务，造成投资无效益。（二）长期挂账的其他应收款等债权金额达260.65万元；长期挂账的其他应付款等债务或未清理的金额达150.11万元；总承包部未对固定资产进行过全面盘点，部分固定资产有账无物，上缴管理费的施工项目中存在潜在的债务风险。（三）海外部组织劳务人员出国的业务收入没有使用税务发票，没有计缴相关税金；反映海外项目财务收支的资料，只有财务报表数据，而无账、证资料备查。（四）省工业设备安装公司退城近郊项目建设中，存在南昌市财政返还改制资金及省建工集团公司逐级下拨专项资金进度缓慢，购地款已付，发票未索取南昌县国土资源局小蓝工业园分局未颁发该宗土地使用证，项目建设资金严重不足，所征土地近半闲置未开发建设等方面的问题。（五）六个骨干全资子公司5年以上账龄的自营工程应收款项金额达7565.59万元，造成应收工程价款长期收不到的原因较为复杂：有因项目建设单位停建所致；有因建设项目长期未办决算所致；有因建设项目已办决算却长期拖欠所致；有因接受投资方倒闭所致。审计建议：省建工集团公司应注重投资效益，加强财务应收应付账款管理，尽量防止和减少呆死账的发生。

是年10月，省审计厅对江西省冶金集团公司（以下简称省冶金集团公司）原法人代表阎某某任期经济责任进行审计。审计结果表明：阎某某1996年1月至2007年6月担任省冶金集团公司法人代表职务期间，该公司钢铁生产发展速度较快，粗钢产量占全国比重上升；技术进步取得进展，企业装备水平和竞争力大幅提升；具备一定的钢材品种竞争力，中板、厚板、汽车弹簧扁钢、中高压锅炉无缝钢管在全国有较强的竞争优势；发展了循环经济，能源消耗有较大幅度的下降；各项经济指标完成较好，国有资产得到保值增值。审计发现的问题主要是：（一）2006年未经税务部门批准税前列支费用56.98万元（在营业外支出科目中列支赞助彭山锡矿两辆轿车价款38万元，在管理费用科目中列支购赞助电脑款2万元，超标准开支职工教育费16.98万元）。（二）专项资金拨付不到位，财政资金未专款专用，出售国有资产收益未缴入财政专户，且未经批准用于所属单位经费支出。1.截至2007年6月末，公司再就业中心结余以前年度解困款、经济补偿金2024.06万元，未能及时拨付到位。2.截至2007年6月末，公司收到省国税局拨付南钢、新钢债转股企业因停息而增加利润所计算的企业所得税返还4962.85万元，未按规回购金融资产管理公司持有的债转股新公司的股权，以增加债转股原企业的国家资本金。3.2006年，公司违规在乐华锰矿破产费用中列支一次性的奖金补助及其他费用12.88万元；截至2007年6月末，公司本部滞留乐华锰矿破产费用123.82万元。4.截至2007年6月末，公司本部向五矿有色金属股份公司出售国有资产的收益结余744.22万元未上缴省财政；2005年，未经财政部门批准，便将出售国有资产的收益60万元，拨付所属二级单位南昌双港实业服务公司作经费支出。（三）对所属企业提供银行担保、对外投资、不良债权造成巨额损失和潜在风险。1.截至2007年6月末，公司对所属企业提供银行担保形成损失和潜在损失950.95万元。2.截至2007年6月末，公司以前年度投资珠海华泰公司500万元已形成损失。3.截至2007年6月末，公司本部不良债权3898.03万元。审计建议：省冶金集团公司应规范税前列支行为，提高纳税意识；按规定拨付使用财政专项资金，及时发挥其效益；应对已形成损失和潜在损失的投资、担保、不良债权进行清理和按国家规定进行处置，并须完善投资、担保等重大决策机制；应进一步完善财务管理制度，提高会计核算水平。

2008年2—3月，省审计厅对厦门宏发电声有限公司（以下简称厦门宏发公司）总经理郭某某（及管理层）任期经济责任进行审计。审计结果表明：（一）郭某某2001年至2007年担任厦门宏发公司总经理职务期间，该公司抓住中国经济改革开放机遇，把握企业定位，走外向型发展道路，使公司从一家濒临倒闭的工厂发展成为国内电器行业龙头企业。（二）建立了"不断进取，永不满足"的企业文化，具备较强的可持续发展能力。（三）建立了一套完善的管理制度，内控力度较大；信息化建设水平较高，为公司进一步发展奠定了良好基础。（四）2007年，厦门宏发公司与厦门金合捷投资控股有限公司重新组合，解决了利益冲突和公司发展中的最大障碍，有利于加强和改善公司治理环境。（五）资产、产值、营业收入、利润基本上实现了年均20%以上的同步增长，审计发现的问题主要是：对外投资效率和收益不高、近2年母公司产品销售利润率下降。审计建议：厦门宏发公司应进一步完善内部监督体系，加强总部对子公司、分公司的管理、监督和指导；进一步规范关联交易和结算、资产处置、采购管理和股权转让行为。

是年6—7月，省审计厅对江西省电子集团公司（以下简称省电子集团公司）原总经理程某某任期经济责任进行审计。审计结果表明：（一）程某某1997年12月至2008年4月担任省电子集团公司总经理职务期间，该公司积极争取国家有关政策，2001年完成对集团内6家企业的债转股，减轻企业债务负担，奠定了较好的发展基础。（二）省电子集团公司通过资产重组、强强联合，形成了发展主力。（三）集团公司不断深化国有企业改革，有进有退，创造了企业持续发展的条件；在企业兼并重组、政策性破产和关闭过程中，重视人员分流和安置就业工作，维护了社会稳定。审计发现的问题主要是：（一）集团公司所属省电子物资公司多年设置"账外账"，截至2008年6月账外资金结余7.1万元；偷漏房屋租金应缴纳的营业税、房产税，会计核算和支出也不规范。（二）所属江西华声通信集团公司已破产改制，但其留守处借用关联单位"江西创发实业有限公司"银行账号，设置账外账，把企业改制结余资金和处置资产或收回的款项存入其中，并从中列支特别奖金、津贴等，截至2008年5月账外账资金余额341.2万元。（三）所属江西联创电缆科技公司绝大部分销售费用"白条"入账，依据自定的"销售部营业费用提取表"列支套取资金（2007年套取业务费资金达1652.5万元），在销售部设置"小金库"，支付销售人员提成和各种业务费。（四）在二级市场减持联创光电科技股份有限公司（以下简称联创光电）"大小非"股票中，违规委托无股票交易经济资格的南昌嘉俊投资咨询顾问公司抛售股票，支付中介费105.3万元（含股票托管单位江西电线电缆总厂87.3万元；后退回省电子集团公司18万元），并以南昌嘉俊投资咨询顾问公司提供的虚假劳务发票列支。（五）所属江西联创线缆科技公司设立职工持股的吉安和伦实业有限公司，注册资本1087万元，职工间接持有江西联创线缆科技公司5%股权；该职工持股的公司在设立和投资过程中，通过江西联创线缆科技公司向供应商吉安联创金属材料包装有限公司借款300万元，约占上述5%股权中的27.6%比重，违规参与江西联创线缆科技公司的股利分配。（六）所属厦门宏发电声有限公司分拆过程中，大股东涉嫌违规转让厦门宏发公司股份给特定自然人。厦门宏发电声有限公司资产整合、改制并从联创光电分拆启动IPO等工作过程中，回购日本松下持有厦门宏发公司8%股份时，联创光电放弃优先受让权，同意以每股1.9元受让300万股厦门宏发股份给8名所谓流通股东。

（七）所属企业股权对外转让未经过资产评估、备案确认和公开挂牌交易等程序，不符合国有资产有关管理规定。（八）所属联创光电投资非相关产业，未见投资收益，且贷款资金被占用、转让股权未经评估程序。2003年联创光电投资江西联创科技投资公司700万元（占70%股权），一直无投资收益；2005年未经评估转让该投资30%股权；江西联创科技投资公司向银行贷款1000万元，被其他3家股东占用910万元。2002年联创光电投资世纪证券公司1000万元，一直无投资收益。（九）所属联创光电及其子公司,工程项目建设行为不够规范,资产减值等谨慎性原则未能坚持。1.联创光电国家重点技术改造项目（2003年国家下达国债专项资金1440万元）早已完工，但尚未办理工程竣工验收。2.厦门新纪元电子实业公司为少提资产减值准备，随意调整应收账款账龄，2007年以前累计少提坏账准备280万元（该公司若补提坏账准备则资不抵债）。审计建议：电子集团公司应加强财会法治观念教育，理顺财务业务关系，杜绝白条入账现象，严格财务管理。

是年6—7月，省审计厅对江西省纺织集团公司（以下简称省纺织集团公司）原总经理李某某任期经济责任进行审计。审计结果表明：（一）李某某2005年8月至2008年3月担任省纺织集团公司总经理职务期间，该公司正视总体资不抵债的现状，努力抓机遇、谋发展、促改革，初见成效。2006年初通过招商引资，成立江西江维高科股份有限公司（以下简称江维高科）与日本石油器材公司合资的股份制企业，为江维高科建立现代企业制度、应对国际国内市场竞争、争创更大经济效益打下了基础。（二）集团公司在支持效益好的企业发展的同时，积极稳妥地推进亏损停产企业的改制工作，如2007年下半年完成了九化股份的资产重组。（三）集团公司制订57个管理制度，为规范管理发挥了积极作用。审计发现的问题主要是：（一）2005年省纺织集团公司所属进出口公司有一笔进出口业务未做成，但该业务已收取出口退税款10.09万元；截至2008年7月，此退税款仍未缴回税务机关。（二）2002年，所属省丝绸公司，收取上海美新贸易公司配额款101.8万元，截至2008年7月仍挂"其他应收款"科目，未作收入。（三）2007年，所属省丝绸公司，收取天乐宫股份有限公司租金5.07万元，漏缴房产税0.61万元。（四）2005年至2007年，集团公司所属丝绸进出口公司三年可供投资者分配的利润为121.45万元，实际分配的利润为137.7万元，超分配利润16.25万元。（五）集团公司及所属江西龙鹏特种纤维股份有限公司（以下简称江西龙鹏公司）货币资金核算不规范。2005年，集团公司对转存定期存款150万元的经济业务，未进行账务处理；2006年至2007年，江西龙鹏公司把单位资金928万元以个人名义定期存款作银行保证金。（六）截至2008年7月，集团公司为缓解所属企业江西涤纶厂、江西龙鹏公司、江西新龙化纤有限责任公司（以下简称江西新龙公司）的资金压力，经集体研究，累计向上述三家企业借出资金6000余万元（资金来源于江西化纤化工有限责任公司和省纺织集团公司），以期帮助渡过难关，但实际只填补原有的欠账亏损，并未使企业恢复正常生产经营，且加大了集团内其他企业生产经营的资金压力。（七）江西涤纶厂、江西龙鹏公司、江西新龙公司会计核算不合规，提供的会计信息失真。2005年至2007年，上述三家企业共计少转原材料成本13126.07万元（江西涤纶厂1324.6万元、江西龙鹏公司9090.61万元、江西新龙公司2710.86万元），虚增当年利润；在原材料核算上，会计与仓库脱节。如江西龙鹏公司2008年1月暂估入账的乙二醇计价13215.03万元，后附的收料单上只有会计签名，无仓库保管员签字。（八）截至2008年7月，江西龙鹏公司于2005年竣工投产的年产

18万吨聚酯熔体直纺建设项目（截至2008年3月底，账面上反映该项目工程支出达22185.49万元），仍未办理竣工决算，每年少提固定资产折旧1655.04万元。（九）江西涤纶厂、江西龙鹏公司、江西新龙公司机器设备重复抵押担保。截至2008年3月底，上述三家企业以机器设备抵押所担保债权高达113918.22万元，是其固定资产净值的2.82倍，其机器设备原价值只有3.38万元，远远超过机器设备的净值，属严重重复抵押担保。审计建议：省纺织集团公司应将违规收取的出口退税款退回税务机关，调整假投资真补欠的资金账务，理顺公款私存财务关系，规范抵押担保手续。

是年7—8月，省审计厅对江西省医药集团公司（以下简称省医药集团公司）原总经理李某某任期经济责任进行审计。审计结果表明：（一）李某某2000年6月至2008年4月担任省医药集团公司总经理职务期间，该公司生产经营平稳运行，实现了国有资产保值增值。（二）集团公司积极招商引资，盘活存量资产。2001年以来，先后引进资金组建江西南华医药有限公司、赣南海欣药业股份有限公司、天施康中药股份有限公司、药都樟树医药发展有限公司等合资企业，实现了股权结构多元化。（三）集团公司通过出售、兼并、划转、破产等方式推进企业改制。对资不抵债、扭亏无望的赣江制药有限责任公司、萍乡药厂、铜鼓药厂、乐安药厂等生产企业实施破产重组；完成对27家小型制药企业的全部改制和38家商业企业的改制；根据省政府决定，将尚未改制的55家商业企业划转属地管理。（四）集团公司通过加大投入力度，保证生产经营有序进行，如期完成了全部工业企业GMP（药品生产管理规范）改造和92%的商业企业GSP（药品经营质量管理规范）改造。审计发现的问题主要是：（一）江西南华医药有限公司和省医药物流有限责任公司的注册资金不到位。其中：2001年省医药集团公司与上海医药股份有限公司，合作筹建江西南华医药有限公司，自2002年1月运作至2008年8月，因当地有关部门对产权变更的收费标准过高，企业无支付来源和相关银行未能办理资产释放抵押手续，以及少数资产权属证件不完整等多种因素，致使省医药集团公司尚有69处房产证、168处土地使用证，未按约定变更过户至江西南华医药有限公司，按2001年资产评估净值计算，合计2561.23万元，造成事实上的注册资金不到位。（二）2006年，集团公司建成投产的GSP药品仓库项目，截至2007年末，累计亏损92万元，远未达到项目可研报告提出的决策目标。（三）所属江西国药有限责任公司资产虚增，截至2007年末，有账无物的库存商品累计114万元。（四）资产处置行为不合规。1.截至2007年末，省医药集团公司未按规处置江西南华医药有限公司52处非核心资产（涉及金额3863万元）的事项，报省国有资产管理委员会（以下简称省国资委）备案。2.2005年江西国药有限责任公司超批复（即超过报经省国资委批复同意数额）核销固定资产损失1376万元（含已出让土地使用权的账面价值1023万元）。（五）股权回购等事项处理不完善。1.2005年3月，省医药集团公司以协议价7223万元回购华融资产管理公司持有的江西国药有限责任公司53.26%股权（股权价9100万元），并按规定程序变更企业法人，但股权价与协议价差额1877万元未进行股本注册变更，造成股本虚增。2.因南昌市调整土地规划，江西国药有限责任公司已出让的21亩土地（218万元/亩）无法过户至开发商，导致土地出让款4500多万元未能收到，同时也无法及时支付股价款3508万元。（六）部分合资企业经营效益不佳。1.江西南华医药有限公司自2002年1月运作至2007年底，批、零业务盈亏轧抵亏损7387万元（按持股比例计算，省医药集团公司应承担亏损3939万元）。2.截至2008年6月底，长江药业累计亏损3487

万元（按持股比例计算，省医药集团公司应承担亏损 524 万元）。（七）截至 2007 年底，江西南华医药有限公司尚有未归还银行贷款余额 6197 万元，作为提供贷款担保的省医药集团公司存在责任风险。审计建议：江西医药集团公司应严格把控注册资金的真实性，杜绝虚假注册，理顺并规范融资行为，集团公司慎重为下属企业担保。

是年 9 月，省审计厅对华赣企业有限公司（以下简称华赣公司）原董事长、总经理马某某任期经济责任进行审计。审计结果表明：（一）马某某 2000 年 6 月至 2008 年 4 月担任华赣公司董事长、总经理期间，该公司历经亚洲金融风暴的冲击，克服经营困境、努力拓展业务、开源节流；每年都完成了省政府下达的接待服务任务和经营考核目标，维持了公司的稳定并逐步壮大。截至 2008 年 4 月累计盈利消化以前年度潜亏 1424 万港元，取得投资收益 102 万港元，固定资产有所增加（收管东智有限公司购置一间原值为 194.78 万港元的厂房用于出租；构建南昌公司华赣大厦的 8 至 10 楼 2119.6 平方米，构建成本 404.35 万元）。（二）华赣公司积极寻找靠大联强的出路，平稳地解决省内代管公司上百号职工身份置换改制问题，顺利地在华赣公司与投资公司的基础上重组省投资集团公司。审计发现的问题主要是：（一）已收回华赣公司（香港）本部对江西庐山秀峰旅游有限责任公司投资成本 223.89 万港元，反映在华赣公司所属南昌公司账上，未将收回款项调入本部，相应冲减长期投资。（二）华赣公司（香港）本部及刚信贸易有限公司的主要业务是以代理进出口形式代开信用证，实质上是从事信用证担保，未办理反担保手续，存在隐患和风险。（三）1990 年省政府批复同意撤销长期亏损的华赣公司（香港）本部两家子公司（领惠有限公司和东智有限公司），但截至 2008 年 4 月仍未对其进行资产清理，也未办理公司注销手续。（四）华赣公司（香港）本部在无被投资单位的账务清理资料、相关事实证明材料及上报省国有资产管理部门批准核销的文件等情况下，按香港会计师年度审计报告的要求核销以前年度资产损失 1458.54 万港元。（五）截至 2008 年 4 月，华赣公司（香港）本部未按规定对形成企业潜亏的 5 项账龄较长应收账款 819.76 万港元、6 项应付未付账款 288.56 万港元进行清理。审计建议：华赣公司（香港）本部应严格执行会计法，规范账户，真实反映资产、负债及损益；华赣公司（香港）本部及两个子公司，因成立之初不允许国有资金在当地办理商业登记，分别以公司职工马某某、程某、裴某、潘某某个人入股名义办理商业登记；截至 2008 年 9 月，三个公司商业登记性质仍为私人企业；华赣公司原是省政府投资的单位，现是省投资集团公司的下属国有独资企业，应理顺上述三个公司产权关系，执行公司章程，严格遵守《公司法》，防范风险。

第九章　内部审计与社会审计

　　国家审计发展起来之后，按照审计署的部署，前期（1984—2000年），省直和各地、市、县（区）部门、单位的内部审计以及社会审计组织也陆续建立起来，逐步形成了由国家审计、内部审计、社会审计三部分组成的社会主义审计体系；后期（2000年以后），机构体制改革不断深入，各部门、单位的内部审计机构逐渐萎缩，有的与本单位财务部门合署办公，有的与本单位的纪检、监察部门合署办公，还有的单位内审被撤销，其审计监督职能、职责由本单位财务部门取代等。社会审计机构在1999年底，根据全国统一部署，与国家审计机关完全脱钩，走向社会，自谋发展。但1991—2010年期间，内部审计与社会审计为全省社会经济健康发展还是作出了积极贡献。1991—2001年，全省内审机构共审计各类业务173678项，查出违纪违规金额306754万元。1991—1997年，全省社会审计机构共完成审计查证、基建工程预决算、注册资金验证、集体企业财务收支审计、税收、物价检查、教育培训等各种咨询服务委托项目265358项，核减虚报注册资金227971万元，核减工程造价金额50123万元，为委托单位挽回经济损失14175万元，促进委托单位提高经济效益9744万元，为委托单位培训财会、经管等各种人才12157人次。

第一节　内部审计

机构人员及管理

　　机构人员　内部审计工作起步于1984年，根据国务院批转审计署《关于开展审计工作几个问题的请示》精神，省审计局向省人民政府提出《关于建立部门、单位内部审计机构的报告》，获省政府批转，相继各地、市县（区）行政公署和人民政府也都发文要求在当地建立部门、单位内部审计机构。由此，内审工作开始发展起来。1984年底，全省建立内审机构511个，配备专职内审干部813人。1997年，全省内审机构发展到3307个，其中企业857个、金融行业427个、行政部门1151个、事业单位256个、其他单位616个，配有内审人员7553人，其中专职人员4027。2001年，全省建立内部审计机构2331个，配备内审人员4753人。

　　内部审计机构类别：一是在主管企、事业单位的部门或行业性、地区性经济实体、公司内部设立的审计组织，即部门内部审计机构；二是国有大中型企、事业单位及企业集团等组织内部设立的审计组织，即单位内部审计机构；三是省审计局在部分省直单位设置的派出机构，兼具国家审计与内部审计双重职能；四是乡镇审计组织，是农村经济监督的一支重要力量。按其功能本可以归为政府审计，但因没有明确的法律依据，只能根据习惯性管理程序作为部门的内部审计归类管理。

内部审计机构的设置方式：一是单独设立的内审机构。如省直主管部门设审计处、地（市）主管部门设审计科、县（市、区）主管部门设审计股；二是与监察、财会机构合署办公，称监察审计处（科、股），或财会审计处（科、股）；三是在财会机构内设审计组或专职审计员，此类情况多体现在基层单位。

省直及中央驻省单位从 1986 年建有 256 个内审机构，配备内审人员 669 人开始，1991 年内审机构数量达 376 个；1992 年为 377 个；1993 年达 390 个，配备内审人员 1158 人；1994 年和 1995 年，均为 380 个，配备内审人员 1120 人，其中专职人员 1058 人。1997 年，省审计厅对省委办公厅、省人民政府办公厅、省商业厅、省交通厅、省国防科工办、省司法厅、省煤炭厅、省外贸厅、省供销社、省农业厅、省旅游局、省林业厅、省水利厅、省劳动厅、省机械工业厅、省文化厅、省民政厅、省卫生厅、省建设厅、省公安厅、省广播电视厅、省地质矿业厅、省教育委员会、省科学委员会、省体育运动委员会、省粮食局、省乡镇企业局、省新闻出版局、省轻工业厅、庐山管理局等 30 个省直单位设立派出机构，定编 130 人，实有 120 人。到 1997 年底，省直各部门和单位共建立内审机构 376 个，其中专职机构 197 个，配备内审人员 1068 人，其中专职人员 479 人。

各地、市、县（区）从 1986 年建有 1334 个内审机构，配备内审人员 2212 人开始，1991 年，内审机构达 2922 个，配备内审人员 7762 人；1992 年，内审机构达 3242 个，内审人员达 8383 人；1993 年，内审机构 2942 个；1994 年，3105 个；1995 年，3093 个；1996 年，3092 个。1997 年，内审机构达 2931 个，配备内审人员 6485 人。

全省乡镇审计机构从 1984 年初宜春地区万载县黄茅乡首先成立农村财务审计组，聘请 5 名审计人员开展农村财务审计工作开始。1991 年底，全省乡镇审计机构增加到 1069 个，人员增加至 3177 人。1992 年 2 月，省审计局颁发《江西省乡镇审计工作暂行规定》，各地乡镇审计工作迅速发展起来。抚州地区组建乡镇审计机构 168 个；吉安地区建立乡镇审计室所 99 个，配备审计人员 215 人，其中专职 26 人；南昌市建有乡镇审计室、所 135 个，配备专兼职人员 330 人；瑞昌市建有乡镇审计室 6 个，1993 年全省乡镇审计机构已增加到 1200 多个。1997 年，全省建立各种形式的乡镇审计机构 1161 个，配备乡镇审计人员 3001 人，乡镇审计机构主要有三种模式：一是在乡镇人民政府设审计所、站、办等，属于乡镇政府的职能部门，受县审计局和乡镇政府双重领导；二是机构设在乡镇农经站、经委或工业办公室内，一套人员，两块牌子；三是县（市、区）的社会审计组织以及个别地方成立的乡镇审计事务所。三种模式，以第一种为主。

指导管理　1990 年，省审计局成立管理指导处，负责指导内部审计工作，管理社会审计组织，协调派出机构和内部审计部门的审计计划、调查、统计工作，综合反映内部审计、社会审计的工作情况。

1991 年 4 月，省审计局制定《江西省内部审计工作规范暂行办法》（以下简称《暂行办法》）。《暂行办法》对内部审计人员开展审计工作的准备、实施、终结、回访四个阶段均作出详细规范，即实施审计必须要有周密的审计计划、具体的实施方案、充分的审计证据、详细的工作底稿、正确的审计结论和处理意见、精练的审计报告、完整的审计档案等。《暂行办法》的颁布促使江西省内部审计工作步入规范化轨道。

是年3月20日，省审计局在九江召开第一次内审试点单位协作会，有13个内审试点单位参加，着重讨论内部审计工作发展方面和内审工作规范化问题，是年11月，在玉山县召开第二次内审试点单位交流经验协作会，把全省内审工作又向前推进了一步。是年，省审计局还先后举办三种内部审计培训班：一是单位领导、厂长、经理培训班，每期7天，内容包括内审方针、任务和基本理论及方法、典型经验介绍、内部控制评审、审计处理基本原则等；二是内审人员基础知识班，每期10—20天，内容包括内部审计理论、内部财务审计、内部效益审计等；三是内部审计专题（效益审计、承包经营审计）研讨班，每期15—20天，内容包括内部审计概论、专题讲座、典型经验介绍等。

1992年2月，省审计局为加强对农村经济的审计监督，促进乡镇审计的发展，颁发《江西省乡镇审计工作暂行规定》，规定乡（镇）一级政府都要设立独立的乡镇审计机构，名称为某某乡（镇）审计所。乡镇审计机构在乡（镇）长的直接领导下，依照国家的法律、法规和政策以及地方政府的有关规定，对所辖范围内乡级行政、事业单位、乡镇企业、村级集体经济、联合体经济以及其他经济实体财务收支及其经济效益独立行使审计监督职权，对乡（镇）长负责并报告工作。这种构架，体现出乡（镇）一级政府的内部审计机构特色。乡镇审计机构在业务上接受上级国家审计机关的指导和管理。重大项目的审计以及相关问题的处理须报县级国家审计机关备案。国家审计机关可以在本地区范围内组织乡镇审计机构联审和交叉互审。

是年3月，省审计局将审计署《改进内部审计制度增强大中型企业的活力》和《内部审计发展规划》两个文件，转发到全省各审计机关和有关单位内审机构，就如何进一步发挥内部审计在增强大中型企业活力中的作用和加强内部审计工作提出指导意见，要求各内审机构根据企业当前存在的问题，围绕以下几方面积极开展审计工作：一是经营决算审计；二是成本费用审计；三是资金使用效果审计；四是工程预决算审计；五是内部控制系统的评审；六是财务收支审计；七是承包经营责任审计。要求各级国家审计机关重点抓好以下几项工作：健全部门审计机构；实行分类指导；抓好典型，以点带面；组织培训，提高人员素质；建立考核评比制度，表彰先进，鞭策后进。

是年5月，省审计局与江西财经学院联合举办三种内审人员培训班：一是外省审计人员研讨班，每期15天左右；二是乡镇审计师资班，每期15天左右；三是内审人员学习班，每期15天左右。考试合格者，由省审计局发结业证书。截至是年8月，共举办各类学习班20期，培训人数近2000名。

1993年8月，为鼓励先进、推动后进，经过全省11个地、市和省局5个业务处推荐评比，省审计局推荐江西红星企业集团审计处、江铃汽车集团公司审计处、上饶地区粮食局审计科为全国内审先进集体，长征机器厂何念祖、樟树粮油公司周多能、省水利厅徐声龙、修水县供销社吴让益、宜春地区邮电局方宏为全国内部审计工作先进个人，并在是年10月受到审计署的表彰。许多县、市审计局也加强了对本市、县的内部审计工作考核工作，开展内审先进单位和先进个人的评比活动。

1994年9月，为推动财政金融系统内部审计工作，省审计局制订《江西省省级财税金融保险内部审计工作考核暂行办法》。考核对象为省级财税金融保险部门的内审机构；考核内容主要是审计项目的选择、审计项目的数量、审计质量、审计效果等；考核办法，先由各内审机构自评，省审计局根据自评、考核和抽查情况计分排序，确定年度内审工作先进单位和单项优胜单位，给予表扬或奖励。考核每年进行一次。

1995年7月，审计署根据《审计法》的要求，颁布《关于内部审计工作的规定》（以下简称《规定》），省审计厅于是年8月转发全省各级审计机关和有关单位贯彻执行。按该《规定》的要求，审计机关未设派出机构的、财政财务收支金额较大或者所属单位较多的政府部门、县级以上国有金融机构、国有大中型企业、国有资产占控股地位或者主导地位的大中型企业、国家大型建设项目的建设单位、财政财务收支金额较大或者所属单位较多的国家事业单位和其他需要设立内部审计机构的单位都应设立独立的内部审计机构。其他审计业务较少的单位，可以设置专职内部审计人员。内部审计机构在本单位主要负责人的直接领导下，依照国家法律、法规和政策，以及本部门、本单位的规章制度，对本单位及所属单位的财政、财务收支及其经济效益进行内部审计监督，独立行使内部审计监督权，对本单位领导负责并报告工作。各级审计机关负责指导和监督本地区的内部审计工作；审计机关驻部门的派出机构负责领导所属单位和指导监督本系统内部审计工作；部门和单位的内部审计机构负责领导所属单位的内部审计工作。《规定》进一步明确了审计机关对内部审计业务指导和监督的职责、内部审计工作程序及对内部审计人员违纪处理等。

是年12月，南昌市人民政府常务会议通过并发布《南昌市内部审计工作实施办法》。该《实施办法》共22条，包括审计机关对内部审计的指导、监督；内审工作机构设置和人员配备；内部审计工作范围；内部审计人员的职权和素质要求；内审工作程序；对阻挠、妨碍内审工作的处理；对内审人员违纪的处理等方面都有明确规定。

是年，萍乡市审计局制订《全市内部审计工作目标管理考核细则》，把内部审计工作纳入目标管理范围。宜春地区审计局对内审工作的指导，除坚持下达指导性计划、业务科室对口指导和进行检查、考评等措施外，该局领导亲自带队到数十个内部审计和乡镇审计机构进行调查研究，并将调研情况及相关建议报告给行署。宜春行署听取汇报后，督促各县、市政府采取措施，为解决内审机构和乡镇审计机构的困难给予支持。九江市审计局在市直属单位内审机构中实行工作化考评制度，加强对内审工作指导，做到"年初有布置，年中有指导，年末有检查"。

1996年3月，省审计厅下达《1996年内部审计工作要点》，提出1996年内部审计工作的指导思想和工作重点，要求各内审机构围绕深化国有企业改革、建立现代企业制度，有重点地选择项目开展审计。审计机关要加强对内部审计工作的指导和监督，对内审工作进行一次普遍性调查，组织内审人员参加各种专业培训班。各地市、县、区审计机关按照省审计厅的要求，进一步完善和加强了对内部审计工作的指导和监督。如南昌市审计局颁发《南昌市内部审计工作会议纪要》《内部审计工作目标管理考核办法》《关于进一步加强内部审计工作的意见》等指导性文件来推动内部审计工作的开展。

1997年3月，省审计厅发出通知，强调把完善内审工作机制作为加强和改进内审工作的重要基础建设来抓，着重抓好内审机构建设、队伍建设和制度建设，加大审计监督力度；突出抓好经济效益审计；着力强化财务收支和资产、负债、损益审计；认真开展内控度评审，积极拓展服务领域；重视开展审计调研、不断提高内审工作水平；各级审计机关要严格按照《审计法》的规定，切实加强对内审工作的指导和监督。

是年，为加强全省内部审计机构联系，推动内部审计工作研究，省审计厅决定筹备成立江西省内部审计协会。内部审计协会是专门研究内部审计科学的社会团体，其宗旨是：认真贯彻《中华人民共和国审计法》和审计署关于《内部审计工作的规定》，坚持四项基本原则，坚持理论联系实际，团结广大内部审计工作人员，正确执行法律、法规、规章、规范和职业道德，开展理论学术研究活动，总结交流内部审计工作经验，提高内部审计理论研究水平，为建立和完善内部审计监督制度，促进内部审计事业发展服务。其主要任务：从事内部审计理论研究和开展学术交流活动；出版内部审计理论刊物；研究制定内部审计工作的发展规划、准则和业务规范；提供内部审计咨询服务；组织培训内部审计人员；对会员进行法制、职业道德教育、监督和检查等。其会员构成分别是：团体会员为省直各部门、各行业、国有大中型企业及中央驻赣单位的内部审计机构和学术组织；个人会员是内审人员和审计界知名人士、专家、学者。4月29日，省审计厅向民政厅提出成立江西内部审计协会的申请，同时草拟《江西省内部审计协会章程》和《江西省内部审计协会会费交纳办法》。

是年7月11日，省民政厅《关于同意成立江西省内部审计师协会的批复》，同意成立江西省审计师协会。随后，省审计厅下发《关于做好成立内部审计师协会准备工作的通知》，开始协会成立的筹备工作。

2000年，政府机构改革，省审计厅撤销管理指导处，随即成立江西省内部审计师协会，原管理指导处对内部审计的管理职责转由省内部审计师协会履行。

是年12月28日，江西省内部审计师协会成立暨江西省内部审计师协会第一次代表大会在南昌召开。大会选举产生第一届理事会和常务理事会及会长、副会长、秘书长。会长：陈长安；副会长：张蕊、谭玉如；秘书长：张铁军。

新成立的内部审计师协会根据审计署关于内部审计转型发展的总体思路，在省审计厅的指导下积极开展了江西省内部审计工作。

（一）引导全省内审机构和内审人员统一思想，共同努力实现"两个转型"目标：即1.推进内部审计工作基本实现以真实性、合规性为导向的财务收支审计为主，向以内部控制和风险管理为导向的管理审计为主的全面转型与发展；2.全面实现协会工作方式从行政管理型向服务自律型的转变，基本建立起符合社会主义市场经济要求和内部审计职业发展规律的职业自律体制和协会工作机制。江西省电力公司以实现"六个转变"率先完成全面转型新目标：1.在审计理念上，由注重结果、重在治标向注重过程、重在治本转变；2.在审计职能上，由单纯监督向监督与服务并重转变；3.在审计目标上，从查错纠弊向内部控制评价和风险评估转变；4.在审计内容上，由财务控制向业务控制和信息系统控制转变；5.在审计方法上，由事后监督向事前、事中全过程监督转变；6.在审计手段上，由手工操作为主向利用计算机、网络信息技术转变。江西铜业公司、江铃汽车集团等单位在审计工作中，以内部控制和风险导向的管理审计融入财务收支审计、经济责任审计、工程项目审计、专项资金审计等审计业务之中的转型实践，促使公司的审计制度日趋完善，审计领域不断拓宽，审计手段逐步改善，审计质量不断提高，为全省推进内部审计全面转型做出表率，引导全省内部审计转型取得实质性的进展和成效。（二）指导内审机构发挥内部审计"免疫系统"功能。2008年，审计长刘家义提出发挥审计"免疫系统"功能，是对审计内涵、本质、功能的全新认识，是新时期、新形势下的科学审计理念，为国家审计科学发展指明了方向。协会积极引导全省内审机构从全局出发，关注本行业、本单位执行国家宏观调控政策情况，保证国家宏观调控政策真正落到实处；引导内审机构促进企业加强内部管理和实现企业经营目标，努力在建设性、预防性、主动性、时效性上下功夫，把审计工作重心从事后查处转向过程控制，发挥审计的预防、揭露和抵御风险的能力，确保企业健康可持续发展；同时，引导内审机构发挥审计促进内部控制制度建设的功能，通过内部控制审计，促进企业体制、机制不断完善，促进内部管理水平和经济不断提高。在协会引导下，中国移动江西分公司将"免疫系统"功能融入公司治理工作中，着眼于公司全局战略与长远利益，积极探索风险管理评级体系，完善定期风险报告制度和循环评估机制，建立风险评级程序，实现对风险的有效分析和预警，发现了公司的 202 个风险点，向公司管理层出具风险评估报告，总结了公司全面风险管理情况，对树立全员风险管理意识，强化风险管理理念和有效防范风险起到积极的作用。省电信公司、省电力公司践行"免疫系统"功能进行大胆的探索：1. 紧紧围绕组织发展战略和目标，将完善内部控制体系建设，提高风险管理能力作为审计工作中心，实施以决算层需求为导向的内部审计新模式；2. 通过规范评价机制、创新审计方法、提高审计技术等途径，进一步提高"免疫系统"功能；3. 从审计计划、审计质量、审计成果、审计资源等方面创新审计管理体制，他们以有利于审计独立性及成果转化为标准，实行内部审计机构派驻制管理模式并实行全省内部审计人员统一管理，既实现资源的集中有效调配，又利于审计"免疫系统"功能的整体发挥。中铁大桥集团第五工程公司积极探索"以风险为导向，以控制为主线，以增值为目标的内部审计新模式"，加强"免疫系统"建设：1. 成立审计委员会，提升审计的独立性；2. 审计部长兼任监事会成员，提升审计监督层次；3. 审计机构与公司有关职能部门组织联合审计、专项调查和管理评审，有效地融合监督力量，提高监督效率，增强企业防范风险的能力，促进企业健康发展。（三）改革协会工作机制。为加强内部审计师协会工作力量，增设 4 名副会长、4 名副秘书长、3 个工作机构、6 名部门负责人并明确各自工作职责，奠定了省内部审计科学发展的组织基础。（四）以推广国际内部审计师（CIA）考试为重点，推进内审工作职业化建设。2010 年，江西省内部审计师协会成立国际注册内部审计师资格考试委员会。主任：陈长安；副主任：张铁军；委员：黎明、项志锋、潘良明、孟文军、辜雅莉。国际内部审计师（CIA）是国际内部审计领域共同认可的职业资格。协会积极搭建 CIA 考试平台，努力实现内审队伍职业化建设目标：1. 在江西日报社撰稿，采取"江西省审计厅 CIA 考试发言人答记者问"的方式，宣传 CIA 考试知识，鼓励内审人员积极参加 CIA 考试，争做一流水平的审计人才；2. 深入大专院校、金融单位和大型企业进行宣传，促使各单位领导积极参与并支持 CIA 考试；3. 向中国内部审计师协会申报在南昌设立 CIA 考试新考点；4. 请专家来南昌进行 CIA 考试考前辅导。经过努力，推广 CIA 考试收到显著效果。2010 年在南昌市设立考点后，江西省报考 CIA 参考人员达到 150 余人。（五）创新业务培训，提升职业教育水平。1. 按培训对象需求有针对性进行培训；2. 加强师资队伍建设，调整师资结构，构建一支能够满足不同层次培训需求的师资队伍；3. 创新授课模式，聘请来自审计一线的优秀人才传授工作经验，保证培训工作的实效性；4. 加大举办高端培训班的力度，努力打造精品教育培训项目，如选择《企业内部控制基本规范》课程、《企业风险管理和内部控制》课程、CIA 考前辅导等内容为重点进行职业教育，全力提高教学质量。通过提高培训层次，形成普通班、集团班、地区班、高端班同步发展的职业教育新格局；5.后续教育坚持"三个结合"：（1）将后续教育内容与国际注册内部审计师考试内容结合起来，既落实后续教育制度，又提升培训内容高度；（2）将后续教育内容与解决实际问题结合起来，针对"屡查屡犯"的问题，请有长期审计经验的专家授课；（3）将后续教育内容与学习法规准则结合起来，使内审人员增强依法审计观念。随着网络技术的发展，协会及时采用集中培训与网络教育相结合的方式，开展教育培训工作。省总工会、江铃汽车集团、中国银行江西省分行、省工商行政管理局、南昌市审计局、上饶市内审协会等单位率先接受并推广网络教育，参加网上学习人员达700余人。网络教育实施3年来，全省累计参加网络学习教育并通过考试人员达1300余人。同时，协会利用审计厅网站开辟"内审园地"网页，构建内部审计宣传平台和阵地。网页建立后，协会工作效率获得提高。（六）组织对口交流研讨，选先评优推动工作。协会通过省内外同行业单位之间对口交流，促进内审工作发展。华能电力公司审计部组建不久，一批新同志缺乏"经济责任审计"经验，完成审计任务有困难，协会及时组织他们与江西电力公司交流，提升了他们的审计水平，使他们顺利完成了经济责任审计任务。同时，协会还重视与外省兄弟协会的交流，学习经济发达省市、协会工作的好经验，推荐省内有代表性的企业审计人员参加交流活动，取长补短，相得益彰。2000—2010年，组织与外省协会交流26次，组织赴西欧考察，组织参加在北京举办的"亚洲内部审计大会"，推荐审计骨干赴中国台湾地区和马来西亚参加国际交流大会等均取得较好的效果。同时，协会根据中国内部审计协会的研讨活动计划和研讨内容积极组织有关内审单位参加研讨，不断提高内审工作质量和水平。如江西电力公司每年都坚持组织优秀审计论文和优秀审计项目评选，促进审计业务工作出质量，上水平。2000—2010年，协会组织参加全国性研讨46次，向《中国内部审计》杂志推荐文章38篇。江西电信公司、江西电力公司、中铁大侨第五公司等一批单位和个人，在参加全国审计论文评选中多次获奖，全省获奖总数达62篇次。另外，通过评选先进推动内部审计发展。2000—2010年，协会开展四次内部审计"双先"表彰活动，共评选出205个"内部审计先进单位"和198名"内部审计先进工作者"，分别受到审计署和审计厅表彰。（七）加强自身建设，推动组织发展。协会按照科学发展新思路的要求，在坚持"管理、服务、宣传、交流"工作方针的基础上，以建设"服务自律型"协会为目标，以凝聚会员群策群力为动力，建立起适合江西省内部审计发展需要的协会管理体制和工作机制：1.健全协会组织，明确各自职责，要求"在其位，谋其政"，形成推动内审事业发展的合力；2.发展团体会员和个人会员，增强协会的代表性和服务的广泛性。协会自成立之初的80个会员单位，到2010年，已有160个会员单位，不断为协会增添新的血液；3.及时充实更新协会网站中"内审园地"的内容，增强内容时效性、可读性、互动性，充分利用网络资源，设立"江西省CIA QQ群"，及时解答CIA考试和内审工作的各种咨询，已为2000多人次作出答疑解难服务，受到会员的广泛好评。

业务成果

内部审计成果 全省各级内部审计机构成立初期，重点是对本部门（行业）、本单位和所属单位的财务收支及其经济效益实施审计监督。后来，随着国家经济建设的发展变化，围绕加强经济管理、严肃财经纪律、增收节支、提高经济效益以及企业转换经营机制等中心任务，审计业务逐步拓宽，在实施大量的财务收支审计的同时，向经济合同审计、承包经营审计、工程预决算审计、厂长经济责任离任审计和各种专项审计等方面发展，并积极开展审计调查，为本部门、本单位领导决策提供线索和依据。从 1991 年至 2001 年，全省内部审计机构共完成审计项目 173678 项，查出并纠正违规金额 306754 万元。为维护各单位财经纪律，改善经营管理，提高经济效益，发挥积极作用。

1990 年，全省内部审计工作继续向纵深发展。6—9 月，省审计局统一组织省直 33 个派驻机构采取交叉形式对 57 个单位的预算外资金进行专项审计。各部门、各单位内部审计也突破过去基本上仅限于本部门、本单位审计的模式，创造了上下联动、横向联合等多种形式的联合审计方式，审计领域有进一步的拓展，出现自筹基建事前审计、经济合同鉴证审计、资产评估审计等新项目。是年，全省内审机构共对 16096 个单位实施审计，查出违纪违规金额 26692 万元、损失浪费金额 3675 万元、促进增收节支金额 17581 万元、建议给予行政处分 155 人、移送司法机关处理 97 人。

1991 年全省内部审计机构全年共审计 18854 个单位，查出并已纠正违纪违规金额 13557 万元，查出损失浪费 5953 万元，促进提高经济效益 7135 万元，建议给予行政处分 84 人，移送司法机关处理 73 人。在各级审计机关的推动下，全省内部审计工作发展步伐加快，并逐步走向规范化。

1992 年，内部审计在发展社会主义市场经济的新形势下，正确找准自己的位置，在搞好财务收支审查，正确评价单位财务、资金和利润的真实性，健全内部控制制度的基础上，开展效益审计、承包合同审计，围绕着转换企业经营机制、企业"三项制度改革""四放开"以及优惠政策是否用好、用足等问题进行审计调查。全年共审计 15100 个单位，查出并纠正违纪违规金额 16843 万元，查出损失浪费金额 7567 万元，促进增收节支 14252 万元，建议给予行政处分 33 人，移送司法机关处理 48 人。

1993 年，全省内审机构根据企业转换经营机制的需要，加强改进审计工作，帮助部门、企业自身政策措施的落实，帮助单位领导解决企业存在的有关问题。全省共完成内审项目 12308 个，查出并纠正违纪违规金额 18336 万元，查出损失浪费金额 7039 万元，促进提高经济效益 5623 万元。在查处重大案件方面成效显著，共移送贪污贿赂案件线索 45 起，移送监督部门处理 21 人，移送司法部门处理 30 人。

1994 年，全省内审工作配合以转换经营机制为中心的企业改革取得较好的成绩。全年完成内审项目 10860 个，查出并纠正违纪违规金额 31221 万元，查出损失浪费金额 10908 万元，促进提高经济效益 14972 万元，查出贪污贿赂案 36 件，移送监察部门处理 40 人，移送司法机关处理 44 人。

1995 年，各级内审机构以《审计法》和《审计署关于内部审计工作的规定》的颁布实施为契机，改进审计方法，拓宽审计领域，在实现计划经济向市场经济体制转变，经济增长方式从粗放型向集约型转变过程中发挥应有的作用。全省全年共对 12425 个单位进行审计，查出违纪违规金额 29036 万元，促进提高经济效益 8700 万元，查出损失浪费 6315 万元，提出建议措施被采用 4341 条，建议给予行政处分 31 人，移送司法机关处理 10 人。

1996 年，全省各级审计机关认真贯彻落实《审计法》和《审计署关于内部审计工作的规定》，引导部门单位建立健全内部审计制度，使内部审计在改革开放中不断得到发展。为探索省审计厅派驻机构工作的新路子，省审计厅组织各派驻机构进行部门交叉审计。是年，全省内审机构共审计

14175 个单位，查出违纪违规金额 39837 万元，查出损失浪费金额 9501 万元，促进提高经济效益 7480 万元，提出建议措施被采纳 7200 条，建议给行政处分 65 人，移送司法机关处理 18 人。

1997 年，全省各级内审部门进一步完善内审工作机制，改革审计方法，以财务收支审计为基础，以经济效益审计为重点，促进企业强化内部管理，提高经济效益。全年共审计 14989 个单位，纠正违纪违规金额 23245 万元，查出损失浪费金额 19782 万元，促进提高经济效益 9845 万元，提出建议措施被采纳 8498 条，建议给予行政处分 39 人，移送司法机关处理 10 人。省审计厅组织全省审计机关和乡镇审计机构开展对乡村财务管理和乡镇审计状况的审计调查，促进了全省乡镇审计的发展和农村审计监督制度的完善。

乡镇审计成果　全省乡镇审计工作在各级政府和审计机关的支持和帮助下，逐步得到加强和发展，审计成果显著。截至 1997 年，全省建立各种形式的乡镇审计机构 1161 个，配备审计工作人员 3001 人。全省乡镇审计机构共审计 150939 个单位，查出违纪违规金额 240959 万元，查出损失浪费金额 80801 万元，成为加强农村经济监督的一支生力军，有效地促进农村经济的健康发展。其中：

上饶地区万年县 1990 年全县 19 个乡镇仅用一个半月组建起审计机构，配备人员 40 名。县审计局用以会代训方式，对乡镇审计人员进行审计业务培训，并下到各乡镇实地指导。大黄乡审计室成立不久对黄柏村公所进行试审，发现村公所多人管钱，手续不全，收入未入账 4856 元，8 人贪污挪用公款 5656 元，悬案及提留 17073 元，往来 6370 元未入账等问题，向乡政府汇报并提出处理意见。经乡政府研究同意，作出审计结论，收回贪污挪用款 5656 元，悬案及提留全部补办了手续。梓埠乡审计室对乡属一个有 200 多万元固定资产但濒临倒闭的麻纺厂进行审计，协助企业清理三角债，催回货款 11 万元，收回 46 户个人借支 4 万元，并对企业内部控制制度和经济效益进行审计，产生良好的效果。

九江地区瑞昌市 1990 年 6 月在乡（镇）成立农村经济审计室，并迅速开展审计活动，对群众意见较多的 6 个村 12 个组和 1 个村办企业进行财务收支审计，查出各种违纪违规金额 10 万元，追回被违法和侵占的集体资金 6 万元，查出贪污公款 46 人，被侵吞金额 4 万元，挪用公款 18 人，被侵占资金 8635 元，收受贿赂 4 人，共受贿 960 元。黄立山乡芦塘村在开展审计之前，村组两级原有的 8 万元集体积累资金被个人侵占一空。这些被侵占的集体资金，除一部分属于历年累积的农户往来欠款外，都是少数人滥用职权造成的。审计中查出的贪污、挪用等违纪违规金额达 4 万元。审计后，追回被侵吞和侵占的集体资金 3 万元，成立了村级合作基金会集中管理，并对 5 万元的农户往来欠款办理了以欠转贷手续。黄金乡林六村审计前，村主要干部存在严重的经济问题，群众多次反映未被查处，致使干群关系尖锐对立，村干部的话没人听，工作处于半瘫痪状态。审计中查出该村有 7 人通过瞒报收入、冒领、私分公款 3 万元等，共贪污侵占集体资金 2 万元。审计后，乡党委和乡政府及时撤销他们的党内及行政职务，调整村级领导班子，并将案件分别移交市纪委和市检察院立案处理。

1990 年 8 月，省审计局在奉新县召开全省乡镇内审工作现场会，宜春地区审计局、奉新县审计局、万载县黄茅乡等 10 个单位在会上介绍开展乡镇审计工作的经验，与会代表参观了奉新县冯川镇审计室，并就如何将乡镇审计工作引向深入进行研讨。在省审计局的支持和引导下，乡镇审计迅速在全省范围内发展起来。当年全省乡镇审计机构共查出违纪违规金额 1119 万元，查出损失浪费金额 284 万元，查出贪污、受贿案 237 起，人数 336 人，成为加强农村经济监督的一支重要力量。

1991 年，全省各级审计机关继续加强对乡镇审计的指导和扶持。8 月 13 日，省审计局发出《关于进一步加强乡镇审计工作的意见》的通知，要求各级审计机关认真贯彻中共江西省委八届十次全会关于"加强对农村经济进行审计监督"的意见，认真总结乡镇审计的经验，巩固和扩大乡镇审计工作的成果，推动乡镇审计工作的全面发展。10 月 11 日至 13 日，全省第二次乡镇审计工作 现场会议在余干县召开，各地市和部分县（市）审计局，乡镇审计室负责人参加会议。会议总结和交流了全省乡镇审计工作经验，会议后，各地市、县审计局采取相应措施，推动乡镇审计工作的开展，使全省乡镇审计工作的发展进入一个新的阶段。到年底，全省已建乡镇审计机构 1069 个，共配备内部审计人员 3177 人。

抚州地区乡镇审计工作在 1991 年发展较快，全区组建乡镇审计机构 168 个，占乡镇总数的 82%，审计单位 445 个，查出违纪违规金额 55 万元，纠正违纪违规金额 43 万元，上缴财政 3 万元，促进增收节支 12 万元，查出贪污案 6 起，5 人受到党纪政纪和法纪处分。

余干县人民政府于 1991 年初发出《关于建立乡镇审计所，对农村经济实行审计监督制度的通知》，在县审计局的推动下，短短几个月的时间里，全县 30 个乡镇全部建立乡镇审计机构，全年开展 49 项审计业务，查出违纪违规金额 16 万元、损失浪费 4400 元、偷税漏税 2 万元、贪污案 14 起、收缴赃款 3 万元、收回挪用公款 4 万元，有 4 人分别受到停职反省、党内留党察看、行政开除留用一年的处分。

宜丰县乡镇审计机构 1991 年共审计 398 年单位，查出违纪违规金额 396 万元，应上缴财政 13 万元，上缴主管部门 38 万元，调账金额 308 万元，促进增收节支 72 万元，查出贪污受贿案件 11 起，涉及 14 人，金额 3 万元，移交司法机关处理 4 人。当年全县乡镇审计共收缴、罚款处理违纪款 16 余万元。石花尖乡通过经济效益审计，挽救了一个企业。花桥乡审计室以审计结论和决定为证据，帮助乡政府打赢了一场"民告官"官司。该县还召开由分管乡镇审计工作领导参加的乡镇审计工作座谈会，并编印《宜丰乡镇审计》宣传册，扩大影响，交流乡镇审计工作经验。宜丰电视台专门拍摄一部"乡镇审计工作系列报道片"，先后在宜丰电视台和江西电视台播放，收到较好效果。

余江县中重乡 1990 年 12 月成立全县第一个农村经济审计所，1991 年 3 月开始对全乡 13 个村委会 1988 年 1 月至 1991 年 3 月的财务收支进行全面审计，查出贪污案 4 起，涉及人员 7 人，贪污挪用金额 9418 元，处理呆账 70489 元，收回旧欠 13365 元，纠正差错账 2000 余元。经经党委、政府研究，对违法违纪的人和事作出严肃处理，7 名贪污者，1 人被开除党籍，1 人被留党察看 2 年，其余 5 人分别受到免职和其他行政处分。审计后，又针对性地提出《加强村级财务管理的意见》，得到乡党委、政府的重视和采纳。县农牧渔业局根据该乡审计经验，制定全县统一的村级财务管理规范化制度，市、县有关新闻机构也及时宣传报道了该所的做法和经验。

乐平县文山乡审计所 1990 年和 1991 年对乡属文教、卫生、水利、乡办企业及部分村公所等单位的财务收支进行审计，查出违纪违规金额 83250 元、损失浪费金额 180872 元、贪污挪用公款 27687 元、挽回直接经济损失 27000 元、追回被贪污占用款 13590 元、追回挪用公款 14097 元、追回损失浪费款 130872 元、处理经济违纪责任人 9 人、调整村级领导 7 人、救活集体企业 1 个、促进增收节支 38600 元。

安福县平都镇审计室 1991 年共审计 44 个会计核算单位，查出违纪违规金额 67 万元，其中：查出贪污案 5 起 5 人，贪污金额 3645 元，挪用公款 12855 元，偷税漏税 1 万元，公款私存 10 万元，私分积余 14 万元，长期拖欠公款 36 万元，吃喝浪费金额 4 万元，直接挽回经济损失 46 万元，为企业和农业增加经济效益 80 余万元。

萍乡市湘东镇审计室，1991 年 1—9 月对 15 个镇办企业、3 个村办企业、4 个村的财务收支进行审计，查出违纪违规金额 49 万元；查出镇汽修厂核算利润不实，虚盈实亏，骗取岗位工资和奖金 17 万元。审计裕升村，发现村财务管理混乱，从 1987 年到 1990 年的账目、账表、账账、账实均不相符，盲目上缴企业利润，欠银行贷款 200 多万元。审计帮助该村摸清家底，理顺财务，使该村财务管理逐步走上正轨，当年该村建材厂实现扭亏为盈。

1992 年 2 月，省审计局颁发《江西省乡镇审计工作暂行规定》，统一审计文书、档案格式，实行审计统计、审计报告、信息交流及审计回访制度，促进乡镇审计规范化。

是年，南昌市建立乡镇审计所、室 135 个，配备专兼职审计人员 330 名。其中：郊区审计局 10 个乡镇审计室对 97 个单位进行审计，查出损失浪费金额 66 万元，促进增收节支金额 5 万元，纠正违纪违规金额 23 万元。

新建县松湖乡审计所 1992 年共审计单位 52 个，审计总金额 70 余万元，查出违纪违规金额 9 万元，应上缴乡财政金额 7800 元，已入库 7800 元。其中：重点对 39 个村级财务收支进行审计，发现村级财务管理不仅混乱，而且违纪违规现象严重。有的收入长期不入账；有的村干部工资超标，多领多报；有的招待费用大，白条子多；有的会计、出纳一肩挑；个别村公所自 1984 年至 1992 年长期没有建账。

铜鼓县棋坪乡审计小组 1992 年 1—7 月重点对棋坪等 5 个村 1991 年度的财政收支及对炉湾等村多年来老建扶贫专项资金使用进行审计，审计发现村出纳违纪短款 8517 元，并依法予以追还。

余干县黄金埠镇审计室 1992 年 5 月 10 日至 6 月 1 日，对黄金埠镇所属的全部村委会和 55% 的镇办企业 1991 年度的财务收支情况进行审计调查，查出违纪违规金额 5 万元，其中：贪污私分 1 万元，挤占挪用 1 万元，偷漏税收 3 万元。在调查 6 个镇办企业中，有 5 个亏损，亏损总额达 8 万元。

1993—1997 年，在各级审计机关的指导和扶持下，全省乡镇审计继续稳步发展。各乡镇审计部门协助各级审计机关连续 5 年开展全省乡镇财政收支审计，参与减轻农民负担审计或审计调查活动。因地制宜地针对党政领导和农民关心的热点问题开展各项审计活动，赢得当地群众和党政领导的赞誉。

内部审计机构及工作选介

按照省政府要求，在国家审计成立之初，省直部分行政事业经费较多，内审工作量较大的行政部门和直属事业单位开始设立审计机构，截至 1997 年全省行政事业单位已设有内审机构 1407 个，随着改革开放的不断深入，全省各部门和单位的内部审计结构发生变化，有的部门和单位内审机构被撤销或改制，但有的部门和单位内审机构不仅仍然被保留，同时工作也很有起色，其中：

江西省公安厅内部审计　1985年9月，省公安厅的内审工作由设在厅纪检组的专职审计员负责。2000年10月25日，成立"江西省公安厅审计室"为厅纪委内设机构，正科级；2009年9月，审计室升格为审计处，为正处级单位。从此，省公安厅内审从机构到人员得到全面加强。1988—1996年，共对4648个单位实施审计，审计总金额190878万元，查出违纪违规金额3181万元，查出损失浪费金额246万元，促进增收节支500万元。1997年，全省公安内审机构对以下项目进行审计，取得丰硕成果：对公安业务费和职业据点经费进行审计，审计总金额2955万元，查出违纪违规金额63万元；对规费和罚没收入等预算外资金进行审计，审计总金额13033万元，查出违纪违规金额185万元，增收节支90万元；对领导干部离任进行审计，审计163个单位，配合纪检、监察部门开展财经法纪专案审计9起；对基建经费进行审计，审计总金额6143万元，查出违纪违规金额288万元，促进增收节支51万元；对389个单位开展专项审计调查，调查项目96个，提出改进意见、建议390条，被采纳282条。省公安厅审计处于1990年、1995年，两次被省审计局（厅）评为全省内审工作先进集体。

1998年，全省公安内审机构共对1415个单位进行审计，审计总金额35090万元，查处违纪违规金额1066万元，其中：违规金额489万元，损失浪费22万元，促进增收节支金额243万元。

2003年6月，省公安厅审计室对公安厅机关禁毒专项经费和技侦装备专项补助经费进行调查审计，审计总金额达2500万元，查处截留应缴财政收入4万元，查处违规金额103.5万元，提出整改建议意见6条。

2004年2月，省公安厅审计室对厅机关宣传处的财务收支情况进行审计，审计总金额1078万元，查处隐瞒、截留收入84万元，公款私存金额104万元。

是年8—11月，对厅经侦总队2002年及2003年办案扣押款物和保证金情况进行专项审计，审计总金额1243万元，提出合理化建议9条，被采纳9条。

是年，对南昌市青云谱交警大队开展"两个违规"专项治理活动的就地审计，发现该大队从2002年1月—2004年4月30日，共收取当事人事故押金1363万元。经审计，赔偿受害方或事故处理结束退还当事人1358万元（剩余5万元因找不到当事人未处理）。

是年全年的专项审计中，全省各级公安审计部门共审计扣押款7849万元，查出违法违纪违规金额5万元，其中：违规金额737万元，共审计扣押物品23682件，审计保证金2149万元，提出审计建议、意见36条，被采纳36条。

2005年，省公安厅审计室被省审计厅评为"全省内部审计先进单位"，审计室主任刘雯被评为"全省内部审计先进工作者"。

2006年，省公安厅审计室正式开展基本建设项目审计工作，当年审计基本建设项目18个，审计总金额2200万元，核减金额230万元，核减率10.28%；审计"金盾工程"13个，审计总金额4540万元，核减金额43万元，发现问题79个，提出整改建议45条。

2007年2—9月，省公安厅审计室对江西赣安高速公路施救中心2005年及2006年财务收支情况进行审计，审计总金额1102万元，发现问题5个，提出整改建议4条。

是年7—9月，对全省公安机关换发二代身份证收费情况进行专项审计，审计总金额28594万元，发现问题10个，提出整改建议、意见6条。是年全年共审计基本建设项目18个，审计总金额2251万元，核减金额229万元，核减率10%；审计政府采购项目3个，审计总金额2102万元，发现问题15个，提出整改意见9条；审计"金盾工程"项目5个，审计总金额622万元，核减资金4万元，发现问题21个，提出整改建议、意见15条。

2008年，省公安厅出台《江西省公安机关领导干部经济责任审计暂行办法》，在省直单位开先河，主动加强内部管理，开展领导干部经济责任审计工作。

是年3—7月，公安厅审计室对厅所属3家协会（即江西省道路交通安全协会、江西省保安协会、江西省警察协会）2007年度财务收支情况进行审计，审计总金额6411万元，发现问题46个，提出整改建议、意见23条。

是年6月26日，省公安厅审计室荣立省公安厅集体三等功一次；同时，被省审计厅内审协会评为"全省内部审计先进单位"，被公安部评为"全国公安审计系统先进集体"。

是年7—12月，省公安厅审计室对全省公安部门"救灾款物"进行专项审计，审计查明，全省公安机关共募捐救灾资金2198万元，救灾物资164万元，向灾区捐赠资金2159万元，物资164万元，其中全省公安审计人员捐赠资金85670元。

是年10—11月，为落实公安部部署的"两规范两整顿"工作要求，对全省设区市级23家监管场所开展交叉审计，审计覆盖面100%，审计总金额5554万元，发现问题223个，提出整改建议、意见120条。

是年11月，省公安厅审计室被公安部评为"全国公安审计系统先进集体"。

是年，省公安厅审计室对公安厅机关3个基建维修项目进行审计，审计总金额46万元，核减金额6万元，核减率13%；对公安厅机关3个商品房进行竣工结算审计，审计总金额2230万元，核减金额27万元；对16个政府采购项目进行审计，审计金额4424万元，发现问题7个，提出整改建议、意见21条；对6个"金盾工程"项目进行审计，审计总金额566万元，发现问题9个，提出整改建议、意见14条；对10个基本建设项目进行审计，审计总金额2545万元。

2009年，全省各级公安审计部门用3个月时间，对全省70家监管场所进行专项审计，审计总金额7529万元；发现违纪违规金额350万元，其中：违规金额138万元，提出整改建议、意见159条。

是年，省公安厅审计处对7个厅机关基建维修项目进行竣工决算审计，审计总金额279万元，核减金额34万元，核减率12.26%；开展政府采购审计19项，审计总金额7485万元，发现问题19个，提出整改建议、意见28条；对2个基建项目实行预算控制审计，涉及资金680万元；参与政府采购招投标监督工作23次，涉及资金4207万元；对7个已建并投入试运行的"金盾工程"项目进行竣工决算审计，审计总金额1453万元，7个项目基本符合操作流程，没有发现问题。

2010年6月2日，江西省公安厅审计信息网正式开通。

是年6—11月，省公安厅审计处对全省25个县（区）级公安机关2009年度经费保障情况进行专项审计调查，审计总金额122526万元，发现问题215条，提出整改建议、意见123条；是年对8个"金盾工程"项目进行竣工决算审计，审计总金额1092万元，发现问题8个，提出整改建议、意见 11 条；对 11 个基本建设项目进行竣工决算审计，审计总金额 1538 万元，核减金额 463 万元，核减率达 30%；对 2 个基本建设项目进行预算审计，审计总金额 245 万元，核减金额 83 万元，核减率 34%。

江西财经大学内部审计　1988—2010 年，江西财经大学的内部审计体制发生多次变化。1988 年 12 月，审计处成立，与监察处合署办公；1994 年审计处与监察处分家；2000 年 12 月，审计处与纪律检查委员会、监察处合署办公，共同负责学校的内审工作。内审机构成立后，校审计处每年均配备有 6—7 名专职审计人员开展审计工作。其中：1998—2000 年，审计处每年配备专职审计人员 7 名；2001—2010 年，纪委、监察处、审计处合署办公时，每年配备专职审计人员 6 名。

1998—2010 年，学校审计处共对 1872 个项目进行审计，审计总金额 806147 万元，查出违纪违规金额 134 万元，促进增收节支金额 2947 万元，其中近 5 年来重大审计项目及成果主要有：

2006 年，对第二后勤服务集团及其下属经营机构 2005 年度财务收支进行审计，审计总金额 506 万元，发现问题 3 个、提出处理建议 3 条；对蛟桥园区大学生活动中心财务收支及经营情况进行审计，审计总金额 1082 万元，发现问题 4 个、提出处理建议 4 条；对学校基建及维修工程决算审计 114 份，审计总金额 34483 万元，促进增收节支金额 131 万元。

2007 年，对工会 2006 年度工会经费及福利费收支情况进行审计，审计总金额 82 万元，发现问题 3 个、提出处理建议 3 条；对学校 2006 年度预算执行及财务收支进行审计，审计总金额 132030 万元，发现问题 6 个、提出处理建议 6 条；对学校基建及维修工程决算进行审计 214 份，审计金额 17616 万元，促进增收节支金额 319 万元。

2008 年，对学校后勤集团 2006—2007 年度财务收支情况进行审计，审计总金额 4417 万元，发现问题 4 个、提出处理建议 4 条；对学校第二后勤集团 2006—2007 年度财务收支情况进行审计，审计总金额 1806 万元，发现问题 5 个、提出处理建议 5 条；对学校基建及维修工程决算进行审计 192 份，审计总金额 5281 万元，促进增收节支金额 257 万元。

2009 年，对学校 2008 年度预算执行及财务收支进行审计，审计总金额 182414 万元，发现问题 6 个、提出处理建议 6 条；对学校 2006—2008 年重大项目资金使用情况进行审计调查，审计总金额 5797 万元；对学校 20 位正处级干部离任经济责任审计，审计总金额 19161 万元，发现问题 28 个、提出处理建议 28 条；对学校基建及维修工程决算进行审计 207 份，审计总金额 7611 万元，促进增收节支金额 261 万元。

2010 年，对学校 2009 年度预算执行及财务收支进行审计，审计总金额 185644 万元，发现问题 5 个、提出处理建议 6 条；对学校现代经济管理学院 2008—2009 年度财务收支情况进行审计，审计总金额 11387 万元，发现问题 5 个、提出处理建议 5 条；对学校医院 2009 年度财务收支情况进行审计，审计总金额 2468 万元，发现问题 8 个、提出处理建议 8 条；对学校 2008—2009 年公费医疗经费使用情况进行审计，审计总金额 2295 万元、提出问题 3 条、提出处理建议 2 条；对学校基建及维修工程决算进行审计 199 份，审计总金额 20099 万元，促进增收节支金额 415 万元。

是年，为规范学校内部审计工作，江西财经大学先后出台《江西财经大学预算执行与决算审计实施暂行办法》《江西财经大学基建、维修工程审计监督实施办法》《江西财经大学大宗物资采购审计监督办法》等制度。

　　江西财经大学审计处于 2001 年、2005 年被评为"全省内部审计先进单位"，受到省审计厅表彰。2005 年，李法贵被评为"全国内部审计工作先进工作者"，受到审计署表彰。

表 9-1-1　1998—2010 年江西财经大学内部审计工作成果

单位：万元

年度	审计单位（个）	审计总金额	违纪违规金额	促进增收节支金额
1998	9	10701		
1999	110	10694		
2000	12	55727		
2001	106	15989	28	109
2002	109	11686		263
2003	188	18867		704
2004	238	9500		118
2005	157	4274	106	334
2006	131	71213		131
2007	214	149722		319
2008	192	14030		257
2009	207	215054		261
2010	199	218690		451
合计	1872	806147	134	2947

　　南昌大学内部审计　1993 年 5 月，南昌大学审计处成立，并配备专职审计人员 6—10 名开展内部审计工作。从 2000 年至 2010 年，校审计处共对 3477 个项目进行审计，审计总金额 291528 万元，查出违纪违规金额 1021 万元，促进增收节支金额 59035 万元。

表 9-1-2　2000—2010 年南昌大学内部审计工作成果

单位：万元

年度	审计单位（个）	审计总金额	违纪违规金额	促进增收节支金额
2000	354	9154	288	266
2001	532	23122	10	333
2002	294	6088	125	226
2003	466	5500	120	485
2004	332		50	100
2005	357		428	1700
2006	255	12976		3914
2007	176	63218		6421

续表

年度	审计单位（个）	审计总金额	违纪违规金额	促进增收节支金额
2008	317	52300		13500
2009	233	65170		17190
2010	161	54000		14900
合计	3477	291528	1021	59035

省气象局内部审计 1984 年 10 月，省气象局由 1 名专职审计员负责内审工作，1986 年专职内审机构审计处成立，局内审工作走向规范。截至 2010 年底，全省气象部门系统共设立内审机构 12 个，配备专职审计人员 24 人，兼职审计人员 132 人。先后制定《江西省气象部门计算机联网审计暂行办法》《江西省气象局计划财务部门与内审机构在财务管理和审计监督工作中建立工作联系制度的实施办法》《中共江西省气象局党组关于进一步加强纪检监察审计干部队伍建设的意见》《江西省气象部门领导干部任期经济责任审计实施办法》等内部审计管理制度规范内部审计工作。

1998—2010 年，全省气象部门内审机构共完成各类审计业务 392 项，审计总金额 134748 万元，提出合理化建议 1018 条，促进增收节支金额 6352 万元；开展经济责任审计项目 172 个，其中对离任的处级干部审计 39 人，科级干部 133 人。

2004—2007 年，省气象局审计处被评为"全国气象部门内审工作先进单位"，受到中国气象局表彰；2009 年，被评为"全省内部审计工作先进单位"，受到省审计厅表彰。

省监狱管理局内部审计 1987 年 2 月，省监狱管理局设立审计处负责内审工作；1991—1997 年，全省监狱（劳改）系统共设有内部审计机构 13 个，其中省局审计处 1 个、下属单位审计室 12 个；1998—2003 年，省局和各下属单位机构改革，内审机构被撤销。对监狱企业的审计工作由省监狱管理局财务处和各下属单位财务科管理，受省审计厅和省司法厅的委托，聘请社会审计机构进行审计；2004 年，省监狱企业集团公司成立，因未设专职内部审计机构，涉及对其进行的审计、资产评估等审计事项也是委托给社会中介组织（会计师事务所）进行。

1991—1997 年期间，按照省审计厅 1991 年印发的《江西省内部审计工作规范化暂行办法》、司法部 1993 年印发的《司法行政系统内部审计工作暂行规定》、1995 年 3 月，省监狱管理局颁发的《江西省劳改系统内部审计工作暂行规定》，省监狱管理局及其所属各单位内审机构积极开展对本系统内的经济效益审计、内控制度评审以及财务收支与资产负债损益的真实性审计。主要有：

财务收支审计方面：1991 年至 1997 年，省监狱管理局有时配合省审计局（厅）、有时本局单独先后多次对全省监狱企事业单位的财务收支等情况进行审计。其中：1991 年至 1993 年先后审计农业单位"三场一所"、长埠地区五个工业单位、浮南瓷土矿、劳改工作警察学校、公安中学和局勘测设计室、新生报印刷厂、物资供应站等共计 21 个企事业单位。发现各单位普遍存在"两金"（国家能源交通建设基金、预算调节基金）计提上缴不及时、税金计提不合理、成本归集不规范等问题。1994 年，审计赣江建筑安装公司、渡埠农场等 8 个单位。发现各单位财务基础工作较扎实，会计资料包括账、证、表齐全完整，账目清楚，科目设置与账务处理等基本合规，能较好地贯彻执行上级的有关规章制度，但仍存在资产类科目出现贷方余额、未及时办理固定资产交付使用等问题，会计核算水平亟待提高。1995年，审计直流电机厂、长征医院等5单位，发现劳改企业普遍存在潜亏、债权债务长期占用、库存物资管理不严等情况。1996年，分别对赣西监狱新华陶瓷厂对外经营承包执行情况进行审计、对农业药械厂亏损情况进行审计；1997年，审计滨湖农科所等，均发现单位会计工作虽然能如实反映资金来源、使用和财务成果，但存在拖欠的应收账款长期没有收回等问题。

1995年和2002年，配合省审计局（厅）对省监狱管理局行政经费情况、行政及事业经费财务收支情况和预算执行及财政财务收支情况分别进行审计。审计表明，监狱（劳改）局强化会计核算，清理银行账号，对曾经存在的问题作出相应整改，会计核算和财务管理都有所改进和规范，但仍存在会计报表及账簿不能完全反映单位收支全貌、内控制度不够健全等问题。2006—2008年，配合省审计厅连续3年对监狱局及所属二级单位进行上年度预算执行情况进行审计，认为监狱系统财务管理工作不断规范，在争取成为全国监狱体制改革试点省份方面做了大量基础性工作，在试点中初步建立新的监狱体制与运行机制，监狱经费保障水平明显提高，狱容狱貌有较大变化，罪犯的生活条件和改造环境得到改善，监狱各方面工作有较大发展，但仍存在资金使用不够规范，效益不够高等问题。

效能审计方面：1991年至1996年间，省监狱管理局先后配合省审计厅对西河砖瓦厂、珠湖农场及所属单位、农业药械厂、女子监狱、赣西监狱经济效益情况进行审计，对新华煤矿、消防车辆厂和朱港农场的亏损情况、销售费用情况、灾后资产恢复情况分别进行审计调查。发现这些单位生产经营方面存在的问题主要是：产品成本高、销售价格低、促销措施不够有力；产品单一、更新换代慢、投资效益差；专项基金不能按规定管理，超支挤占流动资金数额较大，资金回笼慢；各种应付款、借款多，政策性、社会性支出大；财会制度不健全，部分财会人员素质较差，财务管理比较混乱；经济管理方式改革与配套措施未能及时跟上，宏观调控不力，工作具有一定的盲目性等。

1999年，省监狱管理局配合审计署驻武汉特派办和驻长沙特派办对景德镇监狱国债投资项目执行情况和饶州、洪都、赣江、赣滨4个监狱水利建设资金使用情况进行审计。2009年，配合司法部对监狱局及所属二级单位进行2006—2008年监狱布局调整中央专项补助投资专项审计及2008年度监狱体制改革资金审计，查明全系统20个预算单位均能按照省监狱体改试点方案稳步推进改革试点工作，中央专项补助资金专款专用，监狱安全稳定实现历史性突破，罪犯改造明显提高，狱容狱貌发生根本变化，监狱企业活力明显增强，监狱民警精神面貌焕然一新。2010年，司法部对全省除景德镇、赣西、洪都3个监狱外11个监狱2009年监狱布局调整中央预算内投资、地方配套资金到位及使用情况进行专项审计，认为各单位建设项目能按照《监狱建设标准》进行设计和建设，监狱功能和设施完善配套，不存在超出规定范围，未经批准擅自变动、调整建设规模和建设内容等问题，中央预算内投资的拨付符合规定，配套资金及时到位，项目建设按要求办理了工程招投标及政府采购手续。

领导干部经济责任审计方面：1994年、1996年、1997年，省监狱管理局分别对消防车辆厂、西河砖瓦厂、南昌开关厂的厂长进行离任审计。2004年，配合省审计厅对省局的局长、书记进行离任审计；省局配合司法厅对2000年至2004年饶州、赣西、豫章、南昌、女子、景德镇、温圳、昌北、赣江等 9 个监狱的主要负责人进行离任审计。2008 年至 2009 年，省局配合司法厅对赣滨监狱，江西得宝路、赣玛、辉鹰、西河、鑫日、龙珠等公司和南昌开关厂实业有限公司以及景德镇、女子、洪都、赣江、豫章、饶州、温圳监狱等 15 个单位的主要负责人进行离任审计。

监狱企业审计方面：全省监狱系统一直以审计和财务检查为确保企业认真落实执行国家财务制度的重要举措和检查企业管理者工作绩效的有效方法。1991—1997 年，监狱企业的审计工作主要由监狱内审机构完成；1998 年后委托社会中介机构进行，财务检查工作由监狱和监狱企业的财务部门负责进行。

江西省卫生计生委（原名省卫生厅）内部审计　1985 年 5 月，省卫生厅机关设立审计处负责内审工作，同时部分直属医疗卫生独立核算单位也相继建立内审机构。2000 年 9 月，经省人民政府批准，根据《江西省卫生厅职能配置、内设机构和人员编制方案》，省卫生厅不再单独设立审计处，审计职能合并在规划财务处。2001 年以后，各设区市卫生局也相继不再单独设立审计科，审计职能合并在规划财务科。省管医疗卫生单位审计机构设置基本保持不变。在管理体制上，有的医院审计科由行政院长领导，有的由党委或纪委领导。为使内审工作走向规范，1996 年，省卫生厅先后出台《关于建立内部审计情况统计制度的通知》《关于印发〈江西省卫生厅审计工作考核评比暂行办法〉的通知》《江西省卫生系统内部审计工作规定》《关于加强省直卫生系统基本建设内审工作奋斗目标的通知》《关于要求各单位上报年度经费预算、决算的通知》《关于对省直卫生系统事业单位主要负责人实行离任经济责任审计规定的通知》；1999 年，出台《关于修订〈江西省卫生厅审计收缴款管理办法〉的通知》《关于进一步加强省直医疗卫生单位内部审计工作意见》；2006 年，出台《江西省卫生厅处级领导干部经济责任内部审计实施意见（试行）》等规章制度规范内部审计工作。其中：在《江西省卫生系统内部审计工作规定》中，对内审机构设置、职责、权限、工作任务、工作程序等都有详细明确规定，同时要求二级（含二级）以上医院要设立独立的内审机构，单位根据需要，设立总审计师。审计业务较少的单位，应当根据审计工作需要设置职级相应的专职或兼职内部审计人员。内审专职机构虽然不是很完备，但内部审计监督工作没有缺失。卫生厅规划财务处和各单位内审机构按照《江西省卫生系统内部审计工作规定》，对本单位及其所属单位的单位预算、预算执行情况和决算情况、财务收支、资产管理、药品耗材、仪器设备的购置、使用和管理、建设项目、修缮工程、经济合同等重大经济活动均会经常进行专项审计。2001 年开始，厅规划财务处加强了对领导干部的经济责任审计工作；2005 年之后，委托会计师事务所对领导干部的经济责任进行审计。1998—2010 年，共审计单位 27 个，审计金额 1367000 万元，查出违纪违规金额 530 万元。

省水利厅内部审计　1985 年 4 月，省水利厅设立审计处负责内审工作，同时督促全系统各单位相继设立内部审计机构并配备专职审计人员。截至 2010 年底，全系统建立内审机构 112 个，配备专职审计人员 247 名。1997 年，江西省水利厅出台《江西省水利厅直属企事业单位法人代表离任经济责任审计实施办法》；2002 年出台《江西省水利厅直属事业单位领导干部任期经济责任审计办法》等规章制度规范内部审计工作。

省水利厅审计处从 1985 年到 1992 年，共对 46 个财政收支项目、1 个经济效益项目、3 个经济责任审计项目、40 个其他项目进行审计，共查出违纪违规金额 650 万元，促进增收节支金额 460 万元，查出损失浪费金额 38 万元。1994 年，开展审计业务 32 项；1995 年，审计业务 78 项；1996 年，审计业务 32 项，查出违纪违规金额 476 万元；1998—2010 年，审计处共审计单位 5295 个，查出违规金额 25891 万元。1995 年，审计处被水利部评为"全国水利系统审计工作先进集体"。2003 年，省水利厅内审机构宜春市水电局审计科、修水县水电局审计股被评为"全国水利系统内审工作先进集体"、省水利厅邓桂如被水利部评为"全国水利系统审计工作先进个人"并受到表彰。

表 9-1-3　1998—2010 年江西省水利厅内部审计工作成果

单位：万元

年度	审计单位（个）	审计总金额	违纪违规金额	损失浪费金额	促进增收节支金额
1998	375	157936	4116	139	425
1999	383	173862	1689	564	280
2000	396	295672	2377	358	220
2001	323	135662	1277	36	88
2002	307	311900	3269	13	214
2003	380	138654	235	21	43
2004	484	187563	4569	2024	2884
2005	369	175322	1562	97	136
2006	534	173652	1369	98	172
2007	512	156232	1645	178	247
2008	349	143690	1257	99	150
2009	338	168325	1373	182	160
2010	545	168966	1153	136	214
合计	5295	2387436	25891	3945	5233

中国人民银行江西省分行（简称省人行）内部审计　1985 年，省人行（1998 年机构改革，改称中国人民银行南昌中心支行）设立稽核部门开展内审工作，同时在设区市以上的分支机构也设立专职的内审机构，县级支行则配备 1 名专职内审人员负责相关工作。截至 2010 年，全省人行系统共设置内审机构 11 个，配备审计人员 148 名。

1999 年，省人行出台《中国人民银行南昌中心支行内审处岗位责任制》；2002 年，出台《中国人民银行南昌中心支行内部分析控制体系》；2004 年，出台《南昌中心支行内部监督约见谈话制度》《内审处工作重点联系行制度》；2005 年，出台《中国人民银行南昌中心支行内审文书档案管理操作细则》《中国人民银行南昌中心支行内审处工作人员绩效考核办法》；2006 年，出台《中国人民银行南昌中心支行加强内部控制工作实施意见》；2008 年，出台《中国人民银行南昌中心支行重要事项监督工作管理办法》《中国人民银行南昌中心支行重要事项监督工作操作规程》《中国人民银行南昌中心支行季度内控检查与综治考评联合检查办法》《中国人民银行南昌中心支行授权审计项目管理办法》《中国人民银行南昌中心支行内审过程监督管理办法》《中国人民银行南昌中心支行内审与内控监督检查处理操作流程》;2009 年,出台《中国人民银行南昌中心支行领导干部履职审计操作规程》《中国人民银行南昌中心支行审计结果公告管理办法（试行）》等规章制度规范内部审计工作。

1991 年,省人行稽核部门共对 61 个县以上金融单位实施常规稽核,查出逾期贷款 141000 万元,有问题金额 71000 万元,难以收回贷款 26000 万元,违反结算纪律业务金额 20000 万元,收回少缴财政存款和存款准备金 2400 万元,收回多付利息、补贴、手续费 92 万元,对违规处以罚款（息）167 万元,没收多收利润 22 万元。

1992 年,对 182 个县以上金融机构进行常规稽核,并开展专项稽核 69 项,查出各种违规金额 429200 万元,追回利息 158 万元,收回少缴财政存款 4003 万元,收入少缴存款准备金 4177 万元,罚款（息）226 万元,没收非法所得 9 万元。是年,还对农行 117 家县（含）支行以上和 317 家县支行以下机构 1991 年末的 803362 万元贷款实施稽核,查出有严重问题金额 110077 万元,难以收回贷款 34072 万元。

1993 年,对 1000 家县以上金融机构实施稽核,并开展常规性稽核、专项稽核、内部稽核、报送稽核、委托稽核和后续稽核,查出各种违纪违规金额 46106 万元。省人民银行稽核处还组织所属各行稽核部门全面开展金融宏观调控专项稽核的后续稽核和专项贷款的后续稽核,全省共收回低质量贷款 4336 万元,收回应收未收利息 3010 万元。

1994 年,稽核各级金融机构 1123 个,查出各种违规金额 1822100 万元,罚款 300 万元,罚息 433 万元,没收非法所得 156 万元。

1995 年,对 125 个县以上金融机构进行常规稽核,并开展专项稽核,查出各种违规金额 1458548 万元,追回利息 15 万元,收回少数财政性存款 8082 万元和存款准备金 11772 万元,罚款 738 万元,没收非法所得 62 万元。是年,还对全省建设银行 226 个机构实施信贷资产质量专项稽核,查出逾期、呆滞、呆账贷款分别为 125063 万元、3309 万元、4475 万元,各占稽核贷款金额的 11.8%、3.1%、0.4%。是年 9 月中旬至 12 月中旬,抽调 400 余人,投入 16353 个工作日,对全省工、农、建、中四大银行的 547 个县支行级以上金融机构的信贷资金来源与运用进行专项稽核,受到总行表扬。

1996 年,进行稽核项目 1131 项,查出各类违纪违规金额 953292 万元,对严重违规问题处以罚款（息）896 万元,冻结存款 926 万元,通报批评 23 家,责令停业整顿 5 家。是年,对工商行违规经营清理情况实施专项稽核,查出虚报资金来源 66999 万元,虚报资金运用 82227 万元。是年 4 月至 5 月,抽调各地市稽核干部组成 14 个稽核组对南昌市城市信用社及其分支机构进行常规稽核,查出各类违规金额 200000 万元。全省 11 个地市分行也对辖区城市信用社实施了常规稽核。

1997 年,对 1148 个县以上金融机构实施稽核监督,累计投入工作日 47025 个,查出违纪违规金额 1417106 万元,向被稽核单位提出整改意见和建议 3988 条,对严重违纪违规行为依法作出经济行政处罚。全省各级人行对省工商银行及所辖县支行以上机构 1996 年信贷资产质量进行重点稽核调查,对部分上述 4 个银行重要空白凭证、有价证券管理进行专项稽核;安排各级人行针对上年城市信用社现场稽核查出的问题落实整改情况实施后续稽核,对城市信用社存在的风险状况开展调查、分类、排队,对风险圈套的实行重点监控,逐个落实化解风险措施。是年,强化对非银行机构的稽核监督，开展对江西省国际信托公司、赣州地区信托投资公司和太平洋保险公司南昌分公司及其3家代办处以及部分中保财、寿险业务的常规稽核；对6个地市航空人身意外保险业务的现场稽核，对其委托代理业务企业单位开展跟踪检查；组织99名稽核干部对全省证券机构的各项证券业务进行现场专项稽核；对全省基金会开展常规稽核，查出到1996年底全省23家基金会的基金只有4家达到规定要求。各级稽核部门还加强人行系统自身的稽核监督，对2个地市二级分行和20个县级支行进行内部稽核，对主要领导干部进行离任稽核。这一年，省人行先后制定十几个操作规程和制度，规范内部审计工作。

1999—2010年，省人行组织各级稽核部门共审计2031个单位项目，查出损失浪费金额427万元。2009年，杨淑慧被中国人民银行评为"2005—2008年全国内审工作先进个人"；2009年，被中国人民银行评为"全国内审工作先进集体"；2010年，被武汉分行评为"2008—2010年内审工作先进集体"、被江西省审计厅评为"全省内审工作先进集体"，并受到表彰。

表9-1-4　1999—2010年省人民银行南昌中心支行内部审计工作成果

单位：万元

年度	审计单位（个）	审计总金额	查出损失浪费金额	促进增收节支金额	发现问题（件）
1999	89	410	12	35	568
2000	142	600	29	68	1011
2001	164	860	30	80	1396
2002	179	920	28	90	1440
2003	159	1000	51	100	1378
2004	181	1000	27	98	1834
2005	246	1100	62	100	2177
2006	222	1200	30	89	2482
2007	178	1100	26	70	1362
2008	172	1200	28	83	1380
2009	167	1300	56	120	1998
2010	132	1500	48	160	1136
合计	2031	12190	427	1093	18162

中国农业银行江西省分行（简称省农行）内部审计　1985年，省农行设立稽核部门负责全省农行系统的内部审计工作。1998年机构改革成立总稽核室，11个地市分行的总稽核室（或稽核处）也相继成立，同时收回全省各县支行稽核监督权限。截至2010年，全省设立内审机构12个，配备专业审计稽核人员171人。其中：省分行本部15人、南昌分行15人、九江分行16人、景德镇分行10人、吉安分行12人、赣州分行30人、抚州分行9人、上饶分行22人、鹰潭分行8人、宜春分行16人、新余分行9人、萍乡分行9人。

1991年，全省农行稽核部门开展对农业贷款资金投入情况、非正常占用贷款和部分信贷资金进行审计，挽回资金损失 1834 万元。

1992 年，省农行稽核部门全年对 162 个项目的贷款业务进行审计，收回违反政策的贷款 110 万元，纠正有问题贷款 24218 万元，收回非正常贷款 829 万元；通过对财务、会计、联行、出纳审计，增加收入和挽回资金损失 3127 万元；通过对存款业务审计，纠正公款私存、存款透支、虚转存款、以贷转存等有问题金额 407 万元。

1993 年，省农行稽核系统对金融宏观调控政策、措施执行情况进行审计，查出违规金额 18000 万元，收回流向省外资金 2661 万元，帮助纠正和清收有问题非正常占用贷款 16665 万元；审计上半年财政收入，纠正差错 3666 笔，直接增加经济收入 399 万元；审计会计、出纳基本制度执行情况，增加收入 205 万元，挽回资金损失 37 万元，纠正有问题资金 606 万元；对 1992 年度财务决算审计，纠正有问题资金 1749 万元；审计联行和结算业务，纠正有问题资金 1408 万元。

1994 年，省农行稽核系统全年共对 567 个项目进行稽核；对 597467 万元正常贷款审计，发现有问题金额 185745 万元，已纠正金额 6486 万元；对 605649 万元存款审计，发现有问题金额 2187 万元，已纠正金额 1611 万元；通过审计，收回违反政策贷款 683 万元，纠正有问题贷款 5156 万元，收回非正常贷款 304 万元。

1995 年，省农行各级稽核部门对全省农行进行贷款专项审计，纠正各类违规贷款 2907 万元；全省农行存款进行专项审计，查出并纠正各类违规存款 1823 万元；对会计、结算、财务收支等项审计，纠正有问题资金 248 万元，纠正业务差错 800 余万元，为农行增加业务收入 50 万元。

1996 年，省农行各级稽核部门通过稽核，为全行挽回经济损失 339 万元；根据农业总行的要求，重点对"百行千户"信贷资产质量进行调查稽核。

1999 年，省分行稽核处起草下发《关于加强内部管理，健全内控机制的意见》，明确加强内部管理、健全内控机制的主要内容和各部门的职责，对加强内控管理的措施提出指导意见。

2000 年，全省各地按照总行要求将行长经济责任审计纳入常规性的审计工作程序，2000 年至 2004 年累计对 688 人次开展经济责任审计，其中任期责任审计 111 人次，离任审计 577 人次，审计金额达 13402 万元，通过审计查出违规金额 411438 万元。

2003 年，省农行审计部门开始运用总行通审软件审计系统，将非现场审计与现场审计有机结合，缓解审计样本选择不合理对审计结果的影响，扩大审计范围，减少审计风险，提高审计质量，取得很好效果。

2005 年，首次启动开展二级分行内部控制评价工作，对二级分行的内控管理进行综合评价，将二级分行、县级支行内控控制评价结果与全行综合绩效考核挂钩。

2006 年，积极落实《商业银行合规风险管理指引》，在二级分行和省分行成立法律与合规部，增加合规管理职能。实行审计体制改革，各二级分行审计监督权限全部上收至省分行，分片区成立 7 个审计办事处。启动开展一级内控控制综合评价工作，首次完成县级支行、二级分行、一级分行的内部控制综合评价。2006 年上半年全省各地审计办开展项目 558 个，印发风险信息报告和审计工作通报 37 份，查出问题金额 525513 万元，纠正问题 11927 个，挽回经济损失 22 万元。

2007 年，开展信贷风险大排查，进一步摸清全行贷款的风险底数，分析查找风险隐患，有针对性地采取措施，强化风险管控。

2008年，省分行新设立风险管理部，不断强化重点业务、重点岗位和重点环节的风险管理，实施风险识别、计量、监测和管理。分三批对辖内分行开展大型集中审计工作，重点抓好发现问题的整改落实和责任追究工作，做到先行揭示、先行整改、先行处理。组织开展《员工行为守则》教育检查活动，通过征文、全员考试、知识竞赛等，培养从业人员操守，推行合规文化教育。围绕服务股改，做好股改前尽职调查等工作，履职履责法律尽职调查、跟踪审计工作。

2009年，根据总行机构改革要求，将省分行及以下审计部门整合改设为内控合规部门；在省分行设立内控合规部，并将7个派驻审计办事处翻牌为内控合规部，对非派驻地的新余等4个二级分行增设内控合规部，增加授权管理、反洗钱、关联交易等合规管理职能。稳步推进对营业网点整体移位接管试点工作，本着"精简高效、同类合并、减轻压力"原则，开始编制年度检查计划，加强检查工作管理，统筹规划、合理安排各类检查。统筹实施自律监管检查，加强"第二道风险"防控。集中千余人对全省农行116个县级支行、705个营业网点组织开展案件风险集中排查。

2010年，省农行为贯彻落实银监会大型银行案件防控精神，加强内控合规管理和案件防控能力，开展"银行业内控和案防制度执行年"活动。下发《中国农业银行股份有限公司内部控制基本规定(试行)》，确定合规性、风险性、真实性、安全性目标，从内部环境、风险评估、控制活动、信息与沟通、内部监督加强内部控制管理。1998—2010年，省农行共审计31811个单位项目，查出有问题金额7733079万元。

表9-1-5 1998—2010年江西省农业银行内部审计工作成果

单位：万元

年度	审计项目（个）	审计总金额	违纪违规金额	经济处罚（人）	个人处罚金额	建议纪律处分或其他处分（人）
1998	6492	4958301	114997	2211	24	
1999	6634	5063211	225563	1808	18	
2000	3357	5099905	236471	1505	11	
2001	1603	6352482	362541	2022	15	46
2002	2707	5963401	584331	1704	12	72
2003	2021	5466876	526316	2352	14	677
2004	1403	7088626	436688	1886	15	76
2005	2033	6896482	632541	1369	17	156
2006	1864	7683199	977530	945	14	14
2007	1458	7998626	864164	1473	38	173
2008	892	9484471	795415	1536	20	198
2009	784	8414847	891156	1106	16	203
2010	563	12535824	1085366	903	13	269
合计	31811	93006251	7733079	20820	227	1884

中国工商银行江西省分行（简称省工行）内部审计　1985 年，江西省工行设立稽核部门负责内审工作，同时所辖下属机构陆续建立内控部门，并配备相应的审计人员。截至 2010 年，全省工行系统配备有专职内审人员 131 人。

2004 年 10 月，省工行出台《中国工商银行江西省分行内控管理委员会工作规则（试行）》；2005 年 9 月，出台《中国工商银行江西省分行业务经营管理问责制实施办法（试行）》；2006 年 2 月，出台《中国工商银行股份有限公司江西省分行内控管理委员会工作规则》；2007 年 11 月，出台《中国工商银行江西省分行关于加强内部控制体系建设的实施意见》；2007 年 9 月，出台《中国工商银行江西省分行内部控制责任制度》；2008 年 5 月，出台《中国工商银行股份有限公司江西省分行规章制度管理办法（试行）》；2008 年 12 月，出台《中国工商银行江西省分行综合检查统筹管理暂行办法》；2010 年 3 月，出台《中国工商银行江西省二级分行行长经营绩效综合考评内控工作专项考评办法》等规章制度规范内部审计工作。

1991 年，省工行稽核部门全年对 168 个项目进行稽核，其中：受稽核地、市行 3 个；县级行处 119 个；分理处和储蓄所 1126 个。

1992 年，省工行各级稽核部门全年对 1114 个项目进行稽核，发现违纪违规问题人员 10432 人，审计金额 355953 万元。

1998 年，省工行稽核系统共对 192 个项目、215 个机构进行稽核，发现各类违章、违规问题 7645 笔，涉及金额 167233 万元，挽回经济损失 606 万元，提出整改建议 2767 条，被采纳 87%。

1999 年，省工行稽核系统共对 281 个项目进行稽核，发现各类违规、违章问题 3456 笔，涉及金额 72940 万元，提出整改建议 2582 条，被采纳 86.6%，为全行增收和挽回经济损失 758 万元。

2000 年，省工行稽核系统对 124 个项目进行稽核，发现各类违规问题 2122 笔，涉及金额 183895 万元，挽回经济损失 151 万元，提出整改建议 2322 条，处罚机构 38 个，金额 18 万元；发出处罚建议书 27 份，建议行政处理 3 件，通报批评 44 人，经济处罚 92 人，处罚金额 25450 元。

2001 年，省工行稽核系统对 256 个项目进行稽核，发现问题 1750 笔，涉及金额 29701 万元，挽回经济损失 1206 万元。提出整改建议 1891 条，通报批评单位 90 个，处罚单位 27 个，处罚金额 1020 万元；扣罚营业费用额度 5 笔，金额 58 万元，通报批评 75 人，经济处罚 1074 人，金额 67438 元；行政处分 21 人，其中：警告 2 人，记过 3 人，记大过 3 人，撤职 1 人开除 1 人，其他 11 人，调换或调离岗位 19 人。

2002 年，省工行组织开展依法合规回头看检查。全行组织专业检查人员 408 人，对 3 家分行进行重点检查，检查发现涉及空白重要凭证及有价单证管理等 9 个方面 10068 个问题，对 3 家单位进行经济处罚，金额 6 万元，通报批评单位 52 个，对 687 人次进行经济处罚，金额 37213 元；开展对 2001 年贷后稽核，稽核发现问题贷款 1227 笔，金额 80158 万元。

2003 年，省工行稽核系统对 366 个项目进行稽核，发现问题 4917 个，涉及金额 384577 万元，提出整改建议 3444 条，通报批评单位 98 个，对 3 个单位和 246 人进行经济处罚，金额 31425 元；警告 4 人，撤职 2 人，解除劳动合同 8 人，避免及挽回经济损失 23867 万元。

2004 年，全省共开展稽核项目 661 个，下查一级覆盖面 100%。发现各类违规问题 3112 笔，提出整改建议 2742 条，整改率达 92%，对 27 个单位提出通报批评，对 12 个单位和 163 人进行经济处罚，金额 3 万元，警告 4 人，扣罚 17 个单位的营业费用 17 万元，避免或挽回经济损失 9340 万元。

2005 年，全省内控合规部门对 420 个项目进行审计，省行内控合规部全年人均现场检查 112 天，下查一级覆盖面 100%。共发现各类违规问题 19175 笔，提出整改建议 15099 条，通过督促已反馈落实整改 14259 条，整改率达 94.44%，累计经济处罚单位 4 个共 1 万元，通报批评单位 93 个，扣罚 5 个单位的营业费用 1 万元，累计经济处罚人数 2598 个，计 18 万元，警告 86 人，记过 1 人，撤职 2 人，开除 3 人，解除劳动合同 1 人，移送司法机关 1 人，避免或挽回经济损失 2628 万元。

2006 年，省工行全省内控合规部门开展各项检查审计发现问题 3908 条，已整改 3847 条；并对 3339 人次进行处罚，其中：经济处罚 310 人次，金额 48700 元；撤职 6 人；通报批评 16 人；下岗 4 人；调离岗位 2 人；行政警告 1 人。

2007 年，省工行共组织全省内控合规部门对 89 个项目进行合规性审计，其中：现场审计项目 77 个，非现场审计项目 12 个。省行对各行、各行对所辖行处覆盖面均达到 100%。共发现各类违规问题 9406 个，提出整改意见 9209 条，已整改 8424 条，并对个人经济处罚 507 人，金额 38842 元，行政记大过 1 人，行政警告 7 人，通报批评 2 人，免职 1 人。

2008 年，省工行内控合规部门对 127 个项目进行合规性审计，其中：现场审计项目 106 个，非现场审计项目 21 个，审计覆盖面均为 100%。共发现问题 4502 个，提出整改建议 3122 条，已整改 3009 条。其中：省行内控合规部通过现场审计和非现场审计督促各行补收利息 589 万元，收回问题贷款 894 万元，对 58 人提出处罚建议，其中：记大过 1 人，记过 2 人，警告 2 人，取消任职资格 2 人，通报批评 51 人。

2009 年，省工行内控合规部门对 215 个项目进行合规性审计，其中：现场审计项目 197 个，非现场审计项目 18 个；省行对各行、各行对支行覆盖面均为 100%。发现违规问题 3484 个，提出整改意见 2803 条，已整改 2757 个，整改率 98.36%，对个人经济处罚 158 人，金额 139410 元，记大过 1 人，行政警告 2 人。

2010 年，省工行内控合规部门进行 230 次各类检查，发现问题 2381 个，提出整改意见 2238 条，已落实 2193 条，共对 1084 人员实行违规积分，累计 3422 分，对 31 个单位进行经济处罚，金额 6 万元；对个人经济处罚 151 人，金额 64244 元，其中：记大过 2 人，警告 6 人，通报批评 11 人，告诫处罚 6 人，免职 3 人，引咎辞职 1 人。

九江银行内部审计　1999 年 8 月，九江银行筹建成立，原名九江市商业银行。2008 年 9 月，经省银监会批准更名为九江银行股份有限公司，随即设立内控稽核部，下辖分行设立稽核合规部，并配备专职审计人员负责内审工作。2011 年 8 月，全部完成内审体系建设。截至 2011 年，共建立审计部、内控合规部 7 个，配备专业审计人员 37 人、本科学历 27 人、硕士研究生 10 人、中级职称 11 人、注册会计师 4 人，国际注册内部审计师 1 人，国际注册风险管理确认师 1 人，通过司法考试 5 人。

九江银行先后出台《九江银行内部审计基本准则》《九江银行内部审计操作规程（试行）》《九

江银行审计部工作联系暂行办法》《九江银行内部审计机构及人员管理暂行办法》《九江银行审计部门及岗位职责》《九江银行审计人员回避管理暂行办法》《九江银行审计干部文件收发管理暂行办法》《九江银行审计部印章管理暂行办法》《九江银行内部审计工作问责制度》《九江银行内部控制审计评价暂行办法》《九江银行经济责任审计办法》《九江银行考核办法》等规章制度规范内部审计工作。

2000—2010 年，九江银行对 99 个单位常规性财务收支、信贷专项检查等项目进行审计，共查出违规金额 749 万元。

表 9-1-6　2000—2010 年九江银行内部审计工作成果

单位：万元

年度	审计单位（个）	违纪违规金额
2000	1	4
2001	3	10
2002	5	20
2003	5	18
2004	9	30
2005	11	61
2006	10	83
2007	13	101
2008	12	91
2009	15	121
2010	15	210
合计	99	749

南昌银行内部审计　南昌银行 1997 年 12 月由南昌市地方财政发起设立，2008 年 8 月 6 日更名为南昌银行股份有限公司，随即设立南昌银行审计部负责内审工作，配备专职审计人员 23 人，其中总部 14 人，派驻区域审计中心主管 9 人。审计人员中研究生 1 人、本科 20 人、大专 3 人、高级职称 1 人、中级职称 16 人。先后出台《南昌银行内部审计管理暂行办法》《南昌银行内部审计岗位职责》《南昌银行内部审计工作考核办法》《内部审计流程图及风险点》《南昌银行审计工作操作规程》《南昌银行审计主管委派管理暂行办法》等规章制度规范内部审计工作。

2008—2010 年，南昌银行对 239 个项目实施审计，其中：经济责任审计 109 个、专项审计 130 个、审计创效 819 万元、审计发现问题 1433 个、落实整改率 100%。

江西省煤炭集团公司（简称省煤炭集团）内部审计　省煤炭集团（原属省煤炭厅，2001 年改为省煤炭集团，2015 年更名为省能源集团）于 1985 年设立审计处负责内审工作，同时所辖下属机构相继成立内审部门，并配备专职审计人员。截至 2010 年底，共设立内审机构 16 个，配备专职审计人员 52 人。

2003 年至 2010 年底，省煤炭集团及直属各单位先后出台《内部审计制度》《审计问责制度》《内部审计项目质量控制制度》《工程投资审计实施办法》《经济责任审计规定》《工程审计管理办法》《审计整改工作意见》《内部控制审计管理办法》《物资采购审计实施办法》《内部审计机构职责权限》《内部审计处理及处罚暂行规定》《江西省煤炭集团公司权属企业负责人审计问责制度》等规章制度规范内部审计工作。

1991—1995 年，省煤炭集团全系统对 1364 个项目进行审计，纠正违纪违规金额 4450 万元，促进增收节支 1070 万元，查出并避免损失浪费 516 万元。1996 年，省煤炭厅审计处受煤炭部审计局委托对中国煤炭总医院基建工程结算实施审计，审减高估冒算工程款 218 万元，查出有问题金额 300 万元，挪用建设资金办服务公司 110 万元。是年，受省审计厅委托，对乐平矿务局固定资产投资进行审计，审减工程款 108 万元，查出虚报投资 46 万元。全年全系统共完成审计项目 123 项，查出违纪违规金额 2698 万元，促进提高经济效益 774 万元，查出损失浪费金额 368 万元。1997 年，全省煤炭审计部门坚持以提高经济效益为中心，以扭亏增盈为目标，积极开展审计监督。财务审计、承包兑现审计、基本建设预决算审计、经济责任审计均进一步深化，全年共完成审计项目 95 个，查出并纠正违纪违规金额 3039 万元，查出损失浪费金额 467 万元。

2002 年，省煤炭集团根据《江西省煤炭集团公司企业经营者年薪制暂行办法》，本着"先审计，后兑现"的原则，首次组织开展年薪兑现审计工作，严格考核生产经营成果，完善内部激励和约束机制。同时，加强内部审计信息化投入，专门拨款用于各级内部审计机构更新办公设施。

2003 年，省煤炭集团制定出台《江西省煤炭集团公司所属单位领导人员任期经济责任审计实施办法》。2004 年，省能源集团先后组织开展对萍矿集团等 9 个单位国债资金、高坑煤业等 13 户破产重组企业、矿建公司等 4 个单位领导人员任期经济责任审计。

2001—2010 年，省煤炭集团对 1687 个项目进行审计，其中：财务收支审计 204 个、财务决算审计 73 个、经济效益审计 47 个、离任审计 274 个、工程审计 463 个、物资采购审计 44 个、年薪兑现审计 96 个、管理审计 30 个、其他审计 456 个，共查出违纪违规金额 40558 万元，查出损失浪费金额 4354 万元，促进增收节支金额 9601 万元，建议行政处分 12 人。

表 9-1-7 2001—2010 年省煤炭集团内部审计工作成果

单位：万元

年度	审计单位（个）	违纪违规金额	损失浪费金额	促进增收节支金额	建议行政处分（人）
2001	163	1807	354		
2002	225	3477	3089	285	2
2003	153	3077	275	569	6
2004	167	4443	222	766	2
2005	137	4146	222	990	
2006	183	4472	14	1509	2
2007	199	4750	42	1434	
2008	104	4807	44	764	

续表

年度	审计单位（个）	违纪违规金额	损失浪费金额	促进增收节支金额	建议行政处分（人）
2009	104	2692	46	1297	
2010	252	6887	46	1987	
合计	1687	40558	4354	9601	12

江西省电力公司内部审计　1985年，省电力公司（原为省电力工业局）设立审计处负责内审工作，同时所辖下属单位均建立独立的审计机构，并配备专职审计人员。截至2010年底，共建立内审机构14个，配备专职审计人员91人。先后出台《关于加强审计工作的若干意见》《内部审计工作暂行规定》《关于同级审计实施办法》《上审下实施办法》《关于向职代会报告审计工作的暂行规定》《关于经营者任期经济责任审计暂行办法》《审计增收节支和特殊贡献奖的暂行办法》《审计处理处罚办法（试行）》《城乡电网建设与改造项目审计实施办法》《审计行为违法违规处理处罚办法》《江西省电力公司审计工作十年规划（草案）》《江西电力公司争创中国一流电力公司审计的考核办法（草案）》《审计质量管理办法》《审计工作办法》《审计人员职业道德规范》《优秀审计项目评比办法》《工程项目审计管理办法》《国债项目内部审计办法》等规章制度规范内部审计工作。

1991年，省电力公司全年对865个项目进行审计，纠正违纪违规金额162万元，查出损失浪费22万元，促进增收节支236万元。

1992年，全年对1477个项目进行审计，纠正违纪违规金额213万元，查出损失浪费金额1万元，促进增收节支687万元。

1993年，首次开展签证审计，对全系统24个单位进行签证审计，签审项目1221个。全年共完成审计项目1302项，纠正违纪违规金额117万元，促进增收节支576万元。

1994年，全省电力内审机构对1723个项目进行审计，其中签证审计1634项，占审计项目总数的94.8%，查出违纪违规金额188万元，促进增收节支2680万元。仅南昌供电局审计科全年签审工程338项，签审金额2967万元，审减468万元，被电力工业部评为"审计工作先进集体"。

1995年，全省电力内审机构对3293个项目进行审计，查出违纪违规金额619万元，促进增收节支83万元，其中签证审计3124项，核减金额3659万元。

1996年，全省电力内审机构对3671个项目进行审计，查出违纪违规金额24432万元，促进增收节支5642万元。南昌电厂审计科与燃料、财务等部门配合，拒付不合理煤款254万元。

1997年，全省电力内审机构对4136个项目进行审计，查出违纪违规金额365万元，促进增收节支4704万元。省公司审计处于该年2月首次向省公司职代会作审计工作报告，受到工会的大力支持和职工的真诚欢迎。各级内审机构在坚持财务收支审计的同时，共完成签证审计3180项，核减金额4220万元。厂（局）长离任审计走向制度化、规范化，全系统共开展任期经济责任审计53项，还针对企业领导关注的问题和企业带倾向性的问题，如企业盈亏情况、更新改造项目、多种企业经营成果、资产负债、对外投资等开展了审计调查。

1998年，对1956个项目进行审计，其中任期经济责任审计67项、财务收支审计171项、工程项目审计 109 项、工程签证审计 1475 项、提出审计意见 1203 条、审计建议 137 条。

1999 年，对 3846 个项目进行审计，其中任期经济责任审计 663 项、财务收支审计 151 项、工程项目审计 18 项、工程签证审计 3089 项、提出审计意见 1236 条、审计建议 146 条。

2000 年，对 3832 个项目进行审计，其中任期经济责任审计 76 项、财务收支审计 53 项、工程项目审计 56 项、工程签证审计 3551 项、提出审计意见 1369 条、审计建议 238 条。

2001 年，对 4159 个项目进行审计，其中任期经济责任审计 54 项、财务收支审计 27 项、工程项目审计 75 项、工程签证审计 3851 项、提出审计意见 1359 条、审计建议 239 条。

2002 年，对 4348 个项目进行审计，其中任期经济责任审计 40 项、财务收支审计 17 项、工程项目审计 59 项、工程签证审计 4093 项、提出审计意见 1305 条、审计建议 198 条。

2003 年，对 3031 个项目进行审计，其中任期经济责任审计 42 项、财务收支审计 15 项、工程项目审计 47 项、工程签证审计 2789 项、提出审计意见 1412 条、审计建议 259 条。

2004 年，对 3031 个项目进行审计，其中任期经济责任审计 77 项、财务收支审计 27 项、工程项目审计 56 项、工程签证审计 2754 项，提出审计意见 1507 条、审计建议 277 条。

2005 年，对 3348 个项目进行审计，其中任期经济责任审计 52 项、财务收支审计 51 项、工程项目审计 254 项、工程签证审计 2696 项、提出审计意见 1596 条、审计建议 1515 条。

2006 年，对 2887 个项目进行审计，其中任期经济责任审计 61 项、财务收支审计 37 项、工程项目审计 198 项、工程签证审计 2369 项、提出审计意见 1634 条、审计建议 371 条。

2007 年，对 2923 个项目进行审计，其中任期经济责任审计 56 项、财务收支审计 67 项、工程项目审计 232 项、工程签证审计 2106 项、提出审计意见 2711 条、审计建议 429 条。

2008 年，对 2923 个项目进行审计，其中任期经济责任审计 46 项、财务收支审计 88 项、工程项目审计 218 项、工程签证审计 2516 项、提出审计意见 2566 条、审计建议 414 条。

是年，省电力公司被评为"2005—2007 年全国内部审计工作先进单位"。

2009 年，对 2923 个项目进行审计，其中任期经济责任审计 55 项、财务收支审计 75 项、工程项目审计 188 项、工程签证审计 2870 项、提出审计意见 2723 条、审计建议 440 条。

2010 年，对 4213 个项目进行审计，其中任期经济责任审计 63 项、财务收支审计 42 项、工程项目审计 295 项、工程签证审计 2907 项、提出审计意见 2905 条、审计建议 472 条。

江西省核工业地质局内部审计 1985 年 12 月，核工业地质局设立审计处负责内审工作，同时所辖下属单位相继成立内审机构，并配备专职审计人员。截至 2010 年底，全系统共设立内审机构 13 个，配备专职审计人员 23 人。先后制定并下发《江西省核工业地质局内部审计工作规定》《江西省核工业地质局基建与施工项目审计办法》等规章制度规范内部审计工作。

1991—1997 年，全系统内审机构共完成审计项目 528 个，查出违纪违规金额 961 万元，纠正金额 807 万元，查出损失浪费金额 52 万元，提出审计建议 699 条，被采纳 577 条。

1998—2010 年，全系统内审机构共完成审计项目 709 个，审计总金额 596503 万元，查出违纪违规金额 8259 万元，损失浪费金额 7 万元，促进增收节支金额 4 万元。

表 9-1-8 1998—2010 年省核工业地质局内部审计工作成果

单位：万元

年度	审计单位（个）	审计总金额	违纪违规金额	损失浪费金额	促进增收节支金额
1998	94	13816	263	5	1
1999	115	14265	88	1	3
2000	43	18600	296		
2001	44	14158	337	1	
2002	45	17222	296		
2003	44	27708	589		
2004	44	38320	1576		
2005	45	43960	1794		
2006	53	54370	438		
2007	55	70109	242	1	
2008	39	87889	0		
2009	49	89266	2305		
2010	39	106820	35		
合计	709	596503	8259	8	4

中国石化江西石油分公司内部审计 1985 年 5 月，省石油公司（原名省石油化工厅）设立审计处负责内审工作，同时所辖下属单位相继成立内审机构，并配备专职审计人员。截至 2010 年底，共有审计机构 1 个，配有审计人员 15 人。先后出台《中国石化江西石油分公司 审计项目质量控制管理实施细则》《中国石化江西石油分公司 审计报表管理实施细则》《中国石化江西石油分公司 审计工作沟通管理实施细则》《中国石化江西石油分公司 审计工作保密管理实施细则》《中国石化江西石油分公司 审计工作分级复核管理实施细则》《中国石化江西石油分公司 审计项目组长负责制管理实施细则》《中国石化江西石油分公司 审计项目审理管理实施细则》《中国石化江西石油分公司 经济责任工作联席会议制度》《中国石化江西石油分公司 审计项目计划管理实施细则》《中国石化江西石油分公司 审计信息化应用管理实施细则》《中国石化江西石油分公司 审计培训管理实施细则》《中国石化江西石油分公司 审计档案管理实施细则》《中国石化江西石油分公司 委托中介机构审计投资项目管理实施细则》《中国石化江西石油分公司 审计特派员履职考核实施细则》等规章制度规范内部审计工作。

省石油公司为维护公司财经法纪，积极开展内部审计监督工作，从 1998—2010 年，全系统共对 793 个财务收支项目、1389 个工程造价项目进行审计，审计总金额 3605317 万元，查出违纪违规金额 40770 万元，促进增收节支金额 8080 万元，提出审计建议 1347 条。

表 9-1-9　1998—2010 年江西省石油公司内部审计工作成果

单位：万元

年度	财务收支项目（个）	工程造价项目（个）	审计总金额	违纪违规金额	促进增收节支金额
1998	30		35660		
1999	57	2	52110	363	5
2000	182	49	91307	2632	80
2001	104	79	104043	189	330
2002	116	113	98339	4021	355
2003	113	75	135444	5489	441
2004	41	102	336529	6768	867
2005	21	181	357153	5703	1301
2006	36	92	390856	3009	1058
2007	32	73	453525	1845	747
2008	25	74	463030	1058	542
2009	19	301	525883	7396	1316
2010	17	248	561439	2296	1038
合计	793	1389	3605317	40770	8080

省建材集团公司内部审计　1988 年 3 月，省建材集团公司（原名省建材局）设立审计处负责内审工作，同时所辖下属单位相继成立内审机构，并配有专职审计人员。2000—2005 年机构改革，有些内审机构被撤销。2006—2010 年，每年只保留 2 个内审机构，配备人员 3 人。为规范管理，2006年，出台《江西省建材集团公司内部审计"十一五"工作规划》《江西省建材集团公司内部审计工作》；2007 年，出台《江西省建材集团公司内部审计工作流程》。2006 年省建材集团公司完成审计项目 4个；2007 年完成审计项目 5 个，提出整改意见、建议 82 条；2008 年完成审计项目 4 个，提出整改意见、建议 40 条；2009 年完成审计项目 1 个，促进增收节支金额 392 万元；2010 年完成审计项目6 个，促进增收节支金额 575 万元。

江西日报社内部审计　2001 年，江西日报社设立内审机构负责内审工作。截至 2010 年底，设立内审机构 1 个，配备审计人员 4 人，其中研究生 1 人、本科学历 3 人、中级专业技术职称 1 人、高级职称 3 人、中国注册会计师 1 人、国家注册监理工程师 1 人。为规范内部审计工作，先后出台《江西日报社基本建设项目审计管理办法》《江西日报社经济责任部门负责人任期经济责任审计办法（试行）》《江西日报社对负有经济责任的领导干部任中审计暂行办法（试行）》等规章制度。为维护国家财经法纪，江西日报社自 2001—2010 年，共完成审计项目 211 个，审计总金额 48300 万元，查出损失浪费金额 67 万元，促进增收节支 1371 万元，移送司法机关案件线索 1 起，建议行政处分人数 1 人。

江西省地矿局内部审计　1984 年 4 月，江西省地矿局（原名江西省地矿厅）设立审计处负责内审工作。1996年,省地矿局改名省地质矿产厅,与江西地勘局合署办公,局审计处实行两块牌子一套人马。后机构改革,改名省地矿局。从1998—2010年,局审计处均保留1个内审机构并配备3名审计人员。为规范内部审计工作,自成立起,省地矿局先后出台《江西省地矿局内部审计工作规定》《江西省地矿局地勘单位行政主要负责人任期经济责任审计办法》等规章制度规范内部审计工作。

1996年,对79个项目进行审计,查出违纪违规金额412万元、虚假利润566万元、损失浪费金额323万元,提出审计建议248条,被采纳148条。

1997年,对108个项目进行审计,审计总金额60038万元,查出损失浪费金额318万元,促进提高经济效益7万元,查出违纪违规金额459万元,已纠正16万元。其中厅审计处完成审计项目24个,审计总金额38596万元,查出损失浪费金额302万元。

1998—2010年,共对89个项目进行审计,审计总金额434948万元,促进增收节支金额541万元。

表 9-1-10 1998—2010 年省地矿局内部审计工作成果

单位:万元

年度	审计单位（个）	审计总金额	促进增收节支金额
1998	5	11614	35
1999	12	39369	117
2000	1	190	
2001	13	35988	
2002	10	23440	
2003	3	110	
2004	23	193650	
2005	8	62285	
2006	5	23674	
2007	3	4946	359
2008	5	30522	30
2009	1	9156	
2010	0	0	
合计	89	434948	541

江西省交通运输厅(简称省交通厅)内部审计 1984年7月,省交通厅设立审计处负责内审工作,1984—1992年,全系统内审机构共对2429个项目进行审计,纠正违纪违规金额2865万元,查出损失浪费98万元,促进增收节支456万元。1993—1996年,全系统内审机构对1849个项目进行审计,纠正违纪违规金额2963万元,上缴财政金额28,促进增收节支1962万元,避免损失浪费285万元。同时,厅审计处被评为"全国交通审计工作先进集体"。1997年,对433个项目进行审计,查出有问题金额2498万元,其中违纪违规金额1079万元,查出损失浪费金额66万元,促进增收节支261万元。是年,厅审计处参与昌樟、九景、温家圳至厚田三条高速公路基建项目及有关进口设备与材

料的招标、投标和评标活动，为促进此项工作的公开、公正、公平实行了有效的监督。2001年机构改革后，审计处撤销，不再有内审机构。

南昌铁路局内部审计 1985年7月，南昌铁路局设立审计科负责内审工作，同时所辖下属单位相继成立内审机构并配备专职的审计人员。截至2010年底，共设有内审机构3个，配备审计人员29名。先后出台《南昌铁路局厂长任期经营管理水平审计测评（试行）办法》《南昌铁路局审计信息报送制度》《南昌铁路局审计统计工作管理办法》《审计处办公设备管理办法》《审计处审计档案管理工作暂行规定》《南昌铁路局审计处内部管理制度》（含会议制度、首问责任制度、限时办结制度、服务承诺制度、请示制度、汇报制度、审计报告署名制度、审计保密制度、审计组廉政纪律执行情况反馈意见函制度、审计工作纪律）、《南昌铁路局经济责任审计联席会议制度》《南昌铁路局经济责任审计整改督办制度》《南昌铁路局内部审计工作制度》（含内部审计工作制度、财务收支审计实施办法、经济效益审计实施办法、内部控制制度审计实施办法、工程建设项目审计实施办法、专项资金审计实施办法、专项审计和调查实施办法、固定资产投资项目自筹资金来源实行事前审计的实施办法）、《南昌铁路局审计工作责任制实施办法》《南昌铁路局关于违反财经法规审计处理处罚暂行规定》《南昌铁路局计算机辅助审计实施办法》《南昌铁路局所属国有企业及国有控股企业领导人员经济责任审计暂行办法》《关于局属单位实行内部审计制度的通知》《南昌铁路局审计项目考核评比暂行办法》《南昌铁路局兼职审计员管理办法》《关于重新公布开展"争创无违纪户"活动实施办法的通知》《南昌铁路局审计人员后续教育实施办法》《南昌铁路局审计项目作业规则》《审计报告规则》《审计人员行为规则》《关于工程建设项目竣工结算委托社会中介机构审计查证的通知》《南昌铁路局"两经"审计人员实行委派制实施办法》《南昌铁路局后评估审计实施办法（试行）》《南昌铁路局所属单位及国有铁路控股企业领导人员经济责任审计办法》等规章制度规范内部审计工作。

1991年，局审计科从内控制度入手，把反映大、亏损大、困难大的单位作为审计重点，共对36个轮审项目、116个其他项目进行审计，查出违纪违规金额110万元，分局收缴73万元，上缴国家财政6万元，查出违纪人员8人，其中经济处罚2人、行政处分5人、移送司法机关1人；1992年，分局审计工作着重向效益审计延伸，全年共对37个项目进行审计，查出违纪违规金额16万元，促进增收节支120万元；1997年，局审计处全年对57个项目进行审计，查出并纠正违纪违规金额228万元，促进增收节支124万元。审计处把刚建成通车的京九铁路沿线各单位的内控制度列为1997年的审计重点。通过审计，发现会计基础工作薄弱、成本管理制度不健全、固资设备管理不规范、工程承包合同不完整等问题，提出5条建议，并就地给予咨询和帮助，为新单位加强管理、堵塞漏洞、防患于未然起到促进作用。从1986年至1997年，全系统内审机构共审计项目886个，查处违纪违规金额3007万元，促进增收节支1447万元。在这期间，路局审计处（分局审计科）先后被铁道部、上海铁路局、江西省审计厅评为"审计工作先进集体"。1998年审计项目46项，其中：经济责任审计项目32项、财务收支审计4项、专项审计4项、工程建设审计2项、审计调查3项、经济效益审计1项、自筹资金购建固定资产事先审计48项。1999年，审计项目35项，其中：经济责任审计22项、财务收支审计4项、专项审计9项。2000年，审计项目61项，其中：经济责任审计43项、财务收支审计11项、专项审计4项、专项资金审计3项。自筹投资款源审计40项。

2001 年，审计项目 65 项，其中：经济责任审计 28 项、财务收支审计 25 项、工程项目审计 2 项、审计调查 8 项、专项审计 2 项。是年，根据铁道部铁工经审〔2001〕2 号文件精神和路局领导的指示，路局审计处首次对全局 14 个工会技协单位 2000 年度有偿服务活动进行审计，审计面达 100%。自筹投资款源审计 26 项。2002 年，审计项目 61 项。其中：经济责任审计 39 项、财务收支审计 15 项、安全工程审计 1 项、审计调查 5 项、投资经济效益审计 1 项。自筹投资款源审计 48 项。2003 年，审计项目 55 项。其中：经济责任审计 22 项、财务收支审计 27 项、工程审计 1 项、专项资金审计 3 项、经营效益审计 1 项、审计调查 1 项。自筹投资款源审计 19 项。2004 年，审计项目 82 项，其中：经济责任审计 52 项、财务收支审计 21 项、工程审计 2 项、专项资金审计 2 项、专项审计和调查 3 项、后续审计 1 项、营业绩效审计 1 项。自筹投资款源审计 46 项。2005 年，审计项目 102 项，其中：经济责任审计 66 项、财务收支审计 25 项、工程审计 2 项、专项审计和调查 9 项。查出有问题金额 7248.66 万元，提出审计管理建议 302 条。自筹投资款源审计 29 项。2006 年，审计项目 119 项，其中：经济责任审计 45 项、财务收支审计 28 项、工程项目审计 6 项、审计调查 5 项、专项审计 12 项、委托造价咨询公司工程审计 23 项。自筹投资款源审计 23 项。2007 年，审计项目 71 项，其中：经济责任审计 27 项、财务收支审计 9 项、经营业绩审计 9 项、工程项目审计 9 项、审计调查 1 项、专项审计 13 项、其他专项审计 3 项。查出有问题金额 7641.83 万元，提出审计管理建议 245 条。自筹投资款源审计 25 项。2008 年，审计项目 74 项，其中：经济责任审计 23 项、财务收支审计 17 项、经营业绩审计 10 项、工程项目审计 8 项、审计调查 2 项、专项审计 11 项、经济效益审计 1 项、后项目评估审计 2 项。自筹投资款源审计 11 项。2009 年，审计项目 74 项，其中：经济责任审计 30 项、财务收支审计 8 项、经营业绩审计 5 项、工程项目审计 9 项、审计调查 4 项、专项审计 17 项、后评估审计 1 项。自筹投资款源审计 22 项。2010 年，审计项目 69 项，其中：经济责任审计 18 项、财务收支审计 8 项、经营业绩审计 20 项、工程建设审计 7 项、审计调查 1 项、专项审计 15 项。查出有问题金额 89422.49 万元，提出的管理建议 205 条。自筹投资款源审计 10 项。1998—2010 年，南昌铁路局共对 914 个项目进行审计，查出违纪违规金额 128159 万元，损失浪费金额 7256 万元，促进增收节支金额 10339 万元。

2005 年，南昌铁路局审计科被评为"全国内审工作先进单位"，受到审计署表彰。

表 9-1-11　1998—2010 年南昌铁路局内部审计工作成果

单位：万元

年度	审计单位（个）	审计总金额	违纪违规金额	损失浪费金额	促进增收节支金额	移送纪检监察（人）	移送司法机关案件（起）
1998	46	952	881	245	306		
1999	35	2440	2415	25	1770		
2000	61	3165	2999	166	1194		
2001	65	7507	6548	959	1236	1	
2002	61	8974	8423	551	388	5	1

续表

年度	审计单位（个）	审计总金额	违纪违规金额	损失浪费金额	促进增收节支金额	移送纪检监察（人）	移送司法机关案件（起）
2003	55	3190	3091	99	546	4	1
2004	82	8595	7315	1280	972		
2005	102	7248	6099	1149	374		
2006	119	9601	9599	2	463		
2007	71	7642	7030	612	826		
2008	74	10924	9810	1114	1495		
2009	74	11369	10314	1055	383		
2010	69	53635	53635		386		
合计	914	135241	128159	7256	10339	10	2

中国邮政集团公司江西省分公司（简称省邮政公司）内部审计 1985年5月，中国邮政集团公司江西省分公司（原名省邮电管理局）设立审计监察处负责内审工作。2004年机构改革，省邮电管理局分为邮政公司与电信公司，随即省邮政公司处开始设立，所辖下属单位相继成立内审机构。截至2010年底，共设立内审机构12个，配备审计人员23人。其中：

从2005年开始先后出台《邮政建设项目竣工决算审计实施办法》《邮政企业违反财经法规经济处理处罚办法（试行）》《邮政审计项目计划管理办法》《关于开展经济效益审计工作的指导意见》《中国邮政集团公司关于内部审计工作的规定》《邮政企业领导人员任期经济责任审计暂行规定》《邮政建设项目审计管理办法》《全国邮政审计人员职业道德规范》《邮政企业审计项目质量控制办法》《邮政企业审计项目档案管理办法》《邮政企业经济责任审计作业指导书》《邮政企业财务收支审计作业指导书》《邮政工程建设项目审计作业指导书》等规章制度规范内部审计工作。

1991年，省邮电局审计处组织有关地市审计部门对38个单位1990年度财务收支情况、25个单位的报刊发行资金、7个地市局和3个省局直属单位1989—1991年的专用基金提取、使用和管理情况、14个单位局长任期经济责任等进行审计。1992年对34个单位的财务收支、118个大小工程决算项目、20个邮电单位用户欠费、54个邮电单位局（厂）长任期终结经济责任等进行审计和调查。1993年，对28个单位的财务收支进行审计、36个邮电通信企业用户欠费情况、365个邮电支局管理情况展开审计调查。1994年，共对137个单位的227个项目进行审计，其中审计基建工程决算70项，送审金额2692万元，审计核减金额403万元，核减率14.97%。1995年对125个基建（土建）项目和296个通信工程进行审计，分别核减工程费用820万元和393万元，并与养老基金办联合组成审计调查组对南昌、九江市邮电局等单位养老保险基金实施审计调查。1996年，对38个单位进行财务收支审计，纠正违纪违规金额630万元；对923个工程项目开展审计，送审金额26587万元，核减金额3027万元，核减率11.46%；同时开展多种经营审计和专项审计调查。1997年，全省邮电系统共完成审计项目1319个，其中财务收支审计42个，查处违纪违规金额718万元；工程项目审计1135个，送审金额35000万元，核减工程费4160万元，核减率12.26%；多种经营企业审计18项，发现多种经营企业无偿占用主业资产，造成国有资产流失比较严重等问题，并提出整改意见；开展局长（厂长、经理）离任审计30项、专项审计和审计调查26项、各级领导交办的临时任务68项。2004—2010年，省邮政公司共对828个单位的4957个项目进行审计，审计总金额70159万元，查出违纪违规金额10658万元，促进增收节支金额20289万元。

2002年、2005年、2008年，省邮政公司被审计署评为"全国内审先进单位"；2002年、2005年和2008年，被省审计厅评为"全省内审先进单位"；2002年、2005年、2008年，被国家邮政总局评为"全国邮政审计先进集体"，受到表彰。

表 9-1-12　江西省邮政公司 2004—2010 年内部审计工作成果

单位：万元

年度	审计单位（个）	审计项目（个）	审计总金额	违纪违规金额	促进增收节支金额
2004	123	697	13778	3128	4024
2005	122	846	16938	2578	4906
2006	129	939	12767	1230	2563
2007	112	648	6421	1015	2106
2008	112	713	7912	1052	2536
2009	105	668	6462	973	2331
2010	125	446	5881	682	1823
合计	828	4957	70159	10658	20289

中国电信江西公司（简称省电信公司）内部审计　省电信公司其前身是省邮电管理局，2004年机构改革，省邮电管理局分家后成立。同时，省公司审计部进行集约化改革，对全省审计实行派驻管理，截至2010年，历年都设有7个派出审计室，并配有审计人员46名，机构及人员都相对稳定。从2006年起，省公司陆续建立和完善各项规章制度，先后出台《关于实行内部审计集中管理的通知》《派驻审计人员劳动人事管理办法》《江西电信审计员星级管理办法》《派驻机构年度绩效考核实施细则》《内部审计工作管理办法》《财务审计实施办法》《内部审计项目组长责任制度》等。

2006年，省电信公司共对全省47个市、县分公司进行审计，审计项目10967个。其中：工程审计项目10768个，审计金额143100万元，审减不合理的工程费用4438万元，审减率为3.1%；对财务收支审计19项，经济责任审计49项，预算执行情况审计14项；内控审计32项；组织专项审计调查83项，经济效益审计2项；提出并采纳管理建议221条。

2007年，省电信公司共对全省51个市、县分公司进行审计，审计项目7110个。其中：工程审计项目7021个，审计金额58100万元，审减不合理的工程费用1726万元，审减率为2.97%；对财务收支审计14项，经济责任审计37项，内控审计19项，组织专项审计调查17项，预算执行情况（绩效）审计2项；提出并采纳管理建议178条。

2008年，省电信公司共对全省53个市、县分公司进行审计，审计项目13062项。其中工程审计项目13015项，审计金额106400万元，审减不合理的工程费用3905万元，审减率为3.67%；对财务收支审计 6 项，经济责任审计 35 项，预算执行情况（绩效）审计 6 项。提出并采纳管理建议 206 条。

2009 年，省电信公司共对全省 49 个市、县分公司进行审计，审计项目 19703 项。其中：工程审计项目 19608 项，审计金额 172100 万元，审减不合理的工程费用 6635 万元，审减率为 3.86%；对财务及预算执行情况审计 9 项，经济责任审计 46 项，内控审计 37 项，专项审计调查 14 项，提出各类审计建议或改进意见 349 条。

2010 年，省电信公司共对全省 56 个市、县分公司进行审计，审计项目 13849 项。其中：工程审计项目 13779 项，审计金额 134900 万元，审减不合理的工程费用 5592 万元，审减率为 4.14%；对财务及预算执行情况审计 6 项，经济责任审计 27 项，内控审计 19 项，专项审计调查 19 项，提出各类审计建议或改进意见 421 条。

同时，省电信公司被审计署评为"2005—2007 年全国内部审计先进单位"、"2008—2010 年全国内部审计先进单位"；被国家电信总公司评为"2008—2010 年中国电信内部审计先进单位"，受到表彰。

江西省粮食局（简称省粮食局）内部审计 1986 年，省粮食局设立审计处负责内部审计工作，同时所辖全省下属单位相继成立内审机构。截至 2010 年底，全省粮食系统共建立内审机构 66 个，并配备审计人员 149 名。1992 年，对 104 个项目进行审计。其中：财务收支审计 57 个、经济效益审计 13 个、经济责任审计 27 个、其他项目 7 个，查出违纪违规金额 326 万元，损失浪费金额 15 万元，促进增收节支 670 万元。1989—1996 年，共对 10650 个项目进行审计，查出违纪违规金额 22111 万元，上缴主管部门和财政部门 794 万元，单位自行调账 1661 万元，促进增收节支 7452 万元。1997 年，开展财务收支、财产管理、财经法纪和其他常规审计 1032 项，查出违纪违规金额 4068 万元；开展经济效益审计 172 项，查出损失浪费金额 5600 万元，促进增收节支金额 3616 万元；开展基建工程项目审计 132 个，核减金额 262 万元；开展经理（厂长）经济责任（离任）审计 528 个，其中省局审计处对省直 9 个单位的法人代表进行离任审计，查出违纪违规金额 2594 万元、损失浪费金额 805 万元。全年写出专题审计调查报告 133 篇，提出建议 1830 条，被采纳 1507 条。此外，还配合纪检监察部门和国家审计机关开展清欠资金、反腐倡廉活动，全省粮食系统审计部门投入此项活动人日 8600 个，查处案件 90 起，金额 738 万元，收回欠款 25506 万元。是年，全省粮食系统内审机构有 51 个受到国家审计机关、上级主管部门表彰，其中 33 次受到国家审计机关表彰。1998—2010 年，全省粮食系统内审机构共对 4680 个项目进行审计，审计总金额 640285 万元，查出违纪违规金额 6036 万元，损失浪费金额 3173 万元，促进增收节支金额 5847 万元。

表 9-1-13　1998—2010 年江西省粮食局内部审计工作成果

单位：万元

年度	审计单位（个）	审计总金额	违纪违规金额	促进增收节支金额	移送司法机关案件（起）	建议行政处分（人）
1998	477	55166	700	513		9

续表

年度	审计单位（个）	审计总金额	违纪违规金额	促进增收节支金额	移送司法机关案件（起）	建议行政处分（人）
1999	421	59991	653	1122		5
2000	437	53633	965	1216		4
2001	443	50246	687	592		2
2002	440	52845	476	301		3
2003	426	53403	493	478	1	2
2004	300	46072	360	212		4
2005	337	46703	526	485	1	2
2006	305	40399	298	276		6
2007	294	48071	349	235	2	5
2008	281	41037	174	159		6
2009	275	46192	180	123		2
2010	244	46527	175	136		2
合计	4680	640285	6036	5847	4	52

江西中烟工业公司内部审计　江西中烟工业公司其前身烟草专卖局和省烟草公司两块牌子一套人马。1985年设立审计科负责内审工作，1987年5月升格为审计处。2004年机构改革，烟草工商分设，江西中烟公司成立。是年9月设立审计部，同时所辖下属单位相继成立内审机构。截至2010年，共设立内审机构6个，配备审计人员26名。2008年开始先后出台《经济责任审计工作联席会议制度》《经济责任审计工作联席会议办公室工作规定》《任期经济责任审计制度》《内部审计管理办法》《大额资金监管制度》《基本建设投资项目审计制度》等规章制度规范内部审计工作。

2004—2010年，江西中烟公司38次对内部财务收支情况进行审计，披露问题金额4983万元，均进行调账处理。其中：2006—2007年，国家局连续两年在全行业开展对12个直属单位和直属多元化企业2004—2007年的财政同级审计，涉及问题金额3186万元。2007年，审计13个单位，查出涉及问题金额252万元；2007—2008年审计7个单位，查出涉及问题金额1256万元；2009年审计6个单位，查出涉及问题金额289万元；2006—2010年，中烟公司组织开展对11人次各直属单位、中心主要负责人的经济责任审计。其中：离任经济责任审计3人、拟提拔经济责任审计3人、任期内经济责任审计5人；审计重点主要是：企业执行力和内部管理、任期目标完成、控本降耗增效、资产和财务管理、"三重一大"经济决策情况、内部控制和执行情况、遵守国家财经法纪情况等，并提出建议29条。组织开展42个项目概算和结算工程审计，送审总额为12907万元，审减总额为1336万元；开展5次专项审计，共查出问题点76个。

新余钢铁集团公司内(简称新余钢厂)内部审计　1996年1月6日，新余钢厂（原名新余钢铁总厂）由原江西钢厂、新余钢厂、铁坑铁矿厂合并而成立的大型冶金联合企业。总厂成立之前，3个合并企业均各自设立了审计机构。1991年总厂成立后，设立审计处，一直维持现状，直到2010年，并配备审计人员 10 人。2001 年开始先后出台《审计工作实施办法》《工程结算审核收费管理规定》《财务审计、财务管理监督制度》等规章制度规范内部审计工作。

1991—1993 年，对 116 个项目进行审计，查出违纪违规金额 2900 万元，促进增收节支 548 万元。1994 年 6 月，新余钢铁总厂改制成国有独资公司新余钢铁有限责任公司，设立审计处。公司董事会成立审计委员会，所属 16 家全资子公司均设立了审计机构。公司审计处成立后，在开展财务收支、工程决算、厂（矿）长离任审计的同时，以经济效益审计为重点，开展原燃料采购的稽查审计、物资流程的审计监督、驻外经营公司的经济效益审计和债权债务清理等工作。1994—1997 年，对 204 个项目进行审计，查处违纪违规金额 7175 万元，促进提高经济效益 5567 万元。1997 年，开展工程审计，核减金额 143 万元；开展 22 家企业厂长、经理离任审计，收缴盘盈物资 101 万元，潜盈 908 万元。从 1998 年到 2010 年，对 1220 个项目进行审计，查出违规金额 79946 万元，工程结算审计核减 3414 万元，提出整改建议 1218 条。

表 9-1-14　1998—2010 年新余钢厂内部审计工作成果

单位：万元

年度	审计项目（个）	工程结算审计（份）	工程结算审计金额	工程结算核减金额	违纪违规金额
1998	110	536		202	467
1999	57	689	4800	142	2445
2000	124	884	5200	172	3821
2001	272	1337	11800	258	1720
2002	80	1281	17800	331	301
2003	71	1459	19800	206	1784
2004	102	1665	34500	213	14800
2005	73	1891	42000	163	12573
2006	90	1874	56800	325	8097
2007	82	2405	37300	249	16371
2008	85	2099	20000	239	2976
2009	41	2215	42500	565	2192
2010	33	2136	51300	3348	12398
合计	1220	20471	343800	6413	79945

江西铜业集团公司（简称江西铜业公司）内部审计　1985 年 4 月，江西铜业公司设立审计处负责内审工作，同时所辖下属单位陆续建立内审机构。截至 2010 年，全系统共设立内审机构 7 个，并配备审计人员 39 人，其中研究生 1 人、本科生 25 人、大专生 13 人、高级专业技术职称 4 人、中级专业技术职称 21 人。1994 年开始先后出台《江西铜业公司审计项目优秀成果评比竞赛办法》《江西铜业公司内部审计工作办法》《江西铜业公司工程合同及预决算审计试行办法》《江西铜业公

司工程投资审计实施办法》《江西铜业公司优秀审计项目评比办法》《江西铜业公司内部审计制度》《江西铜业公司干部经济责任审计实施办法》《江西铜业公司工程项目跟踪审计试行办法》《贸易事业部部分业务风险控制授权管理规定》《全面风险管理试点实施方案》《江西铜业公司内部控制体系建设项目管理办法》等规章制度规范内部审计工作。1985—1997年，全公司审计系统共对732个项目进行审计，查出违纪违规金额11971万元，查出损失浪费金额1271万元，促进增收节支10027万元。其中：1996年，对63个项目进行审计，查处违纪违规金额4454万元，促进增收节支3434万元，创历史最高水平。江西铜业公司审计系统先后13次被评为先进集体，在中国有色金属工业总公司组织的4次全国有色金属审计工作评比中，江西铜业公司均被评为先进集体；有32个项目被评为优秀成果，其中获一等奖2个、二等奖4个、三等奖9个。

1998年，对8个（960份）工程投资项目进行审计，审核投资额15962万元，核减因多计工程量、高调材料价格、高套定额、多计其他间接费等金额355万元。

1999年，对11个工程投资项目进行审计，审核投资额41481万元，核减因多计工程量、高调材料价格、高套定额、多计其他间接费615万元。

1993—2000年，共对552个项目（含上冶34项）进行审计，其中：财务收支审计112项，资产负债损益审计4项，经济效益审计34项，经济责任审计168项（含领导干部离任经济责任审计162项），经营承包审计18项，基建技改审计项目71项，内部控制制度审计9项，专项审计调查67项，其他审计69项。共查处违纪违规金额28359万元，提出审计建议1926条，被采纳1788条，建议给予行政处分2人，移送司法机关处理2人，经济处罚4人；查出损失浪费金额2940万元，促进企业增收节支，提高经济效益9593万元（其中核减工程费用2450万元）。

2001—2010年，江西铜业公司共对1220个项目进行审计，查出违纪违规金额14503万元，损失浪费金额23687万元，促进企业增收节支金额15852万元。

表9-1-15　2001—2010年江西铜业公司内部审计工作成果

单位：万元

年度	审计项目（个）	违纪违规金额	损失浪费金额	促进增收节支金额	基建核减金额
2001	67	2541	3350	948	36764
2002	72			962	32487
2003	86	489	6419	453	10886
2004	50	911	910	365	33064
2005	49	891	631	1225	35464
2006	157	1642	4027	1653	59013
2007	146	1459	672	977	134854
2008	210	3042	5116	2406	112625
2009	201	1586	2040	2453	141430
2010	182	1942	522	4410	476513
合计	1220	14503	23687	15852	1073100

1998 年开始，江西铜业公司先后被评为"全国内部审计先进单位""江西省审计系统先进单位"；曹道发等被评为"全国内部审计先进工作者"；黄辉、刘国标等被评为"江西省内部审计先进工作者"，并受到审计署、江西省审计厅表彰。

江西洪都航空工业集团公司（简称省洪都航空公司）内部审计 1985 年，省洪都航空公司（原名南昌飞机制造公司）设立审计部负责内审工作，2005 年与纪检、监察合署办公，为纪检监察审计部。1991 年，公司成立以总经理为主任、纪委书记和总会计师为副主任的审计委员会。截至 2010 年，公司审计部配备专职审计人员 10 名。先后出台《内部审计工作规定》《单位行政主要负责人任期经济责任审计办法》《公司建设项目竣工决算审计办法》《科研经费审计制度》《审计档案管理制度》《内部审计统计报表规定》《三级复核制度》《公司经济责任承包兑现审计签证办法》等规章制度规范内部审计工作。

1985—1996 年，公司审计处共对 191 个项目进行审计，其中：1985—1992 年，查出违纪违规金额 282 万元，查出账外差错金额 2480 万元，查出损失浪费金额 12 万元，上缴财政金额 84 万元，提出审计建议 622 条，被采纳 609 条。1996 年，对全公司各单位银行存款、资金占用情况进行审计，实行资金集中统一管理，每年少支付贷款利息 200 余万元；对积压物资进行审计，处理积压产品 10 万件，盘活资金 127045 万元；对销售货款和外借款进行专项审计，收回应收货款 850 万元，收回外借款 38674 万元，并清查出"小金库"资金 200 余万元，全年共为公司盘活资金 5000 余万元。2006—2010 年，共对 671 个项目进行审计，审计总金额 2470480 万元，查出违纪违规金额 2981 万元，促进增收节支金额 2006 万元，建议行政处分 1 人。2002 年，省洪都航空公司被评为"全国内部审计先进单位"。2005 年、2008 年先后被评为"江西省内部审计先进单位"。

江铃汽车集团公司内部审计（简称江铃汽车公司）内部审计 1987 年 5 月，江铃汽车公司设立审计科负责内审工作，1992 年 3 月改为审计处，1993 年 5 月改为审计部，并配备专业审计人员。1994 年，成立"江铃集团内审协会"。1996 年，建立以审计为主体的内部审计网络，在下属单位建立 1 个专职、26 个兼职审计机构，专职审计人员由 11 人增加到 21 人，另配 49 名兼职审计员。截至 2010 年底，审计部配有审计人员 18 名。先后出台《招标监督检查管理办法》《招标监督管理规范》《企业效能监察管理办法》《子公司经营者任期经济责任审计管理办法》《内部控制制度审计管理办法》《内部审计管理办法》《建设项目结算审核管理办法》《江铃汽车集团公司审计监督办法》等规章制度规范内部审计工作。

1994 年，对公司财务收支情况进行审计，发现公司所属单位少交、漏交公司的各项资金 104 万元；江铃房地产开发公司违反金融管理制度给外单位贷款 76 万元；运输公司与财务部签订的承包合同中固定资产 200 万元应为 234 万元；公司煤气站收取职工煤气款未入账 16 万元；对工会主席和实业公司经理离任审计中，调增实业公司利润 65 万元，核减有账无物资产 49 万元。1995 年，对 10 个所属单位开展财务收支审计，查出有 5 个单位漏交、欠交公司养老统筹金、福利基金、工会经费共 76 万元；有 4 个单位漏交、欠交公司利润、利息共 97 万元；内部调账金额 378 万元。1996 年，开展财务收支审计 18 项，离任审计 5 项，审计总金额 73461 万元，查出违纪违规金额 1393 万元。1997 年，对 37 个单位实施审计，审计总金额 58543 万元，纠正违规金额 48 万元，促进增收节支

95 万元。在工程项目审计中，对海南"江铃大厦"竣工部分进行审计，核减工程造价 32 万元。从 2007—2010 年，共完成各种审计项目 192 个，审计总金额 1316436 万元，工程审计核减金额 1329 万元，提出审计建议 309 条。1993 年，江铃汽车公司被评为"全国内审工作先进单位"，受到审计署表彰。

赣粤高速公路股份有限公司（简称赣粤高速）内部审计 2003 年 9 月，赣粤高速设立审计稽核部负责内审工作，2004 年 4 月更名为审计监察部。是年 7 月，董事会决定设立审计委员会，所辖下属各路段管理单位先后设立审计监察部门。昌樟管理处于 2004 年设立监察审计部，昌泰公司于 2004 年设立审计监察部，九景管理处于 2007 年设立审计监察部，昌九管理处于 2009 年设立审计监察部。2004 年开始，出台《赣粤高速内部审计制度》《赣粤高速内部控制制度》《赣粤高速领导人员任期经济责任审计规定》《赣粤高速风险管理与内部控制手册》《内部控制体系构建流程图》等规章制度规范内部审计工作。2004—2010 年，赣粤公司共开展 42 项经济责任审计，24 项专项审计与审计调查，4 项财务收支审计业务。

江西省投资集团公司内部审计（简称省投资公司）内部审计 2002 年，省投资公司设立审计部负责内审工作，2005 年改为监察审计部，并配备专职审计人员。截至 2010 年，配备专职审计人员 4 名。2006 年，省投资公司出台《江西省投资集团公司内部审计实施办法》规范内部审计工作。2006—2010 年，共对 15 个项目进行审计，审计总金额 609543 万元。查出违纪违规金额 271 万元，移送司法机关案件 1 起，建议行政处分人数 5 人。其中：2006 年，对湘安公司财务管理进行专项清查，审计金额 6659 万元，查出问题 3 个、提出处理建议 3 条，查处违纪违规金额 271 万元，移送司法机关案件线索 1 起，建议行政处分 5 人。2007 年，对江西省投资房地产开发有限公司 2006 年财务收支进行审计，审计金额 70867 万元，查出问题 11 个、提出建议 11 条；对江西省投资经营有限责任公司 2006 年财务收支进行审计，审计金额 12108 万元，查出问题 8 个、提出建议 8 条；对江西省投资电力燃料有限责任公司 2006 年度财务收支进行审计，审计金额 49947 万元，查出问题 8 个、提出建议 3 条；对江西省投资进出口有限公司 2006 年度财务收支进行审计，审计金额 9068 万元，查出问题 6 个、提出建议 8 条；对南昌中油兴能有限责任公司原总经理黄某进行任期经济责任审计，审计金额 4249 万元，查出问题 8 个、提出建议 4 条。2008 年，对江西省投资产权经纪有限公司原总经理马某某进行离任经济责任审计，查出问题 8 个、提出建议 8 条。2009 年，对江西高技术产业发展有限公司 2008 年财务收支进行审计，审计金额 27131 万元，查出问题 10 个、提出建议 1 条；对江西高技术产业投资股份有限公司 2008 年财务收支进行审计，审计金额 14503 万元，查出问题 3 个、提出建议 4 条；对江西省投资网新机电工程有限公司 2008 年财务收支进行审计，审计金额 9381 万元，查出问题 6 个、提出建议 3 条；对江西省进出口有限责任公司经营情况进行专项审计，审计金额 11732 万元，查出问题 11 个、提出建议 5 条。2010 年，对江西省投资房地产开发有限责任公司原总经理李某某进行任期经济责任审计，审计金额 204818 万元，提出审计建议 3 条；对江西省投资进出口有限责任公司原总经理谢某进行任期经济责任审计，审计金额 3250 万元，查出问题 5 个、提出综合性建议 1 条；对赣州康大高速公路有限责任公司 2009 年财务收支进行审计，审计金额 185043 万元，查出问题 7 个、提出建议 3 条。

江西省煤田地质局内部审计（简称省煤田地质局）内部审计　1985年，省煤田地质局设立审计处负责内审工作，同时所辖下属单位相继成立内审部门，并配备专职审计人员。截至2010年底，共设立内审机构10个，配备审计人员10人，专职人数4人，兼职人数3人。2000年开始先后出台《关于加强审计工作的意见》《关于进一步加强审计工作的几点意见》《中煤集团公司内部审计监察制度》《中煤集团公司审计监察处的职责与权限》等规章制度规范内部审计工作。1998—2010年，共对89个项目进行审计，其中：离任审计56个、绩效审计25个、财务收支审计3个、专项审计5个。

表9-1-16　1998—2010年省煤田地质局内部审计工作成果

单位：个

年度	完成审计项目	其中：			
		离任审计	绩效审计	财务收支审计	专项审计
1998	8	6	1	0	1
1999	7	5	2	0	0
2000	8	6	2	0	0
2001	8	3	1	3	1
2002	3	2	1	0	0
2003	3	2	0	0	1
2004	9	8	1	0	0
2005	8	8	0	0	0
2006	5	3	2	0	0
2007	8	6	2	0	0
2008	7	4	3	0	0
2009	3	1	2	0	0
2010	12	2	8	0	2
合计	89	56	25	3	5

第二节　社会审计

机构人员

社会审计是市场经济发展的产物，在国家审计成立之初，与内部审计一起都是国家审计开展审计监督工作重要的辅助力量。1985年2月，江西省第一个社会审计组织江西省审计咨询公司成立，聘用审计工作人员24人。1986年4月，省审计咨询公司改为省审计咨询服务部，属省审计局直属处级事业单位，实行独立核算，自收自支。内设秘书科、审计咨询科、教育培训科三个科室。1988年1月，省审计咨询服务部更名为省审计师事务所，级别不变。是年12月29日，经省编办批准，将教育培训科更名为社会审计指导科，原审计咨询科分设审计科与咨询科。1994年6月，经省审计厅党组批准，内设机构调整为四部一室，即审计咨询一、二、三、四部和办公室，办公地址南昌市东湖区马家池45号。1992年11月，经省编委同意，省审计厅增设江西省通达审计事务所和江西华赣会计师事务所，为省审计局下属处级事业单位，实行企业化管理。1993年2月，两所开张营业，其办公地址分别设在南昌市马家池45号和花园角111号。省通达审计事务所成立之初，设办公室、咨询部、培训部、评估部，1994年8月增设查证部，1995年增设综合部，是年办公地点迁至苏圃路369号。1996年，增设工程部。华赣会计师事务所行政主管部门为省审计局，业务主管部门为省财政厅。1994年4月，经省审计局党组批准，华赣会计师事务所设涉外部、验资部、资产评估部、综合部，5个科级机构，办公地点变更至南昌市叠山路194号。

1993年6月8日，省审计局部分离退休人员创办江西省盛通审计事务所，办公地址设在南昌市花园角111号。

1994年7月21日，经省编委批准，省审计厅增设赣建审计事务所，为厅属自收自支事业单位，办公地点设在苏圃路369号。1995年8月，经江西省审计厅党组批准，内设5个科级机构，即办公室、审计查证部、验资部、基建预决算审计部、资产评估部。

与此同时，全省各地、市、县（区）也陆续建立起社会审计机构。1984年8月，宜春地区丰城县审计局在县级部门率先成立丰城县会计师事务所。是年11月14日，南昌市审计局所属南昌会计师事务所暨南昌财会咨询服务公司正式挂牌营业。1987年，审计署下发《关于开展社会审计工作若干问题的通知》，在此精神推动下，全省社会审计机构组建数量迅猛增长。由此，截至1988年底，全省共建立社会审计机构106个，1989年发展到110个，1991年发展到112个。

1992—1993年，各地又组建一批不同形式的社会审计组织。新余市审计局创办新余会计咨询所，南昌市审计局成立南昌高新技术产业开发区审计事务所、赣江会计师事务所、九江市审计局成立九江八里湖开发区会计咨询服务公司。1993年，全省各地市、县、区社会审计组织增加至117个。1994年后，各地市、县、区社会审计机构又有撤并，到1997年底全省共有地、市审计机关管理的社会审计机构11个，县（市、区）级审计机关管理的社会审计机构102个，共计113个。1999年12月31日，因机构改革，全省各级社会审计机构与所属国家审计机关脱钩，全面走向社会，自谋发展。

全省各地社会审计机构的从业人员主要由三部分组成：一是国家编制内人员；二是聘用离、退休人员；三是特约审计人员，国家编制内人员是骨干力量。1985年，省审计咨询公司未确定编制，仅配备1名在职干部负责公司的管理工作。1986年，省人民政府批复：省审计咨询服务部的人员编制在省审计局的事业编制内解决。当年共配备国家编制内干部3人，1987年增加到8人。1988年3月，省编委批复省审计师事务所事业编制20人，实有12人，1989年增加到14人，1990年17人，1991年至1997年定编24人。实有在编人数：1991年13人、1992年15人、1993年16人、1994年14人、1995年15人、1996年12人、1997年20人。通达审计师事务所定编20人，实有人数1993年定编3人、1994年增至7人、1995年11人、1996年13人、1997年13人。华赣会计师事务所定编15人，1997年实有国家编制内人员10人。赣建审计师事务所，实有人数1994年3人、

1995 年增加至 8 人、1996 年 9 人、1997 年 9 人。

聘用人员是社会审计机构的主要业务骨干，其来源主要是离退休的财会人员和经济管理人员。1985 年，省审计咨询公司聘用人员 24 人，1986 年至 1987 年省审计咨询服务部聘用人员分别为 40 人、44 人，1988 年省审计师事务所聘用人员 30 人，1997 年 21 人。通达审计师事务所 1993 年聘用人员 12 人，1997 年 27 人。华赣会计师事务所刚成立时聘用 10 人，1997 年 15 人，赣建审计事务所聘用人员 1994 年 2 人，1997 年 8 人。

特约审计人员是社会审计机构的业务后备力量，主要为了解决有时工作人手不够或有些专业工作需要而聘用的临时人员。其中有离退休的财会人员，也有在职的专业技术人员、管理人员。他们接受社会审计组织的委托办理业务，领取相应的劳务报酬。省社会审计组织负责验收其工作质量，但不承担其他义务。同时，这些人员还可提供业务信息，扩大社会审计机构的影响和知名度。1985 年省审计咨询公司聘用特约审计员 42 人，1986 年省审计咨询服务部聘用特约审计员 50 人，1987 年减少至 32 人。1988 年至 1989 年省审计师事务所聘用特约审计员 20 人，1996 年 26 人。华赣会计师事务所 1993 年至 1994 年有特约审计人员 1 人，1997 年 5 人。该所还聘有兼职人员，1996 年 4 人。赣建审计师事务所 1996 年共聘特约审计人员 12 人，1997 年 17 人。

截至 1997 年底，省审计厅直属 4 个社会审计机构共有人员 150 名，其中：国家编制内审计人员 52 名，聘用人员 71 名，注册审计师职称资格人员 80 名。

各级社会审计人员中具有中、高级专业职称人员较多，其中审计师、会计师占多数，也有一定数量的经济师、工程师，以满足不同业务的需要。从 1992 年起，全省社会审计行业开始实施注册审计师制度。注册审计师是依法从事审计查证和咨询服务的专业人士，其工作机构为各级审计事务所，其管理机关为省审计局。在全国统一考试进行之前，注册审计师采取考核办法产生。注册审计师考核，由省审计局按照审计署的规定组织实施，对于符合注册审计师条件的人员，授予审计师称号，给予注册、发给中国注册审计师证书。注册审计师因调离、解聘等原因离开审计事务所，不再从事社会审计工作，应收回注册审计师证书，其称号自然解除。

1987 年，全省各地市、县、区社会审计从业人员为 242 名，其中聘请的离退休人员 145 名，审计师、会计师 34 名，此后逐年增长。1997 年，地、市、县、区社会审计从业人员总数达 1325 人，其中地市级审计机关管理的社会审计组织有 183 人，属于国家编制内人员 122 人，聘用人员 61 人，有注册审计师职称资格人员 53 人；县（市、区）级审计机关管理的社会审计组织有 1142 人，其中：国家编制人员 851 人，聘用人员 291 人，注册审计师 387 人。

管理指导

全省各级社会审计组织由同级国家审计机关进行管理，并接受同级和上级国家审计机关的指导。1985 年至 1990 年，全省社会审计的管理指导一直由省审计局委托省审计师事务所负责。省审计师事务所对全省社会审计的管理和指导工作主要有三个方面：一是召开社会审计会议，交流经验，提出要求，推动全省社会审计的发展；二是下发文件，制定制度，指导社会审计工作的开展，规范社会审计业务，统一做法与标准；三是省审计局和事务所领导经常性到地市县（市、区）调查研究了解、考察社会审计工作，检查各地工作情况，自 1985 年至 1990 年共达 120 余次。

1986 年 7 月 29—30 日，省审计师事务所在宜春地区清江县召开全省首次社会审计现场会。会议主要议题：推动全省各地、市、县加快组建社会审计机构的步伐。

1987 年 3 月 3—4 日，省审计师事务所在新建县召开全省第二次社会审计工作会。会议主要议题：传达全国部分省市社会审计工作座谈会精神，总结经验，巩固提高社会审计工作。

1988 年 3 月 11—13 日，省审计师事务所在抚州地区南丰县召开全省第一次大型的社会审计工作会议，参加人员有各地市审计局领导及社会审计负责人，共 135 人。会议主要议题：通过省审计局出台的《关于加强社会审计工作的通知》，加快全省社会审计工作的发展步伐。

1989 年 10 月 5—9 日，省审计师事务所在南昌召开全省社会审计工作会议。会议主要议题：推广社会审计工作典型经验。此次会议除各地市审计局局长、审计事务所所长到会，省审计厅各处室负责人也参加会议，旨在发动大家加大支持社会审计工作的力度。

1990 年 10 月 26—28 日，省审计师事务所在南昌召开全省社会审计工作会议。会议主要议题：以省审计厅名义对 19 个社会审计先进集体、20 个先进个人进行表彰。

1991 年后，全省社会审计的管理和指导工作转由省审计局体系指导处负责。1991 年 3 月底，在上饶召开全省社会审计工作会议，各地、市和部分县审计事务所负责人参加会议。是年 12 月，又在新余市召开全省社会审计工作会，研究继续加强社会审计组织和业务建设等问题。是年，省审计局还举办社会审计专题研讨班，每期 15—20 天，内容包括审计学原理、基建审计、国有资产评估等。

1993 年 1 月 9 日，江西省注册审计师协会在南昌成立。江西省注册审计师协会是由全省注册审计师和审计（师）事务所组成的社会团体，其宗旨：加强各审计（师）事务所之间的联系和业务合作，团结广大注册审计师和其他社会审计工作者，正确执行法律、法规、规章，讲究职业道德，提高业务水平，促进社会审计事业健康蓬勃发展，在政府主管部门与注册审计师、审计（师）事务所之间架起桥梁，形成纽带，竭诚为全省的改革开放和社会主义市场经济服务。协会每三年召开一次全省会员代表大会，选举产生理事会，每届理事会任期三年，理事会选举常务理事若干人组成常务理事会，在会员代表大会和理事会闭会期间行使理事会职权。常务理事会下设秘书处负责日常工作。协会成立大会选举产生第一届理事和常务理事，选举谌模有为会长，王伟旭、郭盛儒、李水芳、涂名荣为副会长，聘请刘忠义、骆凤田为顾问。

是年 3 月，省审计局发出《关于加快发展社会审计工作若干意见的通知》，要求各级审计机关切实改进对社会审计工作的指导与管理，把管理工作的重点转向政策指导和业务监督，即监督事务所执行政策法规，提高业务质量，规范财务收支制度以及考核注册审计师履行职责和工作业绩情况。同时，充分发挥注册审计师协会的作用，逐步加强其行业管理的职能。

1996 年 8 月，根据省长舒圣佑"要加强对事务所的整顿和管理"的指示，省审计厅党组提出检查整顿事务所的方案。根据方案的安排，在各事务所自查的基础上，全省各级审计机关分别对直接管理的事务所进行检查；省审计厅重点抽查。整个检查整顿工作从 8 月中旬开始，年底结束。省审计厅根据检查整顿的结果，向省人民政府提交《关于检查整顿全省审计事务所工作情况的报告》。《报告》认为，近几年来全省社会审计有较快发展，审计事务所工作取得明显的成绩，积累不少好的经验，获得较好的经济效益和社会效益，但也存在一些问题。针对存在问题，省审计厅提出整改要求和整顿措施。省长舒圣佑在报告上作出批示：并在全省审计工作会议上讲话指出，省审计厅主动抓整顿审计事务所，督促他们严格依法审计，树立良好的社会形象是对的。

是年年底，在检查整顿全省审计事务所工作的基础上，省审计厅开展评选"十强"、"十优"审计事务所活动。"十强审计事务所"为：江西省审计师事务所、江西省通达审计事务所、江西省赣建审计师事务所、南昌市审计事务所、萍乡市审计事务所、新余市审计事务所、赣州地区审计师事务所、九江市审计事务所、宜春地区审计事务所、上饶县审计事务所、樟树市审计事务所、景德镇市审计事务所、安福县审计事务所、九江市华浔会计师事务所、南昌县审计事务所、吉安地区审计事务所、南丰县审计事务所。

1997年1月，省审计厅对萍乡市审计局查处该市一家审计事务所出具虚假验资证明的处理意见作出批复，决定给予该事务所警告处分和停业整顿3个月、没收违法所得并处以1000元罚款的处罚。同时，要求萍乡市审计局对当事人和该所负责人按管理权限给予必要的行政处分和经济处罚。

是年3月17—19日，省审计厅在南昌召开全省审计事务所所长会议，各地市审计局分管局长、全省各地审计事务所所长参加会议。会议总结交流1996年审计事务所的工作和经验，通报检查整顿事务所情况，表彰全省"十强"和"十优"审计事务所。省审计厅厅长李海泉在会上讲话，要求各事务所认真总结经验，提高认识，坚持"改造、巩固、提高"六字方针，增强审计社会责任感，提高事务所的整体素质，增强市场竞争力。

是年，省审计厅成立社会审计中心，其主要职能：加强指导管理监督，沟通信息疏通业务，内外协调相互协作，探索规模经营路子，并对各所的营业收入、奖励原则等作出明确规定，同时放宽各事务所的自主权。通过以上措施，调动了事务所的积极性，促进了各事务所的进一步发展。1997年，省直属各所收入比上年增加151万元。

是年，按照审计署、财政部《关于注册审计师协会、注册会计师协会实行联合的通知》精神，省审计厅积极推进两会联合工作，3月24日省审计厅和省财政厅共同成立筹备小组，6月23日下达《两会实行联合有关问题的通知》，对联合的有关事项作出具体规定，两会联合工作正式启动。

制度建设

社会审计存续期间，全省社会审计组织为规范审计行为建立、健全了相关规章制度。

1986年5月，省审计局向全省审计机关发出《关于建立审计咨询服务机构有关问题的通知》，要求各地、市、县（市、区）审计局抓紧建立和健全审计咨询服务机构，并规定：审计咨询服务机构为各级审计局下属的事业单位、人员编制可向当地政府申请事业编制；各级审计局建立审计咨询机构，须报请当地政府批准，同时报省审计局备案；审计咨询服务机构实行独立核算，自负盈亏。

1987年3月，省审计局转发审计署《关于进一步开展社会审计工作若干问题的通知》，进一步明确社会审计组织机构、业务范围。根据文件精神，江西省审计机关加强对社会审计的业务管理和指导，开始陆续颁发一些有关社会审计事业的规章制度。

是年9月，省审计局向全省审计机关、各社会审计机构发出《关于全省社会审计组织开展工商企业资金验证工作应注意的有关问题通知》，规定今后社会审计组织开展此项业务的对象主要是城市的工商企业，对申请注册登记的乡镇企业暂不进行验资工作。

1988 年 5 月，省审计局会同省物价局、财政厅联合制定《江西省审计事务所业务收费标准》，规范各级审计事务所的业务收费。

1989 年 7 月 5 日，审计署发布施行《审计署关于社会审计工作的规定》，对各地成立审计事务所的条件、程序、工作人员、业务范围、工作权限、工作纪律等作出统一规范。

是年 10 月，省审计局制定《江西省社会审计工作试行程序》规定：社会审计开展业务主要是国家机关委托事项、查证事项、公证事项、咨询服务事项等 4 类；工作程序分为 4 个阶段：（1）办理委托手续；（2）实施；（3）报告回访；（4）立卷归档。

1990 年 5 月，省审计局转发审计署《社会审计工作规程》。该《规程》除对社会审计机构、任务、程序等作出规定外，还特别在第 2 章第 11 条增加有关委托审计民事责任的条款。

是年 8 月，审计署发出《关于审计事务所申请国有资产评估资格的通知》。根据《通知》精神，全省审计事务所承办国有资产评估业务必须遵照国家国有资产管理局是年 5 月 31 日公布的《资产评估机构管理暂行办法》的规定，向国家和省一级国有资产管理部门提出申请，由其进行审查，颁发资产评估资格证书，并接受国有资产管理部门的监督和管理。凡经批准持有资产评估资格证书并在营业执照经营范围中注明"资产评估"的审计事务所，才可对国有资产和非国有资产进行评估。

1991 年 11 月，省审计局转发审计署《执业审计师制度（试行）》及《关于贯彻执行〈执业审计师制度（试行）〉若干问题的通知》。次年 1 月，省审计局颁布《江西省执业审计师制度实施办法》。《实施办法》对执业审计师机构、执业审计师从业资格的取得、执业审计师从业范围、执业审计师从业权力和责任等均作出具体规定。同时，省审计局成立由副局长、教授、副教授、高级审计师、高级会计师等 7 名成员组成的执业审计师审核委员会，副局长谌模有任审核委员会主任。

1992 年 4 月，省物价局、省财政厅根据省审计局关于调整审计事务所部分业务收费标准的申请，作出《关于重新核定省审计事务所收费标准的复函》，对审计事务所从业收费作出统一规范的标准。

是年 11 月，根据审计署《关于执业审计师改称注册审计师的通知》，全省原有执业审计师的称谓相应改为注册审计师。注册审计师的任职资格条件不变，国家和省内有关法规、规章中规定由执业审计师承担的业务、职责及享有的权利和承担的义务等，今后由注册审计师承担、享有。

1993 年 3 月，省审计局发出《关于加快发展社会审计工作若干意见的通知》中指出，全省社会审计在"大力发展，积极提高"的方针指导下，要大力发展机构，扩大规模，壮大队伍，在政策和业务上大胆放权，把审计（会计）事务所真正办成自主经营、自负盈亏、自我发展、自我约束的独立经济实体：一是放开经营管理权，即由事务所根据市场和自我发展需要，自主经营、自主决策；二是放开人事管理权，即审计机关只管正副所长的任命和聘任，中层干部一律由所长聘任，从业人员进出均由事务所自主决定；三是放开内部机构设置权，即由事务所根据业务需要自主设置机构；四是放开工资奖金分配权，由事务所按国家规定，将工作质量、数量与工作人员的执业资格、个人收入相联系；五是放开确定收费数额权，即由事务所按市场机制，参与竞争，灵活合理收费。是年 7 月，省审计局提出关于加强改进当前社会审计工作的几点意见，规定各事务所不能随意设立分所，确需设立须经省审计局批准。

是年，审计署、中国证券监督管理委员会联合下发《关于从事证券业务的审计事务所资格确认有关问题的通知》。根据该《通知》，各级审计事务所申请从事证券业务须首先向省审计局提出书面申请，经审查属实签章后，报审计署和证监会审批。符合条件者，颁发从事证券业务许可证。从事证券业务时，注册审计师称注册会计师，审计事务所称会计师事务所。

是年5月，省审计局就关于审计（师）事务所接受外商投资企业委托承办注册资金验证等项业务问题发出通知，明确指出经国家审计机关批准，工商行政管理部门注册登记，具有法人资格的审计（师）事务所可以接受办理外商投资企业委托承办审计查证和咨询服务以及注册资金验证等项业务。审计（师）事务所在接受办理外商投资企业委托承办注册资金验证等项业务时，应指派注册审计师主办。

是年7月，审计署下达《关于社会审计组织办理国有企业审计查证若干问题的通知》，是年8月，省审计局转发全省各地贯彻执行。《通知》规定，属于审计机关审计范围而未列入当年直接审计计划的国有企业，均应委托社会审计组织进行查证。各级审计机关应对审计查证工作质量进行检查，社会审计组织确认的结果与审计机关抽查后确认的结果不符时，按照审计机关确认的结果执行。社会审计组织对审计机关确认的结果有异议时，比照审计机关复审程序处理。

是年10月31日，第八届全国人民代表大会常务委员会第4次会议通过《中华人民共和国注册会计师法》，对注册会计师的任职条件、执业范围、执业纪律等方面作出全面规范。为了与国际惯例接轨，考虑到中国社会审计会计师、审计师并存的现状，《注册会计师法》第43条特别规定，在审计事务所工作的注册审计师，经认定为具有注册会计师资格的，可以执行《注册会计师法》规定的业务。

1994年3月，中国注册审计师协会分别发布《注册审计师验资规则（试行）》和《注册审计师财务收支审计规则（试行）》，《验资规则》规定注册审计师验资业务包括成立时注册资本验证、开始经营后的年检和变更时注册资本的验证。《注册审计师财务收支审计规则》则规定注册审计师承办财务收支审计的要求、方法。

是年5月，国务院关于研究《中华人民共和国注册会计师法》第四十三条具体实施问题的会议纪要决定，中国注册会计师协会、中国注册审计师协会两会联合，由财政部门和审计部门共同组织成立中国注册会计师协会。1994年1月1日前的注册审计师，直接由审计机关审查认定具有注册会计师资格，由注册会计师协会发给注册会计师证书。1994年1月1日之后，在审计事务所工作的注册审计师，凡参加注册会计师全国统一考核合格者，经审计机关审核其在审计事务所的表现，按《注册会计师法》第九条、第十二条规定，由中国会计师协会发给注册会计师证书。审计事务所不另挂会计师事务所的牌子，仍保留会计师事务所、审计事务所两种社会审计组织并存的局面。是年6月，审计署下达《关于认定注册会计师资格有关问题的通知》，确定认定工作的具体步骤和方法。省审计局当即按此《通知》要求办理，对原已批准的1243名注册审计师和756名注册审计师资格人员进行审核。是年10月，经审计署批准，1902人符合认定为具有注册会计师资格的条件，可以执行《中华人民共和国注册会计师法》规定的业务。

1995—1997 年，全省各级社会审计组织按照以质量求生存，以信誉求发展的方针，加强了自身业务制度建设，增强审计风险意识和严格自律观念，省审计厅直辖各事务所均建立健全了所内业务管理制度。省通达审计事务所先后制定《关于加强计划管理和统计工作的规定》等 10 多个制度。九江市审计事务所根据审计署、省审计厅、中国注册审计师协会的有关文件规定，结合该所业务实际，制订了《验资工作实施规程》《资产评估工作规则》《社会审计工作程序和文书材料立卷归档办法》等业务规则文件，使社会审计工作进一步规范化。南昌县审计事务所发布《关于企业法人注册资金审验和复审问题的通知》，对验资的范围、验资的资料、验资的时间和方式、验资报告和承诺事项，均提出明确的做法和要求。樟树市审计师事务所先后制订《业务操作规程和职业道德规范》《效益台账》等项规章制度，全所各项业务工作依法办事，有章可循。

1995 年 1 月，省审计厅部署换发审计师证书工作，新的注册审计师证书分为执业证书（绿色）和资格证书（咖啡色）两种。凡由省审计厅批准，已在审计事务所工作的注册审计师，经审计署认定具有注册会计师资格的，发给执业证书。凡由省审计厅批准，具有注册审计师资格，经审计署认定具有注册会计师资格，但不在审计事务所工作的，发给资格证书。

1996 年，财政部、审计署发文规定，中国注册会计师协会和中国注册审计师协会联合后，审计事务所的挂靠单位不变，财务渠道不变，人事关系不变，亦即审计事务所的隶属关系不改变，仍是审计机关直接管理的单位，审计机关仍然负有对审计事务所监督、指导和管理的责任。

是年 3 月，省审计厅对注册审计师执业资格年检的有关问题作出规定，注册审计师按照审计署执行每年 48 小时的强制培训制度，省注册审计师协会将严格执行"不培训者不年检，不在岗者不年检，不年检者不得签署审计验证报告"的规定。

1997 年 3 月，省审计厅转发中国注册会计师协会《会计师（审计）事务所业务检查制度（试行）》规定，各地方注册会计师协会应在中国注册会计师协会统一组织领导下每年开展一次对会计师事务所、审计师事务所的业务检查工作。是年，根据财政部、审计署关于两会联合的精神，省审计厅发出《关于注册审计师转为注册会计师有关事项的通知》，规定凡已取得注册审计师执业证书并已报财政备案的人员，在政府机构改革中确定为企事业编制同时在审计事务所从业者，将转为中国注册会计师并发给中国注册会计师证书；已确定为政府机关公务员者，按规定转为中国注册会计师协会非执业会员并发给会员证书。到年底，经审计署、财政部批准，全省注册审计师转为注册会计师人数达 827 人，其中省直属各所 90 人，地县（市、区）528 人，其他事务所 209 人。

1999 年底，全省各级审计事务所与所属国家审计机关脱钩之后，省审计厅仍然需要对他们的业务进行监督，经常不定期地对全省社会审计组织进行业务质量检查，以促使他们规范营业，健康有序地发展。

2001 年，省审计厅法规处配合省注册会计师协会对全省 29 个会计师事务所审计业务质量进行检查，抽查近 1000 个项目，检查结束后，向省注册会计师协会提交了检查结果报告。根据审计署的统一部署，是年 7 月份独立对省新纪元会计师事务所进行审计业务质量检查，抽查其 30 个业务项目（主要侧重于验资业务），并向审计署按时上报检查结果。

2002 年，省审计厅与省财政厅联合下发通知，要求采取自查和重点检查相结合的方式，对全省会计师事务所执业质量进行检查。自6月18日至28日，省审计厅与省注协抽调人员组成联合检查组，对全省29家会计师（评估）事务所2001年度职业道德及执业质量情况进行重点抽查。通过检查，了解全省社会审计组织职业道德及执业质量情况，及时发现和纠正社会审计组织执业过程中存在的一些问题，促进社会审计组织执业行为的规范和业务质量的提高，推动全省社会审计组织和注册会计师行业的健康发展。9月份，省审计厅独立检查金泰会计师事务所，并将检查结果上报审计署。

2003年5月，省审计厅组成检查组，对北京中路华会计师事务所有限责任公司江西分所进行业务质量检查，同时调查了解全省社会审计组织职业道德及执业质量情况，及时发现和纠正社会审计组织执业过程中存在的问题，对促进社会审计组织规范其执业行为发挥了积极作用。

2004年6月，省审计厅制定《全省社会审计组织2003年业务质量调查方案》，组织安排全省11个设区市审计局对全省113家具有审计业务资格的社会审计组织2003年业务质量状况进行调查审计。2005年6月10日，写出《关于对全省社会审计组织2003年业务质量调查情况的报告》。调查报告反映：到调查时止，全省共有113家（含分所）审计资格的社会审计组织。其中：南昌市38家、九江市14家、抚州市4家、赣州市19家、上饶市5家、吉安市9家、宜春市13家、萍乡市3家、鹰潭市2家、新余市2家、景德镇市4家。全省社会审计组织从业人员共2690人。其中：注册会计师1174人、注册评估师308人，其他资格人员505人。2003年，全省社会审计组织共完成验资11365项、会计报表审计9211项（其中：大中型国有企业审计1422项、上市公司审计42项）、基建审计1980项（其中：国家建设项目基建审计616项）、资产评估3312项、咨询业务936项、清产核资81项、司法鉴定12项。社会审计组织执业质量抽查情况反映，大部分社会审计组织都能按照《注册会计师法》《独立审计准则》来开展业务，编制相应的审计工作底稿及审计计划，与客户签订业务约定书，实施充分的审计程序，报告的内容和格式基本符合《准则》的要求，但在调查中也发现不少问题：（1）审计程序难到位、审计质量难保证。普遍存在往来账未函证，存货与固定资产实地盘点不符等问题；（2）三级复核制度未严格执行。部分审计报告未严格执行三级复核制度，部门经理及项目负责人未签署复核意见，部分审计工作底稿也无复核人员签章；（3）审计计划的编制不规范。部分审计项目的审计计划编制不够完整，内容过于简单，审计时又未严格按照审计计划来实施，造成编审脱节，使计划编制流于形式；（4）出具虚假审计报告。如：某会计师事务所在2002年对一公路工程（5个标段和水毁工程）进行综合审计核减率仅为1.5%，审计结果得到建设单位的签字同意认可。实际这个会计师事务所的审计存在严重的质量问题，所出具的报告是一份虚假的审计报告。调查审计还发现，社会审计组织自身发展和执业环境中存在的问题：（1）业务有限，行业竞争十分激烈。为争取客户，个别地方还存在一些非法或无正规执业资格的社会审计组织招揽业务及摆摊设点现象，扰乱了市场；（2）审计收费明显偏低。一方面，由于行业内无序恶性竞争，各社会审计组织为承接业务相互压价；另一方面，某些地方政府部门规定，对招商引资、企业改制中的验资、审计、评估等业务收费实行优惠政策，造成收费不能按标准实行。如会计报表审计业务的实际收费只有标准的40%—50%，由于审计收费过低，事务所在项目审计中，为降低成本，没有实施充分必要的审计程序，业务质量得不到保证，审计风险很大；（3）规模小、收入低、亏损现象普遍。在全省 115 家社会审计组织中，亏损达 92 家，亏损率达 80%；（4）行业垄断依然存在。有些行业如电力、铁路、银行、税务等仍然对外封闭，基本上由原来创办的事务所包揽，其他社会审计组织在这些行业中难以接到业务；（5）一些事务所脱钩改制中遗留的问题尚未完全解决。有的事务所还滞留了一些无执业资格的人员，有的事务所虽然有改制，但与原部门、原行业仍存在明脱暗不脱的现象；（6）人才结构不合理，执业人员素质有待增强；（7）市场诚信意识缺乏。审计建议：社会审计组织自身应进一步加强管理，提高审计质量；改善社会审计行业的职业环境；加大对社会审计组织的监督力度；加强社会审计组织的改制力度；改变社会审计组织受雇于被审企业的现状；建立有效的内部培训制度。

2005 年，省审计厅重点选择 3 家具有国有企业审计资格和基建审计资格的社会审计组织对其业务质量进行检查，并采取与设区市审计局联合检查的方式将检查的范围延伸到中小城市的会计师事务所，加大对社会审计组织的检查力度。

业务活动

全省社会审计组织的业务活动，成立之初主要来自国家机关和有关部门和单位的委托，开展审计查证、教育培训工作。后来，拓展到审计鉴证、验资、基建工程审计、咨询服务等事项。1991—1997 年，共开展各种审计、查证、咨询服务项目 265358 项，仅据 1993—1997 年的统计，核减基建预决算金额 50123 万元，核减虚假注册资金 227971 万元，为委托单位挽回损失 14175 万元，促进提高经济效益 9744 万元。其中：

1990—1991 年，全省社会审计工作根据"在巩固中发展"的要求，继续稳步发展。1990 年，各级社会审计组织完成国家审计机关委托审计事项 1535 件，接受其他部门和单位委托办理查证业务 17905 项，提供咨询服务 2216 项，培训财会、审计人员共 1259 人。1991 年，全省社会审计组织接受审计机关委托业务 1766 项，接受其他部门单位委托事项 16304 项，查出违纪违规金额 3327 万元，培训审计、财会人员 1702 人。省审计师事务所全年共完成审计、咨询业务 226 项，培训人员 913 人次。

1992 年，全省社会审计组织共接受委托办理审计、查证咨询等事项 29959 项，其中接受审计机关委托业务 1929 项，查出违纪违规金额 2323 万元，接受其他部门、单位委托业务 28030 项，占业务总量的 94%，培训审计、财会人员 794 人。

1993 年，全省社会审计组织共完成委托业务 38490 项，为委托单位挽回损失金额 526 万元，促进提高经济效益金额 1566 万元，核减基建预决算金额 2546 万元，核减虚假注册资金 23275 万元，培训审计、财会和经济管理人员 3493 人。是年，省局直辖事务所增加为 3 个，完成委托业务 1272 项，核减基建预决算金额 147 万元，核减虚假注册资金 620 万元，上缴财政金额 315 万元，实现年收入 175 万元。

1994 年，各级社会审计组织全年共完成委托业务 55449 项，为委托单位挽回损失金额 1315 万元，促进提高经济效益 3930 万元，核减基建预决算金额 5876 万元，核减虚假注册资金 119730 万元，培训审计、财务、经济管理人员 2851 人。是年，省审计厅新增设审计事务所 1 个，完成各项委托业务 1478 项，核减基建决算金额 967 万元，核减虚假注册资金 2043 万元，上缴财政金额 202 万元，全年收入总额达 283 万元。省通达事务所在成立不到两年的时间内年收入翻两番,率先突破 100 万元,跃居各所之首。

1995 年,全省社会审计组织共完成委托业务 57171 项,为委托单位挽回经济损失 6904 万元,核减基建预决算金额 9762 万元,核减虚假注册资金 39002 万元,促进提高经济效益 1473 万元,培训审计、财会和经济管理人员 1440 人。是年,省审计厅直辖各审计事务所完成各项委托业务 1102 项,核减基建预决算金额 604 万元,核减虚假注册资金 2564 万元,上缴财政金额 611 万元。4 所年收入共计 491 万元,省通达事务所年收入再次翻番,达到 200 万元。

1996 年,全省社会审计组织共完成委托业务 35476 项,为委托单位挽回损失金额 3049 万元,促进提高经济效益 1618 万元,核减基建预决算 12077 万元,核减虚假注册资金 24794 万元,培训审计、财会和经济管理人员 873 人。省审计厅直辖各审计事务所完成各项业务 1214 项,为委托单位挽回损失金额 160 万元,核减基建预决算金额 327 万元,核减虚假注册资金 215 万元,上缴财政金额 603 万元。4 所共实现年收入 620 万元。

1997 年,全省各级社会审计组织全年完成委托业务 30743 项,核减基建预算金额 19462 万元,核减虚假注册资金 21170 万元,为委托单位挽回损失 2381 万元,审计、财会和经济管理人员 1004 人。省审计厅直辖各审计事务所完成各项服务业务 625 项,为委托单位挽回损失 63 万元,核减基建预算金额 1411 万元,核减虚假注册资金 329 万元。4 所共实现年收入 771 万元。

全省社会审计组织还积极开展审计查证业务。审计查证业务主要是接受国家审计机关及其他部门、单位委托开展的财务收支审计、承包经营审计、厂长（经理）离任审计、国有企业审计查证、集体企业审计、财务税收物价"三大"检查（以下简称"三大"检查）、工会经费审计、旅游企业审计等事项。1991—1997 年,全省各级社会审计组织共完成国家审计机关委托业务 5033 项,审计总金额 6522121 万元,查出违纪违规金额 5650 万元;完成其他部门、单位委托的财务收支审计 5866 项,承包离任审计 1238 项,其他审计 11400 项。

全省各级社会审计组织开展的审计鉴证业务项目主要包括验资年检、基建预决算公证、资产评估、经济案件鉴定、企业上等级公证等。社会审计组织对委托事项和委托单位提供的材料进行查实（核查）验证,提出验证、鉴定意见。1985 年至 1990 年主要业务是验资年检、基建预决算公证和经济案件鉴定,从 1991 年起逐步开展资产评估业务。省审计厅直辖各事务所从 1985 年至 1997 年共完成审计鉴证业务 5248 项,其中验资年检 4596 项,基建预决算公证 310 项,资产评估 296 项,经济案件鉴定 46 项。各地、市、县（市、区）审计事务所 1990 年前未作分类统计,1991—1997 年共完成审计鉴证业务 205508 项,其中验资年检 194454 项,基建预决算公证 8643 项,资产评估 1424 项,经济案件鉴定 987 项。

全省各级审计事务所开展的咨询服务业务主要是为委托单位提供会计、财务、税务和经济管理咨询、清账查账、建账建制、清理债权债务、年报审计和担任审计顾问等服务,各级社会审计组织直接向各委托单位报告审计结果并按规定收取一定比例的报酬。1991—1997 年,省审计厅所属 3 个所完成清账建账 871 项、清理债权债务 83 项;各地、市、县事务所完成清理债权债务 968 项、担任常年顾问 9442 项,建账建制及其他咨询服务业务 6481 项。

全省各级社会审计组织积极开展的教育培训业务，主要是根据社会需求为社会各界培养财会、审计和其他专业技术人才。1988年以前，各级社会审计组织的培训业务较多的是培训财会、审计人员，从1989年起，随着形势的发展，培训对象开始扩大到经济管理人员和其他专业技术人员。学员除本省人员外，还有来自广东、福建、安徽、甘肃等省市人员；培训内容由单纯的财会知识发展到外语、工程专业、经济合同法、资产评估、港澳地区和特区社会审计简介等等；培训方式也灵活多样，有集中培训，也有上门就地培训，还有与有关院校、国家国有资产管理局、中国审计事务所联合举办的跨省市的培训，培训时间有长有短，长则两年，短则十天半个月，具体时间长短视教学内容而定。1991—1997年，省直属各社会审计组织共培训各种财会人员、审计干部和经济管理人员12157人次。

表 9-2-1　1991—1997 年江西省社会审计机构审计工作成果

单位：万元

年度	机构（个）	从业人员（人）	委托单位（个）	完成委托事项（件）	核减工程金额	挽回经济损失金额	核减虚报注册资金	培训人员（人）
1991	113	713		18070				1702
1992	114	786		29959				794
1993	120	929	11093	38490	2546	526	23275	3493
1994	121	1091	14911	55449	5876	1315	119730	2851
1995	117	1072	13705	57171	9762	6904	39002	1440
1996	117	1246	10683	35476	12077	3049	24794	873
1997	117	1475	10459	30743	19862	2381	21170	1004
合计	117	1475	60851	265358	50123	14175	227971	12157

第十章 审计管理

第一节 机构与队伍

江西审计管理工作在1983年至1991年试运行积累经验的基础上，经1991年至2010年的巩固提高，逐渐趋向成熟。主要是按照审计管理工作程序，从加强组建审计机构，明晰审计职责，配备优秀领导干部，工作人员的录用、培养、任免、奖惩、考核，专业技术职务管理，特约审计人员管理，老干部管理，计划、统计、文秘、档案业务管理，后勤保障管理等方面的管理，保证了江西审计事业健康有序发展。

机构设置

江西省审计厅　1983年3月，中共江西省委和省人民政府决定成立省审计局，是年10月29日，省审计局在南昌召开成立大会，正式宣告江西省审计局的诞生。

1994年9月2日，江西省审计局更名为江西省审计厅。与此同时，中共江西省审计局党组更名为中共江西省审计厅党组。此后，在1995年、2000年、2007年、2009年的全省党政机构改革过程中，至2010年，一直保留江西省审计厅为省人民政府组成部门，是省政府的审计机关。省审计厅接受省人民政府和审计署的双重领导，以省人民政府领导为主，审计业务受审计署领导。

厅内设机构　省审计局成立之初，仅设立办公室等6个职能处室，随着审计业务的拓展，因工作需要，内设职能处室不断发生变化。至1993年底，省审计局内设职能处室有12个，即：办公室、人事教育处、综合指导处、工业交通审计处、外资审计处、财政金融审计处、农林水审计处、行政文教审计处、基本建设审计处、商粮贸审计处、中央企业审计处、机关党委办公室，另设有省审计局机关工会和省审计学会两个群众团体组织。

1995年，省审计厅内设13个职能处室，原综合指导处更名为综合（法规）处、基本建设审计处更名为固定资产投资审计处、外资审计处更名为外资运用审计处，增设纪检组（监察室），为省纪委、监察厅的派驻机构。具体为：办公室（办公室内部分设五科一站：即：秘书科、档案机要科、财务科、总务科、房管科和机关服务站）、综合（法规）处、人事教育处、财政金融审计处、行政文教审计处、工业交通审计处、固定资产投资审计处、农林水审计处、商粮贸审计处、中央企业单位审计处、外资运用审计处、机关党委办公室、纪检组（监察室）。此格局一直保持到2000年。另外，1996年9月4日，省审计厅党组决定成立《江西审计》编辑委员会，下设《江西审计》编辑部，在厅机关内部与省审计科研所并列，此机制一直保留并往后延续。

2000年9月，根据省委、省政府对全省党政机构进行改革的精神，省审计厅设10个职能处室，即：办公室、法规处、财政金融审计处、行政事业审计处、经贸审计处、农业与资源环保审计处、固定资产投资审计处、社会保障审计处、外资运用审计处、人事教育处。（原行政文教审计处、工业交通审计处、农林水审计处、商粮贸审计处、中央企业单位审计处相应取消，其工作职能与职责分别划入保留下来的相关职能处室。）机关党委、监察室单列，同时设置8个派出审计处。2001年4月24日，省编办批复新设置的8个派出审计处分别为：五办审计处、政法审计处、教育审计处、科技体育审计处、药品审计处、经济执法审计处、经济审计一处、经济审计二处。

2001年2月26日，省审计厅增设经济责任审计处。是年6月28日，省委、省政府决定省审计厅经济责任审计处增挂省经济责任审计工作领导小组办公室牌子，并核定事业编制10名和处级领导职数1正2副。

2009年5月16日，省委、省政府再次对全省党政机构进行改革，省审计厅设职能处室12个（其中新增综合处。）。即：办公室、综合处、法规处、财政金融审计处、行政事业审计处、农业与资源环保审计处、固定资产投资审计处、经贸审计处、社会保障审计处、外资运用审计处、经济责任审计处（省经济责任审计工作领导小组办公室）、人事处、机关党委、纪检组（监察室）。同时，省审计厅跨部门设置7个派出审计处，分别为：五办审计处、政法审计处、教育审计处、科技体育审计处、药品审计处、经济执法审计处、经企审计处。（原经济审计一处、经济审计二处相应取消，其工作职能与职责划入保留下来的相关职能处室。）

2010年12月28日，经省编办批复，省审计厅内设机构调整为19个职能处室。即：办公室、综合处、法规审理处（由原法规处更名为现名）、财政与金融审计处、行政事业审计一处（由原行政事业审计处更名为现名）、行政事业审计二处（由原派出处科技体育处更名为现名）、行政事业审计三处（由原派出处经济执法审计处更名为现名）、农业审计处（由原派出处五办审计处更名为现名）、资源环保审计处（由原农业与资源环保处更名为现名）、固定资产投资审计一处（由原固定资产投资审计处更名为现名）、固定资产投资审计二处（由原派出处药品审计处更名为现名）、经贸审计一处（由原经贸审计处更名为现名）、经贸审计二处（由原派出处经企审计处更名为现名）、社会保障审计处、外资运用审计处、经济责任审计处、政法审计处、教育审计处、人事处、机关党委、纪检组（监察室）单列。（原2009年5月设置的7个跨部门派驻机构相应取消，其工作职能与职责划入保留下来的相关内设职能处室。）

厅直属事业单位　省审计厅（局）机关先后设有若干直属事业单位：1992年11月，省审计厅增设江西省通达审计事务所和华赣会计师事务所两个处级事业单位。1993年5月，省审计局庐山培训站改名为省审计局庐山培训基地。1994年7月，增设赣建审计师事务所。1999年12月31日，根据全国统一部署，江西省审计师事务所、通达会计师事务所、华赣会计师事务所、赣建审计师事务所与省审计厅正式脱钩，成为社会法人单位。

2000年9月29日，增设"江西省审计厅机关后勤服务中心"，为省审计厅下属处级事业单位，核定事业编制22名（其中：处级干部3名，正处1名，副处2名）。2004年9月21日，厅机关后勤服务中心内部设立四科一队，即：行政科、综合服务科、经营服务科、物业管理科、车队。配备干部职数 8 名（正科 4 名，副科 4 名）。

2004 年 4 月 17 日，增设"江西省审计厅信息中心"为省审计厅直属正处级全额拨款事业单位，核定编制 8 名，处级 2 名（正处 1 名，副处 1 名）。

2008 年 11 月 4 日，省审计厅干部培训中心由原来正科级事业单位升格为正处级事业单位，同时设立行政科、培训科、函授科 3 个内设机构，核定处级领导职数 3 名（正处 1 名，副处 2 名），科级干部 5 名（正科 3 名，副科 2 名）。

截至 2010 年底，省审计厅共有直属处级事业单位 5 个：江西省审计科研所、江西省审计厅信息中心、江西省审计厅培训中心、江西省审计厅机关后勤服务中心。厅内部体制与省审计科研所并列的《审计与理财》编辑部 1 个。正科级事业单位 1 个：江西省审计厅庐山培训基地。社会群众团体组织 3 个：江西省审计机关工会、江西省审计学会、江西省内部审计师协会（2000 年 12 月 28 日成立）。

设区市审计机构 根据 1983 年 3 月 8 日国务院颁发的《关于地方各级审计机关设置和人员编制问题的通知》文件精神和是年 10 月 20 日中共江西省委办公厅、省人民政府办公厅转发省审计局《关于贯彻〈国务院批转审计署关于开展审计工作几个问题的请示的通知〉的报告》精神，至 1984 年底，全省各设区市及所属县（市）区相继建立审计机关。此后由于行政区划的变更，部分县（市、区）审计局又有撤并和增设，截至 2010 年底，全省共有审计机构 113 个。其中：省级审计机关 1 个，设区市审计局 11 个，县（市、区）审计局 101 个。具体分布为：

南昌市审计局及所属县（区）审计机构：南昌县审计局、新建县审计局、进贤县审计局、安义县审计局、东湖区审计局、西湖区审计局、青云谱区审计局、青山湖区审计局、湾里区审计局。

九江市审计局及所属县（区）审计机构：瑞昌市审计局、武宁县审计局、修水县审计局、永修县审计局、德安县审计局、浔阳区审计局、庐山区审计局、九江县审计局、彭泽县审计局、都昌县审计局、湖口县审计局、星子县审计局、庐山风景区管理审计处、共青城市审计局。

景德镇市审计局及所属县（区）审计机构：乐平市审计局、浮梁县审计局、昌江区审计局、珠山区审计局。

萍乡市审计局及所属县（区）审计机构：安源区审计局、湘东区区审计局、芦溪区审计局、上栗县审计局、莲花县审计局。

新余市审计局及所属县（区）审计机构：分宜县审计局、渝水区审计局。

鹰潭市审计局及所属县（区）审计机构：余江县审计局、贵溪市审计局、月湖区审计局。

赣州市审计局及所属县（区）审计机构：章贡区审计局、赣县审计局、南康市审计局、大余县审计局、崇义县审计局、上犹县审计局、信丰县审计局、安远县审计局、龙南县审计局、全南县审计局、定南县审计局、于都县审计局、兴国县审计局、瑞金市审计局、寻乌县审计局、会昌县审计局、宁都县审计局、石城县审计局、赣州开发区监察审计局。

宜春市审计局及所属县（区）审计机构：袁州区审计局、樟树市审计局、丰城市审计局、靖安县审计局、奉新县审计局、高安市审计局、上高县审计局、宜丰县审计局、铜鼓县审计局、万载县审计局。

上饶市审计局及所属县（区）审计机构：鄱阳县审计局、弋阳县审计局、德兴市审计局、婺源县审计局、余干县审计局、广丰县审计局、玉山县审计局、铅山县审计局、万年县审计局、横峰县审计局、上饶县审计局、信州区审计局。

吉安市审计局及所属县（区）审计机构：吉州区审计局、青原区审计局、吉安县审计局、吉水县审计局、新干县审计局、峡江县审计局、永丰县审计局、遂川县审计局、泰和县审计局、万安县审计局、安福县审计局、永新县审计局、井冈山市审计局。

抚州市审计局及所属县（区）审计机构：临川区审计局、崇仁县审计局、乐安县审计局、宜黄县审计局、南城县审计局、南丰县审计局、广昌县审计局、黎川县审计局、资溪县审计局、东乡县审计局、金溪县审计局、金巢经济开发区审计局。

各地、市、县（区）审计局受同级人民政府和省审计局（厅）的双重领导，业务上以省审计局（厅）的领导为主，各县级审计局还同时接受所在地区、省辖市审计局的工作指导。设区市及以下各级审计局分别在所在地政府市长、县长、区长和上一级审计机关的领导下，组织领导本行政区的审计工作，负责本级审计机关审计范围内的审计事项。

设区市及其以下各级审计机关内设科室各有不同，他们根据其承办审计业务量的大小及审计工作需要而变化。成立之初，均设办公科室4至5个，1997年均内设科室7至10个，到2010年，内设科室有的增加到12个左右。

表 10-1-1　省审计厅及各设区市审计局成立时间一览

单位	成立时间	名称变更情况
江西省审计厅	1983年3月29日（时名江西省审计局）	1994年9月2日更名江西省审计厅
南昌市审计局	1983年11月17日	
九江市审计局	1983年11月8日	
景德镇市审计局	1983年10月9日	
萍乡市审计局	1983年9月15日	
新余市审计局	1984年1月8日	
鹰潭市审计局	1983年12月28日	
赣州市审计局	1983年11月14日（时名赣州地区审计局）	1999年7月12日更名赣州市审计局
宜春市审计局	1983年12月2日（时名宜春地区审计局）	2000年8月12日更名宜春市审计局
上饶市审计局	1984年1月20日（时名上饶地区审计局）	2000年10月18日更名上饶市审计局
吉安市审计局	1983年11月30日（时名吉安地区审计局）	2008年8月18日更名吉安市审计局
抚州市审计局	1983年12月2日（时名抚州地区审计局）	2000年10月18日更名抚州市审计局

表 10-1-2　2010 年底各设区市审计局内设机构

单位	内设机构
南昌市审计局	办公室、综合法规处、财政与金融审计处、行政事业审计处、农业与资源环保审计处、外资运用审计处、固定资产投资审计处、经贸审计处、社会保障审计处、经济责任审计室、审计信息处、人事教育处、综合审计一处、综合审计二处、机关党总支、纪检组（监察室） 直属事业单位：审计干部培训中心
九江市审计局	办公室、综合科、财政与金融审计科、行政事业与社保审计科、农业与资源环保审计科、固定资产投资审计科、经济贸易审计科、外资运用审计科、经济责任审计办公室 直属事业单位：审计干部培训中心、审计信息中心
景德镇市审计局	办公室、综合科、法规科、财政与金融审计科、固定资产投资审计科、工交审计科、经贸审计科、农业与资源环保审计科、行政事业审计科、经济责任审计科、外资与园区审计科、社保审计科、监察室 直属事业单位：审计信息中心、工程决算审计中心
萍乡市审计局	办公室、综合法规科、经贸与财政金融审计科、行政事业审计科、农业与资源环保审计科、固定资产投资审计科、社会保障审计科、经济责任审计科、机关党总支、纪检组（监察室） 直属事业单位：投资审计中心
新余市审计局	人秘科、综合法规科、财政金融审计科、行政事业审计科、农业与资源环保审计科、固定资产投资审计科、经济贸易审计科、经济责任审计科 直属事业单位：政府投资项目审计中心、审计信息中心
鹰潭市审计局	办公室、综合法规科、财政与金融审计科、文教与政法审计科、农业与资源环保审计科、投资建设与社会保障审计科、经贸审计科、经济责任审计科、监察室 直属事业单位：审计信息中心
赣州市审计局	办公室、综合法规科、财政金融审计科、行政事业审计科、经贸审计科、农业与资源环保审计科、固定资产投资审计科、社会保障审计科、外资运用审计科、经济责任审计科、信息科、机关党总支、纪检组（监察室） 直属事业单位：审计干部培训中心
宜春市审计局	秘书科、综合科、财政与金融审计科、行政事业审计科、政法社保审计科、经贸审计科、农业与资源环保审计科、固定资产投资审计科、经济责任审计科、机关党总支、监察室 直属事业单位：工程决算审计中心
上饶市审计局	办公室、综合科、财政金融审计科、行政事业与社会保障审计科、固定资产投资审计科、法规科、农业与资源环保审计科、经贸审计科、监察室 直属事业单位：审计信息中心
吉安市审计局	办公室、综合法规科、财政金融审计科、行政事业审计科、农业与资源环保审计科、固定资产投资审计科、经贸审计科、社会保障外资运用审计科、经济责任审计科、监察室 直属事业单位：审计干部培训中心、审计信息中心
抚州市审计局	人事秘书科、综合法规科、财政金融审计科、行政事业审计科、经贸审计科、固定资产投资审计科、经济责任审计科、农业与资源环保审计科、监察室 直属事业单位：工程造价审核中心、审计培训中心、审计信息中心

职能与职责

根据 1994 年 8 月 31 日第八届全国人民代表大会常务委员会第九次会议通过的《中华人民共和国审计法》的精神，地方各级政府对地方各级审计机关的职能与职责作出相应的规定，并随社会发展的需要和业务开展情况适时进行调整。

厅机关本级职能职责　1995 年 6 月 17 日，省人民政府批准《江西省审计厅职能配置、内设机构和人员编制方案》。10 月 19 日，省审计厅制定《江西省审计厅实施职能配置、内设机构和人员编制的具体意见》。按照建立社会主义市场经济体制的要求和转变职能、理顺关系、精兵简政、提高效率的原则，省审计厅职能转变的重点主要是：强化审计监督职能，维护国家财经法规，监督国家资金的管理和使用，充分发挥其在国民经济宏观管理中的作用；按照统一领导、分级审计的原则，加强对省人民政府各部门，特别是经济管理部门和行政公署、省辖市政府财政收支的直接审计，减少统一部署的审计项目；改革企业审计办法，减少对企业的直接审计，重点审计占有、使用国有资产数额较多和接受财政补贴较多或者亏损额较大的中央部属、省属国有企业，对其他国有企业逐步改由审计事务所、会计师事务所进行审计，审计机关在必要时进行抽审。省审计厅在省长和审计署的领导下，按照《审计法》规定组织并领导全省的审计工作。

2000 年 9 月 29 日，按照全省党政机构改革的精神，省审计厅的职责调整为：1. 贯彻执行审计工作的方针、政策和法律法规；参与制定全省地方性审计、财经方面的法规；制定审计规章制度并监督执行情况；办理市、县审计法规和规章的备案审查；组织领导、协调监督各级审计机关的业务。2. 向省政府、审计署报告和向省政府有关部门通报审计情况，提出制定和完善有关政策法规、宏观调控措施的建议。3. 在《中华人民共和国审计法》的规定范围内开展审计工作。

2009 年 5 月 16 日，《江西省人民政府机构改革实施方案》第一次明确保留江西省审计厅（以下简称省审计厅）为省人民政府组成部门，是省政府的审计机关。同时，对省审计厅的职能职责再次进行调整。

（一）调整职责：取消办理市、县审计法规、规章的备案审查职责；调整对社会审计机构审计业务质量的监督范围，不再核查社会审计机构对审计机关审计监督对象以外的单位出具的相关审计报告；加强对经济责任、关系国计民生的资源能源、环境保护和社会保障资金、境外省属国有资产、财政资金使用效益的审计职责。

（二）履行职能：（1）主管全省审计工作。负责对全省财政收支和法律法规规定属于审计监督范围的财务收支的真实、合法和效益进行审计监督，维护全省财政经济秩序，提高财政资金使用效益，促进廉政建设，保障全省国民经济和社会健康发展。对审计、专项审计调查和核查社会审计机构相关审计报告的结果承担责任，并负有督促被审计单位整改的责任。（2）起草地方性审计法规草案和制定审计规章制度并监督执行。制定并组织实施全省审计工作发展规划和专业领域审计工作规划及年度审计计划。参与起草全省地方性财政、经济及相关的法律法规草案。对直接审计、调查和核查的事项依法进行审计评价，作出审计决定或提出审计建议。（3）向省长提出年度省级预算执行和其他财政收支情况的审计结果报告。受省政府委托向省人大常委会提出省级预算执行和其他财政收支情况的审计工作报告、审计发现问题的纠正和处理结果报告。向省政府报告对其他事项的审计和专项审计调查情况及结果。依法向社会公布审计结果。向省政府有关部门和设区市人民政府通报审计情况和审计结果。（4）直接审计下列事项，出具审计报告，在法定职权范围内作出审计决定或向有关主管机关提出处理处罚的建议：省级预算执行情况和其他财政收支，省政府各部门（含直属单位）预算的执行情况、决算和其他财政收支；设区市人民政府预算的执行情况、决算和其他财政收支，省级财政转移支付资金；使用省财政资金的事业单位和社会团体的财务收支；省政府投资和以省财政投资为主的建设项目的预算执行情况和决算；省属国有企业和金融机构、省属国有资本占控股或主导地位的企业和金融机构、省政府负责风险总托底金融机构的资产、负债和损益；省政府部门、设区市人民政府管理和其他单位受省政府及其部门委托管理的社会保障资金、社会捐赠资金及其他有关基金、资金的财务收支；国际组织和外国政府援助、贷款项目的财务收支；审计署授权的中央驻省部门及其企业、事业单位的财务收支；法律、行政法规规定应审计的其他事项。（5）按规定对地厅级领导干部及依法属于省审计厅审计监督对象的其他单位主要负责人实施经济责任审计。（6）组织实施对国家财经法律、法规、规章、政策和宏观调控措施执行情况、财政预算管理或国有资产管理使用等与国家财政收支有关的特定事项进行专项审计调查。（7）依法检查审计决定执行情况，督促纠正和处理审计发现的问题，依法办理被审计单位对审计决定提请行政复议、行政诉讼或省政府裁决中的有关事项。协助配合有关部门查处相关重大案件。（8）指导和监督内部审计工作，核查社会审计机构对依法属于审计监督对象的单位出具的相关审计报告。（9）与设区市人民政府共同领导设区市审计机关。依法领导和监督市、县审计机关的业务，组织市、县审计机关实施特定项目的专项审计或审计调查，纠正或责成纠正市、县审计机关违反国家规定作出的审计决定。按照干部管理权限协助管理设区市审计机关负责人。（10）组织审计省政府驻外非经营性机构的财务收支，依法通过适当方式组织审计省属国有企业和金融机构的境外资产、负债和损益。（11）参与审计领域的国际交流活动，指导和推广信息技术在审计领域的应用，组织建设全省审计信息系统。（12）承办省政府、审计署交办的其他事项。

厅各部门职能职责 2010年12月28日，省审计厅根据省政府办公厅通知《江西省人民政府办公厅关于印发江西省审计厅主要职责内设机构和人员编制规定的通知》和省编制委员会《关于省审计厅内设机构更名的批复》的通知精神印发《关于印发江西省审计厅机构设置及职责划分的通知》对厅内设机构的主要职责作出规定：

办公室：负责文电、会务、机要、档案等机关日常运转工作，承担财务、保卫、信访、政务公开和信息宣传工作；联系特约审计员；负责内外联系与综合协调。

综合处：编制审计工作规划；编制和管理年度审计项目计划；统一管理审计项目计划的授权；管理、检查审计项目计划执行情况；牵头起草预算执行审计结果报告、审计工作报告及审计发现问题的纠正处理结果报告；指导市县审计机关审计项目计划工作；承办审计厅交办的其他事项。

法规审理处：负责起草地方性审计规章制度；负责机关有关规范性文件合法性审核和机关行政复议、行政应诉工作；组织实施审计机关普法依法治理工作；审理有关审计业务事项；审核审计结果公告；监督检查本厅和市县审计机关审计业务质量；指导市县审计机关法规和审理工作；承办审计厅交办的其他事项。

财政与金融审计处：组织审计省财政厅、省地税局的财政财务收支；组织审计省本级预算执行和其他财政收支情况；组织审计设区市人民政府的预算执行、决算和其他财政收支情况；组织审计省属国有金融机构、省属国有资本占控股或主导地位的金融机构的资产负债和损益情况；开展相关审计调查；组织对相关部门、金融机构主要领导干部实施经济责任审计；督促被审计单位整改；指导市县审计机关财政金融审计业务；承办审计厅交办的其他事项。

行政事业审计一处：组织审计省委办公厅、省委各部门、省人大常委会办公厅、省政协办公厅、省高级人民法院、省检察院、省民主党派、省人民团体的财政财务收支；组织审计省政府办公厅、省审计厅、省机关事务局、省法制局、省新闻出版局、省广播电影电视局、省人口和计生委、省民族宗教局及省政府各驻外办事处的财政财务收支；组织审计省出版集团公司资产负债和损益情况；组织审计省政府主管部门和设区市人民政府管理的相关专项资金；组织对审计署授权的行政事业单位的审计；开展相关专项审计调查；组织对相关部门主要领导干部和国有企业领导人实施经济责任审计；督促被审计单位整改；指导市县审计机关行政事业审计业务；承办审计厅交办的其他事项。

行政事业审计二处：组织审计省文化厅、省科技厅、省体育局、省档案局、省科学院、省社科院、省农科院、省社联、省文联、省科协的财政财务收支；开展相关专项审计调查；组织对相关部门主要领导干部实施经济责任审计；督促被审计单位整改；承办审计厅交办的其他事项。

行政事业审计三处：组织审计省工信委、省统计局、省工商局、省质监局、省工商联的财政财务收支；开展相关专项审计调查；组织对相关部门主要领导干部实施经济责任审计；督促被审计单位整改；承办审计厅交办的其他事项。

农业审计处：组织审计省农业厅、省林业厅、省水利厅、省扶贫和移民办、省农业综合开发办、省委农工部的财政财务收支；组织审计省政府主管部门和设区市人民政府管理的农林水、扶贫移民专项资金；组织对审计署授权的农林水专项的审计；开展相关的专项审计调查；组织对相关部门主要领导干部实施经济责任审计；督促被审计单位整改；指导市县审计机关农林水审计业务；承办审计厅交办的其他事项。

资源环保审计处：组织审计省国土资源厅、省环保厅、省地矿局、省测绘局的财政财务收支；组织审计省政府主管部门和设区市人民政府管理的资源能源、生态环境保护、节能减排资金和项目；组织审计省鄱阳湖生态经济区资源环保专项资金和项目；组织对审计署授权的资源环保专项的审计；开展相关的专项审计调查；组织对相关部门主要领导干部实施经济责任审计；督促被审计单位整改；指导市县审计机关资源能源、环境保护审计业务；承办审计厅交办的其他事项。

固定资产投资审计一处：组织审计省发改委、省鄱阳湖生态经济区建设办公室、省住房和城乡建设厅的财政财务收支；组织审计省投资和省投资为主的农林水、基础设施和基础产业、工业和高技术产业等建设项目的预算执行情况和决算；组织审计其他关系到国家利益和社会公共利益的重大建设项目；组织对审计署授权的固定资产投资项目的审计；开展相关的专项审计调查；组织对相关部门主要领导干部实施经济责任审计；督促被审计单位整改；指导市县审计机关固定资产投资审计业务；承办审计厅交办的其他事项。

固定资产投资审计二处：组织审计省人防办的财政财务收支；组织审计省建工集团公司资产负债和损益情况；组织审计省投资和省投资为主的科技、教育、文化、卫生、体育等建设项目的预算执行情况和决算；开展相关专项审计调查；组织对相关部门主要领导干部和国有企业领导人实施经济责任审计；督促被审计单位整改；承办审计厅交办的其他事项。

经贸审计一处：组织审计省交通厅、省国资委、省国防科工办、省煤炭行办的财政财务收支；组织审计省国资委监管的省属国有企业和省属国有资本占控股或主导地位企业的资产负债和损益情况（不含金融企业、省建工集团）；组织对审计署授权的国有企业的审计；开展相关专项审计调查；组织对相关部门主要领导干部和国有企业领导人实施经济责任审计；督促被审计单位整改；组织对内部审计工作的指导和监督；指导市县审计机关企业审计业务；承办审计厅交办的其他事项。

经贸审计二处：组织审计省商务厅、省粮食局、省旅游局、省安监局、省核工业地质局、省煤田地质局、省有色地质勘查局、省供销社、省机械行办、省轻工行办的财政财务收支；开展相关专项审计调查；组织对相关部门主要领导干部实施经济责任审计；督促被审计单位整改；承办审计厅交办的其他事项。

社会保障审计处：组织审计省人保厅、省民政厅、省卫生厅等部门的财政财务收支；组织审计省政府主管部门、设区市人民政府管理和其他单位受省政府及其部门委托管理的社会保障基金、社会捐赠资金及民政、卫生资金；开展相关专项审计调查；组织对相关部门主要领导干部实施经济责任审计；督促被审计单位整改；指导市县审计机关社会保障审计业务；承办审计厅交办的其他事项。

外资运用审计处：组织审计省外事侨务办、省台办、省侨联的财政财务收支；组织审计国际组织和外国政府援助、贷款项目的财务收支；组织审计省属国有资产控股或占主导地位的中外合资企业的资产负债和损益情况；开展相关的专项审计调查；组织对相关部门主要领导干部实施经济责任审计；督促被审计单位整改；指导市县审计机关外资运用审计业务；承办审计厅交办的其他事项。

经济责任审计处：负责起草经济责任审计规章制度；负责经济责任审计的归口管理，组织协调开展经济责任审计工作；组织对设区市党委、政府、法院、检察院、审计局主要领导干部实施经济责任审计；开展相关的专项审计调查；督促相关单位整改；指导市县审计机关经济责任审计业务；负责省经济责任审计工作联席会议的日常工作；承办审计厅交办的其他事项。

政法审计处：组织审计省公安厅、省国家安全厅、省司法厅、省监狱管理局、省劳教管理局的财政财务收支；组织审计省政府主管部门和设区市人民政府管理的公安司法专项资金；开展相关专项审计调查；组织对相关部门主要领导干部实施经济责任审计；督促被审计单位整改；承办审计厅交办的其他事项。

教育审计处：组织审计省教育厅、省属高校、省委党校的财政财务收支；组织审计省政府主管部门和设区市人民政府管理的教育专项资金；开展相关专项审计调查；组织对相关部门及高校主要领导干部实施经济责任审计；督促被审计单位整改；承办审计厅交办的其他事项。

人事处：承担厅机关和直属单位的人事管理、机构编制、教育培训和审计专业技术职称评聘管理等工作；承办协助管理设区市审计机关负责人的有关事项；承担离退休人员的管理服务工作。

机关党委：负责厅机关和直属单位的党群工作。

纪检组（监察室）：为省纪委（省监察厅）的派驻机构。

厅直属事业单位职能职责　省审计厅对厅直属事业单位的职能职责也作出相应的规定。

（一）厅机关后勤服务中心的主要职能为：服务、管理、协调和保障。其主要职责是：1. 认真贯彻执行国家和省有关机关后勤服务中心工作的方针、政策，负责制定厅机关及其所属单位后勤建设规划、各种管理规章、制度，服务措施、标准，经营计划及目标，并认真组织实施。2. 负责对赣审大酒店、服务站、庐山培训基地和机关所属门面房的管理、使用。3. 承办厅机关授权的经营性和非经营性国有资产和设施设备的管理，负责厅机关办公楼和自管宿舍区的通讯、保卫、供电、供水、清洁、绿化等物业管理工作。4. 负责厅机关公务车辆的购置调配、调度使用、维修保养及油料供应等管理，负责对驾驶员的安全教育工作，协调处理交通事故。5. 负责厅机关基本建设项目的实施以及住房实物分配和货币分房工作。6. 开展厅机关爱国卫生、社会治安综合治理等工作。7. 会同有关部门承办厅机关及直属单位政府采购工作。8. 协助承办以厅名义召开的会务和公务接待工作。9. 承办机关办公用品、计算机耗材等的采购、发放和管理，协同有关部门做好厅机关福利工作。10. 按照厅机关分配的预算、管理、使用机关后勤保障有关专项经费。负责后勤服务中心及其所属单位的计划、财务和经营开发、管理工作。11. 负责后勤服务中心及其所属单位干部和职工的管理，人员任免、调配等按厅规定的管理权限办理。12. 负责后勤服务中心及其所属单位的党群工作和精神文明、纪检、监察工作。13. 承办厅领导交办的其他事项。

（二）厅信息中心主要职责：1. 组织协调、指导管理、监督检查全省审计机关和厅机关的信息化建设，承担厅信息化建设领导小组的日常工作。2. 贯彻执行审计署、省政府制定的信息化方针、政策和技术规范、标准，研究制定、组织实施全省审计机关和厅机关的信息化规划、计划、方案。3. 建设厅机关的信息网络及其配套设施，建立和施行网络运行的安全保密机制。4. 在全省审计机关和厅机关推广应用审计署统一开发的审计实施系统、审计管理系统以及其他审计应用软件，开展补充性、适应性的软件研发和引进。5. 建立全省审计机关和厅机关的信息资源收集、存储、处理体系以及厅机关数据库，从事信息资源的开发、利用。6. 组织全省审计机关和厅机关的信息技术专业培训、考试，开展信息技术应用成果的交流、评审、考核。7. 管理、维护厅机关的信息网络、网站、计算机及其关联设备，承担计算机及其关联设备的选型、配置。8. 编制厅机关信息化建设资金的使用计划，按照批准的预算与建设的进度、规定的程序与权限用于专项工程建设和专门费用支出。9. 对全省审计机关和厅机关提供信息技术咨询、服务、协助厅有关部门实施计算机审计和实行办公自动化。10. 承办厅领导交办的其他事项。

（三）省审计干部培训中心的主要职责：1. 全省审计系统的继续教育、岗位培训、业务培训、培训分计划、经费分预算等工作。2. 厅机关各单位、全省市、县一级审计机关处、科级干部的继续教育和业务培训工作。3. 组织协调全省审计系统在职干部职工参加更高层次的继续教育和业务培训工作。4. 全省审计系统专业技术资格考试及辅导培训工作。5. 承办全省审计系统的计算机审计业务培训及专业技术资格考试。6. 南昌市马家池审计培训服务站、庐山干部培训基地的经营管理工作。7. 干部培训重点教材、音像教材的编写和发行工作，代理发行审计署有关培训教材资料。8. 厅内有关会议的会务保障工作。

（四）省审计科研所的主要职责：1. 开展审计科学研究并负责全省审计科研课题的管理和指导。2. 从事审计情报、信息的收集与交流。3. 编辑出版审计研究书刊和资料。4. 开展综合分析和政策调研工作。

全省各设区市级及其所属县（市、区）地方政府对其管辖审计机关的职能与职责的规定参照省审计厅的情况均在按照《审计法》规定的前提下，结合本地方政府的实际情况作出相应的规定。

人员编制

全省审计机关的人员编制主要由两部分组成：一是行政编制，二是事业编制。1991 年以前，处于组建阶段，人员变化较大；1991 年以后，机构框架基本形成，每年编制虽有增减，但变化不大，基本持平。其中：1991 年，实有人数 2391 人，行政编制 1697 人，事业编制 486 人；1992 年，2536 人，行政编制 1704 人，事业编制 832 人；1993 年，省审计局增加事业编制 30 名，机关事业编制总数达 125 名，行政编制仍为 135 名，合计编制 260 名，实有人员为 203 名，全省审计机关实有 2557 人，行政编制 1170 人，事业编制 837 人；1994 年，全省编制和实有人员略有增加，分别为 2703 名和 2676 人；1995 年，江西省直党政机关实行机构改革，根据省人民政府批准的省审计厅职能配置、内部机构和人员编制的"三定"方案，厅机关行政编制确定为 148 名，另有为老干部服务的司机单列编制 1 名，共计 149 名；事业编制为 118 名，两项编制合计 267 名。全省 112 个审计机关，总编制共计 2740 名，实有 2875 人。其中：行政编制 1764 名，实有 1728 人；事业编制 976 名，实有 1147 人；1996 至 1997 年，全省审计机关定编人数均为 2861 名，其中：行政编制 1937 名，事业编制 924 名。截至 1997 年底，全省审计机关实有 3130 人，其中：行政编制人数 1916 人，事业编制人数 1214 人；1998 年，全省审计机关定编人数为 2937 名，其中：行政编制 1992 名，事业编制 945 名。实有人数 3394 名，其中：行政编制人数 1996 名，事业编制人数 1398 名；2000 年，省委、省政府推行党政机构改革，行政事业编制有所精简。至 2002 年，全省机关定编人数为 2391 名，其中：行政编制 2046 名，事业编制 305 名，派驻机构编制 40 名。实有人数 2519 名，其中：行政编制人数 2174 名，派驻编制人数 40 名，事业编制人数 305 名；2007 年和 2009 年，省委、省政府再次推行党政机构改革，行政事业编制数量随之发生变化。至 2010 年，全省审计机关定编人数为 2595 名。其中：行政编制 1942 名，事业编制 653 名。实有人数 2907 名，其中：行政编制人数 2256 名，事业编制人数 651 名。

实有干部职工的基本情况是：1997 干部职工的年龄结构：35 岁以下 1679 人，占 53.6%；36 至 45 岁 697 人，占 22.26%；46 至 55 岁 594 人，占 19%；56 至 60 岁 140 人，占 4.47%；60 岁以上 20 人，占 0.63%。文化程度：具有大中专以上文化程度人员占总数的 73%，其中：研究生 3 人，大学本科 239 人，大专 1280 人，中专 755 人；高中以下文化程度人员为 849 人，占 27%。此外，全省审计干部中中共党员 1567 人，占 50.06%；共青团员 566 人，占 18.08%。

2002 年干部职工性别结构：男职工 1771 人，女职工 748 人。年龄结构：30 岁以下 269 人，占 10.6%；31 至 40 岁 1045 人，占 41.5%；41 至 55 岁 1002 人，占 39.7%；56 至 60 岁 203 人，占 8.0%。文化程度结构：具有大专以上文化程度人员占总数的 68.4%，其中：研究生 16 人，本科生 420 人，大专生 1286 人，高中以下文化程度人员 797 人，占 31.6%。专业技术人员结构：副高级职称 43 人，占 1.7%；中级职称 914 人，占 36.3%，初级职称 377 人，占 15%。政治面貌结构：中共党员 1704 人，占 67.6%；共青团员 111 人，占 4.4%。

2010 年干部职工性别结构：男职工 2011 人，女职工 896 人。年龄结构：30 岁以下 335 人，占 11.5%；31 至 40 岁 624 人，占 21.5%；41 至 55 岁 1680 人，占 57.8%；56 至 60 岁 268 人，占 9.2%。文化程度结构：具有大专以上文化程度人员占总数的 87.2%，其中：博士生 1 人，研究生 14 人，本科生 1133 人，大专生 1389 人，高中以下文化程度人员 339 人，占 11.7%。专业技术人员结构：具有高级职称专业技术人员占总数的 8.3%，其中：正高级职称 1 人，副高级职称 242 人，占 1.7%；初、中级职称人员占总数的 42.4%，其中：中级职称 902 人，初级职称 332 人。政治面貌结构是：中共党员 2047 人，占 70.4%；共青团员 87 人，占 3%；民主党派 62 名，占 2%。

表 10-1-3 1991—2010 年全省各级审计机关编制人员情况

年度	地区	应建机构数（个）	已建机构数（个）	定编人数（人）	实有人数（人）	行政编制数（人）		事业编制数（人）	
						定编数	实有数	定编数	实有数
1991	省 局	1	1	230	193	135	135	95	58
	地市局	11	11	544	511	367	361	177	150
	县市局	100	100	1777	1687	1201	1201	576	486
	小 计	112	112	2551	2391	1703	1697	848	694
1992	省 局	1	1	230	203	135	135	95	68
	地市局	11	11	522	520	370	357	182	163
	县市局	100	100	1810	1813	1207	1212	603	601
	小 计	112	112	2592	2536	1712	1704	880	832
1993	省 局	1	1	260	203	135	129	125	74
	地市局	11	11	565	521	371	364	194	157
	县市局	100	100	1826	1833	1231	1227	595	606
	小 计	112	112	2651	2557	1737	1720	914	837
1994	省 厅	1	1	260	217	135	138	125	79
	地市局	11	11	571	523	371	358	200	165
	县市局	100	100	1872	1936	1239	1231	633	705
	小 计	112	112	2703	2676	1745	1727	958	949
1995	省 厅	1	1	267	216	149	130	118	86
	地市局	11	11	577	541	372	358	205	183
	县市局	100	100	1896	2118	1243	1240	653	878
	小 计	112	112	2740	2875	1764	1728	976	1147
1996	省 厅	1	1	262	209	149	116	113	93
	地市局	11	11	627	631	400	373	227	258

续表

年度	地区	应建机构数（个）	已建机构数（个）	定编人数（人）	实有人数（人）	行政编制数（人）		事业编制数（人）	
						定编数	实有数	定编数	实有数
1996	县市局	99	99	1972	2073	1388	1289	584	784
	小 计	111	111	2861	2913	1937	1778	924	1135
1997	省 厅	1	1	262	204	149	112	113	92
	地市局	11	11	627	647	400	390	227	257
	县市局	99	99	1972	2279	1388	1414	584	865
	小 计	111	111	2861	3130	1937	1916	924	1214
1998	省 厅	1	1	262	202	149	110	113	92
	地市局	11	11	653	670	404	388	249	282
	县市局	99	99	2022	2522	1439	1498	583	1024
	小 计	111	111	2937	3394	1992	1996	945	1398
1999	省 厅	1	1	204	151	149	113	55	38
	地市局	11	11	505	479	396	383	109	96
	县市局	99	99	1574	1700	1454	1546	120	154
	小 计	111	111	2283	2330	1999	2042	284	288
2002	省 厅	1	1	212	170	125	112	87	58
	地市局	11	11	535	507	421	408	114	99
	县市局	99	99	1644	1842	1540	1694	104	148
	小 计	111	111	2391	2519	2086	2214	305	305
2003	省 厅	1	1	209	176	135	118	74	58
	地市局	11	11	501	503	388	396	113	107
	县市局	99	99	1467	1865	1345	1677	122	188
	小 计	111	111	2177	2544	1868	2191	309	353
2004	省 厅	1	1	217	185	135	122	82	63
	地市局	11	11	513	506	396	413	117	93
	县市局	99	99	1515	1884	1324	1673	191	211
	小 计	111	111	2245	2575	1855	2208	390	367
2005	省 厅	1	1	217	189	135	128	82	61
	地市局	11	11	501	529	435	449	100	80
	县市局	99	99	1558	1946	1345	1693	234	253
	小 计	111	111	2276	2664	1915	2270	416	394
2006	省 厅	1	1	217	193	135	129	82	64
	地市局	11	11	543	534	435	458	108	76
	县市局	101	101	1630	1994	1361	1788	270	206

续表

年度	地区	应建机构数（个）	已建机构数（个）	定编人数（人）	实有人数（人）	行政编制数（人）		事业编制数（人）	
						定编数	实有数	定编数	实有数
	小　计	113	113	2390	2721	1931	2375	460	346
2007	省　厅	1	1	217	192	135	128	82	64
	地市局	11	11	510	507	451	453	59	54
	县市局	101	101	1617	1996	1348	1775	269	221
	小　计	113	113	2344	2695	1934	2356	410	339
2008	省　厅	1	1	217	197	135	133	82	64
	地市局	11	11	513	515	467	471	46	44
	县市局	101	101	1605	2062	1311	1768	294	294
	小　计	113	113	2335	2774	1913	2372	422	402
2009	省　厅	1	1	217	203	135	135	82	68
	地市局	11	11	540	527	466	471	74	56
	县市局	101	101	1749	2130	1359	1698	390	432
	小　计	113	113	2506	2860	1960	2304	546	556
2010	省　厅	1	1	218	207	135	136	83	71
	地市局	11	11	571	568	471	478	100	90
	县市局	101	101	1806	2132	1336	1642	470	490
	小　计	113	113	2595	2907	1942	2256	653	651

表 10-1-4　1991—2010 年全省各级审计机关职工情况

单位：人

年度		1991				1992			
		合计	省审计厅	地级局	县级局	合计	省审计厅	地级局	县级局
人数		2391	193	511	1687	2536	203	520	1813
性别	男	1760				1841			
	女	631				695			
年龄结构	35 岁以下	1276				1376			
	36—45 岁	515				526			
	46—55 岁	426				465			
	56—60 岁	156				158			
文化程度	博士								
	硕士	4				5			
	本科	182				195			
	大专	649				746			

续表

		1556				1590			
	高中以下	1556				1590			
专业技术职称	正高级								
	副高级	7				7			
	中 级	129				134			
	初 级	389				382			
政治面貌	中共党员	1171				1208			
	共青团员	660				727			
	民主党派								
年度		1993				1994			
		合计	省审计厅	地级局	县级局	合计	省审计厅	地级局	县级局
人数		2557	203	521	1833	2676	217	523	1936
性别	男	1828				1918			
	女	729				785			
年龄结构	35 岁以下	1334				1396			
	36—45 岁	543				593			
	46—55 岁	481				557			
	56—60 岁	169				142			
文化程度	博士								
	硕士	5				3			
	本科	197				204			
	大专	735				850			
	高中以下	1607				1646			
专业技术职称	正高级								
	副高级	7				1			
	中 级	324				529			
	初 级	560				665			
政治面貌	中共党员	1204				1293			
	共青团员	664				701			
	民主党派								
年度		1995				1996			
		合计	省审计厅	地级局	县级局	合计	省审计厅	地级局	县级局
人数		2875	216	541	2118	2913	209	631	2073
性别	男	1994				2025			
	女	881				888			

续表

		合计	省审计厅	地级局	县级局	合计	省审计厅	地级局	县级局
年龄结构	35 岁以下	1551				1519			
	36—45 岁	640				661			
	46—55 岁	526				573			
	56—60 岁	140				141			
文化程度	博士								
	硕士	3				3			
	本科	197				207			
	大专	973				1109			
	高中以下	1702				1578			
专业技术职称	正高级								
	副高级	4				7			
	中　级	592				761			
	初　级	629				627			
政治面貌	中共党员	1374				1462			
	共青团员	702				636			
	民主党派								

年度		1997				1998			
		合计	省审计厅	地级局	县级局	合计	省审计厅	地级局	县级局
人数		3130	204	647	2279	3394	202	670	2522
性别	男	2095				2106			
	女	1035				1288			
年龄结构	35 岁以下	1679				1789			
	36—45 岁	697				819			
	46—55 岁	594				610			
	56—60 岁	140				154			
文化程度	博士								
	硕士	3				5			
	本科	239				244			
	大专	1280				1575			
	高中以下	1604				1605			
专业技术职称	正高级								
	副高级	8				9			
	中　级	848				970			
	初　级	622				666			

续表

政治面貌	中共党员	1567				1658			
	共青团员	566				612			
	民主党派								

年度		1999				2002			
		合计	省审计厅	地级局	县级局	合计	省审计厅	地级局	县级局
人数		2330	151	479	1700	2519	170	507	1842
性别	男	1685				1771	115	342	1314
	女	645				748	55	165	528
年龄结构	35 岁以下	823				759	57	150	552
	36—45 岁	729				920	62	206	652
	46—55 岁	601				637	47	122	468
	56—60 岁	173				203	4	29	170
文化程度	博士								
	硕士	5				16	9	3	4
	本科	254				420	85	139	196
	大专	1176				1286	61	230	995
	高中以下	883				797	15	135	647
专业技术职称	正高级								
	副高级	7				43	16	16	11
	中 级	801				914	69	233	612
	初 级	361				377	14	60	303
政治面貌	中共党员	1590				1704	136	325	1243
	共青团员	16				111		32	79
	民主党派					27	2	17	8

年度		2003				2004			
		合计	省审计厅	地级局	县级局	合计	省审计厅	地级局	县级局
人数		2544	176	500	1868	2575	185	506	1884
性别	男	1790	126	344	1320	1804	123	358	1323
	女	754	50	156	548	771	62	148	561
年龄结构	35 岁以下	632	59	116	457	585	60	105	420
	36—45 岁	1083	60	235	788	1103	61	229	813
	46—55 岁	650	51	120	479	709	58	148	503
	56—60 岁	189	6	26	157	178	6	24	148
文化程度	博士								
	硕士	32	22	6	4	33	22	6	5

续表

文化程度	本科	527	95	165	267	582	102	173	307
	大专	1386	46	216	1124	1408	47	214	1147
	高中以下	591	13	113	465	550	14	113	423
专业技术职称	正高级								
	副高级	110	30	29	51	85	32	29	24
	中级	860	72	223	565	908	72	247	589
	初级	415	13	45	357	364	13	45	306
政治面貌	中共党员	1754	141	340	1273	1803	149	348	1306
	共青团员	95		26	69	62		23	39
	民主党派	35	3	13	19	31	3	14	14

年度		2005				2006			
		合计	省审计厅	地级局	县级局	合计	省审计厅	地级局	县级局
人数		2664	189	529	1946	2721	193	534	1994
性别	男	1842	127	356	1359	1893	129	362	1402
	女	823	62	164	597	828	64	172	592
年龄结构	35岁以下	581	52	106	423	577	52	93	432
	36—45岁	1177	77	263	837	1192	78	270	844
	46—55岁	723	53	135	535	764	52	140	572
	56—60岁	181	7	24	150	194	11	30	153
文化程度	博士					1	1		
	硕士	24	9	5	10	27	8	5	14
	本科	695	117	221	357	811	126	243	442
	大专	1429	50	194	1185	1437	51	194	1192
	高中以下	508	13	109	386	439	7	86	346
专业技术职称	正高级								
	副高级	117	39	47	31	130	44	51	35
	中级	911	72	238	601	895	72	228	595
	初级	344	13	46	285	325	16	41	268
政治面貌	中共党员	1900	167	355	1378	1952	167	363	1422
	共青团员	68		20	48	54		12	42
	民主党派	38	3	15	20	31	3	15	13

年度		2007				2008			
		合计	省审计厅	地级局	县级局	合计	省审计厅	地级局	县级局
人数		2695	192	507	1996	2774	197	515	2062

续表

性别		1895	130	350	1415	1946	132	357	1457
	男	1895	130	350	1415	1946	132	357	1457
	女	800	62	157	581	828	65	158	605
年龄结构	35 岁以下	537	46	85	406	548	48	91	409
	36—45 岁	1152	73	237	842	1108	79	212	817
	46—55 岁	826	57	163	606	913	51	182	680
	56—60 岁	190	16	22	152	205	19	30	156
文化程度	博士	1	1			2	1	1	
	硕士	32	15	6	11	35	17	6	12
	本科	883	124	259	500	945	125	270	550
	大专	1409	45	176	1188	1432	46	175	1211
	高中以下	370	7	66	297	352	8	63	281
专业技术职称	正高级	1	1			1	1		
	副高级	153	50	52	51	182	54	62	66
	中　级	890	69	225	596	856	68	214	574
	初　级	321	16	39	266	343	19	38	286
政治面貌	中共党员	1970	156	365	1449	2003	158	374	1471
	共青团员	67	12	12	43	65	13	6	46
	民主党派	39	3	18	18	44	4	18	22

年度		2009				2010			
		合计	省审计厅	地级局	县级局	合计	省审计厅	地级局	县级局
人数		2860	203	527	2130	2907	207	568	2132
性别	男	1995	137	368	1490	2011	139	385	1487
	女	865	66	159	640	896	68	183	645
年龄结构	35 岁以下	581	41	94	446	604	39	114	451
	36—45 岁	1063	77	197	789	978	87	190	701
	46—55 岁	975	61	189	725	1057	59	207	791
	56—60 岁	241	24	47	170	268	22	57	189
文化程度	博士	2	1	1		1	1		
	硕士	44	20	8	16	47	20	14	13
	本科	1044	133	280	631	1133	137	307	689
	大专	1428	41	175	1212	1389	41	182	1166
	高中以下	347	8	63	276	339	8	65	266
专业技术职称	正高级	1	1			1	1		
	副高级	220	54	79	87	242	61	87	94

续表

	中 级	919	97	221	601	902	93	215	594
	初 级	318	3	42	273	332	3	54	275
政治 面貌	中共党员	2063	168	385	1510	2047	174	409	1464
	共青团员	112		9	103	87		24	63
	民主党派	75	3	19	53	62	3	25	34

领导成员

省审计厅厅级领导成员 1991 年 4 月 30 日，省人大常委会决定任命池宝库为省审计局局长，中共江西省委同时任命池宝库为省审计局党组书记。是年 5 月，省委、省政府免去刘忠义省审计局党组成员、副局长职务。9 月，任命谌模有为省审计局党组成员、副局长。1992 年 3 月，省委、省政府免去骆凤田的省审计局党组成员、副局长职务。1994 年 5 月，省委、省政府免去陈志刚的省审计局党组成员、副局长职务。1994 年 9 月 2 日，省审计局更名为省审计厅，省委任命池宝库为省审计厅党组书记；10 月 24 日，省人大常委会第 11 次会议决定，任命池宝库为省审计厅厅长。省委、省政府同时任命谌模有为省审计厅党组成员、副厅长。1995 年 3 月，省委、省政府任命李海泉为省审计厅党组成员、副厅长；1996 年 2 月，任命余先仕为省审计厅党组成员、副厅长。

1996 年 5 月，省委、省政府调整省审计厅领导班子。5 月 24 日，省委决定任命李海泉为省审计厅党组书记。同时，免去池宝库省审计厅党组书记、厅长职务，免去谌模有党组成员、副厅长职务。6 月 24 日，省人大常委会第 22 次会议决定，任命李海泉为省审计厅厅长。是月，省委、省政府任命何干成为省审计厅党组成员、副厅长，李水芳为省审计厅党组成员、纪检组长。1999 年 12 月，省委、省政府任命桑昌武为省审计厅党组成员、副厅长。2000 年 8 月，省委、省政府任命李海泉为省审计厅副厅长，免去李海泉厅长职务。是年，任命陈长安为省审计厅副厅长。

2003 年 2 月，省委、省政府决定任命伍自尧为省审计厅党组书记、厅长；同时免去李海泉省审计厅党组书记、副厅长职务。2004 年 5 月，省人民政府任命王卫亚为省审计厅助理巡视员。2007 年 11 月，省人民政府任命蔡景祥为省审计厅副巡视员。2008 年 5 月，省委、省政府免去余先仕省审计厅党组成员、副厅长职务。是年 10 月 27 日，省委、省政府任命李水芳为省审计厅巡视员，同时免去李水芳省审计厅党组成员、纪检组长职务。2009 年 2 月，省委、省政府免去桑昌武省审计厅党组成员、副厅长职务。是年 4 月，省委、省政府任命王卫亚为省审计厅党组成员、副厅长，免去王卫亚省审计厅副巡视员职务；任命刘达为省审计厅党组成员、副厅长职务；任命胡志勇为省审计厅总审计师职务。是年 4 月，省政府免去陈长安省审计厅副厅长职务。

2009 年 7 月，省委、省政府任命王殿军为省审计厅党组书记，邹水成任省审计厅党组成员、省纪律检查委员会驻省审计厅纪检组长。同时免去伍自尧省审计厅党组书记职务。是年 11 月，省人大常委会决定任命王殿军为省审计厅厅长职务，同时免去伍自尧省审计厅厅长职务。

2010 年 11 月，省委、省政府任命章丁万为省审计厅党组成员，副厅长职务。

表 10-1-5　1991—2010 年江西省审计局（厅）历届领导成员

姓名	职务	任职时间	备注
池宝库	党组书记 局　长	1991.04—1994.10 1991.04—1994.10	江西省审计局更名前任职
池宝库	党组书记 厅　长	1994.10—1996.05 1994.10—1996.05	江西省审计厅更名后任职
李海泉	党组书记 厅　长 副厅长	1996.05—2003.02 1996.06—2000.08 2000.08—2003.02	
伍自尧	党组书记 厅　长	2003.02—2009.07 2003.02—2009.11	
王殿军	党组书记 厅　长	2009.07— 2009.11—	

表 10-1-6　2010 年省审计厅各部门负责人

单位	部门	姓名	职务	任职时间
江西省审计厅	办公室	黎　明	主　任	2008.01
	综合处	聂长流	处　长	2009.06
	法规处	万继锋	处　长	2009.06
	财政与金融审计处	章丁万	处　长	2002.04
	行政事业审计处	黄正宇	处　长	2001.04
	经贸审计处	孟文军	处　长	2009.06
	农业与资源环保审计处	伍金条	处　长	2002.04
	固定资产投资审计处	夏　青	处　长	2002.04
	社会保障审计处	刘斌良	处　长	2001.04
	外资运用审计处	胡雅萍	处　长	2009.06
	经济责任审计处	王　诤	处　长	2005.02
	五办审计处	郑也陶	处　长	2005.02
	政法审计处	何文元	处　长	2009.06
	教育审计处	刘俊民	处　长	2001.12
	科技体育审计处	刘正宇	处　长	2002.10
	药品审计处	徐　俊	处　长	2002.10
	经济执法审计处	刘功滨	处　长	2002.10
	经企审计处	刘文星	处　长	2009.06
	人事教育处	项志锋	处　长	2008.01
	机关党委	陈　微	专职副书记	2008.10
	监察室	黄赣华	主任、省纪委驻审计厅纪检组副组长	2004.08

表 10-1-7 2010 年省审计厅直属处级事业单位负责人

单位	部门	姓名	职务	任职时间
江西省审计厅	厅机关后勤服务中心	李志勇	主任	2009.06
	厅信息中心	郑中淮	主任	2009.06
	省审计干部培训中心	潘良明	主任	2009.06
	省审计科学研究所	曾晓平	所长	2005.02
	《审计与理财》编辑部	涂细鹏	调研员兼主编（正高级编审）	2005.02（2009 年 3 月聘任正高级编审）
	审计学会	徐益民	调研员兼任审计学会秘书长	2003.07（2005 年 2 月兼任审计学会秘书长）

干部管理

干部录用调配 1993 年以前，干部录用调配主要是沿用全省各级审计机关成立之初的做法，审计干部的调配主要有四条渠道：一是从企事业单位选调业务干部；二是从各级党政机关调配干部，这些干部主要来自财政、金融及其他经济管理部门；三是接收大、中、专院校毕业生；四是安排军队转业干部和退伍战士。选调干部事先均要由各级审计机关按照"德才兼备"的原则和"革命化、知识化、年轻化、专业化"要求对其进行考察，然后经局领导集体研究决定后报同级政府劳动人事部门审批。在考虑调配人员的专业结构上，还会注意适当配备一些法律、电子计算机、工程技术人员等方面的人才，以满足审计工作不同方面的需要。1993 年 8 月，国务院颁布《国家公务员暂行条例》；是年 6 月，人事部发布《国家公务员录用暂行规定》；此后，全省各级审计机关主任科员以下非领导职务的公务员逐步采用公开考试，严格考核的办法，按照"德才兼备"的标准择优录用；新录用的公务员试用期一年，试用期满合格的正式任职，不合格的取消录用资格；省审计厅机关录用的公务员应具有两年以上基层工作经历，没有基层工作经历的，安排到基层工作一至两年。1995 年，省审计厅根据省人事厅《关于省级机关从应届高校毕业优秀生中考试录用国家公务员的通知》录用了公务员 3 名。1996 年 9 月，中共江西省委组织部、省人事厅开展省直机关首次面向社会考试录用主任科员以下非领导职务国家公务员工作，省审计厅计划为 6 名，报名参考的有 211 人，10 月 27 日举行笔试，根据笔试成绩择优选拔 18 人参加面试，最后录用 6 人为省审计厅公务员。

2001 年 7 月 2 日，江西省人事厅《关于同意录用叶敏等 5 名同志为国家公务员的批复》，经考试、考核及体检合格，同意录用省审计厅 5 名公务员。

2003 年 4 月 30 日，江西省人事厅函复，同意录用省审计厅 6 名公务员。

2004 年 4 月 20 日，江西省人事厅函复，同意录用省审计厅 3 名公务员；2004 年 7 月 21 日，江西省人事厅函复，同意录用省审计厅 3 名公务员。

2005 年 4 月 18 日，江西省人事厅函复，同意录用省审计厅 2 名公务员。

是年 5 月 8 日，江西省人事厅函复，同意录用省审计厅 1 名公务员。

是年 7 月 22 日，江西省人事厅函复，同意录用省审计厅 3 名公务员。

2008 年 6 月 4 日，江西省人事厅函复，同意录用省审计厅 6 名公务员。

2006 年，根据《中共中央、国务院关于印发〈中华人民共和国公务员法实施方案〉的通知》（中发〔2006〕9 号）和《中共江西省委、江西省人民政府关于印发〈江西省公务员法实施工作方案〉的通知》（赣发〔2006〕7 号），8 月 18 日至 8 月 31 日，省审计厅对厅全体公务员实行重新登记工作。经考核，此次重新登记的公务员共有 126 名。

职务职级 1995 年以前，干部职务设置和职级划分都比较简单。省审计局设局长（地厅级）、副局长（副地厅级）、处长、副处长、主任科员、副主任科员、科员、办事员；地市审计局设局长（县处级）、副局长（副县处级）、科长、副科长、办事员；县（市、区）审计局设局长（科级）、副局长（副科级）、股长、副股长、办事员。1986 年，根据省人民政府批转省劳动人事厅《关于江西省党政机关部分工作人员行政职务有关问题的报告》精神，全省审计机关开始实行一般行政职务和设置调研员。一般行政职务是指正、副主任科员、科员、办事员；省级机关正、副主任科员、办事员按 1 : 2 的比例掌握。同时，省级审计机关设置正、副处级调研员，地、市级审计机关设置正、副处级调研员和正、副科级调研员职务，县（市）级机关设置正、副科级调研员。

1995 年 5 月，省人民政府颁发《江西省国家公务员制度实施方案》，确定在全省行政机关建立和推行国家公务员制度。8 月，省审计厅成立推行国家公务员制度领导小组，并设立办公室，制定了厅机关实施国家公务员制度的方案和全厅现有工作人员向国家公务员过渡的办法。是年 9 月 9 日，省审计厅按照江西省人民政府转发人事部的《关于国家公务员非领导职务实施工作若干问题的通知》，在省人民政府批准省审计厅在三定（定职能、定机构、定人员）方案的基础上，制定《江西省审计厅国家公务员非领导职务设置实施方案》，该方案确定省审计厅机关中除厅、处级领导干部和工勤人员以外的工作人员为非领导职务，即巡视员、助理巡视员、调研员、助理调研员、主任科员、副主任科员、科员，为实职，但不具有行政领导职责。非领导职务的任职条件，必须坚持德才兼备的标准，其政治素质、业务水平、工作能力都应达到相应的任职标准，且近两年来年度考核为称职以上，身体健康、能坚持正常工作，并且具备以下条件：（1）巡视员应具备大学专科以上文化程度，任副厅级职务五年以上；（2）助理巡视员应具备大学专科以上文化程度，任正处级职务五年以上；（3）调研员应具备大学专科以上文化程度，任副处职务四年以上；（4）助理调研员应具备大学专科以上文化程度，任正科级职务四年以上；（5）主任科员应具备中专、高中以上文化程度，任副科级职务三年以上；（6）副主任科员具备中专、高中以上文化程度，任科员级职务三年以上；（7）科员应具备中专、高中以上文化程度。对德才表现突出的国家公务员担任非领导职务，经有关部门批准，可以适当放宽其资格条件要求。10 月 19 日，省审计厅制定《江西省审计厅实施职能配置、内部机构和人员编制方案的具体意见》，并根据《江西省国家公务员职务分类工作实施办法》，着手对全厅列入国家公务员范围的职位实施分类，进行职务设置，确定职位职责、职位设置的层次和数量、职位名称、编制"职位说明书"。全厅 13 个处室 148 名行政编制中设置领导职数 41 名，其中厅长 1 名、副厅长 3 名、纪检组长 1 名，正处级 13 名、副处级 22 名。设置非领导职数 91 名，其中巡视员 1 名、助理巡视员 1 名、调研员 8 名、助理调研员 10 名、主任科员 28 名、副主任科员 25 名、科员 18 名。

与此同时，省审计厅按照《江西省现有机关工作人员向国家公务员过渡实施办法》，举办全厅工作人员向国家公务员过渡培训班，并进行考试，全厅参加考试人员全部合格，在此基础上以年度考核为基础，对机关工作人员近两年的德、能、勤、绩情况进行全面考核，为选配人员、任命职务、确定级别提供依据。1996年6月，经省人事厅审核，全厅90名干部过渡为国家公务员，其中担任处级领导干部26人、调研员2名、助理调研员9名、主任科员23名、副主任科员24名。

1997年，省审计厅对全厅过渡为国家公务员的成员颁发了任命书。与此同时，根据国家公务员制度有关规定首次在厅各处室之间实行干部交流轮岗，全厅交流轮岗21人，其中正处级10人。此外，还根据工作需要，通过考察，经厅党组研究确定，提拔、调整8名处级干部、14名科级干部。

2000年，经省机构编制委员会核定，省审计厅的领导职数为厅长1名、副厅长3名、纪检组长1名；正处职数20名（含8个派出审计机构正处职数）、副处职数22名（含8个派出审计机构副处职数）。

2001年3月27日，省人事厅《关于核定省政府机关非领导职数的批复》，同意省审计厅非领导职务职数为：调研员8名、助理调研员13名、主任科员29名、副主任科员14名。

2008年8月21日，江西省机构编制委员会办公室《关于省审计厅配备总审计师职数的批复》，同意省审计厅配备总审计师1名。

2009年5月，经省机构编制委员会核定，省审计厅领导职数为厅长1名、副厅长3名、纪检组长1名、总审计师1名；正处级领导职数21名（含7个派出审计机构正处职数和机关党委专职副书记1名）、副处职数24名（含7个派出审计机构副处职数）。

2010年底，省审计厅实有公务员：厅长1名、副厅长3名、纪检组长1名、总审计师1名、巡视员1名、副巡视员1名、正处领导21名、副处领导24名、调研员8名、副调研员17名、主任科员43名、副主任科员10名、科员3名。

领导任免管理　各级审计机关主要负责人的任命按照国务院、审计署关于审计机关实行"双重领导"体制的规定，须事前征得上级审计机关的同意。

1991年3月30日，中共江西省委组织部、省审计局转发中共中央组织部、审计署《关于加强地方各级审计机关领导干部管理工作的通知》并结合江西实际，就有关问题提出补充意见，要求审计机关要协助地方党委加强对审计机关领导班子的考察了解，经常反映情况，主动提出任免、调动、奖惩建议。审计局须建立协管干部的档案副本。审计局领导班子的后备干部确定后，在向党委上报后备干部登记表的同时送上一级审计局。是年5月31日，为贯彻执行中组部、审计署通知，省审计局发出通知，要求地、市审计局要配备党性强的人员，切实抓好对审计机关领导干部实行双重领导、以党委为主的管理工作，认真做好协助党委管理审计局正、副局长的各项工作，审计局主要领导要经常向党委汇报自身班子的情况，省地（市）审计局一年考察一次下级审计局的领导班子。省地两级机关按照中组部、审计署和省审计局通知均加强对地市县区审计局领导班子的考察和管理工作。省审计局于1992年派人赴景德镇市、上饶地区、鹰潭市考察局领导班子，通过考查调整了领导成员，进一步加强了领导力量。1997年，根据4个地（市）委的意见，经省审计厅党组研究，调整和充实4个地（市）审计局的领导班子，配备局领导干部7名。

2009年5月16日，省人民政府办公厅发文〔2009〕21号《江西省审计厅主要职责内设机构和人员编制规定》，再次强调"设区市审计机关领导干部的管理，实行双重领导，以设区市党委为主的体制。设区市党委在任免、调动、奖惩设区市审计机关负责人时，应事先征求省审计厅的意见。省审计厅要协助设区市党委加强对设区市审计机关领导班子的考察了解，经常反映情况，主动提出领导班子配备、调整的建议。"此后，至2010年，全省各设区市审计机关领导班子的任免都按此规定执行。

审计专业技术职务　审计专业技术职务工作管理主要是为考核、衡量这支审计队伍专业技术水平和专业技术能力高低而设。根据中央职称改革领导小组转发审计署《审计专业人员靠用会计专业系列、实行〈会计专业职务试行条例〉的实施细则》，省职称改革领导小组批转省审计局《江西省审计专业职务实施办法（试行）》，规定：省、地（市）、县（市、区）审计局和事业单位从事审计业务工作的干部、各级国家机关、人民团体、事业单位、国营企业单位内部审计机构专职从事审计业务工作的干部；由各级审计局和内部审计机构主管的社会审计组织专职从事审计业务工作的干部；从事审计科研情报、综合分析、刊物编辑、法规研究、计划统计的业务干部；从事审计干部教育、培训工作，不宜按教学人员评定教师职务的业务干部等，均是审计专业职务的评审对象。审计专业职务分为：审计会计员、助理审计会计师、审计会计师、高级审计会计师（分别简称为审计员、助理审计员、审计师、高级审计师），各职务档次的审计专业人员的任职条件按《审计专业人员靠用会计专业职务系统，实行〈会计专业职务试行条例〉的实施细则》规定，须具备相应学历以及从事审计或财经工作的资历，同时，结合审计工作实践还应分别具备下述条件：审计会计员能够担负一般行政事业部门的财务收支审计工作，圆满完成任务；助理审计会计师能够独立担负行政事业部门、小型企事业单位的财务收支审计工作，圆满完成任务，撰写审计报告和审计结论书；审计会计师能够制定一个部门、单位和中型企业的财务收支、经济管理、经济效益等方面的审计方案，带领审计组独立实施审计，指导和审核助理审计师的审计工作和审计报告、审计结论书的定稿工作；高级审计会计师能够组织和指导地（市）或全省行业范围的审计，担负大型企业的各种项目的审计任务，审核审计会计师的工作，撰写较高水平的经验总结材料，其工作成绩在地市或全省行业审计部门中为突出者。根据审计队伍的现状并考虑到历史原因，《实施办法（试行）》规定在首次评审、聘任工作中，对达到一定的财经、审计工作年限，但不具备规定学历的人员，经大专和中专审计专业水平考试合格也可参加评审。1987年，省、地（市）审计局均成立中级或初级技术职务评审委员会，对申报相应专业技术职务的人员任职资格进行考核、评定。1988年，经省职称改革领导小组批复，省审计局成立高级职务任职条件评审委员会，负责评审全省审计系统高级审计专业技术职务任职资格。

1991—1992年，省审计局高级、中级职称资格评审委员会先后评出高级审计师9人，审计师17人。

1991—1992年5月20日，省审计局、省人事厅转发审计署、人事部《关于印发〈审计专业技术资格考试暂行规定〉和〈实施办法〉的通知》，规定自1992年起，审计专业技术资格实行全国统一考试制度。资格考试按审计专业职务的设置分别为：助理审计师、审计师两类，每类又分甲、乙两种，甲种考试为相应专业技术资格应具备的专业水平和业务能力的考试，参加甲种考试必须具备规定的学历或取得相应的乙种考试合格证书；乙种考试为审计基础理论和专业知识的考试，凡不具备规定学历的人员必须先取得规定档次的乙种考试合格证书，方能参加相应档次的甲种考试；甲种考试每年举行一次，考试时间为每年11月的第一个星期日，考试合格者由国家人事部、审计署联合颁发在全国范围内有效的审计专业技术资格证书；乙种考试参照各档次的学历要求确定考试科目，各科的开考计划以两年为一周期循环安排，考试日期为每年4月的最后一个星期六下午，考试成绩采用单科累积的方式，每门课程考试及格，由审计署颁发单科及格证明，全部科目合格后，由审计署颁发乙种考试合格证书。《暂行规定》还规定了参加资格考试人员应具备的基本条件、相应的学历和工作年限。根据该通知从1992年起，全省助理审计师、审计师资格不再进行评审，必须通过考试。6月18日，省审计局和省人事厅联合成立全省审计专业技术资格考试领导小组。领导小组由9人组成，省审计局局长池宝库任组长、省人事厅副厅长孟业超任副组长。领导小组下设办公室，具体负责审计专业技术资格考试的实施工作。各地市审计局和人事局或职改部门，也设立相应的考试工作办事机构，按照全省资格考试领导小组的统一部署和要求组织本地区的考试工作。7月11日，省审计局、省人事厅转发审计署、人事部关于印发《审计专业技术资格考试工作若干问题原则意见》。7月15日，省审计局、省人事厅制定《审计专业技术资格考试工作实施细则》，对全省资格考试的有关问题作出具体规定。7月18日至19日，省审计局、省人事厅联合召开各地、市人事局职改办公室负责人、审计局人秘科科长会议，对首次审计专业技术资格考试工作作出部署。省审计局及9个地、市局举办考前培训班45期（中师26期，助师19期），培训人员2698人。同时，还从各地市选派14人参加审计署的培训。8月1日至20日，首次审计专业技术资格考试报名。全省报名人数共计3169人，其中审计机关报考1672人，占审计机关干部总数的74.3%；内审审计人员报考1397人（中师830人，助师567人）。11月22日，全省设立11个考点111个考场举行考试，参加考试人数2860人。1993年4月公布考试结果，全省有514人获得审计师资格，516人获得助理审计师资格。

1993年，全省审计专业技术资格考试合格人员为审计师83人、助理审计师189人，1994年审计专业技术资格考试暂停。1995年，恢复举行审计专业技术资格考试，考试结果全省合格人员中有审计师23人，助理审计师90人。

1996年4月23日，经省人事厅批准，省审计厅组建审计专业高级职务评审委员会评委库，由省审计厅、有关部门、财经院校领导和专家、学者26人组成，采取随机抽取的办法产生每次评审会评委。5月31日，召开首次评委会，对3名破格申报人员组织答辩，并对答辩合格及正常申报人员进行评审，共有7人通过高级审计师职称资格评审。是年举行第四次审计专业技术资格考试，全省报名参加考试人员中合格人员为339人，其中审计师281人，助理审计师58人。

1997年3月7日，省审计厅部署1996年度申报高级审计师专业技术职务任职资格评审工作。高级审计师任职资格由本人申请，所在单位推荐，主管部门同意，由地（市）或厅（局）人事部门报省职改办，省职改办资格审查合格后送高评会评审。全省申报高级审计师资格共有8人，评审结果，全部获得高级审计师资格。

是年10月12日，全省审计专业技术资格考试首次改在南昌市统一举行，全省报名人数共624人，其中报考审计师的422人，报考助理审计师的202人；共设21个考场，其中审计师考场14个，助理审计师考场6个，另设1个混合考场。

截至 2010 年底，全省审计机关具有专业技术职称资格人数 1477 人，其中正高级职称资格 1 人，副高级职称资格 242 人，中级职称资格 902 人，初级职称资格 332 人。

老干部管理　1988 年 2 月 23 日，省审计局人事教育处助理调研员张景娥退休，第一个将老干部管理提上省审计局的工作议事日程。因当时省审计局刚成立不久，涉及离退休老干部的事情不多，也就没有设立专职的负责离退休老干部管理工作的机构，老干部工作暂由人事教育处兼管。直到 1996 年，在省审计厅人事教育处内设老干部工作办公室，具体负责管理离退休老干部工作事宜。

老干办的日常具体工作：一是每年固定办理给予老干部的政治待遇、生活待遇；二是组织开展老干部有益身体健康的活动；三是为老干部服务的其他工作，如 2008 年 9 月，省审计厅修扩建老干部活动室，由原来 60 平方米场地扩建成 170 平方米场地。

特约审计员管理　根据中共江西省委《关于进一步加强中国共产党领导的多党合作和政治协商制度建设的实施意见》的精神，充分发挥民主党派的参政议政作用，全省各级审计机关先后相继建立了特约审计员工作制度。1993 年 8 月 7 日，九江市审计局在全省开先河，第一个聘请 6 名特约审计员参与九江市本级的审计工作，尔后，于 2000 年、2007 年又聘请 2 批，共有 21 名特约审计员。

2000 年 11 月 13 日，为使特约工作人员的工作正常化、规范化，省委统战部、人民检察院、省监察厅、省审计厅、省教育厅五家联合向省委请示，制定特约工作人员的规定。2007 年 11 月，省审计厅聘请了来自民革、民盟、民建、民进、农工党、九三学社和无党派共 8 名特约审计员。同时，研究制定下发《特约审计员工作办法（试行）》，对特约审计员的聘请条件、方式、年限、职责、权利与义务、组织领导、联络与管理等均作出相应的规定。其中特约审计员条件规定为：1. 拥护并执行中国共产党的路线、方针、政策，拥护中国共产党领导的多党合作和政治协商制度，遵守国家法律法规；2. 具有一定的代表性和社会影响，有较丰富的科学文化知识和审计财务相关专业知识，有一定的参政议政能力和政策理论水平；3. 热心审计工作，愿意义务承担特约审计员职责，有较强的事业心和责任感，实事求是、公正廉洁、作风正派、联系群众；4. 身体健康，年龄一般不超过 55 岁。

特约审计员的职责规定为：1. 了解并反映审计机关和审计人员执行国家法律、法规、政策和决定、命令的情况；2. 反映、传递人民群众对被审计单位及其工作人员违法违纪行为的检举、控告以及法律、法规规定的应由省审计厅受理的申诉；3. 参与讨论研究和起草与审计监督有关的法规、政策，对审计监督工作提供咨询；4. 参与审计或审计调查工作；5. 参与审计机关政风行风建设的评议和监督工作；6. 反映人民群众对审计机关建设和执法情况的意见和要求；7. 办理省审计厅委托的其他事项。

特约审计员的权利规定为：1. 根据工作需要查阅有关文件和资料；2. 参加或列席有关会议；3. 了解所反映和转递的检举、控告和申诉的办理情况；4. 获得有关的书刊、资料；5. 参加审计理论和业务知识的学习、培训和工作调研；6. 获得履行职责所必需的工作条件。

特约审计员的义务规定为：1. 调查研究、实事求是、依法办事；2. 维护国家和人民利益，同违法违纪行为作斗争；3. 遵纪守法、廉洁奉公；4. 遵守审计机关的工作制度，保守国家秘密。

特约审计员的聘请及解聘均有具体规定。

省审计厅设特约审计员联络办公室（设在厅办公室）。主要负责：与特约审计员的日常联络，通报审计监督工作情况，总结研究部署特约审计员工作，不定期组织特约审计员参加学习、培训，为特约审计员提供有关学习资料，对特约审计员工作的登记、考核。

特约审计员工作也要进行年度考核，考核的主要内容：1.特约审计员根据厅各业务处年度审计计划参与审计业务活动的情况；2.特约审计员参与联络办公室组织的对全省审计机关政风行风的评议检查活动情况；3.每位特约审计员至少做到"四个一"：反映、传递1条反腐倡廉方面的信息；提出1条加强审计监督方面的建议；参加1次审计或审计调查活动；写出1篇工作体会文章或调研报告的情况。

省审计厅对忠于职守、成绩突出、勇于同违法违纪行为作斗争的特约审计员，予以表彰，或者建议其所在单位给予表彰、奖励。

省审计厅的《特约审计员工作方法》出台之后，九江、赣州、南昌等审计机关也相继制定了《特约审计员工作暂行办法（试行）》，使特约审计员工作逐步制度化、正规化。

在日常的具体工作中，全省各级审计机关紧紧围绕"为特约审计员搞好服务"和"发挥特约审计员作用"两大主题，积极组织特约审计员开展有关活动。如聘请他们为政风行风评议员、机关效能监察员，让他们更多地参与审计、了解审计、熟悉审计，同时通过他们向社会宣传审计工作，扩大审计的影响，提高审计的知名度。有效地拓宽了特约审计员参政议政的渠道，较好地发挥特约审计员"联络、参谋、咨询、监督"的作用等。这些活动不仅形成规律性，而且形式多种多样。如赣州市审计局建立特约审计员例会制度，即审计局每年召开两次特约审计员例会，时间相对固定在年初、年中，通报审计工作情况，听取特约审计员对审计工作的意见和建议，座谈交流特约审计员工作的经验和体会，总结讲评特约审计员工作。九江市审计局采取不定期召开特约审计员工作座谈会的形式，通报审计监督工作情况，总结研究部署特约审计员工作；尤其是在编制年度审计工作计划时，虚心听取特约审计员的意见与建议，以及对审计机关建设和执法情况的意见和要求；部分特约审计员还直接参与审计业务活动或审计调查工作。宜春市审计局坚持每年向特约审计员通报全年审计工作情况，邀请特约审计员参加年度审计计划的研究和讨论、全市审计工作会议和重大审计项目的观摩、审计。特约审计员通过参与审计项目实践，使他们从审计过程中获取第一手资料，为他们从事经济理论研究工作提供帮助。

全省各级审计机关2010年底以前聘请担任的特约审计员239人，2010年底现有特约审计员249人，其中省级机关8人，设区市以下241人。合计共聘任特约审计员总人数为488人。

考核、奖惩 1990年，省审计局按照审计工作规范化、制度化的要求进一步完善干部考核奖惩制度，规定干部考核一年进行一次，在本年度的年终工作总结评比时进行。考核形式是首先个人进行自我考核，然后由领导进行考核，正副处长（主任、所长、书记）由局领导委托人事教育处考核，其他干部由本处、室、所正副处长（主任、所长、书记）考核。考核后填写干部考评登记表交主持工作的处、室、所负责人签字送人事教育处。所有干部的干部考核登记表均存入本人档案，考核必须是在个人述职的基础上，充分听取群众的意见，然后找有关人员个别交谈，在取得充分事实资料时形成文字考评内容。考核内容和要求：考核以本处、室、所或个人岗位职责和当年工作目标 任务完成情况为依据，按照德、能、勤、绩四个方面进行。个人自我考核和领导均以写实的方式，扼要记载当年思想、工作、作风、纪律等方面的好差情况。个人的自我考核和领导考核后，要对被考核对象作出优、良、一般、较差的抽象评价，对拟定为一般或较差评价的，要送局长审核确定，以示慎重。最终审定后的考核材料由上级领导同本人见面，并做好思想政治工作，以使本人了解考核情况，发扬优点，克服缺点。在考核的基础上决定奖惩。奖惩对象每年按上级规定的比例确定先进工作者的数额，并按规定发给奖励证书和奖金；处罚对象不一定每年都有，有则罚无则不罚，被处罚者一年扣发一个月的奖金。

1993年6月，省审计局组织全局125名干部职工对全局及下属单位正副处长级干部和正副主任科员94人进行无记名投票的民主考评。

1995年8月14日，省人民政府转发人事部《国家公务员考核暂行规定》，根据这项规定，省审计厅开始实施公务员考核制度。考核内容为德、能、勤、绩四个方面，重点考核工作实绩。考核标准以国家公务员的职位职责和所承担的工作任务为基本依据，考核结果分为优秀、称职、不称职三个等次。考核基本程序是：被考核人总结；主管领导人在听取群众意见的基础上，根据平时考核和个人总结写出评语，提出考核等次意见；考核委员会或考核小组对主管领导人提出的考核意见，进行审核；部门负责人确定考核等次；将考核结果以书面形式通知被考核人；被考核人对考核结果有意见，可以在接到考核结果通知之日起十日内向考核委员会或考核小组申请复核，考核委员会或考核小组在十日内提出复核意见，经部门负责人批准后以书面形式通知公务员本人。公务员在年度考核中被确定为优秀、称职等级的，具有晋职、晋级和晋升工资的资格，并发给一定数额的奖金；连续三年被确定为优秀等次或连续五年被确定为称职以上等次的，在本职务对应级别内晋升一级；年度考核被确定为不称职等级的，属于当年的予以降职，连续两年的予以辞退。考核结果存入本人档案。

是年12月25日，省审计厅制定《江西省审计厅干部职工考勤管理办法》，要求全厅干部职工准时上下班，严格实行请销假制度。全厅各处、室、所使用统一印制的考勤表，由本人每天按上下班实到时间自行签到，厅考勤小组不定期抽查，人教处对各处、室、所出勤情况不定期抽查，并将抽查结果予以通报。各处、室、所设立考勤津贴，不按时上下班者，扣发考勤津贴；考勤办法由人教处、办公室、机关党委、工会、监察室负责人组成的考勤小组组织实施。厅人教处建立全厅工作人员考勤档案，考勤汇总的结果作为干部职工年度考核确定等次的基本依据之一，也列入评选先进、评定职称、奖励、晋职、晋级、晋升技术等级的参考内容之一，以鼓励先进，鞭策后进。

1996—1997年，省审计厅干部的考核工作均严格按照公务员考核制度进行。在考核的基础上，由各处室推选，厅党组审定评选出全厅优秀公务员和先进集体、先进工作者，并进行表彰奖励。

2000年1月7日，省审计厅制定下发《江西省审计厅国家公务员考核暂行办法》《江西省审计厅事业单位工作人员考核暂行办法》《江西省审计厅机关、事业单位工人考核暂行办法》，规范对国家公务员、事业单位工作人员及相关事业单位工人的考核工作。2004年4月14日，省审计厅制定下发《江西省审计机关目标管理考评标准》，进一步规范和细化量化对干部职工的考核，并分别在此后的2005年、2006年直至2010年根据在考核中发现的新情况不断地进行修订和完善。《考评标准》规定，考核以各处、室、所的工作职责和当年工作目标任务完成情况为依据，按照德、能、勤、绩四个方面进行。考核形式是：首先将考核内容按德、能、勤、绩四大块以百分制的形式进行量化，如：

班子建设为 25 分，工作业绩为 45 分，服务成果为 15 分，廉政建设为 15 分；每一块又按照工作情况进一步分解到具体项目上。如：工作业绩 45 分中，严格按审计权限和程序办事为 20 分，年度审计计划完成好为 6 分，按照完成同级审任务为 5 分，查出违纪违规金额多、收缴入库高为 8 分，认真完成审前调查、效益审计、审计质量控制的试点工作为 6 分等。在这些分解后的计分中，再定出扣分标准和加分标准及上限。为使考核工作趋向公平合理，考虑到各部门的职能职责不同，工作项目也有区别，对各部门的考核内容也区别对待。有共性的内容，如：班子建设、廉政建设、服务成果等可统一考核标准；没有共性的内容，如：工作业绩，则按各自的工作项目确定的考核标准进行考核。如：厅办公室、人事处、机关党委、工会、监察室、法规处、经责处、科研所、编辑部、服务中心、赣审酒店等部门。标准定好之后，由厅从各处室抽调政治思想优秀、工作责任心强、办事公道正派人员组成若干个考核小组对各部门进行考核。考核时，先听取本部门主要负责人对自己部门一年来的工作情况进行全面介绍，所介绍的工作情况都必须有原始记录为依据。而后，考核小组成员对该部门的原始记录逐一进行检查并提出考核计分初步意见，统一经考核领导小组审核，定出考核结果。最后，按照考核结果报经厅党组审定，评选出年度厅优秀公务员、先进集体、先进工作者并进行表彰奖励。

2008 年 8 月 6 日，省审计厅制定下发《各设区市审计机关目标管理先进单位考核标准（试行）》，对全省 11 个设区市审计机关进行考评。考评内容按照德、能、勤、绩四个方面进行，考评形式由在组织考评小组直接到考评对象单位通过听（被考评单位主要负责人介绍一年来的工作情况）、看（被考评单位的原始记录）、评（按考评标准对被考评单位的考核结果进行百分制形式打分）、审（考评小组将考评结果报厅党组审定）后评选出一等奖 1 名、二等奖 2 名、三等奖 3 名，并进行表彰奖励。

是年评选出：一等奖，宜春市审计局；二等奖，抚州市审计局、萍乡市审计局；三等奖，九江市审计局、新余市审计局、南昌市审计局。

2009 年评选出：一等奖，宜春市审计局；二等奖，吉安市审计局、景德镇市审计局；三等奖，抚州市审计局、新余市审计局、南昌市审计局。

2010 年 12 月 6 日，省审计厅制定下发《江西省审计厅工作人员年度考核办法》，进一步规范对厅全体工作人员的年度考核。考核内容：仍是以个人岗位职责和当年工作目标任务完成情况为依据，按照德、能、勤、绩四个方面进行。考核方式：先是个人述职、自我总结，然后群众评议，本部门领导提出初步考核结果。考核结果分四个档次：一是优秀；二是称职；三是基本称职；四是不称职。再填好干部考核登记表，本部门领导签上意见，报厅领导审核确定送厅人事教育处存入本人档案。

第二节 综合业务

审计计划与统计

审计计划 审计机关成立之初，审计任务主要是通过年初全省审计工作会议布置下达，没有正规的审计计划。1985年开始，审计工作逐步走上正轨。审计计划开始由省局办公室负责拟定，以书面形式下达给各地、市、县（区）审计机关执行。直至2009年，党政机构改革，省审计厅内部机构调整，设置综合处，审计计划为该处的主要工作职责，全省才逐步形成一套较为完整的计划管理制度。

1991年10月，审计署颁发《审计工作年度计划管理办法》，根据该《办法》全省的审计工作年度计划应在二月中旬以前上报审计署。上报的年度工作计划，除必要时审计署对全国重点审计项目（简称"署定项目"）审批下达外，一般不做批复，上报计划即为正式计划。授权地方审计机关审计中央单位项目计划由审计署下达。审计工作计划的调整，地方审计机关的全国重点审计项目，属于行业性调整的，应报审计署审批；属于单位个数增减，报署备案；自定项目，自行调整。省审计局应于当年7月和次年1月向审计署报告审计工作计划执行情况。

1993年12月，省审计局要求省直各派驻机构上报1994年审计工作计划，经省审计局审批后，列入全省审计工作计划。计划项目内容财务收支审计、经济效益审计、审计调查、承包经营责任审计、厂长（经理）离任审计、基建预决算审计等。省直各派驻机构审计工作首次纳入全省年度审计工作计划管理。

1995年12月，为使全省审计计划工作进一步规范化，省审计厅根据《审计法》的有关规定，在总结以往计划管理经验的基础上进一步完善全省审计计划管理制度，制定《江西省审计项目计划管理办法》，根据该项《办法》，全省审计计划工作的任务是：研究提出一定时期审计工作的指导思想、工作方针和工作重点，提出审计项目初步设想，编制审计项目计划，下达经常性审计单位和年度轮审单位名单，组织审计计划的实施。协调审计计划执行中有关事宜，检查考核审计计划的执行情况。全省审计计划工作实行统一领导、分级负责、归口管理的原则，上级机关负责对下级审计机关审计计划的管理和指导。省审计厅负责全省的审计计划工作，地方审计机关负责本地区的审计计划工作，县（市、区）审计机关负责本级的审计计划工作。各级审计机关统一由综合部门或负责综合业务的部门具体办理审计计划的编制、审批、下达、补充和调整以及授权等事宜。各级审计机关配备专职或兼职审计计划工作人员，负责审计计划工作，并保持人员的相对稳定，以保证审计计划工作的连续性和完整性。审计工作计划编制的依据是：国家财经工作方针、政策，战略目标和当前经济工作中心，国家宏观调控重点，当地经济改革的热点、焦点，审计工作长远规划，上级审计机关和当地党政领导对审计工作的要求以及交办的任务。年度审计项目计划内容，包括数字表格及文字说明两部分。数字表格部分分门别类详细列出项目名称、数量以及完成时间。文字部分包括计划年度审计项目指导思想、方针、重点、范围、计划编制依据和完成计划的措施以及注意事项等。对统一进行的重大审计项目要有具体实施方案。全省各级审计机关审计项目计划构成，包括上级审计机关下达的必审项目、本级自定的审计项目、本级党委、政府领导交办的审计项目。编制年度审计项目计划的程序为：（1）省审计厅综合法规处根据审计署的计划年度审计工作设想和审计工作长远规划，在12月上旬前提出下年度全省审计项目计划设想草案；然后结合全国审计工作会议精神和省人民政府领导对审计工作的要求，进行调整修改，提出征求意见稿，经厅长办公会审定批准，形成正式计划，呈报省人民政府和审计署，并下达全省各级审计机关。（2）各地市局应根据省审计厅下达的项目计划，确定当地的审计项目计划，及时下达到各县（市、区）局。（3）省审计厅根据审计署综合司的授权和本年度审计项目计划，提出经常性审计单位和年度轮审单位名单，报厅长办公会审定后下达。（4）对于组织派驻机构和审计（会计）事务所参与审计项目，其审计决定由对口业务处把关。对省审计厅所列的经常性和轮审单位名单中的中央和省属单位，各级审计机关在年度内实施审计，对年内确实难以完成的，须提前报省审计厅综合法规处提出名单，由综合处另行安排。未列入名单的一律不得进行审计。省审计厅各业务处根据需要，临时确定需要进行审计的，先提出书面报告，经分管厅长审批后，由综合处补充审计项目计划后方可进行审计。地、市、县（市、区）审计机关应加强对计划外审计项目的管理，年度审计计划一经下达，各级审计机关应及时将审计项目计划分解落实并纳入年度目标管理，确保完成。审计项目计划在进行过程中，如有特殊情况，需要调整时，属省以上项目，报省审计厅批准；属自定项目，报上一级审计机关备案。建立审计计划执行情况定期报告制度，下级审计机关应当在季度终了，向上一级审计机关报送审计项目计划执行情况及分析报告。半年和年度终了后，上报半年和年度审计计划执行情况报告。上级审计机关对下级审计机关审计工作计划的编制和执行情况，定期进行检查、指导和考核。

1997年6月18日，省审计厅为贯彻执行《中国审计规范》，加强审计项目计划管理，决定对1997年度统一组织的审计项目计划执行情况实行反馈制度，并印发审计项目计划执行进度反馈表，要求各地（市）审计局和省审计厅各业务处指定专人负责填报，每月结束后二日内报出，省审计厅每月初进行汇总，按时报送审计署。

1998年，全省计划安排审计单位（项目）2267个。其中省审计厅633个，包括财政审计6个，金融和非银行金融机构审计28个，重点行政、事业、企业单位财务审计412个，外资审计64个，固定资产投资审计59个，专项审计63个，审计调查1个。另外，审计署授权省审计厅审计部分中央单位，包括江西送变电建设公司、江西火电建设公司、南昌发电厂、贵溪发电厂、鹰潭供电局等共20个单位。

1999年，全省计划安排审计单位（项目）1697个。其中省审计厅535个，包括财政审计7个，金融和非银行金融机构审计149个，重点行政、事业、企业单位财务审计202个，国外贷、援款项目56个，固定资产投资审计52个，专项审计69个。另外，审计署授权省审计厅审计部分中央单位共30个，其中包括电力部8个、邮电部10个、烟草行业7个、其他行业5个。

2000年，全省计划安排审计单位（项目）1854个。其中省审计厅259个，包括财政审计18个，金融和非银行金融机构审计119个，世行贷款项目55个，专项审计或审计调查67个。另外，审计署授权省审计厅审计部分中央单位共59个，其中包括中国烟草总公司7个、信息产业部16个、国家电力公司9个、中国民航局2个、铁道部2个、固定资产投资项目5个。

2001年，全省计划安排审计单位（项目）1879个。其中省审计厅205个，包括财政审计6个，金融机构审计5个，地税专项审计2个，外资审计85个，专项审计或审计调查29个，重点行政、事业、企业单位财务审计78个。另外，审计署授权省审计厅审计部分中央单位共34个，其中包括中国民航局1个、铁道部1个、信息产业部12个、国家电力公司9个、中国烟草总公司8个、基建项目竣工决算审计4个。

2002年2月20日，审计厅下发《2002年度统一组织审计项目计划的通知》，提出对审计工作的具体要求：一是紧紧围绕江西的经济工作中心，进一步突出审计监督的重点；二是实行审计与调查相结合，通过抓典型、解剖麻雀，对突出问题进行深入分析，提出加强和改进管理的建议，使审计监督在更高层次上发挥作用；三是科学合理安排任务，量力而行，明确审计目标，确保审计质量。

是年4月22日，根据审计署关于对省审计厅2002年度授权审计项目计划安排，省审计厅下发《关于增加2002年审计项目计划的通知》，对厅2002年审计项目计划进行增补。

是年8月26日，省审计厅下发《关于2002年项目计划调整的通知》，要求厅投资处、五办处、经一处认真组织实施。

是年，省审计厅审计项目共271个。其中：一次性核准项目13个，行业核准项目258个。包括：财政审计、中国农业发展银行审计、非银行金融机构审计、三峡库区外迁移民安置资金审计、政府采购审计和审计调查、世亚行贷款项目审计、政府外债调查、省属重点国有企业审计、电信/移动通信系统审计、稽征系统财务收支审计、石油石化系统审计、全省城网改造项目审计、省属外贸公司财务情况专项调查、鄱阳湖二期防洪工程审计、赣东抚西大堤加固配套工程审计、国有土地出让金审计调查、移民建镇资金审计、中小学危房改造资金收支情况专项审计、失效/报废药品的资产资金审计调查、经济责任审计试点、社会审计组织业务质量检查。另外，审计署授权省审计厅审计部分中央单位共25个，其中包括铁道部1个、电力部9个、中国石化3个、中国电信/移动总公司2个、中国烟草总公司1个、固定资产投资项目4个、其他行业5个。

2003年3月12日，省审计厅下发《2003年度统一组织审计项目计划的通知》，明确本年度的审计重点：一是围绕整顿和规范市场经济秩序，坚持以真实性为基础，继续加大对重大违法违规问题和经济犯罪案件的查处力度；二是围绕促进增收节支，加大对财政、税务和财政专项资金的审计力度，分析当前影响增收节支的主要因素，进一步挖掘增收节支的潜力；三是从维护财政资金和国有资产安全完整出发，积极开展效益审计，重点揭露和查处各种国有资产流失和财政资金损失浪费行为。

是年，省审计厅陆续颁发《江西省审计厅关于审计项目计划管理办法》和《江西省审计厅关于审计统计工作的暂行规定》，审计项目计划管理办法自2003年1月1日起施行，审计统计工作的暂行规定自2003年4月1日起施行。本年省审计厅审计项目共189个，其中包括：资产负债损益审计10个、预算执行审计5个、专项审计调查15个、财政决算审计5个、财政收支审计143个、重点工程项目审计9个、业务质量检查审计2个。另外，审计署授权省审计厅审计部分中央单位共17个，其中包括邮政部1个、中国石化2个、中国烟草总公司2个、电力部3个、工业部2个、铁道部3个、中国移动公司2个、物资部2个。

2004年，经厅长办公会研究决定，下发新的《江西省审计厅审计项目计划管理办法》，2004年4月1日起施行。原《江西省审计厅审计项目计划管理办法》同时废止。

新的《管理办法》规定：（1）审计项目计划管理实行统一领导，分组负责制。审计厅负责管理厅统一组织的审计项目计划和厅本级审计项目计划，指导全省审计项目计划管理工作。市、县级审计机关分别负责本辖区审计项目计划管理工作。（2）编制审计项目计划，要根据审计资源状况，量力而行，留有余地，统筹协调，合理均衡地安排任务，避免重复，减少交叉。（3）审计机关编制审计项目计划，除上级审计机关统一组织的审计项目外，应当在规定的管辖范围内安排。（4）审计厅中期审计项目计划（2003—2007）的编制以"全面审计、突出重点"为目标，将被审计单位划分成一类重点被审计单位（审计机关应对其进行每年一审），二类重点被审计单位（审计机关应对其进行两年一审），三类一般性被审计单位（审计机关应对其进行两年以上审计一次）。中期审计项目计划经厅长办公会研究确定后，原则上不变，但省委、省政府和审计署安排的项目除外。（5）审计厅年度审计项目计划在中期审计项目计划指导下，由统一组织审计项目、署授权审计项目、领导交办审计项目和自行安排的项目构成。（6）审计厅统一组织的审计项目计划，由办公室汇总，厅各专业审计处在每年11月底前，提出的下一年度安排意见和审计前调查报告，形成计划草案，经厅长办公会议审定后下达。（7）审计项目计划下达后，审计机关应当及时编制审计工作方案。（8）授权项目计划，由下级审计机关提出申请，报省审计厅统一协调后依法审批。全省统一组织的行业和专项审计项目，以下发的全省审计工作方案为依据，不再另行授权。（9）审计署授权和统一组织的行业审计中固定资产投资项目的审计，厅固定资产投资审计处统一组织实施，统一制定审计方案。凡涉及市、县被审计单位审计主体不一致的情况，由厅办公室统一协调，经厅长办公会议审定后确定。（10）省审计厅对省属单位的授权，实行统一管理、一年一定的原则，一般在每年初集中审批一次。（11）审计厅每年有重点地对中央授权项目和省属授权项目的审计质量进行抽查。（12）审计项目计划一经下达，原则上必须确保完成，不得擅自变更。如确有必要调整，应按规定程序报批。（13）审计机关实行审计项目计划执行报告制度。审计厅统一组织的审计项目计划的执行情况，由厅有关专业审计处和设区市审计机关分别于每年7月和次年2月中旬前向审计厅提出计划执行情况的综合报告。（14）各级审计机关应对项目计划执行及管理情况进行检查和考核。检查和考核的主要内容包括：计划编报及计划执行情况报告的及时性、完整性，计划安排的科学性、合理性，计划完成的质量和效果等。

是年，省审计厅审计项目共165个。其中包括：专项审计调查12个、重点工程项目审计6个、国外贷援款项目审计6个、重点行政、事业、企业单位财务审计119个，其他一般性单位审计22个。

2005年，省审计厅审计项目共175个。其中包括：专项审计11个、重点行政、事业、企业单位财务审计128个，其他一般性单位审计36个。

2006年，省审计厅审计项目共165个。其中分为：省级预算执行情况审计、全省农村信用合作社2005年度资产负债损益审计、全省基础教育经费审计、高等级公路管理效益专项审计、全省航运系统专项审计、全省环保资金专项审计、全省县乡公路改造工程项目审计、全省经济适用住房投资建设项目审计、城市住房公积金审计、世行贷款昌九公路项目效益和还贷情况审计调查、国外贷援款项目公证审计、省属高校教育资金的专项审计、中小企业创新基金效益审计、经济责任审计。另外，审计署授权省审计厅审计部分中央单位共6个，其中包括中国烟草公司2个、电力部1个、工业部1个、铁道部1个、工程部1个。为了进一步规范省属审计项目授权审计管理工作，确保审计质量，更好地发挥授权审计作用，根据《中华人民共和国审计法》第二十八条的有关规定，结合江西省实际，制定《省属审计项目授权审计管理办法（试行）》，本办法自2006年5月31日起执行。

2007年审计项目安排与实施突出三个工作重点：一是加强专项审计和审计调查，大力促进"民生工程"建设，积极维护人民群众切身利益。二是积极推进效益审计。三是加大重大损失浪费问题查处力度。2007年，省审计厅审计项目共147个。其中：省财政厅2006年度省级预算执行情况审计、省本级2006年度部门和单位预算执行情况审计、省地税局2006年度税收征收管理情况审计、社区市政府财政收支预决算级次管理专项审计、中国农业银行江西分行2006年度资产负债损益审计、农村文化建设专项资金绩效调查审计、全省国有企业（含中央企业）工资内外收入情况专项审计调查、全省国土资源出让收费管理及使用情况专项审计、全省新农村建设资金管理、使用和效益审计调查、全省农业综合开发项目专项审计、全省病险水库除险加固工程项目的审计调查、全省社会保障（五大保险）资金审计、国外贷援款项目公证性审计、省属八所民办高校收费情况审计调查、第十二届省运动专项资金审计调查、国有企业审计、经济责任审计。

2008年1月，审计署印发《审计署2008年度统一组织审计项目计划》的通知，分配江西一项国外贷援款项目公证审计。

是年2月25日，省审计厅下发《江西省审计厅2008年审计项目计划》，要求凡被审计单位已实行电算化或采用信息系统进行管理和核算的，都应采用现场审计实施系统（AO）开展审计，并要求2008年各处的审计项目计划中至少形成一个完整AO应用实例，以体现现场审计实施系统（AO）应用的成效。

是年6月11日，省审计厅下发《〈关于2008年授权市、县审计机关审计部分省属单位〉的通知》，就进一步做好本年度的授权审计项目计划工作提出要求。

是年9月27日，省审计厅印发《〈关于调整2008年度审计项目计划〉的通知》，对厅有关业务处室2008年的审计项目进行调整。

是年10月20日，审计厅办公室向各审计业务处下发《2009年度审计项目计划安排指导意见》，明确审计工作的指导思想、主要任务，并提出计划安排的具体要求。

是年，省审计厅审计项目共139个。其中：省财政厅2007年度省级预算执行情况审计、省级部门单位2007年度预算执行情况审计、省地税局部门预算执行审计及税收征收管理审计、江西国盛证券有限公司2007年度资产负债损益审计、房地产企业税收征管专项审计、全省人口与计划生育经费管理使用情况审计、全省农村义务教育"普九"债务审计、全省高速公路收费还贷情况的审计调查、全省十九户军工企业破产重组审计调查、全省扶贫资金专项审计、全省经济适用住房建设项目审计、鄱阳湖区二期防洪工程效益审计、六地市住房公积金管理使用情况审计、社会保障资金管理使用情况专项审计、全省民政资金专项审计、国外贷援款项目公证审计、省属职业教育民生工程资金专项审计调查、第十届省运动会专项资金审计、省工商系统"收支两条线"管理规定执行情况专项审计调查、经济责任审计、社会审计机构审计。省审计厅授权77个市、县审计机关审计部分省属单位，共200个审计项目。

2009年，省审计厅审计项目共154个。其中：省级财政预算执行审计、社区市政府财政收支预决算级次管理审计、金融审计、全省广电网络公司资产负债损益审计、全省部分重点企业节能减排情况审计调查、全省退耕还林资金管理使用及效益审计、全省森林生态效益补偿基金管理使用及效益审计、全省 45 个污水处理设施建设项目审计、汶川地震灾后恢复重建项目审计、重大投资项目跟踪审计、政府投资建设保障性住房情况专项审计调查、低温雨雪冰冻专项救灾资金和物资专项审计、县乡医疗服务体系建设及经费管理使用情况专项审计调查、社会保险基金经常性审计、就业和再就业资金专项审计、国外贷援款项目审计、省属十三所独立学院资产财务专项审计、省体育彩票公益金的审计、2008 年全省质量技术监督系统执收执罚情况的审计调查、经济责任审计。另外，审计署授权省审计厅审计部分中央单位共 3 个，其中包括中国烟草公司 1 个、工业部 1 个工程部 1 个。省审计厅授权 60 个市、县审计机关审计部分省属单位，共 120 个审计项目。是年 8 月，为了更好地适应审计工作发展的需要，省审计厅将办公室业务和综合业务分开，新成立综合处。

2010 年，省审计厅审计项目共 143 个。主要是：财政审计、金融审计、企业审计、经济责任审计、资源环保审计、涉外审计。其中统一组织审计项目共 60 个，包括：预算执行审计项目 22 个、绩效审计项目 26 个、全省统一组织项目 10 个等。为了进一步规范省属审计项目授权审计管理工作，确保审计质量，更好地发挥授权审计作用，根据《中华人民共和国审计法》第二十八条的有关规定，结合江西省实际，制定《江西省审计厅省属审计项目授权下级审计机关审计管理办法》，本办法自 2010 年 4 月 12 日起执行。另外，审计署授权省审计厅审计部分中央单位共 9 个，其中包括电力部 3 个、铁道部 1 个、气象部 1 个、邮政部 1 个、工业部 1 个、工程部 2 个。省审计厅授权 47 个市、县审计机关审计部分省属单位，共 90 个审计项目。

统计报表　全省审计统计工作从 1983 年 12 月开始，统计报表内容在审计实践中不断发生变化。1983 年，使用"1983 年试审情况统计表"。1984—1985 年，统计报表仍然只有一张"审计情况统计表"。1986 年，审计统计报表增加到三张。即"审计情况统计表"（审统 01 表）、"审计情况统计续表"（审统 02 表）、"内部审计情况统计表"（审统 03 表）。1987 年开始，全省各类统计报表逐渐完备，分月报、季报、年报三类共 9 张。即"审计情况月报"（审统 01 表）、"审计情况表"（审统 02 表）、"违纪违规金额分类统计表"（审统 03 表）、"定期审计情况"（审统 04 表）、"厂长（经理）经济责任审计情况"（审统 05 表）、"调查审计项目情况"（审统 06 表）、"社会审计基本情况"（审统 07 表）、"内部审计情况"（审统 08 表）、"内部审计机构组建情况"（审统 09 表）。1988 年，审计署对部分统计表的种类作了调整，调整后的统计报表共有 10 张。1989 年的"审计情况统计报表"在 1988 年的基础上作出较大修改，增加部分专项统计报表，充实统计指标内容。1990 年的统计报表基本上沿用 1989 年的统计报表格式，只对个别栏目进行调整。

1992 年，全省审计机关的审计统计报表，沿用 1991 年的 14 种报表。是年 4 月，省审计局转发审计署《关于审计查处违纪违规金额统计口径的意见》，对审计查处违纪违规金额的统计提出：违纪与违规两者的性质不同，在审计统计中要加以区别，在报表中分开统计，并规定应按违纪违规金额统计的 15 种情况，除此之外，均作违规金额统计。上述统计口径，从 1992 年开始实行。

1993 年，全省审计机关按照审计署的规定，实行新的统计报表。将原使用的 14 种报表调整为 12 种。除原 01 表"审计情况月报"、02 表"审计情况报表"继续保留外，原 03 表"违纪违规金额分类表"、04 表"审计调查情况报表"取消，有关内容在其他报表中反映。原 05 表"企业经营责任审计情况报表"改为 06 表"企业审计情况报表"；原 06 表"行政单位定期审计情况报表"和原 07

表"事业单位审计情况报表"合并为 07 表"行政事业审计情况报表";原 08 表"财税审计情况报表"改为 03 表"财政税收审计情况报表";原 09 表"金融（保险）审计情况报表"改为 04 表"金融保险审计情况报表";原 11 表"外资运用审计报表"改为 09 表"国外贷款援助项目审计情况报表";原 12 表"农业专项资金审计情况报表"改为 08 表"农业资金审计情况报表";原 10 表"基本建设项目审计情况报表"表号改为 05,名称不变;原 14 表"社会审计情况报表"表号改为 12,名称不变。另外,新设编号 10 的"审计报告信息情况报表"。上述调整后的 03 至 12 报表,除 09 号表为半年报外,其他报表均为季报。省审计局要求各地、市审计局和省局业务处、审计事务所严格遵守报表的填报要求和报送期限,月报报送时间为每月月底之前,季报为季末之前,审计统计分析为季后,以省局综合处收到的时间为准。

1995 年 1 月,省审计厅转发审计署《关于印发审计统计报表及填报说明的通知》,规定从 1995 年 1 月 1 日起,全省审计机关实行新的审计统计报表。新报表仍为 12 种。除 01 表、02 表、06 表、07 表、08 表、11 表、12 表继续保留外,将 03 表改名为"财政审计情况报表"、04 表改名为"金融审计情况报表"、05 表改名为"国家建设项目审计情况表"。将原 10 表"审计报告审计信息情况报表"取消,有关内容在其他报表中反映,新设的 10 表为"专项审计调查情况报表"。另外,将 09 表原半年一报改为季报,报送期限不变。

1996 年 3 月,省审计厅转发审计署办公厅《关于印发审计统计报表补充表式的通知》,要求全审计机关按照填报说明认真执行。此次印发的报表名称是"预算执行情况审计报表"（附表一）、（附表二）,是为全面、及时地反映财政预算执行审计情况而制发的。"附表一"作为审统 03 表的补充报表,为季度报表;"附表二"作为"附表一"的补充表,表中各项指标数据汇入"附表一"相关栏,与其他报表没有关系。以上两种附表均从 1996 年 1 月 1 日起执行。

1997 年,审计署根据《审计法》和《中国审计规范》的要求,对现行审计情况报表进行修改调整,新的统计报表自 1998 年 1 月 1 日起实行。

2001 年 6 月 7 日,审计署办公厅下发《关于进行审计统计质量大检查的通知》,要求结合审计机关实际情况,对审计统计质量进行大检查。省审计厅按照通知要求,于 6 月 13 日向各设区市审计局、厅机关各业务处下发《关于进行审计统计质量大检查的通知》,各单位均按要求于 6 月 30 日进行自查工作,于 7 月 1 日至 15 日对所属县（市、区）审计机关进行抽查,省审计厅于 7 月 15 日至 30 日对部分单位进行重点抽查。

2002 年 3 月 29 日,根据审计署审计办公室颁发《关于印发审计统计报表及填报说明的通知》的规定,从 2001 年 1 月 1 日起使用新的统计报表格式,为使统计人员进一步掌握报表填制及统计报表处理系统的使用,审计厅在南昌市进行全省第一季度审计统计报表会审。

2008 年 10 月,审计厅根据审计署审计统计改革精神,修订并印发《江西省审计厅审计统计考核办法》,要求各单位遵照执行。

是年 11 月下旬,省审计厅对部分设区市的审计统计工作进行抽查,检查发现各级审计机关普遍高度重视审计统计工作,配备了专职的审计统计人员,比较认真、及时地做好了审计统计工作;存在的问题主要是:有部分单位统计工作不够及时、真实、完整,有虚报、重报、漏报现象产生,统计软件使用不够熟练，新老统计员的交接不够顺畅等。检查后进行评比，赣州、吉安、新余、九江、萍乡及南昌市等六家审计局，被评为"审计统计工作先进单位"。

统计调查 1986年6至10月，根据审计署、国家统计局《关于进行审计基本情况调查统计的通知》精神，全省开展第一次审计对象基本情况统计调查。调查结果表明，全省审计对象共有28286个，其中：工业企业3107个，非工业企业9213个，行政单位6743个，事业单位7522个，财税部门1229个，金融保险机构472个。

1991年11月，根据审计署的布置，全省开展第二次审计对象基本情况统计调查，省局成立以副局长骆凤田为组长的全省审计对象调查领导小组，由省局综合处具体负责这次统计调查的组织协调工作，调查工作持续到1992年3月结束。调查结果表明，全省审计对象共有35237个，其中：工业企业3311个，非工业企业10492个，行政单位21276个，中外合资合作企业158个。

1992年3月，省审计局设计并印发"百户乡镇审计调查统计表"，要求各县（市、区）局按照统计表的内容进行调查，原则上每个县（市、区）局调查一个乡镇。各地、市审计局要制定30%的县（市、区）局分别调查一个综合经济指标较好的乡镇，40%的县（市、区）局分别调查一个一般的乡镇，30%的县（市、区）局分别调查一个较差的乡镇。各县（市、区）局填写的"百户乡镇审计调查统计表"及综合分析报告（包括审计报告）先报地、市局一式两份，然后再由各地、市局汇总、分析、综合，形成该地、市"百户乡镇审计调查统计表"（汇总表）及综合分析报告，连同各县（市、区）局的统计表及综合分析报告（包括审计报告）一并报省局。其后，截至2010年，没有开展审计调查工作。

统计考核 1987年7月，省审计局采用百分制的形式对全省各级机关及省审计局各业务处室的审计统计工作进行考核。具体标准为：报表报送及时25分，报表齐全20分，计算准确30分，统计分析15分，统计说明10分。每季评比通报一次，年终进行总评，得分最高的为优胜者（省局各处室取前2名），并给予适当奖励。

1990年初，省审计局发出《江西省审计机关关于完善审计统计工作考核评比办法的通知》，扩大考评范围，改进考评方式，并进行集中交叉互审，进一步提高了统计考核质量。

1994年8月，省审计厅根据审计署的统一部署在全省组织审计统计质量检查。主要检查1993年以来审计统计工作质量，具体内容包括：（1）审计统计台账设置是否健全，审计结论和决定以及审计调查报告是否全部登记，对问题的划分和数字是否正确；（2）月、季审计统计报表数据是否真实、准确，有无拒报、虚报、瞒报、漏报或屡次迟报等问题；（3）统计资料是否妥善管理，有无擅自公布或提供统计数据，泄露国家秘密而造成不良影响；（4）有无配备专职统计人员，兼职的是否相对固定。检查工作情况列为当年审计统计工作考评内容之一。各县（市、区）审计机关对照检查内容先进行自查，自查结果报地（市）局审计机关。对下级审计机关进行质量抽查，整个检查工作9月底结束。省审计厅就检查情况写出报告，报审计署综合司进行考评。1995年2月，审计署办公厅发出通报，根据综合考评和审计质量检查情况，江西省审计厅被列为统计工作较好单位之一，受到通报表扬。同时，在审计署召开的华东、东北、华北片审计统计工作会上，江西省审计厅被评为统计工作先进单位，受到表彰。

1996 年 3 月,省审计厅转发审计署办公厅《审计统计工作质量考核办法》,该《办法》规定:对月、季审计情况统计报表的及时性、真实性、准确性、完整性和审计统计报告数量、质量及报送时间等情况进行考核。考核方式：对月、季审计情况统计报表和审计统计分析报告实行百分制考核,基准分为 100 分,按季计分,上年第四季度与当年前三季为一个考核周期,总评分为四个季度的平均分,并根据审计统计工作质量抽查情况加分或减分。每两个季度通报一次考核情况,年底前公布考核结果,对审计统计工作先进单位进行通报表彰。省审计厅在转发该《办法》的通知中规定：全省考核对象是各地（市）审计局,报送时间为月报在月末,季报在季末,统计分析在季后 10 日内报送省审计厅,其他考核方式和考核标准均按署颁《办法》执行。

1997 年 4 月,省审计厅按照新的考核办法对各地市统计工作进行考核后发出《关于 1996 年度全省审计统计工作情况的通知》,通报全省考核情况。1996 年,审计统计工作能够严格按照审计署的要求,运用计算机管理,并能准确、及时报送报表,统计分析质量较好的审计局有南昌、新余、九江 3 个市审计局和上饶、赣州 2 个地区审计局。

审计文秘

审计文书处理工作主要分两大类：一是行政文书处理,二是业务文书处理。行政文书处理由各级审计机关办公室或秘书科、股负责承办。收文处理程序一般为：由收发室（或收发员）对来文进行登记并提出拟办意见,呈领导批阅,然后转有关部门或人员承办或传阅,文书部门根据办理中的具体情况进行催办,保证公文办理的时效性。发文处理程序一般为：由承办人拟稿,经部门领导审稿后,由办公室（秘书科、股）核稿,再转由厅（局）领导签发。

行政文书处理 1992 年 3 月,省审计局办公室为改进工作作风,节减行政经费,发出《关于精简文件控制发文数量的通知》,要求各审计机关凡可发可不发的文件一律不发；县（市、区）审计局的文件一般不直接主送省审计局,如有需要,有的文件可抄报省审计局；地（市）审计局的审计业务文件（审计结果和决定、审计通知书等）一般报送省局对口业务处和综合处即可,有重要内容的再加送办公室,同时整理成专题信息上报。

是年 12 月,省审计局办公室按照省人民政府办公厅的部署,在省局机关举办一次公文知识竞赛活动。事前举办行政公文知识讲座,组织各处室学习有关公文处理办法。竞赛结束,对获得优胜者给予适当奖励。

1993 年 4 月,省审计局办公室为提高省局机关公文处理工作的效率和质量,根据机关行政文书处理工作具体情况,发出《关于严格公文处理若干问题的通知》。规定从 1993 年 3 月起,实行发号文件和字号文件两种公文,审计文书与行政文书分别编写字号。发号文件一般用于下行文,字号文件一般用于请示、报告、批复、复函、函和一般性通知等。请示、报告注明签发人,要求公文处理及时、准确、安全、统一。收文登记后,每份文件都应填写"文件处理单",提出拟办意见,原则上于当日呈送领导批阅。对文件按照紧急程度及时处理,做到不积压、不拖延、不耽误,提高公文处理效率。撰写公文必须严格按照公文格式,做到格式规范、文字整洁、朴实、准确、精练。对公文的审阅、核稿务必认真细致,切实把好内容关、行文关、文字关和格式关。印制文件要保证质量,做到及时、准确、清晰、整洁、美观。印制人员应在接到文稿三天内完成，急件应按具体要求及时印制。

1995年2月，省审计厅办公室制订《公文处理若干问题的规定》，对发文字号、公文标题、公文附件、公文办理、文件落款、明传电报、文件校对、文件缮印、文件印章等，都作出规范性的规定。

1996年5月，省审计厅转发《审计署关于审计机关公文处理的规定》和《审计署公文主题词表》。该《规定》提出规范的公文种类有：命令、决定、指示、公告、通告、通知、通报、报告、请示、批复函、会议纪要、审计意见、审计建议等13种。在公文处理方面，纸质公文和电子公文在双轨制运行期间，通过计算机远程站发送的电子公文，经密码确认后，其载体视同纸质公文处理。属于国家秘密的公文应当在信封上标明秘密等级，绝密公文应当加盖专用密封章或指定专人传递。通过计算机远程站传输秘密公文，必须采用加密装置，绝密公文不得用计算机传输。该《规定》从1996年6月1日起施行。与此同时施行的《审计署公文主题词表》，共有15类965个主题词，分为主表和附表两个部分，主要有13类694个主题词，附表有3类271个主题词。一份公文标引的主题词，按类别词、类属词、地区、文中的顺序排列，数量不超过5个。

是年12月，省审计厅办公室组织全省各地（市）审计机关在赣州市进行公文检查评比。由各地（市）审计局办公室（人秘科）主任（科长）按照《公文检查评分标准》，逐一对各地（市）审计机关的公文管理和公文质量两个方面进行检查，认真打分评比。检查后分别填写《公文检查结果报告表》，既肯定被检查单位公文处理工作的主要成绩，又实事求是地指出存在的问题，提出改进建议。检查评比结果，赣州地区审计局、吉安地区审计局、抚州地区审计局、南昌市审计局分获第一至第四名。

1997年，全省审计机关继续贯彻执行审计署《关于审计机关公文处理的规定》，改进审计公文处理工作。吉安地区审计局举办全区审计公文处理培训班，各县（市）审计局人秘股负责人和文秘人员共30余人参加，有的县（市）局长也参加培训学习。为提高公文处理水平，吉安地区审计局将四川省审计局的《审计机关公文处理手册》中的重点内容翻印给全局审计干部人手一册，要求审计人员熟练掌握审计公文的种类、格式、行文规则、立卷、归档等规范。同时，根据该局年度目标管理方案，制定公文处理质量考核制度，未按《审计机关公文处理手册》要求执行的，在年终个人目标考核中扣分。

业务文书处理　1991年1月，省审计局根据《审计署关于内部审计工作的规定》，印制并下发省直派出机构、内审机构统一使用的审计业务专用文书格式，从1991年1月起实行。规定统一使用的审计业务文书格式包括:《审计通知书》《审计工作方案》《被审计单位基本情况》《审计报告》"封面"《审计报告征求意见通知书》《审计结论和决定》《审计结果通知书》《审议审计报告、审计结论会议记录》《审计结论和决定执行回单》，还有审计笔录专用纸等。其使用范围，《审计通知书》《审计结论和决定》《审计结果通知书》专用文书，只适用各派出机构、内审机构领导交办的和下属单位进行的审计事项。受同级审计机关委托对本单位、本部门的审计，则应使用委托审计机关的专用文书格式，并使用委托机关的公章。

1993年4月，审计署发布《关于实施审计工作程序的若干规定》，为配合规定的实施，随文列举 11 种审计文书的名称，并规定审计文书格式由审计署和各省、自治区、直辖市审计局自行制定。11 种审计文书是：《审计通知书》《授权审计通知书》《委托审计通知书》《审计临时措施决定》《解除审计临时措施决定》《审计报告》《审计结论和决定》《审计意见书》《移送处理意见书》《复审受理（不受理）通知书》《复审结论和决定》。

1994 年 6 月，省审计局转发审计署办公厅《审计署公文处理暂行规定》，通知各审计机关、各派驻处、省直各内审机构遵照执行。《暂行规定》作出对 11 种审计业务文书使用范围具体规定，其中《审计临时措施决定书》主要用于对被审计单位正在进行的严重违反财经法规、损害国家利益的行为，提请有关主管部门作出临时的制止决定；制止无效时，通知财政部门或银行暂停拨付或支付有关款项；对阻挠、破坏审计工作的被审计单位，采取封存有关账册、资产等临时措施。

1995 年 3 月，省审计厅转发审计署《关于在全国实行统一审计文书格式的通知》《关于印发全国统一的审计文书头纸标准的通知》，并在全省遵照执行。《通知》规定，使用的规范化业务文书主要有：《审计通知书》《授权审计通知书》《暂停拨付款项通知书》《解除暂停拨付款项通知书》《审计报告》《审计报告征求意见书》《审计意见书》《审计决定》《审计建议书》《移送处理书》《复议受理通知书》《不受理复议裁定书》《复议申请补正通知书》《复议决定》《审计文书送达回证》。同时颁发 12 种（不包括上述 15 种审计文书中的《审计报告》《审计报告征求意见书》《审计文书送达回证》等 3 种）审计文书头纸标准式样和印制说明。

1996 年 10 月，省审计厅办公室转发审计署办公厅制定的《审计业务公文格式规范》，对 12 种业务文书的格式作出新的规范。审计业务公文以审计署 1995 年 3 月制定的《关于在全国实行统一审计文书格式的通知》中规定的使用范围和内容行文，其格式凡与现在转发的格式有不同之处，按现在转发的格式规范执行。

是年，省审计厅加强审计文书督办工作，将省人民政府领导人批示、批转的部分审计报告，填写督办单，一同转发给有关单位，进行跟踪督办，要求该单位在规定期限内把改进、落实情况及效果反馈给人民政府办公厅和省审计厅。这一措施使审计报告提出的一些意见和建议，得到有关单位领导的高度重视，认真落实办理，收到良好效果。

2000 年 3 月 29 日，省审计厅办公室在全省地市审计局办公室主任会议上，组织对各地市审计机关公文使用情况进行集中检查。检查结果，吉安、抚州地区审计局和赣州市审计局获前三名。

2004 年 3 月，省审计厅办公室转发《审计署办公厅关于规范公文处理工作提高公文质量的通知》（简称《通知》）。《通知》就公文处理工作中存在的主要问题、规范公文工作、提高公文质量等方面均提出新的要求。2006 年 5 月，省审计厅被省政府办公厅评为"全省文件管理、办理工作先进单位"，并受到表彰。是年，省审计厅办公室先后制定《江西省审计厅公文处理办法》《江西省审计厅收文管理制度》《江西省审计厅办公室关于公文处理工作有关事项的通知》等制度，规定公文管理必须列入处、室、所年度目标考核范围，作为评选先进的条件之一。2008 年 10 月 9 日，省审计厅印发《江西省审计机关行政机关公文处理考核评比办法（试行）的通知》，对行政机关公文处理考核作出具体规定。是年 11 月底至 12 月初，省审计厅办公室组织有关人员对各设区审计局办公室的公文处理工作进行考核，并于 12 月 25 日，下发《江西省审计厅关于表彰 2008 年度全省机关公文处理工作优秀单位的通报》，讲评考核情况，表彰抚州市、南昌市、上饶市、鹰潭市及赣州市等 5 个审计局为全省审计机关公文处理工作优秀单位。

审计信访

审计信访工作，在审计机关成立之初就受到各级领导的足够重视。早在 1986 年初，省审计局下发《关于加强审计机关信访工作的通知》，要求各级审计机关提高对信访工作的认识，加强对信访工作的领导，要有一位领导分管信访工作，并亲自阅办、亲自接待、亲自处理一些有影响的信访案件。各级审计机关要按照"分级负责、归口管理"的原则，认真处理信访案件。对信访所反映的属于平级部门管辖范围的问题，要认真对待，积极负责地处理，不允许拖拉推诿。《通知》发出后，各级审计机关相应建立健全了审计信访工作制度。省审计局自 1986 年开始，进一步完善信访登记、拟办、查办、催办、回复等制度，要求对群众来信在收信 3 天内登记并提出拟办意见，一般事宜的来信在 7 天内办理完毕；对转由下级审计机关查处的来信，及时进行催办；对署名的群众来信，要将来信办理结果通知来信人，并注意替其保密，不能将来信转往其所在单位。此外，要求认真接待群众来访，做到文明、礼貌、耐心、记录齐全，取得来访人签字，办理程序与群众来信一致。

1995 年 2 月，省审计厅修订《信访工作制度》。为加强信访工作的领导，确定在厅设立信访工作领导小组，组长由分管厅长兼任，副组长由厅办公室主任担任。规定收到群众来信，应在当天拆封登记。设立来信来访登记簿，对来信来访者分别载明其姓名、性别、单位、地址、反映的主要问题。承办一般应在 3 天内提出拟办意见，经办公室分管主任审阅后，呈送分管厅长阅批，重要来信来访材料呈送主要领导审阅批示。办理来信来访工作实行"分级负责，归口办理"的原则，来信来访经领导批示后，除直接处理的以外，一般按其性质交有关归口地方或单位处理。对反映厅机关干部职工违纪违规问题，应组织有关人员及时查处；对反映外单位（含下级审计机关）人员问题的，应开具转办单，转有关部门办理并将结果告知。对审计系统重大事件的处理，应事先报厅领导审批同意。来信来访办理结果，应告知来信来访者。对上级机关或有关部门转来的信访材料，办理完毕后，应将调查处理情况经办公室上报和告知有关部门。案件的内查外调工作必须有 2 人或 2 人以上参加，与案件有利害关系的人要回避。办理信访工作要严格遵守保密制度，不得向外扩散信访情况，严禁把信访内容、来信来访者姓名转告被揭发人。信访工作办理完毕，应将有关资料归档保存，有关信访档案不得随意借阅或销毁。

1996 年 3 月 27 日，省审计厅根据审计署《审计机关举报工作规定》，设立举报中心，负责受理公民、法人和其他组织对国家行政机关、事业单位和国有企业违反财经法纪行为的举报。举报中心设在厅办公室，由厅办公室承办具体工作，并公布举报电话。同时，省审计厅制定发布《江西省审计厅举报工作实施办法》（简称《办法》）。《办法》对省审计厅受理举报的范围作出详细规定，要求凡属于审计监督职权范围内的举报事项均应受理。如，预算执行中违纪违规问题；国有企事业单位造假账问题；国家重点建设项目投资超标问题；农业、教育、科研和养老失业保险基金等专项资金管理混乱问题；国际援、贷款的管理和使用不合规定；国有单位偷税、漏税、骗税、套汇、走私，化大公为小公，化公为私，侵吞国有资产等等。《办法》规定举报方式可以采用电话、信函、当面举报和举报人认为方便的其他方式，并提倡署名举报。对署名举报和匿名举报都要认真对待，妥善处理。对接办的举报事项，一般应在 3 个月内办结（特殊情况除外），不能如期办结的，应向举报中心说明原因，承办举报事项的部门和机关，办结后负责向署名举报人答复办理结果，同时报告交办机关，严格替举报人保密。向省审计厅举报受到打击报复的案件，省审计厅应认真受理，提交有关部门依法处理。为国家和集体挽回或减少损失的，对举报人予以奖励，有重大贡献的，给予重奖。省审计厅要求各级审计机关严格按照《江西省审计厅举报工作实施办法》，认真负责地查办省审计厅举报中心交办的举报事项，使群众的举报特别是署名举报和重大问题的举报，件件有着落，取信于民。

1983—1996 年，全省审计系统共受理群众来信 2603 件次，接待群众来访 1087 人次。对于群众来信来访所反映的问题，各级审计机关都认真处理，重大问题则立案列入当年的审计任务。

2000 年，审计厅共受理举报信访 47 件，其中直接受理 32 件，上级下转 12 件，接待来访 3 次共 7 人。由厅机关业务处室直接查处 24 件，转有关单位 3 件，转下级审计机关 20 件。

2003 年，省审计厅高度重视加强信访举报工作的领导，并注重举报中心的建设和职能的发挥，做到事事有人管、制度有人落实、来信来访有人接待；加强和规范了信访举报工作的制度建设和程序，年初制定《江西省审计厅关于加强督查工作的暂行规定》，要求对每份信访举报件都作为督办事项，定期督（催）办，要求承办单位（处室）及时核实，按时答复；坚持和落实《信访汇报工作制度》，规范信访举报工作程序；构筑信访举报工作的新渠道，在坚持领导干部每周接待日制度、设立常年举报电话的同时，推行审计进点公告制度，架设信访举报工作新渠道，进一步密切群众。2003 年通过审计公告接到的举报信 8 件，占 45.6%。对此，江西卫视、《江西日报》等多家新闻媒体作了全面报道，得到人民群众和社会各界的好评。2003 年度，审计厅共受理信访举报 11 件，均为信件举报，反映的情况都是被审计单位违纪违规问题。

2004 年，省审计厅全年共办理举报信件 50 件，来人来访 4 人次，并按照《信访举报工作制度》规定，严格按程序办事，对各种信访举报和群众来访，及时处理，认真督办，按时答复，做到件件有落实，事事有回音。

2005 年，省审计厅不仅注重提高信访工作专职干部的业务素质，还坚持领导干部每周接待日制度和审计进点公告制度，设立常年举报电话，网站设立举报邮箱，全年共处理信访举报信件 51 件，接待来人来访 7 人次。

审计保密工作 审计保密工作主要由各级审计机关办公室或人秘科、股具体负责，并配备专职或兼职机要秘书具体办理机要文件的登记、保管、传阅和其他日常保密工作事项。其后，在组织领导建章建制方面采取一系列措施，确保审计保密工作不出差错或少出差错。1983 年，江西省审计局成立保密领导小组，副局长骆凤田任组长；1986 年，江西省审计局制定颁发《江西省审计局关于保密范围和密级划分的暂行规定（试行）》，规范省审计局的保密工作；1988 年，江西省审计局成立保密委员会，副局长骆凤田任主任委员。1990 年 9 月 21 日，江西省审计局转发审计署与国家保密局联合发布的《审计工作中国家秘密及其密级具体范围的规定》，进一步规范审计保密工作。1991 至1993 年，省审计局将保密工作纳入相关目标管理。局机关先后制订厅机关的《保密工作规定》《文件打印、翻印、复印审批制度》保密规章制度。在保密教育上，为增强干部和职工的保密观念，先后两次邀请省保密局负责人到省局讲授保密课，进行保密观念和保密知识的教育。给干部职工分发《中华人民共和国保守国家秘密法》《国家工作人员保密手册》，人手一册；对副处长以上领导干部加发《领导干部保密须知》等学习材料，组织大家学习。要求全体干部职工通过学习和教育，做到"三知""三会"，即知道保密工作的具体内容、知道保密工作的义务、知道保密工作的法律责任；会确定文件密级、会按保密规定办事、会保管秘密文件。在保密设施上，先后购置传真机、加密机、文件碎纸机、保密柜等设备，加装防盗门，改善办公室的保密环境。1994年，被省人民政府办公厅评为"六无"（无火灾、无爆炸、无中毒、无伤亡、无泄密、无盗窃事故）先进单位。

1994年4月，省审计局保密委员会因原有部分成员工作岗位变动，组成人员重新调整，局长池宝库兼任局保密委员会主任。

1995年2月，省审计厅重新修订实施厅机关《保密工作规定》。该《保密工作规定》分别就文件档案资料保密、通信保密、会议宣传报道保密等方面提出具体要求，要求全体审计人员应遵守《规定》的10条保密守则。《规定》把保密工作作为目标管理、干部考评的重要内容。凡严格执行保密制度，保密工作成绩突出者，予以表扬或奖励；对于泄露国家秘密者给予批评教育或纪律处分，触犯刑律的由司法部门依法追究刑事责任。

1996年7月初，省审计厅、省保密局联合转发审计署、国家保密局《审计工作中国家秘密及其密级具体范围的规定》（以下简称《规定》）。《规定》划定2项绝密级事项，6项机密级事项，6项秘密级事项，要求各单位结合审计工作实际，认真组织学习，熟练掌握审计工作中的保密范围和确定密级的具体规定，依法履行保密义务。各单位按照《规定》确定的具体范围，采取"对号入座"的办法，确定密级。凡属国家秘密事项，拟稿人应在起草公文时，对照《规定》拟定密级和保密期限，经审核和领导签发后，由承办人员作出正式标志。原省审计局1990年转发的审计署、国家保密局联合发布的《审计工作中国家秘密及其密级具体范围的规定》相应废止。随后，省审计厅办公室又转发审计署办公厅关于执行《审计工作中国家秘密及其密级具体范围的规定有关事项的通知》，要求各级审计机关和内部审计、社会审计机构都要认真贯彻执行《规定》，加强对保密工作的管理和指导，以对国家秘密的保密为重点，切实做好保守国家秘密和商业秘密、工作秘密的工作。

是年7月底，省审计厅根据中共江西省委保密委员会的要求，对近2年来厅领导及全厅的保密工作进行检查。检查结果认为，厅领导一直比较重视保密工作，认真贯彻执行保密工作的方针、政策和法规，加强对保密工作的领导，制度健全，措施具体，从未发生泄密事件。检查结果及时报告给省委保密委员会和审计署。是年12月，省审计厅调整保密委员会的组成人员，由副厅长余先仕兼任厅保密委员会主任。

1997年5月15日，省审计厅制定《江西省审计厅国家秘密事项及其密级一览表》（以下简称《国家秘密范围表》列入"绝密"事项1类，列入"机密"事项7类，列入"秘密"事项10类。）省审计厅要求各单位切实做好保守国家秘密和商业秘密、工作秘密的工作，依照《国家秘密范围表》，采取"对号入座"办法，确定国家秘密事项及密级，并要求各单位确定一名兼职保密员，负责有关保密工作。

1998年4—5月，审计署办公厅、计算机技术中心组织对全国36个远程站使用、管理单位进行抽查。7月，审计署保密委员会下发《关于开展密码通信保密大检查的情况通报》中，江西省审计厅获得通报表扬。

1999年，《保密法》实施十周年，省审计厅在全厅开展宣传《保密法》的活动，进一步提高广大干部职工的保密观念。

是年，江西省审计厅制定下发《江西省审计厅保密工作规定》《江西省审计机关国家秘密事项一览表》，对文件打印、翻印、复印、文件登记、传阅等一系列涉密工作作出规范，并汇编成册，印发全厅。2002年2月21日，省审计厅下发《关于转发审计署〈审计机关2000年保密工作要点〉的通知》，针对性加强2000年的审计保密工作。2005年4月8日，为加强省审计厅的保密工作，调整省审计厅保密委员会的组成人员，由副厅长何干成兼任省审计厅保密委员会主任。2006年2月，江西省审计厅获"全省保密工作先进单位"嘉奖。2007年2月，江西省审计厅获"全省保密工作先进单位""全省密码工作先进单位"嘉奖。是年10月30日，江西省审计厅成立密码工作领导小组，副厅长何干成任密码工作领导小组组长。

审计质量管理

审计质量管理措施　全省各级审计机关为不断提高审计工作质量和水平，采取各种措施，加强对审计质量的管理、考核和评比。措施主要有：制定保证审计质量的各项制度化、规范化规章文件；定期进行审计质量考核、开展优秀审计项目评选、建立审理制度；举办审计知识大奖赛；举办"五个提高"大竞赛；开展审计监督质量年活动等。

1992年1月，省审计局在全省审计工作会议上提出在全省审计系统开展"五个提高"（提高执法水平、政策水平、审计技巧、综合分析水平、文字写作水平）大竞赛。是年5月，正式下达竞赛方案。竞赛分阶段进行：第一阶段，地（市）审计局组织县（市、区）审计局的竞赛评比，时间自定。第二阶段，全省集中评比，以省审计局各业务处和各地（市）审计局各为一个竞赛单位。由省审计局评地（市）审计局，地（市）审计局交叉评比。1993年2月，全省审计系统"五个提高"大竞赛集中评比在南昌举行。省审计局8个业务处和11个地（市）审计局共19个代表队参赛。经过三天评比，分别评出一、二、三等奖和单项优胜奖。地、市审计局级次第一名：南昌市审计局；第二名：赣州地区和宜春地区审计局；第三名：萍乡市、抚州地区和吉安地区审计局。省审计局业务处级次第一名：基建审计处；第二名：中央企业审计处；第三名：财金审计处和行政文教审计处。其他的地、市审计局及省审计局业务处分别获得单项优胜奖。

1995年是《审计法》颁布实施的第一年，省审计厅抓住这一契机，强化广大审计人员"质量第一"的意识，做到每一个审计项目、每一道审计程序、每一个工作环节都需严格按照《审计法》的要求贯彻执行，使审计质量提高到一个新水平，在全省审计工作会上确定1995年为全省审计监督质量年。是年5月制定《江西省审计监督质量年考核评比办法》（以下简称《办法》）。《办法》对考核评比主要内容、考核评比原则、项目档案送评办法、考核评比办法、考核评分标准均作出详细规定。全省各级审计机关高度重视，积极响应，普遍建立和完善一系列措施，采取多种形式检查督促考核办法的落实。

新余市审计局在"审计监督质量年"内推出多项审计质量管理新举措：一是实行《审计底稿》和《审计报告》逐一审理，严把质量关；二是建立各级岗位责任制，从局长到科员，从审计组长到主、协审员都规定明确的职责范围和操作程序，促进审计工作进一步规范化、制度化；三是制定对《县、区审计局工作年度目标管理考评试行办法》；四是制定《机关工作人员年度考评办法》和《具体量化标准》等。

赣州地区审计局着重从四个方面提高审计质量：一是进一步完善目标管理责任制，对各项考核指标实行具体量化；二是采取轮流授课办法培训审计人员，进一步提高审计人员的业务素质；三是实行审计质量反馈制度，地区和县（市）审计局每完成一个审计项目后，均填写"审计质量反馈表"，随同《审计报告》报送上级审计机关进行评价并签署意见，返还填报单位，作为考评审计质量高低的依据；四是坚持开展评选优秀审计项目活动。

九江市审计局制定《审计质量考核办法》，着重从审计深度、审计定性、审计处理、审计程序、审计宏观效果等方面进行考核。都昌县审计局制定《审计质量控制及考核办法》，并成立审计质量控制考核小组，负责检查考核工作。信丰县审计局建立内部质量复审制度，除审查审计档案外，还派人到实地重点抽审。安福县审计局制定《审计监督质量工作规范管理办法》，加强了质量管理。宜春地区审计局以审计质量为重点，修订全地区审计机关综合检查考评办法，同时实行审计质量岗位责任制，由局长、科长层层负责抓质量工作。

1996 年 1 月，省审计厅在南昌召开全省"审计监督质量年"考核评比大会。通过考核评比，按得分高低顺序，评选出一等奖 2 名：省审计厅财金审计处、赣州地区审计局；二等奖 5 名：省审计厅行政文教审计处、省审计厅投资审计处、南昌市审计局、抚州地区审计局、萍乡市审计局；三等奖 7 名：省审计厅工交企业审计处、省审计厅商粮贸审计处、省审计厅中央企业审计处、上饶地区审计局、新余市审计局、宜春地区审计局、鹰潭市审计局。

1997 年 1 月 10 日，审计署出版发行《中国审计规范》。该书汇集审计署制定的 38 个审计工作规范和国务院发布的《中央预算执行情况审计监督暂行办法》，基本涵盖审计业务管理和审计作业过程中的主要方面和基本环节。省审计厅立即给全省审计人员人手配备一册，并积极组织学习，以此为契机，加强规范化建设，促使各级审计机关和广大审计人员都能够自觉地按照审计工作规范的要求开展审计工作，进一步提高审计业务质量。同时，省审计厅组织力量对以前年度制定的各种审计规章制度及有关财经法规进行检查，该修正的给予修正，不合理的予以废止，并汇编 1990 至1997 年《法规和文件选编》目录，发至全省审计机关。另外，将各地执行《中国审计规范》情况中的一些好的经验和做法，通过季度综合材料向全省审计机关推广，全省审计机关迅速掀起一个学习贯彻审计规范的高潮。

宜春地区审计局年初和年底两次组织全局干部对《中国审计规范》进行学习，由各科科长讲述学习审计规范的体会，并进行专题讨论。

赣州地区审计局根据《审计署关于贯彻执行审计规范的通知》精神，结合审计文书档案的规范要求，组织审计干部认真学习《中国审计规范》，采取集中学习与自学相结合，集中讨论与轮流授课相结合，学好用好《中国审计规范》，学习结束后，组织一次《中国审计规范》与《审计法》等审计法规知识的综合考试，并将考试成绩与是否审计上岗条件挂钩。

上饶地区审计局为贯彻落实《中国审计规范》，安排一周时间，集中全局干部进行审计业务规范培训。培训班采取领导带头、人人讲课、互相交流、取长补短的方法，从局长开始，全局 18 名审计干部每人讲一课，讲各项审计规范，联系具体审计业务，谈审计经验体会，人人当老师，个个是学生，促使审计干部认真钻研审计业务，增强审计人员遵守各项审计规范的自觉性。

奉新县审计局成立由局长任组长的学习《中国审计规范》领导小组，组织全局人员学习《规范》，并与其目标管理责任制挂钩，以保证审计工作质量，提高审计工作效率。

全南县审计局组织审计干部学习《中国审计规范》，全部学完 38 个审计工作规范后，并组织进行考试检验学习效果。

南昌县审计局举办《中国审计规范》知识有奖答题活动，激励审计人员自觉学习审计规范，保证审计工作质量。

审计复核是审计质量把关的重要环节。2001 年 6 月起，省审计厅开始开展审计项目复核工作。当年对 40 个项目进行复核，提出肯定性和修改性意见 100 多条。通过开展审计复核工作，审计人员进一步明确执法责任，规范审计行为，提高审计质量，防范了审计风险。是年，省审计厅制定下发《江西省审计厅复核和重大审计项目实行审计业务会议审定暂行规定（试行）》《江西省审计厅审计项目质量检查暂行规定（试行）》。

2002 年，审计复核工作全面铺开。当年共复核审计项目 167 个，提出复核意见 723 条，其中改正性意见 313 条。2004 年，省审计厅在总结复核制度运行两年多经验的基础上，将复核重点放在深化复核内容、提高复核质量上。当年共复核审计项目 217 个，提出复核意见 600 多条。2005 年，复核审计项目 179 个，提出复核意见 300 多条。2006 年，复核审计项目 198 个，提出复核意见 300 多条。2007 年，复核审计项目 195 个，提出复核意见 250 多条。2008 年，复核审计项目 162 个，提出复核意见 400 多条。2009 年，省审计厅提出进一步完善审计复核工作的新措施，利用 EXCEL 电子表格系统，设计了一套审计复核工作记录电子台账进行试运行。当年共复核审计项目 178 个，提出复核意见 300 多条。

审计质量检查　为推动提高审计质量管理措施的落实，省审计厅加强对全省各级审计机关审计项目质量的检查工作。2002 年 11 月 18 日至 20 日，省审计厅对景德镇市审计局 2001 年度完成的审计项目质量进行检查。检查结果表明：景德镇市审计局 2001 年共完成审计项目 105 个，本次检查该局提供的 11 个审计项目档案，同时抽查了乐平市审计局的部分审计项目，检查比例为 10%。从检查的 10 个审计项目来看，基本履行了法定的审计程序，审计查出的违法违规问题定性较为准确，并依法处理处罚，审计决定得到较好的落实；《审计意见书》和《审计决定书》内容基本合规；所有审计项目都与被审计单位签订了《承诺书》。检查发现的主要问题：2001 年完成的审计工作底稿大部分没有按时归档整理，大部分《审计决定书》和审计意见内容表述不规范，所有项目复议机关只有省审计厅，被检查项目普遍存在以审计笔录代替审计工作底稿和审计证据的情况。审计执法方面：有 2 个项目审计定性不准、引用法规有误或没有引用法规、处理处罚不当。同时，检查组建议：市局法规科成立后，要配备素质较高的专职复核人员，全面开展审计复核工作；提高审计人员的法制意识、质量意识、风险意识，加大学习贯彻和落实《审计准则》的力度；针对这次检查中存在的审计工作底稿方面的薄弱环节，要特别强调重视审计工作底稿的编制；加大审计执法力度，全面落实审计监督职责。

是年12月10—14日，省审计厅对萍乡市审计局2001年度完成的审计项目质量进行检查。检查结果表明：这次检查抽取萍乡市审计局10个审计项目档案，检查比例为11%，同时抽查安源区审计局部分审计项目。萍乡市审计局先后制订了《关于加强审计工作管理执行内部工作规程的规定》《审计项目审定暂行规定》《审计工作考核评比办法》等内控制度，审计查出的违法违规问题事实较清楚，定性较准确，并依法进行处理，《审计方案》《审计通知书》《审计意见书》和《审计决定书》内容基本合规，《审计报告》均征求了被审计单位的意见。检查发现的主要问题：被检查项目普遍存在以审计笔录代替审计工作底稿和审计证据的情况。部分审计笔录既无审计人员的签字，也无审计时间。有3个项目《审计决定书》和《审计意见书》表达内容不合规，两者有关审计处理处罚的内容重复；有6个项目的《审计意见书》和《审计决定书》表达不准确，大部分复议机关主体不全，复议机关只有上级审计机关。部分项目审计决定只列出定性依据，未列出作出处理处罚的依据；有3个项目审计定性适用法规不准确、处理处罚不当。部分审计决定缺少执行结果等问题。同时，检查组建议：增强质量、风险意识，进一步提高审计质量，防范审计风险；深入学习贯彻落实《审计准则》，规范审计行为；进一步加强对与审计工作相关法规的学习和运用；建立健全法制机构和队伍，加强审计复核工作；完善规章制度，抓好相关制度落实。

2003年1月6—8日，省审计厅对吉安市审计局2001年度完成的审计项目质量进行检查。检查结果表明：本次检查共抽查该局15个审计项目，检查比例为10%。2001年该局认真贯彻"全面审计、突出重点"的方针，贯彻履行审计监督职责，先后制定《吉安市审计局审计复核规则》《2001年度局机关目标考评办法》《关于奖励查处大案要案线索有功人员暂行办法》《2001年度重点工作考评细则》等内部控制制度，并实行所有审计项目均由局长办公会议审定制度及双向承诺制度。检查发现的主要问题：审计规范和审计程序方面，虽然制定了复核制度，但是复核工作尚未真正开展；被检查项目普遍存在以审计工作记录取代审计工作底稿和审计证据的情况；有6个《审计项目通知书》日期为审计进行点，没有提前3天送达。普遍存在审计决定中复议机关主体不全或不准确的情况。审计执法方面：有2个项目引用法规不全，未列出所依据的具体法规名及条款；有1个项目适用法规不准确，部分项目无审计决定、审计意见执行回单及缴款单；有1个项目处理处罚不适当，存在以罚代纠、以罚代收等现象。同时，检查组建议：增强质量、风险意识，进一步提高审计质量，防范审计风险；大力学习贯彻《审计准则》，规范审计行为；进一步加强与审计工作相关法规的学习和运用；建立健全法制机构和队伍，加强审计复核工作。

是年3月11—12日，省审计厅对新余市审计局2002年度完成的审计项目质量进行检查。检查结果表明：本次检查新余市审计局8个审计项目档案，检查比例为17%，同时抽查分宜县审计局的2个审计项目档案。该局先后制定《审计项目质量监督试行办法》《目标考核办法》《审计执法过错追究制度》等16项规章制度，设立专职复核人员，开展审计复核工作。对所有审计项目的审计处理进行两级会议制度，即讨论审计报告的审计业务会议制度和讨论审计决定的党政联席会议制度，层层严格把关。从抽查的 8 个审计项目来看，基本履行法定的审计程序，《审计方案》《审计通知书》《审计意见书》和《审计决定书》内容基本合规；审计报告征求被审计单位意见；所有项目都签订《承诺书》；审计查出的违法违规问题事实较清楚，定性较准确，并依法进行处理处罚。检查发现的主要问题：大多数《审计项目复核意见书》没有归入审计档案，所有审计项目复议机关主体不全，复议机关只有省审计厅而没有本级市政府；审计证据不够充分，重要的审计事项没有取得原证据或复印件，个别项目从被审计单位取得的复印件没有被审计单位的盖章确认；有 3 个审计项目没有做审计工作底稿；有 3 个审计项目引用法规不完整；有 2 个项目审计处理没有完全到位；有 1 个经济责任审计项目将不属于审计评价范围的事项列入审计报告。同时，检查组建议：进一步完善审计质量控制制度；加强学习，贯彻实行《审计准则》，规范审计行为。

是年 3 月 24—26 日，省审计厅对上饶市审计局 2001 年度完成的审计项目质量进行检查。检查结果表明：本次共检查该局 12 个审计项目，检查比例为 10%，同时抽查弋阳县审计局部分审计项目。上饶市审计局先后制定《局机关审计项目计划管理暂行办法》《局机关关于审计复核的若干规定》《局机关关于审计纪律的若干规定》《局机关关于审计质量责任实施的若干规定》等内控制度。从抽查的 12 个审计项目来看，基本履行了法定的审计程序，审计查出的事实较清楚，定性较准确，并依法进行处理处罚。检查发现的主要问题：有些审计项目的审计复核流于形式，没有真正起到质量控制把关的作用；审计通知书普遍存在未提前 3 天送达的现象；审计方案不规范，对于省审计厅统一组织的审计项目均未根据省审计厅审计工作方案编制审计实施方案；普遍存在以审计笔录取代审计工作底稿和证据的现象。审计执法方面：有 3 个项目适用法规不准确或无法规依据；有 5 个项目审计处理不恰当，有 1 个项目审计报告中提出的审计建议均未写入《审计意见书》。同时，检查组建议：增强质量、风险意识，进一步提高审计质量，防范审计风险；大力学习贯彻落实《审计准则》，规范审计行为；进一步加强与审计工作相关法规的学习和运用；加强审计复核工作。

是年 4 月 7—8 日，省审计厅对宜春市审计局 2002 年度完成的审计项目质量进行检查。检查结果表明：此次检查共抽查 10 个审计项目，占该局全年完成审计项目的 15%。宜春市审计局能抓住政府经济工作重点，积极开展专项审计和调查，充分发挥审计工作在宏观调控的作用，其中执行审计、政府采购审计、住房公积金审计及政府外债审计调查等审计报告得到市政府领导肯定和市政府的批准。检查组发现的主要问题：审计程序和规范方面，被检查项目普遍存在以审计工作记录取代审计工作底稿和证据的情况，且未整理归类，条理性、逻辑性不强；所有被检查项目审计组编制的审计方案均冠名为"审计工作方案"。按照《审计机关审计方案准则》应为"审计实施方案"；被检查项目的《审计意见书》只有改进意见和建议，而没有列出被审计单位违反财经纪律的具体事实及责令自行纠正的事项；所有被检查项目审计报告在征求被审计单位意见后均未对被审计单位反馈意见提出的异议作出进一步核实，并对报告中拟变更的事项修改报告作出说明。审计执法方面：部分项目审计工作笔录或审计报告中反映被审计单位查出的违规问题在审计决定中未作处理，也没有在《审计意见书》责令其纠正；有 2 个项目审计取证不全；审计项目审计处理处罚的减免事项依据不明，故相关说明，减免幅度存在一定的随意性。同时，检查组建议：增强质量、风险意识，进一步提高审计质量；大力学习贯彻落实《审计准则》，规范审计行为；健全法制机构和队伍，加强审计复核工作。

　　是年 4 月 22—25 日，省审计厅对赣州市审计局 2002 年度完成的审计项目质量进行检查。检查结果表明：本次检查从 2002 年完成的 157 个审计项目中抽查 16 个审计项目档案，检查比例为 10%，同时抽查于都县审计局的 5 个审计项目档案。2002 年，赣州市审计局能够认真履行审计监督职责。检查组发现的主要问题：复核机构刚刚成立，复核工作尚未开展；所有项目审计证据不够充分；所有项目的审计工作底稿和取证记录只有对有问题的审计事项有记录，其他审计查证情况无审计底稿和取证记录。审计执法方面存在的问题：有 1 个项目审计取证记录反映有问题的审计事项金额，没有全部在审计底稿中反映；有 1 个项目审计工作底稿反映有问题的审计事项，没有在审计报告中反映；有 6 个项目审计处理处罚不恰当。主要表现在以下几个方面：（1）存在以罚代纠、以罚代收，该收未收，该罚未罚；（2）应该作出审计决定处理的审计事项却在《审计意见书》中反映；（3）审计高考中反映的问题既未下审计决定进行处理，也未下《审计意见书》要求被审计单位自行纠正或自行上缴。有 3 个审计项目《审计意见书》要求被审计单位予以纠正的审计事项比较笼统含糊，没有具体对问题指出应该纠正的事项和内容；有 4 个项目审计处理依据不充分，主要表现在审计处理金额依据不明或审计处理法规依据不足；有 4 个项目审计处理处罚适用法规不完整、不准确或引用法规正确但条款不准确；有 3 个项目审计评价不谨慎。

　　是年 9 月 3 日，省审计厅下发《江西省审计厅关于全省 11 个设区市审计局审计项目质量检查情况的通报》（以下简称《通报》）。《通报》指出：自 2001 年底以来，省审计厅先后对全省 11 个设区市审计局 2001 年度或 2002 年度完成的 163 个审计项目的质量进行检查。这次检查的主要内容是在审计工作中执行有关法律、法规和规章情况、建立和执行审计质量控制制度情况、执行各项《审计准则》的情况等方面。检查组分别对 2001 年度和 2002 年度部分已经归档的审计项目档案进行抽查。对 11 个设区市的检查共抽取了 163 份档案，抽取的比例视各地情况不等，一般都在 10% 以上，最高的达到 34%，对省审计厅授权项目进行了重点检查，还抽查部分县（区）级审计机关的部分审计项目。检查采取抽查审计档案、调阅审计工作报告 和有关文件、与各业务科的负责人座谈及听取有关审计工作质量情况汇报等方式进行。检查过程中，检查人员就检查发现的审计程序、审计证据、引用法规、审计评价及审计处理等方面存在一些不规范、不确定的审计行为和现象提出纠正意见和改进建议。同时，结合检查，现场讲解《审计准则》，宣传《审计准则》。检查结束后，对每个设区市审计机关都下发检查意见书。

　　检查总体评价是：从国家《审计准则》陆续颁布以来，尤其是全省审计法制工作会议召开以来，全省各级审计机关加强对《审计准则》的学习、贯彻、落实，审计人员的法制意识、风险意识、质量意识普遍提高，审计行为得到了进一步的规范，依法履行审计监督职责得到更好的落实，审计项目质量有明显提高。从抽查的审计项目反映，基本履行法定的审计程序；审计查出的违法违规问题基本上做到事实清楚、定性准确，并依法进行处理处罚；审计意见和审计决定得到较好的落实；《审计方案》《审计通知书》《审计意见书》和《审计决定》内容基本合规。

　　检查发现存在的主要问题：在执行审计方案准则方面，普遍存在先审计后补方案的情况；有的审计实施方案内容简单，与审计实践相脱节，不能起到指导审计工作的作用；对于上级审计机关统一组织的审计项目，均未根据审计工作方案编制审计实施方案，也未完全按照审计工作方案的要求进行审计。在执行审计证据准则方面，有的审计项目证据不充分，审计工作底稿、审计报告、审计决定及审计意见中反映的问题和情况没有必要的证据支持，甚至审计决定中进行审计处理处罚的，也无必要的证据支持；有的审计项目有违规问题的才有审计证据，无违规问题的没有审计证据；有的证据未经被审计单位签名或盖章，也未经审计人员签名。在执行审计工作底稿准则方面，一是大多数设区市局未使用规定样式的底稿，存在以审计笔录代替审计工作底稿的现象；二是计算过程、专业判断及定性处理依据，不能真实全面地反映实施审计的全过程。执行审计报告准则方面，有的审计报告内容不完整，事实不清楚；有的审计查出问题的事项和金额在审计工作底稿、审计证据和审计报告中不一致；少数项目审计报告无被审计单位反馈意见；对被审计单位有异议的审计报告，审计组未进一步研究、核实，也无书面说明或修改意见；有的审计组提交审计报告的时间超过了规定期限。在执行审计处理处罚的规定方面，有的文书不规范、内容不完整、表述不准确；有的列错复议机关和复议期限，有的未履行复议告知义务；达到听证条件的未履行听证告知程序；有的审计决定将违纪违规金额、上缴金额写错；有的决定未按规定时间下达；有的审计决定未按规定时间落实，又未履行必要的手续；有的无缴款书及审计决定执行回单。在执行审计复核准则方面，虽然大多数设区市局都建立了审计复核制度，但从检查情况来看，在检查年度，各设区市局均未设立专职复核机构，只有少数设区市局开展了审计复核工作，且复核工作质量不高，存在重程序、轻实体；重形式、轻内容和走过场等现象，复核人员的配备和素质也与复核工作的要求有一定的差距。

2006年，为督促全省各级审计机关对审计署颁发的6号令《审计机关审计项目质量控制办法》的贯彻落实，省审计厅于2006年12月对南昌市审计局2007年7月对九江市审计局、2007年11月对景德镇市审计局、2009年3月对上饶市审计局，各自就上一年度完成的审计项目质量进行检查。主要检查实施审计工作时，在审计实施方案、审计证据、审计日记、审计工作底稿、审计报告等方面的情况。检查结果表明：这次抽查，虽然量小，但是随机性的更具有代表性，总体情况反映审计署"6号令"的贯彻落实较好，有个别地方不足，也给予合理建议，督促其整改。

2010年，审计项目质量检查注重总结以往的经验，进一步创新检查方式，实现"四个转变"，全面提高检查效果。一是在检查范围上，由每年部分检查向全面检查转变。针对以往三年轮检一遍、每年仅对3至4个设区市审计机关进行质量检查的情况，2010年，将全省11个设区市审计机关全部纳入检查范围；二是在检查组织上，由省审计厅单独检查向省市联合检查转变。2010年省审计厅改变以前年度单独检查的做法，从各设区市审计机关抽调人员组成检查组开展省市联合检查；三是在检查方法上，由书面表态检查向加强现场沟通互动转变。为保证检查效果，检查人员在查阅审计档案和文件等传统检查方法的基础上，更加注重与被检查单位的现场沟通与互动；四是在检查目标上，由查错纠弊向推动建立审计质量控制长效机制转变。本次审计项目质量检查，更加注重标本兼治，更加注重检查实效。检查结束后，将检查中发现的具体项目、具体问题点名进行通报。同时，在分析问题产生原因的基础上，提出明确整改纠正意见。实名通报由于针对性强，引起被审计单位的高度重视，有力地促进被检查单位加大审计质量控制制度的建设力度和执行力度，有效推动审计质量控制长效机制的建立。为此，审计署网站、《新法制报》等媒体对江西省审计厅审计项目质量检查并实名通报检查情况给予了报道。

优秀审计项目评选 为促进、提高审计质量，省审计厅采用两种办法，一是对已开展的审计项目不定期地进行质量检查；二是积极开展和推进优秀审计项目评选活动。2002年，根据《审计署关于开展2001年度优秀审计项目评选工作的通知》，省审计厅制定在厅机关开展优秀审计项目评选和上报审计署优秀项目推荐申报活动的方案，明确评选范围、评选方法（含评分标准、评选所需要的表格、文件资料等）、奖项设置内容，为在全省范围内开展评优工作打下良好的基础。2004年4月13日，省审计厅下发《江西省审计厅优秀审计项目评选办法（试行）》（简称《办法》），进一步规范优秀审计项目评选工作。《办法》规定，推荐参选范围的项目必须是符合如下条件的审计项目：（1）审计工作全过程能严格按照《审计法》及其《实施条例》和《审计准则》的规定进行；（2）审计结果事实清楚，证据确凿，定性准确，评价客观公正，处理处罚适当，建议切实可行，决定按期落实；（3）审计揭露出重大违纪违法问题或违法犯罪案件线索，或者在效益审计方面取得明显成效；（4）审计结果引起党政领导高度重视或产生较大的社会影响；（5）审计档案资料真实、完整、规范。有下列情形之一的审计项目不能参加优秀审计项目评选，已被评为优秀审计项目的，应予以撤销：（1）审计人员严重违反廉政规定和审计工作纪律受到查处的；（2）审计工作受到上级通报批评的；（3）作出的审计决定被提起行政复议且被复议机关决定撤销、变更或确定违法的；（4）作出的审计决定被提起行政诉讼并败诉的；（5）有其他违法、违规行为的。省审计厅每年组织一次优秀审计项目评选，优秀审计项目评选实行百分制。厅机关业务处、派出审计处和设区市审计局按照规定对本年度、本单位、本地区完成的审计项目进行初选，确定2个推荐项目（如有审计署统一组织的必须优先报出），于次年度4月前报送省审计厅法规处。2个以上的单位共同参与项目，必须由参与的单位共同推荐，不占各自单位推荐指标。

2006年5月9日，省审计厅下发《江西省审计厅关于开展全省优秀审计项目评选活动的通知》，提出评选范围为全省各级审计机关2005年度直接实施完成并立卷归档的审计项目（含审计调查项目），包括当年计划安排的审计项目、当地党委政府交办的审计项目和审计署统一组织的审计项目。评选程序和方法，全省优秀审计项目评选工作采取各单位推荐，集中评审的方式进行。

是年8月17日，经过评审，省审计厅下发《江西省审计厅关于2005年度优秀审计项目评选结果的通报》（简称《通报》）。《通报》指出，经各设区市审计机关和厅业务处推荐，省审计厅和设区市审计机关评委的交叉评审，并报经全省优秀审计项目评选领导小组研究和厅领导审定，赣粤高速公路昌傅至泰和段建设项目竣工决算情况审计等15个项目为2005年度全省优秀审计项目；南昌市2004年度工伤、生育基金筹集、使用及管理情况专项审计调查等14个审计项目被评为2005年度优秀审计项目评选表扬项目。其中一等奖3个：省审计厅投资处对赣粤高速公路昌傅至泰和段建设项目竣工决算情况的审计、南昌市审计对局对南昌日报社2004年度财务收支审计、赣州市审计局对瑞金市2003至2004年退耕还林专项资金管理及使用情况的审计。二等奖5个：省审计厅政法处对全省交警部门建设经费管理和使用效用情况的专项审计调查、省审计厅农业处对永新县2004年度财政支农资金的专项调查、抚州市审计局对金溪县2002至2004年退耕还林专项资金审计、吉安市审计局对万安县县长杨州任期经济责任审计、新余市审计局对新余市渝水区财政决算审计。三等奖7个：省审计厅行事处对江西省高级人民法院2004年度预算执行及财务收支的审计、省审计厅社保处对南昌市 2004 年度失业保险基金的审计、省审计厅外资处对实行贷款江西省第三期中国农村改水项目效益的审计、省审计厅财金处对江西省地税局 2004 年度税收计划完成税收政策执行、税收征收管理和部门预算执行情况的审计、省审计厅经贸处对江西移动通信有限公司 2004 年度财务收支的审计、九江市审计局对九江市抗洪广场工程竣工决算的审计、宜春市审计局对高安市供销社 5 个破产企业破产费用的审计。表扬项目 14 个：省审计厅社保处对南昌市 2004 年度工伤、生育基金筹集、使用及管理情况的专项审计调查等 14 个审计项目。

2007 年 6 月 21 日，省审计厅下发《江西省审计厅关于开展 2006 年度全省优秀审计项目评选工作的通知》，提出评选范围为全省各级审计机关 2006 年度直接实施并于 2006 年如期完成的审计项目（含审计调查项目），包括当年计划安排的审计项目、当地党委政府交办的审计项目和审计署统一组织的审计项目。评选工作采取各单位推荐，集中评审的方式进行。厅机关业务处和设区市审计机关根据评选范围和条件，对本单位、本地区 2006 年度完成的审计项目进行初选，对照评选标准择优推荐 1 至 2 个项目参加全省优秀审计项目的评选（两个以上单位共同完成的审计项目，由参加审计的单位联合推荐，不占联合推荐单位的推荐指标）。省审计厅将根据评选工作的需要从评委库中采取随机原则抽取一定数量的评委，其中省审计厅和设区市应各占一定的比例，组织审计项目评委组，并于 7 月中旬组织本次优秀审计项目评委组成员采用交叉评审的办法，集中对所有参评项目的档案和材料根据优秀审计项目评分标准进行评审打分。

是年 9 月 12 日经过评审，省审计厅下发《江西省审计厅关于 2006 年度全省优秀审计项目评选工作的通报》（简称《通报》）。《通报》指出，全省交警部门电子警察项目建设和管理情况专项审计调查等 16 个项目被评为 2006 年度优秀项目，南昌市教育局基础教育经费审计等 15 个审计项目被评为 2006 年度优秀审计项目评选表扬项目。其中：一等奖 3 个：省审计厅政法处对全省交警部门电子警察项目建设和管理情况的专项审计调查、省审计厅行事处对江西广播电视网络传输有限公司资产负债损益的审计、省审计厅教育处对江西师范大学 2004 至 2005 年预算执行和财务收支的审计。二等奖 6 个：省审计厅社保处对南昌市人民政府 2005 年度住房公积金的审计、省审计厅外资处对世行贷款南九高速公路效益的专项审计调查、省审计厅农业处对九江市垃圾处理厂投资效益情况的审计、省审计厅财金处对南昌市人民政府 2004 至 2005 年度财政预算资金管理的审计、南昌市审计局对南昌市卫生局 2005 年度预算执行和财务收支的审计、抚州市审计局对抚州市 2005 年度住房公积金归集、管理和使用情况的审计。三等奖 7 个：省审计厅投资处对赣粤高速公路赣州至定南段建设项目决算的审计、省审计厅经贸处对江西省煤炭集团公司 2005 年度财务收支的审计、九江市审计局对九江市 2005 年环境保护资金的审计、赣州市审计局对罗开熔任大余县浮江乡党委书记期间经济责任的审计、鹰潭市审计局对鹰潭市住房公积金的专项审计、宜春市审计局对宜春市 2004 至 2005 年度住房公积金归集、管理、使用情况的专项审计调查、新干县审计局对新干宾馆原总经理何某某经济责任情况的审计。表扬项目 15 个：省审计厅行事处对南昌市教育局基础教育经费的审计等 15 个审计项目。

2008 年 9 月 11 日，经过评审，省审计厅下发《江西省审计厅关于 2007 年度优秀审计项目评选结果的通报》（简称《通报》）。《通报》指出，中国农业银行江西省分行 2006 年度资产负债损益审计等 17 个项目分别获得 2007 年度全省审计机关优秀项目一、二、三等奖，九江市（本级）2004 至 2006 年度财政预决算级次管理的审计等 19 个项目被评为 2007 年度全省审计机关优秀审计项目优秀奖。其中：一等奖 3 个：省审计厅财金处对中国农业银行江西省分行 2006 年度资产负债损益审计、省审计厅政法法对江西省交警总队 2006 年度预算执行及财务收支审计、九江市审计局对九江市 2004 至 2006 年度农业综合开发资金审计。二等奖 6 个：省审计厅投资处对武吉高速公路概算执行情况的审计、省审计厅教育处对江西理工大学 2004 至 2005 年度财务收支及效益的审计、省审计厅经二处对江西联创光电科技股份有限公司 2005 年度财务收支和经济效益情况的审计、省审计厅外资处对世界银行贷款综合农业现代化项目 2006 年度执行情况的审计、南昌市审计局对红谷滩新区管委会 2004 至 2005 年度财政财务收支的审计、景德镇市审计局对景德镇的财富大厦项目情况的审计。三等奖 8 个：厅行事处对全省 2005 至 2006 年度农村文化建设专项资金绩效情况的审计调查、省审计厅社保处对南昌市 2003 至 2006 年 9 月离休干部医药费单独统筹资金收支情况的审计、省审计厅经贸处对江西省交通厅 2006 年度预算执行及财务收支情况的审计、宜春市审计局对万载县 2006 年度五项社会保险基金的审计、鹰潭市审计局对余江县 2004 至 2006 年度农业综合开发资金的审计、大余县审计局对大余县 2006 年度县本级财政预算执行和其他财政收支情况的审计、抚州市审计局对资溪县人民政府 2005 至 2006 年度国有土地使用和矿产资源管理使用情况的审计、萍乡市审计局对全市三县一区五项社会保障基金的专项审计。优秀奖 19 个：省审计厅财金处对九江市（本级）2004 至 2006 年度财政预决算级次管理的审计等 19 个审计项目。

2009 年 4 月 30 日，省审计厅下发《江西省审计厅关于 2008 年度全省优秀审计项目评选结果的通知》，在全省审计机关开展第 7 次优秀审计项目评选活动。

是年 7 月 2 日，经过评选，省审计厅下发《江西省审计厅关于 2008 年度全省优秀审计项目评选工作的通报》（简称《通报》）。《通报》指出，景婺黄（常）高速公路建设项目竣工决算审计等 17 个项目分别获得 2008 年度全省审计机关优秀审计一、二、三等奖，江西广播电视大学 2006 至 2007 年度财务收支及效益审计等 21 个项目获得 2008 年度全省审计机关优秀审计项目表扬奖。其中：一等奖 3 个：省审计厅投资处对景婺黄（常）高速公路建设项目竣工决算的审计、萍乡市审计局关于上栗县 2007 年度民政资金管理使用情况的审计、南昌市审计局关于南昌市商业银行 2006 年度资产负债损益审计。二等奖 6 个：省审计厅社保处对江西省社保局 2007 年度管理费收支及养老保险基金效益情况的审计、省审计厅外资处对世行贷款瑞赣高速公路项目 2007 年度执行情况的审计、鄱阳县审计局对鄱阳县 2007 年度社会保险五项基金的审计、省审计厅政法处对江西省交警总队 2007 年度预算执行及财务收支的审计、会昌县审计局对会昌县社保局谢石林任局长期间经济责任的审计、省审计厅外资处对日元贷款江西植树造林项目 2007 年度执行情况的审计。三等奖 8 个：吉安县审计局关于 2008 年低温雪冰冻专项救灾资金和物资的审计、新余市审计局关于李某某任市群艺馆馆长期间的经济责任审计、厅农业处对莲花县 2006 至 2007 年度扶贫专项资金使用情况的审计、省审计厅经贸处对省属军工企业改革脱困情况的审计、省审计厅经贸处对江西省交通厅 2007 年度预算执行及财务收支的审计、南丰县审计局关于南丰县第二中学 2007 年度财政财务收支的审计、省审计厅社保处对萍乡市政府 2007 年度民政资金收支情况的审计、遂川县审计局关于遂川县二轻局

2006 至 2007 年度财务收支及效益的审计。表扬奖 21 个：省厅教育处对江西广播电视大学 2006 至 2007 年度财务收支及效益审计等 21 个审计项目。

2010 年，为确保优秀审计项目评选的客观、公正，省审计厅在继续完善评分标准、加强全程监督的基础上，进一步创新评审方式，优化评审办法，改进评委组成，加大奖励力度，充分发挥优秀审计项目的示范引导作用。一是按省审计厅项目、各设区市（含所属县、市、区）项目分别设置奖项，确保了评选的公平性。鉴于省审计厅项目和各设区市（含所属县、市、区）项目在审计规模、审计资源、审计成果等方面存在较大的差异。2010 年，省审计厅改变以前年度的做法，按省审计厅项目、各设区市（含所属县、市、区）项目分别设置奖项，确保基层审计机关项目参加优秀审计项目评选的积极性和公平性。二是聘请外省审计专家担任评委，确保评审的独立性和公正性。2010 年，首次聘请海南省审计厅四名专家担任评委，对省审计厅项目进行评选。该四名评委分别来自海南省审计厅法规处、行事处、社保处、经责处，均为具有高级审计师职称的处级干部，具有丰富的审计实践经验，较高的审计理论水平和业务能力，且多次担任海南省审计厅优秀审计项目评选的评委，评审经验丰富。通过聘请外省审计专家担任评委，既有效保证了评审的独立性和公正性，又搭建一个向兄弟省市学习的、交流的平台。三是加大对获奖项目的奖励力度，更好地发挥优秀审计项目的示范性和引导性。同时将优秀审计项目评选结果与年终考评、审计能手评选结合，进一步增强各级审计机关和审计人员规范审计行为、提高审计质量的意识，激励广大审计机关和审计人员争先创优，创造更多的审计精品，有效发挥优秀审计项目的示范引导作用。

综合考核 为衡量、检查、推动审计工作，审计机关成立之初，省审计局制定从审计工作数量、质量、效果三个方面对各级审计机关工作进行考核的规定。1988 年，江西省审计机关开始执行审计署的《审计工作考核试行办法》。1989 年 6 月，省审计局制定《江西省审计机关四项工作检查、考核、评比试行办法》。

1991 年，省审计局制定《江西省审计机关工作规范化检查考评办法》，对全省审计机关审计工作规范化情况进行检查考核。检查考核范围为：审计项目的计划拟定、审计项目的组织实施、审计文书及审计档案的管理、审计体系工作的管理、思想政治工作及机关财务管理。考核采取统一领导、分级负责的办法进行，各地、市局对所属县（市、区）局的检查考评在次年一月下旬进行。上级审计机关检查考核下级审计机关之前，下级审计机关要进行自查自核。检查考核采用打分制，除主要考核上述五大内容外，还一并考核各单位的审计工作成果情况。1992 年 1 月，省审计局派出 4 个检查组，分赴 11 个地市审计局检查。检查表明，1991 年全省各级审计机关的各项主要工作基本纳入规范化轨道，五项内容检查满分是 500 分，这次检查中最高分为 490 分，最低 434 分，总体上差距不是很大，考核结果总的令人满意。在审计工作成果方面（包括完成计划、入库率、报告采纳、宣传科研信息、大案要案查处、工作创新、复审诉讼）得分的差距则较大，有的地、市局各项工作齐头并进，开拓创新，比较突出，个别地、市局创新意识不够强，工作起色不大。4 个检查组中最高得分的单位分别为：南昌市审计局、上饶地区审计局、萍乡市审计局、赣州地区审计局。

1991—1994 年，省审计局加强对单项审计业务的考核，先后制定和修订《财经审计工作考核方案》《农业资金专项审计评比办法》《行政文教审计工作考核评比办法》《江西省农林水审计工作考评办法》《外资审计工作考核评比办法》等文件，分别对考评的项目和内容作出具体规定。考核评比总分一般采用百分制，总分按 600 分计算。分值的分布按不同的项目和内容各占一定比例，有些考评办法、方案作出加分和扣分的规定。对查出大案要案的，审计报告或综合报告被当地政府、省人民政府或审计署批转的，在地区以上报刊登载的，可适当加分。对未完成年度计划任务的，审计报告和材料未按时报送的，对违纪问题无故未作处理的等情况要扣分。考评的办法，一般是每年进行一次，先由各地、市自查自评，然后将自评总结和有关业务材料报送省局归口业务处，最后在年终或次年召开的专业会议上进行考核评分，按得分高低评出获奖单位。

1995 年 3 月，省审计厅印发《江西省审计厅办公室对地市审计局六项工作年度目标管理考评试行办法》。考评范围包括：审计宣传、发行工作、档案管理、公文处理、信访督查接待、安全保密、基础建设工作。县（市、区）审计机关的考评由各地、市局审计局参照该办法进行考评。年底，省审计厅办公室组织各地（市）审计局人秘科长（办公室主任）参加的检查组，交叉对 11 个地（市）审计局 1995 年度六项工作目标管理情况进行检查考评。评出的六项工作先进单位是：南昌市审计局、赣州地区审计局、上饶地区审计局、新余市审计局；六项工作达标单位是：抚州地区审计局、吉安地区审计局、宜春地区审计局、萍乡市审计局、景德镇市审计局、九江市审计局、鹰潭市审计局。次年 2 月，对上述单位进行通报表彰。

1997 年 5 月 29 日，省审计厅为认真贯彻落实《中华人民共和国审计法》和《中国审计规范》，促进全省审计机关严格审计执法，提高审计质量，确定设立"审计综合成果优胜杯奖""审计执法优胜杯奖"和"审计工作规范优胜杯奖"，并分别规定考评内容和评分标准，其中"审计综合成果优胜杯奖"的考评内容包括：审计项目计划任务完成情况；查处违纪处理情况；审计报告批示、批转情况；审计宣传、信息工作；完成领导交办审计事项。"审计执法优胜杯奖"的考评内容包括：政策法规的运用情况；违纪问题的提示和处理；查处违纪处理情况；促进被审计单位改善管理情况。"审计工作规范优胜杯奖"的考评内容包括：学习掌握审计规范情况；审计项目计划的编制；审计组织实施；审计项目执行结果。考评采取统一领导、分级负责的原则。省审计厅成立考核领导小组，厅长李海泉任组长，具体工作由综合处负责，并由综合处牵头从省审计厅各业务处、各地（市）审计局抽调人员组成两个考核小组，分别对省审计厅各业务处、各地（市）审计局进行考核评比。是年 12 月 8 至 24 日，经过认真考评，省审计厅工业交通审计处、赣州地区审计局获"审计综合成果优胜杯奖"；省审计厅固定资产审计处、省审计厅中央企业审计处、抚州地区审计局获"审计执法优胜杯奖"；省审计厅粮贸审计处、南昌市审计局获"审计工作规范优胜杯奖"。

是年 11 月 4 日，省审计厅印发《关于开展评选优秀审计报告的通知》。评比范围是厅机关各审计业务处、综合处 1997 年度向省人大、省人民政府、审计署提交的专项审计报告（含审计调查报告）。评选工作与评选"三项优胜杯"一并进行，各审计业务处和综合处各送 2 篇专项审计报告参加评选。由"三项优胜杯"考评小组根据评选条件推荐 3 至 6 篇优秀专项审计报告，报厅长办公会审定。评选条件和要求：（1）专项审计报告的内容和格式要符合《中国审计规范》的有关规定；（2）要突出时效性，审核是否按时完成；（3）要突出效益性，看是否引起审计署、省人民政府的重视，是否被批示或批转，报告的反响及其社会效益如何；（4）报告的文字水平较高，语言表达精练、准确、逻辑性强。年底，经过推荐、考评、审计，在全厅评选出优秀审计报告 10 篇。

第三节　审计档案

档案管理制度

审计档案管理走的是由摸索到总结再到逐步提高的路子。

1985 年，省审计局制定《文件分类暂行办法》《文书档案立卷归档制度》《有关专项审计业务材料归档范围和方法》《档案借阅制度》等制度，开始试行审计档案管理。

1986 年，省审计局就贯彻落实审计署、国家档案局《关于审计档案管理工作的暂行规定》，举办全省审计档案人员培训班，强化档案管理人员的专业知识和专业水平，为搞好档案管理扎实基础。

1987 年，全省开始统一使用省审计局印制的文书档案格式和装具，推行审计案卷"六个类序排列法"并召开全省审计档案工作座谈会，研究制定《江西省审计机关档案管理工作试行办法》，进一步促使档案管理工作规范化。

1991 年 5 月，审计署、国家档案局联合颁发《关于审计档案管理工作的规定》和《审计文件材料立卷归档工作程序》，对审计档案的性质、地位、特点、管理要求以及立卷原则、案卷质量要求、项目审计材料的归档范围、立卷方法提出具体要求。是年 12 月，省审计局制定《关于执行〈关于审计档案管理工作的规定〉和〈审计文件材料立卷归档工作程序〉实施办法》和《江西省审计局审计项目案卷质量标准》，要求全省审计机关建立有局长分管、办公室或秘书部门主管、业务部门负责人或主审人、审计人员、文书档案人员各负其责的立卷归档工作责任制，全省统一审计档案装具，采用软封皮装订、盒装、铁皮柜存放，卷内书写用蓝墨水或者蓝黑墨水。审计档案的立卷工作实行谁审计谁立卷，边审边收集整理，审结卷成的原则。立卷工作列入项目工作计划之中，审计组负责人员负责检查卷内材料排列、抄目、装订规范和准确。审计项目材料组卷一律以年度、被审计单位或被审计项目为单位。卷内排列顺序废止原来的"六大类序排列法"，统一按审计署规定的"结论性、证明性、立项性"三个单元排列。

是年，省审计局开发完成两个档案微机程序："审计档案立卷辅助程序""审计机关档案工作统计报表程序"，得到审计署的肯定和重视。1992 年 3 月，审计署决定，由审计署办公厅、综合司和江西省审计局联合组成开发小组，在江西省审计局已开发完成的两个程序的基础上进一步研制开发"审计档案数据库管理系统"。1994 年，开发小组又与北京益康信息工程公司合作，对该数据库进行完善加工，最后开发成功项目审计档案管理信息系统软件，并通过由审计署和国家档案局联合组织的鉴定。该软件解决了项目审计信息标引与检索问题，属国内首创，系统提供规范化建立项目审计档案库的办法。是年，省审计局发出《关于推广使用项目审计档案管理信息系统软件的通知》，要求全省各级审计机关逐步推广使用该软件。当年内省局和各地（市）审计局率先使用，1995 年起在全省审计机关全面铺开。

1995 年 2 月，省审计厅进一步修订厅机关的文书立卷归档，制定规定厅机关党政、审计、会计、声像档案，统一由厅档案科保存管理，对文书立卷归档的要求和方法作出 18 条具体规定。

1996 年 12 月，审计署发布《审计机关审计档案工作的规定》，全省各级审计机关遵照执行。该《规定》在各级审计机关成立以来，档案制度建设和档案管理经验的基础上，进一步完善审计机关档案管理的各项制度。档案的建立实行谁审计谁立卷、审结卷成、定期归档责任制度；采取按职能分类、按项目立卷、按单元排列的立卷方法。审计案卷内，文件材料一般应以结论性文件材料、证明性文件材料、立项性文件材料三个单元为序进行排列。审计终结时，立卷责任人应对该审计项目形成的全部文件材料进行整理、鉴别和取舍，并按立卷的方法和规则进行组卷，经审计组组长或业务部门文书人员复查后，依照有关规定进行案卷的编目和装订。建立、健全档案保管制度，定期对档案保管情况进行检查，确保档案的安全，并积极开展审计档案的利用工作，根据需要编制使用的检索工具和参考材料，做到迅速、准确地查找和利用案卷。借阅审计档案，一般应限制在审计机关内部。凡需将审计档案借出机关或要求出具审计档案证明的，应经该机关主管领导审批。

1997 年 12 月 11 日，审计署发布《审计机关审计文件材料立卷归档作业规程》，省审计厅转发全省各级审计机关贯彻执行。该《规程》规定，审计机关实行文件材料立卷归档工作责任制。审计文件材料的收集、管理、立卷由审计组负责；审计案卷的质量检查由机关审计业务部门负责；案卷的接收由机关档案管理部门负责。审计文件材料的收集范围包括：审计机关的审计作业文书、审计项目管理文件、审计项目往来文件、与审计项目有关的各种举报材料、其他有关文件。审计文件材料一般分为"结论性文件材料""证明性文件材料""立项性文件材料"三个单位，按顺序排列。审计行政复议项目，由受理复议的审计机关按项目立卷。原审计机关收到的复议文件材料，可在审计案卷中设"第四单元"存入。审计行政应诉项目，由应诉审计机关单独立卷。

档案保管利用

档案建立起来后，要妥善保管，并需要专门的场地和人员。1983 年 12 月，省审计局配备 1 名专职档案员，并设立一间 16 平方米资料室作为保存局机关的文书档案专用。全省各地、市、县级审计局也相继配备专职或兼职档案员 1 至 2 名，设立专门的档案室，购置必要的设备，档案保管工作逐步规范起来。截至 1997 年，全省共有档案室面积 2842 平方米，保存档案 129728 卷。其中：文书档案 38073 卷，审计档案 73478 卷，其他档案 18177 卷。省审计局机关档案面积 86 平方米，共保存档案 6594 卷。其中：审计档案 4322 卷，文书档案 1740 卷，其他档案 532 卷。

全省各级审计机关对档案的利用、主要是在研究全省审计发展变化情况、编写审计大事记、审计专业志、书写总结报告、制定工作计划、进行审计科研、撰写学术论文等方面。据统计截至 1997 年，全省提供利用档案 27392 卷，计 20259 人（次）。其中：省审计厅机关提供利用档案 3547 卷，计 1096 人（次）。

表 10-3-1　1991—1997 年全省审计档案保管利用情况一览

年度	入库档案（件）				档案人员（人）	档案室（个）	档案库面积（平方米）	借阅利用		举办培训班		
	总计	审计	文书	其他				人次	卷数	期数	人次	课时
1991	49828	28823	16813	4192	141	112	1636	4833	5550	43	988	640
1992	70415	45511	19877	5027	157	112	1636	2089	2964	23	255	292
1993	81537	51730	22792	7015	188	112	2105.3	1554	2769	37	436	580
1994	97574	50705	30805	13064	251	112	2746.2	2949	3692	33	465	520
1995	100606	54291	31923	14392	217	111	2746.2	861	1305	22	425	231
1996	119655	66168	36978	16509	255	111	2756.8	2548	4315	40	5209	361
1997	129728	73478	38073	18177	231	111	2842	2855	3989	28	480	303

档案管理考核

为促进档案管理工作规范化，省审计厅经常性对全省各级审计机关档案管理工作进行考核检查评比。

1987 年 8 月，省审计局派出 3 个检查组对全省 11 个地、市审计机关自成立以来的审计档案工作进行检查。通过检查，评选出抚州地区审计局等 9 个先进单位和 146 个先进个人，并予以表彰奖励。

1989 年，省审计局组织力量开展第二次审计文书检查评比活动。通过检查，评选出省局中企处、宜春地区审计局等 30 个档案管理质量优胜单位，由各级审计机关自行表彰。

1990 年，经当地档案机关组织考评，抚州地区审计局和奉新县审计局在全省审计机关率先达到省二级和省三级档案管理先进单位标准。

1992 年 6 月，省审计局决定对全省审计档案工作进行检查，并为下半年审计署组织的地方审计档案工作检查作准备。首先由各地审计局自行检查，在此基础上，由省局对各地（市）局进行检查，并抽查一个县（市、区）局。检查内容包括：档案工作的领导、制度建设、审计案卷质量、档案管理等方面。是年 10 月，按审计署部署全国分片进行审计档案工作大检查，华东片审计机关档案检查委托江西省、江苏省审计局牵头。除检查省局档案工作外，由各省自定抽查地、县审计局各一个。检查结果，报审计署审定，次年 9 月，审计署在山东烟台培训基地召开全国审计档案工作表彰大会。江西省审计局、抚州地区审计局、临川县审计局获得审计署授予的优秀成绩奖。

1993 年 4 月，全省审计机关档案管理达标升级工作座谈会在南昌召开。会议部署全省审计机关档案综合管理达标升级的任务，听取省档案局业务处负责人有关审计机关档案综合管理的专题讲座。会议要求 1993 至 1995 年的全省审计机关档案管理和案卷质量要达到省档案局规定的达标升级标准。其中：70% 以上单位达到省三级水平；20% 达到省二级水平；10% 达到省一级水平。会后，省审计局印发《江西省审计系统机关档案管理达标升级的意见》，在全省审计系统贯彻执行。是年 12 月 28 日，省审计局经考核审计，晋升为省一级档案管理先进单位。

截至 1997 年底，全省 111 个审计机关档案已全部升级达标，其中省特级 15 个、省一级 24 个、省二级 52 个、省三级 20 个。

2002 年 4 月，审计署举办《审计机关审计档案工作准则》培训班，主要以 2001 年发布的审计署 3 号令中的《审计机关审计档案工作准则》为基本内容进行集中授课学习，并结合各单位实际情况，就审计立卷材料排序问题进行讨论、交流。省审计厅档案科王建华参加了培训。

2004 年 4 月，省审计厅制定《江西省审计厅机关档案工作管理办法》，明确档案管理的原则，规定专（兼）职档案管理员的职责，规范行政文书（审计档案）阅卷归档、库房管理、保密制度、定期移交和销毁制度、案卷质量要求等等。

2008 年，省审计厅为进一步加强机关档案管理工作，确保厅机关档案完整和有效利用，根据档案管理的规定，对《江西省档案管理办法》进行重新修订。经审计署、省档案局审核同意，于是年 3 月 24 日印发各设区市审计局及厅各单位，要求遵照执行。

2008 年 3 月 19 日，省审计厅办公室下发《〈机关文件材料归档范围和文书档案保管期限规定〉的通知》，要求各设区市审计局及厅各单位遵照执行。

第四节　后勤保障

机构设置

2000 年 9 月 29 日，省审计厅成立江西省审计机关后勤服务中心，为省审计厅下属正处级事业单位，核定事业编制人员 22 名（其中正处级 1 名，副处级 2 名），内设房产管理科和总务科，专职负责厅机关的后勤保障工作。

省审计厅的财务管理仍由省厅办公室负责。

2004 年 9 月 21 日，《江西省审计厅印发关于〈江西省审计厅机关后勤服务中心职能、内部机构设置和人员配备方案〉的通知》规定，省厅机关后勤服务中心的主要职能为：服务、管理、协调和保障厅机关各项后勤服务工作。具体负责：制定厅机关及其所属单位后勤建设规划、各种管理规章制度，服务措施、标准，经营计划目标，并认真组织实施；负责对赣审大酒店、机关事务服务站、庐山培训基地和机关所属门面房的管理、使用；承办厅机关授权的经营性和非经营性国有资产和设施设备的管理，负责厅机关办公楼和自管宿舍区的通讯、保卫、供电、供水、清洁、绿化等物业管理工作；负责厅机关公务车辆的配置调配、调度使用、维修保养及油料供应等管理，负责对驾驶员的安全教育，协调处理交通事故；负责厅机关基本建设项目的实施以及住房实物分配和货币分房；开展厅机关爱国卫生、社会治安综合治理；会同有关部门承办厅机关办公用品、计算机耗材等物资的采购、发放和管理，协同有关部门做好厅机关福利工作；按照厅机关分配的预算，管理、使用机关后勤保障有关专项经费；负责后勤服务中心及其所属单位的计划、财务和经营开发、管理；负责后勤服务中心及其所属单位的人员任免、调配等；负责后勤服务中心及其所属单位的党群工作和精神文明、纪检、监察工作；承办厅领导交办的其他事项。

省厅机关后勤服务中心内设四科一队，即行政科、综合服务科、经营服务科、物业管理科和车队。人员配备：主任 1 名（正处级）、副主任 2 名（副处级）；行政科：科长 1 名、副科长 1 名；综合服务科：科长 1 名、副科长 1 名；经营服务科：科长 1 名、副科长 1 名；物业管理科：科长 1 名、副科长 1 名；车队：队长（由综合服务科副科长兼任）1 名。

资产管理

办公用房 1983 年，审计局成立之初，省人民政府分配 21 间办公用房用于局机关办公，建筑面积 300 平方米；1985 年，局机关自建办公用房 17 间，面积 700 平方米；1987 至 1988 年，省审计局在南昌市马家池和贤士二路兴建办公用房 98 间，面积为 810 平方米，另建仓库、车库 8 间，面积为 300 平方米，购置车库 3 间，面积为 130 平方米。1992 年，省计委批准省审计局在叠山路 209 号地址建审计干部培训中心大厦。1996 年主体竣工，建筑面积 10100 平方米。2008 年 2 月，根据《关于省审计厅改建办公用房项目立项的批复》，启动省审计厅审计干部培训中心大楼——赣审大厦改造工程。省审计厅搬迁至中山路 470 号原南昌市财政局办公大楼进行办公过渡。2011 年 1 月，赣审大厦办公大楼改造竣工，省审计厅搬回原大楼办公。

各地、市、县（市、区）审计局的办公用房逐步得到扩充和改善。截至 1997 年底，各地（市）审计局的办公用房面积分别是：南昌市审计局 5900 平方米、九江市审计局 1494.4 平方米、景德镇市审计局 1970.9 平方米、新余市审计局 665 平方米、鹰潭市审计局 180 平方米、赣州市审计局 2659.97 平方米、宜春市审计局 1396.4 平方米、上饶市审计局 603 平方米、吉安市审计局 386 平方米、抚州市审计局 5500 平方米。

职工宿舍 1992 年至 1995 年，省审计局先后在苏圃路添置职工宿舍 70 套，面积为 8749.44 平方米。到 1997 年底，共有宿舍 252 套，总建筑面积为 22958.44 平方米。2000 年以后，住房分配改革，取消实物分房。

2003 年 5 月，省审计厅采用市场化形式，在新洲路 98 号团购 167 套住房，建立"朝阳居"小区，使职工居住条件及职工生活水平获得较大改善。

各地、市、县（市、区）审计局在房改前也采取各种措施，逐步解决职工住房问题。截至 1997 年底，各地、市审计局修建的职工宿舍面积分别为：南昌市审计局 13753.61 平方米、九江市审计局 7392.94 平方米、景德镇市审计局 704.94 平方米、新余市审计局 665 平方米、鹰潭市审计局 3460 平方米、赣州市审计局 8744.95 平方米、宜春市审计局 7439.9 平方米、上饶市审计局 1870 平方米、吉安市审计局 3504 平方米、抚州市审计局 4178 平方米。

服务设施 为配合办公自动化，1994 至 1995 年，省审计厅对原有的计算机设备进行更新，分别购置 COMPAQ 486 电脑 2 台、联想 386 电脑 5 台、联想 486 电脑 2 名；1996 年购置联想 586 电脑 1 台，并先后购置复印机、激光打印机、传真机、四通打字机等办公设备。到 1997 年底，全厅共有复印机 3 台、四通打字机 4 台、速印机 1 台、传真机 1 部、激光打印机 1 部（2004 年，信息中心成立后，厅机关办公设备基本上由信息中心置办）。另外，为解决工作和职工生活需要，共配置大小机动车辆 15 辆、0.3 吨锅炉 1 台、10 吨储气罐 3 台、给水设备 4 套、液化气泵 2 台。

2000 年，省审计厅添置红旗轿车 2 台；2002 年购置广州本田商务车 1 台、江铃小货车 1 台；

2004 年购置桑塔纳轿车 1 台、别克轿车 1 台、广州本田轿车 3 台；2005 年购置广州本田轿车 2 台、别克轿车 1 台；2006 年购置别克商务车 1 台、广州本田轿车 1 台；2008 年购置奥迪轿车 1 台；2009 年购置丰田客车 1 台，确保了工作和生活用车的需要。

设备、物资购进之后，为加强管理，省审计厅制定《物资购置、固定资产管理制度》。《制度》规定，物资的购置及保管原则是：管钱不管物，管物不采购，采购不到个体户；物资进出有账，领用有手续，做到账物相符。对固定资产的购进，要根据需要，周密计划，统筹安排，经领导审批后购买。各种物资和固定资产购进后，进行登记造册，会计人员和保管人员各建一套账本，每年进行一次盘点，发现短缺或损坏，要查明原因，及时向有关领导汇报，并按规定处理。

由于管理严格、规范，2007 年 4 月，根据《江西省财政厅关于转发财政部〈行政事业单位资产清查暂行办法〉的通知》，省审计厅成立资产清查工作领导小组。资产清查办公室设在厅服务中心，用 3 个月时间，对全厅国有资产进行全面清查，清查结果报财政厅审查，被评为"资产清查工作先进单位"。

财务管理

厅财务管理工作主要由厅办公室负责。全省各级审计局的经费管理属于全额预算管理单位预算管理体制，实行统一领导，分级管理的原则。各级审计机关的机关经费均列入当地财政预算，并采取全额预算包干管理办法，结余结转下年继续使用，财政不再收回。机关经费分为行政经费和审计事业费两部分，主要是工资、补助工资、物价补贴、职工福利费、离退休人员费用、业务费、设备购置、修缮费、邮电费、交通费、其他费用等，前五类属于人员经费，其余为公用经费。由局办公室按照地方财政部门规定的标准和实际需要掌握使用，并受同级"三大"检查办公室和省审计局行政文教审计处的检查和审计。

1997 年 4 月 2 日，省审计厅办公室为节约经费开支，保证全年厅机关经费开支不突破预算，根据厅长办公会议要求，制定差旅费、电话费、会议费及汽车维修等经费包干办法。总原则是：总量控制、保证必需、一次核定、不予追加、处室包干、相互调节、领导负责、节支有奖、超支不报。包干规定执行的效果较好，1997 年底仅电话费一项就比上年节俭 3 万元。此外，省审计厅还对厅机关与直属事业单位（各事务所、《江西审计》编辑部、庐山培训基地）之间的财务管理体制进行改革和规范，初步理顺相互之间的财务关系。

为规范财务行为，管好用好各项经费，2010 年，省审计厅制定下发《江西省审计厅财务管理办法（试行）》（简称《办法》）。《办法》对厅机关的财务预算、收入、支出等项工作均有规范化管理的要求。主要是：

（1）财务管理工作要严格遵守财经纪律，遵守财务会计制度，坚持量入为出，提倡厉行节约、勤俭办事，反对铺张浪费，保证重点，兼顾一般，合理合规安排使用经费，确保全厅各项工作正常运转。

（2）财务实行统一核算，统一管理。①厅机关及各直属事业单位（不含《审计与理财》编辑部）的财务工作在厅长和分管财务厅领导的领导下，实行全厅财务统一核算，厅各直属事业单位的财务统一由办公室管理，实行集中核算、集中收付、集中管理，规范财务运行，提高行政效益，减少行政成本。②厅办公室是全厅财务管理的职能机构，负责厅机关及各直属事业单位的财务管理和经费核算，负责统一编制全厅的部门预算和决算。

（3）厅内试行差旅费、会议费及培训费定额包干制。即根据年度部门预算及经费来源情况确定经费包干定额，经厅长办公会审定后，试行定点、定额管理，包干使用，结余留用，超支原则上不予报销，特殊情况需经分管财务厅领导或厅长审批。

（4）严格实行预、决算管理。①厅办公室按照省财政厅的要求，于当年10月底编制下一年度全厅的部门预算。全厅部门预算由厅机关和各直属事业单位的预算组成。各直属事业单位应于当年10月中旬之前报送一下年度的预算，厅办公室据此编制各直属事业单位的部门预算，与厅机关预算形成完整部门预算，经分管财务厅领导及厅长审定后，报省财政厅审核批复。部门预算正式批复后，要严格按照规定执行。②厅办公室要定期编制全厅财务报告和财务报表，每季度向分管财务厅领导及厅长报告经费收支结余情况；每年2月中旬前，根据省财政厅关于部门决算编制的有关规定，如实完整地完成厅机关及各直属事业单位的决算编制工作，经分管财务厅领导及厅长审定后执行。

（5）预算拨款及预算外收入管理。①厅机关和各直属事业单位的各项收入必须及时、足额纳入相应的财务核算，不得私存、坐支、设置"小金库"或"账外账"。②预算拨款收入应严格执行预算，按照收支平衡的原则，合理安排各项资金，不得超预算安排支出。有预算外资金收入的各直属事业单位要按规定标准或合同收费，依法照章纳税，根据《〈预算外资金管理实施办法〉的通知》的有关规定，实行收支两条线管理，依法纳入财政预算管理或财政专户管理，严格执行国家的财经法规。③厅各单位向审计署、省财政厅等部门取得的各项补助经费必须全部归集在厅机关财务账上，统一管理、分项核算；确因工作需要开支的，应如实作出预算，经所在单位主要负责人签字，报告分管厅领导；经分管财务厅领导或厅长审批后，方可报销。经费使用严格执行有关法律法规，按规定程序、规定用途，专款专用。

（6）规范支出管理，严格控制开支。①核定审批限额，严格审批程序。厅机关及各直属事业单位定额包干和有预算限额项目以外的经费支出，须经所在单位主要负责人报告分管厅领导同意后实施；金额在2千元以下，由办公室分管财务的主任审批；2千元至1万元以下，由分管财务厅领导审批；1万元至5万元以下，由厅长审批；5万元以上由厅长办公会研究或厅长审定。预算内的重大经费开支、非正常开支和各项劳务费、加班费及厅规定以外的补贴均须经厅长办公会或厅长审定后才能执行。②规范报账手续。厅机关及各直属事业单位财务必须实行统一管理，坚持集体领导下的"一支笔"审批制度，防止多头审批。报销凭据应合法合规、充分完整、手续齐备，每笔支出必须取得内容完整合法的原始凭证和相关依据及资料，必须有经办人、证明人签名，必须按审批程序、审批限额逐级审批同意后方可报销。

（7）定额包干及有限额预算项目的经费开支管理。①差旅费支出。厅综合处负责审核各处室年度审计项目计划工作量，厅办公室依据审定的各处室年度审计项目计划工作量，按统一标准初步测算差旅费数额，在年度部门预算内，根据经费来源情况确定包干经费。经厅长办公会或厅长审定后，按照《江西省财政厅关于印发〈江西省省直机关和事业单位差旅费管理办法〉的通知》规定执行。工作人员出差前须填写出差审批单，经处室主要负责人及分管厅领导审批同意后实施。报销时填写报销单,须有各出差人员签名,处室主要负责人签字同意后报财务科审核,经办公室主任审批同意后,原则上通过公务卡结算。外聘人员差旅费的报销,需同时提交经分管厅领导或厅长办公会审批的聘请计划。②会议费、培训费支出。厅办公室汇总厅各单位提出的年度会议费、培训费预算,根据年度部门预算及经费来源情况,初步提出厅各单位会议费、培训费金额,经厅长办公会审定后,会议费按照省财政厅关于印发《江西省省直机关会议费管理办法》的通知及省纪委、监察厅、财政厅《关于印发〈江西省省直党政机关出差和会议定点管理办法(试行)〉的通知》规定执行。培训费可参照会议费办法执行。③有预算限额项目的单位,包括服务中心、培训中心、科研所、审计学会、老干办、机关党委(工会)的经费支出,须经所在单位主要负责人报告分管厅领导同意后实施。

(8)公务接待费支出。公务接待应根据《江西省财政厅关于省直机关国内公务接待开支标准及有关经费管理问题的通知》的规定和有关廉政建设及建设节约型机关的要求,按照《江西省审计厅机关公务接待工作暂行规定》,由办公室统一管理和协调,有关单位积极配合,坚持分工负责、对口接待、规范运作的办法,不得超标准、超规模接待。公务接待中应尽量减少陪餐人员,陪餐人员标准比照接待对象标准执行。对口接待单位需填写《省审计厅公务接待审批单》经本单位主要负责人签字,按来宾情况分别由办公室主任或厅领导审批同意后实施。报账时需有经审批的《省审计厅公务接待审批单》及正规发票,由经办人签名,单位主要负责人签字,按照审批限额分别经办公室主任或分管财务厅领导审批同意。

(9)完善预借款制度,及时清理往来款项。严格控制借款,不允许私借公款,确因公务需要借款,须书面提出借款申请或填写借款单,坚持事前审签手续,控制借款金额,个人借款应在事毕后15日内报账,借款和报账均通过个人公务卡结算。每年年终必须对往来款进行一次清理,向单位或个人(经手人)下发往来款清理通知单,限时清理。在限定时间内未清理的,将停止办理预借款,经批准可直接从本人工资、津贴中扣还。

(10)建立、健全资产管理制度。由财务部门统一建账、核算,由资产管理部门统一登记、管理。明确财务部门、资产管理部门以及使用部门的责任,定期不定期进行清查盘点,保证账账相符,账实相符。年度终了,应该进行全面清查盘点。

(11)严格执行政府采购制度和国有资产处置规定,完善固定资产管理。①凡属财政性资金列入政府采购范围的采购行为,要严格执行《政府采购法》及相关规定。②固定资产管理中财务部门、资产管理部门的职责:厅办公室负责做好固定资产的分类核算工作,提供固定资产明细。服务中心及信息中心等资产管理部门负责固定资产采购、入出库、登记卡片等,定期或不定期进行清查盘点,核对财务明细账和实物账,做到账账相符,账实相符。每年度终了,进行一次全面清查盘点。③服务中心和信息中心应制定相关的固定资产管理制度。如固定资产购置计划、入库、领用、移交、处置等制度,做到有章可循,照章办事,保证固定资产管理规范。④国有资产处置中涉及转让、出售、报废等事项,必须按照《江西省省级行政单位国有资产处置实施暂行规定》的要求执行,规范处置程序和处置行为,保证国有资产安全完整。⑤大宗物品的购置,承办部门应事先提出购置计划,需厅长办公会研究或厅长审定。在落实资金来源的情况下,按程序逐级审批同意后,方可办理集中统一采购。需要办理政府采购的,由服务中心、信息中心指定专人按照《政府采购条例》有关规定办理。各处室因特殊情况需要单独购买物品，必须先申请，经审批同意后方可购买，未经许可购买的，不予报销。

（12）定期对厅机关及各直属事业单位实施内部审计监督。坚持每年对厅机关财务和各直属事业单位账务实施定期审计制度，审计情况如实向厅长办公会或厅长报告。同时，省审计厅为辅助搞好财务管理，先后制定和修订《财务管理和稽核制度》《经费开支若干规定》《公费医疗享受人员医药费报销制度》《会计岗位责任制》《出纳岗位责任制》等。

后勤事务管理

厅机关后勤行政事务主要通过相关制度管理促使其正常运转，用制度来管事、管人，减少随意性，收到较好效果。具体的制度有《办公大楼管理规定》《厅机关车辆管理办法》《资产管理制度》《房屋管理维修制度》《食品加工、食品卫生制度》《消防、液化气使用管理制度》《食堂卫生管理制度》《机关食堂管理办法》《接待工作制度》等，保障后勤工作规范运行发挥了积极作用。2006 年，省审计厅被评为"综治工作先进单位"；2007 年，被评为"节约型政府先进单位"；2008 年，被评为"先进楼院管委会"；2010 年，被评为"综合治理平安单位"。

第十一章　审计机关建设

省审计厅1991—2010年，为贯彻、落实《审计法》，依法进行审计监督及按照省审计厅职能职责规定，坚持"从实际出发，突出重点，逐步推进"原则，围绕一个中心，完善两项机制，搞好三个服务，强化了审计机关建设。一方面，建章立制。制定了《财政"同级审"制度》《定期审计制度》《经济责任审计制度》等切合江西审计工作实际情况的各项业务制度，参与江西地方强化审计监督基本法《江西审计条例》的制定；另一方面，全方位进行普法宣传，督促检查法律法规执行情况，确保各项法规制度落到实处。同时，采取改变审计方法，为提高审计工作效率，确保审计工作质量，进行金审工程建设；为提高干部职工审计专业技术水平，多渠道组织各种专业教育培训，促进审计队伍后续教育建设；为提升干部职工政治思想素质，加强机关党、团、群工作建设等一系列举措，使厅机关建设得到进一步加强，江西审计发展的工作基础得到进一步巩固。

第一节　审计法规制度建设

建章立制

江西省审计机关组建后，省审计厅一直坚持"从实际出发，突出重点，逐步推进"的原则，围绕一个中心——审计工作中心；完善两项机制——审计规范制度机制和审计法制工作机制；搞好三个服务——为理顺外部关系改善审计环境服务、为规范审计活动服务、为提高审计质量服务，不断推进审计法治建设。

授权（委托）审计制度　根据省级审计机关的职能与职责规定，上级审计机关在需要时可以将部分审计项目授权给下级审计机关审计。为规范这一行为，省审计厅制定授权（委托）审计制度。1991年4月1日，省审计局下发《关于对部分中央、省属单位授权下级审计机关审计的通知》。《通知》规定：（1）停止执行1988年5月规定的对部分中央、省属单位按行业长期授权下级审计机关审计，对未列入长期授权范围的其他中央省属单位，均属临时授权范围。（2）下级审计机关要求审计中央、省属单位，需在全省年度审计项目计划制定前，以地、市为单位报省市审计局。上报名单分长期授权和临时授权两部分，长期授权单位报省审计局备案，不再办理授权手续。对需经审计署授权的中央单位，待审计署批准后再予授权，未被审计署授权的则自行调改。临时授权应由负责审计实施的审计机关提出书面申请，省审计局下达授权审计通知书。有些单位（项目）的审计，也可以列入省审计局的年度审计项目计划或项目审计方案，作为临时授权。按年度确定的长期授权和临时授权单位，原则上不再减少、增加或更改，个别确因情况变化或者工作需要应当调整的，须报省审计局批准备案。（3）下级审计机关已经授权中央、省属单位，审计通知书、审计结果和决定应同时报送省审计局分管业务处、被审计单位上一级主管部门及其他部门。临时授权审计单位的审计，应将审计报告和被审计单位对审计报告的书面意见送省审计局审完后，再下达审计结论和决定。

1993年5月24日，省审计局发出《关于邮电、烟草行业审计范围变更的通知》，确定从1993年1月1日起，省邮电局及所属企业划归署驻邮电部审计范围，如需对邮电局及所属企业审计，需要向审计署办理授权审计手续。同时确定从1994年1月1日起，全省各地、市烟草公司划归省局审计范围，各县、市烟草公司划归各地、市审计局授权所在地的县审计局进行审计。其审计结论和决定需经过地（市）审计局审定下达，除抄送主管部门外，应抄报省局中央企业审计处。

是年7月21日，省审计局对1991年4月下发的《关于对部分中央、省属单位授权下级审计机关审计通知》进行修改变更。属于中央单位，县级烟草公司，授权地、市审计局审计；省以下气象局（站），授权同级审计局审计；省以下银行保险机构，授权同级审计局审计。属于省属单位的，公交系统内省以下公交公司，授权同级审计局审计；县级医药公司、县级农业公司、县级汽配公司、县级公路养路段，均授权县级审计局审计；商业系统内省以下外贸局及其所属公司，授权同级审计局审计；县级石油公司（永新、乐平、上高县和庐山区公司除外），授权县级审计局审计；行政文教系统内县级新华书店、县级交警大队，均授权县级审计局审计；财税系统省以下税务部门的财务收支，授权同级审计局审计。以上单位各地要求升级，应以地（市）为单位提出计划审计单位名单，并在每年11月底前上报省局综合处备案。省审计局将在次年审计项目正式下达以后，通过轮审单位形式，通报各地审计局，不再办理授权手续。除上述长期授权单位外，各地要求对其他中央、省属单位进行审计，应在每年11月底前由地、市局统一向省局申报计划，经省局研究同意并办理临时授权手续后，方可实施审计。临时授权审计单位的审计，应将审计报告和被审计单位对审计报告的书面意见送省局对口业务处审核后，再下达审计结论和决定。

1995年1月，省审计厅转发审计署《关于国有金融机构审计管辖范围的通知》，决定从1995年1月起，中国人民银行和隶属中央的其他金融机构，由审计署进行审计监督，以后对隶属于中央的国有金融机构的审计，由省审计厅按照审计署的统一安排组织措施；对于隶属地方的国有金融机构的审计，由各级审计机关根据全省工作安排，按照财政、财务隶属关系或国有资产监督管理关系实施。

是年10月，省审计厅转发《审计署关于严格执行国税审计管理范围的通知》，要求各级审计机关在审计同级预算执行过程中遵照执行。《通知》规定，审计机关应根据被审计单位的财政、财务隶属关系，确定审计管辖范围。国家税务总局系统的财政、财务隶属中央财政，应列为审计署的审计管辖范围。地方审计机关不得自行将国税局列入地方审计范围或进行延伸审计，已经进点审计的，应立即停止。

审计工作定期报告制度 1991年9月27日，根据审计署《关于实行经常性审计工作定期报告制度的通知》，省审计局提出从1991年第四季度起建立经常性审计工作定期报告制度，要求全省各级审计机关对经正式确定并下达的每年至少审计一次，连续审计几年的重点单位和部门进行的审计工作进展情况、审计重点内容、取得的效果和经验，以及下一步打算和建议等，写出专题报告，连同报表、软盘一并寄往省局综合处。报送时间按半年一报的要求，与当年 7 月 5 日前和次年 1 月 5 日前上报。重点单位经常性审计情况报表的报送层次，仍按县（市、区）局报地、市局；地、市报省局的途径进行。

定期审计制度　1992 年 1 月，省审计局发出通知，规定对于重点行政单位和事业单位都要定期进行审计，并形成制度。《通知》要求各级审计机关对定期审计的行政、事业单位，不仅要审计单位的行政管理费，同时要审计事业费、基本建设和其他各项专用资金等预算内、外财务收支及其有关经济活动的真实性、合规性和合法性。

固定资产投资（基本建设）审计制度　1992 年 1 月，省审计局、省计委、省建行分行转发审计署、国家计委、建行总行制订的《基本建设项目竣工决算审计试行办法》，开始在全省实行基本建设项目竣工决算审计。各单位新建、扩建的基本建设项目，按批准的设计文件所规定的内容建成，根据竣工验收办法符合竣工验收条件，其竣工决算都应经过审计机关审计。是年 5 月，省审计局为在全省范围内统一执行《基本建设项目竣工决算审计试行办法》（以下简称《试行办法》）发出补充通知，规定竣工决算审计必须纳入各级审计机关的年度审计计划，审计的分工原则上按照基建项目的隶属关系划分，省属基建项目由省局负责审计；地、市级基建项目，由地、市审计局负责审计；县级基建项目，由县审计局负责审计。审计内容要严格按照《试行办法》所列的 11 项内容全面实施审计，不能擅自取消或单列某一项内容，否则上级审计机关有权要求执行审计任务的机关重新审计或直接进行审计，对审计发现的违纪违规问题要依据《试行办法》和有关法规进行处理。

1993 年 7 月，省审计局、省计委、省经委、省建设厅、中国人民银行江西省分行联合发出《关于严格执行固定资产投资项目开工前审计的通知》，强调固定资产投资新开工项目和停、缓建复工项目，均必须申请办理固定资产投资项目开工前审计。审计机关要认真履行监督职能，严格把关，依据国家现行产业政策和固定资产投资法规，出具审计证明，如实向有关部门报告情况。凡未经审计或经审计不同意办理开工手续的建设项目，审批机关不予办理批准开工手续，计划部门不予列入年度投资计划，建设部门不予批准项目报建和核发建设工程规划及施工许可证，银行不予拨付工程用款。若发现未经审计开工的建设项目，除责令建设单位停工立即补办开工前手续，处以建设单位项目总投资 1%（含 1%）以下的罚款外，并追究有关单位和个人的责任。

1994 年 5 月，省审计局转发审计署办公厅《关于加强和改进固定资产投资审计工作的几点意见》，要求结合各地实际情况参照执行。该文件对过去规定的建设项目审计范围和分工做了若干调整，以后审计机关就着重开展对基础性项目和社会公益性项目的审计，竞争性项目将由社会审计组织进行审计查证。与此同时，原有按建设项目隶属关系确定审计分工的办法也要相应改为按投资主体分工，即中央投资项目由审计署及其派出审计机构审计，必要时也可授权地方审计机关；未设派出机构的，授权地方审计机关审计；地方投资项目由地方审计机关审计；中央和地方（含社会各界）共同投资的项目，按主要投资方确定审计分工。各级审计机关对建设项目投资活动涉及的设计、施工、供货、银行等单位，可延伸审计，按规定处理，不受隶属关系的限制。

1996 年 4 月，省审计厅、省计委、省财政厅、省经贸委、省建设厅、省工商局联合转发审计署、国家计委、财政部、国家经贸委、建设部、国家工商总局印发《建设项目审计处理暂行规定》。《规定》要求，凡使用国家财政性资金、专项资金、国家计划安排的银行贷款和利用外资等的基本建设和技术改造项目，各级审计机关在实施审计中，发现有违反国家投资和建设管理法规者，应当按照该规定和国家其他有关规定予以处理、处罚。凡属国家规定的必须进行开工前审计的建设项目，未取得审计机关出具开工前审计意见书而擅自开工建设的，应当建议有关主管部门责令其停工，并履行审计手续；不按时限履行审计手续的，视情节以总投资的1%以下的罚款，罚款由建设单位以自有资金支付。建设项目开工前审计中发现有以下问题的，不予出具同意开工的审计意见书：（1）项目资本金来源及其他资金来源不符合国家有关规定或者未按时到位，资金不落实的。（2）建设项目审批程序和手续不完备。建设项目资金来历不符合有关规定的，应当要求期限归还原资金渠道；资金不落实或者年度未按规定到位的，应当建议有关方面解决。国家重点建设项目在竣工决算审计后方可办理竣工验收手续。已具备竣工条件的项目（工程），在规定期限内不办理竣工决算审计、验收投产和移交固定资产手续的，可视情节按国家有关规定处理。因贪污受贿、收取回扣、倒买倒卖或因工作失误造成工程建设重大损失浪费的，应建议有关部门依法追究有关领导人和责任人的责任；构成犯罪的，移交司法机关处理。

1997年10月13日，省审计厅发出《关于加强固定资产投资项目审计监督的通知》，重申凡国家机关、党派团体、事业单位、国有企业（包括中外合资、合作企业），使用国家和地方财政性资金、专项资金、银行贷款和通过发行债券、股票、利用外资以及国有企业、事业单位自有资金等投资建设的基本建设和技术改造项目（以下简称建设项目），都必须接受审计机关的监督；强调各级审计机关必须严格按照审计署有关部门联合下达的文件规定，会同当地计委、经委、建委（建设局）、银行等部门，共同做好自筹基本建设资金来源事前审计和国家资产项目开工前审计工作，并对建设项目竣工决算审计的程序和分工验收条件的建设项目、项目法人或建设单位应在正式竣工验收前4个月向审计机关提出竣工决算审计申请，审计机关应当在正式竣工验收前出具审计意见书和作出审计决定，作为竣工验收的依据。建设项目竣工决算审计前，项目法人或建设单位应暂缓支付各施工单位申报工程总价5%至10%的工程款，待建设项目竣工决算审计后清算；对财政部门核拨资金的建设项目，可在财政部门审核财务决算后，由审计部门按规定进行竣工决算审计，其他建设项目竣工决算未经审计，有关审计和部门不得批准财务决算和办理竣工验收；对中央机关、企事业单位列入地方投资总规模和年度投资计划的建设项目，其竣工决算一般由审批开工的审计机关审计；审计机关根据需要，可将竣工的工程决算委托给经工程造价主管部门认定的有资质和信誉的社会中介机构进行审计，出具审计验收报告，并报审计机关备案，作为办理竣工决算的依据，必要时，审计机关进行抽审；委托给社会中介机构审计实行有偿服务，其收费标准按有关文件执行。建设项目的设计、施工、监理等单位与建设项目的有关财务收支，应依法接受审计机关的审计，审计机关对上述单位与建设项目有关的财务收支的审计，不受审计管辖范围的限制。

至1997年底，全省各级审计机关基本形成一套完整的对固定资产投资项目全程式审计监督制度，一是对自筹基建资金来源的合法合规性进行事前或开工前审计；二是对重点建设项目进行事中审计，看是否按基建程序办事，概预算编制是否合法合规；三是对竣工项目进行竣工决算审计；四是逐步实施固定资产投资项目的投资效益审计。

审计机关行政复议办法　1992年3月，省审计局出台《关于审计机关行政复议工作试行办法》。规定被审计的单位和个人对审计机关作出的审计结论和决定等具体审计行政行为不服的，可以在收到审计结论和决定之日起15日内向上一级审计机关申请复议。复议申请立案后，由审计机关内部的法制工作机构与归口业务处派人员进行复议工作。审计机关应在收到复议申请书之日起30日内，作出复议结论和决定，特殊情况可适当延长期限。对复议结论和决定不服的，申请人可以向作出复议结论和决定的审计机关或者上一级审计机关申诉，也可以向具有管辖权的人民法院起诉。在制定上述办法的同时，省审计局根据《中华人民共和国行政诉讼法》和审计署《关于审计机关办理行政诉讼的暂行规定》，结合江西的实际情况，制定《关于审计机关办理行政诉讼的试行办法》。规定对审计具体行政行为提起诉讼前，必须按规定先经上级机关复议，复议申请人对审计行政结论和决定不服，依照有关法律、法规的规定，向有管辖权的人民法院提起诉讼。该《试行办法》对上述审计机关委托、授权下级审计机关，审计机关委托部门审计组织、社会审计组织进行的审计；以审计机关为主、其他行政机关协助或以其他行政机关为主、审计机关协助，共同作出具体行政作为的；审计机关参与办理其他行政机关的某项工作，由其他行政机关作出具体行政行为的；复议的审计机关维持或改变原具体审计行政行为的等不同情况下有关的审计机关和部门内部审计组织如何承担法律责任和参加诉讼，分别作出具体规定。

审计复核制度　1993年5月，省审计局转发审计署《关于实施审计工作程序的若干规定》，为以后规范审计复核工作奠定基础。《规定》要求审计机关设立专门机构或指定专门人员，对审计组认为被审计单位违反财经法规需要处罚的审计报告进行复核，提出复核意见。审计机关对审计报告中主要事实是否清楚、审计证据是否充分、审计评价、审计结论是否适当、审计机关审定审计报告后，对违反财经法规行为需要依法予以处理的，应按《审计条例》的规定办理；对无违反财经法规行为的，应进行审计评价，作出审计意见书，通知被审计单位。同时对复审事项作出新规定，要求上一级审计机关自收到书面复审申请日起十日内，对复审申请分别作出以下处理：（1）复审申请符合要求的，应予以受理；（2）复审申请中没有提出具体要求、事实根据或者法规依据的，应当将复审申请退回，限期补正，过期不补正的视为未提出申请；（3）复审申请不符合上述复审条件之一的，不予受理并告知理由。上一级审计机关办理的复审事项应当分别作出复审结论和决定。是年，南昌市审计局受理首例复审事项。申请人是南昌矿冶机械厂原厂长，当其离任后由青云谱区审计局接受区政府的指令，进行离任经济责任审计并作出审计结论和决定。结论中认定该厂长任期内亏损33.5万元，该离任厂长不服，认为自己不但在任期内不亏损，而且盈利162.7万元，为此提出复审申请。南昌市审计局依法受理此案，对申请人任期内企业盈亏、资产、负债及遵守财经法纪情况进行复审，并依法作出复审结论和决定，其中认定申请人在任期终结时亏损134.44万元。复审结论和决定，责成企业主管部门按合同追回申请人因虚增利润而获得的承包兑现奖金。申请人对复审结论和决定表示认可。原审计单位及南昌市矿冶机械厂、企业主管部门对复审工作都表示满意。

2001年，省审计厅为进一步规范审计复核工作，出台《江西省审计厅关于审计复核和重大项目实行审计业务会议审定暂行办法》，《办法》规定对审计报告、审计决定等材料实行审计组长、审计组所在的业务部门和法制机构三级复核制度，加大了对审计执法质量层层把关的力度。对一些重大审计项目的审计处理，则由厅领导、厅法规处、厅办公室和与项目有关的处室负责人、审计组长、复核人员组成的审计业务会议集体审定，杜绝或减少了在审计处理环节上的纰漏。

自2001年6月起，省审计厅审计项目复核规范性工作正式起步，明确审计复核工作部门为厅法规处，指定专职复核人员承办复核工作。2002年审计复核工作在省审计厅全面铺开，要求厅各业务处、派出处实施的所有审计项目都必须送厅法规处复核。当年，共复核审计项目167个，提出复核意见723条，其中改正性意见达313条。此后，该项工作作为常规工作坚持落实在每年的审计工作中。2005年4月，省审计厅出台《江西省审计厅审计复核制度》，使审计项目复核工作更加规范起来。2010年，省审计厅出台《审计项目审理制度（试行）》，规定审计项目审理实行三级审理工作流程，制定审理意见书、审理会议、审理业务会议通知书、审理业务会议纪要文书格式，明确处长、副处长、审理人员的职责与分工，使审计项目质量控制实行三个转变。一是在审计质量管理流程上，由偏重事后监督向事前与事后监督并重转变；二是在审计质量控制对象上，由偏重结果控制向结果与过程控制并重转变；三是在审计结果审核方法上，由偏重形式性审核向实质性审核与形式性审核并重转变。将审计复核制度再次向前推进一步。

经济责任审计制度 1993年10月，泰和县审计局向县人民政府提出《关于建立行政事业单位负责人离任审计制度的报告》，得到县人民政府的肯定，将报告批转全县执行，在全省率先建立行政事业单位负责人离任审计制度。

1995年5月，省审计厅根据新颁布的《审计法》的要求和企业改革不断深化的情况，对1986年颁发的《厂长（经理）实行离任经济责任审计制度》作进一步修改，并下达《关于进一步完善对厂长（经理）实行离任经济责任审计的通知》，调整对国有企业厂长（经理）离任审计内容：企业遵守国家财经法规和贯彻执行国家宏观经济调控政策的情况；企业国有资产保值、增值情况；企业资产、负债、损益情况；厂长（经理）任期经营目标或者经过一定的程序确定的生产经营计划的完成情况；应当进行审计的其他事项。考虑到厂长（经理）离任时间紧、任务重，根据审计的管辖范围，除由党委和政府任免的厂长（经理）离任审计由同级审计机关负责外，其余的厂长（经理）离任审计，各地可根据实际情况，由省审计厅驻省直各部门的派驻机构或企业主管部门内审机构负责审计，或由申请单位委托社会审计机构负责审计，但审计机关负有管理、指导、监督的责任。在离任审计中，除作出评价外，如发现违纪事项，应作出审计处理决定。

是年，宜春市人民政府继上年发布《宜春市企业厂长（经理）离任审计试行办法》之后，又制定《宜春市行政事业单位正职领导离任审计试行办法》，规定各乡镇、街道、市直各部门的行政事业单位正职领导调任、改任、降职、免职等离开现任职务时由审计机关对其在任职期间的经济行为进行全面审计。随后，宜春市政府又批转市审计局《关于对乡镇街道企业、村委会、居委会正职领导开展离任审计工作的报告》，从而全市形成一个比较完整的离任审计监督网络，实行"三级离任审计监督制度"。国家审计机关主要负责对乡镇长（党委书记）、街道办事处主任、市直局局长、校长等单位的历任正职领导进行审计；主管部门的内部审计机构负责对下属企、事业单位正职领导离任进行审计；乡镇街道审计室负责对村委会正职领导离任进行审计。离任审计的主要程序：首先要有组织部门或人事部门的"离任审计委托书";离任者必须要向审计组书面作"任职期间的述职报告",并纳入审计档案;召开适当的人员座谈会等。是年,贵溪县政府作出《关于在全县范围内实行领导干部离任审计的决定》,规定各乡(镇)、县直属各单位主要负责人离任都要参照企业厂长(经理)离任经济责任的程序和要求进行离任审计。1996年3月,资溪县委、县人民政府又发布《县管主要领导干部离任审计考核制度》,规定凡县委各部门、县直各单位、各乡镇一把手(含主持工作的副职)换岗时,须进行离任审计考核。行政事业单位负责人离任审计制度在全省迅速得到推广和发展。

1999年7月5日,省审计厅转发江西省人民政府颁发的《江西省领导干部离任审计暂行规定》,提出对领导干部晋升、调任、转任、轮换、退休、辞职、辞退、解聘、辞聘等原因离开领导岗位前,审计机关对其任期内的经济责任情况都要进行审计的要求。

2003年2月28日,江西省纪律检查委员会、江西省委组织部、江西省监察厅、江西省人事厅、江西省审计厅等五部委联合颁发《江西省党政领导干部任期经济责任审计实施办法》《江西省国有及国有控股企业领导人员任期经济责任审计实施办法》,将经济责任审计工作提升到一个新的高度。

是年3月7日,省审计厅转发省委办公厅、省政府办公厅颁发的《关于进一步做好全省经济责任审计工作的意见》,提出各级审计机关要把经济责任审计工作纳入年度计划管理,做到区别情况、分类指导、稳步推进,将全省经济责任审计工作进一步落到实处。

财政"同级审计"制度　1995年8月,省审计厅为贯彻《审计法》中关于财政审计的规定,向省人民政府提出《关于对江西省地方同级预算执行情况进行审计监督的意见》,获省人民政府批准,并于是年9月21日转发各地遵照执行。是年9月28日,省审计厅制定并印发《江西省审计机关审计地方同级预算执行情况的实施方案》(以下简称《实施方案》),对同级预算审计的对象、范围、具体内容、程序和方法等作出具体规定。

《实施方案》规定,全省各级审计机关在同级人民政府和上一级审计机关领导下,对同级财政部门和地方税务部门,以及其他预算相关部门和单位进行审计监督,对当年或上年的地方同级预算执行情况和其他财政收支进行审计。各级审计机关应当每年于本级人民代表大会常委会审查批准财政决算草案前1个月向本级人民政府和上一级审计机关提出对上一年度预算执行和其他财政收支的审计结果报告,并于本级人民代表大会常委会审查批准财政决算草案前,受本级人民政府委托,提出对上一年度地方预算执行情况审计监督工作开展情况,取得的效果及主要原因,同级预算执行情况和其他财政收支情况,审计查出的主要问题及处理情况,本级人民政府采取的措施及所起的作用,下级政府预算执行、财政决算及其他财政收支的审计情况,加强和改善财政管理的意见和建议等。《实施方案》及时在各级审计机关得到贯彻落实。1995年,南昌市审计局制定《南昌市财政预算执行情况试行办法》。1996年,宜春地区行署批准地区审计局制定《全区同级预算执行情况审计监督的实施意见》。是年,景德镇市人民政府批转市审计局制定《景德镇市审计机关审计地方同级预算执行情况实施方案》。

1997年5月12日,省审计厅起草《江西省地方本级预算执行情况审计监督办法(草案)》,呈报省人民政府审定后发布实施。《暂行办法》对本级预算执行情况和其他财政收支进行审计监督的基本原则、主要内容、基本方法、领导工作等都作了具体规定。鉴于本级预算执行情况审计,监督工作涉及人大常委会、政府包括财政、税收、国库等具体实施预算执行的各部门及预算单位，需要本级人民政府加强对此项工作的领导，协调各方面关系。因此，《暂行办法》还规定，各级人民政府应当加强对本级预算执行情况审计监督工作的领导，协调各方面的关系，及时听取审计情况的汇报，研究解决审计工作中出现的问题。各级审计机关参加本级人民政府研究有关财经工作的综合性会议；各部门召开与预算执行有关的会议，应通知审计机关参加。各级人民政府与本级预算执行有关的抄告事项，应同时抄送审计机关。

违纪缴款制度　审计处理过程中，涉及违纪缴款管理问题，为防止出问题，省审计厅建立违纪缴款制度，规定审计查出的违纪缴款一律进入专户管理，任何单位和个人均不得挪用、转移、截留等。1997年7月，全省审计机关开展审计过渡专户管理情况检查。检查表明，全省审计机关均建立严格的审计过渡专户管理制度，账证表相符，无挪用、转移、截留和动用利息等违纪行为。

另外，为减少审计工作计划的随意性和个人行为，从1994年开始，省审计厅建立经常性审计和轮流审计管理制度。通过每年向全省审计机关下达经常性审计和年度轮审单位名单或补充名单指导全省审计工作。

《江西省审计监督条例》　《江西省审计监督条例》（正式颁布为《江西省审计条例》）是一部以《中华人民共和国审计法》《中华人民共和国审计法实施条例》为法律依据的地方性法规，与《审计法》和《审计法实施条例》有密切的联系。1994年8月31日，《中华人民共和国审计法》经第八届全国人民代表大会常务委员会第五次会议通过，定于1995年1月1日起实行。江西省审计局于是年9月1日发出《关于转发〈中华人民共和国审计法〉的通知》，要求全省各级审计机关认真贯彻执行。1997年10月21日，国务院颁布《中华人民共和国审计法实施条例》，省审计厅随即进行转发，要求全省审计机关遵照执行。2002年4月，为加强江西省的审计法治建设，省审计厅开始着手《条例》的调研和起草工作。2003年1月，省审计厅印发《江西省审计厅关于征求〈江西省审计监督条例〉（征求意见稿）意见的通知》，对制定《条例》在全省各级审计机关征求意见。是年7月，省审计厅组织召开有省检察院、省监察厅、省计委、省财政厅、省国税局、人民银行南昌中心支行和省信用合作管理办公室等单位和部门有关负责人参加的征求意见座谈会。经过广泛征求意见和多次修改拟稿，完成了《条例》的起草工作。2003年7月24日，江西省审计厅向省人民政府报送拟制定《江西省审计监督条例（送审稿）》的报告，获省政府办公厅批准并在《关于印发江西省人民政府2003年立法工作计划的通知》的安排中将《江西省审计监督条例》作为调研论证项目列入江西省的立法工作计划，同时布置省审计厅具体负责起草工作。为做好这项工作，省审计厅成立《江西省审计监督条例》起草工作领导小组，建立严格的工作责任制度，进一步进行广泛、深入的调研论证。

2004年，审计署开始启动对《审计法》和《审计法实施条例》的修改、调研工作。1月，省审计厅及时转发《审计署办公厅关于征求〈审计法〉修改意见的通知》，认真组织全省各级审计机关为《审计法》的修改献计献策。分别在省审计厅和吉安市审计局等地召开座谈会，广泛地征求大家对《审计法》修改稿的意见，并于是年3月向审计署上报《江西省审计厅关于征求〈审计法〉修改意见的报告》，将修改意见和建议及时上报审计署。另一方面，积极加强与审计署的联系，密切关注国家对《审计法》的修改动向和修改内容，有助于及时调整对制定《江西省审计监督条例》调研的内容和重点，不断加大调研的力度和进度。由于《审计法》的修改，省人大及省政府将《江西省审计监督条例》从确保出台项目调整为调研项目。为做好调研工作，确保《条例》在条件成熟时尽快出台，省审计厅加强对地市的调研工作，对基层审计机关执法现状和审计监督工作中存在的困难和问题开展深入细致的调查研究，并根据调研结果对《条例》内容作进一步的充实，使《监督条例》的内容更加符合江西省的实际。2005 年 8 月，经过充分的调查研究，省审计厅向省人大、省政府再次提交拟出台《江西省审计监督条例》的立法建议。2008 年 10 月 21 日，省人大法制委、省人大常委会法工委和省政府法制办到省审计厅召开立法调研座谈会。会议围绕起草《条例》的指导思想，拟定原则、立法目的、必要性、可行性和规范内容等方面进行调研，同时对《条例》下一步的立法工作提出建议。此次调研，再次确定可将《江西省审计监督条例》作为省人民政府十一届人大常委会立法工作计划列入立法项目申请。2012 年 9 月 27 日，《江西省审计条例》（原名《江西省审计监督条例》）由江西省第十一届人民代表大会常务委员会第三十三次会议通过，并向社会公布，自 2013 年 1 月 1 日起施行。

　　《江西省审计条例》是由江西省最高权力机构制定的一部专门法律，它将过去审计实践中积累的一些成熟经验以法律的形式确定下来，并且借鉴了国内外审计法律制度中的有益内容，是一部具有江西特色的、适应社会主义市场经济需要的、体现强化国家审计监督的基本法。《江西省审计条例》不仅承袭《中华人民共和国审计法》和《中华人民共和国审计法实施条例》等有关法律、行政法规的规定，并结合江西省内的实际作出相应的规定，在审计规范上赋予新的内容。主要有：政府向本级人大常委会作审计工作报告的规定；审计机关履行职责所需经费基本由人民政府予以保证的规定；审计人员应具备与审计工作相适应的专业知识和业务能力的规定；地方各级审计机关对本级预算执行情况进行审计监督，并向本级人民政府和上一级审计机关提出审计结果报告的规定；审计机关对社会保障基金、社会捐赠资金等财务收支进行审计监督的规定；审计机关对国家财政收支有关的特定事项进行专项审计调查的规定；审计机关有权建议有关主管部门纠正其制定的与法律、行政法规相抵触的有关规定；审计机关有权向政府有关部门通报或向社会公布审计结果的规定。审计机关对地方国家机关和依法属于审计机关审计监督对象的其他单位的主要负责人，在任职期间的经济责任审计的规定；依法属于审计机关审计监督对象单位的内部审计工作，应当接受审计机关的业务指导和监督的规定；审计机关根据工作需要，经本级人民政府批准，可以在其管辖范围之内财政收支、财务收支较大的地区或重点部门、单位，设立派出机构的规定。

　　审计处罚自由裁量权工作制度　2008 年 9 月 17 日，省政府下发《江西省规范行政处罚自由裁量权工作实施方案》，并于是年 10 月 15 日召开会议，总结交流省直 5 个试点单位工作经验，全面开展规范行政处罚自由裁量权工作。是年 11 月 2 日，省审计厅在南昌召开有各县市审计局及厅各业务处有关人员参加的规范行政处罚自由裁量权工作会议，传达省政府规范行政处罚自由裁量权工作会议精神，下发《江西省审计厅规范行政处罚自由裁量权工作实施方案》，成立由厅党组书记、厅长伍自尧为组长，其他厅领导担任副组长，各有关处室负责人为成员的规范行政处罚自由裁量权工作领导小组，下设办公室（设在厅法规处），确立由厅法规处牵头、厅各有关业务处和派出处共同参与、会同市县审计局共同完成的工作机制。从省审计厅有关处室抽调 3 至 4 名业务能力较强、文字水平较高的同志成立专门的起草小组，制定审计处罚自由裁量权执行标准。为了解基层审计机关的执法状况，掌握基层审计机关行使自由裁量权存在的主要问题，充分听取社会各界对审计厅行使审计处罚自由裁量权工作的意见和建议，省审计厅一方面组织人员深入宜春市和有关县市审计局进行调研；另一方面在省审计厅网站上全文公布《江西省审计处罚自由裁量权适用规则》和《江西省审计处罚自由裁量权细化标准》（征求意见稿）。于当年12月11日至13日，在吉安市审计局和丰城市审计局召开市、县审计机关执法人员座谈会征求意见。经过一系列工作，按照《江西省审计厅关于规范行政处罚自由裁量权工作实施方案》，细化标准作进一步修改完善，是年12月30日向社会公布，并印发全省审计机关执行。

《江西省审计处罚自由裁量权适用规则》在行使自由裁量权主体权力、程序、标准方面均作出具体规定。《适用细则》规定：审计处罚自由裁量权，是指审计机关在实施审计处罚时，在法律、法规或者规章规定的处罚种类、处罚幅度内享有的自主决定权和处置权；审计机关在进行警告、通报批评、罚款、没收违法所得、依法采取的其他处罚措施时应当具有法定依据，符合法定程序；平等对待当事人；按照《执行标准》选择适合的处罚幅度；对行使裁量权的监督等。

《江西省审计处罚自由裁量权执行标准》的内容主要是：对违反《中华人民共和国审计法》《中华人民共和国审计法实施条例》和《江西省审计条例》，违反《财政行为处罚处分条例》、对其他违反国家规定财务收支行为、不配合审计的行为进行处罚的规范标准。

江西省审计厅在全国率先对审计处罚自由裁量权进行全省统一规范，受到审计系统和众多新闻媒体的广泛关注，引起良好的社会反响。审计署网站以《江西出台审计处罚自由裁量权适用规则和执行标准》为题对此项工作进行报道，许多兄弟省市纷纷来电来函索取资料，了解江西省的相关做法和经验，河南省审计厅还专程来江西省考察了解审计处罚自由裁量权的规范工作。《江西日报》《新法制报》和省政府政务网以《审计处罚自由裁量有新规 挪用专项资金从重处罚》《私存私放公款单位个人皆要罚》等为标题，对审计厅规范自由裁量权工作进行宣传和报道。人民网、新华社网、江西新闻网、江西人大新闻网、江西文明网等十余家网站相继予以转载，中国交通广播、江西电视台、南昌人民广播电台也将此作为重要财经新闻播出。

普法宣传

1991—1995年是普法教育第二个五年规划（"二五"普法）期间，省审计厅遵照中共中央、国务院关于对"二五"普法工作的指示，组织对邓小平"一手抓建设，一手抓法制"科学理论和28个法律、法规的学习，建立以学《审计法》相关的专业法为主，熟悉、了解、掌握全民学法为辅的普法学习制度。

1991年，省审计局制定《关于在局机关实施法制教育的第二个五年规划的建议》和实施计划，对整个五年规划期间全局的普法学习作出统筹安排，并将其列入每年目标管理工作中。每年组织干部学习《中华人民共和国宪法讲话》和《安全保证法制建设若干问题讲话》，进一步强化宪法观念和法制意识。1992年3至6月，省审计局与省农垦局、省电视台联合举办全省"农垦杯"审计知识大奖赛活动。全省各级审计机关、内审机构和社会审计组织、企事业单位的财务人员共计一万余人参加，并通过江西电视台向全省播放决赛现场实况。审计署副审计长崔建民、省人民政府副省长孙希岳到场指导，称赞这项竞赛水平高、效果好、影响大。通过综合性法律、法规的知识竞赛，促使提高广大审计人员学法、用法水平。

1993 年，在全局干部职工中开展《企业法》和《会计法》等专业法的学习，坚持联系实际、急用先学、学以致用的原则，提高审计执法水平。1993 年 10 月，组织全局干部职工参加省直工委、省综合治理办公室联合举办的社会治安综合治理知识竞赛考试，参加人数 176 人，平均 86 分。"二五"普法期间，全厅学法人数占全厅总职工人数的 98%。

1994—1995 年，省审计厅结合《审计法》的颁布实施，在普法活动中开展以《宪法》为核心，以《审计法》为重点的具有审计特色的普法活动。1994 年 9 月，省审计局发出《关于做好〈审计法〉的学习宣传工作的通知》，要求全省审计机关把学习、宣传、贯彻《审计法》作为大事来抓，列入审计工作的重要议事日程。各级审计机关都成立学习、宣传、贯彻《审计法》领导小组。省审计局专门召开全省地（市）审计局局长座谈会，部署《审计法》的学习、宣传、贯彻工作。时任省委常委、常务副省长舒圣佑参加会议，并作《依法加强审计监督，促进江西经济发展》的讲话。1995 年 3 月，省审计厅与省司法厅联合转发审计署、司法部《关于认真做好学习、宣传、贯彻〈审计法〉工作的通知》，要求全省各级审计机关继续认真组织学习、宣传《审计法》，做到学法与用法相结合，不断提高审计执法水平，并使全社会普遍增强审计法律意识和贯彻执行《审计法》的自觉性。全省各级审计机关开展多种形式的学习、宣传、贯彻《审计法》活动。宜春地区审计局与普法办公室共同研究，联合发出《关于在全区开展〈审计法〉宣传教育通知》，把《审计法》列入全区"五二"普法宣传教育的必学内容。确定在 1994 至 1995 年冬末春初相对集中一段时间，采取多种方式开展《审计法》的宣传教育，并将这项工作列入 1994 和 1995 年普法工作和审计工作的目标管理，年终进行考评。全省各地普遍以政府或审计署名义召开学习、宣传《审计法》的报告会、座谈会，利用报纸、广播、电视、墙报、黑板报、幻灯片、宣传车等进行广泛深入的宣传、报道。许多主管审计工作的市长、县长在报刊上发表文章，在广播、电视中发现讲话宣传介绍《审计法》；各级审计机关大量翻印《审计法》，散发各有关部门和企事业单位，并在街头、道口广泛张贴；许多审计机关组织成员走上集镇、街头，走进厂矿机关，开展《审计法》宣传咨询服务活动；有的地方还举办群众性的《审计法》知识竞赛；南昌市审计局组织审计机关干部、有关部门和企事业单位领导和内审人员近千人进行《审计法》知识考试。在学习、宣传《审计法》的同时，全省审计机关还开展其他财经法规的学习，力求全面掌握与审计工作相关的法律法规，提高依法办事的自觉性，坚持依法审计。

1995 年 10 月 4—15 日，省审计厅成立"二五"普法考核验收小组，严格按照省人民政府、省直工委及审计署制定的验收标准，进行认真的考核验收，总评成绩 92 分，合格率为 100%。通过"二五"普法学习，尤其是开展以《审计法》为重点的专业法学习，使全厅的依法审计水平和执法能力有较大程度的提高，在维护财经法规及为宏观调控决策服务方面取得较好的成绩。在"二五"普法期间，省审计厅共审计 53620 个单位，查出违纪违规金额 200000 万元，上缴 37000 万元，下达的审计结论和决定，被审计单位都能及时执行，没有出现一件行政复议事项和行政诉讼案件。省审计厅被评为省直普法工作先进集体。

1995 年，《审计法》颁布一周年，省审计厅在全省审计工作会议上，将贯彻执行《审计法》列入会议的重要议题，提出全省审计机关要认真、全面、正确地贯彻执行《审计法》，围绕改革、发展和稳定，强化对国家财政收支和国有资产有关财务收支的审计监督，维护财经法纪、服务宏观调控。关键仍然是要学好《审计法》，才能用好《审计法》。

1996 年是"三五"普法教育的第一年，省审计厅重新调整，成立以厅领导为组长的普法领导小组，并结合全省审计的实际，确定今后五年普法工作的重点，仍以继续宣传、学习《审计法》为主，结合学习其他全民共学的法律、法规为辅的普法方针。年底，省审计厅在南昌召开庆祝《审计法》实施两周年座谈会。省人大常委会副主任华桐、南昌市市长刘伟平等应邀参加座谈会并讲话。代省长舒圣佑对全省实施《审计法》两年来取得的丰硕成果表示祝贺。省审计厅厅李海泉、副厅长余先仕、纪检组长李水芳参加座谈会，省审计厅厅长李海泉作题为《深入贯彻〈审计法〉,提高审计监督水平》的发言。

1997 年 4 月 4 日，省审计厅制定颁发《全省审计机关第三个五年法制宣传教育规划》，要求在实施法制宣传教育的第三个五年规划期间，审计机关各级领导干部要在深入学习邓小平有关社会主义民主与法制建设理念的基础上，深入学习《宪法》《审计法》《预算法》《赔偿法》《行政处罚法》《行政诉讼法》《行政复议条例》《国家公务员暂行条例》以及其他与本职工作相关的法律、法规，带头学法、用法、守法，做到依法行政、依法管理。审计机关的业务干部要熟练掌握和运用于本职工作相关的各项财经审计法规、法律，做到有法可依、执法必严、违法必究，带动被审计单位依法进行财政、财务收支活动。省审计厅成立由主管厅长任组长,有关部门人员组成的"三五"普法领导小组，具体负责全省审计机关的普法教育。

2001 年，按照署党组关于加强"人、法、技"建设的战略部署，为进一步增强广大审计干部的法律意识，促进审计机关严格依法审计，提高审计执法水平和审计工作质量，根据《中央宣传部、司法部关于在公民中开展法制宣传教育的第四个五年规划》的统一部署，省审计厅制定下发《全省审计机关"四五"普法依法治理实施规划》，要求各设区市审计局结合本地实际，认真组织实施。

是年，为便于广大审计干部熟悉、掌握和运用法律、法规，省审计厅认真做好《法规与文件选编》的编辑和发行工作。为做到内容丰富、时效性强、针对性高，一方面，在本单位广泛收集有关的法规和文件;另一方面，先后到财政专员办、省国税局、省地税局、财政厅等部门收集有关的法律、法规，并及时编辑出刊，发送到广大审计干部手中，对指导审计工作收到较好效果。

2002 年，为了增强《法规与文件选编》的时效性和实用性,省审计厅尽可能扩大法规收集的渠道，增加法规收录的范围，突出专业特色和地方特色，并对编排方式进行改革，受到广大审计人员和财务人员的好评。同时，为了建立一个比较完善的法律、法规文件库，为全省审计干部提供现代化、快捷的法规查询手段，经过充分调查研究，江西省审计厅拟建立法律、法规电子查询系统，并着手开始相应的准备工作。

2003 年 4 月，为庆祝审计机关成立二十周年，省审计厅经厅长办公会议研究决定，举办全省审计机关《审计法》法律知识电视竞赛。4 月 15 日，印发《江西省审计厅关于庆祝审计机关二十周年〈审计法〉法律知识电视竞赛方案的通知》，明确指导思想、竞赛组织、参赛对象、竞赛内容、竞赛形式、竞赛奖项等内容。《通知》规定：由省审计厅机关、全省 11 个设区市审计局各自成立的代表队作为参赛对象；以《宪法》《审计法》《审计法实施条例》和 15 个《审计准则》等与审计相关的法律、法规、规章知识为竞赛内容。竞赛分三个阶段进行：1. 预赛；2. 复赛；3. 决赛。竞赛设一等奖一名、二等奖两名、三等奖三名、优秀奖六名。获奖者均予表彰和奖励。8 月 22 日，召开竞赛赛前预备会，9 月 28 日进行复赛，9 月 29 日在江西省电视台演播厅进行现场决赛并录像，10 月 24 日在江西卫视 1 套节目的黄金时间播放，此项活动在全省范围内引起较大反响。

2004 年，省审计厅对《法规与文件选编》的版式和封面再次进行调整，内容上增加"法规答疑"等栏目，及时解答读者的提问和疑惑，加强编者与读者间的交流与沟通，同时进一步拓宽文件来源渠道，丰富书刊内容，增强实用性、时效性，突出专业特色和地方特色，编辑质量上得到进一步提高。在平时工作中，注意广泛收集财税法规和文件，帮助审计一线人员解答在审计工作中遇到的法律法规问题，全年共答复来自基层审计机关的法律咨询 30 余起，为他们依法审计提供准确的法律依据，受到设区市和县级审计机关的好评。此项工作在以后较长的审计工作中，一直坚持下来，直到 2010 年因书刊整顿停办。

是年，按照省政府的统一部署和厅领导的指示，精心组织学习贯彻《行政许可法》和《全面推进依法行政实施纲要》，增强依法行政意识。一是加强《行政许可法》和《纲要》的宣传培训。积极派员参加国务院法制办、省政府法制办、省委党校和省直机关工委举办的《行政许可法》和《纲要》培训班、讲座，组织全厅干部职工收看国务院法制办副主任汪永清所作的《江西省行政许可法报告会》实况录像，并利用报刊、互联网等媒体，广泛开展《行政许可法》和《纲要》的宣传活动；二是当年 3 月份以省审计厅名义下发《关于贯彻实施行政许可法工作安排的通知》，要求各级审计机关在安排预算执行情况审计时，将行政许可专项费用和依法收取的许可费用作为重要内容进行审计监督。《全面推进依法行政实施纲要》发布后，省审计厅下发《贯彻实施依法行政实施纲要的通知》，要求全省审计机关结合审计工作实际贯彻落实；三是按照省政府和审计署有关文件的要求，组织各级审计机关对行政许可实施主体和规范性文件进行全面清理，并在规定的时间内向省政府和审计署提交报告。

是年，省审计厅采取多项措施，学习、宣传、贯彻落实好审计署颁发的 5 号令、《审计机关审计重要性与审计风险评价准则》等 5 个准则（简称 5 号令）、6 号令、即《审计机关审计项目质量控制办法》（简称 6 号令）。一是年初派出 3 名审计人员分别参加审计署在苏州、厦门举办的 5 号令、6 号令培训班，为贯彻、落实 5 号令、6 号令作准备；二是在 5 月召开的全省审计法制工作会议上，以会代训的方式，由有关专家及厅法规处、办公室的工作人员对 5 号令、6 号令进行讲解，普及教育面；三是于 12 月 21 日至 23 日，法规处与人教处联合举办培训班，分别请审计署法制司处长王世成、省法制办老师作讲解；四是组织人员分别赴各地市审计局讲解 5 号令、6 号令；五是组织 11 个设区市审计局分管审计法制工作的局领导和审计法制科长赴湖北荆州市审计局考察学习。

是年，省审计厅与省民主评议行风领导小组办公室、省政府纠风办、江西人民广播电台联合举办"行风热线"节目。节目直播工作由省审计厅法规处负责牵头组织。7 月 23 日，省审计厅"行风热线"节目正式直播，引起社会各界广泛关注和热烈反响，取得较好的效果，获得省电台《江西商报》等媒体的高度评价。节目播出后，《江西商报》记者以节目直播情况为主要内容 7 月 24 日在《江西商报》发表《为老百姓看好"钱袋子"》的文章，被多家网站转载。

是年11月30日，国务院总理温家宝签署国务院第427号令，发布《财政违法行为处罚处分条例》，自2005年2月1起施行。为做好《财政违法行为处罚处分条例》的宣传培训工作，省审计厅4月下发《江西省审计厅关于贯彻实施〈财政违法行为处罚处分条例〉的通知》，对全省贯彻实施《条例》工作提出具体要求。同时加大培训力度，省审计厅将《条例》印发人手一册，组织全厅审计人员展开以《条例》为主的法律学习和讨论，并采取"请进来、走出去"的方法，从不同层面组织《条例》的学习培训。一是抓住骨干培训。5月9日，在南昌召开全省审计法制工作会议，采取以会代训的形式进行学习培训。另外，组织各设区市分管法制工作的领导和科长参加审计干部培训中心在成都举办的《财政违法行为处罚处分条例》培训班；二是根据各地工作实际，分两期组织全省各级审计机关审计业务人员及法制人员参加审计署培训中心举办的培训班，共有来自省、设区市、县三级审计机关近90人参加了培训。

2005年是"四五"普法的最后一年，也是"四五"普法检查验收年。省审计厅一方面按照审计署《审计机关"四五"普法检查验收工作方案》的要求，积极认真做好全省"四五"普法依法治理工作的自查和材料准备工作。6月，及时向审计署上报《江西省审计厅关于开展"四五"普法依法治理工作情况的自查报告》，全面总结"四五"普法依法治理工作所取得的成效、主要做法、存在的问题及改进措施。另一方面，在审计署《审计机关"四五"普法检查验收工作方案》的基础上，下发《江西省审计厅关于印发〈审计机关"四五"普法检查验收工作方案〉的通知》，制定江西省普法检查验收工作方案和检查验收的标准，首次组织开展对全省各设区市审计机关"四五"普法检查验收工作。9月，省审计厅组成三个"四五"普法检查组，分赴11个设区市采取检查审阅档案材料、听取工作汇报、召开座谈会、问卷调查等方式对各设区市审计局的普法工作进行检查验收。根据检查和汇总情况，对普法依法治理工作验收情况进行总结和通报，把全省普法和依法治理工作引向深入。

2006年2月，全国人大常委会关于修改《审计法》的决定通过后，省审计厅党组把学习、宣传和贯彻《审计法》作为一项重要工作来抓，组织全厅干部职工与推行行政执法责任制紧密结合起来，深入学习贯彻《审计法》，严格履行审计监督职责。

为推进新修改的《审计法》的学习宣传和贯彻落实，省审计厅做了大量工作：（1）当年3月，转发《审计署关于印发修订后〈审计法〉宣传提纲的通知》。（2）加大宣传力度，通过多种途径向社会各界广泛宣传《审计法》，在《江西日报》《审计与理财》等报刊上发表了多篇有关宣传《审计法》的文章。5月，召开全省审计法制工作会议，以会代训，学习宣讲《审计法》。同时，采取派员宣讲《审计法》的方式，在上饶、新余、九江、鹰潭和南昌等设区市，向当地党委、政府及有关部门、被审计单位和社会公众广泛宣传《审计法》的立法宗旨和主要内容，共举办8场报告会，近两千名干部参加。（3）结合修改后的《审计法》，对有关规范政府行为的法律规范以及依法由审计机关负责实施的专门法律规范进行梳理，将审计机关依法实施的行政处罚、行政强制以及其他具体行政行为的项目、数量和依据一一列出，编印《江西省审计机关行政执法依据目录》，下发至各设区市审计局和厅各执法机构执行。

在审计署"四五"普法考核验收工作中，省审计厅等27个单位被审计署评为全国审计系统"四五"

普法依法治理工作先进单位,受到审计署的通报表扬和表彰。

是年,为扩大审计影响,省审计厅高度重视"政风行风热线"节目。8月24日,省审计厅副厅长何干成带领厅相关处室负责人到江西人民广播电台直播室参加"政风行风热线"节目。节目中涉及"三农"和社保的问题,参播人员均给予详细解答和指导听众寻求解决办法。

是年,是"五五"普法启动年。9月,省审计厅印发《江西省审计机关开展法制宣传教育的第五个五年规划实施方案》,把学习宣传修订后的《审计法》及国务院《全面推进依法行政实施纲要》作为"五五"普法工作的一项重要内容,为其全面贯彻实施创造必要的社会环境;并注意挖掘发挥各类媒体的作用,主动协调省审计厅网站等媒体开辟《审计法》宣传专栏,不断提高审计法制宣传的质量和水平,扩大审计法制宣传的覆盖面和影响力。

2007年5月15—16日,省审计厅在宜春市召开全省审计法制工作会议,传达全国法制工作会议精神,总结2006年全省法制工作情况,部署2007年全省法制工作。同时,对宜春市审计局及其所辖县(区)审计局的法制工作进行考察。

是年9月5日,省审计厅在全省市县政府依法行政暨推行政务公开工作现场会上,获"2007年度依法行政示范单位"光荣称号。是年12月27日,省审计厅到江西人民广播电台参加"政风行风热线"节目活动,并对听众反映的情况逐一进行解答。2008年1月2日,为解决听众反映的问题,省审计厅农业处和法规处专程到南昌县三江镇松林村调查粮食补贴发放情况,及时纠正当地村委会从粮食补贴存折中克扣村民应缴合作医疗保险和水电费的做法。厅社保处也积极与省民政厅取得联系,解决听众反映社保方面的问题等受到省电台和听众的好评。

是年,省审计厅根据审计署和省政府2008年依法行政工作要点、审计机关"五五"普法规划和审计机关依法行政五年规划的要求,提出2008年审计机关的普法依法行政工作要点:1.完善审计法律法规体系,夯实普法依法行政工作基础,配合省政府法制办尽快完成《江西省审计监督条例》的制订工作。2.加强法制宣传教育,营造依法审计的法治氛围。3.严格履行监督职责,不断强化质量控制,全面推进法治化进程。4.加强指导监督,创新工作机制,将普法依法行政工作全面推向深入。

2008年6月10日,省审计厅下发《关于2007年全省法制宣传工作先进单位的通报》,对在2007年度审计法制宣传工作中表现突出的宜春市审计局等55个先进单位予以通报表彰,授予"全省审计法制宣传工作先进单位"荣誉称号。

是年12月22日下午,在省审计厅召开江西省推进依法行政工作第二次部门联系会议。会议由省政府法制办主办,政府法制办主任张玉印主持。省审计厅负责具体承办,省发改委、省人事厅、省司法厅、省财政厅等12个省直单位参加会议,会议上讨论通过了《江西省2009年推进依法行政工作要点(征求意见稿)》。

2009年8月19日,省审计厅总审计师胡志勇带领相关处室负责人到江西人民广播电台直播室,结合全省正在开展的机关效能年活动,从"注重在深化思想认识上下功夫,注重在规范审计执法上下功夫,注重在提升审计成果上下功夫"三个方面参加"政风行风热线"节目,收到较好效果。

2010年,《审计法实施条例》《审计准则》的修订和颁布实施,对于完善我国的审计监督制度,推动审计工作深入发展,更好地发挥审计保障国家经济社会健康运行的"免疫系统"功能具有十分重要的意义。省审计厅及时组织对《审计法实施条例》《审计准则》的学习、宣传、贯彻、落实工作。一是分别组织《审计法实施条例》《审计准则》视频培训班。参加培训班的人员有全厅干部职工、11个设区市审计局分管局领导、法规科科长以及南昌市审计机关的部分审计人员。培训内容：视频审计署总审计师孙宝厚讲解《条例》和《准则》。此外，还专门从湖南省审计厅请来审理处处长介绍他们开展审理工作的经验。二是在新闻媒体和省审计厅网络上，全文刊登《审计法实施条例》《审计准则》等相关内容。在《江西审计学会资讯》开辟《法制园地》进行专题宣传，在公共场合悬挂宣传条幅扩大影响。与此同时，对设区市审计局学习、宣传、贯彻、落实《审计法实施条例》《审计准则》作出具体部署。三是在新闻媒体上发表《审计法实施条例》宣传文章。如在《审计与理财》发表《以法律思维审视审计行为》、在《江西审计学会资讯》发表卷首语《培养法律思维，促进依法审计》《真学、真懂、真信和真用》。介绍设区市审计局开展《审计法实施条例》《审计准则》学习、宣传、贯彻、落实的好经验、好做法等。

是年，省审计厅继续按照国务院《全面推进依法行政实施纲要》和省政府《江西省2010年推进依法行政工作要点》的要求，认真开展依法行政推进工作。一是拟定《2010年全省审计机关普法依法行政工作要点》，要求全省审计机关根据修订后的《审计法实施条例》和《国家审计准则》的主要内容和精神实质，进一步制定、完善符合全省实际的地方审计法规、规章以及配套措施；积极探索审计项目审理工作方法，进一步开展审计项目质量检查和优秀审计项目评选工作，继续推进规范行政处罚自由裁量权工作。二是组织部署审计机关"五五"普法检查验收工作。根据审计署的安排，要求全省审计机关开展为期一年的"五五"普法神州行媒体系统宣传活动。对各市、县审计局报送的普法依法行政征文向有关媒体进行推荐。三是调整厅普法依法行政工作领导小组成员。四是按照省政府要求，积极开展规章和规范性文件清理工作，同时根据省审计厅统一部署，参与省审计厅内部管理制度清理工作，为初步建立起一套既符合《审计法实施条例》《审计准则》，又体现江西特色的审计制度体系发挥应有的作用。五是积极做好依法行政宣传报道工作。2010年上半年，在省法制办考核评比中，江西省审计厅依法行政信息报送工作列省直部门第一名。六是为规范内部刊物管理，按照厅党组的要求停办《审计法规与文件选编》。七是按省法制办要求，编写《行政执法手册》，便于全省审计人员行政执法。

是年，省审计厅总审计师胡志勇带领厅相关处室负责人来到江西人民广播电台直播室参加省审计厅第8次"政风行风热线"节目。

执法检查

1992年3月，省审计局制定《关于审计机关行政复议工作的试行办法》。《试行办法》规定，被审计单位和个人对审计机关作出的审计结论和决定等具体行政行为不服的，可以在收到审计结论和决定之日起15日内向上一级审计机关申请复议。审计机关应在收到复议申请之日起30日内，作出复议结论和决定。特殊情况可适当延长期限。对复议结论和决定不服的，申请人可以向作出复议结论和决定的审计机关或其上一级审计机关申诉，也可以向有管辖权的人民法院起诉。在制定上述办法的同时，省审计局还根据《中华人民共和国行政诉讼法》和审计署《关于审计机关办理行政诉讼的暂行规定》，结合江西的实际情况制定《关于审计机关办理行政诉讼的试行办法》。《试行办法》规定，对审计具体行政行为提起诉讼前，必须按规定先经上级审计机关复议。复议申请人对审计行政复议结论和决定不服，依照有关法律、法规的规定，向有管辖权的人民法院提起诉讼。《试行办法》对上级审计机关委托、授权下级审计机关，审计机关委托部门内部审计组织、社会审计组织进行的审计；以审计机关为主，其他行政机关协助或以其他行政机关为主，审计机关协助，共同作出具体行政行为的；审计机关参与办理其他行政机关的某项工作，由其他行政机关作出具体行政行为的；复议的审计机关维持或改变原具体审计行政行为的等不同情况下有关的审计机关和部门内部审计组织如何承担法律责任和参加诉讼，分别作出具体规定。

1994年1月31日，为适应中共十四大提出的建立社会主义市场经济体制的需要，省审计局提出，全省审计机关在审计监督中要把邓小平提出的"三个有利于"（有利于发展社会主义生产力、有利于增强社会主义国家综合国力、有利于提高人民生活水平）作为审计论定和处理的依据，结合省情，具体问题具体分析，实事求是地进行处理，把原则性与灵活性结合起来，把好审计执法的度。对改革中暂时无法可依、原有法规明显不合理、法规之间有矛盾、界限不清的情况，不作为问题查处，要向政府和有关部门提出完善法规的建议。对地方政府在法定职权范围内指定的规章、制度和办法，只要不与国家法规相抵触，都应作为审计的依据。在处理问题时要通过"四看"（看动机、看原因、看手法、看效果）来决定宽严。对于改革中涌现的新生事物，审计机关要热情支持，决不能墨守成规、生搬硬套、死抠条文。丰城市审计局在处理违纪问题时，对确实有困难的企业，着重从加强经营管理、促进发展生产着眼，对可收可不收的违纪款不收或者缓收的做法就收到较好的效果。

是年8月31日颁布的《中华人民共和国审计法》对审计执法、检查作出进一步规范。1997年10月2日，国务院发布的《审计法实施条例》对审计执法、检查的各个环节提出了具体要求。《条例》规定，对地方审计机关作出的审计决定不服的，应当先向上一级审计机关或者本级人民政府申请复议，审计机关应当自收到复议申请之日起的2个月内作出复议决定。遇有特殊情况的，作出复议决定的期限可以适当延长，但延长的期限最长不得超过2个月，并应当将延长的期限和理由及时通知复议申请人。

1995年是贯彻实施《审计法》的第一年，省审计厅提出，全省审计机关要认真、全面、正确地贯彻执行《审计法》，围绕改革、发展和稳定，强化对国家财政收支和国有资产有关的财务收支的审计监督，维护财经法纪，服务宏观调控。在开展"同级审"工作时，正确处理好六个关系是审计机关依法行政的充分体现。（1）正确处理"上审下"和"同级审"的关系；（2）正确处理审计机关与政府其他部门的关系；（3）正确处理审计机关对行政负责和接受政府委托向人大常委会报告工作的关系；（4）正确处理审计机关与国税局的关系；（5）正确处理审计机关内部财政审计职能机构和专业审计职能机构的关系；（6）正确处理《审计法》和《预算法》实施中的关系。在加强对国有资产的审计监督方面，要把那些对国计民生有重大关系的国有企业、接受财政补贴较多或者亏损数额较大的国有企业以及各级政府制定的其他国有企业作为审计重点。主要监督检查其资产、负债、损益是否真实、合法，国有资产是否保值增值及其变动情况，促进企业转换经营机制，提高经济效益。要改变过去偏重财务收支合法性，而对真实性注意不够的偏向，特别要披露其虚盈实亏的问题。

与此同时，仍要坚持双向监督，查处各种对企业的"三乱"行为。对停产半停产企业，或对职工只发放基本生活费的企业的违纪入库，则要十分谨慎，具体问题具体分析，不能操之过急。

1996年初，省审计厅提出，全省审计机关在贯彻执行《审计法》，履行审计职责依法行政时，要注意克服两种偏向：一种是把审计片面理解为收缴违纪款，只注重收缴违纪违规金额的多少，不重视帮助和服务职能的发挥；另一种是对违纪违规行为和落实处理决定显得软弱无力。根据中央经济工作会议提出的要整顿经济秩序，严肃财经纪律，规范市场行为，严厉打击经济领域的犯罪行为的任务，全省审计机关要对财经法规执行情况开展全面性的检查和监督，在确保审计质量的前提下，适当扩大审计重点。在审计项目的分布层面上，同级财政审计、金融机构和固定资产投资审计、国有企业审计、各项专项资金审计、预算外资金审计调查等，是审计工作的重点。其中：同级财政财务收支审计为重中之重。从审计项目的地位、作用来说，对国家财政影响举足轻重的单位或行业是审计重点；从维护经济秩序角度来说，那些违法乱纪行为发生频率高、对经济秩序破坏作用大的单位也是审计重点。全省审计工作会议结束后，各地认真贯彻落实上述要求。婺源县审计局按照全省审计工作会议精神，召开局务会议，对"同级审"进行专题研究，安排最强的审计力量，严把审计程序、审计质量关，并向县政府、县人大写出两份高质量审计报告。吉安地区审计局对审计中查出的违纪违规问题坚持实事求是、宽严适度的处理原则。首先做到事实清楚，适用法律法规正确，定性准确；其次在审计处理上，一要分析违纪行为产生的主客观原因，二要充分考虑审计单位的实际情况和承受能力，三要严格区分违纪行为的责任，四要区分严重违纪与一般违纪的界限，五要把握审计处理与处罚的适用范围。在审计处罚处理上，坚持了适度原则，考虑到企业的实际情况，一般只作处理，不作处罚。对一般的违纪行为，还允许企业自行调账处理；而对行政事业单位的处理处罚比较严一些，适用审计处罚手段多一些。1996年，全区共审计298户企业，查出违纪违规金额1728万元，审计收缴违纪违规金额478万元。针对部分企业存在的问题，提出改进的意见和建议，为企业发展创造宽松的外部环境。

1997年1月，省审计厅仍然把贯彻、执行《审计法》依法行政搞好财政"同级审"作为当年审计工作的重点。提出抓住审计重点，就是抓住预算执行的重要部门、重要预算资金和重点建设项目的审计。其次，要认真清理银行账户，以此为突破口，清理预算内、外资金的底数和总体运作情况。同时，要求全省审计机关继续加大执法力度，认真搞好常规审计。对违纪的处理要实行主审（组长）、处长（科、股长）、厅长（局长）三级负责制，认真把关，任何人无权擅自处理。要注意在常规审计中发现经济违法犯罪的线索，发挥审计监督在反腐败斗争中的作用，要重视违纪款的收缴，但绝不能人为地确定和下达收缴指标，不能以收缴金额作为衡量审计成果的唯一标准。在常规审计中，要继续贯彻省委扩大会议关于搞好国有企业改革的精神，提高服务于这项工作的主动性、积极性。对企业审计要以加强管理，提高经济效益，监督国有资产保值增值为主要目标，改进审计内容与方法，要坚持"一审二帮三促进"，着眼于审，落脚于帮、促，在"帮"字上下功夫，在促进企业管理和提高效益上做文章。省审计厅通过对洪都钢铁厂的审计，认为该厂不欠国家税收、不欠银行利息、没有不良资产、没有隐性负债，是全省钢铁厂企业中唯一保持盈利的单位。于是抓住这一典型开展审计调查，帮助该厂分析总结其成功的做法和经验，向省人民政府提交调查报告。在省审计厅的建议下，省人民政府召开有省直 11 个主管部门领导及近 60 家工业企业的厂长（经理）参加的洪都钢铁厂经营管理情况审计调查结果通报现场会。省人民政府领导在通报会指出：省审计厅立足于服务宏观、着眼大局、树立典型，有利于国有企业转换机制，有利于提高企业经济效益，积极服务于国有企业改革，是认真贯彻落实党的"十五大"精神与《审计法》的重要举措。与会代表认为，此举对国有企业具有现实指导意义，洪钢的经营管理经验具有良好的借鉴作用。《江西日报》江西电视台《江西通讯》《中国审计》均作了报道，新华社《经济参考报》还全文刊登省审计厅的审计调查报告。南昌市人民政府发出《关于加强审计工作的通知》，提出加强国有企业、固定资产投资和有收费项目、有经济罚没权、有预算外收入单位及政府部门管理和社会团体、其他机构受政府委托管理的社会保障基金、社会捐赠基金等各种基金、专项资金的审计监督，完善对行政、事业单位和企业主要负责人离任交接审计，加强审计队伍建设等 11 项要求，并特别强调依法审计，增强审计处理力度。新余市各级审计机关本着既要为政府加强财政收支管理服务，又为市各级人大常委会加强预算执行和其他财政收支监督服务的指导思想，积极认真地做好"同级审"工作。全市审计预算单位 88 个，共查处违纪违规金额 2310 万元，上缴财政 31 万元，是全省"同级审"唯一的缴款单位，实现"同级审"缴款零的突破。市审计局向当地政府提交的审计结果报告和代政府向人大常委会所作的审计工作报告，受到普遍赞许。市人大常委会第 30 次会议致函市人民政府，建议进一步规范预算编制和调整，对违反财经纪律和法规行为要采取措施予以处理，对擅自收取或提高收费问题、挪用专项经费购买小汽车问题，都要严肃处理，防止类似问题再次产生。

2003 年 1 月，省审计厅根据省政府办公厅《关于 2002 年度行政执法责任制度考核工作的通知》精神，印发《江西省审计厅关于成立厅执法责任制考核工作领导小组的通知》，成立厅机关行政执法责任制考核工作领导小组。组长：李海泉，副组长：桑昌武，成员：王卫亚、蔡景祥、王洁、黄赣华。领导小组下设办公室，设在法规处，负责具体工作。省审计厅依法行政及其责任考核工作从此步入规范化轨道。2003 年，省审计厅被省政府评为"行政执法责任制先进单位"。是年，省审计厅调研并起草《江西省审计执法责任制（试行）》和《江西省审计厅审计执法过错责任追究暂行办法》，8 月 20 日，经过修订正式下发。其中：《审计执法责任制》对审计执法的所有参与者：审计组成员、审计组长、审计组所在部门负责人、复核人员、复核机构负责人、分管厅领导、厅长为审计执法第一负责人各自应负的责任均作出详细的规定。《审计执法过错责任追究暂行办法》对审计过程中因违反工作程序或没有按审计方案要求造成的过错；滥用职权、徇私舞弊造成的过错；因具体工作人员的故意行为造成审核人、批准人审核、批准失误的过错；集体讨论决定而导致的行政过错分别作出详细的规定。

2004 年，省审计厅对两年来推行行政执法责任制的成绩和经验进行总结，查找差距和不足，着重在完善行政执法责任制的各项制度上下功夫，组织人员编写《审计工作执法手册》和《江西省审计机关内部管理制度汇编》，印发给全厅干部职工人手一册。当年，被省政府评为"2004 年行政执法责任制优秀单位"。

是年 3 月，省审计厅下发《关于贯彻实施行政许可法工作安排的通知》，要求各级审计机关在安排预算执行情况审计时，将行政许可专项费用和依法收取的许可费用作为重要内容进行审计监督，对无行政许可收费，超标准收费，截留、挪用、私分或者变相私分许可费用的行为进行查处。《全面推进依法行政实施纲要》发布后，省审计下发《贯彻实施依法行政实施纲要的通知》，要求全省各级审计机关结合审计工作实际贯彻落实。

是年6月，省审计厅制定《全省社会审计组织2003年业务质量调查方案》并组织11个设区市审计局对全省100多家具有审计业务资格的社会审计组织2003年业务质量状况进行调查。同时，与省财政厅、监察局联合组成检查组，通过调查与研究，及时发现和纠正社会审计组织执业过程中存在的问题，促进了社会审计组织规范执业行为和提高业务质量。

2005年12月，省审计厅成立依法行政工作领导小组，审计厅党组书记、厅长伍自尧任组长，副厅长桑昌武任副组长，厅办公室、法规处、财金处等部门负责人任成员。领导小组办公室设在厅法规处，承办日常工作。

是年，省审计厅以"严谨细致，提高质量"年为契机，推动6号令的贯彻执行。将2005年定为审计工作"严谨细致，提高质量"年。根据厅长办公会议的决定，厅法规处具体负责全省"严谨细致，提高质量"年活动的组织协调工作。为切实搞好这一活动，4月，省审计厅起草下发《江西省审计厅关于在全审计机关开展"严谨细致，提高质量"年活动的实施意见》，就这一活动作出具体安排和部署，发动全省审计机关和全体审计人员广泛参与，把开展质量年活动与保持共产党员先进性教育结合起来，认真研究本省、本厅审计工作的实际情况，查找审计质量方面存在的问题，把严谨细致的工作作风贯彻到审计工作的各个方面。同时，在总结2004年试点项目经验的基础上，制定并出台《江西省审计厅实施〈审计机关审计项目质量控制办法（试行）〉暂行细则》等一系列与6号令相配套的制度。

省审计厅通过两条渠道实现审计项目质量控制：一是组织审计项目质量检查，查找审计项目质量优劣情况，找出原因、总结经验、以求进步；二是组织优秀审计项目评比，精益求精、树立榜样、再求提高。

其中：省审计厅开展审计项目质量检查的工作有：2001年，省审计厅出台《江西省审计厅审计项目质量检查暂行办法（试行）》，继而对南昌市、抚州市审计局2000年审计业务质量进行检查。两个地市共抽查近40个审计项目，占他们全年审计项目的10%。2002年，完成对南昌市、九江市、鹰潭市、景德镇市、萍乡市、吉安市、抚州市等7个设区市审计局2001年审计项目的质量检查。2003年，完成对上饶市、新余市、宜春市、赣州市等4个设区市审计局2002年审计项目的质量检查。2006年，完成对南昌市审计局2005年审计项目的质量检查，并出台《江西省审计厅2006年审计项目质量检查工作方案》。2007年，完成对九江市、抚州市、景德镇市审计局2006年审计项目的质量检查。2008年，完成对赣州市、新余市、抚州市审计局2007年审计项目的质量检查。2009年，完成对上饶市、萍乡市、吉安市审计局2008年审计项目的质量检查。2010年，省审计厅组织4个检查组完成对11个设区市审计局2009年审计项目的质量检查。

省审计厅开展优秀审计项目评选的工作有：2002年，审计署部署在全国各省审计机关开展对2001年优秀审计项目评选工作。省审计厅经研究制定在厅机关开展优秀审计项目评选和上报审计署优秀审计项目推荐申报活动的方案，开始尝试优秀审计项目评选工作。2004年4月13日，省审计厅下发《江西省审计厅优秀审计项目评选办法（试行）》，进一步规范优秀审计项目评选工作。2006年，按照《审计署地方优秀审计项目评选办法（试行）》的要求，省审计厅决定在全省范围开展优秀审计项目评选活动，提出关于全省优秀审计项目评选工作的实施意见，并制定具体的实施方案。5月9日下发《江西省审计厅关于开展全省优秀审计项目评选活动的通知》，全面铺开优秀项目评选工作。2007年，省审计厅在总结经验的基础上，为使评选工作更公正、公平，将评选标准更加细化，尽量减少评委的主观人为因素，制定《全省优秀审计项目评选评分细则》和把《审计署地方优秀审计项目评选办法》和评分标准具体化，收到较好效果。2008年，全省推荐的优秀审计项目评选无论项目数量和质量都大大提高，参选的项目数量比历年多，参选的审计机关比历年多，参选的审计项目质量比历年的高，评选标准比历年完善。省审计厅推荐的中国农业银行江西省分行2006年资产负债损益审计项目被审计署评为"2007年度地方优秀审计项目"，获审计署通报表彰。2009年，评选出来的优秀审计项目集中体现了能够认真贯彻执行《审计法》和《审计准则》，严格依法行政，注重揭露和反映重大经济犯罪案件线索、重大违法违规和损失浪费问题，着力从体制、制度和宏观经济决策的高度，提出加强管理的审计意见和建议，积极推广和运用现代审计技术和手段，对于全面推进依法审计和依法行政起到很好的引导和示范作用。

是年6月，省审计厅根据《江西省开展深入学习实践科学发展观活动试点实施方案》，结合审计工作实际，制定《文明审计单位考评办法》，就审计程序执行情况、审计执法情况、审计团队精神、执业能力、抗腐败能力和审计服务情况均作出具体规定。

第二节　审计信息化建设

省审计局的计算机应用，起步于1984年。1990年8月，省审计局与各地市审计局实现微机远程通信联网，相互传递审计统计报表及其他资料信息。此时，计算机在审计业务应用上的功效已初露端倪。计算机管理及计算机技术培训与提高相继提上议事日程。

1991年4月，省审计局作出《关于计算机管理和使用的暂行规定》，确定省局的计算机由局办公室管理，有计算机的单位要指定专人负责管理，微机室负责计算机技术培训和指导，并组织开发应用程序和软件，各处、室负责对所属微机的日常维护、设备保养和技术指导，并对微机操作规程、维修、保养等事项作出具体规定。

1992年4月，省审计局转发审计署《关于1992年审计系统维护应用计算机技术的几点意见》，要求全省审计机关积极推广应用《江西省重点企业审计情况数据库管理系统》《自定义、自生成、自跟踪微机管理软件》《法规库检索系统》《审计档案管理系统》等现有的计算机审计软件和办公自动化辅助软件。有条件的各计划单列市、地辖市，经济发达的重点县审计局应逐步配置微机。

是年11月，省审计局转发审计署《关于审计系统计算机设备选型意见的通知》，要求审计机关在购置计算机设备和系统软件时，应注意选择能代表技术发展方向的产品。按照《通知》精神，为适应计算机升级换代需要，1994—1995年，省审计厅对原有的计算机设备进行更新。

同时，省审计厅和各地市、县审计局还举办多期计算机操作培训班，为在审计干部中普及计算机知识，提高计算机操作水平，发挥积极作用。

2004 年 4 月 17 日，经省机构编制委员会批准，省审计厅内设机构增加成立"江西省审计厅信息中心"，为省审计厅下属正处级全额拨款事业单位，核定编制 8 名，处级领导职数一正一副。主要职能：负责厅信息中心的机构建设和网络运行管理与维护；协调指导全省审计系统的信息化建设；组织全省审计系统内审计信息化专业人员的培训工作。据此，12 月 6 日，省审计厅印发《江西省审计厅信息中心主要职责》，规定：江西省审计厅信息中心履行协调指导全省审计机关信息化建设和直接承担厅机关信息化建设的职能，是江西省审计厅负责审计信息化工作的专门机构，对全省审计机关和厅机关的信息化事项实行归口管理。从此，省审计厅的审计信息化建设进入一个全新的、更高层次的发展时期。

金审工程建设

2004 年，按照审计署的部署，省审计厅行文省发改委，要求启动江西省金审工程项目一期工程建设，即审计系统信息化建设工程。2004 年 6 月 29 日，省发展和改革委员会复函省审计厅，同意金审工程（江西）项目一期工程建设。

江西金审工程项目一期工程投资估算控制在 3727 万元以内，其中：网络硬件 1412 万元，软件 1299 万元，两个机房改造 518 万元，其他（含系统集成费、培训费、预备费等）498 万元，建设资金由省审计厅自筹解决。同时，要求聘请有资质的设计单位重新编制可行性研究报告，上报省发展和改革委员会审批。

8 月 16 日—17 日，省审计厅在上饶市召开全省审计工作座谈会，传达贯彻全国审计工作座谈会精神，研究全省的审计信息化建设，部署下一步的工作任务。会议上，讨论通过了《江西省 2004 至 2007 年审计信息化发展规划（征求意见稿）》。8 月 12 日，省审计厅网站在试运行后，依托省政府外网，正式投入使用。9 月 8 日，省审计厅首次下发《关于着力推进江西省审计信息化建设的通知》。通知要求：要充分认识加快审计信息化建设的重要性和紧迫性，加强组织领导；江西省审计信息化建设是审计署"金审工程"和各级政府电子政务建设的重要组成部分，要实行统一规划、分级建设；各地市县级审计局应积极采取措施，强力推行计算机技术在审计业务和管理中的应用。

2006 年 6 月 21 日，审计署办公厅在《关于加强中央专项补助地方审计机关金审工程推广应用经费使用管理的通知》中下达补助江西省金审工程经费预算总额 392 万元不变的前提下，再次下发《关于中央专项补助中西部地区审计机关金审工程一期成果推广应用经费若干问题的通知》，将补助江西省审计厅、10% 的设区市审计局、10% 的县级审计局用于部署审计管理系统的金审工程经费预算分别调整为 129 万元、120 万元、143 万元。7 月 14 日，省审计厅办公室发出《关于部署审计管理系统有关事项的通知》，就补助全省设区市、县级审计局的经费预算的分配和使用方法，近期有条件部署审计管理系统的设区市审计局的申报和承诺，作出规定。补助江西省审计厅的 129 万元，先用于以终端方式接入审计署审计内网，在改善办公条件时再用于审计专网的建设；补助设区市、县级审计局的 263 万元，采取集中采购或集中支付方式，平均用于南昌、萍乡、赣州、上饶、吉安、抚州市审计局以"1 拖 N"模式部署审计管理系统。

是年6月21日，审计署行文《关于落实金审工程二期项目地方建设投资计划的通知》，下达金审工程二期项目江西省投资概算1511万元。7月26日，省发展和改革委员会向国家发展和改革委员会行文《关于国家"金审"二期建设项目江西建设部分地方配套资金的承诺函》，同意安排配套资金1511万元，因江西省财政困难，恳请国家对江西省建设项目给予资金支持。

是日，省人民政府办公厅下发《2006年全省信息化工作要点》，提出加快金审工程一期工程建设，即在省、设区市两级审计部门推广应用审计署研发的审计实施系统，提高审计监督的效率和水平，并为将来的联网审计打下基础。在有条件的设区市审计部门进行"1拖N"模式审计管理系统试点，并推动审计机关门户网站建设。

审计管理系统"1拖N"版是审计署为适应地方审计机关，特别是区县级审计机关加强审计管理、提高信息技术应用水平、节省信息化建设资金的需要，在金审工程一期投资所建审计管理系统的基础上，按照"统一管理，分布应用"的思路扩展建设而成的应用系统。"1拖N"版依托国家电子政务网络平台或公共通信网络平台，在单一的硬件平台上部署系统，提供给位于同城或异地的多点使用。如在设区市审计局部署审计管理系统"1拖N"版，可提供给全市审计机关使用。

2007年5月18日，先期完成审计管理系统部署的吉安市审计局举行吉安市"金审工程"（一期）开通仪式。开通仪式后，省审计厅召开全省审计信息化工作会议。会议就审计信息化建设的进展和审计管理系统的部署情况进行交流，并研究现场审计实施系统的进一步推广应用和信息技术的培训事宜，落实当年的审计信息化建设任务和相关工作。江西电视台在《江西新闻》中，对开通仪式进行报道。

是年10月18日，省审计厅与太极计算机股份有限公司签订合同，委托该公司编制《江西省金审工程一、二期项目可行性研究报告》。后来，因省审计厅考虑办公楼置换，编制可行性研究报告的工作暂时中断。

2008年2月4日，随着萍乡市审计局完成审计管理系统的部署，省审计厅于2006年7月确定在南昌、萍乡、赣州、上饶、吉安、抚州市审计局采用"1拖N"模式部署审计管理系统的工作已告完成，共覆盖68个县级审计局。12月9日，鹰潭市审计局完成审计管理系统的部署，又覆盖3个县级审计局。至此，审计管理系统在全省审计机关的部署面达到70%。

是年10月7日，经省审计厅厅长办公会研究决定，原暂时中断的编制可行性研究报告的工作重新开始。2009年7月2日，省审计厅向审计署提交《关于呈请审核〈江西省金审工程二期项目可行性研究报告〉的请示》。审计署办公厅批复后，省审计厅于8月10日向省发展和改革委员会报送《关于呈请审批〈江西省金审工程二期项目可行性研究报告〉的函》。省发展和改革委员会批复，江西省金审工程二期项目总投资4541万元，由省审计厅3727万元，4个设区市审计局257万元，30个县级审计局557万元组成；主要建设内容：建设审计内网（涉密网）、审计专网、国家审计数据中心江西分中心、审计会商系统、审计管理系统、项目组织管理系统、联网审计管理系统、安全保障系统及屏蔽机房和中心机房，购置相应的软硬件等；建设期为2009年9月至2011年9月。

2009年9月16日，按照省发改委批复，省审计厅启动江西省金审工程二期项目建设，项目总投资4541万元，建设期2年。按"先进性、安全性、高效性、经济性"要求组织实施。随后，按规定进行招投标与开工建设。

2010 年 6 月 3 日，省审计厅下发《关于印发江西省审计会商系统建设指导书的通知》，要求各设区市审计局充分利用当地电子政务网络资源；省审计厅依托国家电子政务外网方式构建审计专网，实现省审计厅机关与各级审计机关的连接，实现审计大专网，达到纵向四级互联；省审计厅按照审计署的要求采用华为公司品牌 VP8650 型 MCU 设备搭建审计会商系统平台，各地市审计局采用华为公司品牌 VP9030 型审计会商系统终端，在审计专网上建设全省审计会商系统；为保证省市审计机关会商系统的互联，各设区市审计局使用的终端将由省审计厅免费下发；各设区市审计局在筹划所属范围审计会商系统建设方案时，应当充分考虑审计会商系统的互联问题，地方政府没有限定设备品牌的，应当尽量选用与审计署、审计厅所用相同的品牌；基于江西省审计会商系统传输为高清信号，各设区市审计局在建设会商系统时应确保购买满足传输高清信号要求的设备；全省的审计会商系统原则上在年底前投入使用。是年 9 月 15 日，省审计厅发出《关于确保完成全省审计会商系统建设的通知》就加快审计会商系统建设，要求各设区市审计局要提高认识，加强领导；统一模式，统一标准；限定时间，确保完成。11 月 30 日，全省审计会商系统完成系统联调，次月正式投入使用。

是年 7 月 28 日，省审计厅下发《关于印发审计专网建设指导书的通知》，依托全省电子政务外网建设省市县三级架构的江西省审计专网。9 月 30 日，省审计厅发出《关于印发全省审计专网资源分配方案的通知》，对全省审计专网资源进行统一规划和使用，有效保障四级联网业务的开展。

省审计厅于 9 月底对各设区市审计局的审计会商系统建设和审计专网系统建设进行逐一验收；各设区市审计局于 12 月底前组织对辖内县、市、区审计局的审计会商和审计专网系统的建设验收并将验收情况上报省审计厅备案，全省完成了统一模式、统一标准的互联互通的全省审计专网及审计会商系统建设。

是年 9 月 1 日，省审计厅启动审计管理系统部署，是全国第一家使用国产系统软件部署 OA 的审计机关。11 月 24 日，省审计厅发出《转发审计署办公厅关于地方审计机关采购国产系统软件有关事项的通知》，要求从 2010 年开始，审计管理系统和审计交换中心应当使用国产化系统软件，并根据《地方审计机关审计管理系统部署指导书》提出系统软件的配置方案，要求各设区市审计局在金审工程建设中认真贯彻执行。12 月 9 日，省审计厅发出《转发审计署办公厅关于调查地方金审二期工程进展情况的通知》，对新余、宜春、九江、景德镇市 4 个设区市的审计局机关金审二期工程进展情况进行调查。12 月底，相继在景德镇、新余、宜春、九江 4 个设区市审计局部署应用国产化 OA（"1 拖 N"版）。

省审计厅与 4 个设区市部署国产化审计管理系统，是全国金审工程二期建设应用示范项目，次年 11 月 11 日，该应用示范项目通过了审计署组织的专家评审，是全国首家在全省范围内部署应用国产化审计管理系统的省份，成为全国金审工程二期建设的亮点。

计算机网络管理与应用

计算机技术培训与推广　省审计厅信息中心建立起来后，尽快提高审计人员应用计算机技术水平成为头等大事。为加大教育培训力度，省审计厅信息中心采用两步走措施解决计算机培训与日常审计业务工作冲突的矛盾。一是让部分审计骨干先行一步接受培训，掌握应用技术；二是以点带面全面铺开计算机技术的应用。

2004 年 10 月 10 日—12 月 20 日，省审计厅先行派出李少鸣、胡雅萍、刘绪文参加审计署在北京信息工程学院举办的第 10 期计算机审计中级培训班学习，培训采用全封闭、全脱产方式，时间两个半月。学习内容主要是：计算机基础、数据库应用技术、VB 程序设计、网络应用技术、会计电算化和审计软件应用等课程。其后，陆续选送其他各处及全省设区市审计局业务骨干参加培训学习。至 2008 年底，从厅有关单位、设区市审计局分别选送 15 人、9 人参加培训，获得审计长签署考试合格证书的分别为 12 人和 8 人，基本保证厅各审计处、大部分设区市审计局有 1 名计算机审计骨干。至 2010 年底，全省共有 32 名审计骨干参加审计署计算机审计中级培训，其中有 28 人考试合格获得证书。

是年 12 月 16 日，省审计厅下发《江西省 2004 至 2007 年审计信息化发展规划》。规划提出：全省审计信息化建设坚持总体推进、重点突破的原则，实行软件应用与人员培训并重、数据库建设与网络建设并行、省级先行与全省推开并举的方法，采取健全领导机制、突出成效考核、加快项目申报、坚持科学发展、实行全员投入的措施，力争 2007 年形成有软件能用、有数据备查、有网络互通、有骨干支撑、有制度保障的格局。

2005 年 11 月 7 日，省审计厅发出《关于组织参加全国审计系统第二轮计算机基础知识和操作技能考试的通知》，拉开在全省审计机关开展全员性计算机基本技术培训的序幕。12 月 24 日，在分三批对 288 名报考人员进行考前集中培训的基础上，按照审计署有关考试要求，省审计厅在泰豪职能技术培训学院计算机房举办江西省审计机关成立以来规模最大的一次全国审计系统计算机基础知识和操作技能考试（江西考区）。至 2007 年底，全省审计机关共有 1728 人（次）参加考试，成绩合格率在 70% 左右，为全省各级审计机关全面推进审计信息化建设，实现《江西省 2004 年至 2007 年审计信息化发展规划》打下广泛的群众基础。

2006 年 3 月 21 日，省审计厅在南昌市召开第一次全省审计信息化工作会议，传达审计署关于审计信息化建设的文件精神，交流全省审计信息化建设的经验，研究计算机技术培训的相关事宜、部署 AO 在全省审计机关的推广应用等。各设区市审计局分管信息化工作的领导、承担信息化建设的职能机构负责人参加会议。会议要求，各设区市审计局对信息化建设要进一步提高认识、进一步加大力度、进一步加强领导。要成立专职机构，要广泛开展学习交流，要加大培训力度，要舍得投入，要统筹规划，要狠抓审计应用。

是年 4 月 12—15 日，省审计厅再次在十二楼会议室举办全省现场审计实施系统（AO）培训班，对 52 名设区市审计局审计业务人员、13 名县级审计局审计业务骨干进行培训。是年，为适应推进 AO 应用、扩大培训面的需要，由省审计厅派出师资、设区市审计局具体组织，在吉安、抚州、宜春、上饶、赣州市审计局分别举办 AO 培训班进行培训。

2008 年 11 月 7 日，省审计厅下发《江西省 2008 年至 2012 年审计信息化发展规划》。规划总体目标是：大力推广应用审计署金审工程一期项目建设成果，建设和完善审计管理系统、现场审计实施系统，开展全省审计机关网络中心和国家审计数据中心江西省分中心的建设，积极探索联网审计和信息系统审计，建设安全保障系统和服务保障体系。规划提出：把建设和完善网络互联和网络应用的基础设施、提升审计业务和审计管理的信息化水平、开展审计数据资源建设、推进审计信息化工作制度化、加强审计队伍的信息化培训作为主要任务，从切实加强对审计信息化建设的领导和指导、严格执行国家和本省有关电子政务建设的规定、适当鼓励审计管理系统的本地化部署和应用、及时总结和借鉴审计信息化建设的经验方面采取措施，全面完成江西省金审工程一、二期项目建设任务。

2009 年 4 月 13 日，省审计厅下发《关于做好 2009 年 AO 培训认证考试工作的通知》[AO 是全国金审工程一期项目开发的应用软件之一，是安装在审计人员电脑中用于开展计算机审计的软件，它与审计管理系统（OA）可实现信息交互，协同实现审计管理与审计业务的电子化、数字化，简称 AO]，按照审计署的统一部署，开始在全省有序推开 AO 培训认证考试。全年组织三次 AO 培训认证考试，共计 831 人次参加，考试合格率达到 70%。

2010 年 4 月 12 日，省审计厅全年三次共组织 396 人次参加 AO 培训认证考试，进一步推动 AO 的普及应用。

是年 7 月 28 日，省审计厅下发《关于成立信息化建设领导小组的通知》。根据《通知》精神，省审计厅信息化建设领导小组成立。厅长王殿军任组长，厅总审计师胡志勇任副组长，成员黎明、聂长流、万继峰、项志锋、黄赣华、郑中淮、姜京晨。信息化建设领导小组办公室主任由郑中淮兼任，办公室副主任由信息中心刘绪文担任。金审工程建设过程中，涉及联网审计、数据库建设以及专门的业务系统建设时，相应的厅业务处负责人成为小组成员。

计算机网络管理　2005 年 10 月 11 日，省审计厅下发《江西省审计厅互联网站管理暂行办法（试行）》，健全上网信息的登记和审批、网站运行的安全和保密、信息发布的责任和奖惩制度。

2007 年 6 月 21 日，省信息化工作领导小组办公室下发《关于印发 2007 年全省信息化工作要点的通知》指导全省完善审计信息系统。巩固和扩大现场审计实施系统在各级审计机关的应用成效。在南昌、赣州、抚州、上饶、吉安、萍乡市审计局和所属 40 多个县级审计机关建设互联的审计专网，采用"1 拖 N"方式部署审计管理系统。开展现场审计实施系统和审计管理系统的交互试点。推动基于审计应用的数据库建设和门户网站建设。

是年 9 月 27 日，省审计厅下发《关于非涉密信息系统（审计专网）安全等级保护定级事项的意见》，就设区市审计局有关安全等级保护定级问题作出答复。9 月 30 日，省审计厅向省公安厅提交《关于报送〈信息系统安全等级保护定级报告〉和〈信息系统安全等级保护定级备案表〉的报告》，办理江西省审计厅网站系统的安全等级保护备案申请。11 月 20 日，省公安厅制发《信息系统安全等级保护备案证明》（证书编号：36000735001-00001），江西省审计厅网站系统安全保护等级为第二级。

2008 年 3 月 3 日，省审计厅制发 2008 年全省审计信息化工作要点，指出全省审计机关在 2008 年要广泛推行现场审计系统在审计项目实施中的应用，积极开发和应用审计管理系统的综合管理功能，初步开展有关联网审计作业的调研和探索，提升审计工作的效率和质量。继续完善信息化基础设施的建设，加快审计机关互联互通的步伐，着手筹备全国审计数据中心江西分中心的建设，增强审计信息化建设的整合力。

是年8月5日，省审计厅向厅各单位下发《关于加强计算机信息系统安全和保密管理的通知》，通知提出：高度重视信息化条件下的信息安全和保密工作，注重从制度上、技术上加强防范；切实做好登记工作，把计算机的信息安全、保密管理与实物管理统一起来，落实到人；实行新增计算机登记制度，规范计算机信息安全和保密管理的日常工作。

是年8月6日，省审计厅下发《各设区市审计局信息化工作考评标准（试行）》，从2008年开始，对各设区市审计局的信息化工作实行考核评比制度。整个考核由基础考核和应用考核组成，以应用考核为重点。基础考核包括机构人员、计算机配备、AO发放使用量、信息化培训、机关门户网站建设和制度建设等方面；应用考核主要包括AO推广应用、OA部署应用等两方面。12月15—24日，省审计厅组成考评组，对各设区市审计局的信息化工作进行考评。评选出赣州市、吉安市、宜春市审计局为省审计厅审计信息化工作先进单位。

2009年4月28日，省审计厅下发《关于印发各设区市审计局信息化工作考评标准（试行）通知》提出：2009年度考核，基础考核新增信息化机构设置、基础设施建设、门户网站建设和信息化培训等内容；应用考核新增现场审计实施系统（AO）推广应用和审计管理系统（OA）部署应用，共计分值100分。涉及全省统一组织的AO培训认证考试、AO应用实例征集，根据省审计厅已有资料评定得分；其他考核内容，由各设区市审计局提供相应资料，采用查阅文件、察看现场、查验项目等方式进行评分。年底省审计厅信息中心对11个设区市审计局信息化工作进行了考评。

2010年2月24日，省审计厅下发《关于印发AO审计实务公告第1号》的通知，对AO应用进行指导和规范，下发AO应用视频演示光盘，方便审计人员学习使用AO。是年10月13日，省审计厅发出《关于2010年6月底前完成的审计项目计算机审计情况检查结果的通报》，对上半年完成的19个审计项目整体推进AO应用情况组织检查结果进行通报。检查内容分两项，一是检查审计项目运用AO的总体情况；二是检查审计项目电子档案与纸质档案的一致性。年终对全年审计项目整体推进AO应用情况进行目标考核，实现2010年所有审计项目档案的电子化和数字化。

是年4月16日，省审计厅下发《关于印发计算机信息安全保密管理暂行办法的通知》，加强厅机关及厅属各单位的计算机及其他信息设备存储、信息的保密管理，确保国家秘密安全。通知要求，计算机及其他信息设备包括计算机及存储介质、打印机、传真机、复印机、扫描仪、照相机、摄像机等具有信息存储和处理功能的设备均应按照存储、处理的信息是否涉及国家秘密，分为涉密信息设备、非涉密信息设备，实行分类管理。涉密信息设备按照存储、处理国家秘密信息的最高密级分为绝密级、机密级和秘密级，实行分级保护。集中存储、处理工作秘密的信息设备，参照秘密级信息设备管理。厅机关、厅属各单位利用计算机及其他信息设备采集、存储、处理和传输工作信息，应符合国家保密规定，确保国家秘密和工作秘密信息安全。

是年12月9日，省审计厅下发《关于印发江西省审计厅计算机网络系统管理暂行办法的通知》，加强省审计厅各单位计算机网络系统的管理，确保网络系统安全和正常运行。明确厅网络系统包括审计内网、审计专网、因特网接入网三个网络，其运行使用对象：审计内网为专职或专岗使用人员；审计专网为厅工作人员；因特网接入网为厅每间办公室确定一台专用计算机接入因特网，供本办公室人员共同使用；须接入因特网办公的岗位，经特别报批后，作为特殊岗位管理。厅保密委员会负责网络系统安全保密管理工作的指导、协调、监督和检查。厅信息中心为本厅计算机网络系统的管理单位，负责网络系统建设、运行维护和管理。厅各单位对本单位网络终端设备的使用和管理负责。

计算机网络应用 2005年7月13日，省审计厅网站从功能开发、主页面设计、栏目设置、数据库采用方面进行改进。这次改进有一定的先进性，8月底，在省计算机用户协会（接受业务主管单位省经贸委和登记管理机关省民政厅以及省信息产业厅的业务指导和监督管理，是工业和信息化部所属中国计算机用户协会的团体会员。协会会员单位遍布全省政府、企事业单位及科研院所。）受省信息中心的委托组织的测评中，省审计厅网站在80个省直厅（局）和设区市政府网站中被评为第6名。

是年10月10日，为及时积累和推广现场审计实施系统AO应用经验，省审计厅发出《关于征集AO应用实例的通知》，在全省审计机关第一次征集现场审计实施系统（AO）应用实例，并选送参加审计署组织的AO应用实例评选。12月8日，江西省审计厅对江西省交警总队2004年度预算执行及财务收支审计的AO应用实例，获审计署关于现场审计实施系统应用实例评选优秀奖；对南昌大学第一附属医院2004年度财务收支审计的AO应用实例，获应用奖。AO应用成效实现"开门红"。

2006年3月16日，省审计厅下发《关于组织参加全国审计机关AO应用实例评选活动的通知》，继续在全省审计机关征集现场审计实施系统（AO）应用实例，并选送8个AO应用实例参加审计署组织的评选。12月15日，江西省审计厅对全省交警部门电子警察项目建设和管理情况专项调查的AO应用实例，获优秀奖；对南昌市住房公积金管理中心2005年度住房公积金审计等7个AO应用实例，获鼓励奖。2007年4月3日，省审计厅根据审计署的评选结果并结合江西省审计机关的实际情况，对包括南昌、抚州市审计局应征在内的14个AO应用实例进行表彰。

2007年4月3日，省审计厅下发《关于征集和评选2007年度AO应用实例的通知》，开始注重现场审计实施系统（AO）在处理大数据量、进行财务数据与非财务数据关联分析中的应用，并选送11个AO应用实例参加审计署组织的评选。2008年2月18日，江西省审计厅对江西省交警总队2006年度预算执行及财务收支审计、对江西省社会保障事业管理局2006年度企业职工基本养老保险基金审计的AO应用实例，获应用奖；抚州市审计局对中国农业银行崇仁县支行2006年度资产负债损益审计、南昌市审计局对江西省进贤县人民政府2006年度社会保险基金专项审计的AO应用实例和江西省审计厅对江西省交通厅泰和至井冈山高速公路项目竣工决算审计等3个AO应用实例，获鼓励奖。是年4月16日，省审计厅根据审计署的评选结果并结合各地的提交情况，对包括景德镇、吉安市审计局应征在内的11个AO应用实例进行表彰。

是年9月3日，省审计厅信息中心被评为2007年江西省IT行业政风行风评议先进单位。是年12月21日，省审计厅信息中心被评为2007年江西省信息技术应用先进单位，省审计厅网站获2007年江西省优秀政务网站二等奖。

2008年4月16日，省审计厅下发《关于征集和评选2008年度AO应用实例的通知》，开始推广现场审计实施系统（AO）2008版的应用，并选送10个AO应用实例参加审计署组织的评选。江西省审计厅对赣州等六个设区市住房公积金归集使用和管理情况审计、赣州市审计局对某高速公路有限责任公司通行费审计、遂川县审计局对遂川县人民医院 2006 至 2007 年药品加价与医疗收费审计、樟树市审计局对樟树市 2007 年五项社会保险基金审计的 AO 应用实例，获应用奖；江西省审计厅对江西教育学院 2005 至 2006 年财务收支及效益审计、南昌市审计局对进贤县基本养老保险业务审计、新余市审计局对江西花鼓山煤矿 2007 年财务收支审计的 AO 应用实例，获鼓励奖。根据审计署的评选结果并结合各地的提交情况，省审计厅对包括 6 个设区市、4 个县审计局应征在内的 18 个 AO 应用实例进行表彰。

是年 10 月 10 日，厅审计信息中心主任孟文军被评为 2008 年度江西省优秀信息主管；11 月 15 日，省审计厅信息中心被评为 2008 年度江西省信息技术应用先进单位；12 月 25 日，省审计厅网站获 2008 年度江西省优秀政务网站。

2009 年 4 月 1 日，省审计厅下发《关于征集和评选 2009 年度 AO 应用实例的通知》，加大推广现场审计实施系统（AO）2008 版的应用力度，选送 32 个 AO 应用实例参加审计署组织的评选。江西省审计厅对江西省丰城发电有限责任公司 2007—2008 年资产、负债、损益情况审计的 AO 应用实例，获优秀奖；南昌市审计局对 2008 年某市职工基本养老保险基金审计、宜春市审计局对江西宜春三阳收费站财务收支审计、高安市审计局对高安市房管局局长离任审计、樟树市审计局对樟树市中医院财务收支审计、会昌县审计局对会昌县国土资源局财务收支审计的 AO 应用实例，获应用奖；江西省审计厅对省旅游局审计、江西省审计厅对世行贷款瑞赣高速公路项目 2008 年执行情况审计、南昌市审计局对某市住房公积金管理中心 2008 年财务收支审计、南昌市审计局对某市公路管理局原党委书记任期经济责任审计、吉安市审计局对吉安县农信社 2008 年小额农贷利率执行情况审计、抚州市审计局对抚州烟草公司财务收支审计、九江市审计局对九江市公交公司 2008 年资产负债审计、修水县审计局对修水县交通局 2008 年部门预算审计、赣州市审计局对医药加价审计、寻乌县审计局对某单位 2008 年财务收支审计、于都县审计局对于都县水土保持局 2008 年财政财务收支情况审计、宁都县审计局对某同志任期经济责任审计、崇仁县审计局对崇仁县公安局财务收支审计的 AO 应用实例，获鼓励奖。省审计厅根据收到的 AO 应用实例的评审结果并结合审计署获奖情况，对包括 11 个设区市、7 个县审计局应征在内的 33 个 AO 应用实例进行表彰；赣州市、南昌市审计局获"征集全省 AO 应用实例优秀组织单位奖"。

是年，AO 应用实例无论从征集数量、报送数量、获奖数量及质量上都是突破性的一年。

是年 12 月 25 日，省审计厅信息中心被评为 2009 年度江西省直机关政府网站效能服务先进单位，江西省政府网站信息公开网上测评先进单位，江西省信息技术应用先进单位；郑中淮、姜京晨被评为江西省信息技术应用先进个人。

2010 年 7 月 6 日，省审计厅下发《关于举办 2010 年度 AO 应用实例评选活动的通知》，继续举办 AO 应用实例评选活动。12 月 6 日，省审计厅加强对全省 AO 征集评审工作的领导，组织评审委员会，制定评审标准，对全省 13 个单位征集报送的 46 篇 AO 应用实例进行评审，评选出省级优秀奖 9 篇、应用奖 11 篇和鼓励奖 24 篇；从中选定 9 篇省级优秀奖和 9 篇省级应用奖的 AO 应用实例，报审计署参加全国评审。其中省审计厅以对德昌高速公路建设项目审计、对江西理工大学 2008 至 2009 年财政财务资金绩效审计，樟树市审计局对樟树市人民医院 2009 年资产管理、医疗服务及药品定价审计,安福县审计局对安福县交警大队原任大队长任期经济责任审计等 4 篇获审计署应用奖,14 篇获审计署鼓励奖。

第三节　审计教育培训

省审计厅的培训教育工作在成立之初的一段时间里,主要渠道有三条:一是全日制院校教育,二是成人高等教育,三是在职干部专业培训。1997 年以后,因全日制院校教育和成人高等教育工作暂停,对职工再教育的渠道只有对在职干部的专业培训,一直延续到 2010 年底。

全日制院校教育　审计机关成立之初,要独立成立一个专业教育院校还没有条件,只能附属于相关专业院校开设专业班学习。1984 年 7 月,省审计局在江西省财务会计学校开办学制两年的审计中专班。1984 至 1994 年,共有 8 届审计中专班,计 705 名学生毕业,大部分都充实到全省各级审计机关工作。1993 年,因各种原因招生工作暂停。

1986 年初,省教育委员会同意省审计局在江西大学经济系开办学制三年的审计大专班。到 1991 年,共培养审计大专毕业生 189 人,分配充实到各级审计机关工作。但也因多种原因,1992 年招生工作暂停。

成人高等教育　1985 年,省审计局组织全省各级审计机关干部和内审人员计 832 人报名参加上海立信会计专科学校举办的华东六省一市审计单科函授学习,并在南昌设立江西省审计单科函授辅导站,在全省设立 10 个辅导分站对参学学生进行面授辅导。1986 年 3 月 2 日,举行统一结业考试。江西全体参考人员都通过考试取得结业证书,参加考试人数、考试平均成绩居参加函授学习的华东六省一市首位。

1986 年,审计署在全国广播电视大学开设电大审计专业学习班,学制 3 年,业余学习为主。省审计局设电大工作站,会同省广播电视大学在南昌市、景德镇市、萍乡市、赣州地区、新余市、宜春地区、九江市、吉安地区、上饶地区及波阳县等地开设 13 个电大审计专业教学班,招录学员 547 人。到 1989 年,共招录学员 884 人（22 个班）。1989 年后,因多种原因,电大审计专业班停办。

1989 年,根据国家教委、人事部《关于成人高等考试试行〈专业证书〉制度的若干规定》,省审计局委托江西大学经济系开办审计专业证书班,规定学习期限一年,实行全脱产学习。1989 年 2 月,录取 45 人参加首届审计专业证书班在江西大学学习。学习内容为工业审计,学习班开设《工业审计》等必修课 5 门;《工业企业财务管理》等选修课 4 门。是年秋季,省审计局又与江西财经学院合作,举办社会审计人员与内部审计人员"工业审计""商业审计"专业证书班,学习期限一年半,实行半脱产学习。两个专业证书班共收学员 132 人,开设《审计学概论》等 12 门课程,总课时为 852 个学时,对学员实行单科结业考试,并根据各地、市、县报考学员的分布情况,采取就近设立教学点,由承办学校委托讲师以上教师授课。1990 年春季,继续委托江西大学经济系举办"财政审计"专业班,招收学员 37 人,脱产学习一年,开设 9 门课程,其中必修课为《预算会计》《财金审计》等 5 门;选修课为《国家预算》等 4 门。1991 年 10 月 14 日,再次举办"工业审计"专业证书班,招生 50 名,脱产学习一年。专业证书班实行学校与省审计局人事教育处共同管理,教学由委托办学的院校负责,行政事务则由省审计局人事教育处指定专人负责。

各级审计机关除组织上述几种形式的审计专业学历教育外，还分期分批选送审计人员到南京审计学院等财经院校学习，对在职审计人员采取适当方式，积极鼓励他们参加大专、本科专业的函授或自学考试，攻读研究生课程。1997年，仅省审计厅就有29名职工参加函授和自学考试，其中17名在本科班、12名在专科班学习，并有2人攻读在职研究生。

在职干部培训 对在职干部的专业培训在很长一段时间里是加强干部后续教育，提高干部政治、业务素质的渠道，但因缺乏经验，有的是以会代训，有的是为解决单项业务而各自为政进行培训，名目繁多，没有形成集中管理，比较分散。

1991年1月22日，省审计局转发审计署《关于在审计系统试行岗位培训和继续教育的通知》和《审计系统在职干部岗位培训暂行办法》《审计专业大学后续教育暂行办法》，确定从1991年起在审计系统试行岗位培训和继续教育制度。审计系统岗位培训紧密围绕审计工作的需要，依据岗位规范的要求，对审计人员进行本岗位必备的政治理论、职业道德、专业知识和基本技能的培训。培训对象为各级审计机关全体在职干部，按不同层次、不同要求，分级组织实施，审计署负责局级干部及署机关干部的岗位培训，省审计局负责处、科级干部和本机关一般干部培训，地市审计局负责一般干部的岗位培训。审计专业继续教育（又称大学后继续教育）是与研究生教育层次相并行，培养高级审计专门人才的一种干部教育制度，其对象为具有经济类大专以上学历、中级以上技术职务和一定财经、审计工作经验的在职审计人员。全省各级审计机关按照审计署的要求，结合审计工作的实际，以岗位培训为重点，开展在职干部的教育培训工作，在培训工作中贯彻"干什么学什么，缺什么补什么"的原则，采取集中培训与分散自学相结合的办学形式。全省共举办各种培训班33期，参加培训人数1200余人。

1992—1994年，全省审计干部培训重点以学习新的财经法规、会计制度、税收制度为主，注重审计人员的知识更新。1992年5月25日至6月16日，省审计干部培训中心举办全省经济法规培训班，参加培训人员90人。1993年举办三期新会计制度培训班，共培训88人。1994年4月5日，举办新税制培训班，学员34人。是年11月22日和12月8日，为了学习、宣传、贯彻全国人大1994年8月31日通过的《中华人民共和国审计法》，省审计厅举办两期《审计法》培训班，参加培训的全省各地（市）县（市、区）审计干部共计157人。

1992年5月20日，省审计局、省人事厅转发审计署、人事部《关于印发〈审计专业技术资格考试暂行规定〉的通知》，规定从1992年起，审计专业技术资格实行全国统一考试制度。7月11日，省审计局、省人事厅转发审计署、人事部关于印发《审计专业技术资格考试工作实施细则》，对全省资格考试的有关问题作出具体规定。7月18日至19日，省审计局、省人事厅联合召开各地、市人事局职改办公室负责人、审计局人秘科科长会议，对首次审计专业技术资格考试工作作出部署。省审计局及9个地、市局举办考前培训班45期（中师26期，助师19期），培训人员2698人。同时，还从各地市选派14人参加审计署为期20天的培训。培训后，首次审计专业技术资格考试报名，人数达3169人，其中机关报考1672人，占审计机关干部总数的74.3%；内审审计人员报考1397人（中师830人，助师567人）。11月22日，在11个考点111个考场举行考试，参加考试人数2860人。

1993 年 4 月公布考试结果，514 人获得审计师资格，516 人获得助理审计师资格。

1995 年 5 月，省人民政府颁发《江西省国家公务员制度实施方案》，确定在全省行政机关建立和推行国家公务员制度，省审计厅全体工作人员都准备向国家公务员过渡。

是年 10 月 16—19 日，为配合省直机关公务员改革，省审计厅举办厅机关工作人员向国家公务员过渡培训班，学习后举行考试，参加考试者 105 人，考试成绩全部合格。

1996 年，省审计厅根据审计署《审计机关公务员培训实施意见》、人事部《全国专业技术人员继续教育暂行规定》和省人事厅"九五"时期公务员培训规划的要求，在九江市审计干部培训中心举办 3 期培训班，其中公务员专门知识培训班 2 期，全省各级审计机关正副科级干部 100 人参加。第一期 4 月 17—26 日，第二期 6 月 19—28 日，第三期为审计师知识更新培训班，时间为 10 月 23—28 日，全省各级审计机关已取得审计师资格的人员共 52 人参加培训。

是年，审计署制定颁布《审计机关计算机应用培训规划》，要求在"九五"期间开展和规范审计系统计算机培训工作，使 80% 的人熟练掌握计算机操作技能，以适应审计监督现代化的要求。培训的对象为各级审计机关中 50 岁以下从事审计业务工作、管理工作、综合工作的审计干部。培训内容包括基础知识、一般应用知识及应用技术。培训工作结束后进行统一考试，于每年年中和年底两次进行，分笔试和上机操作两部分，合格者发给审计署统一制作的培训合格证书。全省各级审计机关按照审计署要求积极开展强化审计干部计算机培训工作。吉安地区审计局有计划地实施计算机操作与会计电算化全员培训，全年共举办培训班 7 期，参加培训的达 135 人次。地区局 26 名干部参加全省电算化初级培训考试，有 25 名通过笔试和上机操作，合格率达 96%。宜春地区审计局在全地区举行一次微机比赛，参赛人员包括地区局 4 人，县（市）局各 3 人，其中必须有 1 名局领导。通过笔试和实际操作比赛，地区局获第一名，宜丰和万载分获第二、三名。赣州地区审计局专门委托南京审计学院举办一期为期 12 天的计算机培训班，为全区审计机关及审计事务所培训 40 名计算机审计人员。年底，省审计厅委托省科技情报所举办一期为期 19 天的计算机培训班，厅机关各处、室、所共选派 21 人参加学习，从计算机基础知识、汉字录入、DOS 系统、WPS 排版系统、FoxBase、Windows 95 等方面进行比较系统的计算机知识训练。培训结束后，省人事厅组织考试，参加培训人员成绩均合格，并获得省人事厅颁发的合格证书。

1984—1997 年，省审计局（厅）共举办各种专业培训 63 期，培训审计干部近 3000 人次，每次培训均由省审计局（厅）业务处干部讲授有关的专业审计业务，聘请大专院校教师讲授专业理论，做到理论与实践相结合。学习结束，经考试合格，发给结业证书。

1998 年 11 月 26 日—12 月 12 日，萍乡市审计局在萍乡煤校举办计算机技术应用培训班，100 名审计干部参加培训，培训内容为计算机专业知识。同时，聘请具有计算机专业知识的老师进行辅导，取得较好效果。

2003 年，省审计厅举办全省投资审计干部培训班，共有来自全省各级审计机关近 100 人参加学习。同时，邀请审计署和南京审计学院知名学者讲课。各位老师在培训班上就当前在深化投融资体制改革的新形势下，如何进一步加强和改进投资审计工作，如何将项目审计与经济效益审计有机结合起来，进一步了解投资审计中有关建设项目造价的构成，建设项目的计价程序及建设项目造价管理的相关知识，进一步掌握投资的重点、内容和方法，对投资审计的法律、法规及对工程造价审计中涉及法律诉讼等所需要解决的理论问题进行授课。

2004年，《行政许可法》《全面推进依法行政实施纲要》颁布后，省审计厅及时组织做好学习、宣传、贯彻、落实工作，积极派员参加国务院法制办、省政府法制办、省委党校和省直机关工委举办的《行政许可法》和《实施纲要》培训班、讲座，组织全厅干部职工收看国务院法制办公室副主任程永清作的"江西省行政许可法报告会"的实况录像进行培训。

是年，审计署5号令、6号令颁布。省审计厅为贯彻、落实好5号令、6号令，一方面组织派员参加审计署在苏州、厦门举办的培训班学习；另一方面，利用全省法制工作会议，以会代训，聘请有关专家在大会上对5号令、6号令进行讲解；第三，12月21日至23日，省审计厅举办全省审计质量控制培训班，来自省、市、县各级审计机关业务骨干共200余人参加培训。聘请审计署法制司处长王世成和省法制办老师进行授课，取得较好效果。

是年4月，为加快提高审计人员应用计算机技术水平，以多种形式积极组织审计干部的培训。10月10日—12月20日，省审计厅派出李少鸣等3名同志前往北京参加审计署举办的第10期计算机中级培训班学习，随后陆续选送其他各业务处及全省设区市审计局业务骨干参加审计署的培训学习。至2010年底，共选送32人参加审计署计算机审计中级培训，其中28人考试合格获得合格证书。

2005年3月8—11日、3月14—17日，省审计厅分别举办两期全省现场审计实施系统（AO）培训班，聘请承担审计署金审工程应用系统研发的北京中软国际信息技术有限公司的人员，对90名本厅审计业务人员、22名各设区市审计局审计业务骨干进行培训，以推动计算机审计的起步。

是年4月，为做好2004年11月温家宝总理签署国务院第427号令发布的《财政违法行为处罚处分条例》的宣传培训工作，省审计厅下发《江西省审计厅关于贯彻实施〈财政违法行为处罚处分条例〉的通知》，就全省贯彻实施《条例》工作提出具体要求。同时加大培训力度，省审计厅将《条例》下发人手一册，组织全厅审计人员开展以《条例》为主的法律学习和讨论，并采取"请进来，走出去"的方法，从不同层面组织《条例》的学习培训。一是抓住骨干培训。5月9日，在南昌召开全省审计法制工作会议，采取以会代训的形式学习《条例》外，组织各设区市分管法制工作的领导和科长参加审计干部培训中心在成都举办的《财政违法行为处罚处分条例》培训班；二是根据各地工作实际，分两期组织全省各级审计机关审计业务人员及法制工作人员参加审计署培训中心举办的培训班，共有来自省、设区市、县三级审计机关近90人参加培训。通过培训，帮助大家更准确理解和把握《条例》的立法精神，促进《条例》的顺利实施。

是年6月，省审计厅组织全省审计、财务人员参加中国审计学会在海口、昆明举办的效益审计培训班。2006年4月12—15日，省审计厅再次举办全省现场审计实施系统（AO）培训班，对52名设区市审计局、13名县级审计局业务骨干进行培训。同时，是年内由省审计厅派出师资，分别在吉安、抚州、宜春、上饶、赣州市审计局举办AO培训班，进行实施系统（AO）知识教育。

2006年，全国人大常委会关于修改《审计法》的决定通过后，省审计厅及时组织学习、宣传、贯彻、落实。5月，省审计厅法规处和人事处联合组织全省审计人员共计60余人参加审计署在成都举办的《审计法》培训班。同时，在5月召开的全省法制工作会议上，以会代训，学习宣讲《审计法》。另外，派员到上饶、新余、九江、鹰潭、南昌等地以举办报告会方式进行培训《审计法》。共举办 8 场报告会，约 2000 余名干部参加。为了贯彻李金华审计长在江西省考察调研期间关于加强对审计人员培训的讲话精神，同时也是为了进一步强化审计查处大案、要案的力度，2006 年 12 月 15—17 日，省审计厅在南昌举办全省审计案件移送知识培训班，全省各级审计机关共 200 余名审计人员参加培训。培训班邀请审计署、审计署武汉办及省法制办的专家讲课，他们分别就案件移送的程序、《审计法》的修改要点、查处大案要案的经验及有关依法行政的法律知识进行讲解。

2007 年，省审计厅年初派员参加审计署举办的新企业会计准则培训班，年末厅教育培训中心又与厅人教处一起举办全省新会计准则及所得税法培训班，邀请江西财经大学教授和税务局专家讲解新会计准则及新所得税法。参加培训的有来自全省各设区市和县（市、区）审计机关从事审计业务和审计复核法制工作人员及省审计厅全体审计业务干部 200 余人。通过培训，帮助大家深入学习、准确理解和运用新会计准则和所得税法等与审计工作密切相关的财经法规，不断提高依法行政和依法审计水平。

是年 9 月，省审计厅在宜春温汤审计干部培训基地举办内部控制与内部审计实务培训班。聘请省厅有实践经验的处长讲授企业审计实务与案例、江西财经大学会计学院博士讲授内控制度的设立和运行知识、来自基层审计一线的业务骨干讲授内部审计程序与案例。

是年，省审计厅全年陆续组织审计机关和企事业单位审计人员参加中国审计学会在贵阳举办的审计管理培训班；在福州举办的财政预算资金效益审计培训班；与浙江省审计学会联合举办的专题培训班；3 月下旬为本省各设区市、县审计局举办的"经济责任审计"培训班；5 月中旬为本省各企事业单位举办的"审计技术与方法"培训班；12 月上旬为本省各审计学会会员单位领导举办的"会计报表审计与分析"培训班，均收到较好效果。

2008 年 4、5 月份，省审计厅二次组织部分审计学会理事单位和县、市审计局的业务骨干参加中国审计学会在湖南长沙举办的"预算执行审计专题培训班"。

是年 5 月和 7 月，省审计厅分别在宜春温汤审计干部培训基地、庐山审计干部培训基地举办两期"财政专项资金审计实务"培训班。培训班聘请省审计厅业务处长、基层一线审计人员，以及《财政专项资金审计实务》作者授课。两期培训学员 350 人次。11 月，省审计厅举办首期全省审计机关"固定资产投资审计实务"培训班，聘请省发改委投资评审中心专家、省交通厅公路工程造价中心主任，以及省审计厅业务处长授课。参与培训的学员 200 余人。

是年 11 月，省审计厅转发《审计署办公厅关于开展 AO 培训认证考试的通知》，就组织参加新的全员性现场审计实施系统（AO）培训和考试提出要求。12 月 5 日，省审计厅按照审计署有关考试要求，在江西财经大学现代教育技术中心机房，举办厅有关处 17 名同志参加的第一次 AO 培训认证考试。经审计署计算机技术中心阅卷，17 名同志成绩全为合格。

是年 11 月 4 日，省审计干部培训中心升格为正处级事业单位，从此全省审计系统的继续教育、岗位培训、业务培训；厅机关各单位、全省市、县一级审计机关处、科级干部的继续教育和业务培训工作；全省审计系统在职干部参加更高层次的继续教育和业务培训；全省审计系统专业技术资格考试及辅导培训工作；计算机审计业务培训及专业技术资格考试等工作步入规范化轨道。

2009 年 3 月 15—19 日，省审计厅在南昌举办"全省审计机关新调入人员审计业务培训班"。此次培训人数多、规模大、内容丰富，参加人员达 1100 人次。

是年 5 月 14 日，省审计厅在南昌举办全省审计机关规范审计处罚自由裁量权培训班。培训班邀请省政府法制办专家主讲行政处罚自由裁量权相关知识，省审计厅文件起草人员讲解《江西省审计处罚自由裁量权适用规则》和《江西省审计处罚自由裁量权执行标准》。各设区市审计局法制机构负责人及各县（市、区）审计局审计业务人员，以及省审计厅有关处室的 120 多人参加此次培训。

是年，厅审计干部培训中心围绕"抓组建、打基础、重规划"的目标，一方面组织人员到审计署干部培训中心学习考察，了解培训流程，并尽力协调做好与审计署干部培训中心培训资源共享工作；另一方面，积极筹备，抓紧"两库"建设。即：师资专家库、专业考试题库和开展网络培训的准备工作。10 月 18 日，按审计署安排的 2009 年审计专业技术资格考试要求，在南昌市女子职业学校举行全省 2009 年审计专业技术资格考试。全省报名参加考试 450 余人。是年，根据省委组织、省人力资源和社会保障厅《关于在全省行政机关公务员中开展突发事件应对法培训的通知》精神，省审计干部培训中心组织全厅干部对《突发事件应对法》的知识培训，邀请省委党校教务处长、教授杨超进行辅导。并在之后组织考试，效果较好。

2010 年 3 月，省审计干部培训中心在南昌举办全厅干部参加的春季集中培训。培训主要内容：构建财政审计大格局讲座、推进审计项目审理制度讲座、绩效审计理论及审计实务、计算机审计理论及应用。聘请审计署财政司、深圳市审计局、湖南省审计厅等专家进行辅导，培训效果良好。

是年 5 月中旬，根据审计署的统一安排，省审计厅干部培训中心组织全厅干部职工参加审计署举办的学习贯彻《审计法实施条例》视频培训班。是年 5 月，组织省直单位财务负责人《审计法实施条例》培训班，参加培训人员 200 余人。

是年 6 月 11 日，省审计厅下发《江西省审计厅 2010 年至 2012 年干部教育培训实施意见》。《意见》对各种教育培训的时间、培训对象、培训目标、培训内容、培训方式、师资队伍建设、考评、管理等方面均作出具体规定，使省审计厅的干部职工教育培训工作更趋向规范化。

是年 7 月份，省审计干部培训中心在南昌组织全省各市、县（区）审计局局长培训班，参加人员 150 人。同时，初步建立培训师资库。能与每期培训班邀请到的专家、教授保持经常联系，与审计署、南京审计学院等大专院校沟通协调，构筑了一个完善的师资共享平台，确保培训师资质量。

是年，随着干部职工求知欲望的增长，为进一步规范干部职工的学习教育，省审计厅下发《江西省审计厅干部职工学历教育及境外培训管理办法》，对干部职工就读的院校、就读条件、工学矛盾、经费、毕业后的工作要求等均作出具体规定。

省审计厅在加强干部培训规划及干部培训质量的管理的同时，1993 年 5 月，经省编委批复同意，将原在 1988 年建立起来的庐山培训站改名为省审计局庐山培训基地。1997 年，省审计厅继而对庐山培训基地的管理体制进行改革，将原来由庐山管理局审计处代管调整为省审计厅直接管理，隶属于厅办公室，并选派 1 名干部到庐山培训基地任职直到选派干部调整到厅机关为止。2006 年，对庐山干部培训基地进行扩建改造，扩建建筑面积 486 平方米。改造扩建后，增加了培训干部的容纳量。

第四节　机关党、团、群建设

党组织建设

厅机关党、团、群建设是提升厅机关干部职工政治思想素质的重要基础工作，是稳定、推动审计工作的重要环节，省审计厅认真抓，踏实做，履行自己的职责。

1991年，局机关党委组织党员、干部职工学习党的十三届七中、八中全会精神和省委工作会议及省委二次、三次全体（扩大）会议精神，要求所有干部职工弄懂弄通建设有中国特色的社会主义的基本原则，解决一些深层次的思想认识问题，把思想统一到中共七中、八中全会和省委九届二次、三次全会精神上来。

1992年，省审计局各党支部进行改选换届工作，调整党支部的设置，把党支部设在处、室，变联合支部为独立支部，并采取党务工作和行政工作"一肩挑"的方式，由正副处长担任党支部正副书记，从而有效地避免联合支部工作中存在的"党员难集中，组织生活难落实，对建党对象难考察，对不同处、室的党员难管理"等不利因素和党务工作与行政工作贴得不紧的问题，提高工作的效率，使党支部工作与审计业务工作更有机地结合起来，增强思想政治工作的经常性和有效性，进一步落实目标管理责任制。

1993年，局机关党委在认真落实"三会一课"的基础上，继续实行党支部的目标管理，定期检查考核各支部的目标管理实施情况，充分发挥党组织的监督保证作用。1994年初，针对几年来执行《党支部目标管理考核细则》过程中出现的问题，局机关党委专门召开会议，对照党章及有关规定，对《党支部目标管理细则》进行修改，重点突出党支部目标管理的可行性与创造性相结合原则、一贯性与灵活性相结合原则、整体性与量化性相结合原则、保证监督与加强自身建设相结合原则，使党支部目标管理更具规范化、条例化，增强可操作性。是年3月14日，上届机关党委任期届满，根据党章规定，厅机关召开全体党员大会，采取无记名投票方式进行差额选举，产生9位党员为新的厅机关党委组成人员，并进行分工。新一届机关委员会的组成是，书记：谌模有；副书记：万香保；专职副书记：王洁；宣传委员：李水芳、蔡景祥；组织委员：赵玉章、聂椿如、何干成；妇女委员：李静；纪检委员：王洁（兼）。另增设中共江西省华赣会计师事务所党支部，涂名荣任书记，何文元任副书记。是年，万香保、柯尚荫被省直工委分别评为"优秀党务工作者""优秀党员"。

1995年4月，厅机关党委出台《省审计厅关于党费收缴、使用管理制度》，规范党费收缴工作。5月，出台《厅党组会议制度》，在会议内容、组织程序、根据原则、注意事项等内容上规范党组会议。

1996年3月，厅机关各支部进行换届选举工作，按照"党支部建在处室"的原则，要求凡具备正式党员3人以上的处、室、所，均应单独成立党支部。凡任期超过3年，或支部成员变化较大的党支部，均应进行换届选举工作，选举结果报厅机关党委研究审定批复。期间，增设中共江西省赣建审计师事务所党支部。其余支部均按要求选举产生新的支部委员，并增设纪检干事。是年7月1日，厅机关党委和2名党员分别被省直工委评为"1995—1996年度先进基层党组织和优秀党员、优秀党务工作者"。

1997年1月，省审计厅党组对厅机关7个党支部、6名优秀党员进行通报表彰。3月，编辑部人员调整，批准成立《江西审计》编辑部党支部，吴业崇任党支部副书记，涂细鹏任党支部组织委员。5月，成立监察室党支部，蔡景祥任党支部书记，黄瑞华任党支部委员。

与此同时，局（厅）机关党委（支部）严格按照党章的规定和要求，认真做好发展党员工作。截至2010年，共发展新党员124名。2010年底，省审计厅机关实有27个党支部，党员225名，其中在职党员174名，离退休党员51名。

1998年，省审计厅机关党委召开全省审计机关思想政治工作会议，部署贯彻落实《中国共产党和国家机关基层组织工作条例》工作；一方面，总结审计机关成立以来，特别是十四大以来，单位自身的队伍建设、党组织建设、廉政建设、日常思想教育情况和经验等；另一方面，布置今后加强思想政治工作的意见和措施。

1999年10月，根据离退休人员逐年增多的实际情况，成立江西省审计厅离退休人员党支部，原厅机关各支部管理的离退休的党员，由厅机关离退休人员党支部统一管理。同时，出台《关于进一步加强和改进厅机关政治思想教育的意见》。

2000年1月，出台《江西省审计厅关于加强领导班子建设的意见》和《江西省审计厅议事规则》。8月，根据省委组织部和省直工委指示精神，省审计厅机关党委对厅机关党组织和党员队伍建设情况进行一次调研。通过座谈会、问卷调查、个别交谈等方式，了解分析党员队伍现状，对加强党组织建设提出了五条意见：一是对干部队伍采取理顺关系、优化结构、公平竞争，充分调动党员干部的积极性，增强凝聚力；二是完善组织体系，健全组织生活；三强化政治教育，加大教育检查、督促、通报的力度，提高政治思想教育的重视程度；四是继续发挥党支部的战斗堡垒作用；五是继续广泛开展谈心活动，进一步密切干群关系。

2002年3月，为适应新形势、新任务，进一步加强和改进机关党的工作，充分发挥机关党组织的作用，根据上级关于建立党建工作责任制的精神，省审计厅转发省委组织部机关工委《关于实行省直机关党的工作责任制的规定》。11月，省审计厅党组织推荐副厅长陈长安为第十届人大代表候选人和民建九届省政协常委人选。

2003年7月，厅机关党委研究决定：成立中国共产党江西省审计厅科技体育审计处党支部、中国共产党江西省审计厅药品审计处党支部、中国共产党江西省审计厅经济执法审计处党支部。9月，成立江西省审计厅机关妇女委员会。主任：徐华，副主任：罗兰，委员：李玮、王慧珠。

2004年8月，因机构变动，省审计厅机关党委决定撤销派出审计处第一党支部，原属派出审计处第一党支部的政法审计处和经济审计处，分别设立省审计厅政法审计处党支部和经济审计一处党支部。

2005年1月，根据省直工委指示，省审计厅机关党委按照《中国共产党章程》和《中国共产党基层组织选举工作暂行条例》的有关规定，于2005年1月10日召开全体党员大会，进行厅机关党委换届选举。王卫亚、王洁、伍金条、何干成、项志锋、龚晓林、黄赣华、黎明、蔡景祥（排序以笔画为序）等9名同志当选为省审计厅新一届的厅机关党委委员。3月，为保持党组织机构的健全和便于开展正常的组织活动，批准成立省审计厅审计一处党支部和信息中心党支部。4月，省审计厅党组决定在全厅机关广泛开展"十百千万"系列主题实践活动（即：争创十面先进党组织和优秀党员旗帜，组织一百个机关党组织与南昌市一百个社区党组织联合开展"建设和谐平安江西，共创富民兴赣大业"为主题的教育活动，设置千个党员示范岗，建立万个党员联系户，简称"十百千万"活动）。5月，为贯彻落实党中央关于构建社会主义和谐社会的战略决策和部署，贯彻落实省委在全省范围内开展"建设和谐平安江西，共创富民兴赣大业"主题教育活动，省审计厅紧密结合当时正在开展的保持党员先进性教育活动，围绕和谐兴赣、创业富民的目标，广泛深入开展各种宣传教育活动，努力营造团结和谐，充满活力，共谋发展的良好氛围。10月，中共江西省审计厅机关印发《江西省审计厅"三会一课"制度》。从参加人员、基本内容、会议时机、会议原则、会议程序等内容作出较详细的规定。11月，为进一步加强党的组织建设，做好全厅党员发展工作，省审计厅印发《江西省审计厅发展党员制度》，从工作原则、工作程序、民主监督、预备党员的管理及相关事项作出相应的规定。

2006年，《审计与理财》编辑部人员变动，3月7日机关党委会研究决定，成立省审计厅《审计与理财》编辑部党支部，涂细鹏任党支部书记。4月，省审计厅党组制定下发《发展党员工作程序图》。7月，教育审计处人员变动，机关党委会研究，成立教育审计处党支部。同时，省审计厅组织开展"抓作风、促效能、创事业"主体实践活动，主要是对3年来在政务环境评议活动及先进性教育活动中征求的有关作用和效能方面的意见及问题认真进行梳理；找准影响机关作风和效能的突出问题；对先进性教育活动和机关作风建设活动期间群众反映的问题进行"回头看"；严格绩效督查考核；建立完善效能建设五项制度，规范机关行为等。11月，按照省委决定，从10月下旬至12月上旬，省审计厅在全厅范围内开展"构建和谐社会，实现新的跨越"建言献策、建功立业活动。面向全厅干部群众就如何切实转变经济增长方式、扎实推进社会主义新农村建设、进一步深化改革推进体制机制创新等15个方面征求对策建议。

2007年，省审计厅党组印发《党组建立党建工作责任制的意见》，对党建工作责任制，从四个方面进行规范。6月，省审计厅通过"学"（组织专题学习）、"听"（举办系列报告会）、"看"（实地观察考察）、"议"（开展讨论）、"行"（注重实践）方式，组织开展"学浙江，促发展，迎盛会"活动。

2008年1月，省审计厅首次荣膺2007年度省直机关文明单位。在1月16日上午召开的2008年全省机关党的工作会议上，省审计厅被评为"第四届省直机关文明单位"。这是省审计厅成立以来第一次获得省直机关文明单位称号。

2009年2月，江西省审计厅被省直工委、省直机关文明委授予"第五届省直机关文明单位"称号。4月，省审计厅制定《江西省审计厅关于全省改进机关作风建设方案》。全面落实可持续发展观，大力倡导"创新谋事、高效成事、干净干事"的工作作风，切实解决全省机关作风方面存在的突出问题，力争在短时间内实现相关干部思想作风明显改善、工作作风明显改进、服务水平明显提高、纪律观念明显增强、机关工作成本明显降低。

2010年12月，厅机关党委制定下发《江西省审计厅党组中心组理论学习制度》《江西省审计厅党支部理论学习制度》《江西省审计厅党员管理制度》。

政治思想教育

1991 年，省审计局采取组织全局干部职工学习中共十三届七中、八中全会精神和省委九届二次、三次全体会议精神及《江泽民总书记在庆祝中国共产党七十周年大会上的讲话》，召开学习心得交流大会，举办"党在我心中"诗歌朗诵会，瞻仰"八一"起义纪念馆、革命烈士纪念堂，开展"忆传统、做贡献"活动，并根据《省委机关整顿作风的实施方案》，认真查摆本局和各处、室及个人的思想、工作作风，认真开展批评与自我批评，提出 91 条改进工作的建议，建立健全《干部考核制度》《党课教育制度》《财务管理制度》《信访工作制度》等 31 项规章制度。在全省审计系统举办"四有"审计干部首届征文和演讲比赛，部分地市还在本地区组织相应活动等措施加强干部职工政治思想教育。10 月 29 日，全省各级审计机关的 19 名选手参加在南昌举行的演讲比赛。经过评委评选，评选出一等奖 2 名、二等奖 3 名、三等奖 4 名、优秀奖 10 名。11 月 29 日，征文比赛评选出一等奖 4 名、二等奖 6 名、三等奖 8 名。

是年上半年，省审计局机关党委根据中共江西省委宣传部、组织部和省直工委的安排，组织全局党员、干部开展社会主义理论学习，重点学习《关于社会主义若干问题学习纲要》，深入开展爱国主义、集体主义教育，进行坚持四项基本原则，反对资产阶级自由化的教育。

是年 7 月，建党七十周年。局机关党委组织全局开展庆祝建党七十周年的学习、宣传和教育活动。举办"党在我心中"诗歌朗诵会及"党的知识学习周"活动等，并对一先两优进行评比表彰。共评选出先进党支部 2 个，优秀党员 11 名，优秀党务工作者 6 名，先进工作者 32 名。

1992 年，局机关党委组织全局进行统一党员干部思想认识的一系列形势和任务教育活动。在组织学习党史、党建理论和有中国特色社会主义理论的基础上，针对审计干部受"经济建设要上、审计工作要让"的错误观念影响而产生的思想反映和面对深化改革中的复杂情况而出现的畏难情绪，帮助党员干部解放思想、更新观念，正确认识审计监督和服务的关系。

1993 年 9 月，审计机关成立十周年。省审计厅组织召开江西省审计机关成立十周年座谈会，回顾十年来审计工作的发展情况和所取得的成就，展望审计工作的前景。

1994—1995 年，厅机关党委积极组织党员干部参加省委组织部、省委宣传部、省直工委要求开展的"双学"（学习邓小平建设有中国特色社会主义理论、学习党章）。举办厅机关专职党务干部《纲要》学习班、工会积极分子"双学"读书班、团干和建党对象"双学"辅导班，并根据省直工委的要求，组织副处长以上干部参加省直工委党校举办的"双学"轮训班，增强干部职工用党章规范自己行为的自觉性。

设区市审计局结合当地实际，积极投入到省局组织的学习教育活动中。赣州地区审计局重点抓了"三项工程"，即：党员干部学习的重点工程、一般党员干部学习的基础工程、青年干部学习的希望工程。规定具体明确的考核指标，全年共组织学习 37 次，达 1000 人次，拟定心得笔记 60 多万字。同时，开展"五比五看"和"学先创先"活动。

1995 年 5 月，省审计厅召开青年干部"学先进见行动，用好手中审计权"的专题座谈会。7 月 1 日，召开全厅干部职工"学先进、爱岗敬业"心得交流大会。宜春地区审计局年初印发《关于加强全区审计机关精神文明建设的意见》，并会同该地区文明建设办公室召开全区审计系统精神文明建设工作会议，总结交流审计机关开展文明建设活动和创文明单位的经验，通过了宜春地区审计机关 1995—1996 年精神文明建设规划。1995 年底，宜春地区 11 个地、县（市）审计机关中，1 个（丰城市审计局）连续六年被评为"省级文明单位"、3 个被评为"地级文明单位"、6 个被评为"县（市）级文明单位"。

1996 年，省审计厅制定《关于贯彻党的十四届六中全会决议，加强精神文明建设的意见》，对全厅干部职工提出 13 条要求。以"爱祖国、爱人民、爱劳动、爱科学、爱社会主义"为基本条件，树立平等、团结、友爱、互助、文明的新型人际关系，树立起维护社会主义公众利益、维护社会主义正常秩序的思想观念，营造一个文明、和谐、紧张、有序的机关工作环境，真正形成"团结、进取、求实、廉洁"的厅风。6 月，根据中共江西省委、省人民政府关于整顿省直机关作风的部署，省审计厅整顿厅机关作风。通过学习动员、查摆问题、整顿提高三个阶段，提高了全厅干部职工的思想觉悟，改进了审计工作作风。12 月 27 日，举办厅机关"爱岗敬业事迹演讲会"，把加强全厅的文明建设与树立自己身边先进典型结合起来，进一步加强了厅机关的精神文明建设。

是年 4 月 1 日，省审计厅党组、机关党委对中共中央总书记江泽民提出的"三讲"（讲学习、讲政治、讲正气）、"双学"（学习邓小平建设有中国特色社会主义理论、学习党章）作出部署，按照省直工委要求，建立党组学习中心小组，由厅党组书记、厅长任组长，其他党组成员和各处、室及所属审计（会计）事务所的主要负责人为成员，制定《江西省审计厅党组中心组学习制度》，全体成员严格遵守《制度》，坚持自学与集中讲座相结合的原则进行学习。通过学习，全厅干部职工掌握了邓小平建设有中国特色社会主义理论的科学体系和精神、实质，熟悉党章的内容，充分认识到"三讲"的重要意义。

1997 年，省审计厅党组和机关党委紧扣"香港回归"和"党的十五大"两大主题，采取走出去和请进来等方式进行全面系统的政治理论教育和党性教育，分期分批安排副处级以上和部分科级党员干部参加中共江西省委党校和省直工委党校举办的学理论、学党章，"双学"培训班，并邀请省内有关专家给党员、干部进行专题辅导。对每个党员、干部，要求在认真研讨的基础上，写出读书笔记，加深对邓小平理论的理解。各地市审计局也把学习贯彻"十五大"精神作为当年理论学习的重点，并同审计工作实践有机地结合起来。南昌市审计局学习、贯彻、落实中共"十五大"精神，提出为企业改革和发展服务的七条措施：1. 牢固树立为企业改革和发展服务的意识；2. 紧密结合企业改革的实际确定审计对象；3. 严格按《审计法》规定组织好对企业的审计工作，正确处理好监督与服务的关系；4. 依法审计，实事求是，以"三个有利于"作为判断问题的出发点和落脚点；5. 严格要求，廉洁从政，勤政务实，为企业的发展创造良好的外部环境；6. 查处"三乱"，切实维护企业、投资者的合法权益；7. 加强对社会中介组织的管理和监督。

是年，省审计厅在全省审计机关继续把加强精神文明建设作为审计机关思想作风建设的重点工作。3 月 28 日，省审计厅制定《关于加强精神文明建设，开展"创文明单位，做人民好公仆"活动实施意见》。7 月 21 日，根据省委组织部、省委宣传部、省纪委《关于在全省党员干部中开展"争做表率"活动的通知》精神，开展党员"争做表率"活动。厅精神文明建设领导小组制定出具体的考评细则，组织检查考评，并进行表彰。

宜春地区审计系统积极参加全地区 33 个系统窗口行业文明规范服务竞赛活动，被评为"窗口行为文明规范竞赛优胜系统"；丰城市审计局被评为"文明规范服务示范窗口先进单位"。丰城、樟树市审计局在本市 33 个窗口行业行风民主测评中获第一名。宜春地区各审计机关还积极参与创建文明单位活动，在年终评比中，全区 11 个机关全部被评为"文明单位"，其中有 3 个被评为"县、市级文明单位"，6 个被评为"地区级文明单位"，2 个被评为"省级文明单位"。南昌市审计局制定《南昌市审计局审计干部行为规范》，要求审计干部必须具备正确的政治观点，良好的业务素质，做到严于律己、廉洁行政、文明办公、礼貌待人、爱护公物、讲究卫生、团结互助、移风易俗。同时，在全局范围内举办一次审计干部精神文明建设有奖征文活动，要求大家结合审计实践讲述参加文明建设的心得体会，经过评比，有 16 篇文章获得奖励。

1999 年，省审计厅机关党委根据《中共中央关于在县级以上党政领导班子、领导干部中深入开展以"讲学习、讲政治、讲正气"为主要内容的党性党风教育的意见》和江西省委的通知精神，紧紧围绕审计工作中心任务，紧密联系审计部门工作实际，在全厅党员干部中开展"三讲"教育。10 月，根据剖析查摆出来的主要问题和群众提出的意见，印发《江西省审计厅"三讲"教育整改方案》，就班子建设、审计执法、人事制度改革、思想政治工作、转变工作作风等五个方面提出了 33 条整改措施，确保"三讲"教育的效果。

是年 6 月，上饶市信州区审计局姚子敏的事迹出来之后，厅党组印发《中共江西省审计厅党组关于开展向姚子敏学习的决定》。姚子敏自 1998 年 9 月从部队副团职干部转业分配到上饶市信州区审计局任局长以来，始终保持和发扬人民军队艰苦奋斗的优良作风，在政治上严格要求，工作上求真务实，生活上勤政廉洁。上饶市信州区审计局在他的带领下连续三年被评为"全省审计工作先进单位"，连续七年被评为"上饶地区审计工作先进单位"，连续四年被上饶市委、市政府评为"目标管理先进单位"，1999 年被市委、市政府评为"文明标兵单位"。

2001 年 7 月，厅党组开展学习贯彻"三个代表"重要思想，巩固和扩大"三讲"教育成果活动。这次学习活动采取自学和集中讨论相结合，个人思考和相互交流相结合的方法，分四个专题进行：一是学习、理解中共中央总书记江泽民关于"三个代表"重要思想的内涵和意义；如何用"三个代表"重要思想来促进审计工作，应着重解决和处理好哪几个问题；二学习、理解中共中央总书记江泽民关于"治国必先治党，治党必先从严"的现实意义；如何加强机关党的建设；三是结合中共中央总书记江泽民关于加强思想政治工作的重要论述，如何加强和搞好思想作风建设；四是厅"三讲"建设整改存在哪些不足，进一步巩固和扩大"三讲"教育成果还要做好哪些工作。

是年 12 月，厅党组下发《中共江西省审计厅党组关于认真学习贯彻党的十五届六中全会精神，加强和改进机关党的作风建设的意见》。《意见》要求干部职工：一要充分认识和改进党的作风建设的极端重要性和紧迫性；二要坚持解放思想，实事求是的思想路线；三要密切党群关系，克服形式主义和官僚主义，真抓实干；四要执行民主集中制原则；五要永葆共产党人的政治本色和高尚情操，反对腐败、清正廉洁、艰苦奋斗。

2002 年 2 月，根据省委、省政府的部署，省审计厅在全省审计机关开展"塑造江西人新形象"

主题教育活动。活动的主要内容：一是大力开展塑造江西人新形象大讨论。结合本单位、本部门实际，紧密联系各自工作和思想实际，找准影响和损害江西人形象及审计形象的突出矛盾；二是开展"风雨审计路"全国征文大赛；三是按照省直工委要求，厅机关要积极参加省直工委组织的第四届省直百名优秀青年、十大杰出青年评选活动、为残疾人"三助"爱心工程捐献活动、为创建花园城市添光加彩、省直单位周末义务劳动日等各项"塑造江西人新形象"活动。

是年3—4月，为贯彻落实中央纪委、中组部、中宣部联合作出的《关于开展向优秀党员领导干部汪洋同志学习活动的决定》，厅党组下发《中共江西省审计厅党组关于开展向优秀党员领导干部汪洋同志学习活动学习的通知》。决定集中一个月的时间进行学习、贯彻、落实这项活动，活动分学习动员、对照检查、整改总结三个阶段进行。

2003年1—6月，省审计厅开展建设与开创改革开放和经济发展新局面相适应的机关作用活动。按照厅党组提出的"以建设高素质审计队伍"为核心，以努力塑造"团结务实、开拓创新、公正廉洁、勤政高效"的审计新形象为目标，着力解决机关作风存在的"满、浮、淡、奢"四个方面突出问题的总体要求，经过学习教育，厅机关作风建设取得显著成效。

是年5月，省审计厅组织全厅开展向郑培民同志学习的活动。通过学习活动，全厅各级领导干部和全体党员认识到向郑培民同志学习的现实意义，能以郑培民同志为榜样，树立正确的权力观、地位观、利益观，坚持立党为公，执政为民，真正做到权为民所用，情为民所系，利为民所谋，当好推进改革开放和现代建设的带头人，当好为民造福、为民解难的贴心人，努力开创审计工作的新局面。

2005年2—6月，根据中央精神和省委的统一部署，省审计厅开展以实践"三个代表"重要思想为主要内容的保持共产党员先进性教育活动。全厅24个党支部共191名党员参加了这次教育活动，覆盖面达到了100%。经过四个多月的学习教育，基本上达到中央提出的提高"党员素质、加强基层组织、服务人民群众、促进各项工作"的目标要求，取得较好成效。

是年5月，省审计厅组织全省审计机关学习坚持以热爱祖国为荣、以危害祖国为耻，以服务人民为荣、以背离人民为耻，以崇尚科学为荣、以愚昧无知为耻，以辛勤劳动为荣、以好逸恶劳为耻，以诚实守信为荣、以见利忘义为耻，以遵纪守法为荣、以违法乱纪为耻，以艰苦奋斗为荣、以骄奢淫逸为耻为主要内容的社会主义荣辱观。对于弘扬以爱国主义为核心的民族精神和以改革创新为核心的时代精神，加强社会主义思想道德建设和精神文明建设，形成积极、健康向上的社会风尚，具有重大的现实意义和深远的历史意义。

2007年4月，省委决定在全省范围内广泛开展"创新创业，共建和谐"主题教育活动。省审计厅积极参与并开展活动，特别是在实践环节中，突出抓好开展节约型政府机关活动；积极开展文明审计活动；开展"和谐创业展风采、崛起路上当先锋"实践活动；开展"心连心，和谐创建你我同行"主题党日实践活动。形式多样，充分调动广大干部职工的积极性、主动性、创造性，形成科学发展、和谐创业的生动局面。

是年7月21日，省审计厅印发《全省审计机关民主评议政风行风整改工作实施方案的通知》，《2007年全省审计机关民主评议政风行风整改工作实施方案》的通知要求和工作部署，自7月10日起，全省各级审计机关对前一阶段民主评议政风行风征求意见和自查自纠出来的意见、建议和突出问题，采取有效的措施，认真地进行整改，逐条逐项抓好落实，做到事事有着落，件件有回音。工作步骤及方法主要是：（1）整改动员阶段（7月21日至25日）。制定整改工作实施方案，明确整改内容和步骤方法，落实整改工作任务和措施；（2）实施阶段（7月26日至8月10日）。全省各级审计机关要针对评议意见和自查自纠出来的问题，特别是群众反映强烈的突出问题，认真进行梳理，逐条进行整改。对暂时不能整改的要作出说明，制定切实可行的整改计划，并建立健全本单位政风行风建设的长效机制；（3）总结汇总阶段（8月15日前）。根据整改情况，写出整改落实情况报告，按照逐级汇总的方法，分别报上一级审计机关、同级民主评议政风行风工作领导小组办公室和政府纠风办。省审计厅汇总全省整改落实情况后，报省民主评议政风行风工作领导小组办公室和省政府纠风办。

8月，省审计厅组织开展向邓平寿同志学习的活动。邓平寿同志是新时期乡镇党委书记的楷模，是全党，特别是各级领导干部学习的榜样。这次学习活动，对于教育和引导广大党员干部，进一步转变作风，增强群众观念，密切党同人民群众的血肉联系，加强党的执政能力和先进性建设，加快构建社会主义和谐社会的进程，具有重要的现实意义。

2008年4月，省审计厅在全省审计机关开展"继续解放思想、推动科学发展"主题教育活动。活动中，各级领导、广大党员带头学习实践，通过对部门实际情况的研究，抓住在解放思想方面存在的突出问题，找准审计工作科学发展的切入点和着力点，加深对围绕中心、服务大局的认识和探索。

是年4月，经厅党组研究，决定在厅机关开展深入学习实践科学发展观活动。全面贯彻党的十七大精神，高举中国特色社会主义伟大旗帜，以邓小平理论和"三个代表"重要思想为指导，认真学习实践科学发展观，准确把握科学发展观的自觉性和坚定性，着力转变不适应不符合科学发展观的思想观念，着力解决影响和制约科学发展的突出问题，着力解决群众反映强烈的突出问题，着力构建充满活力、富有效率、更加开放、有利于科学发展的体制机制。

是年7月，省审计厅在厅机关广大党员中开展"四个一"活动。即：原原本本再读一遍"两个读本"；联系实际再撰写一篇体会文章；围绕"进一步推动审计事业科学发展"，再组织一次学习交流；针对查找出的突出问题，再为整改立制献一策。

是年12月，省审计厅举办以"颂光辉成就，谱审计新篇"为主题的纪念审计机关成立25周年文艺调演书法摄影比赛。在文艺调演中，省审计厅机关和各设区市审计局精心编排一批主题鲜明、内容生动、形式多样的节目参加演出，调演取得圆满成功。在书法摄影比赛中，共收到书法作品120件、摄影作品150件，全省各级审计机关干部职工用笔墨和镜头描绘审计现场的感人瞬间，抒发审计人员爱岗敬业的无限情怀和对美好生活的向往，活动收效明显。

2009年4月，省审计厅开展"科学发展、加快崛起"主题教育活动。紧紧围绕"科学发展、加快崛起"主题，开展宣传教育和实践活动，努力营造解放思想、改革开放的浓厚氛围，把审计工作更好地融入经济社会发展全局，认真履行审计监督职责，坚持"依法审计、服务大局、围绕中心、突出重点、求真务实"的工作方针，不断破除影响和制约江西省审计工作科学发展的障碍，促进中央和省委、省政府各项政策措施的贯彻落实，推动经济平稳较快发展，维护国家经济安全，充分发挥审计保障国家经济社会健康运行的"免疫系统"功能，在促进江西崛起新跨越、推动江西省经济社会又好又快发展中有更大作为。5月，省审计厅开展"效能建设带好头，创优环境做表率"党员主题教育活动。坚持以邓小平理论和"三个代表"重要思想以及科学发展观为指导，紧扣提高党的执法能力和保持党的先进性这一主线，围绕中心，服务大局，紧密联系党组织和党员队伍的实际，以增强党组织的凝聚力、战斗力、创造力和充分发挥党员先锋模范作用为内容，以"提高党员素质、加强工作效能、服务人民群众、促进各项工作"为目标，充分运用好党员主题实践活动这个载体，履行好教育、协助、监督职能，深入推进机关效能活动，引导机关党员干部切实把思想、智慧、行动凝聚到保增长、保民生、保稳定这个大局上来，带头弘扬井冈山精神，改进作风、提高效能、凝心聚力、提振信心，确保中央和省委、省政府一系列重大决策部署落到实处，为促进审计事业创新发展提供有力的政治保证和组织保证。

是年7月，为了隆重庆祝中华人民共和国成立60周年及中国共产党建党88周年，纪念淮海、渡江战役胜利60周年，帮助广大党员及干部职工回顾过去、重温历史，进而激发大家的爱国热情和民族自豪感，组织举行革命传统教育宣讲报告会。听取参加过抗战的新四军老战士、江西省新四军研究会副会长葛花作的《铭记历史、坚定信念、开创未来》专题报告。

2010年4月，省审计厅深入开展"作风改进年"活动。以加强审计能力建设为主题，以全省经济平稳运行提供有力的审计支持为目标，以开展"建设六型机关、提高服务水平"主题实践活动为载体，着力解决影响审计事业和发展、机关作风方面存在的突出问题，努力建设学习型、服务型、创新型、务实型、廉洁型、节约型机关，进一步营造服务中心工作的良好环境，树立机关"团结务实、开拓创新、公正廉洁、勤政高效"的审计形象，努力建设学习型、服务型、创新型、务实型、廉洁型、节约型的六型机关。

6月，省审计厅组织开展为期两年的关于在党的基层组织和党员中深入开展创先争优活动。以"服务科学发展、共建和谐审计"为主题，以"发展监督职能、服务经济建设、助推江西发展"为目标，坚持从审计实际出发，改革创新，统筹推进党的建设和其他经常性工作，充分发挥基层党组织的战斗堡垒作用和共产党的先锋模范作用，在推动科学发展、服务鄱阳湖生态建设区建设、强化监督服务、加强基层组织建设、构建和谐审计的实践中建功立业。同时，省审计厅被评为"省委、省政府第十二届文明单位"，这是省审计厅机关首次进入全省文明创建活动先进行列。

为民办实事活动

省审计厅党组及全省审计机关的所有党员干部心系国家安危，情系国民冷暖，同全国人民一道同呼吸、共命运，为民办了许多实事。1994年，省审计厅组织全厅干部职工参加"献爱心"活动，为"希望工程"捐款13000余元，为贫困地区捐衣、物626件，捐玩具、图书一批。1997年11月20日，省审计厅开展捐献"江西省审计系统希望工程贫困学生奖励基金"活动，计划筹集30万—40万元基金，以其利息奖励资助面临失学的大、中学生，研究生，博士生继续完成学业。省审计厅成立以厅长李海泉为组长的活动领导小组主持此项工作，捐献方式采取单位与个人相结合，各县（市、区）局于1998年1月底以前将捐赠钱物上缴地（市）局，是年2月底以前由各地（市）局汇总上缴省审计厅，然后由省审计厅出面联系相关方面安排使用方式。

1998年，江西省九江市遭受百年未遇的特大洪涝灾害，江西省审计厅，九江、南昌、上饶、景德镇等市县均派出审计人员投入到抗洪抢险战斗中，和当地军民一起进行抗洪抢险。

2005年11月，九江市所属瑞昌县、九江县等地发生5.7级地震。灾情发生后，九江市审计局领导班子成员迅速行动起来，研究布置抗震救灾工作，全省各级党委、政府、上级审计机关和兄弟县（区）审计局纷纷伸出援助之手，省审计厅捐赠慰问金4万元。

2007年5月，为了认真贯彻落实省第十二次党代会报告提出的"为广大群众办一件实事，解决一个难题，比一百年空洞的口号更重要"精神，通过各种形式为群众办实事、解难题、做好事，密切党群干部关系，进一步推进领导干部及机关作风建设，省审计厅开展"心连心，和谐创建你我同行"主题党日实践活动，一是机关党委积极协调环湖路社区成立"六站一会"（即：公益事业服务站、环境卫生服务站、文体活动联系站、邻里互助帮困站、民间纠纷调解站、致富信息传递站、志愿者协会）；二是厅机关各党支部积极组织开展"三服务"（即：党的上级组织为基层组织服务、党的基层组织为党员服务、党的各级组织和党员为群众服务）活动。

2008年1月12日—2月1日，江西省58个县遭受罕见的低温冰雪严重自然灾害，1800多万人口受灾，省审计厅及时组织全省各级审计机关计2000余人积极投入到各地抗击冰雪灾害的工作中去，为全省抗击冰雪灾害做出应有的贡献。

是年5月12日，四川省汶川县发生特大地震灾害，省审计厅党组及时组织全省各级审计机关同全国人民一道积极行动起来，采用各种方式对灾区人民进行捐款救灾。在厅的干部职工、离退休老同志，主动到厅捐献现场献爱心；在审计现场的干部职工，就在审计现场献爱心；各地、市、县审计机关纷纷以"特殊党费"的形式募集爱心善款，全省共捐赠款物72.8万元，其中省审计厅捐款38.3万元。

2010年2月，省审计厅参加省直工委机关在南昌市红谷滩行政中心广场举行的支持民族乡发展捐赠仪式，将在春节期间组织党员干部职工捐赠的各类图书共计501本在会上捐赠以支持民族乡发展。

反腐倡廉工作

省审计厅在历届省纪委全会、省政府廉政工作会议和全国审计机关党风廉政建设工作会议精神指导下，坚持标本兼治、综合治理、惩防并举、注重预防和"从严治理审计队伍"的方针，不断加强以完善惩治和预防腐败体系为重点的反腐倡廉建设，努力构建拒腐防变教育长效机制、反腐倡廉制度体系和权力运行监控机制，切实提高审计机关的公信力和执行力，为增强审计"免疫系统"功能提供有力保障，督促全省各级审计机关建立健全教育、制度、监督并重的廉政工作体系，做到思想教育落实，制度规定完善，监督检查基本到位。

1991年，省审计局制定《审计系统自身财务收支审计制度》《执行审计人员守则》情况的检查制度，旨在进一步促进全省审计机关的廉洁自律。根据中共中央办公厅、国务院办公厅12月9日《关于认真检查对严禁用公款吃喝送礼等有关规定执行情况的通知》和省委、省人民政府办公厅的通知精神，省审计局制定规定向全省审计机关发出通知：（1）要组织全体审计干部职工认真学习中共中央、国务院办公厅和省委、省政府办公厅的通知，提高认识，自觉执行党和政府颁发的廉政建设的各项规定及《审计人员守则》；（2）全省各级审计机关要在1992年元旦前集中一段时间对照《通知》精神和《审计人员守则》，认真进行自查自纠，并健全制度，制定措施，建立监督机制，保证中央和省两个《通知》及一系列廉政规定的落实，并写出专题报告；（3）各级审计机关领导干部要严于律己，做执行《通知》的模范，对审计机关和审计人员自身违纪的人和事，要认真追查，严肃处理；（4）以中央和省的两个《通知》为依据，切实负起责任，加强经常性的审计监督，严格执行财经纪律。

1992年，省审计局要求全省审计机关建立廉政目标责任制，做到一级抓一级，教育广大干部职工遵纪守法，杜绝以审谋私，在外出审计前，重申审计纪律，提出要求，警钟长鸣，坚持落实自查和审计回访制度，实行"对被审计单位进行经济监督，也接受被审计单位对审计机关的职业道德和遵纪守法方面的监督"的双向监督。全省各级审计局先后制定一系列配套措施和规定，新建立规章制度75项，修改完善规章制度218项，使审计干部事事有章可循。据不完全统计，全省审计人员全年拒绝宴请3900多人次，拒收礼品折合人民币44000余元。

1993年7月18日，省审计局下发《关于进一步加强审计机关勤政建设的规定》，提出：全省审计机关工作人员，尤其是领导干部在为政清廉方面必须做到"七不准"：（1）不准以任何名义和变相形式在公务活动中接受赠送礼金、有价证券；（2）不准利用公款大吃大喝、挥霍浪费；（3）不准利用审计职权谋取个人或小集团私利；（4）不准利用职权拉业务，搞变相摊派；（5）不准利用本单位的名义、资金、账号等从事个人经济活动，从中牟利。凡从事经营活动的，必须与原职务、原工作、原工资彻底脱钩，按干部调动程序办理有关手续；（6）不准私设小钱柜，私分钱物；（7）不准以各种名义搞变相出国（境）旅游。为保证"七不准"的贯彻执行，要坚持做到"七要"：（1）审计机关的各级领导要以身作则做出表率，起模范带头作用，主动接受群众的监督；（2）要对审计人员坚持进行系统的审计职业道德教育，提高职业道德水准，增强责任感和纪律观念，树立敬业精神；（3）要提高办事公开透明度，加强民主监督；（4）要经常对照进行检查，发现问题，及时纠正；（5）要抓好典型，表扬好的，批评差的，处理违纪的；（6）要建立局、处（科、股）长责任制，坚持"谁主管、谁负责"的原则，实行分级负责，一级抓一级，一级带一级；（7）要按照"一要坚决，二要持久"的方针，坚持"真抓实干，持之以恒，排难而进，取信于民"的指导思想，抓好审计机关的勤政廉政建设，促进改革开放和经济发展。

1995年7月，经省政府批准，省审计厅内设机构纪检组（监察室）成立，为省纪委、省监察厅的派出机构。从此，省审计厅有专职机构负责纪检监察工作。为抓好干部职工的党风廉政工作，省审计厅对干部职工提出五点要求：（1）要清廉。严于律己，克己奉公，不滥用职权，不以权谋私；（2）要勤政。对党的事业本职工作诚心诚意，兢兢业业，不推诿，不搞"上有政策，下有对策"；（3）要爱民。关心群众疾苦，为群众办实事，不高高在上，脱离群众；（4）要求实。讲实话，办实事，求实效，不搞形式主义；（5）要奉献。淡泊名利，鞠躬尽瘁，全心全意为人民服务。

1996年3月11日，省审计厅下发《关于进一步加强厅机关反腐倡廉工作的通知》，强调充分发挥审计监督在反腐工作中的专业优势和职能作用，切实做到"三结合"，把促进廉政建设和机关自身建设相结合，加强思想教育和建立执行各项内控制度相结合，抓好本单位廉政建设与个人廉洁自律相结合，并建立健全反腐倡廉目标责任制度，一级对一级负责，一级抓一级检查落实，严格按"八不准"办事。即：（1）不准接受被审计单位赠送的礼金、证券和贵重礼品；（2）不准利用审计职权谋取个人或小集团的私利；（3）不准接受可能对公正执行公务有影响的宴请；（4）不准参加被审计单位用公款支付的营业性歌舞厅、夜总会等娱乐活动；（5）不准经商、炒买炒卖股票和在外单位兼职取酬；（6）不准利用审计职权收受咨询费、服务费、劳务费等不正当收入；（7）不准私立小金库、私分钱物;（8）不准参与赌博、迷信、色情活动和从事任何有损国家公务员身份的不道德行为。厅党组书记、厅长李海泉在全厅干部大会上对全厅干部职工提出六项具体要求：一要力戒虚假，求真求实；二要力戒漂浮，务实求深；三要力戒奢侈，保持清廉；四要力戒涣散，加强纪律性；五要力戒自由主义，加强组织观念;六要力戒闹个人意气，加强团结。教育大家要进一步提高干部素质，使审计队伍真正成为思想素质过硬、作风清廉、业务精湛的队伍。是年8月15日，省审计厅召开全省审计机关首次纪检监察工作座谈会，会后印发《会议纪要》，确定全省审计机关的纪检监察工作实行"条块结合"的管理体制，全省审计机关的纪检监察部门和人员要接受当地纪委、监督部门和上级审计机关纪检监督部门的双重领导，其主要职能：一是在该审计机关按照有关规定开展纪检、监察工作；二是按照上级审计机关的部署，开展行业纠风工作；三是协查下级审计领导成员的违纪案件，以增强系统反腐倡廉工作的整体合力。

1997年，省审计厅加强以党风廉政建设为主要内容的纪检监督工作。年初，制定1997年江西省审计厅纪检监督工作要点，提出要抓好领导干部廉洁自律工作、加大查处违纪违法案件力度、纠正行业不正之风、抓好拒腐防变教育、强化监督制约机制和建设一支高素质纪检监督队伍等任务和具体要求。7月，根据审计署纪检组的通知，部署全省审计机关开展过渡专户管理情况监督和纠正不正之风工作的专项检查，并于8月26日、11月3日分别向审计署纪检组报告自查和检查的情况。经自查，审计专户自1989年3月设立起至1997年8月底止，其收缴违纪资金、罚款资金总额18654万元，上缴金库总额14107万元。其中：中央金库2802万元，省金库11305万元。省审计厅设立的审计过渡专户无挪用、转移本金、动用利息等违法违纪情况。各地（市）审计局设立的11个审计过渡专户均建立严格的审计专户管理制度，指定专人管理，领导与专人双层负责，账、证、表三项相符。通过自查、检查和跟踪抽查，没有发现违反规定多设户、不按渠道上缴，无挪用、转移、截留和动用利息等违纪行为。纠风工作专项检查的内容主要是：一是检查预算外资金管理情况，进一步规范预算外资金的用途；二是重点检查审计机关有无向被审计单位及主管部门以审计事务所或其他名义收费、拉赞助或接受赠款的现象和审计机关在职人员有无参与审计事务所业务项目，介绍审计客户而获得劳务费、信息费等额外收入；三是检查审计机关与经济实体的脱钩情况，进一步重申审计机关不准经商办企业。通过检查，没有发现利用审计机关权力筹措资金、货源、招揽业务、推销产品等问题。

是年9月3日，省审计厅党组通过学习中共中央、国务院和省委、省人民政府关于党政机关厉行节约、制止奢侈浪费行为的有关规定，专题研究厅机关贯彻实施办法和措施，制定了厉行节约、制止奢侈浪费行为的六项规定：（1）严格控制新建和装修办公楼；（2）严格控制各种会议；（3）严格控制举办各种庆典活动；（4）严禁用公款大吃大喝、挥霍浪费；（5）严格控制用公款安装住宅电话和购置移动电话，严格控制电话费用的报销标准，厅机关各单位办公电话费实行包干；（6）严格按规定配备和更换汽车，不买进口车，厅办公室成立车队，加强车辆管理，用车按规定统一调配，严格控制汽车维修和汽油费用，按规定实行包干。9月25日，省审计厅召开全省审计机关纪检监督工作会议，省审计厅纪检组长李水芳在会议上强调，要求全省各级审计机关要进一步加强党风廉政工作的领导，健全监督机制，保证反腐倡廉工作的全面落实，坚持和不断完善两项制度：一是党风廉政建设领导责任制。把党风廉政建设纳入领导班子重要议事日程，纳入单位年度总体规划和岗位目标责任制，实行"两个文明一起抓，两项成果一起要"的"一岗双责"；党风廉政工作与审计任务一起部署、一起考核、一起总结。二是建立反腐倡廉工作报告制度。全省各级审计机关的党风廉政建设工作情况，都必须向上一级审计机关的纪检监察部门报告，报告的主要内容包括：年终的工作情况、下年度的工作计划安排、上级审计机关交办事项的处理结果、该审计机关发生的违法违纪行为和重要案件、在党风廉政建设中的典型事例以及其他需要请示报告的事项。三是审计回访制度。每年组织有关人员、采取定点和抽查相结合的多种形式，分别到被审计单位听取、收集审计人员落实廉洁从审情况。四是建立党风廉政建设打招呼制度，或称谈话制度。

是年10月28日，省审计厅为进一步加强廉政建设，发出《关于组织进行审计回访的通知》，规定各业务处和审计组实施审计结束返回机关后，要按审计署部署的《审计组廉政责任的若干规定》进行小结、讲评和汇报，抓好"廉政从审，秉公执法"的自查自纠。省审计厅在年底组织审计回访制度。抚州地区审计局对审计人员的廉政勤政情况进行经常性检查监督。该局每审计一个单位，在送达审计通知书的同时，附上一张"审计回访函"。审计结束后，由被审计单位将审计人员执行廉政规定情况和对审计工作的意见，填写在"回访函"上，密封寄送审计局纪检组。纪检人员不定期到被审计单位了解情况和听取意见。宜春地区审计局在年度审计任务基本完成后，由纪检组和秘书科派人到被审计单位进行实地审计回访，或发函征求被审计单位的意见，对审计人员在该单位审计期间的所作所为进行了解。以后又增加建立在进入被审计单位审计的同时发送"审计组廉政责任规定"函的制度，对审计组是否廉洁从审、秉公执法等情况，请被审计单位向审计机关进行反馈。赣州地区审计局制定《勤政廉政职业道德管理暂行办法》，在全区审计机关和社会审计组织中实行"审计人员廉政反馈卡"制度，在发出审计通知书时，附上反馈卡；发出审计意见书和审计决定时，要求被审计单位将反馈卡填送审计机关，以加强社会监督，促进审计机关廉政建设。

1998年1月，为把廉政监督关口前移，进一步规范审计人员的廉政行为，增强审计工作的内部管理和外部监督力度，省审计厅党组决定，凡属审计机关审计的单位和项目，一律实行"反馈函"制度。"反馈函"随同"审计通知书"一并送达被审计单位，建立一条审计机关与被审计单位相互监督的有效途径，进一步强化审计监督力度，促进提高审计质量。

2000年，省审计厅党组提出，从2000年起把落实党风廉政建设责任制的情况作为各级领导组织民主生活会、干部述职、工作总结、民主评议的重要内容，列入各级领导的考察、考核、奖惩的依据之一，并规定在实行党风廉政建设责任制中，凡出了问题的，单位不能评先进、个人不能受表彰、干部不能委重任。

是年1月，审计署制定下发《关于加强审计纪律的规定》及其实施细则，省审计厅根据江西审计机关实际，制定《关于严格审计纪律"八不准"的规定》，提出贯彻执行的具体意见。《规定》要求，审计组和审计人员在对被审计单位进行审计期间，（1）不准由被审计单位支付或补贴住宿费、餐费；（2）不准使用被审计单位的交通工具、通信工具等办公条件办理与审计工作无关的事项；（3）不准参加被审计单位安排的宴请、旅游、娱乐和联欢等活动；（4）不准接受被审计单位的任何纪念品、礼品、礼金、消费卡和有价证券；（5）不准在被审计单位报销任何因公因私费用；（6）不准向被审计单位推销商品或介绍业务；（7）不准利用审计职权或知晓的被审计单位的商业秘密和内部信息，为自己和他人谋利；（8）不准向被审计单位提出任何与审计工作无关的要求。审计纪律"八不准"的出台，对全省审计机关和审计人员在廉洁从审、依法行政方面具有指导性、操作性和监督性的行为规范作用。

2001年，省审计厅按照审计署《关于进一步落实"收支两条线"规定的通知》规定，督促全省部分审计机关撤销审计收缴违纪资金专户。到2001年底为止，已撤销审计专户54户，并对个别县（区）审计过渡专户中存在的违纪违规问题进行纠正处理。对暂未撤销审计专户的审计机关，省审计厅要求其必须严格执行"收支两条线"规定，严格专户管理，绝不允许动用专户资金，同时抓紧办理撤销专户手续，并明确凡是拖延不撤且在专户管理上出了问题的，要追究单位主要领导的责任。11月，省审计厅与省财政厅、省国税局、省地税局、人行南昌中心支行联合下发《关于在地方金库中设立审计查处违纪资金收缴专户的通知》。《通知》规定，今后所有查处的违纪违规金额必须进入该专户。是年3月26日，省审计厅修订并下发《关于贯彻落实〈关于实行党风廉政建设责任制的规定〉的实施办法》。《办法》规定，领导干部对党风廉政建设实行分级负责制，应做到各司其职，各负其责。同时，为进一步规范审计权力的行使，积极探索从源头上预防和治理腐败的有效途径，努力营造高效廉洁的政务环境，加大社会监督的力度，省审计厅决定，自2001年4月1日起在全省审计机关实行审计通告制度。是年4月，省审计厅组织开展评选全省审计机关廉政勤政工作先进单位和先进个人的活动。评选出吉安市审计局等16个先进单位和省审计厅黄正宇等28个先进个人在10月30日厅召开的"庆祝全省审计机关成立20周年大会"上受到表彰和奖励。是年7月30日，省审计厅制定《关于领导干部廉洁自律"八严禁"的规定》。《规定》指出，领导干部在公务活动和社交活动中必须严格遵守廉洁自律等要求。同时，为加强审计一线审计人员的管理和监督，提升审计工作质量，树立审计良好形象，省审计厅对审计组和审计人员必须严格遵守的审计纪律作出"八不准"规定。是年8月，按照审计署的统一安排，省审计厅组织对全省审计机关廉政勤政、纪检监察工作进行考察与评选。以面向基层单位、面向一线审计人员的原则，经自下而上的方法，逐级推荐审核上报。评选出全国审计机关廉政勤政工作先进单位和先进个人，并获审计署表彰。

2004年，省审计厅按照省纪委、省监察厅要求，组织抽调审计业务骨干协助和配合省纪委省监察厅查办丁鑫发案件。省审计厅郑也陶获省纪委二等功表彰。是年5月28日，省审计厅下发《关于审计机关工作人员在公务活动和社交活动中收受礼品实行登记上缴制度的规定》。《规定》完善和健全了审计人员拒收礼品礼金的防御、处置机制。同时，省审计厅决定，在全省审计机关实行审计组执行廉政纪律情况自报制度。该制度与反馈函、回访制度一起，从审计人员（自身）、被审计单位（外部）、厅监察室（内部）三方面对审计项目实施的全过程实行全方位的廉政监督。是年 7 月，为贯彻落实省纪委、省监察厅《关于治理党政领导干部违反规定接受和赠送现金、有价证券、支付凭证（简称"红包"）问题的通知》精神，按照省廉政办的要求，省审计厅把治理"红包"作为专项工作来抓。通过专项治理，厅广大党员干部提高了对"红包"危害性的认识。经检查，尚未发现领导干部违规收送"红包"问题。当年监察室紧紧围绕"坚持两手抓，做好六字（即教育、制度、监督）文章"的中心主题，从五个方面努力做好审计纪检监察工作。

（一）抓住一个"龙头"工程，党风廉政建设责任制纵向到底、横向到边，进一步得到落实。

（二）开展纪检监察干部学习教育和参与厅政务环境评议评价工作两项活动，不断注重自身建设，提高干部素质。

（三）建立三项制度：即审计通知书抄送审计纪委监察机构制度——实施审计人员的动态管理与现场监督、审计组执行廉政纪律情况自报制度——加强审计人员的自我约束和相互监督、礼品礼金登记上缴制度——建立起拒收礼品礼金的防御、处置机制，使源头预防和治理腐败工作拓展新的领域。

（四）开展四项专项治理工作：1.违规购建住房问题的清理工作；2.领导干部违规在企业兼职问题的清理工作；3.检查 2002 年以来全省 112 个审计机关办公楼建设情况的工作；4.专项治理"红包"工作。省检查组对省审计厅做到"四明确四到位"、务求"四个不能少"和"四个进一步"给予了充分肯定。《中国审计报》和《审计监察简报》对此予以了报道。领导干部廉洁自律取得较好成效。

（五）做好五项具体工作，推进反腐倡廉工作的深入开展：1.做好党风廉政宣传教育工作；2.做好信访举报工作。全年共受理群众来信来访电话举报 11 件，初查核实违纪线索 3 件，涉及县处级干部 2 人；3.做好全省审计纪检监察工作先进个人的评选工作；4.做好关于构建审计机关廉政体系和遵守四大纪律八项要求及"内强素质、外树形象"的调查研究工作。监察室在全省审计机关组织开展了调研活动，共征集调研论文 15 篇，其中监察室撰写 4 篇，并报送了省纪委和审计署监察局。5.做好廉政建设制度的监督检查工作。全年审计廉政回访 20 个单位，检查审计通告 16 次，收到反馈函 203 份。

2005 年 11 月，省审计厅把省委、省政府建立健全惩治和预防腐败体系涉及厅的 1 项牵头工作和 12 项协办任务，分解落实到各位厅领导和责任单位。对要求厅牵头的工作任务，坚持近期安排和长远规划相统一、突出重点与整体推进相协调，本着近期具体、中期原则、长期宏观，着重对近三年的工作作出安排和部署。

是年，省审计厅组织全厅 136 名党员参加中央纪委在全国开展的"两个纲要"知识学习竞答活动，参与率和优秀率均为 100%。厅监察室根据审计工作实际和特点，将先进性教育活动的学习成果转化为工作实效，重新修改《审计通告》，要求标明审计人员的党员身份，把先进性教育活动延伸到审计一线，贯穿审计全过程。全年撰写党风廉政宣传稿件被江西人民广播电台和《中国审计报》《中国审计》《江西日报》《审计与理财》等报刊媒体采用 28 篇。继续执行省审计厅《关于领导干部廉洁自律"八严禁"的规定》《关于审计纪律"八不准"的规定（试行）》《关于审计组自报执行廉政纪律情况的规定》《关于机关工作人员在公务活动和社交活动中收受礼品实行登记制度的规定》等制度。在元旦和春节期间，为提倡艰苦奋斗、厉行节约的风尚，过一个文明、简朴、祥和的节日。逐项对党风廉政建设和反腐败工作全面自查，尚未发现"两节"期间审计厅干部存在违纪行为。全年审计廉政回访16个单位，检查审计通告16次，至12月底收到审计反馈函203份（其中综合评价"很好"194份，"较好"6份，"较差"3份）、自报表205份。

2006年5月，省审计厅印发治理商业贿赂专项工作的实施方案，成立治理商业贿赂领导小组。《方案》对治理商业贿赂工作的原则、范围、对象、程序、方法、处理等方面均作出详细的安排和部署。保障、规范和促进了治理商业贿赂工作。是年10月26日，省审计厅刘俊民被省纪委省监察厅评为查办案件工作先进工作者。

2007年5月，省审计厅制定下发《江西省审计机关案件移送暂行办法》。《暂行办法》对案件认定、移送程序、受理机关以及移送责任等作出明确具体的规定，确保审计发现的违纪违法案件线索按照规定程序及时移送有关部门处理，进一步规范案件移送行为，完善反腐协调机制。是年9月，省审计厅下发《关于全省审计系统加强政风行风建设营造和谐审计环境的意见》。是年12月，为强化监督检查，确保审计权力正确运行，省审计厅全年检查审计通告16次，审计廉政回访16个单位，收到反馈函141份（其中综合评价"很好"137份、"较好"4份）、自报表158份，主动上缴"红包"2400元。厅机关工作人员（含离退休人员）中的200名共产党员经自查自纠和监督检查，均未发现违反《廉政建设规定》的问题。根据省监察厅等10部门的通知要求，厅监察室在全厅范围内对各类评比达标表彰活动进行全面清理，清理出不符合要求的9个项目。

2008年8月，厅党组、驻厅纪检组主动将反腐倡廉工作融入全省审计工作全局之中，做到审计工作与廉政建设统筹兼顾、整体推进，把党风廉政建设列入各设区市审计局的目标管理考评范围，制定下发《各设区市审计局党风廉政建设检查考评标准》，并于2008年12月中下旬组织实施考核。在2009年召开的全省审计工作会议上，省审计厅对被评为全省审计机关党风廉政建设先进单位的抚州市、萍乡市、鹰潭市审计局进行表彰和奖励。是年12月16日，根据中共中央《建立健全惩治和预防腐败体系2008—2012年工作规划》和江西省委的《实施办法》，省审计厅党组结合审计机关实际，制定下发《江西省审计机关建立健全惩治和预防腐败体系2008—2012年工作细则》。《工作细则》提出构建、完善惩防体系的目标及措施，要求以与时俱进、改革创新的精神，推动教育、制度、监督、改革、纠风和惩处任务的落实。

2009年9月25日，根据省纪委的要求，为深入开展"三千纪检干部下农村、群众贴心人送清风"活动，驻厅纪检组监察室干部与挂点村的群众"零距离"沟通交流、"面对面"听取诉求，宣传强农惠农的相关政策，切实帮挂点村的群众解决实际困难，受到挂点村的赞扬。是年10月，在深入调查研究、广泛征求意见的基础上，省审计厅党组修订下发《各设区市审计局党风廉政建设检查考核办法》，并于12月中旬组织实施。是年11月，为让领导干部切实受到反腐倡廉警示教育，省审计厅纪检组组织全厅副处级以上干部前往省反腐倡廉警示教育基地——豫章监狱接受警示教育活动，促使领导干部进一步提高反腐倡廉认识。是年12月，根据省纪委、省监察厅的统一部署，省审计厅对违反规定配备和使用公务用车，领导干部违反规定收送现金、有价证券、支付凭证，领导干部以各种形式参与赌博或变相赌博和党员干部违反规定到营业性娱乐场所活动等四个方面的问题进行专项治理工作。通过整治，没有发现违反廉洁自律规定等方面的情况。

2010年，省审计厅抓住关键环节，立足制度防腐，着力推进长效机制建设。一是加强预防制度建设，制定《江西省审计厅审计项目审计工作办法（试行）》《审计查处违纪违规资金收缴方式意见》《江西省审计厅审计业务会议制度》和《江西省审计厅审计项目质量责任追究办法》等审计业务工作管理制度。二是加强监督制度建设。是年4月13日，制定《江西省审计厅审计组廉洁从审暂行规定》。《规定》要求，审计组从进点开展审计到完成现场审计离开被审计单位的全过程必须严格遵守《暂行规定》，并自觉接受被审计单位的监督。进一步加强了对审计组的廉政监督，促进对审计行为的监督制约。江西廉政网《信息日报》《江南都市报》《中国审计报》《中国审计》等均对此进行了宣传报道。三是加强机关内部管理制度建设，修订《江西省审计厅工作规则》《江西省审计厅财务管理办法》和《江西省审计厅公务接待工作暂行规定》。厅监察室向有关媒体和内刊投稿并采用宣传稿件20篇。是年8月，省审计厅成立厅风险岗位廉能管理工作领导小组。厅党组书记、厅长王殿军任组长，厅党组成员、纪检组长邹水成任副组长，办公室、综合处、法规处、人事处、机关党委、监察室、服务中心和信息中心主要负责人为领导小组成员。领导小组办公室设在驻厅监察室，负责风险岗位廉能管理的组织协调工作。

团组织建设

省审计厅1983年才成立，建立时间不长，因工作专业性质关系，工作人员年龄结构偏大，年轻人员所占比重较小。团组织工作比较薄弱。1994年建有3个团小组，有团员22名。1995年有团员21名，1996年16名。省审计局机关团支部组建后，认真组织团员、青年学习马列主义基本理论、党的基本路线、基本知识，参加党章学习班的学习，开展"振兴中华读书会""党在我心中"知识竞赛。通过专题讨论、演讲、出墙报等形式，进行革命传统教育。同时，要求团员青年积极参加审计工作实践。教育团员青年热爱审计工作，努力学习审计业务，不断提高审计业务水平。为加强局机关团支部的组织建设，建立和健全团的各项工作制度，如：周末团日活动制度、季末参加劳动制度等。对表现突出的成员，及时向党组织推荐入党，1996年加入中国共产党的共青团员占入党总人数的60%。

机关团支部根据团员、青年的特点，开展各种文体活动，增强体魄，陶冶情操。对于在工作中和团组织活动中做出优秀成绩的共青团员，团支部给予及时表彰。1985年至1997年，共表彰优秀团员27人次，优秀团干部13人次。

机关工会建设

省审计厅及全省各级审计机关为使干部职工有一个愉悦的心情，精神饱满地投入到审计工作中去，一方面，服务周到地做好干部职工的后勤保障工作，尽量消除他们的后顾之忧；另一方面，积极地组织各种业余文化活动，让大家感觉到生活丰富多彩、精神愉快、工作劲头更足。1991年，举办"公仆之歌"诗歌征文活动，组织部分会员到井冈山参观学习，接受革命传统教育。1993年，组织全体职工积极参加省直工会组织的《工会法》和《妇女权益保障法》知识竞赛；举办纪念毛泽东诞辰一百周年的歌咏活动；动员会员支援灾区、奉献爱心，共捐款 670 元，衣物 78 件；组织 10 名老同志和先进工作者、工会积极分子到 5 个地方作短期休养。1994 年 6 月，组织女职工参加"迪康杯"、95 世界妇女知识大奖赛。全体会员积极参加为"希望工程"捐款活动，为贫困地区捐衣、被、钱活动，为贫困地区儿童献图书、玩具活动，共捐款 13405 元、衣物 626 件、图书玩具 512 本（件）。1995 年，组织 11 名会员赴北戴河等地疗（休）养。在全体会员中开展"迎 95 亿万爱心献春蕾"和向贫困地区捐衣物活动。全厅会员捐衣、被 541 件。1996 年 10 月，组织 152 名会员开展"扶贫济困送温暖"活动，共捐献各种衣物 346 件。年底举办迎春卡拉 OK 比赛。1997 年，结合《中国审计规范》的出台，与厅机关党委联合举办学习《中国审计规范》知识测验，提高广大干部职工学习业务知识的积极性。

1987—1997 年，局（厅）机关工会共表彰工会积极分子 171 人次；局（厅）机关有 11 人次受到省直机关工会的表彰。局机关工会 1989—1997 年，连年被省直机关工会评为"工会工作先进集体"和"工会财务工作先进集体"。局工会主席 1997 年度被评为"全国优秀工会干部"。

2003 年，审计机关成立二十周年。省审计厅举行全省审计机关文艺会演、演讲比赛、法律知识电视竞赛；出版发行《纪念画册》《审计论文集》；全省审计机关乒乓球比赛和书画展等活动在社会上产生广泛影响，江西广播电视台、《江西日报》、《文汇报》等新闻媒体对江西审计机关成立二十周年的全省审计机关文艺会演、演讲比赛、法律知识电视竞赛等活动均作出报道。

2005 年 9 月 27 日，省审计厅在省体育馆举办全省审计系统乒乓球比赛。省审计厅代表队荣获团队第一名，省审计厅副厅长余先仕荣获男子甲组第一名，省审计厅陈志刚荣获男子乙组第一名，吉安市审计局禤雪宁荣获女子组第一名，吉安市审计局代表队等单位荣获组织奖，景德镇市审计局等单位荣获道德风尚奖。

2006 年 7 月 19 日，全国审计机关首届职工运动会第六赛区游泳比赛在江西省会英雄城南昌举行。海南省审计厅副厅长刘自更、福建省审计厅副厅长林秋美、广东省审计厅纪检组长、监察专员郭俊山、深圳特派办副特派员刘贡力、广州特派办副特派员马学斌、江西省审计厅副厅长何干成、陈长安和助理巡视员王卫亚出席开幕式。40 多名运动员参加 10 个游泳项目的比赛，广东省审计厅代表获得 10 枚金牌、5 枚银牌、5 枚铜牌；福建省审计厅代表队获得 3 枚银牌、4 枚铜牌；江西省审计厅获得 1 枚银牌、2 枚铜牌；海南省审计厅获得 3 枚铜牌；深圳特派办获得 1 枚铜牌。广东省审计厅、福建省审计厅和海南省审计厅获得优秀组织奖；深圳特派办、广州特派办和江西省审计厅获得体育道德风尚奖。

2007 年，省直机关举行文艺调演，省审计厅获优秀组织奖。由宜春市审计局匡学松代表省审计机关演唱"祝福祖国"获三等奖。

2008 年，省直机关举办"创先争优"活动，省审计厅胡志勇被评为"省直机关知识型职工标兵"称号和"全省知识型职工优秀个人"；周媛娇被评为"省直机关知识型职工先进个人。"是年，全省机关举办第二届运动会，省审计厅体育代表团荣获优秀组织奖；乒乓球团体第七名；副巡视员王卫亚获厅级男子甲组登山运动第八名；刘正宇获网球男子甲组第三名，范宁华获女子乙组单打第四名。是年，四川省汶川县发生特大地震灾害，省审计厅组织对四川地震灾区捐款 38.3 万多元；在"春蕾计划 10 元捐"活动中，省审计厅职工共捐款 5800 元，刘达和赵小春获"爱心大使"称号。是年春节期间，省审计厅慰问帮扶困难职工 18 人次，发放困难补助金 12000 元；2008 年全年平时慰问看望生病住院职工 18 人次，送去慰问金 7200 元；2009 年春节期间慰问帮扶困难职工 14 人次，发放困难补助慰问金 7400 元。

  2009 年 1 月 18 日，审计机关成立 25 周年，省审计厅举办以"颂光辉成就、谱审计新篇"为主题的纪念审计机关成立 25 周年文艺调演暨书法摄影比赛。在文艺调演中，省审计厅机关和各设区市审计局精心编排一批主题鲜明、内容生动、形式多样的节目参加演出，参加全省审计工作会议以及厅机关职工 300 多人观看演出，调演取得圆满成功。在书法摄影比赛中，共收到书法作品 120 件、摄影作品 150 件，来自 11 个地市审计局的书法和摄影作品计 300 多幅在全省审计工作会议中心会场展出。全省各级审计机关干部职工用笔墨和镜头描绘审计现场的感人瞬间，抒发审计人爱岗敬业的无限情怀和对美好生活的向往，活动收效明显。根据专家评审、组委会审核，省审计厅对文艺调演获得一、二、三等奖及优秀奖的节目、对书法摄影比赛获得一、二、三等奖的作品均进行表彰。是年 4 月 25 日，省直机关在梅岭举行"强健体魄促效能"登山活动。副省长孙刚、省政协副主席汤建人以及省直机关干部职工代表近千人参加登山活动。经过选拔，省审计厅派出 11 名选手参加处以下四个组别的比赛，共有 5 人获奖。其中：章丁万、王农基获处以下干部职工组男甲组三等奖；钟芸获处以下干部职工女组甲组三等奖；张麟获处以下干部职工组男组乙组三等奖；屠文瑛获处以下干部职工女组乙组三等奖。

第十二章　审计科研与审计宣传

省审计厅为解决审计工作在方式、方法、规程、规律方面出现的新情况、新问题、国内外审计新动态、审计发展远景等问题组织专业机构省审计科研所开展研究和探索工作。组建后的省审计科研所工作人员结合社会经济发展形势，将这些问题分析归类整理成研究课题，组织审计专家、审计专业技术人员、审计对口理论工作者进行研讨。为保证审计科研课题质量，对课题进行严格考核，考核通过后，将研讨提出的审计新方法、新观点形成论文，借助审计专业期刊广泛宣传，供所有审计工作者检验，付诸审计实践，推动着江西审计事业健康有序发展。

审计宣传是审计工作的重要环节，省审计厅为使社会大众了解江西审计、理解江西审计、支持江西审计，加大了审计宣传力度。1997 年，提升审计宣传机构规格，成立以厅长为主任的江西审计编辑委员会。《江西审计》编辑部在组委会的直接领导下开展工作，2005—2010 年，聘请中央党校、中宣部、财政部等高层部门专家教授为刊物编委，增设审计署特派办特派员、全国各省审计厅（局）长的专栏文章等，在社会上影响力得到较大提升，发行版图创全国同行业期刊第一，发行到 44 个国家和地区，先后被评为江西省第二届、第三届，华东地区第四届优秀期刊。

第一节　审计科研

科研机构

1984 年，省审计局成立科研培训室，定编 10 人。1988 年 7 月，经省编委批准，撤销原省审计局科研培训室，成立江西省审计科学研究所，为省审计局下属处级事业单位，内设办公室、科研服务科、科研管理科三个科室，定编 30 人；1990 年，实有干部 16 人。1993 年，省审计科研所内部机构调整为"四部一室"，即科研管理部、学会工作部、咨询服务部、编辑部和办公室，均属科级机构。1996 年，省审计科研所实有人员 10 人，其中副审计 1 人，副研究员 1 人，审计师 1 人，助理审计师 2 人。1997 年，《江西审计》编辑部改为厅直属机构与审计科研所分立后，省审计科研所实有人员 6 人，其中副研究员 1 人，审计师 2 人，助理审计师 1 人。2010 年，省审计科研所实有人员 8 人，其中高级审计师 2 人，审计师 2 人，助理审计师 2 人。审计科研所的主要工作：开展审计科学研究，负责全省审计科研课题的管理和指导；从事审计情报、信息和资料的收集与交流，编辑出版审计研究书刊和资料；开展综合分析和政策调研工作。

科研业务

审计课题管理 1991年1月，省审计局制订《江西省审计科研工作管理办法》，其中对各个不同层次科研课题的管理作出具体规定。根据这项办法，全省科研课题分指令性计划和指导性计划两部分。凡列入指令性计划的重点课题，须详细填写课题计划情况表。各地、市审计局及省局各处、室、所确定的指导性计划课题，立项后须报省审计科研所备案，并送省审计学会。指令性的科研课题由省审计科研所牵头，聘请专家、学者及审计业务骨干组成评审小组进行鉴定，或由省审计科研所聘请专家及有关人员评议或鉴定。指令性科研课题完成后，项目负责人将本课题的全部科研档案整理成册送省审计科研所存档，并将课题成果送省审计学会一份；指导性科研课题由各地市审计局自行负责存档。课题完成情况与经费挂钩，指令性课题的经费由省审计局或主管部门拨给。拨给方式：完成课题写作提纲及实施方案的预拨50%，剩余部分课题完成后再给；指导性计划课题经费由各地的负责单位适当拨给。一些地（市）审计局也在省局制定科研工作管理办法的基础上制定本地区的科研课题制度和方法，不少县（市、区）审计局将科研课题下达到科（股）或者个人定时完成。

1993年3月，省审计局召开全省审计科研工作会议，检查科研课题落实、完成情况，研究部署下一年度科研课题计划。并由此形成规律，每年召开的审计科研工作会都要检查、总结科研课题工作。

1995年，省审计厅指令性重点课题的研究开始采取由一至两个地（市）局担任课题组长，其他地市分头参与，省审计厅各处、室、所自愿参加，最后由省审计科研所负责召开专题研讨会，在此基础上再由组长单位完成课题报告的办法进行。

1996年2月，省审计厅发出通知，对全省年度审计科研课题的研究方向、申报手续和立项办法分别作出具体规定。即先由各地（市）审计局（学会）、省直各行业内审学会及省审计厅各处、室、所，分别提出各自的课题和研究初步方案，并填报课题申报表。省审计学会和省审计科研所根据各单位申报的情况，经过科学论证、综合平衡后，提出全省审计科研课题计划。经全省审计科研工作会议讨论通过后，再正式向各单位下达立项通知书。各县（市、区）审计局课题申报工作由各地（市）局组织进行，报省审计学会备案。

1997年4月，根据规范审计科研管理的要求，省审计厅制定《江西省审计课题（论文）申报表》，《申报表》主要内容是：立题依据、课题（论文）名称、内容提纲、完成时间、负责人和承担人员、申报单位意见、立项审批意见、鉴定意见等。内容更具体、明了、统一、规范。该表一式三份，单位、个人均可申报，经省审计厅批准立项后交地（市）审计局（或省直派驻审计处、内审处）、课题（论文）负责人和省审计科研所各存一份，为课题（论文）完成后参加专家鉴定、优秀论文评审及学术交流会的依据。

2007年，省审计厅制定下发《江西省审计厅审计科研课题管理办法》。《办法》对重点课题立项管理和一般课题立项管理方面的立项条件、立项要求、审批、成果鉴定、经费补助、调研与研讨、评审与奖励、成果交流、应用与推广均作出详细的规定。其中规定：重点立项课题选题原则上应是上级部署的重点科研课题，或省审计厅确定的当前审计工作的重点、难点、热点和具有研究价值的重要课题。一般课题立项的条件是：凡在本省工作，有条件进行审计科学研究的单位和个人，均可按规定提出立项申请。审计系统立项申请须经市级以上审计机关和负责人签署明确意见；审计系统以外申报立项课题至少有一名高级职称的专业人员推荐。

审计课题研究 1990年，根据审计署的决定，省审计厅为解决省审计科研所与省审计学会有些职能重叠的问题，开始实行"一套计划、共同组织"的方式，由省审计厅科研所与省审计学会共同承办审计科研课题工作。

1991年，省审计局和省审计学会下达指令性科研课题5项：《工业企业承包经营责任审计操作规程》(赣州地区审计局承担)、《行政事业单位定期审计规范及质量控制》(省审计局行文处、宜春地区审计局承担)、《商业企业财务收支审计操作规程》(省审计局商贸处承担)、《审计文书档案规范及质量控制》(省审计局办公室承担)、《工业企业经济效益审计操作规程》(省审计局课题组承担)。同时，下达指导性课题104项。到年底，5项指令性科研课题均提交课题论文，其中《行政事业单位定期审计规范及质量控制》和《经济效益审计》两个课题成果于1992年5月合编为《江西审计》增刊，供全省审计工作者在实际工作中参考。

1992年，列入全省审计科研指令性课题有3项：《乡镇审计及乡镇审计规范化研究》(南昌、抚州、吉安、上饶、赣州、宜春地区审计局承担)；《在财务收支审计基础上搞好"两个延伸"》(景德镇、九江、新余、萍乡市审计局承担)；《转换企业经营机制与审计监督》(省审计科研所承担)。列入指导性课题共85个。省审计科研所重点组织《转换企业经营机制与审计监督》课题研究，年中召开专题研讨会，收到论文14篇。当年，省审计科研所还完成《科研课题管理规范化》论文一篇，参加审计署科研所召开的"审计规范化"研讨会，该项课题是全国审计系统率先提出并具有一定实践意义的课题。

1993年，列入全省审计科研课题计划的指导性科研课题共70项。省审计科研所在第二年年初召开全省审计科研工作会议对1993年课题完成情况进行检查并评选出优秀课题35个。省审计科研所与南昌市审计局完成审计署科研所下达的课题《强化审计宣传》论文各一篇，并参加审计署科研所在大连召开的全国审计宣传研讨会。全省有4项科研课题被审计署编入《审计工作规范理论与实务》一书。

1994年，省审计学会和省审计科研所确定全省审计科研选题主要内容是：在社会主义市场体制下如何改进企业审计；社会审计的地位与作用；贯彻企业经营机制转换条例如何发挥内部审计作用；如何提高审计质量，加大审计执法力度。根据各地、各部门上报的课题，省审计局选择15项作为重点课题。其中包括：《国有民营商业企业审计探讨》(赣州地区审计局承担)、《社会主义市场经济体制下如何改进企业审计》(景德镇市、昌江区审计局分别承担)、《企业资产、负债、损益审计方法与内容探讨》(南昌市审计局承担)、《在社会主义市场经济体制下企业内审的任务和作用》(省机械厅审计处承担)。指导性课题由各地审计局和内审机构自行下达计划，自行组织完成和考核。为完成重点课题研究，全省划分为四个课题小组，其中各地市审计局分成2组，内部审计、社会审计分别为1组。省局根据各地课题完成情况，分片召开研讨会。年底，由各地市、各内审机构评出优秀课题报省审计科研所。

1995年，全省确定4项重点课题：《财政审计同级审的研究》《如何提高审计质量的研究》《深化企业审计、重点抓好国有资产运营效益审计的研究》，分别由萍乡市、宜春地区、上饶地区审计局担任课题组长，其他地、市审计局和省审计厅各处、室、所分别编组参加课题研究。《社会审计质量控制》由省审计厅指导处组织课题研究。下半年省审计科研所分别在宜春和上饶市召开课题研讨会，交流各课题组工作情况，研讨论文内容，提出修改意见。经过反复研究、修改、审定后的《审计质量研究》和《国有资产营运效益审计》两个课题研究论文年底在《江西审计》增刊上出版。当年，省审计厅完成全省"八五"规划重点课题《社会主义市场经济下审计监督制度研究》论文。此项课题由厅领导担任课题组长，历时两年，三易其稿，1995年底提交课题论文，1996年初组织专家、教授进行鉴定，结题上报。

1996年4月，全省审计科研课题计划确定重点课题仍采取优化组合、集体攻关的做法，由各地（市）审计局、省直内审机构审计学会、省审计科研所分别参加各课题的研究。指令性课题共4项：《怎样处理各级政府划分事权与审计监督的关系》（审计署下达江西省的课题，九江市审计局等7个单位参加）、《财政同级审规范化研究》（南昌市审计局等7个单位参加）、《预算外资金审计研究》（全省11个地、市审计局参加）、《现代企业制度下内部审计机制研究》（省交通审计学会和省机械审计学会，省化工审计学会等7个单位参加）。年底，全省完成指令性课题论文10篇。其中：《怎样处理各级政府划分事权与审计监督的关系》一文，在全国审计理论研讨会上获得审计署科研所的肯定。此外，省审计厅还下达指导性课题17项，由各单位自行组织研讨，并将研究成果报省审计厅。年底，省审计科研所收集全省审计系统当年部分审计科研论文28篇，编印成《1996年江西省审计科研论文选》，供广大审计工作者阅读参考。

1997年2月18日，省审计厅根据审计署关于1997年度审计工作的安排和全省审计工作会议精神，制定《全省1997年度审计科研课题计划及实施意见》，确定在全省审计系统范围进行研讨的课题有：（1）《加强对预算单位银行开户的审计监督》。参加该课题研讨的单位有厅部分处室及全省各地（市）审计局，由省审计厅财金处任课题组长。（2）《环境审计研究》。该课题是由中国审计学会安排下达，省审计厅科研所是审计署协作成员之一，全省参加该课题写作的单位有省审计厅固定资产投资审计处、省环保局等单位。（3）《江西省国有大中型企业经营状况调查》。该课题是省审计厅承担的江西社会科学"九五"规划项目，属于省情调查，由省审计厅副厅长何干成担任课题组长，课题组成员单位有省审计厅工交处、省辖市审计局和部分厅局审计处等单位。省审计科研所担任总协调人。（4）《江西省乡镇村级财务管理状况调查和加强审计监督的思考》，参加单位有省审计厅科研所、全省11个地（市）审计局等，由省审计厅综合处、科研所总纂成稿。除以上重点课题外，全省各地（市）审计局，省审计厅各处、室、所，各内部审计学会（机构），根据省审计厅课题计划及年度审计工作计划，结合本单位具体情况，自行选择1至2个审计科研课题，制定实施方案，落实写作人员和课题经费，按时完成。年底对完成的课题进行研究和讨论，发现一大批高质量的科研论文。据统计，全省立项的课题论文共72篇，到年底完成60篇，占立项数的83.3%，其中获得各个等级奖项的有19篇，占完成数的31%，未完成的立项课题可在以后年度滚动完成。省审计科研所结合全省审计实践和审计调查，着重对"预算单位银行账户的研究""部分乡镇、村级账务管理审计""环境审计"等三个课题专门组织全省性的理论研讨，并归纳总结，整理成文，印发给全省审计机关参考。年底，省审计厅将 1996 至 1997 年度全省审计理论研究获奖论文和其他优秀论文共 56 篇，汇编成《市场经济与审计监督》一书交付出版。

2002 年 10 月，为配合审计署关于中华苏维埃共和国审计史的研究，省审计科研所根据审计署《审计署办公厅关于〈中华苏维埃共和国审计史陈列方案〉及中央审计委员会旧址管护经费问题的函》的精神，积极派员参与协调工作。

2005 年，为筑牢审计科研的基础工作，培养审计干部掌握更多与审计工作相关的知识，省审计科研所积极开展各种审计实务培训班，全年共举办"企业内部控制与审计流程""财政专项资金审计实务""固定资产投资审计实务""全省审计机关新录用人员审计业务""计算机审计专家经验推广""卫生系统财务收支内部审计""内部审计人员上岗证书""内部控制规范"等多期培训班，累计参加培训人员 700 余人。是年，延续 2004 年确定的"树立和落实科学发展观，推动审计事业全面协调可持续发展"重点课题，组织全省各级审计机关参与研究，将收集 37 篇计 20 余万字的论文进行整理、修改，出版发行《国家审计与科学发展观》论文集。这本论文集汇集全省各级审计机关审计工作者从不同角度对发展审计工作的理性思考和研究成果，在总结审计工作发展的成功经验和不足的同时，对如何更好地树立和落实科学发展观，推动审计事业全面协调可持续发展提出了一些有启发、有价值的思路和措施。同时，根据审计厅 2005 年审计工作计划和审计署下发的 2005 年度重点研究课题，并结合审计实际，省审计科研所确定"国家审计控制与政府责任研究""公共资金绩效审计研究"等 7 个课题为 2005 年重点研究课题。其中：经审计署科研所立项课题 2 个，并且在年中额外增加完成审计署科研所布置的《审计工作与构建和谐社会》2 篇论文。据统计，仅科研所直接参与完成的 4 个科研课题，如《国家审计控制与政府责任研究》《公共资金绩效审计研究》《构建和谐社会的国家审计》《和谐社会、审计助力》，共计 12 万余字。对全省各市局参加的审计科研项目，科研所积极给予指导和督促。省审计厅领导对科研课题非常重视，有的厅领导直接担任相关课题组负责人，给科研工作增加了推动力。该年，由厅长伍自尧任课题负责人的课题《国家审计与政府责任研究》（定稿后 5 万余字）和副厅长余先仕任课题负责人的课题《公共资金绩效审计研究》（定稿后 4 万余字），均在审计署科研所成功立项。这是江西省科研课题首次在审计署立项。

基于不断提升科研工作水平需要，省审计科研所一方面积极聘请江西财经大学、南昌大学等院校有关专家、教授为科研所特聘研究员，利用社会资源参与课题研究，在一定程度上解决了科研所人员老化、业务骨干缺乏的难题。另一方面积极组织部分设区市局和审计理论研究骨干赴新疆考察、交流。通过交流活动，拓宽视野，提升基层审计机关进行审计研究的能力。

2006 年，省审计科研所围绕审计实践中的热点、难点问题，结合江西省审计工作实际情况，选择"财政专项资金审计实务"等为重点研究课题，由厅领导任课题组负责人。为克服科研所人员年龄偏大、缺乏学术研究人员的困难，聘请审计实践经验丰富、写作能力较强的审计骨干人员担任主要撰稿人。由于对本课题内容进行专门、系统的研究在国内尚属首次，方案中预计将形成 30 余万字的书稿，尚需要各方全力配合方能实施。省审计科研所为此专门在上饶召开各市审计局和厅有关处室人员参加的专题研讨会，会议取得较好的效果。

在审计署科研所的指导和帮助下，经厅领导批准，省审计科研所申报并且中标一个中国审计学会 2006 年招标课题：《和谐社会与法理逻辑下的政府审计职能与作用研究》，并且拨付 1 万元课题补助经费。审计署多年来一直将重点审计科研课题向全国审计机关、大学、研究团体招标，这是江西省首次被选中标。

在 2005 年完成审计署 2005 年重点课题《国家审计与政府责任研究》的基础上，省审计科研所以此为题向江西省社联申请"江西社会科学研究文章出版资助项目"，约 15 万字。

2007 年，按照上年计划，省审计科研所如期完成《财政专项资金审计实务》专著，组稿并出版发行。该专著整体体现了"立足高层、面向基层、服务社会"的立意宗旨。

"立足高层"主要体现在：有显著的理论高度。对财政专项资金及其审计实务从理论上进行深入阐述和解析；有明显的政策敏感度。对财政专项资金及其审计实务从来源、管理及使用等各个环节和层面上进行政策的灌输和体系的指导；有生动的精神思想鼓舞性。从理论与实践相结合的点面上，通过典型的事例、案例对财政专项资金审计进行宣传发动，营造良好的审计氛围，优化审计的发展环境，鼓舞审计人员的斗志。

"面向基层"主要体现在：有明确的审计思路；有切实可行的审计技术和方法；有较强的学习参考和实用价值。

"服务社会"主要体现在：提高社会各界对审计的认知度；提高社会各界遵纪守法的自觉性；为社会各界提供丰富的精神食粮。

是年，完成中国审计学会 2006 年招标课题：《和谐社会与法理逻辑下的政府审计职能与作用研究》。这个课题于 2007 年 9 月由中国审计学会在怀柔进行评审，审计署领导石爱中、孙宝厚及教授秦荣生等到会点评，并顺利结题。

是年，完成"计算机审计专家经验"的收集、评审、上报工作。按照审计署要求，省审计厅在省厅和部分设区市局收集"计算机审计专家经验"14 个，其文本和数据符合要求，在规定时间内报送审计署科研所，参加第四次全国系统"计算机审计专家经验"的评审。

2008 年，省审计科研所积极派员参加审计署科研所 2008 年重点课题《节能减排审计研究》的调查研究工作，并于年底结题。是年 8 月，省审计科研所编辑出版《2007 年江西审计研究报告》，2009 年 3 月编辑部出版《2008 年江西审计研究报告——计算机审计专家经验专辑》，2009 年上半年的《江西审计研究报告》组稿、编审工作也基本结束。三期《江西审计研究报告》共收录政府审计、内部审计科研人员创作的审计论文和计算机审计专家经验 100 余篇。《江西审计研究报告》的连续出版引起审计系统内外相关人士的密切关注。

是年，省审计厅积极组织全省审计机关参与审计署科研所组织的"免疫系统"征文活动。其中：《国家审计"免疫系统"的理性思维》获二等奖；《论审计免疫系统顺利运行之外部环境》《审计发挥"免疫系统"作用的机制》获三等奖。

是年，省审计厅制定《审计科研目标考核管理办法》，要求省审计厅科研所每年至少完成一篇以上高质量的专题调研报告，举办四期以上审计实务知识培训，从 2009 年起每年出版二期《江西审计研究报告》。同时，省审计厅制定下发《2008—2012 年审计科研工作规划》，并于 2009 年 3 月首次召开审计科研课题招标会，各设区市科研部门分管领导踊跃参加，现场有 7 个市审计局参与 16

个课题的招投标。

2009年,省审计科研所完成《政府审计案例》,并积极准备申请立项《县本级预算执行审计实务》《中华苏维埃共和国审计史》等课题。

2010年,省审计厅布置课题研究指导选题计划10个,安排课题资助经费6万元资助审计课题研究。围绕课题计划,省审计厅科研所组织厅机关和市县审计局以及有关院校参加课题招标申报,共收到立项申请书23个,经报厅领导同意后全部给予立项,并在年底全部完成课题结题。

是年,审计署科研所在全国范围进行"关于审计机关开展审计技术创新情况调查"。调查遍及全国审计机关,共有27个省(自治区)、直辖市和5个计划单列市、18个特派员办事处提交专题调研报告138篇,创新型审计技术526项。调查中对审计技术创新的含义和类别给予严格界定。在现阶段,全国审计机关进行的审计技术创新内容共分为七类:1.全球定位系统(GPS)类;2.图像采集、处理和分析技术类;3.影音技术类;4.数据采集、查询和分析技术类;5.数据恢复技术类;6.AO与OA应用改进技术类;7.联网审计技术类。

江西省鹰潭市、南昌市、上饶市等市审计局,横峰县、会昌县、安福县、遂川县等县审计局、省审计厅外资审计处参加此项调查。各单位调研报告所列举的审计技术创新案例56个,被审计署科研所汇总入选。入选项目的新技术名称和技术特征主要是:1.鹰潭市审计局:GPS在城市道路改造工程中的运用。采用GPS测量面积,测点快,测量成果含有坐标点,复测简单方便。2.上饶市审计局:取数工具软件。该软件是基于ODBC的应用程序,拥有多种财务软件后台数据库采集模板,方便审计人员单机或联机采集被审计单位财务、业务电子数据。3.省审计厅外资审计处:串换设备,套取资金的计算机审计实例。运用某设备采购项目的设备采购合同清单、签约清单和到货台账三份电子表格,运用AO审计软件的SQL语言编程,查询招标采购中违规问题。4.安福县审计局:组合性对比。利用被审计单位开发的软件系统形成的数据库资料与AO系统里的工具对自己需要的表格进行比对,达到审计的目的及要求。其特征主要体现运用数据分析功能,利用被审计单位开发的系统中的数据库,运用数据分析功能变为自己的需求,进行横向或纵向比对。5.南昌市审计局:新型农村合作医疗药品审核软件。软件能较好体现VB与Access的综合优势。一方面,充分体现VB界面可视化和易用性的特点,另一方面,也发挥Access在数据存储、调用、维护和便利性。既克服Excel"查找"功能在进行模糊查询后,结果既无法集中浏览的缺陷,又弥补AO审计软件在查询过程中,需要对源数据进行维护的不便。

审计情报交换与审计、学术交流　在审计机关成立之初,情报资料交换工作运行还比较顺畅,后因人员变化、机构调整诸因素,该项工作逐渐淡化,但审计学术交流以专题研讨会等多种形式仍在正常运转。

1991年,省审计科研所按照审计署举办的审计情报员培训班的要求,坚持向上级审计机关传递审计情报资料,并与全国各省市、自治区审计局交换审计情报资料。同时,在全省各地市审计局设置兼职审计信息情报人员,逐步形成一个以审计科研所为枢纽的联结审计署、各省市区审计局和本省各地、市、县审计局的审计情报网络,沟通审计情报资料的传递渠道。

是年,在1990年举办的全省首届审计业务知识竞赛的基础上,省审计科研所编辑出版《审计业务知识竞赛大全》一书，发行量达 5000 余册。

是年，省审计科研所对《审计科研参考资料》的编审工作进行改革，在刊物中开辟"小知识"、"考考你"等专栏，增大知识性和可读性。1995 年，《审计科研参考资料》先后分别以《新税制改革》《注册会计师审计准则（草案)》《社会审计》《境外审计》等专题，组成专辑出版，因内容可操作性强，受到读者的欢迎。1996 年 7 月 1 日，该刊根据省人民政府办公厅《关于整顿内部刊物的通知》精神停刊。1987—1996 年，《审计科研参考资料》共出版 113 期。

1991 年 3 月 20 日，省审计科研所在南昌召开有省审计局各处、室、所的审计业务骨干参加的关于违纪违规处理专题研讨会。是年 8 月，省审计科研所与中共江西省委党校政治经济教研室共同举办"经济发展和审计工作"研讨会。是年 11 月，省审计局在九江市审计干部培训中心召开"工业企业承包经济责任制操作规程"和"行政事业单位定期审计规范及质量控制"课题研讨会。

1992 年 4 月，全国"审计工作法制化、制度化、规范化"课题研讨会在九江市召开。有来自全国各省市审计机关的论文 47 篇在大会上进行交流。其中：江西省审计机关有 4 篇审计科研论文入选。是年 6 月，省审计局在南昌市召开有各地市审计局、部分县市审计局、部分大中型企业负责人和《企业导报》社等 17 个单位参加的《转换企业经营机制与审计监督》专题研讨会，并组织 14 篇论文在大会上交流。是年 10 月，华东片审计理论研讨会在庐山召开，研讨课题主要是："经济效益审计"和"审计的两个延伸"，有 30 篇论文在大会上交流。江西省审计机关推选 5 篇论文参加研讨，其中《经济效益审计若干问题研究》作中心发言，受到与会者好评。

1993 年，为配合会计制度的改革，省审计科研所举办会计改革知识培训班，并为培训班编写学习资料。

1994 年，省审计科研所编印《会计审计内部工作手册》，收录 25 个近几年新颁布的《会计法》《注册会计师法》《预算法》等与审计工作密切相关的法规。

1995 年 8 月和 10 月，省审计科研所分别在宜春市、上饶市组织召开"审计质量研究"和"国有资产营运效益审计"研讨会。

1996 年，省审计科研所把科研与培训紧密结合起来，与审计署干部培训中心联合在庐山举办"全国审计理论与实务"培训班，与江西华赣会计师事务所联合举办"全国社会审计研讨班"。参加上述培训班的，既有省内的，又有来自全国各地的审计工作者，既给这些审计干部增加知识，又给他们提供互相交流审计工作经验的平台。

1997 年 5 月 14 至 16 日，省审计科研所在临川市召开全省审计科研工作暨课题研讨会。参加会议的有省审计厅和各地市审计局、省财政厅监察处、江西财经大学监察处等单位负责人共 40 余人。会议除总结和部署全省审计科研工作外，并对"关于预算单位银行开户的审计监督"课题进行研讨。

是年 2 月，省审计科研所编印《1996 年审计科研论文选》一书，收录全省审计系统 28 篇科研论文，供全省审计工作者交流研讨。

科研考核评优

审计科研工作考核　全省审计科研工作考核从 1991 年开始，至 2010 年一直沿用百分制考核办法。具体是：审计科研工作管理有机构、有人员，计20分；如期完成科研课题，计30分；开展审计重点、难点研究，每次计10分；向省审计局科研所提供审计情报资料并采用一次，计4分；向审计署提供并采用一次，计6分；建立审计图书资料库，计8分；其中业务资料期刊在20种以上的，计10分；凡在国家级刊物及省级报纸发表审计论文一篇，计10分。在地、市级刊物、内部资料发表论文，计2分；被评为审计署及省社联优秀论文奖，加20分；省级学会优秀论文奖，加10分，地市级优秀论文奖，加8分。科研成果得到各级领导肯定并推广，可列出具体项目，统一考核加分。在科研管理上事先有计划、有办法，计20分；有汇报、检查总结，计15分。年底，省审计科研所根据各地（市）局自查得分，按总分高低排名在限定名额内评选出科研工作先进单位。

1995年4月，省审计厅制定全省审计系统地、市级科研先进单位评比办法和考核标准，主要是：（1）审计科研管理工作，必须有局领导亲自分管，指定专人负责，并能指导所属县区开展审计科研工作，形成科研工作网络，年初将审计科研工作列入年度工作计划作为目标管理、年终进行考核。（2）每年年初要制定下达全地区、市年度科研工作计划，并及时向省审计科研所和有关单位申报重点科研课题，积极组织人员和力量承担课题研究。（3）认真完成省审计厅下达的指令性科研课题，对重点课题研究要成立课题组，并制定实施方案集体攻关，高标准、高质量地完成任务。（4）每年举办重点课题研讨会或学术讲座、学术交流等活动不得少于2次。（5）审计情报工作管理、应有专人负责审计情报资料及审计工具书的保管、收藏及借阅。审计工具书不得少于100种，审计杂志刊物不得少于10种。同时，负责组织全区审计干部向《江西审计》《审计科研参考资料》撰写稿件，年终考评按投稿数量多少计分。（6）在省内、外省级刊物和报纸上发表论文5篇以上，按发稿数量加分。1996年4月，按《评比办法》，宜春地区审计局、上饶地区审计局、萍乡市审计局和南昌市审计局，被评为1995年全省审计科研工作先进单位。

审计科研成果评优　1991年6月，省审计局邓建华《发包方审计的探讨》，获江西省青年社会科学工作者协会首届优秀科研成果二等奖。

1992年12月，省审计局和省审计学会共同举办全省第四次优秀研究成果评选活动，经"审计理论""审计实务""内部审计"评审小组初评，然后由专家、学者组成的评委对评审小组初步评出的论文进行终审，采取无记名投票方式产生各等级奖。最后评选出一等奖10篇，二等奖18篇，三等奖30篇；特别奖1名，荣誉奖2名，鼓励奖8名。是年，在全省第四次社会科学成果评选活动中，省审计科研所与江西财经学院财会系共同研究完成的课题《审计现代化对策研究——江西省电子数据处理审计系统总体规划》获三等奖。

1996年初，省审计厅开展优秀审计论著评选活动。评出特别奖1个，一等奖5个，二等奖5个，三等奖8个，优秀奖7个。

1997年10月，省审计厅制定《江西省审计科研课题优秀论文评选办法》。《办法》规定，审计科研课题优秀论文评选设一等奖3名、二等奖6名、三等奖9名和优秀奖若干名，必要时增设特别奖。获奖论文的条件要求：必须政治思想健康，符合讲政治和时代要求，不得与现行法律、法规和有关政策相违背；在理论上有创新，有新观点和新论据，主题鲜明，观点正确；对研究对象有系统周密的调查研究，提出科学性和可行性的建议或方案，对实际工作有指导作用，被各级党政机关采纳或应用，有一定的社会和经济价值；文字必须精练，结构严谨，层次分明，逻辑性强；省审计厅成立省审计科研所课题优秀论文评选委员会负责优秀论文的评选工作，委员会由9人组成：省审计厅领导1人，省审计厅处、室、所4人，有关学术专家2人，地（市）审计局2人〔省厅处、室、所和地（市）审计局采取轮换办法确定评委〕。各地（市）审计局成立相应的评审小组，负责对参选课题论文进行评选，并将评选结果排序连同课题申报表一并向省审计厅推荐。是年12月18日，省审计厅召开全省审计科研优秀论文评选会议，按照上述评选办法，评选出1996—1997年度优秀论文：一等奖3名，二等奖6名，三等奖10名，优秀奖54名。

表 12-1-1　1991—2010 年全省审计机关优秀审计科研成果一览

成果名称	作者	奖励名称	授奖单位	奖励时间
《发包方审计的探讨》	省审计局 邓建华	省青年优秀社会 科学成果二等奖	省青年社科协会	1991 年
《审计现代化对策研究》	省审计局 课题组	全省第四次优秀 社会科学成果三等奖	省社会科学联合会	1991 年
《效益审计若干问题的思考》	省审计局 周文荣、孙祖光	全省第五次优秀 社会科学成果三等奖	省社会科学联合会	1993 年
《试论正确处理政府事权 与审计监督的关系》	省审计厅 课题组	全国审计科研 优秀论文优秀奖	全国审计科研优秀 论文评选委员会	1997 年
《预算外资金审计研究》	赣州地区审计局 课题组	全国审计科研 优秀论文优秀奖	全国审计科研优秀 论文评选委员会	1997 年
《工业企业承包审计操作要点》	赣州地区审计局 桑昌尧	全省第四次优秀审计 研究成果奖一等奖	省审计学会	1993 年
《乡镇工业企业财务收支 审计工作规范》	南昌市审计局 课题组	全省第四次优秀审计 研究成果奖一等奖	省审计学会	1993 年
《关于编制年度审计工作计划 规范化总问题的探讨》	九江市审计局 余卫平、王记亮	全省第四次优秀审计 研究成果奖一等奖	省审计学会	1993 年
《试论产品成本内控制度审计》	省经贸厅 黄开忠	全省第四次优秀审计 研究成果奖一等奖	省审计学会	1993 年
《公路小修保养经费审计研究》	九江公路分局 邓瑞明	全省第四次优秀审计 研究成果奖一等奖	省审计学会	1993 年
《论审计调查的科学管理》	省审计局课题组 邓建华（执笔）	全省第四次优秀审计 研究成果奖一等奖	省审计学会	1993 年
《效益审计若干问题的思考》	省审计科研所 周文荣、孙祖光	全省第四次优秀审计 研究成果奖一等奖	省审计学会	1993 年
《关于 96 户外资企业 审计情况的报告》	省审计局商贸处	全省第四次优秀审计 研究成果奖一等奖	省审计学会	1993 年
《审计监督与管理 适度分流的构想》	省审计局 周文荣、邓建华	全省第四次优秀审计 研究成果奖一等奖	省审计学会	1993 年

续表

成果名称	作者	奖励名称	授奖单位	奖励时间
《行政事业定期审计规范化及质量控制》	省审计局、宜春地区审计局	全省第四次优秀审计研究成果奖一等奖	省审计学会	1993 年
《审计知识竞赛大全》	省审计科研所周文荣主编	全省第四次优秀审计研究成果奖特别奖	省审计学会	1993 年
《当代社会审计学》	谌模有、李水芳王卫亚、涂细鹏	全省优秀审计科研成果特等奖	省审计厅	1996 年
《论审计质量及控制》	宜春地区审计局课题组恽坤芳（执笔）	全省优秀审计科研成果一等奖	省审计厅	1996 年
《财政同级审有关问题的探讨》	省审计局吴业崇	全省优秀审计科研成果一等奖	省审计厅	1996 年
《当前金融业固定资产审计浅谈》	东乡县审计局乐仁恩	全省优秀审计科研成果一等奖	省审计厅	1996 年
《加强审计监督服务宏观调控》	省审计局李海泉	全省审计科研课题优秀论文一等奖	省审计厅	1997 年
《预算单位银行账户审计研究》	上饶地区审计局邓义道、汪百福	全省审计科研课题优秀论文一等奖	省审计厅	1997 年
《论正确处理政府事权与审计监督的关系》	江西省审计厅课题组	全省审计科研课题优秀论文一等奖	省审计厅	1997 年

第二节　审计学会

江西省审计学会是研究审计科学的群众性学术团体，主要任务是以马克思列宁主义、毛泽东思想、邓小平理论、"三个代表"重要思想、科学发展观为指导，贯彻"百花齐放、百家争鸣"的方针，理论联系实际，开展审计学术研究活动，促使提高全省审计科学水平，建立适合中国国情的社会主义审计监督体系和制度，推动具有中国特色的社会主义市场经济向前发展。

1985 年 8 月，江西省审计学会成立，产生省审计学会第一届理事会理事 131 名，常务理事 18 名，选举王仲发为会长，刘忠义、骆凤田、裘宗舜、杜兴帮为副会长。1988 年，省审计学会第二次会员代表大会产生第二届理事会理事 106 名，常务理事 21 名，选举刘忠义为理事长，骆凤田、陈志刚为副理事长，聘请省人民政府顾问方谦为名誉理事长，王仲发、裘宗舜为顾问。

1992 年，根据国务院及省民政厅有关社团复查登记精神，省审计学会依法向省民政部门办理复查登记手续，经审核批准，注册等级为法人团体。

1993 年 1 月，省审计学会第三届会员代表大会产生第三届理事 114 人，常务理事 21 人，推举王仲发为名誉理事长，选举陈志刚为理事长，谌模有为副理事长，聘请裘宗舜、刘忠义、骆凤田为顾问。大会根据国务院《社会团体登记条例》要求和学会今后工作发展需要，对原学会章程进行修改。在"学会主要任务"中突出"开展审计咨询、培训等服务性活动"的内容。根据实际情况变化和学会发展需要，扩大申请入会的团体会员和个人会员的范围。团体会员增加"各行业审计学会""社会审计组织"，个人会员增加"审计教学科研人员""审计业务骨干和具有助理审计师以上专业技术职称审计人员及社会各界热心审计工作的人士"。在"会员的权利与义务"中，增加"会员长期无故不参加学会活动、不履行会员义务的视为自动退会"的规定。关于学会的组织机构，增加有关"会员代表大会及其职责"的条款。对理事会的任期作出调整，由每届任期三年改为四年。按照《社团登记管理条例》中有关法人社团的经费来源及其使用的规定，增加有关学会经费的条款，现阶段除接受财政拨款外，经费来源还包括"国内外有关单位、组织和个人的资助或捐赠""合法有偿服务收入""会员缴纳的会费"等。学会理事会和秘书处根据社团管理和学会章程有关规定，改进会务管理，建立和健全各项规章制度，加强学会组织建设，先后制定《江西省审计学会会员管理制度》《理事会工作制度》《秘书处工作制度》和《会费管理办法》，并多次召开地（市）审计学会秘书长会议和省直内审部门和行业审计学会联席会议，研究会务，沟通信息，加强联络。

1997年底，省审计学会发展到团体会员170个，个人会员253人。全省审计机关中有9个地（市）审计机关、14个县（市）审计机关，成立了审计学会。其中：宜春地区所属的10个县（市）审计机关均成立审计学会，是全省审计学会数量最多，且组织机构最健全的地（市）审计机关。

2005年，省审计学会积极开展审计学术研究工作，按照中国审计学会、审计署科研所2005年的科研课题计划，完成"中国特色效益审计研究"课题研讨任务。12月，江西省审计学会被评为"2002—2004年江西省社会科学先进单位"。

2006年3月，省审计学会召开第四届会员代表大会暨四届一次理事会，选举产生新一届理事会。江西省省审计学会第四届理事会共有团体会员68个、常务理事72名、理事68名。理事会选举伍自尧为会长，严淑琴、程样国、熊建华为副会长，徐益民为秘书长，王玉为副秘书长。

是年，省审计学会组织部分理事参加中国审计学会举办的效益审计培训班、全国各省、自治区、直辖市审计学会秘书长培训班、江西省出版管理局举办的内部刊物编辑人员培训班学习。8月，创办江西省审计学会刊物《江西省审计学会资讯》（双月刊）；12月，完成《公共投资项目效益审计研究》《树立科学发展观，正确定位经济责任审计》课题研究；制定《江西省审计学会关于财务管理工作的若干规定》《审计学会科研工作管理办法》《江西省审计学会资讯编辑部管理制度》等。当年，江西省审计学会被评为"2006年江西省社会科学先进单位"。

2007年，省审计学会组织完成《基层审计机关如何深化预算执行审计》学术研讨课题被推荐在中国审计学会研讨会上进行交流。是年10月，组织上饶市审计学会和省审计厅财金处完成的学术研讨课题被推荐在北京举办的"财政预算执行审计"专题研讨会上进行交流。其中：上饶市审计学会会长何丰撰写的《基层审计机关如何深化预算执行审计》受到中国审计学会领导和专家学者的好评。另外，围绕效益审计技术和方法，收到社会各界的学术论文25篇，在《江西省审计学会资讯》上刊登供全体会员学习交流。当年根据民政部规定，对省审计学会的新、老会员重新进行登记注册。经登记，新增理事单位33个，现有理事单位达到115个。同时，出台《江西省审计学会会员管理制度》，使审计学会的各项活动有章可循。是年，省审计学会组织会员参加各种类型的培训班学习。1. 中国审计学会在贵阳举办的审计管理培训班和在福州举办的财政预算资金效益审计培训班；2. 与浙江省审计学会联合举办的 3 期审计专题培训班；3. 为市、县审计局举办的"经济责任审计"培训班；4. 为企事业单位举办的"审计技术与方法"培训班；5. 为会员单位领导举办的"会计报表审计与分析"培训班，全年参训人员 90 余人次。组织培训的做法和经验受到中国审计学会的好评，当年江西省审计学会被评为"2007 年江西省社会科学先进单位"。

2008 年 3 月，中国审计学会在南京学院召开五届三次理事会暨第二次理事论坛，省审计学会会长伍自尧在论坛上发表《刍议审计对建立问责制度的促进》学术论文，在会员中引起较大反响，被《南京审计学院学报》在"审计与经济研究"专栏上刊登。是年，省审计学会牵头组织由省审计厅业务处负责人、高校学者和审计业务骨干组成的多个课题组。全年共完成《公共投资项目效益审计研究》《基层审计机关如何深化预算执行审计》《简议审计促进建立问责制度》《环境审计风险及防范》等学术课题。这些课题由于选题准、立意高、论点新、论述透，得到中国审计学会的好评。当年，省审计学会对《江西审计学会资讯》会刊进行改版，刊物版式从普通版升级为彩页版。在刊物上发表的文章被省职称改革委员会认定，在高级审计师资格评审中可以作为学术成果。是年，省审计学会新增理事单位 33 个，增补常务理事 19 名，理事 14 名。江西省审计学会被评为"2008 年江西省社会科学先进单位"。

2008 年、2009 年，省审计学会两次组织部分会员单位和市、县审计局的业务骨干参加中国审计学会在长沙、海南和烟台举办的审计专题培训班。

2009 年，省审计学会组织推荐两位青年审计干部参加首届青年审计论坛。是年，省审计学会除组织会员、审计人员参加中国审计学会举办的研讨会、培训班与国内同行开展学术交流外，还召开部分理事座谈会和审计学会工作研讨会，组织参会人员赴广西、山西、云南等地同当地审计机关和审计学会同行进行交流。既开阔视野，增长见识，也增加了省审计学会的凝聚力。是年，组建由学会领导、高校专家和理论研究骨干"三结合"为主的省审计学会学术委员会。省审计学会先后出台《关于财务管理工作的若干规定》《省审计学会咨询编辑部管理制度》《审计理论研究工作管理办法》《会员管理制度》和《江西省审计厅重点课题管理办法》等，促进学会工作制度化和管理规范化。

2010 年初，省审计学会下发 2010—2011 年课题研究方向的通知。各课题组按照《通知》精神，提出拟申报立项课题 27 个，经省审计学会组织学术委员会认真评审，最终确定立项课题 22 个，并于年底下达课题立项通知书。其后，延续到 2011 年 11 月，省审计学会对已完成的 20 个立项课题，组织 6 名专家对其结题评审并同时进行优秀课题评选。是年 5 月，省审计学会秘书长徐益民退休，经省审计学会会长推荐，省审计厅决定，由黄大新负责省审计学会秘书处日常工作。是年，省审计学会仍然把办好学会会刊当作当年的重要工作来抓。从第 3 期开始，学会秘书处主要依靠自己的力量编辑出版会刊；从第 4 期开始，根据新闻出版署有关内刊的规定，取消沿袭多期的"理事风采"栏目；从第 5 期开始，对现有栏目进行调整，增设"高层论坛""专家论坛"两个栏目，先后邀请中国审计学会副会长、教授张立民、副秘书长研究员刘力云、常务理事教授杨肃昌等国内知名审计专家撰写文章，使会刊知名度不断获得提升。

表 12-2-1　江西省各级审计学会成立时间一览

学会名称	成立时间	备注
省审计学会	1985 年 4 月	
南昌市审计学会	1987 年 7 月	
九江市审计学会	1993 年 6 月	
景德镇市审计学会	1988 年 3 月	
萍乡市审计学会	1990 年 11 月	
新余市审计学会	1991 年 6 月	
赣州市审计学会	1985 年 12 月	原名赣州地区审计学会，1999 年 7 月更为现名
宜春市审计学会	1986 年 12 月	原名宜春地区审计学会，2000 年 8 月更为现名
上饶市审计学会	1988 年 10 月	原名上饶地区审计学会，2000 年 10 月更为现名
吉安市审计学会	1988 年 2 月	原名吉安地区审计学会，2000 年 8 月更为现名
抚州市审计学会	2009 年 7 月	

第三节　审计宣传与管理

审计刊物

1984 年 5 月，省审计局为加强审计宣传创办《江西审计研究》，为不定期刊物，内部发行。1985 年 7 月，《江西审计研究》改名《江西审计》，为双月刊，内部订阅。1986 年，《江西审计》改为月刊，仍为内部订阅。1988 年，经中共江西省委宣传部和省新闻出版局批准，正式公开出版发行，重新定为双月刊。同时，获工商部门批准，准予办理广告业务。1994 年 12 月，经国家新闻出版总署批准，《江西审计》获准向国外发行。

1996 年 9 月，省审计厅党组决定：《江西审计》由江西省审计厅主办，从 1997 年 1 月 1 日起由双月刊改为月刊；成立《江西审计》编辑委员会，下设《江西审计》编辑部，体制与省审计科研所并立，同属正处级全额拨款全民所有制事业单位。9 月 10 日，《江西审计》编委会在南昌召开成立大会。省审计厅时任厅长李海泉任《江西审计》编辑委员会主任，副厅长余先仕、何干成和厅纪检组长李水芳任副主任，厅相关处室负责人任委员。

是年 9 月 19 日，省审计厅召开 1997 年《江西审计》通联工作会议。《江西审计》编辑委员会全体成员，全省各地市审计局局长、综合科科长，赣州市（现名章贡区）等 13 个县级审计局局长，厅各处室、所负责人，各派驻机构负责人，省直内审机构负责人共 130 余人参加会议。会议主要内容：（1）省审计厅党组宣布成立《江西审计》编辑委员会的决定，增加《江西审计》出版刊期，拟更改《江西审计》刊名等；（2）布置下一步《江西审计》通联工作。

1997 年 3 月 24 日，《江西审计》编辑部在南昌召开《江西审计》创刊以来规模最大的一次通讯工作会议，全省各地、市、县审计局、省审计厅各处室所推荐的通讯员和编辑部的记者、编辑共120余人参加会议。省审计厅厅长、《江西审计》编委会主任李海泉，副厅长、编委会副主任何干成，省委宣传部副部长黄庆来出席会议并讲话。会议向《江西审计》通讯员颁发江西审计通讯员证，通过《优秀审计通讯员及优秀审计作品评选暂行办法》。

是年4月4日，省审计厅发布《江西审计》编委会《关于优秀审计通讯员及优秀审计作品评选暂行办法》。《暂行办法》规定：全省各地（市）、县（市、区）审计局和省审计厅各处、室、所已被正式聘任的审计通讯员，积极为《江西审计》撰稿、采用率高、热爱《江西审计》、积极从事审计宣传工作的其他审计、财务管理、会计、内审等有关人员均可参加优秀审计通讯员评选。评选条件主要是：遵守新闻出版职业道德、热爱审计宣传工作，撰稿数量多、质量高，在同等条件下，积极为《江西审计》创名牌、上档次提供合理化建议者与有文章被评为"优秀审计作品"者优先考虑。优秀审计作品评选条件主要是：文章内容思想性强，有较高的理论水平和独到的见解；文章对本系统、本行业、本地区有较强的指导性；能结合行业特点，提供新情况、新思想、新办法、新经验；被其他省级以上报刊转载的作品优先考虑评选（一稿多投者除外）。评选办法：优秀通讯员以各种指标考核情况为依据，按积分评选。优秀审计作品的评选，采取民意选票评选与编委会会议审定相结合的办法，筛选后交编委会主任会议审定。上述两项评比活动每年进行一次。是年，开展首次优秀审计通讯员和审计作品评选活动，评选出优秀通讯员22名，优秀审计作品30篇，其中一等奖2篇、二等奖6篇、三等奖10篇、纪念奖12篇。省审计厅李海泉撰写的《审计工作服务经济建设求实效》和江西财经大学肖邦卫撰写的《我国会计信息失实的原因及对策》获一等奖。是年4月7日，省审计厅向省新闻出版局申请将《江西审计》更名为《江西审计与财务》，从1998年1月起出版发行。省新闻出版局于是年10月9日批复同意，新编国内统一刊号为CN36-1206/F，其他登记项目不变。

与此同时，为提高杂志质量，《江西审计与财务》编辑部加强硬件设施建设，在刊物装帧、内文版式设计、文章质量及编校印刷方面均有较大的提高。截至1997年底，编辑部共有工作人员10人，其中编辑人员6名，美编1名，打字员2名。

2002年9月27日，省审计厅任命曾晓平为《江西审计与财务》主编，涂细鹏为副主编。

2003年1月22日，接赣新出报刊字〔2003〕7号文，《江西审计与财务》更名为《审计与理财》，新编国内统一刊号CN36-1264/F。

2005年2月16日，省审计厅任命涂细鹏为《审计与理财》主编，主持编辑部工作。

是年3月6日，编辑部在新班子领导下，进行一系列的改革。1.每年确定一个奋斗目标。2005年把理顺关系、进入发展快车道定为目标。调整编委会组成人员，新的编委会成员要求层次高，有社会知名度，在新闻领域有建树。聘请的新编委有：周天勇，中共中央党校研究室副主任，博士、教授，国家发展委员会咨询专家，国家行政学院、北京科技大学、东北财经大学客座教授。宋镇铃，中共中央宣传部学习出版社社长，中国期刊协会副会长、中国出版工作者协会常务理事。贾康，财政部财政科研所所长，博士、教授，中国财政学会副会长兼秘书长，中国人民大学、国家行政学院、厦门大学、西南财经大学特约教授。郑海航，首都经贸大学副校长，博士、教授，中国社会科学院、研究生院教授，北京行为科学会会长。李若山，复旦大学金融期货研究所所长，博士、教授，中国注册会计师协会后续教材编写委员会委员，中国会计学会学术委员会委员，中国审计学会理事，上海审计学会理事。王乔，江西财经大学副校长，博士、教授，财政部跨世纪学科带头人，江西省高等院校中青年学科带头人。陈志刚，深圳市审计局局长，高级审计师、律师、注册会计师等。2. 迅速培养人才。3月10日，经厅领导、人事处批复，增设章峰为主编助理，协助主编工作。3. 积极扩大市场。8月19日，与北京龙源网通电子商务有限公司签署网络电子版合作协议，与《中文期刊数据库》重庆维普咨询有限公司签署收录协议书，开辟了刊物的电子版本市场。4. 快速扭转原出刊速度滞后现象。从2005年2月开始，实现当月刊当月出，使刊物出版时间进入正常轨道。5. 重新设计刊物的封面、版式及装帧，使刊物充分满足并达到学术争鸣与实务研究类出版物的属性和功能特征。新期刊封面刊头以大红底色配白字，刊名加黑色眉头，给人印象是黑白分明，不管审计还是理财，都须清楚明白。6. 重新设置刊物栏目，既有体现审计特色的"审计现场""审计关注""审计人生""审计员札记"，也有涉及政府理财、企业理财、大众理财等理财教育的"理财广场"，还有帮助青年才俊交流的"青年博士群"及展现审计干部风采的"老谢侃山"等栏目，使刊物成为一个窗口，只要你关注它，既可学到知识，又可拓宽视野，还可丰富生活。7. 建立和健全编辑部的财务管理、考勤管理、出版管理等内部管理制度，使编辑部的各项工作在规范化的轨道中运行。

2006年，编辑部把巩固提高、冲出国门定为奋斗目标。1. 为刊物新编委周天勇开设"天勇经济论坛"专栏，刊出《政府和国家的信用之道》等文章，通过他将政府和国家的宏观经济政策及相关信息传递给广大读者，让读者在最短的时间里及时获得这些信息，对各自的工作起到指导和引领作用。2. 开设"审计局长谈审计"专栏，为江西省各级审计机关的领军人物创建一个与广大读者交流自己工作经验、心得体会的平台，有益于大家互助共勉。3. 开设"审计之光"专栏，展现在审计工作中，审计干部、职工为了审计事业而顽强拼搏，不计个人得失，值得书写的先进人物、先进事迹，使大家学有榜样，做有楷模。4. 是年3月10日，省审计厅机关党委决定，批准成立《审计与理财》编辑部党支部，涂细鹏任党支部书记。是年3月11日，《审计与理财》进入美国密歇根阿拉米大图书馆和加拿大安大略麦贤市图书馆收藏，开创了《审计与理财》走出国门的先河，开创了历史。是年12月20日，《审计与理财》开始设立刊徽。刊徽既彰显本刊特色，又保持审计本色，并富有理财内涵，开创了《审计与理财》规范化运作的又一先例。是年12月30日，制作了审计长李金华在江西调研的大型影集，名为《井冈眷恋》，记录了李金华10月26日为本刊题词"开拓创新"之事，这是《审计与理财》20年来第一次获全国审计机关最高领导人题词。是年，《审计与理财》杂志进入北京人天书店销售，地方专业杂志进入北京书店销售在全国属于第一家。是年，《审计与理财》被北京国家图书馆收藏。

2007年，编辑部把扩大影响、辐射四方定为奋斗目标。编辑部开始盯住省外审计机关，争取让《审计与理财》走近全国各省市审计厅领导身旁。1. 开设"审计厅长论坛"专栏，刊出江苏省审计厅厅长朱尧平等12位省审计厅厅长的文章，迈开了《审计与理财》走向省外审计机关大门的步伐。2. 为编委贾康新设置"贾康财政观察"专栏，使广大读者可以对政府和国家为民理财的理念有一个基本了解。3. 为上海易道投资机构王志峰新设置"证券世界"专栏，告诉广大读者"君子爱财，取之有道"，财富大家都很喜欢，但财富来之不易，聚财更是艰难，理智的理财非常重要。4. 为既要担起社会重担，又要扛着家庭负担，有时还要承受委屈的具有博大胸怀的女性审计干部、职工新设置"紫薇花开"专栏，进一步激发起广大女性读者工作和维护好家庭和谐稳定的热情。是年1月27日，江西省新闻出版局《关于表彰江西省优秀期刊工作者的决定》中，主编涂细鹏被评为"江西省优秀期刊工作者"（此评优为10年一次）。是年2月5日，经江西省出版工作者协会第二届理事会议决定，主编涂细鹏为第二届理事。是年5月26日，据龙源网2006年销售报告，《审计与理财》已进入以下图书馆馆藏：美国纽约皇后图书馆、美国纽约公共图书馆、美国纽约布鲁克林公共图书馆、美国奥克兰城公共图书馆、美国北岸图书馆、加拿大卡尔加里公共图书馆、加拿大伯纳比公共图书馆、加拿大东布朗斯公共图书馆。其中：纽约皇后图书馆、纽约公共图书馆、纽约布鲁克林图书馆为美国最大的三家图书馆。是年9月6日，据学术期刊（光盘版）电子杂志社2006年销售报告，《审计与理财》已销往国外单位有：美国国会图书馆、英国剑桥大学、苏格兰爱丁堡大学、英格兰利兹大学、德国卡尔斯鲁厄大学、德国科隆大学、日本中央大学、新加坡国立大学；国内单位有：北京大学、清华大学、中国人民大学、中国社会科学院、上海市社会科学院、香港理工大学、香港公共图书馆、中国人民解放军国防大学等共2729个单位，再创历史。是年12月1日，主编涂细鹏被选为"江西省审计系列高级职称评审委员会"委员。

2008年，编辑部把质量提升、不负众望定为奋斗目标。《审计与理财》经过几年规范化打造，已趋于成熟。在广大作者和读者的共同努力下，刊物给人思想、给人精神、给人知识、给人信息、给人休闲、给人激励的六大功能基本得到实现，受众面越来越大。1.2008年"审计厅长论坛"稿件做成封面文章，并配上作者的照片，刊物再次得到升华。审计署原审计长于明涛、审计长刘家义、副审计长余效明等也都受约在《审计与理财》上发表文章。2.当年第6期刊出审计署第一任审计长于明涛的文章《怀念陶铸》。陶铸1966年担任中共中央书记处总书记、中共中央宣传部部长，是中国新闻工作者的先驱。2008年是陶铸诞辰100周年，审计长于明涛在省审计厅的刊物上发表文章表达他对陶铸的怀念之情，在全国审计机关引起较大反响。3.当年第9期刊出审计署副审计长余效明的文章《新时期企业审计的基本思路》，这篇文章是她自己撰写的，在省审计厅的刊物上首发，可见省审计厅刊物在审计署高层领导心目中的位置。4.当年第11期刊出审计署审计长刘家义的文章《总结过去，展望未来，推进审计工作不断发展》。审计长刘家义的文章及封面照片在地方刊物上刊发，在本刊历史上也是第一次。5.审计署驻兰州特派办时任特派员姚安然、审计署驻武汉特派办时任特派员卢家辉等陆续受约在省审计厅刊物上发表封面文章，使江西省审计厅的刊物《审计与理财》在审计署机关及各特派员办事处的影响越来越大。6.是年开设的新专栏和有影响的文章还有：在首都经贸大学副校长、博士生导师、教授郑海航的"海航理财视点"专栏中，刊出题为《国有企业的市场化改革》的文章，为引领国有企业健康发展发挥了积极作用；在淄博市审计局干部彭媛媛的"环球视野"专栏中，刊出题为《中美政府绩效审计的比较与思考》的文章，把广大读者的视野引领到更宽广的空间；在山西省审计厅厅长郝志远的"美丽的北欧"专栏中，刊出题为《赫尔辛基剪影》的文章，让我们的审计干部，特别是审计机关的领导懂得我们不仅要有立足本国的理念，更要有放眼世界的胸怀。

是年1月30日，主编涂细鹏经省出版系列高级专业技术资格评审委员会通过，省人事厅批准其具备正高级职称编审资格，是省审计厅自 1983 年成立以来第一个，也是唯——一个获正高级出版专业技术职称的人员。

是年 7 月 21 日，据龙源期刊网的销售报告，2007 年度《审计与理财》国外销售机构由上年的 8 家增加到 17 家，增加 212%；个人销售由上年的 250 户增加到 3552 户，增长 1421%。

是年 8 月 27 日—9 月 2 日，中共中央委员会主办的《求是》杂志社经济编辑部副主任刘玉辉前来江西调研。主编涂细鹏、厅机关办公室副主任万继锋陪同，前往井冈山、鹰潭、上饶、景德镇等地。

是年 10 月 15 日，《审计与理财》获"江西省第三届优秀期刊二等奖"（属专业期刊最高奖项），再创办刊历史之最。

是年 10 月 16 日，据中国知网销售报告，本刊国外销售机构增加到 27 个，个人销售增加 3560 户。

是年 11 月 19 日，省审计厅党组决定，主编涂细鹏具备编审（正高）专业技术职称任职资格。

2009 年，编辑部把打造品牌、再创辉煌定为奋斗目标。1. 本刊的发行版图继续创全国同类刊物第一，发行量仅次于审计署的《中国审计》，居全国同类刊物第二。2. 开设的"审计厅长论坛"专栏，影响范围不仅是本系统，还吸引了系统外领导的眼球。中国社科院、拉丁美洲研究所党组书记郑秉文主动要求刊发文章。当年第 5 期郑秉文《社保审计的历史使命及其"四个转变"》的文章作为封面文章刊出，收到较好效果。3. 开设的中国第一个审计学博士、上海复旦大学管理学院金融系主任李若山的"若山解案"专栏，刊出《宁夏石嘴山医保金挪用案中的内控漏洞》的文章，全方位、多层次为审计干部在开展审计工作时寻找线索、捕捉案情、破解难题，提供了难得的借鉴教材。是年 3 月 16 日，省审计厅党组决定聘任涂细鹏为高级编审（正高）。聘任期 3 年，从 2009 年 3 月 16 日开始，至 2012 年 3 月 15 日。

是年 3 月 21 日，省审计厅编辑部在萍乡召开全省《审计与理财》工作会议。参加人员有全省各设区市、县（区）分管审计宣传工作的局领导及《审计与理财》发行先进单位与个人共计 140 余人。会议主要内容是：总结 2008 年审计宣传发行工作情况，布置 2009 年审计宣传发行工作。会议由《审计与理财》主编涂细鹏主持，省审计厅副厅长陈长安到会并作重要讲话。是年 6 月 12 日，省审计厅党组决定，章峰任职为省审计科研所副所长兼《审计与理财》副主编。是年 7 月 14 日，省审计厅编辑部干部杨涛被吸收为中共预备党员。是年 8 月 12 日，经选拔，《审计与理财》被选入中央电视台主办的全国期刊展播单位。

2010 年，编辑部把不断攀登、发扬光大定为奋斗目标。1. 应许多读者要求，继续开设中共中央党校周天勇博士的"天勇经济视点"专栏，把高层领导对深化改革开放、发展社会主义市场经济的宏观政策导向、措施和设想供关心国家大事、致力于社会发展的有识之士参考借鉴。2. 开设"优秀审计案例"专栏，刊发《试看"父母官"何以直面衣食父母》等文章，既有助于年轻的审计干部获得课本上没有的审计实务工作知识，也给有多年审计工作经验的老审计干部提供了新的审计工作思路。3. 刊物给读者的吸引力继续扩大。美国迈阿密大学在读研究生周也主动要求在本刊刊发文章。4.2010 年 1 月 12 日，据上海新闻出版局沪新出报〔2009〕393 号文，《审计与理财》期刊荣获由上海市新闻出版局牵头组织评审的"第四届华东地区优秀期刊奖"。这个奖项相当于专业期刊的奥斯卡奖。这个奖项五年一评，淘汰率高达 94%。5. 是年 3 月，《审计与理财》期刊突破行业界限，走进财政系统领域。河北省财政厅厅长齐守印应约在第 4 期上刊发《深化理财创新, 促进发展》的文章, 打开了外省、外系统财政厅厅长在《审计与理财》发文的窗口。6. 是年 6 月, 审计署总审计师孙宝厚应约在第 7 期上刊发《认真学习、真正掌握、广泛宣传、切实执行〈审计法实施条例〉》的封面文章。孙总审计师对新颁发的《审计法实施条例》逐条逐句地解说, 有主有次地剖析, 引经据典地佐证, 通俗易懂, 使广大审计工作者受益匪浅。

评价一个刊物的好坏, 主要看刊物的受众有多少, 《审计与理财》自 2005 年以来的影响一年比一年大, 受众一年比一年多。从 2005 年开始到 2010 年底, 除去审计系统, 《审计与理财》在国内走进了中国国家图书馆、中国文字博物馆、中国国际图书贸易公司、北京海天华教书店、北京世纪在线书店、北京天下好图书书店、北京海军政治部、天津联订书店、福建三明书店、清华大学、北京大学、中国人民大学、中国人民解放军国防大学、人民解放军国防科技大学、中国社科院、上海社科院、香港理工大学、台湾大学等单位；在国外走进了英国剑桥大学、德国科隆大学、日本中央大学、新加坡国立大学、美国纽约皇后图书馆、美国纽约公共图书馆、美国纽约布鲁克林公共图书馆、美国奥克兰城图书馆、美国北岸图书馆、美国密西根阿拉米大图书馆、美国国会图书馆、卡尔加里图书馆、旧金山图书馆、波士顿图书馆、夏威夷图书馆、布拿比图书馆、温尼布图书馆、加拿大安大略麦贤市图书馆、加拿大卡尔加里公共图书馆、伯纳比公共图书馆、东布朗斯公共图书馆及多伦多图书馆、温哥华图书馆、新西兰奥克兰图书馆、新西兰北岸图书馆、万锦图书馆、休斯敦图书馆、克伊晨那图书馆、大温哥华图书馆, 并在北美、西欧、中东、东南亚、非洲的 44 个国家和地区拥有发行量；网络发行达 246395 人次。这些都是本刊历史上前所未有的。

《审计与理财》在 2005 年至 2010 年期间, 先后获江西省第二届优秀期刊奖、江西省第三届优秀期刊奖、华东地区第四届优秀期刊奖, 是中国学术期刊综合评价数据库来源期刊、CNKI 数据库来源期刊、中文科技期刊数据库来源期刊。

表 12-3-1　2007 年《审计与理财》部分省审计厅厅长论坛文章一览

刊期	作者	标题
第 1 期	江西省审计厅厅长：伍自尧	审计服务和谐社会的思考
第 2 期	江苏省审计厅厅长：朱尧平	发挥审计在权力运行中监督作用的路径
第 3 期	浙江省审计厅厅长：谢力群	审时度势　服务大局　全面推进浙江审计工作向现代审计转型
第 4 期	安徽省审计厅厅长：刘战平	增强审计监督能力　服务经济社会发展
第 5 期	深圳市审计局局长：陈志刚	走有中国特色的现代审计之路
第 6 期	内蒙古自治区审计厅厅长：长江	谈谈怎样当好新形势下的审计局长
第 7 期	河南省审计厅厅长：史宁安	努力提高审计质量　为促进和谐社会做出贡献
第 8 期	辽宁省审计厅厅长：王悦	发挥审计监督作用　促进和谐辽宁建设
第 9 期	河北省审计厅厅长：张成起	世纪路　审计情
第 10 期	山西省审计厅厅长：郝志远	机遇与挑战
第 11 期	江苏省审计厅厅长：朱尧平	深化预算执行审计的思考
第 12 期	湖南省审计厅厅长：唐会忠	为推动科学发展, 促进社会和谐发挥审计的积极作用

表 12-3-2   2008 年《审计与理财》部分审计署领导、特派办特派员与部分省审计厅厅长论坛文章
一览

刊期	作者	标题
第 1 期	江西省审计厅厅长：伍自尧	服务大局 实现跨越
第 2 期	海南省审计厅厅长：符兴	审计促进基本公共均等化
第 3 期	兰州特派办特派员：姚安然	用科学发展观指导和推动审计工作
第 4 期	新疆维吾尔自治区审计厅厅长：朱登云	审计监督及今后发展方向
第 5 期	武汉特派办特派员：卢家辉	以科学发展观指导和统领审计工作
第 6 期	审计署审计长：于明涛	纪念陶铸
第 7 期	深圳市审计局局长：陈志刚	进一步解放思想 推动审计科学发展
第 8 期	辽宁省审计厅厅长：王悦	深入贯彻科学发展观 全面提高审计工作质量和水平
第 9 期	审计署副审计长：余效明	新时期企业审计的基本思路
第 10 期	山西省审计厅厅长：郝志远	建立适应科学发展要求的审计人力资源机制
第 11 期	审计署审计长：刘家义	总结过去 展望未来 推进审计工作不断发展
第 12 期	内蒙古自治区审计厅厅长：长江	树立科学发展观 发挥审计监督的建设性作用

表 12-3-3   2009 年《审计与理财》部分审计署领导、特派办特派员与部分省审计厅厅长论坛文章
一览

刊期	作者	标题
第 1 期	江西省审计厅厅长：伍自尧	审计监督为经济社会发展保驾护航
第 2 期	江苏省审计厅厅长：赵耿毅	继往开来 再创辉煌
第 3 期	中共中央党校政研室副主任：周天勇	对经济形势困局与宏观调控出路的思考和建议
第 4 期	财政部财科所所长：贾康	我们还有比较大的政策空间可用
第 5 期	中国社会科学院：朱秉文	"社保审计"的历史使命及其"四个转变"
第 6 期	重庆市审计局（全国人大代表）：王耘农	科学发展观指导下的审计"跟进"
第 7 期	湖北省审计厅厅长：张永祥	非常时期的非常举措
第 8 期	陕西省审计厅厅长：屈方方	总结历史经验 实践科学审计
第 9 期	宁夏回族自治区审计厅厅长：章建忠	十载探索磨砺 今朝扬帆远航
第 10 期	福建省审计厅厅长：俞传尧	弘扬党的优良作风 推进福建审计事业科学发展
第 11 期	首都经贸大学副校长：郑海航	企业改革理论对企业改革实践发挥了重要的指导作用
第 12 期	广州特派办特派员：陈尘肇	审计干部队伍建设的当务之急是全面提升发挥"免疫系统" 功能执行力

表 12-3-4 2010 年《审计与理财》部分审计署领导、特派办特派员与部分省审计厅厅长论坛文章一览

刊期	作者	标题
第 1 期	江西省审计厅厅长：王殿军	抓重点出亮点 为江西经济社会更好更快发展提供有力的审计支持
第 2 期	中央党校政研室副主任：周天勇	中华民族又处在一个十字路口中间
第 3 期	深圳市审计局局长：陈志刚	从"风暴"到制度
第 4 期	河北省财政厅厅长：齐守印	深化理财创新 促进科学发展
第 5 期	广东省审计厅厅长：蓝佛安	充分发挥审计"免疫系统"功能 服务广东经济社会科学发展
第 6 期	甘肃省审计厅厅长：何振中	认清形势扎实工作 全面推进审计工作科学发展
第 7 期	审计署总审计师：孙宝厚	认真学习 真正掌握 广泛宣传 切实执行审计法实施条例
第 8 期	江西财经大学校长：王乔	基于财税视角的江西经济形势分析
第 9 期	上海复旦大学管理学院财金系主任：李若山	屡审屡犯还是屡审屡善
第 10 期	山西省审计厅厅长：郝志远	全面履行审计监督职能 发挥"免疫系统"功能
第 11 期	财政部财科所所长：贾康	中国事业单位改革若干问题的探讨
第 12 期	重庆特派办特派员：张炳功	特派办新录公务员如何加强自身修养

审计信息宣传

1991 年 3 月,省审计局发出《关于做好审计信息工作的通知》,提出除继续办好《审计信息》《审计简报》外,还要建立信息传递单,向省委办公厅《江西信息》、省人民政府办公厅《江西政务》、审计署办公厅《审计动态》(《中国审计》专栏)传递文稿;规定各地(市)审计局每月报送 2 篇以上信息稿,县(市、区)审计局每月报送 1 篇信息稿;要求各级审计机关指定专人负责信息工作,局领导人要重视并加强领导,围绕审计工作中心的新情况、新问题,提供有效信息,并加强信息的综合分析和研究,提高信息层次,为领导决策服务。

1992 年 3 月底,省审计局就加强和改进审计信息工作下达通知,要求各级审计机关提高对审计信息工作的认识,明确审计信息工作的任务,建立健全一个畅通、高效的信息网络,省局由局办公室负责信息工作。各地(市)审计局要指定专门抓信息工作的机构,配备专人负责信息工作,各级审计机关的处、科、室、股都要指定一名兼职信息工作人员。各地还要把派驻机构、内审单位和社会审计组织的信息网络建立起来,加强审计信息工作的制度建设,实行信息目标管理制度、信息上报制度、审查复核制度、通报制度、培训制度、考核评比奖励制度,各地(市)审计局每月至少应上报 6 条信息,省局各业务处每月提供 2 条信息,各县(市、区)也应及时传递信息。各级审计机关都要指定一名领导干部分管信息工作。

1993 年 4 月，省审计局制定下发《审计信息宣传奖励办法》，规定奖励稿件范围为被审计署《审计简报》《审计工作通讯》《审计动态》《中国审计》、省委办公厅《江西信息》、省人民政府办公厅《江西政务》、省审计局《审计信息》《审计简报》以及省级以上报刊、广播电台、电视台等新闻单位采用的审计信息宣传稿件，并确定奖励的标准。

是年 9 月 15 日，为纪念江西审计机关成立十周年，省审计局在《江西日报》第三版以"审计十年硕果满枝"为通栏标题整版宣传报道审计工作业绩，并召开纪念审计机关成立十周年座谈会，时任副省长郑良玉到会祝贺。各地也抓住这个有利时机，开展各种形式的审计宣传活动，提高审计人员对强化审计监督的认识，扩大审计工作在社会上的影响。是年 12 月，省审计局被人民政府办公厅评为"全省政府系统信息工作先进单位"。

1994 年 3 月，全省审计信息宣传工作座谈会在南昌召开。会议上首次开展好信息评选活动，评选出好信息 43 条。会议同时讨论通过《江西省审计系统信息工作先进单位优秀信息员和好信息评比暂行办法》，会后正式颁发施行。《办法》对评选的指导思想、评选范围、评选条件等都作出具体规定。评选办法，先进单位以各项指标考核情况为依据，按积分高低评选。地（市）先进单位由省局办公室负责考核；县（市、区）的先进单位，委托各地（市）审计局负责考核；各级内审机构、社会审计组织的先进单位由各级审计局负责考核，报省局办公审定。优秀信息员和好信息评选，由各地区、各单位按评选条件考核和推荐，报省局办公室审定。评选名额由省局办公室掌握，另行下达。评选工作每年进行一次。

1995 年 6 月，省审计厅决定重新创办机关内部刊物《审计要情》，作为《审计信息》增刊，原作为增刊的《审计简报》停刊，有关稿件在《审计信息》中刊登。《审计要情》主要提示和反映各项审计工作中发现或查处的深层次、震动大、不宜对外公布的重要问题，同时向省委、省人民政府提供有参考意义的咨询意见和建议。该刊不定期，主要呈送省委、省人民政府和审计署有关领导人参阅。同时根据所反映的内容，视情抄送有关单位负责人参阅。

1996 年 5 月，全省审计信息宣传工作座谈会在南昌市召开。会议要求各级审计机关积极参与全省政府系统"'96 信息调研年"活动，广泛深入地开展审计信息宣传工作，使全省审计信息宣传工作跨上一个新台阶。会议表彰 1995 年度审计信息工作 15 个先进单位，优秀信息员 20 名，好信息 20 条。

1997 年，省审计厅以《审计信息》《审计要情》为中心加强信息宣传工作，增强信息的时效性和针对性。《审计要情》全年出刊 10 期，是前两年期数的 2 倍，而且质量较高，效果较好。有关全省工商行政管理系统审计情况等多篇信息引起省人民政府领导的重视，被批示和转发。

1985—1997 年，省审计厅《审计信息》出刊 513 期，《审计简报》出刊 110 期，《审计要情》1995 年复刊后共出刊 15 期。据不完全统计，全省审计系统单位和个人在各级报刊、电台、电视台发表文章、报道共 1400 余篇。

第十三章　设区市审计概况

　　根据 1983 年国务院要求全国各地方政府均应设置审计机构的精神,全省各设区市及所属县(市、区)相继陆续建立了审计机构。截至 2010 年,全省共组建审计机构 113 个。其中,省级审计机构 1 个,设区市审计局 11 个, 县(市、区)审计局 101 个。共配有审计人员 2907 名,其中, 行政编制 2256 名, 事业编制 651 名。各审计机构按《审计法》规定, 对地方政府各个部门、各级凡是占有和使用国有资产的企事业单位和部门的财务收支、经济运行情况进行审计监督, 依法独立行使审计监督权, 接受地方政府和上一级审计机关的双重领导, 审计工作对地方政府和上一级审计机关负责。1991—2010 年, 全省各设区市共对 183760 个单位审计, 查出违纪违规金额 4875222 万元。其中, 南昌市审计机关对 15898 个单位审计, 查出违纪违规金额 1827178 万元;九江市审计 21666 个单位, 查出违纪金额 320565 万元;景德镇市审计 2180 个单位, 查出违纪金额 76000 万元;萍乡市审计 4655 个单位, 查出违纪金额 208701 万元;新余市审计 4657 个单位, 查出违纪金额 94234 万元;鹰潭市审计 3840 个单位,查出违纪金额 107675 万元;赣州市审计 38071 个单位,查出违纪金额 921235 万元;宜春市审计 29574 个单位, 查出违纪金额 331016 万元;上饶市审计 25506 个单位, 查出违纪金额 325459 万元;吉安市审计 21703 个单位, 查出违纪金额 480507 万元;抚州市审计 16010 个单位, 查出违纪金额 182652 万元。

第一节　南昌市审计概况

机构与队伍

　　机构设置　1983 年 10 月, 南昌市委、市政府根据江西省委、省政府的部署开始组建审计局。1984 年 7 月, 南昌市所属 9 个县区审计局全部成立, 全市审计机关组建工作完成。2010 年底, 全市审计机关共有审计人员 226 人, 其中市本级 91 人;南昌县 25 人;新建县 24 人;进贤县 36 人;安义县 13 人;东湖区 9 人;西湖区 6 人;青云谱区 7 人;青山湖区 8 人;湾里区 7 人。

　　职能与职责　1983 年 11 月 17 日,南昌市人民政府发出《关于成立南昌市审计局的通知》。《通知》规定南昌市审计局的主要职责:对市政府各部门和县、区人民政府及市级财政金融机构和企事业组织的财务收支进行审计监督,依照法律规定,独立行使审计监督权,对市政府和上一级审计机关负责。

　　1997 年 2 月 28 日, 市政府批准《南昌市审计局职能配置、内设机构和人员编制方案》。按照建立社会主义市场经济体制的要求和转变职能、理顺关系、精兵简政、提高效益的原则, 市审计局职能转变的重点：强化审计监督职能，维护国家财经法规，监督国家资金的管理和使用，充分发挥其在国民经济宏观管理中的作用；按照统一领导、分级审计的原则，加强对市政府各部门特别是经济管理部门和各县区政府财政收支的直接审计；改革企业审计办法，减少对企业的直接审计，重点审计占有、使用国有资产数额较多和接受财政补贴较多或者亏损数额较大的市属国有企业，对其他国有企业逐步改由审计师事务所、会计师事务所进行审计，审计机关在必要时进行抽审。

2002年，市委、市政府实施市直党政机构改革，并决定保留市审计局，为市政府工作部门，是市政府的审计机关，正县级建制。审计职能作相应调整：将指导和管理社会审计的职能划入市财政局；新增对党政领导干部和国有企业及国有控股企业法定代表人任期经济责任审计的职能；充分发挥社会审计组织的作用，逐步将有关审计项目委托社会审计组织审计，审计机关重点进行监督检查。

2010年4月19日，市委、市政府再次实施《南昌市人民政府机构改革》，决定对南昌市审计局的审计职责作新的调整：取消已由市人民政府公布取消的行政审批事项；调整对社会审计机构业务质量的监督范围，不再核查社会审计机构对审计机关审计监督对象以外的单位出具的相关审计报告；加强对经济责任、关系国计民生的资源能源、环境保护和社会保障资金、境外市属国有资产、财政资金使用效益的审计责任，直接对《审计法》规定的事项进行审计等。

编制与职数 1983年12月12日，市编委批复市审计局行政编制20名。1984年4月5日，市编委核定市审计局行政编制35名。1985年10月，市审计局增加行政编制19名，共计54名。1986年10月，省编委下达市审计局增加行政编制5名，共计59名。1988年12月2日，市编委、市劳动人事局、市财政局、市审计局联合发文，为市审计局增加事业编制30名。市审计局行政编制59名，事业编制30名。1997年，市直党政机关机构改革。2月，市政府批准市审计局机关行政编制60名，列入国家公务员管理范围的事业编制29名，合计89名。2002年，市直党政机关再次机构改革。10月8日，市政府批准市审计局机关行政编制48名（含纪检监察编制2名），机关事业编制29名，工勤事业编制6名，合计83名。2010年4月，市直党政机关机构改革，市政府办公厅批准市审计局机关行政编制86名（含纪检监察编制2名），工勤事业编制7名。合计93名。

领导成员 1983年至2010年，南昌市审计局领导班子经过三次调整。

表13-1-1 1983—2010年南昌市审计局历届领导成员

姓名	职务	任职时间	备注
赵楷丞	党组书记、局长	1983.10—1992.06	
袁蔚秋	党组书记、局长	1992.06—2002.09	2002.09—2004.12任调研员
李广辉	党组书记、局长	2002.09—	

内设机构 1984年，南昌市审计局内设办公室等6个科室。至2010年，南昌市审计局内设14个职能处、室，即办公室、综合法规处、财政与金融审计处、行政事业审计处、农业与资源环保审计处、外资运用审计处、固定资产投资审计处、经贸审计处、社会保障审计处、经济责任审计室（市经济责任审计工作领导小组办公室）、审计信息处、人事教育处、综合审计一处、综合审计二处。机关

党总支，负责局机关和下属单位的党群工作；纪检组（监察室），为市纪委（市监察局）的派驻机构；下属自收自支事业单位1个，即市审计干部培训中心，编制5人，实有9人。

县（区）审计局　南昌市审计局所辖4县5区，均成立审计局。其中：南昌县审计局1983年10月成立，至2010年底，内设机构7个，行政编制25名，事业编制10名，实有25人。历任审计局长：李炳山、饶公寅、许西梭、刘守平、彭银凤；新建县审计局1983年12月成立，至2010年底，内设机构7个，行政编制14名，工勤事业编制2名，实有人数24人。历任审计局长：郭佐训、熊运顶、陈任省、邬宇标、杨桂喜、王国礼；安义县审计局1984年4月成立，至2010年底，内设机构5个，行政编制10名，事业编制4名，工勤编制2名，实有13人。历任审计局长：张师印、杨朝龙、彭仁慎、黄永金、魏金水、周桂榜；进贤县审计局1984年5月成立，至2010年底，内设机构9个，行政编制16名，事业编制3名，工勤编制2名，实有36人。历任审计局长：吴振兴、陈国华、焦江才；湾里区审计局1984年1月成立，至2010年底，内设机构3个，行政编制6名，事业编制3名，工勤编制1名，实有7人。历任审计局长：余惠芳、袁展治、王迪连；西湖区审计局1984年2月成立，至2010年底，内设机构3个，行政编制6名，工勤编制1名，实有6人。历任审计局长：徐景昌、丁荣生、袁玉宝、钟宪、陈美凤；东湖区审计局1984年5月成立，至2010年底，内设机构3个，行政编制9名，实有9人。历任审计局长：张永福、邓玲玲、张学柱、李永兴、卜昌平；青云谱区审计局1984年6月成立，至2010年底，内设机构4个，行政编制5名，事业编制3名，实有7人。历任审计局长：曾汉民、陈茂林、陈细荣、梁大峰；郊区审计局1984年7月成立，2002年10月更名为青山湖区审计局。至2010年底，内设机构4个，行政编制8名，实有8人。历任审计局长：徐金根、刘海贵、吴明华。

审计业务选介

财政金融审计　2006年3—8月，市审计局对市本级2005年度预算执行和其他财政收支情况进行审计。审计查明，2005年市本级一般预算收入345099万元，完成年初预算的132.58%，比上年增长49.82%；一般预算支出313280万元，比上年增长59.81%（同口径增长28.6%）。2005年市本级基金收入100586万元，完成年初预算的129.78%，比2004年决算数增长41.74%；基金支出93788万元，比2004年增长66.13%。审计查出：（一）预算执行方面：部分政府性基金、行政性收费未及时缴库5188.18万元，二手房交易的契税征收最低标准比市场价位明显偏低，在市本级支出中列支应由区财政负担的兑现优惠政策资金1167万元。（二）预算管理方面：部分财政专项资金分配依据、标准不规范，项目支出预算管理不规范，对其他日常公用经费尚未制定具体定额标准，部分项目专项资金未及时拨付，政府负债规模较大总额高达613302万元。（三）财政管理制度改革方面：未按文件规定将南昌经济技术开发区、南昌高新技术产业开发区、红谷滩新区、桑海开发区及英雄开发区的预决算编入市本级预决算，年初一般预算支出中未细化到项目和单位的资金有36143万元，部门预算编制不完整、不规范，国库集中支付中项目支出所占比例较小、未明确财政资金直接支付和授权支付的具体范围、未对各预算单位零余额账户用款额度建立备查登记，年初未制定政府采购计划、工程类项目未进行政府采购、部分采购事项操作不规范。（四）其他财政收支方面：单位预算外收入未及时缴入政府预算外资金账户金额 5095 万元，对市财政返还的征地成本 114644 万元未进行清算、土地出让金未实行宗地核算、2005 年作为土地净收益缴库的资金 65160 万元存在"寅吃卯粮"现象，财政周转金未及时清收、已改制企业借款 2264 万元仍挂在原企业账上未进行清算处理，财政配套的下岗职工基本生活保障制度向失业保险制度并轨补助资金 9210 万元仍滞留在市财政账上未下拨。（五）税收征管方面：税收混库金额 1876 万元，企业欠税未清收入库金额 1198 万元、税款未按规定及时征收入库金额 558 万元，税收减免审批把关不严导致某企业骗取企业所得税减免款 20 万元，防洪保安资金及价格调节基金漏征面、漏征额较大。（六）部门预算执行方面：部分收入及支出内容不完整、批复下属二级预算单位预算不及时、部分单位对超过部门预算的收入及支出没有报财政调整预算；部分预算单位挤占、挪用专项经费；乱收费、乱拉赞助；部分收入未按规定上缴国库或财政专户金额 6748 万元。（七）财政资金专项审计和审计调查方面：重大重点建设项目资金未严格执行基本建设程序、项目概预算约束缺乏刚性、赶工期现象普遍、部分项目招投标不够规范、部分市政工程项目质量监管不到位、部分完工市政工程管养职责不明确；农村中小学危房改造项目存在申报不实、县级配套资金未及时足额到位、危房改造专项资金管理不规范、转移支付中用于危改资金未足额到位、项目实施与计划不符、工程施工质量管理不规范等问题；科技三项经费存在项目发文时间晚而影响年度执行和经费使用、项目经费安排优化投向和支持重点的原则不够突出、项目计划管理不够完善、部分项目资金管理使用不合规等问题。针对存在问题，市审计局在向市政府提交的审计结果报告和受市政府委托向市人大常委会的审计工作报告中，提出加强预算管理等建议。

是年 8 月 17 日，省委常委、市委书记余欣荣在审计报告上批示：审计报告反映的问题值得重视，须依法审计迈出新步子。11 月 24 日，市十二届人大常委会第四十八次会议审议通过市审计局的《关于 2005 年度市本级预算执行和其他财政收支审计中发现的主要问题整改情况的报告》。

2006 年 4 月 10—28 日，市审计局对市卫生局 2005 年度预算执行及财务收支情况进行审计。审计查出：市财政局批复市卫生系统部门预算后，市卫生局未在法定期限内批复所属各单位预算；1999 年，收到家庭医生报社转账支付购房款，长期挂"其他应付款——急救中心工程款"未作收入，未进财政预算外专户；2000 年至 2005 年，无依据核销办公楼装修工程款；经费支出报账手续不合规、违规报账，用过期作废定额餐费发票报账；固定基金账面反映金额与固定资产账面反映金额不相符；局机关 2005 年度支付奖金福利漏缴个人所得税；往来账清理不及时，"其他应收款"中三年以上未发生数与"其他应付款"中三年以上未发生数，分别占年末总额的 72.47%、43.35%；现金管理不合规，存在报账手续不全、坐支现金、现金短缺等问题。延伸审计市急救中心发现：无文件依据向市属各医院收取网络建设或协作费用，无依据发放全中心人员通信费，房屋租金直接冲减"事业支出"，在"专项支出"中开支 5 台救护车改装费未记入固定资产账，发放奖金福利未缴纳个人所得税，市急救指挥中心大楼（阳明路 440 号）无完整的基建账和决算资料。针对存在问题，市审计局提出严格执行《行政单位会计制度》，加强预算外资金、固定资产和现金管理，及时清理往来账目等建议，并依法对违纪违规事项作出处理。对市急救中心违规向市属各医院收取网络建设或协作费用问题，市审计局以审计要情的形式向市主要领导报告，市长李豆罗作出批示。对市急救中心严重存在收入未入账、涉嫌个人违纪等违反财经纪律问题,移送市监察局进行核查。该项目于2007年4月3日和9月12日,被评为全省审计机关2006年度AO应用实例三等奖和2006年度优秀审计项目二等奖。

2006年12月25日—2007年1月19日,市审计局对红谷滩新区管理委员会2004年、2005年财政财务收支情况进行审计,并抽查管委会下属城投公司,红江公司、沙井街办、红角洲管理处等单位。审计查出:年初预算编制不够规范,支出项目没有细化,未按规定对部门预算外收支实行综合预算;财政收入缴库不及时,至2005年底,契税过渡户仍有余额8558万元未缴入国库;2005年超预算拨付教育危房改造资金;未取得委托权自行收取墙体材料专项基金、散装水泥专项基金、粉煤灰综合利用专项基金合计1675万元,已上缴1538万元,仍有137万元未上缴市财政专户;累计欠付及借用各村集体土地补偿款33876万元。延伸审计发现:城投公司、红江公司、红谷滩新区管委会为南昌泰耐克电器有限公司无偿垫资18867万元,使其不用付现就获取红谷滩中心区核准的两宗土地使用权;城投公司存在以下属四家公司14宗、共731亩土地为南昌地产经营公司担保抵押贷款50000万元和虚列资本90000万元等问题;红江公司注册资金2000万元由出资单位收回后仍未作账务调整,应收未收奥地利华人商会前期基础设施建设资金及租金合计735万元,预收账款少预缴企业所得税1578万元;沙井街办以产业发展服务费名义向各村委会违规收费;红角洲管理处无依据收取村委会抽沙造地补偿款10%管理费,将土地补偿款存放村民徐某个人储蓄存折上未发放给村民;沙井街办、红角洲管理处下属11个村违规占用土地征地补偿款支付干部报酬、奖金、招待费、外出考察旅游费、购车等非生产性开支;红角洲管理处将收到的礼金款作"其他收入"放在管理处经费账上,未缴入市纪委的廉政专户;沙井街办存在未经批准自行处理国有资产、购置固定资产未进行政府采购等问题,岭口、润溪、沙井、凤凰村用土地征地款购买小汽车;漏交营业税、房产税等税金;村级财务管理不规范,白条报账较多,管理费用中招待费、差旅费开支较大,资产管理不合规。针对存在问题,审计提出加强预算管理、规范财政资金的拨付、细化部门预算、完善土地出让业务管理、加强对征地补偿费使用的管理和监督、加强村级财务管理等建议,并依法对违纪违规事项作出处理。省委常委、市委书记余欣荣在审计报告上指出:红谷滩新区发展成绩明显,但对审计查出的问题要重视,要健全制度,加强管理,防范风险。

2007年9月5日—12月24日,市审计局对南昌市商业银行股份有限公司(以下简称市商行)2006年度资产负债损益情况进行审计,对有关重要事项在时间上作必要的延伸和追溯,并抽审下属的营业部及部分一级支行。在对市商业银行为期四个月的资产负债损益审计中,市审计局认真贯彻"全面审计,突出重点"的方针,围绕"管理、风险、效益"开展审计,在把握总体的基础上,以总行为龙头、以客户为中心、以资金流为导向,突出对重点支行、重点业务、重点经营环节开展审计。通过审计充分揭示出市商业银行在信贷业务、银行承兑汇票业务和贴现业务、存款业务、业务经营管理、非信贷资产管理、财务收支等方面存在的诸多问题,提出针对性的审计建议,并下达审计决定,将欠缴的税、费等266万元全部上缴财政。审计查出:(一)财务收支方面:账户开设、资金核算及管理不合规、未建立费用支出专户管理制度、部分往来账清理不及时、部分报账附件不齐全等。(二)非信贷资产管理方面:原办公大楼在未评估情况下以协议转让给江西和平(集团)有限公司、采购计算机综合业务系统时,未按合同约定对预付款进行监控,对未履约金未采取法律措施收回、抵债资产管理和处置不规范。（三）信贷业务方面：以流动资金贷款名义发放房地产贷款共26200万元、贷款企业贷款用于跨地区房地产项目共16900万元、企业贷款五级分类不准确，导致2006年底少反映不良资产31150万元，并少提贷款呆账准备金10797万元，未认真执行贷前调查、贷时审查、贷后检查等"三查"制度，存在对借款人不按借款合同使用贷款资金的监管及处置不到位现象。（四）银行承兑汇票业务和贴现业务方面：无真实交易背景违规开具银行承兑票据63316万元、违规贴现45540万元。（五）存款业务方面：对存款人可疑支付交易未按有关规定及时向有关部门报告，共346笔，计52005万元、违规为存款人开立一个以上基本存款账户或为存款人一般存款账户办理现金支取业务。在业务经营管理审计中，审计人员采取计算机审计等先进的审计技术方法，查出多家公司涉嫌利用银行账户为其他企业提供虚假出资和抽逃出资、有关人员涉嫌利用伪造国家机关印章从银行骗取国家再就业小额担保贷款等两起违法犯罪案件线索，涉案金额总计180000万元，市审计局将审计发现的两起案件线索移送公安部门处理。对市商业银行的审计、移送处理情况引起市领导的高度重视，省委常委、市委书记余欣荣批示：近年来审计工作依法、严格，取得好成效，同意依法处理；市长胡宪批示：市商业银行要加强管理，此事要高度重视，依法查处，同意审计意见。该项目被省审计厅评为2008年度全省审计机关优秀审计项目一等奖。

2007年3月12—19日，市审计局派出审计组对南昌市地方税务局2006年度税收征管及财务收支情况进行审计。审计查出：房地产、娱乐、餐饮业税收征管存在营业税实际入库数小于测算数的问题；职工缴交的房改资金应缴未缴市财政及住房资金管理中心；超定编配置公务用车（定编为7辆，实际拥有30辆），其中超标准配车2辆；部分费用开支过大，招待费占日常公用支出的8.95%，公务用车年均费用达到4万元（不含司机费用）；部分费用支出会计科目使用不正确，在公用支出中列支部分人员创卫加班补助、目标考核费用、值班补贴等；部分费用报账附件不全，存在办公用品报支无购物清单、会议费报支无会议通知等附件的现象；往来账未及时清理，至审计日止，暂付款中仍挂有购房款1013.95万元、代垫干部职工宿舍水电费。针对存在问题，审计提出完善税收征管机制、严格控制费用开支、加强财务管理、规范会计核算和公车配置等建议。省委常委、市委书记余欣荣对该项目作出批示。

行政事业审计 2005年5月25日—7月17日，市审计局对南昌日报社2004年度财务收支情况进行审计，并对其所属的家庭医生报社、健康之家杂志社进行延伸审计。审计查出：（一）南昌日报社隐瞒收入560万元，虚构支付广告中心职工工资套取现金放在账外列收列支，少交文化事业建设费，接受捐赠小轿车未入固定资产账进行管理，用公费配置的通信工具净值未按规定进行作价处理，以前年度"待处理财产损溢"未按规定及时报批处理。（二）家庭医生报社隐瞒收入303万元，应缴未缴税金、文化事业建设费，固定资产不入账，三年以上应收账款未清理。（三）健康之家杂志社应缴未缴税金，虚构稿费套取现金用于账外支出，经营收支管理中存在抵广告费的财物不入账反映、稿费发放手续不健全、应收未收款未挂账反映等问题。针对存在问题，审计提出进一步完善经营管理制度、规范财务管理、严禁账外收支行为、依法缴纳税费等建议，并依法对违规事项作出处理。该项目被省审计厅评为2005年度全省审计机关优秀审计项目一等奖。

2006年11月6—22日，市审计局对南昌市第二中学2005年度财务收支进行审计。审计查出：

（一）在执行招生政策方面：突破"限人数"和"限分数"规定招收择校生，违反规定向外市招收实验班学生，以南昌苏圃夜校的名义招收复读班学生，违规收取择校、复读费 641 万元。（二）擅自设立收费项目，私设"小金库"；违规办民校多收费，以南昌心远中学、南昌苏圃夜校名义招收初中生、复读生、补习生，收取学费、复读费、补习费 471 万元。（三）违规滥发各种津贴、补贴，校领导违规在下属单位领取各种补贴、津贴、福利；少缴个人所得税。（四）在"其他应付款"中挂结余课本费未退还学生，挂电教教材费、上机费、实验费、作业本费、其他收入等未作收入反映。（五）固定资产未及时入账 1326 万元，在"其他应收款"中反映垫付个人所得税 10.87 万元、职工节日福利支出 65.64 万元。针对上述问题，审计提出严格执行"三限"政策、严禁违规招生、严禁乱收费和私设"小金库"、严禁以借办民校为名多收费、严格财务管理等建议，并依法对违纪违规事项作出处理。省委常委、市委书记余欣荣对市审计局提交的审计报告作出批示。

2010 年 5 月 4—17 日，市审计局对第七届全国城市运动会执委会 2009 年度、2010 年度筹备经费财务收支情况进行审计。同时，延伸审计 2010 年度以前捐助赞助款物收支情况。南昌市第七届全国城市运动会执委会主要经费来源为市财政预算拨款、国家体育总局及省财政预算安排专项资金、资源开发和捐助赞助经费。审计查出：未建立资产使用与资产管理制度，职责不明确。执委会未设置资产明细账核算，也没有进行资产登记；设备购置未按规定进行政府采购、捐赞助物品及礼品未实行审批及登记；专家评审费、认证费支付程序不规范，超限额支付现金购食品和礼品；保障手续不完善、签订合同手续不齐全；往来款清理不及时。审计提出进一步强化国有资产管理力度，规范会计核算，认真做好往来账清理工作等建议。副市长周关在审计报告上作出批示。

社会保障审计　2005 年 4 月 5 日—5 月 13 日，市审计局对南昌市企业下岗职工基本生活保障和再就业工作领导小组办公室（以下简称市再就业办）2004 年度促进就业资金的筹集、使用及管理情况进行审计，并延伸审计南昌市劳动就业服务管理处、南昌市职业介绍服务中心、南昌市职业培训中心、南昌市创业工作领导小组办公室等促进就业资金使用单位。审计查出：（一）促进就业资金支出预算编制不够科学，2004 年预算安排支出为 10095 万元，而实际支出只有年初预算的59.77%。（二）市职业介绍服务中心、市劳动就业服务管理处审核把关不严，存在被安置人重复申报职介补贴现象。（三）市再就业办、市创业工作领导小组办公室购置设备均未按规定进行政府集中采购。（四）专项资金下拨不及时，至审计日止，仍有促进就业资金滞留在市再就业办账户上、社保补贴滞留在市劳动再就业服务中心账户上。（五）财务管理不够规范，市再就业办应作未作收入，市劳动就业服务管理处收劳动部会议费直接冲减事业支出。（六）财政补贴没有充分发挥其应有的作用，市劳动就业服务管理处 2004 年 6—12 月职介补贴支出中直接用于职介工作的支出仅占29%，市职业培训中心 2004 年职业培训支出中培训费业务支出仅占 36.4%。审计建议：细化专项资金支出预算，加强内部财务管理和监督，重视资金的使用效益，确保专项资金直接用于扩大就业和再就业人员，使有限的促进就业资金在保障社会弱势群体利益方面充分发挥作用。对审计发现的问题，8 月 28 日、31 日，省委常委、市委书记余欣荣，市长李豆罗先后在审计报告作出批示：要求加强再就业资金的管理。2006 年 8 月 17 日，该项目被评为 2005 年度全省审计机关优秀审计项目表扬奖。

2007年6月上旬—8月中旬，市审计局对南昌县、新建县、进贤县、安义县、东湖区、西湖区、青云谱区、湾里区、青山湖区2006年度企业职工基本养老保险基金、城镇职工基本医疗保险基金、失业保险基金、工伤保险基金、生育保险基金进行审计。审计查出：（一）以前年度挤占挪用的基金，至审计日仍未归还。（二）基金欠缴严重，截至2006年12月31日，四县五区累计欠缴保险基金25544万元，其中：企业养老保险基金17766万元、医疗保险基金19万元、失业保险基金5568万元、工伤保险基金1329万元、生育保险基金862万元。（三）基本养老保险基金缴费收不抵支，2006年四县五区企业职工基本养老保险全年缴费收入26813万元，退休费支出36435万元，收不抵支差9622万元。（四）失业保险基金征缴、发放不合理，占失业保险参保单位63.7%的事业单位领取失业保险的人数为零，非公有制单位成为失业保险基金征缴的盲区，2006年领取失业保险的人数仅占参保人数的2.8%。（五）基金征缴存在随意性，显失公平，如南昌县、新建县部分工伤、生育基金征缴未按职工个人的征缴基数计征。（六）基金的发放存在超范围发放失业补助、未按规定足额发放丧葬抚恤补助、部分农垦企业基本养老保险金未逐月发放等问题。（七）未按有关规定将基金存入国有商业银行和纳入财政专户管理，基金安全存在隐患。（八）基金管理存在未按照有关规定的优惠利率计息、基金结余额未按规定存定期或购买国债、基金定期存款到期后未及时转存定期等现象，影响基金的保值增值。审计建议：妥善处理历史遗留问题，清理归还被侵占的保险基金；增强基金效益意识，提高基金的使用效益；加大对非公有制单位职工失业保险基金的征缴力度，大力推进社会保险的"五保合一"工作；坚持属地管理原则，理顺关系，努力实现参保对象和社保基金"应保尽保、应收尽收"。9月27日，市审计局向市政府提交审计结果报告。10月10日，市长胡宪批示：市审计局按照审计建议，督促被审计的9个县区进行整改，并将整改结果上报市政府审定。市审计局随即组织专门审计整改小组分赴9个县区进行现场督促整改。12月，各县区对存在的问题已基本整改到位。

2008年3月上旬—9月中旬，市审计局组织力量对市本级及南昌县等四县五区2007年度企业职工基本养老保险基金、城镇职工基本医疗保险基金、失业保险基金、工伤失业保险基金、生育保险基金进行审计，并对《省审计厅关于南昌市本级2006年社会保障基金的审计决定》的执行情况进行核实。审计查出：（一）基金收入方面：至2007年末，全市共计4146万元基金未作收入和未纳入财政专户管理、共计71221万元基金欠缴，养老保险基金收不抵支，保障能力受影响，财政负担较重。（二）基金支出方面：存在超标准支付住院费用、透支医疗保险基金的现象。存在违规挪用基金、违规收费、保险待遇核定中存在工伤职工报销医疗待遇不公平的问题。（三）基金管理方面：电脑业务数据与财务数据存在差异，造成管理漏洞、未按《江西省社会保险基金财务制度实施细则》要求计算医疗保险基金个人账户利息、参保人员利益未得到有效保护、存在灵活就业人员在退休之后首次参加医疗保险的现象，违反《南昌市灵活就业人员基本医疗保险暂行办法》、部分社保基金存入非国有商业银行和农村信用社、未按照有关规定的优惠利率计息，影响基金效益、有的基金未按规定将结余额存定期存款，影响基金效益。市审计局针对上述问题提出针对性的整改意见和建议，并以审计要情《市劳动和社会保障局系统财务管理极为混乱》的形式报告市主要领导，市长胡宪作出批示。市劳动和社会保障局专门成立"社会保险基金整改工作领导小组"负责整改工作。

2009 年 8 月 7 日，该项目被评为 2008 年度全省审计机关优秀审计项目表扬奖。

是年 8 月 11 日—9 月 4 日，市审计局对 2008 年南昌市低温雨雪冰冻专项救灾资金和物资（以下简称抗冻救灾资金和物资）使用情况进行审计调查。审计调查对象是南昌市市直、各县区、开发区及新区接收、分配、发放、使用和管理专项救灾资金和物资的财政、民政、红十字会、慈善总会等相关部门、组织、社会团体及具体使用单位。截至 2008 年 6 月 30 日止，全市共筹集抗冻救灾资金和物资 13710 万元，已使用 10947 万元，结余 2764 万元。审计调查结果表明，南昌市市直、各县区、开发区各单位在发放抗冻救灾资金过程中，基本推行"一卡通"直发灾民的方式发放上级拨入和社会捐赠的资金，用专项资金采购群众急需的生活物资基本实行政府招标集中采购。审计发现的问题主要是：（一）资金拨付使用不及时，计 1557 万元。（二）违反专项资金专款专用原则，部分专项资金改变了用途。（三）违反《现金管理条例》的有关规定，存在大额救灾款以现金发放或转入个人存折现象。（四）专项资金和物资管理不规范。对审计查出的问题，市审计局以专报形式报告市政府领导，市长胡宪在《南昌信息专报》上作出批示：责成民政、财政、审计等部门专门研究措施、加大监管力度，确保救灾资金和物资及时运到灾区，送到灾民手中。

2010 年 5 月 5 日—6 月 3 日，市审计局对南昌县、进贤县、安义县（以下简称三县）2009 年度新型农村合作医疗（以下简称新农合）基金的筹集、管理、使用及农村医疗救助情况进行审计调查，并延伸抽查部分县级定点医院、乡镇农医所和卫生院。审计调查表明：三县均能按照"政府组织引导、农民自愿参加、多方筹集资金、以收定支、保障适度的原则"，采取积极有力措施推进新农合政策的贯彻与实施，并建立一系列管理制度。新农合基金全部纳入财政专户，实行"收支两条线"及财政、农医两部门联审的"双印鉴"管理，医疗补助费用支出审核手续基本完备。但在运行中仍存在基金收支及管理不完善、医疗补偿审核管理不严、新农合工作人员编制未落实等问题。审计发现的问题主要是：（一）基金支出户存款未按要求全部存入国有商业银行，滞拨上级财政补助资金 168 万元。（二）基金使用未能"以收定支"，并违规向农村低保、五保对象 17602 名人员收取新农合个人缴费部分。（三）部分定点医院为获取新农合补助，将门诊治疗列为住院治疗，为提高住院治疗收入，部分定点医院纵容、配合患者"小病大看"。（四）医疗补助支出审核不严，存在多补助或少补助的现象。（五）存在违规将新农合周转金以个人名义存入银行的情况，少数城镇户口居民违规参合并获取新农合补助。（六）部分县的农医工作人员编制未落实、工作经费紧张，部分乡镇农医经办机构存在补助程序不完整，资料不齐全、不准确的现象。省委常委、市委书记余欣荣在审计局提交的审计调查报告上作出批示。

固定资产投资审计 2002 年 9 月 2—23 日，市审计局根据审计署的统一部署和省审计厅安排，对南昌供电局截至 2002 年 6 月 30 日南昌市城市电网建设与改造项目（以下简称城网，投资规模为 9.71 亿元）进行审计，并延伸审计南昌电力物资供应公司、南昌圣达电力发展有限公司、南昌输电工程安装检修公司、南昌电力勘察设计所等单位。审计查出：（一）资金管理不规范。在城网建设资金专户中，同时存有主网资金，相互间没有明确划分，难以及时准确反映城网建设项目资金使用的真实面貌。（二）由于城网物资财务账未对城网资金、直供农网资金、技改资金分账核算，无法分清城网资金的收、支、存情况，城网物资未专库存放，加之物资财务账与仓库账之间不衔接，难

江西省志·审计志（1991—2010）

以核对，不利于城网物资的管理与监督。（三）城网改造废旧物资的管理与文件规定存在明显偏差，留下国有资产流失的隐患。（四）存在公款私存现象，南昌输电工程公司收取的城网废旧物资变卖款违规存放个人存折及信用卡上。（五）在一些下属单位不同程度地存在收入不入账，坐支现金的现象。如物资公司收取的卖标书费、废旧物资拍卖现场管理费，输电公司收取的废旧物资变卖款等。（六）有的工程建设超标。如西湖110千伏变电站主控楼工程按赣电生〔1997〕33号文《江西省电力工业局关于下发110千伏伏西湖输变电工程初步设计审查意见的通知》建设高度6层，实际建为8层，建筑面积4118平方米，超过初设2层，房屋建成后对外出租3层，面积1352平方米。对以上存在的问题审计均提出了针对性的整改建议。该项目被评为全省农村电网建设与改造项目审计工作优秀项目。

2007年7月2日—8月20日，市审计局对新建县列入中央一期规划项目投资计划的溪霞水库除险加固工程项目进行审计，并抽查下属的新建县财政局、水利局和新建县溪霞水库除险加固工程项目部。审计查出：地方配套资金尚有1980万元未到位，其中市级804万元、县及县以下1176万元；中央专项资金中有235万元用于非主体工程，占11.75%；项目前期手续不规范，未明确项目法人及法人代表、未到环境保护行政主管部门报批建设项目环境影响报告书（表）、未办理建设工程规划许可证及施工许可证；设计深度不够，在初步设计中未反映水库淹没处理范围、淹没损失、移民安置计划及相应补偿，造成概算存在缺项；工程设计单位、监理单位未进行招标，而由业主指定；监理工作不完善，现场监理部的总监理工程师未能常驻工地，监理部编制的实施细则及监理月报过于简单；工程变更程序不规范，部分变更未见设计院设计变更通知单，部分设计变更及相应工程费用增加未报原项目审批部门审批调整；工程签证管理存在漏洞，部分工程现场记录、签证资料缺少监理单位、建设单位签章；工程质量存在缺陷，易造成安全隐患；绿化、招待所装修、坝脚公路等零星工程管理不规范；溢洪道工程未实施，严重影响水库泄洪、防洪能力。针对存在问题，审计提出完善项目投入保障机制、加快地方配套资金到位、加强项目论证设计工作、严格执行基本建设程序、完善项目管理制度等建议。省委常委、市委书记余欣荣在市审计局上报的《审计要情》上作出批示。

经济责任审计 2003年1—5月，市审计局对四县五区检察院、法院18位院长进行任期经济责任审计。"两院"经济责任审计中发现的共性问题：（一）违纪拉赞助款：进贤县检察院建办公楼拉外单位赞助；安义县法院1999年向外单位收取"支援法庭建设款"，2002年收取外单位赞助款用于购车；安义县检察院收取省内外赞助款、法律咨询费，用于办公楼建设。（二）截留、挪用资金，坐支应缴财政收入：新建县法院挪用当事人标的款诉讼费，用于建办公楼、购警车；青云谱区法院2000—2001年将罚没款直接购警车，挪用执行暂扣款；新建县检察院1998—2001年将收缴的罚没款、赃款，直接坐支使用。（三）工程久拖不决算：进贤县检察院办公楼、新建县法院办公楼完工多年未办决算。（四）财务核算不规范：进贤县检察院一些大宗费用支出和采购都用现金支付，库存现金账实不符，白条抵库；新建县检察院历年未编制财务报表；新建县法院借入、借出款长时间不入账，出纳处有多年借条186张，白条抵库金额达32万余元。（五）固定资产管理混乱，存在不设账、账实不符现象：进贤县检察院固定资产出现审计盘盈金额；新建县检察院办公楼等竣工决算后未入固定资产账反映；新建县法院、安义县检察院未设置固定资产总账和明细账，不能及时完整反映固定资产的增减变动情况。（六）存在公款私存现象：新建县检察院 1998—1999 年将部分预算外收入以个人名义开户存入 4 个活期存折中。审计结束后，市审计局出具审计意见书、审计决定、审计报告的同时，以专题信息形式报告市委、市政府。省委常委、市委书记余欣荣，市委副书记、市纪委书记王样生均作出批示：审计部门列出的问题，提出整改意见。严重违反财政纪律的单位要写出检查，并拿出整改措施。执法机关应模范依法依纪办事，不能认为未占为己有，就可不依法办事。市领导的批示在"两院"系统引起震动，各单位党组及时召开专门会议，对照审计意见，从思想根源、内部管理、制度建设等方面分析原因，总结教训，采取有效措施进行整改。问题较严重的单位，向审计部门提交了整改报告，有关责任人也写出了检查。

2009 年 4 月 27 日—5 月 13 日，市审计局对青山湖区人民法院原院长 2002 年 11 月至 2008 年 3 月任职期间经济责任情况进行审计。主要审计原院长任青山湖区人民法院院长期间财政财务收支，经济事项重大决策及其实施情况，与经济活动有关的业务工作开展、财务及资产管理、国家财经法规及廉政相关规定执行情况等。审计除发现该院在执行国家财经法规政策、财务管理、资产管理等方面均存在不同程度问题外，并查出该院出纳胡某涉嫌贪污。市审计局及时向检察机关进行移送处理。5 月初，检察院立案侦查。10 月底，经南昌高新技术产业开发区人民法院审理判决胡某犯贪污罪和挪用公款罪，执行有期徒刑七年。2010 年 8 月 19 日，该项目获 2009 年度全省设区市审计机关优秀审计项目二等奖。

专项资金审计及审计调查 2004 年 10 月 26 日—11 月 5 日，市审计局对进贤县 2002 年、2003 年退耕还林资金管理使用情况进行专项审计。审计结果表明，2002 年、2003 年进贤县退耕还林计划面积 10 万亩，其中：坡耕地还林 5 万亩，宜林荒山荒地还林 5 万亩，共涉及 15 个乡镇。按退耕还林计划，进贤县两年应到位资金为 1880 万元，其中：一次性种苗费补助 500 万元，坡耕地还林粮食补贴两年 1260 万元，坡耕地还林生活补助两年共计 120 万元。审计人员采用审阅会计资料与实地查看、延伸调查乡镇相结合的方式进行审计，从中发现的主要问题：进贤县政府以进府发〔2002〕15 号文制定的《2002 年退耕还林实施方案》中有的条文与国家退耕还林条例相违背，造成全县在退耕还林中出现政策性错误；弄虚作假，截留挤占挪用 2002 年度国家粮食补助资金；各乡政府截留 2002 年、2003 年应发给退耕户的生活补贴费；部分苗木款滞留县林业局、乡财政账上，未按规定下拨；县林业局有的林业技术人员违纪收取乡镇"指导费"；县林业局收张公镇配套荒山建设资金，同时从张公镇转回种苗费未入专账；一些乡镇在退耕还林中采取大户承包的形式，涉及的种苗费、粮食补贴、生活补助直接拨付到大户，与国家退耕还林政策不符；全县 2002 年、2003 年项目计划未完成，有的乡退耕林的管护还应进一步加强；有的乡政府未严格执行退耕还林公示制度等。对以上审计发现的问题，市审计局分别按有关财经法规下达审计决定进行处理，并提出针对性的审计意见和整改建议。2006 年 1 月 4 日，该项目被评为全省退耕还林工程专项资金审计优秀审计项目。

2008 年 4—6 月上旬，市审计局先后对新建县、进贤县、安义县、南昌县四县人民政府 2007 年度粮食直补、水稻良种及农资综合直补资金（以下简称种粮补贴资金）的分配、管理和拨付情况进行专项审计，并对四县 33 个乡镇、135 个村进行延伸审计调查。审计采取一听、二看、三对照、四走访、五问卷的形式，深入了解民情，广泛听取民意，走访种粮农户 1020 人。2007 年四县核定上报计税田面积 2568 亩，涉及农户 403396 人。应享受中央财政三项补助资金 17789 万元，实际到账 17789 万元，到账率为 100%。四县共下拨种粮补贴资金共计 17787 万元，未拨结余 2 万元。审计调查结果表明，四县人民政府总体上较好地贯彻落实了中央和省政府对种粮农民进行直接补贴的有关政策，对种粮补贴三项资金均实行了专户管理、封闭运行。随着国家直补力度不断加大，农民种粮积极性明显提高，农民的观念已由过去"想送田""外出赚钱"转变为"要种田""返乡种田"，水稻耕种面积连年扩大，粮食不断增产丰收。审计查出：（一）粮食直补、水稻良种补贴和农资综合直补资金分配方面：1. 未及时调整耕地补贴面积，无法据实分解发放到户；2. 违反种粮补贴资金管理规定，由村干部代扣代交水电费；3. 违反专项资金管理的有关规定，违规使用种粮补贴资金。（二）粮食直补、水稻良种补贴和农资综合直补资金拨付及管理方面：1. 虚报冒领粮补资金；2. 种粮补贴资金拨付不及时；3. "粮补"变"地补"，落实国家种粮补贴政策存在偏差；4. 村集体机动田由他人耕种，以村干部或村小组等名义上报，所得补贴转作村收入，没有补贴给实际种粮户。市长胡宪在审计报告上作出批示：四县政府对存在的问题必须限期整改，审计部门继续督办，各级对此要切实加强管理，使政策逐项到位。

2009 年 6 月 1 日—9 月 2 日，市审计局派出审计组，对南昌县、进贤县、新建县、安义县、湾里区 2005—2008 年退耕还林工程专项资金和 2001—2008 年生态公益林补偿资金进行专项审计。主要审计县区财政、林业两项资金的收支和管理情况，并抽查 50% 以上乡镇两项工程的实施情况，审计资金面达到 60% 以上。审计查出：（一）退耕还林方面：违反退耕还林条例，擅自调整退耕还林补助标准、挪用 2002 年退耕还林粮食折现差价结余专项资金、违规向未承包到户和休耕的坡耕地退耕还林户发放粮食补助和生活补助 1452 万元、部分乡镇重退耕，轻管理，抚育管护责任不落实，补植补造面积较大，影响退耕还林工程效果、少数乡镇的退耕还林资金未执行"一卡通"账户管理。（二）生态公益林方面：违规使用生态公益林专项资金、滞留生态公益林专项资金、生态公益林补偿资金管理使用不规范。审计中查处案件 2 起：1. 新建县樵舍林场租赁户涂某以原有集体林地 1173 亩纳入退耕还林工程，骗取 2005—2008 年国家退耕还林粮食补助和生活补助 46 万元；2. 新建县流湖乡林管站站长邹某、副站长夏某收取管护人员补助资金，两人私下平分。经审计检查督促，两人已将私分资金上缴财政。两起案件均移送市纪检处理。针对审计发现的问题，市审计局提出切实做好完善退耕还林流转合同工作、大力督促提高退耕还林工程质量、切实抓好确权发证，落实造林权属、退耕还林和生态公益林资金必须实行专户存储，专款专用等审计意见和整改建议。2010 年 8 月 19 日，该项目被评为全省 2009 年度设区市审计机关优秀审计项目三等奖。

审计成果 南昌市各级审计机关 1991—2010 年共对 15898 个单位进行审计，查出违纪违规金额 1827178 万元，其中应上缴财政金额 161980 万元，已上缴财政金额 133772 万元。

表 13-1-2 1991—2010 年南昌市审计机关审计工作成果情况

单位：万元

年度	审计单位（个）	查出违纪违规金额	应缴财政金额	已缴财政金额	移送司法机关处理（人）	建议给予行政处分（人）
1991	1329	6253	948	858		
1992	1619	13546	2281	2101	6	1
1993	1913	10734	1910	1246	1	
1994	1177	13192	1729	1075	5	
1995	781	6179	1297	1251	1	
1996	998	16902	3462	3388		1
1997	1039	26480	1195	888	2	
1998	715	118939	9962	8009	2	
1999	626	197011	1494	1779	1	3
2000	707	158496	1210	850	5	3
2001	584	139683	1505	1244	4	
2002	609	108480	1202	1126	1	
2003	947	88185	10929	10846	2	9
2004	467	99733	17989	7461		10
2005	382	104901	17880	11395	1	5
2006	487	82035	13939	15891		1
2007	481	287210	9805	9115		10
2008	349	285060	33022	21335	3	
2009	341	47148	18621	24314	4	1
2010	347	17011	11600	9600	1	2
合计	15898	1827178	161980	133772	39	46

第二节　九江市审计概况

机构与队伍

机构设置　1983 年 9 月，中共九江市委、九江市人民政府根据国务院和江西省委、江西省人民政府的部署，市政府委派原市财委副主任肖凯声负责组建九江市审计局。11 月 8 日，九江市审计局正式成立。此后，各县（市、区）审计机关先后建立。1991 年，全市共有审计机关 14 个。其中：市本级 1 个，县（市、区）审计机关 13 个，审计人员 273 名。至 2010 年底，全市有审计机关 14 个。其中：市本级 1 个，县（市、区）审计机关 13 个，审计人员共有 383 名。市本级 83 人，瑞昌市 28 人，武宁县 23 人，修水县 26 人，永修县 23 人，德安县 28 人，浔阳区 16 人，庐山区 17 人，九江县 25 人，彭泽县 22 人，都昌县 37 人，湖口县 23 人，星子县 21 人，庐山风景区 11 人。

职能与职责 市审计局成立后，其主要任务是：对市政府各部门和县（市、区、山）人民政府的财务收支，对市级财政金融机构、行政企事业单位的财务收支进行审计监督，依照法律规定，独立行使审计监督权，对市政府和上一级审计机关负责。2010 年，市委、市政府实施政府机构改革，保留市审计局，为市人民政府工作部门。对审计职责作出调整：取消已由市人民政府公布取消的行政审批事项；调整对社会审计机构业务质量的监督范围，不再核查社会审计机构对审计机关监督对象以外的单位出具的相关审计报告；加强对经济责任，关系国计民生的资源能源、环境保护和社会保障资金、境外市属国有资产、财政资金使用效益的审计责任。市审计局的主要职责：主管全市审计工作，参与全市性审计规范性文件和制定审计规章制度并监督执行，向市长提出年度市级预算执行和其他财政收支情况的审计结果报告，直接对《审计法》规定的事项进行审计、指导和监督内部审计工作等。

编制与职数 1991 年，市审计局机关定编 60 人，实有 60 人。市审计干部培训中心事业编制 10 人。1992 年 4 月 22 日，市编委核定市审计局编制处级领导 4 名，科级领导干部 14 名，一般干部 51 名，工勤人员 3 名，审计干部培训中心编制 10 人。1996 年 6 月，市编委核定市审计局行政编制 46 名，事业编制 14 名，实有 70 人。2002 年 12 月，市编委核定市审计局行政编制 36 名，纪检监察编制 2 名，机关工勤人员事业编制 3 名，保留事业编制 14 名。当年，市审计局机关实有人员 58 人。2007 年 12 月，市编委下发《关于成立九江市审计信息中心的批复》，核定信息中心编制 4 名。当年，市局实有人员 58 人。2010 年 7 月，市编委核定市审计局机关行政编制 55 名（含纪检监察编制 2 名），机关工勤事业编制 4 名。当年年底，市审计局实有人员 83 名。

领导成员 1983 年至 2010 年，九江市审计局领导班子经过五次调整。

表 13-2-1　1983—2010 年九江市审计局历届领导成员

姓名	职务	任职时间
肖凯声	党组书记、局长	1989.01—1992.12（1983.09—1989.01 副局长主持工作）
闵梦嫦	党组书记、局长	1992.12—2002.03
毛文霞	党组书记、局长	2002.03—2008.09
胡伟华	党组书记、局长	2010.04—

内设机构 1991 年，九江市审计局内设 8 个职能科室。2010 年，市审计局内设 13 个职能科室，即：办公室、综合科、法规与审理科、财政与金融审计科、行政事业审计科、农业与资源环保审计科、固定资产投资审计一科、固定资产投资审计二科、经贸审计科、社会保障审计科、外资与园区审计科、经济责任审计科、人事科。机关党总支负责机关和直属单位的党群工作，纪检组（监察室）为市纪委（市监察局）的派驻机构。下属全额拨款事业单位 2 个：审计信息中心和审计干部培训中心。

县（市、区）审计局 九江市审计局所辖 9 县 1 市 3 区，均成立审计局。其中：永修县审计局 1983 年 11 月成立，至 2010 年底，内设机构 6 个，实有 23 人，审计局长胡静；湖口县审计局 1983

年 11 月成立，至 2010 年底，内设机构 5 个，实有 23 人，审计局长张书明；瑞昌市审计局 1983 年 12 月成立，1990 年前称瑞昌县审计局。至 2010 年底，内设机构 7 个，实有 28 人，审计局长吴学银；浔阳区审计局 1984 年 2 月成立，至 2010 年底，内设机构 6 个，实有 16 名，审计局长：凌海；庐山区审计局 1984 年 2 月成立，至 2010 年底，内设机构 5 个，实有 17 人，审计局长张显江；德安县审计局 1984 年 3 月成立，至 2010 年底，内设机构 6 个，实有 28 人，审计局长黄参霖；修水县审计局 1984 年 5 月成立，至 2010 年底，内设机构 8 个，实有 26 人，审计局长黄礼华；九江县审计局 1984 年 5 月成立，至 2010 年底，内设机构 5 个，实有 25 人，审计局长张子洪；彭泽县审计局 1984 年 5 月成立，至 2010 年底，内设机构 6 个，实有 22 人，审计局长张赛喜；都昌县审计局 1984 年 5 月成立，至 2010 年底，内设机构 6 个，实有 37 人，审计局长陈玉春；星子县审计局 1984 年 5 月成立，至 2010 年底，内设机构 3 个，实有 21 人，审计局长余德林；武宁县审计局 1984 年 9 月成立，至 2010 年底，内设机构 5 个，实有 23 人，审计局长段少林；庐山风景名胜区管理局审计处 1985 年 5 月成立，至 2010 年底，内设机构 2 个，实有 11 人，审计处长李泰龙；共青城市审计局是由原共青垦殖场审计办公室演变过来的。1986 年 8 月设立共青垦殖场审计办公室，为企业内审机构，人员编制 5 人。1993 年设立共青城开放开发区审计处，行使区内部审计工作职责。1997 年 3 月，改设共青开发区监察审计局，监察、审计合署办公。2010 年 8 月，成立共青城开放开发区局，与纪委合署办公，人员编制未定，未安排审计人员。

审计业务选介

财政金融审计　1997—2010 年，九江市审计局组织力量共对 1141 个财政金融单位进行审计，查出违纪违规金额 750827 万元，损失浪费金额 1037 万元，应上缴财政金额 8397 万元，应减少财政拨款或补贴金额 99858 万元，应归还原渠道资金金额 377997 万元。其中：1997 年 3 月 17—24 日，市审计局派出审计组对市本级财政 1996 年度预算执行情况进行审计，重点对预算科的内外收支账及基金账进行审计，并延伸审计长发物业有限公司。审计查明，1996 年，市本级财政预算执行结果较好，完成了 1996 年财政收入任务，实现收支平衡、略有结余的目标，年终财政净结余 380 万元。审计查出的主要问题：（一）少报财政收入 4000 万元。（二）1996 年民航局借款 1477 万元列支出，未按规定挂周转金基金账。（三）中房公司借款无预算安排，没有市政府主管领导批示。（四）归还省财政 1000 万元借款及占用费没有批准手续。（五）未经市政府主管领导批准，市财政违规调整有关账目。市财政将代管收入借给长发公司转预算外支出，实际是委托长发公司购买国债，国债到期获得利息挂在长发应付款账上。1994 年 11 月，市财政局以"挖革改"名义拨给长发公司款项不合规，长发公司反映是向市财政局借款，显示双方作弊。（六）预算内暂付款长期挂账。借给中国银行 1000 万元，借给长发公司 650 万元，均没有主管领导批示。审计建议收回本金，清收占用费。对审计查出的问题要及时进行整改。市审计局对市本级 1996 年度预算执行情况的审计结果向市政府作出报告，市长戚善宏作出批示：审计局提出的意见非常中肯，市财政要严格按报告中的意见办理。

行政事业审计　1992—2010 年，九江市审计局组织力量共对 3603 个行政事业项目进行审计，查出违纪违规金额 29003 万元，损失浪费金额 1740 万元，应上缴财政金额 4841 万元，应归还原渠道资金金额10138万元。其中：1992年6—8月，市审计局组织市、县两级审计机关对全市工商行政管理部门1991年度财务收支、罚没款项、规费收入、着装、内部控制和资金使用情况进行审计，共审计13个工商局和37个基层工商所。审计查出：应缴的罚没款未上缴或上缴不及时；漏缴税费及两金；擅自扩大着装范围和标准，部分人员不符合规定也着装，应由个人负担着装费用均未收回；随意提高收费标准，如武宁县工商局随意提高收费标准多收竹木产品市场交易费；违规扩大财务开支范围；会议费开支混乱，招待费过高。审计对存在的问题依法作出处理，并提出整改建议。市政府副市长张影在市审计局提交的审计报告上作出批示：要求市政府办及时将审计报告批转市工商局，并督促其立即进行整改。市工商局为此专门召开会议，制定整改措施，全市工商部门按整改意见进行了落实。

2007年6月30日—7月25日，市审计局组织市、县两级审计机关对全市（不含市本级和浔阳区）2006年养老保险基金、医疗保险基金、失业保险基金、工伤保险基金、生育保险基金财务收支情况进行审计。审计查出：（一）少数财政部门和社保基金经办机构理财意识不强，未使基金有效增值，银行未按规定给基金优惠利率计息，致使基金存款少计利息。（二）活期存款占财政专户资金比例较大，影响基金有效增值。（三）个别基金管理部门上报报表数据反映不真实，账表不符。（四）个别县用非货币资金，如用店面、房产折价缴纳社保基金。（五）有的县（市、区）挤占挪用五项基金金额达1007万元。（六）有的县（市、区）五项基金存在超标准、超范围开支。（七）有的县（市、区、山）五项基金收入反映不完整，部分收支未及时做基金收入。（八）五项社保基金欠缴金额较大，全部所辖参保单位欠缴五项社保基金35005万元。（九）有的县（市、区）基金管理部门存在不合规收费现象，超标准收取手续费、工本费。（十）有的县（市、区、山）部分基金未纳入财政专户管理，未存入国有商业银行，基金征缴及财务管理不规范。针对审计查出的问题，审计提出整改建议。市审计局向市政府提交综合审计报告，市长王萍、副市长刘智均在审计报告上作出批示：社保基金是涉及民生的"高压线"。市审计局开展的社保基金审计全面摸清了九江市五项社保基金的收缴、管理、使用情况，审计查出的问题很客观，审计提出的问题很有针对性。劳动、财政等部门要切实加强征缴和监管力度，确保社保基金作用的正常发挥。对存在问题的地方，部门要限时整改。

固定资产投资审计 2003—2010年，九江市审计局组织力量共对2042个固定资产投资项目进行审计，查出违纪违规金额69988万元，经审计处理，应上缴财政金额2768万元。其中：2005年8月29日至12月20日，市审计局对九江市抗洪广场工程竣工决算进行审计，重点审计该工程的结算造价。该工程为九江市重点建设工程，总面积46360平方米，建设内容包括土建工程、景观工程、绿化工程、排水工程、照亮工程。工程于2004年6月18日开工，2005年4月8日初步验收，2005年12月移交使用，投资结算金额4794万元。审计查出：工程建设没有全部完成，景观工程、室内装饰工程、消防工程未完成，安装的电缆被偷；部分工程施工质量不高，存在屋面漏水，展厅地下渗水，栽种的树木部分死亡；部分工程签证单存在工程量不真实，15号签证单因地面标高不对，增加水池挖土工程量10662立方米，多签土方5558立方米。工程送审造价和费用金额1849万元，但审定造价和费用金额只有1421万元，核减工程造价428万元。审计提出建议，责令工程结算按审计审定工程款结算。此项目获省审计厅2005年度优秀审计项目。

2007 年 11 月 15 日—2008 年 5 月 8 日，市审计局对九江市白水明珠（会议中心）工程决算进行审计。该工程建筑面积 13563 平方米，2005 年 11 月 1 日开工，2006 年 8 月 25 日交付使用，2006 年 10 月竣工验收合格。据市发展计划委员会批复工程总概算 3834 万元，而实际完成总投资（不含征地、场地平整、设计费和后期管理）9467 万元。审计查明，承包单位一建公司编制工程总造价 10096 万元，委托咨询公司审定的总造价 9109 万元，审计核减 987 万元。市审计局抽查咨询公司审计的主体土建、千人会议厅装饰等 14 个项目，再核减工程造价 302.37 万元；对监理合同进行审核，又核减应付监理服务费 31 万元，共核减工程总投资 1320 万元。审计查出：市建设局委托南昌市造价咨询有限公司审定的工程结算书仅盖单位公章，无造价工程师签字，未加盖执业专用章，违反了建设部 149 号令的规定；市发展计划委员会批复总概算为 3834 万元，而实际完成投资为 9467 万元，投资额为批复概算的 2 倍；该工程由于不具备招标条件而强行招标，在施工中存在边设计边施工、边修改边返工，增加赶工措施费，补发规划许可证和施工许可证等问题，给工程造价控制带来很多不确定因素，属典型的"三边"工程；施工总承建单位市建一公司违规转包，其收到工程款扣留管理费及税金后，全部转包给九江信华（集团）建筑工程有限公司，而信华不具备施工总承包资质；现场监理人员无执业资格，对竣工图审核不严，监理合同存在瑕疵，重复收取监理费；白水明珠第三层 11 间中小会议室至今闲置，未发挥其投资效益。审计提出整改建议，并将审计报告上报市政府，市政府要求，市建设局必须按审计报告进行整改。2008 年 8 月 26 日，市建设局向市政府作出专项整改报告。此项目于 2009 年 12 月获省审计厅优秀审计项目评选表扬奖。

专项资金审计及调查审计　1993—2010 年，九江市审计局组织力量共对 404 个专项资金项目进行审计和调查审计，查出违纪违规金额 3361 万元，损失浪费金额 2547 万元，应上缴财政金额 1459 万元，应归还原渠道资金金额 618 万元。其中：1993 年 5—6 月，市审计局组织全市 11 个县（市、区）审计局对全市部分乡镇 1992 年度农民负担情况进行审计调查，共调查 12 个乡镇，抽查 24 个村，走访农户 112 家。审计查出：（一）1992 年农民人均负担 29 元，比上年增加 6 元。农民负担增加的原因是"三乱"繁多，查出"三乱"项目 56 项；摊派问题严重，如农林特产税按人头收费，生猪产品税按户收取，还有集资款、电影费、禽畜防疫费、耕牛包医费、房屋保险费等。（二）村级财务管理混乱，村级管理费提取比例过高，村干部报酬和招待费开支较大，瑞昌市黄桥村 1992 年招待费达 9015 元，占村提留款 34%。（三）村组财务管理制度不健全，会计核算不规范，多人管钱，资金分散，白条入账，补给农民的粮棉差价款不能及时兑现，农村中小学生收费项目繁多，如书本费、杂费、水电费、资料费、班费、办公费、仪器设备费、民师补助费、教育达标集资费等，加重农民负担。（四）粮棉定金不能及时发放到农民手中，有的地方和部门以各种借口拖延发放时间，甚至改变农放形式，由供销社统一发放票证，农民凭票证到指定的供销社商店购买商品，不发现金，农民无挑选余地，引起农民不满。针对农民负担过重问题，市审计局提出减轻农民负担，加强农村财务工作的 5 点建议：（一）各级政府要进一步提高对减轻农民负担的认识，把治理农村"三乱"（乱收费、乱集资、乱摊派）当作头等大事来抓，清退精简乡、村两级管理人员，壮大农村集体经济，减少直接从农民手中提取费用。（二）坚决制止"三乱"，维护农民合法权益，县、乡、村干部要自觉抵制"三乱"，自己不搞"三乱"，敢于查处"三乱"。（三）该发给农民的现金一律发放现金，不得改用票证形式发放，一经发现，要坚决查处和纠正。（四）进一步强化对农民负担的监督管理，农业主管部门要行使监督管理职能，纪检监察和审计部门要密切配合，对加强加重农民负担的案件，发现1起查处1起，把减轻农民负担的政策落到实处。（五）加强农村财务管理，提高乡、村两级财会人员业务水平、政策水平和工作责任心，举办全市农村财会人员培训班，稳定村级财务人员队伍。市审计局将审计调查结果向市政府提交综合报告，市长戚善宏在报告上批示："三乱"项目仍繁多，村级财务管理混乱，干部脱离群众作风较严重，各级政府要引起高度重视。此审计报告连同市长批示在政府内参上全文转发。

2000年3月27日—5月31日，市审计局对市、县（市、区）13个教委及下属中小学1999年普教经费的筹集、管理、分配、使用情况进行专项审计，共审计16个财政部门，24个教育主管部门和62所中小学。审计表明，1999年，全市用于普教经费35697万元，较上年增长18.8%，全市在校学生人均教育费用和在校学生人均公用经费比上年略有增长，基本达到《中华人民共和国教育法》规定的要求。审计查出：（一）国家规定开征用于教育的税费没有全部用于教育事业，1999年度全市各级财政欠拨普教经费1953万元。（二）城镇、农村教育事业附加征收力度不大，星子县1999年度农村教育费附加应征收445万元，实际征收350万元，用于学校176万元，仅占实际征收的一半，乡财政截留农村教育附加严重。（三）挤占、挪用教育事业费现象仍然存在，1999年全市共发生挤占挪用教育事业费85万元。（四）部分学校自立名目使用不合规票据收费，全市共查处乱收费1200万元。出现上述问题主要是因为：地方财力薄弱，政府教育投入是心有余而力不足；少数领导重视不够，征收用于教育税费力度不大，个别县将学校收费纳入政府调节基金范畴，使经费紧张的学校入不敷出；追求部门和个人利益是部分学校乱收费的主要原因，少数单位乱设收费项目，违反规定设置"账外账"，为部门和个人谋取利益，加重群众负担，损害教育部门形象。为此，市审计局提出整改建议，督促其整改，并将审计结果向市政府和省审计厅提交综合审计报告，市政府在全文转发市审计局综合报告时强调：百年大计，教育为本，各地要真正把教育摆在优先发展位置，坚决杜绝各类乱收费行为。

2006年6月9日—11月10日，市审计局对全市2005年环保专项资金征收、使用和管理情况进行审计，并对BOT方式运营的污水处理厂进行效益审计。审计31个单位，审计调查68个单位，审计环保治理8个项目，审计资金总额11570万元。审计认为，市、县、两级政府重视环境保护工作，全市环境污染治理工作成效显著，2005年度市环保局获评人事部、国家环保局先进单位，保障了全市经济与环境协调可持续发展。审计查出：排污费未严格按规定足额征收到位，抽查全市68家排污单位，共欠缴排污费444万元，欠缴率达39.39%；部分单位排污费征收不规范，存在协议征收现象，没有办理减、免手续，征收企业排污费的档案不健全；各县（市、区）环保部门挤占、挪用环保治理资金1187万元，用于弥补人员和业务经费不足；少数县存在违规收取环境监测咨询服务费代替排污收费，彭泽县、武宁县、都昌县、永修县共收环境监测服务费、环评费74万元，而无监测报告、环评报告等资料；有5个县违规设立过渡账户，截留资金238万元未上缴财政；个别县将征收的排污费作一般预算收入，未作环保专项资金进行管理，少数单位存在滞留环保专项资金等管理不规范问题。审计查出违纪违规金额1682万元，上缴财政116万元，责令归还原渠道资金718万元，审计期间促进排污费征收113万元，并对存在问题的原因进行分析，提出整改建议。此项目于2007年9月12日获省审计厅优秀审计项目评选三等奖。

2007年5月20日—7月10日，市审计局根据《江西省审计厅关于印发〈2007年农业综合开发资金审计工作方案〉的通知》，对修水县、永修县、德安县、九江县、星子县、湖口县、彭泽县、都昌县8县2004—2006年农业综合开发资金进行审计。审计重点是关注农业综合开发项目计划的制定、执行情况和资金的投入、管理、使用、效益情况。此次审计8个县的53个农业综合开发项目，审计资金总额22055万元。审计查出：地方配套资金有289万元未到位，其中省级配套资金54万元未到位，县级配套资金235万元未到位；违规出借农业开发资金901万元；农业开发有偿资金1362万元未按规定投入使用；挤占挪用农业开发资金；市、县财政部门均不同程度存在滞拨农业开发资金；擅自调整项目及项目建设内容，并对上述存在的问题进行分析，提出整改建议。2007年8月25日，九江市委常委、副市长刘智在审计报告上作出批示：审计所反映的地方配套资金不到位，挤占挪用等问题，是涉农资金普遍存在的问题。希望有关涉农资金分配、管理、使用部门要注意研究整改措施，规避此类问题的再次发生。此项目获省审计厅2007年度优秀审计项目一等奖。

审计成果 九江市各级审计机关1991—2010年共对21666个单位进行审计，查出违纪违规金额320565万元，其中应上缴财政金额27190万元，已上缴财政金额23855万元。

表13-2-2 1991—2010年九江市审计机关审计工作成果情况

单位：万元

年度	审计单位（项目）数（个）	查出违纪违规金额	应上缴财政金额	已上缴财政金额
1991	1598	4196	628	619
1992	1525	5616	803	424
1993	880	3561	555	545
1994	785	4174	542	444
1995	916	4070	1261	999
1996	1129	9979	1251	1019
1997	1287	9235	1351	1052
1998	822	10719	766	641
1999	993	23100	704	514
2000	927	48177	967	671
2001	771	18104	956	673
2002	821	1123	954	823
2003	986	10881	1551	1278
2004	886	16196	1741	1559
2005	856	10533	1741	1565
2006	1481	24403	3318	3208

续表

年度	审计单位（项目）数（个）	查出违纪违规金额	应上缴财政金额	已上缴财政金额
2007	1367	18505	1878	1962
2008	1199	21899	1500	1577
2009	1178	62673	2176	2058
2010	1259	13421	2547	2224
合计	21666	320565	27190	23855

第三节　景德镇市审计概况

机构与队伍

机构设置　1983年8月，景德镇市委、市政府根据国务院、江西省委、省政府的部署，安排由柳海元带头着手组建审计局。1983年10月9日，景德镇市审计局成立。至1983年10月—1986年3月，景德镇市审计局及辖区所属5个县（区）（乐平县、昌江区、珠山区、蛟潭区、鹅湖区）相继成立审计局。1989年浮梁县复县，10月，蛟潭区审计局和鹅湖区审计局合并为浮梁县审计局。截至2010年底，全市审计机关共有审计人员155人，其中市本级54人、乐平市审计局66人、浮梁县审计局16人、昌江区审计局9人、珠山区审计局10人。

职能与职责　1995年，景德镇市委、市政府实施景德镇市、县、乡（镇）党政机构改革，景德镇市审计局的主要职责定为：强化审计监督职能，维护国家财经法规，监督国家资金的管理和使用，充分发挥其在国民经济宏观管理中的作用，按照统一领导，分级审计的原则，加强对市政府各部门特别是经济管理部门和县（市）区政府财政收支的直接审计。减少统一部署的审计项目，县（市）区的审计项目由县（市）区审计机关根据政府的要求自行安排；改革企业审计办法，减少对企业的直接审计，重点审计占有、使用国有资产数额较多和接受财政补贴较多或者亏损额较大的市属国有企业，对其他国有企业逐步改由审计事务所进行审计，审计机关必要时进行抽审。

2002年10月，根据景德镇市政府职能配置规定，市审计局新增的职能为：审计监督市级预算执行和其他财政收支；依据《中华人民共和国人民银行法》《中华人民共和国商业银行法》的规定，审计监督市属国有金融机构的财务收支及其资产、负债和损益情况；组织和实施对党政领导干部和国有企业及国有控股企业的法定代表人的任期经济责任审计；审计监督社会保障资金和环境保护资金。根据以上职能调整，市审计局的主要职责：贯彻执行审计工作方针、政策和法律法规；研究拟订实施细则和审计业务制度；办理县（市、区）审计法规和规章的备案审查；组织领导、协调监督各级审计机关的业务；向市政府、省审计厅报告和向市政府有关部门通报审计情况，提出制定和完善有关政策法规、宏观调控措施的建议；依据《中华人民共和国审计法》的规定，直接进行下列审计：市级财政预算执行情况和其他财政收支；市政府各部门、事业单位及其下属单位的财务收支；县（市、区）政府预算的执行情况和决算；国有企业和国有控股企业的财务收支及资产、负债、损益状况；国有金融机构的资产、负债和损益状况，以及非银行金融机构的财务收支及资产、负债、损益状况；市政府部门管理的和受市政府委托由社会团体管理的社会保障基金、环境保护资金、社会捐赠资金及其他有关基金、资金的财务收支；国家组织和外国政府援助、贷款项目的财务收支；国家、省、市建设项目和市重点技术改造项目；上级审计机关授权的中央、省驻市部门及其企业、事业单位财务收支；其他法律法规规定应由市审计局进行的审计；向市长提交市级预算执行情况的审计结果报告；受市政府委托向市人大常委会提出市级预算执行情况和其他财政收支审计工作报告；组织实施对贯彻执行财经方针政策和宏观调控措施情况的行业审计、专项审计和审计调查；组织实施对党政领导干部和国有企业及国有控股企业的法定代表人进行任期经济责任审计；依法受理被审计单位对审计机关审计决定的复议申请；与县（市、区）人民政府共同领导县级审计机关，协助管理县级审计局长、副局长；指导与监督内部审计；监督社会审计组织的审计业务质量；组织和实施全市审计干部专业培训；承办市政府、省审计厅交办的其他事项。

2010 年 11 月，根据景德镇市政府印发的《景德镇市审计局主要领导职责内设机构和人员编制的规定》，市审计局新增的职能为：审计监督财政资金占项目总投资的比例超过 50%，或者占项目总投资的比例在 50% 以下，但政府拥有项目建设、运营实际控制权的政府投资建设项目。审计监督预算管理或者国有资产管理使用等与国家财政收支有关的特定事项，向有关地方、部门、单位进行专项审计调查。对市级机关进行审计或者专项审计调查时，有权对社会审计机构（即会计师事务所）出具的相关审计报告进行核查。

编制与职数　1983 年 10 月，市编委批复，市审计局核定行政编制 25 名。1985 年 11 月，省审计局批复市审计局增加行政编制 11 名；1986 年 4 月，省审计局批复市审计局增行政编制 2 名；市审计局行政编制 36 名（同时已减去抽调到市监察局编制 1 名和市"三大检查办公室"1 名）。1988年 8 月，市编委、市劳动局、市财政局、市审计局联合下文批复同意，市审计局增加事业编制 19 名。1995 年党政机构改革，根据《景德镇市审计局职能配置内设机构和人员编制方案》，市审计局机关编制 51 名，其中：行政编制 37 名，事业编制 14 名。1999 年，景德镇市审计事务所与市审计局脱钩成为私有合伙制社会审计机构，其事业编制取消。2002 年，全市党政机关机构改革人员定岗定员按 20% 精简后，市审计局行政编制 33 名；按行政编制数 33 名的 15% 配备事业编制为 5 名，新增经济责任审计事业编制 5 名，事业编制 10 名。全局合计编制数为 43 名。2007 年 7 月，市编委下文《关于重新核定市审计局机关人员编制的通知》，重新核定市审计局机关行政编制 35 名，机关后勤服务人员编制 5 名。2009 年 5 月，市编委同意设立景德镇市工程决算审计中心，核定事业编制 5 名。2010 年 11 月，市编委下文《关于增加市工程决算审计中心事业编制的批复》，同意增加市工程决算审计中心全额拨款事业编制 5 名。增编后，市工程决算审计中心全额拨款事业编制为 10 名。截至2010 年底，市审计局共有行政编制 40 名，事业编制 15 名。

领导成员　1983 年至 2010 年，景德镇市审计局领导班子经过六次调整。

表 13-3-1　1983—2010 年景德镇市审计局历届领导成员

姓名	职务	任职时间
柳海元	党组书记、局长	1983.10—1991.10
赵伯辉	党组书记、局长	1991.10—1995.02
李亚平	党组书记、局长	1995.02—1996.09
卢吾老	党组书记、局长	1996.12—2002.08
叶观荣	党组书记、局长	2002.08—2007.01
王国华	党组书记、局长	2007.02—

内设机构　1983 年，景德镇市审计局内设秘书科等 3 个科室。至 2010 年，景德镇市审计局内设 14 个职能科、中心，即：办公室、综合科、法规科（政法审计科）、财政金融审计科、固定资产投资审计科、经贸科（内审指导科）、农业与资源环境审计科、行政事业审计科、经济责任审计科、外资与园区审计科、社保审计科、监察室、工程决算审计中心、审计信息中心。

县（市）区审计局　景德镇市审计局所辖 1 县 1 市 2 区，均成立审计局。其中：乐平市审计局 1984 年 3 月成立，至 2010 年底，内设机构 7 个，行政编制 13 名、工勤服务编制 2 名，历任审计局长：方刚、汪新宇、刘祖森、占英平、田上游；昌江区审计局 1984 年 5 月成立，至 2010 年底，内设机构 4 个，行政编制 3 名、事业编制 4 名，历任审计局长：刘水莲、李往来、余满金、刘丽红；珠山区审计局 1986 年 3 月成立，至 2010 年底，内设机构 4 个，行政编制 4 名、工勤服务编数 2 名，历任审计局长：胡贵生、周仲林、王丽珍、罗丽玲；浮梁县审计局 1989 年 10 月成立，浮梁县审计局是由景德镇市原蛟潭区审计局（成立于 1985 年 11 月 5 日）和景德镇市原鹅湖区审计局（成立于 1986 年 3 月）合并成立。至 2010 年底，内设机构 6 个，行政编制 10 名、工勤服务编制 2 名，历任审计局长：高财和、陈松云、汪金林。

审计业务选介

财政金融审计　2008 年 7 月 8 日—9 月 5 日，景德镇市审计局组织力量对景德镇市高新产业开发区（以下简称高新区）2007 年度财政预算执行及其他财务收支情况进行审计。审计查明：2007 年，高新区共完成财政总收入 6714 万元，同比增长 15.50%；2007 年，高新区共完成地方财政支出 5973 万元，同比增长 40.80%。审计查出：（一）财政预算收支方面存在的问题：1.2007 年，高新开发区人为的调整预算收入 3720 万元为 4103 万元，其中税收收入 3246 万元调整为 3094 万元，非税收入 171 万元调整为 1009 万元，预算调整只经科技园管委会领导审批，没有向市财政报告，也未报请市人大批复。2007 年，预算支出安排，同样出现以上情况。2.财政收支矛盾突出，支出压力大，财政收入后劲不足。2007 年，高新开发区一般预算收入 4103 万元。主要靠增值税、营业税、企业所得税、个人所得税收入等，计 1722 万元，占总收入的 41.97%；城市维护建设税、耕地占用税、契税收入等，计 976 万元，占总收入的 23.79%。财政收入倚重税赋，而新税源尚未跟上，特别是作为市高新产业开发区，更显示出其财政收入结构脆弱，增长乏力。在支出方面，高新区 2007 年一般预算支出

5973 万元，就一般公共服务支出就有 4411 万元，占支出比例的 73.85%，扣除农林水三项支出、教育支出、工业商业金融事务支出、正常的财政开支和招商引资费用等后，剩余用于经济发展的财政资金十分有限，对科研三项经费没作预算安排，呈现出今后发展后劲不足。3. 2007 年终，为平衡预算，高新开发区在其他收入中列收列支 950 万元，从预算基金收入中调入 641 万元到预算内。违反《中华人民共和国预算法》规定。（二）其他财政收支方面存在的问题：1. 漏交房产税、营业税及教育附加。2007 年，高新区管委会收取"远大摩托车行""自然美"等房屋租金收入共 68000 元，没有按《中华人民共和国房产税暂行条例》《中华人民共和国营业税暂行条例》相关规定，缴纳 17.5% 的房产税，营业税及教育附加 11900 元，上缴市财政。2. 业务招待费（含礼品）开支超标准。2007 年，高新区管委会经费支出的公用支出中业务招待费开支 1709162 元，占公用支出 17.91%，违反《行政事业单位业务招待费列支管理规定》不得超过当年单位预算中公务费的 2%"的规定。3. 加班费、奖金等未按规定代扣代缴个人所得税 29539 元。2007 年度高新区管委会在编人员除工资薪金所得外发放加班、奖金等金额合计 59077 元，按 5% 税率计征，应补缴个人所得税 29539 元，违反《中华人民共和国税收征收管理法实施细则》"纳税人、扣缴义务人必须依照法律、行政法规的规定缴纳税款、代扣代缴、代收代缴税款"规定。根据《中华人民共和国税收征收管理法实施细则》"扣缴义务人应扣未扣、应收而不收税款的，由税务机关向纳税人追缴税款，对扣缴义务人应扣未扣、应收未收税款 50% 以上 3 倍以下的罚款"规定进行审计处理。责令将未按规定代扣代缴个人所得税 29539 元，上缴市高新区财政。4. 其他问题。2007 年，高新区管委会副县级以上干部在工资中已发放话费补贴，但在管委会经费支出中仍实报实销手机费用，全年共计报销手机话费 42890 元，超标准实施移动话费补贴，违反《中央和国家机关公务移动通信费用补贴管理办法》的有关规定；高新区管委会经费支出中列支 2007 年度赞助费合计：81800 元（其中：大连办事处 21800 元、昌江财政局服务中心 30000 元、昌江区林业局 20000 元、市检察院 10000 元），违反财政部颁布的《行政事业单位财务规则》规定；高新区管委会账户中经费支出列支 2007 年度北京市辽海律师事务所法律顾问费，未见双方签订的法律咨询业务合同，开支不明；2007 年，高新区开发公司账户固定资产 1317441 元，其中有购置小汽车 927578 元（这些车均在管委会使用），高新区会展中心数字系统性 249900 元，合计 1177478 元，没有在管委会固定资产账上反映；2007 年，高新区管委会所属的局及市直机关在高新区设立分支机构等设账单位年底都不同程度上留存巨额数量的现金和银行存款，违反预算管理规定。审计报告呈报市政府，时任景德镇市副市长于秀明作出批示：责成高新区按照市审计局提出的要求，认真负责地进行整改，并切实落实到位。

2008 年 10 月 13 日—11 月 15 日，市审计局组织力量对景德镇市陶瓷工业园 2007 年度财政预算执行及财务收支情况进行审计。审计查明：（一）工业园 2007 年度完成财政总收入 1705 万元。为年初预算的 101.49%，比上年增收 667 万元，增长率 39.12%。其中：地方财政收入 1033 万元，上划中央收入 619 万元，上划省级收入 53 万元。（二）2007 年，陶瓷工业园共支出 1776 万元，比上年增长 701 万元，增长率为 65.2%，其中：一般预算支出 1481 万元，比上年增长 580 万元，增长率为 64.40%；本年度结余 102 万元，其中结转下年支出 53 万元，本年净结余 49 万元。（三）陶瓷工业园管委会 2007 年度共收拨入资金 411 万元，其他收入 4 万元，经费支出 416 万元，不足部分由上年结余弥补。审计查出：（一）财政预算支出增长过快。（二）土地补偿方面：没有专款专用、往来账数额大。（三）管委会财务方面：漏缴税金及附加、未经政府批准自行购置车辆、多头开户。对景德镇市审计局提交的审计报告，时任景德镇市副市长黄康明作出重要批示。

2009年3月23日—5月25日，市审计局组织力量对市高新产业开发区2008年度财政预算执行及财务收支情况进行审计。审计查明：（一）2008年，高新区共完成财政总收入13511万元，同比增长101%，其中：区本级完成10442万元，吕蒙乡完成3069万元；地方财政收入完成9148万元，中央收入完成4021万元，省级收入完成3423万元。（二）2008年，高新区共完成地方财政支出19706万元，其中：区本级完成18420万元，吕蒙乡完成1286万元。审计查出：（一）财政预算收支方面：财政预算不完整，随意性大；财政收入不真实。（二）管委会财务收支方面：漏交房产税、营业税及教育附加；专项经费支出较大；未按规定代扣代缴个人所得税；未按规定实施政府采购；列支赞助费、招待费、其他商品和服务费较大。审计报告呈报市政府，时任景德镇市副市长于秀明作出重要批示：高新区作为政府的派出机构，如何严格执行《预算法》，如何完善财政体制，要教育干部多学习，同时加强与财政、审计部门的协调沟通，更好地提升我们的工作水平。

2010年9月19日—10月25日，审计组对市高新技术产业开发区（以下简称高新区）2009年度财政预算执行及其他财政收支完成情况进行审计。审计查明：（一）2009年，高新区财政总收入报表数62580万元（含六家划库收入12569万元），实际完成财政总收入50011万元，与报表数相比少12569万元。核实地方财政收入42797万元，与报表数相比少4317万元。但其中有列收列支36045万元，实际真正完成的财政收入仅6752万元，占报表数的13.5%。（二）2009年，高新区报表数当年共完成地方财政支出47166万元，其中：区本级完成36351万元，吕蒙乡完成10815万元，实际完成财政支出剔除高新区财政通过"技术研究与开发"（2000万元）、"其他采掘电力信息等事务"（1000万元）"其他一般公共服务"（32400万元）等预算内科目列支35400万元后，高新区当年实际完成地方财政支出仅11766万元，与报表数47166万元相比，少35400万元。审计查出：财政收支通过人为运作平衡，负担过重发展后劲乏力，借助银行贷款资金超范围负担基础设施建设，有的国有资产未入账，存在奖励资金未征企业所得税现象，城市低保资金未及时发放到低保户。审计报告呈报市政府，时任景德镇市常务副市长于秀明作出批示：责成高新区运用好审计成果，抓紧整改，同时积极争取扶持政策。

是年，景德镇市审计局对乐平市、浮梁县2008年以来房地产开发项目税费征管情况进行审计调查。审计调查发现：乐平市房地产开发项目中违法违纪问题9起，浮梁县房地产开发项目中违法违纪问题1起；乐平市政府应缴未缴景德镇市财政金额260万元，浮梁县政府应缴未缴景德镇市财政金额181万元；乐平市房地产开发项目中漏缴税费116万元，漏缴各项规费及政府性基金14266万元，浮梁县漏缴税费104万元，漏缴各项规费及政府性基金5581万元。审计查出：未按规定落实房地产税费征缴政策；违规出让国有土地使用权；未依法履行闲置土地监督检查职责；违规核发国有土地使用权证、规划许可证、竣工规划验收合格证、预售许可证；国土、财政部门未履行职责，土地出让金征缴不及时；各部门未严格履行职责，少缴各项税费；房地产开发企业违规建设漏缴土地出让金、规费；未履行监管职责，查处违规开发项目；划拨土地用于商用开发；超规划核发建设工程施工许可证、超规划核验面积办理产权登记；存在土地使用权转让的情况；未按规定上缴市政公用设施配套费专项调剂基金、人防易地建设费统筹资金。审计结果报市政府后，市领导作出批示。

社会保障资金审计 2007年4月23—29日和2007年5月28日—6月22日，根据省审计厅统一布置，江西省审计厅与景德镇市审计局联合对景德镇市（含各县市区）2006年度五项社保资金筹集、管理和使用情况进行审计，审计查出：基金收入全面反映不够；企业改制预缴的社会保险费未计入当期社会保险基金收入；历年来挤占挪用社会保险基金1145万元；社保基金未按规定实行财政专户存储；基金筹集和管理方面存在基金征缴乏力、少计利息、未作收入、欠拨等问题；存在违规支出方面的问题；昌江区账外存放改制企业预交养老保险基金3252万元。审计结果报告市政府后，市政府领导作出批示。

2009年8月，根据市委组织部的委托，市审计局组织审计人员对市第二人民医院2007—2009年7月财务收支情况进行审计，查出违纪违规金额6275万元，收缴金额68万元。本次审计在查阅会计资料的基础上，充分运用计算机AO辅助审计，对医院医疗服务收费、药品收费数据库进行重点审计。发现医院医疗服务项目超标准收费；药品违规加成超收医药费；未真实、完整反映收支情况；维修基金提取比例过大；漏交各种税费等情况，并向医院提出有针对性的审计意见和建议。审计组向市人民政府及市领导提交审计专报后，引起市领导的高度重视，并作出批示：要求市卫生局及时召开卫生系统整改会议，以解决老百姓"看病难、看病贵"的社会问题。市第二人民医院针对审计查出的问题，出台一系列规范收费、财务管理、医疗设备购置、固定资产清理等规章制度，促使审计查出的问题得到及时整改。该审计项目被评为2009年度全省审计机关优秀审计项目三等奖。

固定资产投资审计 2006年8月9—23日，市审计局组织审计组对宋家山垃圾填埋场新建项目，自项目审批立项至2006年6月30日止的建设资金使用及工程管理，工程绩效等情况进行审计。审计查明：景德镇市宋家山垃圾填埋场项目是利用国债的城市基础设施项目，1998年立项，2000年7月开工建设，垃圾日处理量为330吨（按每年3%递增为360吨），填埋期10年，征地354.825亩（23.655公顷），投资概算2788万元。审计查出：（一）依法应招标项目而未招标，该项目2000年6月2日正式对外发布招标文件，却并未按规定予以公开招标，而是以邀请招标方式确定中标单位，项目的设计、监理事项也未进行公开招标，全部为指定承包单位。（二）擅自与供地单位签订征地协议，违规征用土地。筹建处在未经过规定程序直接分别与鱼山镇吕蒙村、吕蒙乡历尧村签订征地协议，属违规用地。（三）欠缴国家相关税费：欠缴耕地占用税5万元，欠缴契税18万元。（四）欠缴国家相关规费：应缴未缴散装水泥专项资金23万元，应缴未缴水土保持设施补偿费23万元。（五）存在的其他问题：未严格执行概算，工程超概算；废水排放未全面达标，致使不能实现垃圾无害化目标；竣工工程未及时决算；财务管理和会计核算方面不规范；工程管理不规范。针对审计发现的问题，审计组及时与相关部门和机构进行沟通并提出相应的整改意见。此项目被评为全省优秀审计项目。

2007年5月24日—10月28日，市审计局组织力量对已竣工的财富大厦投资项目自审批立项至2007年9月30日的建设规模、土地征用、资金来源和使用、项目建设管理及委托中介对工程造价等方面进行审计。审计查明：财富大厦工程项目是景德镇市36项重点工程之一，项目建设期间项目部为保证工程建设各项工作有序地开展，制定一系列内控制度，施工过程中，克服工期短、工程复杂等不利因素，能保证工程项目如期竣工，交付使用。审计查出：（一）工程属"四边"工程项目，即边设计、边施工、边修改、边使用，未按建设程序的规范要求实施。（二）招标与结算差额大。由于工程属"四边"工程，招标时仅是为选择施工队伍，没有设计图纸，对装饰等用材建设方（甲方）定位不准，以致使用的材料比招标时的估价相差较大，造成结算结果与招标价差额过大。例如内装工程，中标价为340万元，最后完工结算为2941万元，超中标价8.65倍；外装工程，中标价286万元，最后完工结算1592万元，超中标价5.57倍。（三）建设工程项目资料管理比较零乱，未归纳、整理，相关资料不完整。（四）财务管理有待完善。项目虽已完工，资产已使用多年，由于工程拖欠款数额较大，致使工程的竣工验收和财务决算未能及时编制。此项目获江西省审计项目质量评比二等奖。

外资运用审计　2010年1月26日—2月10日，景德镇市审计局对景德镇市辖区内政府外债项目情况进行调查审计。审计查明：截至2009年12月31日，景德镇市共有19项外资贷款项目，贷款债务总额12640万美元，其中：本金10443万美元，利息2196万美元。目前累计已还款合计3206万美元，其中本金：2487万美元，利息756万美元。审计查出：市政府外债项目资金闲置，有悖常理；以物抵款，加大贷款成本；外债金额过大，不能及时还贷；工程项目管理不规范；项目实施不理想，偿还债务能力有限等问题。审计报告呈报市政府，市领导批示：责成财政局对政府外债项目逐个进行清理，并对项目单位拟订还款计划和措施，尽可能防范财政风险。

企业审计　2007年8月21日—9月13日，市审计局组织力量，采用"全程应用审计现场实施系统，财务系统和业务系统并重，内查和外调相结合"的思路和方法，对景德镇市城市客运管理处2006年度财务收支情况进行审计。审计查出：市客运处罚没收入专户未纳入财务核算；公款私存，部分收入体外循环；截留应上缴财政收入；违反规定收取已取消的行政事业性收费；隐匿收入；行政处罚随意性大，且低于标准处罚；漏缴个人所得税；固定资产未入账；未经过政府采购程序购买汽车等问题并依法进行处罚处理。此项目获江西省AO应用实例评选项目评比三等奖。

2007年景德镇市审计局组织审计组对市公共交通公司财务收支情况进行审计。审计查出：（一）市公交公司收取外聘人员固定资产保证金和安全互助金，用于公交营运车辆的购置和政府为民办实事项目，给"两金"支付造成隐患。（二）支付中层干部奖励，会计凭证中只有名单而没有具体个人发放数额，并漏缴个人所得税。（三）应在"无形资产"科目核算、逐年进行摊销的内容违规作为固定资产，影响损益的真实性。（四）存在未按照权责发生制进行会计核算的问题。对存在问题，市审计局有针对性地提出整改意见。审计报告呈报市政府，时任市长李放对报告作出批示：要求市公交公司和主管部门建设局对审计发现的问题予以高度关注，并进行整改。

专项资金审计及审计调查　2007年7月30日—8月3日，根据省审计厅的统一布置，市审计局分别对乐平市、浮梁县和昌江区文化广播电视局管理的2005、2006年度农村文化建设专项资金绩效情况进行就地审计调查。审计调查期间，审计组对部分乡镇进行问卷调查，并对部分资金作必要的延伸审计。审计调查发现：（一）资金使用率偏低，资金效益未完全发挥。2005年至2007年5月31日，浮梁县实际使用农村文化专项资金使用率为55.63%，乐平市实际使用农村文化专项资金使用率仅为38.82%，没有完全发挥资金的使用效率。（二）农村文化建设专项资金的预算资金安排与项目实际执行年度错位，影响当年三项活动计划的考核。2005年至2006年度，全市农村文化建设专项资金的转移支付资金都是在当年的十一月和十二月才安排预算，拨付资金要到下年才能完全到位，使预算资金与计划项目年度错位。如2006年度的项目计划2006年做了一部分，余下的要到2007年才能完成，到2007年什么时候完成并没有标准，不利于按年度考核和评价农村文化三项活动项目的业绩。（三）部分项目未完成任务。全市三大活动之一的电影项目均未完成任务，2005年至2006年全市农村文化建设专项资金计划放映电影6465场，其中：用于实施义务教育的农村学校计划放映692场。至审计调查时，实际放映电影3660场，计划完成率为56%、61%，其中：实施义务教育的农村学校实际放映86场，计划完成率为12.43%，没有完成项目的计划任务。经审计调查，造成该项目未完成任务的主要原因是缺乏电影放映的硬件设备。（四）单据缺乏场次的统计指标，不能满足统计需要。乐平市三大活动无论2006年的演出回单，还是2007年的财政性收据，都无场次的统计指标，实际业务不能缺少这方面的统计资料。（五）农村文化建设专项资金的使用比例不合理。根据规定，资金的26%购买文体演出，44%购买电影放映，30%由乡镇自行组织文体活动，但农村实际情况是，农民更喜欢戏曲表演，更喜欢自己参与到各种活动中。相对而言，电影放映不太受欢迎，有不少乡镇或行政村对电影放映有抵触情绪，呼吁增加文体活动的资金比重，多开展农民自己参与的文体活动。审计结果报告市政府，获市政府领导批示。

2009年7月20日—8月24日，市审计局组织审计组对乐平市2005—2008年度退耕还林工程专项资金进行审计，并延伸审计11个乡（镇），走访调查林农68户（制作并发放"上户调查表"和"举报联系卡片"），涉及30个村。审计查明：乐平市全市共有国土面积1974平方公里，其中林业用地面积145万亩，占全市土地面积的48.9%，森林覆盖率达31%。为支持乐平市政府退耕还林工作，上级财政拨入乐平市退耕还林工程专项补助资金3706万元。审计查出：乐平市（一）擅自调整退耕地和荒山补助标准，侵害退耕地农民利益。（二）历年结余的钱粮补助款未如实逐级上报用于抵扣下年度拨入资金，累计违规滞留139万元。（三）违规补发退耕还林以前年度验收不合格面积的粮食补助费和生活补助费共计294万元。（四）个别乡（镇）存在退耕地复耕现象，未能按规定追回以前年度的补助资金。（五）部分承包大户和退耕户之间没有按规定协商签订补充合同，存在利益分配显失公平的情况。（六）将不应纳入退耕还林范围的花卉苗木基地违规报批退耕还林项目，套取退耕还林专项补助资金25万元。（七）将不应纳入退耕还林范围的国家公益林违规报批退耕还林项目，套取退耕还林专项补助资金13万元。（八）部分承包大户上报退耕地性质、面积不实，甚至利用荒山冒充坡耕地以套取国家退耕还林专项补助资金。（九）退耕还林验收工作缺乏内部控制机制，存在不合格面积兑现钱粮的情况。（十）滞留种苗补助费11万元未及时发放给造林户。（十一）其他问题：个别乡（镇）林权证发放不及时，种苗采购未能严格执行规定，种苗和造林补助专项资金账务处理不及时，退耕还林的档案收集、整理工作有待进一步规范。此项目被评为全省优秀审计项目。

2010年7月4—29日，市审计局派出审计组对乐平市、浮梁县政府2007年以后政府投资保障性住房（经济适用住房、廉租住房、棚户区改造）的政策措施落实、供应和销售管理、资金筹集管理和使用、项目建设管理等情况进行审计调查（工程造价不在此次审计范围内）。审计查明：（一）乐平市保障性住房项目方面：省政府下达乐平市政府经济适用住房任务数为：2008年度50000平方米；2009年度30000平方米；2010年度20000平方米，合计100000平方米。2008至2010年度已竣工的房屋建筑面积为120777平方米，扣除亭碚小区店面面积1484平方米、泪安小区店面及杂物间面积20088平方米，实际完成经济适用住房建设任务99205平方米。省政府下达乐平市政府廉租住房任务为：2008年度300套（15000平方米）、2009年度668套（33400平方米）、2010年度200套（10000平方米），合计1168套（58400平方米）。2008年至2010年度已竣工的房屋建筑面积为79079平方米，扣除店面及杂物间面积19413平方米，实际完成廉租住房建设任务59666平方米。省政府下达乐平市政府2010年度棚户区改造任务数为16万平方米。截至审计时止，完成拆迁面积8万平方米。（二）浮梁县保障性住房项目方面：省政府下达浮梁县政府2007年度经济适用住房任务数为10000平方米，2008年度经济适用住房任务数为5000平方米，合计15000平方米；实际竣工面积15735平方米，扣除底层车库杂物间面积2246平方米，实际完成住房面积13489平方米。省政府下达浮梁县政府2009年度廉租住房任务数为25600平方米，512套；实际竣工面积25654平方米。省政府下达浮梁县政府2010年度棚户区改造任务数为40000平方米，实际完成拆迁面积40000平方米。审计查出：乐平市、浮梁县政府未及时完成省政府下达的经济适用住房建设目标任务；未按省政府规定的时间节点完成城市棚户区改造目标任务；虚报城市棚户区改造项目；未按规定将保障性住房用地纳入当地年度土地供应计划；经济适用住房部分户型面积超标；经济适用房销售准入审核不严；廉租住房分配准入审核不严；经济适用房动态管理机制不完善；廉租住房补贴的发放动态管理机制不完善。审计建议：1.乐平市、浮梁县政府应当提高认识，认真对照《江西省2010年保障性住房建设及城市和国有工矿棚户区改造工作方案》的要求，采取有力措施，加快推进保障性住房建设，必须全面完成保障性住房建设任务。2.乐平市、浮梁县政府应充分落实保障性住房各项优惠政策，但要杜绝非保障性住房项目享受保障性住房建设的优惠政策的行为发生。3.乐平市政府应立即拨出专款，建立起乐平市房屋登记信息库及经济适用住房、廉租住房管理信息系统，为住房保障部门依法履行监督管理职责提供必要的手段，确保民生工程给真正需要的老百姓带来实惠。4.积极推动建立住房保障、房地产、民政、公安、金融等部门的信息共享机制，增强审核工作的准确性，提高监管工作效率。5.房地产行政主管部门应加强对保障性住房的动态管理，每年会同同级民政等部门对享受廉租住房保障家庭的收入、人口及住房等状况进行复核。6.严格按照《招投标法》的规定，对工程项目进行公开招标，同时应加强对工程款支付的管理，按照合同的约定和工程进度付款。7.应根据《招标公告发布暂行办法》的规定，在指定的媒介上广泛发布招标信息，充分进行市场竞争，杜绝招标项目仅只有少数几家单位参与投标的现象发生，防止投标单位操纵投标报价、围标、串标，避免国有资金的损失浪费。此项目获得全省优秀审计项目二等奖。

第四节　萍乡市审计概况

机构与队伍

机构设置　1983 年 9 月 15 日，萍乡市委、市政府根据省委、省政府的部署，成立萍乡市审计局。1985 年，萍乡市所辖城关、湘东、芦溪、上栗 4 个区分别建立审计局。1992 年 8 月 11 日，莲花县由吉安地区划归萍乡市管辖，莲花县审计机构纳入萍乡市审计系统。1993 年 5 月 18 日，萍乡市城关区更名安源区，原城关区审计局更名安源区审计局。

1996 年 4 月 30 日，中共萍乡市委、萍乡市人民政府实施国家行政、事业单位机构改革和调整，保留萍乡市审计局，并由萍乡市人民政府印发《萍乡市审计局职能配置、内设机构和人员编制方案》。

1997 年 12 月，萍乡市芦溪区、上栗区撤区改县，原芦溪区审计局、上栗区审计局更名芦溪县审计局、上栗县审计局。全市下辖安源、湘东二区和芦溪、上栗、莲花三县，均设置有审计机构。至 2010 年底，全市审计机关共有审计人员 91 人，其中：市本级 37 人、安源区 5 人、湘东区 15 人、芦溪县 13 人、上栗区 10 人、莲花县 11 人。

职能与职责　1983 年 9 月萍乡市审计局成立至 1990 年底这段时期，其职能与职责处于逐步调整和完善阶段，审计工作按照企业审计和行政事业审计两条线进行。职责主要是：对全市财政部门的预、决算和税务、工商部门的财务活动；银行、信用、保险等金融部门（机构）的信贷、营业、财务活动；在萍乡的中央和省属企业、市（区）属国有和大中型企业的财务活动与经营效益情况；市辖范围内的各级各类行政、事业单位的财务活动；凡经市计委、经委、财政、银行安排，或由企业自筹资金安排的一切基础设施建设资金、技措和更改资金的事前计划与事后效果情况进行审计监督；配合有关部门打击在上述各类审计中发现的经济犯罪活动；组织开展审计业务培训和宣传活动。其后，随着 1996 年、2002 年、2010 年的政府机构改革，市审计局的职能职责相应进行调整，截至 2010 年，萍乡市审计局的职能调整为：取消已由市人民政府公布取消的行政审批事项；调整对社会审计机构审计业务质量的监督范围，不再核查社会审计机构对审计机关审计监督对象外的单位出具的相关审计报告；加强对经济责任、关系国计民生的资源能源、环境保护和社会保障资金、境外市属国有资产、政府投资建设项目资金、财政资金使用效益的审计职责。主要职责调整为：1. 主管全市审计工作。负责对全市财政收支和法律法规规定属于审计监督范围的财务收支的真实、合法和效益进行审计监督，维护全市财政经济秩序，提高财政资金使用效益，促进廉政建设，保障全市国民经济和社会健康发展。对审计、专项审计调查和核查社会审计机构相关审计报告的结果承担责任，并负有督导被审计单位整改的责任。2. 贯彻执行审计工作的方针政策和法律法规，制定审计规章制度并监督执行。制定并组织实施全市审计工作发展规划和专业领域审计工作规划及年度审计计划。参与起草全市地方性财政、经济及相关的政策规定。对直接审计、调查和核查的事项依法进行审计评价，做出审计决定或提出审计建议。3. 向市长提出年度市级预算执行和其他财政收支情况的审计结果报告。受市政府委托向市人大常委会提出市级预算执行和其他财政收支情况的审计工作报告、审计发现问题的纠正和处理结果报告。向市政府报告对其他事项的审计和专项审计调查情况及结果。依法向社会公布审计结果。向市政府有关部门和县区人民政府通报审计情况和审计结果。4.直接审计依照《审计法》规定的各种经济活动事项，出具审计报告，在法定职权范围内做出审计决定或向有关主管机关提出处理处罚的建议。

编制与职数 1984年，萍乡市审计局共有审计工作人员13人。1991年1月30日，萍乡市编制委员会办公室核定市审计局内设6个科室和一个审计事务所，人员编制43人。其中6个内设科室行政编制35人，事业编制3人；审计事务所事业编制5人。1993年9月，市编办同意市审计局增设基建审计科，人员编制在局内部调剂解决。1996年，萍乡市人民政府批准市审计局机关行政（公务员）编制36人，机关工勤（事业）人员单列编制4人。领导职数：局长1名、副局长3名、纪检组长1名；科级职数13名，其中正科级9名（含机关党总支专职副书记、正科级监察员各1名）。审计事务所单列，23人。2002年，萍乡市党政机构改革，市政府批准：市审计局机关行政编制28名，纪检监察编制2名，机关工勤人员编制4名；领导职数：局长1名，副局长3名，纪检组长1名；正科级8名（其中机关党总支专职副书记1名），副科级4名。2007年，萍乡市机构编制委员会批准，市审计局内设的行政事业审计科分设为行政事业审计一科和审计二科，增加正科级领导职数1名。2008年，中共萍乡市委同意在市审计局增设副县级总审计师职数1名。2010年，萍乡市人民政府批准市审计局机关行政编制33名（含纪检监察编制2名），机关工勤人员单列编制4名；领导职数：局长1名，副局长3名，纪检组长1名，总审计师1名；正科级10名（含机关党总支专职副书记1名、监察室主任1名），副科级4名。

领导成员 1983年至2010年，萍乡市审计局领导班子经过四次调整。

表13-4-1 1983—2010年萍乡市审计局历届领导成员

姓名	职务	任职时间
谭禄圣	副局长主持工作	1983.09—1984.11
彭正方	党组书记、局长	1987.09—1999.05
丁琪军	党组书记、局长	1999.05—2007.01
肖放萍	党组副书记、局长	2007.01—
罗铭权	党组书记	2009.01—

内设机构 1984年，萍乡市审计局内设企业审计科等3个科室。至2010年，市审计局内设办公室、综合法规科、经贸与财政金融审计科、行政事业审计科、农业与资源环保审计科、固定资产投资审计科、社会保障审计科、经济责任审计科8个职能科室，机关党总支负责局机关的党群工作。纪检组（监察室）为市纪委（市监察局）的派出机构。

县（区）审计局 萍乡市下辖安源、湘东二区和芦溪、上栗、莲花三县。市审计局对县区审计机构的审计工作和领导干部的管理，实行双重领导、以县区党委为主的体制。县区党委在任免、调动、奖惩审计机关负责人时，应事先征求市审计局的意见。其中：莲花县审计局1984年3月成立，至2010年底，内设机构4人，行政编制14人。历任审计局长：陈志明、朱慧恩、袁东鸿。安源区审计局 1986 年 2 月成立，至 2010 年底，内设机构 3 个，行政编制 5 人（其中：行政编 4 人、工勤编 1 人）。历任审计局长：王素理、张秋连、王良才、肖栗、李光荣、王圣余、王素理。上栗县审计局 1986 年 3 月 26 日成立，1999 年 12 月 15 日，上栗区审计局因撤区建县更名为上栗县审计局。至 2010 年底，内设机构 4 个，行政编制 10 人。历任审计局长：周美辉、张运洪、胡建秋、朱永成、肖利军。湘东区审计局 1986 年 4 月成立，至 2010 年底，内设机构 5 个，行政定编 15 人，实有 15 人。历任审计局长：何水良、张建成、易春香、肖钊勤。芦溪县审计局 1986 年 4 月 5 日成立，至 2010 年底，内设机构 5 个，行政编制 9 人，事业编制 4 人，实有人数 13 人。历任审计局长：彭芳伟、周国发、陈述安、李联光、黄云发、曾建国、余绍梅、刘宗萍、徐跃林。

审计业务选介

财政金融审计　1997 年 4 月底—6 月中旬，萍乡市审计局及一县四区审计局对市本级及一县四区 1996 年度的预算执行情况及其他财政收支情况进行"同级审"，并向市地税局、市土地局、市建设局、市质监局、市环保局、市教委、市工商局、市邮电局等部门和单位进行延伸审计。审计查明：1996 年全市财政总收入完成 53866 万元，比上年增长 21%。全市地方收入比上年决算数增收 5501 万元，增长 22.9%。1996 年全市财政总支出执行数为 47997 万元，比上年支出决算数增长 11.3%。1996 年全市地方财政收入加上省财政税收返还收入，财政专项补助和上年结转，减上解省财政支出，扣除专项结转经费后，根据现行财政体制计算，全市一县四区、经济开发区及市本级均实现财政收支平衡略有结余。审计查出：（一）预算编制和分配方面：1996 年总预备费的年初预算安排超过《预算法》规定的比例，全市总预备费达预算支出的 5.05%，芦溪区达 15.8%，上栗区达 4.5%；预留待分配指标较大，无形中扩大了财政部门自主安排的财力；预算编制的科学性和准确性不够，征管力度不够，预算稍显偏高。（二）预算执行方面：存在违反《预算法》及《关于严禁占压预算资金，确保预算收入及时入库的通知》的规定，应纳入预算内的财政规费收入被部门、单位占压、挪用的问题；违反《关于对行政性收费、罚没款收入实行预算管理的规定》的规定，将应纳入预算内的财政收入在有关部门直接列支的问题；违反《关于国有土地使用权有偿使用收入征收管理的暂行办法》及萍乡市国有土地使用权有偿使用收入征收管理暂行规定的问题；违反江西省征收排污费办法的规定，某些部门钻政策空子，改变名目收费，将一部分排污费以提高征收标准、加倍征收、滞纳金、罚款即"四小块"收入名义收取，从而加大业务经费的返回比例，减少环境治理资金来源的问题；部分乡镇违反《税收征收管理法》的规定，使用普通收据收取税款及罚款，作为财政所收入，自行开支的问题；个别税务分局违反《中华人民共和国银行法》及《预算法》的规定，为完成目标任务自行向银行贷款递交税款的问题；以及设立"收入过渡户"，截留预算收入，划预算内为预算外和不按规定把"粮食压销增收款"收入及时增加"调入预算内资金收入"归还平时垫付的职工定向补贴款，而是摆在"预算暂存"账上等问题。（三）预算支出执行方面：由于年初预算安排中留有较大的待分配指标，加之超收追加指标增大，导致年终大量追加支出，突击拨款的现象，削弱预算支出的约束力；基建支出挤占其他支出；"其他部门事业费"项目在预算的安排和实际执行中均出现向财政部门倾斜的现象；"总预备费"的动用未严格按《预算法》执行；专项资金不能专款专用；存在利用某些部门银行账户转移过渡资金的现象；部门巧列名目挤占专项资金。（四）财政间歇资金使用方面：违反国家金融法规的规定，将财政间歇资金参与银行信贷资金周转；将间歇资金借给某些税部门用于代缴税款；违反《预算法》的规定出借财政间歇资金，造成难以收回及挤占、挪用。（五）其他财政收支方面：全市预算外资金收入和预算内地方财政收入在数额上接近，但事业行政单位预算外资金占66.9%，地方财政部门掌握的预算外资金比例仅为3.96%，且在支出结构上主要用于人员经费、公用经费开支的事业行政经费比重过大；各项收入及基金不能及时上缴财政，被征收单位挤占、挪用的现象比较突出；未纳入财政专户管理的基金被有关部门挤占、挪用。（六）财政周转金管理使用方面：截至1996年底，全市财政周转金总量达7847万元（含上级借入），可是占用费收入极少，大量资金沉淀，严重影响周转金的使用效果；部分支农周转金存在使用不合理，投入效果差、挤占等现象。对存在问题，审计组分别向被审计单位提出针对性的整改建议。审计报告呈送市政府，市领导作出批示。

1999年5月4日—8月9日，萍乡市审计局对中国工商银行萍乡分行及其下属1个县支行、8个办事处、一个营业部及3个二级机构1998年度资产、负债、损益情况进行审计，主要事项在时间上作必要的延伸和追溯。审计查明：中国工商银行萍乡分行（汇总）1998年末资产总额为475374万元，负债总额为481928万元，所有者权益为–6555万元，利润总额为–7110万元。1998年末贷款总额为176440万元。中国工商银行萍乡分行各项存款增长稳定，会计核算和财务管理较规范，全行亏损控制在省行下达的计划以内。审计查出：（一）各单位均有少计营业收入、损益不实，少缴营业税及附加、企业所得税问题。（二）有部分支行和分理处存在违规经营，出现随意降低有关存款基数或保持有关存款的增长；违规为有关单位提供担保；采取支付手续费或超指标发售年利率高于同期相应档次法定存款利率国债的方式吸收存款，造成多付利息或费用；在基建和房屋装修项目少交、漏交固定资产投资方向调节税等现象。（三）存在账外资产和转移或截留收入、挤占成本费用等行为。（四）没有按照党中央、国务院的有关规定做好与所办经济实体的脱钩工作，未认真清理收回投入的资金，以及未按照规定及时足额就地缴纳水利建设基金。对存在问题，审计组分别提出了整改意见。审计报告呈送市政府，市领导作出批示。

2008年2月27日—3月27日，萍乡市审计局对上栗县人民政府2006—2007年度财政决算及其他财政收支情况进行审计，主要审计县财政管理的预算内外资金收支情况，延伸审计县地税局税收征管情况、县矿管局对矿产资源补偿费和维简费及煤矿安全监督管理局对维简费的征收解缴情况、嘉和投资公司有关资金的管理使用情况、上栗镇人民政府2006—2007年度的财政收支情况。审计查明：上栗县2006年财政总收入32396万元（其中一般预算收入19409万元），一般预算支出42622万元；2007年财政总收入41938万元（其中一般预算收入26584万元），一般预算支出57169万元，截至2007年底，滚存结余1609万元，净结余656万元。审计查出：（一）财政部门存在少缴防洪保安资金问题。（二）2006年县矿管局收取矿产资源补偿费未纳入预算内管理，影响上级财政预算收入；县矿管局和县煤炭安全监督局收取维简费未纳入预算内管理。对审计发现的问题，审计组分别提出针对性的整改建议。审计报告呈送市政府，市领导作出批示。

行政事业审计 2009年8月20日—9月28日，按照省审计厅的统一安排和萍乡市政府领导的指示，萍乡市审计局配合省审计厅组成联合审计组，对省广播电视网络传输有限公司萍乡市分公司、湘东区、上栗县、莲花县分公司 2007、2008 年度资产、负债、损益情况进行审计，并对萍乡市广播电视局、湘东区、上栗县、莲花县文广局进行延伸审计调查。审计查明：省广播电视网络传输有限公司萍乡市分公司、湘东区、上栗县、莲花县分公司 2007 年主营业务收入 2999 万元，实现利润 1102 万元、所有者权益 3143 万元；2008 年主营业务收入 3366 万元、实现利润 1591 万元、所有者权益 4733 万元。从公司成立至 2008 年底总支出 16610 万元、总投入 13716 万元，投入产出比率为 121.10%。审计发现：大额现金支付工程款由公司人员代领，无收款人收据，支出真实性难以确认；存在将属于单位的资金转入个人账户，通过个人账户套取现金，为私设"小金库"、偷逃税款、贪污腐败等违法违纪行为提供便利的现象；少缴个人所得税、营业税、城市维护建设税及附加和欠缴公积金等行为；票据管理不严，有些发票无具体开票时间、无收费名称、无单价，开票时间和资金进账时间间隔长，有的甚至滞留时间近一年；材料明细核对表与财务账核算入库的下拨材料金额不一致，业务进程与财务监控严重脱节；内部控制制度不健全，未建立不同岗位相互牵制、相互制约的内控制度，以及无收费许可证乱收费等问题。

对萍乡市广播电视网络信息服务中心审计调查发现：2007 年从分公司取得卫视加扰费收入 126 万元、2008 年取得卫视加扰费收入 136 万元；从分公司提取现金 29 万元；萍乡市广播电视信息网络中心与省广播电视网络传输有限公司萍乡分公司财务往来中存在不够规范的问题；私设小金库、乱收费、占用分公司资产、行政性收费收入未纳入预算管理、在下属单位发放津贴补助、列支会议费原始凭证不齐全，没有会议通知及其他佐证材料。

对湘东区广播电视网络信息服务中心审计调查发现：该中心财务管理、内部控制不健全、账务处理不够规范；少缴营业税、城市维护建设税及附加；"固定资产清理"记账凭证与总账、报表不相符；账务管理混乱，账证不符、账实不符，内控制度不健全；未提供 2007 至 2008 年银行日记账，致使银行对账单无法和日记账核实，无法审计银行日记账，无法核对银行数据的真实性、会计信息的完整性。针对审计发现的问题，审计组分别提出针对性的整改建议。此项目评为 2009 年省优秀审计项目表扬奖。

社会保障资金审计　2003 年 6 月 1 日—8 月 19 日，萍乡市审计局分别对芦溪、上栗和莲花三个县 2003 年城市居民最低生活保障资金筹集、管理、使用情况进行审计，并追溯和延伸审计莲花县 2002 年和 2004 年上半年低保资金管理使用情况。审计查明：芦溪县城镇人口 58000 人，至 2003 年底享受低保待遇户数 4356 户，保障人口 7570 人，其中常补对象 120 人，全年发放低保资金 100307 人次，人均月补助 52 元；上栗县城镇人口 69000 人，至年底止享受低保资金 1918 户，保障人口 4591 人，全年发放低保资金 34417 人次，人均月补助 51 元；莲花县城镇人口 31308 人，至年底止享受低保资金 1652 户，保障人口 3241 人，全年发放低保资金 14646 人次，人均月补助 38 元。审计查出：（一）资金筹措与安排方面：除芦溪县能够按规定足额安排资金到位外，其余两个县财政在资金筹措、安排方面存在较大差距，县财政未按规定足额安排和拨付低保资金和相应的工作经费。其中：莲花县只安排低保资金 5 万元；上栗县的低保资金和工作经费财政预算分文未列，与政策规定要求相距较大。（二）资金财务管理与使用方面：三个县的城市居民最低生活保障资金的资金财务管理与使用都不尽规范，均存在被挪用和挤占等问题。（三）资金发放制度完善方面：审计发现低保资金发放制度不够健全，程序不够规范，主要表现为民政部门和经办机构没有做到按月及时拨付和发放；邮局发放制度不健全。（四）低保业务工作管理方面：审批把关不严，少数地区对低保对象的身份及家庭成员及其收入缺乏审查，使得有些经济收入明显高于当地低保标准的家庭享受低保补助；存在违反原则办关系保、人情保的现象，把一些明显不符合低保条件的家庭纳入低保范围；未按照户主户籍所在地管辖原则申报，造成存在多头申报的现象；档案管理不规范，动态管理不到位，未按照规定对"常补对象"进行审核，造成不少低保户无法落实；经办机构发放低保金存在漏洞，管理部门对资金发放监督不力，内控制度不严，代领、冒领现象严重；有少数居委会经办人员在经办低保工作过程中，存在贪污冒领低保资金的违法违纪行为。对审计发现的问题，审计组分别提出针对性的整改建议。审计结果报告给市政府，市政府领导作出批示。

2007年8月2—5日，萍乡市审计局对芦溪县2005—2006年度新型农村合作医疗基金筹集、管理、使用情况进行审计。审计查明：芦溪县是江西省第二批新型农村合作医疗试点县之一。2006年全县总人口27.8万人，其中常住农业人口22.46万人，参合农民19.37万人，参合率86.25%。2005年基金收入为583万元，其中：个人缴纳保费收入264万元，中央财政补助收入142万元，省财政补助收入70万元，市财政补助收入53万元，县财政补助收入53万元，利息收入15000元。基金支出为356万元，其中：医疗统筹基金支出266万元，个人账户基金支出90万元，基金结余为227万元，其中：医疗基金结余183万元，风险基金结余44万元。2006年基金收入为1005万元，其中：个人缴纳保费收入278万元，中央财政补助收入324万元，省财政补助收入271万元，市财政补助收入58万元，县财政补助收入58万元，民政救助收入13万元，利息收入4万元。基金支出为701万元，其中：医疗统筹基金支出559万元，个人账户基金支出141万元，基金结余为305万元，累计结余为532万元，其中：医疗基金结余388万元，风险基金结余144万元。审计查出：县财政局、农医局以及各乡镇农医所未将基金存入规定的国有商业银行开设的社会保障基金财政专户，而是存在芦溪信用社；在2006年其他收入中有违规收取医院、诊所的工本费、赞助费；2006年末没有按照10%的比例提取风险基金。审计结果报告给市政府，市政府领导作出批示。

2007年6月11日—8月16日，萍乡市审计局对安源区、上栗县、莲花县、芦溪县人民政府（以下简称四县区）2006年度企业职务基本养老保险基金、城镇职工基本医疗保险基金、失业保险基金、工伤保险基金、生育保险基金（以下简称五项基金）收支管理情况进行审计。审计调查表明：至2006年底止，四县区共有五项基金13156万元。其中：企业基本养老保险基金结余9282万元，基本医疗保险基金结余2495万元，失业保险基金结余1067万元，工伤保险基金结余199万元，生育保险基金结余111万元。企业基本养老保险基金收支情况：2006年度四县区企业基本养老保险基金收入5980万元；2006年度基本养老保险基金支出3834万元。企业参保职工18142人，离退休职工6457人。基本医疗保险基金收支情况：2006年四县区共有基本医疗保险基金收入2359万元；2006年基本医疗保险基金支出1460万元。参保职工31280人，享受待遇职工23443人。失业保险基金收支情况：2006年四县区共有失业保险基金收入994万元；2006年失业保险基金支出577万元。参保职工23231人，享受待遇职工2576人。工伤保险基金收支情况：2006年四县区共有工伤保险基金收入 219 万元；2006 年工伤基金支出 147 万元。参保职工 23470 人，享受待遇职工 3823 人。企业生育保险基金收支情况：2006 年四县区共有企业生育保险基金收入 25 万元；2006 年生育保险基金支出 7 万元。参保职工 4973 人，享受待遇职工 893 人。审计查出：被审单位存在挤占、挪用专项资金、医疗保险基金未纳入财政部门实行收支两条线管理、体外循环、部分县区为考虑当年和下年基金征缴的任务、不同程度地将收入压库和挂往来、人为隐瞒收入、不按规定在指定的国有商业银行以外的金融机构开户，且多头开户现象，各县区社保局、财政局均违规将三项基金（养老保险基金、工伤保险基金、生育保险基金）共用账号；执行"收支两条线"未完全到位，部分县区未按《财务制度》规定月末将收入户存款余额足额上缴财政专户，导致收入户月末甚至年末有大量余额；业务管理不规范，信息反映不真实，业务操作人员违规操作；社保经办机构存在乱收费行为。对审计发现的问题，审计组提出针对性的整改建议。此项目评为 2007 年全省优秀审计项目三等奖。

2008 年 8 月 1 日—9 月 23 日，萍乡市审计局对全市 2007 年度基本养老保险基金、基本医疗保险基金、失业保险基金、工伤保险基金、生育保险基金（以下简称五项基金）收支情况进行审计。审计调查表明：截至 2007 年底，全市五项基金结余 58512 万元，其中：企业基本养老保险基金结余 39970 万元，城镇职工基本医疗保险基金结余 12355 万元，失业保险基金结余 4937 万元，工伤保险基金结余 968 万元，生育保险基金结余 282 万元。基金结余以银行存款形式存放。除湘东区将 1168 万元存放在农村信用社外，其余均存入在国有商业银行，纳入市、县（区）财政专户存储，实行收支两条线管理。企业基本养老保险基金收支情况：2007 年度有企业基本养老保险基金收入 45211 万元；2007 年度企业基本养老保险基金支出 32768 万元。参保人数 169997 人，实际缴费人数 149429 人，享受待遇职工 44794 人。城镇职工基本医疗保险基金收支情况：2007 年度有城镇职工基本医疗保险基金收入 12581 万元；2007 年度基本医疗保险基金支出 5937 万元。参保职工 120285 人。失业保险基金收支情况：2007 年度有失业保险基金收入 2939 万元；2007 年度失业保险基金支出 1883 万元。参保职工 130285 人，缴费职工 92400 人，享受待遇职工 9884 人。工伤保险基金收支情况：2007 年度工伤保险基金收入 1510 万元；2007 年工伤保险基金支出 1319 万元。参保职工 188015 人，享受待遇职工 1342 人。企业生育保险基金收支情况：2007 年度有企业生育保险基金收入 94 万元；2007 年生育保险基金支出 48 万元。参保职工 100069 人，享受待遇职工 195 人。审计查出：被审计单位存在基金收入不实、管理不规范，如征缴失业保险费有违规操作行为、违反规定在指定的国有商业银行以外的金融机构开户、收支两条线管理没有完全执行到位、个人账户管理不规范、划账不及时、计息不足额或未计息、工伤保险基金待遇支出中存在审批不严、手续不全、保险凭证不合法、虚列支出等问题。同时，对上年度审计发现的违规问题所作出的处理决定仍然整改不到位。对审计发现的问题，审计组提出针对性的整改建议。此项目评为 2008 年全省优秀审计项目三等奖。

固定资产投资审计　2006 年 4 月 17—19 日，萍乡市审计局对萍乡市生活垃圾卫生填埋场筹建处有关资金使用和管理情况进行审计，并就有关事项调查湘东区土地局、湘东区土地开发服务中心、麻山镇政府、麻山镇小桥村。审计查明：萍乡市生活垃圾卫生填埋场于 1999 年批准立项，批复总投资 5262 万元，后来市政府将投资压缩至 4000 万元，属市重点建设项目。该项目于 2003 年 12 月

11 日正式动工。截至 2005 年 12 月底，已到位资金 2365 万元，其中国债资金 2200 万元，市财政安排专项资金 165 万元。工程进度完成情况：基本完成建设用地征地拆迁工作，征地 824.5054 亩。主要工程项目，场外 2.5 千米道路泥沙石路面工程已完工，垃圾主坝为碾压堆石坝已完工，调节石、帷幕灌浆及截污坝、截洪沟及场内道路、沼气导出及渗滤液导排系统正在施工，已完工程量均已超过 50%。审计查出：相关机构滞留项目资金，影响资金使用效果；土地开发服务中心违规截留土地征用补偿费；有些支出不在省计委批复的设计概算中；该项目工程的招标代理机构与工程造价审计机构为同一家，违反控制制度要求。对存在问题，审计组分别提出整改意见。该审计项目评为 2006 年全省优秀审计项目。

2008 年 5 月 13—28 日，萍乡市审计局组织力量对萍乡市城市污水处理工程项目进行审计。审计查明：萍乡市城市污水处理工程于 2004 年 5 月经省计委批复同意立项，计划 2005 年底竣工。至 2008 年 3 月止，到位国债资金 1000 万元，国债转贷资金 700 万元，地方配套资金 1949 万元（收取的污水处理费用）。上述资金已投入污水管网铺设工程及污水提升泵站工程，至 2008 年 3 月底尚有存款余额 122 万元。污水处理厂由萍乡市洪城水业环保有限公司融资和建设等问题，账务由该公司自行核算。至审计时，工程尚未完工。审计查出：建设项目存在超概算规定，违规支付费用等问题；建设单位管理费超支较大；漏交规费、资金闲置现象突出；工程管理不规范，工程监理未进行招投标。针对存在问题，审计组分别提出整改建议。审计报告呈送市政府，市领导作出批示。

外资运用审计 1991 年 3 月 18—20 日，萍乡市审计局根据省审计局赣审外字〔1991〕1 号《授权审计通知书》，按照《对世界银行贷款国家造林项目审计监督的若干要求》，对萍乡市国家造林项目进行专项调查审计，共审计萍乡市国家造林项目办公室、萍乡市国营玉女峰林场和国营五峰林场三个单位。审计查明：1991 年全市计划造林 1534.8 公顷，其中玉女峰林场 924.8 公顷，五峰林场 610 公顷，截至 2 月份实际完成造林面积 1919.86 公顷，完成计划的 125.09%。1991 年计划总投资 359 万元，其中信贷资金 206 万元，配套资金 154 万元。截至 1991 年底两个林场实际用自筹资金造林整地 1534.8 公顷，金额 34 万元。省林业厅拨付信贷资金 87.5 万元，实际到位金额 840 万元。省林业厅下拨省级配套资金 18 万元，市造林办于 1 月 18 日实收 17 万元。市级配套资金列入萍乡市财政预算项目管理。各级对国家造林项目的组织管理都非常重视，五峰林场制定《国家造林项目作业设计说明书》。玉女峰林场制定《造林技术承包责任制实施方案》和《造林质量验收评分规则》并且切实可行。审计建议：萍乡市造林项目办对提留的项目管理费，要遵照赣林外资字〔1991〕5 号《关于不能从国家造林项目建设资金中提取项目管理费的复函》精神，及时下拨到位。审计结果报告给市政府，市政府领导作出批示。

1993 年 5 月 19—26 日，萍乡市审计局根据《关于对外资经济审计调查方案》的要求，对萍乡市截至 1993 年 3 月 31 日的外资经济进行审计调查，走访市招商局、市外贸局两个单位，调查 8 个中外合资经营企业、1 个外资独资经营企业、1 个外国政府贷款项目单位，涉及塑料、包装、食品、皮革等轻工业及化工、电子、机械、邮电通信行业，审计调查金额 13342 万元。审计调查情况表明：萍乡市自 1984 年 11 月批准设立第一家中外合资企业以来，至 1992 年底，共设立外资企业 35 家、利用外国政府贷款项目（程控电话）一个；签订合同金额 4229 万美元，其中外资企业合同金额 4083 万美元，外国政府贷款为 145 万美元。35 家企业中，有 29 家合资经营企业、1 家合作经营企业、5 家外资独资企业，已有 11 家合营企业、2 家独资企业开业投产。利用加拿大政府贷款程控电话扩容工程（第三期）已立项，拟贷款 160 万美元引进设备。审计调查发现：（一）引进外资总额少，项目规模小，难以形成规模经济，达到规模效益。9 年内签订合同引进外资总额只有 2102 万美元，实际进资更少。合同项目的投资规模（注册资本）在 100 万美元以下 24 个，占 68.57%；在 50 万美元以下 17 个，占 48.57%；还有 3 个 10 万美元以下的。（二）资金到位情况差。就地调查 9 家企业的注册资本进资率人民币为 4.25%、美元 65.59%。其中中方进资率为人民币 18.58%、美元 68.04%；外方进资率为人民币 0.64%、美元 44.97%，外资进资率低于中方。（三）已投产企业效益不理想。调查 4 家投产企业，有 2 家亏损，2 家盈利盈亏扎差实现利润仅 200 万元，上缴税金 39 万元，没有创汇效益。（四）存在合资不合营现象，难以学到先进的管理经验和经营方式、方法。（五）少数外资企业劳资（外方）关系、合资双方关系不够协调，个别还较紧张，外方有解散合资企业意向。（六）基础设施和配套工作跟不上，办事效率还有待进一步提高。（七）招商引资工作管理部门不明确，无一部门真正负责。对存在问题，审计组分别向被审计单位提出针对性的整改建议。审计结果报告给市政府，市政府领导作出批示。

企业审计 2002 年 9 月 10—26 日，萍乡市审计局对中国石油化工股份有限公司江西萍乡石油分公司和江西省石油公司萍乡分公司 2001 年度财务收支情况进行审计，并对油库和部分加油站的实际库存情况进行核查。审计查明：中国石油化工股份有限公司江西萍乡分公司隶属于中国石油化工股份有限公司，是一个上市公司的下设机构，分公司下设有莲花支公司一个独立核算的单位和安源经营部、湘东支公司、上栗支公司、芦溪支公司四个非独立核算的单位。2001 年末有正式职工 254 人，离退休职工 55 人，临时工 234 人。2001 年末会计报表反映资产总额为 8953 万元，其中：流动资产 4146 万元，固定资产 4807 万元，负债总额为 5297 万元，股东权益为 3656 万元。2001 年销售收入总额为 17712 万元，成本总额为 16604 万元，亏损总额 271 万元。省石油公司萍乡分公司属国有企业，下设实发贸易有限公司和实华贸易有限公司两个独立核算单位。2001 年末有在职职工 59 人，离退休职工 71 人，临时工 31 人，全年职工平均 78 人。2001 年末资产总额 1828 万元，负债总额为 1095 万元，所有者权益为 723 万元，累计亏损总额为 131 万元。审计查出：被审单位存在会计报表及会计信息不真实，少计销售收入，隐瞒亏损；历年形成的潜亏因素比较大，除坏账准备金提足外，其余准备金均未按照规定计提；公司为个人负担一部分养老保险金及失业保险金和大额白条支付费、押金未入账等问题；财务制度不健全，内部控制不严。对存在问题，审计组分别提出整改意见。审计结果报告给市政府，市政府领导作出批示。

专项资金审计及审计调查 1996 年 5 月 27 日—6 月 25 日，萍乡市审计局对湘东区土地利用管理局、财政局、地产公司、湘东镇砚田小城镇建设指挥部 1994 年和 1995 年两年国有土地使用权出让金进行审计调查。审计查明：湘东区 1994 年、1995 年两年国有土地出让面积（含 1993 年滚存数）437.1247 亩。土地出让金总收入为 1540 万元。湘东区土地利用管理局、地产公司、湘东镇砚田小城镇建设指挥部 1994 年、1995 年两年国有土地使用权出让金未按国务院、财务部、省、市有关文件规定及时解缴财政，且国有土地使用权有偿出让收入均未列入各级财政预算管理，而被作为单位预算外资金和自收自支费用使用，形成财政体外资金，造成收益严重流失。审计查出：（一）湘东区非土地管理部门经营土地，造成国有土地收益流失。（二）国有土地使用权有偿收入未及时缴入财政，形成财政体外资金。（三）征地、开发、出让国有土地程序、制度等方面还不够规范完善。（四）没有规范完善国有土地使用权出让金征收、管理、使用工作中的各项规章制度，及时解缴，专款专用。对存在问题审计组向被审计单位提出针对性的整改建议。审计结果报告给市政府，市政府领导作出批示。

2002年5月10—16日，萍乡市审计局对萍乡市农业局及专项资金项目实施单位等5个部门和荷尧镇及其2个行政村的2000至2001年省农业厅专项资金拨款的使用情况进行审计。审计查出：已拨付的资金中，存在改变项目实施地点和改变资金投向，用来弥补事业经费不足；项目实施单位挤占挪用农村小型公益设施建设补助资金；市农业局在拨付其所属的事业站等单位的专项资金时，扣减10%左右的资金，用于各项目的工作经费。对审计发现的问题，审计组及时与相关部门和机构进行了沟通并提出相应的整改意见。审计结果报告给市政府，市政府领导作出批示。

2003年4月29日—9月3日，萍乡市审计局对全市2001至2002年扶贫专项资金投入、管理和使用情况进行审计，并延伸审计24个乡镇，46个村（其中重点贫困村33个），以及8个财政扶贫贴息贷款单位。审计查明：萍乡市2001至2002年共收到各项扶贫资金3527万元，投入县区3420万元（含省交通厅直拨莲花县的52.5万元），用于市本级104万元，2000年结转资金继续结转2003年3万元。2001至2002年，莲花县、上栗县和芦溪县财政扶贫贴息贷款规模1952万元，其中：莲花县1452万元（2001年700万元，2002年752万元），上栗县2001年300万元，芦溪县2001年200万元。审计查出：（一）资金使用方面：存在改变部分扶贫贴息贷款投向，将扶贫资金用来弥补行政经费不足、代垫税款等行为；部分资金使用单位未实行扶贫资金专户管理，挤占挪用扶贫资金。（二）资金管理方面：存在财务管理不严，会计基础工作薄弱，会计核算不规范；部分项目物资采购领用和保管制度存在漏洞；财政部门滞留扶贫资金，影响资金使用效果；白条列支工程项目款现象严重，有的项目几十万的结算连一张正式发票也没有，有的项目工程预付款不挂往来结算，凭领条直接列支；大多数扶贫项目竣工验收手续不完善，未经社会中介组织审计而直接列支，以及巧立名目收取扶贫资金项目管理费、虚列扶贫项目、骗取中央扶贫贴息等现象。对存在问题，审计组分别提出整改意见。审计结果报告给市政府，市政府领导作出批示。

2005年8月11日—9月30日，萍乡市审计局对上栗县2002至2004年退耕还林工程专项资金计划执行、资金拨付使用和相关政策的落实情况进行审计，共审计上栗县财政局、林业局、粮食局，延伸审计了上栗镇、桐木镇、鸡冠山乡、长平乡、福田镇、东源乡、彭高镇、金山镇和鸡冠山垦殖场等9个乡镇场，延伸审计21个行政村的退耕还林工程实施和兑现退耕户各项补助等情况。审计查明：上栗县2002至2004年全县共完成造林面积7万亩，为计划任务的100%。项目总投资共收到退耕还林资金2192万元，其中：种苗补助费350万元、先进补助160万元、粮食补助1680万元、一次性工作经费1.4万元。审计查出：被审单位不同程度存在未按规定发放粮食补助，侵占退耕户粮食差价；苗木领用手续不完备，损失浪费严重；购进苗木不规范，未进行公开招标竞价，结算价格高于全市其他县区；随意调配资金；违规将退耕户粮食补助和现金资金用于荒山造林补助；混淆退耕户姓名，随意更改退耕户领款人姓名，代领代签生活补助款；挤占、克扣和挪用专项资金用于行政经费开支和弥补行政经费不足；退耕面积随意调配，退耕还林政策宣传不到位等问题。对审计发现的问题，审计组分别提出针对性的整改建议。此项目评为2005年全省优秀审计项目。

2007年7月4日—8月5日，萍乡市审计局对萍乡市及所属上栗县、芦溪县、湘东区、莲花县2004至2006年农业综合开发资金的管理、使用和效益情况进行审计，共审计农业综合开发资金使用、管理部门18个，延伸审计调查24个农业综合开发项目的实施情况及其资金使用效果。审计查明：2004至2006年，国家农业综合开发办安排萍乡市农业开发资金土地治理项目10个，计划改造中低产田8.55万亩，计划投资5055万元；产业化经营项目6个，分别为江西福义实业有限公司、江西大富乳业有限公司、芦溪县源华食品有限公司、江西银河杜仲生猪养殖基地、江西大富乳业有限公司、萍乡市毛家食品有限公司，计划投资8042万元。审计查出：资金使用过程中，存在挤占、套取资金行为，影响项目资金的实施效果；项目工程请社会中介机构审计，但在中介机构的审计中有审计不真实现象；四个项目县区虽然都有工程监理，但监理工作定期汇报机制没有真正得到落实，有待进一步完善；部分项目示范带动效果不显著，计划治理改造的8.55万亩土地因涉及区域较多、较散，宣传动员没有到位，农民参与技术培训的人数有限，机会较少，影响项目示范带动作用效果；宣传力度不够，没有充分调动农民自筹资金的积极性，按计划批复土地治理的自筹资金部分未充分到位，影响了项目计划的执行效果。对审计发现的问题，审计组分别提出针对性的整改建议。审计结果报告给市政府，市政府领导作出批示。

2008年6月25日—8月15日，萍乡市审计局对上栗县2007年度民政资金管理、使用情况进行审计。其中：重点审计抚恤事业费、退伍安置费、五保供养、救灾救济、城乡医疗救助、低保等专项资金，抽查审计福田镇、桐木镇和赤山镇的民政资金管理使用情况。审计查明：2007年，上栗县有抚恤事业费504万元，下拨乡镇373万元，县本级支出114万元；城镇低保资金703万元，下拨各乡镇701万元；农村低保441万元，下拨各乡镇441万元；退伍安置费120万元，下拨各乡镇28万元；五保供养资金136万元，下拨各乡镇138万元；救灾资金256万元，下拨各乡镇194万元，县本级支出8万元；农村社会救济78万元，下拨各乡镇120万元；城镇医疗补助109万元，下拨各乡镇109万元；农村医疗救助290万元，下拨各乡镇290万元。审计查出：挤占挪用民政资金现象严重；违反专项资金专项管理的规定，将民政资金拨付到行政账户管理；乡镇民政财务基础工作薄弱，资金管理制度不健全、财务核算不规范，多头审批现象混乱，挪用现象突出，救助对象不透明，部分乡镇甚至存在把民政资金当作处理解决民事纠纷的手段和途径；桐木镇民政资金管理混乱，缺乏监督和牵制，审批没有规定权限，财务资料假、乱、差。一年中，先后有6人参与审批，导致个别民政管理干部和经办人员以权谋私，在管理和使用民政资金过程中弄虚作假，甚至利用民政资金旅游和吃喝玩乐；另有部分乡镇民政资金管理中存在专户不专，县财政部门监管不到位，对民政资金的分配上存在随意性，有"人情"民政现象；有的乡镇为了转嫁包袱，将所辖范围的民政救助对象的火化费用在救灾资金中报销。对审计发现的问题，审计组提出针对性的整改建议。此项目评为2009年省优秀审计项目一等奖。

2009年6月8日—8月28日，萍乡市审计局对萍乡市2005至2008年度退耕还林工程专项资金进行审计，重点审计专项资金的管理、使用的合法性和合规性，共审计安源区、湘东区、芦溪县、上栗县和莲花县五个县区财政局、林业局两项资金的收支和管理情况，并延伸审计32个乡镇，走访调查林农2545户，抽查面达到65%。审计查明：萍乡市辖上栗、芦溪、莲花三县和安源、湘东二区及省级经济开发区萍乡经济开发区，48个乡（镇、场）、7个街道办事处。全市总面积3827平方公里，其中耕地面积5.27万公顷。全市2002至2008年实施退耕还林工程计划任务39.27万亩。审计查出：县区退耕还林领导小组擅自调整退耕地和荒山补助标准，侵害退耕地农民利益；个别乡镇截留、挪用退耕还林专项资金；少数乡镇虚报退耕还林造林面积，骗取国家退耕还林资金；少数圈内人员弄虚作假私分、贪污退耕还林专项资金；个别乡镇违规在基本农田保护范围内退耕还林；个别乡镇封山育林资金使用不规范，存在滞留、虚报冒领现象；县区有关部门擅自调整粮食补助标准，侵害林农利益；将集体土地造的林以个人名义上报，冒领退耕还林粮食补助；个别县违规向退耕户收取管理费用，以及虚报退耕还林合格面积，将资金结余财政；部分退耕还林大户退耕还林工程质量不合格和侵占其他退耕户利益的现象。对审计发现的问题，审计组提出针对性的整改建议。此项目评为2009年省优秀审计项目表扬奖。

2009年6月8日—8月31日，萍乡市审计局对萍乡市2006至2008年度生态公益林补偿资金进行审计，共审计上栗县、湘东区、芦溪县、莲花县、安源区五个县区财政局、林业局对补偿资金的收支和管理情况，并调查审计38个乡镇、18个林场。审计查明：萍乡市生态公益林补偿工作从2006年开始，到2008年有享受补偿的国家和省级生态公益林140万亩，其中国家重点公益林面积15万亩，省级公益林面积124万亩。审计查出：公益林档案管理和公益林补助资金管理都欠规范；违规集中生态公益林管护人员费用；公益林资金未及时下拨，层层滞留；挤占、挪用公益林补助资金；未按计划时间落实公益林建设项目；违规套取未落实面积的公益林补助资金；生态公益林区存在采矿毁林现象；擅自降低生态公益林补偿标准；生态公益林未确权到户；生态公益林补偿资金未设立专账独立核算。对审计发现的问题，审计组提出针对性的整改建议。此项目评为2009年省优秀审计项目表扬奖。

审计成果　萍乡市各级审计机关1991—2010年共对4655个单位进行审计，查出违纪违规金额208701万元，应上缴财政金额15076万元，应归还原资金渠道金额11279万元。

表13-4-2　1991—2010年萍乡市审计机关审计工作成果情况

单位：万元

年度	审计单位项目数（个）	查出违纪违规金额	应上缴财政金额	应归还原渠道金额	移送司法机关处理(人)	建议给予行政处分（人）
1991	327	810	244	29	2	
1992	344	1172	167	130	2	
1993	306	2329	315			
1994	341	2511	767	26		
1995—1996	778	7088	1226		10	

续表

年度	审计单位项目数（个）	查出违纪违规金额	应上缴财政金额	应归还原渠道金额	移送司法机关处理（人）	建议给予行政处分（人）
1997	350	7844	588	489		
1998	426	15855	906	1877	4	4
1999	125	6975	293	1083	2	
2000	98	7728	124	477	1	
2001—2002	639	31145	2070	758		
2003	196	9593	1231	488		
2004	64	7076	772		2	
2005	63	5001	1211	42		4
2006	189	11710	1935	1596		
2007	212	24359	1501	1059	3	
2008	58	18210	529	2139	1	4
2009	87	19355	597	1086		
2010	52	29940	600			
合计	4655	208701	15076	11279	27	12

第五节 新余市审计概况

机构与队伍

机构设置 新余市委、市政府根据国务院和江西省委、省政府的部署，1984年1月8日建立新余市审计局。1984年4月和6月，分宜县审计局和渝水区审计局相继成立。到2010年底，全市共有审计人员84名，其中：市本级46人、分宜县审计局21人、渝水区审计局17人。

职能与职责 1984年，新余市委、市政府批准成立新余市审计局的主要职责：对市政府各部门和县（区）人民政府及市级财政金融机构和企事业组织的财务收支进行审计监督，依照法律规定，独立行使审计监督权，对市政府和上一级审计机关负责。1997年和2002年，市审计局的职能职责随着全省统一部署的党政机构改革做了不断调整。2010年，新余市政府再次进行政府机构改革，市审计局的职责也做出相应的调整，主要是：取消已由市人民政府公布取消的行政审批事项，调整对社会审计机构业务质量的监督范围，加强对经济责任、关系国计民生的资源能源、环境保护和社会保障资金、境外市属国有资产、财政资金使用效益的审计责任，主管全市审计工作，直接对《审计法》规定的事项进行审计。

编制与职数 1991年，市编委批准市审计局行政编制43人，实有人员40人；1996年8月，市编委核定市审计局行政编制36人（其中工勤人员1人），领导职数5名，局长1名、副局长3名、纪检组长 1 名；2002 年，市政府机构改革，核定市审计局行政编制 36 名，领导职数 5 名；2003 年，市政府批准市审计局人员编制 33 名，领导职数 5 名；2009 年，市编委批准市审计局人员编制 49 名，实有人员 46 人，领导职数 5 名。

领导成员 1984 年至 2010 年，新余市审计局领导班子经过六次调整。

表 13-5-1　1984—2010 年新余市审计局历届领导成员

姓名	职务	任职时间
徐理禹	党组书记、局长	1989.03—1997.02
高学谟	党组书记、局长	1997.02—1998.11
邹杰荣	党组书记、局长	1999.11—2006.12
谢桂生	党组书记、局长	2006.12—2010.08
张 健	党组书记、局长	2010.08—2010.12
夏文成	党组书记、局长	2010.12—

内设机构 1984 年，新余市审计局内设办公室等 3 个科室。至 2010 年，市审计局内设：人秘科、综合法规科、财政金融审计科、行政事业审计科、农业资源环保审计科、固定资产投资审计科、经济贸易审计科、经济责任审计科、政府投资项目审计中心、审计信息中心 10 个职能科室。

县（区）审计局 新余市审计局所辖 1 县 1 区，均成立审计局。其中：分宜县审计局 1984 年 4 月 1 日成立，至 2010 年底内设机构 5 个，机构编制 18 人，其中行政编制 11 人、事业编制 6 人、工勤编制 1 人，历任审计局长：袁吉贞、鲍正南、孙用平、胡金生、林文志、李曼苟、夏侯翔；渝水区审计局于 1984 年 4 月开始筹建，1984 年 6 月 12 日正式成立，至 2010 年底内设机构 3 个，机构编制 9 人，其中行政编制 8 人、工勤编制 1 人，历任审计局长：黎心绍、邓绍庚、简明德、王立夫、杨满德、喻泉根、刘晓兰。

审计业务选介

财政金融审计 2005 年 8 月 29 日—9 月 28 日，市审计局对渝水区人民政府 2003 年至 2004 年度财政决算情况进行审计，并抽查下属的区经济贸易局、发展和改革局、建设环境保护局、良山镇人民政府、鹄山乡人民政府等单位。审计查明：2003 年渝水区一般预算收入完成 12776 万元，比上年增长 19.2%；财政总收入完成 16986 万元，比上年增长 20.1%；预算支出 28338 万元，比上年增加 4121 万元，财政总支出 28821 万元。2004 年渝水区一般预算收入完成 15309 万元，比上年增长 25.09%；财政总收入完成 23084 万元，比上年增长 17.71%；预算支出 33848 万元，比上年增加 5510 万元，财政总支出 34109 万元。审计发现的问题主要是：（一）人为调节财政滚存结余，渝水区财政有预算支出指标但当年未能拨付支出，年终列暂存未作结转下年支出处理，2003 年 2495 万元，2004 年 1650 万元。（二）虚列预算收入，2003 年和 2004 年共虚列行政性收费收入 4683 万元。（三）基金收支不实，2003 年将应列基金收入列为一般预算收入 98 万元，将应列基金支出列为一般支出 100 万元，2004 年少转基金收入 22 万元，虚列基金支出 548 万元。（四）少缴上级财政收入

182万元。（五）部分收入未纳入财政专户管理，坐支183万元。（六）侵占专项资金，2005年3至5月鹄山乡政府开具假发票套取省级草场建设项目专项资金32万元，转作乡政府预算外收入，用于弥补经费支出和支付区发展和改革局购买小车。（七）往来账清理不及时，预算内资金暂付款项2004年年终余额2778万元，其中2002年以前达1944万元，暂存款项2004年年终余额4863万元，其中2002年以前达4564万元。（八）乱收费，良山镇政府2003年至2004年无收费依据收取矿山管理费及赞助费等139万元。（九）财政资金私存私放，良山镇政府由于经济纠纷，将部分财政预算资金转个人储蓄账户存储。（十）私设账外账，区建设环保局2002年3月至2005年9月5日审计日，收取的建筑工程安全保证金、履约金、检测费、工程项目安全牌费和持证上岗押金等未入财务账反映，被区建设环保局出纳宋某公款挪用已移送司法机关处理。该项目被省审计厅评为2005年度优秀审计项目二等奖。

　　2007年3月26日—4月14日，市审计局对新余市人口和计划生育委员会2005至2006年预算执行和其他财政财务收支进行审计，审计查出：（一）2005年和2006年未按规定申报和缴纳相关税费8万元。（二）罚没收入管理不规范，未足额上缴财政，市计生药具管理站2006年8至10月收取市计生执法支队交来的罚没收入39万元，挂"其他应付款"账，之后以现金形式大额缴入执法支队"应缴财政专户"账32万元，剩余6万元以坐支形式直接支付仙女湖区计生局九龙山乡计生办，用于办案经费。（三）挤列专项资金，2005年和2006年将机关部分汽油、汽修、招待、考察及购电脑等费用10万元，挤入计生专项资金中报支。（四）长期滞留专项资金，2001年度上级拨入计生养老保险专项资金30万元，至审计时仍未拨付使用。（五）虚列事业支出挂账78万元。审计建议：要增强纳税意识，做到依法纳税；大额费用支付要严格按照《现金管理条例》办理，超过现金支付限额的要通过银行转账结算；对罚没收入要严格实行"收支两条线"管理，不得截留、坐支或挪用，做到及时、足额上缴国库；加强专项资金管理，做到专款专用，发挥资金使用效益；加强核算管理，严格按财政财务制度规定进行会计核算，真实、准确反映当期财务收支状况。新余市政府副市长陈九根对审计报告作出批示：对审计部门提出的问题和建议，市计生委及其下属各级计生部门要切实抓好整改，确保资金规范管理。该项目在2007年度全省审计机关优秀审计项目评选中获得优秀奖。

　　企业审计　1998年7月29日—8月3日，市审计局对新余纺织厂1997年度经营情况进行审计。审计查出：（一）产品销售价格不断下降，资金回笼困难，严重影响企业的经济效益。1997年销售价格综合下降12.75%，减少销售收入2594万元，影响利润389万元。（二）支付能力下降，应付款数额较大。1997年末各项应付款达3305万元，银行借款年末达11400万元，加上资金周转较慢，资金占用上升，企业资金十分困难。（三）税负加重。1997年销售收入比上年下降2431万元，但企业应交增值税反而上升157万元。税负增加给企业背上沉重的包袱。（四）社会负担较多，企业办社会包袱过重。学校、幼儿园、医院、劳动服务公司、房产等全由企业负担，新纺每年支出直接费用380万元以上。仅学校、幼儿园1997年支出为126万元，而教育费附加还得交24万元。审计建议有关部门，结合该厂实际，尽快确定改制形式，实施改制，并按照国家有关规定进行产权界定、资产评估、财务审计等基础工作；进一步净化企业外部环境，严禁向企业伸手；进一步规范财务制度，严格财务核算，真实有效地反映企业的生产经营状况和经营成果等。该项目被省审计厅评为优秀审计项目。

1998年6月3日—7月31日，市审计局对全市粮食管理部门1992年4月1日至1998年5月31日转拨粮油政策性补贴情况以及纳入清查审计范围的粮食企业新增财务挂账及不合理占用农发行贷款情况进行清查审计。全市共审计单位44家，其中基层粮管所30家、粮库4家、城镇粮油购销公司2家、粮食主管部门3家、农发行2家、财政部门3家。通过审计发现不合理占用农发行贷款、粮食亏损财务挂账不实、陈化粮库存比例较大等问题，审计工作得到省政府和审计厅的充分肯定。审计中查出分宜县财政局孙某某涉嫌贪污粮食补贴款，被移送分宜县纪委进一步查处，经县纪委查实后将其涉嫌犯罪问题及线索移送给司法机关依法进行处理，被司法机关判处有期徒刑13年。这是新余市审计局首例移送司法机关处理的案件线索。

2008年9月8—18日，市审计局对江西花鼓山煤矿2007年度财务收支情况进行审计，审计调查发现该单位利用自产煤发电，然后上网销售，其中非生产自用电及周边单位用电没有计算缴纳增值税；在建工程没有专门的材料库，工程用材料有的从采购环节转入，有的从原材料库中领用，这两个环节的工程用材料，其进项税没有转出。因此，审计将是否漏缴国家税费，确定为审计重点内容。审计人员在采集被审计单位财务数据和相关业务数据后，利用"采集转换"功能将其导入AO系统，形成审计所需账表等信息资料。再利用"SQL查询器"进行以下信息数据资料的查询：原材料从"物资采购"转"在建工程"进项税未转出，漏交国家税费情况；在建工程从原材料仓库领料，原材料进项税没有转出，漏交国家税费情况；从每月结算电费凭证库中查询非生产性及外单位用电少计销项税情况。运用AO系统审计各项数据后共查出漏交国家税费158万元，主要是：1.在建工程耗用材料的进项税没有转出，造成漏交国家税费108万元，其中从"物资采购"科目转入"在建工程"材料422万元，应转出未转出进项税72万元；从"原材料"科目转入"在建工程"科目的材料214万元，应转出而未转出进项税37万元。2.外销给出包水泥厂、矿山建设公司及医院、生活服务公司（职工生活用电）等非生产性自用电量7341840千瓦时，电费341万元，财务上虽然作了主营业务收入，但这部分用电没有计算销项税，漏交国家税费50万元。该项目被市审计局编写成计算机审计案例《企业在建工程耗用材料进项税未转出的审计方法》，2008年入选省审计厅计算机审计专家经验，2009年获审计署AO审计应用优秀奖。

经济责任审计及其他 2008年5月13—16日，市审计局对李某某任新余市群艺馆馆长期间经济责任进行审计。审计查出：（一）李某某严重隐瞒房屋出租及舞厅承包费收入。1.2002年群艺馆收取18家店面水电费，而收取房租的店面却不足10家，账面房租收入明显存在偏差，经审计走访了解和单位职工反映，1998年至2005年群艺馆房屋租赁实际收入与账面收入相差较大，存在严重隐瞒房屋出租收入行为。2.1997年至2004年单位应收舞厅承包费44万元，实际只收到4万元。3.2001年12月至2002年1月白条收取8家业主租金11万元，直接用于归还新余市农村信用社贷款担保本金。（二）2001年至2005年停薪留职人员工资135542元，未作财务账处理。（三）1997年至2005年未及时上交职工住房公积金67351元、养老保险金20202元。（四）存在发票报销手续不全、账务处理不规范等问题。新余市监察局对市审计局移送的《对市群艺馆原馆长李某某离任审计中发现有关人员涉嫌违纪情况》进行调查，查明市群艺馆长期以来私设"小金库"，1998年至2005年"小金库"收入总额 135 万元，"小金库"收入来源主要为店面出租收入、水电费收入、职工停薪留职工资等；原会计简某私自截留贪污店面租金用于个人及家庭开支 80060 元，并予以立案调查。此项目被省审计厅评为全省优秀审计项目三等奖。

2010 年 4—6 月，市审计局对全市部分乡镇（办）2008 至 2009 年度社会抚养费征收、管理、使用情况进行审计，并抽审县区 11 个乡镇（办），其中分宜县 3 个、渝水区 6 个、仙女湖区 2 个。审计查出：（一）社会抚养费征收不到位，欠缴率过高。审计的 11 个乡镇（办）2009 年社会抚养费欠征 2946 万元，欠缴率达 62%。（二）挤占挪用社会抚养费 347 万元，用于发放乡镇干部奖金福利等各项补助和计生干部外出考察费以及招商引资公司注册等费用。（三）部分乡镇政府滞留社会抚养费返还款 250 万元。（四）费用支出报账票据不符合规定或手续不齐全，填写内容不详等问题。审计建议：直接将社会抚养费缴入地方国库并加大乡镇计生经费的投入，使社会抚养费不被挤占、挪用；要结合社会抚养费使用现状，制定符合实际的社会抚养费使用范围，真正体现政策的合理性和科学性；要加大宣传引导和政策说服，针对征缴对象的不同状况和特点，采取切实有效的措施确保征缴效果；对社会抚养费要严格实行"收支两条线"管理，不得截留、坐支或挪用，做到及时、足额上缴国库。2010 年 8 月 30 日，市政府市长魏旋君对审计项目作出批示：按审计要求抓好落实，机关整改要到位。

专项资金审计与审计调查　2004 年 5 月 17 日—7 月 18 日，市审计局对全市 2001 年至 2003 年度农业综合开发资金的投入、分配、管理、使用和效益等情况进行审计。审计查出：（一）部分资金未严格实行县级报账制。如 2001 年度仙女湖区河下园田化项目申报、审批、计划批准等均在渝水区，未由渝水区农业综合开发办统一负责管理和办理报账结算等工作。（二）县级财政配套资金不到位。（三）未严格按照批准的项目计划实施，在实施中擅自调整项目计划和建设规模。如 2001 年度市计委批准渝水区水西江家渠道工程预算安排项目 1 个，而渝水区计委下达投资将该项目调整为 3 个。渝水区 2001 年度罗坊镇、珊珊镇和仙女湖河下镇园田化工程项目计划建设规模为 10500 亩，而实际规划建设规模为 4334 亩。（四）虚假配套项目资金。（五）挤占虚列农业开发资金。（六）项目前期工作费超标准超范围。（七）超规定标准多收取农业开发有偿资金占用费。（八）未严格执行专款专用原则，改变项目资金用途。（九）有偿资金借出率低，借出资金逾期率高，回收困难，2003 年底分宜县、渝水区财政共借入农业开发有偿资金余额 1473 万元，而借出有偿资金余额为 855 万元，有偿资金借出率为 58%，借出的有偿资金余额中，已逾期未归还的 612 万元，占借出资金余额的 71.65%。2004 年 10 月 10 日时任新余市委副书记彭铁森对审计报告作出批示：要求审计部门在作出审计决定的同时，应将审计情况向纪检监察机关通报，该追究责任的要追究责任。该项目被江西省审计厅评为优秀审计项目。

2005 年 6 月 29 日—9 月 21 日，市审计局对分宜县、渝水区和仙女湖区 2001 年至 2004 年度退耕还林工程专项资金进行审计，审计查出：（一）滞留资金和资金拨付不及时，至审计时尚未支付仙女湖区应付 2004 年退耕还林的现金补助、渝水区南安乡应付而未付退耕户 2004 年粮食补助款、2003 年现金补助款。（二）自行调整退耕还林工程项目计划，县区林业主管部门自行改变 2001 至 2003 年度退耕还林工程项目计划 7798 万元，占原计划的 6.14%，未按规定程序报有关部门批准。

（三）用农发长防林列抵退耕还林工程荒山造林，2001 年度分宜县用农发长防林列抵退耕还林工程荒山造林 1621 亩。（四）未按规定标准发放种苗造林补助，分宜县林业局 2002 年至 2005 年 5 月应支付退耕户自行采购种苗的补助，有一部分低于规定标准 50 元 / 亩补助，克扣支付种苗造林补助费。（五）将粮食折款发给退耕还林户，从中获取差价，如分宜县粮食收储公司 2003 年和 2004 年擅自将粮食折款发给退耕户，从中获得粮食差价 112 万元。（六）将陈化粮供给退耕户，2002 年分宜县粮食收储公司将 1999 年以前库存晚谷 26 万斤（属三年以上库存）出库供给退耕户。（七）扩大退耕还林范围，2001 至 2003 年度县、区将集体地、弃耕地、荒山、荒地等 9691 亩，列入坡耕地退耕还林，发放粮食实物和补助款 567 万元。（八）林业和粮食系统公款私存、收支不入账等财务管理混乱问题。2005 年 11 月 5 日，市政府副市长毛木根对审计报告作出批示：市审计局所提审计建议，县、区要认真抓落实，确保工作到位，并将整改结果反馈给市审计局。该项目为省审计厅 2005 年度统一组织实施的审计项目。

2006 年 6 月 12 日—7 月 20 日，市审计局对市住房公积金管理中心 2005 年度住房公积金归集管理和使用情况以及住房公积金制度重要政策的执行情况进行专项审计调查。审计查出：（一）住房公积金的归集率低，资金沉淀率较高。至 2005 年 12 月 31 日止，全市应缴存住房公积金的单位 2805 个，实际缴存单位 829 个，单位住房公积金归集率为 30%；全市在岗职工人数为 91476 人，实际缴存住房公积金人数 79122 人，实际缴存住房公积金人数占在岗职工人数的比例为 87%；住房公积金累计缴存余额为 39561 万元，银行存款余额为 26633 万元，住房公积金资金沉淀率达 47%。（二）住房公积金个贷率低。至 2005 年 12 月 31 日住房公积金累计缴存余额为 39561 万元，个人住房贷款余额为 8937 万元，住房公积金个人贷款比例仅为 23%。（三）财政配套资金不能足额到位。1999 年以来，全市工资水平上涨，公积金缴交数逐步提高，但财政配套资金仍按 1997 年的标准安排。（四）个别单位存在住房公积金未缴交到市住房公积金管理中心。新余华源远东纺织有限公司由于企业进行技术改造，资金周转困难，将公司提取的住房公积金 174 万元、向职工个人扣缴的住房公积金 50 万元，全部挂公司账上未缴交到市住房公积金管理中心。（五）单位之间不同收入群体住房公积金的缴存比例、缴存额差异较大，存在严重分配不公的现象。缴存比例最高的达 20%，缴存比例最低的仅 2%，高低收入行业缴存比例相关 18 个百分点，单位年人均缴存额最高的达 16800 元，最低的仅有 48 元，金额相差 16752 元。（六）数据库的设置不够完善，部分内容、信息输入不全，造成有些数据无法与账面核对。（七）市中心与县办事处的资金统筹、业务联网方面存有欠缺。2006 年 9 月 25 日，市政府副市长谢小平对审计报告作出批示：要求市住房公积金管理中心对照审计报告进行认真研究，切实抓好整改工作。该项目被省审计厅评为优秀审计项目二等奖。

审计成果 新余市各级审计机关 1991—2010 年共对 4657 个单位进行审计，查出违纪违规金额 94234 万元，其中：应上缴财政金额 6741 万元，已上缴财政金额 6290 万元。

表 13-5-2　1991—2010 年新余市审计机关审计工作成果情况

单位：万元

年度	被审计单位数量（个）	查出违纪违规金额	应上缴财政金额	已上缴财政金额
1991	332	490	116	115
1992	384	1883	68	53
1993	321	1500	145	145
1994	323	1422	269	136
1995	307	4820	147	206
1996	361	3294	274	138
1997	291	4355	187	203
1998	249	3497	166	136
1999	248	6206	174	138
2000	192	4557	371	303
2001	187	13639	774	762
2002	166	2383	718	711
2003	133	1659	393	367
2004	128	1457	265	263
2005	134	2335	356	301
2006	155	2336	236	236
2007	197	5184	774	769
2008	173	6003	446	446
2009	173	17524	549	549
2010	203	9690	313	313
合计	4657	94234	6741	6290

第六节　鹰潭市审计概况

机构与队伍

机构设置　1983 年 12 月 28 日，鹰潭市委、市政府根据省委、省政府的部署，在鹰潭市政府工作部门中设立审计局。1984 年初，选调张辅德（时任市水泵厂财务科长）、杨锦江、张毛立等人着手筹建工作。1987 年 7 月，鹰潭市所属 1 市 1 县 1 区审计局相继成立，全市审计机关组建工作完成。至 2010 年底，全市审计机关共有审计人员 63 人，其中：市本级 25 人，领导职数 5 名；贵溪市 15 人；余江县 16 人；月湖区 7 人。

职能与职责　鹰潭市审计局的职能与职责经过多次调整，1996 年 6 月按鹰府办发〔1996〕23

号文精神进行调整；2002年10月按鹰府办发〔2002〕54号文精神再次进行调整；2010年7月按鹰府办发〔2010〕35号文精神进行第三次调整。主要内容是：（一）职能调整。取消已由市人民政府公布取消的行政审批事项，调整对社会审计机构审计业务质量的监督范围，不再核查社会审计机构对审计机关审计监督对象以外的单位出具的相关审计报告，加强对经济责任、预算执行、关系国计民生的资源能源、环境保护和社会保障资金、财政资金使用效益的审计职责。（二）主要职责。主管全市审计工作；起草制定审计规章制度并监督执行，制定并组织实施全市审计工作发展规划、专业领域审计工作规划和年度审计计划；向市长提出年度市本级预算执行和其他财政收支情况的审计结果报告，受市政府委托向市人大常委会提出市本级预算执行和其他财政收支情况的审计工作报告、审计发现问题的纠正和处理结果报告；直接对《审计法》规定的事项进行审计，出具审计报告，在法定职权范围内做出审计决定或向有关主管机关提出处理处罚的建议；指导和监督内部审计工作等。

编制与职数 1983年12月21日，市政府批准市审计局机关行政编制为6名。1986年12月，市审计局行政编制12名。其中副局长1名，科长2名，科员2名，专业技术人员5名。1988年7月，市审计局与市编委、市劳动人事局、市财政局联合发出《关于各级审计机关增加编制和调配干部的通知》。通知指出，为加强审计监督，经国务院1987年12月批准，在今后5年内，为全国审计机关增加事业编制5万人，此次下达前3年（1988年至1990年）共3万人。省编委、省劳动人事厅、省审计厅、省财政厅分配鹰潭市审计机关增编20名。其中：贵溪市5名、余江县3名、月湖区3人。2002年6月，市政府核定市审计局机关行政编制为18名（含纪检监察编制2名），后勤服务人员编制3名，其中领导职数4名：局长1名，副局长2名，纪检组长1名。科级职数10名。2005年12月，市编委因市审计局增设科室批复增加行政编制2名，增配科级职数1名。至此，市审计局机关行政编制20名，工勤人员编制3名，共计23名，科级职数11名。2006年4月，市编委因市审计局安排军转干部，同意增加机关行政编制1名。增加后，市审计局共有行政编制21名，后勤服务人员编制3名，共计24名。2009年11月27日，市机构编制委员会批复同意市审计局设立政府基建投资审计中心。为市审计局下属正科级全额拨款事业单位，核定编制10名，配正科级职数1名，副科级职数2名。2010年7月，核定市审计局机关行政编制21名（含纪检监察编制2名）。其中领导职数5名：局长1名，副局长2名，纪检组长1名，总审计师1名；正科级10名，副科级2名。

领导成员 1983年至2010年，鹰潭市审计局领导班子经过五次调整。

表13-6-1 1983—2010年鹰潭市审计局历届领导成员

姓名	职务	任职时间
张辅德	党组书记、局长	1984.10—1986.01 副局长主持工作 1986.01—1996.05
申 锐	党组书记、局长	1996.05—2001.07
卢越明	党组书记、局长	2001.07—2008.08
李 力	党组书记、局长	2008.08—2010.12
吴文戈	党组书记、局长	2010.12—

内设机构 1984年，鹰潭市审计局内设秘书科等4个科室。至2010年，鹰潭市审计局机关内设8个职能科室：办公室、综合法制科、财政与金融审计科、文教与政法审计科、农业与资源环保审计科、投资建设与社会保障审计科、经贸审计科、经济责任审计科。

县（市）区审计局 鹰潭市审计局所辖1县1市1区，均成立审计局。其中：余江县审计局1983年10月14日成立，至2010年底，内设机构6个，行政编制15人，事业编制2人，实有16人。历任审计局长：郑志良、周谷中、苏保厚、汪皆庭、乐树良、童金有、桂海友、徐勇飞、黄仁高、刘根文；贵溪市（县）审计局1984年4月成立，至2010年底，内设机构4个，行政编制14人，事业编制4人，实有15人。历任审计局长：简云涛、江德福、邓高球、杨船水、曾保林、钟文祥（党组书记，主持工作）、李志兵、陈新祥；月湖区审计局1987年7月成立，至2010年底，内设机构5个，行政编制5人，事业编制3人，实有7人。历任审计局长：李胜兆、严明华、王能文、冯木太。

审计业务选介

财政金融审计 1984—2010年，市审计局组织力量共对1113个财政金融单位进行审计。查出违规金额59561万元，损失浪费金额20万元，应上缴财政金额3234万元，应归还原渠道资金金额10913万元。其中：2007年6月11日至2007年7月6日，市审计局对中国农业银行鹰潭市分行2006年度资产、负债、损益情况进行审计，重要事项在时间上作必要的延伸和追溯，并抽审四家基层支行（含市分行营业部），共审计中国农业银行鹰潭市分行所辖营业网点25个。审计查明：至2006年底，鹰潭市农业银行各项存款211604万元，各项贷款237270万元。实现各项财务收入22832万元，各项支出22477万元，实现利润355万元，完成年计划的102.3%。全年累计清收不良贷款4937万元，完成年计划的141.06%。鹰潭市农行2004—2006年在全省农行综合绩效考核中位居第三，一直在一类银行行列。根据国务院提出的农行股改"面向'三农'、整体改制、商业运作、择机上市"的十六字方针，在总行、省分行的统一领导下，鹰潭市分行成立股改领导小组，下设"不良贷款尽职调查"等四个小组，统一领导协调全市股改的各项工作。至2007年6月底，对全行固定资产进行清理确权，闲置资产实行公开拍卖处置，进入股份制公司的房产37宗、土地35宗均已办理合法有效的房产证、土地证，确权率达100%。完成法律尽职调查工作，向省分行报送18卷150余万字的调查材料。成立由审计部门牵头，监察、信贷、法律四个部门参加的会审小组，逐户逐笔认定能力风险或道德风险，分清主客观原因，追究有关人员责任。完成不良贷款责任认定工作，对31人次给予免责处理，对1278人次给予通报批评，对131人次给予经济处罚，对994人次给予党纪政纪处分。这次审计共查出鹰潭市农行经营管理中违规金额8046万元。主要涉及：（一）资产信贷质量方面：1.信贷资产质量情况。截至2006年12月底，全行各项贷款余额237270万元，到2007年6月底，不良贷款余额下降为46295万元。2007年1—6月收回不良贷款1031万元；2.非信贷资产质量情况。截至2006年12月底，非信贷资产余额107096万元。（二）经营管理方面：1.信贷业务违规总额4570万元；2.存款业务违规总额654万元；3.不良资产审计核减3822万元；4.不良资产处置违规总额50万元；5.财务违规总额2772万元。针对存在问题市审计局分别提出整改意见。此项目获2007年度全省财政金融审计第三名。

2008年3—6月，市审计局组织审计组对2007年度市本级预算执行及其他财政收支情况进行审计。主要审计市财政局具体组织的市本级预算执行情况，市地税局地方税收征收管理情况，基金预算收支和财政专户资金收支情况，预算外资金收支情况，契税征收管理情况，市工业园区和龙虎山景区预算执行情况。对四川地震救灾资金、抗冰冻救灾资金、社会保险5项基金、民政资金、水利资金、环保资金、土地出让金等重点资金和市农业局等部门的预算执行情况进行专项审计或审计调查。延伸审计城市污水处理费、用电城市公用事业附加费、价格调节基金等行政性收费的征收管理情况。审计查出：财政借出资金未及时收回，契税滞留未缴库，预算外专户部分行政性收费未纳入预算管理，驻鹰中央企业未缴价格调节基金，鹰潭供电公司坐支"用电城市公用事业附加费"，市供水公司收取的污水处理费未全额缴入财政专户管理，病险水库除险加固工程管理中地方配套资金不到位和挤占挪用国债资金，挤占挪用环保专项资金及环保专项资金未发挥应有作用，民政部门挤占民政专项资金，行政事业性收费未实行"收支两条线"，未纳入财政专户管理，有的单位乱收费、私设"小金库"，有的违反政府采购法采购资产，市公交公司管理混乱、经营不善、亏损严重等问题。针对预算执行中存在的问题，市审计局提出审计意见和建议。此项目获2008年度全省财政审计第三名。

行政事业审计 1984—2010年，市审计局组织力量共对1615个行政事业单位进行审计。查出违规金额10822万元，损失浪费金额42万元，应上缴财政金额608万元，应归还原渠道资金559万元，移送司法纪检部门案件1起，涉及人员1人。其中：1991年，市县审计局组织审计组分别对部分社会团体进行审计调查，主要审查1989年、1990年2月财务收支等有关情况。全市县以上协会、学会、研究会（科协等八家官办社团除外）共有144个，本次抽审18个，其中市本级12个，即市水电学会、园林学会、气象学会、气功学会、土木建筑学会、市老年体协、钓鱼协会、足球协会、篮球协会、排球协会、象棋协会、乒乓球协会。余江县、贵溪县各3个。审计查明：被审计调查的18个社会团体均是80年代以后成立的，几年来大多数协会、学会按各自协会章程规定的范围开展活动，取得一定的研究成果。如市气象学会利用气象学原理，对果树进行低改研究获得成功，他们先后对关山园艺场、余江县潢溪乡等地的低产橘园进行改造，亩产由原来的200公斤左右上升到现在的1400公斤左右，获得省扶助中小型企业先进单位奖励。市园林学会开展园林设计，组织菊花展，对美化社会环境发挥积极作用。余江县农学会，积极推广杂交水稻栽培技术，推广配方施肥和大面积农作物病虫害防治等农业技术，实行定期天气预报，为确保农业丰收提供可靠的保证。审计查出：有的社团财务管理混乱，未按财务制度规定建账及进行账务处理，开支手续不健全，购入财物没有记录；有的协会、学会工作计划性不强，开展活动随意性很大，有的已成为少数人的谋私工具，成为挂靠单位吃、喝、乱发钱物的"小钱柜"。针对存在问题，市审计局提出建设性的整改建议。审计报告被市政府转发全市。

1994年4月底，市审计局组织力量在全市范围内对1993年度行政性收费及罚没款行为进行审计。审计涉及公安、检察院、法院、工商、税务、物价、人事、城建、土管、房管、林业、民政、司法等13个部门63个核算单位（含收费科室及基层单位）。审计查明：（一）行政性收费收支方面。在检查行政性收费333个项目中，属无证及自立项目乱收费22项。1993年度各种行政性收费2107万元，属乱收费 374 万元，漏交各种税费 47 万元。（二）罚没款执行方面。鹰潭市行政单位的罚没主要是对违反治安条例、物价政策、打击假冒伪劣商品及收缴赃款赃物等的处罚。1993 年度共收取罚没款 385 万元，上缴财政 326 万元，经财政认可留用 38 万元，欠交财政 21 万元。审计查出：（一）自立收费项目，无证乱收费。1.1993 年度 6 个部门无证收费及无批文自立收费项目 22 项；2. 扩大范围或提高收费标准；3. 违反行政性收费票据管理办法的规定，未使用财政部门行政事业单位专用收款收据，用自制收款收据收费。（二）截留坐支罚没款。1. 市治安巡逻大队 1993 年度执罚收入 40 万元，仅上缴财政 3 万元，坐支 38 万元；2. 未按规定使用财政罚没款专用收据，将罚没收入转作规费收入。（三）挪用行政性收费。1. 相互攀比。竞相购买小轿车及其他设备；2. 以各种名义发放奖金及职工福利；3. 用于建房及购买商品房；4. 收费额大的单位其招待费开支过大。（四）违反规定下达收费任务，实行收费与奖金挂钩。（五）收费及罚没款的财务管理不规范。1. 有的单位将行政性收费与预算经费捆在一起核算，混淆了预算内经费与预算外资金的界限，造成账目混乱，不利于管理与监督；2. 漏缴税费情况；3. 公款私存，设立"小金库"；4. 违反银行结算纪律，不按规定用途使用现金；5. 违反行政性收费及罚没款专用收据的管理；6. 财务制度不健全。内控制度不严。针对存在问题，市审计局分别提出整改建议。市长倪贤伍对审计报告作出批示，并以文件形式通报全市。

1996 年 11 月—1997 年 2 月，市审计局对全市 1996 年度普教经费的征收、筹集、拨付、管理和使用情况进行审计。全市共抽审 20 所中小学，4 个财政部门，1 个税务部门和 4 个教育主管部门，3 个乡镇财政所和 3 个乡镇教办。审计查明：鹰潭市各级党委、市政府重视普教工作，教育投入逐年都有增加。1995 年全市教育事业费的实际支出为 4482 万元，1996 年增加到 8165 万元，比上年增长 82.2%。社会各界捐资助学的热情也非常高，1996 年全市共收到社会捐资、集资办学款 146 万元。审计查出：依靠社会力量共同办学的办法不多，措施不够；教育部门在资金使用和内部管理方面不够规范；中小学乱收费现象仍未遏制；教育费附加筹措不力，拨款不及时；拖欠民办教师工资等问题。针对存在问题，市审计局分别提出整改建议。市政府将审计报告以鹰府字〔1997〕28 号文件转发全市，促使相关部门进行整改。

1999 年，市审计局对全市各县（市、区）法院系统 1997 年和 1998 年度财务收支情况进行专项审计，共查出违纪违规资金 71 万元。审计查出：有的法院自立名目变相收费；有的法院诉讼收费的核算和管理不规范；超标准收取诉讼费；自立名目收取法律咨询费；追回的赃款、赃物管理不合规，解缴不及时；将预算内资金转作预算外；诉讼收费和财政返拨的办案费用补助列支不当；财政部门调控诉讼费管理不规范。市政府领导非常重视市审计局的审计报告，批示以鹰府发〔1999〕28 号文件下发至全市，督促相关部门进行整改。

是年，市审计局对全市各县（市、区）检察机关 1997 年和 1998 年财务收支情况进行专项审计。审计查出，违纪资金 93 万元。主要涉及：隐瞒截留追回的赃款；追回赃款解缴不及时，擅自动用暂扣赃款；"三乱"行为时有发生；追回的赃款票据不合规，核算不规范；罚没收入与经费挂钩；财政返拨的办案经费列支不当。市政府领导高度重视市审计局的审计报告，批示以市政府的名义转发全市，督促相关部门进行整改。

2010 年 7 月 5 日，市审计局组织审计组对鹰潭市中级人民法院（以下简称鹰潭市法院）、贵溪市人民法院、余江县人民法院、月湖区人民法院 2008、2009 年经费保障及使用管理情况进行调查审计，审计内容包括法院经费保障、诉讼收费及管理，罚没收入和管理、法院其他收入和执行标的款管理、基建项目资金来源和基建债务等，在审计调查中，就有关事项抽查法院部分案卷资料，对市、县两级财政部门的预算安排、中央下达法院办案补助和省级转移支付专款的拨付、管理等情况进行延伸调查；其中：鹰潭市法院、贵溪市法院由省审计厅和鹰潭市审计局联合进行审计。审计查明：贵溪市、月湖区 2 个基层法院 2008、2009 年财政安排的人均公用经费均达到省财政厅赣财行〔2006〕58 号文件规定的县级法院人均公用经费保障标准；余江县由于财政状况困难，县法院 2008、2009 年人均公用经费的安排是根据其上缴县财政的诉讼费、罚没款的情况而定，余江县财政预算只安排县法院干部职工的基本工资部分，未安排阳光津贴部分，按余江县规定的每年人均 1.2 万元阳光津贴的标准测算，余江县法院 2008 年财政少安排预算 68 万元，2009 年少安排 65 万元，合计 133 万元。2008 年、2009 年两年 4 个法院共收到上级政法转移支付拨款 1717 万元。审计调查的 4 个法院 2008 年诉讼费收入 816 万元；2009 年诉讼费收入 796 万元。4 个法院 2008 年、2009 年罚没款收入分别为 313 万元、362 万元，均已上缴国库。4 个法院 2008 年共收案 7586 件，结案 7016 件，结案率 92.49%；2009 年共收案 8556 件，结案 8384 件，结案率 97.99%。

审计调查期内，鹰潭市法院共开工建设 2 个审判大楼工程，3 个基层法庭建设工程。1. 鹰潭市法院审判大厅综合楼工程，2007 年概算总投资计划 4605 万元；2008 年，鹰潭市发改委批复，总建筑面积 14755 平方米，概算总投资 3772 万元。工程 2009 年 9 月开工建设，2010 年 7 月主体工程验收。2. 贵溪市法院审判大楼工程，2003 年鹰潭市发展计划委员会立项批复及追加投资批复，总建筑面积 11164 平方米，概算金额 1478 万元；工程于 2006 年 8 月开工建设，2009 年 9 月竣工投入使用，实际工程投资 1938 万元。3. 贵溪市法院金屯法庭基建项目，实际建筑面积 698 平方米，实际投资款 73 万元（含中央财政基本建设拨款 33 万元），该项目已经竣工投入使用。贵溪市法院志光法庭基建项目，实际建筑面积 668 平方米，实际投资款 93 万元（含中央财政基本建设拨款 30 万元），该项目已经竣工投入使用。月湖区法院白露法庭基建工程，2005 年 2 月经省发改委立项批复，建设规模 580 平方米，概算投资 49 万元。该工程于 2008 年 5 月开工建设，2010 年 2 月全部竣工投入使用，实际建筑面积 1336 平方米（含附属工程面积 260 平方米），结算总造价为 188 万元（不含征地款）。审计查出：各法院以"赞助费""实际执行费"等名义共取得不正当收入 2244 万元；诉讼收费及管理、执行标的款管理、专项资金和票据管理及法院基建等方面管理也不规范。针对审计发现的问题，市审计局均提出整改建议。审计报告引起市委领导高度重视，市委书记杨宪萍签署有关意见，市人大常委会主任杜德春就审计要情作出批示。

2010 年 7 月 20 日—8 月 1 日，余江县审计局对县畜牧兽医局 2009 年度财政收支情况进行审计。审计组结合财政收支审计，对该局财政资金、专项资金的管理、使用进行绩效审计，并对部分项目进行延伸审计。审计查明：该局 2009 年初账面资产与期末资产比较，2009 年度资产有大幅度增加；期初账面负债与期末比较，负债有大幅度减少。收入总计 1169 万元，其中专项资金收入 1045 万元；支出总计 729 万元，其中专款支出 461 万元，事业支出 61 万元。在审计中发现，该局存在违规套取、挤占生猪良种补贴资金，挤占挪用财政资金，私自收取大额企业赞助款，发票报销手续不完善、大额现金支付、招待费超标等问题。此项目获 2010 年度全省审计机关优秀审计项目三等奖。

社会保障资金审计　2001 年 5 月，市审计局组织各级审计部门对全市 2000 年度企业职工基本养老保险基金的征缴、使用和管理情况进行审计，对财政部门企业职工基本养老保险基金专户进行延伸审计，对首钢四建公司等部分企业欠缴养老保险费和扩面参保情况进行审计调查。审计查明：（一）基金征缴、使用方面：2000 年，全市企业参保职工人数 47803 人，参保企业离退休人员 11511 人，全年征收基本养老保险金 3765 万元，完成预算的 83%；全年拨付使用 5398 万元，占预算的 103%；当年征收与拨付使用相抵为超支 1633 万元。征收收入再加上利息收入、财政补贴收入、转移收入、上级社保部门调剂补助收入、下级上解收入、其他收入和上年滚存结余，总收入为 8433 万元。拨付使用支出加上转移支出、调剂金上解支出，总支出为 5532 万元。年末滚存结余 2901 万元。各级社保经办机构对基金收支的管理和核算是严格的，实行收支两条线，纳入财政部门财政专户管理，做到专款专用，无滥支乱用的现象。（二）企业欠缴养老保险费和扩面参保方面：截至 2000 年底，全市参保企业累计欠缴基本养老保险费 5709 万元。至审计日止，企业欠缴养老保险费已成为鹰潭市养老保险基金的突出问题。欠费企业户数比较多，仅市直单位就有 107 户；欠费数额之大，累计欠费额已达 2000 年实际征收数的 152%；欠费时间较长，有的企业竟欠费 10 年之久。欠费问题已经直接影响着养老保险基金的收支平衡，2000 年当年超支 1633 万元，超支额占当年征收额的 43%。社保经办机构与劳动保障监察机构相互配合不够。因各级劳动监察机构成立不久，无专职人员编制，人数太少，难以实施养老保险监督检查。（三）在企业改制的情况下，有的社保经办机构，承办以实物抵缴养老保险欠费和今后十年的养老保险费。如市社保局承办市航运公司等 8 户企业以房产、土地、店面、商品等实物抵缴欠缴的养老保险费及今后十年的养老保险费计 920 余万元。这种以实物抵交养老保险费的做法，不符合国务院《社会保险费征缴暂行条例》的规定。（四）扩面参保方面：全市 2000 年比 1999 年增加参保人数 1582 人。新增参保人数，主要是集体企业的职工，三资企业、个私企业几乎为零增长。市政府领导对审计报告非常重视，批示市政府通过文件转发，督促全市各部门针对存在问题进行整改。

经济责任审计　2010 年 5 月 18—26 日，市审计局对市公安局月湖分局（以下简称月湖分局）原局长万某任职期间经济责任情况进行审计。万某于 2002 年 9 月任月湖分局局长，主持全面工作，2010 年 5 月离任，任期 7 年零 8 个月。万某接任局长时资产总额 825 万元，离任时资产总额 2049 万元，增值 1223 万元；接任时净资产为 714 万元，离任时净资产为 1863 万元，增值 1149 万元。固定资产实行"二账一簿"管理制度，日常经费开支委托局党委副书记、副政委罗某某管理。接任时经费结余 175 万元，万某任期（2002 年 10 月至 2010 年 4 月）收入总额 10102 万元，支出总额 9784 万元，离任时经费结余 493 万元。审计发现的问题主要是：（一）以联合办案名义违规收费。合计 14.5 万元。（二）继续收取已明文取消的收费项目。（三）欠缴个人所得税 30718 元。（四）固定资产的购置不规范。（五）往来款长期挂账，未及时清理。审计评价：万某担任月湖公安分局局长以来，较好地履行领导干部经济责任，表现在：1.任职期间，主持制定和完善《月湖公安分局财务管理制度》，将各科、所、大队的财务收支进行归口，集中到分局财务部门统一核算和管理；定期召开分局领导办公会议，集体讨论、决定重大经济事项。2.任职期间，月湖分局各项收入逐年增长，为月湖公安事业发展提供充实的资金保障。月湖分局财务收支平衡，略有结余，任期内收支结余 317 万元，资产总额增值 1224 万元，净资产增值 1149 万元。对审计报告，市委书记杨宪萍，市人大常委会主任杜德春，副市长、市公安局局长张荣先等均作出批示。

专项资金审计及审计调查　1984—2010 年，市审计局组织力量对 648 项专项资金进行审计及审计调查。查出违规金额 17338 万元，损失浪费金额 187 万元，应上缴财政金额 919 万元，应减少财政补贴金额 15 万元，应归还原渠道资金金额 6010 万元，移送司法纪检案件 2 起，涉及人员 4 人。其中：对 1989 年至 1990 年度，市老建办老建资金的分配、下拨及使用情况进行审计调查。审计查明：全市省定特困村 8 个，少数民族乡 1 个（均属贵溪县辖乡），1989 年至 1990 年省、市共安排老建资金 150 万元，资金投向没有改变，投给省定特困地区，资金分配程序规范由项目单位逐级上报，经项目审定小组研究审定后，按批准项目计划下拨资金。对贵溪县的志光乡、鸿塘乡、周坊乡、古港乡、白田乡、塘湾乡；余江县的高公寨乡、画桥乡、春涛乡的审计调查表明，老建资金使用效果是好的，资金能按拨款项目使用，且取得较好的效益，解决老区、贫困地区的部分群众生产、生活上的困难，取得良好的经济效益和社会效益。审计查出:（一）老建资金管理不善，使用手续不健全。1. 老建资金拨到乡一级后，未能统一管理，有的记入乡财务账户，还有的记入乡企办的账户，也有县老建办直接拨给项目单位。2. 拨入乡企办的资金没有单独核算。3. 有的款到了村及项目单位后无账可查。（二）扶持项目资金不足，工程难以按时竣工。（三）擅自改变用款项目，不能按计划发挥资金效益。针对存在问题，市审计局分别提出整改意见。市政府领导对审计调查报告十分重视，指示市政府办公室以鹰府发〔1991〕35 号文件转发全市，督促相关部门整改。

1991 年 4—6 月，市审计局组织审计组对全市 1990 年度中小学危房改造资金使用效果进行审计调查，共抽查 30 个中小学校危房改造点。审计查明：1990 年度全市通过各种渠道筹集民房改造资金 701 万元，安排用于危房改造 645 万元，全市现有校舍面积 62 万平方米，比 1989 年增长 4.59%，修建校舍面积 5 万平方米。至审计日，尚有三类危房 0.61 万平方米，占现有校舍面积比例 3.62%，基本上实现了"一无两有"。审计查出：（一）危房资金筹集方面：1. 专控商品附加费未拨足；2. 按规定应从维护税中划出 10% 至 15% 的资金用于危房改造，但未全部划出；3. 农业税附加有的未及时提取危房改造资金，有的提取了放在乡财政账上未及时下拨用在危房改造；4. 按农业人口人均纯收入 1% 至 1.5% 比例筹集的中小学校舍修建资金，有的乡连年受水灾都没有收取；5. 个别学校筹措危房改造资金采用硬性摊派的方法，群众负担较重。（二）危房改造资金使用方面：1. 有的地方集资未能及时安排中小学危房改造；2. 把应用危房改造的资金作为教育人头费拨出，影响中小学校的危房改造；3. 有的乡以当年危房改造资金弥补以前年度付款；4. 有的村校舍基建没有按建筑规定的程序办事，造成危房改建、新建项目质量不合格；5. 资金使用效率不高，存在着损失浪费现象；6. 大部分学校没有校舍管理制度，没有人护校。市政府领导对审计调查报告高度重视，批示市政府办公室以鹰府发〔1991〕41 号文件转发全市，督促相关部门整改。

1991 年 4 月，市审计局对全市 1990 年度自然灾害救济事业费的分配和使用效果进行审计调查，共审计调查 30 个储金会，8089 户入会农户。审计查明：全市 1990 年度救灾款总额 248 万元，发放救济款 197 万元，结转下年金额 51 万元。储金会 1984 年至 1990 年筹集资金总额 24 万元。1990 年度储金会投放总额 16 万元，资金回收情况较好，基本上解决了灾民生活和生产自救的困难。审计调查发现：（一）救灾款及物资分配使用方面：存在挤占挪用救灾款、平均发放救灾粮、发放人情粮和重复救济等问题。（二）互助储金会资金使用方面：存在挤占、挪用、私分互助会储金、有的储金会没有充分发挥互助互利的作用、储金会资金借出后普遍未收取管理费，即使有少数储金会收了管理费也没有入账，资金得不到增值不利于储金会的自我发展等问题。针对存在问题，市审计局提出整改建议，并向市政府提交了审计调查报告，市政府领导批示，由市政府办公室以鹰府发〔1991〕52 号文件转发全市，督促相关部门进行整改。

1994 年 8 月 16 日—9 月底，市审计局组织审计组对全市 1993 年度至 1994 年 9 月的救灾款物进行专项审计，并抽查 14 个乡镇。审计查明：（一）受灾方面：1993 年 3 月 25 日，鹰潭市遭受百年未遇的特大风暴、冰雹的袭击，全市共有 9.93 万人受灾，19 人死亡。16 个自然村被毁，18966 间房屋被损坏，3777 间房屋倒塌，全市造成直接经济损失 5274 万元。是年 6 月 9 日至 18 日，遭受中华人民共和国成立以来第 4 次大洪灾，全市受灾人员达 52 万人，农作物受灾面积 49 万亩，因灾粮食减产 12645 万斤，倒塌房屋 3930 间，全市直接经济损失达 2 亿。（二）救灾方面：全市组织救灾物资粮食 5 万斤，棉被 370 床，衣服 3.76 万件。（三）筹集救灾款方面：1993 年全市收到捐赠款101 万元，1994 年收到捐赠款 28 万元。省民政厅拨给救灾款 309 万元。1993、1994 年共计筹集救灾款 458 万元。（四）救灾款分配使用方面：1993 年 1 月至 1994 年 9 月救灾款共支出 490 万元，捐赠支出 66 万元，捐赠物资折款支出 21 万元。主要用于：灾民口粮款支出 283 万元、灾民建房补助164 万元、灾区敬老院的危房修建、灾民就医及购买药品开支、商业流口农场支出、兴建小学支出等。审计中未发现贪污、私分及严重的挤占、挪用情况，查出的主要问题：救灾款物发放不及时；僧多粥少，难解燃眉之急；挪用捐款情况；挤占救灾款情况等。市长倪贤伍对审计报告作出批示：救灾余款立即转入救灾基金，专户储存用于救灾不准乱动一分。

1997 年 3 月—6 月，审计局组织审计人员对全市 1996—1997 年度水利专项资金的筹集、投入、管理和使用情况进行审计。被审计对象包括市、县两级的财政、计委和水利主管部门、乡镇财政所、水管站和基层水利工程管理等共 29 个单位，其中财政、计委、水利主管部门 10 个，重点抽查的乡镇政府、乡镇财政所、水管站和基层水利工程建设单位 19 个。审计资金金额 1785 万元，占水利专项资金总投入的 57.7%，审计查出违纪违规资金 737 万元。通过审计，促进资金投入到位 25 万元，归还原资金渠道 189 万元。审计查明：鹰潭市水利设施建设投入逐年在增加，1996 年水利专项资金投入 696 万元，1997 年增加到 836 万元，比上年增长 20.2%。加上上级主管部门拨款，1996—1997年水利专项资金投入达 3091 万元。1996—1997 年度水利专项资金的筹集、管理和使用基本合规合法，各项管理制度和财务计划周密、严格。贵溪市在水利工程款的拨付方面制定管理办法发挥群众兴修水利，实施"南电工程"等，使有限的水利建设资金发挥最大的使用效益。审计查出：（一）挤占挪用水利专项资金。（二）改变水利资金的使用项目。（三）防洪保安资金和水利工程水费的征收工作难度大，影响水利资金的筹集。（四）水利工程资金拨付不及时，使部分工程项目不能按期实施。（五）水利主管部门按下拨的水利经费收取立项咨询费，用于论证、评审和弥补经费不足，相应减少了直接用于水利工程建设的资金等问题。市长倪贤伍，副市长胡应良、艾佛胜等对审计报告均作出批示。

2001年6月，市审计局组织力量对全市1999年至2000年救灾资金的接收、分配、发放和管理情况进行专项审计，对部门预算安排的救灾专项经费进行延伸审计，共审计4个民政主管部门，11个乡镇财政所和民政所，审计调查25个村委会、56个村小组。审计查明：全市救灾资金共计3591万元，其中1999年初救灾资金余额1336万元，1999年至2000年接收救灾资金2040万元。同期，全市下拨和使用救灾资金3039万元，其中资金款项2824万元，下拨和分配救灾物资折款215万元。搬迁新建一批灾民新村。截至2000年，全市新建灾民新村24个，受益灾民917户，共投入资金491万元。审计查出：（一）部分乡镇挤占挪用救灾资金。余江县有些乡镇将财政部门下拨的救灾款用于发放工资、弥补经费不足。（二）救灾资金到位不及时，影响资金使用效果。（三）有的乡镇和村委会账目设置、会计核算不规范，有的村委会对民政救灾登账不及时，未按规定做到专款专用，专账管理等问题。市政府领导对审计报告非常重视，批示以市政府文件形式将审计报告转发全市。

2002年6—7月，市审计局组织力量对全市2001年度的政府采购情况进行审计和审计调查，选择20个集中采购项目进行全过程审计，选择28个同级预算单位的分散采购项目及22家供应商进行审计调查。审计查明：2000年，市政府制定《鹰潭市政府采购管理暂行办法》，成立市政府采购工作领导小组。余江县、月湖区、贵溪市于2000年先后相继成立政府采购领导小组，下设采购办，与政府采购中心两块牌子一套人马。2001年，全市共实行集中政府采购项目138批次，采购总金额2355万元，比市场价节约资金522万元。审计查出：（一）机构设置不合理，未建立管理、操作、监督相分离的节约机制。市本级只设立政府采购管理办公室，各县（市、区）是政府采购中心和政府采购办公室两块牌子一套人马，归口财政局管理。（二）政府采购的业务运行不畅。审计情况反映，市、县两级2001年度均未编制政府采购预算和计划。（三）监督制约机制不够健全，处理处罚力度不大。（四）政府采购过程中采购规模小、范围窄、评标委员会成员的组成不符合规定、少数单位存在擅自采购行为、政府采购基础工作比较薄弱等问题。市审计局将审计情况以审计要情上报市委、市政府领导，引起市政府领导重视，批示以文件形式将审计报告转发通报全市。

2006年9月，市审计局根据省审计厅安排和鹰潭市政府的指示，组织审计组对鹰潭市公积金管理中心2005年住房公积金的归集和使用进行专项审计调查。审计查明：截至2005年12月31日，鹰潭市公积金管理中心累计归集住房公积金32000万元，累计办理住房公积金提取3000万元，当年办理住房公积金提取1300万元，2005年末归集余额27200万元。2005年应缴公积金人数5.21万人，实缴人数4.99万人。审计调查发现：（一）住房公积金归集不到位，财政未按规定配套住房公积金。2006年贵溪市仍按2000年的基数固定配套住房公积金100万元，少配套资金264万元。（二）归集资金来源不平衡，行业差距相当大。（三）部分单位住房公积金未纳入住房公积金管理中心管理，存在体外循环现象。（四）公积金管理中心本级和贵溪办事处住房公积金资金沉淀比较多。2005年底全市住房公积金沉淀资金10900万元（不含购买国债4550万元），占2005年末归集余额的40.07%。（五）多头开户。（六）公积金管理中心计算机系统软件已远不能满足对鹰潭市住房公积金的归集、使用和管理的需要，贷款信息未上系统，系统设计存在许多缺陷。（七）部分单位及其在职职工，缴存住房公积金意识不强。对存在问题审计调查时均提出针对性的整改建议。此项目获 2006 年度全省审计机关优秀审计项目三等奖。

2007 年 6 月 18 日—7 月 27 日，市审计局组织对余江县人民政府 2004 至 2006 年农业综合开发资金进行专项审计。审计查出：（一）土地治理项目方面：1. 项目计划自筹资金未落实到位。经审计组在项目区调查询问，项目区农民并未筹资投劳。2. 受益项目区村民委员会、乡镇和县农发办对项目申报、实施和竣工验收三个阶段未实行公示。3. 县级报账大部分无原始资料。报账的基础工作差，未建立项目资金辅助账，未分开核算单项工程成本。4. 县农发办委托不具备相应建设监理资格或监理能力的监理公司对土地治理项目进行监理。5. 余江县农业局科教站（农学会）以虚假的经济业务事项资料报账，套取并转移农业综合开发资金。6. 擅自变更项目建设地点、建设单位。7. 县农发办擅自向无项目计划单位拨款。8. 县财政未按照《农业综合开发财务管理办法》第十五条的规定，安排农业综合开发事业费，造成县农发办没有办公经费来源，不得不想方设法挤占、挪用农业综合开发项目资金来开支办公经费。（二）产业化经营项目方面：江西可生生化有限公司扩建年产 1000 吨果蔬粉体生产线产业化经营项目存在的问题：1. 提供虚假资料申报重点产业化经营项目立项。2. 公司未使用自筹资金实施项目。3. 财政有偿资金闲置不用。4. 财政无偿拨款项目资金的使用缺乏监管。财政无偿拨款 120 万元的使用，县农发办未对其实施必要的监管，未办理基本建设项目招投标和监理程序。（三）贷款贴息项目方面：鹰潭市大地蔬菜制品有限公司虚报年产 6000 吨特色风味系列食品业务骗取财政技改贴息，2006 年该公司收到县农发办拨入贷款贴息款 60 万元，同日就将此款转入该公司个人储蓄账户，虚假编造 2004 年 3 月 31 日收到余江县财政局拨入企业挖改资金贷款贴息。2004 年 3 月 5 日现金付农行余江县支行贷款利息，实际该笔利息均未发生。（四）产业化经营财政有偿资金项目方面：余江县财政 2004 年以前农业综合开发项目借出有偿资金 740 万元。至 2006 年底应全部到期，实际收回 267 万元，尚有 473 万元到期未收回，资金占用费分文未收。鹰潭市阳光葛业有限公司两个项目实际取得财政有偿资金 219 万元。至审计日止，尚欠 144 万元未归还。江西鹰潭三农食品有限公司取得财政有偿资金 110 万元，至审计日止，尚欠 85 万元未归还。余江县大发农副产品加工厂取得财政有偿资金 65 万元，至审计日止，财政有偿资金 65 万元分文未归还。另查明，以上单位均是以虚假资料变相骗取财政有偿资金。审计报告引起市委、市政府高度重视，市长钟志生作出批示：促使项目相关负责人移送监察机关进行处理。该审计项目获 2008 年度全省审计机关优秀审计项目三等奖。

2010 年 5 月 19—31 日，市审计局派出审计组对鹰潭市公共交通有限责任公司（以下简称公交公司）2007—2009 年三年城区公交运营及财政资金投入的绩效情况进行审计。审计查明：市公交公司前身是鹰潭市公共交通公司，2001 年改制成立鹰潭市公共交通有限责任公司，为国有控股企业，2009 年 5 月市政府将 49% 的内部职工股权进行回购，成为国有独资企业。至 2009 年末，该公司拥有公交营运车辆 182 辆，营运线路 13 条（包括 1 条城际线路），线路总长度 130 多公里，年总行驶里程 718 多万公里，年客流量 1600 多万人次；公司现有职工总数 306 人。2009 年与 2006 年相比，车辆从 89 辆增加到 182 辆，增长 104.49%，线路从 11 条增加到 13 条，增加 9.1%，总行驶里程从 416 万公里增加到 718 万公里，增长 72.6%。为促进鹰潭市公交事业的发展，市政府加大对公交企业的资金投入，2008 年至 2009 年共投入 4714 万元。2009 年市政府出台优惠政策，将公交公司实际上缴的营业税、房产税、土地使用税等税收地方所得部分全部用于该公司进行车辆更新和技术改造。三年来公交公司得到财政补贴资金807万元。审计查出：（一）公交运行效益不高，线网结构需进一步优化。1.公交车乘坐率较低。2.公交资源综合利用效益部分指标下降。与2007年相比，单车客运量及线路每公里年客运量下降率分别为41.4%、30.53%。（二）企业经济效益不佳，发展后劲明显不足。公司主营业务亏损突出。2007—2009年间，全市运营收入增长率1.55%，而运营成本上升率达16.85%，亏损增加达59.35%。（三）公交场站规划缺失，场站建设滞后等问题。对存在问题，市审计局提出针对性的建议，市政府领导对审计报告作出重要批示。

审计成果　鹰潭市各级审计机关1991—2010年共对3840个单位进行审计，查出违纪违规金额107675万元，应上缴财政金额5757万元，已上缴财政金额3949万元。

表13-6-2　1991—2010年鹰潭市审计机关审计工作成果情况

单位：个、万元

年度	被审计单位数量	查出违纪违规金额	应上缴财政金额	已上缴财政金额
1991	368	1723	90	86
1992	307	1294	63	63
1993	208	814	152	117
1994	177	1418	122	113
1995	278	1810	196	92
1996	209	2043	263	185
1997	263	3746	264	159
1998	232	9714	136	77
1999	264	9896	170	120
2000	181	8276	246	104
2001	119	4311	264	130
2002	200	6701	928	223
2003	188	1788	260	166
2004	178	6082	368	355
2005	142	1426	218	147
2006	103	3860	310	105
2007	130	17400	360	360
2008	61	11600	124	124
2009	170	12257	53	53
2010	62	1516	1170	1170
合计	3840	107675	5757	3949

第七节　赣州市审计概况

机构与队伍

机构设置　1983 年 11 月 14 日，赣州地委按照省委、省政府的部署，决定成立赣州地区审计局。赣州市所辖 18 个县（市）至 1984 年 5 月相继全部成立审计局。1999 年 7 月 1 日，经国务院批准，赣州地区撤地设市；12 日，赣州地区审计局更名为赣州市审计局。截至 2010 年底，全市审计机关共有审计人员 486 名，其中市本级 56 人，章贡区审计局 24 人，赣县审计局 19 人，上犹县审计局 21 人，崇义县审计局 18 人，大余县审计局 17 人，信丰县审计局 24 人，安远县审计局 23 人，龙南县审计局 20 人，全南县审计局 19 人，定南县审计局 22 人，于都县审计局 43 人，宁都县审计局 23 人，兴国县审计局 25 人，会昌县审计局 31 人，瑞金市审计局 29 人，寻乌县审计局 21 人，石城县审计局 16 人，南康县审计局 25 人，经开区 10 人。

职能职责　1995 年按照《审计法》规定，全区各级审计机关分别在行署专员、县（市）长和上一级审计机关的领导下开展审计监督工作。1999 年，全省党政机构改革，赣州地区审计局更名为赣州市审计局，其工作职能、内设机构、人员编制不变。2003 年 1 月 10 日，政府机构再次改革，市审计局指导和管理社会审计的职能划归市财政局，增加市审计局对市属国有金融机构的财务收支及其资产、负债和损益状况，对党政领导干部和国有企业及国有控股企业的法定代表人的任期经济责任履行情况进行审计监督等两项职能。市审计局相应的工作职责等事项也作出相应调整。

2010 年 4 月 6 日，市委、市政府第三次实行机构改革，全市审计机关的职能职责再次作出调整。取消社会审计机构对审计机关审计监督对象以外的单位出具的相关审计报告的职责；加强市审计局对经济责任、关系国计民生的资源能源、环境保护和社会保障资金、境外市属国有资产、财政资金使用效益的审计职责。其主要职责是：1. 贯彻执行审计工作的方针、政策和法律法规；组织领导、协调监督各级审计机关的业务。2. 向市政府、省审计厅报告审计工作和向市政府有关部门通报审计情况，提出制定和完善有关政策法规、宏观调控措施的建议。3. 对《中华人民共和国审计法》所规定的事项直接进行审计监督。

编制与职数　1984 年 1 月 23 日，赣州地区编制委员会核准地区审计局行政编制 20 名；设局长 1 名，副局长 2 名。1985 年 11 月，根据工作业务开展情况，经地区编委批准增加行政编制 15 名；同时成立赣州地区审计干部培训班，增加行政事业编制 8 名；至年末，实有干部职工 43 名。1988 年 7 月，赣州地区编制委员会办公室、赣州地区劳动人事局、赣州地区财政局、赣州地区审计局联合下发《关于赣州地区审计机关增加编制和调配干部的通知》，全区新增行政编制 86 名，其中地区审计局新增行政编制 12 名。1992 年 7 月，经地区编委批准，新增行政编制 5 名。1996 年 9 月，根据国务院和江西省机构改革通知精神，以及赣州地区机构改革"三定"方案，地区审计局核定行政编制 51 名，事业编制 8 名。2003 年 1 月 10 日，赣州市人民政府办公室下发《赣州市审计局职能配置内设机构和人员编制规定的通知》，核定市审计局行政编制 40 名［含纪检（监察）编制 2 名］，后勤服务编制 4 名。核定市审计局下属审计干部培训班事业编制 7 名。2007 年 12 月 6 日，赣州市机构编制委员会下发《关于调整市审计局人员编制的通知》，核定行政编制 46 名［含纪检（监察）编制 2 名］，工勤编制 3 名。2010 年 4 月 6 日，赣州市人民政府办公厅下发《赣州市审计局主要职责内设机构和人员编制规定的通知》，保留原有行政和工勤编制数量。市审计局下属正科级全额拨款事业单位审计干部培训中心编制 7 名（其中科级职数 1 正 1 副）。

领导成员 1983 年至 2010 年，赣州市审计局领导班子经过四次调整。

表 13-7-1 1983—2010 年赣州市审计局历届领导成员

姓名	职务	任职时间
池宝库	党组书记、局长	1984.02—1988.03
罗穗安	党组书记、局长	1989.07—2002.03
欧阳锋	党组书记、局长	2002.10—2010.01
马晓聪	党组书记、局长	2010.01—

内设机构 1984 年 1 月 3 日，赣州地区审计局内设秘书科等 5 个职能科室。2010 年 4 月，赣州市审计局内设办公室、综合法规科、财政金融审计科、行政事业审计科、经贸审计科、农业资源环保审计科、固定资产投资审计科、社会保障审计科、外资运用审计科、经济责任审计科、信息科等 11 个职能科（室）；设机关党总支，负责局机关和下属单位的党群工作；纪检组（监察室），为市纪委（市监察局）的派驻机构；市审计干部培训中心，为市审计局下属正科级全额拨款事业单位。

县（市）区审计局 赣州市审计局所辖 18 个县（区）均成立审计局。其中：石城县审计局 1983 年 7 月 23 日成立，截至 2010 年底，内设机构 6 个，行政编制 14 人，事业编制 5 人，实有 16 人。历任审计局长：毕景荣、朱鹏、刘胜传、李贤宝、谢邦凤；赣县审计局 1983 年 8 月成立，截至 2010 年底，内设机构 5 个，行政编制 14 人，实有 13 人；事业编制 6 人，实有 6 人。历任审计局长：王传远、徐忠机、罗光松、刘道斌、陈国庆、罗敏慧、郭麒麟；大余县审计局 1983 年 10 月 6 日成立，截至 2010 年底，内设机构 7 个，行政编制 18 人，实有 17 人。历任审计局长：钟诗财、张载房、聂卫兵、刘铭忠、赵海远、李星发；瑞金县审计局 1983 年 10 月 15 日成立，截至 2010 年底，内设机构 6 个，行政编制 21 人，实有 24 人；事业编制 5 人，实有 5 人。历任审计局长：杨世珠、刘立荣、黄英浪、李运泽、许俊、汤鸣锋；崇义县审计局 1983 年 11 月 5 日成立，截至 2010 年底，内设机构 6 个，行政编制 13 人，实有 15 人；事业编制 6 人，实有 3 人。历任审计局长：彭其荣、罗荣通、刘经明、王英明、谢京波、赖楚彦；安远县审计局 1983 年 11 月 20 日成立，截至 2010 年底，内设机构 6 个，行政编制 15 人，实有 16 人；机关工勤编制 2 人，实有 5 人；事业编制 2 人，实有 2 人。历任审计局长：胡思民、艾启盛、陈善民、陈孔寿、兰长文；会昌县审计局 1983 年 11 月 23 日成立，截至 2010 年底，内设机构 5 个，行政编制 13 人，实有 19 人；事业编制 14 人，实有 12 人。历任审计局长：宋方炳、张启汉、杨伦华、钟文达；全南县审计局 1983 年 12 月 3 日成立，截至 2010 年底，内设机构 4 个，行政编制 13 人，实有 13 人；事业编制 8 人，实有 6 人。历任审计局长：钟连兴、曾维圣、兰海洋、谭觉艾、李德刚、刘文生、肖中；上犹县审计局 1983 年 12 月

9 日成立，截至 2010 年底，内设机构 6 个，行政编制 13 名，实有 12 人；事业编制 12 名，实有 9 人。历任审计局长：杨人通、邹启元、肖洪发、杨官盈、赖光龙、崔跃华、杨明朗；龙南县审计局 1983 年 12 月成立，截至 2010 年底，内设机构 6 个，行政编制 14 人，实有 13 人；事业编制 6 人，实有 7 人。历任审计局长：曾传模、廖振俊、蔡舒勇、廖翠明；信丰县审计局 1984 年 1 月 4 日成立，截至 2010 年底，内设机构 7 个，行政编制 18 人，事业编制 0 人，实有 24 人。历任审计局长：赖荣旺、赖玉文、梁金山、冯明华、王良全、曾力；章贡区审计局 1984 年 2 月 15 日，经赣州市人民政府批准设立，当时名为赣州市审计局，内设机构 7 个，行政编制 20 人，实有 19 人；事业编制 10 人，实有 5 人。历任审计局长：吴石磷、黄孝庭、傅芳坤、李琳、冯文珍；定南县审计局 1984 年 3 月成立，截至 2010 年底，内设机构 5 个，行政编制 15 人（其中工勤编 1 人），实有 15 人（其中工勤编 1 人）；事业编制 7 人，实有 7 人。历任审计局长：魏长青、练继伦、曾发文、张瑞诚、黄伟平、曾子平、李恢伟；寻乌县审计局 1984 年 3 月成立，截至 2010 年底，内设机构 5 个，现有行政编制 15 人，实有 13 人；事业编制 8 人，实有 8 人。历任审计局长：邝世洲、尹文金、易春山、赖运良、王正中、邓德先、凌云南；兴国县审计局 1984 年 4 月 5 日成立，截至 2010 年底，内设机构 6 个，行政编制 18 人，实有 23 人；事业编制 4 人，实有 2 人。历任审计局长：李郁芳、李加淳、肖明祯、卢方梅、赖福财、杨秋红；宁都县审计局 1984 年 4 月 15 日成立，截至 2010 年底，内设机构 7 个，现有行政编制 19 人，实有 23 人；事业编制 0 人，实有 0 人。历任审计局长：潘应雄、彭泗源、黄春生、罗科安、陈会生；南康县审计局 1984 年 4 月成立，1995 年 3 月，南康撤县设市，是年 3 月，南康县审计局更名为南康市审计局。截至 2010 年底，内设机构 7 个，行政编制 18 人，实有 18 人，事业编制 5 人，实有 7 人。历任审计局长：何仁山、高泽塘、谢光天、罗华兰；于都县审计局 1984 年 5 月成立，截至 2010 年底，内设机构 9 个，行政编制 18 人，事业编制 21 人，实有 43 人。历任审计局长：罗泰森、刘敬洋、黄传荣、邓庆胜、钟建英、林永勇。赣州开发区监察审计局 2004 年成立，主要负责开发区监察、审计等行政工作。2009 年根据赣州开发区党委发文，开发区监察审计局变更为监察局，与赣州开发区纪律检查委员会合署办公，内设审计处，为副科级内设机构。行政编制 4 人，实有 10 人。历任审计局长：王连生、周兆东。

审计业务选介

财政金融审计 1991—2010 年，赣州市审计局组织力量对 4910 个财政金融单位进行审计，查出违规问题金额 363612 万元，应上缴财政金额 12012 万元，减少财政补贴金额 413 万元；归还原渠道资金金额 19955 万元；移送司法纪检机关处理线索 23 起。其中：1990 年，信丰县审计局在例行审计中发现建筑税管理漏洞很多，提出应在全县进行重点清理的建议，被县税务局采纳，促使当年全县建筑税入库数相当于前两年总和的 2.43 倍。1991 年，为探索税收征管审计，地区审计局在全区推广信丰县审计局对县税务局税收征管试审的做法：组织 10 个县（市）审计局，审计 10 个税务分局（所），取得较大效果。1992 年，全区审计机关普遍开展税收征收管理审计。查出税务机关未及时、足额入库和纳税人拖欠税款计 105 万元，税务机关少征、漏征税款、基金和少收滞纳金计 46 万元。查出拖欠、少征、偷漏税金（含滞纳金）183 户，占已审纳税户总数 451 户的 40.57%，金额 162 万元；查出税务机关多征税款 31 万元，7 个偷税大户移送检察机关查处。经审计处理由税务机关补征入库金额计 91 万元。行署专员在全区税收征管审计综合报告上批示：责成地区税务局组织全区税务机关，结合综合报告反映的问题和所提建议进行整改，并将此报告批转全区贯彻执行。此项审计情况先后在《中国审计》1992 年第 11 期、省审计局《审计简报》上专题进行介绍；被省审计局评为 1992 年优秀审计科研课题，全文在省审计局《审计科研参考资料》上刊发。

1992 年 3—6 月，全区审计机关对 18 户乡镇财政财务收支情况进行审计调查。审计调查发现：乡镇企业经营机制不完善，政府管理企业行为不规范，乡镇企业效益较差，个人拖欠公款严重，罚没收入金额大、支出滥，财务管理混乱，审计查出 43 人贪污，51 人私分挪用公款等。地区审计局提出完善乡镇企业经营机制，逐步规范政府管理企业行为等建议，向行署提交综合报告，行署及时将报告予以批转，赣州地委将此信息上报省政府和中办，并在《江西政讯》上进行报道。

是年 3—9 月，地区审计局组织县（区）审计机关及乡镇企业机关联合对各县（市）部分乡（镇）企业进行审计调查，审计调查 18 个县（市）中 37 个乡镇的 83 家乡镇办企业，审计总金额达 6870 万元。审计调查发现：发展乡镇企业的优惠政策不到位，企业留利政策不落实，有些部门和单位向企业伸手，乡镇企业缺乏经营自主权，经营承包责任制不完善，资金紧缺，财务意识淡薄等问题。地区审计局提出整改建议，向行署提交综合报告。行署对审计报告进行了批转。

2001 年 4—6 月，寻乌县审计局根据《赣州市审计局关于印发〈已审项目跟踪审计试行办法〉的通知》文件精神，结合本县实际，对本县 1999 年度预算执行情况的审计项目进行跟踪问效审计，重点检查审计决定和审计意见的执行落实情况，同时延伸审计 2000 年度预算执行情况。审计表明，财税部门和有关预算执行单位自执行 1999 年度预算执行情况的审计决定和审计意见以来，财税征管得到加强，县级预算收支逐步规范，乱收费行为得到控制，审计决定和审计意见部分得到执行或落实，应缴财政款项已经缴纳。审计查出执行审计意见方面的主要问题：（一）内控制度整改不到位，致使预算外资金管理股股长能采用支票存根联与记账分开填写，用转账支票或销毁单据等手段进行挪用公款和贪污。该局及时向县检察院作了案件移送。（二）上年财政"同级审"发现预算外资金管理股出售票据收入游离于账外，至今两年仍有 1 万元票据出售收入未入账反映。（三）基层地税所对审计局提出的"会计基础工作较差，科目设置不合理，财务核算不够真实、明确"的审计意见，有的仍然没有整改。执行审计决定方面的问题：截留县级预算收入的现象仍然存在；占用住房资金 23 万元至今未归还；公款存储蓄的问题屡禁不止，且数额越来越大；偷逃税费的现象未得到有效遏制；扩大范围多计提代征代扣手续费的现象未得到完全纠正。赣州市审计局将寻乌县的审计报告向全市审计机关进行转发。该项目获全市审计质量评比第一名。

是年 3 月，大余县审计局对县国资局 2006 年度国有资产经营预算执行和其他财政收支情况进行审计，重点审计 2006 年度国有资产的真实性、完整性和运营效益情况，以及资产处置的合规合法性。通过审计，查出违纪违规问题金额 300 余万元，发现并向有关部门移送案件线索 9 条。经有关部门立案查处，8 人受到党纪政纪处分，挽回国有资产损失 300 余万元；推动政府出台《大余县行政单位国有资产处置实施暂行办法》和《大余县事业单位国有资产处置实施暂行办法》，有效促进了资产处置阳光化。该项目被评为 2007 年全省审计机关优秀审计项目和赣州市审计机关优秀审计项目。

行政事业审计 1991—2010 年，赣州市审计局组织力量对 12998 个行政事业单位进行审计，共查出违规问题金额 230346 万元，应上缴财政金额 19120 万元，应归还原渠道资金 20092 万元；移送司法纪检部门案件 145 起，涉案人员 178 人。其中：

1993 年 4—6 月，地区审计局在对赣州市、寻乌县、安远县、定南县、南康县、于都县等 6 个县市政府 1991、1992 年度的财政收支审计过程中，对部分执法机关收取的罚没款进行延伸审计。审计发现：有的县、市和乡政府对执法机关的罚没款管理未做到收支两条线，近千万元罚没款未上缴当地财政，被截留、坐支和留在执法机关的单位账上或被挪用；有的乡镇政府罚没款名目多，金额大，使用管理混乱。地区审计局提出整改建议，向行署提交的《关于加强赣州地区罚没款管理的报告》，得到行署领导及时批转，并在省委办公厅主办的《江西信息》上转发报告的主要内容。

1994 年 3—7 月，为狠刹乱收费、乱罚款不正之风，全区对 190 个执收执罚单位进行审计。审计查出：1993 年共收费 6975 万元，其中未入账金额达 101 万元；乱收费总计 195 万元，违规罚没收入 23 万元。地区审计局提出对治理"三乱"的整改建议，并报告行署。行署专员在报告中批示：责成相关部门对"三乱"情况立即进行整改并要求全区按照执行。

1996 年 12 月—1997 年 2 月，根据审计署统一安排，全区审计机关于对 1996 年度全区普教经费征收、筹集、拨付、管理和使用情况进行审计。在审计的 167 个单位中，查出违纪违规金额 440 万元。《中华人民共和国教育法》规定的教育经费"三个增长"标准没有达到，有些教育附加费的征收仍有潜力；全区教育事业费的增长未高于地方财政收入增长速度的 1.5 个百分点，普通中学生均公用经费比上年减少；教育主管部门挤占挪用教育经费 145 万元；有 8 个县市拖欠教师工资（国拨）211 万元，有的拖欠时间已超过两年；有 8 个县市存在乱收费现象，金额达 88 万元；私设"小金库"，滥发钱物，金额共计 133 万元；有的预算外收入未专户储存，有的漏缴税金和违规购买专控商品；财务管理基础差，内控制度不严等。地区审计局向行署提交综合报告。行署及时作出批示，要求各县（市）、有关部门，结合实际情况，针对存在的问题，进行整改；同时，印发《关于当前教育工作若干问题的通知》，要求对这次审计发现的突出问题，及时进行追踪检查，责令限期纠正。

1999 年 5 月，市审计局（原地区审计局）组织 18 个审计组对全市 18 个县（市、区）公安局、检察院、法院 1997 年度和 1998 年度财务收支情况进行审计，并抽查 72 个基层派出所、法庭及部分案卷。审计查出违规金额 2059 万元，审计处理金额 150 万元。其中罚款 110 万元。"三乱"行为比较突出，乱收费金额达 480 万元，占违规金额的 23.31%；12 个县（市）未将规费、罚没款、预算外收入及案款、赃款纳入单位统一核算管理，私存私放、公款储蓄现象较为突出；全区不少县（市、区）公检法机关，违规将收费、罚没款与各庭室、科所经费，甚至个人奖金挂钩，以致造成"三乱"和虚列支出等违纪行为；有些单位未执行规费收入和罚没款收入实行"收支两条线"管理的规定，擅自截留、坐支挪用或者转移私分罚没收入和规费收入；财经纪律仍需加强。市审计局向市政府呈报的综合报告，提出整改建议。市政府及时对市审计局《关于全市公检法机关 1997 至 1998 年度财务收支情况审计的综合报告》进行批转，要求各地有关部门认真贯彻执行。针对审计发现的问题，市中级法院、检察分院分别召开规模较大的财务整顿会议，积极进行了整改。

2001年6—9月，市审计局组织对全市质量技术监督部门2000年度财务收支情况进行审计。审计查出违纪违规金额220万元，审计处理18万元；截留、混淆应缴预算收入，滞留应缴财政资金共计42万元；乱收费26万元；私设"小金库"27万元；内控制度不健全，会计核算不规范；基础设施落后，经费严重超支，该系统垂直管理后，经费仍按1998年财政拨款基数拨付，在人员经费尚未完全保证的情况下，无法顾及基础设施建设；人员超编现象严重，自收自支事业编制多；上级有关部门拨款不及时等。该项目被省审计厅表彰为"对质量技术监督系统财务收支审计项目优秀单位"。

2003年7—9月，市审计局根据地方党政领导指示，组织全市审计机关对各县（市、区）2002年度失业保险基金、下岗职工基本生活保障资金、促进就业资金（简称"三项资金"）的筹集、管理、使用等情况进行专项审计。重点审计337个单位，审计总金额为26081万元，通过审计促进有关部门拨付资金11609万元，已上缴财政金额738万元。审计发现欠缴失业保险基金严重，挤占挪用，社会筹集资金不到位等问题。市审计局及时向市委、市政府提交的专题报告，市委领导作出批示：对"三项资金"的筹集、管理、使用等情况，要加强监管，对挤占、挪用、拒缴的行为，要追究责任。劳动局要提出整改意见，并认真整改。

固定资产投资审计 1991—2010年，赣州市审计局组织力量对11362个固定资产投资项目进行审计，共查出违规问题金额142628万元，应上缴财政金额13861万元，应减少财政补贴金额9384万元，应归还原渠道资金金额14801万元，其中：2000年，市审计局对撤地设市上划的站北开发区、滨江大道、古城墙三个市政工程的竣工决算情况进行审计。审计发现大部分工程项目未进行决算审计，施工单位上报的竣工决算虚假成分多等问题，并查出站北区开发指挥部某领导将收回的工程款占为己有的行为，及时移送给监察机关立案查处。市审计局向市政府提交的综合报告。市政府主要领导作出批示：提出强化工程项目管理的七点意见。

外资运用审计 1991—2010年，赣州市审计局对297个外资项目进行审计，共查出违纪违规问题金额11561万元，应上缴财政金额100万元，应归还原渠道资金金额4003万元，移送司法机关案件3起。其中：

2000年5—6月，市审计局对赣州大康实业有限公司利用世行贷款红壤二期开发项目及1999年度的财务收支等情况（有关问题追溯到以前年度）进行审计。审计查明：红壤二期开发项目的新建赣南10万吨级饲料厂，于1993年5月开始评估论证，1994年5月实施建设，1997年7月建成投产，总投资达4297万元，其中：世行贷款为2832万元，省投资公司298万元，市财政72万元。经过近两年的生产经营，截至1999年7月底，经营亏损达1022万元，使企业资不抵债难以为继，结果企业转改制后，甩给市政府的债务包袱达2000多万元，每年还要承担近200万元的利息和不可预见的汇率风险。同时，审计发现一些涉嫌犯罪的线索，在筹建过程中弄虚作假，向施工单位多付工程款行为，在生产经营的原材料采购和财务管理、会计核算中，有严重违纪问题。市审计局及时将案情移交市检察院。通过市检察院立案侦查，发现该公司经理在设备采购中，向供货商索取好处费；在工程施工过程中，向施工单位索取好处费和收受红包；采取以付工程款方式，然后再从施工单位拿回工程款，套取现金等手段索贿受贿，检察院追究了其刑事责任。

企业审计 1991—2010年，赣州市审计局组织力量对2258个企业单位进行审计，共查出违纪违规问题金额 40703 万元，应上缴财政金额 8744 万元，应减少财政补贴金额 30 万元，应归还原渠道资金金额 3599 万元，移送司法纪检部门案件 78 起，涉案人员 40 人。其中：

1993 年 4 季度，信丰县审计局在全市率先开展对企业支付摊派和强制性赞助、资助、捐献款物事前审计。审计实行半年多来，由企业抵制摊派、捐赠款项达 59 万元，通过事前审计或事中审计发现纠正企业强制性捐赠款 13 万元。地区审计局及时总结、完善信丰县审计局的经验在行署领导的重视支持下以行政性法规的形式在全区推广，1994 年 8 月以行署名义印发《赣州地区企业支付摊派和强制性赞助、资助、捐献款物事前审计办法》。1995 年 3 月，地区审计局制定《赣州地区企业支付摊派和强制性赞助、资助、捐献款物事前审计办法实施细则》。全区实施后的两年，每年查处"三乱"行为数百起，涉及金额 2000 余万元。查处地直两个执法部门利用职权，对企业和个体工商户乱收费、乱摊派分别达 131 万元和 106 万元。信丰县审计局从 1993 年实施上述办法至 2003 年止，抵制"三乱"行为 491 次，涉及金额 1082 万元；查处"三乱"行为 42 次，罚款 13 万元。《中国审计信息与方法》《江西日报》《赣南日报》和省审计厅《审计信息》对赣州地区查处"三乱"行为做法及成果均进行了报道。

2001 年 5—6 月，市审计局组织对本市 19 户电力企业财务收支的真实性、合法性和效益性进行审计。审计查出：隐瞒、转移收入 122 万元，将收入挂往来账，购电相抵的物资款项不予反映，"三产"多经企业与母体企业之间财务核算没有按平等主体进行核算，存在主营业务划归"三产"，减少主业收入，甚至将电费收入划归下属"三产"收取；乱收费 47 万元；存在税费清缴不及时，隐匿收入，挤占成本费用，钻税费优惠政策空子，减免不该减免的税费等问题。针对存在问题，市审计局依法进行审计处理。该项目在 2002 年被省审计厅表彰为 2001 年度全省电力两金审计优秀项目。

2004 年 12 月—2005 年 2 月，根据省审计厅的统一部署，市审计局从全市审计机关抽调 88 名业务骨干组成 21 个审计小组对 19 个县级国有粮食购销企业、2 个市级国有粮食购销企业 1998 年 6 月至 2004 年 5 月新增财务挂账和其他不合理占用农业发展银行贷款情况进行审计，并对各级财政局、农发行的有关情况进行审计调查。审计核实，1998 年 6 月 1 日至 2004 年 5 月末新增财务挂账占用农发行贷款 20349 万元，其他不合理占用农发行贷款 128 万元。企业亏损及潜亏占有非农发行贷款总计 12730 万元，其中：已摊入损益的费用开支 5304 万元，按财务制度规定尚未摊入损益的费用开支占用 7426 万元。市审计局还对全市粮食购销企业承担政策性业务造成亏损的情况进行分析，提出审计建议。该项目在 2005 年被省审计厅表彰为 2004 年全省粮食财务挂账审计先进单位。

2006 年，在省审计厅统一组织下，市审计局对江西省烟草公司赣州分公司 2005 年度财务收支情况进行审计，重点审计该公司的资产负债损益、重大经济决策、职工工资福利、执行烟草专卖制度情况。审计采取业务数据与财务数据比较的方法，发现该公司下属三产违反烟草专卖政策，在外地购进高档卷烟；顺着烟叶复烤费资金走向，查出该单位一个联营企业，股权投资未入账反映。审计揭露该行业提高住房公积金计提比例逃避税收等问题。该项目被省审计厅表彰为 2006 年全省经贸审计优秀项目。

2010 年 12 月，市审计局组织对赣州发展投资控股集团有限责任公司等 15 户市属国有企业及国有控股企业 2008 年至 2010 年度资产负债损益及企业领导人员经济责任情况进行审计。审计查出违纪违规行为金额 5786 万元，管理不规范金额 32959 万元，损失浪费金额 936 万元。主要涉及：有的企业违规使用资金；有 4 户企业存在公司高管在规定的年薪之外违规领取其他货币性收入的行为；部分企业盈亏不实或会计信息失真，影响企业利润金额共计 46592 万元；有的企业内部管理制度不够健全，甚至疏于管理等问题；应缴未缴各种税金及其他专项收入；有的企业领导人员在经营决策等涉及企业重大经济事项方面，存在决策程序不够到位，决策事项不够公开、透明。针对存在问题市审计局依法作出审计处理，提出整改建议，并向市委、市政府上报专题汇报材料。市委、市政府十分重视，市委、市政府主要领导先后在市审计局提出的《关于开展市属国有及国有控股企业审计的工作方案》中，作出重要批示。

经济责任审计及其他　1991—2010 年，赣州市审计局组织力量对 3391 个项目进行经济责任审计。查出违纪违规问题金额 42901 万元，应上缴财政金额 3201 万元，应减少财政补贴金额 927 万元，应归还原渠道资金金额 2272 万元，移送司法机关案件 72 起，涉案人员 95 人。其中：

2004 年，会昌县审计局在对县糖厂厂长的经济责任审计中，克服重重困难，顶住利诱、恐吓，通过内查外调，翻阅 10 多年的会计资料，终于取得突破。查处一起集体私分国有资产、贪污受贿的大案。涉案人员有 5 人被捕，4 人被刑事拘留，成为赣州市当年向社会公布的三大违纪违法案件之一。

是年 4—8 月，市审计局受市委组织部委托，首次对兴国县等 8 个县（市）委书记、9 名县（市）长任期经济责任情况进行审计。审计查出：财政收支不实；财政供养人员增长过快；政府债务负担重；基本建设铺摊过大，资金缺口较大；建设工程项目招投标和竣工决算不规范；工业园违规征用建设用地；擅自减免新增建设用地耕地占用税；政府擅自出台收费、集资项目；工业园区及工程建设指挥部资金管理较混乱；挤占挪用专项资金；漏缴国家税费数额较大；对"两办"经费开支缺乏正常监督。市审计局提出整改建议，向市委提交综合报告。市委、市政府领导作出重要批示：市委组织部要将审计报告中查出的问题向有关部门、单位和本人反馈。今后要注意严格遵守各项财经纪律。

是年 10—11 月，市审计局对赣州交警支队队长 1996 年 12 月至 2004 年 5 月任职期间的经济责任进行审计。审计发现赣州交警支队挤占事业支出；资产购置没有实行政府采购；私设账外账，截留收入；漏缴税费；购买重大资产投资项目，未实行招投标，账面反映个别项目投资价格偏高等问题。市委领导、市长王昭悠先后在审计报告中作出重要批示：要求市公安局进一步加强内部管理。同期，市审计局对赣州市市政工程管理养护处原主任 1997 年 10 月—2004 年 9 月任职期间的经济责任进行审计。审计查出未经固定资产评估，低价处置国有资产；私设"小金库"；漏缴税费等问题。根据市审计局提供的经济案件线索，该主任被司法机关立案查处，判处有期徒刑 8 年。11 月，为进一步加强选拔干部的监督，根据中共赣州市委组织部《关于对部分离岗考察对象开展经济责任审计的通知》文件要求，市审计局分别对会昌县扶贫办、中共赣县县委组织部、中共于都县委组织部等离岗考察对象，及市人大常委会办公厅、市政府驻汕头办事处、市政府驻深圳办事处、市项目办法人任职期间的经济责任进行审计。审计查出预算外收入未纳入财政专户管理、违规收取赞助费、购置固定资产未及时入账、会计核算不规范、少量非税务发票报账等问题。市委领导在离岗考察对象的审计报告中批示：市委组织部应根据审计情况提出相应的使用意见。

2007 年，市审计局重点抓了对 12 个县（市、区）检察院检察长的经济责任审计。突出对乱摊派、乱收费，对扣押物品处置，对重大或重要资产处置、重大建设项目管理的监督检查。查处"三乱"行为 15 起，涉及金额 264 万元。市审计局向市委、市政府提交综合报告。市委领导在综合报告批示：将审计情况向市检察院党组反馈，市检察院应注意加强管理及干部队伍建设，严格遵守财经纪律。根据审计结果所反映的问题，有一名检察长被诫勉谈话，对另一名检察长任期内存在的问题，市委主要领导已批示给市纪检会作进一步调查和落实。市检察院党组召开全市检察长会议，研究部署整改工作，并印发《关于进一步加强财经管理工作的意见》。是年，在省审计厅统一组织下，市审计局对南昌铁路天河有限责任公司赣州分公司、南昌铁路天河采石有限公司于都采石场 2006 年度财务收支情况进行审计。审计发现铁路多经企业主辅经济责任关系不规范；违反《招投标法》规定；与地方有关部门包缴税费等问题。该项目被省审计厅表彰为 2007 年全省经贸审计优秀项目。

2010 年，市审计局对全市 74 名党政部门领导进行经济责任审计。根据审计结果报告，市委组织部对 10 名领导干部进行提醒谈话，其中责成 4 名同志对审计发现的问题作出书面说明。4 月，市审计局对市公共汽车公司经理 2007 年 3 月至 2010 年 3 月任职期间的经济责任情况进行审计。审计发现滞留市财政拨入省级财政石油补贴款；漏缴企业所得税；对个人签订承包合同的 27 条线路营运权，未实现招投标；尤其是与某公司的工程项目，违反双方约定合同单价，多报工程结算价款 113 万元，工程结算单价调整未经公司经理办公会讨论通过等问题。市审计局及时将案情移送给市检察部门。检察部门根据审计线索对该经理立案调查，该经理被判刑 12 年。5—6 月，市审计局对市政府驻厦门办事处主任任职期间经济责任情况进行审计。审计查出：国有资产流失，该主任利用职权私自低价转让国有资产给本人；房产租金不入账；国有企业改制不彻底；资产处置不合理；私设"小金库"，用于发放职工奖金福利；利用江源公司资产为个人抵押贷款；利用江源公司户头炒股，资金来源和去向均不明。市审计局及时以审计要情向市政府报告，市政府王平市长作出"依法审计，严肃查处"的重要批示，并派出以副市长为组长，政府办、财政局、国资委、公安局、审计局组成的核查小组，对存在的问题进行核实。通过审计，不仅帮助该机构收回多年被私吞的固定资产近 1500 万元，而且对这些固定资产的租金收入进行追缴。市政府针对存在的问题，出台了驻外办事机构管理办法。9—11 月，崇义县审计局对县委党史工作办公室主任 2005 年 1 月至 2010 年 6 月任职期间经济责任进行审计。审计查出：采取利用废弃的行政事业收款收据、税票向各单位收取编写志书、彩页宣传费赞助等未入账款 46 万元；编辑出版书籍，向财政分别申请拨款共计 26 万元，单位账内未列收入；事业经费挤占挪用专项资金；固定资产账实不符；会计核算及报账手续不合规等问题。县审计局提出除收缴违纪款项外，并将案情移送县纪律检查委员会，县纪检核实情况后，该主任被免职处理。

专项资金审计及审计调查　1991—2010 年，赣州市审计局组织力量，对 2855 个专项资金项目进行审计及审计调查。共查出违规问题金额 89453 万元；应上缴财政金额 7208 万元，应减少财政补贴金额 592 万元，应归还原资金渠道金额 18331 万元；移送司法纪检部门案件 94 起，涉案人员 48 人。其中：

1991 年 4—5 月，全区 18 个县（市）审计局对本县（市）1990、1991 年度水利资金（含水保资金）的计划、分配、拨付、配套、管理、使用、效益情况进行专项审计。审计了 41 个地、县水利资金主管部门、367 个项目，占水利工程项目 63.2%，审计水利资金 3626 万元，占水利资金总额的 70.80%。查出违纪违规金额 119 万元，呆滞未用资金 74 万元。审计查出：个别小型项目出现年年建、年年修甚至年年毁；施工项目安排过多，资金使用过于分散；挤占挪用现象时有发生；财务制度不健全等问题。查出一名乡水技员擅自用白条收取施工指导费、管理费、设计费等，涉嫌贪污，并长期挪用水利资金。地区审计局向行署提交的综合报告，经行署领导批示，在行署内部刊物《情况与研究》上进行全文刊登。

是年 6—7 月，地区审计局对全区 14 个县 1991 年度老建扶贫资金进行专项审计。审计查出：发展资金和扶贫物资不能及时到位；挤占挪用资金现象时有发生；扶贫物资分配，未能做到"三公开""一监督"；有偿扶贫项目效益差；财务管理制度不健全，无验收人签字和领导审批的发票也予报销，基建工程项目报账未附工程决算单、验收单，白条报账现象普遍存在。宁都县老建办的会计，利用财务制度不健全的漏洞，套取现金达 4 年之久进行贪污等。地区审计局提出整改建议，地委《内部通讯》全文转载审计综合报告。

是年 8 月，地区审计局会同瑞金县审计局，对瑞金县"四放开"商业企业进行审计调查，重点调查零售柜组大包干新的经营方式。审计表明：柜组大包干试行半年多来，实现国家多收，企业增盈，职工多得。副食品公司零售柜组 1 至 7 月份已有上缴国家税金，在承担各种费用后，仍有上缴公司利润；五交化公司在原经营网点全面亏损的情况下 4 至 7 月零售柜组也有上缴国家税金及上缴公司利润。实现了企业经营机制的转换，极大地调动了职工的积极性，真正实现了分配放开。"四放开"的难点是用工、分配的放开，实行柜组大包干后，在分配上彻底打破"大锅饭"，破除"铁工资、铁饭碗"，充分体现了多劳多得，少劳少得，不劳动者不得食的分配原则，据对两公司调查了解，职工收入高者可拿到原工资的 5 倍，一般也能拿到原工资的 3 倍；搞活了企业经营，遏制住了零售环节增亏势头。但也存在管理措施未及时跟上，国有资产的保值和增值缺乏保障，经济监督方式亟待改进等问题。地区审计局提出在全区小型商业供销企业推行柜组大包干，加强柜组的财务管理和会计核算等建议，向行署提交专题报告。行署专员刘祖三、副专员韩景昌均对报告作出批示：地区审计局和瑞金审计局为商业供销的改革找到了一条新途径，建议国营商业可总结推广瑞金零售柜组包干的做法并逐步完善；此报告可用行办的文件印发给各县市及地直有关部门。自此柜组大包干在全区逐步推广。这次审计调查是审计发挥建设性功能，促进地方改革和经济发展的成功案例。《中国审计》《江西日报》《江西审计》先后以"柳暗花明又一村"为题，刊登了调查报告；该文获得赣州地区 1992—1993 年度社会科学成果二等奖。《赣南社会科学》刊登了该项目主审的研究论文，并被中国人民大学书报资料中心复印报刊资料列入索引。

1993 年，地区审计局对地区林业工业公司进行财务收支审计。审计发现：1992 年供销费用报表中有 14 万元的利息收入，可是该科银行存款每月余额不过 30 余万元，不可能有此高额利息收入，审计组对此作进一步检查，不仅发现账务处理错误，还发现其他账账、账表严重不符，1992 年 1—12 月有虚增供销费用支出情况，会计、出纳有贪污嫌疑，继而审计人员继续对长达 10 年会计、出纳经手的会计资料、账目进行检查。终于查实该公司供销部门的会计和出纳相互勾结，采用收支不入账、虚列支出等手段合伙贪污公款，作案时间达 10 年之久，作案 300 余次。此案移送司法机关进行了处理。地区审计局对这个重大案件写出专题报告，并在新闻媒体上给予曝光。《赣南日报》以"赣南审计第一案"为标题，报道了案件的查处始末，在社会上引起较大反响。

1994 年 6—9 月，地区审计局对全区 1993 至 1994 年 5 月果业开发资金的投入、管理、使用和项目管理等情况进行审计调查。审计查出：资金投入缺口大、到位难，全区 1994 年开发任务为 60 万亩，按每亩 150 元启动资金计算，约需投入资金 9000 万元，再加上水利灌溉配套设施建设和原有果园的抚育，资金需求量更大，资金紧缺已成为果业开发工程的"瓶颈"因素；资金管理分散，监督不力，有的部门擅自截留、挪用专项资金，某县农经委挪用农发基金建房、购车；项目管理亟待加强；苗木管理不严；服务体系功能不强。审计建议：广开渠道，增加投入；完善资金管理制度；加强项目管理，坚持标准，保证质量；加大执法力度，确保果苗专营专育；强化服务体系建设等。地区审计局向行署提交的综合报告，行署领导批示在"情况与研究"上全文刊登。

是年 10 月，地区审计局组织全区审计机关对各县（市）1993 年和 1994 年 1—9 月份的救灾款物的接受、分配、使用等情况进行专项审计。审计查出：挤占挪用救灾款项，有 7 个民政部门和 5 个用款单位，挪用救灾款建民政福利大楼，支付农村养老保险会议费、印刷费、开办费；有 9 个乡镇挪用救灾款搞圩镇路面和兴办乡镇企业启动资金、民兵训练；部分救灾款物未及时到位；有些救灾款物发放不尽合理，有的村干部私分救济粮；有的县、乡忽视分散"全倒户"的重建家园工作；民政基础工作比较薄弱，物资财务管理混乱等。地区审计局向行署提交的综合报告，行署地委书记刘培均作出批示：纪检、监察部门对挪用救灾款物的行为要严肃查处。

1997 年，为进一步加大审计监督的力度，维护政府和审计部门的权威，地区审计局开展对上年行署批转的《对全区 1995 年度种子公司专项审计综合报告》贯彻落实情况的跟踪问效审计。通过对 5 个县（市）17 个单位的审计调查，绝大多数县（市）对行署文件提出的要求，进行了贯彻落实，提出整改措施，取得一定的效果。但个别县（市）对存在的问题未引起足够的重视，整改的力度和深度不够，审计仍查出违纪违规金额 323 万元。存在的主要问题：种子公司超规定擅自加价销售种子，损害农民的利益；个别种子公司从非正规渠道购进种子，存在"三证不全"等问题。对存在问题审计局依照有关财政法规进行了严肃处理，向行署提交的综合报告被行署批转并在《赣南信息》上进行专题通报。

1998 年 2—4 月，地区审计局按照省审计厅授权，组织全区 16 个县（市）审计机关，分别对 1997 年度国家造林、红壤开发、森林资源发展和保护、综合妇幼卫生、贫困地区基础教育、农业综合开发、农村供水与环境卫生项目等利用世行贷款 7 个项目的资金使用、物资管理和项目实施建设效果等情况，进行专项审计或审计调查；并参与省审计厅对本区 5 个县 1996、1997 年度利用国际农发基金的管理使用、执行效果等情况的专项审计。审计发现重引进、轻管理，重数量、轻质量，还贷压力较大；财务管理监督不力等问题。地区审计局向行署提交的综合报告，提出整改建议。行署批转了审计报告，还专门召开分管县市长会议，行署副专员叶玉忠在会上通报审计情况，提出改进和强化管理的意见，并要求县市长和业务主管部门当场表态落实审计建议。是年，宁都县审计局对 79 个基建项目进行决算审计，核减工程造价 743 万元。其中对县重点工程——水口塔维修工程的决算审计，核减工程决算造价 78 万元，核减率达 41%。县长赖启华在审计报告上作出批示：审计之重要，审计之功绩可见一斑。《赣南日报》和《江西审计与财务》对此均作出专题报道。

1999 年 7—8 月，根据审计署统一布置，市审计局对赣县等 8 个国定贫困县 1997、1998 年扶贫资金进行专项审计。审计查出：挤占挪用严重，乱收费屡禁不止，查出小金库 8 个。对存在问题市审计局依法进行审计处理，向赣县、兴国县、于都县、会昌县人民政府下达关于督促执行审计决定的通知；并向市政府提交综合报告。9 月 11 日，市政府召开 11 个县政府主要领导、计委、老建部门负责人参加的审计情况通报及整改会议。市长王昭悠在会议上要求各县（市）政府领导，要抱着对党和人民负责的态度，管好用好扶贫资金，对存在问题较多的县，给予了严厉批评，强调各县政府要迅速整改，并指出由市计委、老建办监督执行，落实审计决定。市老建办在分配下年扶贫资金时，要参考审计的建议，对扶贫资金使用管理较好的县（市）给予增加资金的奖励，较差的给予扣减资金的惩罚。

2003 年 4—7 月，根据审计署统一部署，市审计局组织对县（市、区）2000 年至 2002 年扶贫专项资金进行审计。省审计厅直接审计市本级和兴国县。市审计局直接审计宁都县、于都县、会昌县、安远县、寻乌县、赣县、上犹县等 7 个国定贫困县和扶贫资金较多的南康市、瑞金市，其余县由同级审计局审计。审计查出违纪违规金额 65434 万元：挤占挪用扶贫资金 3365 万元；以工代赈资金利息收入或项目收益未按规定滚存使用，而用于弥补行政经费不足共计 51 万元；违规收取项目管理费、工程咨询费计 328 万元；查出 4 套账外账，金额 491 万元；部分县（市）滞留项目资金；大部分县（市）以工代赈资金未专户储存；以工代赈办均存在现金支付项目资金或将资金汇入项目单位相关人员个人账户的现象，数额高达 903 万元；挤占发展资金和基金共计 78 万元；套取、截留发展资金、基金和扶贫贷款贴息等 82 万元；乱收费现象仍然存在；配套资金普遍未到位；有的县扶贫办多头开户，大额现金支付；有的乡镇项目资金管理混乱，有大量白条报账；多申报扶贫利息补贴 116 万元；项目单位改变扶贫贴息贷款用途等。对存在问题市审计局依法作出审计处理，并向省审计厅和市政府提交综合报告。市审计局被评为扶贫资金审计先进单位，受到省审计厅表彰。

是年 5—7 月，市审计局组织对全市 2001 年至 2003 年农业综合开发资金进行审计。重点审计寻乌县等 12 个农业综合开发县（市、区）和市本级的农业综合开发办公室、财政部门，部分项目单位。抽查 273 个具体项目，占计划项目数的 30.33%；审计查出违规金额 8944 万元，占计划资金的 43.15%，促进归还原资金渠道 2839 万元；挤占挪用现象普遍，金额达 2839 万元，占年计划数的 13.7%，占可用资金 13082 万元的 21.7%；违规实行有偿使用；滞留项目资金；配套资金未到位；虚假配套；项目管理不规范，风险较大；部分项目资料及预决算不真实，虚列工程款普遍；有的项目资金挪用到农发办等机关及机关干部个人的果园，引起群众强烈不满；财务管理差；有些资金使用效益差等。对存在问题市审计局提出规范资金管理的具体建议，即："加强对农业综合开发等类似财政资金投放对象政策的调查研究。区分党政机关或干部响应党政号召，享受财政资金，兴办果园和与民争利、以权谋私的界限；实行'阳光政策'，所有农业开发的项目，包括机关或机关干部的项目都要公示等。"并向市委、市政府提交综合报告；还以"赣州市农发资金违规金额大、风险大"为题，向市主要领导提交审计要情。市委、市政府领导专门听取审计情况汇报，并召开县（市）主要领导和分管县（市）长及有关主管部门领导会议，采纳审计建议部署整改；出台《关于在果业开发中切实维护农民利益，规范山地流转的通知》，要求对果业开发中干部与民争利的问题进行自查自纠。机关干部参与果业开发要严格做到"六不准"。该项目被省审计厅评为优秀审计项目。

是年 6 月，会昌县审计局对全县乡（镇）2003 年 12 月底前"私贷公用"情况进行专项审计调查。审计查明，截至 2003 年底全县 19 个乡（镇），除清溪乡外，均存在"私贷公用"现象，涉及金额 290 笔累计 753 万元，其中：向农村信用社贷款 358 万元，向农行贷款 61 万元，向农村合作基金会贷款 17 万元，向工行公积金贷款 2 万元，向个人（涉及借款的达 247 人）借入 315 万元。所借资金用途：用于垫缴完成财政收入占 52.34%；用于发放乡（镇）机关干部工资、教师工资、弥补机关经费等占 26.12%；用于扶持产业占 11.02%；用于基础建设等支出占 10.52%。"私贷公用"主要是乡镇无资金来源造成久未还贷所致，致使银行部门无奈之下将乡镇干部告上法庭。乡镇债务已影响政府、干部形象，影响农村工作正常运转。审计情况上报后，省政府领导作出批示，并专门派出调查组到会昌县调查。9 月，县财政局根据审计情况向县政府呈送《会昌县乡镇政府"私贷公用"债务化解办法》，提出 5 条措施化解乡镇"私贷公用"债务。

2005 年 5—8 月，市审计局对全市 19 个县（市、区）2002 年至 2004 年退耕还林专项资金进行审计。审计 19 个县（市、区）45 个政府主管部门、179 个乡镇和项目实施单位，调查 666 户农户，审计全市中央财政退耕还林资金总额 24014 万元，审计查出违纪违规金额 11173 万元，占退耕还林资金总额 46.53%；应缴、已缴财政金额 671 万元，促进资金到位 497 万元，查出经济案件 9 起，涉及金额 310 万元，其中移送 3 起（私分 33 万元案件 1 起），建议查处 6 起。瑞金市原林业局局长和一名副局长被追究刑事责任，原粮食局局长免去局长职务。查出经济案件和上缴市财政金额是历年专项审计最多的一次。审计查出：（一）退耕农户权益方面：违规且过多收取荒山代造款；生活补助费变为"管护费"，全市生活补助费实际发放给退耕农户为 614 万元，仅占中央财政拨付资金的 35.4%，有 10 多万户退耕农户未享受，涉及资金 1121 万元；乱收费、乱扣款；钱粮补助被代签代领，有些退耕农户得不到；擅自销售省储陈粮，获取财政高价补贴；退耕地丈量后多出数千亩土地，而原耕地主人未得分文补贴；有的村干部无偿获得耕地退耕还林；未完全征得退耕户同意就承包给大户；林业部门部分干部职工"近水楼台先得月"，有的县 3 万亩荒山造林，主要由林业系统单位及个人承包，共计获取荒山代造款占全县实际付款的 92.04%；部分退耕还林合同和山地流转合同不真实；退耕农户所得补贴不到一成，随着国家对农业税的免征，退耕农户的利益实际为零。（二）资金拨付、使用方面：私分"价差"款，瑞金市个体粮贩与原市林业局、粮食局领导等人，通过账面虚购虚销粮食，套取退耕还林粮食补助资金；谎冒他人骗取补助资金，2004 年瑞金市武阳镇林业工作站谎冒他人荒山造林 539 亩，套取每亩 110 元的荒山造林补助资金及每亩 50 元的自购苗木款；挤占挪用严重，主要资金来源为荒山改造款；全市粮食部门违规获取粮食差价款和供应费用 640 万元；苗木采购未公开招标，超采购量、价高；违规超标发放苗木款；用老项目或者国有林场、集体耕地等套取国家退耕还林资金；全市滞留退耕还林资金 2973 万元。（三）财务管理方面：生活补助费拨至乡林管站发放问题多；退耕还林资金存款利息未转入本金；大额现金支付；公款私存及账外账；会计造假严重。（四）工程实施方面：未经批准擅自调整项目计划；弄虚作假，将非荒山列入荒山造林项目；虚报退耕地验收合格面积，套取、滞留退耕还林钱粮补助资金；重种植、轻管理，造成林木成活率低，验收合格率低。市审计局先后向市政府提交试审报告和综合报告，市委、市政府主要领导和分管领导都作出重要批示：审计查出问题严重，触目惊心，要采取措施立即纠正，严肃查处；其他县要吸取教训，自查自改；林业局、财政局要加强资金使用监督，加强退耕还林项目跟踪问效。退耕还林资金审计后，使10多万退耕农户重新得到生活补助费；使退耕农户重新享受到国家下发的上亿元的粮食补助资金。寻乌县、于都县调整并提高退耕农户15612户35266.6亩退耕地利益的分配资金103万元。该项目成为江西省第一个荣获审计署2005年度全国审计机关地方表彰的审计项目；同时荣获省审计厅2005年度全省审计机关优秀审计项目一等奖。

2007年7—9月，市审计局组织对全市2005年至2006年度农村文化建设专项资金的分配、拨付、管理情况进行审计调查。审计19个县（市、区），281个乡（镇）。2005、2006年江西省财政厅分配赣州市18个县（市、区）农村文化专项资金合计2925万元。审计查出：滞留专款；挤占、挪用专项资金，用于文化局机关有关招商引资经费、购置器材设备及乡镇政府其他经费、开展文化活动业务辅导经费、新农村建设经费、职工社保金、人员及公用支出；财务管理不规范，个别县文化局未设立专户管理，部分县市文化局存在大额现金支付现象，报账手续不规范；资金投入不足，省财政下拨专项资金除演出和放映外，缺乏文体活动资金。省财政下拨专项资金只能满足于文艺演出团、电影队的基本演出费、放映费，县文化局、乡（镇）自筹金额太大，增加了经济负担等。此次审计被省审计厅评为全省农村文化事业专项资金审计工作先进单位。

2008年，市审计局对赣州高速公路有限责任公司2007年度通行费收费管理及使用情况进行审计调查。审计发现该公司违规减免通行费；扩大成本开支范围；让售材料价差收入漏缴税费等问题。市审计局提出对路政相关规章进行修改，确保公路赔（补）偿费专项用于受损公路修复等建议。该项目被省审计厅表彰为2008年全省经贸审计优秀项目，获全国AO实例应用奖，同时被省审计厅评为AO实例应用一等奖和优秀计算机专家经验。

审计成果 赣州市各级审计机关1991—2010年共对38071个单位进行审计，查出违纪违规金额921235万元，其中上缴财政金额64245万元，移送案件411起。

表13-7-2 1991—2010年赣州市审计局审计工作成果情况

单位：万元

年度	被审计单位数量（个）	查出违纪违规金额	已上缴财政金额	移送案件（起）
1991	2120	4621	494	2
1992	1747	16394	599	1
1993	1731	4354	667	6
1994	2009	8326	1033	5
1995	1520	12490	2181	24
1996	2152	19223	2039	14
1997	2399	11232	2314	28

续表

年度	被审计单位数量（个）	查出违纪违规金额	已上缴财政金额	移送案件（起）
1998	2123	26662	1949	26
1999	2246	31219	2553	33
2000	1908	42333	3678	49
2001	1668	48287	2960	63
2002	1630	61602	2688	28
2003	1769	32896	2689	19
2004	1587	42454	4235	10
2005	1596	76261	3882	6
2006	1704	112980	4440	25
2007	1749	178374	7142	25
2008	1878	52513	4061	21
2009	2092	68524	9240	9
2010	2443	70490	5401	17
合计	38071	921235	64245	411

第八节　宜春市审计概况

机构与队伍

机构设置　1983 年 8 月 2 日，中共宜春地委决定行署设置审计局。1983 年 12 月 2 日，宜春地区审计局成立。2000 年 8 月 16 日，宜春撤地设市，宜春地区审计局改为宜春市审计局。1984 年底，宜春市所属 6 县 3 市 1 区审计局全部相继成立，全市审计机关组建工作完成。至 2010 年底，全市审计机关共有审计人员 314 人，其中：市本级 57 人，袁州区审计局 25 人，丰城市审计局 38 人，樟树市审计局 29 人，高安市审计局 34 人，靖安县审计局 23 人，奉新县审计局 22 人，上高县审计局 23 人，宜丰县审计局 22 人，万载县审计局 20 人，铜鼓县审计局 21 人。

职能与职责　1983 年 12 月 19 日，行署编委下发《宜春地区审计局职能配置、内设机构和人员编制的通知》，规定审计局的主要职责：对地直各部门和县（市）人民政府的财政收支、地区财政金融机构和企事业组织的财务收支进行审计监督，依照法律规定，独立行使审计监督权，对行署和上一级审计机关负责。

1996 年 12 月 18 日，宜署办发〔1996〕97 号文件批准宜春地区审计局三定方案，对审计局的主要职能职责进行第一次调整。

2002 年 9 月 4 日，宜春市委、市政府进行市直党政机构改革，并决定保留宜春市审计局为主管审计工作的市政府工作部门；正县级建制，审计职能作相应调整，将划出"指导和管理社会审计"的职能交给财政局，新增四项职能：1.依据《中华人民共和国审计法》《中华人民共和国预算法》的规定，审计监督市级预算执行情况和其他财政收支。2.依据《中华人民共和国中国人民银行法》《中华人民共和国商业银行法》的规定，审计监督市属国有金融机构的财务收支及其资产、负债和损益状况。3.依据《中共中央办公厅、国务院办公厅关于印发〈县级以下党政领导干部任期经济责任审计暂行规定〉和〈国有企业及国有控股企业领导人员任期经济责任审计暂行规定〉的通知》，组织和实施对市管党政领导干部和市属国有企业及国有控股企业的法定代表人的任期经济责任审计。4.审计监督社会保障资金和环境资金。

2010年6月29日，宜春市委、市政府再次进行市直党政机构改革，决定对宜春市审计局的职能职责作相应调整，取消已由市人民政府公布取消的行政审批事项；调整对社会审计机构审计业务质量的监督范围，不再核查社会审计机构对审计监督对象以外的单位出具的相关报告；加强对经济责任，关系国计民生的资源、能源、环境保护和社会保障资金、境外市属国有资产、财政资金使用效益的审计职责。规定宜春市审计局主要职责是：1.主管全市审计工作。2.制定并组织实施全市审计工作发展规划和专业领域审计工作规划及年度审计计划。3.向市长提出年度预算执行和其他财政收支情况的审计结果报告。受市政府委托向市人大常委会提出市级预算执行和其他财政收支情况的审计结果报告。4.直接审计按《审计法》规定的各项经济活动事项。

编制与职数 1983年12月19日，行署编委确定地区审计局内设5个科，核定行政人员编制24人。1985年11月16日，行署批准地区审计局增编7名，县（市）局增编41名。1986年7月16日，地区编委批准增设综合科，地区审计局的科室增至6个。1988年8月19日，地区编委、劳动人事局、审计局联合发文，增加宜春地区审计机关72个事业编制，其中地区审计局12个，县（市）审计局60个。1996年12月18日，宜春专署下发三定方案，批复地区审计局设立8个职能科室和纪检组，核定行政编制37名，事业编4名，工勤人员5名，局领导1正3副，纪检组长1名，科级干部15名（其中机关支部专职副书记1名）。2002年9月4日，市政府办下发《宜春市人民政府办公室印发宜春市审计局职能配置、内设机构和人员编制规定的通知》，核定市审计局行政编制34名，其中纪检监察编制2名，保留事业编制4名。领导职数：局长1名，副局长3名，纪检组长1名。科级职数11名，其中机关党支部专职副书记1名，监察室1名。2005年5月19日，宜春市编制委员会办公室同意增加市审计局科级职数5名。2005年8月30日，宜春市编制委员会办公室同意市审计局新设政法社保审计科。并将原经济责任审计科设为经济责任审计一科和经济责任审计二科。2006年1月14日，市委决定市审计局设置总审计师一职（副处级），负责审计工作的审核、把关。2006年10月17日，成立江西省审计干部温汤培训基地，挂靠局机关后勤服务中心管理，不定级别，不定编制，所需管理人员内部调剂。2008年10月8日，宜春市编制委员会办公室同意成立宜春市审计信息中心，为正科级事业单位（财政全额补助），核定事业编制6名，领导职数：主任1名、副主任1名。2010年6月29日，市政府办下发《宜春市人民政府办公室关于印发宜春市审计局主要职责内设机构和人员编制规定的通知》，核定行政编制44名（含纪检监察2名），工勤编制6名。其中：领导职数：局长1名，副局长3名，纪检组长1名，总审计师1名，正科级12名（含机关总支专职副书记1名，监察室主任1名），副科级5名。2010年7月5日，宜春市编制委员会办公室同意将宜春市审计信息中心更名为宜春市工程决算审计中心,更名后,其机构性质、级别、编制保持不变。

领导成员　1983年至2010年,宜春市审计局领导班子经过七次调整。

表 13-8-1　1983—2010年宜春地区审计局历届领导成员

姓名	职务	任职时间
邓若庸	党组书记、局长	1983.12—1986.04
陈志刚	党组书记、局长	1986.08—1987.09
黄全发	党组书记、局长	1987.10—1992.10
杨早生	党组书记、局长	1992.10—1999.06
郭　明	党组书记、局长	1999.06—2000.08
辛水根	党组书记、局长	2000.11—2003.11
谢会明	党组书记、局长	2003.12—

内设机构　1983年12月,经行署编委批准,宜春市审计局内设秘书科等5个科室。至2010年底,宜春市审计局内设11个职能科室,即秘书科、综合科、财政金融科、行政事业审计科、政法社保审计科、经贸审计科、农业与资源环保审计科、固定资产投资审计科、经济责任审计科、工程决算审计中心、监察室。

县（市、区）审计局　宜春市审计局所辖6县3市1区均成立审计局。其中：万载县审计局1983年4月15日成立,至2010年底,内设机构7个。历任审计局长：张素美、李忠军、邓春华；铜鼓县审计局1983年10月9日成立,至2010年底,内设机构5个。历任审计局长:张福生、邹幼观、帅新礼、聂新明、刘文生、陈段平；丰城县审计局1983年11月15日成立,1988年12月更名丰城市审计局。至2010年底,内设机构6个。历任审计局长：蔡国桢、甘霖、陈金龙、喻德华、关国清；宜丰县审计局1983年12月1日成立,至2010年底,内设机构6个。历任审计局长：周洪记、黄锡梅、姚日祥、漆蒿、王苟生；上高县审计局1983年12月成立,至2010年底,内设机构5个。历任审计局长：戈功勋、袁中发、宋少平、李年生、卢艺林、任有根；高安县审计局1984年2月成立,1993年12月更名为高安市审计局。至2010年底,内设机构8个。历任审计局长：杨广恒、孙德益、邓六根、陈小安；奉新县审计局1984年3月1日成立,至2010年底,内设机构5个。历任审计局长：邱庄云、冷光旭、周孔汉、梁四元；宜春县审计局1984年3月9日成立,1984年4月更名为宜春市审计局(宜春县与宜春市合并),2000年8月再次更名为袁州区审计局。至2010年底,内设机构7个。历任审计局长：杜南甫、周俊杰、赵细梦、钟建、易晓兰、丁青林、魏松林；清江县审计局1984年3月成立,1988年12月更名为樟树市审计局。至2010年底,内设机构6个。历任审计局长：高立湘、王仁裕、李华强、丁友才、邓燕平、聂水星；靖安县审计局1984年4月26日成立,至2010年底,内设机构5个。历任审计局长：谌志明、曾庆湘、井平、漆晓松。

审计业务选介

财政金融审计　2005年3月17—24日,根据宜春市人民政府〔2005〕001号委托书,市审计局派出审计组对宜春市经济开发区管委会2001—2004年财务收支（含基建财务）情况进行审计。审计查出：（一）创业投资公司虚列资产、虚列所有者权益10935万元。2002年9月，在无任何依据的情况下无形资产——土地使用权实收资本各虚列1000万元，2003年各虚列4000万元；2003年根据两份无效地价评估报告，虚列无形资产——土地使用权和资本公积金共5935万元。（二）截留土地出让金收入7049万元，未上缴财政纳入预算管理。2002年、2003年、2004年土地出让金收入共计7049万元，均挂在"预收账款"户上。（三）违反规定提高收费标准。管委会按工程款5%的标准，收取施工单位管理费257万元，超出标准3.5%，即多收管理费180万元。（四）核算票据不规范，白条入账金额较大。白条支付有：市九建公司土石方工程款、市政工程处工程款、上海松江规划局经费等，已结算未开税务发票的工程款2156万元。（五）违反资金管理，造成资金潜在风险。2004年7月至12月，在无借款合同的情况下，仅凭民营企业的一张借条，就将资金先后借给了深圳华纳财富、江西升升药业等14家企业，共计1415万元。（六）违反有关财务管理规定，列支干部职工移动电话费。2004年4月至8月，在管理费中共列支干部职工移动电话费49万元。（七）随意调整会计科目。将"事业结余"及"经费支出"调入"专款支出"，扩大专项工程成本，即土地开发费524万元。（八）漏缴税费和未及时上缴代扣税款。至2004年12月止，代扣税款164万元，一直挂在"其他应付款"上。支付外地施工单位工程款3069万元，未代扣防洪保安资金。（九）虚开收据。为江西储备物资管理局三七〇处，虚开32万元购买土地的收款收据。市长杨宪萍批示：审计出来的问题非常清楚，财政、开发区要对存在的问题深入调查并整改。

2010年6月7—10日，樟树市审计局对鹿江街道办事处2009年财务收支进行审计。对审计中发现的涉嫌违反财经纪律等违纪违法行为将按有关规定移送市纪委。其中审计查出：（一）漏缴税费19938元。（二）漏缴副食品价格调节基金35577元。（三）招待费支出超标32万元。（四）往来账清理不及时。暂付款44万元均为5年以上的上年结转，暂存款中也有38万元为上年结转。（五）私设小金库，滥发钱物62万元。此项目获江西省审计厅2010年度审计项目二等奖。

行政事业审计 1999年，地区审计局组织10个县（市）审计局，历时半年，对全区十一个交通部门1998年交通规费管理和使用情况进行审计。审计查出：（一）挤占挪用公路建设资金494万元。地区交通局挤占挪用300万元，地区交通工程股份有限公司挤占挪用98万元，丰城交通局挤占交通规费22万元，丰城市、高安县、上高县、万载县交通局挤占挪用省拨分成资金74万元。（二）账外设账，公款私存，私设小钱柜。账外设账资金达1500多万元，其中地区交通局和地区交通工程股份有限公司账外资金1211万元，丰城交通局300万元。地区交通局公款私存，私设小钱柜10万元。（三）隐瞒、转移公路建设资金。地区交通局将省拨补贴款39万元，分两次转入下属公司用于周转。奉新交通局将地拨油路工程补助款79万元，转入下属货物配载服务部。（四）弄虚作假，伪造账单，形成账外资产和套取现金。地区交通局用餐费发票套取现金9万元，主要用于送礼。地区交通工程股份有限公司，伪造施工材料出、入库单，形成账外资产46万元。（五）决策失误，损失浪费严重。地区交通局未进行认证和可行性分析，就从北京购买了150桶帕尔玛施工材料，价值150万元，分配给全区各县（市）使用，目前已经有4条公路因使用这种材料而毁坏，造成损失200多万元。行署专员伍自尧批示：请交通局按审计结论，迅速纠正，一定要专款专用，切实加强财务管理，强化法制意识，认真对待此事。

社会保障资金审计　2007 年 6 月 23—29 日，宜春市审计局派出审计组对万载县 2006 年度基本养老保险基金、基本医疗保险基金、失业保险基金、工伤保险基金和生育保险基金（以下简称五项基金）的筹集、管理和使用情况进行审计。审计查出:（一）基金筹集结构单一，收入反映不实。1. 基金筹集面较窄，征缴乏力。基本养老基金，应参保单位近 1000 个，职工人数 4.9 万人，实际参保单位只有 365 个，人数 1.9 万人。至 2006 年底已参保的缴费单位累计欠交基金 1943 万元。2. 财政配套资金未完全到位。万载县地方财政应弥补企业基本养老保险基金 60 万元，但至审计时止尚有 15 万元未拨付到位。（二）基金管理不够规范。1. 部分社保基金未纳入财政专户管理。（1）万载县社保局 2006 年机关事业单位养老保险基金收入 575 万元（该基金已于 2007 年 4 月底纳入财政专户），工伤保险基金收入 29 万元，生育保险基金收入 41 万元未纳入财政专户，也未实行收支两条线管理。（2）万载县医保局 2006 年财政代扣的医保基金收入 204 万元直接进入支出户，未纳入财政专户管理。2. 社保基金缴专户不及时。至 2006 年底，万载县社保局收入户尚有 193 万元，医保局收入户尚有 308 万元款项未缴存财政专户。3. 违规提取管理费。（1）万载县社保局 2006 年从基本养老保险基金中提取事业单位参保管理费 19 万元;在工伤保险基金中直接列支广告费及购挂历款 1.4 万元，合计 20.8 万元。（2）万载县医保局 2006 年在医保基金支出中列支医保局长会议费 8601 元;在医保统筹结余中支付局机关电脑维护费 17000 元，合计 25601 元。4. 收入没有如实反映。万载县社保局将 1105 万元养老保险基金收入、万载县劳动就业局将 44 万元失业保险基金收入均挂在往来账，未列入收入账。5. 财务核算基础较差。万载县社保局财务人员未及时与开户银行核对存款余额，少记收入 39 万元，多记支出 3097 元。此项目获江西省审计厅 2008 年度审计项目三等奖。

是年 6 月 20 日—7 月 10 日，根据审计署的统一部署和省审计厅的工作方案，全市审计机关对全市 2006 年度五项社会保险基金筹集、管理和使用情况进行审计。审计查出:（一）基金筹集方面:1. 筹集面较窄，参保单一。养老保险参保人数 27.3 万人，其中 25 万人为国有改制企业职工，2.3 万人为事业单位或其他经济类型人员。2. 征缴乏力，欠缴较大。养老保险至 2006 年底全市累计欠缴 23603 万元。失业保险至 2006 年底全市累计欠缴 4704 万元。工伤生育保险呈萎缩状态。3. 收支不平衡，支付压力大。袁州区 2006 年企业养老保险基金收入为 9026 万元，支出 9311 万元，红字 285 万元。丰城市 2006 年企业养老保险基金收入为 7346 万元，支出 7635 万元，红字 289 万元。宜丰县鑫龙集团等 4 家原省属企业，养老保险基金收入为 370 万元，支出 2532 万元。（二）基金管理方面:1. 基金管理不到位，未实行收支两条线管理。工伤、生育保险基金均未实行收支两条线管理，机关事业单位在同账户收支，也没有实行收支两条线管理。宜丰县、奉新县、万载县、丰城市、靖安县未纳入财政专户管理金额达 2052 万元。2. 配套资金未到位，财政拨付不及时。3. 执行制度不严格，存在挤占挪用现象。2006 年全市各社局从事业单位养老保险基金中违规提取管理费 346 万元。袁州区、万载、高安医保局共挪用 12 万元。高安市政府违规核销基金 267 万元。4. 会计核算不规范，收支未如实反映。2006 年全市养老、医疗、失业保险未做收入，造成收入不实金额 10594 万元。虚列收入和支出 369 万元。市领导批示:请市政府转发（摘其要点）审计报告，并在文中要特别强调五金的征、管、用的政策严肃性和运行的责任性。随后，市政府批转了审计综合报告。

固定资产投资审计 2012年8—10月，根据市政府《关于印发市本级重点领域、重点项目、重点资金专项检查和审计工作方案的通知》的要求，市审计局从本局和县（市、区）审计局抽调精干力量18人，组成2个重点审计组，对宜春明月立交桥，机场A线、B线三个重点项目进行为期40多天的审计。审计查出：（一）项目建设程序合规性方面：1.工程超概算。明月立交桥工程投资超概算17400万元，磷肥厂安置小区和海尔思安置小区二期工程无市政府批复，属概算外项目；机场A线项目工程建设超概算2636万元。2.未严格执行招投标制度。明月立交桥项目投资商未经公开招投标直接发包工程。越飞房地产开发有限公司将明月南路铁路立交桥以北项目直接发包给江西省宏顺建筑工程有限公司施工，合同造价5000万元；正荣房地产开发有限公司将其BT项目分为三个标段直接发包，合同造价10000万元。3.投资商违规挂靠建筑商自建工程项目。明月立交桥项目投资商越飞房地产开发公司以发包名义挂靠宜春市第八建筑工程有限公司，自建木材厂安置小区、磷肥厂安置小区，总价款3500万元；宜春辉鹏房地产开发有限公司以发包名义挂靠袁州区第四建筑工程公司和鑫业集团有限公司，自建明月立交桥海尔思路安置房、珠泉小学BT项目及市内规划二路，投资金额分别为4000万元和1000万元。（二）项目质量控制方面：1.部分路段工程质量未达到设计要求。明月立交桥道路项目检测五个标段12个点位，发现有2个标段面层平均厚度与设计厚度不符；道路路缘石尺寸，实测尺寸与路缘石长的设计要求不符；约80%的桂花树、香樟树、黄山栾树树径没达到设计要求树径。机场A线项目检测机动道8个样本点、非机动车道8个样本点、人行道5个样本点，沥青混凝土平均厚度没达到设计厚度；人行道点混凝土平均厚度没达到设计要求。机场B线项目，检测人行道6个点、机动车道4个点、非机动车道2个点，行道平均厚度没达到设计厚度。机场A线、B线施工单位对所有排水管工程均未按规范要求做闭水试验。明月山机场道路B线二标段104份路基压实度检验表，发现有9份检测表压实度在93%左右。2.施工单位对部分工程质量整改通知书没有及时整改回复。江西交通建设工程监理所对机场A线项目施工过程中发现的工程质量问题，出具了17份整改意见书，其中有8份整改意见书施工单位中冶天工建设有限公司没有及时进行整改回复，而是采取仿冒监理工程师签字的手法蒙混过关。对机场B线项目也出具了8份整改通知单，施工单位河南国基建设集团公司均未及时进行整改回复。3.部分工程档案资料手续不健全，责任不明确。机场B线项目道路二标路基部分密度试验检验表，技术负责人和试验监理工程师均未签字盖章；宜春通达路桥建设有限公司部分沥青混合料性能试验报告、钻芯法测定沥青面层压实度试验报告、目标配合比设计检验报告，均没有见证人签字盖章。（三）工程造价方面：1.明月立交桥项目合同部分条款存在交叉重复，造成多计监理费。宜春市城乡规划建设局与抚州博信公路工程监理有限公司签订的宜春市明月立交桥工程监理合同，包含了应由南昌铁路局江西地方铁路公司支付的跨铁路桥部分（投资额2200万元）监理费，造成多计监理费11万元；合同暂定监理酬金170万元，实际监理费只为118万元，多签52万元；且超付监理费47万元。2.机场A线项目部分工程现场签证把关不严，虚增工程造价16万元。3.机场A线项目个别工程签证单工程量测量误差率达71.8%，导致虚增工程造价36万元。（四）合同履行方面：1.机场A线项目降低施工单位资质等级，违规分包工程项目。中冶天工建设有限公司违规以BT协议价下浮10%的价格，将道路建设工程13650万元分包给江西中汉建设集团公司、丰城市孙渡建筑工程公司等五家公司，赚取分包工程差价 1365 万元，除江西省中汉建设集团有限公司资质等级为市政公用工程施工总承包一级外，其他分包商均未达到机场 A 线工程 BT 建设合同书中所约定的资质。2. 机场 B 线项目路基一标段监理单位，实际派驻现场监理人员与投标承诺不符。（五）执行财税政策方面：1. 明月立交桥项目欠缴土地出让金及滞纳金 64733 万元。2. 漏缴欠缴各项税费。宜春明月立交桥项目漏缴税费 1423 万元，机场 A 线项目漏缴税费 2230 万元、机场 B 线项目漏缴税费 33 万元，共计 3686 万元。（六）财务管理方面：1. 明月立交桥项目部已收超面积安置房款 1872 万元、拆迁残值收入 20 万元，均未按规定纳入工程项目成本核算，冲减投资成本。2. 滞留拆迁补偿款 139 万元。3. 机场 A 线项目工程建设成本财务核算不规范。其建设成本费用分散在多个单位核算，没有一个归集汇总的单位。4. 机场 B 线项目将工程款支付到个人账户。河南国基建设集团有限公司把收到的工程款 1558 万元支付给应某某个人账户，再由应某某支付人工费、材料款等开支，项目部没有开设银行账户。市长蒋斌批示：几个大项目的专项审计，是今年市政府的一项重点工作：1. 要充分利用本次审计成果。城建、土管、监察、财政等部门要协同审计局严格按合同办事，查找问题。2. 要不打折扣地保护政府利益，任何人、任何单位如果阻碍审计执行，坚决采取必要措施。3. 举一反三，扩大成果，适时延伸至其他项目上去，维护好宜春建设领域的经济秩序。

外资运用审计　2010 年 1—2 月，根据江西省审计厅《关于印发 2010 年政府外债总体情况审计工作方案的通知》要求，宜春市审计局派出审计组，对宜春市政府外债总体情况进行审计，并延伸审计高安市总体外债情况和市本级日元基础设施贷款项目实施情况。审计查明：宜春市自 1990 年开始，以政府名义由各级财政部门承诺债务而借入贷款实施的项目共 15 个，其中世行贷款项目 9 个、亚行贷款项目 1 个、外国政府贷款项目 5 个，分布在 9 个县（市）。至 2009 年底，全市累计签订协议使用国外贷款 1103 万个特别提款权、752 万美元和 444072 万日元，实际已提款使用 1059 万个特别提款权、636 万美元和 388347 万日元，约合 6702 万美元。累计归还贷款 671 万个特别提款权、91 万美元和 52625 万日元。至 2009 年 12 月底，全市债务余额 388 万个特别提款权、545 万美元和 335722 万日元，约合 4944 万美元。审计查出：（一）未按规定要求建立还贷准备金。市本级和九县（市、区）累计建立还贷准备金 208 万元人民币，根据财政部有关规定应建立还贷准备金 247 万美元，约合人民币 1688 万元。（二）少数项目效益不佳，至 2009 年底，各县（市）财政累计为无力还款的外债项目垫付本息 368 万美元。高安棉纺厂 1994 利用外资 17250 万日元，于 2002 年 4 月破产，高安市财政已累计垫付 89 万美元。上高县、万载县的红壤项目也由县级财政分别垫付 82 万和 132 万美元。（三）部分项目受国家政策影响，还贷压力增大。有的早期利用外资项目，贷款享受的是国家牌价，国家取消"双轨制"后，增加了用款单位的承受压力。（四）个别有能力还款项目单位拖欠贷款本息 38041 美元。丰城市 1993 年实施的粮食流通项目，实施单位国家粮食储备库于 2005 年整体划转中储粮总公司管理，虽然对方认可该债务，但 2007、2008 年未履行偿债义务，累计拖欠贷款本息合计 38041 美元。市领导批示：审计中反映的问题值得重视，提出的意见应予贯彻，并可批发此件转各地对照警示。随后，市政府办批转了审计综合报告。

企业审计　根据宜春行署指示，地区审计局组织全区审计机关对 11 户县（市）重点工业企业1998 年末资产、负债、损益和财务收支进行审计。审计查出：（一）会计报表反映失真，虚列资产，隐瞒亏损。1. 虚列资产。被审计 11 户企业，1998 年末报表反映资产总额 50199 万元，审计核实为 43135 万元，虚列资产 7064 万元，核减率为 14.1%。2. 所有者权益不实。11 户企业，1998 年末报表反映所有者权益总额 16601 万元，审计核实为 8935 万元，虚列权益 7666 万元，核减率为 46.2%。3. 亏损严重。11 户企业 1998 年末报表反映 8 户盈利，盈利总额为 176 万元，审计核实只 2 户盈利，盈利总额为 100 万元，其余均为亏损，累计亏损 7010 万元，其中 1998 年亏损 2501 万元。（二）外部环境不够宽松，企业负担重。1. 债务负担重。11 户企业负债总额 34200 万元，1998 年支付银行利息 2039 万元。2. 超额税负重。4 户交过头税，金额 238 万元。3. 人员负担重。11 户企业在职职工 6167 人，其中富余下岗职工 1255 人，占职工人数的 20.4%。4. 社会负担重。有些企业自办学校、自办医院，负担重。（三）挤占挪用公款，资产不入账。白条抵库等问题严重。11 户企业挤占挪用公款 200 万元，资产不入账 818 万元，白条抵库 200 多万元。地委书记危朝安批示：建议印发地委、行署各领导阅。审计工作十分重要，尤其在体制转轨，企业经营行为不大规范的条件下，加强审计，加强对国有企业的监督，如实反映企业经营状况更显重要。近一段时间，地区审计部门抓了几项重要工作，很有成效，建议要进一步组织力量，加大工作力度，为加快国有企业改革和发展，为深入开展党风廉政建设和反腐斗争提供有力保障。

2005 年 8 月 1—10 日，高安市审计局对高安市供销社所属的农资公司、荷岭供销社、供贸公司、石脑供销社和灰埠供销社等 5 个破产单位的破产费用的收支情况进行审计。审计查出：（一）虚报冒领差旅费及补助费。农资破产清算时，梅某某、徐某某、单某某、黄某某和伍某某等 5 人出差到湖南、湖北多报出差 65 天，多领补助 9750 元。梅某某、徐某某和单某某出差到广东等地有 9994 元出差费用有虚报冒领之嫌。梅某某、徐某某、单某某、陈某某等 6 人出差到海口，有 37046 元出差费用有虚报冒领之嫌。（二）市人民法院超标准收取诉讼费。荷岭供销社破产清算时超收取诉讼费 20425 元。灰埠供销社破产清算时超收取诉讼费 19223 元。石脑供销社破产清算时超收取诉讼费 20050 元。（三）无依据转出资金。无任何依据和手续从破产收入中 175564 元分两张凭证转入其他应付款，仅凭破产组一张便条又从其他应付款中支付现金 175564 元。（四）不合理占用资金 170000 元。清算组梅某某从海南催回款 170000 元，入市法院财务账，未缴到清算组。（五）租赁及拍卖收入未缴税费。破产清算组账面反映灰埠供销社、石脑供销社、荷岭供销社仓库租赁费 139148 元，未缴税费 30740 元。破产清算组收取门面拍卖款 150000 元，未缴税费 8250 元。（六）白条付款 424870 元。用白条支付：宿舍工程款 230000 元、破产期间招待费 72294 元、拍卖费及佣金 24000 元、其他办公用品 3001 元、退回保险公司小汽车赔偿款 10000 元、围墙工程款 30000 元、清算组餐费、烟酒款及各种办公用品款 37227 元（收款收据）（灰埠组）、正大拍卖佣金 3300 元、办公用品 18047 元（石脑组）。（七）其他问题。报销餐费手续不全，梅某某在农资公司清算组报销餐费 12688 元，较多的发票手续不全，他在荷岭清算组报销餐费 11152 元也手续不完善。部分工作组成员借追收欠款为名，行旅游之实，所花费用大。两位公务人员严重违纪违规问题移交市纪委处理。此项目获江西省审计厅 2006 年度审计项目三等奖。

2009 年 4 月 20—22 日，宜春市审计局按照宜春市政府指示精神，派出审计组对 320 国道万载至宜春一级公路江西省袁州区三阳贷款路通行费征收站（以下简称三阳站）2007 年至 2008 年通行费征收管理及财务收支情况进行就地审计。审计查出：（一）个人贪污通行费。财务科科长兼主办会计赵某某贪污公款 60 万元用于炒股，审计已移交市纪委处理。（二）坐支通行费收入。三阳站将 2007 年与 2008 年通行费收入直接存入经费账，未存入财政专户。2008 年现金收取的通行费 59 万元，只存入通行费专户 47 万元，余款 12 万元直接坐支，合计坐支通行费收入金额 25 万元。（三）无依据收费。三阳站 2007 年与 2008 年无依据收取工本费，两年合计 10 万元。（四）漏缴税费。收费站的广告租赁收入直接冲减支出，漏缴税费，未代扣代缴个人所得税。（五）内部控制薄弱，未建立健全有效的财务管理制度。报销支出审批制度，执行不严格。会计核算不合规，无正式发票列支，入账支出报账票据不合规，部分资产未入固定资产账。此项目获江西省审计厅 2009 年度审计项目二等奖。

经济责任审计 2009 年 5 月 8—9 日，受宜春市纪委、市委组织部的委托，按照《江西省党政领导干部任期经济责任审计实施办法》的要求，市审计局派出审计组对宜春市第五人民医院院长高某任职期间（2005 年 11 月至 2009 年 4 月）的经济责任履行情况进行审计。审计查出：（一）超过国家规定加价销售药品。2007 年西药加价率为 22.9%，超过国家规定 7.9%；中草药加价率 50.4%，超过国家规定 25.4%。2008 年西药加价率为 15.3%，超过国家规定 0.3%；中草药加价率 33%，超过国家规定 8%；2007—2008 年合计超过国家规定药品加价 42 万元。（二）在管理费用中支付应由个人负担的支出 9932 元。（三）未代扣代缴个人所得税。2005 年加班费、劳务费 177272 元；2006 支付体检提成费 9110 元；2008 年发放晚班费、先进表彰费、劳务费、领导班子考核奖金合计 32367 元；2009 年劳务费 143730 元等，未缴个人所得税 21033 元。市委书记谢亦森批示：市纪委、组织部，对领导干部进行经济责任审计是一项严肃的监督制度，立足识别衡量干部的重要依据。对每一份审计结果报告，都要认真阅读，对存在的问题要进行分析研究，对存在问题严重的干部决不能委以重任，对重大线索还要深查。总之，对干部的评价和任用，加强充分运用审计成果，否则审计就成了毫无意义的"无用功"。望予重视。

专项资金审计及审计调查 2006 年 6 月 5 日—7 月 18 日，宜春市审计局根据省审计厅的统一部署，派出审计组，对宜春市住房公积金管理中心 2004 至 2005 年度住房公积金归集、管理、使用情况及住房公积金制度一些重要政策的执行情况，进行专项审计调查。审计查明：至 2005 年末，宜春市住房公积金管理中心已累计归集住房公积金 61000 万元，累计支出住房公积金 11000 万元，归集余额 50000 万元。累计发放住房公积金个人贷款 46200 万元，已累计收回住房公积金个人贷款 19200 万元，2005 年末贷款余额 27000 万元。2005 年在岗职工 23.8 万人，实际缴存公积金 14.99 万人，占在岗职工的 63%。审计调查发现：（一）不同收入群体公积金缴存额畸高畸低现象突出。最高 38616 元（移动公司），最低 144 元（宜丰粮库），相差 268 倍。且高低悬殊还在继续加大。1. 缴存比例差距大。市中心执行操作比例有 8 种，最高为 20%，最低只有 2%。2. 缴交工资基数未设限。最高月缴存 13480 元，最低月缴存 120 元，相差 112 倍。3. 同一行业不同地域或同一地域不同行业存在差异。烟草系统各县市比例不同。袁州区技术监督局和市技术监督局比例也不同。4. 存在定额缴存和单边缴存现象。靖安县 2003 年、2004 年未将住房公积金的补助纳入年初预算，每月 9—20 元定额补助、定额缴存。铜鼓县 2004 年、2005 年财政补助未到位，只是个人单边缴存。（二）少缴利息。由于市建设银行电脑更换系统，2003 年 10 月至 2004 年 4 月期间，经查全市有 52 人在上述期少缴利息。（三）违规贷款 1038 万元。2003 年住房公积金中心上划时，有 4 个县挪用住房公积金 3000 多万元，到 2005 年底仍有 1038 万元。上高县 308 万元，奉新县 300 万元，靖安县 214 万元，宜丰县 216 万元。（四）个人住房贷款违规操作。1. 存在一人多贷现象。最多一户用同一房产证贷款 6 次。2. 缴存不足 6 个月贷款。上高县有 3 户公积金缴存不足 6 个月，违规贷款 9 万元。3. 夫妻同贷。万载县吴某某 2002 年 7 月贷款 4 万元，未还清其妻易某某又在当年 11 月再贷款 3 万元。（五）缴存基数未及时调整。全市有 338 个单位 11125 人自 2002 年至今未调整缴存基数。（六）公积金缴存覆盖面不广。宜丰县 83 个应缴交的行政事业单位，只有 7 个缴交。（七）个人贷款存在逾期现象。至 2006 年 7 月，全市个人贷款逾期金额 28 万元，涉及 50 人。（八）财务管理不规范。市中心购置办公楼款未实行收支两条线管理。对贷款户还款情况计算机操作不规范。此项目获江西省审计厅 2007 年度审计项目三等奖。

2008 年 10 月 13 日—11 月 6 日，宜春市审计局派出审计组对宜春市地税局 2007 年房地产开发企业税收征管进行专项审计。同时，对五洲房地产、高新能源、正荣房地产、博能房地产、立豪房地产、华东房地产、诚星实业、茂龙置业等八家房地产开发企业截至 2007 年底的税收申报、缴纳情况进行延伸审计。此次审计，通过应用 AO 进行数据分析和分类抽样，取得较好效果。其中审计查出：（一）五家房地产企业欠缴、漏缴税收 2242 万元。1. 销售、出租不动产应缴未缴税款 1618 万元。2. 建安白条预付工程款应缴未缴税款 624 万元。（二）欠缴各种规费 324 万元。如防洪保安资金、副食品价格调节基金、人防易地建设费、市政建设配套费、城市绿化费、土地出让金等。（三）存在其他不缴或者少缴财政收入的行为。此项目获江西省审计厅 2009 年度审计项目一等奖。

审计成果　宜春市各级审计机关 1991—2010 年共对 29574 个单位进行各项审计，查出违纪违规金额 331016 万元，其中应上缴财政金额 44344 万元，已上缴财政金额 43955 万元，移送司法机关处理线索 109 起，建议采取行政处分措施 94 人次。

表 13-8-2　1991—2010 年宜春市审计机关审计工作成果情况

单位：万元

年度	被审计单位数量（个）	查出违纪违规金额	应上缴财政金额	已上缴财政金额	移送司法机关处理（起）	建议给予行政处分（人）
1991	2887	3424	549	543	9	
1992	1627	3648	496	510	5	
1993	1793	4632	645	638		
1994	1959	4934	721	723	6	
1995	1549	4456	869	858		
1996	1693	7502	830	828	1	
1997	2142	9867	886	883	5	12
1998	1253	14917	703	692		

续表

年度	被审计单位数量（个）	查出违纪违规金额	应上缴财政金额	已上缴财政金额	移送司法机关处理（起）	建议给予行政处分（人）
1999	1542	15139	1054	977	7	8
2000	1248	16973	1178	1129	11	
2001	1232	19834	2212	2126	10	
2002	1046	26651	1951	1964	13	
2003	1235	7407	1516	1488	12	15
2004	1157	21530	2890	2782	11	5
2005	1019	28732	2545	2321	5	
2006	1396	40512	2850	2850	2	
2007	1478	19700	4555	4749	2	9
2008	1160	51944	4323	4323	2	4
2009	1050	19401	5864	5864	7	
2010	1090	9813	7707	7707	1	20
合计	29574	331016	44344	43955	109	94

第九节 上饶市审计概况

机构与队伍

机构设置 1983年12月，上饶地委、行署根据省委、省政府的安排，开始组建审计局。1984年1月20日，上饶地区审计局挂牌成立。1984年3月2日，上饶地委、上饶行署印发《关于切实抓紧组建审计机关的通知》，开始在全区组建审计局。至当年6月，上饶地区审计局所辖10县1市1区审计机关全部建立，全市审计机关组建工作完成。2000年，上饶地区撤地改市，是年10月18日，上饶地区审计局更名为上饶市审计局。截至2010年，全市审计机关共有审计人员249人，其中：地区局53人，信州区17人，上饶县16人，广丰县18人，玉山县16人，铅山县15人，横峰县13人，弋阳县18人，余干县18人，波阳县23人，万年县16人，德兴市12人，婺源县14人。

职能与职责 1985年8月29日，国务院发布《关于审计工作的暂行规定》。1988年11月30日，国务院发布《中华人民共和国审计条例》。上饶地区各级审计机关，根据国务院发布的《暂行规定》和《审计条例》，践行自己的审计职能。1994年8月31日，国务院颁发《中华人民共和国审计法》。全区审计机关按照《审计法》的要求履行审计监督职责：对本级各部门（含直属单位）和下级政府预算的执行情况和决算，以及预算外资金的管理和使用情况；国有金融机构的资产、负债、损益；国家的事业组织的财务收支平衡；国有企业的资产、负债、损益；国家建设项目预算的执行情况和决算；政府部门管理的和社会团体受政府委托管理的社会保障基金、社会捐赠资金以及其他有关基金、资金的财务收支、国际组织和外国政府援助、贷款项目的财务收支等；其他法律、行政法规规定应当由审计机关进行审计的事项进行审计监督及全区地、县、市审计机关分别在专员、县、市长和上一级审计机关的领导下，对本级预算执行情况进行审计监督，并向本级人民政府和上一级审计机关提出审计结果报告。县、市人民政府每年向本级人民代表大会常务委员会提出审计机关对预算执行和其他财政收支的审计工作报告。同时，审计机关有权对与国家财政收支有关的特定事项向有关部门、单位进行专项调查，并向本级人民政府和上一级审计机关报告调查结果。审计机关的权限主要是：（一）审计机关有权要求被审计单位按照规定报送与财政、财务收支有关的资料；（二）审计机关有权检查与财政、财务收支有关的资料和资产；（三）审计机关有权就审计事项的有关问题向有关单位和个人进行调查，并取得有关证明材料；（四）审计机关有权制止被审计单位正在进行的违反国家规定的财政收支、财务收支行为，制止无效的，经县级以上审计机关负责人批准，通知财政部门和有关主管部门暂停拨付与违反国家规定的财政收支、财务收支行为直接有关的款项，已经拨付的，暂停使用；（五）审计机关对被审计单位拒绝或者拖延提供与审计事项有关的资料的，或者拒绝、阻碍检查的，有权责令改正，可以通报批评，给予警告；拒不改正的，依法追究责任；（六）审计机关发现被审计单位转移、隐匿、篡改、毁弃与财政、财务收支有关资料的，有权予以制止；（七）审计机关发现被审计单位转移、隐匿违法取得的资产的，有权予以制止，或者申请法院采取保全措施；（八）审计机关对本级各部门（含直属单位）和下级政府违反预算的行为或者其他违反国家规定的财政收支行为，在法定职权范围内，依照法律、行政法规的规定作出处理；（九）审计机关对被审计单位违反国家规定的财务收支行为，在法定职权范围内，依照法律、行政法规的规定，责令限期缴纳应当上缴的收入，限期退还违法所得，限期退还被侵占的国有资产，以及采取其他纠正措施，并可给予处罚；（十）审计机关对有违反《审计法》规定、违反国家财政、财务收支行为的被审计单位、负有直接责任的主管人员和其他直接责任人员，依法应当给予行政处分的，有权提出给予行政处分的建议。

编制与职数 自1983年9月全区各级审计机关相继成立起，其人员编制由各地在编制总数内统筹安排。成立之初，地、县（市）核定审计员编制120人，其中：上饶地区审计局定编15人。1985年10月、1986年4月，省编委、省审计局、省财政厅两次联合下文，增加上饶地区审计机关编制63人；1988年，省编委、省劳动厅、省财政厅、省审计局联合下文，增加全区审计机关事业编制56人。到1988年，全区审计机关核定编制239人，其中局本级33人，上饶市审计局20人，上饶县审计局17人，广丰县审计局18人，玉山县审计局14人，铅山县审计局15人，横峰县审计局16人，弋阳县审计局17人，余干县审计局19人，波阳县审计局23人，万年县审计局17人，德兴县审计局15人，婺源县审计局15人。1990年10月，行署召开机构编制工作会议，传达省机构编制工作会议精神，部署清理整顿机构编制工作，按编制的10%核减人员编制，各地审计机关编制有的被减少。1992年后，各地人员有所增加。截至1997年底，全区审计机关定编227人，其中行政编制201人，事业编制26人，实有人数237人。1998年2月，为进一步加强对审计人员在执法中的管理和监督，加强党风廉政建设，上饶地区审计局党组研究决定在内设机构中增设监察室。是年3月，经上饶地区编委批准，成立上饶地区审计专业培训中心，为局下属正科级单位，自收自支，人员在局内部调剂。1999 年 7 月，经上饶地区编委核定培训中心自收自支事业编制 15 名。2000 年 2 月，又增加 7 名。原上饶地区审计师事务所的所有资产、债权、债务、人员全部移交上饶地区审计专业培训中心。2003 年 1 月 10 日，经市政府批准，市局印发《上饶市审计局职能配置、内设机构和人员编制规定》。3 月 20 日，根据市政府《关于印发上饶市审计局职能配置内设机构人员编制规定的通知》，市局研究拟定《上饶市审计局机构改革人员定岗定位工作实施方案》。7 月 2 日，为进一步规范经济责任审计工作，推动全市经济责任审计工作的深入开展，市局正式设立经济责任审计科，配备财政拨款事业编制 10 名，其中增配专项编制 3 名，科级职数 2 名。2010 年 5 月 20 日，经市政府批准，上饶市审计局行政编制 27 名（含纪检监察编制 2 名），机关后勤事业编制 2 名，领导职数：局长 1 名、副局长 4 名、纪检组长 1 名、总审计师 1 名、科级职数 15 名。

　　领导成员　1983 年至 2010 年，上饶市审计局领导班子经过六次调整。

表 13-9-1　1983—2010 年上饶市审计局历届领导成员

姓名	职务	任职时间
李怡祥	副局长（主持工作至 1988 年）	1983.12—1990.09
万锡卿	党组书记、局长	1988.11—1991.09
华炳朝	党组书记、局长	1991.09—1997.06
贺子寿	党组书记、局长	1997.11—2002.07
管群良	党组书记、局长	2002.07—2006.11
何　丰	党组书记	2006.11—2007.01
	局长	2007.01—

　　内设机构　1983 年 12 月，上饶地区审计局内设人事秘书科等 4 个科室。至 2010 年底，上饶市审计局内设 8 个职能科室：即办公室、法规科、财政与金融审计科、行政事业与社会保障审计科、农业与资源环保审计科、固定资产投资审计科、经贸审计科、经济责任审计科。纪检组（监察室）为市纪委（监察局）的派驻机构。3 个下属事业单位：上饶市经济责任审计中心、市审计局信息中心、市审计局基本建设审计中心。

　　县（市、区）审计局　上饶市审计局所辖 10 县 1 市 1 区均成立审计局。其中：鄱阳县审计局 1983 年 9 月成立，至 2010 年底，内设机构 6 个。历任审计局长：张天福、吴清晓、陈崇让、胡群华、黄金臣；弋阳县审计局 1983 年 9 月成立，至 2010 年底，内设机构 3 个。历任审计局长：万绍慈、华炳朝、方火保、汪艺生、李长水、叶爱花；德兴市审计局 1983 年 11 月成立，至 2010 年底，内设机构 3 个。历任审计局长：祝晋祥、何文奎、高良来、余霞；婺源县审计局 1983 年 11 月成立，至 2010 年底，内设机构 3 个。历任审计局长：李汉庚、邹金娣、余荣泉；余干县审计局 1984 年 1 月成立，至 2010 年底，内设机构 4 个。历任审计局长：江昆山、高丁山、孙玉成、舒清华、张韶文；广丰县审计局 1984 年 4 月成立，至 2010 年底，内设机构 4 个。历任审计局长：俞保生、李齐河、周永海；玉山县审计局 1984 年 4 月成立，至 2010 年底，内设机构 4 个。历任审计局长：刘祥烨、冯延金、陈诗兴、吴植森、李平、魏晓彪；铅山县审计局 1984 年 4 月成立，至 2010 年底，内设机构5个。历任审计局长：潘行远、姜金源、潘衍远、周明田、徐增姊、张建成；万年县审计局1984年4月成立，至2010年底，内设机构5个。历任审计局长：王云学、徐金仙；横峰县审计局1984年5月成立，至2010年底，内设机构3个。历任审计局长：徐火兴、陆汉忠、李梅年、常玉来、黄华、朱林树、朱自勇；上饶县审计局1984年5月成立，至2010年底，内设机构3个。历任审计局长：李文田、温谟龙、王辉良、乐正林、杨佳发；信州区审计局1984年6月成立，至2010年底，内设机构3个。历任审计局长：杨祖溪、姚子敏、吕晓萍、陈杰。

审计业务选介

财政金融审计 1988年4月，上饶地区审计局对中国银行上饶支行1987年度财务收支进行审计。审计查出：超规定跨期多提应付未付利息一次摊入成本，减少1987年度利润；固定资产变价收入挂在暂收款账上，漏交能源交通重点建设基金；将侨汇手续费收入挂暂收款账，年终将其余额转作业务宣传费使用；超标准发放职工取暖费，以及违反控购规定购置固定资产，未按规定提取固定资产折旧等问题。查出有问题资金上缴财政金额19万元，其余有问题资金责成自行按制度规定纠正。该审计项目被评为全省优秀审计项目三等奖。

1992年5月，上饶地区审计局组织各县（市）审计局对当地金融保险机构1991年度的财务收支进行就地审计，并对其真实性、合法性和合规性进行评价。审计查出：违纪违规金额650万元，上缴中央和地方财政金额153万元，调账增加利润165万元。同时，提出改进意见和建议98条，要求其认真执行《会计法》和《国营金融保险企业成本管理实施细则》，加强财务管理，加强内部审计工作，完善内部控制制度，正确执行金融规章制度和国家统一的财经法规，按政策吸收存款，有效利用社会闲散资金，支持生产建设，严格控制基本建设支出，严格按规章制度办事等。是年6月，根据赣审财字〔1992〕4号文件要求，地区各地、县（市）审计局分别对全区工商银行系统1991年度和1992年第一季度流动资金贷款的发放和使用情况进行专项审计。共投入审计人员34人。审计查明：工商银行执行信贷计划没有突破上级行下达的规模指标。在执行信贷政策方面，坚持"区别对待，扶优限劣"的原则，在"优化增量，盘活存量"上下功夫，把百分之八十至九十的贷款投放到大中型企业，形成以国营大中型企业为主体的投入格局，对某些不景气的企业，银行在贷款时，既注意政策性，又掌握灵活性，在不突破总指标的前提下，为企业排忧解难。如横峰县毛巾厂连续两年亏损，县工行帮助企业搞好市场调查，完善管理机制，为该厂贷款135万元，科技开发贷款40万元，使该厂当年完成产值588万元，销售收入590万元，实现利税11万元，扭亏为盈。在内部管理和控制制度方面，大部分银行能严格执行"行长、股（科）长、信贷员"三级审批手续，贷款项目实行贷前调查，贷时审查，贷后检查的"三查"制度，确保投资出效益，贷款能及时收回。这次共审计贷款4554笔，贷款总金额132090万元，查出违规贷款203笔，金额4911万元，多收利息15万元，有问题资金贷款24159万元。通过"先查银行内部，后追踪企业，再返回银行核对"的审计方法，发现信贷资金投放及执行利率方面存在的主要问题：（一）不合理贷款和挤占挪用情况严重，在132090万元的贷款中，各种不合理贷款计24159万元，占贷款总数的18.3%。其中：逾期贷款8636万元，风险贷款1832万元，呆账贷款147万元，被挤占挪用贷款高达13542万元（主要是企业亏损占用）。（二）违规发放贷款4895万元，主要表现在以贷还贷和以贷收息，余干县工商银行1991年用新贷款收回旧贷款147笔，计4241万元；以贷收息27笔，计90万元。（三）部分贷款手续不全，玉山县工商银行未坚持三级审批制度的贷款112笔，金额达415万元。（四）对贷款的检查监督不够，催收不力。（五）违反利率政策，多收利息。在国家调低利率后，有些工行仍按原来利率计收贷款利息。审计建议：要坚决贯彻落实"控制总量，调整结构，保证重点，压缩一般，适时调节，提高效益"的信贷方针；要保证银行发放贷款的自主权；要进一步完善银行贷款"三批""三查"制度；要严格执行信贷利率政策和结息规定。此审计项目获全省金融审计优胜奖。

1993年4月8日，上饶地区审计局根据审计署《关于做好1993年财政审计监督工作的通知》精神，分别对上饶县、弋阳县、铅山县、余干县等4县1992年度财政决算进行审计。4个县除弋阳县财政是递增包干上缴县外，上饶县、余干县、铅山县3县均为定额补助县。审计查出违纪违规金额2032万元。其中少缴中央财政收入22万元，隐匿、转移财政收入和违规退库632万元，虚列支出和转移财政资金1613万元，侵占、挪用财政资金300万元，其他违纪68万元。审计后，增加当年财政收入1170万元，促进增收节支1548万元。结合审计情况提出强化征收管理，依法治税；强化预算概念，严格按预算办事；加强财政收支管理，加强宏观指导；加强财税法规学习等方面的意见和建议。是年，该审计项目获1993年度全省财政决算审计优胜奖。

1994年，地区审计局根据江西省审计局《关于做好1994年财政审计监督工作的通知》精神，分别对德兴市、婺源县、玉山县、横峰县等4县（市）1993年度财政收支决算及4县（市）财政执行财经纪律情况进行审计。审计查明：4县（市）1993年财政收入均完成和超额完成地区下达的任务，实现收支平衡，略有结余。审计查出违纪违规金额868万元；隐瞒转移财政收入15万元；截留中央"两金"收入89万元；虚列财政支出，转移财政资金301万元；财税部门侵占乡镇财政资金63万元；违反粮食补贴及农业税政策，粮贴及农业税减免未拨到位195万元。此外，部分县（市）对基层单位税收及专项收入存在以缓代免61万元。通过处理、调整账目，促进增收节支747万元，处以上缴和罚款金额122万元。审计为推动县（市）财政进一步理顺分配机制，落实财税改革措施，发挥了积极作用。该审计项目获全省财政审计优胜奖。

是年，根据江西省审计局《关于做好1994年金融审计监督工作的通知》（赣审财字〔1994〕2号），全地区各级审计机关对地区所属各金融机构1993年度财务收支进行审计，同时并对全上饶地区工商银行固定资产情况进行专项审计。在对各金融机构的财务收支审计中，审计查出：各类违纪违规资金691万元：隐瞒截留收入10万元，地区工行将一部分利息收入及省拨网点资金共收入54万元，地区建行收入15万元，横峰县行收入40万元列入账外核算；虚列支出86万元；乱挤乱摊成本费用332万元；其他违纪违规资金132万元。余干县建行将36万元建房款冲减上级拨入的营运资金，地区建行营业部将30万元基建款冲销固定基金。在工商银行固定资产专项审计中，查出违纪违规资金475万元，在成本中列支固定资产费用。对存在的违纪违规资金，审计局根据有关财经法规作出处理，其中应上缴财政63万元，调账处理增加利润3万元。该审计项目获全省1994年度金融审计优胜奖。

行政事业审计　1996年，根据江西省审计厅《关于开展公、检、法机关财务收支审计的紧急通知》，地区审计局成立公、检、法专项审计领导小组，抽调全区审计机关审计骨干94人，采取"上审下"方式，对全区12个县（市）的36个公检法机关及10个基层派出所、法庭、检察室的1995年至1996年10月份财务收支进行重点审计。审计查出：截留、坐支、挤占、挪用罚没款收入；随意提高收费标准，增开收支口子；向单位、个人摊派、拉赞助；隐瞒收入和私设"小金库"；漏缴国家税收等，共查出违纪违规金额2242万元，依照财经法规分别作出处理，并提出6条改进意见。此项审计成果名列全省第一，在1997年初全省审计工作会议上，受到省审计厅领导表扬。

2009年4月，上饶市审计局在对上饶师范学院2007—2008年财务审计中发现上饶师范学院计财处预算外收入应缴未缴财政巨额资金去向不明的重大案件线索，5月上旬将此案件线索移送上饶市检察机关，8月计财处相关责任人被上饶市纪检监察机关追究行政管理责任。同时，审计查出上饶师范学院：（一）违规多头开设账户、设置收费过渡户未在会计报表中核算，巨额资金在账外循环，截至2009年4月，上饶师范学院计财处在市农行、建行、农村信用社等金融单位共开设13个账户，部分账户开设未取得市财政局核发的银行开户证和市人民银行核发的开户许可证，属擅自多头开设账户，严重违反规定违规开户，并设置多个学费过渡户，收取的学费均在账外循环；过渡户被单位坐支和犯罪嫌疑人直接提取现金挪用。（二）收费票据管理混乱、制度形同虚设，2008年2月上饶师范学院计财处开始使用电子票据收费，2009年1—4月使用手写票据收费；在票据管理中，虽然有相关制度，人员有明确的分工，但在实际工作中没有严格地按制度规定操作和监控，存在着制度规定与实际操作相背离和管理人员不作为的问题；电子票据智能管理"母卡"与"子卡"没有分开管理，电子票据使用后未定期及时清算、核销和与银行账户对账结算。与此同时，现金支票与印鉴未分开管理导致计财处原财会人员自2008年3月至案发时发生挪用660万余元资金的犯罪行为，使国有资产遭受重大损失。2010年，该项审计获全省优秀审计项目一等奖。

社会保障资金审计 1996年，为贯彻落实国务院关于进一步加强企业养老保险金、失业保险金（简称"两项基金"）管理的有关规定，按照省审计厅的部署，上饶地区审计局组织全区审计机关对12个县（市）社会保险局、劳动就业服务管理局征收的"两项基金"的管理和使用情况进行全面审计，重点调查参加"两项基金"统筹的部分工商企业交纳"两项基金"的情况。全区共审计24个单位，延伸调查28个企业，审计总金额41028万元，查出有问题资金74万元，其中违纪违规金额37万元。审计查出：挤占挪用社保资金用于购置设备，搞基本建设的问题较多；企业拖欠"两项基金"现象比较普遍，尤其是失业保险金拖欠更为严重；管理制度不健全，资金账外循环和设"小金库"现象较为普遍。地区审计局及各县市审计局均向当地政府提交审计报告。该项目被省审计厅评为全省优秀审计项目。

农业与资源环保审计 2004年5月，上饶市审计局对全市9个农业综合开发县，1个试点县的农业综合开发项目进行审计。审计查明：2001—2003年，全市农业综合开发项目计划实施项目366个，计划投资额28139万元，实际投资10382元，仅占计划的36.9%，资金总额为11713万元。审计发现：（一）查出违纪违规资金6471万元，占总额的41%。（二）未执行县级报账制和专户储存的原则。（三）未投放和回收有偿资金。10个县（市）从上级财政借入的有偿资金总额为6158万元，真正按规定借出的只有707万元，仅占总额的11.47%，3年中归还上级财政3086万元，尚有大量资金滞留在账面。（四）配套资金（无偿）未足额到位。（五）滞留和变更项目结余的无偿资金，鄱阳县、余干县、弋阳县、铅山县、万年县和上饶县至 2004 年 6 月底止，由于项目投资没有按计划拨付，3 年的无偿资金累计结余 201 万元，尚滞留账面 151 万元。（六）超标准提取前期工作费的现象较为普遍，上饶县农发办将 3 年来安排的科技培训项目经费 42 万元全部视同事业费使用，用于支付小车修理费、燃料费、购电脑、打字及印刷费和招待费等。（七）多种经营项目的实施不够理想，如顺源罐头厂已是人去楼空，厂区内无一人上班，企业负责人避而不见，中央财政投入 8 万元无偿资金的使用情况不详。至 2004 年 6 月底，全市农业综合开发到期应回收的有偿资金 3126 万元，实际回收有偿资金 528 万元，回收率仅为 16.9%。审计建议：农业综合开发资金除财政资金外，银行贷款和自筹部分应落实到位，各地必须按批复的项目和资金额实施。农业银行应积极支持县域经济的发展，按照上级安排的贷款指标要及时投放，确保项目所必需的资金；财政资金必须及时足额投放，各级农发办必须保证资金的专款专用，对于本身事业经费的不足由财政部门酌情解决，不能以任何理由挤占挪用农业综合开发资金；有偿资金应按照"谁受益，谁还款"的原则，落实债务人和还款责任人，防止形成债务风险的同时，确保项目资金及时拨借。是年 11 月，此审计项目的执行单位上饶市审计局农业审计科获省农业综合开发资金审计工作先进单位称号。

外资运用审计　1994 年 7—8 月，地区审计局组织部分县、市审计局对中外合资企业中的亏损企业进行审计调查。审计调查的上饶市、玉山县、万年县、婺源县、弋阳县等 5 县、市的 30 户"三资"企业中，已开业的 16 户，审计局重点对其中 8 户亏损企业进行调查审计。上饶市有 5 户亏损企业（含 2 户虚盈实亏企业），至 1993 年底，3 户企业账面明亏 96 万元，潜亏 94 万元，实际亏损 190 万元，另 2 户虚盈实亏，潜亏额 3 万元；婺源 1 户账面盈利 2 万元，实亏 163 万元；万年县、玉山县、弋阳县 4 户全部亏损。经审计调查亏损原因主要是：经营管理不善，费用大，成本高；各种原材料、运输费用的价格上调，企业难以消化；产品质量低，缺乏市场竞争力，以致产品积压。如婺源金源名茶包装有限公司生产的包装盒，在市场上竞争乏力，年销售额 80 万元，仅为可行性研究预计销售量的 2.67%；外商的欺诈行为，造成中方损失。有个别外商来华办厂大权独揽，伺机套走资金。弋阳华龙服装针织有限公司，中方不能参与经营管理，任凭外商挥霍乱支，且无凭据。玉山金龙雨具服装有限公司，港商资金分文未到，其代理人竟把中方 120 万元的银行贷款以购设备为名汇给福建双板公司。中方发现后，仅拿回一些陈旧设备用作抵款，其余 76 万元无法收回。审计建议：对外资企业要严格执行《中华人民共和国中外合资经营企业法》，切实加强法律监督；加强宏观调控，改善投资环境；加强企业内部管理，提高企业素质和职工素质，尤其要加强企业生产管理、产品质量管理和营销管理；加强审计监督，认真执行《财务通则》《会计准则》以及各项财务制度，做到既保护外商合法权益，又使中方合法权益不受侵害。《江西省审计局 1994 年第 3 季度审计工作综合情况的通报》对这次审计调查情况和做法进行了专题报道。

企业审计　1984 年 6 月 2 日—7 月 20 日，刚组建的上饶地区审计局，根据省审计局、省财政厅《关于对部分单位预算外资金进行审计的通知》精神，抽调地、市（上饶市）、县（万年、余干、横峰）审计局 9 位同志，组成联合审计组，对上饶市物资公司 1983 年财务收支、经济效益情况进行就地审计，并对专用基金收支管理情况进行专项审计。这是地区审计局成立后的第一个审计项目。经审计，查出有问题资金 33 万元，地区审计局依法对违纪违规问题作出处理。上饶地委机关报《赣东北报》，以全区审计工作打开局面刊发专题报道。1984 年 9 月 15 日，上饶地区行政公署以饶行发〔1984〕206 号发出《批转地区审计局〈关于上饶物资公司审计情况的报告〉的通知》，指出："建立审计机关，实行审计监督，是财经管理的一项重要措施。"

经济责任审计　1985 年 10 月，上饶地区弋阳县审计局在全省首次受企业主管部门的委托，对弋阳饮料食品厂原任厂长离任实施经济责任审计。审计查明：食品厂面临倒闭、新厂长上任，企业自查亏损 13 万元。但审计组进厂后，查实该厂到 1985 年 9 月底实际亏损为 8 万元，并进一步审查其亏损原因，分清经济责任。县审计局将审计情况和处理意见上报县人民政府，县人民政府采纳审计意见，同意该厂 1984 年以前的亏损 4 万元，由县财政拨款解决，企业的信贷资金由县工商银行负责解决。采取上述措施后，企业有了活力，进一步改善经营管理，当年就扭亏为盈。同时，1985 年 10 月至 1986 年 10 月，弋阳县审计局先后对 7 家企业进行厂长、经理离任审计试点。其中：企业领导调离经济责任审计 3 个，企业领导晋级、受奖经济效益考核 3 个；企业财务移交审计 1 件。经审计，被县人民政府免予晋级的厂长、经理 3 人，撤销拟授予经济效益翻番奖企业 1 个。弋阳县审计局开展的厂长、经理离任经济责任审计经验，得到当地政府领导肯定，引起社会关注，得到社会承认：1986 年 2 月 16 日，上饶地区《赣东北报》报道弋阳县实行厂长、经理离任经济责任审计的做法；《江西日报》《经济日报》《法制日报》等全省和全国性报纸都分别报道弋阳县审计局经济责任审计经验。不久，厂长、经理离任审计作为一项制度在全国逐步推广：4 月，江西省人民政府发出《关于加强审计工作几个问题的通知》，要求在上饶试点的基础上逐步开展对晋升和调动工作的企业领导人实施经济责任审计；12 月，省审计局、省委组织部、省经委、省人事厅联合发出《关于对厂长（经理）实行离任经济责任审计制度的通知》。

审计成果　上饶市各级审计机关 1991—2010 年共对 25506 个单位进行审计，查出违纪违规金额 325459 万元，其中应上缴财政金额 33067 万元，已上缴财政金额 16730 万元。

表 13-9-2　1991—2010 年上饶市审计机关审计工作成果情况

单位：万元

年度	被审计单位数量（个）	查出违纪违规金额	应上缴财政金额	已上缴财政金额	移送司法机关处理（人）
1991	1192	5187	640	572	3
1992	1585	6523	997	945	
1993	1585	8472	1252	1115	5
1994	1618	5337	1398	1271	5
1995	1553	7981	1887	1724	1
1996	1679	9530	2301	2142	2
1997	1687	9693	2156	2016	2
1998	1478	10794	1363	1313	8
1999	1390	3758	1367	1356	24

续表

年度	被审计单位数量（个）	查出违纪违规金额	应上缴财政金额	已上缴财政金额	移送司法机关处理（人）
2000	1168	47324	1433	1362	11
2001	1181	25176	1428	1307	7
2002	1142	29567	1658	1607	6
2003	1169	57157	1840		3
2004	806	60797	1556		5
2005	843	9151	1657		1
2006	1097	1919	1816		1
2007	1020	6770	1635		
2008	1067	4393	1314		1
2009	1088	11240	2607		4
2010	1158	4690	2762		8
合计	25506	325459	33067	16730	97

第十节　吉安市审计概况

机构与队伍

机构设置　1983年11月30日，吉安地委、行署根据省委和省人民政府"各行署在机构改革中应通盘考虑，尽快将行署审计局组建起来"的通知精神，组建成立吉安地区审计局。2000年5月，吉安地区撤地设市，地区审计局更名为吉安市审计局。1984年5月，吉安地区审计局所属10县2区1市审计局全部成立，全地区审计机关组建工作完成。截至2010年底，全市审计机关共有审计人员279名。其中：市本级42名，吉州区审计局18名，青原区审计局10名，吉安县审计局22名，吉水县审计局12名，新干县审计局28名，峡江县审计局17名，永丰县审计局17名，遂川县审计局17名，泰和县审计局23名，万安县审计局20名，安福县审计局16名，永新县审计局21名，井冈山市审计局16名。

职能与职责　1996年12月6日，吉安行署按照省委、省政府的部署进行党政机构改革，吉安地区审计局的职能职责相应进行调整，调整的重点：强化审计监督职能，维护国家财经法规，监督国家资金的管理和使用，充分发挥其在国民经济宏观管理中的作用；按照统一领导，分级审计的原则，加强对市、县各级政府财政收支的直接审计；改革企业审计办法等。2002年9月19日，吉安地区审计局按照省政府改革的要求，再次对其职能和职责进行适当调整。2010年6月7日，吉安市人民政府对吉安市审计局的职能和职责进行第三次调整。（一）职能调整。取消已由市人民政府公布取消的行政审批事项。调整对社会审计机构审计业务质量的监督范围，在法律规范和行业自律都到位的情况下，监管部门以及其他政府部门都不应当再直接插手社会机构的具体业务，为社会机构营造出独立执业的良好环境。加强对经济责任、关系国计民生的资源能源、环境保护和社会保障资金、境外市属国有资产、财政资金使用效益的审计职责。（二）主要职责。1. 主管全市审计工作；2. 制定审计工作规范性文件和审计规章制度并监督执行；3. 向市长提出年度市级预算执行和其他财政收支情况的审计结果报告。受市政府委托向市人大常委会提出市级预算执行和其他财政收支情况审计工作报告、审计发现问题的纠正和处理结果报告。向市政府报告对其他事项的审计和专项审计调查情况及结果。依法向社会公布审计结果。向市政府有关部门和县（市、区）人民政府通报审计情况和审计结果；4. 直接对《审计法》规定的事项进行审计等。

编制与职数　1983 年 11 月，吉安地区编委批准地区审计编制为 15 名。1985 年 11 月 19 日，按省机构编制委员会、省劳动人事厅、省审计局、省财政厅的文件规定，吉安地区审计机关增加行政编制 7 名，地区审计局编制为 22 名。其中局长 1 名、副局长 1 名。1986 年 4 月 15 日，省机构编制委员会、省劳动人事厅、省财政厅、省审计局联合发文，吉安地区审计局增加行政编制 3 名，地区审计局编制 25 名。1988 年 6 月 5 日，省机构编制委员会、省劳动人事厅、省财政厅、省审计局联合发文，同意吉安地区审计机构增加事业编制 62 名，是年 8 月 2 日，地区编制委员会、劳动人事局、财政局、审计局批准，为地区审计局增加事业编制 14 名，县（市）审计局增加事业编制 48 名。1996 年，吉安地区直属党政机关实行机构改革，根据吉安行署的"三定"方案，地区审计局的行政编制定为 24 名，事业编制 14 名。2002 年 9 月 19 日，吉安市政府核定市审计局机关行政编制 32 名（含纪检监察编制 2 名）工勤编制 3 人。其中领导职数：局长 1 名、副局长 3 名、纪检组长 1 名、总审计师 1 名，正科级 10 名（含监察室主任 1 名、副科级 6 名）。2005 年 7 月 18 日，吉安市编制委员会同意设立审计信息中心，为正科级事业单位，人员编制 3 名，领导职数：主任 1 名。2010 年 6 月 7 日，吉安市政府核定市审计局机关行政编制 32 名（含纪检监察编制 2 名），工勤编制 3 名。其中领导职数：局长 1 名、副局长 3 名、纪检组长 1 名、总审计师 1 名，正科级 10 名（含监察室主任 1 名、副科级 6 名）。

领导成员　1983 年至 2010 年，吉安市审计局领导班子经过四次调整。

表 13-10-1　1983—2010 年吉安市审计局历届领导成员

姓名	职务	任职时间
邱文进	党组书记、局长	1985.06—1995.04
王河清	党组书记、局长	1996.03—1997.09
李祖江	党组书记、局长	1997.10—2008.10
胡守慰	党组书记、局长	2008.10—

内设机构　1983 年 11 月 30 日，地区审计局内设秘书科（含干部教育培训）等 4 个科室。至 2010 年 6 月 7 日，吉安市政府批准市审计局内设 9 个职能科室：办公室、综合法规科、财政金融审计科、行政事业审计科、农业资源环保审计科、固定资产投资审计科、经贸审计科、社会保障外资运用审计科、经济责任审计科、监察室为市纪委（市监察局）的派驻机构。下属事业单位 1 个，吉安审计信息中心，事业编制 3 名。

县（市、区）审计局 吉安市审计局所属 10 县 2 区 1 市均成立审计局。其中：新干县审计局 1983 年 5 月 19 日成立，至 2010 年底，内设机构 5 个，行政编制 12 人，事业编制 8 人，实有 28 人。历任审计局长：邹逢春、胡其文、吴桂如、杨圣军、刘敏、朱冬荪；吉安县审计局 1983 年 6 月 4 日成立，至 2010 年底，内设机构 5 个，行政编制 20 人，事业编制 4 人。历任审计局长：肖加祥、肖卿才、肖梅卿、张顺生；泰和县审计局 1983 年 10 月 9 日成立，至 2010 年底，内设机构 5 个，行政编制 18 人，事业编制 5 人。历任审计局长：郭秉湜、黎明、肖优莲、张敬津、夏强、刘迪枚；吉水县审计局 1984 年 1 月成立，至 2010 年底，内设机构 6 个，行政编制 13 人，事业编制 10 人。历任审计局长：陈庆云、许正长、叶晓鹰、方兴；吉安市审计局 1984 年 2 月 28 日成立，2000 年 8 月，吉安地区撤地设市，吉安市审计局更名为吉安市吉州区审计局。至 2010 年底，内设机构 6 个，行政编制 14 人，工勤编制 2 人。历任审计局长：张克俊、林啟昌、肖乐林、彭苍余、宗锦川、廖东生、刘学勤、曾文生；峡江县审计局 1984 年 2 月成立，至 2010 年底，内设机构 5 个，行政编制 11 人，事业编制 12 人。历任审计局长：段德友、金宏勋、徐东泉、刘志刚、娄春生、袁兴斌；永新县审计局 1984 年 3 月成立，至 2010 年底，内设机构 5 个，行政编制 16 人，事业编制 5 人，实有 21 人。历任审计局长：贺升平、陈富先、刘世和、刘毅桂；遂川县审计局 1984 年 4 月 1 日成立，至 2010 年底，内设机构 4 个，行政编制 14 人，事业编制 3 人。历任审计局长：杨静、康定澜、黎钢铁、刘新春、谢永洪、梅小明、郭晓洪、曾继林；万安县审计局 1984 年 4 月成立，至 2010 年底，内设机构 4 个，行政编制 10 人，事业编制 6 人，实有 20 人。历任审计局长：许秀兹、廖晓辉、黄庆红、王文智、郭桂生、许凌云、匡奕尧、许金、曹晓明；安福县审计局 1984 年 4 月成立，至 2010 年底，内设机构 5 个，行政编制 15 人，事业编制 5 人。历任审计局长：刘银芳、钟炳炎、童灿然、彭文成、彭丽志；井冈山市审计局 1984 年 4 月成立，至 2010 年底，内设机构 4 个，行政编制 9 人，事业编制 8 人。历任审计局长：江良传、张长生（原宁冈县审计局局长）、周日复、兰刚（原宁冈县审计局局长）、龚敏秋、罗桃林、廖明华、卢诗亮；永丰县审计局 1984 年 5 月成立，至 2010 年底，内设机构 4 个，行政编制 14 人，事业编制 3 人，实有 17 人。历任审计局长：章锡铭、陈福香、张仁友、金辉保、傅小春、董继辉；吉安市青原区审计局 2001 年 1 月 18 日成立，至 2010 年底，内设机构 5 个，行政编制 7 人，事业编制 4 人，实有人数 12 人。历任审计局长：詹学东。

审计业务选介

财政金融审计 1996—2010 年，市审计局组织力量对 2619 个财政金融单位进行审计，查出违规金额 83594 万元，应减少财政补贴金额 166 万元，应归还原渠道资金金额 6771 万元。其中：

1996 年，同级预算执行审计开始在全区全面实施。审计重点：（一）地区财政具体执行地本级预算、预算批复、地本级预算收支、财政平衡以及其他财政收支情况；（二）地税局实行新税制和地方税收的征收、减免、提退情况；（三）地本级其他 37 个单位及部分下属行政事业经费、财政专项资金管理、拨付和使用情况。在实施本级预算执行情况审计过程中，使用突出"一个中心"：即始终把财政预算执行情况审计放在审计工作中心位置上，其他各项专业审计服务于这个中心；做到"两个加强"：加强宣传，营造良好的审计环境、加强领导，主要领导亲自抓，负总责，重大问题集中研究，统一思想、统一步骤、协同作战；搞好"三个结合"：预算执行审计与企业审计相结合、预算执行审计与预算外资金审计相结合、预算执行审计与行政事业单位的定期审计相结合；抓住"四个重点"：一是财政部门、二是地方税务部门、三是预算收入大户、四是预算支出大户；实施"五个延伸"：对税收大户的延伸、对本级财力安排的建设性支出的延伸、对本级财力安排的经常性经费支出的延伸、对财政非生产性中的购置费、修缮费等支出的延伸、对审计过程中发现的重大问题实行延伸审计；达到"六个确保"；一是确保客观公正、实事求是，二是确保审计的深度和广度，三是确保依法审计、违法必究，四是确保审计质量、提高审计权威，五是确保政府满意、人大放心等措施保证预算执行审计质量。审计查明：地本级1995年度预算执行情况较好，完成了地区行署下达的地本级收入任务，实现收支平衡，略有结余。审计发现的问题主要是：坐支、挪用、拖欠、漏缴税费严重；违规控购现象比较突出；预算外资金未纳入专户储存，脱离财政监督；违纪提退集资分成；财政信用资金使用效果不理想。审计结束后，地区审计局向省审计厅提交了《关于全区1995年度财政预算执行情况的综合报告》。

2000年，根据行署吉署办抄字〔2000〕24号抄告单《关于将城乡信用社纳入地区审计局审计监督范围》的文件精神，由地区审计局牵头，抽调部分县（市）审计局金融审计骨干，按照"五统一"原则分批分组实施审计的方法，对全区13户城市信用社1998年至1999年度资产负债损益的真实性、合法性和效益性进行审计。审计查明：全区13户城市信用社自1998年成立以来，通过有效吸纳城市居民储蓄和社会闲散资金，发放城镇中小企业和个人私有经济贷款，为活跃金融市场，繁荣城市经济，支持地方经济建设发挥了积极作用。随着金融体制改革的不断深化，1998年6月底、7月初全区各城市信用社先后与人民银行脱钩，并依照《城市信用合作社管理办法》的要求组建成为自主经营、自负盈亏、互利互助、自我约束、自我积累的具有独立法人资格的合作制金融组织。改制后，资产规模不断扩大，企业经营日渐规范，自主意识不断增强，内部管理得到改善，经济效益有所提高。审计发现的问题主要是：（一）查出违纪违规金额709万元，其中挤占成本费用249万元，隐瞒截留收入206万元，私设"小金库"200万元，少提利息54万元。（二）经营状况不佳，企业普遍亏损，股东权益受到侵害。（三）社员股金募集不规范，股金分红有违规操作现象。（四）资金拆借高风险，逾期贷款比重大，严重影响到城市信用社的生存和发展。（五）未严格按照权责发生制原则计提长期存款利息支出，经营成果反映不真实。（六）乱挤乱摊成本费，人为调节营业利润。（七）转移隐瞒收入，偷漏国家税费。（八）私设"小金库"，账外反映收支。审计建议：进一步规范经营行为，堵塞管理漏洞，防范和化解金融风险，加强领导，强化监督，严格执行存贷比例控制和风险管理规定，严格遵循《城市信用财务管理实施办法》的要求，规范运作，强化管理，不断优化信贷资产结构，大力催收逾期、呆滞贷款，努力降低风险比例，减少沉淀信贷资金等。

行政事业审计　1991—2010年，市审计局组织力量对9265个行政事业单位进行审计，共查出违规金额89457万元，应减少财政补贴20万元，应归还原渠道资金金额19302万元，其中：

1993年，全区共对286个行政事业单位进行审计，审计总金额32367万元，查出违纪违规金额905万元（其中挤占挪用专项资金297万元，截留应缴财政收入139万元，虚列转移资金3万元，滥发钱物和请客送礼11万元，违反控购规定42万元，其他方面413万元）。按照财经有关法规，已作审计处理的金额 448 万元。整个审计实施过程中充分体现出：（一）政府重视，为打开审计局面取得主动。遂川县政府从审计一开始就以政府文件形式完整地把县审计局"1993 年行政事业单位审计工作意见"批转给县政府各部门，使该县当年经常性审计工作进展起来非常顺利，审计结论落实也快。（二）狠抓一个早字，对已确定的被审单位，尽早布置，为保证审计质量，完成审计工作任务给出充足的审计时间。（三）突出审计重点，抓出审计成效。全区普遍将农林水、教育、公安、民政等部门列为重点审计单位，加强对重点经费、专项资金和预算外收支审计的延伸。（四）强化经常性审计信息宣传，扩大经常性审计工作影响等特点，确保审计任务如期完成。

社会保障资金审计 1991—2010 年，市审计局组织力量对 93 个社会保障资金项目进行审计，共查出违纪违规金额 507 万元，其中：按照《江西省审计厅 2009 年社会保险基金审计工作方案》的要求，吉安市审计局组织全市审计机关于 2009 年 3 月至 7 月对吉安市企业职工基本养老保险基金、失业保险基金、工伤保险基金和生育保险基金（以下简称五项社保基金）2008 年度筹集、管理和使用情况进行专项审计。审计查明：（一）企业职工基本养老保险方面：2008 年全市企业职工基本养老保险参保职工为 36.5776 万人，实际缴费人数为 31.0175 万人，缴费比例为 28%（其中：单位 20%，个人 8%），领取养老金人数为 7.4592 万人，离退休人员月均基本养老金为 755 元，社会化发放率为 100%，2008 年欠缴养老保险费 3243 万元，至 2008 年底全市累计欠缴养老保险费 21445 万元。2008 年基本养老保险基金收入为 120950 万元，其中：缴费收入为 74067 万元，财政补贴收入为 33802 万元，其他收入（含利息收入）为 13082 万元；2008 年养老保险基金支出为 88250 万元，其中：基本保障支出 76798 万元，其他支出 11452 万元；2008 年养老保险基金收支结余 32700 万元；至 2008 年底养老保险基金累计结余 84648 万元，其中：财政专户存款 83230 万元（定期存款 458767 万元，活期存款 37354 万元），债券投资 426 万元，收入和支出过渡户存款 1417 万元。（二）吉安市城镇职工基本医疗保险方面：2008 年，全市城镇职工基本医疗保险参保职工为 48.004 万人，实际缴费人数 34.0991 万人，缴费比例为 8%（其中：单位 6%，个人 2%）；2008 年基本医疗保险基金收入为 23649 万元，其中：缴费收入为 17882 万元，财政补贴收入为 5275 万元，其他收入（含利息收入）为 492 万元；2008 年医疗保险基金支出为 16462 万元（其中：基本保障支出 16462 万元）；2008 年医疗保险基金收支结余 7187 万元；至 2008 年底医疗保险基金累计结余 23521 万元（其中：定期存款 13671 万元，活期存款 7447 万元），收入和支出过渡户存款 2402 万元。（三）吉安市城镇职工失业保险方面：2008 年，全市失业保险参保职工为 22.4152 万人，实际缴费人数为 18.6885 万人，缴费比例为 3%（其中：单位 2%，个人 1%），领取失业金人数 1.3978 万人，社会化发放率为 100%，2008 年欠缴失业保险费 658 万元，至 2008 年底全市累计欠缴失业保险费 4397 万元。2008 年失业基金收入为 5653 万元，其中：缴费收入为 5504 万元，其他收入（含利息收入）为 150 万元；2008 年失业保险基金支出为 1570 万元，其中：基本保障支出 1420 万元，其他支出 150 万元；2008 年失业保险基金收支结余 4083 万元；至 2008 年底失业保险基金累计结余 12499 万元，其中：财政专户存款 11516 万元（其中：定期存款 4157 万元，活期存款 7359 万元），收入和支出过渡户存款 732 万元，其他结余 251 万元。（四）吉安市城镇职工工伤保险方面：2008 年，全市工伤保险参保职工为 34.7421 万人，实际缴费人数为 20.1328 万人，享受工伤保险待遇人数为 769 人，2008

年欠缴工伤保险费 108 万元，至 2008 年底全市累计欠缴工伤保险费 2207 万元。2008 年工伤保险基金收入为 2038 万元，其中：缴费收入为 1788 万元；其他收入（含利息收入）为 260 万元；2008 年工伤保险基金支出为 1052 万元，其中：工伤保险基金待遇支出 766 万元，其他支出 286 万元；2008 年工伤保险基金收入支出结余 987 万元；至 2008 年底工伤保险基金累计结余 6147 万元，其中：财政专户存款 5760 万元（其中：定期存款 3834 万元，活期存款 1926 万元），收入和支出过渡户存款 387 万元。（五）吉安市城镇职工生育保险方面：2008 年，全市生育保险参保职工为 25.6905 万人，实际缴费人数为 14.1227 万人，享受生育保险待遇人数为 301 人；2008 年欠缴生育保险费 115 万人，至 2008 年底全市累计欠缴生育保险费 1366 万元。2008 年生育保险基金收入为 664 万元，其中：缴费收入为 580 万元，其他收入（含利息收入）为 85 万元，2008 年生育保险基金支出为 209 万元，其中生育保险待遇支出 150 万元，其他支出 59 万元；2008 年生育保险基金收支结余 456 万元；至 2008 年底生育保险基金累计结余 2621 万元，其中：财政专户存款 2303 万元（其中：定期存款 1516 万元，活期存款 787 万元），收入和支出过渡户存款 156 万元，其他结存 162 万元。审计结果表明，全市各级政府能认真执行国家关于社会保险的政策和制度，大力筹集社会保险基金，保证社会保险基金的发放，维护社会稳定；同时加强社保资金的管理，规范社保基金的使用，全市各项社保基金总体运行安全。审计发现：2008 年度审计查出社保经办机构延压基金收入、财政未及时拨付社保基金补助、挤占挪用等问题，并提出的审计整改意见和建议大部分得到各级政府、财政和社保部门的重视，许多问题在当年得到纠正或整改。如永丰县各商业银行未按优惠利率计付养老保险基金活期存款利息，致使养老保险基金 2006 年和 2007 年少计利息收入 39 万元，2008 年永丰各商业银行已按照审计要求进行了整改，并将历年少计的养老保险基金利息收入 58 万元归还养老保险基金账户。但还有些问题受当前体制影响，没有得到有效整改，如经办机构延压基金收入问题，清欠难等。

审计查出的主要问题：（一）隐瞒当年基金收入。经统计，2008 年全市社保机构共隐瞒社保基金收入 12538 万元，其中：预收改制企业社保基金 997 万元，正常保费收入挂往来 11426 万元。2008 年全市各县都不同程度存在少计基金收入情况，吉州区养老保险收挂往来 2850 万元，安福县养老金挂账 2072 万元，医保金挂账 289 万元，永丰县医保金挂账 207 万元，失业金挂账 138 万元。（二）财政部门未及时拨付财政补助，其中：医疗保险金 646 万元，养老保险金 43 万元，失业保险金 22 万元。（三）政府承诺一直未兑现。2006 年 12 月至 2007 年 12 月止，吉水县共有十家企业进行破产改制，至 2008 年底止，欠缴企业保险费共计 1856 万元（其中：欠缴养老保险 1649 万元，欠缴工伤保险费 147 万元，欠缴生育保险 60 万元），县政府对十家破产改制企业欠缴的保险费曾作出过偿还承诺，但一直未予以兑现。（四）企业无力缴费导致欠费 27483 万元。由于吉安市经济相对落后，企业经营困难，拖欠社保基金呈常态，经统计，2008 年度全市企业欠缴养老保险金达 3244 万元，2008 年底累计欠缴养老保险金 21445 万元；2008 年欠缴失业保险费为 658 万元，累计欠缴失业保险费 4397 万元；2008 年欠缴工伤保险费 108 万元，累计欠缴 2207 万元；2008 年欠缴生育保险费 115 万元，累计欠缴 1366 万元。部分县（区）企业欠费达 11930 万元，而吉州区一年养老金支付额为 12220 万元，2008 年底企业养老基金仅结余 84 万元，欠费已危及养老保险的支付。

（五）社保基金活期存款未执行优惠利率，导致利息收入减少。（六）违规在基金间互相调剂或列收列支。为应付上级考核，部分地方在基金间调剂收入或列收列支，虚增基金收支规模，以达到上级考核要求。市社保处列收列支工伤生育基金 220 万元，吉州区社保局虚增基金收入 171 万元，同时将养老保险收入充抵工伤和生育保险基金收入，泰和县社保局将养老保险收入充抵工伤保险收入和生育保险收入。（七）利用资源，违规收费，弥补工作经费不足，社保经办机构利用各种职权乱收费或挤占社保基金。吉水县、泰和县两县医保部门向定点药店、医院收取网络维护费、工本费等，遂川县、吉水县、泰和县三县医保部门收取保险公司返还补充（大病）医疗保险管理费，用于弥补经费不足。（八）违规出借失业保险基金。2008 年万安县就业局将失业保险基金 170 万元挪作再就业小额贷款担保。（九）未按规定实行财政专户存储。2008 年末安福县基本养老保险收入户结存 70 万元，遂川县养老保险收入户结存 202 万元，泰和县养老保险收入结存 710 万元、医疗保险收入户结存 164 万元、工伤保险收入户结存 26 万元，均未及时缴入财政专户。对存在问题，审计依法作出审计处理和提出审计意见。审计建议：（一）上级有关部门在下达民生工程考核指标时，应从实际出发，综合考虑各地社会经济发展水平，科学合理地制定考核标准，以避免基层弄虚作假，应对检查。（二）随着本市工业园区建设步伐的加快，落户园区的企业逐渐增多，社保部门要加大园区企业社会保险法制宣传，逐步扩大工业园区企业参保面；同时要进一步加大清欠力度，确保社保基金的足额征收。（三）鉴于本市部分商业银行没有认真执行《中国人民银行关于对养老保险基金活期存款实行优惠利率的通知》的规定，建议财政、社保部门与商业银行进一步协商，督促各级商业银行认真执行社保基金优惠利率的规定。（四）2008 年底本市社保基金结余总额达 129437 万元，其中财政专户存款中定期存款为 69055 万元，占总额的 53%，债券投资为 426 万元，占总额的 3.3%，活期存款和过渡户存款占总额的 40% 多，这种结构不利于基金的增值。财政部门在保证各项社会基金正常支付和基金安全的前提下，对结存的社保基金应尽量购买国债或转存定期存款，以优化基金结余分布结构，确保基金的增值。（五）各级财政应认真执行确保社会保险机构正常运行的规定，足额安排社保经办机构人员和公务经费，避免出现乱收费等情况。（六）各级社保经办机构应认真遵守《社会保险基金会计制度》和《社会保险基金财务制度》，进一步加强社会保险基金核算和管理，确保基金安全。2009 年实施的《关于吉安市 2008 年度五项社会保险基金筹集、管理和使用情况审计的综合报告》被市长王萍批转各县（市、区）政府，要求按审计建议进行整改。

固定资产投资审计　1996—2010 年，吉安市审计局组织力量对 5076 个固定资产投资项目进行审计，共查出违规金额 36139 万元，应减少财政补贴金额 631 万元，应归还原渠道资金金额 1244 万元。其中：

2010 年 7—8 月，吉安市审计局对吉安航校迁建工程及高压线移线项目进行竣工决算审计。审计查明：吉安航校迁建工程由吉安市人民政府成立吉安航校迁建领导小组负责实施，工程占地 990 亩，建设内容为：飞行工作区 800 米某 30 米砼跑道及配套设施，教学生活区建筑面积 6120 平方米及配套设施。批准概算 8106 万元（其中土方 1194 万元），资金来源为吉安财政自筹。审计发现的问题主要是：（一）多报工程结算造价。航校迁建土方平整工程结算虽然已经市重点工程投资评审领导小组办公室评审，评审价为 841 万元，核减 31 万元，核减 3.5%。但市审计局在评审基础上进行审计，仍发现高套定额、多计土方石方数量等问题，最后审计土方平整工程结算为 764 万元，在评审结果的基础上核减造价 77 万元，核减率 9.2%。（二）多计工程拆除费用。航校新校址原有一条 110 千伏的高压线，将该高压线改迁，由吉安电力公司下属江西明珠集团电力工程有限公司承建，工程采取包工包料方式，签订固定总价合同，合同金额为 270 万元，审计发现该决算多算原有工程拆除费 17 万元。吉安市市长王萍对该项目审计给予高度评价，并获得本年度全市推进依法行政检查"优秀行政执法案卷"。

企业审计 1991—2010 年，市审计局组织力量共对 3338 个企业进行审计，共查出违纪违规金额 62901 万元，应归还渠道资金 421 万元，其中：

1998 年 4 月，根据地委、行署领导指示，地区审计局派出审计组对地区对外经贸局及其所属六个副县级公司（粮油、工矿、纺织、进出口、土产、畜产）、四个科级公司（开发、外运、外经、综合）1995 年度资产、负债、损益情况进行就地审计。审计查明：（一）1993 年地区外贸企业财务体制下放地方后，由代省公司组织货源收取经营费，改为自由经营、自负盈亏。近几年来，经营状态每况愈下，亏损日益上升，严重资不抵债。表现为：1. 亏损面广、金额大。据统计，1995 年至 1997 年度全行业亏损，亏损面达 100%，累计亏损 3575 万元，占 88.9%。2. 经营业务萎缩，出口创汇陷入困境。三年来，地直外贸企业的销售收入大幅下降，有些公司基本上没有经营。3. 国有资产锐减，严重资不抵债。经审计测算，截至 1997 年底，资产负债率高达 248.4%；资本金利润率 -205.9%，可见，企业资不抵债的程度已相当严重，且缺乏偿债能力。4. 人心涣散，下岗人员多。截至 1997 年底，除留守企业 79 人在岗外，余 708 人全部下岗，且长期不发下岗补贴，给社会造成一定压力和不稳定因素。（二）地区外贸局属行政机关，经费来源主要靠财政拨款，收取抵支收入和向所属公司分摊有关费用。在经费如此困难的情况下，地区外经贸局还超标兴建局长宿舍楼和外贸招待所。经审计查实，局机关除账面反映负债 579 万元外，还有 245 万元的债务没有资金着落。（三）所属公司截至 1997 年底，经审计调整后，资产总额 4309 万元（其中：三年以上的不良资产 1995 万元；潜亏挂账或待处理的不实资产 937 万元；有账无物的虚假资产 449 万元）；负债总额 10705 万元；净资产 -6396 万元；三年亏损 3575 万元。审计发现的问题主要是：（一）挪用信贷资金兴建职工宿舍。在资金严重缺乏的情况下，1993 年 7 月开始兴建职工宿舍六栋 163 套和局长楼 2 栋 9 套，至 1995 年竣工交付使用。截至 1997 年底，共投资 903 万元，除个人集资 434 万元外，其中 469 万元均属挪用银行贷款，另支用公款 45 万元用于装修职工宿舍。（二）财务数据不实，资产、负债、损益严重失真。（三）违章拆借银行资金 1150 万元，转借给沿海有关单位，以赚取利差，有的本金至今尚未收回。（四）决策失误，上当受骗，至今未收回的金额高达 785 万元。（五）新上项目无效益，引进设备长期闲置。1994 年 10 月，地区畜产出口公司与香港亚麻纺织有限公司合资建立"江西吉亚针织品有限公司"，该公司 1995 年向银行贷款 60 万美元，从韩国购进机器设备，由于机部件不配套，无法正常生产，机器设备一直闲置。截至 1997 年底，该项目潜亏挂账高达 463 万元。（六）财务管理混乱，损失浪费，侵占公款等现象严重。审计建议：加强财务管理，对存在问题及时进行整改。

经济责任审计 1991 年 1 月，按照地委的安排，地区审计局对吉安宾馆 1988 至 1989 两个年度的承包经营情况进行就地审计。审计查明：地委办公室、地区财政局与颜某某签订为期三年（1988

年1月1日至1991年12月31日）的承包经营合同，后因情况变化，1990年合同终止，实际承包经营两年。两年中，颜某某健全内部管理制度，实行一系列内部承包措施，在努力完成地委、行署交办的接待任务的同时，累计实现利润11万元，向国家交纳税费20万元，并使固定资产逐年增值，实现每年计提折旧基金12万元的承包协议。但全面考查，前后两年经营状况不稳定。1988年，实现利润16万元，超承包利润指标100%，向国家缴纳税费12万元，利税分别比1987年增长129%和25%。而1989年，经济效益急剧下降，亏损5万元（与承包利润基数9万元相差14万元），向国家缴纳税费9万元，利税分别比1988年下降129%和24.8%。审计发现的问题主要是：查出违纪违规金额10万元，多挤多摊费用7万元，应作未作收入1万元，漏缴税费2万元。按照国家财经法规，地区审计局对存在问题分别作出处理。

1994年，遵照行署领导指示，地区审计局牵头与地区财政局，物价局，机电局，地、市工商银行等部门组成联合审计小组，对吉安柴油机厂原厂长郭某某进行离任审计。审计查明：吉安柴油机厂是吉安地区机械行业的中型企业，主要生产柴油机、胶合板和汽缸体三种产品；因产品质量问题，销售的部分货款不能回笼，产品积压包袱重；企业账面资产5191万元；负债4348万元；明亏（账面亏损）223万元；潜亏1005万元，企业资不抵债385万元。潜亏主要反映在：1.发出商品成本高于销售价格和维修费用潜亏840万元；2.因产品质量而造成报废毁损的财产物资损失134万元；3.因管理不善导致的债权损失31万元。造成亏损的主要原因：1.产品不合格，质量差；2.企业经营不善，管理混乱；3.内控制度不严，经济责任不明；4.机构臃肿，人浮于事。管理人员多达454人，占总人数的41.5%；5.销售管理制度不健全，销售人员的工资报酬未与销售数量、回笼货款挂钩，致使销售人员责任心不强。审计评价：郭某某1983年5月上任，至1992年2月止任期8年零9个月。任期内对职工的教育和岗前培训抓得较好，曾被省、地、市评为教育先进单位；为解决和改善职工住房条件做了一些实事；办厂的指导思想，重产值、速度、轻质量、效益；三年承包期内（1988年至1990年）各项承包指标完成不理想；管理不善，使企业陷入困境，最后资不抵债。

2005年5月，吉安市纪委、组织部、监察局、人事局、审计局5部门联合下发《吉安市领导干部任中经济责任审计实施办法》后，吉安市审计局根据江西省审计厅"关于开展县长任中经济责任审计试点"的要求，按照"县域规模适度，任职时间、干部年龄适中，县情具有代表性"的原则，经与市委组织部商定并报市委批准确定，对万安县县长杨某开展任中经济责任审计试点。审计重点主要是紧扣县长的职能、职责和权限，围绕县长在行使"经济管理权、经济事项决策权、经济政策执行和监督权"所履行的经济责任实施审计，重点检查执行国家财政政策，依法组织财政收入、分配和使用财政资金，"五个确保"落实情况；执行民生保障政策，依法分配、使用民生保障资金情况；执行国土资源管理政策，依法管理并开发利用国土资源情况；执行国家经济、产业政策，合理确定资金投向，调整产业结构，发展县域经济情况；适度举债发展，依法、规范管理和使用债务资金情况等，并结合政府工作绩效和本人遵守廉政规定的情况，按照权责相称的原则，客观评价审计对象在管理、决策、运行政府经济工作中的经济责任，促进其依法履行"三权"，提高依法行政，依法办事的能力和水平；促进政府加强财政财务管理，规范财政财务收支行为，合理使用财政资金，提高财政资金使用效率；促进财税制度改革和领导干部廉政建设。通过审计，提出建设性的纠正整改意见或建议十九条，在该县引起强烈震动和极大反响。市审计局提交《审计结果报告》和《审计报告》后，该县人民政府以县政府的名义向全县发出《关于印发县长任中经济责任审计整改方案的通知》，督促各有关乡镇、县政府各部门、县直各单位落实整改意见。县人民政府以《关于县长任中经济责任审计整改落实情况的报告》专程报市审计局。这次审计，受到新闻媒体的广泛关注，纷纷进行跟踪报道。7月，市审计局局长接受《江西日报》驻吉安记者站记者采访；9月，分管经济责任审计的领导及经济责任审计负责人参加省人民广播电视《新闻话题访谈》；10月，《江西商报》以《任中审计驶入轨道》为题进行系列专题报道，并以"吉安开县长任中经济责任审计之先河"为题作出积极评价；12月，审计署《国审财经》栏目记者专程赴吉安就县长任中经济责任审计工作，采访市政府领导和相关部门负责人，并制作电视专题片进行宣传报道。审计结束后，市委组织部向全市各县（市、区）委发出《关于全面推进领导干部任中经济责任审计，加强干部监督工作的通知》，要求在近期内抓好全面推行乡镇和县直单位党政主要负责人的任中经济责任审计工作，切实防止领导干部"带病提职"和"带病上岗"。同时，要求万安县政府从预算管理、税收征管、专项资金管理、财政专户管理、重大建设项目管理、财务管理等方面入手，按照审计意见进行全面整改。万安县政府及时成立由县长担任组长、副县长担任副组长，相关单位部门负责人为成员的经济责任审计整改工作领导小组分四个阶段进行整改：一是培训动员，通报审计结果和存在问题，逐条分解落实整改任务；二是集中整改，有关部门和单位以及乡镇对照整改事项，分析原因、研究办法、制定方案，认真进行整改；三是建章立制，突出治标治本结合，进一步理顺以财政为龙头的统一管理体制，健全规章制度，加强内部监督与控制，构建预算执行、资产管理和财务监管的长效机制；四是检查验收，组织审计整改回头看，对有关单位、部门和乡镇整改任务落实情况、财经法规和规章制度建设情况进行全面检查，对工作不主动，验收不合格的督促整改到位。检查结束后，有关单位、部门和乡镇要将整改情况书面汇总上报县政府整改领导小组。整改结束后，县人民政府专程向市审计局报送了《县长任中经济责任审计整改落实情况报告》，整改报告中就整改的具体布置，分解落实、举一反三、完善制度等方面进行全面报告，尤其是存在问题按审计提出的整改意见一一进行落实。全部工作结束后，中共吉安市委组织部以吉市组通〔2005〕53号文印发《关于全面推进领导干部任中经济责任审计，加强干部监督工作的通知》，《通知》对全市开展领导干部任中经济责任审计工作给予充分肯定，也提出新的要求。该项目获2005年度江西省审计厅审计项目二等奖。

2006年1月6日，根据县委组织部的委托，吉安市审计局组织对新干县新干宾馆原总经理何某某任宾馆总经理以来任中经济责任履行情况进行审计。审计重点主要是单位资产和烟酒耗材的管理经营。审计查明：何某某1993年开始任宾馆总经理，后兼任县委办公室正科级副主任。何某某任职期间，经营管理不善，财务管理混乱，报账手续不全，有的发票没有经手人，购买物品没有验收入库，出库没有领用手续，同时发现270000元现金收支不明；漏缴税费233万元，未纳入财政专户管理资金226万元，拖欠职工养老金61万元等问题。审计组将线索移送检察院进一步侦查，查出何某某及两名副总经理共同贪污36496元，何某某受贿52093元，追缴赃款65万余元。审计结果在宾馆进行公告，引起职工较大反响，促成宾馆整改，出台了《关于落实审计整改进一步规范内部管理的通知》。审计报告被新干县委书记刘贤清在当年的全县领导干部党风廉政建设警示教育大会上当作典型案例引用，县政府由此制定出台《新干县领导干部廉洁从政若干规定》。《中国审计报》2007年5月14日对新干县落实整改，加强干部教育管理的成果进行了专题报道。该项目获2006年度江西省审计厅审计项目三等奖。

专项资金审计及审计调查　1992年6月下旬，根据省审计局、省农业开发领导小组办公室赣审农字〔1992〕05号文件要求，地区审计局及七个项目县审计局对赣中南第一期农业综合开发项目的实施情况进行专项审计。审计总金额12047万元，占项目总投资的73%。审计查明：第一期农业综合开发项目是1991年1月经国家开发办批准立项，在吉安县、吉水县、峡江县、永丰县、新干县、泰和县、万安县等七县及地区十六个项目单位实施。开发期三年（1989年至1992年）。计划总投资16502万元，其中：中央投资5505万元（50%有偿），省配套资金1089万元，地区配套资金550万元，县乡（单位）自筹资金3854万元，农业专项贷款5505万元。资金已到位15359万元，占总投资的93%。省配套缺口190万元（占应配套的18%），县及县以下配套缺口32万元（占应配套的1%），农行贷款缺口920万元（占应配套的17%）。经过三年的开发，主要任务基本完成，取得明显效果和效益。但在资金使用和管理方面审计发现的问题主要是：（一）挤占挪用项目资金。（二）项目安排不合理，资金和项目分散，水利、低改、开荒各搞一摊，缺乏集中连片和综合治理的整体性。（三）在进行项目设计时，安排一些违反国家规定的支出内容。如购车、建房等。（四）项目财务核算不合规，会计大都是兼职人员，有的不懂业务，用不合规的原始凭证（白条）等作为记账凭证依据，付款手续不全。针对存在问题，审计机关依照有关财经法规作出处理，并提出审计建议。地区审计局向行署提交的综合报告，行署领导非常重视，及时将地区审计局《关于吉安地区赣中南项目实施情况的审计报告》转发给吉安县、吉水县、峡江县、永丰县、新干县、泰和县、万安县政府和行署有关部门，并要求相关部门和单位要认真进行整改。

1999年2月2—8日，根据地委办公室、行署办公室吉办字〔1999〕4号文件精神，地区审计局对地区东固山综合垦殖场（含下属汽车工程塑料厂，聚氨酯公司、齿轮厂、制尺厂）1997至1998两个年度的资产负债损益情况进行就地专项审计。审计查明：（一）企业资产负债情况：1998年底，东固山综合垦殖场的账面资产总额5762万元，负债总额4982万元，净资产780万元。审计查证1998年底企业资产总额中有不良资产679万元。剔除不良资产因素，企业实际资产总额5083万元，负债总额4982万元，净资产101万元。（二）企业经营损益情况：1997年，该垦殖场产品销售收入2329万元，实现税金191万元、利润总额–33万元，均比1996年有所减少。1998年，产品销售收入2198万元、实现税金169万元、利润总额亏34万元，均没达到行署下达的目标任务。审计查出的主要问题：（一）1997年12月汽车工程管理塑料厂虚开销售发票虚增产品销售收入206万元，虚增利润。（二）1997年场属6个企业少计提折旧，1998年场属9个企业少计提折旧，两年少计提折旧131万元，虚减亏损131万元。1997年度与1998年度的产品销售收入、销售成本及费用进行调账处理后，仍亏损198万元。（三）1998年，场属企业均按实际支付银行的利息列支财务费用，与1997年相比减少应付利息171万元，导致企业潜在性亏损和1998年的虚盈实亏。

2008年，按照审计署、省审计厅的安排，吉安市审计局组织对吉安县2008年低温雨雪冰冻专项救灾资金物资分配、发放、使用和管理情况进行专项审计。审计重点主要是全县低温雨雪冰冻救灾资金和物资的发放使用单位：县财政局、县民政局、县林业局和县农业局及其下属单位；财政局收到和组织的救灾专项资金是否及时拨付到位事项；各经手单位是否按照有关文件规定，合理真实地拨付救灾款物，真正让救灾款物及时发挥救灾作用等情况。审计查明：2008年初，吉安县遭遇百年罕见的低温雨雪冰冻天气，给该县造成巨大损失，同时也得到来自党和国家四面八方的支援和帮助。截至2008年6月7日止，吉安县共收到上级财政拨入2008年低温雨雪冰冻专项救灾资金和物资704万元，其中：低温雨雪冰冻专项救灾资金706万元，低温雨雪冰冻专项救灾物资25万元。通过审计，发现救灾资金下拨不及时，部分救灾物资使用过程中未按财务制度规定进行财务核算，如出入库手续不健全、救灾设备及保证金不入账，涉嫌转卖救灾物资、弄虚作假挪用救灾补助金等现象。吉安县审计局将4件违纪线索移送至纪检监察部门，纪检部门根据吉安县审计局移送的案件线索，进行立案侦查，并对朱友根等多名涉案人员进行查处。吉安县审计局将此案情以《审计要情》专题形式向县委、县政府主要领导反映，县委常委、县政府常务副县长彭耀圣作出批示：责成县财政局、民政局、林业局认真抓好整改落实，并将整改情况上报。吉安县人民政府根据审计反映的情况及意见，出台《关于严肃财经纪律切实加强专项资金监管的意见》，规定"对重点专项资金，项目结束后，管理、使用专项资金的部门和单位应向同级审计部门申请审计"。该项目获2008年度江西省审计厅优秀审计项目三等奖。

审计成果　吉安市各级审计机关1991—2010年共对21703个单位进行审计，查出违纪违规金额480507万元，其中应上缴财政金额40328万元，已上缴财政金额32824万元。

表13-10-2　1991—2010年吉安市审计机关审计工作成果情况

单位：万元

年度	被审计单位数量（个）	查出违纪违规金额	应上缴财政金额	已上缴财政金额
1991	1334	4049	554	523
1992	1229	6354	744	672
1993	917	5901	789	722
1994	960	5099	846	715
1995	918	5092	870	823
1996	1079	8114	1466	1378
1997	1440	7666	1825	1639
1998	1321	17660	1648	1571
1999	1380	24653	1421	1323
2000	1087	16086	1312	1228
2001	1167	23103	1579	1455
2002	895	12351	1583	1480
2003	1094	16610	2131	2113
2004	244	4218	482	389

续表

年度	被审计单位数量（个）	查出违纪违规金额	应上缴财政金额	已上缴财政金额
2005	1102	14447	3097	2988
2006	1279	21520	2932	2726
2007	1195	25809	4780	3796
2008	1253	23136	5054	4823
2009	1090	19181	3079	2460
2010	719	19458	4154	
合计	21703	480507	40328	32824

第十一节　抚州市审计概况

机构与队伍

机构设置　1983 年 12 月，抚州行署党委、人民政府根据省委、省政府的部署，决定在抚州地区组建审计局。12 月 2 日，抚州地区审计局挂牌成立。至 1984 年 6 月，抚州地区审计局及辖区所属 11 个县（区）（临川县、崇仁县、南城县、乐安县、广昌县、东乡县、金溪县、宜黄县、南丰县、黎川县、资溪县）审计局陆续成立，全地区审计机关组建工作完成。1995 年 4 月，行署机构改革，临川县审计局和抚州市审计局合并，组建成立临川市审计局。2000 年 10 月 18 日，省行政区划改革，抚州地区撤地设市，临川市更名为临川区，抚州地区审计局更名为抚州市审计局，临川市审计局更名为"临川区审计局"并隶属抚州市审计局。2008 年 9 月，抚州市金巢经济开发区审计局成立。至 2010 年底，全市审计机关共有审计人员 338 人，其中市本级 51 人、临川区审计局 26 人、崇仁县审计局 24 人、南城县审计局 36 人、乐安县审计局 20 人、广昌县审计局 22 人、东乡县审计局 33 人、金溪县审计局 26 人、宜黄县审计局 26 人、南丰县审计局 26 人、黎川县审计局 24 人、资溪县审计局 22 人、金巢经济开发区审计局 2 人。

职能与职责　1983 年 12 月，抚州地区审计局成立后，其主要任务是对行署政府各部门和县（市、区）人民政府的财政财务收支、对行署级财政金融机构、行政企事业单位的财务收支进行审计监督，依照法律规定，独立行使审计监督权，对行署政府和上一级审计机关负责。1995 年，根据《中共抚州市委、市政府关于实施抚州市、县、乡（镇）党政机构改革等方案的通知》（抚党发〔1995〕47 号）精神，抚州市审计局的职责调整为：强化审计监督职能，维护国家财经法规，监督国家资金的管理和使用，充分发挥其在国民经济宏观管理中的作用，按照统一领导，分级审计的原则，加强对市政府各部门特别是经济管理部门和县（市）区政府财政收支的直接审计。减少统一部署的审计项目，县（市）区的审计项目由县（市）区审计机关根据政府的要求自行安排；改革企业审计办法，减少对企业的直接审计，重点审计占有、使用国有资产数额较多和接受财政补贴较多或者亏损额较大的市属国有企业，对其他国有企业逐步改由审计事务所进行审计，审计机关必要时进行抽审。

2002 年 10 月,抚州市委、市政府再次进行机构改革,对审计机构职能配置规定也作出相应调整。新增的职能:依据《中华人民共和国审计法》《中华人民共和国预算法》的规定,审计监督市级预算执行和其他财政收支;依据《中华人民共和国人民银行法》《中华人民共和国商业银行法》的规定,审计监督市属国有金融机构的财务收支及其资产、负债和损益情况;组织和实施对党政领导干部和国有企业及国有控股企业的法定代表人的任期经济责任审计;审计监督社会保障资金和环境保护资金。根据以上职能调整,市审计局的主要职责是:贯彻执行审计工作方针、政策和法律法规;研究拟订实施细则和审计业务制度;办理县(市、区)审计法规和规章的备案审查;组织领导、协调监督各级审计机关的业务;向市政府、省审计厅报告和向市政府有关部门通报审计情况,提出制定和完善有关政策法规、宏观调控措施的建议;直接对《中华人民共和国审计法》规定的事项进行审计;参与审计领域的内外交流活动,指导和推广信息技术在审计领域的应用,组织建设全市审计信息系统;负责推进、指导、协调、监督本部门、本系统的政府信息公开工作。2010 年 11 月,根据市政府印发的《抚州市审计局主要领导职责内设机构和人员编制的规定》,审计机关新增审计职能为:审计监督财政资金占项目总投资的比例超过 50%,或者占项目总投资的比例在 50% 以下,但政府拥有项目建设、运营实际控制权的政府投资建设项目。审计监督预算管理或者国有资产管理使用等与国家财政收支有关的特定事项,向有关地方、部门、单位进行专项审计调查。对市级机关进行审计或者专项审计调查时,有权对社会审计机构(即会计师事务所)出具的相关审计报告进行核查。

编制与职数 1983 年,行署编委批复,地区审计局核定行政编制 15 个。1985 年,地区审计局增加行政编制 7 个,共 22 个。1986 年,地区审计局增加行政编制 3 名,共 25 个。1988 年,行署编委、地区劳动局、地区财政局、地区审计局联合下文,转发省机构编制委员会、省劳动人事厅、省财政厅、省审计局批复同意,市审计局增加事业编制 5 个。1996 年,地区审计局增加工勤编制 3 个,增加自收自支事业编制 10 个。1997 年,地区审计局增加全额拨款事业编制 3 个。2007 年,市编委下发《关于重新核定市审计局机关人员编制的通知》,重新核定市审计局机关行政编制 28 名,工勤编制 5 名,差额拨款事业编制 12 人,共计 45 个。2010 年,市编委下发《关于增加市工程造价审核中心事业编制的批复》,同意增加市工程造价审核中心全额拨款事业编制 5 名。截至 2010 年底,市审计局共有行政编制 29 个,工勤编制 5 个,差额拨款事业编制 12 名,全额拨款事业编制 5 名,总共 51 个。

领导成员 1983 年至 2010 年,抚州市审计局领导班子经过七次调整。

表 13-11-1 1983—2010 年抚州市审计局历届领导成员

姓名	职务	任职时间
吴武仙	副局长(主持工作)	1983.12—1988.03
	党组书记、局长	1988.04—1994.08
魏全裕	党组书记、局长	1994.09—1996.09
曹宝泉	党组书记、局长	1996.09—1998.12
章友泉	副局长(主持工作)	1996.11—1999.03
张建国	党组书记、局长	1999.04—2002.08

续表

姓名	职务	任职时间
黄德宪	党组书记、局长	2002.08—2007.03
周付德	党组书记、局长	2007.04—2009.05
曾龙昌	党组书记	2010.06—
	局长	2009.06—2010.06

内设机构 1983 年 12 月，抚州地区审计局内设人事秘书科等 4 个科室。至 2010 年，市审计局内设 8 个职能科室，即人事秘书科、综合法规科、财政金融审计科、行政事业审计科、经贸审计科、固定资产投资审计科、经济责任审计科、农业资源环境审计科；3 个事业单位、市工程造价审核中心、市审计培训中心、市审计信息中心。

县（市）区审计局 抚州市审计局所辖 10 县 2 区，均成立审计局。其中：南丰县审计局 1983 年 11 月 15 日成立，至 2010 年底，内设机构 7 个，行政编制 11 人，后勤事业编制 3 人。历任审计局长：熊细宗（筹备工作负责人）、胡昌祺（主持全面工作）、严国安、徐小明、赵敏、汤小卫、陈军；广昌县审计局 1984 年 1 月成立，至 2010 年底，内设机构 5 个，行政编制 9 人，工勤事业编制 1 人。历任审计局长：钟启民（副局长主持工作）、陈剑、程立新（副局长主持工作）、徐玉麟、肖勇、冯光、顾荣辉；黎川县审计局 1984 年 1 月成立，至 2010 年底，内设机构 7 个，行政编制 16 人，后勤事业编制 8 人。历任审计局长：倪育明、官水发、万忠田、许爱军、吴志强、鄢国平；临川区审计局 1984 年 3 月成立，至 2010 年底，内设机构 7 个，行政编制 22 人，工勤服务编制 5 人，事业编制 3 人。历任审计局长：邓明雄、白金春、毛细根、刘细权、邓秋文、饶志荣；金溪县审计局 1984 年 3 月成立，至 2010 年底，内设机构 6 个，行政编制 14 人，工勤事业编制 2 人，事业编制 3 人。历任审计局长：黄启华、熊仰岚、王伙群、邹垣兴、黄崇高、余日进、林新、曹广辉、樊志勇；乐安县审计局 1984 年 4 月成立，至 2010 年底，内设机构 5 个，行政编制 9 人，工勤服务编制 1 人，事业编制 5 人。历任审计局长：韩树芳（负责组建）、易小云（负责组建）、付行忠、田予东、涂继旗、彭光辉、郑和元、陈党保、黄查英；宜黄县审计局 1984 年 5 月成立，至 2010 年底，内设机构 7 个，行政编制 11 人，后勤事业编制 1 人。历任审计局长：曾传家、曹小平、黄平、欧阳敏；南城审计局 1984 年 5 月成立，至 2010 年底，内设机构 5 个，行政编制 11 人，事业编制 2 人。历任审计局长：黄朝贵、崔春斌、邱思忠、徐洁敏、徐应祥、王小平、欧建明；崇仁县审计局 1984 年 6 月成立，至 2010 年底，内设机构 5 个，行政编制 10 人，工勤服务编制 1 人，事业编制 5 人。历任审计局长：黄远庆、徐建明、徐遂增、李先仁、吴高明、王绍辉；资溪县审计局 1984 年 6 月成立，至 2010 年底，内设机构 6 个，行政编制 9 人，后勤事业编制 7 人。历任审计局长：何兆鲁、徐升浩、何伟东、胥国平、崔炜、李锡明；东乡县审计局 1984 年 6 月成立，至 2010 年底，内设机构 4 个，行政编制 10 人，后勤事业编制 1 人。历任审计局长：张保堂、张德清、艾益群、乐会俊、徐学文、杨世航；金巢经济开发区审计局 2008 年 9 月成立，至 2010 年底，内设机构 2 个，行政编制 1 人，事业编制 4 人。历任审计局长：戴敏、杨仉女。

审计业务选介

财政金融审计 2001年11—12月，根据审计计划安排抚州市审计局派出审计组对抚州市政府驻北京、南昌、深圳、厦门、海口等办事处财政财务收支进行审计。该次审计是抚州市审计局首次开展驻外机构审计，通过审计了解掌握抚州市政府驻外单位的基本情况，并在健全内部控制制度、严格执行国家财经纪律等方面提出建议和意见，对存在的严重违法违纪问题，敢于坚持原则，如实披露。在审计过程中发现某驻办事机构存在严重违法违纪问题：一是办事处下属公司设置两套财务账，每年偷税50余万元；二是该公司出纳员监守自盗，挪用公款46万元；三是公司虚盈实亏246万元。市审计局向市政府提交的审计报告，市政府领导非常重视。市领导批示，审计报告反映的情况触目惊心，问题的性质非常严重，教训十分深刻，有关领导和单位要拿出切实措施和办法抓好整治，对触犯法律的要严肃处理。该公司出纳员谭某在审计结后已被移送司法部门查处。

2004年4—5月，根据《抚州市审计局2003年度审计项目计划》安排，抚州市审计局派出审计组对市本级2003年财政预算执行情况及其他财政收支情况进行审计。通过审计全面摸清了以政府为主体的财政收支全貌；部门预算编制的完整性、科学性和规范性，重点揭示有预算分配权的部门、单位在预算编制管理中是否存在分配不规范、不公平、不完整等问题；揭示部门决算报表收支不实，随意挤占挪用、调剂串换、隐藏截留和长期滞留各种历年结存专项资金等问题。审计发现的问题主要是：（一）财政部门方面：支出预算执行率偏低；科学、教育支出未达到法定增长的要求；扶贫专项资金使用不合理；预算收入没有按规定及时足额缴入国库。（二）地税部门方面：存在欠税现象；税款记经费账暂存科目未及时缴国库。（三）其他部门方面：挤占专项资金，影响专项资金的使用效果；主管部门未及时将专项资金拨付专用项目等问题。此项目审计报告受到市政府领导高度重视，市长谢亦森、常务副市长鲍小慧分别做出批示，要求市财政局及有关部门对存在的问题要切实加以纠正，并举一反三，防止类似问题再次出现。

2005年4—6月，根据《抚州市审计局2005年度统一组织审计项目计划》（抚府办发〔2005〕7号）要求，审计局派出审计组对市本级2004年度预算执行和其他财政收支情况进行审计。审计重点关注部门预算执行情况、财政性资金体外循环、超收资金再分配和非税收入收支管理等问题。审计报告反映市本级财政预算管理及执行中存在的主要问题：预算收入未及时入库、应收未收城市用电附加、存在多头开户现象；部分县（区）政府财政预算管理及决算中财政资金管理不规范，多头开户、截留上级财政收入、部分县政府违反规定，超越权限以政府抄告单形式让有关部门通过乱收费、乱拉赞助费的途径解决项目资金等问题。市审计局向市政府提交的《加强票据管理，制止乱收费行为》的审计要情，市长谢亦森作出批示，要求各级财政部门切实加强票据管理，严格领、销、核制度，从源头上遏制乱收费行为。

行政事业审计 2003年9月，根据《抚州市审计局2003年度审计项目计划》安排，抚州市审计局派出审计组对市属抚州一中、临川一中、临川二中三所重点中学财务收支情况进行审计，重点审计三所重点中学的收费及财务管理情况。审计发现：三所学校在收费和财务管理上存在乱收费、私设"小金库"、漏缴税费等问题，违纪违规金额高达1184万元。2003年10月11日，市长谢亦森对审计报告作出批示，审计反映的问题是严重的，我们要重视和支持教育，但并不意味着对存在的问题视而不见，应处理的要给予处理，同时对学校负责人要提出要求，按照审计报告提出的建议抓好整改。三所重点学校按审计要求认真进行整改：建立和完善加强收费管理的各项制度，强化学校收费管理工作领导责任制和责任追究制度；严格规范学校收费行为；规范代收代支收费的管理与使用，对所有代收费项目根据"提供服务、不得盈利、多退少补、及时结算"的原则进行管理；进一步强化财务基础工作，提高财务核算水平。

2005年4月11日—5月11日，根据《抚州市审计局2005年统一组织审计计划》安排，抚州市审计局派出审计组对江西省交通稽查征费局抚州分局2003年至2004年度养路费、重建金、通行费等三项收费情况进行专项审计调查。审计组采用实地审计、抽样审计、报表审计、审计询问等方法进行审计，对其内部控制进行风险性测评，延伸市财政局了解相关情况。审计发现：（一）2003年至2004年，养路费、重建金未征收到位金额为1677万元。其中：养路费征收率为92%，欠收937万元；重建金征收率为92.1%，欠收740万元。（二）个人违规以单位名义贷款，导致规费损失106万元。分局领导1996年违规以单位名义向银行贷款未如期归还，导致2004年8月分别被市中级法院和临川法院从单位规费中强制扣除还款。（三）部分站点财务管理不规范等严重违纪问题。市长谢亦森、副市长鲍小慧、副市长王俊纲对审计报告均作出批示；被审计单位根据审计报告及市领导批示进行了整改。该项目被评为2005年度全省优秀审计项目表扬奖。

2006年4月17—25日，根据《临川区审计局2006年统一组织审计项目计划》的安排，临川区审计局派出审计组对抚州市国土资源局临川分局及下属单位2005年度财政财务收支情况进行就地审计。审计组采用核对分析、计算机辅助、随机抽样、调查询问等方法进行审计，重点审计该单位及其下属单位的财政收支情况及资产负债情况。审计发现：抚州市国土资源局临川分局局机关超标准收取耕地开垦费、违规收取土地超占费、违规收取矿产登记证工本费及交易费、坐收坐支、挤占国土收益、云山镇国土资源所隐瞒收入、公款私存私放等严重违纪违规问题。2006年8月，临川区第二届人大常委会第二十五次会议上，临川区审计局向大会报告该项目审计情况，促使临川区人大常委会印发《关于对〈关于2005年度临川区财政预算执行及其他财政收支的审计工作报告〉审议意见的交办函》，临川区人民政府出台《临川区区本级财政资金管理办法》，抚州市国土资源局临川分局出台《抚州市国土资源局临川分局关于进一步加强财务管理的暂行规定》，时任临川区云山国土资源所所长被行政记大过处分。该项目被评为2006年度全省优秀审计项目表扬奖。

固定资产投资审计　2004年5—7月，根据省审计厅的统一部署，抚州市审计局派出审计组对全市2002年至2003年乡村公路建设资金的管理、使用情况进行审计。审计查出挤占挪用专项资金1267万元，虚报工程量套取补贴、利用职权变相乱收费和财务管理不规范等7个方面的问题。市长谢亦森、常务副市长鲍小慧对审计报告反映的问题非常重视，分别作出批示；市长谢亦森在《公路建设债务应引起高度重视》的审计要情上批示，要求市财政部门建立公路偿债机制，市、县（区）交通局对存在的问题要坚决进行整改，对挪用专项资金用于经费开支和建办公楼的要追究责任。市交通局及时召开党政班子联席会议和全市公路专项资金审计情况整改会议，贯彻落实市政府领导批示，抓好整改工作。随后，市交通部门对审计反映的问题已全部作出整改计划，部分被挤占挪用的资金已经归位。

是年 7—8 月，根据《抚州市审计局 2004 年度审计项目计划》安排，抚州市审计局派出审计组对抚州市迎宾大道建设项目竣工决算进行审计。工程结算部分为报送审计，财务收支部分为就地审计，并延伸审计部分征地、施工单位与迎宾大道项目有关的财务收支。通过审计，核减工程造价上千万元，占送审总金额的 8.6%。为节约国家建设投资，规范建筑市场秩序发挥积极作用。市长谢亦森、常务副市长鲍小慧、分管城建的副市长王俊纲在呈送的审计报告上批示，对工程造价管理方面存在的问题，要求深查下去。项目指挥部立即进行了整改：按审计核减后的数据支付工程款；定额编制费已向施工单位扣回；造价管理及项目管理中存在的问题已逐步纠正等。

经济责任审计 2005 年 7—12 月，根据《抚州市审计局 2005 年度统一组织审计项目计划》和抚州市委组织部委托，抚州市审计局派出审计组，对全市 11 个县（区）检察院现任检察长及 11 个县（区）检察院 2003 年至 2004 年财务收支、财务管理内控制度、罚没款物的收缴及管理、暂扣款物的管理等情况进行审计。审计发现：财政预算管理不规范，预算安排资金不足；罚没款的收缴不规范，用行政事业收费票据收取罚没收入；违规收费；暂扣款物管理不规范等问题。市长谢亦森、常务副市长鲍小慧均在《全市 11 个县（区）检察院检察长任中经济责任审计综合报告》上批示，要求有关单位认真整改，并报告整改结果。对审计中发现的问题，引起各县（区）检察院的重视，相关单位均采取相应的纠正措施，有的县检察院专门召开党组会进行研究，进行积极的整改，并将现存的未使用完的行政性收费票据上缴县财政，暂扣款设立专户管理，及时将暂扣款转作罚没收入，将审计查出的问题整改到位。

是年 7—11 月，根据《抚州市审计局 2005 年度统一组织审计项目计划》和抚州市委组织部委托，抚州市审计局派出审计组，对全市 11 个县（区）法院现任院长及 11 个县（区）法院 2003 年至 2004 年财务收支、财务管理内控制度、各项诉讼费、实际执行费的收取、使用，执行标的款、物的管理、处置，财务管理内控制度以及资产债务等情况进行审计。审计发现：违规收费、违反"收支两条线"规定，违规截留收入；诉讼费退付和实际执行费的管理制度不够健全；执行标的款管理不规范，挤占挪用执行标的款；自觉纳税意识不强；部分县财务管理不够规范等问题。市长谢亦森、常务副市长鲍小慧均在《全市 11 个县（区）法院院长任中经济责任审计综合报告》上作出批示，要求有关单位认真整改，并报告整改结果。对审计中发现的问题，引起各县（区）法院的重视。各县（区）法院针对存在问题采取相应的措施进行整改，有的逐步得到纠正，将挪用的执行标的款归还原资金渠道，对漏交的税费也根据审计处理意见及时进行补缴。

是年 7—12 月，根据《抚州市审计局 2005 年度统一组织审计项目计划》和抚州市委组织部委托，抚州市审计局派出审计组，对全市 11 个县（区）现任公安局局长及 11 个县（区）公安局财政财务收支情况进行审计，重点审计公安局行政收费环节及标准、内部控制制度建立及遵守情况、预算管理情况等。审计发现：违规收费、收入未入账、坐收坐支预算外收入和罚没收入、部分工程和设备采购未按规定进行公开招标等问题。市审计局提交的《关于 11 个县（区）公安局长经济责任审计》的综合报告，得到市委分管政法工作领导的重要批示，被作为全市公安系统教育整顿的重要材料。被审计单位和被审计领导干部对审计查出的问题高度重视，对审计查出的违法违规问题及时进行了整改。

2007年3月19日—5月14日，根据《2007年南丰县审计项目计划》安排，南丰县审计局派出审计组，对南丰县劳动就业局局长任期内经济责任进行审计。审计组通过询问调查，盘点管理费发票，运用计算机辅助审计，重点审计该单位零星用工管理费及代征手续费。审计发现该单位存在挤占下岗再就业专款、无项目收取零星用工管理费、滥发手续费及发票管理混乱等严重违纪问题。南丰县审计局对存在的严重违纪问题线索于2007年5月23日移送南丰县纪律检查委员会继续进行深究。该项目审计报告在南丰县政府网全文进行公告，南丰县县长对《审计要情》作出重要批示，促使南丰县劳动就业局出台《南丰县劳动就业服务管理局财务管理制度》并对存在问题进行积极整改，违法所得全部上缴国库，南丰县纪委对相关人员进行处理。该项目被评为2007年全省优秀审计项目表扬奖。

专项资金审计及审计调查 2001年，抚州市审计局组织审计组对抚州市救灾资金的管理及使用情况进行审计。审计发现的问题主要是：（一）救灾资金295万元未及时拨给用款户。（二）挪用救灾资金订阅报刊等。（三）某些部门在分配救灾资金时近水楼台先得月，违规分享救灾资金113万元。（四）灾民应得的救济款被抵交乡村统筹提留。市委书记罗筱玉对审计报告作出批示，救灾资金是救急钱，必须做到专款专用，及时拨付。这是我们各级干部对待人民群众的态度问题，如存在贪污挪用行为应严肃查处。

2002年6—7月，根据省审计厅《关于做好2002年政府采购审计和审计调查工作的通知》要求，抚州市审计局组织审计组对全市2001年政府采购工作进行审计，并对有关采购单位进行延伸审计调查。审计发现：政府采购中心自1999年4月成立以来，存在着机构设置混乱，未形成独立管理执行监督的制约机制；采购规模小、范围窄；评标委员构成不合理；没有编制年初预算；医疗药品采购不能满足采购单位的需要等问题。审计后，审计组从制度上提出改善管理、规范采购行为的建议。市长钟际跃对报告作出批示，要求有关部门认真整改，规范政府采购行为，市委重要信息刊物《每日快报》刊载了审计报告主要内容。

是年8月，根据省审计厅《全省住房公积金管理机构调整请理审计工作方案》要求，抚州市审计局组织县（区）审计局对市、县（区）两级住房公积金管理机构调整清理情况进行审计。审计发现：某些住房公积金管理机构存在挪用住房公积金；违规多头存储住房公积金；不按规定及时计提、结转职工个人住房公积金账户利息；管理不规范；实际缴纳住房公积金人数比例过低等问题。市政府分管副市长李小山对审计报告作出批示，要求市住房公积金管理中心对审计发现的问题立即整改。

2003年8—9月，根据《江西省审计厅转发审计署办公厅2003年政府外债管理体制专项审计调查工作方案的通知》要求，抚州市审计局派出审计组对抚州市分布在全市11个县（区）的5个政府外债项目：即红壤二期开发、森林资源发展和保护、贫困地区林业发展项目、贫困和少数民族地区基础教育项目和综合性妇幼卫生项目进行审计调查。审计调查重点关注使用外债单位内控制度及资金管理。在归纳总结和分析历年对政府外债项目审计，政府外债管理和使用情况审计调查的基础上，结合当年预算执行审计和各世行贷款项目情况进行审计。审计发现：资金管理不健全；还贷措施不力和外债资金的调配监管不力；物资管理不健全，外债项目实施单位均不同程度出现仪器不实用，材料重复采购造成积压或部分采购物资与项目脱节等情况。市长谢亦森、常务副市长鲍小慧在审计局上报的《加强外援贷款资金管理，切实防范政府债务风险》的审计要情上批示，要求高度重视外援贷款项目管理工作，市政府并向各县（区）政府和市政府有关部门转发了审计报告。

2005年8月16—20日，根据省审计厅《江西省2005年退耕还林工程专项资金审计工作方案》要求，抚州市审计局派出审计组，对金溪县2002年至2004年退耕还林工程项目计划执行、专项资金拨付使用、相关政策落实及工程项目实施和效益情况进行审计。审计组采取计算机辅助审计，在退耕还林专项资金拨付、使用方面取得重大突破，审计发现林业局部分干部弄虚作假骗取国家粮食补助资金、虚开苗木发票套取国家种苗补助资金、挤占挪用专项资金等严重违纪问题，相关责任人员被移送纪律检查机关处理。抚州市副市长鲍小慧对《抚州市审计局关于全市2001年以来退耕还林专项资金的审计报告》作出重要批示，要求涉事单位认真整改。金溪县人民政府按照市领导的指示要求及时认真地进行了整改，相关责任人也受到党内严重警告的处分。该项目被评为2005年度全省优秀审计项目二等奖。

2005年5—9月，根据《江西省2005年度退耕还林专项资金审计工作方案》的要求，抚州市审计局派出审计组，对全市2005年5月底之前中央及地方各级政府投入的2001年至2004年退耕还林专项资金进行审计。该次审计重点审查退耕还林工程项目计划执行情况；退耕还林专项资金拨付使用情况；退耕还林工程相关政策落实情况；退耕还林工程项目实施和效益情况。审计发现的问题主要是：侵占退耕户粮食差价款、粮食部门套取粮食补助资金用于弥补经费不足、林业部门工作人员违规操作参与退耕还林，从中获取非法利益、虚开种苗发票套取国家种苗补助款、虚报面积套取国家粮食补助资金等违纪违规问题。市政府常务副市长鲍小慧在审计报告上批示，市审计局反映的问题值得肯定，各县区各单位要高度重视，坚决整改。金溪县林业局时任局长被处以严重警告处分。

2006年5月22日—7月10日，根据江西省审计厅关于转发审计署《2006年住房公积金专项审计调查工作方案》要求，抚州市审计局派出审计组对抚州市2005年度住房公积金的归集、使用和管理情况以及住房公积金制度重要政策的执行情况进行审计调查。审计组在审计过程中利用算机辅助审计，通过电子数据排查、筛选、查阅、问询座谈等审计方法，重点审计住房公积金管理体制未理顺情况、不同收入群体缴存住房公积金的差异情况、住房公积使用效益不高的情况、住房公积金流失和违纪违规及违法犯罪线索情况、住房公积金增值收益的分配使用等情况。审计发现：部分县区挤占挪用住房公积金、违规发放个人住房公积金贷款、住房公积金归集管理不规范、住房公积金缴交标准不统一、信息系统建设落后、住房公积金机构调整工作没有到位、住房公积金管理委员会制度不够落实、财政配套资金未足额到位等违纪违规问题。审计组向市政府上报的《抚州市住房公积金管理使用中存在的问题亟待解决》的审计要情，市长甘良淼、副市长陈日武均作出重要批示，促使市政府出台《关于印发抚州市住房公积金整改工作实施方案的通知》，市住房公积金管理中心向省房屋公积金监管处《关于开展整改工作情况的汇报》中揭示已对有关问题进行了积极的整改。该项目被评为2006年度全省优秀审计项目二等奖。

2007年8月13—16日，根据江西省审计厅关于《2007年江西省国土资源出让收费管理及使用情况专项审计工作方案》的要求，抚州市审计局派出审计组对资溪县2005年至2006年国有土地使用权和矿产资源出让、划拨、转让的管理和各项资金、规费的征管、使用情况，以及耕地占补平衡、土地整理的项目实施和资金管理情况进行审计。审计过程中，审计人员主要以账面审计为准，运用询问、分析、查询、审阅和计算机辅助等审计方法，对资溪县财政局、国土资源局的会计账本、报表、凭证及档案合同的真实性、合法性、合规性进行审计，并对涉及审计项目的三家民营公司的用地情况进行延伸审计调查。审计发现：开发商违法用地、弄虚作假低价出让国有土地、零地价出让国有商业用地、违规减免土地出让金、挪用土地出让金用于扶持企业发展等严重违纪违法情况。审计组及时将违纪违法线索移送抚州市公安局继续进行侦查。经抚州市公安局立案调查，4 名相关犯罪嫌疑人经资溪县人民检察院批准逮捕,违法所得上缴国库。该项目被评为 2007 年度全省优秀审计项目三等奖。

审计成果 抚州市各级审计机关 1991—2010 年共对 16010 个单位进行各项审计，查出违纪违规金额 182652 万元，其中应上缴财政金额 19306 万元，减少财政拨款金额 13760 万元，移送纪检、司法机关处理案件 102 起，涉案人员 134 人。

表 13-11-2 抚州市审计机关 1991—2010 年历年审计工作成果情况

单位：万元

年度	被审计单位数量（个）	查出违纪违规金额	应上缴财政金额	应减少财政拨款或补贴金额	移送纪检、司法机关处理	
					案件（起）	涉案人员（人）
1991	752	1101	292	3	2	2
1992	714	2346	286	112	1	2
1993	672	2079	232	178	1	2
1994	691	2720	439	137	2	2
1995	717	1123	290	174	1	1
1996	741	1786	381	291	2	4
1997	733	1205	423	103	2	2
1998	682	2696	415	70	1	2
1999	617	3898	740	202	1	2
2000	637	6330	708	117	2	4
2001	603	7343	698	273	3	6
2002	732	5855	566	350	6	11
2003	805	6347	1012	993	15	18
2004	751	9418	1482	4817	19	21
2005	804	9045	1553	1477	15	16
2006	879	51703	1766	3172	16	22
2007	930	18062	1989	187	2	2
2008	1069	15280	1245	153	4	4
2009	1162	13555	2312	243	5	7
2010	1319	20760	2477	708	2	4
合计	16010	182652	19306	13760	102	134

人　物

一、人物传

王仲发 （1931—1997）黑龙江省克山县人，1931 年 4 月生，高中文化，1947 年毕业于黑龙江北安高师，1949 年 8 月加入中国共产党。1947 年 10 月参加工作，1948 年 11 月至 1949 年 2 月，任克山县民政科科员；1949 年 6 月随部队南下至江西，历任瑞昌县人民政府办公室主任、共青团九江地委秘书、中共九江地委组织部科长；1954 年任都昌县委第一副书记；1956 年任县委书记；1964 年 1 月至 1970 年 6 月，先后任九江地区计委第一副主任、九江地委财贸政治部副主任、宣传部副部长；1970 年 7 月至 1973 年 4 月调省财政金融局工作，任局党委副书记、副主任；1973 年 5 月至 1982 年 4 月，任省财政局、省财政厅党委书记、局长、党组书记、厅长。1982 年被选为中共第 12 次全国代表大会代表；1982 年 4 月至 1983 年 9 月，任省财经委员会第一副主任，省经济委员会第一副主任，党组第一副书记；1983 年 9 月至 1990 年 8 月，任省审计局局长、党组书记、省纪委委员；1990 年 4 月开始，当选为省七届人大常委会副主任、省八届人大常委会副主任、兼财经委员会主任、十届全国人大代表。1997 年 2 月 5 日病逝。

骆凤田 （1931—2006）辽宁省朝阳市人，1931 年 11 月生，高中文化，1950 年加入中国共产党。1947 年 11 月参加工作，1949 年 6 月至 1952 年 12 月，先后任九江贸易公司会计、财务科长；1953 年 1 月至 1959 年 12 月，历任九江花纱布公司副经理、九江农产品采购处处长、九江贸易公司经理等职。1960 年 1 月至 1980 年 9 月，先后担任九江专署交际处处长、财政处处长、九江行署办公室主任；1980 年 10 月至 1982 年 2 月，调省外事办公室任接待处处长；1982 年 2 月至 1983 年 8 月，任省财经委员会办公室主任；1983 年 11 月至 1992 年 2 月，任省审计局副局长、党组成员。2006 年 6 月 17 日病逝。

二、人物简介

1991—2010 年省审计厅主要领导

池宝库 辽宁省海城市人，1938 年 5 月生，东北会计统计专科学校毕业，1969 年 10 月加入中国共产党，1983 年被授予会计师职称。1957 年 6 月至 1969 年 12 月，先后在冶金部地质局江西分局 20 大队和冶金地质勘探公司任成本会计、财务科负责人；1970 年 1 月到 1978 年 7 月，任赣州地区重工业局计财科副科长；1978 年 8 月至 1979 年 10 月，任赣州地区计划委员会企管科长；1979 年 10 月至 1983 年 10 月，任赣州地区财政局副局长。1983 年 11 月至 1988 年 2 月，任赣州地区审计局副局长、局长；1988 年 3 月任赣州地区行署副专员；1991 年 4 月，调任省审计局局长、党组书记。1994 年 10 月至 1996 年 6 月，任省审计厅厅长、党组书记。

李海泉　江西省波阳县人，1944 年 6 月生，大学文化，1965 年 12 月加入中国共产党，1988 年获经济管理副教授职称。1964 年 9 月至 1969 年 7 月就读于江西工学院机械系；1968 年 12 月至 1970 年 7 月在建设兵团锻炼，并任营部书记；1970 年 7 月至 1995 年 4 月在中共江西省委党校工作，并于 1970 年 7 月任教员，1983 年 10 月任校办公室主任，1990 年 8 月任副校长。在党校工作期间，编著了《社会主义经济管理》《经济管理原则》等著作，主编了《新时期党务工作》，主持了国家 "八五" 重点课题 100 县市情况调查《高安卷》（任主编），撰写论文 40 余篇；1995 年 3 月任省审计厅副厅长、党组成员，1996 年 6 月至 2000 年 8 月任厅长、党组书记，2000 年 8 月至 2003 年 2 月任厅党组书记、副厅长。

伍自尧　江西省上高县人，1949 年 6 月生，大专文化，1972 年 1 月加入中国共产党。1974 年 5 月至 1975 年 1 月，先后任上高县泗溪公社洋港大队党支部副书记、书记；1975 年 1 月至 1980 年 1 月任上高县泗溪公社党委副书记；1980 年 1 月至 1982 年 9 月，先后任上高县锦江公社党委副书记、管委会主任；1982 年 9 月至 1984 年 9 月在江西行政学院学习；1984 年 9 月至 1987 年 3 月任上高县委副书记，省委派驻吉安地区整党联络副组长；1987 年 3 月至 1992 年 7 月任宜丰县委书记，县人大常委会主任；1992 年 7 月至 1992 年 11 月任宜春市（县）委书记；1992 年 11 月至 1995 年 4 月任宜春地委副书记；1995 年 4 月至 2000 年 8 月任宜春地委副书记、行署专员；2000 年 8 月至 2002 年 1 月任宜春地委副书记、市长，第十届省委委员；2002 年 1 月至 2003 年 2 月任省国有资产管理委员会办公室主任；2003 年 2 月至 2009 年 7 月任省审计厅党组书记、厅长；2009 年 7 月至 2009 年 11 月任省审计厅厅长。

王殿军　吉林省镇赉县人，1956 年 4 月生，党校研究生文化，1980 年 2 月加入中国共产党。1974 年 11 月至 1978 年 12 月为江西国营金坪综合垦殖场工人；1978 年 12 月至 1984 年 1 月，先后任江西国营金坪华侨农场团委副书记、书记（1982 年 6 月转为国家干部）；1984 年 1 月至 1987 年 2 月任江西国营金坪华侨农场党委副书记（1983 年 9 月至 1985 年 7 月参加中央农业管理干部学院浙江分院专修科学习，毕业）；1987 年 2 月至 1987 年 10 月任江西国营金坪华侨农场党委副书记、场长；1987 年 10 月至 1992 年 3 月任永新县委副书记；1992 年 3 月至 1995 年 3 月任永新县委副书记、县长；1995 年 3 月至 1996 年 12 月任永新县委书记；1996 年 12 月至 2000 年 7 月任吉水县委书记；2000 年 7 月至 2000 年 8 月任宜春地委委员、纪委书记；2000 年 8 月至 2001 年 12 月任宜春市委委员、纪委书记（1999 年 3 月至 2001 年 3 月参加江西农业大学研究生班学习，结业）；2001 年 12 月至 2006 年 12 月任省纪委常委、省监察厅副厅长（2002 年 9 月至 2004 年 12 月参加省委党校研究生班学习，毕业）；2006 年 12 月至 2007 年 2 月任省纪委副书记、省监察厅副厅长；2007 年 2 月至 2009 年 7 月任省纪委副书记；2009 年 7 月至 2009 年 11 月任省审计厅党组书记；2009 年 11 月起任省审计厅党组书记、厅长。

1991—2010 年省审计厅其他领导

刘忠义 辽宁省彰武县人，1930 年 5 月生，高中文化，1948 年 7 月加入中国共产党。1947 年 7 月至 1949 年 2 月，先后任彰武县二区政府秘书、县委宣传部干事；1949 年 2 月随部队南下到江西，1949 年 5 月至 1954 年 2 月，历任中共南昌县委组织部干事、县八区区委书记、县合作总社主任、县二区区委书记；1954 年 2 月至 6 月，任南昌地委统战部科长；1954 年 6 月至 1958 年 7 月，在岿美山钨矿先后任坑长、矿党委副书记、工会主席；1958 年 8 月至 1968 年 6 月，历任南昌冶金机械厂党委书记、南昌钢铁厂机修厂党委书记、省建工局劳资处处长；1968 年 7 月至 1972 年 4 月，下放至省生产建设兵团一团任营长；1972 年 4 月至 1979 年 4 月，任省财政厅人事处处长；1979 年 5 月至 1983 年 4 月，任省财政厅副厅长；1983 年 9 月至 1991 年 5 月，任省审计局副局长、党组成员。

陈志刚 江西省九江市人，1954 年 12 月生，大学文化，1980 年 11 月加入中国共产党，1988 年 10 月参加全国律师资格统一考试取得律师资格。1969 年 12 月至 1973 年 3 月，为中国人民解放军 0478 部队战士；1976 年 8 月至 1983 年 4 月先后在中共永修县委宣传部、省财贸委员会工作；1983 年 4 月至 1983 年 9 月，任省经济委员会商业处副处长；1983 年 9 月至 1986 年 8 月，任省审计局工交审计处处长；1986 年 8 月至 1987 年 9 月，任宜春行署审计局局长、党组书记；1988 年 4 月至 1994 年 5 月，任省审计局副局长、党组成员。

谌模有 江西省信丰县人，1941 年 5 月生，1965 年 7 月毕业于江西财经学院，1973 年 9 月加入中国共产党，1983 年获经济师职称；1965 年 8 月至 1968 年 10 月，先后在南昌市副食品公司和市五交化公司任会计；1968 年 10 月至 1970 年 8 月，下放到南昌县三江公社；1970 年 8 至 1971 年 10 月，调南昌市革命委员会湾里指挥部后勤部工作；1971 年 10 月至 1977 年 8 月，任湾里区革委会政治部组织组副组长；1979 年 10 月至 1980 年 12 月，任中共湾里区委宣传部副部长；1980 年 12 月至 1983 年 10 月，任南昌市财政局办公室主任、党组成员；1983 年 10 月至 1991 年 9 月，任南昌市财政局局长、党组书记；1991 年 9 月，任省审计局副局长、党组成员；1994 年 9 月至 1996 年 6 月，任省审计厅副厅长、党组成员。

余先仕 江西省波阳县人，1947 年 3 月生，中央党校大学文化，1965 年 7 月加入中国共产党。1989 年 3 月获经济师职称。曾先后被选为南昌市第九届人民代表大会代表，江西省第七届人民代表大会代表。1964 年 11 月入伍，至 1969 年 8 月，先后任高炮炮手、班长、排长、副指导员；1969 年 8 月至 1974 年 9 月，先后任师政治部宣传干事、组织干事、军政治部秘书；1974 年 9 月至 1976 年 5 月任师组织科副科长；1976 年 5 月至 1981 年 1 月任团政治处主任，期间，于 1978 年 2 月至 1979 年 7 月在军委政治学院学习；1981 年 2 月至 1983 年 5 月任团政委；1983 年 5 月至 1986 年 10 月任师政治部主任；1986 年 10 月至 1990 年 8 月任副师职团政委；1990 年 9 月至 1996 年 2 月任省农垦局副局长、党组成员；1996 年 2 月至 2008 年 5 月任省审计厅副厅长、党组成员。

何干成 江西省高安市人，1954 年 9 月生，大专文化，1974 年 7 月加入中国共产党。1974 年 1 月至 1975 年 10 月在高安市兰坊公社工作；1975 年 10 月至 1977 年 10 月在江西省财会学校学习；

1986 年 12 月在江西省广播电视大学财政专业学习；1992 年获审计师资格；1994 年获注册会计师资格；1977 年 11 月至 1983 年 8 月在省财政厅工作；1983 年 8 月到省审计局工作，1984 年 10 月任省审计局财政金融审计处副处长、1990 年 8 月任处长；1996 年 6 月起任省审计厅副厅长、党组成员。

李水芳 女，江西省上饶县人，1951 年 1 月生，大学文化，1970 年 10 月加入中国共产党。1993 年 6 月获经济师职称。1997 年获中国注册会计师资格。1968 年 7 月至 1970 年 12 月任江西省弋阳县花亭垦殖场花亭分场插队务农，后兼任妇女主任；1970 年 12 月至 1973 年 8 月在上海华东师范大学读书；1973 年 8 月至 1983 年 10 月在省财政厅办公室工作；1983 年 10 月到省审计局工作，1984 年 5 月任省审计局办公室副主任，1986 年 7 月任省审计局外资审计处副处长、1987 年 8 月任处长；1991 年 1 月任江西省审计师事务所所长；1995 年 12 月任省审计厅中央企业审计处处长；1996 年 5 月至 2008 年 8 月任省纪委驻省审计厅纪检组组长、省审计厅党组成员。2008 年 10 月起任省审计厅巡视员。

桑昌武 江西省九江县人，1952 年 8 月生，中央党校大学文化，1972 年 6 月加入中国共产党。1970 年 12 月入伍；1976 年 10 月至 1987 年 6 月，在福建省泉州军分区先后任排长、连副指导员、副科长、科长、副处长、海外办主任；1987 年 6 月至 1999 年 12 月先后任南昌陆军学院政治部干部处处长、教研部政委（副师）、学院副政委、政治部主任（正师）（1995 年 10 月至 1998 年 12 月参加中央党校函授班学习，毕业）；1999 年 12 月至 2009 年 2 月任省审计厅党组成员、副厅长（2000 年 9 月至 2002 年 6 月参加中国社科院研究生班学习，结业）。

王卫亚 黑龙江省明水县人，1954 年 5 月生，中央党校大学文化，1973 年 12 月加入中国共产党。1970 年 12 月入伍，至 1980 年 1 月，先后任 41 军后勤部运输队教导队战士、班长、正副队长；1980 年 1 月至 1984 年 4 月先后任 41 军后勤部运输处副连职助理员、正营职干部；1984 年 4 月至 1985 年 10 月任 41 军后勤部运输处副处长；1985 年 10 月至 1990 年 10 月任 41 军后勤部运输处处长；1990 年 10 月至 1995 年 12 月任省审计师事务所副所长；1995 年 12 月至 1997 年 3 月任省审计厅监察室主任（1994 年 8 月至 1996 年 12 月参加中央党校函授班学习，毕业）；1997 年 3 月至 2001 年 4 月任省审计厅机关党委专职副书记；2001 年 4 月至 2004 年 5 月任省审计厅办公室主任；2004 年 5 月至 2009 年 4 月任省审计厅副巡视员；2009 年 4 月任审计厅党组成员；2009 年 5 月起任省审计厅党组成员、副厅长。

陈长安 江西省永新县人，1948 年 9 月生，大学文化，1990 年 4 月加入中国民主建国会。1968 年 10 月至 1977 年 4 月为永新县下乡知青；1977 年 4 月至 1978 年 9 月为吉安市车辆配件厂工人；1978 年 9 月至 1982 年 7 月在江西财经学院学习；1982 年 7 月至 1986 年 12 月为省统计局综合处干部；1986 年 12 月至 1993 年 12 月任人民银行江西省分行金融研究所主任；1993 年 12 月至 1996 年 12 月任人民银行江西省分行调查统计处副处长；1996 年 12 月至 1998 年 12 月任人民银行江西省分行调查统计处处长；1998 年 12 月至 2000 年 8 月任人民银行南昌市中心支行调查统计处处长；2000 年 8 月至 2009 年 4 月任省审计厅副厅长，省政协常委。

蔡景祥 江西省大余县人，1952 年 1 月生，大专文化，1970 年 3 月加入中国共产党。1969 年 1 月入伍，至 1978 年 1 月，先后任南昌警备区独立营排长、副指导员、指导员；1978 年 1 月至 1978 年 7 月任福州军区军政干校政治教研室教员；1978 年 7 月至 1990 年 2 月，在南昌陆军学院政治部先后任营秘书、副团秘书（1987年9月至1991年7月参加南昌陆军学院大专班学习，毕业）；1990年2月至1992年8月任南昌陆军学院政治部组织处副处长、处长；1992年8月至1997年3月在省审计厅办公室先后任副主任、主任；1997年3月至2001年2月任省审计厅监察主任；2001年2月至2007年11月任省审计厅人事教育处处长；2007年11月起任省审计厅副巡视员（其中2007年11月至2008年1月兼任人事教育处处长）。

刘　达　女，河南省新郑县人，1963年5月生，中央党校研究生文化，1991年12月加入中国共产党。1980年9月至1982年7月在江西煤炭工业学校学习；1982年9月至1984年8月任南昌市电缆厂会计员；1984年8月至1992年2月任省审计局科员（1986年9月至1989年7月参加江西电大大专班学习，毕业）；1992年2月至1996年6月任省审计厅（局）副主任科员；1996年6月至2001年4月任省审计厅主任科员（1997年9月至1999年12月参加中央党校函授班学习，毕业）；2001年4月至2004年7月任省审计厅经贸审计处副处长；2004年7月至2009年4月任省审计厅经贸审计处处长；2009年4月起任省审计厅党组成员、副厅长。

胡志勇　江西省九江县人，1965年3月生，2006年南昌大学博士毕业，高级审计师，注册资产评估师、注册会计师，1984年7月加入中国共产党。1989年在省审计局参加工作；1995年12月任省赣建审计师事务所副所长；2001年12月任省审计厅政法审计处处长；2009年4月起任省审计厅总审计师。在国家和省级各类刊物上发表论文近30篇。2004年5月获全省审计机关廉政先进个人；2006年3月获全省审计机关先进个人；2006年3月获全省审计机关审计能手；获2004、2005、2006、2007年优秀公务员。2009年荣获2008年度全国知识型职工先进个人称号。2009年，领导外资处实施的《蒙特利尔多边基金环保绩效公证性审计项目》获审计署外资审计服务中心南宁片区评审第一名；领导省审计信息中心建立的省审计厅网站被评为"江西省直机关政府网站效能服务先进单位""江西省政府网站信息公开网上测评先进单位"。

邹水成　江西省余江县人，1959年7月生，大学文化，1987年1月加入中国共产党。1980年9月至1982年7月在江西省财务会计学校学习；1982年8月至1985年9月任江西省财税职工中专学校教师；1985年9月至1987年7月在上海财经大学学习；1987年7月至1990年10月任省财税职工中专学校教师；1990年10月至1992年8月省财税职工中专学校办公室副主任；1992年8月至1993年9月任省财政厅人事教育处干部；1993年9月至1996年8月任省财政厅人事教育处主任科员；1996年8月至2000年5月任省财政厅人事教育处副处长；2000年5月至2000年12月任省财政厅人事教育处副处长兼机关党委专职副书记；2000年12月至2002年2月任省财政厅办公室主任；2002年2月至2003年6月任省财政厅人事教育处处长；2003年6月至2005年9月任省财政厅行政政法处处长；2005年9月至2006年3月任省财政厅行政政法处处长兼江西财经职业学院党委书记;2006年3月至2009年7月任省财政厅行政政法处处长;2009年7月起任省审计厅党组成员、纪检组长。

章丁万　江西省新余人，1956年7月生，1984年江西财经大学本科毕业，1983年1月加入中国共产党。1986年由云南省审计厅调江西省审计厅工作，1995年任外资处处长，1997年任农林水处处长，1999年获高级审计师，2002年任财政金融处处长，2010年任省审计厅党组成员、副厅长。

2008 年农业银行审计发现网上违规交易等典型案件，审计署以"审计要情""重要信息要目"上报中共中央和国务院，获国务院总理批示，被审计署评为全国地方优秀审计项目。在中央、省级刊物上发表中、英文审计论文 30 多篇，其中《论预算执行审计有待突破和创新的若干问题》被收入2008 年审计署预算执行审计论文专集。

1983—2010 年省审计厅正高级专业技术人员

涂细鹏　江西省南昌县人，1951 年 7 月生，1972 年加入中国共产党，1998 年中共中央党校经济管理专业大学本科毕业，编审（正高级）专业技术职称。1987 年调江西省审计厅工作，先后任江西省审计师事务所秘书科长、办公室主任；江西省审计科学研究所副所长；江西省审计厅调研员，兼《审计与理财》主编。1989 年获中级审计师，1992 年获中国执业审计师，1995 年获中国税务师，1997 年获中国注册会计师，1998 年破格晋升高级审计师，1999 年获国际内部审计师中国会员资格，2006 年聘为江西财经大学客座教授，2007 年获编审（正高）职称（自 1983 年省审计厅成立至今，唯一获正高级专业技术职称人员），是年聘为江西省审计系列高级职称评审委员会委员，2009 年聘为江西财经大学硕士研究生导师。2005 年至 2010 年任《审计与理财》主编期间，带领团队将省审计厅《审计与理财》刊物发行到美国、英国、法国、德国等 44 个国家和地区，创全国同行业刊物发行版图第一；该刊获第二届、第三届江西省优秀期刊奖（此奖该刊之前从未获得过），第四届华东地区优秀期刊奖，连续创该刊 12 个历史第一。本人获江西省优秀期刊工作者称号。在国家和省级学术刊物上发表学术论文计 40 余篇。

三、人物名录

人物表 1　获省部级以上先进集体名录

单位	获奖时间	荣誉称号	授奖组织
南昌市审计局	1993 年	全国审计机关先进集体	审计署
瑞金县审计局	1993 年	全国审计机关先进集体	审计署
江西红星企业集团审计处	1993 年	全国内审工作先进单位	审计署
江铃汽车集团公司审计处	1993 年	全国内审工作先进单位	审计署
上饶地区粮食局审计科	1993 年	全国内审工作先进单位	审计署
瑞金市审计局	1994 年	全国审计机关先进集体	审计署
南昌市审计局	1997 年	全国审计机关先进集体	人事部、审计署
江西铜业集团公司	1998 年	全国内部审计先进单位	审计署
丰城市审计局	2001 年	全国审计机关廉政、勤政工作先进单位	人事部、审计署
赣州市审计局	2001 年	全国审计机关先进集体	人事部、审计署

续表

单位	获奖时间	荣誉称号	授奖组织
南丰县审计局	2001 年	全国审计机关先进集体	人事部、审计署
江西省邮政局	2002 年	全国内审工作先进单位	审计署
江西洪都航空工业集团公司	2002 年	全国内部审计工作先进单位	审计署
江西省电信公司	2005 年	全国内审工作先进单位	审计署
江铃汽车集团	2005 年	全国内审工作先进单位	审计署
江西省邮政局	2005 年	全国内审工作先进单位	审计署
南昌铁路局	2005 年	全国内审工作先进单位	审计署
九江市审计局	2005 年 12 月	全国审计机关先进集体	人事部、审计署
高安市审计局	2005 年 12 月	全国审计机关先进集体	人事部、审计署
江西省邮政局	2008 年	全国内审工作先进单位	审计署
江西省电力公司	2008 年	全国内审工作先进单位	审计署
宜春市审计局	2009 年	全国审计系统先进集体	人力资源和社会保障部、审计署
南城县审计局	2009 年	全国审计系统先进集体	人力资源和社会保障部、审计署
南昌市审计局	1996 年 1 月	全省审计机关先进集体	省人事厅、省审计厅
赣州地区审计局	1996 年 1 月	全省审计机关先进集体	省人事厅、省审计厅
南昌市郊区审计局	1996 年 1 月	全省审计机关先进集体	省人事厅、省审计厅
九江县审计局	1996 年 1 月	全省审计机关先进集体	省人事厅、省审计厅
修水县审计局	1996 年 1 月	全省审计机关先进集体	省人事厅、省审计厅
乐平市审计局	1996 年 1 月	全省审计机关先进集体	省人事厅、省审计厅
湘东区审计局	1996 年 1 月	全省审计机关先进集体	省人事厅、省审计厅
分宜县审计局	1996 年 1 月	全省审计机关先进集体	省人事厅、省审计厅
贵溪县审计局	1996 年 1 月	全省审计机关先进集体	省人事厅、省审计厅
南昌县审计局	1996 年 1 月	全省审计机关先进集体	省人事厅、省审计厅
信丰县审计局	1996 年 1 月	全省审计机关先进集体	省人事厅、省审计厅
瑞金市审计局	1996 年 1 月	全省审计机关先进集体	省人事厅、省审计厅
宁都县审计局	1996 年 1 月	全省审计机关先进集体	省人事厅、省审计厅
丰城市审计局	1996 年 1 月	全省审计机关先进集体	省人事厅、省审计厅
樟树市审计局	1996 年 1 月	全省审计机关先进集体	省人事厅、省审计厅
上饶市审计局	1996 年 1 月	全省审计机关先进集体	省人事厅、省审计厅
万年县审计局	1996 年 1 月	全省审计机关先进集体	省人事厅、省审计厅
安福县审计局	1996 年 1 月	全省审计机关先进集体	省人事厅、省审计厅
吉水县审计局	1996 年 1 月	全省审计机关先进集体	省人事厅、省审计厅
临川市审计局	1996 年 1 月	全省审计机关先进集体	省人事厅、省审计厅
南城县审计局	1996 年 1 月	全省审计机关先进集体	省人事厅、省审计厅

续表

单位	获奖时间	荣誉称号	授奖组织
吉安市审计局	2006 年 1 月	全省审计机关先进集体	省人事厅、省审计厅
抚州市审计局	2006 年 1 月	全省审计机关先进集体	省人事厅、省审计厅
南昌县审计局	2006 年 1 月	全省审计机关先进集体	省人事厅、省审计厅
贵溪市审计局	2006 年 1 月	全省审计机关先进集体	省人事厅、省审计厅
分宜县审计局	2006 年 1 月	全省审计机关先进集体	省人事厅、省审计厅
瑞昌市审计局	2006 年 1 月	全省审计机关先进集体	省人事厅、省审计厅
会昌县审计局	2006 年 1 月	全省审计机关先进集体	省人事厅、省审计厅
南康市审计局	2006 年 1 月	全省审计机关先进集体	省人事厅、省审计厅
上饶县审计局	2006 年 1 月	全省审计机关先进集体	省人事厅、省审计厅
吉安县审计局	2006 年 1 月	全省审计机关先进集体	省人事厅、省审计厅
南丰县审计局	2006 年 1 月	全省审计机关先进集体	省人事厅、省审计厅
省审计厅法规审理处	2006 年 1 月	全省审计机关先进集体	省人事厅、省审计厅
省审计厅经贸审计处	2006 年 1 月	全省审计机关先进集体	省人事厅、省审计厅
省审计厅 农业与资源环保审计处	2006 年 1 月	全省审计机关先进集体	省人事厅、省审计厅
吉安市审计局	2010 年	全省审计系统先进集体	省人力资源和社会保障厅、 省审计厅
鹰潭市审计局	2010 年	全省审计系统先进集体	省人力资源和社会保障厅、 省审计厅
景德镇市审计局	2010 年	全省审计系统先进集体	省人力资源和社会保障厅、 省审计厅
南昌县审计局	2010 年	全省审计机关先进集体	省人力资源和社会保障厅、 省审计厅
修水县审计局	2010 年	全省审计机关先进集体	省人力资源和社会保障厅、 省审计厅
分宜县审计局	2010 年	全省审计系统先进集体	省人力资源和社会保障厅、 省审计厅
余江县审计局	2010 年	全省审计系统先进集体	省人力资源和社会保障厅、 省审计厅
大余县审计局	2010 年	全省审计系统先进集体	省人力资源和社会保障厅、 省审计厅
高安市审计局	2010 年	全省审计机关先进集体	省人力资源和社会保障厅、 省审计厅
信州区审计局	2010 年	全省审计机关先进集体	省人力资源和社会保障厅、 省审计厅

续表

单位	获奖时间	荣誉称号	授奖组织
吉安县审计局	2010 年	全省审计系统先进集体	省人力资源和社会保障厅、省审计厅
崇仁县审计局	2010 年	全省审计系统先进集体	省人力资源和社会保障厅、省审计厅
省审计厅办公室	2010 年	全省审计系统先进集体	省人力资源和社会保障厅、省审计厅
省审计厅财政金融审计处	2010 年	全省审计系统先进集体	省人力资源和社会保障厅、省审计厅

人物表 2 获省部级以上先进个人荣誉名录

姓名	性别	工作单位	获奖时间	荣誉称号	授奖组织
彭纪芳	男	都昌县审计局	1993 年	全国审计机关先进工作者	人事部、审计署
何念祖	男	长征机器厂	1993 年	全国内审工作先进工作者	审计署
周多能	男	樟树粮油公司	1993 年	全国内审工作先进工作者	审计署
徐声龙	男	江西省水利厅	1993 年	全国内审工作先进工作者	审计署
吴让益	男	修水县供销社	1993 年	全国内审工作先进工作者	审计署
方 宏	男	宜春地区邮电局	1993 年	全国内审工作先进工作者	审计署
胡 建	男	彭泽县农村经济审计室	1997 年	全国内审工作先进工作者	审计署
华炳朝	男	上饶地区审计局	1997 年 12 月	全国审计机关先进工作者	人事部、审计署
温龙光	男	赣州地区审计局	1997 年 12 月	全国审计机关先进工作者	人事部、审计署
曹道发	男	江西铜业公司审计处	1998 年	全国内审工作先进工作者	审计署
袁蔚秋	女	南昌市审计局	2001 年 11 月	全国审计机关勤政廉政先进个人	审计署
蔡德善	男	萍乡市审计局	2001 年 11 月	全国审计机关勤政廉政先进个人	审计署
郭天仪	男	吉安市审计局	2001 年 11 月	全国审计机关纪检监察工作先进个人	审计署
梁金山	男	信丰县审计局	2001 年 11 月	全国审计机关纪检监察工作先进个人	审计署
黄瑞华	男	江西省审计厅	2001 年 11 月	全国审计机关纪检监察工作先进个人	审计署
邓映柳	女	铜鼓县审计局	2001 年 11 月	全国审计机关纪检监察工作先进个人	审计署
姚子敏	男	信州区审计局	2002 年 1 月	全国审计机关先进工作者	人事部、审计署
杨伦华	男	会昌县审计局	2005 年	全国审计机关先进工作者	人事部、审计署
曹道发	男	江西铜业集团公司审计处	2005 年	全国内审工作先进工作者	审计署
刘 辉	男	江西省地勘局审计处	2005 年	全国内审工作先进工作者	审计署

续表

姓名	性别	工作单位	获奖时间	荣誉称号	授奖组织
吴克绍	男	江西省交通厅稽征局	2005 年	全国内审工作先进工作者	审计署
李法贵	男	江西财经大学审计处	2005 年	全国内审工作先进工作者	审计署
胡　平	男	修水县审计局	2009 年	全国审计系统先进工作者	人力资源和社会保障部、审计署
华炳朝	男	上饶地区审计局	1992 年 12 月	全省审计机关先进工作者	省人事厅、省总工会、省审计局
余纯仲	男	南昌市审计局	1992 年 12 月	全省审计机关先进工作者	省人事厅、省总工会、省审计局
张建明	男	进贤县审计局	1992 年 12 月	全省审计机关先进工作者	省人事厅、省总工会、省审计局
余惠芳	女	湾里区审计局	1992 年 12 月	全省审计机关先进工作者	省人事厅、省总工会、省审计局
余金水	男	昌江区审计局	1992 年 12 月	全省审计机关先进工作者	省人事厅、省总工会、省审计局
张运洪	男	上栗区审计局	1992 年 12 月	全省审计机关先进工作者	省人事厅、省总工会、省审计局
周文师	男	鹰潭市审计局	1992 年 12 月	全省审计机关先进工作者	省人事厅、省总工会、省审计局
周壬贵	男	新余市审计局	1992 年 12 月	全省审计机关先进工作者	省人事厅、省总工会、省审计局
曹志雄	男	庐山区审计局	1992 年 12 月	全省审计机关先进工作者	省人事厅、省总工会、省审计局
彭纪芳	男	都昌县审计局	1992 年 12 月	全省审计机关先进工作者	省人事厅、省总工会、省审计局
熊里胜	男	武宁县审计局	1992 年 12 月	全省审计机关先进工作者	省人事厅、省总工会、省审计局
张维剑	男	彭泽县审计局	1992 年 12 月	全省审计机关先进工作者	省人事厅、省总工会、省审计局
周远勇	男	赣州地区审计局	1992 年 12 月	全省审计机关先进工作者	省人事厅、省总工会、省审计局
朱　鹏	男	石城县审计局	1992 年 12 月	全省审计机关先进工作者	省人事厅、省总工会、省审计局
高泽塘	男	南康县审计局	1992 年 12 月	全省审计机关先进工作者	省人事厅、省总工会、省审计局
陈盛千	男	赣州市审计局	1992 年 12 月	全省审计机关先进工作者	省人事厅、省总工会、省审计局

续表

姓名	性别	工作单位	获奖时间	荣誉称号	授奖组织
陈招英	女	安远县审计局	1992 年 12 月	全省审计机关先进工作者	省人事厅、省总工会、省审计局
陈兆玲	女	宜春地区审计局	1992 年 12 月	全省审计机关先进工作者	省人事厅、省总工会、省审计局
万国华	男	高安县审计局	1992 年 12 月	全省审计机关先进工作者	省人事厅、省总工会、省审计局
帅新礼	男	铜鼓县审计局	1992 年 12 月	全省审计机关先进工作者	省人事厅、省总工会、省审计局
吴望玲	女	奉新县审计局	1992 年 12 月	全省审计机关先进工作者	省人事厅、省总工会、省审计局
徐天寿	男	上饶地区审计局	1992 年 12 月	全省审计机关先进工作者	省人事厅、省总工会、省审计局
何文奎	男	德兴市审计局	1992 年 12 月	全省审计机关先进工作者	省人事厅、省总工会、省审计局
江昆山	男	余干县审计局	1992 年 12 月	全省审计机关先进工作者	省人事厅、省总工会、省审计局
万长镇	男	吉安地区审计局	1992 年 12 月	全省审计机关先进工作者	省人事厅、省总工会、省审计局
肖加祥	男	吉安县审计局	1992 年 12 月	全省审计机关先进工作者	省人事厅、省总工会、省审计局
黎钢铁	男	遂川县审计局	1992 年 12 月	全省审计机关先进工作者	省人事厅、省总工会、省审计局
吴泽兵	女	新干县审计局	1992 年 12 月	全省审计机关先进工作者	省人事厅、省总工会、省审计局
曾磊光	女	临川县审计局	1992 年 12 月	全省审计机关先进工作者	省人事厅、省总工会、省审计局
邱思忠	男	南城县审计局	1992 年 12 月	全省审计机关先进工作者	省人事厅、省总工会、省审计局
陈泉源	男	乐安县审计局	1992 年 12 月	全省审计机关先进工作者	省人事厅、省总工会、省审计局
袁蔚秋	女	南昌市审计局	1996 年 1 月	全省审计机关先进工作者	省人事厅、省审计厅
曾汉民	男	青云谱区审计局	1996 年 1 月	全省审计机关先进工作者	省人事厅、省审计厅
钟　宪	女	西湖区审计局	1996 年 1 月	全省审计机关先进工作者	省人事厅、省审计厅
于清洲	男	景德镇市审计局	1996 年 1 月	全省审计机关先进工作者	省人事厅、省审计厅
龚家斌	男	萍乡市审计局	1996 年 1 月	全省审计机关先进工作者	省人事厅、省审计厅
徐太周	男	萍乡市审计局	1996 年 1 月	全省审计机关先进工作者	省人事厅、省审计厅

续表

姓名	性别	工作单位	获奖时间	荣誉称号	授奖组织
邓　浩	男	新余市审计局	1996年1月	全省审计机关先进工作者	省人事厅、省审计厅
李向荣	男	彭泽县审计局	1996年1月	全省审计机关先进工作者	省人事厅、省审计厅
沈华龙	男	都昌县审计局	1996年1月	全省审计机关先进工作者	省人事厅、省审计厅
骆彦荣	男	星子县审计局	1996年1月	全省审计机关先进工作者	省人事厅、省审计厅
柳崇泽	男	九江市审计局	1996年1月	全省审计机关先进工作者	省人事厅、省审计厅
温龙光	男	赣州地区审计局	1996年1月	全省审计机关先进工作者	省人事厅、省审计厅
徐　靖	男	赣州市审计局	1996年1月	全省审计机关先进工作者	省人事厅、省审计厅
黄绍莲	女	南康市审计局	1996年1月	全省审计机关先进工作者	省人事厅、省审计厅
欧阳清	男	于都县审计局	1996年1月	全省审计机关先进工作者	省人事厅、省审计厅
陈绍华	男	安远县审计局	1996年1月	全省审计机关先进工作者	省人事厅、省审计厅
冷光旭	男	奉新县审计局	1996年1月	全省审计机关先进工作者	省人事厅、省审计厅
曾庆湘	男	靖安县审计局	1996年1月	全省审计机关先进工作者	省人事厅、省审计厅
辛梅青	女	万载县审计局	1996年1月	全省审计机关先进工作者	省人事厅、省审计厅
邓余平	男	宜春地区审计局	1996年1月	全省审计机关先进工作者	省人事厅、省审计厅
华炳朝	男	上饶地区审计局	1996年1月	全省审计机关先进工作者	省人事厅、省审计厅
陈诗兴	男	玉山县审计局	1996年1月	全省审计机关先进工作者	省人事厅、省审计厅
邹金娣	女	婺源县审计局	1996年1月	全省审计机关先进工作者	省人事厅、省审计厅
许正长	男	吉水县审计局	1996年1月	全省审计机关先进工作者	省人事厅、省审计厅
李筱霞	女	峡江县审计局	1996年1月	全省审计机关先进工作者	省人事厅、省审计厅
刘裕明	男	泰和县审计局	1996年1月	全省审计机关先进工作者	省人事厅、省审计厅
黄廉传	男	吉安地区审计局	1996年1月	全省审计机关先进工作者	省人事厅、省审计厅
涂继旗	男	乐安县审计局	1996年1月	全省审计机关先进工作者	省人事厅、省审计厅
曹小平	男	宜黄县审计局	1996年1月	全省审计机关先进工作者	省人事厅、省审计厅
黄德泉	男	抚州地区审计局	1996年1月	全省审计机关先进工作者	省人事厅、省审计厅
丁民生	男	江西省审计厅	1996年1月	全省审计机关先进工作者	省人事厅、省审计厅
赵小春	男	省审计厅	2000年11月	全省查办大案要案工作先进个人	省委、省政府
陈国广	男	南昌市审计局	2006年1月	全省审计机关先进工作者	省人事厅、省审计厅
王民森	男	景德镇市审计局	2006年1月	全省审计机关先进工作者	省人事厅、省审计厅
彭青兰	女	萍乡市审计局	2006年1月	全省审计机关先进工作者	省人事厅、省审计厅
章水龙	男	九江市审计局	2006年1月	全省审计机关先进工作者	省人事厅、省审计厅
户金宝	男	庐山区审计局	2006年1月	全省审计机关先进工作者	省人事厅、省审计厅
刘义生	男	赣州市审计局	2006年1月	全省审计机关先进工作者	省人事厅、省审计厅
李贤宝	男	石城县审计局	2006年1月	全省审计机关先进工作者	省人事厅、省审计厅
匡学松	女	宜春市审计局	2006年1月	全省审计机关先进工作者	省人事厅、省审计厅

续表

姓名	性别	工作单位	获奖时间	荣誉称号	授奖组织
黎　萍	女	袁州区审计局	2006 年 1 月	全省审计机关先进工作者	省人事厅、省审计厅
周　锋	男	上饶市审计局	2006 年 1 月	全省审计机关先进工作者	省人事厅、省审计厅
李长水	男	弋阳县审计局	2006 年 1 月	全省审计机关先进工作者	省人事厅、省审计厅
肖　军	男	吉安市审计局	2006 年 1 月	全省审计机关先进工作者	省人事厅、省审计厅
娄春生	男	峡江县审计局	2006 年 1 月	全省审计机关先进工作者	省人事厅、省审计厅
陈国华	男	抚州市审计局	2006 年 1 月	全省审计机关先进工作者	省人事厅、省审计厅
吴高明	男	崇仁县审计局	2006 年 1 月	全省审计机关先进工作者	省人事厅、省审计厅
蔡景祥	男	江西省审计厅	2006 年 1 月	全省审计机关先进工作者	省人事厅、省审计厅
刘俊民	男	江西省审计厅	2006 年 10 月	全省审计机关审计能手	省纪委、省监察厅
徐宝华	男	南昌市审计局	2010 年 1 月	全省审计机关先进工作者	省人力资源和社会保障厅、省审计厅
曹玉梅	女	九江市审计局	2010 年 1 月	全省审计机关先进工作者	省人力资源和社会保障厅、省审计厅
瞿明贵	男	九江市审计局	2010 年 1 月	全省审计机关先进工作者	省人力资源和社会保障厅、省审计厅
于清洲	男	景德镇市审计局	2010 年 1 月	全省审计机关先进工作者	省人力资源和社会保障厅、省审计厅
蔡常萍	女	萍乡市审计局	2010 年 1 月	全省审计机关先进工作者	省人力资源和社会保障厅、省审计厅
罗淑芳	女	赣州市审计局	2010 年 1 月	全省审计机关先进工作者	省人力资源和社会保障厅、省审计厅
钟建英	男	于都县审计局	2010 年 1 月	全省审计机关先进工作者	省人力资源和社会保障厅、省审计厅
王孝军	男	宜春市审计局	2010 年 1 月	全省审计机关先进工作者	省人力资源和社会保障厅、省审计厅
饶慧琴	女	丰城市审计局	2010 年 1 月	全省审计机关先进工作者	省人力资源和社会保障厅、省审计厅
沈群芳	女	上饶市审计局	2010 年 1 月	全省审计机关先进工作者	省人力资源和社会保障厅、省审计厅
童日民	男	德兴市审计局	2010 年 1 月	全省审计机关先进工作者	省人力资源和社会保障厅、省审计厅
刘　敏	男	新干县审计局	2010 年 1 月	全省审计机关先进工作者	省人力资源和社会保障厅、省审计厅
刘世和	男	永新县审计局	2010 年 1 月	全省审计机关先进工作者	省人力资源和社会保障厅、省审计厅

续表

姓名	性别	工作单位	获奖时间	荣誉称号	授奖组织
陈　华	女	抚州市审计局	2010 年 1 月	全省审计机关先进工作者	省人力资源和社会保障厅、省审计厅
曾希国	男	抚州市审计局	2010 年 1 月	全省审计机关先进工作者	省人力资源和社会保障厅、省审计厅
项志锋	男	江西省审计厅	2010 年 1 月	全省审计机关先进工作者	省人力资源和社会保障厅、省审计厅
夏　青	女	江西省审计厅	2010 年 1 月	全省审计机关先进工作者	省人力资源和社会保障厅、省审计厅

附　录

江西省审计局关于审计机关行政复议工作试行办法

第一条　为了促进审计机关依法行使职权，防止和纠正违法或者不当的审计具体行政行为，根据《行政复议条例》《审计条例》及有关规定，结合本省实际，制定本办法。

第二条　审计行政复议遵循合法 、及时、准确和便利的原则，应实事求是、客观公正，实行一级复议制。

第三条　审计机关审计行政复议工作在局长的领导下，由法制工作机构会同归口业务部门具体承办，日常工作由法制机构负责组织和协调。

第四条　审计机关区别以下情况参加审计行政复议：

（一）被审计单位和个人对审计机关作出的审计结论和决定等具体审计行政行为不服的，应当向上一级审计机关申请复议，上一级审计机关是复议机关；

（二）审计机关委托内部审计组织、社会审计组织作出具体审计行为的，委托机关的上一级审计机关是复议机关；

（三）上级审计机关将其审计范围内的事项授权下级审计机关、部门内部审计组织等进行审计，授权的审计机关是复议机关；

（四）对审计机关参与办理而由其他行政机关作出的具体行政行为不服而申请的复议，审计机关不予办理。

第五条　被审计单位和个人对下列审计具体行政行为不服，可以向审计机关申请复议：

（一）对审计机关作出的没收财物、罚款、收缴应当上缴的收入等经济处罚不服的；

（二）对审计机关作出通知财政部门或银行暂停拨付款项,封存有关账册、资产和停止财政拨款、银行贷款等强制措施和决定不服的；

（三）认为审计机关作出的审计结论和决定在定性和适用法规方面不当或者错误的；

（四）认为审计机关作出的审计结论和决定不符合规定程序的；

（五）认为审计机关侵犯法律、法规规定的经营自主权的；

（六）法律、法规规定可以申请复议的其他审计具体行政行为。

第六条　被审计单位和个人不服审计结论的决定，可以在收到审计结论和决定之日起十五日内向复议机关提出书面的复议申请，其主要内容包括：

（一）申请复议单位全称、详细地址。如系公民、法定代表人还要写出姓名、年龄、职业、住址以及服务单位；

（二）复议的事项、理由、对该事项实际情况的说明；

（三）有关证明材料，如认为原审计结论和决定适用法规和其他规范性文件不当或者错误，还要提供正确依据；

（四）应附原审计结论和决定；

（五）填明复议的日期。如直接送达，必须在复议申请书上注明签收日期；邮寄件应保存信封备查。

第七条　审计机关文件收发部门，应在收到复议申请书的当日将其送至法制工作机构。法制工作机构有关人员应当在收到复议申请书七日内，对复议申请书及有关材料进行审核，并根据不同情况，分别作出如下处理：

（一）对符合主体资格，在规定期限内提出的，有具体复议请求和事实根据，属于本机关管辖的复议请求，应予立案；

（二）复议申请的有关内容和材料不充分，应退回申请复议的单位和个人，并告知其限期补充有关材料后，再申请复议；

（三）复议申请有下列情况之一的，不予受理，并告知理由：

1.复议申请超过《审计条例》第二十三条规定的十五日期限的；

2.不属于本局管辖范围的；

3.撤回复议申请，以同一事实和理由再申请复议的。

第八条　复议申请立案后，由法制工作机构与归口业务处派人员组成复议小组，进行复议工作：

（一）认真审查复议申请书及有关材料，听取申请复议的单位或个人陈述；

（二）调阅复议案件的原审计档案，询问原审计小组对该项审计的具体情况，并听取其说明；

（三）全面审查原审计结论的决定所认定的事实、证据，以及适用法律、执行程序、行使职权等方面情况在事实方面有重大不同意见，需要进一步查清的，复议小组可就地进行调查、核实；

（四）集中正确意见，按照《审计条例施行细则》第三十二条规定，提出复议处理意见并起草复议结论和决定；

（五）将复议结论和决定提交局领导，由复议机关有关业务会议审定。审计复议结论和决定由局领导签发。

第九条　复议结论和决定主要内容包括：

（一）申请复议的主要请求和理由；

（二）受理复议的审计机关认定的事实、理由和结论，适用的法规和其他规范性文件；

（三）对原结论和决定予以维持、部分修改或撤销的决定。

第十条　审计机关应在收到复议申请书之日起三十日内，作出复议结论和决定。特殊情况下需要延长期限的，复议机关应在收到复议申请书之日起三十日内将延长期限和理由通知申请人。

第十一条　复议结论和决定作出前，原审计机关认为原审计结论和决定确有不当并愿意加以纠正，申请人同意并要求撤回复议申请的；或申请人认为复议理由不够充分，要求撤回复议申请的，经复议机关同意并记录在案，可以撤回。

申请人撤回复议申请，不得以同一事实和理由再申请复议。

第十二条　受理复议的审计机关办理复议事项，主要就申请复议单位和个人要求的复议事项进行审查。在审查中，发现原审计机关没有查出的其他违纪问题，或者虽已查出但定性、处理不恰当的其他问题，均应根据事实依法处理，不受复议申请范围的限制。

第十三条　复议结论的决定，应当抄送原审计机关。复议结论和决定一经送达，即具有法律效力，原审计机关和复议申请人均应执行，需要原审计机关对申请复议单位监督执行的，应当在复议结论和决定中写明。

第十四条　对复议结论和决定不服的，申请人可以向作出复议结论和决定的审计机关或其上一级审计机关申诉，也可以向有管辖权的人民法院起诉。对申请人逾期不起诉以不履行复议结论和决定的，分别情况处理：

（一）复议机关维持原具体审计行政行为的由最初作出具体审计行政行为的审计机关依法执行；

（二）复议机关改变原具体审计行政行为的，由复议机关依法执行。

第十五条　复议人员失职或利用职权谋取私利的，弄虚作假、徇私舞弊的，复议机关应当批评教育或给予行政处分，情节严重构成犯罪的，移交司法机关依法追究其刑事责任。

第十六条　复议小组对复议过程中取得的有关材料应当整理归档。

第十七条　本办法由江西省审计局负责解释。

第十八条　本办法自 1992 年 4 月 1 日起执行。

附录二：

江西省审计局关于审计机关办理行政诉讼的试行办法

第一条　为贯彻实施《中华人民共和国行政诉讼法》，加强审计机关行政诉讼工作，根据审计署《关于审计机关办理行政诉讼的暂行规定》（以下简称《暂行规定》），结合本省实际情况，制定本办法。

第二条　审计机关参与行政诉讼，应当接受人民法院的监督，坚持以事实为根据，以法律为准绳，严格依法办事，与公民、法人或者其他组织的法律地位平等。

第三条　审计机关行政诉讼工作在其法定代表人的领导下，由法制工作机构负责组织、协调和指导，未设法制工作机构的，由法制工作人员负责此项工作。

第四条　对审计具体行政行为提起诉讼前，必须按规定先经上级审计机关复议。复议申请人对审计行政复议结论和决定不服，依照有关法律、法规的规定向有管辖权的人民法院提起诉讼。

第五条　复议的审计机关维持原具体审计行政行为的，原作出具体审计行政行为的审计机关是审计行政诉讼中的被告；复议的审计机关改变原具体审计行政行为的，复议的审计机关是审计行政诉讼中的被告，原审计机关必须协助。

第六条　根据《暂行规定》第四、五条规定，审计机关区分以下情况参加诉讼：

（一）上级审计机关委托下级审计机关和审计机关委托内部审计组织、社会审计组织进行审计，由委托的审计机关作出审计结论和决定，并承担责任参加诉讼。

（二）上级审计机关将其审计范围内的事项授权下级审计机关、部门内部审计组织等进行审计，由下级审计机关、部门内部审计组织等作出审计结论和决定，并承担责任参加诉讼。

（三）以审计机关为主，其他行政机关协助，共同作出具体行政行为引起诉讼的，审计机关都应作为共同被告参加诉讼。

（四）审计机关参与办理其他行政机关的某项工作，为其提供了专业技术咨询以及情况资料或其他服务性的帮助，由其他行政机关作出具体行政行为的，审计机关不应承担法律责任参加诉讼。

第七条　审计机关的文件收发部门，应在收到应诉通知书及起诉状副本的当日，将其送交法制工作机构或法制工作人员（以下合称法制工作机构）。

第八条　审计机关法制工作机构，应在收到应诉通知书和起诉状副本后的第二日，草拟出情况说明，提出诉讼代理人名单，连同起诉书副本呈送法定代表人。

第九条　审计机关法定代表人是法定的诉讼参加人，是否由法定代表人直接参加诉讼，由法定代表人决定。如需要诉讼代理人代理诉讼的，由法定代表人在收到法制工作机构有关诉讼代理人提名后第二日审定，可以委托一至二人代为出庭应诉，并签发诉讼代理授权委托书（格式见后）。授权委托书应具体明确诉讼代理人姓名、代理事项、权限和期限。

第十条　审计机关的诉讼代理人中必须有一名是参与作出该具体审计行政行为的主审人员；另一名可以是审计机关的法制工作人员或委托律师、社会团体以及人民法院认可的其他公民。

第十一条 诉讼代理人在审计诉讼活动中，享有以下权利：

（一）要求有关审计业务部门提供审计资料，说明情况。

（二）经人民法院许可，有权查阅本案的庭审材料，请求复制本案的庭审材料和法律文书（涉及国家机密和个人隐私的除外）。

（三）在审计证据可以灭失或者以后难以取得的情况下，有向人民法院申请保全证据的权利。

（四）认为人民法院审判人员、书记员、翻译人员、鉴定人、勘验人与本案有利害关系或者有其他关系可能影响公正审判时，有申请回避的权利。

（五）庭审时有权进行陈述，向法庭介绍该审计案件的详细情况及审计机关对该案的观点，并可以拒绝回答与该案无关的问题。

（六）对原告起诉的事项及理由，有进行法庭辩论的权利。

（七）在诉讼中，经法庭许可，有向证人、鉴定人、勘验人发问的权利。

（八）有查阅并申请补正法庭庭审笔录的权利。

（九）对人民法院已发生法律效力的判决、裁定，在负有义务的对方当事人拒不履行时，有向第一审人民法院申请强制执行的权利。

第十二条 诉讼代理人必须履行下列义务：

（一）应在法定代表人授权范围代为诉讼活动，维护审计机关的合法权益，维护法律、法规的正确实施。

（二）应当在收到诉状副本之日起十日内向人民法院提交作出该具体审计行政行为的有关材料。

（三）接受人民法院合法传唤，按时出庭，服从法庭纪律，遵守诉讼程序，依据事实和法律进行诉讼活动。

（四）承担举证责任，向法庭如实提供作出该审计具体行政行为的证据和所依据的规范文件，不得伪造、隐藏、毁灭证据。

（五）在诉讼过程中，发现审计机关的审计行政行为确实违法或显失公正，确已侵犯了原告的合法权益，应当及时向审计机关的领导报告。

（六）庭审期间，发现新的诉讼事实或者发现新的情况，在代理权限内，根据新的事实决定代理意见，并及时向审计机关领导报告。

（七）庭审期间，应对法庭的审理情况作出记录并签字。

（八）协助法定代表人履行人民法院已发生法律效力的判决、裁定。

第十三条 诉讼代理人都应认真行使各项诉讼权利、履行各项诉讼义务。诉讼代理人超越委托协议，或与第三人恶意串通，给审计机关的正当权益造成损失的，应承担赔偿责任，并追缴全部非法所得，收归国有。审计机关的工作人员应按干部管理权限区分情况给予行政处分；构成犯罪的移送司法机关追究刑事责任。其他人员依照有关法律、法规、规章的规定处理。

第十四条 诉讼代理人接受委托后，进行下列工作：

（一）调取与该案有关的全部审计材料，并查明：

1.起诉资格、起诉时效、法院管辖、受案范围是否依法律规定，是否先经审计行政复议；

2. 起诉人的基本情况和起诉的基本原因；

3. 起诉人的诉讼请求及依据的事实和理由；

4. 起诉人持有的证据及证据来源和有关证人情况；依据的法律、法规、规章和政策是否正确；

5. 确认审计机关作出该具体审计行政行为的事实和依据的证据是否清楚、确凿、充分；

6. 具体审计行政行为依据的法律、法规、规章、政策是否有效，适用是否正确；

7. 具体审计行为是否遵循法定审计程序；

8. 审计（复议）过程中审计机关及其工作人员是否有越权或滥用职权以及不履行法定职责的行为。

（二）根据查明的情况提出办理应诉的建议；并依据审计机关法定代表人决定的意见制定应诉原则和具体措施，拟定答辩状，草拟代理词，并在法定期限（十日）届满前四日报送法定代表人审阅签字，加盖公章。

（三）将规定份数的答辩状、授权委托书、法定代表人身份证明、审计机关作出的审计具体行政行为的有关证据材料以及所依据的规范性文件，在法定期限十日届满前，送交人民法院，做出庭应诉的准备。

第十五条　审计机关诉讼代理人向人民法院提交作出具体审计行政行为的材料主要有：

（一）确认案件的事实材料。审计通知书、审计报告、被审计单位返回意见书、审计（复议）结论和决定、复议申请书、重大审计事项在结论和决定前被征求的有关部门的意见及其他确认案件事实的材料。

（二）能够证明作出的具体审计行政行为真实、正确的一切合法证据：

1. 会计凭证、会计账册、会计报表等会计证据；

2. 预算、工资基金手册、银行存款结算等财政、财务、金融书证；

3. 各种文件、合同、计划、记录、信件、证明、材料等书证；

4. 有关录音、录像磁带、计算机储存资料等视听资料；

5. 证人证言、被审计单位和个人陈述等口头证据；

6. 鉴定部门出具证明的鉴定证据、有关部门的勘验笔录；

7. 其他证据。

提交的证据材料，可以是原本、正本、副本、复印本、节录本或实地勘察笔录、现场笔录及照相、录像等视听资料，都应有提供者的签名或盖章，无法签名或盖章的，应向人民法院说明缘由。

（三）依据的法律、法规、规章、政策等规范性文件。

第十六条　诉讼期间不停止具体审计行政行为的执行，只有依《行政诉讼法》第四十四条所列情形之一的，才能停止具体行政行为的执行。

审计机关认为需要停止执行或者改变具体审计行政行为的，可以停止或改变具体审计行政行为，但应告知人民法院、有关审计机关、被审计单位及有关人员。

第十七条　审计机关对人民法院作出的一审判决或裁定，是否上诉，由法定代表人决定。

上诉必须在判决书送达之日起十五日内，裁定书送达之日起十日内向上一级人民法院提起，上诉状通过原审人民法院提出。原告不服人民法院第一审判决或裁定提出上诉，审计机关原诉讼代理人应当继续参加诉讼。

第十八条　审计机关认为人民法院的终审判决或裁定确有错误的，可以向终审人民法院或其上级人民法院提出申请，也可向人民检察院提出申诉。

第十九条　对人民法院已经发生法律效力的判决或裁定，审计机关应按照执行。

第二十条　根据人民法院作出的已经发生法律效力的判决、裁定，应当返还原告款项的，设有审计过渡专项户的审计机关，可依照规定以专户款退还；未设立审计过渡专户或审计过渡专户款额不足以退还的，应在判决或裁定执行开始之日起七日内书面告知收缴的财政部门退还。

第二十一条　审计行政诉讼原告，对人民法院已生效的判决或裁定拒不履行的，审计机关可以向第一审人民法院申请强制执行，或者依法强制执行。

第二十二条　建立行政诉讼报表、统计和档案制度。行政诉讼过程中形成的文书材料，终结时诉讼代理人分别整理归档。

第二十三条　本办法由江西省审计局负责解释。

第二十四条　本办法自 1992 年 4 月 1 日起执行。

附录三：

江西省人民政府关于江西省地方
本级预算执行情况审计监督实施办法

（1998年4月30日颁布并实施）

《江西省地方本级预算执行情况审计监督实施办法》已经1998年4月8日省人民政府第三次常务会议讨论通过，现予发布施行。

第一条　为了做好对江西省地方本级预算执行和其他财政收支的审计监督工作，根据《中华人民共和国审计法》（以下简称《审计法》)、《中华人民共和国审计法实施条例》，结合本省实际，制定本办法。

第二条　各级审计机关分别在省长、市长、县长（区长）和上一级审计机关领导下，对本级预算执行情况进行审计监督，维护各级预算的严肃性，促进各部门（含直属单位，下同）严格执行预算法，保障江西省经济和社会健康发展。

第三条　对本级预算执行情况进行审计，应当有利于本级人民政府对财政收支的管理和本级人民代表大会常务委员会对预算执行以及其他财政收支的监督；有利于促进财政、税务部门和其他部门依法有效地行使预算管理职权；有利于实现本级预算执行和其他财政收支审计监督工作的法制化。

第四条　各级审计机关依法对本级预算执行情况、下级人民政府本级预算执行情况和决算以及本其他财政收支的真实、合法和效益，进行审计监督。

第五条　对本级预算执行情况进行审计监督的主要内容：

（一）财政部门按照本级人民代表大会批准的本级预算向各部门批复预算的情况、本级预算执行中调整情况和预算收支变化情况；

（二）预算收入征收部门依照法律、行政法规和国家其他有关规定，征收预算收入的情况；

（三）财政部门按照批准的年度预算和用款计划、预算级次和程序、用款单位的实际用款进度，拨付本级预算支出资金的情况；

（四）财政部门依照有关法律、行政法规和财政管理体制，拨付补助下级人民政府预算支出资金和办理结算的情况；

（五）各部门执行年度支出预算和财政、财务制度，以及相关的经济建设和事业发展情况；有预算收入上缴任务的部门和单位预算收入上缴情况；

（六）国库按照国家有关规定，办理预算收入的收纳、划分、留解和预算支出的拨付情况；

（七）按照国家有关规定实行专项管理的预算资金收支情况；

（八）法律、法规规定以及省长、市长、县长（区长）授权和上一级审计机关依法安排的预算执行中的其他事项。

第六条 对本级其他财政收支进行审计监督的主要内容：

（一）财政部门依照有关法律、行政法规和其他规定，管理和使用预算外资金和财政有偿使用资金的情况；

（二）各部门依照有关法律、行政法规和其他有关规定，管理和使用预算外资金的情况。

第七条 审计机关通过检查会计凭证、账簿、报表和其他与本级预算执行有关的资料和资产进行审计，并就审计事项的有关问题向有关单位、个人进行调查，取得有关证明材料。

审计机关对下级人民政府预算执行和决算中，执行预算和税收法律、行政法规，上解上级财政收入资金、分配使用上级财政补助支出资金和下级预算外资金管理、使用情况等关系财政工作全局的问题，进行审计或者审计调查。

第八条 根据《审计法》有关审计工作报告制度的规定，各级审计机关应当每年及时对上一年度本级各部门实施预算情况和其他财政收支进行审计，对上一年度本级预算执行情况进行审计。各级审计机关对预算执行中的特定事项，应当及时组织专项审计调查。

各级审计机关应当每年于本级人民代表大会常务委员会审查和批准决算草案前一个月，分别向省长、市长、县长（区长）和上一级审计机关提出对上一年度本级预算执行和其他财政收支的审计结果报告。

各级审计机关应当每年于本级人民代表大会常务委员会审查和批准决算草案前，受本级人民政府委托，向本级人民代表大会常务委员会提出对上一年度本级预算执行和其他财政收支的审计工作报告。审计工作报告应当及时抄送上一级审计机关。

第九条 对本级预算执行情况的审计结果报告，包括下列内容：

（一）财政部门具体组织本级预算执行的情况；

（二）本级预算收入征收部门组织预算收入的情况；

（三）本级国库办理预算收支业务的情况；

（四）审计机关对本级预算执行情况作出的审计评价；

（五）本级预算执行中存在的问题以及审计机关依法采取的措施；

（六）审计机关提出的处理意见和改进本级预算执行工作的建议；

（七）本级政府要求报告的其他情况。

第十条 各级人民政府应当加强对本级预算执行情况审计监督工作的领导，认真协调各方面关系，及时听取审计情况的汇报，研究解决审计工作中出现的问题。

各级审计机关参加本级人民政府研究有关财经工作的综合性会议；各部门召开与预算执行有关的会议，应当通知审计机关参加。各级人民政府与本级预算执行有关的抄告事项，同时抄告审计机关。

各级财政、税务部门和其他部门应当向审计机关报送以下资料：

（一）本级人民代表大会批准的本级预算和财政部门向各部门批复的预算，预算收入征收部门的年度收入计划以及各部门向所属各单位批复的预算；

（二）本级预算执行和预算收入征收部门的收入计划完成情况月报、年报和决算，以及预算外资金收支决算和财政有偿使用资金收支情况；

（三）综合性财政、税务工作统计年报，情况简报，财政、预算、税务、财务和会计等规章制度、办法；

（四）本级各部门汇总编制的本部门决算草案；

（五）审计机关依法要求提供的其他与财政收支或者财务收支有关的资料。

第十一条　对各级财政、税务部门和其他部门在具体组织本级预算执行和其他财政收支中，违反预算的行为或者其他违反国家规定的财政收支行为，由审计机关在法定职权范围内，依照有关法律、行政法规的规定，出具审计意见书或者作出审计决定，重大问题向本级人民政府提出处理建议。

第十二条　各级财政、税务部门和其他部门制定的财政规章制度、办法与有关法律、行政法规相抵触或者有不当之处，应当纠正或者完善的，审计机关可以提出处理建议，报本级人民政府审查决定，本级人民政府无权决定的应当逐级上报上一级人民政府。

第十三条　违反本办法，拒绝或者阻碍审计检查的，由审计机关责令改正，可以通报批评，给予警告；拒不改正的，依法追究责任。

第十四条　本办法具体应用中的问题由省审计厅负责解释。

第十五条　各行政公署参照本办法开展此项审计监督工作。

第十六条　本办法自发布之日起施行。

附录四：

江西省党政领导干部任期经济责任审计实施办法

第一条　进一步规范全省党政领导干部任期经济责任审计工作，促进领导干部勤政廉政，全面履行职责，根据《中华人民共和国审计法》《县级以下党政领导干部任期经济责任审计暂行规定》及实施细则和其他有关法律、法规，结合本省工作实际，制定本实施办法。

第二条　党政领导干部任期经济责任审计，是指经本级党委、人民政府批准，受组织人事部门、纪检监察机关的委托，由审计机关依法对党政机关、审判机关、检察机关、群众团体和事业单位的党政领导干部任职期间履行经济责任情况进行监督、评价和鉴证的活动。

第三条　本办法所称党政领导干部包括：

（一）市、县、区、乡镇党委和人民政府正职领导干部（包括主持工作的副职，以下同）：

（二）本省范围内，各级党委和人民政府直属机关和部门、审判机关、检察机关、群众团体及事业单位的正职领导干部。

第四条　本办法所称领导干部任期经济责任，是指领导干部任职期间内对其所在地区、部门、单位财政收支、财务收支和有关经济活动的真实、合法、效益应当负有的责任和主管体制责任。

领导干部的直接责任，是指领导干部对其任职期间内的下列行为应当负有的责任：

（一）直接违反国家财经法规的行为；

（二）授意、指使、强令、纵容、包庇下属人员违反国家财经法规的行为；

（三）失职、渎职的行为；

（四）其他违反国家财经法规的行为。

领导干部应当负的主管责任，是指领导干部在其职权范围内，对所在地区、部门、单位的财政、财务收入和有关经济活动的真实、合法、效益应当负有的直接责任以外的领导的管理责任。

第五条　领导干部任期届满，或任期内办理调任、转任、轮岗、免职、辞职、退休等离任事项前，应当接受任期经济责任审计。

根据干部管理、监督工作的需要，也可以在领导干部任职期间对其进行经济责任审计。

第六条　领导干部任期经济责任审计应当按计划进行。每年年底，各级组织人事部门、纪检监察机关根据干部管理、监督工作的需要和党委、政府的意见，提出下一年领导干部任期经济责任审计的委托建议，经过经济责任审计工作领导小组和联席会议协商确定后，列入审计计划性机关下一年度审计项目计划，并依法组织实施。

临时需要增加的领导干部任期经济责任审计，经过经济责任审计工作领导小组或联席会议协商确定后，由审计机关依法组织实施。

在确定了领导干部任期经济责任审计事项后，各级组织人事部门和纪检监察机关应以书面形式向审计机关出具委托书。委托书的内容包括审计对象、范围、重点及有关事项。

第七条　党政领导干部任期经济责任审计一般按干部管理权限分级分层次组织实施。审判机关、检察机关领导干部任期经济责任审计，由上一级组织部门、纪检监察机关委托同级审计机关组织实施；审计机关领导干部的任期经济责任审计，由同级组织部门、纪检监察机关报经本级党委或人民政府同意后请上级审计机关组织实施。对省以下垂直管理部门、单位党政领导干部任期经济责任审计，由其主管部门在每年年底前向省审计厅提出下一年度审计申请，省审计厅据此组织实施。

上级审计机关对下级审计机关管辖范围内的重大经济责任审计项目可以直接进行审计。

第八条　党政领导干部任期经济责任审计的时间范围包括领导干部的整个任期。对任期较长的，审计的时间范围重点为近三个会计年度。审计机关实施审计时，应该利用以前年度的审计资料，也可以利用经过核实后的内部审计机构或会计师事务所的审计结果。

第九条　审计机关实施审计时，根据需要，可以要求组织人事部门、纪检监察机关以及有关部门协助调查核实与审计有关的事项。

第十条　审计机关依法实施领导干部任期经济责任审计时，被审计的领导干部及其所在部门、单位不得拒绝、阻碍，其他党政机关、团体和个人不得干涉。

对非法干预、阻挠审计机关和审计人员审计的行为，审计机关应依法进行处理、处罚。必要时，可以建议组织人事部门、纪检监察机关对有关人员采取组织措施，保证审计工作的正常进行。

第十一条　审计人员办理审计事项时，应当客观公正、实事求是、廉洁奉公、保守秘密，在与被审计单位或人员存在利害关系时，应遵守审计回避制度。

第十二条　审计机关应当在实施审计 3 日前、向被审计领导干部所在部门、单位送达审计通知书，同时抄送同级组织人事部门、纪检监察机关和被审计领导干部本人。

在实施审计之前，应当听取组织人事部门、纪检监察机关等有关部门对被审计单位及其领导干部的意见、组织人事部门、纪检监察机关通报有关情况。

第十三条　审计机关应随同审计通知书告知被审计人及其所在单位应准备及提供的材料。

（一）被审计领导干部个人提供的履行经济责任情况的书面材料及相关资料，应在审计工作开始后 5 日内送交审计组，具体内容包括：

1. 任职期间职责范围；

2. 任职期间负有直接责任和主管责任的财政财务收情况和相关重要经济活动事项；

3. 任职期间所在地区、部门、单位财政财务收支工作目标的完成情况；

4. 任职前后有关经济遗留问题的情况；

5. 本人遵守国家财经法规及廉政规定情况；

6. 审计组要求说明的其他情况。

（二）审计实施时，被审计单位应当提供的材料：

1. 所在地区基本经济状况（审计地方党政领导时提供）；

2. 领导干部任职期间历年的财政、财务收支计划和执行情况：主要经济指标完成情况，相关的财务会计资料、统计资料；

3. 重大投资项目及其实施结果，与此相关的协议、合同、批示等；

4. 任职期间国有资产保值增值情况；

5.任职前后有关经济遗留问题的情况；

6.有关经济监督部门做出的检查报告、处理意见以及纠正情况；

7.有关经济监督部门做出的检查报告、处理意见以及纠正情况；

8.审计机关认为需要的其他资料。

被审计的领导干部和所在的部门单位对提供资料的真实性、完整性应做出书面承诺。

第十四条　审计机关实施领导干部任期经济责任审计，应当通过对其所在地区、部门、单位的财政、财务收入的真实、合法、效益情况以及国有资产管理情况的审计，分清领导干部本人应当负有的直接责任和主管责任。

第十五条　对地方党政领导干部任期经济责任审计的主要内容是：

（一）贯彻执行经济工作政策情况。审查是否贯彻执行中央及本省制定的经济政策、方针及制度等，主要包括：

1.重要资金及物资分配情况；

2.减轻农民负担政策的执行情况；

3.农业投入、科技教育投入情况；

4.经济责任目标完成情况，审查被审计人任期各年度国民经济发展指标完成情况，考核指标主要有工农业总产值、国内生产总值、农民人均纯收入、财政收入等；

5.工业企业的发展情况。

以上相关指标，审计无法核实的，必须引用县级以上统计、财政部门数字，并注明出处。

（二）财政财务收入情况

财政财务收支是地区经济活动的反映，是考核党政领导经济工作业绩的重要内容。主要包括：

1.预算执行情况和决算或财务收支计划的执行和决算的情况；

2.预算外资金的收入、支出和管理情况；

3.专项资金和基金的管理、使用及效益情况；

4.国有资产保值增值及经营管理情况；

5.债权、债务情况；

6.财政、财务收支的内部控制制度及其执行情况；

7.任职期间财政、财务收支工作目标完成情况；

8.遵守国家财经法规情况；

9.其他需要审计的事项。

（三）有关部门的管理情况

1.党委、政府相关事务管理部门以及直接分管单位的财务收支及相关经济活动的真实性、合法性、效益性情况；

2.重点部门、单位的财政收支、财务收支情况。

（四）遵纪守法和廉洁自律的情况

1.有无违反领导干部在公务活动中应遵守的廉政规定的行为；

2. 在财政财务收入、重点工程项目建设等经济活动中，有无侵占国有资产、行贿受贿等违反国家法律的行为；

3. 有无其他违法违纪问题。

（五）组织人事部门、纪检监察机关委托的其他需要审计的事项

第十六条　部门、单位领导干部任期经济责任审计的主要内容：

部门、单位领导干部的经济责任是指被审计人在组织、领导本部门、单位履行职能过程中所引起的财政、财务收支及相关经济活动应承担的责任。主要包括：

（一）财政、财务收支情况

1. 预算执行和决算情况，财务收支计划的执行决算情况；

2. 行政事业性收费、罚没收入的收缴及管理情况；

3. 预算外资金的收入，支出和管理情况；

4. 专项资金、基金的管理和使用情况；

5. 国有资产的管理，使用及保值增值情况；

6. 债权、债务情况；

7. 财政财务收支的内部控制制度及其执行情况；

8. 其他需要审计的事项。

（二）遵纪守法及个人廉洁自律情况

1. 任职期间有无利用职权，为自己或他人谋取非法经济利益；

2. 有无因被审计人故意或过失造成所在部门、单位发生经济损失或违法乱纪问题；

3. 有无违反领导干部在公务活动中应遵守的廉政规定的行为。

（三）组织人事部门、纪检监察机关委托的其他需要审计的事项

第十七条　审计组应实施审计后 60 天内向派出审计机关提出审计报告。审计中发现有严重违反财经纪律的问题或经济犯罪嫌疑线索的，应当及时与有关部门沟通。审计报告报送审计机关前，应当征求被审计的领导干部及其所在部门、单位的意见。

审计报告应当包括以下内容：

（一）审计任务的说明。包括执行审计的依据、被审计单位名称、被审计人员姓名、审计范围、内容、方式和起止时间，延伸、追溯审计重要事项的情况以及被审计配合与审计重要事项的情况以及被审计单位配合与协助情况等；

（二）被审计领导干部的职责范围及所在地区、部门、单位的基本情况；

（三）审计实施的基本情况；

（四）审计查出的主要问题；

（五）被审计领导干部经济责任的审计评价；

（六）被审计的领导干部所在部门、单位违反财经法规的处理、处罚意见。

被审计的领导干部所在部门、单位和本人应当自收到审计报告之日起 10 内，将对审计报告的书面意见送交审计组或审计机关。在规定期限出书面意见的，视同无异议。

第十八条　审计报告在征求被审计领导干部所在部门、单位及本人意见后，对审计中发现的被审计领导干部所在部门、单位违反财经法规需依法给予处理、处罚的，审计机关应当依法做出审计决定或向有关主管机关提出处理、处罚意见。

第十九条　审计机关审定审计报告后，应当向本级党委或政府提交领导干部任期经济责任审计结果报告，并抄送同级组织人事部门、纪检监察机关和其他有关部门。

任期经济责任审计结果报告的主要内容：

（一）审计原依据、范围、内容、方式和时间；

（二）被审计者及被审计地区、部门单位基本情况；

（三）审计实施的基本情况及总体评价；

（四）审计查明的主要问题及相关经济责任。

第二十条　人事部门应当将审计机关提交的领导干部任期经济责任审计结果报告，作为对领导干部考核、奖惩及职务升降、任免、交流、辞职、辞退、退休等提出审查处理意见时的重要依据。并将审计结果利用、处理或追究等情况以书面形式及时反馈给审计机关。应给予党政处分的，由任免机关或纪检监督机关处理；应当依法追究刑事责任的，移送司法机关处理。

第二十一条　审计机关依照本办法对领导干部任期经济责任实施审计所必需的经费，由本级政府在预算中予以保证。

第二十二条　审计机关依法独立开展领导干部任期经济责任审计工作。上级审计机关负责对下级审计机关执行本办法的情况实行监督、检查；上级组织人事部门、纪检监察机关负责对下级组织人事部门、纪检监察机关执行本办法及利用审计机关审计结果情况实行监督、检查。

第二十三条　纪检监察机关、组织人事部门、审计机关等有关部门应当建立联席会议制度，交流、通报领导干部任期经济责任审计情况，研究、解决领导干部任期经济责任审计中出现的情况和问题。

第二十四条　本办法由江西省审计厅负责解释。

第二十五条　本办法自发布之日起施行。全省现行的与本办法不一致的规定，按本法执行。

附录五：

江西省国有企业及国有控股企业
领导人员任期经济责任审计实施办法

第一条　为了加强对全省国有企业及国有控股企业领导人员（以下简称企业领导人员）的管理和监督，正确评价企业领导人员任期经济责任，进一步规范全省国有企业及国有控股企业领导人员任期经济责任审计工作，促进国有企业及国有控股企业加强和改善经营管理，保障国有资产保值增值，根据《中华人民共和国审计法》《国有企业及国有控股企业领导人员任期经济责任审计暂行规定》（中办发〔1999〕20号）及实施细则和其他有关法律、法规，结合本省实际，制定本办法。

第二条　本办法所称国有企业及国有控股企业（以下简称企业），同时也包括国有金融机构和国有资产占控股地位或者主导地位的金融机构。

第三条　本办法所称企业领导人员，是指企业的法定代表人。

第四条　本办法所称任期经济责任，是指企业领导人员任职期间对其所在企业资产、负债、损益和有关经济活动的真实、合法、效益应当负有的责任，包括直接责任和主管责任。直接责任是指企业领导人员对其任期的下列行为应当负有的责任：

（一）直接违反国家财经法规的行为；

（二）授意、指使、强令、纵容、包庇下属人员违反财经法律、法规、规章和制度，弄虚作假，造成企业资产及盈亏不真实，会计报表虚假，导致国家、集体财产遭受损失的行为；

（三）失职、渎职的行为；

（四）其他违反国家财经纪律行为。

企业领导人员的主管责任是指企业领导人员在其任职期间对其所在企业资产、负债、损益的真实性、合法性、效益性以及有关经济活动应当负有的除直接责任以外的领导和管理责任。

第五条　本办法所称任期经济责任审计，一是指企业领导人员任期届满或任期内办理调任、免职、辞职、退休等事项前以及企业在进行改制、改组、兼并、出售、拍卖、破产等国有资产重组时，按国家规定应对企业领导人员进行的经济责任审计。二是指根据干部管理、监督工作的需要，在企业领导人员任期内进行的经济责任审计。

第六条　企业领导人员任期经济责任审计，应当按照干部管理权限和审计管辖范围，分级分层次组织实施。具体组织实施方式是：

（一）由省委管理、省政府委派或推荐的省管企业领导人员，其任期经济责任审计由省审计厅组织实施；

（二）由市、县（区）党委管理，市、县（区）政府委派或推荐的市、县（区）管企业领导人员，其任期经济责任审计由市、县（区）审计机关组织实施；

（三）未列入本办法（一）（二）条范围的企业领导人员任期经济责任审计，由主管委、办、厅（局）或出资方（控股方）的内部审计机构组织实施，也可以由主管委、办、厅（局）或出资方（控股方）委托会计师事务所实施审计。必要时，审计机关可以直接实施审计；

（四）党委、政府认为需要实施经济责任审计的其他有关单位的主要领导。

第七条　企业领导人员任期经济责任审计应当有计划进行。每年年底前，企业领导人员管理机关应当提出下一年度企业领导人员任期经济责任审计的委托建议，由经济责任审计工作领导小组或联席会议协商研究确定后，由审计机关列入一下年度审计项目计划并依法组织实施。

第八条　企业领导人员任期经济责任审计的时间范围应当包括领导人员整个任期。任职时间较长的，审计的时间范围重点审计近三个会计年度。

第九条　审计机关实施审计时，需要对被审计的企业领导人员所在企业的下属单位资产、负债、损益进行延伸审计的，可以直接进审计，也可以由上级内部审计机构配合进行审计，或者由审计机关委托会计师事务所进行审计。

第十条　审计机关实施审计时，可以利用以前年度的审计资料，也可以利用经过核实确认后的内部审计机构或者会计师事务所的审计结果。

第十一条　审计机关实施审计时，根据需要，可以要求企业领导人员管理机关、纪检监察机关以及有关部门协助调查核实与审计有关的事项。

第十二条　审计机关和审计人员办理企业领导人员任期经济责任审计事项，应当客观公正、实事求是、廉洁奉公、保守秘密，并遵守审计回避制度的规定。

第十三条　审计机关依法实施企业领导人员任期经济责任审计时，被审计的企业领导人员及其所在企业不得拒绝、阻碍，其他行政机关、社会团体和个人不得干涉。

第十四条　审计机关应当在实施审计三日前，向被审计的企业领导人员所在企业送达审计通知书，同时抄送企业领导人员管理机关和被审计的企业领导人员本人。

第十五条　审计通知书送达后，被审计的企业领导人员所在企业应当按照审计机关的要求，及时如实地提供以下资料：

（一）上级主管部门下达的对企业领导人员任期内经营业绩进行考核的各项经济指标及完成情况；

（二）企业领导人员任期内制定的重大经济决策及相关审批材料和会议纪要；

（三）企业领导人员任期内所有重大对外投资项目的有关协议、合同及审批材料等；

（四）企业领导人员任期内发生的经济诉讼，或有负债及损失、担保贷款等情况；

（五）企业的财务收支计划、财务分析报告及会计报表、会计凭证、会计账簿以及其他与任期经济责任审计相关的资料；

（六）有关经济监督部门对企业出具的检查报告、处理意见及企业纠正情况。

被审计的企业领导人员和财务主管人员应当对所提供资料的真实性、完整性做出书面承诺。

第十六条　被审计的企业领导人员应当在审计通知书送达之日起5个工作日内，向审计组送交自己负有直接责任和主管责任的企业资产、负债、损益事项的书面材料。书面材料应当包括以下内容：

（一）企业领导人员的职责范围；

（二）企业领导人员任职期间与企业资产、负债、损益目标责任制有关的各项经济指标完成情况；

（三）企业遵守国家财经法律、法规、规章和制度以及领导人员遵守廉政规定的情况；

（四）企业经济活动中面临的主要问题及历史遗留问题，以及对企业经营发展可能造成的不利影响；

（五）其他应当向审计组说明的情况。

第十七条　审计机关实施企业领导人员任期经济责任审计，应当通过对其所在企业资产、负债、损益的真实、合法和效益情况的审计，分清企业领导人员本人应当负有的直接责任和主管责任。企业资产、负债、损益审计的主要内容是：

（一）企业资产、负债、损益的真实性、合法性；

（二）企业资产质量状况；

（三）经济效益情况以及上级主管部门下达的各项经济指标计划完成情况；

（四）企业国有资产的安全、完整和保值增值情况；

（五）企业对外投资及收益、重大建设投资和资产的处置情况；

（六）企业利润的分配情况；

（七）企业按规定应上缴国家的各种税费的解缴情况；

（八）企业与财务收支和经济活动相关的内部控制制度的制定及其执行情况以及内部机构处置、职责分工情况；

（九）企业遵守财经法律、法规、规章和制度的情况；

（十）其他需要审计的事项。

在审计的基础上，查清企业领导人员任期期间与企业资产、负债、损益等目标管理责任制有关的各项经济指标实际完成情况，以及遵守财经法律、法规、规章和制度情况等，分清企业领导人员对本企业资产、负债、损益不真实、不合法、投资效益差以及违反财经法律，法规、规章和规定等问题应当负有的责任；查清企业领导人员个人有无侵占国家资产，有无擅自决定企业的大额度资金运作和生产经营、对外投资等重大决策造成国家损失，以及有无违反与财务收支有关的廉政规定和其他违法违纪的问题。

第十八条　审计组实施审计后，应当及时向审计机关提出审计报告。审计中发现有严重违反财经法律、法规、规章和规定问题或经济犯罪嫌疑线索的，应当与有关部门沟通情况。审计报告送审计机关前，应当征求被审计的企业领导人所在企业和本人的意见。审计报告应当包括以下内容：

（一）审计工作的基本情况；

（二）被审计的企业领导人员对审计查出的问题应当负有的直接责任和主管责任；

（三）审计查出的主要问题；

（四）被审计的企业领导人员对审计查出的问题应当负有的直接责任和主管责任；

（五）对被审计的企业领导人员所在企业违反财经法律、法规、规章和规定问题的处理、处罚意见；

（六）审计反映的其他情况。

被审计的企业领导人员所在企业和本人应当自接到审计报告之日起10日内，将对审计报告的书面意见送交审计组或者审计机关。在规定期限内未提出书面意见的，视同无异议。

第十九条　审计机关审定审计报告后，应当向本级政府提交企业领导人员任期经济责任审计结果报告，并抄送企业领导人员管理机关和其他有关部门。

对被审计的企业领导人员所在企业违反国家规定的财务收支的行为，需要依法给予处理、处罚的，审计机关应当在法定职权范围内做出审计决定或者向有关主管机关提出处理、处罚意见。

第二十条　企业领导人员管理机关应当将审计机关提交的企业领导人员任期经济责任审计结果报告，作为对企业领导人员考核、奖惩以及职务升降、任免、交流、辞职辞退、退休等提出审查处理意见时的重要依据。应当给予党纪、政纪处分的，由企业领导人员管理机关或者纪检监察机关处理；应当给予依法追究刑事责任的，移送司法机关处理。

第二十一条　承办企业领导人员任期经济责任审计的上级内部审计机构、会计师事务所，也要依照规定的程序和要求实施审计，并接受审计机关的监督。

第二十二条　审计机关依法独立开展企业领导人员任期经济责任实施审计所必需的经费，由本级政府在预算中予以保证。

第二十三条　审计机关依法独立开展企业领导人员任期经济责任审计工作。省审计机关负责对市、县（区）、审计机关执行本办法的情况实施监督、检查。上级企业领导人员管理机关负责对下级企业领导人员管理部门执行本办法、利用审计结果的情况实施监督、检查。

第二十四条　企业领导人员管理机关、纪检监督机关以及其他有关部门应当充分利用审计结果，并及时向审计机关反馈审计结果的利用情况。

第二十五条　应定期召开经济责任审计工作领导小组会议或联席会议，交流、通报企业领导人员任期经济审计情况，研究、解决企业领导人员任期经济责任审计工作中出现的问题。

第二十六条　实行企业化管理的事业单位的领导人员的任期经济责任审计，参照本办法执行。

第二十七条　本办法由江西省审计厅负责解释。

第二十八条　本办法自公布之日起施行。本省现行的国有企业经济责任审计规定与本办法不一致的，按照本办法执行。

附录六：

江西省审计厅审计执法责任制（试行）

第一条　为了规范审计行为，严格审计执法，提高审计质量，防范审计风险，切实做到依法审计，根据《中华人民共和国审计法》《中华人民共和国审计法实施条例》《中国国家审计基本准则》等有关法律、法规和规章，结合厅机关工作实际，制定本制度。

第二条　本制度所称的审计执法责任，是指厅机关审计执法人员在审计活动全过程中履行的职责和承担的责任。

审计执法责任按审计组成员、审计组长、审计组所在部门负责人、复核人员、复核机构负责人、厅领导分别设定，厅长为审计执法第一责任人。

第三条　本制度所称审计活动全过程，包括审计方案编制与调整、审计实施、提出审计报告、审计复核、审计处理处罚和后续检查等环节的活动。

第四条　审计执法人员办理审计事项，应当客观公正，实事求是，廉洁奉公，对在审计执法过程中知悉的国家秘密和被审计单位的秘密，负有保密的义务。审计人员与被审计单位或者审计事项有利害关系的，应当回避。

第五条　审计组成员执法责任：

1. 审计组成员对审计实施方案分工所确定的任务负责，对其所查证的审计事项的审计质量负责。

2. 审计组成员应当对编制的审计工作底稿的真实性负责，对获取的审计证据的客观性、相关性、充分性和合法性负责。

3. 审计组成员收集的有关违反国家规定的财政收支、财务收支行为以及其他重要事项的审计证据，应当由有关单位、人员签名或者盖章。

审计组成员对证据提供者拒绝签名或者盖章的审计证据，应当注明拒绝签名或者盖章的原因和日期。

4. 审计组成员应将审计工作底稿按照审计项目的性质和内容进行分类、归集、排序和分析整理后，交审计组长复核并签署意见。

5. 审计组成员在审计活动中应依法出示执法证件，对具体执法行为负责。

第六条　审计组长或者主审执法责任：

1. 组织开展审前调查，收集有关资料，负责审计方案的编写和报批，负责审计过程中审计方案的调整和报批，负责按审计方案的要求组织实施。

2. 负责组织审计通知书的草拟和报批，确保审计通知书在进点 3 日前送达被审计单位，并取得送达回证。

3. 负责在审计过程中要求被审计单位作出与审计事项有关的书面承诺。

4. 负责审核审计工作底稿和审计证据，对不符合规范要求的审计工作底稿和审计证据，负责组织补正，对未按审计方案查证和未查深、查透的事项应督促继续查证，对审计中发现的涉嫌经济犯罪问题及其他重大问题，应及时向审计组所在部门负责人报告。

5. 负责组织对被审计单位有异议的审计证据的核实，对确有错误或偏差的审计证据应组织重新取证。

6. 负责及时编写审计报告，组织审计组成员对审计报告的讨论和修正，对审计报告的真实性负责。

7. 负责征求被审计单位对审计报告的意见，对其反馈意见组织研究核实后，作出书面说明。审计组认为需要修改和调整审计报告的，应当作必要的修改和调整。

8. 负责在审计实施结束后60日内将审计报告、被审计单位对审计报告的书面意见及审计组的书面说明或者修改意见，审计决定书、审计意见书的初稿，提交审计组所在负责人审核后送法规处复核。

9. 根据审计组所在部门负责人的审核意见或法规处的复核意见，对审计报告中事实不清、证据不充分的问题，负责组织审计人员及时补正，对审计决定书、审计意见书中评价或定性不准、处理处罚不当的问题，负责及时纠正。

10. 根据厅领导对审计报告的审定意见，在审计机关收到审计报告之日起30日内，负责将审计意见书和审计决定书（包括其他审计业务文书）送达被审计单位，并取得送达回证。

11. 负责审计项目档案的归档整理工作。

第七条　审计组所在部门负责人的执法责任：

1. 负责根据审计项目立项要求，合理调配审计力量，指派审计组成员并指定审计组长。负责全省统一组织的行业审计项目、跨部门的联合审计项目的协调和指导工作。

2. 负责督促审计组长组织开展审前调查和编制审计方案，负责审计方案和审计方案调整的复核，并提交分管厅长批准。

3. 负责检查审计方案的执行。审计组未按审计方案规定实施审计的，审计组所在部门负责人要责成审计组按审计方案要求执行。

4. 负责审核审计报告，对审计报告的内容规范和质量负责，并对审计报告修改部分负直接责任。

5. 负责审核审计决定书、审计意见书（包括其他审计业务文书），对各项审计业务文书的质量负责。

6. 负责监督审计处理、处罚的落实，负责组织后续审计工作。

7. 负责组织建立审计对象基本情况和审计情况的数据库。

8. 负责对审计组成员遵守职业道德和廉政纪律情况的监督。

第八条　复核人员的执法责任：

1. 负责按照审计准则的规定，对以下事项进行复核，对审计项目承担复核责任。

（1）是否按照审计方案确定的审计范围和审计目标实施审计；审计工作是否符合相关的审计准则；

（2）与审计事项有关的事实是否清楚；

（3）收集的审计证据是否具有客观性、相关性、充分性和合法性；

（4）适用法律、法规、规章是否正确；

（5）对违反国家规定的财政收支、财务收支行为的定性是否准确，处理意见是否适当；

（6）审计评价、审计建议、审计移送处理是否适当；

（7）审计程序是否符合规定；

（8）其他需要复核的事项。

2.负责在收到审计报告等复述材料后，在5个工作日内提出复述初步意见。

3.保证送交复述资料的完整，对复述中知悉的国家秘密和商业秘密有保密的责任。

第九条　复核机构负责人的执法责任：

1.负责组织复核工作，对复核质量负责。

2.负责在收到复核意见后及时审核复核意见。

3.负责复核过程中的协调与沟通工作。

4.负责组织实施审计听证和审计复议事项。

第十条　厅领导的执法责任：

1.分管厅领导的执法责任。

（1）协助厅长做好依法审计工作；

（2）组织分管处室依法实施审计监督职责，审批分管处室重大审计项目的审计方案，对分管处室实施的审计项目的重大事项向厅长报告，并对厅长负责；

（3）按照厅领导分工审定和签发分管处室的审计通知书、审计意见书和审计决定等审计文书，并对其签署意见负责。

2.厅长的执法责任。

厅长对审计执法工作负总责，负责组织分管厅领导全面落实审计执法责任，负责协调分管厅领导提出的执法中遇到的问题，负责审定审计业务会议纪要，负责检查分管处室落实审计执法责任。

附录七：

江西省审计厅审计执法过错责任追究暂行办法

第一条　为规范审计执法行为，严格审计执法，明确审计执法责任，促进依法审计，提高审计质量，防范审计风险，根据《中华人民共和国审计法》《中华人民共和国审计法实施条例》《中国国家审计准则》《中华人民共和国行政处罚法》和《国家公务员暂行条例》，结合我厅审计工作实际，制定本办法。

第二条　本办法所称审计执法过错行为，是指本厅审计执法人员在行使行政职权时，由于故意或过失，使其行政行为违法或不当，给他人合法权益造成损害、给本单位造成不良影响或给国家造成损失的行为。

第三条　追究执法过错责任，应遵循如下原则：

（一）公开、公平、公正；

（二）实事求是，依法追究，有错必纠；

（三）执法过错与责任追究相当；

（四）教育与处罚相结合，执法监督与群众监督相结合。

第四条　在执法过程中有下列情形之一时，应追究执法过错责任：

（一）违反法定的工作程序或没有按照审计方案的要求操作，导致审计事项缺审漏审或其他严重审计质量问题，并造成不良后果的；

（二）隐瞒被审计单位违反财经法纪的事实，对审计中发现的重大违法违纪问题不如实汇报，或提交内容虚假的审计报告的；

（三）对审计查出的问题定性不准，适用法规错误，审计处理处罚明显不当、该移送的没有移送造成严重后果的；

（四）未履行必要的程序，擅自允许被审计单位不执行审计决定，造成应上缴违纪款没有按期如数上缴的；

（五）违反审计听证、复议和诉讼程序，造成严重后果的；

（六）泄露审计过程中知悉的国家秘密、被审计单位的商业秘密以及审计工作内情，造成被审计单位重大经济损失或其他不良后果的；

（七）审计人员在审计实施过程滥用职权、徇私舞弊的；

（八）省委、省政府、省人大对审计结果或审计调查报告反映的问题认为严重失真并提出质疑，经调查情况属实且确属审计人员过错的；

（九）其他应追究执法过错责任的行为。

第五条　有下列情形之一的，应当从重追究责任：

（一）审计执法过错造成严重损失或重大影响的；

（二）审计执法过错行为发生的原因是由于徇私舞弊、受贿、滥用职权、玩忽职守造成的；

（三）明知故犯或拒不改正的；

（四）屡次出现审计执法过错的；

（五）对举报、揭发、控告、申请复议、提起诉讼者以及案件调查和处理人员进行打击、报复，阻挠审计执法过错责任追究的；

（六）其他应当从重追究责任的。

第六条　有下列情形之一的，可以从轻、减轻或者免予追究责任：

（一）审计执法过错行为情节轻微，未造成不良影响或损失轻微的；

（二）主动承认执法过错行为并及时纠正的；

（三）受他人胁迫有审计执法过错行为的；

（四）执法过错的非主要责任人且责任轻微的；

（五）其他可以从轻、减轻或者免予追究责任的。

第七条　因具体工作人员的故意行为造成审核人、批准人的审核、批准失误或不当的，具体工作人员是行政过错责任人。

因审核人的故意导致批准人批准失误或不当出现行政过错的，审核人是过错责任人。

集体讨论决定而导致的行政过错，决策人为行政过错主要责任人；参加讨论并持赞成意见的其他人员为次要责任人；持反对意见的人员不承担责任。

第八条　对有本办法第四条所列情形之一的责任人，应给予下列处理或并处：

（一）责令改正错误；

（二）通报批评；

（三）暂停执法活动；

（四）调离执法岗位；

（五）给予警告、记过、记大过、降级、撤职或开除的行政处分；

（六）依法给予的其他处理。

第九条　审计人员执法过错行为性质严重构成犯罪的，必须移送有关司法机关追究刑事责任。

第十条　厅机关成立执法监督委员会，下设办公室，负责本厅审计执法过错的追究工作。

第十一条　执法监督委员会由厅领导、办公室、法规处、人教处、监察室、审计组所在部门负责人组成。厅长为执法监督委员会主任。

第十二条　执法监督委员会应当派员定期或不定期对审计组的审计工作情况进行监督检查，发现审计人员在审计过程中有审计执法过错行为的，应当及时责令改正。

第十三条　执法监督委员会发现或接到检举、投诉审计执法过错行为后，执法监督委员会办公室应在5日内进行初步审查，并报主任决定是否立案。决定立案的，应成立调查组进行调查。

第十四条　调查必须全面、客观、公正地调查，收集有关证据，查明事实。

第十五条　被调查人员有权对自己的行为进行陈述和申辩。调查组在调查过程中应充分听取被调查人的意见，对被调查人提出的事实、理由或者依据成立的，调查组应当采纳。

第十六条　执法过错责任的追究，由厅审计执法过错责任调查小组提出处理意见，报厅长办公会议决定，除口头责令改正错误或者告诫外，其余各项均以书面形式作出处理，并依照有关规定列入干部人事档案。

第十七条 对及时发现、检举、投诉、制止、纠正审计执法过错行为有突出表现的本厅工作人员，应给予表彰奖励。

第十八条 本办法由厅执法监督委员会负责解释。

第十九条 本办法自发布之日起施行。

附录八：

江西省审计处罚自由裁量权适用规则（试行）

第一条　为了规范审计处罚行为，发挥审计监督的作用，维护公民、法人或者其他组织的合法权益，根据《中华人民共和国审计法》《中华人民共和国行政处罚法》《审计机关审计处理处罚的规定》等有关法律、法规和规章的规定，制定本规则。

第二条　审计机关对违反国家规定的财政收支、财务收支行为以及违反《审计法》的行为进行处罚时，应当遵循本规则。

第三条　本规则所称审计处罚是指审计机关依法对违反国家规定的财政收支、财务收支行为和违反《审计法》的行为采取的处罚措施。

审计处罚的种类有：

（一）警告、通报批评；

（二）罚款；

（三）没收违法所得；

（四）依法采取的其他处罚措施。

审计机关以有关财政收支、财务收支的法律、法规和国家其他有关规定为审计处罚的依据。

第四条　本规则所称自由裁量权，是指审计机关在实施审计处罚时，在法律、法规或者规章规定的处罚种类、处罚幅度内，综合考虑违法情节、违法手段、违法后果、改正措施等因素，合理确定处罚种类、处罚幅度或不予处罚的权限。

第五条　适用审计处罚自由裁量权，应当遵循以下原则：

（一）过罚相当原则

实施审计处罚必须以事实为依据，以法律为准绳，在行使自由裁量权时应当考虑违法行为的事实、性质、情节以及社会危害程度等，作出的审计处罚要与违法行为相当。

（二）公平、公正原则

对于违法行为的处罚，应当优先适用法律效力层级高的法律规范，在法律效力相当的情况下，应优先适用新出台的法律规范；对于相同性质的违法行为，应当适用相同的法律规范予以处罚。

对于性质相同、情节相近、危害后果基本相当、违法主体同类的违法行为，在实施审计处罚行使自由裁量权时，适用的法律依据、处罚种类及处罚幅度应当基本一致。

（三）教育与处罚相结合原则

在行使审计处罚自由裁量权时，既要制裁违法行为，又要教育被审计单位自觉遵守法律，维护法律尊严。对情节轻微的违法行为以教育为主、处罚为辅。

（四）程序正当原则

严格遵守《中华人民共和国行政处罚法》《审计机关审计处理处罚的规定》所规定的法定程序。充分听取被审计单位的意见，依法保障被审计单位的知情权、参与权和救济权。

（五）综合裁量原则

在行使审计处罚自由裁量权时，应当综合分析违法行为的主体、客体、主观、客观及社会危害后果等因素，对违法行为处罚与否以及处罚的种类和幅度进行判断，作出相应的处罚决定，不能片面考虑某一情节对被审计单位进行审计处罚。

第六条　法律、法规、规章设定的罚款处罚数额有一定幅度的，在幅度范围内分为一般处罚适用，从轻或者减轻处罚适用，从重处罚适用。

本规则所称的减轻处罚，是指在法定处罚幅度以下进行的处罚；本规则所称的从轻处罚，是指在法定最低罚款金额（或比例）至最高罚款金额（或比例）30%幅度及其以下进行的处罚；本规则所称的从重处罚，是指在法定最低罚款金额（或比例）至最高罚款金额（或比例）70%幅度及其以上进行的处罚。

第七条　对有下列情形之一的违法行为，审计机关应当依法从重处罚：

（一）单位负责人强制下属人员违反财经法规的；

（二）挪用或者克扣救灾、防灾、抚恤、救济、扶贫、教育、养老、下岗再就业等专项资金和物资的；

（三）违反国家规定的财政收支、财务收支行为的数额较大、情节严重的；

（四）阻挠、抗拒审计或者拒不纠正错误的；

（五）拒绝或者拖延提供与审计事项有关的资料的，或者提供的资料不真实的；

（六）审计机关责令纠正的事项，无故不纠正的；

（七）屡查屡犯的；

（八）其他依法应当从重处罚的。

第八条　审计机关对有下列违反国家规定的情形之一的行为，应当依法从轻、减轻或者免予处罚：

（一）违反国家规定的财政收支、财务收支行为，经审计查出后，认真检查错误并及时纠正的；

（二）违反国家规定的财政收支、财务收支行为的数额较小、情节轻微，自行纠正的；

（三）能够认真自查，并主动消除或者减轻违反财经法规行为危害后果的；

（四）受他人胁迫有违反国家规定的财政收支、财务收支行为的；

（五）法律、法规和规章规定可以从轻、减轻或者免予处罚的其他行为。

第九条　审计机关实施审计处罚时，应当责令被审计单位改正或者限期改正违法行为。

第十条　随本规则同时下发《江西省审计处罚自由裁量权执行标准》（以下简称《执行标准》）。本省各级审计机关在实施审计处罚时原则上应当按照《执行标准》行使自由裁量权、确定处罚幅度。

审计机关依据其他有关财政收支、财务收支的法律、法规和国家规定实施审计处罚的，应参照江西省有关主管部门制定的细化标准执行。

第十一条　建立健全行政处罚自由裁量合法性审核制度。

审计组所在部门提出的审计处罚意见，应当经法制工作机构或专职复核人员复核后方能报审计机关分管领导或主要负责人签发。

审计组所在部门建议不予行政处罚、减轻处罚、从轻处罚或从重处罚的，要说明理由。如未说明理由，法制工作机构应作退卷处理或者要求审计组所在部门作补充说明。

法制工作机构认为审计组所在部门在其代拟的审计决定书中对所建议的处罚档次缺少必要证据证明，应当要求审计组所在部门补充调查有关证据或变更处罚意见。

重大审计处罚的审计项目，由审计机关分管领导提议，经审计机关主要负责人或其指定的其他负责人同意后，召开审计业务会议讨论审定。

第十二条　审计机关对被审计单位和有关责任人员作出下列审计处罚前，应当向被审计单位和有关责任人员送达审计听证告知书，告知当事人在收到审计听证告知书之后三日内有权要求举行审计听证会：

（一）对被审计单位处以违反国家规定的财务收支金额百分之五以上且金额在十万元以上罚款；

（二）对违反国家规定的财务收支行为负有直接责任的有关责任人员处以二千元以上罚款。

第十三条　审计组所在部门应当定期对本部门作出的审计处罚案件进行复查，发现自由裁量权行使不当的，应当按照本规则和《执行标准》主动纠正。

上级审计机关应当不定期对下级审计机关审计处罚自由裁量权行使情况进行检查，发现自由裁量权行使不当的，有权按照本规则和《执行标准》责令纠正。

各级审计机关在行政执法检查中发现自由裁量权行使不当的，应当按照本规则和《执行标准》纠正并予以通报。

第十四条　审计机关违反本规则规定实施行政处罚，被审计单位不服申请行政复议的，上级审计部门在审理复议案件时，有权依照《执行标准》直接予以变更。

第十五条　审计机关实施审计处理、处罚，有下列情形之一的，由上级审计机关责令改正，并可以依照审计执法过错责任追究制度的规定追究有关责任人员的责任：

（一）违反有关法律、法规规定的审计处理、处罚程序的；

（二）擅自改变审计处理、处罚种类和裁量幅度的；

（三）没有审计处罚的法律依据的；

（四）应当移送有关部门处理而没有移送的。

第十六条　《执行标准》中有关自由裁量权的规定，所称"以下"不包括本数，所称"以上"包括本数；所称"至"，下限数包括本数，上限数不包括本数，若是最高一档处罚则包括上限数。

第十七条　本规则由江西省审计厅负责解释。

第十八条　本规则自 2009 年 1 月 1 日起施行。

附录九：

江西省审计处罚自由裁量权执行标准（试行）

第一部分《中华人民共和国审计法》

因无具体罚款量度，不细化。

第二部分《中华人民共和国审计法实施条例》

因该条例正在修改，暂不细化。

第三部分《财政违法行为处罚处分条例》

一、《财政违法行为处罚处分条例》第十三条

企业和个人有下列不缴或者少缴财政收入行为之一的，责令改正，调整有关会计账目，收缴应当上缴的财政收入，给予警告，没收违法所得，并处不缴或者少缴财政收入 10% 以上 30% 以下的罚款；对直接负责的主管人员和其他直接责任人员处 3000 元以上 5 万元以下的罚款：

（一）隐瞒应当上缴的财政收入。

（二）截留代收的财政收入。

（三）其他不缴或者少缴财政收入的行为。

属于税收方面的违法行为，依照有关税收法律、行政法规的规定处理、处罚。

罚款幅度细化为：

（一）隐瞒应当上缴的财政收入。指企业和个人通过各种减少收入、增加负债手段，不缴或者少缴财政收入的行为。

1. 人为调整利润、虚列资产负债、隐瞒企业收入，或隐瞒经营活动导致不缴或少缴财政收入。

不缴或少缴财政收入 50 万元以下的，处以不缴或少缴财政收入 10%—15% 的罚款；对直接负责的主管人员和其他直接责任人员处以 0.3 万—1 万元的罚款。

不缴或少缴财政收入在 50 万元以上 100 万以下的，处以不缴或少缴财政收入 15%—20% 的罚款；对直接负责的主管人员和其他直接责任人员处以 1 万—2 万元的罚款。

不缴或少缴财政收入在 100 万元以上的，处以不缴或少缴财政收入 20%—30% 的罚款；对直接负责的主管人员和其他直接责任人员处以 2 万—3 万元的罚款。

2. 国有企业通过关联交易等方式向非国有独资企业或者个人转移利润或者国有投资收益；企业对外投资或者向境外投资，未如实反映收益情况或者未及时足额收取应得利润；股份制企业对国有股不配股、不分红；违规把国有资产、国有企业低价卖给个人或者转让给非国有单位等行为，造成国有资产权益损失。

对企业通过上述手段或行为导致国有资产损失或流失，损失或流失金额在 100 万元以下的，处

以损失或流失金额 15%—20% 的罚款；损失或流失金额在 100 万元以上的，处以损失或流失金额 20%—30% 的罚款；对直接负责的主管人员和其他直接责任人员处以 2 万—3 万元的罚款。

企业对外投资因投资论证不足、投资管理不善等原因，导致对外投资全部或部分未收回的，对直接负责的主管人员处以 3 万—4 万元的罚款。由于直接责任人存在营私舞弊行为而导致投资损失的应移送有关部门处理。

3. 直接隐瞒、转移应上缴的行政性收费、国有资产收益和罚款等非税收入；以各种手段骗取国家退付非税款。

隐瞒、转移非税收入或骗取退付非税款在 50 万元以下的，处以隐瞒、转移非税收入或骗取退付非税款 15%—20% 的罚款，对直接负责的主管人员和其他直接责任人员处以 1 万—2 万元的罚款；隐瞒、转移非税收入或骗取退付非税款在 50 万元以上 100 万元以下的，处以隐瞒、转移非税收入或骗取退付非税款 20%—25% 的罚款，对直接负责的主管人员和其他直接责任人员共处以 2 万—3 万元的罚款；隐瞒、转移非税收入或骗取退付非税款在 100 万元以上的，处以隐瞒、转移非税收入或骗取退付非税款 20%—30% 的罚款，对直接责任人员处以 3 万—4 万元的罚款。对指使隐瞒、转移非税收入或骗取退付非税款的责任人处以 5 万元的罚款。

前次审计已就上述事项建议被审计单位纠正的，而本次审计发现其仍未纠正的，对被审计单位直接负责的主管人员加处 2 万—3 万元的罚款，对其他直接责任人员加处 1 万—2 万元的罚款。对责任人个人的罚款不得在企业财务账上列支（以上、以下同）。

（二）截留代收的财政收入。指有代收财政收入权限的企业和个人在代收财政收入的过程中，不上缴或者不完全上缴财政收入的行为。

1. 对已收取、代扣代缴的财政收入不按规定上缴；以各种名义长期占用代收的财政收入；从代收的财政收入中多提、乱提手续费；长期拖欠代收的财政收入等行为。

金额在 50 万元以下的，处以截留代收的财政收入 10%—15% 的罚款，对直接负责的主管人员和其他直接责任人员处以 0.3 万—1 万元的罚款；金额在 50 万元以上的 100 万元以下的，处以截留代收的财政收入 15%—20% 的罚款，对直接负责的主管人员和其他直接责任人员处以 1 万—2 万元的罚款；金额在 100 万元以上，处以截留代收的财政收入 20%—30% 的罚款，对直接负责的主管人员和其他直接责任人员处以 2 万—3 万元的罚款。截留代收的财政收入时间不超过 3 个月（跨会计年度截留除外），且审计发现后及时上缴的，给予警告，不罚款。

2. 坐支代收的财政收入。

累计坐支金额在 10 万元以下的，且审计期间内坐支次数不超过三次，处以坐支代收的财政收入金额 10%—15% 的罚款，对直接负责的主管人员和其他直接责任人员处以 0.3 万—1 万元的罚款；累计坐支金额在 10 万元以上 50 万元以下，处以坐支代收的财政收入金额 15%—20% 的罚款，对直接负责的主管人员和其他直接责任人员处以 1 万—3 万元的罚款；累计坐支金额在 50 万元以上处以坐支代收的财政收入金额 20%—30% 的罚款，对直接负责的主管人员和其他直接责任人员处以 3 万—5 万元的罚款。

3. 擅自从代收的财政收入中扣除代理费、手续费、服务费、咨询费，金额在 10 万元以下的，处以扣除代理费、手续费、服务费、咨询费金额 15%—20% 的罚款，对直接负责的主管人员和其他直接责任人员处以 0.5 万—1 万元的罚款；金额在 10 万元以上 50 万元以下，处以 20%—25% 的罚款，对直接负责的主管人员和其他直接责任人员处以 1 万—3 万元的罚款；金额在 50 万元以上处以 25%—30% 的罚款，对直接负责的主管人员和其他直接责任人员处以 3 万—5 万元的罚款。未经批准，下放代收财政收入的职能，致使下属企业截留代收的财政收入，处以被截留代收的财政收入 20%—25% 的罚款，对直接负责的主管人员和其他直接责任人员处以 2 万—4 万元的罚款。违法减免、不收代收的财政收入，从中谋取不当利益等行为，没收违法所得，处以违法减免、不收代收的财政收入 20%—30% 的罚款，对直接负责的主管人员和其他直接责任人员处以 3 万—5 万元的罚款。

4. 不将代收的财政收入纳入财务会计账簿，暗中截留。暗中截留代收的财政收入金额在 50 万元以下的处以未纳入财务会计账簿核算的财政收入 15%—20% 的罚款，对直接负责的主管人员和其他直接责任人员处以 2 万—3 万元的罚款；暗中截留代收的财政收入金额在 50 万元以上 100 万以下的，处以未纳入财务会计账簿核算的财政收入 20%—25% 的罚款，对直接负责的主管人员和其他直接责任人员处以 3 万—4 万元的罚款；暗中截留代收的财政收入金额在 100 万元以上的，处以未纳入财务会计账簿核算的财政收入 25%—30% 的罚款，对直接负责的主管人员和其他直接责任人员处以 4 万—5 万元的罚款。

（三）除（一）（二）项以外的其他不缴或少缴财政收入的行为。视情节轻重和金额大小，对企业处以不缴、少缴或截留财政收入 10%—30% 的罚款；对直接负责的主管人员和其他直接责任人员处以 0.3 万—5 万元的罚款。

（四）属于税收方面的违法行为，依照有关税收法律、行政法规的规定处理、处罚。

二、《财政违法行为处罚处分条例》第十四条

企业和个人有下列行为之一的，责令改正，调整有关会计账目，追回违反规定使用、骗取的有关资金，给予警告，没收违法所得，并处被骗取有关资金 10% 以上 50% 以下的罚款，或者被违规使用有关资金 10% 以上 30% 以下的罚款；对直接负责的主管人员和其他直接责任人员处 3000 元以上 5 万元以下的罚款：

（一）以虚报、冒领等手段骗取财政资金以及政府承贷或者担保的外国政府贷款、国际金融组织贷款。

（二）挪用财政资金以及政府承贷或者担保的外国政府贷款、国际金融组织贷款。

（三）从无偿使用的财政资金以及政府承贷或者担保的外国政府贷款、国际金融组织贷款中非法获益。

（四）其他违反规定使用、骗取财政资金以及政府承贷或者担保的外国政府贷款、国际金融组织贷款的行为。

属于政府采购方面的违法行为，依照《中华人民共和国政府采购法》及有关法律、行政法规的规定处理、处罚。

罚款幅度细化为：

（一）以虚报、冒领等手段骗取财政资金以及政府承贷或者担保的外国政府贷款、国际金融组

织贷款。

1. 企业和个人编造项目建议书和可行性研究报告，骗取主管机关的批准，冒领财政资金和贷款；企业和个人故意夸大贷款项目的规模和效益，骗取财政资金和贷款等行为。

骗取金额在 50 万以下的，对企业和个人处以骗取财政资金或贷款金额 10%—20% 的罚款，对直接负责的主管人员和其他直接责任人员处 0.3 万—1 万元的罚款。

骗取金额在 50 万以上 100 万以下的，对企业和个人处以骗取财政资金或贷款金额 20%—30% 的罚款，对直接负责的主管人员和其他直接责任人员处 1 万—3 万元的罚款。

骗取金额在 100 万元以上的，处以骗取财政资金或贷款 30%—50% 的罚款，对直接负责的主管人员和其他直接责任人员处 3 万—5 万元的罚款。

2. 企业和个人通过虚假资料申报、冒领、骗取财政拨款、退库款、补助、转移支付资金或者专项补贴资金。

骗取金额在 50 万以下的，对企业和个人处以冒领、骗取财政拨款、退库款、补助、转移支付资金或专项补贴资金金额 10%—20% 的罚款；对直接负责的主管人员和其他直接责任人员处 0.3 万—1 万元的罚款。

骗取金额在 50 万以上 100 万以下的，对企业和个人处以冒领、骗取财政拨款、退库款、补助、转移支付资金或专项补贴资金金额 20%—30% 的罚款，对直接负责的主管人员和其他直接责任人员处 1 万—3 万元的罚款。

骗取金额在 100 万元以上的，处以冒领、骗取财政拨款、退库款、补助、转移支付资金或专项补贴资金金额 30%—50% 的罚款，对直接负责的主管人员和其他直接责任人员处 3 万—5 万元的罚款。

3. 企业和个人与国家机关合谋骗取财政资金和贷款的行为。

对企业和个人处以骗取财政资金和贷款金额 30%—40% 的罚款，对直接负责的主管人员和其他直接责任人员处 3 万—4 万元的罚款。

（二）挪用财政资金以及政府承贷或者担保的外国政府贷款、国际金融组织贷款。

1. 将用于生产性项目的财政资金或者贷款用于消费性项目。

对企业和个人处以改变财政资金或贷款资金用途金额 10%—20% 的罚款。

2. 将有专项用途的财政拨款用于企业其他经营性支出。

对企业和个人处以改变财政资金或贷款资金用途金额 10%—20% 的罚款，对直接负责的主管人员和其他直接责任人员处 0.3 万—1 万元的罚款。

3. 挪用、浪费财政专项补贴资金或者国债转贷资金。

对企业和个人处以挪用、浪费财政专项补贴资金或国债转贷资金金额 20%—30% 的罚款，对直接负责的主管人员和其他直接责任人员处 1 万—3 万元的罚款。

4. 将用于公共性项目的财政资金或者贷款用于为企业和个人牟取私利。

对企业和个人处以改变财政资金或贷款资金用途金额 30%—50% 的罚款，对直接负责的主管人员和其他直接责任人员处 3 万—5 万元的罚款。

5. 将财政资金或者贷款用于国家限制或者禁止发展的产业。

对企业和个人处以使用财政资金或贷款用于国家限制或禁止发展的产业金额 30%—50% 的罚款，对直接负责的主管人员和其他直接责任人员处 3 万—5 万元的罚款。

（三）从无偿使用的财政资金以及政府承贷或者担保的外国政府贷款、国际金融组织贷款中非法获益。

1. 用无偿使用的财政专项资金或者贷款进行获利性投资；用无偿使用的财政专项资金或者贷款进行有偿交易等行为。

对无偿使用财政资金或贷款的企业和个人，处以被违规使用资金 20%—30% 的罚款，对直接负责的主管人员和其他直接责任人员处 3 万—5 万元的罚款。

2. 将企业和个人的支出转移到无偿使用财政专项资金或者贷款的企业中列支。

对企业和个人处以挤占无偿使用财政专项资金或贷款金额 10%—20% 的罚款，对直接负责的主管人员和其他直接责任人员处 0.3 万—2 万元的罚款。

3. 同无偿使用的财政专项资金或者贷款的企业约定，从其未来的收益中提成等行为。

对企业和个人，处以被违规使用资金 10%—20% 的罚款，对直接负责的主管人员和其他直接责任人员处 1 万—3 万元的罚款。

4. 以滞留、占压、截留等手段将无偿使用的财政专项资金或者贷款转存转贷，获取不当利益；直接向无偿使用财政专项资金或者贷款的企业收取不当利益；通过无偿使用财政专项资金或者贷款的不公平分配，获取不当利益等行为。

对企业和个人处以违规使用资金 20%—30% 的罚款，对直接负责的主管人员和其他直接责任人员处 1 万—3 万元的罚款。

（四）其他违反规定使用、骗取财政资金以及政府承贷或者担保的外国政府贷款、国际金融组织贷款的行为。视情节轻重和金额大小，对企业和个人处以违规使用、骗取财政资金或贷款金额 10%—30% 的罚款；对直接负责的主管人员和其他直接责任人员处 0.3 万—5 万元的罚款。

属于政府采购方面的违法行为，依照《中华人民共和国政府采购法》及有关法律、行政法规的规定处理、处罚。

三、《财政违法行为处罚处分条例》第十五条

事业单位、社会团体、其他社会组织及其工作人员有财政违法行为的，依照本条例有关国家机关的规定执行；但其在经营活动中的财政违法行为，依照本条例第十三条、第十四条的规定执行。

四、《财政违法行为处罚处分条例》第十六条

单位和个人有下列违反财政收入票据管理规定的行为之一的，销毁非法印制的票据，没收违法所得和作案工具。对单位处 5000 元以上 10 万元以下的罚款；对直接负责的主管人员和其他直接责任人员处 3000 元以上 5 万元以下的罚款。属于国家公务员的，还应当给予降级或者撤职处分；情节严重的，给予开除处分：

（一）违反规定印制财政收入票据。

（二）转借、串用、代开财政收入票据。

（三）伪造、变造、买卖、擅自销毁财政收入票据。

（四）伪造、使用伪造的财政收入票据监（印）制章。

（五）其他违反财政收入票据管理规定的行为。

属于税收收入票据管理方面的违法行为，依照有关税收法律、行政法规的规定处理、处罚。

罚款幅度细化为：

（一）违反规定印制财政收入票据。指企业和个人违反国家法律、行政法规的规定，未经有权机关批准，擅自或不按规定的式样、数量、要求、印制收费票据、发票和发票防伪专用品的行为。

1. 不按照规定的式样、数量、要求，印制收费票据、发票和发票防伪专用品的行为。对单位处以 0.5 万—3 万元的罚款，对直接负责的主管人员和其他直接责任人处以 0.3 万—1 万元的罚款；印制数量较大，情节严重的，对单位处以 3 万—5 万元的罚款，对直接负责的主管人员和其他直接责任人处以 1 万—2 万元的罚款。

2. 未经有权机关批准，擅自印制收费票据、发票和发票防伪专用品的行为。对单位处以 3 万—5 万元的罚款，对直接负责的主管人员和其他直接责任人处以 1 万—3 万元的罚款；印制数量较大，情节严重的，对单位处以 5 万—10 万元的罚款，对直接负责的主管人员和其他直接责任人处以 3 万—5 万元的罚款。

（二）转借、串用、代开财政收入票据。转借是指有权使用财政收入票据的企业和个人违规向其他单位或者个人出借财政收入票据的行为；串用是指企业和个人在经济活动中，不按国家规定使用相应类型的票据，而在财政收入项目、种类上擅自串换使用的行为；代开是指使用财政收入票据的企业和个人，用自己的票据为其他单位和个人开具财政收入票据的行为。

1. 企业向关联企业出借财政收入票据等转借行为。对转借单位处以 0.5 万—2 万元的罚款，对使用出借票据的关联企业处以 1 万—3 万元的罚款，对直接负责的主管人员和其他直接责任人员处以 0.5 万—1 万元的罚款；转借票据数量较大，情节严重的，对转借单位处以 2 万—5 万元的罚款，对使用出借票据的关联企业处以 3 万—6 万元的罚款，对直接负责的主管人员和其他直接责任人员处以 1 万—3 万元的罚款。

2. 用普通收款收据代替财政收入票据等串用行为。对串用单位处以 0.5 万—1 万元的罚款，对直接负责的主管人员和其他直接责任人员处以 0.5 万—1 万元的罚款；串用票据数量较大，情节严重的，对串用单位处以 1 万—3 万元的罚款，对直接负责的主管人员和其他直接责任人员处以 1 万—3 万元的罚款。

3. 控股公司为子公司的经济活动开具财政收入票据等代开行为。对控股公司和子公司处以 0.5 万—2 万元的罚款，对直接负责的主管人员和其他直接责任人员处以 0.5 万—1 万元的罚款；代开票据数量较大，情节严重的，对控股公司和子公司处以 2 万—5 万元的罚款，对直接负责的主管人员和其他直接责任人员处以 1 万—3 万元的罚款。

（三）伪造、变造、买卖、擅自销毁财政收入票据。伪造是指无权印制财政收入票据的企业和个人非法、私自印制财政收入票据的行为；变造是指用涂改、擦抹、拼接的方法，对真实的财政收入票据进行加工和改造；买卖是指企业和个人不依照财政收入票据领购的规定和程序申请领购，而是私自向其他单位和个人购买，以及领购财政收入票据的单位和个人向其他单位和个人的转让及出卖；擅自销毁是指违反财政收入票据管理规定，擅自损毁财政收入票据、票据存根联和票据登记簿的行为。

1.非法印制行政财政收入票据的伪造行为。对单位处以 3 万—5 万元的罚款，对直接负责的主管人员和其他直接责任人员处以 1 万—3 万元的罚款；非法印制票据数量较大，情节严重的，对单位处以 5 万—10 万元的罚款，对直接负责的主管人员和其他直接责任人员处以 3 万—5 万元的罚款。

2.以涂改、擦抹、拼接等方式变造票据的行为。对单位处以 0.5 万—2 万元的罚款，对直接负责的主管人员和其他直接责任人员处以 0.3 万—1 万元的罚款；变造票据金额或数量较大，情节严重的，对单位处以 2 万—5 万元的罚款，对直接负责的主管人员和其他直接责任人员处以 1 万—3 万元的罚款。

3.转让或者买卖财政收入票据的行为。对单位处以 0.5 万—2 万元的罚款，对直接负责的主管人员和其他直接责任人员处以 0.3 万—1 万元的罚款；转让或者买卖票据数量较大，情节严重的，对单位处以 2 万—5 万元的罚款，对直接负责的主管人员和其他直接责任人员处以 1 万—3 万元的罚款。

4.不依照法定程序和要求，私自销毁财政收入票据的行为。对私自销毁财政收入票据的单位处以 0.5 万—2 万元的罚款，对直接责任人处以 0.3 万—1 万元的罚款；私自销毁财政收入票据金额或数量较大，情节严重的，对单位处以 2 万—5 万元的罚款，对直接负责的主管人员和其他直接责任人员处以 1 万—3 万元的罚款。

（四）伪造、使用伪造的财政收入票据监（印）制章。伪造财政收入票据监（印）制章是指无权制作财政收入票据监（印）制章的企业和个人非法刻制财政收入票据监（印）制章的行为；使用伪造的票据监（印）制章是指企业和个人使用伪造、刻制的票据监（印）制章的行为。

1.伪造执收执罚部门使用的收费票据监（印）制章的行为。对伪造单位或个人处以 1 万—3 万元的罚款；情节严重的，对伪造单位或个人处以 3 万—5 万元的罚款。

2.用伪造的财政收入票据监（印）制章印制财政收入票据的行为。对单位处以 3 万—5 万元的罚款，对直接负责的主管人员和其他直接责任人员处以 1 万—3 万元的罚款；情节严重的，对单位处以 5 万—10 万元的罚款，对直接负责的主管人员和其他直接责任人员处以 3 万—5 万元的罚款。

（五）其他违反财政收入票据管理规定的行为。是指上述所列行为以外的财政收入票据违法行为，包括不按规定使用统一印制或监制的收费票据的行为；非法携带、邮寄、运输或者存放空白收费票据的行为，虚开收费票据的行为；未按照规定的时限、顺序，逐栏、全部联次一次性开具的；未经票据管理机关拆本使用票据、拒不开具票据或者以其他凭证代替财政收入票据使用；使用非法制作、伪造、变造、非法出售、非法取得或者废止的票据的；为他人开具、或为自己开具、或让他人为自己开具、或介绍他人为自己开具与实际经营业务情况不符的票据等等行为，对违规使用、管理票据的单位或个人处以 2 万—3 万元的罚款，情节严重且多次违规使用管理的单位或个人处以 3 万—5 万元的罚款。

属于税收收入票据管理方面的违法行为，依照有关税收法律、行政法规的规定处罚。

五、《财政违法行为处罚处分条例》第十七条

单位和个人违反财务管理的规定，私存私放财政资金或者其他公款的，责令改正，调整有关会计账目，追回私存私放的资金，没收违法所得。对单位处 3000 元以上 5 万元以下的罚款；对直接负责的主管人员和其他直接责任人员处 2000 元以上 2 万元以下的罚款。属于国家公务员的，还应当给予记大过处分；情节严重的，给予降级或者撤职处分。

罚款幅度细化为：

1. 将财政资金或者其他公款以银行、非银行金融机构存单等形式或以个人名义私存私放；私设"小金库"账外账；财政资金或者其他公款私自借出，超过三个月不还等行为。

以上违法金额在 10 万元以下的，处以 0.3 万—1 万元的罚款，对直接负责的主管人员和其他直接责任人员处以 0.2 万—0.5 万元的罚款；违法金额在 10 万元以上 30 万元以下的，处以 1 万—3 万元的罚款，对直接负责的主管人员和其他直接责任人员处以 0.5 万—1 万元的罚款；违法金额在 30 万元以上的，处以 3 万—5 万元的罚款，对直接负责的主管人员和其他直接责任人员处以 1 万—2 万元的罚款。

2. 将各项收入全部或部分截留在法定账目外，在账外核算、使用；企业和个人在国内外投资收益不入账，转为账外资产。

以上违法金额在 10 万元以下的，对单位处以 0.3 万—1 万元的罚款，对直接负责的主管人员和其他直接责任人员处以 0.2 万—0.5 万元的罚款；违法金额在 10 万元以上 30 万元以下，对单位处以 1 万—3 万元的罚款，对直接负责的主管人员和其他直接责任人员处以 0.5 万—1 万元的罚款；违法金额在 30 万元以上，对单位处以 3 万—5 万元的罚款，对直接负责的主管人员和其他直接责任人员处以 1 万—2 万元的罚款。

3. 以虚列支出、重复列支等方式将财政资金等公款违规转出，私存私放；骗取财政资金等公款转入擅自设置的账目，私存私放；利用假发票或者私自购买发票等手段套取现金，私存私放；企业和个人与机关相互勾结，套取现金，私存私放；窜改会计账目，将资金转出法定账目，私存私放等行为。

对单位处以 4 万—5 万元的罚款，对直接责任人处以 1.5 万—2 万元罚款。

前次审计已就上述事项建议被审计单位调整有关会计科目，将"账外收支""小金库"纳入单位法定账簿内核算，本次审计发现其并未调整仍存"账外"的，对被审计单位直接负责的主管人员处以 1 万—2 万元的罚款，对其他直接责任人员处以 0.5 万—1 万元的罚款。

第四部分《建设项目审计处理暂行规定》

一、《建设项目审计处理暂行规定》第六条

建设项目不突破概算总投资的单项工程间投资调剂，应督促建设单位向原审批部门申报批准。批准设计外的在建工程，应要求其暂停、缓建，并报原审批部门审批；原审批部门不予批准的计划外工程，由建设单位筹措符合规定资金予以归垫，并处以投资额 5% 以下罚款，由建设单位以自有资金支付。建设单位擅自扩大建设规划、提高建筑装修及设备购置标准的投资，视同计划外工程投资处理。

罚款幅度细化为：

1. 对原审批部门不予批准的 50 万元以下的计划外工程，投资额低于概算总投资 10% 的，处以投资额 1% 以下的罚款，投资额高于概算总投资 10% 的，处以投资额 1%—2% 的罚款。

2. 对原审批部门不予批准的 50 万元以上 500 万元以下的计划外工程，投资额低于概算总投资 10% 的，处以投资额 1%—2% 的罚款，投资额高于概算总投资 10% 的，处以投资额 2%—3% 的罚款。

3. 对原审批部门不予批准的 500 万元以上 5000 万元以下的计划外工程，投资额低于概算总投资 10% 的，处以投资额 2%—3% 的罚款，投资额高于概算总投资 10% 的，处以投资额 3%—4% 的罚款。

4. 对原审批部门不予批准的 5000 万元以上的计划外工程，投资额低于概算总投资 10% 的，处以投资额 3%—4% 的罚款，投资额高于概算总投资 10% 的，处以投资额 4%—5% 的罚款。

二、《建设项目审计处理暂行规定》第八条

建设单位违反有关批准文件规定，以合同形式要求设计单位扩大规模和提高标准而增加的概算投资，应由建设单位报原审批部门予以批准；否则，应停止建设，并对建设单位处以超投资部分 5% 以下的罚款，罚款由建设单位以自有资金支付。设计单位未经批准，擅自扩大规模、提高标准或违反合同规定范围，进行设计而增加的概算投资，对设计单位处以该部分设计费 50% 以下罚款；情节严重的，建议有关部门降低其资质等级，直至依法吊销营业执照。

罚款幅度细化为：

1. 对建设单位未报原审批部门予以批准的 50 万元以下的增概投资，增概投资低于概算总投资 10% 的，处以增概投资 1% 以下的罚款，增概投资高于概算总投资 10% 的，处以增概投资 1%—2% 的罚款。

2. 对建设单位未报原审批部门予以批准的 50 万元以上 500 万元以下的增概投资，增概投资低于概算总投资 10% 的，处以增概投资 1%—2% 的罚款，增概投资高于概算总投资 10% 的，处以增概投资 2%—3% 的罚款。

3. 对建设单位未报原审批部门予以批准的 500 万元以上 5000 万元以下的增概投资，增概投资低于概算总投资 10% 的，处以增概投资 2%—3% 的罚款，增概投资高于概算总投资 10% 的，处以增概投资 3%—4% 的罚款。

4. 对建设单位未报原审批部门予以批准的 5000 万元以上的增概投资，增概投资低于概算总投资 10% 的，处以增概投资 3%—4% 的罚款，增概投资高于概算总投资 10% 的，处以增概投资 4%—5% 的罚款。

5. 因设计单位擅自设计而增加的概算投资 100 万元以下的，增概投资低于概算总投资 10% 的，处以该部分设计费 20% 以下的罚款，增概投资高于概算总投资 10% 的，处以该部分设计费 20—30% 的罚款。

6. 因设计单位擅自设计而增加的概算投资 100 万元以上 1000 万元以下的，增概投资低于概算总投资 10% 的，处以该部分设计费 20%—30% 的罚款，增概投资高于概算总投资 10% 的，处以该部分设计费 30%—40% 的罚款。

7.因设计单位擅自设计而增加的概算投资1000万元以上的，增概投资低于概算总投资10%的，处以该部分设计费30%—40%的罚款，增概投资高于概算总投资10%的，处以该部分设计费40%—50%的罚款。

三、《建设项目审计处理暂行规定》第十四条

工程价款结算中多计少计的工程款应予调整；建设单位已签证多付工程款的，应予以收缴。施工单位偷工减料、虚报冒领工程款金额较大、情节严重的，除按违纪违规金额处以20%以下的罚款外，对质量低劣的工程项目，应由有关部门查明责任并由施工单位限期修复，费用由责任方承担。

罚款幅度细化为：

1.施工单位偷工减料、虚报冒领工程款金额10万元以下，对工程质量未造成不良影响的，按违纪违规金额处以5%以下的罚款，对工程质量造成了不良影响的，按违纪违规金额处以5%—10%的罚款。

2.施工单位偷工减料、虚报冒领工程款金额10万元以上100万元以下，对工程质量未造成不良影响的，按违纪违规金额处以5%—10%的罚款，对工程质量造成了不良影响的，按违纪违规金额处以10%—15%的罚款。

3.施工单位偷工减料、虚报冒领工程款金额100万元以上，对工程质量未造成不良影响的，按违纪违规金额处以10%—15%的罚款，对工程质量造成了不良影响的，按违纪违规金额处以15%—20%的罚款。

附录十：

1991—2010 年江西省国家审计机关审计成果统计资料

单位：万元

年度	审计单位（个）	查出违纪金额	应缴财政金额	已缴财政金额	促进增收节支金额	移送司法机关处理（件）	建议给予行政处分（人）	提交综合报告和专题材料（件）	
								总数	被采纳数
1991	13661	51499	7257	6663	7189	17	11	942	232
1992	13332	82960	8390	7356	8908	19	3	893	158
1993	11902	52034	7707	6307	2206	12	38	2911	1135
1994	11480	59423	10577	8107	2715	9	10	3631	1317
1995	10425	60825	13009	11911	6125	6	19	3262	1594
1996	12499	152065	19397	16822	3301	7	10	3535	1551
1997	13486	319882	19424	17023	55108	9	2	3746	1641
1998	10461	353800	24869	18527	136436	8	5	2929	1685
1999	10527	627828	18634	13906	119000	54	65	3217	1578
2000	9355	996043	16784	14059	70985	140	60	3126	1596
2001	8778	767782	25914	19914	604790	83	6	4938	1530
2002	8161	496363	94131	87200	475591	163	21	3184	1600
2003	8989	446546	57685	47661	949727	125	10	3232	1167
2004	7440	561000	47000	42000	1059820	101	12	1382	417
2005	7169	1136500	58100	53512	895439	69	10	1322	344
2006	5517	1001153	53731	52799	171000	45	9	1255	1152
2007	8422	1169865	195395	180680	743795	33	8	4208	2213
2008	8443	1994400	198152	103657	603500	118	20	7387	6541
2009	8709	620012	225420	227237	413788	144	37	8709	8587
2010	8432	514268	180476	161063	42810	124	10	8835	8432
合计	197188	11464248	1282052	1096404	6372233	1286	366	72644	44470

资料来源：厅历年统计报表。

编纂始末

　　2012年1月，省政府办公厅《关于印发第二轮江西省志编纂工作的通知》下发之后，3月9日，省政府召开了第二轮江西省志编纂工作动员大会。根据会议部署，省审计厅承担《江西省志·审计志》的编纂任务。2012年3月底，省审计厅为落实会议精神，研究决定，成立《江西省志·审计志》编纂委员会。厅长王殿军任编纂委员会主任，其他副厅长任副主任，各设区市审计局和厅属各单位负责人任成员。编委会下设"江西省审计志编纂办公室"，副厅长何干成任编纂办主任，厅办公室、厅法规处、厅审计科研所负责人任副主任，成员由科研所1名干部和1名外聘人员组成，日常工作由省审计科研所负责，省审计厅第二轮《审计志》编纂工作开始启动。2012年11月19日，审计志编纂办公室下发《关于征集编纂〈江西省志·审计志〉资料的通知》，着手收集资料。

　　从2012年年中至2015年年底，原厅编纂办先后两次采取外包形式承办编纂工作，均因各种原因而搁浅，没有效果，没有资料移交，时间流逝近四年。2015年12月28日，新的审计志编纂办主管到位。鉴于上述情况，为使省政府编志工作会议精神能得到贯彻落实，圆满完成省审计志编纂任务，他们不等不靠，一边物色工作人员筹办新编志班子，一边积极开展工作。经过对第二轮《审计志》编纂情况和时间要求进行深入细致调查研究后，及时作出了以紧跟省地方志编纂办总进度为前提的"江西省《审计志》编纂工作计划安排"。定章节、定人员、定时间，要求一环扣一环，环环扣紧，务求将流失的时间追回来。编纂工作计划批准后，立即实施。2016年3月8日，厅审计志编纂办按照修志规则，参考第一部《审计志》的内容，结合省审计厅审计工作的发展情况，对省《审计志》的前期篇目进行调整。新篇目将江西审计历史沿革和审计工作发展脉络进行张弛有序的布局，使人们了解和研究这段历史能感到更顺畅。从此，框架搭成，只欠原始资料。好在是一张白纸，能画更新、更美的图画。2016年6月1日，省审计厅刚到任的新一届领导班子召开厅长办公会，专题研究省《审计志》编纂工作。研究决定调整原《审计志》编纂委员会，组建新的《审计志》编纂委员会，厅长辜华荣任主任，其他副厅级领导任副主任，各设区市审计局和厅属各处室主要负责人为成员。并下设新的编纂办公室，副厅长邹水成任主任，厅办公室主任邬晓明、省审计科研所所长章峰任副主任，以省审计科研所2名干部和2名聘用厅老干部为成员，日常工作由省审计科研所承办。同时，规定《审计志》修志时限，原则上全省统一为1991年至2010年。个别特殊情况，根据需要再顺延。如各设区市的审计情况是第一次纳入审计志修志范围，其上限则延伸至各审计局组建初期。编委会主任、厅长辜华荣就《审计志》编纂工作作重要指示，提出"修志问道，以启未来。对历史负责，对后人负责，做好编志工作"的要求。会后，厅编纂办为落实会议精神，争取尽快扭转落后局面，抢时间、赶进度，于6月6日召开全厅《审计志》编纂工作会议，进行总动员。要求厅各处室所集中人员、集中时间打攻坚战，围绕修志要求，在2016年10月底前完成原始资料收集工作，为编纂办同志拟写初稿打好基础。由于厅领导的重视和支持，编纂工作进展顺利。在短暂的近4个月时间里，查阅各种档案、审计专项材料、重要文件4800卷，计480万字；审计综合报告、工作总结405份，计202万字；审计案例、审计信息486篇，计250万字；审计期刊200余期，计202万字；各设区市提供的材料33卷，计138.2万字；合计收集到可供编志参考的资料近1600多万字。编纂办几位同志分工明确、责任到人、克难攻坚、任劳任怨，对这些资料进行筛选、分类、归纳、整理、试写。从2016年3月至2017年6月，用一年多点时间完成了从1991年至2010年期间《审计志》的30个章节计140余万字的初稿编写任务。其中：江纹负责第一、二、三、四章；熊顺泉负责第五、六、七、八章；涂细鹏负责图片选择编辑、大事记、概述及第九、十、十一、十二、十三章、设区市审计概况11节，以及人物、编纂始末的初稿编写；章峰参与设区市审计概况11节的编写并负责全部审计志书的编纂指导工作；滕剑德负责编纂部门的协调工作，涂细鹏负责全书的修改总纂。全书修改总纂后，于2017年6月底完成初稿交付审计厅《审计志》编纂委员会审阅。

嗣后，省审计厅在南昌召开省审计志编委会暨审稿工作会。厅领导、各设区市审计局、厅属各处室所负责人参加会议。与会人员对志稿进行认真评议，提出修改意见和建议。编委会主任、厅长辜华荣作重要指示。会后，厅编纂办按照会议要求对初稿进行全面修改，有的再次对文字进行提炼，有的章节甚至重写，最后形成送审稿，厅领导审定后报省地方志办。经省地方志办初审、复审和验收合格，同意交付出版。

第二轮省审计志的编纂，从起步到成书，历时数载，几经寒暑，几经波折，数易其稿。每一步都得到各级领导和同志们的支持和帮助，凝聚了全体编纂人员的心血和汗水。特别是省审计厅原厅长王殿军按照省政府文件要求，认真抓好贯彻落实，及时作出部署，为编纂工作开了好头。现任厅长辜华荣非常重视编志工作，一到任就将编志工作摆上重要议事日程，并推出一系列新的举措，使省《审计志》编纂工作迅速出现新的起色，编纂进度进入全省编志工作前列。期间，省地方志办同志给予了悉心指教和技术指导；省档案馆同志为本志查找、复印资料提供了诸多方便；厅属各处室所和全省各级审计机关、省直内审机构对编志工作均给予大力的支持和配合；厅档案室的同志耐心热情、不厌其烦地为编志人员查阅档案和统计资料服务；《审计与理财》编辑部的同志主动承担了志书的相关工作。在此，我们谨向所有曾经关心、支持和参与本志编纂工作的单位、领导和同志表示衷心的感谢！

由于编撰者业务水平有限，经验不足，时间仓促，本书疏漏和错误在所难免，敬希读者批评指正。

编 者

2020年5月

图书在版编目（CIP）数据

江西省志．审计志：1991—2010 / 江西省地方志编
纂委员会编．-- 南昌：江西人民出版社，2021.12
ISBN 978-7-210-13664-4

Ⅰ．①江…　Ⅱ．①江…　Ⅲ．①江西—地方志　②审
计—工作概况—江西— 1991-2010 Ⅳ．① K295.6
② F239.227.56

中国版本图书馆 CIP 数据核字（2021）第 279430 号

江西省志·审计志：1991—2010
　　江西省地方志编纂委员会　编
出版总监：张德意　梁　菁
出版总协调：涂如兰
责任编辑：张志刚
责任印制：潘　璐
书籍设计：同异文化传媒
出版发行：江西人民出版社
经　　销：各地新华书店
地　　址：江西省南昌市三经路 47 号附 1 号
编辑部电话：0791-86893196
发行部电话：0791-86898815
邮　　编：330006
网　　址：www.jxpph.com
E - mail：jxpph@tom.com
2021 年 12 月第 1 版　2021 年 12 月第 1 次印刷
开　　本：889 毫米 ×1194 毫米　1/16
印　　张：44　插页：9
字　　数：1082 千字
ISBN 978-7-210-13664-4
定　　价：860.00 元
承 印 厂：深圳市精彩印联合印务有限公司
赣版权登字 –01-2021-868
版权所有　侵权必究
赣人版图书凡属印刷、装订错误，请随时与江西人民出版社联系调换，服务电话：0791-86898820。